W9-BTB-811

NELSON'S QUICK REFERENCE

BIBLE CONCORDANCE

NELSON'S QUICK REFERENCE

BIBLE CONCORDANCE

Ronald F. Youngblood

THOMAS NELSON PUBLISHERS
Nashville • Atlanta • London • Vancouver

Copyright © 1993 by Ronald F. Youngblood

Published in Nashville, Tennessee, by Thomas Nelson, Inc.

All rights reserved. Written permission must be secured from the publisher to use or reproduce any part of this book except for brief quotations in critical reviews or articles.

Unless otherwise indicated, Scripture quotations are from the New King James Version of the Bible, © 1979, 1980, 1982, Thomas Nelson, Inc. Publishers.

Library of Congress Cataloging-in-Publication Data

Youngblood, Ronald F.
Nelson's quick-reference Bible concordance / Ronald F. Youngblood.
Abridged ed. of: New compact key-reference concordance. © 1992.
Includes index.
ISBN 0-8407-6907-5
1. Bible—Concordances, English—New King James.
I. Youngblood, Ronald F. New compact key-reference concordance.
II. Title. III. Title: Bible concordance.
BS425.Y749 1993
220.5'208—dc20 92-47033
CIP

Printed ir the United States of America
12 13 — 99 98 97

PREFACE

A biblical concordance is an alphabetical index of the words found in one or more versions of the Bible, a text-finder that enables the reader to locate a particular verse by looking up a key word contained in it. An *exhaustive* concordance lists every occurrence of every word in every verse, including "and," "the," and the like; a *complete* concordance lists every occurrence of every significant word in every verse, excluding what the compiler considers to be nonessential words; a *compact* concordance restricts itself to the most important occurrences of every significant word in the most commonly read verses where each appears.

Nelson's Quick-Reference™ Bible Concordance is a compact concordance with the following features:

• Based on the *New King James Version,* it will also prove helpful to users of other versions in the Authorized Version tradition (for example *King James Version, American Standard Version, Revised Standard Version*). Synonyms in the subject headings will often assist the reader in comparing two or more versions.

• Accompanying each word are the most important Scripture references where it is found, as well as the surrounding context in the verse where the word is used.

• The verses under each entry are listed in canonical order (from Genesis to Revelation).

• Care has been taken to include most New Testament quotations of Old Testament verses by repeating the identical surrounding context in each reference.

• Choice of references to be included has focused on key doctrines, familiar verses, and passages that the average Bible reader is most likely to want to look up.

• A dagger (†) following an entry heading means that every occurrence of that entry is listed.

Nelson's Quick-Reference™ Bible Concordance goes forth to its readers with the sincere prayers of the compiler and publisher that it will prove to be an effective tool for individual Bible study, group discussion, and lesson and sermon preparation.

RONALD YOUNGBLOOD

A

AARON (*see* AARON'S)

Ex	4:14	Is not **A** the Levite your
Ex	4:27	And the LORD said to **A**, "Go
Ex	5: 1	**A** went in and told Pharaoh,
Ex	6:13	the LORD spoke to Moses and **A**
Ex	7: 1	**A** your brother shall be your
Ex	7: 7	**A** eighty-three years old when
Ex	7:10	**A** cast down his rod before
Ex	8: 5	Say to **A**, 'Stretch out your
Ex	15:20	prophetess, the sister of **A**
Ex	17:12	And **A** and Hur supported His
Ex	29: 9	So you shall consecrate **A**
Ex	30:10	**A** shall make atonement upon
Ex	32:35	with the calf which **A** made
Lev	8:14	Then **A** and his sons laid their
Lev	10: 1	Nadab and Abihu, the sons of **A**
Lev	16: 6	**A** shall offer the bull as a
Lev	16: 9	**A** shall bring the goat on
Lev	16:11	**A** shall bring the bull of the
Num	1: 3	**A** shall number them by their
Num	3:32	And Eleazar the son of **A** the
Num	12: 1	**A** spoke against Moses because
Num	12:10	Then **A** turned toward Miriam,
Num	14: 2	against Moses and **A**
Num	17: 6	the rod of **A** was among their
Num	20:23	**A** in Mount Hor by the border
Num	20:28	**A** died there on the top of
Num	26:59	and to Amram she bore **A** and
Num	33:39	**A** was one hundred and
Deut	9:20	LORD was very angry with **A**
Josh	24:33	And Eleazar the son of **A** died
1Sa	12: 6	who raised up Moses and **A**
Ps	77:20	By the hand of Moses and **A**
Ps	133: 2	on the beard, The beard of **A**
Mic	6: 4	and I sent before you Moses, **A**
Luke	1: 5	was of the daughters of **A**
Acts	7:40	saying to **A**, 'Make us gods to
Heb	5: 4	called by God, just as **A** was
Heb	7:11	according to the order of **A**

AARON'S (*see* AARON)

Ex	7:12	But **A** rod swallowed up their
Ex	28:30	they shall be over **A** heart
Ex	28:38	So it shall be on **A** forehead
Heb	9: 4	**A** rod that budded, and the

ABADDON†

Rev	9:11	whose name in Hebrew is **A**

ABASE (*see* ABASED, HUMBLE)

ABASED† (*see* HUMBLE, HUMBLED)

Phil	4:12	I know how to be **a**, and I know

ABASING (*see* ABASED)

ABATED (*see* DIMINISHED, RECEDED, SUBSIDED)

ABBA†

Mark	14:36	**A**, Father, all things are
Rom	8:15	whom we cry out, "**A**, Father"
Gal	4: 6	crying out, "**A**, Father

ABED-NEGO

Dan	1: 7	and to Azariah, **A**
Dan	3:12	Shadrach, Meshach, and **A**

ABEL

Gen	4: 2	this time his brother **A**
Gen	4: 9	Where is **A** your brother
Luke	11:51	from the blood of **A** to the
Heb	11: 4	By faith **A** offered to God a
Heb	12:24	better things than that of **A**

ABHOR

Lev	20:23	things, and therefore I **a** them
Lev	26:11	and My soul shall not **a** you
Job	9:31	and my own clothes will **a** me
Job	19:19	All my close friends **a** me
Job	42: 6	Therefore I **a** myself, and
Ps	36: 4	He does not **a** evil
Mic	3: 9	who **a** justice and pervert all
Rom	2:22	You who **a** idols, do you rob
Rom	12: 9	**A** what is evil

ABIATHAR

1Sa	30: 7	David said to **A** the priest
2Sa	20:25	Zadok and **A** were the priests
Mark	2:26	the days of **A** the high priest

ABIB (*see* NISAN)

Ex	13: 4	are going out, in the month **A**
Deut	16: 1	Observe the month of **A**, and

ABIDE (*see* ABIDES, ABIDING)

Deut	12:11	chooses to make His name **a**
Job	24:13	its ways nor **a** in its paths
Ps	15: 1	who may **a** in Your tabernacle
Ps	91: 1	of the Most High Shall **a**
Luke	24:29	**A** with us, for it is toward
John	8:31	If you **a** in My word, you are
John	12:46	Me should not **a** in darkness
John	14:16	that He may **a** with you
John	15: 4	**A** in Me, and I in you
1Co	13:13	And now **a** faith, hope, love,
1Jn	2:24	Therefore let that **a** in you
1Jn	3:17	does the love of God **a** in him
1Jn	4:13	this we know that we **a** in Him

ABIDES (*see* ABIDE)

Ps	119:90	the earth, and it **a**
John	3:36	but the wrath of God **a** on him
John	6:56	and drinks My blood **a** in Me
1Pe	1:23	God which lives and **a** forever,
1Jn	2: 6	He who says he **a** in Him ought
1Jn	3: 6	Whoever **a** in Him does not sin
1Jn	4:12	God **a** in us, and His love has
2Jn	2	of the truth which **a** in us

ABIDING (*see* ABIDE)

John	5:38	do not have His word **a** in you

ABIGAIL
1Sa 25:39 David sent and proposed to **A**

ABIHU
Ex 24: 1 you and Aaron, Nadab and **A**

ABIJAH (*see* ABIJAM)
2Ch 13: 1 A became king over Judah
Matt 1: 7 Rehoboam, Rehoboam begot **A**
Luke 1: 5 of the division of **A**

ABIJAM (*see* ABIJAH)
1Ki 15: 1 A became king over Judah

ABILITY (*see* ABLE)
Neh 5: 8 According to our **a** we have
Dan 1: 4 who had **a** to serve in the
Matt 25:15 each according to his own **a**
Acts 11:29 each according to his **a**,
2Co 8: 3 that according to their **a**
2Co 8: 3 yes, and beyond their **a**, they
1Pe 4:11 with the **a** which God supplies

ABIMELECH (*see* AHIMELECH)
Gen 20: 3 But God came to **A** in a dream
Gen 26: 1 Isaac went to **A** king of the
Judg 9: 1 A the son of Jerubbaal went
Judg 9: 6 and made **A** king beside the

ABINADAB
1Sa 7: 1 the house of **A** on the hill
2Sa 6: 3 it out of the house of **A**,

ABIRAM
Num 16:24 tents of Korah, Dathan, and **A**

ABISHAG
1Ki 1: 3 found **A** the Shunammite, and

ABISHAI
2Sa 2:18 Joab and **A** and Asahel
2Sa 16: 9 Then **A** the son of Zeruiah
2Sa 20: 6 And David said to **A**, "Now

ABLE (*see* ABILITY)
Gen 13: 6 was not **a** to support them
Gen 15: 5 if you are **a** to number them
Num 11:14 I am not **a** to bear all these
Num 13:30 we are well **a** to overcome it
Num 13:31 We are not **a** to go up against
1Sa 17: 9 If he is **a** to fight with me
1Ki 3: 9 For who is **a** to judge this
2Ki 3:21 all who were **a** to bear arms
2Ch 2: 6 But who is **a** to build Him **a**
Neh 4:10 are not **a** to build the wall
Job 41:10 Who then is **a** to stand
Ps 40:12 so that I am not **a** to look up
Prov 27: 4 but who is **a** to stand before
Eccl 8:17 he will not be **a** to find it
Dan 3:17 is **a** to deliver us from the
Dan 4:18 not **a** to make known to me the
Amos 7:10 The land is not **a** to bear all
Matt 3: 9 is **a** to raise up children to
Matt 10:28 who is **a** to destroy both soul
Matt 18:25 But as he was not **a** to pay
Matt 20:22 Are you **a** to drink the cup
Matt 22:46 no one was **a** to answer Him **a**
Luke 14:29 is not **a** to finish it, all
John 10:29 no one is **a** to snatch them
Acts 20:32 which is **a** to build you up and
Rom 8:39 shall be **a** to separate us
Rom 11:23 for God is **a** to graft them in
Rom 14: 4 for God is **a** to make him
Rom 16:25 Now to Him who is **a** to
1Co 3: 2 you were not **a** to receive it
1Co 10:13 tempted beyond what you are **a**
2Co 1: 4 that we may be **a** to comfort
2Co 9: 8 God is **a** to make all grace
Eph 3:18 may be **a** to comprehend with
Eph 3:20 who is **a** to do exceedingly
Eph 6:11 that you may be **a** to stand
1Ti 3: 2 hospitable, **a** to teach
2Ti 1:12 He is **a** to keep what I have
2Ti 2: 2 be **a** to teach others also
2Ti 3: 7 and never **a** to come to the
2Ti 3:15 which are **a** to make you wise
Tit 1: 9 been taught, that he may be **a**
Heb 2:18 He is **a** to aid those who are
Heb 5: 7 tears to Him who was **a** to
Heb 7:25 Therefore He is also **a** to
Heb 11:19 God was **a** to raise him up
Jas 1:21 which is **a** to save your souls
Jas 3: 2 **a** also to bridle the whole
Jas 4:12 who is **a** to save and to
Jude 24 Now to Him who is **a** to keep
Rev 5: 3 was **a** to open the scroll, or

ABNER
1Sa 14:50 his army was **A** the son of Ner

ABOLISHED†
Is 51: 6 righteousness will not be **a**
Ezek 6: 6 down, and your works may be **a**
Eph 2:15 having **a** in His flesh the
2Ti 1:10 Jesus Christ, who has **a** death

ABOMINABLE
Lev 7:21 or any **a** unclean thing, and
Ps 14: 1 They have done **a** works,
Jer 16:18 their detestable and **a** idols
1Pe 4: 3 parties, and **a** idolatries
Rev 21: 8 the cowardly, unbelieving, **a**

ABOMINATION (*see* ABOMINATIONS)
Gen 43:32 is an **a** to the Egyptians
Lev 7:18 it shall be an **a**
1Ki 11: 5 Milcom the **a** of the Ammonites
Prov 3:32 person is an **a** to the LORD
Prov 6:16 yes, seven are an **a** to Him
Prov 11: 1 scales are an **a** to the LORD
Prov 11:20 heart are an **a** to the LORD
Prov 12:22 lips are an **a** to the LORD
Prov 28: 9 Even his prayer is an **a**
Is 1:13 incense is an **a** to Me
Is 66:17 eating swine's flesh and the **a**
Jer 2: 7 and made My heritage an **a**
Jer 6:15 when they had committed **a**

Dan 11:31 there the **a** of desolation
Dan 12:11 the **a** of desolation is set up
Mal 2:11 an **a** has been committed in
Matt 24:15 the **a** of desolation
Luke 16:15 is an **a** in the sight of God
Rev 21:27 or causes an **a** or a lie, but

ABOMINATIONS (*see* ABOMINATION)
Deut 18: 9 follow the **a** of those nations
Ezra 9: 1 to the **a** of the Canaanites
Prov 26:25 are seven **a** in his heart
Jer 4: 1 away your **a** out of My sight
Jer 13:27 your **a** on the hills in the
Ezek 5: 9 again, because of all your **a**
Ezek 18:24 **a** that the wicked man does
Ezek 20: 4 them the **a** of their fathers
Dan 9:27 on the wing of **a** shall be one
Rev 17: 5 THE A OF THE EARTH

ABOUND (*see* ABOUNDED, ABOUNDING)
Gen 1:20 Let the waters **a** with an
Gen 8:17 that they may **a** on the earth
Matt 24:12 And because lawlessness will **a**
Rom 5:20 that the offense might **a**
Rom 6: 1 in sin that grace may **a**
Rom 15:13 that you may **a** in hope by the
2Co 1: 5 sufferings of Christ **a** in us
2Co 4:15 to **a** to the glory of God
2Co 9: 8 make all grace **a** toward you
Eph 1: 8 which He made to **a** toward us
Phil 1: 9 your love may **a** still more
Phil 4:12 be abased, and I know how to **a**
1Th 3:12 **a** in love to one another and
1Th 4: 1 Jesus that you should **a** more

ABOUNDED† (*see* ABOUND)
Gen 1:21 with which the waters **a**,
Ps 105:30 Their land **a** with frogs, Even
Rom 5:15 Man, Jesus Christ, **a** to many
Rom 5:20 But where sin **a**, grace
2Co 8: 2 their deep poverty **a** in the

ABOUNDING (*see* ABOUND)
Ex 34: 6 and **a** in goodness and truth,
Ps 103: 8 Slow to anger, and **a** in mercy
1Co 15:58 always **a** in the work of the
2Co 9:12 but also is **a** through many

ABRAHAM (*see* ABRAHAM'S, ABRAM)
Gen 17: 5 but your name shall be **A**
Gen 17:23 So **A** took Ishmael his son,
Gen 17:24 **A** was ninety-nine years old
Gen 18:17 I hide from **A** what I am doing
Gen 18:22 but **A** still stood before the
Gen 19:29 plain, that God remembered **A**
Gen 20:17 So **A** prayed to God
Gen 21: 2 bore **A** a son in his old age,
Gen 22: 1 things that God tested **A**, and
Gen 22: 8 **A** said, "My son, God will
Gen 22:11 from heaven and said, "**A**, **A**!"
Gen 22:13 So **A** went and took the ram, and
Gen 23:19 **A** buried Sarah his wife in
Gen 24: 1 Now **A** was old, well-advanced
Gen 25: 6 of the concubines which **A** had
Gen 25: 8 Then **A** breathed his last and
Gen 25:10 the field which **A** purchased
Gen 26:24 I am the God of your father **A**
Ex 2:24 His covenant with **A**, with
Ex 3: 6 the God of **A**, the God of
Ex 6: 3 I appeared to **A**, to Isaac, and
Ex 32:13 Remember **A**, Isaac, and Israel,
Deut 1: 8 to **A**, Isaac, and Jacob
Josh 24: 2 Terah, the father of **A** and the
1Ki 18:36 LORD God of **A**, Isaac, and
2Ch 20: 7 of **A** Your friend forever
Is 41: 8 descendants of **A** My friend
Is 51: 2 Look to **A** your father, and to
Matt 1: 1 Son of David, the Son of **A**
Matt 3: 9 We have **A** as our father
Matt 3: 9 to **A** from these stones
Matt 8:11 and west, and sit down with **A**
Matt 22:32 I am the God of **A**, the God
Luke 3:34 son of Isaac, the son of **A**
Luke 16:23 saw **A** afar off, and Lazarus in
John 8:39 to Him, "**A** is our father
John 8:56 Your father **A** rejoiced to see
John 8:58 I say to you, before **A** was
Acts 7: 2 appeared to our father **A** when
Acts 13:26 sons of the family of **A**, and
Rom 4: 1 that **A** our father has found
Rom 4: 3 **A** believed God, and it was
Rom 4:16 who are of the faith of **A**
Rom 9: 7 they are the seed of **A**
Rom 11: 1 Israelite, of the seed of **A**
Gal 3: 6 just as **A** believed God, and
Gal 3: 7 are of faith are sons of **A**
Gal 3: 8 the gospel to **A** beforehand
Gal 3: 9 are blessed with believing **A**
Gal 3:16 Now to **A** and his Seed were the
Gal 3:18 God gave it to **A** by promise
Gal 4:22 written that **A** had two sons
Heb 2:16 give aid to the seed of **A**
Heb 6:13 when God made a promise to **A**
Heb 7: 2 to whom also **A** gave a tenth
Heb 11: 8 By faith **A** obeyed when he was
Jas 2:21 Was not **A** our father
Jas 2:23 **A** believed God, and it was
1Pe 3: 6 as Sarah obeyed **A**, calling

ABRAHAM'S (*see* ABRAHAM)
Gen 20:18 because of Sarah, **A** wife
Luke 16:22 by the angels to **A** bosom
John 8:33 We are **A** descendants, and have
Gal 3:29 Christ's, then you are **A** seed

ABRAM (*see* ABRAHAM)
Gen 11:27 Terah begot **A**, Nahor, and
Gen 12: 1 Now the LORD had said to **A**
Gen 12: 4 **A** was seventy-five years old
Gen 12: 5 Then **A** took Sarai his wife and
Gen 12: 7 Then the LORD appeared to **A**
Gen 12:10 and **A** went down to Egypt to
Gen 13: 2 **A** was very rich in livestock,
Gen 14:13 told **A** the Hebrew, for he
Gen 14:19 Blessed be **A** of God Most High
Gen 15:12 a deep sleep fell upon **A**
Gen 15:18 LORD made a covenant with **A**
Gen 16: 2 **A** heeded the voice of Sarai

Gen 16:16 A was eighty-six years old
Gen 16:16 when Hagar bore Ishmael to A
Gen 17: 1 old, the LORD appeared to A
Gen 17: 5 shall your name be called A
Neh 9: 7 are the LORD God, Who chose A

ABROAD
Gen 11: 8 the LORD scattered them a
Matt 12:30 not gather with Me scatters a
John 11:52 of God who were scattered a
Jas 1: 1 tribes which are scattered a

ABSALOM (*see* ABSALOM'S)
2Sa 13: 1 this A the son of David had a
2Sa 13:22 A spoke to his brother Amnon
2Sa 14:25 much as A for his good looks
2Sa 14:27 To A were born three sons, and
2Sa 15: 6 So A stole the hearts of the
2Sa 18:10 I just saw A hanging in a
2Sa 18:29 Is the young man A safe
2Sa 18:33 O my son A—my son
2Sa 19: 1 is weeping and mourning for A
2Sa 19: 4 O my son A!

ABSALOM'S (*see* ABSALOM)
2Sa 18:14 thrust them through A heart
2Sa 18:18 day it is called A Monument

ABSENCE† (*see* ABSENT)
Luke 22: 6 in the a of the multitude
Phil 2:12 but now much more in my a

ABSENT (*see* ABSENCE)
Gen 31:49 me when we are a one from
1Co 5: 3 as a in body but present in
2Co 5: 6 body we are a from the Lord
Col 2: 5 though I am a in the flesh

ABSTAIN
Josh 6:18 a from the accursed things
Acts 15:20 to a from things polluted by
1Th 4: 3 that you should a from sexual
1Th 5:22 A from every form of evil
1Ti 4: 3 commanding to a from foods
1Pe 2:11 a from fleshly lusts which

ABUNDANCE (*see* ABUNDANT)
Gen 1:20 with an a of living creatures
1Sa 1:16 woman, for out of the a of my
1Ki 18:41 is the sound of a of rain
Ps 52: 7 in the a of his riches, And
Ps 72:16 There will be an a of grain
Eccl 5:10 nor he who loves a, with
Is 55: 2 your soul delight itself in a
Matt 12:34 For out of the a of the heart
Matt 13:12 given, and he will have a
Mark 12:44 all put in out of their a
Luke 12:15 does not consist in the a of
Rom 5:17 those who receive a of grace
2Co 8: 2 affliction the a of their joy
2Co 8:14 your a may supply their lack
2Co 9: 8 have an a for every good work

ABUNDANT (*see* ABUNDANCE, ABUNDANTLY)
Num 14:18 and a in mercy, forgiving
1Ki 10:27 he made cedars as a as the
Neh 9:27 according to Your a mercies
Ps 86: 5 a in mercy to all those who
Ps 130: 7 And with Him is a redemption
Jon 4: 2 a in lovingkindness, One who
2Co 11:23 in labors more a, in stripes
Phil 1:26 for me may be more a in Jesus
1Ti 1:14 of our Lord was exceedingly a
1Pe 1: 3 who according to His a mercy

ABUNDANTLY (*see* ABUNDANT)
Gen 9: 7 brings forth a in the earth and
Ex 1: 7 were fruitful and increased a
Is 55: 7 our God, for He will a pardon
John 10:10 that they may have it more a
1Co 15:10 labored more a than they all
2Co 1:12 of God, and more a toward you
2Co 12:15 though the more a I love you
Eph 3:20 a above all that we ask or
Tit 3: 6 us a through Jesus Christ our
Heb 6:17 determining to show more a to
2Pe 1:11 to you a into the everlasting

ABUSE
1Sa 31: 4 and thrust me through and a me
Jer 38:19 into their hand, and they a me
Acts 14: 5 Jews, with their rulers, to a
1Co 9:18 that I may not a my authority

ABYSS†
Luke 8:31 them to go out into the a
Rom 10: 7 Who will descend into the a

ACACIA
Ex 27: 1 shall make an altar of a wood

ACCEPT (*see* ACCEPTABLE, ACCEPTANCE, ACCEPTED, ACCEPTING)
Gen 32:20 perhaps he will a me
Job 2:10 we indeed a good from God
Job 2:10 and shall we not a adversity
Jer 14:12 offering, I will not a them
Mal 1: 8 Would he a you favorably
Matt 19:11 All cannot a this saying, but
Matt 19:12 He who is able to a it, let
Mark 4:20 the word, a it, and bear fruit
1Co 6: 7 Why do you not rather a wrong

ACCEPTABLE (*see* ACCEPT, ACCEPTABLY)
Ps 19:14 my heart Be a in Your sight
Ps 69:13 to You, O LORD, in the a time
Eccl 12:10 sought to find a words
Is 49: 8 In an a time I have heard You
Is 61: 2 to proclaim the a year of the
Jer 6:20 burnt offerings are not a
Luke 4:19 to proclaim the a year of the
Rom 12: 1 holy, a to God, which is your
Rom 12: 2 prove what is that good and a
2Co 6: 2 In an a time I have heard you
Phil 4:18 an a sacrifice, well pleasing
1Ti 2: 3 a in the sight of God our

1Pe 2: 5 up spiritual sacrifices a to

ACCEPTABLY† (*see* ACCEPTABLE)
Heb 12:28 serve God a with reverence

ACCEPTANCE (*see* ACCEPT)
Rom 11:15 what will their a be but life
1Ti 1:15 saying and worthy of all a
1Ti 4: 9 saying and worthy of all a

ACCEPTED (*see* ACCEPT)
Gen 4: 7 do well, will you not be a
1Sa 18: 5 he was a in the sight of all
Job 42: 9 for the LORD had a Job
Eccl 9: 7 God has already a your works
Is 56: 7 will be a on My altar
Luke 4:24 no prophet is a in his own
2Co 6: 2 Behold, now is the a time
2Co 8:12 it is a according to what one
Eph 1: 6 has made us a in the Beloved

ACCEPTING† (*see* ACCEPT)
Heb 11:35 not a deliverance, that they

ACCESS†
Esth 1:14 who had a to the king's
Rom 5: 2 through whom also we have a
Eph 2:18 through Him we both have a by
Eph 3:12 a with confidence through

ACCOMPANIED (*see* ACCOMPANY)
Acts 10:23 brethren from Joppa a him
1Pe 3: 2 your chaste conduct a by fear

ACCOMPANY† (*see* ACCOMPANIED)
Heb 6: 9 yes, things that a salvation

ACCOMPLISH (*see* ACCOMPLISHED)
Eccl 2: 2 What does it a
Is 55:11 but it shall a what I please,
Dan 9: 2 that He would a seventy years
Luke 9:31 was about to a at Jerusalem

ACCOMPLISHED (*see* ACCOMPLISH)
Dan 11:36 till the wrath has been a
Luke 12:50 distressed I am till it is a
Luke 18:31 the Son of Man will be a
Luke 22:37 written must still be a in Me
John 19:28 that all things were now a
Rom 15:18 Christ has not a through me
Eph 3:11 He a in Christ Jesus our Lord

ACCORD
Lev 25: 5 What grows of its own a of
Luke 14:18 one a began to make excuses
Acts 1:14 with one a in prayer and
Acts 2: 1 all with one a in one place
Acts 12:10 opened to them of its own a
2Co 6:15 what a has Christ with Belial
2Co 8:17 he went to you of his own a
Phil 2: 2 the same love, being of one a

ACCOUNT (*see* ACCOUNTED, ACCOUNTS)
Gen 20:11 will kill me on a of my wife
Gen 26: 9 said, Lest I die on a of her
Dan 7:28 This is the end of the a
Matt 12:36 they will give a of it in the
Luke 1: 3 to write to you an orderly a
Luke 16: 2 Give an a of your stewardship
Acts 1: 1 The former a I made, O
Rom 14:12 give a of himself to God
Phil 4:17 fruit that abounds to your a
Phm 18 anything, put that on my a
Heb 4:13 of Him to whom we must give a
Heb 13:17 as those who must give a
1Pe 4: 5 They will give an a to Him

ACCOUNTED (*see* ACCOUNT)
Gen 15: 6 LORD, and He a it to him for
Ps 44:22 We are a as sheep for the
Rom 4: 3 God, and it was a to him for
Rom 8:36 we are a as sheep for the
Gal 3: 6 God, and it was a to him for
Jas 2:23 God, and it was a to him for

ACCOUNTS (*see* ACCOUNT)
Matt 18:23 to settle a with his servants

ACCURATE† (*see* ACCURATELY)
Acts 24:22 having more a knowledge of

ACCURATELY (*see* ACCURATE)
Acts 18:25 taught a the things of the

ACCURSED
Deut 21:23 he who is hanged is a of God
Rom 9: 3 wish that I myself were a
1Co 12: 3 Spirit of God calls Jesus a
1Co 16:22 Jesus Christ, let him be a
Gal 1: 8 preached to you, let him be a
2Pe 2:14 practices, and are a children

ACCUSATION (*see* ACCUSE)
Mark 15:26 of His a was written above
Luke 6: 7 might find an a against Him
Luke 16: 1 an a was brought to him that
Luke 19: 8 from anyone by false a, I
John 18:29 What a do you bring against

ACCUSE (*see* ACCUSATION, ACCUSED, ACCUSER, ACCUSES, ACCUSING)
Matt 12:10 that they might a Him
Luke 23: 2 And they began to a Him,
John 5:45 I shall a you to the Father
Acts 25: 5 a this man, to see if there

ACCUSED (*see* ACCUSE)
Dan 6:24 those men who had a Daniel
Matt 27:12 while He was being a by the
Mark 15: 3 the chief priests a Him of
Acts 22:30 why he was a by the Jews, he
Rev 12:10 who a them before our God day

ACCUSER† (*see* ACCUSE, ACCUSERS)
Ps 109: 6 let an a stand at his right
Rev 12:10 for the a of our brethren,

ACCUSERS (*see* ACCUSER)
John 8:10 where are those **a** of yours
Acts 25:16 meets the **a** face to face, and

ACCUSES† (*see* ACCUSE)
John 5:45 there is one who **a** you

ACCUSING† (*see* ACCUSE)
Rom 2:15 **a** or else excusing them)

ACCUSTOMED
Jer 13:23 do good who are **a** to do evil
Mark 10: 1 to Him again, and as He was **a**
Luke 22:39 Mount of Olives, as He was **a**

ACHAIA
Acts 18:12 Gallio was proconsul of **A**
Acts 19:21 through Macedonia and **A**
2Co 11:10 boasting in the regions of **A**

ACHAN
Josh 7: 1 for **A** the son of Carmi, the

ACHISH
1Sa 27: 3 So David dwelt with **A** at Gath

ACHOR
Josh 7:24 them to the Valley of **A**
Hos 2:15 the Valley of **A** as a door of

ACHSAH
Judg 1:12 give my daughter **A** as wife

ACKNOWLEDGE (*see* ACKNOWLEDGES)
Deut 33: 9 nor did he **a** his brothers, or
Ps 51: 3 For I **a** my transgressions, And
Prov 3: 6 in all your ways **a** Him, and He
1Co 16:18 therefore **a** such men

ACKNOWLEDGES (*see* ACKNOWLEDGE)
Ps 142: 4 For there is no one who **a** me
1Jn 2:23 he who **a** the Son has the

ACQUAINTANCES (*see* ACQUAINTED)
Job 42:11 who had been his **a** before
Luke 2:44 among their relatives and **a**
Luke 23:49 But all His **a**, and the women

ACQUAINTED† (*see* ACQUAINTANCES)
Ps 139: 3 And are **a** with all my ways
Is 53: 3 of sorrows and **a** with grief

ACT (*see* ACTED, ACTS)
Deut 4: 5 that you should **a** according
Deut 17:13 no longer **a** presumptuously
Judg 19:23 beg you, do not **a** so wickedly
1Ki 8:32 then hear in heaven, and **a**
2Ch 19: 9 Thus you shall **a** in the fear
Neh 6:13 **a** that way and sin, so that
Ps 119:126 It is time for You to **a**, O
Is 28:16 believes will not **a** hastily
Dan 11:23 him he shall **a** deceitfully
John 8: 4 in adultery, in the very **a**
Rom 5:18 **a** the free gift came to all

ACTED (*see* ACT)
Gen 42: 7 but he **a** as a stranger to
Deut 9:12 out of Egypt have **a** corruptly
Judg 9:16 you have **a** in truth
2Ki 10:19 But Jehu **a** deceptively,
2Ki 21:11 **a** more wickedly than all the
Job 36: 9 that they have **a** defiantly
Ezek 20: 9 But I **a** for My name's sake,

ACTS (*see* ACT)
Deut 17:12 the man who **a** presumptuously
Judg 5:11 the righteous **a** of the LORD
1Ki 11:41 the rest of the **a** of Solomon
Job 15:25 and **a** defiantly against the
Ps 103: 7 His **a** to the children of
Ps 145: 6 the might of Your awesome **a**
Ps 150: 2 Praise Him for His mighty **a**
Prov 13:16 prudent man **a** with knowledge
Prov 21:24 he **a** with arrogant pride
Is 64: 4 Who **a** for the one who waits
Ezek 16:20 Were your **a** of harlotry **a**
Rev 19: 8 the righteous **a** of the saints

ADAM
Gen 2:20 So **A** gave names to all cattle
Gen 3: 9 Then the LORD God called to **A**
Gen 3:20 **A** called his wife's name Eve,
Gen 5: 1 book of the genealogy of **A**
Deut 32: 8 He separated the sons of **A**
Job 31:33 my transgressions as **A**, by
Luke 3:38 the son of Seth, the son of **A**
Rom 5:14 death reigned from **A** to Moses
Rom 5:14 of the transgression of **A**
1Co 15:22 For as in **A** all die, even so
1Co 15:45 The last **A** became a
1Ti 2:13 For **A** was formed first, then
1Ti 2:14 **A** was not deceived, but the
Jude 14 Now Enoch, the seventh from **A**

ADAR
Esth 9: 1 that is, the month of **A**, on

ADD (*see* ADDED, ADDS)
Gen 30:24 The LORD shall **a** to me
Lev 5:16 shall **a** one-fifth to it and
Deut 4: 2 You shall not **a** to the word
2Ki 20: 6 I will **a** to your days fifteen
Ps 69:27 A iniquity to their iniquity,
Prov 30: 6 Do not **a** to His words, lest
Is 5: 8 who **a** field to field, till
Is 29: 1 A year to year
Is 30: 1 that they may **a** sin to sin
Luke 12:25 of you by worrying can **a** one
Phil 1:16 supposing to **a** affliction to
2Pe 1: 5 **a** to your faith virtue, to
Rev 22:18 God will **a** to him the plagues

ADDED (*see* ADD)
Num 36: 4 **a** to the inheritance of the
Deut 5:22 and He **a** no more
1Sa 12:19 for we have **a** to all our sins

Prov 9:11 of life will be **a** to you
Eccl 3:14 Nothing can be **a** to it, and
Dan 4:36 excellent majesty was **a** to me
Matt 6:33 things shall be **a** to you
Acts 2:41 thousand souls were **a** to them
Acts 2:47 And the Lord **a** to the church

ADDS (*see* ADD)
Prov 10:22 and He **a** no sorrow with it
Gal 3:15 no one annuls or **a** to it
Heb 10:17 then He **a**, "Their sins and
Rev 22:18 If anyone **a** to these things,

ADJURE (*see* OATH)

ADMINISTERED (*see* ADMINISTRATION)
2Co 8:19 which is **a** by us to the glory

ADMINISTRATION† (*see* ADMINISTERED, ADMINISTRATIONS)
2Co 9:12 For the **a** of this service not

ADMINISTRATIONS† (*see* ADMINISTRATION)
1Co 12:28 gifts of healings, helps, **a**

ADMIRED†
2Th 1:10 to be **a** among all those who

ADMONISH† (*see* ADMONISHING, ADMONITION)
Ps 81: 8 O My people, and I will **a** you
Rom 15:14 able also to **a** one another
1Th 5:12 you in the Lord and **a** you,
2Th 3:15 enemy, but **a** him as a brother
Tit 2: 4 that they **a** the young women

ADMONISHING† (*see* ADMONISH)
Col 3:16 **a** one another in psalms and

ADMONITION† (*see* ADMONISH)
1Co 10:11 they were written for our **a**
Eph 6: 4 the training and **a** of the Lord
Tit 3:10 after the first and second **a**

ADOPTION†
Rom 8:15 of **a** by whom we cry out
Rom 8:23 eagerly waiting for the **a**
Rom 9: 4 to whom pertain the **a**, the
Gal 4: 5 might receive the **a** as sons
Eph 1: 5 having predestined us to **a** as

ADORN (*see* ADORNED, ADORNS)
Job 40:10 Then **a** yourself with majesty
Matt 23:29 and **a** the monuments of the
1Ti 2: 9 that the women **a** themselves
Tit 2:10 that they may **a** the doctrine

ADORNED (*see* ADORN)
Ezek 16:11 I **a** you with ornaments, put
1Pe 3: 5 in God also **a** themselves,
Rev 17: 4 and **a** with gold and precious
Rev 21: 2 as a bride **a** for her husband
Rev 21:19 the wall of the city were **a**

ADORNMENT (*see* ADORN)
1Pe 3: 3 Do not let your **a** be merely

ADORNS† (*see* ADORN)
Ps 93: 5 Holiness **a** Your house, O LORD
Is 61:10 as a bride **a** herself with her

ADULLAM
2Sa 23:13 to David at the cave of **A**

ADULTERER† (*see* ADULTERERS, ADULTERY)
Lev 20:10 his neighbor's wife, the **a**
Job 24:15 The eye of the **a** waits for
Is 57: 3 you offspring of the **a** and

ADULTERERS (*see* ADULTERER)
Ps 50:18 have been a partaker with **a**
Hos 7: 4 They are all **a**
Mal 3: 5 against sorcerers, against **a**
Luke 18:11 extortioners, unjust, **a**, or
1Co 6: 9 nor idolaters, nor **a**, nor
Heb 13: 4 and **a** God will judge
Jas 4: 4 **A** and adulteresses

ADULTERESS (*see* ADULTERY)
Lev 20:10 wife, the adulterer and the **a**
Rom 7: 3 man, she will be called an **a**

ADULTERIES (*see* ADULTERY)
Jer 13:27 I have seen your **a** and your
Hos 2: 2 and her **a** from between her
Matt 15:19 evil thoughts, murders, **a**

ADULTEROUS (*see* ADULTERY)
Prov 30:20 This is the way of an **a** woman
Ezek 6: 9 I was crushed by their **a**
Ezek 16:32 You are an **a** wife, who takes
Matt 12:39 a generation seeks after a
Mark 8:38 of Me and My words in this **a**

ADULTERY (*see* ADULTERER, ADULTERESS, ADULTERIES, ADULTEROUS)
Ex 20:14 You shall not commit **a**
Jer 3: 8 Israel had committed **a**, I had
Jer 7: 9 you steal, murder, commit **a**
Ezek 23:37 committed **a** with their idols
Hos 3: 1 by a lover and is committing **a**
Hos 4:13 and your brides commit **a**
Matt 5:28 **a** with her in his heart
Matt 5:32 who is divorced commits **a**
Matt 19: 9 and marries another, commits **a**
John 8: 3 to Him a woman caught in **a**
Gal 5:19 **a**, fornication, uncleanness,
2Pe 2:14 having eyes full of **a** and that
Rev 2:22 those who commit **a** with her

ADVANCE (*see* ADVANCED)
Prov 30:27 king, yet they all **a** in ranks

ADVANCED (*see* ADVANCE)
Josh 13: 1 Joshua was old, **a** in years
Gal 1:14 I **a** in Judaism beyond many of

ADVANTAGE (*see* PROFIT)

Eccl 3:19 man has no **a** over animals, for
John 16: 7 It is to your **a** that I go
Rom 3: 1 What **a** then has the Jew, or
2Co 2:11 Satan should take **a** of us
2Co 8:10 It is to your **a** not only to

ADVERSARIES (*see* ADVERSARY)

Deut 32:43 and render vengeance to His **a**
Ps 27:12 me to the will of my **a**
Ps 71:13 consumed Who are **a** of my life
Is 59:18 He will repay, fury to His **a**
1Co 16: 9 to me, and there are many **a**
Heb 10:27 which will devour the **a**

ADVERSARY (*see* ADVERSARIES)

Job 16: 9 my **a** sharpens His gaze on me
Is 50: 8 stand together. Who is My **a**
Matt 5:25 Agree with your **a** quickly
1Pe 5: 8 because your **a** the devil

ADVERSITIES (*see* ADVERSITY)

Ps 31: 7 You have known my soul in **a**

ADVERSITY (*see* ADVERSITIES)

2Sa 12:11 I will raise up **a** against you
Job 2:10 God, and shall we not accept **a**
Ps 35:15 But in my **a** they rejoiced And
Prov 17:17 and a brother is born for **a**
Is 30:20 Lord gives you the bread of **a**
Jer 15:11 with you in the time of **a**

ADVICE (*see* ADVISE, COUNSEL)

2Sa 17:14 the good **a** of Ahithophel, to
1Ki 12: 8 But he rejected the **a** which
1Ki 12:14 to the **a** of the young men
2Co 8:10 And in this I give my **a**

ADVISE (*see* ADVICE, ADVISED, COUNSEL)

1Ki 12: 6 How do you **a** me to answer

ADVISED (*see* ADVISE)

2Sa 17:15 and so Ahithophel **a**
Acts 27: 9 was already over, Paul **a** them

ADVOCATE†

1Jn 2: 1 we have an **A** with the Father,

AFFAIRS

2Ti 2: 4 with the **a** of this life, that

AFFECTION† (*see* AFFECTIONATE, AFFECTIONS)

1Ch 29: 3 because I have set my **a** on
1Co 7: 3 to his wife the **a** due her
Phil 1: 8 with the **a** of Jesus Christ
Phil 2: 1 of the Spirit, if any **a** and

AFFECTIONATE† (*see* AFFECTION, AFFECTIONATELY)

Rom 12:10 Be kindly **a** to one another

AFFECTIONATELY† (*see* AFFECTIONATE)

1Th 2: 8 **a** longing for you, we were

AFFECTIONS† (*see* AFFECTION)

2Co 6:12 are restricted by your own **a**
2Co 7:15 his **a** are greater for you as

AFFIRM

Rom 3: 8 and as some **a** that we say
1Ti 1: 7 nor the things which they **a**

AFFLICT (*see* AFFLICTED, AFFLICTION)

Gen 15:13 they will **a** them four hundred
Ex 1:11 to **a** them with their burdens
Ps 55:19 **a** them, Even He who abides
Ps 94: 5 O LORD, And **a** Your heritage

AFFLICTED (*see* AFFLICT)

Ex 1:12 But the more they **a** them, the
Ruth 1:21 me, and the Almighty has **a** me
Ps 22:24 the affliction of the **a**
Ps 82: 3 Do justice to the **a** and needy
Ps 140:12 maintain The cause of the **a**
Is 53: 4 smitten by God, and **a**
Is 53: 7 He was oppressed and He was **a**
Is 63: 9 all their affliction He was **a**
Matt 4:24 were **a** with various diseases
Heb 11:37 goatskins, being destitute, **a**

AFFLICTION (*see* AFFLICT, AFFLICTIONS)

Gen 16:11 the LORD has heard your **a**
Deut 16: 3 the bread of **a** for you came
Job 30:16 the days of **a** take hold of me
Job 36: 8 held in the cords of **a**,
Ps 22:24 the **a** of the afflicted
Ps 25:18 Look on my **a** and my pain, And
Ps 66:11 You laid **a** on our backs
Ps 88: 9 eye wastes away because of **a**
Ps 106:44 He regarded their **a**, When He
Ps 119:153 Consider my **a** and deliver me,
Is 63: 9 In all their **a** He was
Jer 30:12 Your **a** is incurable, your
Lam 3: 1 **a** by the rod of His wrath
Amos 6: 6 grieved for the **a** of Joseph
Mark 5:29 that she was healed of the **a**
2Co 2: 4 For out of much **a** and anguish
2Co 4:17 For our light **a**, which is but
2Co 8: 2 that in a great trial of **a**
Phil 1:16 to add **a** to my chains
1Th 1: 6 received the word in much **a**
1Th 3: 7 brethren, in all our **a** and
Heb 11:25 choosing rather to suffer **a**

AFFLICTIONS (*see* AFFLICTION)

Mark 3:10 so that as many as had **a**
Luke 7:21 of their infirmities, **a**, and
Col 1:24 is lacking in the **a** of Christ
2Ti 4: 5 in all things, endure **a**, do

AFRAID

Gen 3:10 I was **a** because I was naked
Gen 15: 1 Do not be **a**, Abram
Gen 18:15 not laugh," for she was **a**

Ex 3: 6 for he was a to look upon God
Deut 20: 3 your heart faint, do not be a
Josh 1: 9 do not be a, nor be dismayed,
Job 9:28 I am a of all my sufferings
Job 15:24 and anguish make him a
Job 23:15 consider this, I am a of Him
Ps 3: 6 I will not be a of ten
Ps 27: 1 Of whom shall I be a
Ps 56: 3 Whenever I am a, I will trust
Ps 56:11 I will not be a
Ps 77:16 waters saw You, they were a
Ps 119:120 And I am a of Your judgments
Prov 3:24 lie down, you will not be a
Prov 31:21 She is not a of snow for her
Eccl 12: 5 when they are a of height
Is 12: 2 I will trust and not be a
Is 17: 2 and no one will make them a
Is 51:12 be a of a man who will die
Jer 30:10 and no one shall make him a
Dan 4: 5 I saw a dream which made me a
Matt 1:20 do not be a to take to you
Matt 2:22 Herod, he was a to go there
Matt 25:25 And I was a, and went and hid
Matt 28:10 Do not be a. Go and tell my
Mark 5:36 Do not be a; only believe.
Mark 9:32 saying, and were a to ask Him
Mark 16: 8 to anyone, for they were a
Luke 1:13 Do not be a, Zacharias, for
Luke 1:30 Do not be a, Mary, for you
Luke 8:25 And they were a, and marveled
Luke 12: 4 do not be a of those who kill
John 6:20 "It is I; do not be a
John 14:27 troubled, neither let it be a
Acts 24:25 judgment to come, Felix was a
Acts 27:24 saying, "Do not be a, Paul
Rom 13: 4 But if you do evil, be a
Gal 4:11 I am a for you, lest I have
Heb 11:23 they were not a of the king's
Heb 12:21 I am exceedingly a and
1Pe 3:14 do not be a of their threats,
2Pe 2:10 they are not a to speak evil
Rev 1:17 Do not be a; I am the First

AGE (*see* AGED, AGES)
Gen 15:15 be buried at a good old a
Gen 18:11 passed the a of childbearing
Gen 21: 7 borne him a son in his old a
Gen 48:10 of Israel were dim with a
Ruth 4:15 and a nourisher of your old a
Ps 92:14 still bear fruit in old a
Is 46: 4 even to your old a, I am He,
Matt 12:32 this a or in the a to come
Matt 13:39 harvest is the end of the a
Mark 10:30 in the a to come, eternal
Luke 1:36 conceived a son in her old a
Luke 3:23 at about thirty years of a
Luke 8:42 about twelve years of a, and
Luke 20:34 The sons of this a marry and
John 9:21 He is of a; ask him.
1Co 1:20 is the disputer of this a
1Co 2: 6 yet not the wisdom of this a
1Co 2: 8 of the rulers of this a knew
1Co 3:18 seems to be wise in this a
2Co 4: 4 the god of this a has blinded
Gal 1: 4 us from this present evil a
Eph 1:21 not only in this a but also
Eph 6:12 of the darkness of this a
1Ti 6:17 present a not to be haughty
Heb 6: 5 the powers of the a to come

AGED (*see* AGE)
2Sa 19:32 Barzillai was a very a man
Phm 9 such a one as Paul, the a

AGES† (*see* AGE)
1Co 2: 7 before the a for our glory
1Co 10:11 the ends of the a have come
Eph 2: 7 that in the a to come He
Eph 3: 5 which in other a was not made
Eph 3: 9 from the beginning of the a
Col 1:26 which has been hidden from a
Heb 9:26 now, once at the end of the a

AGONY†
Is 23: 5 they also will be in a at the
Luke 22:44 And being in a, He prayed more

AGREE (*see* AGREED, AGREEMENT)
Matt 5:25 A with your adversary quickly
Matt 18:19 of you a on earth concerning
Matt 20:13 Did you not a with me for a
Mark 14:56 their testimonies did not a
Acts 15:15 the words of the prophets a
Rom 7:16 I a with the law that it is
1Jn 5: 8 and these three a as one

AGREED (*see* AGREE)
Dan 2: 9 For you have a to speak lying
Amos 3: 3 together, unless they are a
Matt 20: 2 Now when he had a with the
Luke 22: 5 glad, and a to give him money
John 9:22 for the Jews had a already

AGREEMENT (*see* AGREE)
Num 30: 2 to bind himself by some a
Num 30:10 herself by an a with an oath
Dan 11: 6 of the North to make an a
2Co 6:16 what a has the temple of God

AGRIPPA
Acts 25:13 And after some days King A
Acts 26: 1 Then A said to Paul, "You

AHAB
1Ki 16:29 A the son of Omri became king
1Ki 18:16 and A went to meet Elijah
1Ki 19: 1 And A told Jezebel all that
1Ki 21: 2 So A spoke to Naboth, saying,

AHASUERUS
Ezra 4: 6 Now in the reign of A, in the
Esth 1: 1 A (this was the A who
Dan 9: 1 year of Darius the son of A

AHAZ
2Ki 15:38 Then A his son reigned in his
2Ki 16: 1 A the son of Jotham, king of
2Ki 16:10 Now King A went to Damascus

2Ki 18: 1 that Hezekiah the son of **A**
Matt 1: 9 begot Jotham, Jotham begot **A**

AHAZIAH (*see* JEHOAHAZ)
1Ki 22:40 Then **A** his son reigned in his
1Ki 22:51 **A** the son of Ahab became king
2Ki 8:25 **A** the son of Jehoram, king of

AHIJAH (*see* AHIMELECH)
1Ki 11:29 that the prophet **A** the
1Ki 15:27 Then Baasha the son of **A**, of
1Ki 15:29 His servant **A** the Shilonite

AHIMELECH (*see* ABIMELECH, AHIJAH)
1Sa 21: 2 So David said to **A** the priest
1Sa 22:16 You shall surely die, **A**, you
2Sa 8:17 **A** the son of Abiathar were
1Ch 24:31 of King David, Zadok, **A**, and

AHITHOPHEL
2Sa 15:31 counsel of **A** into foolishness

AI
Gen 12: 8 on the west and **A** on the east
Gen 13: 3 between Bethel and **A**,
Josh 7: 2 sent men from Jericho to **A**
Josh 8:28 So Joshua burned **A** and made it
Jer 49: 3 O Heshbon, for **A** is plundered

AID
2Sa 21:17 son of Zeruiah came to his **a**
Phil 4:16 Thessalonica you sent **a** once
Heb 2:16 He does not give **a** to angels

AIJALON
Josh 10:12 and Moon, in the Valley of **A**
Judg 12:12 and was buried at **A** in the

AILS
Gen 21:17 What **a** you, Hagar
Ps 114: 5 What **a** you, O sea, that you

AIM† (*see* AIMLESS)
Rom 15:20 it my **a** to preach the gospel
2Co 5: 9 Therefore we make it our **a**

AIMLESS† (*see* AIM)
1Pe 1:18 from your **a** conduct received

AIR
Gen 1:26 sea, over the birds of the **a**
Ps 8: 8 The birds of the **a**, And the
Prov 30:19 the way of an eagle in the **a**
Matt 6:26 Look at the birds of the **a**
Matt 8:20 and birds of the **a** have nests
Mark 4: 4 and the birds of the **a** came
Mark 4:32 **a** may nest under its shade
Acts 22:23 and threw dust into the **a**,
1Co 9:26 not as one who beats the **a**
1Co 14: 9 will be speaking into the **a**
Eph 2: 2 prince of the power of the **a**
1Th 4:17 to meet the Lord in the **a**
Rev 16:17 out his bowl into the **a**, and **a**

AKEL DAMA
Acts 1:19 in their own language, **A**,

ALABASTER†
Esth 1: 6 on a mosaic pavement of **a**
Matt 26: 7 an **a** flask of very costly
Mark 14: 3 a woman came having an **a**
Luke 7:37 house, brought an **a** flask of

ALARM (*see* ALARMED)
Num 10: 9 sound an **a** with the trumpets
Jer 4:19 of the trumpet, the **a** of war

ALARMED (*see* ALARM)
Mark 16: 5 and they were **a**

ALEXANDER
Mark 15:21 a Cyrenian, the father of **A**
Acts 4: 6 priest, Caiaphas, John, and **A**
Acts 19:33 And they drew **A** out of the
1Ti 1:20 of whom are Hymenaeus and **A**
2Ti 4:14 **A** the coppersmith did me much

ALIEN (*see* ALIENS)
2Sa 1:13 I am the son of an **a**, an
Ps 69: 8 an **a** to my mother's children
Mal 3: 5 those who turn away an **a**

ALIENATE† (*see* ALIENATED)
Ezek 48:14 they may not **a** this best part

ALIENATED (*see* ALIENATE)
Ezek 23:17 them, and **a** herself from them
Eph 4:18 being **a** from the life of God,
Col 1:21 And you, who once were **a** and

ALIENS (*see* ALIEN)
Deut 24:14 **a** who is in your land within
1Ch 29:15 For we are **a** and pilgrims
Hos 7: 9 **A** have devoured his strength,
Eph 2:12 being **a** from the commonwealth
Heb 11:34 to flight the armies of the **a**

ALIVE
Gen 6:19 ark, to keep them **a** with you
Gen 45:28 Joseph my son is still **a**
Gen 50:20 day, to save many people **a**
Ex 1:17 but saved the male children **a**
Deut 5: 3 today, all of us who are **a**
Deut 32:39 I kill and I make **a**
2Sa 12:18 while the child was **a**
Ps 22:29 he who cannot keep himself **a**
Ps 30: 3 You have kept me **a**, that I
Ps 124: 3 would have swallowed us **a**
Prov 1:12 us swallow them **a** like Sheol
Matt 27:63 while He was still **a**, how
Luke 15:24 my son was dead and is **a** again
Luke 15:32 your brother was dead and is **a**
Luke 24:23 of angels who said He was **a**
Acts 1: 3 He also presented Himself **a**
Acts 20:12 brought the young man in **a**
Acts 25:19 whom Paul affirmed to be **a**
Rom 6:11 but **a** to God in Christ Jesus

Rom 6:13 God as being **a** from the dead
Rom 7: 9 I was **a** once without the law,
1Co 15:22 in Christ all shall be made **a**
Eph 2: 1 And you He made **a**, who were
1Th 4:17 Then we who are **a** and remain
1Pe 3:18 but made **a** by the Spirit,
Rev 1:18 and behold, I am **a** forevermore
Rev 3: 1 I have a name that you are **a**
Rev 19:20 These two were cast **a** into

ALLELUIA

Rev 19: 1 A! Salvation and glory and

ALLOW (*see* ALLOWED)

Gen 31: 7 God did not **a** him to hurt me
Ex 12:23 not **a** the destroyer to come
Ps 16:10 Nor will You **a** Your Holy One
Ps 66: 9 does not **a** our feet to be
Ps 121: 3 He will not **a** your foot to be
Matt 23:13 nor do you **a** those who are
Mark 1:34 He did not **a** the demons to
Mark 11:16 And He would not **a** anyone to
Luke 4:41 did not **a** them to speak, for
Acts 2:27 nor will You **a** Your Holy One
1Co 10:13 who will not **a** you to be
Rev 2:20 you, because you **a** that woman
Rev 11: 9 not **a** their dead bodies to be

ALLOWED (*see* ALLOW)

Deut 8: 3 **a** you to hunger, and fed you
Job 31:30 (Indeed I have not **a** my mouth
Matt 3:15 Then he **a** Him
Matt 24:43 not **a** his house to be broken
Acts 14:16 **a** all nations to walk in

ALMIGHTY

Gen 17: 1 I am A God; walk before Me
Gen 35:11 said to him: I am God **A**
Ex 6: 3 Isaac, and to Jacob, as God **A**
Ruth 1:21 me, and the **A** has afflicted me
Job 6: 4 arrows of the **A** are within me
Job 11: 7 find out the limits of the **A**
Job 23:16 weak, and the **A** terrifies me
Job 24: 1 are not hidden from the **A**
Job 31:35 that the **A** would answer me,
Job 33: 4 breath of the **A** gives me life
Ps 91: 1 under the shadow of the **A**
Is 13: 6 as destruction from the **A**
Ezek 1:24 like the voice of the **A**, **a**
Ezek 10: 5 like the voice of **A** God when
2Co 6:18 and daughters, says the LORD **A**
Rev 1: 8 was and who is to come, the **A**
Rev 4: 8 Holy, holy, holy, Lord God **A**
Rev 16:14 of that great day of God **A**
Rev 19:15 fierceness and wrath of **A** God

ALMOND

Eccl 12: 5 when the **a** tree blossoms, the
Jer 1:11 I see a branch of an **a** tree

ALMS

Luke 12:33 Sell what you have and give **a**
Acts 3: 3 into the temple, asked for **a**
Acts 10: 2 who gave **a** generously to the
Acts 10: 4 your **a** have come up for **a**

ALOES

Prov 7:17 perfumed my bed with myrrh, **a**
Song 4:14 of frankincense, myrrh and **a**
John 19:39 a mixture of myrrh and **a**,

ALOUD

Gen 45: 2 And he wept **a**, and the
1Ki 18:27 Cry **a**, for he is a god
Ps 51:14 my tongue shall sing **a** of
Prov 1:20 Wisdom calls **a** outside
Is 58: 1 Cry **a**, spare not
Mark 15: 8 Then the multitude, crying **a**

ALPHA†

Rev 1: 8 I am the **A** and the Omega
Rev 1:11 I am the **A** and the Omega
Rev 21: 6 I am the **A** and the Omega
Rev 22:13 I am the **A** and the Omega

ALTAR (*see* ALTARS, CENSER)

Gen 8:20 Noah built an **a** to the LORD
Gen 22: 9 And Abraham built an **a** there
Gen 22: 9 his son and laid him on the **a**
Gen 35: 1 make an **a** there to God, who
Ex 17:15 And Moses built an **a** and called
Ex 27: 1 make an **a** of acacia wood,
Ex 29:37 make atonement for the **a** and
Lev 4: 7 blood on the horns of the **a**
Num 4:13 away the ashes from the **a**
Josh 8:30 Now Joshua built an **a** to the
Josh 22:10 a great, impressive **a**
Judg 6:25 tear down the **a** of Baal that
Judg 13:20 in the flame of the **a**
1Sa 14:35 Saul built an **a** to the LORD
1Ki 1:50 hold of the horns of the **a**
1Ki 8:22 Solomon stood before the **a** of
1Ki 18:35 water ran all around the **a**
2Ki 16:10 saw an **a** that was at Damascus
2Ki 23:16 tombs and burned them on the **a**
Ps 26: 6 So I will go about Your **a**
Ps 43: 4 I will go to the **a** of God
Ps 51:19 shall offer bulls on Your **a**
Ps 118:27 cords to the horns of the **a**
Is 6: 6 with the tongs from the **a**
Ezek 8: 5 and there, north of the **a** gate
Ezek 40:46 who have charge of the **a**
Mal 1: 7 offer defiled food on My **a**
Matt 5:23 you bring your gift to the **a**
Matt 23:18 And, 'Whoever swears by the **a**
Luke 1:11 side of the **a** of incense
Luke 11:51 who perished between the **a**
Acts 17:23 I even found an **a** with this
1Co 10:18 sacrifices partakers of the **a**
Heb 13:10 We have an **a** from which those
Jas 2:21 Isaac his son on the **a**
Rev 6: 9 I saw under the **a** the souls
Rev 8: 3 the saints upon the golden **a**
Rev 8: 5 it with fire from the **a**, and
Rev 14:18 angel came out from the **a**

ALTARS (*see* ALTAR)

Ex 34:13 But you shall destroy their **a**
Lev 26:30 cut down your incense **a**, and
Num 3:31 table, the lampstand, the **a**
Num 23: 1 Build seven **a** for me here
1Ki 19:10 covenant, torn down Your **a**
2Ki 11:18 priest of Baal before the **a**
Ps 84: 3 Even your **a**, O LORD of hosts,
Is 17: 8 He will not look to the **a**
Is 65: 3 and burn incense on **a** of brick
Jer 11:13 up **a** to that shameful thing
Jer 11:13 **a** to burn incense to Baal
Rom 11: 3 prophets and torn down Your **a**

ALWAYS (*see* EVER, FOREVER)

Ex 25:30 on the table before Me **a**
Ex 28:38 it shall **a** be on his forehead
Deut 5:29 **a** keep all My commandments,
Deut 14:23 to fear the LORD your God **a**
2Sa 9:10 shall eat bread at my table **a**
1Ki 11:36 **a** have a lamp before Me in
Ps 9:18 shall not **a** be forgotten
Ps 10: 5 His ways are **a** prospering
Ps 16: 8 have set the LORD **a** before me
Ps 73:12 ungodly, Who are **a** at ease
Ps 103: 9 He will not **a** strive with us,
Prov 5:19 **a** be enraptured with her love
Prov 8:30 rejoicing **a** before Him,
Prov 28:14 is the man who is **a** reverent
Eccl 9: 8 Let your garments **a** be white
Is 57:16 nor will I **a** be angry
Jer 20:17 her womb **a** enlarged with me
Matt 26:11 you have the poor with you **a**
Matt 28:20 and lo, I am with you **a**, even
Luke 15:31 him, 'Son, you are **a** with me
Luke 18: 1 that men **a** ought to pray and
John 6:34 Lord, give us this bread **a**
John 18:20 I **a** taught in synagogues and
John 18:20 temple, where the Jews **a** meet
Acts 2:25 the LORD **a** before my face
Rom 1: 9 of you **a** in my prayers,
1Co 1: 4 I thank my God **a** concerning
1Co 15:58 **a** abounding in the work of
2Co 2:14 who **a** leads us in triumph in
2Co 4:10 **a** carrying about in the body
2Co 6:10 as sorrowful, yet **a** rejoicing
2Co 9: 8 **a** having all sufficiency in
Eph 5:20 giving thanks **a** for all
Eph 6:18 praying **a** with all prayer and
Phil 1: 4 **a** in every prayer of mine
Phil 4: 4 Rejoice in the Lord **a**
Col 4: 6 your speech **a** be with grace
1Th 5:16 Rejoice **a**,
2Th 1: 3 bound to thank God **a** for you
2Ti 3: 7 **a** learning and never able to
1Pe 3:15 **a** be ready to give a defense

AM

Gen 4: 9 A I my brother's keeper
Gen 15: 1 I **a** your shield, your
Gen 15: 7 I **a** the LORD, who brought you
Gen 17: 1 to him, "I **a** Almighty God
Gen 18:17 from Abraham what I **a** doing
Gen 18:27 I who **a** but dust and ashes
Gen 22: 1 And he said, "Here I **a**."
Gen 26:24 I **a** the God of your father
Gen 26:24 do not fear, for I **a** with you
Gen 28:13 I **a** the LORD God of Abraham
Gen 28:15 I **a** with you and will keep you
Gen 45: 3 to his brothers, "I **a** Joseph
Gen 46: 3 I **a** God, the God of your
Ex 3: 4 And he said, "Here I **a**."
Ex 3: 6 I **a** the God of your father
Ex 3:11 Who **a** I that I should go to
Ex 3:14 said to Moses, "I **A** WHO I **A**
Ex 3:14 I **A** has sent me to you
Ex 6: 2 I **a** the LORD
Ex 6:12 for I **a** of uncircumcised lips
Ex 7: 5 shall know that I **a** the LORD
Ex 15:26 For I **a** the LORD who heals
Ex 20: 5 **a** a jealous God, visiting the
Lev 11:45 be holy, for I **a** holy
Num 18:20 I **a** your portion and your
Deut 5: 9 **a** a jealous God, visiting the
Deut 32:39 I, **a** He, and there is no God
Ruth 3: 9 I **a** Ruth, your maidservant
Ruth 3:12 that I **a** a close relative;
1Sa 3: 5 Here I **a**, for you called me
2Sa 7:18 Who **a** I, O Lord GOD
2Sa 11: 5 and said, "I **a** with child
1Ki 18:22 I alone **a** left a prophet of
2Ki 5: 7 A I God, to kill and make
Neh 6: 3 I **a** doing a great work, so
Job 10:15 I **a** full of disgrace
Job 12: 3 I **a** not inferior to you
Job 40: 4 Behold, I **a** vile
Ps 6: 6 I **a** weary with my groaning
Ps 22: 6 But I **a** a worm, and no man
Ps 22:14 I **a** poured out like water, And
Ps 31: 9 O LORD, for I **a** in trouble
Ps 37:25 have been young, and now **a** old
Ps 40:17 But I **a** poor and needy
Ps 46:10 still, and know that I **a** God
Ps 116:16 I **a** Your servant, the son of
Ps 120: 7 I **a** for peace
Ps 139:14 You, for I **a** fearfully and
Song 2:16 beloved is mine, and I **a** his
Song 6: 3 I **a** my beloved's, and my
Is 6: 5 Because I **a** a man of unclean
Is 6: 8 Here **a** I! Send me.
Is 8:18 Here **a** I and the children whom
Is 41: 4 I, the LORD, **a** the first
Is 41:10 Fear not, for I **a** with you
Is 41:10 dismayed, for I **a** your God
Is 42: 8 I **a** the LORD, that is My name
Is 43:11 **a** the LORD, and besides Me
Is 44: 6 **a** the First and I am the Last
Is 45: 5 I **a** the LORD, and there is no
Is 48:12 I **a** He, I am the First, I am
Jer 1: 6 cannot speak, for I **a** a youth
Jer 1: 8 for I **a** with you to deliver
Jer 15:16 for I **a** called by Your name,
Jer 15:20 for I **a** with you to save you
Ezek 6: 7 shall know that I **a** the LORD
Ezek 26: 3 I **a** against you, O Tyre, and
Ezek 28: 2 I **a** a god, I sit in the seat
Ezek 28:22 I **a** against you, O Sidon

Ezek 38: 3 I a against you, O Gog,
Hos 11: 9 For I a God, and not man, the
Matt 3:11 whose sandals I a not worthy
Matt 3:17 Son, in whom I a well pleased
Matt 8: 8 Lord, I a not worthy that You
Matt 8: 9 For I also a a man under
Matt 16:15 But who do you say that I a
Matt 20:22 that I a baptized with
Matt 22:32 I a the God of Abraham, the
Matt 24: 5 I a the Christ,' and will
Matt 27:43 He said, "I a the Son of God
Matt 28:20 I a with you always, even to
Luke 15:19 a no longer worthy to be
Luke 18:11 that I a not like other men
John 1:20 I a not the Christ
John 4:26 I who speak to you a He
John 6:35 them, "I a the bread of life
John 6:51 I a the living bread which
John 7:34 where I a you cannot come
John 8:12 I a the light of the world
John 8:14 came from and where I a going
John 8:23 I a from above
John 8:23 I a not of this world
John 8:24 do not believe that I a He
John 8:58 you, before Abraham was, I A
John 9: 5 As long as I a in the world
John 10: 7 I a the door of the sheep
John 10:11 I a the good shepherd
John 10:36 I said, 'I a the Son of God'
John 11:25 I a the resurrection and the
John 12:26 and where I a, there My
John 12:32 if I a lifted up from the
John 14: 3 that where I a, there you may
John 14: 6 I a the way, the truth, and
John 14:10 that I a in the Father, and
John 14:28 I a going to the Father,'
John 15: 1 I a the true vine, and My
John 17:14 just as I a not of the world
John 18: 5 Jesus said to them, "I a He
John 19:21 I a the King of the Jews
John 20:17 I a ascending to My Father
Acts 9: 5 I a Jesus, whom you are
Acts 10:26 I myself a also a man
Acts 22: 8 I a Jesus of Nazareth, whom
Acts 26:15 I a Jesus, whom you are
Rom 1:15 me, I a ready to preach the
Rom 1:16 For I a not ashamed of the
Rom 7:14 but I a carnal, sold under
Rom 7:24 O wretched man that I a
Rom 8:38 For I a persuaded that
Rom 9: 1 I a not lying, my conscience
1Co 1:12 you says, "I a of Paul," or
1Co 9: 1 A I not an apostle
1Co 9: 1 A I not free? Have I not
1Co 13: 2 have not love, I a nothing
1Co 13:12 know just as I also a known
1Co 15: 9 For I a the least of the
1Co 15: 9 who a not worthy to be called
Eph 3: 8 who a less than the least of
Eph 6:20 for which I a an ambassador
Phil 4:11 learned in whatever state I a
Col 2: 5 For though I a absent in the
Col 2: 5 yet I a with you in spirit,
1Ti 1:15 sinners, of whom I a chief
Rev 1: 8 I a the Alpha and the Omega,
Rev 1:17 I a the First and the Last
Rev 1:18 I a He who lives, and was dead
Rev 1:18 behold, I a alive forevermore
Rev 2:23 I a He who searches the minds
Rev 3:17 say, 'I a rich, have become
Rev 16:15 Behold, I a coming as a thief
Rev 22: 7 I a coming quickly
Rev 22:16 I a the Root and the Offspring

AMALEK (*see* AMALEKITE)
Gen 36:12 son, and she bore A to Eliphaz
Ex 17:13 So Joshua defeated A and his

AMALEKITE (*see* AMALEK)
1Sa 30:13 from Egypt, servant of an A
2Sa 1: 8 So I answered him, I am an A

AMAZED (*see* AMAZEMENT, ASTONISHED)
Is 13: 8 they will be a at one another
Matt 12:23 And all the multitudes were a
Mark 6:51 And they were greatly a in
Luke 2:48 they saw Him, they were a
Acts 9:21 Then all who heard were a

AMAZEMENT† (*see* AMAZED)
Mark 5:42 were overcome with great a
Acts 3:10 a at what had happened to him
Rev 17: 6 her, I marveled with great a

AMAZIAH
2Ki 13:12 against A king of Judah, are
2Ki 14: 1 A the son of Joash, king of
Amos 7:12 Then A said to Amos

AMBASSADOR (*see* AMBASSADORS)
Eph 6:20 for which I am an a in chains

AMBASSADORS (*see* AMBASSADOR)
Is 18: 2 which sends a by sea, even in
2Co 5:20 Therefore we are a for Christ

AMBITION† (*see* AMBITIONS)
Phil 1:16 preach Christ from selfish a
Phil 2: 3 through selfish a or conceit

AMBITIONS† (*see* AMBITION)
2Co 12:20 wrath, selfish a
Gal 5:20 wrath, selfish a

AMEN
Num 5:22 woman shall say, "A, so be it
Deut 27:16 all the people shall say, 'A
Ps 41:13 everlasting! A and Amen.
Ps 72:19 His glory. A and Amen.
Ps 89:52 forevermore! A and Amen.
Ps 106:48 let all the people say, "A!"
Matt 6:13 and the glory forever. A.
Matt 28:20 to the end of the age." A.
Mark 16:20 the accompanying signs. A.
Luke 24:53 praising and blessing God. A.
John 21:25 that would be written. A.
Rom 15:33 peace be with you all. A.
Rom 16:20 Jesus Christ be with you. A.

1Co 14:16 A" at your giving of thanks,
1Co 16:24 you all in Christ Jesus. A.
2Co 1:20 in Him are Yes, and in Him A
2Co 13:14 Spirit be with you all. A.
Gal 6:18 Christ be with your spirit. A
Eph 3:21 world without end. A.
Col 4:18 Grace be with you. A.
Heb 13:21 be glory forever and ever. A
1Pe 4:11 dominion forever and ever. A.
Rev 1: 7 of Him. Even so, A.
Rev 1:18 I am alive forevermore. A.
Rev 3:14 These things says the A
Rev 5:14 living creatures said, "A!"
Rev 19: 4 saying, "A! Alleluia!"
Rev 22:20 I am coming quickly." A.
Rev 22:21 Christ be with you all. A.

AMISS
Jas 4: 3 receive, because you aska

AMITTAI†
2Ki 14:25 Jonah the son of A
Jon 1: 1 Jonah the son of A

AMMINADAB
Num 1: 7 Judah, Nahshon the son of A
Ruth 4:19 begot Ram, and Ram begot A
Luke 3:33 the son of A, the son of Ram,

AMMON (*see* AMMONITE)
Gen 19:38 the people of A to this day
Deut 3:11 in Rabbah of the people of A

AMMONITE (*see* AMMON)
Deut 23: 3 An A or Moabite shall not

AMNON
2Sa 13: 1 A the son of David loved her

AMON
2Ki 21:24 had conspired against King A
Jer 1: 2 days of Josiah the son of A
Matt 1:10 and A begot Josiah

AMORITE (*see* AMORITES)
Gen 10:16 the Jebusite, the A, and the
Deut 2:24 into your hand Sihon the A
Ezek 16: 3 your father was an A and your
Ezek 16:45 a Hittite and your father an A

AMORITES (*see* AMORITE)
Gen 14: 7 and also the A who dwelt in
Gen 15:16 of the A is not yet complete
Gen 15:21 the A, the Canaanites, the
Ex 3: 8 and the Hittites and the A and
Num 21:21 to Sihon king of the A,
Deut 31: 4 and Og, the kings of the A
Ps 135:11 Sihon king of the A, Og king

AMOS
Amos 1: 1 The words of A, who was among
Amos 7: 8 A, what do you see

AMOZ
Is 1: 1 vision of Isaiah the son of A

AMPHIPOLIS†
Acts 17: 1 they had passed through A

AMRAM
Num 26:59 to A she bore Aaron and Moses

ANAK (*see* ANAKIM)
Num 13:33 of A came from the giants)

ANAKIM (*see* ANAK)
Deut 2:11 as giants, like the A, but

ANANIAS
Acts 5: 3 A, why has Satan filled your
Acts 9:10 disciple at Damascus named A

ANATHOTH
Jer 1: 1 in A in the land of Benjamin
Jer 29:27 not reproved Jeremiah of A
Jer 32: 7 Buy my field which is in A

ANCHOR† (*see* ANCHORS)
Heb 6:19 we have as an a of the soul

ANCHORS (*see* ANCHOR)
Acts 27:29 dropped four a from the stern

ANCIENT
Deut 33:15 things of the a mountains
Ps 77: 5 of old, The years of a times
Prov 22:28 Do not remove the a landmark
Eccl 1:10 been in a times before us
Is 19:11 the wise, the son of a kings
Is 23: 7 antiquity is from a days,
Jer 5:15 nation, it is an a nation
Dan 7: 9 and the A of Days was seated
2Pe 2: 5 and did not spare the a world

ANDREW
Matt 10: 2 Peter, and A his brother
Mark 1:29 the house of Simon and A. with
John 12:22 Philip came and told A
Acts 1:13 Peter, James, John, and A

ANGEL (*see* ANGELS)
Gen 16: 7 Now the A of the LORD found
Gen 16:11 the A of the LORD said to her
Gen 21:17 Then the a of God called to
Gen 24: 7 He will send His a before you
Gen 48:16 the A who has redeemed me
Ex 3: 2 the A of the LORD appeared to
Num 22:23 Now the donkey saw the A of
Judg 13: 6 countenance of the A of God
1Sa 29: 9 in my sight as an a of God
2Sa 14:17 for as the a of God, so is my
2Sa 14:20 to the wisdom of the a of God
2Sa 24:16 when the a stretched out His
2Sa 24:17 a who was striking the people
Ps 34: 7 The a of the LORD encamps all
Ps 35: 5 let the a of the LORD chase

Is 63: 9 the **A** of His Presence saved
Dan 3:28 and Abed-Nego, who sent His **A**
Dan 6:22 My God sent His **a** and shut the
Hos 12: 4 Yes, he struggled with the **A**
Zech 1: 9 So the **a** who talked with me
Zech 1:11 answered the **A** of the LORD
Matt 1:20 an **a** of the Lord appeared to
Luke 1:26 **a** Gabriel was sent by God to
Luke 2:13 **a** a multitude of the heavenly
Acts 12: 7 an **a** of the Lord stood by him
2Co 11:14 himself into an **a** of light
Gal 1: 8 or an **a** from heaven, preach
Rev 1: 1 by His **a** to His servant John
Rev 2: 1 To the **a** of the church of
Rev 8: 5 Then the **a** took the censer,
Rev 9:11 the **a** of the bottomless pit
Rev 21:17 of a man, that is, of an **a**

ANGELS (*see* ANGEL)

Gen 19: 1 Now the two **a** came to Sodom
Gen 28:12 and there the **a** of God were
Ps 8: 5 him a little lower than the **a**
Ps 91:11 give His **a** charge over you
Ps 103:20 Bless the LORD, you His **a**
Ps 104: 4 Who makes His **a** spirits, His
Ps 148: 2 Praise Him, all His **a**
Matt 4: 6 He shall give His **a** charge
Matt 13:39 age, and the reapers are the **a**
Matt 16:27 of His Father with His **a**, and
Matt 24:31 He will send His **a** with a
Matt 25:31 and all the holy **a** with Him
Matt 26:53 more than twelve legions of **a**
Luke 2:15 when the **a** had gone away from
Luke 15:10 **a** of God over one sinner who
John 1:51 the **a** of God ascending and
John 20:12 And she saw two **a** in white
Rom 8:38 nor **a** nor principalities nor
1Co 6: 3 know that we shall judge **a**
1Co 11:10 on her head, because of the **a**
1Co 13: 1 the tongues of men and of **a**
1Ti 3:16 in the Spirit, seen by **a**,
Heb 1: 4 so much better than the **a**
Heb 2: 7 a little lower than the **a**
Heb 12:22 an innumerable company of **a**
Heb 13: 2 unwittingly entertained **a**
1Pe 1:12 things which **a** desire to look
2Pe 2: 4 not spare the **a** who sinned
Jude 6 the **a** who did not keep their
Rev 1:20 the **a** of the seven churches
Rev 5:11 of many **a** around the throne
Rev 8: 2 I saw the seven **a** who stand
Rev 12: 7 the dragon and his **a** fought,
Rev 21:12 twelve **a** at the gates, and

ANGER (*see* ANGRY)

Gen 27:45 **a** turns away from you, and he
Ex 4:14 So the **a** of the LORD was
Ex 32:19 So Moses' **a** became hot, and he
Num 22:22 Then God's **a** was aroused
Num 22:27 so Balaam's **a** was aroused
Num 24:10 Then Balak's **a** was aroused
Deut 4:25 your God to provoke Him to **a**
Deut 13:17 from the fierceness of His **a**
Deut 32:22 For a fire is kindled in My **a**

1Sa 20:34 from the table in fierce **a**
Neh 9:17 and merciful, slow to **a**,
Job 21:17 God distributes in His **a**
Job 35:15 He has not punished in His **a**
Ps 6: 1 do not rebuke me in Your **a**
Ps 7: 6 Arise, O LORD, in Your **a**
Ps 30: 5 For His **a** is but for a moment
Ps 69:24 wrathful **a** take hold of them
Ps 78:50 He made a path for His **a**
Ps 85: 5 Your **a** to all generations
Ps 90:11 Who knows the power of Your **a**
Ps 103: 8 and gracious, Slow to **a**, and
Ps 103: 9 will He keep His **a** forever
Prov 15: 1 but a harsh word stirs up **a**
Eccl 5:17 much sorrow and sickness and **a**
Is 10: 5 to Assyria, the rod of My **a**
Is 48: 9 name's sake I will defer My **a**
Is 63: 3 I have trodden them in My **a**
Jer 17: 4 My **a** which shall burn forever
Hos 13:11 I gave you a king in My **a**
Hos 14: 4 for My **a** has turned away from
Joel 2:13 and merciful, slow to **a**, and of
Amos 1:11 his **a** tore perpetually, and he
Jon 4: 2 and merciful God, slow to **a**
Mic 7:18 does not retain His **a** forever
Nah 1: 3 the LORD is slow to **a** and
Zeph 2: 3 in the day of the LORD'S **a**
Eph 4:31 Let all bitterness, wrath, **a**
Col 3: 8 **a**, wrath, malice, blasphemy,

ANGRY (*see* ANGER)

Gen 4: 5 And Cain was very **a**, and his
Gen 18:30 Let not the Lord be **a**, and I
Gen 31:36 Then Jacob was **a** and rebuked
Gen 34: 7 men were grieved and very **a**
Ps 2:12 Kiss the Son, lest He be **a**
Ps 4: 4 Be **a**, and do not sin
Ps 7:11 And God is **a** with the wicked
Ps 79: 5 Will You be **a** forever
Prov 21:19 with a contentious and **a** woman
Prov 22:24 no friendship with an **a** man
Prov 25:23 tongue an **a** countenance
Prov 29:22 An **a** man stirs up strife, and
Eccl 7: 9 hasten in your spirit to be **a**
Jer 3: 5 Will He remain **a** forever
Dan 2:12 this reason the king was **a**
Jon 4: 1 exceedingly, and he became **a**
Jon 4: 4 Is it right for you to be **a**
Matt 2:16 wise men, was exceedingly **a**
Matt 5:22 **a** with his brother without **a**
Matt 18:34 And his master was **a**, and
Eph 4:26 Be **a**, and do not sin"
Heb 3:10 Therefore I was **a** with that
Heb 3:17 whom was He **a** forty years
Rev 11:18 The nations were **a**, and Your

ANGUISH

Gen 42:21 for we saw the **a** of his soul
Ex 6: 9 Moses, because of **a** of spirit
Ps 77:10 This is my **a**; but I will
Ps 119:143 **a** have overtaken me, Yet Your
Prov 1:27 distress and **a** come upon you
Jer 15: 8 I will cause **a** and terror to
Jer 49:24 **A** and sorrows have taken her

John 16:21 she no longer remembers the **a**
Rom 2: 9 tribulation and **a**, on every
2Co 2: 4 **a** of heart I wrote to you,

ANIMAL (*see* ANIMALS, BEAST)
Gen 7: 2 seven each of every clean **a**
Gen 8:19 Every **a**, every creeping thing
Lev 18:23 Nor shall you mate with any **a**
Deut 4:17 the likeness of any **a** that is
Deut 14: 6 And you may eat every **a** with
Eccl 3:21 and the spirit of the **a**

ANIMALS (*see* ANIMAL, BEASTS)
Gen 7: 2 two each of **a** that are
Gen 7: 8 Of clean **a**, of animals that
Gen 7: 8 of **a** that are unclean, of
Ex 11: 5 and all the firstborn of the **a**
Lev 20:25 distinguish between clean **a**
Num 18:15 of unclean **a** you shall redeem
Deut 14: 6 chews the cud, among the **a**
Eccl 3:19 man has no advantage over **a**
Acts 10:12 four-footed **a** of the earth
1Cor 15:39 of men, another flesh of **a**

ANNA†
Luke 2:36 Now there was one, **A**, a

ANNAS
Luke 3: 2 **A** and Caiaphas being high

ANNUL† (*see* ANNULLING, ANNULS)
Job 40: 8 you indeed **a** My judgment
Is 14:27 purposed, and who will **a** it
Gal 3:17 cannot **a** the covenant that

ANNULLING† (*see* ANNUL)
Heb 7:18 **a** of the former commandment

ANNULS† (*see* ANNUL)
Gal 3:15 no one **a** or adds to it

ANOINT (*see* ANOINTED, ANOINTING)
Ex 28:41 You shall **a** them, consecrate
Ex 29: 7 pour it on his head, and **a** him
Ex 30:30 And you shall **a** Aaron and his
Ex 40: 9 **a** the tabernacle and all that
Judg 9: 8 forth to **a** a king over them
1Sa 15: 1 The LORD sent me to **a** you
1Sa 15:17 did not the LORD **a** you king
1Sa 16:12 the LORD said, Arise, **a** him
1Ki 1:34 Nathan the prophet **a** him king
Ps 23: 5 You **a** my head with oil
Dan 9:24 and to **a** the Most Holy
Mark 14: 8 to **a** My body for burial
Rev 3:18 **a** your eyes with eye salve,

ANOINTED (*see* ANOINT)
Gen 31:13 where you **a** the pillar and
Lev 16:32 And the priest, who is **a** and
1Sa 2:10 and exalt the horn of His **a**
1Sa 2:35 walk before My **a** forever
1Sa 12: 3 the LORD and before His **a**
1Sa 16:13 **a** him in the midst of his
2Sa 2: 4 there they **a** David king over
2Sa 22:51 king, and shows mercy to His **a**
1Ki 1:39 the tabernacle and **a** Solomon
1Ch 16:22 Do not touch My **a** ones, and do
Ps 2: 2 the LORD and against His **A**
Ps 18:50 king, And shows mercy to His **a**
Ps 45: 7 has **a** You With the oil of
Ps 105:15 Do not touch My **a** ones, And do
Is 61: 1 because the LORD has **a** Me to
Eze'.. 28:14 You were the **a** cherub who
Zech 4:14 These are the two **a** ones, who
Mark 6:13 **a** with oil many who were sick
Luke 4:18 because He has **a** Me to preach
Luke 7:38 **a** them with the fragrant oil
Luke 7:46 but this woman has **a** My feet
John 9: 6 He **a** the eyes of the blind
John 11: 2 It was that Mary who **a** the
John 12: 3 **a** the feet of Jesus, and wiped
Heb 1: 9 has **a** You with the oil of

ANOINTING (*see* ANOINT)
Ex 25: 6 and spices for the **a** oil and
Jas 5:14 **a** him with oil in the name of
1Jn 2:20 But you have an **a** from the

ANT† (*see* ANTS)
Prov 6: 6 Go to the **a**, you sluggard

ANTICHRIST† (*see* ANTICHRISTS)
1Jn 2:18 heard that the **A** is coming
1Jn 2:22 He is **a** who denies the Father
1Jn 4: 3 this is the spirit of the **A**
2Jn 7 This is a deceiver and an **a**

ANTICHRISTS† (*see* ANTICHRIST)
1Jn 2:18 even now many **a** have come

ANTIOCH
Acts 11:26 first called Christians in **A**
Acts 13: 1 in the church that was at **A**

ANTITYPE† (see TYPE)
1Pe 3:21 There is also an **a** which now

ANTS† (*see* ANT)
Prov 30:25 the **a** are a people not strong

ANXIETY (*see* ANXIOUS)
Prov 12:25 **A** in the heart of man causes
Ezek 4:16 eat bread by weight and with **a**
Ezek 12:18 water with trembling and **a**

ANXIOUS (*see* ANXIETY, ANXIOUSLY)
1Sa 9:20 do not be **a** about them, for
Luke 12:26 why are you **a** for the rest
Phil 4: 6 Be **a** for nothing, but in

ANXIOUSLY† (*see* ANXIOUS)
Luke 2:48 father and I have sought You **a**

APOLLONIA†
Acts 17: 1 through Amphipolis and **A**, they

APOLLOS
Acts 18:24 Now a certain Jew named **A**

1Co 1:12 I am of A," or "I am of
1Co 3: 6 A watered, but God gave the

APOLLYON†
Rev 9:11 in Greek he has the name A

APOSTLE (*see* APOSTLES, APOSTLESHIP)
Rom 1: 1 Christ, called to be an a
Rom 11:13 as I am an a to the Gentiles
1Co 9: 1 Am I not an a?
1Co 15: 9 not worthy to be called an a
Gal 1: 1 Paul, an a (not from men nor
1Ti 2: 7 appointed a preacher and an a
Heb 3: 1 calling, consider the A and

APOSTLES (*see* APOSTLE, APOSTLES')
Matt 10: 2 of the twelve a are these
Luke 6:13 twelve whom He also named a
Luke 11:49 will send them prophets and a
Acts 1:26 numbered with the eleven a
Acts 5:18 and laid their hands on the a
1Co 9: 5 wife, as do also the other a
1Co 12:28 first a, second prophets,
1Co 12:29 Are all a? Are all prophets?
1Co 15: 7 by James, then by all the a
1Co 15: 9 For I am the least of the a
2Co 11:13 For such are false a,
Eph 2:20 on the foundation of the a
Eph 3: 5 by the Spirit to His holy a
Eph 4:11 He Himself gave some to be a
Rev 2: 2 those who say they are a and
Rev 21:14 of the twelve a of the Lamb

APOSTLES' (*see* APOSTLES)
Acts 2:42 steadfastly in the a doctrine
Acts 4:35 and laid them at the a feet
Acts 8:18 the laying on of the a hands

APOSTLESHIP (*see* APOSTLE)
Acts 1:25 and a from which Judas by
1Co 9: 2 the seal of my a in the Lord

APPALLED (*see* CONFOUNDED)

APPAREL
2Sa 13:18 virgin daughters wore such a
Is 63: 1 One who is glorious in His a
Is 63: 2 Why is Your a red, and Your
Acts 1:10 men stood by them in white a
1Ti 2: 9 adorn themselves in modest a
Jas 2: 2 with gold rings, in fine a

APPEAL (*see* APPEALED)
Acts 25:11 I a to Caesar
Phm 9 love's sake I rather a to you
Phm 10 I a to you for my son
Heb 13:22 I a to you, brethren, bear

APPEALED (*see* APPEAL)
Acts 25:12 You have a to Caesar

APPEAR (*see* APPEARANCE, APPEARED, APPEARING, APPEARS)
Gen 1: 9 and let the dry land a"
Ex 23:17 shall a before the Lord GOD
Ps 90:16 Let Your work a to Your
Ps 102:16 He shall a in His glory
Song 2:12 The flowers a on the earth
Matt 6:16 may a to men to be fasting
Matt 24:30 Son of Man will a in heaven
Luke 19:11 of God would a immediately
Rom 7:13 But sin, that it might a sin
2Co 5:10 For we must all a before the
Col 3: 4 also will a with Him in glory
Heb 9:24 now to a in the presence of
Heb 9:28 Him He will a a second time
1Pe 4:18 the ungodly and the sinner a

APPEARANCE (*see* APPEAR)
Gen 29:17 was beautiful of form and a
1Sa 16: 7 man looks at the outward a
Ezek 1:26 the a of a man high above it
Dan 8:15 me one having the a of a man
Dan 10: 6 face like the a of lightning
Luke 9:29 the a of His face was altered
John 7:24 Do not judge according to a
2Co 10: 7 according to the outward a
Phil 2: 8 And being found in a as a man

APPEARED (*see* APPEAR)
Gen 12: 7 Then the LORD a to Abram and
Ex 3: 2 the Angel of the LORD a to
Dan 5: 5 the fingers of a man's hand a
Matt 1:20 the Lord a to him in a dream
Matt 2: 7 them what time the star a
Matt 17: 3 Elijah a to them, talking
Matt 27:53 the holy city and a to many
Mark 16: 9 He a first to Mary Magdalene,
Mark 16:12 He a in another form to two
Mark 16:14 Later He a to the eleven
Luke 9: 8 and by some that Elijah had a
Luke 24:34 indeed, and has a to Simon
Acts 2: 3 Then there a to them divided
Acts 7:35 who a to him in the bush
Acts 9:17 who a to you on the road as
Acts 16: 9 a vision a to Paul in the
Tit 2:11 salvation has a to all men
Tit 3: 4 God our Savior toward man a

APPEARING† (*see* APPEAR)
1Ti 6:14 our Lord Jesus Christ's a
2Ti 1:10 now been revealed by the a of
2Ti 4: 1 living and the dead at His a
2Ti 4: 8 to all who have loved His a
Tit 2:13 glorious a of our great God

APPEARS (*see* APPEAR)
Ps 84: 7 Each one of them a before
Mal 3: 2 And who can stand when He a
Col 3: 4 When Christ who is our life a
Jas 4:14 that a for a little time and
1Pe 5: 4 and when the Chief Shepherd a
1Jn 2:28 abide in Him, that when He a

APPLE (*see* APPLES)
Deut 32:10 kept him as the a of His eye
Song 2: 3 Like an a tree among the

APPLES (*see* APPLE)
Prov 25:11 like a of gold in settings of

APPLY
Prov 2: 2 a your heart to understanding
Prov 22:17 a your heart to my knowledge
Prov 23:12 A your heart to instruction,

APPOINT (*see* APPOINTED, APPOINTS)
2Sa 6:21 to a me ruler over the people
Job 9:19 who will a my day in court
Matt 24:51 a him his portion with the
1Th 5: 9 For God did not a us to wrath

APPOINTED (*see* APPOINT)
Gen 4:25 For God has a another seed
Gen 18:14 At the a time I will return
Num 10:10 gladness, in your a feasts
1Sa 25:30 has a you ruler over Israel,
2Ch 8:13 the three a yearly feasts
Job 34:13 Or who a Him over the whole
Ps 78: 5 a a law in Israel, Which He
Ps 79:11 those who are a to die
Ps 104:19 He a the moon for seasons
Is 1:14 your a feasts my soul hates
Jer 43:11 to death those a for death
Ezek 45:17 at all the a seasons of the
Dan 8:19 for at the a time the end
Hos 9: 5 What will you do in the a day
Hab 1:12 You have a them for judgment
Zeph 3:18 sorrow over the a assembly
Matt 28:16 which Jesus had a for them
Mark 3:14 Then He a twelve, that they
Luke 3:13 more than what is a for you
Luke 10: 1 Lord a seventy others also
John 15:16 a you that you should go and
Acts 13:48 And as many as had been a to
Acts 14:23 So when they had a elders in
Acts 17:31 because He has a a day on
Rom 13: 1 that exist are a by God
1Co 12:28 God has a these in the church
2Co 10:13 of the sphere which God a us
Gal 3:19 it was a through angels by
Gal 4: 2 the time a by the father
Phil 1:17 knowing that I am a for the
1Ti 2: 7 for which I was a a preacher
Heb 1: 2 whom He has a heir of all
Heb 3: 2 was faithful to Him who a Him
Heb 9:27 as it is a for men to die
1Pe 2: 8 to which they also were a

APPOINTS† (*see* APPOINT)
Dan 5:21 a over it whomever He chooses
Heb 7:28 For the law a as high priests
Heb 7:28 law, a the Son who has been

APPREHENDED† (*see* ARRESTED)
Phil 3:13 do not count myself to have a

APPROACH (*see* APPROACHES, APPROACHING)
Lev 18:14 You shall not a his wife
Lev 18:19 Also you shall not a a woman
Deut 31:14 the days a when you must die
Job 31:37 like a prince I would a Him
Job 41:13 Who can a him with a double
Ps 65: 4 You choose, And cause to a You
Ezek 43:19 who a Me to minister to Me,'
Luke 8:19 could not a Him because of
Heb 10: 1 make those who a perfect

APPROACHES† (*see* APPROACH)
Lev 20:16 If a woman a any beast and
Luke 12:33 where no thief a nor moth

APPROACHING† (*see* APPROACH)
Is 58: 2 they take delight in a God
Heb 10:25 the more as you see the Day a

APPROVE (*see* APPROVED, APPROVES)
Ps 49:13 posterity who a their sayings
Lam 3:36 the Lord does not a
Luke 11:48 a the deeds of your fathers
Rom 2:18 and a the things that are

APPROVED (*see* APPROVE)
Rom 14:18 acceptable to God and a by men
Rom 16:10 Greet Apelles, a in Christ
1Co 11:19 that those who are a may be
2Co 10:18 he who commends himself is a
2Co 13: 7 not that we should appear a
1Th 2: 4 But as we have been a by God
2Ti 2:15 to present yourself a to God

APPROVES† (*see* APPROVE)
Rom 14:22 condemn himself in what he a

AQUILA
Acts 18: 2 found a certain Jew named A
Acts 18:18 Priscilla and A were with him
Acts 18:26 When A and Priscilla heard him

ARABAH
Deut 3:17 Sea of the A (the Salt Sea)

ARABIA (*see* ARABS)
1Ki 10:15 from all the kings of A, and
Gal 1:17 but I went to A, and returned
Gal 4:25 Hagar is Mount Sinai in A

ARABS† (*see* ARABIA)
Neh 4: 7 when Sanballat, Tobiah, the A
Acts 2:11 Cretans and A—we hear them

ARAM (*see* ARAMAIC, MESOPOTAMIA, SYRIA)
Num 23: 7 of Moab has brought me from A

ARAMAIC (*see* ARAM)
2Ki 18:26 speak to your servants in A
Ezra 4: 7 was written in A script, and
Dan 2: 4 spoke to the king in A, "O

ARARAT
Gen 8: 4 month, on the mountains of A
2Ki 19:37 escaped into the land of A

ARAUNAH
2Sa 24:16 floor of A the Jebusite

ARCHANGEL†
1Th 4:16 shout, with the voice of an **a**
Jude 9 Yet Michael the **a**, in

ARCHELAUS†
Matt 2:22 But when he heard that **A** was

AREOPAGITE† (*see* AREOPAGUS)
Acts 17:34 among them Dionysius the **A**

AREOPAGUS† (*see* AREOPAGITE)
Acts 17:19 him and brought him to the **A**
Acts 17:22 stood in the midst of the **A**

ARGUMENTS†
Job 23: 4 Him, and fill my mouth with **a**
2Co 10: 5 casting down **a** and every high
1Ti 6: 4 **a** over words, from which come

ARIMATHEA
Matt 27:57 there came a rich man from **A**
Mark 15:43 Joseph of **A**, a prominent
Luke 23:51 He was from **A**, a city of the

ARISE (*see* ARISEN, AROSE)
Gen 13:17 **A**, walk in the land through
Gen 19:15 **A**, take your wife and your two
Gen 21:18 **A**, lift up the lad and hold
Gen 27:19 please **a**, sit and eat of my
Josh 1: 2 Now therefore, **a**, go over
1Sa 16:12 **A**, anoint him; for this
2Ki 23:25 after him did any **a** like him
Ps 3: 7 **A**, O LORD; Save me
Ps 88:10 Shall the dead **a** and praise
Is 26:19 my dead body they shall **a**
Is 52: 2 yourself from the dust, **a**
Is 60: 1 **A**, shine; For your light
Jon 1: 2 **A**, go to Nineveh, that great
Jon 3: 2 **A**, go to Nineveh, that great
Mal 4: 2 **a** with healing in His wings
Matt 2:13 **A**, take the young Child and
Matt 9: 5 forgiven you,' or to say, '**A**
Matt 9: 6 **A**, take up your bed, and go to
Luke 15:18 I will **a** and go to my father,
John 14:31 **A**, let us go from here
Acts 9:34 **A** and make your bed
Acts 9:40 body he said, "Tabitha, **a**.
Acts 22:10 And the Lord said to me, '**A**
Acts 22:16 **A** and be baptized, and wash
Eph 5:14 **a** from the dead, and Christ

ARISEN† (*see* ARISE)
Deut 34:10 **a** in Israel a prophet like
Dan 11: 4 And when he has **a**, his kingdom
John 7:52 prophet has **a** out of Galilee

ARK
Gen 6:14 yourself an **a** of gopherwood
Gen 7: 1 Come into the **a**, you and all
Gen 8:16 Go out of the **a**, you and your
Ex 2: 3 she took an **a** of bulrushes
Ex 25:10 make an **a** of acacia wood
Ex 25:21 mercy seat on top of the **a**
Ex 25:22 are on the **a** of the Testimony
Num 10:33 the **a** of the covenant of the
Deut 10: 8 tribe of Levi to bear the **a**
1Sa 4:19 the **a** of God was captured
1Sa 5: 1 Philistines took the **a** of God
2Sa 6: 7 he died there by the **a** of God
1Ki 8: 7 cherubim overshadowed the **a**
Matt 24:38 day that Noah entered the **a**
Heb 9: 4 and the **a** of the covenant
Heb 11: 7 prepared an **a** for the saving
1Pe 3:20 Noah, while the **a** was being
Rev 11:19 the **a** of His covenant was

ARM (*see* ARMED, ARMPITS, ARMS)
Ex 6: 6 you with an outstretched **a**
Ex 15:16 by the greatness of Your **a**
Num 11:23 the LORD's **a** been shortened
Deut 4:34 hand and an outstretched **a**
Job 35: 9 of the **a** of the mighty
Ps 44: 3 Nor did their own **a** save them
Ps 44: 3 was Your right hand, Your **a**
Ps 77:15 You have with Your **a** redeemed
Ps 89:21 Also My **a** shall strengthen
Ps 98: 1 His holy **a** have gained Him
Song 8: 6 heart, as a seal upon your **a**
Is 40:10 and His **a** shall rule for Him
Is 40:11 gather the lambs with His **a**
Is 51: 5 and on My **a** they will trust
Is 51: 9 on strength, O **a** of the LORD
Is 52:10 holy **a** in the eyes of all the
Is 53: 1 to whom has the **a** of the LORD
Is 63:12 of Moses, with His glorious **a**
Jer 48:25 his **a** is broken," says the
Zech 11:17 his **a** shall completely wither
John 12:38 to whom has the **a** of the LORD
Acts 13:17 with an uplifted **a** He brought
1Pe 4: 1 **a** yourselves also with the

ARMAGEDDON†
Rev 16:16 the place called in Hebrew, **A**

ARMED (*see* ARM)
Gen 14:14 he **a** his three hundred and
Judg 18:11 **a** with weapons of war
1Sa 17: 5 he was **a** with a coat of mail,
1Ch 20: 1 Joab led out the **a** forces
Prov 6:11 and your need like an **a** man
Luke 11:21 When a strong man, fully **a**

ARMIES (*see* ARMY)
Ex 6:26 of Egypt according to their **a**
Ex 7: 4 hand on Egypt and bring My **a**
Ex 12:17 **a** out of the land of Egypt
Ex 12:41 **a** of the LORD went out from
1Sa 17:10 I defy the **a** of Israel this
1Sa 17:23 from the **a** of the Philistines
1Sa 17:26 the **a** of the living God
Matt 22: 7 And he sent out his **a**,
Luke 21:20 see Jerusalem surrounded by **a**
Heb 1:34 to flight the **a** of the aliens
Rev 19:14 the **a** in heaven, clothed in

ARMOR (*see* ARMORBEARER)
1Sa 14: 1 the young man who bore his **a**

1Sa 17:38 Saul clothed David with his **a**
Luke 11:22 all his **a** in which he trusted
Rom 13:12 let us put on the **a** of light
2Co 6: 7 by the **a** of righteousness on
Eph 6:11 the whole **a** of God
Eph 6:13 the whole **a** of God

ARMORBEARER (*see* ARMOR)
Judg 9:54 to the young man, his **a**, and
1Sa 14:12 called to Jonathan and his **a**
1Sa 31: 4 Then Saul said to his **a**

ARMPITS† (*see* ARM)
Jer 38:12 clothes and rags under your **a**

ARMS (*see* ARM, HANDS)
Gen 49:24 the **a** of his hands were made
Deut 33:27 are the everlasting **a**
Judg 15:14 **a** became like flax that is
Judg 16:12 them off his **a** like a thread
Ps 18:32 It is God who **a** me with
Ps 18:34 So that my **a** can bend a bow
Ps 37:17 For the **a** of the wicked shall
Prov 5:20 in the **a** of a seductress
Prov 31:17 and strengthens her **a**
Is 51: 5 My **a** will judge the peoples
Ezek 13:20 I will tear them from your **a**
Dan 2:32 **a** of silver, its belly and
Dan 10: 6 like torches of fire, his **a**
Hos 7:15 and strengthened their **a**, yet
Hos 11: 3 walk, taking them by their **a**
Mark 9:36 He had taken him in His **a**

ARMY (*see* ARMIES)
Gen 21:22 the commander of his **a**,
Ex 14: 4 Pharaoh and over all his **a**
Ex 15: 4 his **a** He has cast into the
Num 31:14 with the officers of the **a**
Josh 5:14 but as Commander of the **a** of
Judg 4:15 all his **a** with the edge of
Judg 8: 6 should give bread to your **a**
1Sa 4: 2 men of the **a** in the field
1Sa 14:48 And he gathered an **a** and
1Sa 17:21 battle array, **a** against **a**
2Sa 8:16 son of Zeruiah was over the **a**
1Ki 11:15 the **a** had gone up to bury the
1Ki 20:25 you shall muster an **a** like
1Ki 22:36 a shout went throughout the **a**
2Ki 3: 9 there was no water for the **a**
2Ki 6:14 chariots and **a** great **a** there
2Ki 7: 6 the noise of **a** great **a**
2Ki 25: 5 All his **a** was scattered from
1Ch 7:40 among the **a** fit for battle
1Ch 12:22 **a** great **a**, like the **a** of God
1Ch 27:34 of the king's **a** was Joab
2Ch 13: 3 with an **a** of valiant warriors
2Ch 14:13 before the LORD and His **a**
2Ch 16: 8 the Lubim not **a** huge **a** with
2Ch 24:24 very great **a** into their hand
2Ch 26:14 for them, for the entire **a**
Job 29:25 so I dwelt as a king in the **a**
Ps 27: 3 Though an **a** may encamp
Ps 33:16 by the multitude of an **a**
Ps 136:15 his **a** in the Red Sea, For His
Song 6: 4 awesome as an **a** with banners
Is 43:17 the chariot and horse, the **a**
Jer 32: 2 **a** besieged Jerusalem, and
Jer 34: 7 **a** fought against Jerusalem
Jer 39: 5 the Chaldean **a** pursued them
Ezek 1:24 tumult like the noise of an **a**
Ezek 26: 7 and an **a** with many people
Ezek 27:10 were in your **a** as men of war
Ezek 27:11 your **a** were on your walls all
Ezek 29:18 his **a** to labor strenuously
Ezek 29:19 will be the wages for his **a**
Ezek 37:10 feet, an exceedingly great **a**
Ezek 38:13 gathered your **a** to take booty
Ezek 38:15 a great company and a mighty **a**
Dan 4:35 His will in the **a** of heaven
Dan 11:25 with a very great and mighty **a**
Dan 11:26 his **a** shall be swept away, and
Joel 2:11 LORD gives voice before His **a**
Joel 2:20 far from you the northern **a**
Rev 9:16 Now the number of the **a** of
Rev 19:19 on the horse and against His **a**

ARNON
Num 21:13 on the other side of the **A**
Deut 2:24 and cross over the River **A**

AROMA
Gen 8:21 the LORD smelled a soothing **a**
Ex 29:18 it is a sweet **a**, an offering
Ex 29:25 as a sweet **a** before the LORD
Lev 1: 9 fire, a sweet **a** to the LORD
2Co 2:16 the **a** of death leading to death
Phil 4:18 from you, a sweet-smelling **a**

AROSE (*see* ARISE)
Gen 19:33 she lay down or when she **a**
Gen 22: 3 for the burnt offering, and **a**
Gen 37: 7 Then behold, my sheaf **a** and
Ex 1: 8 Now there **a** a new king over
Judg 4: 9 Then Deborah **a** and went with
Judg 5: 7 **a** a mother in Israel
Ruth 3:14 and she **a** before one could
1Sa 3: 6 So Samuel **a** and went to Eli,
2Ch 36:16 the LORD **a** against His people
Ezra 1: 5 **a** to go up and build the house
Ezra 3: 9 **a** as one to oversee those
Ezra 9: 5 sacrifice I **a** from my fasting
Esth 7: 7 Then the king **a** in his wrath
Esth 8: 4 So Esther **a** and stood before
Job 1:20 Then Job **a**, tore his robe
Job 29: 8 saw me and hid, and the aged **a**
Ps 76: 9 When God **a** to judgment, To
Song 5: 5 I **a** to open for my beloved,
Dan 6:19 Then the king **a** very early in
Dan 8:27 afterward I **a** and went about
Jon 1: 3 But Jonah **a** to flee to
Jon 3: 3 So Jonah **a** and went to Nineveh
Jon 3: 6 he **a** from his throne and laid
Jon 4: 8 it happened, when the sun **a**
Matt 8:15 And she **a** and served them
Matt 8:24 a great tempest **a** on the sea
Matt 8:26 Then He **a** and rebuked the
Matt 9:25 by the hand, and the girl **a**
Matt 25: 7 Then all those virgins **a** and

Matt 26:62 And the high priest **a** and said
Luke 1:39 Now Mary **a** in those days and
Luke 4:38 Now He **a** from the synagogue
Luke 6:48 And when the flood **a**, the
Luke 9:46 Then a dispute **a** among them
Luke 15:14 there **a** a severe famine in
Luke 15:20 And he **a** and came to his father
Luke 24:12 But Peter **a** and ran to the
John 3:25 Then there **a** a dispute
Acts 5: 6 young men **a** and wrapped
Acts 6: 1 there **a** a complaint against
Acts 8: 1 **a** against the church which
Acts 9: 8 Then Saul **a** from the ground,
Acts 10:41 Him after He **a** from the dead
Acts 23: 7 a dissension **a** between the
Acts 23: 9 Then there **a** a loud outcry
Acts 23: 9 of the Pharisees' party **a**
Acts 23:10 Now when there **a** a great
Acts 27:14 a tempestuous head wind **a**
Heb 7:14 that our Lord **a** from Judah
Rev 9: 2 smoke **a** out of the pit like

AROUSED

Gen 30: 2 anger was **a** against Rachel
Num 11: 1 heard it, and His anger was **a**
Deut 6:15 your God be **a** against you
Job 42: 7 My wrath is **a** against you
Matt 1:24 being **a** from sleep, did as

ARRAYED

Matt 6:29 was not **a** like one of these
Luke 23:11 **a** Him in a gorgeous robe, and
Acts 12:21 **a** in royal apparel, sat on
Rev 7:13 Who are these **a** in white
Rev 17: 4 The woman was **a** in purple

ARREST (*see* ARRESTED)

Judg 15:10 We have come up to **a** Samson
1Ki 13: 4 the altar, saying, "**A** him
Mark 13:11 But when they **a** you and
2Co 11:32 garrison, desiring to **a** me;

ARRESTED† (*see* ARREST)

2Sa 4:10 I **a** him and had him executed
Luke 22:54 Then, having **a** Him, they led
John 18:12 officers of the Jews **a** Jesus
Acts 1:16 **a** guide to those who **a** Jesus
Acts 12: 4 when he had **a** him

ARROGANCE (*see* ARROGANT)

1Sa 2: 3 let no **a** come from your mouth
Prov 8:13 pride and **a** and the evil way and
Is 13:11 will halt the **a** of the proud
Jas 4:16 But now you boast in your **a**

ARROGANT (*see* ARROGANCE)

Prov 21:24 he acts with **a** pride
Is 10:12 of the **a** heart of the king of
Ezek 24:21 your **a** boast, the desire of
Ezek 30:18 her **a** strength shall cease in
Zeph 2: 8 made **a** threats against their

ARROW (*see* ARROWS)

Ex 19:13 be stoned or shot with an **a**
1Sa 20:36 ran, he shot an **a** beyond him
Job 41:28 The **a** cannot make him flee
Ps 11: 2 ready their **a** on the string
Ps 91: 5 Nor of the **a** that flies by
Prov 7:23 till an **a** struck his liver
Prov 25:18 a club, a sword, and a sharp **a**
Is 34:15 There the **a** snake shall make
Jer 9: 8 Their tongue is an **a** shot out
Lam 3:12 me up as a target for the **a**
Zech 9:14 and His **a** will go forth like
Heb 12:20 or shot with an **a**

ARROWS (*see* ARROW)

Num 24: 8 and pierce them with his **a**
Deut 32:23 I will spend My **a** upon them
Deut 32:42 I will make My **a** drunk with
1Sa 20:20 three **a** to the side of it
2Sa 22:15 He sent out **a** and scattered
Job 6: 4 For the **a** of the Almighty are
Ps 7:13 He makes His **a** into fiery
Ps 18:14 He sent out His **a** and
Ps 21:12 You will make ready Your **a** on
Ps 38: 2 For Your **a** pierce me deeply,
Ps 45: 5 Your **a** are sharp in the heart
Ps 57: 4 Whose teeth are spears and **a**
Ps 58: 7 Let his **a** be as if cut in
Ps 77:17 Your **a** also flashed about
Ps 120: 4 Sharp **a** of the warrior, With
Ps 127: 4 Like **a** in the hand of a
Ps 144: 6 Shoot out Your **a** and destroy
Ezek 21:21 he shakes the **a**, he consults
Ezek 39: 3 cause the **a** to fall out of
Hab 3: 9 oaths were sworn over Your **a**
Hab 3:11 the light of Your **a** they went
Hab 3:14 **a** the head of his villages

ARTAXERXES

Ezra 4: 7 wrote to **A** king of Persia
Neh 13: 6 of **A** king of Babylon I had

ARTICLES

Ex 3:22 **a** of silver, **a** of gold
Ex 12:35 **a** of gold, and clothing
Ex 22: 7 neighbor money or **a** to keep
Num 18: 3 near the **a** of the sanctuary
Num 31: 6 the priest, with the holy **a**
2Sa 8:10 **a** of gold, and **a** of bronze
1Ki 7:45 All these **a** which Hiram made
2Ki 14:14 all the **a** that were found in
2Ki 23: 4 the **a** that were made for Baal
2Ki 24:13 he cut in pieces all the **a** of
2Ki 25:16 these **a** was beyond measure
2Ch 36:10 with the costly **a** from the
Ezra 1: 7 **a** of the house of the LORD

ARTISAN

Ex 36: 1 every gifted **a** in whom the

ASA

1Ki 15: 8 Then **A** his son reigned in his
1Ki 15: 9 **A** became king over Judah
1Ki 15:11 **A** did what was right in the
Matt 1: 7 Abijah, and Abijah begot **A**

ASAHEL

2Sa 2:18 A was as fleet of foot as a
2Sa 23:24 A the brother of Joab was one

ASAPH

1Ch 15:19 the singers, Heman, A, and
1Ch 25: 6 A, Jeduthun, and Heman were
2Ch 29:30 of David and of A the seer
Ezra 3:10 and the Levites, the sons of A

ASCEND (*see* ASCENDED, ASCENDING)

Deut 30:12 Who will a into heaven for
Ps 24: 3 Who may a into the hill of
Ps 139: 8 If I a into heaven, You are
Is 14:13 I will a into heaven, I will
Is 34:10 its smoke shall a forever
John 6:62 of Man a where He was before
Acts 2:34 did not a into the heavens
Rom 10: 6 Who will a into heaven
Rev 17: 8 will a out of the bottomless

ASCENDED (*see* ASCEND)

Josh 8:20 smoke of the city a
Ps 68:18 You have a on high, You have
Prov 30: 4 Who has a into heaven, or
John 3:13 No one has a to heaven but He
John 20:17 I have not yet a to My Father
Eph 4: 8 When He a on high, He led
Rev 8: 4 a before God from the angel's
Rev 11:12 they a to heaven in a cloud,

ASCENDING (*see* ASCEND)

Gen 28:12 the angels of God were a and
John 1:51 open, and the angels of God a
John 20:17 I am a to My Father and your

ASHAMED

Gen 2:25 and his wife, and were not a
Ps 6:10 Let all my enemies be a and
Ps 22: 5 trusted in You, and were not a
Ps 25: 3 no one who waits on You be a
Ps 31:17 Do not let me be a, O LORD,
Ps 34: 5 And their faces were not a
Ps 37:19 not be a in the evil time
Ps 69: 6 of hosts, be a because of me
Ps 70: 2 Let them be a and confounded
Is 41:11 against you shall be a and
Is 49:23 not be a who wait for Me
Mark 8:38 For whoever is a of Me and My
Mark 8:38 a when He comes in the glory
Rom 1:16 for I am not a of the gospel
Phil 1:20 that in nothing I shall be a
2Th 3:14 with him, that he may be a
2Ti 1: 8 Therefore do not be a of the
2Ti 1:12 nevertheless I am not a, for
2Ti 1:16 me, and was not a of my chain
Heb 2:11 not a to call them brethren
Heb 11:16 Therefore God is not a to be
1Pe 4:16 a Christian, let him not be a
1Jn 2:28 not be a before Him at His

ASHDOD

Josh 11:22 in Gaza, in Gath, and in A
Is 20: 1 him, and he fought against A

ASHER

Ex 1: 4 Dan, Naphtali, Gad, and A
Luke 2:36 of Phanuel, of the tribe of A
Rev 7: 6 of the tribe of A twelve

ASHERAH (*see* ASHERAHS)

1Ki 15:13 made an obscene image of A
1Ki 18:19 four hundred prophets of A
2Ki 23: 4 were made for Baal, for A

ASHERAHS† (*see* ASHERAH)

Judg 3: 7 God, and served the Baals and A

ASHES

Lev 6:11 carry the a outside the camp
Num 19: 9 gather up the a of the heifer
Esth 4: 1 and put on sackcloth and a, and
Job 2: 8 he sat in the midst of the a
Job 42: 6 and repent in dust and a
Is 61: 3 to give them beauty for a
Dan 9: 3 with fasting, sackcloth, and a
Heb 9:13 the a of a heifer, sprinkling

ASHKELON

1Sa 6:17 one for Gaza, one for A, one
2Sa 1:20 it is not in the streets of A

ASHTORETH (*see* ASHTORETHS)

1Ki 11:33 worshiped A the goddess of

ASHTORETHS (*see* ASHTORETH)

Judg 2:13 LORD and served Baal and the A

ASIA

Acts 2: 9 and Cappadocia, Pontus and A
Acts 16: 6 to preach the word in A
Rev 1: 4 seven churches which are in A

ASLEEP

Jon 1: 5 had lain down, and was fast a
Matt 8:24 the waves. But He was a
Matt 26:40 the disciples and found them a
Matt 27:52 who had fallen a were raised
Acts 7:60 he had said this, he fell a
1Co 15: 6 but some have fallen a
1Co 15:18 a in Christ have perished
1Th 4:15 means precede those who are a

ASPS†

Ps 140: 3 The poison of a is under
Rom 3:13 The poison of a is under

ASSEMBLE (*see* ASSEMBLED, ASSEMBLING, ASSEMBLY)

2Sa 20: 4 A the men of Judah for me
Dan 11:10 a a multitude of great forces

ASSEMBLED (*see* ASSEMBLE, GATHERED)

Ex 38: 8 who a at the door of the
Num 1:18 they a all the congregation
Josh 18: 1 Israel a together at Shiloh
1Ki 8: 1 Now Solomon a the elders of
John 20:19 where the disciples were a

Acts 1: 4 being a together with them,
Acts 4:31 were a together was shaken
Acts 15:25 being a with one accord, to

ASSEMBLIES† (*see* ASSEMBLY)
Is 1:13 Sabbaths, and the calling of a
Is 4: 5 of Mount Zion, and above her a
Amos 5:21 I do not savor your sacred a

ASSEMBLING† (*see* ASSEMBLE)
Heb 10:25 not forsaking the a of

ASSEMBLY (*see* ASSEMBLE, ASSEMBLIES, COMPANY, CONGREGATION)
Gen 28: 3 you may be an a of peoples
Ex 12: 6 Then the whole a of the
Ex 16: 3 kill this whole a with hunger
Lev 4:21 is a sin offering for the a
Lev 23:36 It is a sacred a, and you
Num 14: 5 a of the congregation of the
2Ki 10:20 Proclaim a solemn a for Baal
Ezra 10:14 leaders of our entire a stand
Neh 5:13 And all the a said, "Amen
Neh 8:18 day there was a sacred a,
Ps 22:22 of the a I will praise You.
Ps 35:18 You thanks in the great a
Ps 89: 5 also in the a of the saints.
Ps 89: 7 feared in the a of the saints
Ps 107:32 also in the a of the people
Ps 111: 1 In the a of the upright and in
Prov 21:16 rest in the a of the dead
Jer 15:17 sit in the a of the mockers
Lam 1:10 commanded Not to enter Your a
Joel 1:14 a fast, call a sacred a
Acts 19:39 be determined in the lawful a
Heb 2:12 in the midst of the a I will
Heb 12:23 to the general a and church of
Jas 2: 2 your a a man with gold rings

ASSURANCE† (*see* ASSURE)
Deut 28:66 night, and have no a of life
Is 32:17 quietness and a forever
Acts 17:31 He has given a of this to all
Col 2: 2 the full a of understanding
1Th 1: 5 the Holy Spirit and in much a
Heb 6:11 full a of hope until the end
Heb 10:22 true heart in full a of faith

ASSURE† (*see* ASSURANCE, ASSURED, ASSUREDLY)
1Jn 3:19 shall a our hearts before Him

ASSURED† (*see* ASSURE)
Jer 14:13 you a peace in this place
Dan 4:26 kingdom shall be a to you
2Ti 3:14 you have learned and been a of
Heb 11:13 them afar off were a of them

ASSUREDLY (*see* ASSURE)
Matt 5:18 For a, I say to you, till
Matt 5:26 A, I say to you, you will by
Matt 6: 2 A, I say to you, they have
John 1:51 Most a, I say to you
John 3: 3 Most a, I say to you, unless
Acts 2:36 know a that God has made this

ASSYRIA
Gen 2:14 goes toward the east of A
Gen 10:11 From that land he went to A
2Ki 16: 7 to Tiglath-Pileser king of A
2Ki 18: 9 of A came up against Samaria
2Ki 18:19 the great king, the king of A
Is 10: 5 Woe to A, the rod of My anger
Is 19:23 be a highway from Egypt to A

ASTONISHED (*see* AMAZED, ASTONISHMENT)
Lev 26:32 dwell in it shall be a at it
1Ki 9: 8 who passes by it will be a
Is 52:14 Just as many were a at you
Matt 7:28 people were a at His teaching
Luke 5: 9 a at the catch of fish which
Luke 24:22 at the tomb early, a us
Acts 10:45 who believed were a, as many

ASTONISHMENT (*see* ASTONISHED, DESOLATION)
Deut 28:37 And you shall become an a, a
Jer 8:21 a has taken hold of me

ASTRAY
Ex 23: 4 ox or his donkey going a, you
Ps 58: 3 They go a as soon as they are
Ps 95:10 who go a in their hearts, And
Ps 119:176 I have gone a like a lost
Prov 5:23 of his folly he shall go a
Prov 10:17 he who refuses correction goes a
Is 53: 6 All we like sheep have gone a
Matt 18:13 ninety-nine that did not go a
Heb 3:10 always go a in their heart
Heb 5: 2 who are ignorant and going a
1Pe 2:25 you were like sheep going a

ASTROLOGER† (*see* ASTROLOGERS)
Dan 2:10 things of any magician, a

ASTROLOGERS (*see* ASTROLOGER)
Is 47:13 let now the a, the stargazers
Dan 1:20 a who were in all his realm

ATE (*see* EAT)
Gen 3: 6 she took of its fruit and a
Gen 3:13 serpent deceived me, and I a
Ex 16:35 of Israel a manna forty years
2Sa 9:13 for he a continually at the
Ps 41: 9 Who a my bread, Has lifted up
Ps 78:25 Men a angels' food
Ps 78:29 So they a and were well filled
Ps 106:28 a sacrifices made to the dead
Jer 15:16 I a them, and Your word was to
Ezek 3: 3 So I a it, and it was in my
Dan 1:15 a the portion of the king's
Dan 4:33 from men and a grass like oxen
Matt 12: 4 a the showbread which was not
Matt 14:20 So they all a and were filled,
Mark 1: 6 he a locusts and wild honey
Mark 14:18 Now as they sat and a, Jesus
Luke 6: 1 a them, rubbing them in their

Luke 15:16 the pods that the swine **a**
Luke 24:43 it and **a** in their presence
John 6:31 Our fathers **a** the manna in
Acts 9: 9 sight, and neither **a** nor drank
1Co 10: 3 all **a** the same spiritual food
Rev 10:10 **a** it, and it was as sweet as

ATHALIAH
2Ki 11: 1 When **A** the mother of Ahaziah
2Ch 22:11 hid him from **A** so that she

ATHENIANS† (*see* ATHENS)
Acts 17:21 For all the **A** and the

ATHENS† (*see* ATHENIANS)
Acts 17:15 Paul brought him to **A**
Acts 17:16 Paul waited for them at **A**
Acts 17:22 Men of **A**, I perceive that in
Acts 18: 1 things Paul departed from **A**
1Th 3: 1 it good to be left in **A** alone

ATHLETICS†
2Ti 2: 5 also if anyone competes in **a**

ATONED (*see* ATONEMENT, ATONING)
1Sa 3:14 not be **a** for by sacrifice or

ATONEMENT (*see* ATONED)
Ex 29:33 with which the **a** was made
Ex 29:36 day as a sin offering for **a**
Ex 29:37 shall make **a** for the altar
Ex 30:10 Aaron shall make **a** upon its
Ex 30:15 to make **a** for yourselves
Ex 30:16 you shall take the **a** money of
Ex 32:30 I can make **a** for your sin
Lev 1: 4 his behalf to make **a** for him
Lev 4:20 priest shall make **a** for them
Lev 6: 7 **a** for him before the LORD
Lev 6:30 to make **a** in the holy place,
Lev 14:21 be waved, to make **a** for him
Lev 14:53 make **a** for the house, and it
Lev 16:17 to make **a** in the Holy Place
Lev 17:11 that makes **a** for the soul
Lev 23:27 a month shall be the Day of **A**
Num 8:12 to make **a** for the Levites
Deut 21: 8 Provide **a**, O LORD, for Your
Is 22:14 there will be no **a** for you
Ezek 43:20 cleanse it and make **a** for it
Ezek 43:26 shall make **a** for the altar
Ezek 45:15 to make **a** for them," says
Ezek 45:17 **a** for the house of Israel
Ezek 45:20 shall make **a** for the temple

ATONING† (*see* ATONED)
Lev 16:20 end of **a** for the Holy Place

ATTACK (*see* ATTACKED)
Gen 32:11 **a** me and the mother with the
Num 25:17 the Midianites, and **a** them
Josh 7: 3 thousand men go up and **a** Ai
Ps 62: 3 How long will you **a** a man
Jer 18:18 let us **a** him with the tongue,
Dan 11:40 king of the South shall **a** him
Acts 18:10 no one will **a** you to hurt you

ATTACKED (*see* ATTACK)
Gen 14:15 and he and his servants **a** them
Gen 36:35 who **a** Midian in the field of
Judg 15: 8 So he **a** them hip and thigh

ATTAIN (*see* ATTAINED, ATTAINING)
2Sa 23:19 he did not **a** to the first
Ps 139: 6 It is high, I cannot **a** it
Prov 1: 5 will **a** wise counsel,
Hos 8: 5 be until they **a** to innocence
Luke 20:35 counted worthy to **a** that age
Phil 3:11 I may **a** to the resurrection

ATTAINED (*see* ATTAIN)
Rom 9:30 have **a** to righteousness, even
Rom 9:31 has not **a** to the law of
Phil 3:12 Not that I have already **a**

ATTAINING† (*see* ATTAIN)
Col 2: 2 **a** to all riches of the full

ATTENTION (*see* ATTENTIVE)
1Ki 18:29 one answered, no one paid **a**
Prov 4: 1 I give **a** to know understanding
Prov 4:20 My son, give **a** to my words
Prov 5: 1 My son, pay **a** to my wisdom
Acts 26:26 of these things escapes his **a**
1Ti 4:13 I come, give **a** to reading, to
Jas 2: 3 you pay **a** to the one wearing

ATTENTIVE (*see* ATTENTION)
2Ki 20:13 And Hezekiah was **a** to them
2Ch 6:40 let Your ears be **a** to the
Neh 1:11 be **a** to the prayer of Your
Neh 8: 3 were **a** to the Book of the Law
Luke 19:48 were very **a** to hear Him

ATTRIBUTES†
Rom 1:20 invisible **a** are clearly seen

AUGUSTUS† (*see* CAESAR)
Luke 2: 1 **A** that all the world should
Acts 25:21 for the decision of **A**, I
Acts 25:25 he himself had appealed to **A**

AUSTERE
Luke 19:21 you, because you are an **a** man

AUTHOR† (*see* CAPTAIN)
1Co 14:33 For God is not the **a** of
Heb 5: 9 He became the **a** of eternal
Heb 12: 2 looking unto Jesus, the **a**

AUTHORITIES† (*see* AUTHORITY)
Luke 12:11 and magistrates and **a**, do not
Acts 16:19 into the marketplace to the **a**
Rom 13: 1 be subject to the governing **a**
Rom 13: 1 God, and the **a** that exist are
Tit 3: 1 to be subject to rulers and **a**
1Pe 3:22 hand of God, angels and **a** and

AUTHORITY (*see* AUTHORITIES)
Gen 41:35 grain under the **a** of Pharaoh

Num 5:19 while under your husband's **a**
Matt 7:29 taught them as one having **a**
Matt 8: 9 For I also am a man under **a**
Matt 20:25 great exercise **a** over them
Matt 21:23 By what **a** are You doing these
Matt 28:18 All **a** has been given to Me in
Luke 4:32 for His word was with **a**
Luke 4:36 For with **a** and power He
Luke 9: 1 **a** over all demons, and to cure
Luke 10:19 I give you the **a** to trample
Luke 19:17 have **a** over ten cities
John 5:27 has given Him **a** to execute
John 7:17 whether I speak on My own **a**
John 12:49 I have not spoken on My own **a**
John 17: 2 given Him **a** over all flesh
Acts 1: 7 Father has put in His own **a**
Acts 8:27 a eunuch of great **a** under
Acts 26:12 journeyed to Damascus with **a**
Rom 13: 1 there is no **a** except from God
Rom 13: 2 whoever resists the **a** resists
1Co 7: 4 not have **a** over her own body
1Co 9:18 not abuse my **a** in the gospel
1Co 11:10 a symbol of **a** on her head
1Co 15:24 an end to all rule and all **a**
2Co 13:10 according to the **a** which the
2Th 3: 9 not because we do not have **a**
1Ti 2: 2 for kings and all who are in **a**
1Ti 2:12 teach or to have **a** over a man
Tit 2:15 exhort, and rebuke with all **a**
2Pe 2:10 of uncleanness and despise **a**
Jude 8 defile the flesh, reject **a**
Rev 9: 5 were not given **a** to kill them
Rev 13: 4 who gave **a** to the beast
Rev 18: 1 from heaven, having great **a**

AVAILS

Esth 5:13 Yet all this **a** me nothing
Gal 5: 6 nor uncircumcision **a** anything
Jas 5:16 of a righteous man **a** much

AVENGE (*see* AVENGED, AVENGER)

Deut 32:43 for He will **a** the blood of
Hos 1: 4 in a little while I will **a**
Luke 18: 7 shall God not **a** His own elect
Luke 18: 8 that He will **a** them speedily
Rom 12:19 do not **a** yourselves, but
Rev 6:10 and **a** our blood on those who

AVENGED (*see* AVENGE)

Gen 4:24 If Cain shall be **a** sevenfold
Rev 19: 2 He has **a** on her the blood of

AVENGER (*see* AVENGE)

Num 35:12 of refuge for you from the **a**
Num 35:19 The **a** of blood himself shall
Ps 8: 2 silence the enemy and the **a**
Rom 13: 4 an **a** to execute wrath on him
1Th 4: 6 the Lord is the **a** of all such

AWAKE (*see* AWAKEN, AWOKE, RISE)

Judg 5:12 **A**, awake, Deborah!
Ps 57: 8 **A**, lute and harp
Ps 59: 4 **A** to help me, and behold
Ps 127: 1 The watchman stays **a** in vain
Ps 139:18 When I **a**, I am still with You
Prov 6:22 and when you **a**, they will
Song 5: 2 I sleep, but my heart is **a**
Is 51: 9 **A**, awake, put on strength, O
Is 51:17 **A**, awake! Stand up, O
Dan 12: 2 the dust of the earth shall **a**
Hab 2:19 to him who says to wood, '**A**
Mal 2:12 man who does this, being **a**
Luke 9:32 and when they were fully **a**
Rom 13:11 high time to **a** out of sleep
1Co 15:34 **A** to righteousness, and do not
Eph 5:14 **A**, you who sleep, arise from

AWAKEN (*see* AWAKE)

Ps 57: 8 I will **a** the dawn
Song 2: 7 do not stir up nor **a** love

AWARE

Matt 24:50 an hour that he is not **a** of
Matt 26:10 But when Jesus was **a** of it
Luke 11:44 over them are not **a** of them
Acts 5: 2 his wife also being **a** of it

AWESOME

Gen 28:17 said, "How **a** is this place
Deut 7:21 great and **a** God, is among you
Deut 28:58 a name, THE LORD YOUR
Job 37:22 with God is **a** majesty
Ps 45: 4 hand shall teach You **a** things
Ps 47: 2 For the LORD Most High is **a**
Ps 65: 5 By **a** deeds in righteousness
Ps 66: 3 God, "How **a** are Your works
Ps 111: 9 Holy and **a** is His name
Ezek 1:18 they were so high they were **a**
Ezek 1:22 the color of an **a** crystal
Dan 2:31 and its form was **a**
Dan 9: 4 **a** God, who keeps His covenant

AWL†

Ex 21: 6 pierce his ear with an **a**
Deut 15:17 then you shall take an **a** and

AWOKE (*see* AWAKE)

Gen 9:24 So Noah **a** from his wine, and
Ps 3: 5 I **a**, for the LORD sustained
Ps 78:65 Then the Lord **a** as one out of
Matt 8:25 came to Him and **a** Him, saying,

AX (*see* AXES)

1Sa 13:20 plowshare, his mattock, his **a**
2Ki 6: 5 the iron **a** head fell into the
Matt 3:10 even now the **a** is laid to the

AXES (*see* AX)

1Sa 13:21 mattocks, the forks, and the **a**

AZARIAH (*see* AHAZIAH, EZRA, UZZIAH)

2Ki 14:21 the people of Judah took **A**
2Ki 15: 1 **A** the son of Amaziah, king of
2Ki 15: 6 Now the rest of the acts of **A**
2Ki 15: 7 So **A** rested with his fathers,
2Ki 15: 8 year of **A** king of Judah,
2Ch 22: 6 **A** the son of Jehoram, king of
2Ch 31:10 **A** the chief priest, from the

Dan 1: 6 Hananiah, Mishael, and **A**
Dan 1: 7 and to **A**, Abed-Nego

B

BAAL (*see* BAALS)
Num 22:41 up to the high places of **B**
Num 25: 3 was joined to **B** of Peor, and
Judg 2:13 forsook the LORD and served **B**
Judg 6:28 there was the altar of **B**
1Ki 18:19 and fifty prophets of **B**, and
1Ki 18:21 but if **B**, then follow him
1Ki 19:18 knees have not bowed to **B**
Rom 11: 4 have not bowed the knee to **B**

BAALS (*see* BAAL)
Judg 2:11 of the LORD, and served the **B**
Judg 8:33 played the harlot with the **B**
Hos 11: 2 They sacrificed to the **B**

BAAL-ZEBUB (*see* BEELZEBUB)
2Ki 1: 2 Go, inquire of **B**, the god of

BAASHA
1Ki 15:16 **B** king of Israel all their

BABBLER (*see* BABBLINGS)
Acts 17:18 What does this **b** want to say

BABBLINGS† (*see* BABBLER)
1Ti 6:20 the profane and vain **b** and
2Ti 2:16 But shun profane and vain **b**

BABE (*see* BABES)
Luke 1:41 that the **b** leaped in her womb
Luke 2:12 You will find a **B** wrapped in
Luke 2:16 and the **B** lying in a manger

BABEL† (*see* BABYLON)
Gen 10:10 of his kingdom was **B**, Erech,
Gen 11: 9 its name is called **B**, because

BABES (*see* BABE)
Ps 8: 2 Out of the mouth of **b** and
Matt 11:25 and have revealed them to **b**
Matt 21:16 read, 'Out of the mouth of **b**
Rom 2:20 the foolish, a teacher of **b**
1Co 3: 1 to carnal, as to **b** in Christ
1Pe 2: 2 as newborn **b**, desire the pure

BABYLON (*see* BABEL, CHALDEA)
2Ki 17:24 Assyria brought people from **B**
2Ki 20:14 from a far country, from **B**
2Ki 20:17 day, shall be carried to **B**
2Ki 25: 1 that Nebuchadnezzar king of **B**
Ps 137: 1 By the rivers of **B**, There we
Ps 137: 8 O daughter of **B**, who are to
Is 13: 1 The burden against **B** which
Is 13:19 And **B**, the glory of kingdoms,
Is 14: 4 proverb against the king of **B**
Is 21: 9 **B** is fallen, is fallen
Is 47: 1 dust, O virgin daughter of **B**
Is 48:20 Go forth from **B**
Jer 25:11 the king of **B** seventy years
Jer 51:41 How **B** has become desolate
Dan 1: 1 king of **B** came to Jerusalem
Dan 2:12 destroy all the wise men of **B**
Dan 2:48 over the whole province of **B**
Dan 2:48 over all the wise men of **B**
Dan 3: 1 of Dura, in the province of **B**
Dan 4:30 Is not this great **B**, that I
Dan 7: 1 year of Belshazzar king of **B**
Mic 4:10 and you shall go even to **B**
Zech 2: 7 dwell with the daughter of **B**
Matt 1:11 they were carried away to **B**
Matt 1:17 until the captivity in **B** are
Acts 7:43 will carry you away beyond **B**
1Pe 5:13 She who is in **B**, elect
Rev 14: 8 **B** is fallen, is fallen, that
Rev 16:19 great **B** was remembered before
Rev 17: 5 **B** THE GREAT, THE
Rev 18: 2 **B** the great is fallen, is

BACKBITERS†
Rom 1:30 **b**, haters of God, violent,

BACKS
Neh 9:26 cast Your law behind their **b**
Prov 19:29 beatings for the **b** of fools

BACKSLIDING
Is 57:17 he went on **b** in the way of
Jer 3: 6 seen what **b** Israel has done
Hos 11: 7 people are bent on **b** from Me

BAD
Gen 24:50 speak to you either **b** or good
Gen 37: 2 Joseph brought a **b** report of
Num 13:32 a **b** report of the land which
2Ki 2:19 but the water is **b**, and the
Prov 25:19 of trouble is like a **b** tooth
Jer 24: 2 **b** figs which could not be
Jer 49:23 for they have heard **b** news
Amos 8: 6 even sell the **b** wheat
Matt 6:23 But if your eye is **b**, your
Matt 7:17 but a **b** tree bears **b** fruit
Matt 13:48 vessels, but threw the **b** away
Matt 22:10 all whom they found, both **b**
2Co 5:10 has done, whether good or **b**

BAG
Deut 25:13 in your **b** differing weights
1Sa 17:40 and put them in a shepherd's **b**
Prov 7:20 He has taken a **b** of money
Hag 1: 6 to put into a **b** with holes
Matt 10:10 nor **b** for your journey, nor
Mark 6: 8 no **b**, no bread, no copper in
Luke 9: 3 neither staffs nor **b** nor
Luke 10: 4 Carry neither money **b**, sack,

BAKE† (*see* BAKED, BAKER)
Gen 11: 3 bricks and **b** them thoroughly
Ex 16:23 **B** what you will **b** today,
Lev 24: 5 and **b** twelve cakes with it
Lev 26:26 ten women shall **b** your bread

Ezek 4:12 and **b** it using fuel of human
Ezek 46:20 where they shall **b** the grain

BAKED (*see* BAKE)
Gen 19: 3 **b** unleavened bread, and they
Gen 40:17 kinds of **b** goods for Pharaoh
Ex 12:39 they **b** unleavened cakes of
Lev 2: 4 grain offering **b** in the oven
Lev 6:17 It shall not be **b** with leaven
Is 44:19 I have also **b** bread on its

BAKER (*see* BAKE)
Gen 40: 1 the **b** of the king of Egypt
Gen 40: 2 chief butler and the chief **b**
Hos 7: 4 like an oven heated by a **b**
Hos 7: 6 their **b** sleeps all night

BALAAM
Num 22: 5 **B** the son of Beor at Pethor
Num 22:30 So the donkey said to **B**, "Am
Josh 24:10 But I would not listen to **B**
Neh 13: 2 but hired **B** against them to
2Pe 2:15 the way of **B** the son of Beor
Jude 11 in the error of **B** for profit
Rev 2:14 who hold the doctrine of **B**

BALAK (*see* BALAK'S)
Num 22: 2 Now **B** the son of Zippor saw
Josh 24: 9 Then **B** the son of Zippor,
Mic 6: 5 remember now what **B** king of
Rev 2:14 Balaam, who taught **B** to put a

BALANCE (*see* BALANCES)
Is 40:12 in scales and the hills in a **b**

BALANCES (*see* BALANCE)
Dan 5:27 have been weighed in the **b**

BALDHEAD†
2Ki 2:23 said to him, "Go up, you **b**

BALM
Gen 37:25 camels, bearing spices, **b**
Jer 8:22 Is there no **b** in Gilead, is

BAND (*see* BANDS)
Gen 49:15 and became a **b** of slaves
Ex 28: 8 woven **b** of the ephod, which
Job 38: 9 darkness its swaddling **b**
Dan 4:15 earth, bound with a **b** of iron
Rev 1:13 the chest with a golden **b**

BANDS (*see* BAND)
Hos 11: 4 with **b** of love, and I was to

BANK (*see* BANKERS)
Gen 41: 3 cows on the **b** of the river
Ex 2: 3 in the reeds by the river's **b**
Luke 19:23 you not put my money in the **b**

BANKERS† (*see* BANK)
Matt 25:27 deposited my money with the **b**

BANNER
Ps 60: 4 You have given a **b** to those
Song 2: 4 and his **b** over me was love
Is 5:26 He will lift up a **b** to the
Is 11:10 stand as a **b** to the people
Zech 9:16 lifted like a **b** over His land

BAPTISM (*see* BAPTISMS, BAPTIZE)
Matt 3: 7 and Sadducees coming to his **b**
Matt 20:22 be baptized with the **b** that I
Matt 21:25 The **b** of John, where was it
Mark 1: 4 preaching a **b** of repentance
Luke 3: 3 preaching a **b** of repentance
Acts 10:37 the **b** which John preached
Rom 6: 4 with Him through **b** into death
Eph 4: 5 one Lord, one faith, one **b**
Col 2:12 buried with Him in **b**, in
1Pe 3:21 which now saves us—**b**

BAPTISMS† (*see* BAPTISM)
Heb 6: 2 of the doctrine of **b**, of

BAPTIST (*see* BAPTIZE, JOHN)
Matt 3: 1 the **B** came preaching in the
Matt 11:11 one greater than John the **B**
Mark 6:24 The head of John the **B**
Mark 6:25 of John the **B** on a platter
Luke 7:33 For John the **B** came neither

BAPTIZE (*see* BAPTISM, BAPTIST, BAPTIZED, BAPTIZES, BAPTIZING)
Matt 3:11 I indeed **b** you with water
Matt 3:11 He will **b** you with the Holy
John 4: 2 Jesus Himself did not **b**, but
1Co 1:17 Christ did not send me to **b**

BAPTIZED (*see* BAPTIZE)
Matt 3: 6 were **b** by him in the Jordan,
Matt 3:14 I have need to be **b** by You
Matt 3:16 Jesus, when He had been **b**
Matt 20:22 be **b** with the baptism that I
Mark 1: 8 I indeed **b** you with water,
Mark 1: 9 was **b** by John in the Jordan
Luke 3: 7 that came out to be **b** by him
Luke 12:50 I have a baptism to be **b** with
John 3:23 And they came and were **b**
John 4: 1 **b** more disciples than John
Acts 1: 5 for John truly **b** with water
Acts 1: 5 but you shall be **b** with the
Acts 2:38 let every one of you be **b** in
Acts 2:41 received his word were **b**
Acts 8:12 both men and women were **b**
Acts 8:36 What hinders me from being **b**
Acts 8:38 into the water, and he **b** him
Acts 16:15 she and her household were **b**
Acts 16:33 he and all his family were **b**
Acts 18: 8 hearing, believed and were **b**
Acts 22:16 Arise and be **b**, and wash away
Rom 6: 3 were **b** into Christ Jesus were
Rom 6: 3 Jesus were **b** into His death
1Co 1:14 I thank God that I **b** none of
1Co 1:15 that I had **b** in my own name
1Co 10: 2 all were **b** into Moses in the

1Co 12:13 we were all **b** into one body
1Co 15:29 do who are **b** for the dead
Gal 3:27 **b** into Christ have put on

BAPTIZES† (*see* BAPTIZE)
John 1:33 this is He who **b** with the

BAPTIZING (*see* BAPTIZE)
Matt 28:19 **b** them in the name of the
Mark 1: 4 John came **b** in the wilderness
John 1:28 the Jordan, where John was **b**
John 1:31 therefore I came **b** with water
John 3:23 Now John also was **b** in Aenon

BARABBAS
Matt 27:16 a notorious prisoner called **B**
Matt 27:17 **B**, or Jesus who is called

BARAK
Judg 4:12 reported to Sisera that **B** the
Judg 4:14 "hen Deborah said to **B**, "Up
Heb 11:32 me to tell of Gideon and **B**

BARBARIAN† (*see* BARBARIANS)
Col 3:11 nor uncircumcised, **b**,

BARBARIANS† (*see* BARBARIAN)
Rom 1:14 debtor both to Greeks and to **b**

BARE (*see* BAREFOOT)
Ps 29: 9 And strips the forests **b**
Is 52:10 The LORD has made **b** His holy

BAREFOOT (*see* BARE)
2Sa 15:30 his head covered and went **b**
Is 20: 2 he did so, walking naked and **b**

BAR-JONAH† (*see* SIMON)
Matt 16:17 Blessed are you, Simon **B**, for

BARLEY
Ruth 1:22 at the beginning of **b** harvest
Ruth 3: 2 he is winnowing **b** tonight at
John 6: 9 here who has five **b** loaves

BARN (*see* BARNS)
Matt 3:12 gather His wheat into the **b**

BARNABAS
Acts 4:36 who was also named **B** by the
Acts 13: 2 Now separate to Me **B** and Saul

BARNS (*see* BARN)
Matt 6:26 nor reap nor gather into **b**
Luke 12:18 I will pull down my **b** and

BARREN
Gen 11:30 But Sarai was **b**
Gen 25:21 his wife, because she was **b**
Gen 29:31 but Rachel was **b**
Ex 23:26 or be **b** in your land
Judg 13: 2 and his wife was **b** and had no
1Sa 2: 5 Even the **b** has borne seven,
2Ki 2:19 water is bad, and the ground **b**
Job 3: 7 Oh, may that night be **b**
Ps 113: 9 He grants the **b** woman a home
Prov 30:16 the **b** womb, the earth that is
Is 54: 1 Sing, O **b**, you who have not
Luke 1: 7 because Elizabeth was **b**, and
Luke 1:36 for her who was called **b**
Luke 23:29 will say, 'Blessed are the **b**
Gal 4:27 Rejoice, O **b**, you who do not
2Pe 1: 8 you will be neither **b** nor

BARS
Ex 26:26 shall make **b** of acacia wood
Ex 35:11 it clasps, it boards, its **b**
Num 3:36 of the tabernacle, its **b**, its
Deut 3: 5 with high walls, gates, and **b**
1Sa 23: 7 a town that has gates and **b**
Neh 3: 3 its doors with its bolts and **b**
Job 38:10 My limit for it, and set **b**
Job 40:18 his ribs like **b** of iron
Ps 107:16 And cut the **b** of iron in two
Prov 18:19 are like the **b** of a castle
Lam 2: 9 has destroyed and broken her **b**
Jon 2: 6 the earth with its **b** closed

BARTHOLOMEW (*see* NATHANAEL)
Mark 3:18 Andrew, Philip, **B**, Matthew,

BARTIMAEUS†
Mark 10:46 and a great multitude, blind **B**

BARUCH
Jer 32:12 deed to **B** the son of Neriah
Jer 36: 4 **B** wrote on a scroll of a book

BASE
Ex 19:12 the mountain or touch its **b**
Ex 29:12 beside the **b** of the altar
2Sa 6:20 as one of the **b** fellows
Is 3: 5 the **b** toward the honorable
Mal 2: 9 and **b** before all the people,
1Co 1:28 and **b** things of the world and

BASHAN
Num 32:33 the kingdom of Og king of **B**
Josh 21: 6 half-tribe of Manasseh in **B**
Ps 22:12 Strong bulls of **B** have
Is 2:13 up, and upon all the oaks of **B**
Amos 4: 1 Hear this word, you cows of **B**

BASIN (*see* BASINS)
Ex 12:22 in the blood that is in the **b**
John 13: 5 He poured water into a **b**

BASINS (*see* BASIN)
Ex 24: 6 half the blood and put it in **b**

BASKET (*see* BASKETS)
Gen 40:17 them out of the **b** on my head
Jer 24: 2 One **b** had very good figs,
Amos 8: 1 Behold, a **b** of summer fruit
Matt 5:15 a lamp and put it under a **b**
Mark 4:21 put under a **b** or under a bed
Luke 11:33 a secret place or under a **b**

Acts 9:25 through the wall in a large **b**
2Co 11:33 a **b** through a window in the

BASKETS (*see* BASKET)
Gen 40:16 had three white **b** on my head
Matt 14:20 they took up twelve **b** full of
Matt 15:37 they took up seven large **b**
Mark 8: 8 large **b** of leftover fragments

BATHE (*see* BATHED, BATHING)
Lev 15: 5 **b** in water, and be unclean
Lev 15:13 **b** his body in running water
Lev 15:18 they both shall **b** in water

BATHED† (*see* BATHE)
1Ki 22:38 his blood while the harlots **b**
Job 29: 6 my steps were **b** with cream
Is 34: 5 My sword shall be **b** in heaven
John 13:10 He who is **b** needs only to

BATHING† (*see* BATHE)
2Sa 11: 2 the roof he saw a woman **b**

BATHSHEBA
2Sa 11: 3 Is this not **B**, the daughter
2Sa 12:24 David comforted **B** his wife
1Ki 2:13 to **B** the mother of Solomon

BATTLE (*see* BATTLES)
Gen 14: 8 joined together in **b** in the
Num 31:28 men of war who went out to **b**
Judg 20:20 **b** array to fight against them
Judg 20:34 Gibeah, and the **b** was fierce
1Sa 17:47 for the **b** is the LORD's, and
2Sa 11: 1 time when kings go out to **b**
Ps 18:39 me with strength for the **b**
Ps 24: 8 mighty, The LORD mighty in **b**
Ps 78: 9 Turned back in the day of **b**
Ps 144: 1 for war, And my fingers for **b**
Prov 21:31 is prepared for the day of **b**
Eccl 9:11 nor the **b** to the strong, nor
Is 9: 5 sandal from the noisy **b**, and
Is 13: 4 hosts musters the army for **b**
Is 16: 9 for **b** cries have fallen over
Is 28: 6 turn back the **b** at the gate
Is 42:25 anger and the strength of **b**
Jer 8: 6 the horse rushes into the **b**
Jer 18:21 be slain by the sword in **b**
Jer 50:22 A sound of **b** is in the land,
Ezek 13: 5 in **b** on the day of the LORD
Hos 1: 7 by bow, nor by sword or **b**
Zech 9:10 the **b** bow shall be cut off
Zech 14: 3 as He fights in the day of **b**
1Co 14: 8 will prepare himself for **b**
Heb 11:34 strong, became valiant in **b**
Rev 9: 7 like horses prepared for **b**
Rev 16:14 to gather them to the **b** of
Rev 20: 8 to gather them together to **b**

BATTLES (*see* BATTLE)
1Sa 8:20 out before us and fight our **b**
1Sa 18:17 for me, and fight the LORD's **b**

BEAM
Num 4:10 and put it on a carrying **b**
1Sa 17: 7 spear was like a weaver's **b**
2Ki 6: 2 every man take a **b** from there
Hab 2:11 the **b** from the timbers will

BEAR (*see* BEARING, BEARS, BORE, BORNE)
Gen 4:13 is greater than I can **b**
Gen 16:11 child, and you shall **b** a son
Gen 17:17 ninety years old, **b** a child
Gen 17:21 whom Sarah shall **b** to you at
Gen 43: 9 you, then let me **b** the blame
Gen 49:15 his shoulder to **b** a burden
Ex 20:16 You shall not **b** false witness
Ex 25:27 for the poles to **b** the table
Ex 27: 7 sides of the altar to **b** it
Ex 28:12 So Aaron shall **b** their names
Ex 28:30 So Aaron shall **b** the judgment
Ex 28:38 that Aaron may **b** the iniquity
Lev 16:22 The goat shall **b** on itself
Lev 19:17 and not **b** sin because of him
Lev 19:18 nor **b** any grudge against the
Lev 24:15 his God shall **b** his sin
Num 11:14 I am not able to **b** all these
Num 11:17 they shall **b** the burden of
Deut 10: 8 the tribe of Levi to **b** the
Deut 29:23 it is not sown, nor does it **b**
Josh 3: 8 who **b** the ark of the covenant
Judg 5:14 who **b** the recruiter's staff
Judg 13: 3 you shall conceive and **b** a son
Ruth 1:12 tonight and should also **b** sons
1Sa 17:36 has killed both lion and **b**
2Sa 17: 8 like a **b** robbed of her cubs
2Ki 19:30 downward, and **b** fruit upward
Job 9: 9 He made the **B**, Orion, and the
Job 38:32 the Great **B** with its cubs
Ps 28: 9 also, And **b** them up forever
Ps 55:12 Then I could **b** it
Ps 89:50 How I **b** in my bosom the
Ps 91:12 They shall **b** you up in their
Ps 92:14 still **b** fruit in old age
Prov 18:14 but who can **b** a broken spirit
Prov 28:15 and a charging **b** is a wicked
Is 7:14 **b** a Son, and shall call His
Is 11: 7 The cow and the **b** shall graze
Is 53:11 many, for He shall **b** their
Jer 17:21 **b** no burden on the Sabbath
Lam 3:10 to me like a **b** lying in wait
Lam 3:27 to **b** the yoke in his youth
Ezek 16:52 **b** your own shame also,
Ezek 18:19 not **b** the guilt of the father
Dan 7: 5 beast, a second, like a **b**
Amos 5:19 from a lion, and a **b** met him
Amos 7:10 not able to **b** all his words
Mic 7: 9 I will **b** the indignation of
Zech 6:13 He shall **b** the glory, and
Matt 1:23 **b** a Son, and they shall call
Matt 3: 8 Therefore **b** fruits worthy of
Matt 3:10 not **b** good fruit is cut down
Matt 4: 6 hands they shall **b** you up
Matt 7:18 good tree cannot **b** bad fruit
Matt 17:17 How long shall I **b** with you
Matt 19:18 You shall not **b** false witness

B

Matt 23: 4 bind heavy burdens, hard to **b**
Matt 27:32 they compelled to **b** His cross
Luke 14:27 whoever does not **b** his cross
John 1: 7 to **b** witness of the Light,
John 10:25 name, they **b** witness of Me
John 15: 2 not **b** fruit He takes away
John 15: 2 that it may **b** more fruit
John 15: 8 that you **b** much fruit
John 16:12 but you cannot **b** them now
Rom 7: 4 that we should **b** fruit to God
Rom 10: 2 For I **b** them witness that
Rom 13: 4 for he does not **b** the sword
Rom. 15: 1 who are strong ought to **b**
1Co 10:13 that you may be able to **b** it
1Co 15:49 we shall also **b** the image of
Gal 6: 2 **B** one another's burdens, and
Gal 6: 5 each one shall **b** his own load
Gal 6:17 for I **b** in my body the marks
Heb 9:28 once to **b** the sins of many
1Jn 5: 7 three who **b** witness in heaven
1Jn 5: 8 three that **b** witness on earth
Rev 13: 2 were like the feet of a **b**

BEARD (*see* BEARDS)
Lev 13:29 a sore on the head or the **b**
1Sa 17:35 me, I caught it by its **b**, and
1Sa 21:13 his saliva fall down on his **b**
Ps 133: 2 head, Running down on the **b**

BEARDS (*see* BEARD)
2Sa 10: 4 shaved off half of their **b**

BEARING (*see* BEAR)
Gen 16: 2 restrained me from **b** children
Gen 29:35 Then she stopped **b**
Gen 37:25 **b** spices, balm, and myrrh, on
Ps 126: 6 **B** seed for sowing, Shall
Is 1:14 to Me, I am weary of **b** them
Matt 21:43 a nation **b** the fruits of it
John 19:17 **b** His cross, went out to a
Acts 14: 3 who was **b** witness to the word
Rom 2:15 conscience also **b** witness
Eph 4: 2 **b** with one another in love,
Heb 13:13 the camp, **b** His reproach

BEARS (*see* BEAR)
Lev 5: 1 does not tell it, he **b** guilt
Lev 12: 5 But if she **b** a female child,
2Ki 2:24 two female **b** came out of the
Prov 25:18 A man who **b** false witness
Matt 7:17 every good tree **b** good fruit
Luke 18: 7 though He **b** long with them
John 5:32 another who **b** witness of Me
John 8:18 I am One who **b** witness of
John 8:18 who sent Me **b** witness of Me
John 15: 2 branch that **b** fruit He prunes
John 15: 5 Me, and I in him, **b** much fruit
Acts 22: 5 the high priest **b** me witness
Rom 8:16 The Spirit Himself **b** witness
1Co 13: 7 **b** all things, believes all
Heb 6: 8 but if it **b** thorns and briars,

BEAST (*see* ANIMAL, BEASTS)
Gen 1:25 God made the **b** of the earth
Gen 3: 1 was more cunning than any **b**
Gen 6: 7 of the earth, both man and **b**
Gen 7:14 every **b** after its kind, all
Gen 9: 5 of every **b** I will require it
Dan 4:16 Let him be given the heart of a **b**
Dan 7: 5 And suddenly another **b**, a
Dan 7: 6 The **b** also had four heads, and
Rev 11: 7 the **b** that ascends out of the
Rev 13: 3 marveled and followed the **b**
Rev 13: 4 who gave authority to the **b**
Rev 13: 4 and they worshiped the **b**,
Rev 13:17 the mark or the name of the **b**
Rev 13:18 calculate the number of the **b**
Rev 16: 2 men who had the mark of the **b**
Rev 20:10 fire and brimstone where the **b**

BEASTS (*see* ANIMALS, BEAST)
Gen 7:21 birds and cattle and **b** and every
Ps 49:12 He is like the **b** that perish
Dan 4:15 let him graze with the **b** on
Dan 7: 3 four great **b** came up from the
1Co 15:32 have fought with **b** at Ephesus
Tit 1:12 are always liars, evil **b**,
Jude 10 know naturally, like brute **b**

BEAT (*see* BEATEN, BEATING, BEATINGS, BEATS)
Ex 39: 3 they **b** the gold into thin
Ruth 2:17 **b** out what she had gleaned,
Ps 78:66 And He **b** back His enemies
Ps 89:23 I will **b** down his foes before
Prov 23:13 for if you **b** him with a rod,
Is 2: 4 they shall **b** their swords
Joel 3:10 **B** your plowshares into swords
Jon 4: 8 the sun **b** on Jonah's head, so
Mic 4: 3 they shall **b** their swords
Matt 7:25 winds blew and **b** on that house
Matt 26:67 spat in His face and **b** Him

BEATEN (*see* BEAT)
Ex 37: 7 made two cherubim of **b** gold
Luke 12:47 shall be **b** with many stripes
Acts 16:22 them to be **b** with rods
2Co 11:25 Three times I was **b** with rods
1Pe 2:20 if, when you are **b** for your

BEATING† (*see* BEAT)
Ex 2:11 he saw an Egyptian **b** a Hebrew
Nah 2: 7 of doves, **b** their breasts
Mark 12: 5 **b** some and killing some
Acts 21:32 soldiers, they stopped **b** Paul

BEATINGS† (*see* BEAT)
Prov 19:29 and **b** for the backs of fools

BEATS† (*see* BEAT)
Ex 21:20 if a man **b** his male or female
1Co 9:26 not as one who **b** the air

BEAUTIES
Ps 110: 3 In the **b** of holiness, from

BEAUTIFUL (*see* BEAUTY)
Gen 6: 2 of men, that they were **b**
Gen 12:11 are a woman of **b** countenance

Gen 24:16 woman was very **b** to behold
Gen 29:17 but Rachel was **b** of form
Ex 2: 2 she saw that he was a **b** child
Ps 48: 2 **B** in elevation, The joy of
Eccl 3:11 made everything **b** in its time
Song 7: 1 How **b** are your feet in
Is 4: 2 Branch of the LORD shall be **b**
Is 52: 7 How **b** upon the mountains are
Matt 23:27 indeed appear **b** outwardly
Luke 21: 5 it was adorned with **b** stones
Acts 3: 2 the temple which is called **B**
Acts 3:10 at the **B** Gate of the temple
Rom 10:15 How **b** are the feet of those
Heb 11:23 they saw he was a **b** child

BEAUTY (*see* BEAUTIFUL)
1Ch 16:29 the LORD in the **b** of holiness
Esth 1:11 to show her **b** to the people
Ps 27: 4 To behold the **b** of the LORD
Ps 29: 2 the LORD in the **b** of holiness
Ps 50: 2 of Zion, the perfection of **b**
Ps 96: 6 and **b** are in His sanctuary
Prov 31:30 **b** is passing, but a woman who
Is 33:17 will see the King in His **b**
Is 53: 2 there is no **b** that we should
Is 61: 3 to give them **b** for ashes

BED (*see* BEDRIDDEN, BEDS, BEDSTEAD)
Gen 47:31 himself on the head of the **b**
Gen 48: 2 himself and sat up on the **b**
Gen 49: 4 went up to your father's **b**
Gen 49:33 drew his feet up into the **b**
2Ki 4:32 child, lying dead on his **b**
Ps 4: 4 within your heart on your **b**
Ps 6: 6 All night I make my **b** swim
Ps 36: 4 devises wickedness on his **b**
Ps 139: 8 If I make my **b** in hell,
Matt 9: 2 Him a paralytic lying on a **b**
Matt 9: 6 Arise, take up your **b**, and go
Mark 2: 4 they let down the **b** on which
Mark 4:21 under a basket or under a **b**
Mark 7:30 her daughter lying on the **b**
Luke 11: 7 my children are with me in **b**
Luke 17:34 will be two men in one **b**
Heb 13: 4 among all, and the **b** undefiled

BEDRIDDEN† (*see* BED)
Acts 9:33 who had been **b** eight years

BEDS (*see* BED)
Ps 149: 5 them sing aloud on their **b**
Song 6: 2 to the **b** of spices, to feed
Hos 7:14 when they wailed upon their **b**
Amos 6: 4 who lie on **b** of ivory,
Mic 2: 1 And work out evil on their **b**
Mark 6:55 on **b** those who were sick to
Acts 5:15 the streets and laid them on **b**

BEDSTEAD† (*see* BED)
Deut 3:11 his **b** was an iron **b**

BEELZEBUB (*see* BAAL-ZEBUB)
Matt 10:25 the master of the house **B**
Matt 12:24 cast out demons except by **B**

BEER LAHAI ROI
Gen 16:14 the well was called **B**
Gen 25:11 And Isaac dwelt at **B**

BEERSHEBA
Gen 22:19 and Abraham dwelt at **B**
1Sa 3:20 all Israel from Dan to **B** knew

BEG (*see* BEGGAR, BEGGED, BEGGING)
Job 9:15 I would **b** mercy of my Judge
Luke 8:28 I **b** You, do not torment me
Luke 16: 3 I am ashamed to **b**

BEGET (*see* BEGOT, BEGOTTEN)
Deut 28:41 You shall **b** sons and daughters

BEGGAR (*see* BEG)
1Sa 2: 8 lifts the **b** from the ash heap
Luke 16:20 was a certain **b** named Lazarus

BEGGARLY†
Gal 4: 9 and **b** elements, to which you

BEGGED (*see* BEG)
Matt 8:31 So the demons **b** Him, saying,
John 9: 8 Is not this he who sat and **b**

BEGGING (*see* BEG)
Ps 37:25 Nor his descendants **b** bread
Mark 10:46 of Timaeus, sat by the road **b**
Acts 3:10 **b** alms at the Beautiful Gate

BEGINNING (*see* BEGINNINGS)
Gen 1: 1 In the **b** God created the
Ex 12: 2 shall be your **b** of months
Ruth 1:22 at the **b** of barley harvest
Job 42:12 days of Job more than his **b**
Ps 111:10 the LORD is the **b** of wisdom
Prov 1: 7 LORD is the **b** of knowledge
Prov 8:22 me at the **b** of His way,
Prov 9:10 the LORD is the **b** of wisdom
Is 46:10 Declaring the end from the **b**
Is 48: 3 the former things from the **b**
Is 64: 4 For since the **b** of the world
Matt 14:30 and **b** to sink he cried out,
Matt 19: 4 them at the **b** 'made them male
Matt 19: 8 but from the **b** it was not so
Matt 24: 8 these are the **b** of sorrows
Matt 24:21 the **b** of the world until this
Mark 1: 1 The **b** of the gospel of Jesus
Luke 1: 2 from the **b** were eyewitnesses
Luke 24:27 And **b** at Moses and all the
Luke 24:47 all nations, **b** at Jerusalem
John 1: 1 In the **b** was the Word, and the
John 1: 2 He was in the **b** with God
John 2:11 This **b** of signs Jesus did in
John 8:44 He was a murderer from the **b**
John 15:27 have been with Me from the **b**
Eph 3: 9 which from the **b** of the ages
Phil 4:15 that in the **b** of the gospel
Col 1:18 the church, who is the **b**
2Th 2:13 because God from the **b** chose
Heb 1:10 in the **b** laid the foundation

Heb 7: 3 having neither **b** of days nor
2Pe 2:20 is worse for them than the **b**
2Pe 3: 4 were from the **b** of creation
1Jn 1: 1 That which was from the **b**
1Jn 2:13 known Him who is from the **b**
1Jn 3: 8 devil has sinned from the **b**
Rev 1: 8 the Alpha and the Omega, the **B**
Rev 3:14 the **B** of the creation of God

BEGINNINGS (*see* BEGINNING)
Mark 13: 8 These are the **b** of sorrows

BEGOT (*see* BEGET)
Gen 6:10 And Noah **b** three sons
Gen 25:19 Abraham **b** Isaac
Deut 32:18 Of the Rock who **b** you, you
Ruth 4:22 and Jesse **b** David
1Ch 1:10 Cush **b** Nimrod
Prov 23:22 to your father who **b** you, and
Matt 1: 2 Abraham **b** Isaac
Matt 1: 6 and Jesse **b** David the king
Matt 1:16 Jacob **b** Joseph the husband of
Acts 7: 8 and so Abraham **b** Isaac
Acts 7: 8 Jacob **b** the twelve patriarchs
1Jn 5: 1 who **b** also loves him who is

BEGOTTEN (*see* BEGET)
Lev 18:11 daughter, **b** by your father
Job 38:28 or who has **b** the drops of dew
Ps 2: 7 My Son, Today I have **b** You
John 1:14 of the only **b** of the Father
John 1:18 The only **b** Son, who is in the
John 3:16 that He gave His only **b** Son
John 3:18 name of the only **b** Son of God
Acts 13:33 My Son, today I have **b** You
1Co 4:15 have **b** you through the gospel
Phm 10 whom I have **b** while in my
Heb 1: 5 My Son, today I have **b** You"
Heb 11:17 offered up his only **b** son
1Pe 1: 3 **b** us again to a living hope
1Jn 4: 9 His only **b** Son into the world
1Jn 5: 1 loves him who is **b** of Him

BEHALF
Is 8:19 the dead on **b** of the living
2Co 5:20 we implore you on Christ's **b**
Phil 1:29 been granted on **b** of Christ
Col 1: 7 minister of Christ on your **b**

BEHAVE (*see* BEHAVED, BEHAVING, BEHAVIOR)
Deut 25:16 all who **b** unrighteously, are
Ps 101: 2 I will **b** wisely in a perfect
1Co 13: 5 does not **b** rudely, does not

BEHAVED (*see* BEHAVE)
Ex 18:11 thing in which they **b** proudly
Num 5:27 **b** unfaithfully toward her
Judg 2:19 **b** more corruptly than their
1Sa 18: 5 Saul sent him, and **b** wisely
1Ki 21:26 And he **b** very abominably in
1Th 2:10 blamelessly we **b** ourselves

BEHAVING (*see* BEHAVE)
1Co 3: 3 not carnal and **b** like mere men
1Co 7:36 he is **b** improperly toward his

BEHAVIOR (*see* BEHAVE)
1Sa 8: 9 show them the **b** of the king
Ezek 16:27 were ashamed of your lewd **b**
1Ti 3: 2 sober-minded, of good **b**,
Tit 2: 3 that they be reverent in **b**

BEHEADED
2Sa 4: 7 **b** him and took his head, and
Matt 14:10 sent and had John **b** in prison
Rev 20: 4 **b** for their witness to Jesus

BEHELD (*see* BEHOLD)
Jer 4:23 I **b** the earth, and indeed it
John 1:14 we **b** His glory, the glory as

BEHOLD (*see* BEHELD, BEHOLDING)
Gen 3:22 **B**, the man has become like
Gen 28:13 And **b**, the LORD stood above it
Gen 37: 7 Then **b**, my sheaf arose and
Deut 11:26 **B**, I set before you today a
1Sa 15:22 **B**, to obey is better than
1Ki 19:11 And **b**, the LORD passed by,
Job 19:27 myself, and my eyes shall **b**
Ps 27: 4 To **b** the beauty of the LORD,
Ps 40: 7 Then I said, "**B**, I come
Ps 133: 1 **B**, how good and how pleasant
Is 5: 7 He looked for justice, but **b**
Is 5: 7 for righteousness, but **b**,
Is 6: 7 **B**, this has touched your lips
Is 7:14 **B**, the virgin shall conceive
Is 40: 9 cities of Judah, "**B** your God
Is 42: 1 **B**! My Servant whom I uphold
Is 52:13 **B**, My Servant shall deal
Is 65: 6 **B**, it is written before Me
Zech 6:12 **B**, the Man whose name is the
Zech 9: 9 **B**, your King is coming to you
Mal 3: 1 **B**, I send My messenger, and he
Mal 3: 1 **B**, He is coming," says the
Matt 1:23 **B**, a virgin shall be with
Matt 2: 1 the days of Herod the king, **b**
Matt 2: 9 and **b**, the star which they had
Matt 3:16 and **b**, the heavens were opened
Matt 11:10 **B**, I send My messenger
Matt 12:18 **B**, My Servant whom I have
Luke 1:38 **B** the maidservant of the Lord
Luke 2:10 Do not be afraid, for **b**, I
Luke 24:39 **B** My hands and My feet, that
John 1:29 **B**! The Lamb of God
John 1:36 he said, "**B** the Lamb of God
John 17:24 am, that they may **b** My glory
John 19: 5 said to them, "**B** the Man
John 19:14 to the Jews, "**B** your King
John 19:26 mother, "Woman, **b** your son
John 19:27 the disciple, **B** your mother
1Co 15:51 **B**, I tell you a mystery
2Co 5:17 **b**, all things have become new
2Co 6: 2 **B**, now is the accepted time
2Co 6: 2 **b**, now is the day of
1Jn 3: 1 **B** what manner of love the

Rev 3:11 B, I come quickly
Rev 3:20 B, I stand at the door and
Rev 22: 7 B, I am coming quickly

BEHOLDING† (*see* BEHOLD)
2Co 3:18 **b** as in a mirror the glory of

BELIAL†
2Co 6:15 what accord has Christ with **B**

BELIEF† (*see* BELIEVE, UNBELIEF)
2Th 2:13 the Spirit and **b** in the truth,

BELIEVE (*see* BELIEF, BELIEVED, BELIEVER, BELIEVES, BELIEVING)
Ex 4: 8 will be, if they do not **b** you
Matt 27:42 the cross, and we will **b** Him
Mark 1:15 Repent, and **b** in the gospel
Mark 5:36 Do not be afraid; only **b**
Mark 9:23 If you can **b**, all things are
Mark 9:24 Lord, I **b**; help my unbelief
Mark 9:42 ones who **b** in Me to stumble
Luke 24:25 slow of heart to **b** in all
Luke 24:41 they still did not **b** for joy
John 1: 7 that all through him might **b**
John 1:12 to those who **b** in His name
John 1:50 under the fig tree,' do you **b**
John 3:12 things and you do not **b**, how
John 3:12 how will you **b** if I tell you
John 3:36 he who does not **b** the Son
John 4:21 **b** Me, the hour is coming when
John 5:46 Moses, you would **b** Me
John 5:47 if you do not **b** his writings
John 5:47 how will you **b** My words
John 6:29 that you **b** in Him whom He
John 6:30 that we may see it and **b** You
John 6:36 have seen Me and yet do not **b**
John 7: 5 His brothers did not **b** in Him
John 8:24 if you do not **b** that I am He
John 8:45 the truth, you do not **b** Me
John 9:35 Do you **b** in the Son of God
John 9:38 Then he said, "Lord, I **b**!"
John 10:38 **b** the works, that you may
John 10:38 **b** that the Father is in Me,
John 11:26 never die. Do you **b** this
John 11:27 I **b** that You are the Christ,
John 11:48 this, everyone will **b** in Him
John 12:36 **b** in the light, that you may
John 12:47 hears My words and does not **b**
John 14: 1 you **b** in God, **b** also in Me
John 14:11 or else **b** Me for the sake of
John 17:21 world may **b** that You sent Me
John 19:35 the truth, so that you may **b**
John 20:25 into His side, I will not **b**
John 20:31 **b** that Jesus is the Christ
Acts 8:37 If you **b** with all your heart,
Acts 16:31 B on the Lord Jesus Christ,
Rom 4:11 the father of all those who **b**
Rom 4:24 **b** in Him who raised up Jesus
Rom 10: 9 **b** in your heart that God has
Rom 10:14 how shall they **b** in Him of
Eph 1:19 of His power toward us who **b**
Phil 1:29 Christ, not only to **b** in Him
1Th 2:13 works in you who **b**
1Th 4:14 For if we **b** that Jesus died
2Th 2:11 that they should **b** the lie
1Ti 4:10 especially of those who **b**
Heb 11: 6 to God must **b** that He is, and
Jas 2:19 You **b** that there is one God
Jas 2:19 Even the demons **b**
1Jn 5:10 he who does not **b** God has
1Jn 5:13 **b** in the name of the Son of

BELIEVED (*see* BELIEVE, FULFILLED)
Gen 15: 6 And he **b** in the LORD, and He
Ex 14:31 **b** the LORD and His servant
Ps 116:10 I **b**, therefore I spoke, 'I
Is 53: 1 Who has **b** our report
Jon 3: 5 the people of Nineveh **b** God
Matt 8:13 and as you have **b**, so let it
Luke 1:45 Blessed is she who **b**, for
John 2:11 and His disciples **b** in Him
John 2:22 they **b** the Scripture and the
John 2:23 many **b** in His name when they
John 4:39 **b** in Him because of the word
John 5:46 For if you **b** Moses, you would
John 7:48 or the Pharisees **b** in Him
John 12:38 Lord, who has **b** our report
John 16:27 have **b** that I came forth from
John 17: 8 they have **b** that You sent Me
John 20: 8 and he saw and **b**
John 20:29 you have seen Me, you have **b**
Acts 11:17 we **b** on the Lord Jesus Christ
Acts 11:21 them, and a great number **b**
Acts 13:48 appointed to eternal life **b**
Acts 16:34 having **b** in God with all his
Acts 17:34 some men joined him and **b**
Acts 19: 2 the Holy Spirit when you **b**
Rom 4: 3 Abraham **b** God, and it was
Rom 10:14 Him in whom they have not **b**
Rom 10:16 Lord, who has **b** our report
Rom 13:11 nearer than when we first **b**
1Co 15:11 so we preach and so you **b**
Gal 3: 6 **b** God, and it was accounted to
Eph 1:13 in whom also, having **b**, you
2Th 1:10 our testimony among you was **b**
1Ti 3:16 **b** on in the world, received
2Ti 1:12 for I know whom I have **b**
Jas 2:23 Abraham **b** God, and it was
1Jn 5:10 because he has not **b** the

BELIEVER† (*see* BELIEVE, BELIEVERS, UNBELIEVER)
2Co 6:15 has a **b** with an unbeliever

BELIEVERS (*see* BELIEVER)
Acts 5:14 **b** were increasingly added to
1Ti 4:12 an example to the **b** in word

BELIEVES (*see* BELIEVE)
Mark 9:23 are possible to him who **b**
John 3:15 that whoever **b** in Him should
John 3:36 He who **b** in the Son has
John 5:24 and **b** in Him who sent Me has
John 6:40 **b** in Him may have everlasting
John 11:26 and **b** in Me shall never die
Rom 1:16 salvation for everyone who **b**
Rom 4: 5 **b** on Him who justifies the

Rom 9:33 whoever **b** on Him will not be
Rom 10: 4 to everyone who **b**
Rom 10:10 heart one **b** unto righteousness
1Co 13: 7 **b** all things, hopes all
1Pe 2: 6 he who **b** on Him will by no
1Jn 5: 1 Whoever **b** that Jesus is the
1Jn 5:10 He who **b** in the Son of God

BELIEVING (*see* BELIEVE)
Matt 21:22 whatever you ask in prayer, **b**
John 20:27 Do not be unbelieving, but **b**
John 20:31 that **b** you may have life in
1Co 9: 5 right to take along a **b** wife
Gal 3: 9 are blessed with **b** Abraham
1Ti 5:16 If any **b** man or woman has
1Ti 6: 2 And those who have **b** masters
1Pe 1: 8 now you do not see Him, yet **b**

BELLY
Gen 3:14 on your **b** you shall go, and
Dan 2:32 and arms of silver, its **b** and
Jon 1:17 Jonah was in the **b** of the
Jon 2: 1 his God from the fish's **b**
Matt 12:40 in the **b** of the great fish
Rom 16:18 Jesus Christ, but their own **b**
Phil 3:19 whose god is their **b**, and

BELONG (*see* BELONGS)
Gen 40: 8 not interpretations **b** to God
Deut 29:29 The secret things **b** to the
1Pe 4:11 to whom **b** the glory and the

BELONGS (*see* BELONG)
Lev 7:20 offering that **b** to the LORD
Ps 3: 8 Salvation **b** to the LORD
Rev 7:10 Salvation **b** to our God who

BELOVED (*see* BELOVED'S)
Song 1:16 you are handsome, my **b**
Song 7:11 Come, my **b**, let us go forth
Is 5: 1 my **B** regarding His vineyard
Jer 12: 7 I have given the dearly **b** of
Dan 10:11 O Daniel, man greatly **b**,
Matt 3:17 This is My **b** Son, in whom I
Mark 12: 6 still having one son, his **b**
Acts 15:25 to you with our **b** Barnabas
Rom 1: 7 **b** of God, called to be saints
Rom 9:25 were not My people, and her **b**
Rom 11:28 the election they are **b** for
Rom 12:19 **B**, do not avenge yourselves,
1Co 4:14 but as my **b** children I warn
1Co 4:17 Timothy to you, who is my **b**
1Co 10:14 Therefore, my **b**, flee from
1Co 15:58 my **b** brethren, be steadfast,
Eph 1: 6 has made us accepted in the **B**
Eph 6:21 a **b** brother and faithful
Phil 4: 1 Therefore, my **b** and longed-for
Phil 4: 1 so stand fast in the Lord, **b**
Col 3:12 the elect of God, holy and **b**
Col 4:14 Luke the **b** physician and Demas
1Th 1: 4 **b** brethren, your election by
2Th 2:13 you, brethren **b** by the Lord,
1Ti 6: 2 benefited are believers and **b**
2Ti 1: 2 To Timothy, a **b** son
Phm 1 To Philemon our **b** friend
Phm 16 as a **b** brother, especially to
2Pe 1:17 This is My **b** Son, in whom I
2Pe 3:15 as also our **b** brother Paul,
1Jn 3: 2 **B**, now we are children of God
1Jn 4: 7 **B**, let us love one another,
1Jn 4:11 **B**, if God so loved us, we
Rev 20: 9 of the saints and the **b** city

BELOVED'S (*see* BELOVED)
Song 6: 3 I am my **b**, and my beloved is

BELSHAZZAR
Dan 5: 1 **B** the king made a great feast

BELT
Matt 3: 4 with a leather **b** around his

BELTESHAZZAR (*see* DANIEL)
Dan 1: 7 he gave Daniel the name **B**
Dan 4: 9 **B**, chief of the magicians,

BEN-HADAD
1Ki 20: 1 Now **B** the king of Syria

BENEFITS
Ps 103: 2 soul, And forget not all His **b**

BENJAMIN
Gen 35:18 but his father called him **B**
Gen 35:24 of Rachel were Joseph and **B**
Num 1:37 numbered of the tribe of **B**
Phil 3: 5 of Israel, of the tribe of **B**

BENT
Ps 37:14 have **b** their bow, To cast
Dan 11:27 hearts shall be **b** on evil

BEOR
Num 22: 5 Balaam the son of **B** at Pethor
2Pe 2:15 way of Balaam the son of **B**

BEREA
Acts 17:13 God was preached by Paul at **B**

BEREAVE (*see* BEREAVED)
Jer 15: 7 I will **b** them of children
Ezek 36:13 **b** your nation of children,'
Hos 9:12 yet I will **b** them to the last

BEREAVED (*see* BEREAVE)
Gen 27:45 Why should I be **b** also of you
Gen 42:36 You have **b** me of my children

BERITH†
Judg 9:46 of the temple of the god **B**

BESEECH
Rom 12: 1 I **b** you therefore, brethren,
Eph 4: 1 **b** you to have a walk worthy

BESIEGE (*see* BESIEGED)
Deut 20:19 When you **b** a city for a long

BESIEGED (*see* BESIEGE)

2Sa 11:16 while Joab **b** the city, that
Dan 1: 1 came to Jerusalem and **b** it

BEST

Gen 43:11 Take some of the **b** fruits of
Judg 14:20 who had been his **b** man
Matt 23: 6 the **b** seats in the synagogues
Mark 12:39 and the **b** places at feasts,
Luke 15:22 Bring out the **b** robe and put
1Co 12:31 earnestly desire the **b** gifts
Heb 12:10 us as seemed **b** to them, but

BESTOW (*see* BESTOWED)

Luke 22:29 I **b** upon you a kingdom, just
1Co 12:23 on these we **b** greater honor
1Co 13: 3 though I **b** all my goods to

BESTOWED (*see* BESTOW)

Luke 22:29 as My Father **b** one upon Me
2Co 8: 1 of God **b** on the churches of
1Jn 3: 1 love the Father has **b** on us

BETHANY

Matt 21:17 and went out of the city to **B**
Matt 26: 6 when Jesus was in **B** at the
John 11: 1 man was sick, Lazarus of **B**
John 11:18 Now **B** was near Jerusalem,

BETHEL

Gen 12: 8 to the mountain east of **B**
Gen 13: 3 at the beginning, between **B**
Gen 28:19 the name of that place **B**
Gen 31:13 I am the God of **B**, where you
Gen 35: 8 she was buried below **B** under
Josh 12: 9 king of Ai, which is beside **B**
Josh 18:13 of Luz (which is **B**) southward
Judg 21:19 Shiloh, which is north of **B**
1Sa 7:16 to year on a circuit to **B**
1Ki 12:29 And he set up one in **B**, and the
1Ki 13: 1 to **B** by the word of the LORD
1Ki 13:11 Now an old prophet dwelt in **B**
1Ki 16:34 days Hiel of **B** built Jericho
2Ki 10:29 golden calves that were at **B**
Jer 48:13 of Israel was ashamed of **B**
Hos 10:15 it shall be done to you, O **B**
Hos 12: 4 He found Him in **B**, and there
Amos 4: 4 Come to **B** and transgress, at
Amos 5: 5 and **B** shall come to nothing
Amos 7:10 of **B** sent to Jeroboam king of
Amos 7:13 But never again prophesy at **B**

BETHESDA†

John 5: 2 which is called in Hebrew, **B**

BETHLEHEM

Gen 35:19 way to Ephrath (that is, **B**)
Judg 17: 7 a young man from **B** in Judah
Ruth 1: 1 And a certain man of **B**, Judah,
Ruth 2: 4 Now behold, Boaz came from **B**
Ruth 4:11 Ephrathah and be famous in **B**
1Sa 16: 4 the LORD said, and went to **B**
1Sa 17:15 feed his father's sheep at **B**
2Sa 23:15 the water from the well of **B**
Mic 5: 2 **B** Ephrathah, though you are
Matt 2: 1 in **B** of Judea in the days of
Matt 2: 6 But you, **B**, in the land of
Matt 2: 8 And he sent them to **B** and said,
Matt 2:16 male children who were in **B**
Luke 2: 4 of David, which is called **B**
Luke 2:15 Let us now go to **B** and see
John 7:42 David and from the town of **B**

BETHSAIDA

Matt 11:21 Woe to you, **B**! For if the
John 1:44 Now Philip was from **B**, the
John 12:21 who was from **B** of Galilee

BETRAY (*see* BETRAYED, BETRAYER, BETRAYING, BETRAYS)

Matt 24:10 will **b** one another, and will
Matt 26:16 sought opportunity to **b** Him
Matt 26:21 to you, one of you will **b** Me
Matt 26:23 with Me in the dish will **b** Me

BETRAYED (*see* BETRAY, DELIVERED)

Matt 10: 4 Iscariot, who also **b** Him
Luke 22:22 to that man by whom He is **b**
John 18: 2 And Judas, who **b** Him, also
1Co 11:23 in which He was **b** took bread

BETRAYER (*see* BETRAY)

Matt 26:46 See, My **b** is at hand
Matt 27: 3 Then Judas, His **b**, seeing

BETRAYING† (*see* BETRAY)

Matt 26:25 Then Judas, who was **b** Him
Matt 27: 4 sinned by **b** innocent blood
Luke 22:48 are you **b** the Son of Man with

BETRAYS† (*see* BETRAY)

Matt 26:73 because your speech **b** you
John 21:20 who is the one who **b** You

BETROTH (*see* BETROTHED)

Deut 28:30 You shall **b** a wife, but
Hos 2:19 I will **b** you to Me forever

BETROTHED (*see* BETROTH)

Ex 22:16 entices a virgin who is not **b**
Matt 1:18 mother Mary was **b** to Joseph
Luke 1:27 to a virgin **b** to a man whose
Luke 2: 5 his **b** wife, who was with

BEWARE

Gen 24: 6 **B** that you do not take my son
Matt 7:15 **B** of false prophets, who come
Matt 10:17 But **b** of men, for they will
Matt 16: 6 and **b** of the leaven of the
Mark 12:38 **B** of the scribes, who desire
Luke 12:15 **b** of covetousness, for one's
Phil 3: 2 **B** of dogs, **b** of evil workers
Phil 3: 2 **b** of the mutilation
Col 2: 8 **B** lest anyone cheat you
2Ti 4:15 You also must **b** of him, for
2Pe 3:17 **b** lest you also fall from

BEWITCHED†

Gal 3: 1 Who has **b** you that you should

BILDAD

Job 2:11 **B** the Shuhite, and Zophar the

BILLOWS†

Ps 42: 7 waves and **b** have gone over me
Jon 2: 3 all Your **b** and Your waves

BIND (*see* BINDING, BINDS, BOUND)

Ex 28:28 They shall **b** the breastplate
Deut 6: 8 You shall **b** them as a sign on
Josh 2:18 you **b** this line of scarlet
Judg 16: 7 If they **b** me with seven fresh
Ps 118:27 **B** the sacrifice with cords to
Ps 149: 8 To **b** their kings with chains,
Prov 3: 3 **b** them around your neck,
Is 8:16 **B** up the testimony, Seal the
Is 49:18 **b** them on you as a bride does
Ezek 34:16 **b** up the broken and strengthen
Hos 6: 1 stricken, but He will **b** us up
Matt 13:30 **b** them in bundles to burn
Matt 16:19 whatever you **b** on earth will
Matt 22:13 **B** him hand and foot, take him
Matt 23: 4 For they **b** heavy burdens,
Mark 5: 3 and no one could **b** him, not
Acts 9:14 **b** all who call on Your name

BINDING (*see* BIND)

Gen 37: 7 were, **b** sheaves in the field
Gen 49:11 **B** his donkey to the vine, and
Num 30:12 the agreement **b** her, it shall
Num 30:13 every **b** oath to afflict her
Ps 56:12 made to You are **b** upon me

BINDS (*see* BIND)

Num 30: 3 **b** herself by some agreement
Job 5:18 For He bruises, but He **b** up
Job 12:18 **b** their waist with a belt
Job 26: 8 He **b** up the water in His
Job 36:13 cry for help when He **b** them
Ps 129: 7 hand, Nor he who **b** sheaves
Ps 147: 3 And **b** up their wounds
Prov 26: 8 Like one who **b** a stone in a
Matt 12:29 he first **b** the strong man

BIRD (*see* BIRDS)

Gen 1:21 every winged **b** according to
Gen 7:14 every **b** after its kind, every
Gen 8:20 animal and of every clean **b**
Job 28: 7 That path no **b** knows, nor has
Job 41: 5 you play with him as with a **b**
Ps 11: 1 Flee as a **b** to your mountain
Ps 124: 7 as a **b** from the snare of the
Eccl 12: 4 rises up at the sound of a **b**
Dan 7: 6 on its back four wings of a **b**
Hos 9:11 glory shall fly away like a **b**
Rev 18: 2 for every unclean and hated **b**

BIRDS (*see* BIRD)

Gen 1:20 let **b** fly above the earth
Gen 1:26 over the **b** of the air, and
Gen 15:10 he did not cut the **b** in two
Deut 14:11 All clean **b** you may eat
1Ki 4:33 spoke also of animals, of **b**
Job 35:11 us wiser than the **b** of heaven
Ps 50:11 I know all the **b** of the
Ps 104:17 Where the **b** make their nests
Is 18: 6 for the mountain **b** of prey
Is 31: 5 Like **b** flying about, so will
Jer 5:27 As a cage is full of **b**, so
Dan 4:12 the **b** of the heavens dwelt in
Matt 6:26 Look at the **b** of the air, for
Matt 8:20 **b** of the air have nests, but
Matt 13: 4 the **b** came and devoured them
Luke 12:24 more value are you than the **b**
Luke 13:19 the **b** of the air nested in
Acts 10:12 things, and **b** of the air
Rom 1:23 and **b** and four-footed beasts
1Co 15:39 of fish, and another of **b**

BIRTH (*see* BIRTHDAY, BIRTHRIGHT, BORN)

Gen 25:24 fulfilled for her to give **b**
Ex 1:19 give **b** before the midwives
Ruth 2:11 mother and the land of your **b**
1Sa 4:19 she bowed herself and gave **b**
1Ki 3:17 I gave **b** while she was in the
Job 3: 1 and cursed the day of his **b**
Job 3:11 Why did I not die at **b**
Ps 22:10 I was cast upon You from **b**
Ps 29: 9 LORD makes the deer give **b**
Ps 71: 6 I have been upheld from my **b**
Eccl 7: 1 death than the day of one's **b**
Is 66: 7 she travailed, she gave **b**
Is 66: 8 be made to give **b** in one day
Jer 2:27 to a stone, 'You gave **b** to me
Jer 48:41 heart of a woman in **b** pangs
Ezek 16: 3 Your **b** and your nativity are
Hos 9:11 no **b**, no pregnancy, and no
Matt 1:18 Now the **b** of Jesus Christ was
Luke 1:14 and many will rejoice at his **b**
John 9: 1 a man who was blind from **b**
Rom 8:22 labors with **b** pangs together
Gal 4:19 for whom I labor in **b** again
Gal 4:24 which gives **b** to bondage,
Jas 1:15 conceived, it gives **b** to sin
Rev 12: 2 in labor and in pain to give **b**
Rev 12:13 who gave **b** to the male Child

BIRTHDAY (*see* BIRTH)

Gen 40:20 day, which was Pharaoh's **b**
Matt 14: 6 when Herod's **b** was celebrated

BIRTHRIGHT (*see* BIRTH)

Gen 25:33 him, and sold his **b** to Jacob
Gen 25:34 Thus Esau despised his **b**
Heb 12:16 one morsel of food sold his **b**

BISHOP

1Ti 3: 2 A **b** then must be blameless,

BITE

Eccl 10:11 A serpent may **b** when it is
Gal 5:15 But if you **b** and devour one

BITS
Jas 3: 3 we put **b** in horses' mouths

BITTER (*see* BITTERLY, BITTERNESS)
Ex 1:14 lives **b** with hard bondage
Ex 12: 8 with **b** herbs they shall eat
Ex 15:23 of Marah, for they were **b**
Num 5:18 **b** water that brings a curse
Prov 5: 4 the end she is **b** as wormwood
Jer 31:15 **b** weeping, Rachel weeping for
Col 3:19 and do not be **b** toward them
Rev 8:11 water, because it was made **b**

BITTERLY (*see* BITTER)
Ruth 1:20 has dealt very **b** with me
Hos 12:14 provoked Him to anger most **b**
Luke 22:62 Then Peter went out and wept **b**

BITTERNESS (*see* BITTER)
1Sa 1:10 And she was in **b** of soul, and
Acts 8:23 that you are poisoned by **b**
Rom 3:14 mouth is full of cursing and **b**
Eph 4:31 Let all **b**, wrath, anger,
Heb 12:15 lest any root of **b** springing

BLACK
1Ki 18:45 the sky became **b** with clouds
Job 30:30 My skin grows **b** and falls from
Song 5:11 are wavy, and **b** as a raven
Matt 5:36 make one hair white or **b**

BLADE
Judg 3:22 the hilt went in after the **b**
Mark 4:28 first the **b**, then the head,

BLAME (*see* BLAMELESS)
Gen 43: 9 let me bear the **b** forever
2Co 8:20 that anyone should **b** us in
Eph 1: 4 without **b** before Him in love,

BLAMELESS (*see* BLAME, BLAMELESSLY)
Gen 17: 1 walk before Me and be **b**
Gen 44:10 my slave, and you shall be **b**
Num 32:22 and be **b** before the LORD and
Josh 2:17 We will be **b** of this oath of
Job 1: 1 and that man was **b** and upright,
Job 9:21 I am **b**, yet I do not know
Job 9:22 I say, 'He destroys the **b**
Ps 19:13 Then I shall be **b**, And I shall
Ps 51: 4 speak, And **b** when You judge
Prov 13: 6 keeps him whose way is **b**, but
Matt 12: 5 profane the Sabbath, and are **b**
1Co 1: 8 that you may be **b** in the day
Phil 3: 6 which is in the law, **b**
Col 1:22 to present you holy, and **b**
1Th 5:23 body be preserved **b** at the
1Ti 3: 2 A bishop then must be **b**, the
1Ti 3:10 as deacons, being found **b**
1Ti 6:14 spot, **b** until our Lord Jesus
Tit 1: 6 if a man is **b**, the husband of
2Pe 3:14 in peace, without spot and **b**

BLAMELESSLY† (*see* BLAMELESS)
Prov 28:18 Whoever walks **b** will be saved
1Th 2:10 **b** we behaved ourselves among

BLASPHEME (*see* BLASPHEMED, BLASPHEMER, BLASPHEMES, BLASPHEMING, BLASPHEMOUS, BLASPHEMY)
1Ti 1:20 that they may learn not to **b**
Jas 2: 7 Do they not **b** that noble name
Rev 13: 6 to **b** His name, His tabernacle

BLASPHEMED (*see* BLASPHEME)
1Ki 21:13 Naboth has **b** God and the king
Is 52: 5 And My name is **b** continually
Matt 27:39 And those who passed by **b** Him
Luke 23:39 who were hanged **b** Him, saying
Acts 18: 6 when they opposed him and **b**
Rom 2:24 The name of God is **b** among
1Ti 6: 1 and His doctrine may not be **b**
Tit 2: 5 the word of God may not be **b**
2Pe 2: 2 the way of truth will be **b**
Rev 16:11 And they **b** the God of heaven

BLASPHEMER† (*see* BLASPHEME, BLASPHEMERS)
1Ti 1:13 although I was formerly a **b**

BLASPHEMERS† (*see* BLASPHEMER)
Acts 19:37 temples nor **b** of your goddess
2Ti 3: 2 of money, boasters, proud, **b**

BLASPHEMES (*see* BLASPHEME)
Lev 24:16 whoever **b** the name of the
Matt 9: 3 themselves, "This Man **b**!"
Mark 3:29 but he who **b** against the Holy

BLASPHEMIES (*see* BLASPHEMY)
Dan 11:36 shall speak **b** against the God
Matt 15:19 thefts, false witness, **b**
Mark 2: 7 this Man speaks **b** like this
Rev 13: 5 speaking great things and **b**

BLASPHEMING† (*see* BLASPHEME)
John 10:36 into the world, 'You are **b**
Acts 13:45 and contradicting and **b**, they

BLASPHEMOUS† (*see* BLASPHEME, BLASPHEMOUSLY)
Acts 6:11 speak **b** words against Moses
Acts 6:13 **b** words against this holy
Rev 13: 1 and on his heads a **b** name

BLASPHEMOUSLY† (*see* BLASPHEMOUS)
Luke 22:65 they **b** spoke against Him

BLASPHEMY (*see* BLASPHEME, BLASPHEMIES)
Matt 12:31 **b** will be forgiven men, but
Matt 12:31 but the **b** against the Spirit
Matt 26:65 He has spoken **b**
Mark 7:22 an evil eye, **b**, pride,
John 10:33 do not stone You, but for **b**
Col 3: 8 anger, wrath, malice, **b**,

B

Rev 17: 3 which was full of names of **b**

BLEATING†

1Sa 15:14 What then is this **b** of the

BLEMISH

Ex 12: 5 Your lamb shall be without **b**
Num 19: 2 you a red heifer without **b**
Eph 5:27 should be holy and without **b**
1Pe 1:19 as of a lamb without **b** and

BLESS (*see* BLESSED, BLESSEDNESS, BLESSING)

Gen 12: 2 I will **b** you and make your
Gen 12: 3 I will **b** those who **b** you,
Gen 17:16 And I will **b** her and also give
Gen 27:34 B me, even me also, O my
Gen 32:26 let You go unless You **b** me
Ex 12:32 and **b** me also
Num 6:24 The LORD **b** you and keep you
Deut 27:12 Mount Gerizim to **b** the people
Judg 5: 9 with the people. B the LORD!
Ruth 2: 4 The LORD **b** you
Ps 16: 7 I will **b** the LORD who has
Ps 34: 1 I will **b** the LORD at all
Ps 62: 4 They **b** with their mouth, But
Ps 67: 1 **b** us, And cause His face to
Ps 67: 6 God, our own God, shall **b** us
Ps 96: 2 Sing to the LORD, **b** His name
Ps 100: 4 to Him, and **b** His name
Ps 103: 1 B the LORD, O my soul
Ps 103: 1 is within me, **b** His holy name
Matt 5:44 **b** those who curse you, do
Acts 3:26 Jesus, sent Him to **b** you, in
Rom 12:14 B those who persecute you
Rom 12:14 **b** and do not curse
1Co 4:12 Being reviled, we **b**
1Co 10:16 cup of blessing which we **b**
1Co 14:16 if you **b** with the spirit, how
Heb 6:14 Surely blessing I will **b** you
Jas 3: 9 With it we **b** our God and

BLESSED (*see* BLESS, HAPPY)

Gen 1:22 And God **b** them, saying,
Gen 2: 3 Then God **b** the seventh day and
Gen 12: 3 of the earth shall be **b**
Gen 14:19 B be Abram of God Most High,
Gen 14:20 **b** be God Most High, Who has
Gen 17:20 Behold, I have **b** him, and will
Gen 27:33 and indeed he shall be **b**
Ex 20:11 the LORD **b** the Sabbath day
Num 23:20 He has **b**, and I cannot reverse
Deut 28: 4 B shall be the fruit of your
Judg 5:24 Most **b** among women is Jael,
Ruth 2:19 B be the one who took notice
Ruth 4:14 B be the LORD, who has not
2Sa 22:47 B be my Rock! Let God be
Job 1:10 You have **b** the work of his
Job 1:21 **b** be the name of the LORD
Job 42:12 Now the LORD **b** the latter
Ps 1: 1 B is the man Who walks not in
Ps 32: 1 B is he whose transgression
Ps 32: 2 B is the man to whom the LORD
Ps 33:12 B is the nation whose God is
Ps 34: 8 B is the man who trusts in
Ps 118:26 B is he who comes in the name
Prov 31:28 rise up and call her **b**
Jer 20:14 Let the day not be **b** in which
Dan 2:19 So Daniel **b** the God of heaven
Dan 4:34 I **b** the Most High and praised
Dan 12:12 B is he who waits, and comes
Mal 3:12 all nations will call you **b**
Matt 5: 3 B are the poor in spirit, for
Matt 11: 6 **b** is he who is not offended
Matt 16:17 B are you, Simon Bar-Jonah,
Matt 21: 9 B is He who comes in the
Matt 25:34 you **b** of My Father, inherit
Matt 26:26 **b** it and broke it, and gave it
Mark 14:61 the Christ, the Son of the B
Luke 1:42 B are you among women, and
Luke 1:42 **b** is the fruit of your womb
Luke 1:48 generations will call me **b**
Luke 6:20 B are you poor, for yours is
Luke 11:27 B is the womb that bore You,
Luke 13:35 B is He who comes in the
Luke 24:30 them, that He took bread, **b**
Acts 20:35 It is more **b** to give than to
Rom 1:25 the Creator, who is **b** forever
Rom 4: 8 **b** is the man to whom the LORD
Rom 9: 5 over all, the eternally **b** God
2Co 1: 3 B be the God and Father of our
Gal 3: 8 all the nations shall be **b**
Gal 3: 9 are **b** with believing Abraham
Eph 1: 3 who has **b** us with every
Tit 2:13 looking for the **b** hope and
Heb 7: 6 **b** him who had the promises
Heb 7: 7 the lesser is **b** by the better
Heb 11:21 **b** each of the sons of Joseph,
Jas 1:12 B is the man who endures
Rev 1: 3 B is he who reads and those
Rev 14:13 B are the dead who die in
Rev 22: 7 B is he who keeps the words

BLESSEDNESS (*see* BLESS)

Rom 4: 6 the **b** of the man to whom God

BLESSING (*see* BLESS, BLESSINGS)

Gen 12: 2 and you shall be a **b**
Gen 27:35 and has taken away your **b**
Gen 27:38 Have you only one **b**, my
Gen 28: 4 and give you the **b** of Abraham
Deut 11:26 I set before you today a **b**
Deut 11:29 put the **b** on Mount Gerizim
Deut 30:19 before you life and death, **b**
Ps 24: 5 shall receive **b** from the LORD
Ezek 34:26 there shall be showers of **b**
Mal 3:10 pour out for you such **b** That
Luke 24:53 the temple praising and **b** God
1Co 10:16 The cup of **b** which we bless,
Gal 3:14 that the **b** of Abraham might
Eph 1: 3 us with every spiritual **b** in
Heb 6: 7 receives **b** from God
Heb 12:17 he wanted to inherit the **b**
Jas 3:10 of the same mouth proceed **b**
Rev 5:12 and honor and glory and **b**
Rev 7:12 B and glory and wisdom,

BLESSINGS (*see* BLESSING)

Gen 49:25 you with **b** of heaven above
Deut 28: 2 all these **b** shall come upon

BLEW (*see* BLOW)

Ex 10:19 and **b** them into the Red Sea
Judg 7:19 they **b** the trumpets and broke
Matt 7:25 floods came, and the winds **b**

BLIND (*see* BLINDED, BLINDFOLD, BLINDNESS)

Ex 4:11 deaf, the seeing, or the **b**
2Sa 5: 8 Jebusites (the lame and the **b**
Ps 146: 8 LORD opens the eyes of the **b**
Is 29:18 the eyes of the **b** shall see
Is 42: 7 To open **b** eyes, to bring out
Is 42:19 Who is **b** but My servant, or
Matt 9:27 two **b** men followed Him,
Matt 11: 5 The **b** see and the lame
Matt 15:14 are **b** leaders of the **b**
Matt 15:14 And if the **b** leads the **b**
Matt 23:16 **b** guides, who say, "Whoever
Matt 23:17 Fools and **b**! For which is
Matt 23:24 **B** guides, who strain out a
Matt 23:26 **B** Pharisee, first cleanse the
Mark 10:46 **b** Bartimaeus, the son of
Luke 4:18 and recovery of sight to the **b**
John 9: 1 a man who was **b** from birth
John 9: 6 of the **b** man with the clay
John 9:25 that though I was **b**, now I
John 9:39 those who see may be made **b**
Rom 2:19 yourself are a guide to the **b**
Rev 3:17 wretched, miserable, poor, **b**

BLINDED (*see* BLIND)

John 12:40 He has **b** their eyes and
2Co 4: 4 the god of this age has **b**
1Jn 2:11 the darkness has **b** his eyes

BLINDFOLD† (*see* BLIND)

Mark 14:65 to **b** Him, and to beat Him, and

BLINDNESS (*see* BLIND)

Gen 19:11 doorway of the house with **b**

BLOCK

Is 44:19 fall down before a **b** of wood
Ezek 3:20 lay a stumbling **b** before him
Rom 11: 9 and a trap, a stumbling **b** and a
1Co 1:23 to the Jews a stumbling **b**

BLOOD (*see* BLOODSHED, BLOODTHIRSTY)

Gen 4:10 **b** cries out to Me from the
Gen 4:11 brother's **b** from your hand
Gen 9: 4 with its life, that is, its **b**
Gen 9: 6 Whoever sheds man's **b**, by man
Gen 37:26 our brother and conceal his **b**
Gen 42:22 his **b** is now required of us
Ex 4: 9 will become **b** on the dry land
Ex 7:19 water, that they may become **b**
Ex 12: 7 they shall take some of the **b**
Ex 12:13 Now the **b** shall be a sign
Ex 12:13 And when I see the **b**, I will
Ex 12:22 dip it in the **b** that is in
Ex 12:23 He sees the **b** on the lintel
Ex 24: 6 half the **b** he sprinkled on
Ex 24: 8 the **b** of the covenant which
Lev 12: 4 in the **b** of her purification
Lev 16:15 bring its **b** inside the veil,
Lev 17:11 life of the flesh is in the **b**
Lev 17:11 the **b** that makes atonement
Lev 19:26 not eat anything with the **b**
Lev 20: 9 His **b** shall be upon him
Num 35:27 the avenger of **b** kills the
Josh 2:19 his **b** shall be on our head if
Josh 20: 3 refuge from the avenger of **b**
1Ch 28: 3 a man of war and have shed **b**
Job 16:18 O earth, do not cover my **b**
Ps 50:13 Or drink the **b** of goats
Ps 72:14 shall be their **b** in His sight
Ps 106:38 the land was polluted with **b**
Prov 6:17 hands that shed innocent **b**
Is 1:15 Your hands are full of **b**
Is 9: 5 And garments rolled in **b**,
Ezek 3:18 but his **b** I will require at
Joel 2:30 **b** and fire and pillars of smoke
Joel 2:31 darkness, and the moon into **b**
Matt 9:20 a woman who had a flow of **b**
Matt 23:35 from the **b** of righteous Abel
Matt 23:35 Abel to the **b** of Zechariah
Matt 26:28 For this is My **b** of the new
Matt 27:24 of the **b** of this just Person
Matt 27:25 His **b** be on us and on our
Luke 13: 1 **b** Pilate had mingled with
Luke 22:20 is the new covenant in My **b**
John 1:13 who were born, not of **b**, nor
John 6:54 drinks My **b** has eternal life,
John 19:34 a spear, and immediately **b**
Acts 1:19 Dama, that is, Field of **B**
Acts 2:19 **b** and fire and vapor of smoke
Acts 2:20 darkness, and the moon into **b**
Acts 15:20 things strangled, and from **b**
Acts 17:26 He has made from one **b** every
Acts 20:28 He purchased with His own **b**
Acts 22:20 when the **b** of Your martyr
Rom 3:15 feet are swift to shed **b**
Rom 3:25 to be a propitiation of His **b**
Rom 5: 9 now been justified by His **b**
1Co 10:16 communion of the **b** of Christ
1Co 11:25 is the new covenant in My **b**
1Co 11:27 of the body and **b** of the Lord
1Co 15:50 **b** cannot inherit the kingdom
Gal 1:16 confer with flesh and **b**,
Eph 1: 7 have redemption through His **b**
Eph 2:13 brought near by the **b** of Christ
Eph 6:12 wrestle against flesh and **b**
Col 1:20 through the **b** of His cross
Heb 9: 7 once a year, not without **b**
Heb 9:12 Not with the **b** of goats and
Heb 9:12 but with His own **b** He entered
Heb 9:13 For if the **b** of bulls and
Heb 9:14 more shall the **b** of Christ
Heb 9:22 all things are purified with **b**
Heb 9:22 without shedding of **b** there
Heb 10: 4 possible that the **b** of bulls
Heb 10:29 counted the **b** of the covenant
Heb 13:12 the people with His own **b**
Heb 13:20 sheep, through the **b** of the

1Pe 1:19 with the precious **b** of Christ
1Jn 1: 7 the **b** of Jesus Christ His Son
1Jn 5: 6 is He who came by water and **b**
1Jn 5: 8 Spirit, the water, and the **b**
Rev 1: 5 us from our sins in His own **b**
Rev 5: 9 by Your **b** out of every tribe
Rev 6:12 and the moon became like **b**
Rev 7:14 white in the **b** of the Lamb
Rev 8: 8 a third of the sea became **b**
Rev 17: 6 with the **b** of the saints and
Rev 17: 6 with the **b** of the martyrs of
Rev 18:24 was found the **b** of prophets
Rev 19:13 with a robe dipped in **b**, and

BLOODSHED (*see* BLOOD)
Ex 22: 3 shall be guilt for his **b**
Lev 17: 4 **b** shall be imputed to that
Heb 12: 4 have not yet resisted to **b**

BLOODTHIRSTY (*see* BLOOD)
Ps 59: 2 And save me from **b** men

BLOSSOM (*see* BLOSSOMS)
Hab 3:17 Though the fig tree may not **b**

BLOSSOMS (*see* BLOSSOM)
Eccl 12: 5 when the almond tree **b**, the

BLOT (*see* BLOTTED)
Ex 17:14 that I will utterly **b** out the
Ex 32:32 **b** me out of Your book which
Deut 9:14 **b** out their name from under
Ps 51: 1 **B** out my transgressions
Ps 51: 9 And **b** out all my iniquities
Rev 3: 5 I will not **b** out his name

BLOTTED (*see* BLOT)
Deut 25: 6 may not be **b** out of Israel
Ps 69:28 Let them be **b** out of the book
Is 44:22 I have **b** out, like a thick
Acts 3:19 that your sins may be **b** out

BLOW (*see* BLEW, BLOWS)
Num 10: 8 priests, shall **b** the trumpets
Judg 7:18 When I **b** the trumpet, I and
Ps 39:10 by the **b** of Your hand
Ps 78:26 east wind to **b** in the heavens
Jer 6: 1 **B** the trumpet in Tekoa, and
Jer 6:29 the bellows **b** fiercely, the
Ezek 22:21 **b** on you with the fire of My
Joel 2: 1 **B** the trumpet in Zion,
Joel 2:15 **B** the trumpet in Zion,
Luke 12:55 when you see the south wind **b**
Rev 7: 1 should not **b** on the earth

BLOWS (*see* BLOW)
Deut 25: 3 Forty **b** he may give him and no
Prov 17:10 than a hundred **b** on a fool
Is 40: 7 breath of the LORD **b** upon it
John 3: 8 The wind **b** where it wishes,

BOANERGES†
Mark 3:17 to whom He gave the name **B**

BOAST (*see* BOASTED, BOASTERS, BOASTING, BOASTS)
Ps 34: 2 shall make its **b** in the LORD
Ps 49: 6 **b** in the multitude of their
Prov 27: 1 Do not **b** about tomorrow, for
Rom 2:17 law, and make your **b** in God
Rom 2:23 who make your **b** in the law
1Co 9:16 I have nothing to **b** of, for
2Co 12: 6 though I might desire to **b**
2Co 12: 9 rather **b** in my infirmities
Eph 2: 9 works, lest anyone should **b**

BOASTED (*see* BOAST)
2Co 7:14 I have **b** to him about you

BOASTERS† (*see* BOAST)
Rom 1:30 of God, violent, proud, **b**
2Ti 3: 2 lovers of money, **b**, proud,

BOASTING (*see* BOAST)
Rom 3:27 Where is **b** then
1Co 9:15 anyone should make my **b** void
2Co 1:12 For our **b** is this
2Co 7: 4 great is my **b** on your behalf
2Co 9: 4 ashamed of this confident **b**
2Co 10:15 not **b** of things beyond
2Co 12:11 I have become a fool in **b**
Jas 4:16 All such **b** is evil

BOASTS (*see* BOAST)
Ps 10: 3 For the wicked **b** of his
Prov 25:14 Whoever falsely **b** of giving
Jas 3: 5 member and **b** great things

BOAT (*see* BOATS)
Matt 4:21 in the **b** with Zebedee their
Matt 9: 1 So He got into a **b**, crossed
John 21: 6 on the right side of the **b**

BOATS (*see* BOAT)
Mark 4:36 other little **b** were also with
Luke 5: 2 saw two **b** standing by the

BOAZ
Ruth 2: 3 of the field belonging to **B**
Ruth 2: 4 **B** came from Bethlehem, and
Ruth 4:13 So **B** took Ruth and she became
Ruth 4:21 and **B** begot Obed
Matt 1: 5 **B** begot Obed by Ruth, Obed
Luke 3:32 the son of Obed, the son of **B**

BODIES (*see* BODY)
Dan 3:27 whose **b** the fire had no power
Matt 27:52 many **b** of the saints who had
John 19:31 that the **b** should not remain
Rom 8:11 **b** through His Spirit who
Rom 12: 1 your **b** a living sacrifice
1Co 6:15 your **b** are members of Christ
1Co 15:40 celestial **b** and terrestrial **b**
Eph 5:28 own wives as their own **b**
Heb 10:22 our **b** washed with pure water
Rev 11: 9 not allow their dead **b** to be

BODILY (*see* BODY)

Luke 3:22 Holy Spirit descended in **b**
Col 2: 9 the fullness of the Godhead **b**
1Ti 4: 8 For **b** exercise profits a

BODY (*see* BODIES, BODILY)

Gen 15: 4 your own **b** shall be your heir
Lev 21:11 shall he go near any dead **b**
Prov 18: 8 go down into the inmost **b**
Is 26:19 my dead **b** they shall arise
Dan 4:33 his **b** was wet with the dew of
Mic 6: 7 the fruit of my **b** for the sin
Matt 5:29 than for your whole **b** to be
Matt 6:22 The lamp of the **b** is the eye
Matt 6:25 nor about your **b**, what you
Matt 6:25 and the **b** more than clothing
Matt 10:28 both soul and **b** in hell
Matt 26:26 Take, eat; this is My **b**
Matt 27:58 and asked for the **b** of Jesus
Matt 27:59 when Joseph had taken the **b**
Mark 14: 8 to anoint My **b** for burial
Luke 24:23 When they did not find His **b**
John 2:21 of the temple of His **b**
John 19:40 Then they took the **b** of Jesus
Rom 6:6 that the **b** of sin might be
Rom 6:12 sin reign in your mortal **b**
Rom 7:24 me from this **b** of death
Rom 8:10 the **b** is dead because of sin,
Rom 8:13 to death the deeds of the **b**
Rom 8:23 the redemption of our **b**
Rom 12: 4 we have many members in one **b**
Rom 12: 5 many, are one **b** in Christ, and
1Co 5: 3 as absent in **b** but present in
1Co 6:13 Lord, and the Lord for the **b**
1Co 6:16 to a harlot is one **b** with her
1Co 6:18 sins against his own **b**
1Co 6:19 **b** is the temple of the Holy
1Co 6:20 glorify God in your **b** and in
1Co 7: 4 have authority over her own **b**
1Co 9:27 But I discipline my **b** and
1Co 10:16 communion of the **b** of Christ
1Co 10:17 many, are one bread and one **b**
1Co 11:24 this is My **b** which is broken
1Co 11:27 will be guilty of the **b** and
1Co 11:29 not discerning the Lord's **b**
1Co 12:12 For as the **b** is one and has
1Co 12:13 were all baptized into one **b**
1Co 12:27 Now you are the **b** of Christ
1Co 13: 3 I give my **b** to be burned, but
1Co 15:42 The **b** is sown in corruption,
1Co 15:44 It is sown a natural **b**, it is
1Co 15:44 it is raised a spiritual **b**
2Co 4:10 carrying about in the **b** the
2Co 5: 8 to be absent from the **b** and to
2Co 5:10 the things done in the **b**,
2Co 12: 2 out of the **b** I do not know
Gal 6:17 for I bear in my **b** the marks
Eph 2:16 in one **b** through the cross
Eph 4: 4 There is one **b** and one Spirit,
Eph 4:12 edifying of the **b** of Christ
Eph 4:16 from whom the whole **b**, joined
Eph 5:23 and He is the Savior of the **b**
Phil 1:20 will be magnified in my **b**
Phil 3:21 will transform our lowly **b**
Phil 3:21 conformed to His glorious **b**
Col 1:18 And He is the head of the **b**
Col 3:15 also you were called in one **b**
1Th 5:23 **b** be preserved blameless at
Heb 10: 5 but a **b** You have prepared for
Jas 3: 2 also to bridle the whole **b**
1Pe 2:24 sins in His own **b** on the tree
Jude 9 disputed about the **b** of Moses

BOIL (*see* BOILS)

Ex 23:19 You shall not **b** a young goat
Lev 13:18 body develops a **b** in the skin

BOILS (*see* BOIL)

Ex 9:10 they caused **b** that break out
Deut 28:27 you with the **b** of Egypt, with
Job 2: 7 struck Job with painful **b**

BOLD (*see* BOLDLY, BOLDNESS)

Prov 28: 1 the righteous are **b** as a lion
Acts 13:46 Then Paul and Barnabas grew **b**
Rom 10:20 But Isaiah is very **b** and says
1Th 2: 2 we were **b** in our God to speak

BOLDLY (*see* BOLD)

Acts 9:27 and how he had preached **b** at
Acts 18:26 to speak **b** in the synagogue
Heb 4:16 Let us therefore come **b** to

BOLDNESS (*see* BOLD)

Acts 4:13 when they saw the **b** of Peter
Acts 4:31 spoke the word of God with **b**
Heb 10:19 having **b** to enter the Holiest

BOND (*see* BONDAGE, BONDS, BONDWOMAN)

Deut 32:36 no one remaining, **b** or free
Eph 4: 3 the Spirit in the **b** of peace
Col 3:14 which is the **b** of perfection

BONDAGE (*see* BOND)

Ex 1:14 lives bitter with hard **b**
Ex 13: 3 Egypt, out of the house of **b**
Rom 8:15 the spirit of **b** again to fear
Rom 8:21 the **b** of corruption into the
1Co 7:15 is not under **b** in such cases
Gal 5: 1 again with a yoke of **b**

BONDS (*see* BOND)

Judg 15:14 his **b** broke loose from his
Ps 2: 3 us break Their **b** in pieces
Is 58: 6 to loose the **b** of wickedness,

BONDWOMAN (*see* BOND)

Gen 21:10 Cast out this **b** and her son
Gal 4:22 the one by a **b**, the other by

BONE (*see* BONES)

Gen 2:23 This is now **b** of my bones
Judg 9: 2 that I am your own flesh and **b**
Job 19:20 My **b** clings to my skin and to
Ezek 37: 7 came together, **b** to **b**

BONES (*see* BONE)

Gen 2:23 This is now bone of my **b** and
Gen 50:25 shall carry up my **b** from here
Ex 12:46 shall you break one of its **b**
Ex 13:19 Moses took the **b** of Joseph
2Ki 13:21 and touched the **b** of Elisha
Ps 22:14 all My **b** are out of joint
Ps 22:17 I can count all My **b**
Ps 32: 3 my **b** grew old Through my
Ps 51: 8 That the **b** which You have
Prov 12: 4 is like rottenness in his **b**
Prov 16:24 the soul and health to the **b**
Eccl 11: 5 or how the **b** grow in the womb
Jer 20: 9 burning fire shut up in my **b**
Ezek 37: 3 Son of man, can these **b** live
Ezek 37: 4 and say to them, 'O dry **b**
Dan 6:24 broke all their **b** in pieces
Matt 23:27 are full of dead men's **b** and
Luke 24:39 flesh and **b** as you see I have
John 19:36 Not one of His **b** shall be
Eph 5:30 of His flesh and of His **b**
Heb 11:22 instructions concerning his **b**

BOOK (*see* BOOKS)

Ex 24: 7 he took the **B** of the Covenant
Ex 32:32 blot me out of Your **b** which
Num 21:14 the **B** of the Wars of the LORD
Deut 17:18 a copy of this law in a **b**
Deut 28:61 written in this **B** of the law
Josh 8:31 in the **B** of the Law of Moses
Josh 10:13 written in the **B** of Jasher
Josh 24:26 in the **B** of the Law of God
1Ki 11:41 the **b** of the acts of Solomon
1Ki 14:29 **b** of the chronicles of the
2Ki 23:21 in this **B** of the Covenant
2Ch 24:27 annals of the **b** of the kings
2Ch 35:12 is written in the **B** of Moses
Neh 8: 3 attentive to the **B** of the Law
Neh 8: 5 And Ezra opened the **b** in the
Ps 40: 7 of the **B** it is written of me
Jer 36: 2 Take a scroll of a **b** and write
Jer 36:10 **b** the words of Jeremiah in
Jer 36:18 wrote them with ink in the **b**
Dan 12: 1 who is found written in the **b**
Dan 12: 4 seal the **b** until the time of
Mal 3:16 so a **b** of remembrance was
Matt 1: 1 The **b** of the genealogy of
Luke 4:17 He was handed the **b** of the
Luke 20:42 said in the **B** of Psalms, 'The
John 20:30 are not written in this **b**
Acts 7:42 in the **b** of the Prophets
Gal 3:10 written in the **b** of the law
Phil 4: 3 names are in the **B** of Life
Heb 9:19 sprinkled both the **b** itself
Heb 10: 7 of the **b** it is written of Me
Rev 3: 5 his name from the **B** of Life
Rev 10: 2 he had a little **b** open in his
Rev 20:12 another **b** was opened, which
Rev 22: 9 who keep the words of this **b**

BOOKS (*see* BOOK)

Eccl 12:12 Of making many **b** there is no
Dan 7:10 seated, and the **b** were opened
Dan 9: 2 understood by the **b** the
John 21:25 the **b** that would be written
2Ti 4:13 and the **b**, especially the
Rev 20:12 before God, and **b** were opened

BOOTHS

Lev 23:42 dwell in **b** for seven days

BORDER (*see* HEM)

Gen 10:19 the **b** of the Canaanites was
Josh 15: 5 The east **b** was the Salt Sea
1Ki 4:21 as far as the **b** of Egypt
Mal 1: 5 beyond the **b** of Israel

BORE (*see* BEAR)

Gen 4: 1 conceived and **b** Cain, and said,
Gen 21: 2 **b** Abraham a son in his old
Ex 19: 4 how I **b** you on eagles' wings
Is 53:12 He **b** the sin of many, and made
Hos 1: 3 she conceived and **b** him a son
Hos 1: 6 again and **b** a daughter
Matt 8:17 and **b** our sicknesses
Mark 14:57 **b** false witness against Him,
Luke 11:27 is the womb that **b** You, and
John 1:15 John **b** witness of Him and
1Pe 2:24 who Himself **b** our sins in His
Rev 12: 5 she **b** a male Child who was to

BORN (*see* BIRTH, BORNE)

Gen 6: 1 and daughters were **b** to them
Gen 15: 3 indeed one **b** in my house is
Gen 17:27 **b** in the house or bought with
Ex 1:22 Every son who is **b** you shall
Job 3: 3 day perish on which I was **b**
Job 5: 7 yet man is **b** to trouble, as
Job 14: 1 Man who is **b** of woman is of
Prov 17:17 a brother is **b** for adversity
Eccl 3: 2 A time to be **b**, and a time to
Is 9: 6 For unto us a Child is **b**,
Jer 1: 5 before you were **b** I
Jer 20:14 be the day in which I was **b**
Matt 1:16 of whom was **b** Jesus who is
Matt 2: 2 has been **b** King of the Jews
Matt 11:11 among those **b** of women there
Matt 26:24 that man if he had never been **b**
Luke 1:35 **b** will be called the Son of
Luke 2:11 For there is **b** to you this
John 1:13 who were **b**, not of blood, nor
John 3: 3 to you, unless one is **b** again
John 3: 4 his mother's womb and be **b**
John 3: 5 you, unless one is **b** of water
John 3: 6 That which is **b** of the flesh
John 3: 6 that which is **b** of the Spirit
John 9: 2 parents, that he was **b** blind
1Co 15: 8 as by one **b** out of due time
Gal 4: 4 **b** of a woman, **b** under the law
Gal 4:23 was **b** according to the flesh
Gal 4:29 was **b** according to the Spirit
1Pe 1:23 having been **b** again, not of
1Jn 3: 9 Whoever has been **b** of God

BORNE (*see* BEAR, BORN)

Gen 16: 1 wife, had **b** him no children
Ruth 4:15 than seven sons, has **b** him

1Sa 2: 5 Even the barren has **b** seven
Ps 69: 7 Your sake I have **b** reproach
Is 53: 4 Surely He has **b** our griefs
Jer 15:10 my mother, that you have **b** me
1Co 15:49 as we have **b** the image of the

BORROW
Matt 5:42 from him who wants to **b** from

BOSOM
Ex 4: 6 Now put your hand in your **b**
Num 11:12 to me, 'Carry them in your **b**
Ruth 4:16 child and laid him on her **b**
2Sa 12: 3 his own cup and lay in his **b**
1Ki 3:20 laid her dead child in my **b**
Ps 89:50 How I bear in my **b** the
Prov 6:27 can a man take fire to his **b**
Is 40:11 arm, and carry them in His **b**
Luke 16:22 by the angels to Abraham's **b**
John 1:18 who is in the **b** of the Father
John 13:23 Jesus' **b** one of His disciples

BOTTLE
Ps 56: 8 Put my tears into Your **b**

BOTTOM (*see* BOTTOMLESS)
Ex 15: 5 sank to the **b** like a stone
Dan 6:24 ever came to the **b** of the den
Matt 27:51 was torn in two from top to **b**

BOTTOMLESS (*see* BOTTOM)
Rev 9: 1 given the key to the **b** pit

BOUGHT (*see* BUY)
Gen 17:27 born in the house or **b** with
Josh 24:32 of ground which Jacob had **b**
Jer 32: 9 So I **b** the field from
Hos 3: 2 So I **b** her for myself for
Matt 13:46 sold all that he had and **b** it
Matt 21:12 and drove out all those who **b**
Matt 27: 7 and **b** with them the potter's
1Co 6:20 For you were **b** at a price
2Pe 2: 1 denying the Lord who **b** them

BOUND (*see* BIND)
Gen 22: 9 he **b** Isaac his son and laid
Gen 44:30 since his life is **b** up in the
Josh 2:21 she **b** the scarlet cord in the
Judg 15:13 they **b** him with two new ropes
Ps 119:61 cords of the wicked have **b** me
Prov 22:15 Foolishness is **b** up in the
Prov 30: 4 Who has **b** the waters in a
Is 1: 6 have not been closed or **b** up
Is 61: 1 the prison to those who are **b**
Ezek 34: 4 nor **b** up the broken, nor
Dan 3:24 Did we not cast three men **b**
Matt 14: 3 **b** him, and put him in prison
Matt 16:19 on earth will be **b** in heaven
Matt 27: 2 And when they had **b** Him, they
Mark 6:17 **b** him in prison for the sake
Mark 15: 1 they **b** Jesus, led Him away,
Luke 13:16 of Abraham, whom Satan has **b**
John 11:44 who had died came out **b** hand
John 18:12 Jews arrested Jesus and **b** Him
John 19:40 **b** it in strips of linen with
Acts 9: 2 bring them **b** to Jerusalem
Acts 10:11 sheet **b** at the four corners
Acts 12: 6 **b** with two chains between two
Acts 20:22 now I go **b** in the spirit to
Acts 23:12 **b** themselves under an oath,
Rom 7: 2 **b** by the law to her husband
1Co 7:27 Are you **b** to a wife
1Co 7:39 A wife is **b** by law as long as
2Th 1: 3 We are **b** to thank God always
Rev 20: 2 **b** him for a thousand years

BOUNTIFULLY
Ps 13: 6 He has dealt **b** with me
2Co 9: 6 who sows **b** will also reap **b**

BOW (*see* BOWED, BOWING)
Gen 37:10 brothers indeed come to **b**
Gen 41:43 out before him, "**B** the knee
Ex 20: 5 you shall not **b** down to them
2Sa 1:18 of Judah the Song of the **B**
1Ki 22:34 man drew a **b** at random, and
Ps 7:12 He bends His **b** and makes it
Ps 11: 2 The wicked bend their **b**, They
Ps 86: 1 **B** down Your ear, O LORD, hear
Ps 95: 6 let us worship and **b** down
Ps 144: 5 **B** down Your heavens, O LORD,
Eccl 12: 3 and the strong men **b** down
Is 45:23 that to Me every knee shall **b**
Is 46: 2 stoop, they **b** down together
Lam 3:12 He has bent His **b** and set me
Ezek 39: 3 the **b** out of your left hand
Hos 1: 5 day that I will break the **B**
Hos 7:16 they are like a treacherous **b**
Mic 6: 6 **b** myself before the High God
Zech 9:10 the battle **b** shall be cut off
Zech 9:13 For I have bent Judah, My **B**
Rom 11:10 and **b** down their back always
Rom 14:11 every knee shall **b** to Me
Eph 3:14 For this reason I **b** my knees
Phil 2:10 of Jesus every knee should **b**

BOWED (*see* BOW)
Gen 33: 3 **b** himself to the ground seven
Gen 37: 7 around and **b** down to my sheaf
Gen 37: 9 the eleven stars **b** down to me
1Ki 19:18 knees have not **b** to Baal, and
Matt 27:29 they **b** the knee before Him and
Luke 24: 5 **b** their faces to the earth,
Rom 11: 4 have not **b** the knee to Baal

BOWING (*see* BOW)
Mark 15:19 **b** the knee, they worshiped
John 19:30 **b** His head, He gave up His

BOWL (*see* BOWLS)
Eccl 12: 6 or the golden **b** is broken
Rev 16: 2 out his **b** upon the earth, and
Rev 16: 3 poured out his **b** on the sea

BOWLS (*see* BOWL)
Ex 8: 3 and into your kneading **b**
Ex 25:31 shaft, its branches, its **b**
Num 4: 7 the dishes, the pans, the **b**

Amos 6: 6 who drink wine from **b**, and
Rev 15: 7 **b** full of the wrath of God
Rev 17: 1 who had the seven **b** came and

BOX

Is 41:19 pine and the **b** tree together,
John 13:29 because Judas had the money **b**

BOY

Gen 21:15 she placed the **b** under one of
1Sa 3: 1 Then the **b** Samuel ministered
Luke 2:43 The **B** Jesus lingered behind

BRACELETS

Gen 24:47 nose and the **b** on her wrists

BRAIDED

1Ti 2: 9 not with **b** hair or gold or

BRAMBLE

Judg 9:14 all the trees said to the **b**
Luke 6:44 gather grapes from a **b** bush

BRANCH (*see* BRANCHES)

Ex 25:33 like almond blossoms on one **b**
Job 15:32 and his **b** will not be green
Job 18:16 below, and his **b** withers above
Is 4: 2 In that day the **B** of the LORD
Is 11: 1 a **B** shall grow out of his
Jer 1:11 I see a **b** of an almond tree
Jer 23: 5 to David a **B** of righteousness
Ezek 8:17 they put the **b** to their nose
Dan 11: 7 But from a **b** of her roots one
Zech 3: 8 forth My Servant the **B**
Zech 6:12 the Man whose name is the **B**
Zech 6:12 From His place He shall **b** out
Mal 4: 1 leave them neither root nor **b**
Matt 24:32 When its **b** has already become
John 15: 2 every **b** that bears fruit He

BRANCHES (*see* BRANCH)

Gen 40:10 and in the vine were three **b**
Gen 40:12 The three **b** are three days
Ex 25:31 Its shaft, its **b**, its bowls,
Lev 23:40 **b** of palm trees, the boughs
Neh 8:15 mountain, and bring olive **b**
Ps 80:11 Sea, And her **b** to the River
Jer 11:16 on it, and its **b** are broken
Ezek 17:22 highest **b** of the high cedar
Ezek 36: 8 you shall shoot forth your **b**
Dan 4:12 of the heavens dwelt in its **b**
Hos 14: 6 His **b** shall spread
Zech 4:12 olive **b** that drip into the
Matt 13:32 the air come and nest in its **b**
Mark 4:32 herbs, and shoots out large **b**
John 12:13 took **b** of palm trees and went
John 15: 5 I am the vine, you are the **b**
Rom 11:16 root is holy, so are the **b**
Rom 11:21 did not spare the natural **b**
Rev 7: 9 with palm **b** in their hands,

BRAND†

Zech 3: 2 Is this not a **b** plucked from

BRASS

1Co 13: 1 **b** or a clanging cymbal
Rev 1:15 His feet were like fine **b**

BRAVE†

1Co 16:13 stand fast in the faith, be **b**

BRAWLER

Prov 20: 1 Strong drink is a brawler

BREACH

Ps 106:23 one stood before Him in the **b**

BREAD

Gen 3:19 eat **b** till you return to the
Gen 14:18 king of Salem brought out **b**
Gen 19: 3 feast, and baked unleavened **b**
Gen 41:55 people cried to Pharaoh for **b**
Gen 47:13 was no **b** in all the land
Ex 12:15 you shall eat unleavened **b**
Ex 12:17 the Feast of Unleavened **B**
Ex 16: 4 I will rain **b** from heaven for
Deut 8: 3 man shall not live by **b** alone
Deut 16: 3 the **b** of affliction (for you
Ruth 1: 6 His people in giving them **b**
1Sa 21: 6 So the priest gave him holy **b**
1Ki 17: 6 The ravens brought him **b** and
Neh 9:15 You gave them **b** from heaven
Ps 37:25 Nor his descendants begging **b**
Ps 41: 9 whom I trusted, Who ate my **b**
Ps 78:24 given them of the **b** of heaven
Ps 80: 5 fed them with the **b** of tears
Ps 127: 2 late, To eat the **b** of sorrows
Ps 132:15 will satisfy her poor with **b**
Prov 4:17 they eat the **b** of wickedness
Prov 6:26 is reduced to a crust of **b**
Prov 9:17 **b** eaten in secret is pleasant
Prov 20:17 **B** gained by deceit is sweet
Prov 22: 9 he gives of his **b** to the poor
Prov 25:21 is hungry, give him **b** to eat
Prov 31:27 not eat the **b** of idleness
Eccl 9: 7 Go, eat your **b** with joy, and
Eccl 11: 1 Cast your **b** upon the waters,
Is 55: 2 spend money for what is not **b**
Is 55:10 the sower and **b** to the eater,
Is 58: 7 share your **b** with the hungry
Amos 7:12 There eat **b**, and there
Amos 8:11 the land, not a famine of **b**
Matt 4: 3 that these stones become **b**
Matt 4: 4 Man shall not live by **b** alone
Matt 6:11 Give us this day our daily **b**
Matt 7: 9 who, if his son asks for **b**
Matt 26:26 were eating, Jesus took **b**
Mark 7: 2 disciples eat **b** with defiled
Mark 7: 5 but eat **b** with unwashed hands
Mark 14: 1 and the Feast of Unleavened **B**
Mark 14:12 the first day of Unleavened **B**
Luke 7:33 eating **b** nor drinking wine
Luke 11: 3 us day by day our daily **b**
Luke 14: 1 to eat **b** on the Sabbath, that
Luke 14:15 eat **b** in the kingdom of God
Luke 15:17 hired servants have **b** enough
Luke 22: 7 came the Day of Unleavened **B**

Luke 22:19 And He took **b**, gave thanks and
Luke 24:35 to them in the breaking of **b**
John 6:31 He gave them **b** from heaven
John 6:32 you the true **b** from heaven
John 6:33 For the **b** of God is He who
John 6:34 Lord, give us this **b** always
John 6:35 I am the **b** of life
John 6:41 I am the **b** which came down
John 6:51 I am the living **b** which came
John 6:51 the **b** that I shall give is My
John 6:58 He who eats this **b** will live
John 13:26 of **b** when I have dipped it
John 21: 9 and fish laid on it, and **b**
Acts 2:42 in the breaking of **b**, and in
Acts 2:46 and breaking **b** from house to
Acts 27:35 said these things, he took **b**
1Co 5: 8 the unleavened **b** of sincerity
1Co 10:16 The **b** which we break, is it
1Co 10:17 For we, though many, are one **b**
1Co 10:17 we all partake of that one **b**
1Co 11:23 which He was betrayed took **b**
1Co 11:26 as often as you eat this **b**
1Co 11:27 **b** or drinks this cup of the

BREADTH
Judg 20:16 sling a stone at a hair's **b**
Rev 21:16 Its length, **b**, and height are

BREAK (*see* BREAKING, BREAKS, BROKE, BROKEN)
Gen 19: 9 came near to **b** down the door
Ex 9: 9 that **b** out in sores on man
Ex 12:46 nor shall you **b** one of its
Ex 13:13 it, then you shall **b** its neck
Lev 26:15 but **b** My covenant,
Num 9:12 nor **b** one of its bones
Deut 21: 4 they shall **b** the heifer's
Ps 2: 3 Let us **b** Their bonds in
Ps 2: 9 You shall **b** them with a rod
Ps 58: 6 **B** their teeth in their mouth,
Ps 89:31 If they **b** My statutes And do
Ps 98: 4 **B** forth in song, rejoice, and
Eccl 3: 3 a time to **b** down, and a time
Is 42: 3 A bruised reed He will not **b**
Jer 4: 3 **B** up your fallow ground, and
Jer 19:10 Then you shall **b** the flask in
Jer 28: 4 for I will **b** the yoke of the
Hos 10:12 **b** up your fallow ground, for
Matt 6:19 destroy and where thieves **b** in
Matt 9:17 or else the wineskins **b**, the
Matt 12:20 A bruised reed He will not **b**
John 19:33 dead, they did not **b** His legs
Acts 20: 7 came together to **b** bread,
1Co 10:16 The bread which we **b**, is it

BREAKING (*see* BREAK)
Ex 22: 2 If the thief is found **b** in
Luke 24:35 to them in the **b** of bread
Rom 2:23 God through **b** the law

BREAKS (*see* BREAK)
Gen 32:26 Let Me go, for the day **b**
Lev 13:12 if leprosy **b** out all over the
Ps 29: 5 of the LORD **b** the cedars, Yes
Prov 25:15 and a gentle tongue **b** a bone
Jer 19:11 as one **b** a potter's vessel,
Dan 2:40 inasmuch as iron **b** in pieces

BREAST (*see* BREASTPLATE, BREASTS)
Ex 29:26 the **b** of the ram of Aaron's
Luke 18:13 to heaven, but beat his **b**
John 13:25 leaning back on Jesus' **b**
John 21:20 leaned on His **b** at the supper

BREASTPLATE (*see* BREAST)
Ex 28: 4 a **b**, an ephod, a robe, a
Is 59:17 put on righteousness as a **b**
Eph 6:14 put on the **b** of righteousness
1Th 5: 8 putting on the **b** of faith

BREASTS (*see* BREAST)
Ps 22: 9 while on My mother's **b**
Song 1:13 lies all night between my **b**
Song 4: 5 Your two **b** are like two fawns
Hos 2: 2 adulteries from between her **b**
Luke 11:27 and the **b** which nursed You

BREATH (*see* BREATHE)
Gen 2: 7 his nostrils the **b** of life
Gen 7:22 the **b** of the spirit of life
2Sa 22:16 of the **b** of His nostrils
Job 4: 9 by the **b** of His anger they
Job 7: 7 remember that my life is a **b**
Job 9:18 not allow me to catch my **b**
Job 15:30 by the **b** of His mouth he will
Job 19:17 My **b** is offensive to my wife,
Job 32: 8 the **b** of the Almighty gives
Job 34:14 Himself His Spirit and His **b**
Ps 104:29 You take away their **b**, they
Ps 144: 4 Man is like a **b**
Ps 150: 6 that has **b** praise the LORD
Ezek 37: 6 you with skin and put **b** in you
Acts 17:25 since He gives to all life, **b**
2Th 2: 8 with the **b** of His mouth and
Rev 13:15 **b** to the image of the beast

BREATHE† (*see* BREATH, BREATHED, BREATHING)
Ps 27:12 me, And such as **b** out violence
Ezek 37: 9 **b** on these slain, that they

BREATHED (*see* BREATHE)
Gen 2: 7 and **b** into his nostrils the
Gen 25: 8 Then Abraham **b** his last and
Mark 15:37 a loud voice, and **b** His last
John 20:22 He **b** on them, and said to them

BREATHING (*see* BREATHE)
Acts 9: 1 still **b** threats and murder

BRETHREN (*see* BROTHER)
Gen 13: 8 your herdsmen; for we are **b**
Deut 17:15 one from among your **b** you
Deut 18:18 like you from among their **b**
Ruth 4:10 be cut off from among his **b**
Ps 133: 1 how pleasant it is For **b** to
Prov 6:19 one who sows discord among **b**
Matt 23: 8 the Christ, and you are all **b**

Matt 25:40 of the least of these My **b**
Matt 28:10 tell My **b** to go to Galilee,
Luke 22:32 to Me, strengthen your **b**
John 20:17 but go to My **b** and say to them
Acts 1:16 Men and **b**, this Scripture had
Acts 3:22 a Prophet like me from your **b**
Rom 1:13 not want you to be unaware, **b**
Rom 8:29 be the firstborn among many **b**
Rom 9: 3 accursed from Christ for my **b**
Rom 10: 1 **B**, my heart's desire and
Rom 12: 1 I beseech you therefore, **b**
1Co 1:26 For you see your calling, **b**
1Co 8:12 you thus sin against the **b**
1Co 15: 6 over five hundred **b** at once
2Co 1: 8 want you to be ignorant, **b**
2Co 11:26 sea, in perils among false **b**
Eph 6:10 Finally, my **b**, be strong in
Eph 6:23 Peace to the **b**, and love with
Phil 1:12 But I want you to know, **b**
Phil 3: 1 Finally, my **b**, rejoice in the
Phil 4: 8 Finally, **b**, whatever things
Col 1: 2 faithful **b** in Christ who are
1Th 1: 4 knowing, beloved **b**, your
1Th 4:13 want you to be ignorant, **b**
1Th 5:25 **B**, pray for us
1Th 5:26 Greet all the **b** with a holy
2Th 2: 1 Now, **b**, concerning the coming
2Th 2:13 you, **b** beloved by the Lord,
2Th 2:15 Therefore, **b**, stand fast and
2Th 3: 1 Finally, **b**, pray for us, that
Heb 2:11 is not ashamed to call them **b**
Heb 2:12 declare Your name to My **b**
Heb 2:17 He had to be made like His **b**
Heb 3: 1 Therefore, holy **b**, partakers
Heb 10:19 Therefore, **b**, having boldness
Heb 13:22 And I appeal to you, **b**, bear
Jas 1: 2 My **b**, count it all joy when
Jas 1:16 not be deceived, my beloved **b**
1Pe 1:22 in sincere love of the **b**,
1Jn 2: 7 **B**, I write no new commandment
1Jn 3:13 Do not marvel, my **b**, if the
1Jn 3:14 life, because we love the **b**
1Jn 3:16 lay down our lives for the **b**
Rev 12:10 for the accuser of our **b**
Rev 22: 9 of your **b** the prophets, and of

BRIBE
Ex 23: 8 And you shall take no **b**, for a
Ex 23: 8 for a **b** blinds the discerning
Deut 10:17 no partiality nor takes a **b**

BRICK (*see* BRICKS)
Gen 11: 3 They had **b** for stone, and
Ex 1:14 in mortar, in **b**, and in all
Ex 5: 7 straw to make **b** as before

BRICKS (*see* BRICK)
Gen 11: 3 Come, let us make **b** and bake

BRIDE (*see* BRIDEGROOM)
Is 49:18 bind them on you as a **b** does
Is 61:10 as a **b** adorns herself with
Is 62: 5 rejoices over the **b**, so shall
Jer 7:34 and the voice of the **b**
Rev 21: 2 prepared as a **b** adorned for
Rev 22:17 And the Spirit and the **b** say

BRIDEGROOM (*see* BRIDE)
Ps 19: 5 Which is like a **b** coming out
Is 62: 5 as the **b** rejoices over the
Jer 7:34 gladness, the voice of the **b**
Matt 9:15 Can the friends of the **b** mourn
Matt 9:15 as long as the **b** is with them
Matt 25: 1 and went out to meet the **b**
Matt 25: 6 Behold, the **b** is coming
Mark 2:19 Can the friends of the **b** fast
John 2: 9 of the feast called the **b**
Rev 18:23 And the voice of the **b** and bride

BRIDLE
Prov 26: 3 a **b** for the donkey, and a rod
Jas 1:26 does not **b** his tongue but
Jas 3: 2 able also to **b** the whole body

BRIGHT (*see* BRIGHTER, BRIGHTNESS)
Rev 19: 8 in fine linen, clean and **b**
Rev 22:16 the Offspring of David, the **B**

BRIGHTER (*see* BRIGHT)
Prov 4:18 that shines ever **b** unto the
Acts 26:13 **b** than the sun, shining

BRIGHTNESS (*see* BRIGHT)
Ezek 1: 4 and **b** was all around it and
Ezek 10: 4 of the **b** of the LORD's glory
Dan 12: 3 like the **b** of the firmament
2Th 2: 8 with the **b** of His coming
Heb 1: 3 who being the **b** of His glory

BRIM
John 2: 7 they filled them up to the **b**

BRIMSTONE
Gen 19:24 Then the LORD rained **b** and
Luke 17:29 **b** from heaven and destroyed
Rev 9:17 mouths came fire, smoke, and **b**
Rev 19:20 lake of fire burning with **b**

BROAD (*see* WIDE)
Ps 119:96 commandment is exceedingly **b**
Amos 8: 9 the earth in **b** daylight
Matt 7:13 **b** is the way that leads to
Matt 23: 5 make their phylacteries **b**

BROKE (*see* BREAK)
Ex 34: 1 the first tablets which you **b**
Num 2:34 standards and so they **b** camp
Deut 10: 2 first tablets, which you **b**
Judg 7:20 trumpets and **b** the pitchers
Judg 15:14 his bonds **b** loose from his
Judg 16: 9 But he **b** the bowstrings as
Judg 16:12 But he **b** them off his arms
1Sa 5: 9 and tumors **b** out on them
1Ki 19:11 **b** the rocks in pieces before
2Ki 10:27 Then they **b** down the sacred
2Ki 14:13 **b** down the wall of Jerusalem
1Ch 15:13 LORD our God **b** out against us
1Ch 20: 4 war **b** out at Gezer with the

2Ch 26:19 leprosy **b** out on his forehead
Job 29:17 I **b** the fangs of the wicked,
Ps 74:13 You **b** the heads of the sea
Ps 74:14 You **b** the heads of Leviathan
Ps 74:15 You **b** open the fountain and
Ps 76: 3 There He **b** the arrows of the
Ps 106:29 the plague **b** out among them
Jer 28:10 Jeremiah's neck and **b** it
Jer 31:32 My covenant which they **b**
Ezek 17:16 and whose covenant he **b**
Dan 2:34 and clay, and **b** them in pieces
Dan 2:45 that it **b** in pieces the iron,
Dan 7:19 **b** in pieces, and trampled the
Dan 8: 7 the ram, and **b** his two horns
Matt 14:19 up to heaven, He blessed and **b**
Matt 15:36 **b** them and gave them to His
Matt 26:26 and **b** it, and gave it to the
Mark 8:19 When I **b** the five loaves for
Mark 8:20 when I **b** the seven for the
Mark 14: 3 she **b** the flask and poured it
John 5:18 He not only **b** the Sabbath
John 19:32 **b** the legs of the first and of
1Co 11:24 He had given thanks, He **b** it
Rev 12: 7 And war **b** out in heaven

BROKEN (*see* BREAK, BROKE, BROKENHEARTED, DASHED)
Gen 7:11 of the great deep were **b** up
Gen 17:14 he has **b** My covenant
Lev 13:20 which has **b** out of the boil
Num 15:31 has **b** His commandment, that
Ps 34:20 Not one of them is **b**
Ps 51: 8 You have **b** may rejoice
Ps 51:17 a **b** spirit, A **b** and a
Ps 55:20 He has **b** his covenant
Prov 6:15 he shall be **b** without remedy
Eccl 4:12 cord is not quickly **b**
Eccl 12: 6 or the golden bowl is **b**, or
Eccl 12: 6 or the wheel **b** at the well
Is 24: 5 **B** the everlasting covenant
Is 36: 6 in the staff of this **b** reed
Jer 2:13 **b** cisterns that can hold no
Jer 23: 9 My heart within me is **b**
Jer 28: 2 I have **b** the yoke of the
Lam 3:16 He has also **b** my teeth with
Dan 11: 4 his kingdom shall be **b** up
Jon 1: 4 the ship was about to be **b** up
Matt 21:44 falls on this stone will be **b**
Matt 24:43 his house to be **b** into
Mark 2: 4 And when they had **b** through
Mark 5: 4 and the shackles **b** in pieces
Luke 20:18 falls on that stone will be **b**
John 7:23 law of Moses should not be **b**
John 10:35 and the Scripture cannot be **b**)
John 19:31 that their legs might be **b**
John 19:36 one of His bones shall be **b**
John 21:11 so many, the net was not **b**
Rom 11:17 of the branches were **b** off
Rom 11:19 Branches were **b** off that I
1Co 11:24 is My body which is **b** for you
Eph 2:14 has **b** down the middle wall of

BROKENHEARTED† (*see* BROKEN, HEART)
Ps 147: 3 He heals the **b** And binds up
Is 61: 1 He has sent Me to heal the **b**
Luke 4:18 He has sent Me to heal the **b**

BRONZE
Gen 4:22 of every craftsman in **b** and
Ex 25: 3 gold, silver, and **b**
Num 21: 9 he looked at the **b** serpent
Judg 16:21 They bound him with **b** fetters
1Sa 17: 5 He had a **b** helmet on his head
2Sa 22:35 my arms can bend a bow of **b**
1Ki 14:27 made **b** shields in their place
2Ki 18: 4 broke in pieces the **b** serpent
Ps 18:34 my arms can bend a bow of **b**
Jer 1:18 **b** walls against the whole
Jer 15:20 people a fortified **b** wall
Jer 39: 7 bound him with **b** fetters to
Ezek 1: 7 like the color of burnished **b**
Dan 2:32 its belly and thighs of **b**
Dan 2:39 another, a third kingdom of **b**
Dan 10: 6 like burnished **b** in color
Zech 6: 1 mountains were mountains of **b**
Rev 18:12 of most precious wood, **b**,

BROOD
Is 1: 4 a **b** of evildoers, children
Matt 3: 7 said to them, "**B** of vipers
Luke 13:34 gathers her **b** under her wings

BROOK (*see* BROOKS)
Gen 32:23 them, sent them over the **b**
Lev 23:40 trees, and willows of the **b**
Josh 15:47 as far as the **B** of Egypt and
1Sa 17:40 five smooth stones from the **b**
2Sa 15:23 crossed over the **B** Kidron
1Ki 8:65 of Hamath to the **B** of Egypt
1Ki 17: 5 and stayed by the **B** Cherith
1Ki 17: 7 a while that the **b** dried up
1Ki 18:40 them down to the **B** Kishon
2Ki 23: 6 burned it at the **B** Kidron
2Ki 24: 7 the **B** of Egypt to the River
Job 6:15 dealt deceitfully like a **b**
Job 40:22 willows by the **b** surround him
Ps 110: 7 drink of the **b** by the wayside
Prov 18: 4 of wisdom is a flowing **b**
Is 15: 7 away to the **B** of the Willows
John 18: 1 disciples over the **B** Kidron

BROOKS (*see* BROOK)
Deut 8: 7 land, a land of **b** of water
Job 6:15 of the **b** that pass away,
Job 22:24 among the stones of the **b**
Ps 42: 1 deer pants for the water **b**

BROOM
1Ki 19: 4 and sat down under a **b** tree

BROTHER (*see* BRETHREN, BROTHERHOOD, BROTHERLY, BROTHER'S, BROTHERS)
Gen 4: 8 Cain rose against Abel his **b**
Gen 9: 5 the hand of every man's **b** I
Gen 27:40 and you shall serve your **b**
Gen 42:15 your youngest **b** comes here
Gen 43: 3 unless your **b** is with you
Gen 45: 4 I am Joseph your **b**, whom you

Lev 19:17 not hate your **b** in your heart
Deut 15:12 If your **b**, a Hebrew man, or a
Deut 17:15 over you, who is not your **b**
Deut 23: 7 an Edomite, for he is your **b**
Deut 23:19 not charge interest to your **b**
Deut 25: 5 duty of a husband's **b** to her
Deut 25: 6 to the name of his dead **b**
2Sa 1:26 for you, my **b** Jonathan
2Sa 13:12 No, my **b**, do not force me,
Neh 5: 7 is exacting usury from his **b**
Ps 35:14 though he were my friend or **b**
Ps 49: 7 can by any means redeem his **b**
Ps 50:20 sit and speak against your **b**
Prov 17:17 a **b** is born for adversity
Prov 18:24 who sticks closer than a **b**
Prov 27:10 nearby than a **b** far away
Jer 31:34 neighbor, and every man his **b**
Jer 34: 9 keep a Jewish **b** in bondage
Jer 34:14 man set free his Hebrew **b**
Hos 12: 3 He took his **b** by the heel in
Mal 1: 2 Was not Esau Jacob's **b**
Matt 5:22 whoever is angry with his **b**
Matt 5:24 First be reconciled to your **b**
Matt 7: 4 Or how can you say to your **b**
Matt 10:21 Now **b** will deliver up **b**
Matt 17: 1 Peter, James, and John his **b**
Matt 18:15 if your **b** sins against you
Matt 22:24 his **b** shall marry his wife and
Matt 22:24 raise up offspring for his **b**
Mark 3:35 does the will of God is My **b**
Mark 12:19 to us that if a man's **b** dies
Mark 12:19 his **b** should take his wife and
Mark 12:19 raise up offspring for his **b**
Luke 3: 1 his **b** Philip tetrarch of
Luke 12:13 tell my **b** to divide the
Luke 15:32 be glad, for your **b** was dead
Luke 17: 3 If your **b** sins against you,
John 1:41 first found his own **b** Simon
John 11: 2 whose **b** Lazarus was sick
John 11:21 my **b** would not have died
John 11:23 her, "Your **b** will rise again
Acts 9:17 B Saul, the Lord Jesus, who
Acts 12: 2 the **b** of John with the sword
Rom 14:10 But why do you judge your **b**
Rom 14:10 you show contempt for your **b**
1Co 6: 6 **b** goes to law against **b**
1Co 7:12 If any **b** has a wife who does
1Co 8:11 shall the weak **b** perish, for
1Co 8:13 if food makes my **b** stumble
1Co 16:12 Now concerning our **b** Apollos
2Co 1: 1 will of God, and Timothy our **b**
2Co 2:13 I did not find Titus my **b**
Gal 1:19 except James, the Lord's **b**
Eph 6:21 doing, Tychicus, a beloved **b**
Col 1: 1 will of God, and Timothy our **b**
Col 4: 9 a faithful and beloved **b**, who
1Th 4: 6 defraud his **b** in this matter,
2Th 3: 6 every **b** who walks disorderly
2Th 3:15 but admonish him as a **b**
Phm 16 than a slave, as a beloved **b**
Heb 8:11 his neighbor, and none his **b**
Jas 1: 9 Let the lowly **b** glory in his
Jas 2:15 If a **b** or sister is naked and
Jas 4:11 He who speaks evil of a **b**
1Pe 5:12 our faithful **b** as I consider
2Pe 3:15 as also our beloved **b** Paul
1Jn 2: 9 in the light, and hates his **b**
1Jn 2:10 He who loves his **b** abides in
1Jn 3:17 goods, and sees his **b** in need
1Jn 5:16 If anyone sees his **b** sinning
Jude 1 **b** of James, To those who are
Rev 1: 9 I, John, both your **b** and

BROTHERHOOD (*see* BROTHER)
Amos 1: 9 remember the covenant of **b**
1Pe 2:17 Love the **b**. Fear God

BROTHERLY (*see* BROTHER)
Rom 12:10 to one another with **b** love
Heb 13: 1 Let **b** love continue
2Pe 1: 7 to godliness **b** kindness, and

BROTHER'S (*see* BROTHER)
Gen 4: 9 Am I my **b** keeper
Gen 4:10 The voice of your **b** blood
Gen 38: 8 Go in to your **b** wife and marry
Mark 6:18 for you to have your **b** wife

BROTHERS (*see* BROTHER)
Gen 9:22 and told his two **b** outside
Gen 37: 5 dream, and he told it to his **b**
Gen 37:11 his **b** envied him, but his
Gen 37:28 so the **b** pulled Joseph up and
Gen 42: 3 So Joseph's ten **b** went down
Gen 42: 4 brother Benjamin with his **b**
Gen 42: 6 And Joseph's **b** came and bowed
Gen 42:13 Your servants are twelve **b**
Gen 45: 1 made himself known to his **b**
Gen 45:15 Moreover he kissed all his **b**
Gen 49:26 who was separate from his **b**
Gen 50:15 When Joseph's **b** saw that
Lev 25:48 One of his **b** may redeem him
Deut 25: 5 If **b** dwell together, and one
Josh 2:13 my father, my mother, my **b**
Judg 9:56 by killing his seventy **b**
Judg 11: 3 Then Jephthah fled from his **b**
Judg 21:22 **b** come to us to complain,
1Sa 16:13 him in the midst of his **b**
1Ch 4: 9 was more honorable than his **b**
1Ch 5: 2 Judah prevailed over his **b**
Job 6:15 My **b** have dealt deceitfully
Job 19:13 has removed my **b** far from me
Job 42:15 an inheritance among their **b**
Ps 69: 8 become a stranger to my **b**
Prov 19: 7 All the **b** of the poor hate
Jer 12: 6 For even your **b**, the house of
Matt 1: 2 Jacob begot Judah and his **b**
Matt 12:46 **b** stood outside, seeking to
Matt 12:48 is My mother and who are My **b**
Matt 20:24 displeased with the two **b**
Matt 22:25 there were with us seven **b**
Mark 3:31 His **b** and His mother came
Mark 3:33 Who is My mother, or My **b**
Mark 3:34 Here are My mother and My **b**
Luke 14:26 mother, wife and children, **b**
Acts 7:13 was made known to his **b**, and
Acts 28:11 figurehead was the Twin **B**

1Co 9: 5 the **b** of the Lord, and Cephas
1Pe 3: 8 love as **b**, be tenderhearted,

BRUISE (*see* BRUISED, BRUISES)
Gen 3:15 He shall **b** your head, and you
Is 53:10 it pleased the LORD to **b** Him

BRUISED (*see* BRUISE)
Is 42: 3 A **b** reed He will not break,
Is 53: 5 He was **b** for our iniquities
Matt 12:20 A **b** reed He will not break,

BRUISES† (*see* BRUISE)
Job 5:18 For He **b**, but He binds up
Is 1: 6 in it, but wounds and **b** and

BUCKET†
Is 40:15 nations are as a drop in a **b**

BUCKLER
Ps 35: 2 Take hold of shield and **b**, And

BUDDED (*see* BUDDING, BUDS)
Heb 9: 4 the manna, Aaron's rod that **b**

BUDDING (*see* BUDDED, BUDS)
Luke 21:30 When they are already **b**, you

BUDS (*see* BUDDDED, BUDDING)
Num 17: 8 had sprouted and put forth **b**

BUILD (*see* BUILDER, BUILDING, BUILDS, BUILT)
Gen 11: 4 let us **b** ourselves a city, and
Josh 24:13 and cities which you did not **b**
2Sa 7: 5 Would you **b** a house for Me to
2Sa 7:13 He shall **b** a house for My
2Sa 7:27 saying, 'I will **b** you a house
1Ki 5: 5 I propose to **b** a house for
1Ch 28: 6 Solomon who shall **b** My house
2Ch 36:23 He has commanded me to **b**
Ezra 1: 2 He has commanded me to **b**
Neh 2:17 Come and let us **b** the wall of
Neh 2:18 Let us rise up and **b**
Neh 4:10 we are not able to **b** the wall
Ps 51:18 B the walls of Jerusalem
Ps 127: 1 They labor in vain who **b** it
Prov 24:27 and afterward **b** your house
Eccl 3: 3 break down, and a time to **b** up
Jer 1:10 and to throw down, to **b** and to
Jer 18: 9 and concerning a kingdom, to **b**
Jer 29: 5 B houses and dwell in them
Dan 9:25 **b** Jerusalem until Messiah the
Matt 16:18 this rock I will **b** My church
Matt 26:61 God and to **b** it in three days
John 2:20 years to **b** this temple, and
Acts 7:49 What house will you **b** for Me
Acts 20:32 which is able to **b** you up
Rom 15:20 lest I should **b** on another
Gal 2:18 For if I **b** again those things

BUILDER† (*see* BUILD, BUILDERS)
1Co 3:10 as a wise master **b** I have
Heb 11:10 has foundations, whose **b** and

BUILDERS (*see* BUILDER)
1Ki 5:18 Solomon's **b**, Hiram's **b**
2Ki 12:11 **b** who worked on the house of
Ps 118:22 The stone which the **b**
Matt 21:42 The stone which the **b**
Acts 4:11 which was rejected by you **b**
1Pe 2: 7 The stone which the **b**

BUILDING (*see* BUILD)
Gen 11: 8 and they ceased **b** the city
1Ki 6:38 So he was seven years in **b** it
Ezra 4: 4 They troubled them in **b**,
Luke 6:48 He is like a man **b** a house
1Co 3: 9 God's field, you are God's **b**
2Co 5: 1 we have a **b** from God, a
Eph 2:21 in whom the whole **b**, being
Jude 20 **b** yourselves up on your most

BUILDS (*see* BUILD)
Ps 127: 1 Unless the LORD **b** the house
Ps 147: 2 The LORD **b** up Jerusalem
1Co 3:10 one take heed how he **b** on it
1Co 3:12 Now if anyone **b** on this

BUILT (*see* BUILD)
Gen 4:17 he **b** a city, and called the
Gen 8:20 Then Noah **b** an altar to the
Gen 11: 5 which the sons of men had **b**
Gen 12: 7 there he **b** an altar to the
Ex 1:11 they **b** for Pharaoh supply
Ex 17:15 Moses **b** an altar and called
Ex 24: 4 **b** an altar at the foot of the
Ezra 6:14 And they **b** and finished it,
Neh 4: 6 so we **b** the wall, and the
Ps 122: 3 Jerusalem is **b** As a city that
Prov 9: 1 Wisdom has **b** her house, she
Prov 24: 3 Through wisdom a house is **b**
Eccl 2: 4 I **b** myself houses, and planted
Is 5: 2 He **b** a tower in its midst, and
Jer 7:31 they have **b** the high places
Jer 30:18 the city shall be **b** upon its
Jer 45: 4 what I have **b** I will break
Jer 52: 4 they **b** a siege wall against
Dan 4:30 that I have **b** for a royal
Dan 9:25 the street shall be **b** again
Amos 5:11 though you have **b** houses of
Hag 1: 2 the LORD's house should be **b**
Zech 1:16 my house shall be **b** in it
Zech 8: 9 that the temple might be **b**
Matt 7:24 who **b** his house on the rock
Matt 7:26 who **b** his house on the sand
Matt 21:33 winepress in it and **b** a tower
Mark 12: 1 for the wine vat and **b** a tower
Luke 4:29 on which their city was **b**
Luke 7: 5 and has **b** us a synagogue
Luke 17:28 sold, they planted, they **b**
Acts 7:47 But Solomon **b** Him a house
Eph 2:22 **b** together for a habitation
Col 2: 7 **b** up in Him and established in
1Pe 2: 5 are being **b** up a spiritual

BULL (*see* BULLS)
Ex 29: 1 Take one young **b** and two rams

Ex 29:10 hands on the head of the **b**
Ex 29:11 kill the **b** before the LORD
Ex 29:12 some of the blood of the **b**
Lev 4: 3 **b** without blemish as a sin
Lev 4:21 carry the **b** outside the camp
1Ki 18:23 choose one **b** for themselves
1Ki 18:23 and I will prepare the other **b**
1Ki 18:33 cut the **b** in pieces, and laid

BULLS (*see* BULL)
Ps 22:12 Many **b** have surrounded Me
Ps 22:12 Strong **b** of Bashan have
Ps 51:19 shall offer **b** on Your altar
Is 1:11 not delight in the blood of **b**
Heb 9:13 For if the blood of **b** and
Heb 10: 4 possible that the blood of **b**

BULRUSHES†
Ex 2: 3 she took an ark of **b** for him

BURDEN (*see* BURDENED, BURDENS, BURDENSOME)
Gen 49:15 his shoulder to bear a **b**, and
Ex 18:22 they shall bear the **b** with you
Ps 55:22 Cast your **b** on the LORD, And
Ps 81: 6 his shoulder from the **b**
Eccl 12: 5 the grasshopper is a **b**, and
Is 9: 4 have broken the yoke of his **b**
Is 30:27 His anger, and His **b** is heavy
Is 46: 1 a **b** to the weary beast
Is 46: 2 they could not deliver the **b**
Jer 17:21 bear no **b** on the Sabbath day,
Ezek 12:10 This **b** concerns the prince in
Hos 8:10 because of the **b** of the king
Nah 1: 1 The **b** against Nineveh
Zeph 3:18 to whom its reproach is a **b**
Zech 9: 1 The **b** of the word of the LORD
Zech 12: 1 The **b** of the word of the LORD
Mal 1: 1 The **b** of the word of the LORD
Matt 11:30 yoke is easy and My **b** is light
Matt 20:12 to us who have borne the **b**
Acts 15:28 to lay upon you no greater **b**
2Co 11: 9 I was a **b** to no one, for what
2Co 12:16 as it may, I did not **b** you
Rev 2:24 I will put on you no other **b**

BURDENED (*see* BURDEN)
2Co 1: 8 that we were **b** beyond measure
2Co 5: 4 in this tent groan, being **b**
2Co 8:13 should be eased and you **b**
1Ti 5:16 and do not let the church be **b**

BURDENS (*see* BURDEN)
Gen 49:14 lying down between two **b**
Ex 1:11 to afflict them with their **b**
Ex 6: 6 under the **b** of the Egyptians
Deut 1:12 bear your problems and your **b**
Is 58: 6 to undo the heavy **b**, to let
Matt 23: 4 For they bind heavy **b**, hard
Luke 11:46 load men with **b** hard to bear
Luke 11:46 **b** with one of your fingers
Gal 6: 2 Bear one another's **b**, and so

BURDENSOME (*see* BURDEN)
1Ki 12: 4 lighten the **b** service of your
Is 15: 4 his life will be **b** to him
2Co 11: 9 myself from being **b** to you
1Jn 5: 3 His commandments are not **b**

BURIAL (*see* BURY)
Gen 23: 4 for a **b** place among you, that
Gen 23: 6 the choicest of our **b** places
Gen 47:30 and bury me in their **b** place
Gen 50:13 as property for a **b** place
Eccl 6: 3 or indeed he has no **b**, I say
Jer 22:19 buried with the **b** of a donkey
Ezek 39:11 Gog a **b** place there in Israel
Matt 26:12 My body, she did it for My **b**
Mark 14: 8 to anoint My body for **b**
John 12: 7 kept this for the day of My **b**
Acts 8: 2 men carried Stephen to his **b**

BURIED (*see* BURY)
Gen 15:15 you shall be **b** at a good old
Gen 23:19 Abraham **b** Sarah his wife in
Gen 25:10 Abraham was **b**, and Sarah
Gen 50:13 and **b** him in the cave of the
Judg 12:10 died and was **b** at Bethlehem
Ruth 1:17 die, and there will I be **b**
1Ki 2:10 was **b** in the City of David
1Ki 14:31 was **b** with his fathers in the
Matt 14:12 **b** it, and went and told Jesus
Luke 16:22 rich man also died and was **b**
Acts 2:29 that he is both dead and **b**
Acts 5: 6 up, carried him out, and **b** him
Acts 5: 9 **b** your husband are at the
Acts 5:10 her out, **b** her by her husband
Acts 13:36 was **b** with his fathers, and
Rom 6: 4 Therefore we were **b** with Him
1Co 15: 4 and that He was **b**, and that He
Col 2:12 **b** with Him in baptism, in

BURN (*see* BURNED, BURNING, BURNS, BURNT)
Ex 3: 3 why the bush does not **b**
Ex 12:10 morning you shall **b** with fire
Ex 21:25 **b** for **b**, wound for wound,
Ex 27:20 the lamp to **b** continually
Ex 29:13 them, and **b** them on the altar
Ex 32:10 wrath may **b** hot against them
Deut 12:31 for they **b** even their sons and
Deut 32:22 shall **b** to the lowest hell
Josh 11: 6 **b** their chariots with fire
Is 1:31 both will **b** together, and no
Jer 4: 4 **b** so that no one can quench
Jer 7: 9 **b** incense to Baal, and walk
Jer 7:31 to **b** their sons and their
Jer 36:25 the king not to **b** the scroll
Jer 44:17 to **b** incense to the queen of
Mal 4: 1 is coming shall **b** them up
Matt 3:12 but He will **b** up the chaff
Matt 13:30 them in bundles to **b** them
Luke 1: 9 his lot fell to **b** incense
Luke 3:17 but the chaff He will **b** with
Luke 24:32 Did not our heart **b** within us
1Co 7: 9 marry than to **b** with passion

2Co 11:29 I do not **b** with indignation
Rev 17:16 her flesh and **b** her with fire

BURNED (*see* BURN)
Gen 38:24 Bring her out and let her be **b**
Ex 32:20 **b** it in the fire, and ground
Deut 4:11 the mountain **b** with fire to
Josh 6:24 But they **b** the city and all
Josh 11: 9 **b** their chariots with fire
Josh 11:11 Then he **b** Hazor with fire
Josh 11:13 Israel **b** none of them, except
Judg 15:14 like flax that is **b** with fire
1Ki 3: 3 **b** incense at the high places
1Ki 9:16 **b** it with fire, had killed
1Ki 13: 2 men's bones shall be **b** on you
1Ki 15:13 and **b** it by the Brook Kidron
1Ki 16:18 **b** the king's house down upon
2Ki 1:14 **b** up the first two captains
2Ki 10:26 the temple of Baal and **b** them
2Ki 23: 6 **b** it at the Brook Kidron and
2Ki 23:11 he **b** the chariots of the sun
2Ki 23:15 and **b** the wooden image
2Ki 23:20 and **b** men's bones on them
2Ki 25: 9 He **b** the house of the LORD and
2Ki 25: 9 the great men, he **b** with fire
2Ch 36:19 **b** all its palaces with fire,
Neh 1: 3 and its gates are **b** with fire
Neh 4: 2 stones that are **b**
Esth 1:12 and his anger **b** within him
Job 1:16 and **b** up the sheep and the
Ps 39: 3 I was musing, the fire **b**
Ps 74: 8 They have **b** up all the
Ps 80:16 It is **b** with fire, it is cut
Ps 102: 3 my bones are **b** like a hearth
Ps 106:18 The flame **b** up the wicked
Prov 6:27 and his clothes not be **b**
Is 5: 5 its hedge, and it shall be **b**
Is 9:19 of hosts the land is **b** up
Is 24: 6 of the earth are **b**, and few
Is 44:19 I have **b** half of it in the
Jer 19:13 on whose roofs they have **b**
Jer 36:29 You have **b** this scroll,
Jer 39: 8 the Chaldeans **b** the king's
Jer 49: 2 villages shall be **b** with fire
Jer 51:30 they have **b** her dwelling
Jer 51:32 reeds they have **b** with fire
Hos 11: 2 **b** incense to carved images
Joel 1:19 a flame has **b** all the trees
Amos 2: 1 because he **b** the bones of the
Matt 13:40 **b** in the fire, so it will be
Matt 22: 7 murderers, and **b** up their city
John 15: 6 into the fire, and they are **b**
Rom 1:27 **b** in their lust for one
1Co 3:15 If anyone's work is **b**, he
1Co 13: 3 though I give my body to be **b**
Heb 6: 8 cursed, whose end is to be **b**
Heb 12:18 and that **b** with fire, and to
Heb 13:11 sin, are **b** outside the camp
2Pe 3:10 that are in it will be **b** up
Rev 8: 7 third of the trees were **b** up
Rev 8: 7 and all green grass was **b** up
Rev 18: 8 will be utterly **b** with fire

BURNING (*see* BURN)
Gen 15:17 a **b** torch that passed between
Ex 3: 2 the bush was **b** with fire, but the
Deut 5:23 the mountain was **b** with fire
Ps 58: 9 As in His living and **b** wrath
Ps 140:10 Let **b** coals fall upon them
Prov 16:27 is on his lips like a **b** fire
Is 4: 4 and by the spirit of **b**,
Jer 20: 9 a **b** fire shut up in my bones
Dan 3: 6 midst of a **b** fiery furnace
Amos 4:11 firebrand plucked from the **b**
Mal 4: 1 **b** like an oven, and all the
Mark 12:26 in the **b** bush passage, how
Luke 12:35 be girded and your lamps **b**
John 5:35 He was the **b** and shining lamp,
Rev 4: 5 of fire were **b** before the throne
Rev 8: 8 like a great mountain **b** with
Rev 8:10 **b** like a torch, and it fell on
Rev 18: 9 they see the smoke of her **b**
Rev 19:20 lake of fire **b** with brimstone

BURNS (*see* BURN)
Ps 97: 3 **b** up His enemies round about
Is 44:16 He **b** half of it in the fire
Rev 21: 8 in the lake which **b** with fire

BURNT (*see* BURN)
Gen 8:20 offered **b** offerings on the
Gen 22: 2 and offer him there as a **b**
Gen 22: 3 the wood for the **b** offering
Gen 22: 7 is the lamb for a **b** offering
Gen 22:13 ram, and offered it up for a **b**
Ex 30:28 the altar of **b** offering with
1Sa 15:22 great delight in **b** offerings
1Ki 18:33 and pour it on the **b** sacrifice
1Ki 18:38 and consumed the **b** sacrifice
2Ki 3:27 offered him as a **b** offering
Ps 51:16 do not delight in **b** offering
Ps 66:13 Your house with **b** offerings
Ps 66:15 I will offer You **b** sacrifices
Is 1:11 enough of **b** offerings of rams
Is 40:16 sufficient for a **b** offering
Is 61: 8 I hate robbery for **b** offering
Jer 19: 5 fire for **b** offerings to Baal
Jer 51:25 and make you a **b** mountain
Ezek 40:38 they washed the **b** offering
Ezek 46:12 prince makes a voluntary **b**
Hos 6: 6 of God more than **b** offerings
Mic 6: 6 before Him with **b** offerings
Mark 12:33 all the whole **b** offerings
Heb 10: 6 In **b** offerings and sacrifices

BURST (*see* BURSTS)
Judg 20:33 **b** forth from their position
Job 32:19 it is ready to **b** like new
Job 38: 8 with doors, when it **b** forth
Is 35: 6 For waters shall **b** forth in
Jer 2:20 your yoke and **b** your bonds
Luke 5:37 new wine will **b** the wineskins
Acts 1:18 he **b** open in the middle and

BURSTS† (*see* BURST)
Mark 2:22 the new wine **b** the wineskins

B

BURY (*see* BURIAL, BURIED)
Gen 23: 4 that I may **b** my dead out of
Gen 47:29 Please do not **b** me in Egypt
Jer 7:32 for they will **b** in Tophet
Jer 19:11 till there is no place to **b**
Ezek 39:11 because there they will **b** Gog
Ezek 39:14 **b** those bodies remaining on
Matt 8:21 me first go and **b** my father
Matt 8:22 let the dead **b** their own dead
Matt 27: 7 field, to **b** strangers in

BUSH
Ex 3: 2 the **b** was burning with fire, but
Deut 33:16 of Him who dwelt in the **b**
Mark 12:26 in the burning **b** passage
Acts 7:30 him in a flame of fire in a **b**
Acts 7:35 who appeared to him in the **b**

BUSINESS
Dan 8:27 and went about the king's **b**
Luke 2:49 I must be about My Father's **b**
1Th 4:11 life, to mind your own **b**, and

BUSY
1Ki 18:27 he is meditating, or he is **b**

BUSYBODIES† (*see* BUSYBODY)
2Th 3:11 not working at all, but are **b**
1Ti 5:13 idle but also gossips and **b**

BUSYBODY† (*see* BUSYBODIES)
1Pe 4:15 or as a **b** in other people's

BUTLER
Gen 40: 1 after these things that the **b**

BUY (*see* BOUGHT, BUYS)
Gen 41:57 to Joseph in Egypt to **b** grain
Ex 21: 2 If you **b** a Hebrew servant, he
Ruth 4: 5 On the day you **b** the field
Ruth 4: 5 you must also **b** it from Ruth
Prov 23:23 **B** the truth, and do not sell
Is 55: 1 who have no money, come, **b**
Is 55: 1 **b** wine and milk without money
Jer 32: 7 **B** my field which is in
Amos 8: 6 that we may **b** the poor for
Matt 14:15 villages and **b** themselves food
Matt 25:10 And while they went to **b**, the
Mark 6:36 and **b** themselves bread
Mark 6:37 **b** two hundred denarii worth
Luke 9:13 **b** food for all these people
Luke 22:36 him sell his garment and **b** one
John 4: 8 away into the city to **b** food
John 6: 5 Where shall we **b** bread, that
John 13:29 **B** those things we need for
1Co 7:30 those who **b** as though they
Jas 4:13 a city, spend a year there, **b**
Rev 3:18 I counsel you to **b** from Me
Rev 13:17 that no one may **b** or sell

BUYS† (*see* BUY)
Lev 22:11 But if the priest **b** a person
Prov 31:16 She considers a field and **b** it
Matt 13:44 that he has and **b** that field
Rev 18:11 over her, for no one **b** their

BYWORD
Deut 28:37 a **b** among all nations where
1Ki 9: 7 and a **b** among all peoples
Job 30: 9 yes, I am their **b**
Ps 69:11 I became a **b** to them
Jer 24: 9 harm, to be a reproach and a **b**
Ezek 16:56 a **b** in your mouth in the days
Ezek 23:10 She became a **b** among women

C

CAESAR (*see* AUGUSTUS, CAESAR'S, CLAUDIUS, TIBERIUS)
Matt 22:17 it lawful to pay taxes to **C**
Mark 12:17 Render to **C** the things that
Luke 2: 1 **C** Augustus that all the world
Luke 3: 1 of the reign of Tiberius **C**
John 19:12 a king speaks against **C**
John 19:15 We have no king but **C**
Acts 11:28 in the days of Claudius **C**
Acts 17: 7 contrary to the decrees of **C**
Acts 25: 8 nor against **C** have I offended
Acts 25:11 me to them. I appeal to **C**

CAESAREA
Acts 8:40 the cities till he came to **C**
Acts 10: 1 man in **C** called Cornelius
Acts 25:13 came to **C** to greet Festus

CAESAREA PHILIPPI
Matt 16:13 came into the region of **C**

CAESAR'S (*see* CAESAR)
John 19:12 Man go, you are not **C** friend
Acts 25:10 I stand at **C** judgment seat,
Phil 4:22 those who are of **C** household

CAIAPHAS
Matt 26:57 Him away to **C** the high priest
Luke 3: 2 **C** were high priests, the
Acts 4: 6 as Annas the high priest, **C**

CAIN
Gen 4: 1 and she conceived and bore **C**
Gen 4: 8 that **C** rose against Abel his
Gen 4:15 And the Lord set a mark on **C**
Heb 11: 4 excellent sacrifice than **C**
1Jn 3:12 not as **C** who was of the
Jude 11 have gone in the way of **C**

CAKE (*see* CAKES)
Hos 7: 8 Ephraim is a **c** unturned

CAKES (*see* CAKE)
Gen 18: 6 knead it and make **c**
Ex 12:39 they baked unleavened **c** of
Lev 7:12 or **c** of blended flour
Jer 7:18 to make **c** for the queen of

Ezek 4:12 you shall eat it as barley **c**
Hos 3: 1 the raisin **c** of the pagans

CALAMITY

Gen 42:38 If any **c** should befall him
Deut 32:35 the day of their **c** is at hand
1Ki 9: 9 brought all this **c** on them
2Ki 21:12 such **c** upon Jerusalem and
Job 30:13 up my path, they promote my **c**
Ps 18:18 me in the day of my **c**, But
Prov 1:26 I also will laugh at your **c**
Is 45: 7 I make peace and create **c**
Jer 1:14 Out of the north **c** shall
Jer 48:16 The **c** of Moab is near at hand
Jer 49: 8 bring the **c** of Esau upon him
Amos 3: 6 If there is **c** in a city, will

CALEB

Num 13: 6 Judah, **C** the son of Jephunneh
Num 14:24 But My servant **C**, because he

CALF (*see* CALVES)

Gen 18: 7 herd, took a tender and good **c**
Ex 32: 4
Prov 15:17 than a fatted **c** with hatred
Jer 34:18 when they cut the **c** in two
Jer 34:19 between the parts of the **c**
Luke 15:30 killed the fatted **c** for him

CALL (*see* CALLED, CALLING, CALLS)

Gen 2:19 to see what he would **c** them
Gen 4:26 Then men began to **c** on the
Gen 16:11 You shall **c** his name Ishmael,
Gen 30:13 daughters will **c** me blessed
Ex 2: 7 **c** a nurse for you from the
Deut 4: 7 reason we may **c** upon Him
Deut 4:26 I **c** heaven and earth to
Deut 30: 1 you **c** them to mind among all
Judg 18:12 (Therefore they **c** that place
Ruth 1:20 to them, "Do not **c** me Naomi
Ruth 1:20 **c** me Mara, for the Almighty
1Sa 3: 6 I did not **c**, my son
1Sa 3: 8 Here I am, for you did **c** me
1Sa 12:17 I will **c** to the LORD, and He
1Sa 14:17 Now **c** the roll and see who has
2Sa 22: 4 I will **c** upon the LORD, who
1Ki 18:25 **c** on the name of your god,
Job 14:15 You shall **c**, and I will answer
Job 19:16 I **c** my servant, but he gives
Ps 4: 1 Hear me when I **c**, O God of my
Ps 4: 3 will hear when I **c** to Him
Ps 50: 4 He shall **c** to the heavens
Ps 50:15 **C** upon Me in the day of
Ps 72:17 nations shall **c** Him blessed
Ps 77: 6 I **c** to remembrance my song in
Ps 91:15 He shall **c** upon Me, and I will
Ps 116: 2 Therefore I will **c** upon Him
Ps 145:18 is near to all who **c** upon Him
Prov 31:28 rise up and **c** her blessed
Is 5:20 Woe to those who **c** evil good
Is 7:14 shall **c** His name Immanuel
Is 31: 2 will not **c** back His words,
Is 55: 6 **c** upon Him while He is near
Is 58: 5 Would you **c** this a fast, and
Is 58:13 **c** the Sabbath a delight, the
Is 61: 6 men shall **c** you the Servants
Jer 3:19 You shall **c** Me, 'My Father,
Jer 9:17 **c** for the mourning women,
Jer 33: 3 **C** to Me, and I will answer
Hos 1: 4 **C** his name Jezreel, for in a
Hos 1: 6 **C** her name Lo-Ruhamah, for I
Hos 1: 9 **C** his name Lo-Ammi, for you
Jon 1: 6 Arise, **c** on your God
Mal 3:12 nations will **c** you blessed
Matt 1:21 you shall **c** His name JESUS,
Matt 9:13 not come to **c** the righteous
Matt 19:17 Why do you **c** Me good
Matt 20: 8 **C** the laborers and give them
Matt 22:43 in the Spirit **c** Him Lord
Mark 15:12 you **c** the King of the Jews
Luke 1:13 you shall **c** his name John
Luke 1:48 generations will **c** me blessed
Luke 6:46 But why do you **c** Me 'Lord
John 4:16 **c** your husband, and come here
John 13:13 You **c** me Teacher and Lord,
John 15:15 No longer do I **c** you servants
Acts 2:39 as the Lord our God will **c**
Acts 10:28 **c** any man common or unclean
Acts 24:14 the Way which they **c** a sect
Rom 9:25 I will **c** them My people, who
Rom 10:12 is rich to all who **c** upon Him
Rom 10:14 How then shall they **c** on Him
1Co 1: 2 **c** on the name of Jesus Christ
2Co 1:23 Moreover I **c** God as witness
1Th 4: 7 For God did not **c** us to
2Ti 1: 5 when I **c** to remembrance the
Heb 2:11 ashamed to **c** them brethren
Jas 5:14 Let him **c** for the elders of
3Jn 10 I will **c** to mind his deeds

CALLED (*see* CALL)

Gen 1: 5 God **c** the light Day, and the
Gen 12: 8 **c** on the name of the LORD
Gen 21:12 in Isaac your seed shall be **c**
Gen 32:28 shall no longer be **c** Jacob
Gen 35:10 So He **c** his name Israel
1Sa 3: 4 that the LORD **c** Samuel
1Sa 9: 9 for he who is now **c** a prophet
1Sa 9: 9 prophet was formerly **c** a seer
2Sa 12:24 son, and he **c** his name Solomon
2Sa 12:25 so he **c** his name Jedidiah,
2Ch 7:14 if My people who are **c** by My
Ps 18: 6 my distress I **c** upon the LORD
Is 9: 6 His name will be **c** Wonderful
Is 56: 7 for My house shall be **c** a
Jer 7:10 house which is **c** by My name
Jer 25:29 city which is **c** by My name
Hos 11: 1 and out of Egypt I **c** My son
Matt 1:16 born Jesus who is **c** Christ
Matt 1:25 And he **c** His name JESUS
Matt 2:15 Out of Egypt I **c** My Son
Matt 2:23 He shall be **c** a Nazarene
Matt 5: 9 they shall be **c** sons of God
Matt 5:19 so, shall be **c** least in the
Matt 5:19 he shall be **c** great in the
Matt 10: 1 And when He had **c** His twelve
Matt 20:16 For many are **c**, but few
Matt 21:13 shall be **c** a house of prayer

C

Matt 27:22 do with Jesus who is **c** Christ
Matt 27:33 come to a place **c** Golgotha
Luke 1:35 born will be **c** the Son of God
Luke 1:36 for her who was **c** barren
Luke 15:19 worthy to be **c** your son
Luke 19:29 at the mountain **c** Olivet
Luke 23:33 come to the place **c** Calvary
Luke 24:13 day to a village **c** Emmaus
John 1:42 You shall be **c** Cephas"
John 1:48 Before Philip **c** you, when you
John 4:25 is coming" (who is **c** Christ)
John 9:11 A Man **c** Jesus made clay and
John 12:17 He **c** Lazarus out of his tomb
John 15:15 but I have **c** you friends, for
John 19:13 place that is **c** The Pavement
John 19:17 Skull, which is **c** in Hebrew,
Acts 3: 2 temple which is **c** Beautiful
Acts 3:11 porch which is **c** Solomon's
Acts 9:11 go to the street **c** Straight
Acts 11:26 first **c** Christians in Antioch
Acts 13: 2 work to which I have **c** them
Rom 1: 1 **c** to be an apostle, separated
Rom 1: 6 are the **c** of Jesus Christ
Rom 1: 7 of God, **c** to be saints
Rom 8:28 God, to those who are the **c**
Rom 8:30 predestined, these He also **c**
Rom 9: 7 In Isaac your seed shall be **c**
1Co 1:24 but to those who are **c**, both
1Co 1:26 mighty, not many noble, are **c**
1Co 7:15 But God has **c** us to peace
1Co 7:20 calling in which he was **c**
1Co 15: 9 not worthy to be **c** an apostle
Gal 1:15 and **c** me through His grace,
Gal 5:13 have been **c** to liberty
Eph 2:11 who are **c** Uncircumcision by
Col 3:15 also you were **c** in one body
2Th 2: 4 is **c** God or that is worshiped
1Ti 6:20 what is falsely **c** knowledge
2Ti 1: 9 **c** us with a holy calling, not
Heb 9: 3 which is **c** the Holiest of All
Heb 9:15 that those who are **c** may
Heb 11: 8 was **c** to go out to the place
Heb 11:16 not ashamed to be **c** their God
Heb 11:18 In Isaac your seed shall be **c**
Heb 11:24 refused to be **c** the son of
Jas 2: 7 noble name by which you are **c**
Jas 2:23 he was **c** the friend of God
1Pe 1:15 but as He who **c** you is holy
1Pe 2: 9 the praises of Him who **c** you
1Pe 2:21 For to this you were **c**,
1Pe 5:10 who **c** us to His eternal glory
1Jn 3: 1 should be **c** children of God
Rev 1: 9 was on the island that is **c**
Rev 11: 8 which spiritually is **c** Sodom
Rev 12: 9 **c** the Devil and Satan, who
Rev 16:16 to the place **c** in Hebrew,
Rev 19: 9 **c** to the marriage supper of
Rev 19:11 who sat on him was **c** Faithful
Rev 19:13 His name is **c** The Word of God

CALLING (*see* CALL)
Num 10: 2 use them for **c** the assembly
Matt 27:47 This Man is **c** for Elijah
John 11:28 has come and is **c** for you
Acts 22:16 **c** on the name of the Lord
Rom 11:29 the **c** of God are irrevocable
1Co 1:26 For you see your **c**, brethren,
1Co 7:20 same **c** in which he was called
Eph 1:18 what is the hope of His **c**
Eph 4: 1 you to walk worthy of the **c**
2Ti 1: 9 us and called us with a holy **c**
Heb 3: 1 partakers of the heavenly **c**

CALLS (*see* CALL)
1Sa 3: 9 and it shall be, if He **c** you
Ps 42: 7 Deep **c** unto deep at the noise
Ps 147: 4 He **c** them all by name
Prov 1:20 Wisdom **c** aloud outside
Is 64: 7 is no one who **c** on Your name
Joel 2:32 **c** on the name of the LORD
John 10: 3 he **c** his own sheep by name and
Acts 2:21 **c** on the name of the LORD
Rom 9:11 of works but of Him who **c**)
Rom 10:13 whoever **c** upon the name of
1Co 12: 3 of God **c** Jesus accursed, and
1Th 2:12 **c** you into His own kingdom
1Th 5:24 He who **c** you is faithful, who

CALM
Prov 17:27 is of a **c** spirit
Jon 1:11 that the sea may be **c** for us
Mark 4:39 ceased and there was a great **c**

CALVARY† (*see* GOLGOTHA)
Luke 23:33 come to the place called **C**

CALVES (*see* CALF)
1Sa 14:32 and took sheep, oxen, and **c**
1Ki 12:28 counsel and made two **c** of gold
Hos 13: 2 men who sacrifice kiss the **c**
Mic 6: 6 offerings, with **c** a year old
Heb 9:12 with the blood of goats and **c**

CAMEL (*see* CAMEL'S, CAMELS)
Matt 19:24 it is easier for a **c** to go
Matt 23:24 out a gnat and swallow a **c**

CAMEL'S (*see* CAMEL)
Gen 31:34 put them in the **c** saddle
Matt 3: 4 himself was clothed in **c** hair

CAMELS (*see* CAMEL)
Gen 24:11 And he made his **c** kneel down

CAMP
Ex 14: 2 you shall **c** before it by the
Ex 16:13 at evening and covered the **c**
Ex 16:13 the dew lay all around the **c**
Ex 19:17 out of the **c** to meet with God
Ex 29:14 burn with fire outside the **c**
Ex 32:17 is a noise of war in the **c**
Ex 32:26 in the entrance of the **c**, and
Ex 36: 6 proclaimed throughout the **c**
Lev 4:12 the **c** to a clean place, where
Lev 4:21 carry the bull outside the **c**
Lev 14: 3 priest shall go out of the **c**
Lev 17: 3 or who kills it outside the **c**
Lev 24:10 fought each other in the **c**

Num 1:50 it and **c** around the tabernacle
Num 2: 2 shall **c** by his own standard
Num 2: 3 **c** according to their armies
Num 4:15 when the **c** is set to go, then
Num 5: 2 put out of the **c** every leper
Num 11: 1 in the outskirts of the **c**
Num 11: 9 fell on the **c** in the night
Num 11:31 other side, all around the **c**
Num 12:14 shut out of the **c** seven days
Num 15:35 him with stones outside the **c**
Deut 23:14 walks in the midst of your **c**
Deut 23:14 your **c** shall be holy, that He
Deut 29:11 the stranger who is in your **c**
Josh 5: 8 the **c** till they were healed
Josh 6:18 make the **c** of Israel a curse,
Josh 10: 6 to Joshua at the **c** at Gilgal
Judg 7: 8 Now the **c** of Midian was below
Ps 106: 16 they envied Moses in the **c**
Nah 3:17 which **c** in the hedges on a
Zech 9: 8 I will **c** around My house
Heb 13:11 sin, are burned outside the **c**
Rev 20: 9 the **c** of the saints and the

CANA

John 2: 1 was a wedding in **C** of Galilee
John 21: 2 Nathanael of **C** in Galilee

CANAAN (*see* CANAANITE)

Gen 9:18 And Ham was the father of **C**
Gen 9:25 Cursed be **C**; A servant
Gen 28: 1 wife from the daughters of **C**
Gen 42: 5 famine was in the land of **C**
Lev 25:38 to give you the land of **C**
Num 13: 2 men to spy out the land of **C**
Deut 32:49 view the land of **C**, which I
Is 19:18 will speak the language of **C**

CANAANITE (*see* CANAAN, CANAANITES)

Ex 33: 2 and I will drive out the **C**
Matt 10: 4 Simon the **C**, and Judas

CANAANITES (*see* CANAANITE)

Gen 10:19 the border of the **C** was from
Gen 12: 6 the **C** were then in the land
Gen 13: 7 The **C** and the Perizzites then
Gen 15:21 the Amorites, the **C**, the
Gen 24: 3 from the daughters of the **C**
Ex 3:17 of Egypt to the land of the **C**
Num 21: 3 Israel and delivered up the **C**
Josh 3:10 out from before you the **C**
Josh 12: 8 Hittites, the Amorites, the **C**
Josh 16:10 out the **C** who dwelt in Gezer
Josh 17:12 but the **C** were determined to
Josh 17:13 put the **C** to forced labor
Josh 17:18 for you shall drive out the **C**
Judg 1: 3 we may fight against the **C**
Judg 1: 4 and the LORD delivered the **C**
Judg 1: 5 and they defeated the **C** and the
Judg 1:10 the **C** who dwelt in Hebron
Judg 1:17 and they attacked the **C** who
Judg 1:28 they put the **C** under tribute
Judg 1:32 Asherites dwelt among the **C**
Ezra 9: 1 to the abominations of the **C**
Obad 20 of the **C** as far as Zarephath

CAPERNAUM

Matt 4:13 He came and dwelt in **C**, which
Matt 8: 5 Now when Jesus had entered **C**
Matt 11:23 And you, **C**, who are exalted to
Luke 4:23 we have heard done in **C**, do
Luke 10:15 And you, **C**, who are exalted to
John 2:12 After this He went down to **C**
John 4:46 whose son was sick at **C**
John 6:17 and went over the sea toward **C**
John 6:24 got into boats and came to **C**
John 6:59 synagogue as He taught in **C**

CAPTAIN (*see* AUTHOR, CAPTAINS)

Gen 39: 1 **c** of the guard, an Egyptian,
Prov 6: 7 which, having no **c**, overseer
Jon 1: 6 So the **c** came to him, and said
Heb 2:10 glory, to make the **c** of their

CAPTAINS (*see* CAPTAIN)

Ex 14: 7 with **c** over every one of them

CAPTIVE (*see* CAPTIVES, CAPTIVITY, CAPTURED)

Gen 14:14 that his brother was taken **c**
2Ki 25:21 away **c** from its own land
1Ch 9: 1 But Judah was carried away **c**
Ezra 4:10 and noble Osnapper took **c** and
Ps 68:18 You have led captivity **c**
Ps 137: 3 away **c** required of us a song
Song 7: 5 king is held **c** by its tresses
Is 52: 2 neck, O **c** daughter of Zion
Jer 40: 1 carried away **c** from Jerusalem
Jer 48:46 your sons have been taken **c**
Jer 48:46 **c**, and your daughters **c**
Jer 52:28 Nebuchadnezzar carried away **c**
Ezek 39:28 none of them **c** any longer
Dan 11: 8 carry their gods **c** to Egypt
Amos 4:10 along with your **c** horses
Luke 21:24 and be led away **c** into all
Eph 4: 8 on high, He led captivity **c**
2Ti 2:26 having been taken **c** by him to

CAPTIVES (*see* CAPTIVE)

Gen 31:26 like **c** taken with the sword
Num 31:12 Then they brought the **c**, the
Deut 21:11 among the **c** a beautiful woman
Deut 32:42 blood of the slain and the **c**
Judg 5:12 Barak, and lead your **c** away
2Ki 24:14 men of valor, ten thousand **c**
2Ch 28:11 therefore, and return the **c**
2Ch 28:13 shall not bring the **c** here
Ezra 1:11 the **c** who were brought from
Esth 2: 6 from Jerusalem with the **c** who
Is 20: 4 and the Ethiopians as **c**, young
Is 49:24 or the **c** of the righteous be
Is 49:25 "Even the **c** of the mighty
Is 61: 1 to proclaim liberty to the **c**
Jer 32:44 will cause their **c** to return
Jer 48:47 Yet I will bring back the **c**
Ezek 1: 1 as I was among the **c** by the
Ezek 3:11 And go, get to the **c**, to the
Ezek 3:15 I came to the **c** at Tel Abib
Ezek 16:53 the **c** of your captivity among

Ezek 29:14 bring back the **c** of Egypt
Ezek 39:25 bring back the **c** of Jacob
Dan 2:25 found a man of the **c** of Judah
Hos 6:11 I return the **c** of My people
Joel 3: 1 I bring back the **c** of Judah
Obad 20 The **c** of Jerusalem who are in
Hab 1: 9 They gather **c** like sand
Zech 6:10 Receive the gift from the **c**
Luke 4:18 preach deliverance to the **c**
2Ti 3: 6 and make **c** of gullible women

CAPTIVITY (*see* CAPTIVE)
Num 21:29 and his daughters into **c**, to
Deut 21:13 put off the clothes of her **c**
Deut 28:41 for they shall go into **c**
Deut 30: 3 will bring you back from **c**
Judg 18:30 the day of the **c** of the land
2Ki 24:14 carried into **c** all Jerusalem
2Ki 24:15 **c** from Jerusalem to Babylon
2Ki 25:27 thirty-seventh year of the **c**
1Ch 5: 6 of Assyria carried into **c**
2Ch 6:37 to You in the land of their **c**
2Ch 29: 9 and our wives are in **c**
Ezra 2: 1 who came back from the **c**, of
Ezra 3: 8 out of the **c** to Jerusalem
Ezra 6:16 of the descendants of the **c**
Ezra 9: 7 the lands, to the sword, to **c**
Ezra 10: 6 the guilt of those from the **c**
Neh 1: 2 who had survived the **c**, and
Neh 1: 3 who are left from the **c** in
Neh 4: 4 as plunder to a land of **c**
Neh 8:17 from the **c** made booths and sat
Ps 14: 7 back the **c** of his people
Ps 53: 6 back the **c** of His people, Let
Ps 68:18 high, You have led **c** captive
Ps 78:61 delivered His strength into **c**
Ps 85: 1 brought back the **c** of Jacob
Ps 126: 1 brought back the **c** of Zion
Ps 126: 4 Bring back our **c**, O LORD, As
Is 5:13 my people have gone into **c**
Jer 22:22 your lovers shall go into **c**
Jer 29:28 saying, 'This **c** is long
Jer 29:31 Send to all those in **c**,
Jer 30: 3 back from **c** My people Israel
Jer 30:10 seed from the land of their **c**
Jer 30:18 back the **c** of Jacob's tents
Jer 31:23 when I bring back their **c**
Jer 43:11 those appointed for **c**, and to
Jer 46:19 prepare yourself to go into **c**
Jer 48: 7 Chemosh shall go forth into **c**
Jer 49: 3 go into **c** with his priests
Jer 52:31 thirty-seventh year of the **c**
Lam 1: 3 Judah has gone into **c**, under
Lam 1:18 my young men have gone into **c**
Lam 4:22 no longer send you into **c**
Ezek 1: 2 year of King Jehoiachin's **c**
Ezek 11:25 So I spoke to those in **c** of
Dan 11:33 fall by sword and flame, by **c**
Amos 5:27 you into **c** beyond Damascus
Obad 12 brother in the day of his **c**
Matt 1:17 from the **c** in Babylon until
Rom 7:23 bringing me into **c** to the law
2Co 10: 5 **c** to the obedience of Christ
Eph 4: 8 He led **c** captive, and gave

CAPTURED (*see* CAPTIVE)
Josh 11:17 He **c** all their kings, and
1Sa 4:11 Also the ark of God was **c**
Rev 19:20 Then the beast was **c**, and with

CARCHEMISH
Jer 46: 2 by the River Euphrates in **C**

CARE (*see* CAREFUL, CARES)
Deut 15: 5 to observe with **c** all these
2Sa 18: 3 they will not **c** about us
1Ki 1: 2 king, and let her **c** for him
2Ki 4:13 for us with all this **c**
2Ch 19: 7 take **c** and do it, for there is
Esth 2: 8 into the **c** of Hegai the
Job 10:12 and Your **c** has preserved my
Ps 27:10 the LORD will take **c** of me
Is 21: 7 diligently with great **c**
Luke 10:34 to an inn, and took **c** of him
Luke 10:40 do You not **c** that my sister
John 10:13 does not **c** about the sheep
Acts 27: 3 to his friends and receive **c**
1Co 7:32 I want you to be without **c**
1Co 12:25 the same **c** for one another
Phil 2:20 sincerely **c** for your state
Phil 4:10 though you surely did **c**, but
1Ti 3: 5 how will he take **c** of the
Heb 2: 6 of man that You take **c** of him
1Pe 5: 7 casting all your **c** upon Him

CAREFUL (*see* CARE, CAREFULLY, DILIGENT)
Deut 4: 6 Therefore be **c** to observe
Tit 3: 8 be **c** to maintain good works

CAREFULLY (*see* CAREFUL, DILIGENTLY)
Prov 12:26 should choose his friends **c**

CARES (*see* CARE)
Ps 142: 4 No one **c** for my soul
Matt 13:22 the **c** of this world and the
Luke 8:14 go out and are choked with **c**
Luke 21:34 **c** of this life, and that Day
1Co 7:32 He who is unmarried **c** for the
1Co 7:34 The unmarried woman **c** about
1Pe 5: 7 upon Him, for He **c** for you

CARMEL
1Ki 18:20 prophets together on Mount **C**
Jer 46:18 as **C** by the sea, so he shall

CARNAL (*see* CARNALLY)
Rom 7:14 law is spiritual, but I am **c**
Rom 8: 7 Because the **c** mind is enmity
1Co 3: 1 spiritual people but as to **c**
1Co 3: 3 for you are still **c**
2Co 10: 4 not **c** but mighty in God for

CARNALLY (*see* CARNAL)
Gen 19: 5 to us that we may know them **c**
Lev 18:20 **c** with your neighbor's wife
Lev 19:20 'Whoever lies **c** with a woman
Judg 19:22 house, that we may know him **c**
Rom 8: 6 For to be **c** minded is death,

CARPENTER† (*see* CARPENTER'S)
Mark 6: 3 Is this not the **c**, the Son of

CARPENTER'S† (*see* CARPENTER)
Matt 13:55 Is this not the **c** son

CARRIED (*see* CARRY)
Ex 25:14 that the ark may be **c** by them
Num 13:23 they **c** it between two of them
Deut 1:31 how the LORD your God **c** you
Judg 11:39 he **c** out his vow with her
2Ki 15:29 he **c** them captive to Assyria
Ps 46: 2 though the mountains be **c**
Ps 137: 3 For there those who **c** us away
Is 53: 4 our griefs and **c** our sorrows
Jer 52:28 Nebuchadnezzar **c** away captive
Matt 1:11 they were **c** away to Babylon
Mark 2: 3 who was **c** by four men
Luke 7:12 a dead man was being **c** out
Luke 16:22 and was **c** by the angels to
Luke 24:51 from them and **c** up into heaven
John 20:15 Sir, if You have **c** Him away
Acts 5: 6 up, **c** him out, and buried him
Acts 8: 2 devout men **c** Stephen to his
1Co 12: 2 **c** away to these dumb idols,
Gal 2:13 **c** away with their hypocrisy
Eph 4:14 **c** about with every wind of
Heb 13: 9 Do not be **c** about with
2Pe 2:17 clouds **c** by a tempest, to
Jude 12 water, **c** about by the winds
Rev 12:15 her to be **c** away by the flood
Rev 17: 3 he **c** me away in the Spirit
Rev 21:10 he **c** me away in the Spirit

CARRIES (*see* CARRY)
Lev 11:28 'Whoever **c** any such carcass
Lev 15:10 He who **c** any of those things
Num 11:12 as a guardian **c** a nursing
Num 24:22 Asshur **c** you away captive
Deut 1:31 you, as a man **c** his son, in
Job 21:18 chaff that a storm **c** away
Job 27:21 The east wind **c** him away, and
Rev 17: 7 and of the beast that **c** her

CARRY (*see* CARRIED, CARRIES, CARRYING)
Gen 37:25 on their way to **c** them down
Gen 47:30 you shall **c** me out of Egypt
Gen 50:25 you shall **c** up my bones from
Lev 6:11 **c** the ashes outside the camp
Num 1:50 they shall **c** the tabernacle
Num 11:12 'C them in your bosom, as a
Deut 14:24 are not able to **c** the tithe
2Ch 36: 6 to **c** him off to Babylon
Ezra 5:15 **c** them to the temple site
Job 5:12 cannot **c** out their plans
Ps 49:17 dies he shall **c** nothing away
Ps 90: 5 You **c** them away like a flood
Eccl 5:15 he may **c** away in his hand
Eccl 10:20 of the air may **c** your voice
Is 30: 6 they will **c** their riches on
Is 40:11 and **c** them in His bosom, and
Is 41:16 the wind shall **c** them away
Is 46: 4 to gray hairs I will **c** you
Ezek 29:19 **c** off her spoil, and remove
Dan 11: 8 he shall also **c** their gods
Dan 11:32 and **c** out great exploits
Matt 3:11 sandals I am not worthy to **c**
Mark 6:55 and began to **c** about on beds
Mark 11:16 to **c** wares through the temple
Luke 10: 4 **C** neither money bag, sack,
John 5:10 lawful for you to **c** your bed
John 21:18 **c** you where you do not wish
Acts 5: 9 door, and they will **c** you out
1Ti 6: 7 certain we can **c** nothing out

CARRYING (*see* CARRY)
Num 4:12 and put them on a **c** beam
Num 4:24 Gershonites, in serving and **c**
Num 10:17 set out, **c** the tabernacle
Num 10:21 set out, **c** the holy things
Deut 32:11 them up, **c** them on its wings,
Jer 1: 3 until the **c** away of Jerusalem
Jer 17:27 such as not **c** a burden when
Zech 5:10 Where are they **c** the basket
Mark 14:13 meet you **c** a pitcher of water
Acts 5:10 **c** her out, buried her by her
2Co 4:10 always **c** about in the body

CARVED
Ex 20: 4 make for yourself any **c** image

CASE (*see* CASES)
Ex 18:26 every small **c** themselves
Deut 1:17 The **c** that is too hard for
1Sa 24:15 and me, and see and plead my **c**
Job 23: 4 would present my **c** before Him
Acts 19:38 have a **c** against anyone, the

CASES (*see* CASE)
Ex 18:26 the hard **c** they brought to
1Co 7:15 not under bondage in such **c**

CAST (*see* CASTING, CASTS, REJECTED)
Gen 21:10 **C** out this bondwoman and her
Gen 37:24 took him and **c** him into a pit
Gen 39: 7 wife **c** longing eyes on Joseph
Ex 1:22 you shall **c** into the river
Ex 4: 3 He said, "**C** it on the ground
Ex 4:25 **c** it at Moses' feet, and said,
Ex 7: 9 **c** it before Pharaoh, and let
Ex 7:10 Aaron **c** down his rod before
Ex 15: 4 army He has **c** into the sea
Ex 32:19 he **c** the tablets out of his
Ex 32:24 I **c** it into the fire, and this
Lev 16: 8 Then Aaron shall **c** lots for
Deut 9: 4 God has **c** them out before you
Josh 10:11 that the LORD **c** down large
Josh 10:27 **c** them into the cave where
1Sa 18:11 Saul **c** the spear, for he said
1Ki 7:15 he **c** two pillars of bronze,
1Ki 9: 7 name I will **c** out of My sight
1Ki 14: 9 have **c** Me behind your back
1Ch 28: 9 He will **c** you off forever
2Ch 25:12 **c** them down from the top of
2Ch 26:14 bows, and slings to **c** stones
2Ch 29:19 **c** aside in his transgression
Neh 9:26 **c** Your law behind their backs

C

Esth 3: 7 they **c** Pur (that is, the lot)
Job 8:20 God will not **c** away the
Job 15: 4 you **c** off fear, and restrain
Job 18: 8 For he is **c** into a net by his
Job 30:11 they have **c** off restraint
Ps 2: 3 **c** away Their cords from us
Ps 17:13 Confront him, **c** him down
Ps 22:10 I was **c** upon You from birth
Ps 22:18 for My clothing they **c** lots
Ps 37:24 shall not be utterly **c** down
Ps 42: 5 Why are you **c** down, O my soul
Ps 44:23 Do not **c** us off forever
Ps 50:17 And **c** My words behind you
Ps 51:11 Do not **c** me away from Your
Ps 55:22 **C** your burden on the LORD,
Ps 60: 8 Over Edom I will **c** My shoe
Ps 71: 9 Do not **c** me off in the time
Ps 78:49 He **c** on them the fierceness
Ps 89:44 And **c** his throne down to the
Ps 102:10 lifted me up and **c** me away
Ps 140:10 Let them be **c** into the fire,
Prov 1:14 **c** in your lot among us, let
Prov 16:33 The lot is **c** into the lap,
Prov 29:18 the people **c** off restraint
Eccl 3: 5 a time to **c** away stones, and a
Eccl 11: 1 **C** your bread upon the waters,
Is 25: 7 covering **c** over all people
Is 26:19 earth shall **c** out the dead
Is 38:17 for You have **c** all my sins
Is 57:20 rest, whose waters **c** up mire
Jer 7:15 I will **c** you out of My sight,
Jer 38: 6 **c** him into the dungeon of
Ezek 23:35 Me and **c** Me behind your back,
Ezek 27:30 and **c** dust on their heads
Ezek 31:16 when I **c** it down to hell
Ezek 32:18 **c** them down to the depths of
Dan 3:20 **c** them into the burning fiery
Dan 3:21 were **c** into the midst of the
Dan 3:24 Did we not **c** three men bound
Dan 6:16 **c** him into the den of lions
Dan 8:12 he **c** truth down to the ground
Hos 9:17 My God will **c** them away,
Amos 1:11 the sword, and **c** off all pity
Obad 11 gates and **c** lots for Jerusalem
Jon 1: 7 So they **c** lots, and the lot
Jon 2: 3 For You **c** me into the deep,
Mic 7:19 You will **c** all our sins into
Matt 5:29 pluck it out and **c** it from you
Matt 5:29 whole body to be **c** into hell
Matt 7: 6 nor **c** your pearls before
Matt 7:22 **c** out demons in Your name, and
Matt 8:12 be **c** out into outer darkness
Matt 8:16 He **c** out the spirits with a
Matt 13:42 will **c** them into the furnace
Matt 17:27 **c** in a hook, and take the fish
Matt 18: 8 cut if off and **c** it from you
Matt 18: 8 to be **c** into the everlasting
Matt 18: 9 eyes, to be **c** into hell fire
Matt 21:21 be **c** into the sea,' it will
Matt 22:13 **c** him into outer darkness
Matt 25:30 **c** the unprofitable servant
Matt 27:35 for My clothing they **c** lots
Mark 3:23 How can Satan **c** out Satan
Mark 16: 9 of whom He had **c** seven demons
John 6:37 Me I will by no means **c** out
John 9:35 heard that they had **c** him out
John 12:31 of this world will be **c** out
John 15: 6 he is **c** out as a branch and is
John 21: 6 **C** the net on the right side
Acts 1:26 they **c** their lots, and the lot
Rom 11: 2 God has not **c** away His people
Rom 11:15 For if their being **c** away is
Rom 13:12 Therefore let us **c** off the
Gal 4:30 **C** out the bondwoman and her
2Pe 2: 4 but **c** them down to hell and
Rev 12: 9 So the great dragon was **c** out
Rev 12: 9 angels were **c** out with him
Rev 20: 3 he **c** him into the bottomless
Rev 20:10 was **c** into the lake of fire

CASTING (*see* CAST)
Prov 18:18 **C** lots causes contentions to
Matt 4:18 brother, **c** a net into the sea
Matt 27:35 **c** lots, that it might be
Mark 1:39 all Galilee, and **c** out demons
2Co 10: 5 **c** down arguments and every
1Pe 5: 7 **c** all your care upon Him, for

CASTS (*see* CAST)
Ps 147: 6 He **c** the wicked down to the
Matt 9:34 He **c** out demons by the ruler
Matt 12:26 if Satan **c** out Satan, he is
Mark 3:22 of the demons He **c** out demons
Luke 11:15 He **c** out demons by Beelzebub,
1Jn 4:18 but perfect love **c** out fear

CATCH (*see* CATCHES, CAUGHT)
Job 9:18 not allow me to **c** my breath
Ps 10: 9 He lies in wait to **c** the poor
Mark 12:13 to **c** Him in His words
Luke 5: 4 and let down your nets for **a c**
Luke 5: 9 the **c** of fish which they had
Luke 5:10 From now on you will **c** men

CATCHES (*see* CATCH)
Job 5:13 He **c** the wise in their own
1Co 3:19 He **c** the wise in their own

CATTLE
Gen 1:24 **c** and creeping thing and beast
Gen 2:20 So Adam gave names to all **c**
Ps 50:10 the **c** on a thousand hills
Matt 22: 4 fatted **c** are killed, and all

CAUGHT (*see* CATCH, TOOK)
Gen 22:13 **c** in a thicket by its horns
Gen 39:12 that she **c** him by his garment
Eccl 9:12 net, like birds **c** in a snare
Ezek 12:13 and he shall be **c** in My snare
Luke 5: 5 toiled all night and **c** nothing
Luke 5: 6 they **c** a great number of fish
John 8: 3 to Him a woman **c** in adultery
Acts 8:39 of the Lord **c** Philip away
Acts 27:15 So when the ship was **c**, and
2Co 12: 4 how he was **c** up into Paradise
1Th 4:17 remain shall be **c** up together
Rev 12: 5 And her Child was **c** up to God

CAUSE (*see* CAUSED, CAUSES)

Ex 22: 9 the c of both parties shall
1Sa 19: 5 to kill David without a c
1Ki 8:59 maintain the c of His servant
Job 2: 3 him, to destroy him without c
Job 5: 8 and to God I would commit my c
Ps 17: 1 Hear a just c, O LORD, Attend
Ps 35: 1 Plead my c, O LORD, with
Ps 35:27 Who favor my righteous c
Ps 67: 1 c His face to shine upon us
Ps 74:22 O God, plead Your own c
Ps 80: 3 C Your face to shine, And we
Ps 119:154 Plead my c and redeem me
Ps 140:12 The c of the afflicted, And
Prov 22:23 the LORD will plead their c
Prov 29: 7 considers the c of the poor
Is 1:23 nor does the c of the widow
Is 34: 8 recompense for the c of Zion
Is 42: 2 nor c His voice to be heard
Jer 11:20 to You I have revealed my c
Lam 3:36 or subvert a man in his c
Jon 1: 8 For whose c is this trouble
John 15:25 They hated Me without a c
John 18:37 For this c I was born, and for
Acts 13:28 found no c for death in Him

CAUSED (*see* CAUSE)

1Sa 20:17 Jonathan again c David to vow
2Sa 7:11 have c you to rest from all
Job 29:13 I c the widow's heart to sing
Job 38:12 c the dawn to know its place,
Ps 78:13 sea and c them to pass through
Ps 78:26 He c an east wind to blow in
Ps 119:49 which You have c me to hope
Jer 29: 7 have c you to be carried away
Jer 48:33 I have c wine to fail from
Jer 51:49 As Babylon has c the slain of
Ezek 3: 2 He c me to eat that scroll
Dan 9:21 being c to fly swiftly,
Hos 4:12 harlotry has c them to stray
Jon 3: 7 he c it to be proclaimed and
Mal 2: 8 you have c many to stumble at
Acts 15: 3 they c great joy to all the
2Co 2: 5 But if anyone has c grief

CAUSES (*see* CAUSE)

Ps 37: 8 it only c harm
Ps 104:14 He c the grass to grow for
Ps 107:40 And c them to wander in the
Ps 135: 7 He c the vapors to ascend
Ps 147:18 He c His wind to blow, and the
Prov 10: 5 harvest is a son who c shame
Prov 10:10 winks with the eye c trouble
Prov 17: 2 rule over a son who c shame
Is 64: 2 as fire c water to boil
Lam 3:32 Though He c grief, yet He
Ezek 14: 3 which c them to stumble into
Ezek 26: 3 as the sea c its waves to
Matt 5:29 your right eye c you to sin
Matt 5:32 c her to commit adultery
Matt 18: 9 And if your eye c you to sin
Mark 9:42 whoever c one of these little
Mark 9:43 your hand c you to sin
Mark 9:45 your foot c you to sin
Mark 9:47 And if your eye c you to sin,
2Co 9:11 which c thanksgiving through
Eph 4:16 c growth of the body for the
Rev 21:27 or c an abomination or a lie,

CAVE (*see* CAVES)

Gen 19:30 two daughters dwelt in a c
Gen 23: 9 that he may give me the c of
Gen 23:11 field and the c that is in it
Gen 23:19 Sarah his wife in the c of
Gen 25: 9 him in the c of Machpelah
Josh 10:18 against the mouth of the c
Josh 10:27 cast them into the c where
1Sa 24: 7 And Saul got up from the c
2Sa 23:13 to David at the c of Adullam
John 11:38 It was a c, and a stone lay

CAVES (*see* CAVE)

Judg 6: 2 themselves the dens, the c
1Sa 13: 6 then the people hid in c
Heb 11:38 in dens and c of the earth
Rev 6:15 man, hid themselves in the c

CEASE (*see* CEASED, CEASING)

Gen 8:22 and day and night shall not c
Ex 9:29 the thunder will c, and there
Num 8:25 must c performing this work
Deut 15:11 will never c from the land
Josh 22:25 c fearing the LORD
Judg 2:19 They did not c from their own
Judg 9: 9 Should I c giving my oil,
Neh 4:11 them and cause the work to c
Job 3:17 the wicked c from troubling
Ps 46: 9 He makes wars c to the end of
Eccl 12: 3 when the grinders c because
Is 1:16 My eyes. C to do evil,
Hos 2:11 also cause all her mirth to c
Acts 5:42 they did not c teaching and
Acts 6:13 This man does not c to speak
Acts 13:10 will you not c perverting the
Acts 20:31 not c to warn everyone night
1Co 13: 8 are tongues, they will c
Eph 1:16 do not c to give thanks for
Col 1: 9 do not c to pray for you, and
2Pe 2:14 and that cannot c from sin

CEASED (*see* CEASE)

Gen 11: 8 and they c building the city
Ex 9:33 the thunder and the hail c
Josh 5:12 Now the manna c on the day
Judg 5: 7 life c, it c in Israel
1Sa 2: 5 were hungry have c to hunger
2Ki 4: 6 vessel." So the oil c
Job 32: 1 three men c answering Job
Ps 77: 8 Has His mercy c forever
Is 14: 4 How the oppressor has c, the
Jer 51:30 of Babylon have c fighting
Lam 5:14 The elders have c gathering
Lam 5:15 The joy of our heart has c
Hos 4:10 they have c obeying the LORD
Jon 1:15 the sea c from its raging
Matt 14:32 got into the boat, the wind c
Luke 7:45 but this woman has not c to

C

Luke 9:36 And when the voice had **c**,
Acts 20: 1 After the uproar had **c**, Paul
Gal 5:11 offense of the cross has **c**
Heb 10: 2 they not have **c** to be offered
1Pe 4: 1 in the flesh has **c** from sin

CEASING (*see* CEASE)
1Sa 12:23 the LORD in **c** to pray for you
Rom 1: 9 that without **c** I make mention
1Th 1: 3 without **c** your work of faith
1Th 2:13 we also thank God without **c**
1Th 5:17 pray without **c**,
2Ti 1: 3 as without **c** I remember you

CEDAR (*see* CEDARS)
Lev 14: 4 **c** wood, scarlet, and hyssop
2Sa 7: 2 now, I dwell in a house of **c**
1Ki 4:33 from the **c** tree of Lebanon
Ezek 17:22 branches of the high **c** and set
Ezek 17:23 fruit, and be a majestic **c**

CEDARS (*see* CEDAR)
Judg 9:15 and devour the **c** of Lebanon
2Ki 19:23 I will cut down its tall **c**
Ps 29: 5 of the LORD breaks the **c**, Yes

CELESTIAL
1Co 15:40 There are also **c** bodies and

CENSER (*see* ALTAR)
Lev 10: 1 of Aaron, each took his **c**
Heb 9: 4 which had the golden **c**
Rev 8: 3 angel, having a golden **c**,

CENSUS
Num 1: 2 Take a **c** of all the
Num 26: 4 Take a **c** of the people from
Luke 2: 2 This **c** first took place while
Acts 5:37 rose up in the days of the **c**

CENTER
Judg 9:37 down from the **c** of the land
Ezek 48:15 and the city shall be in the **c**
John 19:18 side, and Jesus in the **c**

CENTURION
Matt 8: 5 a **c** came to Him, pleading
Luke 7: 6 the **c** sent friends to Him,
Acts 10:22 Cornelius the **c**, a just man,
Acts 24:23 commanded the **c** to keep Paul
Acts 27: 1 a **c** of the Augustan Regiment
Acts 28:16 the **c** delivered the prisoners

CEPHAS (*see* PETER, SIMON)
John 1:42 You shall be called **C**"
1Co 3:22 whether Paul or Apollos or **C**
1Co 15: 5 and that He was seen by **C**,
Gal 2: 9 and when James, **C**, and John,

CERTAIN (*see* CERTAINLY, CERTAINTY, UNCERTAIN)
Josh 23:13 know for **c** that the LORD your
Dan 2:45 The cream is **c**, and its
Acts 25:26 I have nothing **c** to write to

1Ti 6: 7 it is **c** we can carry nothing
Heb 10:27 but a **c** fearful expectation

CERTAINLY (*see* CERTAIN)
2Ki 8:10 to him, "You shall **c** recover
Luke 23:47 **C** this was a righteous Man
Rom 3: 6 **C** not! For then how will God
Rom 3:31 law through faith? **C** not!
Rom 6: 2 **C** not! How shall we who
Rom 6:15 law but under grace? **C** not!
Rom 7: 7 Is the law sin? **C** not!
Rom 11: 1 cast away His people? **C** not!
1Co 6:15 members of a harlot? **C** not!
Gal 2:17 a minister of sin? **C** not!
Gal 3:21 the promises of God? **C** not!

CERTAINTY (*see* CERTAIN)
Luke 1: 4 that you may know the **c** of

CERTIFICATE (*see* CERTIFIED)
Deut 24: 1 he writes her a **c** of divorce
Matt 5:31 him give her a **c** of divorce

CHAFF
Job 21:18 like **c** that a storm carries
Ps 1: 4 But are like the **c** which the
Ps 35: 5 be like **c** before the wind
Is 5:24 and the flame consumes the **c**
Is 29: 5 be as **c** that passes away
Is 33:11 You shall conceive **c**, you
Jer 23:28 What is the **c** to the wheat
Hos 13: 3 away, like **c** blown off from **a**
Matt 3:12 the **c** with unquenchable fire

CHAIN (*see* CHAINED, CHAINS)
Gen 41:42 put a gold **c** around his neck
Lam 3: 7 He has made my **c** heavy
Dan 5:29 put a **c** of gold around his
Acts 28:20 Israel I am bound with this **c**
2Ti 1:16 and was not ashamed of my **c**
Rev 20: 1 pit and a great **c** in his hand

CHAINED† (*see* CHAIN)
Mark 15: 7 who was **c** with his fellow
2Ti 2: 9 but the word of God is not **c**
Heb 13: 3 prisoners as if **c** with them

CHAINS (*see* CHAIN)
Ex 28:14 you shall make two **c** of pure
Ps 107:14 And broke their **c** in pieces
Ps 149: 8 To bind their kings with **c**
Prov 1: 9 head, and **c** about your neck
Song 1:10 your neck with **c** of gold
Is 40:19 silversmith casts silver **c**
Jer 40: 1 he had taken him bound in **c**
Ezek 19: 9 They put him in a cage with **c**
Mark 5: 3 bind him, not even with **c**
Mark 5: 4 the **c** had been pulled apart
Acts 12: 6 bound with two **c** between two
Acts 12: 7 And his **c** fell off his hands
Acts 16:26 and everyone's **c** were loosed
Acts 22: 5 to Damascus to bring in **c**
Acts 23:29 him worthy of death or **c**
Acts 26:29 as I am, except for these **c**

Eph 6:20 which I am an ambassador in **c**
Phil 1: 7 inasmuch as both in my **c**
Phil 1:13 rest, that my **c** are in Christ
Phil 1:16 to add affliction to my **c**
Col 4: 3 for which I am also in **c**
Col 4:18 Remember my **c**. Grace be with
Phm 10 I have begotten while in my **c**
Phm 13 to me in my **c** for the gospel
Heb 10:34 had compassion on me in my **c**
Heb 11:36 and scourgings, yes, and of **c**
2Pe 2: 4 them into **c** of darkness, to
Jude 6 **c** under darkness for the

CHALDEA (*see* BABYLON, CHALDEAN, CHALDEANS)
Jer 51:24 all the inhabitants of **C** for
Ezek 23:15 of the Babylonians of **C**, the

CHALDEAN† (*see* CHALDEA, CHALDEANS)
Ezra 5:12 king of Babylon, the **C**, who
Jer 39: 5 But the **C** army pursued them
Dan 2:10 magician, astrologer, or **C**

CHALDEANS (*see* CHALDEA, CHALDEAN)
Gen 11:28 native land, in Ur of the **C**
Neh 9: 7 him out of Ur of the **C**, and
Jer 39: 8 the **C** burned the king's house
Dan 1: 4 and literature of the **C**
Dan 5:11 the magicians, astrologers, **C**
Dan 5:30 Belshazzar, king of the **C**
Acts 7: 4 came out of the land of the **C**

CHAMBER (*see* CHAMBERS)
Gen 43:30 And he went into his **c** and wept
Judg 3:24 to his needs in the cool **c**
2Ki 23:12 the roof, the upper **c** of Ahaz
Ps 19: 5 coming out of his **c**, And
Joel 2:16 bridegroom go out from his **c**

CHAMBERS (*see* CHAMBER)
Prov 7:27 descending to the **c** of death
Song 1: 4 has brought me into his **c**

CHANCE
1Sa 6: 9 it was by **c** that it happened
Eccl 9:11 time and **c** happen to them all
Luke 10:31 Now by **c** a certain priest

CHANGE (*see* CHANGED, CHANGERS', CHANGES, UNCHANGEABLE)
Gen 35: 2 and **c** your garments
Jer 13:23 Can the Ethiopian **c** his skin
Dan 5:10 nor let your countenance **c**
Dan 7:25 and shall intend to **c** times
Mal 3: 6 For I am the LORD, I do not **c**
Acts 6:14 **c** the customs which Moses
Heb 7:12 there is also a **c** of the law

CHANGED (*see* CHANGE)
Gen 31: 7 **c** my wages ten times, but God
Gen 41:14 **c** his clothing, and came to
1Sa 21:13 So he **c** his behavior before
2Ki 23:34 and **c** his name to Jehoiakim
2Ki 24:17 and **c** his name to Zedekiah
Ps 106:20 Thus they **c** their glory Into
Jer 34:11 afterward they **c** their minds
Jer 48:11 him, and his scent has not **c**
Dan 2: 9 before me till the time has **c**
Dan 3:19 on his face **c** toward Shadrach
Dan 4:16 Let his heart be **c** from that
Dan 5: 6 Then the king's countenance **c**
Mic 2: 4 He has **c** the heritage of my
Acts 28: 6 they **c** their minds and said
Rom 1:23 and **c** the glory of the
1Co 15:51 sleep, but we shall all be **c**
Heb 1:12 them up, and they will be **c**
Heb 7:12 For the priesthood being **c**

CHANGERS'† (*see* CHANGE)
John 2:15 and poured out the **c** money

CHANGES (*see* CHANGE)
Gen 45:22 to each man, **c** of garments
Lev 13:16 Or if the raw flesh **c** and
Job 10:17 **c** and war are ever with me
Dan 2:21 He **c** the times and the seasons
Hab 1:11 Then his mind **c**, and he

CHARACTER
Rom 5: 4 and perseverance, **c**
Phil 2:22 But you know his proven **c**

CHARGE (*see* CHARGED, CHARGES)
Gen 26: 5 obeyed My voice and kept My **c**
Gen 28: 6 blessed him he gave him a **c**
Ex 22:25 you shall not **c** him interest
Deut 23:19 You shall not **c** interest to
Deut 23:20 foreigner you may **c** interest
2Sa 3: 8 you **c** me today with a fault
Job 1:22 not sin nor **c** God with wrong
Job 34:13 Who gave Him **c** over the earth
Ps 91:11 give His angels **c** over you
Song 2: 7 I **c** you, O daughters of
Is 10: 6 of My wrath I will give him **c**
Jer 39:11 king of Babylon gave **c**
Dan 6: 4 **c** against Daniel concerning
Dan 6: 4 they could find no **c** or fault
Jon 1:14 do not **c** us without innocent
Nah 3: 3 Horsemen **c** with bright sword
Luke 4:10 give His angels **c** over You
Acts 7:60 do not **c** them with this sin
Acts 25:16 concerning the **c** against him
Rom 8:33 Who shall bring a **c** against
1Co 9:18 gospel of Christ without **c**
2Co 11: 7 of God to you free of **c**
2Th 3: 8 eat anyone's bread free of **c**
1Ti 1: 3 may **c** some that they teach no
1Ti 1:18 This **c** I commit to you, son

CHARGED (*see* CHARGE)
2Ti 4:16 May it not be **c** against them

CHARGES (*see* CHARGE)
Job 4:18 if He **c** His angels with error

CHARIOT (*see* CHARIOTEERS, CHARIOTS)
Gen 41:43 in the second **c** which he had
Gen 46:29 So Joseph made ready his **c**

2Sa 8: 4 hamstrung all the **c** horses
1Ki 10:26 he stationed in the **c** cities
2Ki 2:11 that suddenly a **c** of fire
2Ki 2:12 the **c** of Israel and its
Ps 104: 3 Who makes the clouds His **c**
Acts 8:28 And sitting in his **c**, he was
Acts 8:29 Go near and overtake this **c**

CHARIOTEERS† (*see* CHARIOT)
2Sa 10:18 David killed seven hundred **c**
1Ch 19:18 David killed seven thousand **c**

CHARIOTS (*see* CHARIOT)
Ex 14: 7 and all the **c** of Egypt with
Ex 14: 9 **c** of Pharaoh, his horsemen and
Josh 11: 6 and burn their **c** with fire
Josh 17:16 of the valley have **c** of iron
1Ki 4:26 stalls of horses for his **c**
2Ki 6:17 **c** of fire all around Elisha
2Ki 13:14 the **c** of Israel and their
2Ki 23:11 he burned the **c** of the sun
Ps 20: 7 Some trust in **c**, and some in
Dan 11:40 him like a whirlwind, with **c**
Nah 2: 4 The **c** rage in the streets,
Nah 3: 2 horses, of clattering **c**

CHARITABLE
Matt 6: 1 do your **c** deeds before men
Acts 9:36 and **c** deeds which she did

CHARM†
Prov 31:30 **C** is deceitful and beauty is

CHASE (*see* CHASED)
Lev 26: 7 You will **c** your enemies, and
Lev 26: 8 Five of you shall **c** a hundred
Ps 35: 5 the angel of the LORD **c** them
Hos 2: 7 She will **c** her lovers, but

CHASED (*see* CHASE)
Deut 1:44 **c** you as bees do, and drove
Josh 10:10 **c** them along the road that
Judg 20:43 **c** them, and easily trampled
Job 18:18 and **c** out of the world
Job 20: 8 Yes, he will be **c** away like a
Is 17:13 be **c** like the chaff of the

CHASTE†
2Co 11: 2 you as a **c** virgin to Christ
Tit 2: 5 to be discreet, **c**, homemakers
1Pe 3: 2 when they observe your **c**

CHASTEN (*see* CHASTENED, CHASTENING, CHASTENS)
2Sa 7:14 I will **c** him with the rod of
Ps 6: 1 anger, Nor **c** me in Your hot
Prov 19:18 **C** your son while there is
Heb 12: 7 whom a father does not **c**
Rev 3:19 many as I love, I rebuke and **c**

CHASTENED (*see* CHASTEN)
Job 33:19 Man is also **c** with pain on
Ps 69:10 **c** my soul with fasting, That
Ps 73:14 plagued, And **c** every morning
Ps 118:18 The LORD has **c** me severely
Heb 12:10 **c** us as seemed best to them

CHASTENING (*see* CHASTEN)
Deut 11: 2 the **c** of the LORD your God
Job 5:17 despise the **c** of the Almighty
Prov 3:11 not despise the **c** of the LORD
Heb 12: 5 not despise the **c** of the LORD
Heb 12: 7 If you endure **c**, God deals
Heb 12:11 Now no **c** seems to be joyful

CHASTENS† (*see* CHASTEN)
Deut 8: 5 heart that as a man **c** his son
Deut 8: 5 so the LORD your God **c** you
Heb 12: 6 For whom the LORD loves He **c**

CHASTISE (*see* CHASTISED, CHASTISEMENT)
1Ki 12:11 whips, but I will **c** you with
Luke 23:16 I will therefore **c** Him
Luke 23:22 I will therefore **c** Him and

CHASTISED (*see* CHASTISE)
1Ki 12:11 my father **c** you with whips,

CHASTISEMENT† (*see* CHASTISE)
Is 53: 5 the **c** for our peace was upon
Jer 30:14 with the **c** of a cruel one,

CHEAT† (*see* CHEATED)
Lev 19:13 You shall not **c** your neighbor
1Co 6: 8 you yourselves do wrong and **c**
Col 2:18 Let no one **c** you of your
Col 2: 8 Beware lest anyone **c** you

CHEATED (*see* CHEAT)
1Sa 12: 3 I taken, or whom have I **c**
2Co 7: 2 no one, we have **c** no one

CHEEK (*see* CHEEKS)
Matt 5:39 slaps you on your right **c**
Luke 6:29 who strikes you on the one **c**

CHEEKS (*see* CHEEK)
Deut 18: 3 priest the shoulder, the **c**
Song 1:10 Your **c** are lovely with
Lam 1: 2 night, her tears are on her **c**

CHEER (*see* CHEERFUL)
Eccl 11: 9 let your heart **c** you in the
Matt 9: 2 Son, be of good **c**
Matt 9:22 Be of good **c**, daughter
Matt 14:27 Be of good **c**! It is I
John 16:33 but be of good **c**, I have
Acts 23:11 Be of good **c**, Paul

CHEERFUL† (*see* CHEER, CHEERFULNESS)
Ruth 3: 7 and drunk, and his heart was **c**
1Ki 21: 7 food, and let your heart be **c**
Prov 15:13 heart makes a **c** countenance
Zech 8:19 **c** feasts for the house of
2Co 9: 7 for God loves a **c** giver
Jas 5:13 Is anyone **c**? Let him sing

CHEERFULNESS† (*see* CHEERFUL)
Rom 12: 8 he who shows mercy, with **c**

CHEMOSH
1Ki 11: 7 built a high place for **C** the
1Ki 11:33 **C** the god of the Moabites, and

CHERISHES†
Eph 5:29 **c** it, just as the Lord does
1Th 2: 7 mother **c** her own children

CHERITH
1Ki 17: 3 and hide by the Brook **C**,

CHERUB (*see* CHERUBIM)
Ex 25:19 Make one **c** at one end, and the
2Sa 22:11 He rode upon a **c**, and flew
Ezek 10: 2 among the wheels, under the **c**

CHERUBIM (*see* CHERUB)
Gen 3:24 He placed **c** at the east of
Ex 25:18 you shall make two **c** of gold
1Sa 4: 4 who dwells between the **c**
Heb 9: 5 above it were the **c** of glory

CHEST
Dan 2:32 head was of fine gold, its **c**
Rev 1:13 girded about the **c** with a

CHEW
Lev 11: 7 yet does not **c** the cud, is

CHICKS†
Matt 23:37 gathers her **c** under her wings

CHIEF
Gen 36:15 were **C** Teman, Chief
Gen 40: 2 **c** butler and the **c** baker
2Ki 25:18 took Seraiah the **c** priest
Ezra 7: 5 the son of Aaron the **c** priest
Ps 118:22 Has become the **c** cornerstone
Ps 137: 6 Jerusalem Above my **c** joy
Song 5:10 ruddy, **c** among ten thousand
Dan 10:13 Michael, one of the **c** princes
Hab 3:19 To the **C** Musician
Matt 16:21 **c** priests and scribes, and be
Matt 21:42 has become the **c** cornerstone
Luke 19: 2 who was a **c** tax collector
Acts 14:12 because he was the **c** speaker
Acts 19:14 of Sceva, a Jewish **c** priest
Eph 2:20 being the **c** cornerstone,
1Ti 1:15 save sinners, of whom I am **c**
1Pe 2: 6 I lay in Zion a **c** cornerstone
1Pe 5: 4 when the **C** Shepherd appears,

CHILD (*see* CHILDHOOD, CHILDISH, CHILDLESS, CHILDREN, CHILD'S)
Gen 11:30 was barren; she had no **c**
Gen 16:11 Behold, you are with **c**, and
Gen 17:10 Every male **c** among you shall
Gen 44:20 a **c** of his old age, who is
Ex 2: 2 saw that he was a beautiful **c**
Ex 21:22 fight, and hurt a woman with **c**
Num 11:12 guardian carries a nursing **c**
Judg 11:34 and she was his only **c**
Judg 13: 8 do for the **c** who will be born
1Sa 1:27 For this **c** I prayed, and the
1Sa 2:11 But the **c** ministered to the
1Sa 2:26 the **c** Samuel grew in stature,
1Sa 15: 3 woman, infant and nursing **c**
2Sa 12:15 the LORD struck the **c** that
2Sa 12:18 came to pass that the **c** died
1Ki 3:20 laid her dead **c** in my bosom
1Ki 3:25 Divide the living **c** in two
2Ki 4:31 The **c** has not awakened
2Ki 4:34 And he went up and lay on the **c**
2Ki 4:34 flesh of the **c** became warm
2Ki 5:14 like the flesh of a little **c**
2Ki 8:12 rip open their women with **c**
Job 3:16 not hidden like a stillborn **c**
Prov 20:11 Even a **c** is known by his
Prov 22: 6 Train up a **c** in the way he
Prov 22:15 bound up in the heart of a **c**
Prov 23:13 withhold correction from a **c**
Prov 23:24 a wise **c** will delight in him
Prov 29:15 but a **c** left to himself
Eccl 10:16 O land, when your king is a **c**
Is 3: 5 the **c** will be insolent toward
Is 7:16 For before the **C** shall know
Is 9: 6 For unto us a **C** is born, unto
Is 10:19 that a **c** may write them
Is 11: 6 a little **c** shall lead them
Is 11: 8 The nursing **c** shall play by
Is 26:17 As a woman with **c** is in pain
Is 49:15 a woman forget her nursing **c**
Is 54: 1 who have not travailed with **c**
Jer 30: 6 a man is ever in labor with **c**
Jer 31:20 Is he a pleasant **c**
Hos 11: 1 When Israel was a **c**, I loved
Matt 1:18 with **c** of the Holy Spirit
Matt 1:23 a virgin shall be with **c**
Matt 2: 8 diligently for the young **C**
Matt 2: 9 over where the young **C** was
Matt 2:13 Arise, take the young **C** and
Matt 2:13 the young **C** to destroy Him
Matt 17:18 the **c** was cured from that
Matt 18: 2 called a little **c** to Him, set
Matt 18: 4 **c** is the greatest in the
Mark 5:39 The **c** is not dead, but
Mark 5:40 entered where the **c** was lying
Mark 5:41 He took the **c** by the hand
Mark 9:24 the father of the **c** cried out
Mark 10:15 **c** will by no means enter it
Luke 1:59 they came to circumcise the **c**
Luke 1:66 What kind of **c** will this be
Luke 1:76 and you, **c**, will be called the
Luke 1:80 So the **c** grew and became
Luke 2:21 for the circumcision of the **C**
Luke 2:27 brought in the **C** Jesus, to do
Luke 2:34 this **C** is destined for the
Luke 2:40 the **C** grew and became strong
Luke 9:42 unclean spirit, healed the **c**
Luke 9:48 receives this little **c** in My
Acts 7: 5 even when Abraham had no **c**
1Co 13:11 I was a **c**, I spoke as a **c**
Gal 4: 1 heir, as long as he is a **c**
Heb 11:11 she bore a **c** when she was

C

Heb 11:23 they saw he was a beautiful **c**
Rev 12: 2 Then being with **c**, she cried
Rev 12: 5 her **C** was caught up to God and

CHILDBEARING†
Gen 18:11 Sarah had passed the age of **c**
1Ti 2:15 she will be saved in **c** if

CHILDHOOD (*see* CHILD)
2Ti 3:15 that from **c** you have known

CHILDISH† (*see* CHILD)
1Co 13:11 a man, I put away **c** things

CHILDLESS (*see* CHILD)
Gen 15: 2 You give me, seeing I go **c**
Jer 22:30 Write this man down as **c**
Luke 20:30 her as wife, and he died **c**

CHILDREN (*see* CHILD, CHILDREN'S, GRANDCHILDREN)
Gen 3:16 pain you shall bring forth **c**
Gen 16: 1 wife, had borne him no **c**
Gen 25:22 But the **c** struggled together
Gen 30: 1 Give me **c**, or else I die
Gen 36:31 reigned over the **c** of Israel
Gen 45:10 your children's **c**
Ex 2: 6 This is one of the Hebrews' **c**
Ex 12:26 when your **c** say to you, "What
Ex 12:37 men on foot, besides **c**
Ex 17: 3 of Egypt, to kill us and our **c**
Ex 20: 5 fathers on the **c** to the third
Ex 21: 4 her **c** shall be her master's,
Ex 34: 7 of the fathers upon the **c**
Lev 6:18 the **c** of Aaron may eat it
Lev 25:45 the **c** of the strangers who
Lev 25:46 for your **c** after you, to
Lev 26:22 which shall rob you of your **c**
Num 1: 2 of the **c** of Israel, by their
Num 1:20 Now the **c** of Reuben, Israel's
Num 1:22 From the **c** of Simeon, their
Num 1:24 From the **c** of Gad, their
Num 1:26 From the **c** of Judah, their
Num 1:28 From the **c** of Issachar, their
Num 1:30 From the **c** of Zebulun, their
Num 1:32 the **c** of Ephraim, their
Num 1:34 From the **c** of Manasseh, their
Num 1:36 From the **c** of Benjamin, their
Num 1:38 From the **c** of Dan, their
Num 1:40 From the **c** of Asher, their
Num 1:42 From the **c** of Naphtali, their
Num 5:28 be free and may conceive **c**
Num 14: 3 and **c** should become victims
Deut 1:39 your little ones and your **c**
Deut 4: 9 And teach them to your **c** and
Deut 4:25 When you beget **c** and
Deut 4:40 you and with your **c** after you
Deut 5: 9 upon the **c** to the third and
Deut 5:29 them and with their **c** forever
Deut 11:19 shall teach them to your **c**
Deut 11:21 the days of your **c** may be
Deut 14: 1 You are the **c** of the LORD
Deut 17:20 his **c** in the midst of Israel
Deut 21:15 and they have borne him **c**
Deut 23: 8 The **c** of the third generation
Deut 24:16 be put to death for their **c**
Deut 32: 5 they are not His **c**, because
Deut 32: 8 the number of the **c** of Israel
Deut 32:20 **c** in whom is no faith
Deut 34: 8 And the **c** of Israel wept for
Deut 34: 9 so the **c** of Israel heeded him
Josh 4:12 armed before the **c** of Israel
Josh 4:21 When your **c** ask their fathers
Josh 4:22 you shall let your **c** know
Josh 5:10 So the **c** of Israel camped in
Josh 11:14 the **c** of Israel took as booty
Josh 11:19 peace with the **c** of Israel
Josh 11:22 the land of the **c** of Israel
Josh 12: 1 whom the **c** of Israel defeated
Josh 12: 6 the **c** of Israel had conquered
Josh 14: 1 are the areas which the **c** of
Josh 14: 4 For the **c** of Joseph were two
Josh 15:13 portion among the **c** of Judah
Josh 16: 5 border of the **c** of Ephraim
Josh 19: 1 inheritance of the **c** of Judah
Josh 22:12 whole congregation of the **c**
Josh 22:33 thing pleased the **c** of Israel
Josh 22:33 the **c** of Israel blessed God
Josh 24: 4 and his **c** went down to Egypt
Judg 1:21 Jebusites dwell with the **c** of
Judg 1:34 the Amorites forced the **c** of
Judg 2:11 Then the **c** of Israel did evil
Judg 13: 2 wife was barren and had no **c**
Judg 21:10 including the women and **c**
1Sa 1: 2 Peninnah had **c**
1Sa 1: 2 but Hannah had no **c**
1Sa 2: 5 she who has many **c** has become
2Sa 6:23 no **c** to the day of her death
2Sa 12: 3 with him and with his **c**
1Ki 20: 3 loveliest wives and **c** are mine
1Ki 20: 5 gold, your wives and your **c**"
2Ki 8:12 and you will dash their **c**, and
2Ki 14: 6 But the **c** of the murderers he
2Ki 14: 6 not be put to death for the **c**
2Ki 14: 6 nor shall the **c** be put to
2Ki 17:31 **c** in fire to Adrammelech and
2Ki 19: 3 for the **c** have come to birth,
1Ch 14: 4 **c** whom he had in Jerusalem
1Ch 16:13 you **c** of Jacob, His chosen
2Ch 25: 4 he did not execute their **c**
2Ch 28: 3 burned his **c** in the fire,
Ezra 10:44 had wives by whom they had **c**
Neh 5: 5 our **c** as their **c**
Neh 9:23 **c** as the stars of heaven, and
Job 17: 5 the eyes of his **c** will fail
Job 19:17 to the **c** of my own body
Job 19:18 Even young **c** despise me
Job 24: 5 food for them and for their **c**
Job 27:14 If his **c** are multiplied, it
Job 29: 5 me, when my **c** were around me
Job 41:34 king over all the **c** of pride
Job 42:16 and forty years, and saw his **c**
Ps 14: 2 from heaven upon the **c** of men
Ps 17:14 They are satisfied with **c**
Ps 34:11 Come, you **c**, listen to me
Ps 53: 2 from heaven upon the **c** of men
Ps 69: 8 And an alien to my mother's **c**
Ps 72: 4 will save the **c** of the needy

Ps 73:15 to the generation of Your **c**
Ps 78: 4 not hide them from their **c**
Ps 78: 5 make them known to their **c**
Ps 78: 6 and declare them to their **c**
Ps 82: 6 all of you are **c** of the Most
Ps 83: 8 They have helped the **c** of Lot
Ps 89:47 You created all the **c** of men
Ps 90: 3 And say, "Return, O **c** of men
Ps 90:16 And Your glory to their **c**
Ps 102:28 The **c** of Your servants will
Ps 103:13 As a father pities his **c**, So
Ps 103:17 righteousness to children's **c**
Ps 107: 8 works to the **c** of men
Ps 109: 9 Let his **c** be fatherless, And
Ps 113: 9 Like a joyful mother of **c**
Ps 127: 3 **c** are a heritage from the
Ps 127: 4 So are the **c** of one's youth
Ps 128: 3 Your **c** like olive plants All
Ps 128: 6 may you see your children's **c**
Ps 147:13 has blessed your **c** within you
Ps 148:12 Old men and **c**
Prov 4: 1 Hear, my **c**, the instruction
Prov 13:22 to his children's **c**, but the
Prov 17: 6 Children's **c** are the crown of
Prov 17: 6 and the glory of **c** is their
Prov 31:28 Her **c** rise up and call her
Is 1: 2 nourished and brought up **c**
Is 1: 4 **c** who are corrupters
Is 8:18 the **c** whom the LORD has given
Is 23: 4 not labor, nor bring forth **c**
Is 30: 1 Woe to the rebellious **c**,"
Is 54: 1 For more are the **c** of the
Is 54: 1 the **c** of the married woman
Jer 3:14 Return, O backsliding **c**,"
Jer 4:22 They are silly **c**, and they
Jer 18:21 widows and bereaved of their **c**
Jer 31:15 Rachel weeping for her **c**
Jer 31:15 to be comforted for her **c**
Jer 32:39 of them and their **c** after them
Jer 38:23 wives and **c** to the Chaldeans
Jer 40: 7 to him men, women, **c**, and the
Jer 49:11 Leave your fatherless **c**, I
Lam 1:16 My **c** are desolate because the
Lam 2:19 for the life of your young **c**
Lam 4:10 women have cooked their own **c**
Ezek 2: 4 are impudent and stubborn **c**
Ezek 20:21 the **c** rebelled against Me
Ezek 33: 2 speak to the **c** of your people
Dan 2:38 wherever the **c** of men dwell
Hos 1: 2 **c** of harlotry, for the land
Hos 2: 4 will not have mercy on her **c**
Mal 4: 6 of the fathers to the **c**, and
Mal 4: 6 of the **c** to their fathers
Matt 2:16 male **c** who were in Bethlehem
Matt 2:18 Rachel weeping for her **c**
Matt 3: 9 up **c** to Abraham from these
Matt 7:11 to give good gifts to your **c**
Matt 11:19 wisdom is justified by her **c**
Matt 14:21 men, besides women and **c**
Matt 18: 3 and become as little **c**, you
Matt 19:14 Let the little **c** come to Me
Matt 19:29 mother or wife or **c** or lands
Matt 27:25 blood be on us and on our **c**
Luke 1:16 he will turn many of the **c** of
John 1:12 the right to become **c** of God
John 8:39 If you were Abraham's **c**, you
John 13:33 Little **c**, I shall be with you
John 21: 5 **C**, have you any food
Acts 2:39 is to you and to your **c**, and to
Rom 8:16 spirit that we are **c** of God
Rom 8:17 and if **c**, then heirs
Rom 8:21 liberty of the **c** of God
Rom 9: 8 who are the **c** of the flesh
Rom 9: 8 but the **c** of the promise are
Rom 9:27 Though the number of the **c** of
1Co 14:20 do not be **c** in understanding
2Co 6:13 the same (I speak as to **c**)
2Co 12:14 For the **c** ought not to lay up
2Co 12:14 but the parents for the **c**
Gal 4:25 and is in bondage with her **c**
Gal 4:28 Isaac was, are **c** of promise
Gal 4:31 we are not **c** of the bondwoman
Eph 2: 3 and were by nature **c** of wrath
Eph 4:14 that we should no longer be **c**
Eph 5: 1 be followers of God as dear **c**
Eph 5: 8 Walk as **c** of light
Eph 6: 1 **C**, obey your parents in the
Eph 6: 4 not provoke your **c** to wrath
Phil 2:15 **c** of God without fault in the
Col 3:20 **C**, obey your parents in all
Col 3:21 do not provoke your **c**, lest
1Th 2: 7 mother cherishes her own **c**
1Th 2:11 as a father does his own **c**
1Ti 3: 4 having his **c** in submission
1Ti 3:12 of one wife, ruling their **c**
1Ti 5: 4 widow has **c** or grandchildren
1Ti 5:10 if she has brought up **c**, if
1Ti 5:14 younger widows marry, bear **c**
Tit 1: 6 having faithful **c** not accused
Tit 2: 4 husbands, to love their **c**
Heb 2:13 the **c** whom God has given Me
Heb 11:22 departure of the **c** of Israel
1Pe 1:14 as obedient **c**, not conforming
2Pe 2:14 practices, and are accursed **c**
1Jn 2: 1 My little **c**, these things I
1Jn 2:18 Little **c**, it is the last hour
1Jn 2:28 And now, little **c**, abide in
1Jn 3: 1 we should be called **c** of God
1Jn 3: 2 Beloved, now we are **c** of God
1Jn 3: 7 Little **c**, let no one deceive
1Jn 3:10 In this the **c** of God and the
1Jn 3:10 God and the **c** of the devil are
1Jn 3:18 My little **c**, let us not love
1Jn 5: 2 that we love the **c** of God
1Jn 5:21 Little **c**, keep yourselves
2Jn 1 To the elect lady and her **c**
3Jn 4 hear that my **c** walk in truth
Rev 2:14 block before the **c** of Israel
Rev 2:23 I will kill her **c** with death
Rev 7: 4 the **c** of Israel were sealed

CHILDREN'S (*see* CHILDREN)

Ex 34: 7 the **c** children to the third
Prov 17: 6 **C** children are the crown of
Jer 31:29 the **c** teeth are set on edge
Matt 15:26 not good to take the **c** bread
Mark 7:28 table eat from the **c** crumbs

C

CHILD'S (*see* CHILD)
Ex 2: 8 went and called the **c** mother
Job 33:25 flesh shall be young like a **c**
Matt 2:20 the young **C** life are dead

CHOICE (*see* CHOICEST, CHOOSE)
Gen 27: 9 there two **c** kids of the goats
Prov 8:10 knowledge rather than **c** gold

CHOICEST (*see* CHOICE)
Is 5: 2 and planted it with the **c** vine

CHOKE† (*see* CHOKED)
Matt 13:22 of riches **c** the word, and he
Mark 4:19 things entering in **c** the word

CHOKED (*see* CHOKE)
Matt 13: 7 thorns sprang up and **c** them
Mark 4: 7 **c** it, and it yielded no crop
Luke 8:14 are **c** with cares, riches, and

CHOOSE (*see* CHOICE, CHOOSES, CHOOSING, CHOSE, CHOSEN)
Ex 17: 9 **C** us some men and go out,
Deut 7: 7 **c** you because you were more
Deut 30:19 therefore **c** life, that both
Josh 24:15 **c** for yourselves this day
1Ki 18:25 **C** one bull for yourselves and
Ps 65: 4 Blessed is the man whom You **c**
Is 7:15 refuse the evil and **c** the good
Is 14: 1 Jacob, and will still **c** Israel
Zech 1:17 and will again **c** Jerusalem
John 6:70 Did I not **c** you, the twelve,
John 15:16 You did not **c** Me, but I chose

CHOOSES (*see* CHOOSE)
Deut 12: 5 where the LORD your God **c**
Dan 4:25 and gives it to whomever He **c**

CHOOSING† (*see* CHOOSE)
Heb 11:25 **c** rather to suffer affliction

CHOSE (*see* CHOOSE)
Gen 6: 2 themselves of all whom they **c**
Gen 13:11 Then Lot **c** for himself all
Ex 18:25 Moses **c** able men out of all
Judg 5: 8 They **c** new gods
1Sa 17:40 he **c** for himself five smooth
Ps 78:70 He also **c** David His servant,
Mark 13:20 the elect's sake, whom He **c**
Luke 6:13 from them He **c** twelve whom
John 15:16 not choose Me, but I **c** you
John 15:19 but I **c** you out of the world,
Eph 1: 4 just as He **c** us in Him before
2Th 2:13 God from the beginning **c** you

CHOSEN (*see* CHOOSE)
Deut 7: 6 the LORD your God has **c** you
Judg 10:14 to the gods which you have **c**
1Sa 10:20 the tribe of Benjamin was **c**
1Sa 10:21 And Saul the son of Kish was **c**
1Sa 16: 8 has the Lord **c** this one
1Sa 16:10 The LORD has not **c** these
1Sa 20:30 **c** the son of Jesse to your
1Ki 3: 8 Your people whom You have **c**
2Ch 6: 6 I have **c** David to be over My
Neh 1: 9 **c** as a dwelling for My name
Ps 33:12 has **c** as His own inheritance
Ps 89: 3 made a covenant with My **c**
Ps 89:19 exalted one **c** from the people
Ps 105: 6 children of Jacob, His **c** ones
Ps 106:23 Had not Moses His **c** one stood
Ps 119:30 I have **c** the way of truth
Ps 119:173 For I have **c** Your precepts
Ps 132:13 For the LORD has **c** Zion
Ps 135: 4 For the LORD has **c** Jacob for
Prov 16:16 is to be **c** rather than silver
Prov 22: 1 A good name is to be **c** rather
Is 41: 8 servant, Jacob, whom I have **c**
Is 41: 9 are My servant, I have **c** you
Is 43:10 And My servant whom I have **c**
Is 44: 1 and Israel whom I have **c**
Is 44: 2 you, Jeshurun, whom I have **c**
Is 58: 5 Is it a fast that I have **c**
Is 66: 3 as they have **c** their own ways
Jer 8: 3 Then death shall be **c** rather
Jer 33:24 families which the LORD has **c**
Jer 49:19 who is a **c** man that I may
Matt 12:18 My Servant whom I have **c**
Matt 20:16 many are called, but few **c**
Luke 10:42 Mary has **c** that good part,
Luke 23:35 is the Christ, the **c** of God
John 13:18 I know whom I have **c**
Acts 1: 2 to the apostles whom He had **c**
Acts 1:24 which of these two You have **c**
Acts 9:15 for he is a **c** vessel of Mine
Acts 15:22 to send **c** men of their own
1Co 1:27 But God has **c** the foolish
Jas 2: 5 Has God not **c** the poor of
1Pe 2: 4 but **c** by God and precious,
1Pe 2: 9 But you are a **c** generation
Rev 17:14 are with Him are called, **c**

CHRIST (*see* CHRIST'S, CHRISTS, JESUS)
Matt 1: 1 of the genealogy of Jesus **C**
Matt 1:16 born Jesus who is called **C**
Matt 2: 4 where the **C** was to be born
Matt 16:16 You are the **C**, the Son of the
Matt 23: 8 One is your Teacher, the **C**
Matt 27:22 do with Jesus who is called **C**
Mark 1: 1 of the gospel of Jesus **C**, the
Luke 2:11 a Savior, who is **C** the Lord
Luke 2:26 he had seen the Lord's **C**
Luke 20:41 say that the **C** is David's Son
Luke 23:35 save Himself if He is the **C**
Luke 24:26 Ought not the **C** to have
Luke 24:46 necessary for the **C** to suffer
John 1:17 and truth came through Jesus **C**
John 1:20 I am not the **C**
John 1:25 baptize if you are not the **C**
John 7:27 but when the **C** comes, no one
John 11:27 I believe that You are the **C**
John 12:34 that the **C** remains forever
John 17: 3 Jesus **C** whom You have sent
John 20:31 believe that Jesus is the **C**
Acts 2:31 the resurrection of the **C**
Acts 2:36 you crucified, both Lord and **C**

Acts 2:38 in the name of Jesus **C** for
Acts 3: 6 name of Jesus **C** of Nazareth
Acts 4:26 the LORD and against His **C**
Acts 8: 5 and preached **C** to them
Acts 8:37 Jesus **C** is the Son of God
Acts 9:20 the **C** in the synagogues, that
Acts 10:36 peace through Jesus **C**
Acts 11:17 believed on the Lord Jesus **C**
Acts 16:31 Believe on the Lord Jesus **C**
Acts 17: 3 that the **C** had to suffer and
Acts 17: 3 whom I preach to you is the **C**
Acts 18: 5 the Jews that Jesus is the **C**
Acts 26:23 that the **C** would suffer, that
Rom 1: 1 Paul, a servant of Jesus **C**
Rom 1: 3 His Son Jesus **C** our Lord, who
Rom 1: 6 are the called of Jesus **C**
Rom 1:16 ashamed of the gospel of **C**
Rom 2:16 the secrets of men by Jesus **C**
Rom 3:24 redemption that is in **C** Jesus
Rom 5: 6 in due time **C** died for the
Rom 5: 8 still sinners, **C** died for us
Rom 5:17 life through the One, Jesus **C**
Rom 5:21 life through Jesus **C** our Lord
Rom 6: 3 **C** Jesus were baptized into
Rom 6: 4 that just as **C** was raised
Rom 6: 8 Now if we died with **C**, we
Rom 6:23 life in **C** Jesus our Lord
Rom 8: 2 of the Spirit of life in **C**
Rom 8:10 if **C** is in you, the body is
Rom 8:11 He who raised **C** from the dead
Rom 8:17 of God and joint heirs with **C**
Rom 8:34 It is **C** who died, and
Rom 8:35 us from the love of **C**
Rom 8:39 which is in **C** Jesus our Lord
Rom 9: 1 I tell the truth in **C**, I am
Rom 9: 3 from **C** for my brethren, my
Rom 10: 4 For **C** is the end of the law
Rom 10: 6 to bring **C** down from above)
Rom 12: 5 being many, are one body in **C**
Rom 13:14 But put on the Lord Jesus **C**
Rom 14: 9 For to this end **C** died and
Rom 14:10 before the judgment seat of **C**
Rom 16:16 The churches of **C** greet you
1Co 1: 1 **C** through the will of God
1Co 1: 2 who are sanctified in **C** Jesus
1Co 1: 8 the day of our Lord Jesus **C**
1Co 1:12 of Cephas," or "I am of **C**."
1Co 1:13 Is **C** divided?
1Co 1:17 For **C** did not send me to
1Co 1:17 lest the cross of **C** should be
1Co 1:23 but we preach **C** crucified
1Co 1:24 **C** the power of God and the
1Co 1:30 But of Him you are in **C** Jesus
1Co 2:16 But we have the mind of **C**
1Co 3: 1 to carnal, as to babes in **C**
1Co 3:11 is laid, which is Jesus **C**
1Co 3:23 are Christ's, and **C** is God's
1Co 5: 7 For indeed **C**, our Passover,
1Co 6:15 your bodies are members of **C**
1Co 8: 6 and one Lord Jesus **C**, through
1Co 8:11 perish, for whom **C** died
1Co 10: 4 them, and that Rock was **C**
1Co 10:16 communion of the blood of **C**
1Co 11: 1 me, just as I also imitate **C**
1Co 11: 3 the head of every man is **C**
1Co 11: 3 man, and the head of **C** is God
1Co 12:12 are one body, so also is **C**
1Co 15: 3 that **C** died for our sins
1Co 15:13 the dead, then **C** is not risen
1Co 15:17 if **C** is not risen, your faith
1Co 15:18 asleep in **C** have perished
1Co 15:19 life only we have hope in **C**
1Co 15:20 But now **C** is risen from the
1Co 15:23 **C** the firstfruits, afterward
2Co 2:14 leads us in triumph in **C**, and
2Co 3:14 the veil is taken away in **C**
2Co 4: 6 of God in the face of Jesus **C**
2Co 5:10 before the judgment seat of **C**
2Co 5:14 the love of **C** constrains us
2Co 5:17 Therefore, if anyone is in **C**
2Co 5:19 that God was in **C** reconciling
2Co 5:20 we are ambassadors for **C**, as
2Co 6:15 what accord has **C** with Belial
2Co 12: 2 I know a man in **C** who
2Co 12: 9 power of **C** may rest upon me
Gal 1:12 the revelation of Jesus **C**
Gal 2:16 be justified by faith in **C**
Gal 2:20 I have been crucified with **C**
Gal 2:20 I who live, but **C** lives in me
Gal 3:13 **C** has redeemed us from the
Gal 3:16 And to your Seed," who is **C**
Gal 3:24 our tutor to bring us to **C**
Gal 3:27 into **C** have put on **C**
Gal 3:28 you are all one in **C** Jesus
Gal 4: 7 then an heir of God through **C**
Gal 4:19 until **C** is formed in you,
Gal 5: 1 by which **C** has made us free
Gal 6: 2 and so fulfill the law of **C**
Eph 1: 3 in the heavenly places in **C**
Eph 1:12 we who first trusted in **C**
Eph 2: 6 heavenly places in **C** Jesus
Eph 2:13 made near by the blood of **C**
Eph 3:17 that **C** may dwell in your
Eph 3:19 to know the love of **C** which
Eph 5: 2 as **C** also has loved us and
Eph 5:23 as also **C** is head of the
Phil 1:15 preach **C** even from envy and
Phil 1:21 For to me, to live is **C**, and
Phil 2:11 confess that Jesus **C** is Lord
Phil 3: 8 knowledge of **C** Jesus my Lord
Phil 3:18 the enemies of the cross of **C**
Phil 4:13 through **C** who strengthens me
Phil 4:19 riches in glory by **C** Jesus
Col 1:27 which is **C** in you, the hope
Col 3: 1 which are above, where **C** is
1Th 2:19 Lord Jesus **C** at His coming
1Th 4:16 the dead in **C** will rise first
1Ti 1:15 that **C** Jesus came into the
1Ti 2: 5 God and men, the Man **C** Jesus
2Ti 2: 3 as a good soldier of Jesus **C**
2Ti 3:12 godly in **C** Jesus will suffer
Tit 2:13 great God and Savior Jesus **C**
Phm 1 Paul, a prisoner of **C** Jesus
Heb 9:11 But **C** came as High Priest of
Heb 9:14 more shall the blood of **C**
Heb 9:24 For **C** has not entered the
Heb 9:28 so **C** was offered once to bear
Heb 10:10 body of Jesus **C** once for all

C

Heb 11:26 of **C** greater riches than the
Heb 13: 8 Jesus **C** is the same yesterday
Heb 13:21 in His sight, through Jesus **C**
Jas 2: 1 the faith of our Lord Jesus **C**
1Pe 1: 1 Peter, an apostle of Jesus **C**
1Pe 1: 2 of the blood of Jesus **C**
1Pe 1: 3 and Father of our Lord Jesus **C**
1Pe 1: 3 of Jesus **C** from the dead,
1Pe 1: 7 at the revelation of Jesus **C**
1Pe 1:11 the sufferings of **C** and the
1Pe 1:13 at the revelation of Jesus **C**
1Pe 1:19 with the precious blood of **C**
1Pe 3:18 For **C** also suffered once for
1Pe 4:14 reproached for the name of **C**
1Pe 5: 1 of the sufferings of **C**, and
1Pe 5:10 His eternal glory by **C** Jesus
2Pe 1: 1 of our God and Savior Jesus **C**
2Pe 1: 8 knowledge of our Lord Jesus **C**
1Jn 1: 3 and with His Son Jesus **C**
1Jn 1: 7 the blood of Jesus **C** His Son
1Jn 2: 1 Father, Jesus **C** the righteous
1Jn 2:22 denies that Jesus is the **C**
1Jn 3:23 the name of His Son Jesus **C**
1Jn 4: 3 **C** has come in the flesh is
1Jn 5: 1 Jesus is the **C** is born of God
1Jn 5: 6 by water and blood—Jesus **C**
2Jn 7 **C** as coming in the flesh
2Jn 9 of **C** has both the Father and
Jude 1 Jude, a servant of Jesus **C**
Jude 4 Lord God and our Lord Jesus **C**
Rev 1: 1 The Revelation of Jesus **C**
Rev 1: 2 to the testimony of Jesus **C**
Rev 1: 5 and from Jesus **C**, the faithful
Rev 1: 9 and patience of Jesus **C**, was
Rev 1: 9 for the testimony of Jesus **C**
Rev 11:15 of our Lord and of His **C**, and
Rev 12:17 have the testimony of Jesus **C**
Rev 20: 4 reigned with **C** for a thousand
Rev 20: 6 be priests of God and of **C**
Rev 22:21 Lord Jesus **C** be with you all

CHRISTIAN† (*see* CHRISTIANS)
Acts 26:28 persuade me to become a **C**
1Pe 4:16 Yet if anyone suffers as a **C**

CHRISTIANS† (*see* CHRISTIAN)
Acts 11:26 first called **C** in Antioch

CHRIST'S (*see* CHRIST)
1Co 3:23 And you are **C**, and Christ is
1Co 4:10 We are fools for **C** sake, but
1Co 15:23 those who are **C** at His coming
2Co 5:20 we implore you on **C** behalf
Eph 4: 7 to the measure of **C** gift
1Ti 6:14 our Lord Jesus **C** appearing
1Pe 4:13 you partake of **C** sufferings

CHRISTS (*see* CHRIST)
Matt 24:24 For false **c** and false prophets

CHURCH (*see* CHURCHES)
Matt 16:18 this rock I will build My **c**
Matt 18:17 hear them, tell it to the **c**
Acts 2:47 the Lord added to the **c** daily
Acts 8: 1 arose against the **c** which was
Acts 8: 3 Saul, he made havoc of the **c**
Acts 14:23 appointed elders in every **c**
Acts 20:28 to shepherd the **c** of God
1Co 4:17 I teach everywhere in every **c**
1Co 11:18 when you come together as a **c**
1Co 11:22 do you despise the **c** of God
1Co 14: 4 who prophesies edifies the **c**
1Co 14:28 let him keep silent in **c**
1Co 14:35 for women to speak in **c**
1Co 15: 9 I persecuted the **c** of God
1Co 16:19 with the **c** that is in their
Eph 1:22 head over all things to the **c**
Eph 3:21 to Him be glory in the **c** by
Eph 5:23 also Christ is head of the **c**
Eph 5:24 just as the **c** is subject to
Eph 5:25 as Christ also loved the **c**
Eph 5:27 it to Himself a glorious **c**
Eph 5:32 concerning Christ and the **c**
Phil 3: 6 zeal, persecuting the **c**
Col 1:18 the head of the body, the **c**
1Ti 3: 5 he take care of the **c** of God
1Ti 3:15 which is the **c** of the living
Heb 12:23 **c** of the firstborn who are
Jas 5:14 call for the elders of the **c**
Rev 2: 1 of the **c** of Ephesus write

CHURCHES (*see* CHURCH)
Acts 9:31 Then the **c** throughout all
1Co 14:34 women keep silent in the **c**
Rev 1:11 the seven **c** which are in Asia
Rev 2: 7 what the Spirit says to the **c**

CIRCLE
Job 22:14 walks above the **c** of heaven
Prov 8:27 when He drew a **c** on the face
Is 40:22 sits above the **c** of the earth

CIRCUIT
Ps 19: 6 And its **c** to the other end

CIRCUMCISE (*see* CIRCUMCISED, CIRCUMCISION, UNCIRCUMCISED)
Deut 10:16 Therefore **c** the foreskin of
Deut 30: 6 your God will **c** your heart
Jer 4: 4 **C** yourselves to the LORD, and
Luke 1:59 that they came to **c** the child
John 7:22 you **c** a man on the Sabbath
Acts 15: 5 It is necessary to **c** them
Acts 21:21 that they ought not to **c**

CIRCUMCISED (*see* CIRCUMCISE)
Gen 17:10 child among you shall be **c**
Gen 17:11 you shall be **c** in the flesh
Gen 17:26 very same day Abraham was **c**
Gen 21: 4 Then Abraham **c** his son Isaac
Jer 9:25 are **c** with the uncircumcised
Acts 7: 8 and **c** him on the eighth day
Acts 15: 1 Unless you are **c** according to
Acts 15:24 souls, saying, "You must be **c**
Acts 16: 3 **c** him because of the Jews who
Rom 3:30 will justify the **c** by faith
Gal 2: 3 Greek, was compelled to be **c**
Gal 2: 7 gospel for the **c** was to Peter

Gal 2: 9 the Gentiles and they to the c
Gal 5: 3 to every man who becomes c
Gal 6:12 try to compel you to be c
Gal 6:13 those who are c keep the law
Gal 6:13 c that they may glory in your
Phil 3: 5 c the eighth day, of the
Col 2:11 In Him you were also c with
Col 3:11 nor Jew, c nor uncircumcised,

CIRCUMCISION (*see* CIRCUMCISE)
Ex 4:26 because of the c
Luke 2:21 for the c of the Child, His
John 7:22 Moses therefore gave you c
John 7:23 man receives c on the Sabbath
Acts 7: 8 He gave him the covenant of c
Acts 10:45 those of the c who believed
Rom 2:25 For c is indeed profitable if
Rom 2:27 with your written code and c
Rom 2:29 c is that of the heart, in
Rom 3: 1 or what is the profit of c
Rom 4:11 And he received the sign of c
Rom 4:12 the father of c to those who
Rom 15: 8 to the c for the truth of God
1Co 7:19 C is nothing and
Gal 5: 6 c nor uncircumcision avails
Gal 5:11 brethren, if I still preach c
Eph 2:11 by what is called the C made
Phil 3: 3 For we are the c, who worship
Col 2:11 with the c made without hands
Col 2:11 flesh, by the c of Christ,
Tit 1:10 especially those of the c

CIRCUMSPECTLY†
Eph 5:15 See then that you walk c, not

CISTERN (*see* CISTERNS)
2Ki 18:31 drink the waters of his own c
Prov 5:15 Drink water from your own c

CISTERNS (*see* CISTERN)
Jer 2:13 waters, and hewn themselves c
Jer 2:13 broken c that can hold no

CITIES (*see* CITY)
Gen 13:12 dwelt in the c of the plain
Gen 19:25 So He overthrew those c, all
Ex 1:11 built for Pharaoh supply c
Lev 25:32 the c of the Levites, and the
Num 13:28 the c are fortified and very
Num 35: 6 shall appoint six c of refuge
Josh 10: 2 city, like one of the royal c
Josh 16: 9 all the c with their villages
2Sa 10:12 and for the c of our God
1Ki 9:19 all the storage c that
1Ki 10:26 he stationed in the chariot c
2Ch 28:18 invaded the c of the lowland
Is 64:10 Your holy c are a wilderness,
Jer 2:28 of your c are your gods, O
Matt 9:35 And Jesus went about all the c
Matt 11: 1 teach and to preach in their c
Matt 11:20 He began to upbraid the c in
Luke 19:17 have authority over ten c
2Pe 2: 6 and turning the c of Sodom

CITIZEN (*see* CITIZENS)
Acts 22:28 But I was born a c

CITIZENS (*see* CITIZEN)
Eph 2:19 but fellow c with the saints

CITIZENSHIP
Phil 3:20 For our c is in heaven, from

CITY (*see* CITIES)
Gen 4:17 And he built a c, and called
Gen 11: 5 LORD came down to see the c
Gen 11: 8 and they ceased building the c
Gen 18:24 fifty righteous within the c
Gen 19:14 the LORD will destroy this c
Lev 14:40 unclean place outside the c
Num 35:26 the c of refuge where he fled
Deut 28: 3 Blessed shall you be in the c
Deut 28:16 Cursed shall you be in the c
Deut 34: 3 the c of palm trees, as far
Josh 2:15 her house was on the c wall
Josh 6: 4 around the c seven times, and
Josh 10: 2 because Gibeon was a great c
Josh 15:62 the C of Salt, and En Gedi
Judg 9:31 fortifying the c against you
Judg 9:33 rise early and rush upon the c
Judg 9:51 was a strong tower in the c
Judg 16: 3 doors of the gate of the c
Judg 17: 8 c of Bethlehem in Judah to
Judg 19:15 in the open square of the c
Judg 19:17 in the open square of the c
Judg 20:32 from the c to the highways
Judg 20:48 from every c, men and beasts,
Ruth 1:19 that all the c was excited
1Sa 1: 3 from his c yearly to worship
1Sa 5:12 the cry of the c went up to
1Sa 8:22 Every man go to his c
1Sa 9: 6 is in this c a man of God
1Sa 9:11 went up the hill to the c
1Sa 9:25 the high place into the c
1Sa 9:27 to the outskirts of the c
1Sa 20:29 has a sacrifice in the c, and
1Sa 22:19 Nob, the c of the priests, he
1Sa 27: 5 dwell in the royal c with you
1Sa 30: 3 and his men came to the c
2Sa 5: 9 and called it the C of David
2Sa 15:14 strike the c with the edge of
2Sa 15:24 crossing over from the c
2Sa 15:25 ark of God back into the c
2Sa 15:27 Return to the c in peace, and
2Sa 17:23 home to his house, to his c
2Sa 19:37 that I may die in my own c
2Sa 20:15 a siege mound against the c
1Ki 1:41 Why is the c in such a noisy
1Ki 1:45 so that the c is in an uproar
1Ki 8:44 the c which You have chosen
1Ki 8:48 the c which You have chosen
1Ki 9:16 Canaanites who dwelt in the c
1Ki 14:12 When your feet enter the c
1Ki 22:36 Every man to his c, and every
2Ki 2:23 some youths came from the c
2Ki 7: 4 c,' the famine is in the c
2Ki 7:10 to the gatekeepers of the c

2Ki 10: 5 he who was in charge of the **c**
2Ki 10: 6 with the great men of the **c**
2Ki 11:20 the **c** was quiet, for they had
2Ki 17: 9 watchtower to fortified **c**
2Ki 18: 8 watchtower to fortified **c**
2Ki 19:33 he shall not come into this **c**
2Ki 19:34 For I will defend this **c**
2Ki 20: 6 defend this **c** for My own sake
2Ki 20:20 and brought water into the **c**
2Ki 23:27 and will cast off this **c**
2Ki 24:11 of Babylon came against the **c**
2Ki 25: 4 Then the **c** wall was broken
2Ki 25:11 people who remained in the **c**
2Ch 28:15 Jericho, the **c** of palm trees
2Ch 32: 5 the Millo in the **C** of David
2Ch 32: 6 the open square of the **c** gate
Ezra 4:12 the rebellious and evil **c**, and
Neh 11: 1 in Jerusalem, the holy **c**, and
Job 24:12 The dying groan in the **c**, and
Ps 46: 4 shall make glad the **c** of God
Ps 48: 1 praised In the **c** of our God
Ps 48: 2 The **c** of the great King
Ps 87: 3 are spoken of you, O **c** of God
Ps 107: 4 They found no **c** to dwell in
Ps 127: 1 Unless the LORD guards the **c**
Prov 9: 3 the highest places of the **c**,
Prov 10:15 man's wealth is his strong **c**
Is 1:21 How the faithful **c** has become
Is 1:26 called the **c** of righteousness
Is 19:18 called the **C** of Destruction
Is 22: 9 the damage to the **c** of David
Is 52: 1 O Jerusalem, the holy **c**
Jer 29: 7 seek the peace of the **c** where
Lam 1: 1 How lonely sits the **c** that
Ezek 48:15 be for general use by the **c**
Ezek 48:15 the **c** shall be in the center
Ezek 48:18 food for the workers of the **c**
Ezek 48:30 These are the exits of the **c**
Hos 6: 8 Gilead is a **c** of evildoers,
Joel 2: 9 They run to and fro in the **c**
Amos 3: 6 If a trumpet is blown in a **c**
Amos 3: 6 If there is calamity in a **c**
Amos 4: 7 I made it rain on one **c**, I
Jon 1: 2 go to Nineveh, that great **c**
Jon 3: 2 go to Nineveh, that great **c**
Jon 3: 3 was an exceedingly great **c**
Nah 3: 1 Woe to the bloody **c**
Zeph 2:15 **c** that dwelt securely, that
Zech 8: 3 be called the **C** of Truth, the
Matt 2:23 dwelt in a **c** called Nazareth,
Matt 4: 5 took Him up into the holy **c**
Matt 5:14 A **c** that is set on a hill
Matt 8:34 the whole **c** came out to meet
Matt 9: 1 over, and came to His own **c**
Matt 10:11 Now whatever **c** or town you
Matt 10:14 depart from that house or **c**
Matt 12:25 and every **c** or house divided
Matt 21:17 went out of the **c** to Bethany
Matt 23:34 and persecute from **c** to **c**
Luke 1:26 was sent by God to a **c** of
Luke 2: 3 everyone to his own **c**
Luke 2:11 in the **c** of David a Savior
Luke 7:11 He went into a **c** called Nain
Luke 9:10 to the **c** called Bethsaida
Luke 10:11 The very dust of your **c**
Luke 10:12 Day for Sodom than for that **c**
Luke 23:19 insurrection made in the **c**
Luke 23:51 a **c** of the Jews, who himself
John 1:44 the **c** of Andrew and Peter
John 4: 5 So He came to a **c** of Samaria
John 4: 8 away into the **c** to buy food
John 4:30 Then they went out of the **c**
John 4:39 of the Samaritans of that **c**
John 19:20 was crucified was near the **c**
Acts 8: 8 there was great joy in that **c**
Acts 8: 9 practiced sorcery in the **c**
Acts 11: 5 I was in the **c** of Joppa
Acts 12:10 iron gate that leads to the **c**
Acts 14:19 and dragged him out of the **c**
Acts 14:21 preached the gospel to that **c**
Acts 16:13 out of the **c** to the riverside
Acts 16:14 purple from the **c** of Thyatira
Acts 16:39 them to depart from the **c**
Acts 17: 5 set all the **c** in an uproar and
Acts 17:16 the **c** was given over to idols
Acts 18:10 I have many people in this **c**
Acts 19:35 when the **c** clerk had quieted
Acts 19:35 **c** of the Ephesians is temple
Acts 20:23 Spirit testifies in every **c**
Acts 21:39 a citizen of no mean **c**
Acts 24:12 in the synagogues or in the **c**
Acts 25:23 and the prominent men of the **c**
Rom 16:23 the treasurer of the **c**,
2Co 11:26 Gentiles, in perils in the **c**
Tit 1: 5 in every **c** as I commanded you
Heb 11:10 the **c** which has foundations
Heb 11:16 He has prepared a **c** for them
Heb 12:22 to the **c** of the living God,
Heb 13:14 here we have no continuing **c**
Rev 3:12 the name of the **c** of My God
Rev 11: 8 in the street of the great **c**
Rev 11:13 and a tenth of the **c** fell
Rev 14: 8 is fallen, that great **c**,
Rev 14:20 was trampled outside the **c**
Rev 16:19 Now the great **c** was divided
Rev 18:10 **c** Babylon, that mighty **c**
Rev 20: 9 the saints and the beloved **c**
Rev 21: 2 Then I, John, saw the holy **c**
Rev 21:15 a gold reed to measure the **c**
Rev 21:16 the **c** is laid out as a square
Rev 21:18 the **c** was pure gold, like
Rev 21:21 street of the **c** was pure gold
Rev 21:23 the **c** had no need of the sun
Rev 22:19 Book of Life, from the holy **c**

CLAIMING†

Acts 5:36 rose up, **c** to be somebody
Acts 8: 9 **c** that he was someone great,

CLANGING†

1Co 13: 1 sounding brass or a **c** cymbal

CLAP†

Job 27:23 Men shall **c** their hands at
Ps 47: 1 **c** your hands, all you peoples
Ps 98: 8 Let the rivers **c** their hands
Is 55:12 the field shall **c** their hands

Lam 2:15 All who pass by **c** their hands
Nah 3:19 will **c** their hands over you

CLAUDIUS (*see* CAESAR)
Acts 11:28 in the days of **C** Caesar

CLAY
Job 4:19 who dwell in houses of **c**,
Job 10: 9 that You have made me like **c**
Job 33: 6 have been formed out of **c**
Job 38:14 on form like **c** under a seal
Ps 40: 2 pit, Out of the miry **c**, And
Is 41:25 as the potter treads **c**
Is 45: 9 Shall the **c** say to him who
Jer 18: 4 **c** was marred in the hand of
Ezek 4: 1 son of man, takes a **c** tablet
Dan 2:33 partly of iron and partly of **c**
John 9: 6 and made **c** with the saliva
John 9: 6 of the blind man with the **c**
John 9:11 A Man called Jesus made **c**
John 9:15 He put **c** on my eyes, and I
Rom 9:21 potter have power over the **c**
2Ti 2:20 silver, but also of wood and **c**

CLEAN (*see* CLEANNESS, CLEANSE, UNCLEAN)
Gen 7: 2 seven each of every **c** animal
Gen 7: 8 Of **c** beasts, of beasts that
Gen 8:20 animal and of every **c** bird
Lev 7:19 And as for the **c** flesh, all
Lev 10:10 and between unclean and **c**,
Lev 12: 7 she shall be **c** from the flow
Lev 13:40 head, he is bald, but he is **c**
Lev 14: 4 **c** birds, cedar wood, scarlet,
Lev 22: 7 sun goes down he shall be **c**
Num 5:28 not defiled herself, and is **c**
Num 19:19 The **c** person shall sprinkle
Num 19:19 and at evening he shall be **c**
Num 31:23 the fire, and it shall be **c**
Deut 12:15 the **c** may eat of it, of the
Deut 14:11 All **c** birds you may eat
2Ki 5:14 a little child, and he was **c**
Ezra 6:20 all of them were ritually **c**
Job 11: 4 pure, And I am **c** in your eyes
Ps 19: 9 The fear of the LORD is **c**
Ps 24: 4 He who has **c** hands and a pure
Ps 51: 7 with hyssop, and I shall be **c**
Ps 51:10 Create in me a **c** heart, O God
Prov 14: 4 no oxen are, the trough is **c**
Prov 20: 9 I have made my heart **c**, I am
Eccl 9: 2 to the good, the **c**, and the
Is 1:16 yourselves, make yourselves **c**
Is 66:20 bring an offering in a **c**
Zech 3: 5 Let them put a **c** turban on
Matt 3:12 thoroughly **c** out his threshing
Matt 8: 2 willing, You can make me **c**
Matt 23:26 outside of them may be **c** also
Luke 3:17 thoroughly **c** out his thresing
Matt 27:59 wrapped it in a **c** linen cloth
Luke 11:39 outside of the cup and dish **c**
Luke 11:41 all things are **c** to you
John 13:10 his feet, but is completely **c**
John 13:10 and you are **c**, but not all of
John 15: 3 You are already **c** because of
Rev 19:14 in fine linen, white and **c**

CLEANNESS (*see* CLEAN)
2Sa 22:25 according to my **c** in His eyes
Amos 4: 6 Also I gave you **c** of teeth in

CLEANSE (*see* CLEAN, CLEANSED, CLEANSES, CLEANSING)
Ex 29:36 You shall **c** the altar when
Lev 14:49 to **c** the house, two birds,
Num 8: 6 Israel and **c** them ceremonially
Num 8:21 atonement for them to **c** them
Neh 13: 9 commanded them to **c** the rooms
Job 9:30 and **c** my hands with soap,
Ps 19:12 **C** me from secret faults
Ps 51: 2 iniquity, And **c** me from my sin
Ps 119: 9 How can a young man **c** his way
Prov 20:30 Blows that hurt **c** away evil
Ezek 39:12 them, in order to **c** the land
Ezek 45:18 blemish and **c** the sanctuary
Matt 10: 8 **c** the lepers, raise the dead,
Matt 23:25 For you **c** the outside of the
Matt 23:26 first **c** the inside of the cup
2Co 7: 1 let us **c** ourselves from all
Eph 5:26 and **c** it with the washing of
Heb 9:14 **c** your conscience from
Jas 4: 8 **C** your hands, you sinners
1Jn 1: 9 our sins and to **c** us from all

CLEANSED (*see* CLEANSE)
Lev 14: 7 is to be **c** from the leprosy
Lev 14:19 to be **c** from his uncleanness
Lev 14:31 is to be **c** before the LORD
Dan 8:14 then the sanctuary shall be **c**
Matt 8: 3 I am willing; be **c**."
Matt 8: 3 immediately his leprosy was **c**
Matt 11: 5 the lepers are **c** and the deaf
Luke 4:27 none of them was **c** except
Luke 17:17 Were there not ten **c**
Acts 10:15 What God has **c** you must not
2Pe 1:19 he was **c** from his old sins

CLEANSES† (*see* CLEANSE)
1Ti 2:21 Therefore if anyone **c** himself
1Jn 1: 7 His Son **c** us from all sin

CLEANSING (*see* CLEANSE)
Lev 13: 7 seen by the priest for his **c**

CLEAR (*see* CLEARED, CLEARING, CLEARLY)
Gen 24:41 You will be **c** from this oath
Rev 21:11 a jasper stone, **c** as crystal
Rev 21:18 was pure gold, like **c** glass

CLEARED (*see* CLEAR)
Is 5: 2 **c** out its stones, and planted

CLEARING (*see* CLEAR)
Ex 34: 7 sin, by no means **c** the guilty

CLEARLY (*see* CLEAR)
Matt 7: 5 then you will see **c** to remove
Rom 1:20 attributes are **c** seen, being
Gal 3: 1 was **c** portrayed among you as
1Ti 5:24 Some men's sins are **c** evident

CLEFT
Ex 33:22 put you in the c of the rock

CLIFF
Luke 4:29 throw Him down over the c

CLING (*see* CLINGS, CLUNG)
Ps 102: 5 My bones c to my skin
Ps 137: 6 Let my tongue c to the roof
Rom 12: 9 C to what is good

CLINGS (*see* CLING)
Job 19:20 My bone c to my skin and to my
Ps 22:15 And My tongue c to My jaws
Lam 4: 4 c to the roof of its mouth
Lam 4: 8 their skin c to their bones,

CLOAK
Matt 5:40 let him have your c also
1Th 2: 5 nor a c for covetousness
2Ti 4:13 Bring the c that I left with
1Pe 2:16 your liberty as a c for vice

CLOSE (*see* CLOSED, CLOSER)
Ruth 2: 8 but stay c by my young women
Job 19:14 my c friends have forgotten
Luke 19:43 and c you in on every side,
Phil 2:30 of Christ he came c to death

CLOSED (*see* CLOSE)
Gen 2:21 c up the flesh in its place
Num 16:33 the earth c over them, and
Judg 3:22 the fat c over the blade, for
1Sa 1: 5 the LORD had c her womb
Dan 12: 9 for the words are c up and
Jon 2: 5 the deep c around me
Luke 4:20 Then he c the book, and gave

CLOSER (*see* CLOSE)
Prov 18:24 who sticks c than a brother

CLOTH (*see* CLOTHS)
Num 4: 8 spread over them a scarlet c
Matt 9:16 unshrunk c on an old garment
Matt 27:59 wrapped it in a clean linen c
John 11:44 his face was wrapped with a c

CLOTHE (*see* CLOTHED, CLOTHES)
Job 10:11 c me with skin and flesh, and
Ps 132:18 enemies I will c with shame
Is 15: 3 c themselves with sackcloth
Matt 6:30 will He not much more c you
Matt 25:38 You in, or naked and c You

CLOTHED (*see* CLOTHE)
Gen 3:21 tunics of skin, and c them
Gen 41:42 he c him in garments of fine
1Sa 17:38 So Saul c David with his
2Sa 1:24 who c you in scarlet, with
1Ch 21:16 c in sackcloth, fell on their
2Ch 6:41 be c with salvation, and let
Job 8:22 hate you will be c with shame
Job 29:14 on righteousness, and it c me
Ps 61:10 for He has c me with the
Ps 65: 6 strength, Being c with power
Ps 93: 1 reigns, He is c with majesty
Ps 104: 1 You are c with honor and
Prov 31:21 household is c with scarlet
Is 30:11 and c me with gladness,
Zech 3: 3 Now Joshua was c with filthy
Matt 3: 4 himself was c in camel's hair
Matt 11: 8 A man c in soft garments
Matt 25:36 I was naked and you c Me
Mark 5:15 had the legion, sitting and c
Mark 15:17 And they c Him with purple
Mark 16: 5 man c in a long white robe
1Co 4:11 and thirst, and we are poorly c
2Co 5: 2 earnestly desiring to be c
1Pe 5: 5 and be c with humility, for
Rev 1:13 c with a garment down to the
Rev 3: 5 shall be c in white garments
Rev 19:13 He was c with a robe dipped

CLOTHES (*see* CLOTHE, CLOTHING)
Gen 27:15 c of her elder son Esau,
Gen 37:34 Then Jacob tore his c, put
Ex 19:10 and let them wash their c
Lev 10: 6 your heads nor tear your c
Lev 13: 6 scab, and he shall wash his c
Deut 21:13 off the c of her captivity
Deut 29: 5 Your c have not worn out on
Judg 17:10 silver per year, a suit of c
Job 9:31 and my own c will abhor me
Jer 38:12 Please put these old c and
Amos 2: 8 altar on c taken in pledge
Matt 6:30 Now if God so c the grass of
Matt 17: 2 His c became as white as the
Matt 21: 7 colt, laid their c on them
Matt 21: 8 spread their c on the road;
Matt 26:65 the high priest tore his c
Matt 27:31 off Him, put His own c on Him
Mark 5:28 If only I may touch His c
Mark 13:16 not go back to get his c
Luke 19:36 spread their c on the road
Jas 2: 2 in a poor man in filthy c
Jas 2: 3 to the one wearing the fine c

CLOTHING (*see* CLOTHES)
Gen 27:27 he smelled the smell of his c
Gen 41:14 and he shaved, changed his c
Judg 14:12 and thirty changes of c
Ps 22:18 And for My c they cast lots
Ps 35:13 were sick, My c was sackcloth
Prov 31:22 her c is fine linen and purple
Prov 31:25 Strength and honor are her c
Matt 6:25 food and the body more than c
Matt 6:28 So why do you worry about c
Matt 7:15 who come to you in sheep's c
Matt 11: 8 those who wear soft c are in
Matt 27:35 and for My c they cast lots
Matt 28: 3 and his c as white as snow
Luke 10:30 who stripped him of his c
Acts 10:30 stood before me in bright c
1Ti 2: 9 or gold or pearls or costly c

CLOTHS (*see* CLOTH)
Ezek 16: 4 nor swathed in swaddling c

Luke 2:12 a Babe wrapped in swaddling **c**
Luke 24:12 he saw the linen **c** lying by
John 20: 7 not lying with the linen **c**

CLOUD (*see* CLOUDS)
Gen 9:13 I set My rainbow in the **c**
Ex 13:21 a pillar of **c** to lead the way
Ex 13:22 of **c** by day or the pillar of
Ex 14:24 the pillar of fire and **c**, and
Ex 16:10 of the LORD appeared in the **c**
Ex 19:16 a thick **c** on the mountain
Ex 34: 5 the LORD descended in the **c**
Lev 16: 2 in the **c** above the mercy seat
Lev 16:13 that the **c** of incense may
Num 9:15 the **c** covered the tabernacle,
1Ki 18:44 There is a **c**, as small as a
Is 19: 1 the LORD rides on a swift **c**
Is 44:22 blotted out, like a thick **c**
Hos 6: 4 is like a morning **c**, and like
Matt 17: 5 a bright **c** overshadowed them
Matt 17: 5 a voice came out of the **c**
Luke 12:54 When you see a **c** rising out
Luke 21:27 Man coming in a **c** with power
Acts 1: 9 a **c** received Him out of their
1Co 10: 1 our fathers were under the **c**
1Co 10: 2 baptized into Moses in the **c**
Heb 12: 1 by so great a **c** of witnesses
Rev 10: 1 from heaven, clothed with a **c**
Rev 11:12 ascended to heaven in a **c**
Rev 14:14 looked, and behold, a white **c**
Rev 14:14 on the **c** sat One like the Son

CLOUDS (*see* CLOUD)
Ps 36: 5 faithfulness reaches to the **c**
Ps 68: 4 Extol Him who rides on the **c**
Ps 104: 3 Who makes the **c** His chariot
Dan 7:13 coming with the **c** of heaven
Matt 24:30 on the **c** of heaven with power
Matt 26:64 and coming on the **c** of heaven
1Th 4:17 together with them in the **c**
2Pe 2:17 **c** carried by a tempest, to
Jude 12 they are **c** without water,
Rev 1: 7 Behold, He is coming with **c**

CLOVEN
Deut 14: 7 chew the cud or have **c** hooves

CLUNG (*see* CLING)
Ruth 1:14 but Ruth **c** to her

CLUSTER
Num 13:23 a branch with one **c** of grapes

COAL (*see* COALS)
Is 6: 6 having in his hand a live **c**

COALS (*see* COAL)
Lev 16:12 **c** of fire from the altar
Ps 140:10 Let burning **c** fall upon them
Prov 25:22 heap **c** of fire on his head
John 18:18 made a fire of **c** stood there
Rom 12:20 heap **c** of fire on his head

CODE†
Rom 2:27 who, even with your written **c**

COFFIN†
Gen 50:26 and he was put in a **c** in Egypt
2Sa 3:31 And King David followed the **c**
Luke 7:14 He came and touched the open **c**

COIN† (*see* COINS)
Matt 10:29 sparrows sold for a copper **c**
Luke 15: 8 coins, if she loses one **c**

COINS (*see* COIN)
Ps 119:72 thousands of **c** of gold
Luke 12: 6 sold for two copper **c**
Luke 15: 8 woman, having ten silver **c**

COLD
Gen 8:22 seedtime and harvest, and **c**
Ps 147:17 Who can stand before His **c**
Prov 25:13 Like the **c** of snow in time of
Prov 25:20 away a garment in **c** weather
Prov 25:25 As **c** water to a weary soul,
Matt 10:42 of **c** water in the name of a
Matt 24:12 the love of many will grow **c**
John 18:18 stood there, for it was **c**
2Co 11:27 in fastings often, in **c** and
Rev 3:15 you are neither **c** nor hot

COLLECT (*see* COLLECTED, COLLECTING, COLLECTION, COLLECTOR)
Gen 41:34 to **c** one-fifth of the produce
Luke 19:21 You **c** what you did not

COLLECTED† (*see* COLLECT)
Luke 19:23 might have **c** it with interest

COLLECTING† (*see* COLLECT)
Eccl 2:26 the work of gathering and **c**
Luke 19:22 **c** what I did not deposit and

COLLECTION (*see* COLLECT, COLLECTIONS)
2Ch 24: 9 to bring to the LORD the **c**
Is 57:13 let your **c** of idols deliver
1Co 16: 1 the **c** for the saints, as I

COLLECTIONS (*see* COLLECTION)
1Co 16: 2 there be no **c** when I come

COLLECTOR (*see* COLLECT, COLLECTORS)
Matt 10: 3 Thomas and Matthew the tax **c**
Luke 5:27 and saw a tax **c** named Levi,
Luke 18:10 Pharisee and the other a tax **c**
Luke 19: 2 who was a chief tax **c**, and he

COLLECTORS (*see* COLLECTOR)
Matt 5:46 even the tax **c** do the same
Matt 9:10 that behold, many tax **c** and
Matt 9:11 your Teacher eat with tax **c**
Matt 11:19 winebibber, a friend of tax **c**
Luke 7:29 even the tax **c** justified God,

COLORS
Gen 37: 3 he made him a tunic of many **c**
2Sa 13:18 she had on a robe of many **c**
Ps 45:14 the King in robes of many **c**

COLOSSE†
Col 1: 2 in Christ who are in **C**

COLT
Gen 49:11 his donkey's **c** to the choice
Zech 9: 9 and riding on a donkey, a **c**
Matt 21: 2 donkey tied, and a **c** with her
Luke 19:35 their own garments on the **c**
John 12:15 sitting on a donkey's **c**

COLUMN† (*see* COLUMNS)
Judg 20:40 from the city in a **c** of smoke
Joel 2: 8 one marches in his own **c**

COLUMNS† (*see* COLUMN)
Jer 36:23 had read three or four **c**,

COMELINESS†
Is 53: 2 He has no form or **c**

COMFORT (*see* COMFORTED, COMFORTERS, COMFORTS)
Gen 5:29 This one will **c** us concerning
Gen 37:35 his daughters arose to **c** him
Job 2:11 mourn with him, and to **c** him
Job 6:10 Then I would still have **c**
Job 7:13 When I say, "My bed will **c** me
Job 10:20 that I may take a little **c**
Ps 23: 4 rod and Your staff, they **c** me
Ps 71:21 And **c** me on every side
Ps 119:50 This is my **c** in my affliction
Is 40: 1 **C**, yes, **c** My people
Is 40: 2 Speak **c** to Jerusalem, and cry
Is 51: 3 For the LORD will **c** Zion, He
Is 61: 2 to **c** all who mourn,
Zech 1:17 the LORD will again **c** Zion
Acts 9:31 in the **c** of the Holy Spirit,
Rom 15: 4 **c** of the Scriptures might
Rom 15: 5 **c** grant you to be like-minded
2Co 1: 3 of mercies and God of all **c**
2Co 1: 4 to **c** those who are in any
2Co 7: 4 I am filled with **c**
2Co 13:11 Be of good **c**, be of one mind,
Eph 6:22 and that he may **c** your hearts
Phil 2: 1 if any **c** of love, if any
Col 4:11 have proved to be a **c** to me
1Th 4:18 Therefore **c** one another with
1Th 5:14 **c** the fainthearted, uphold

COMFORTED (*see* COMFORT)
Gen 24:67 So Isaac was **c** after his
Gen 37:35 but he refused to be **c**, and he
Gen 50:21 he **c** them and spoke kindly to
Ruth 2:13 for you have **c** me, and have
Job 42:11 **c** him for all the adversity
Ps 77: 2 My soul refused to be **c**
Is 49:13 For the LORD has **c** His people
Jer 31:15 refusing to be **c** for her
Matt 2:18 children, refusing to be **c**
Matt 5: 4 mourn, for they shall be **c**
Acts 20:12 and they were not a little **c**
2Co 1: 4 we ourselves are **c** by God
2Co 7:13 have been **c** in your comfort
1Th 3: 7 distress we were **c** concerning

COMFORTERS (*see* COMFORT)
Job 16: 2 miserable **c** are you all

COMFORTS (*see* COMFORT)
Is 51:12 I, even I, am He who **c** you
2Co 1: 4 who **c** us in all our
2Co 7: 6 who **c** the downcast, comforted

COMMAND (*see* COMMANDED, COMMANDER, COMMANDING, COMMANDMENT, COMMANDS)
Gen 18:19 that he may **c** his children
Ex 7: 2 shall speak all that I **c** you
Josh 1:16 All that you **c** us we will do,
Ps 147:15 sends out His **c** to the earth
Prov 6:20 My son, keep your father's **c**
Jer 1: 7 send you, and whatever I **c** you
Jer 23:32 I did not send them or **c** them
Dan 9:25 forth of the **c** to restore
Matt 4: 3 **c** that these stones become
Matt 19: 7 Why then did Moses **c** to give
Matt 27:64 Therefore **c** that the tomb be
Mark 9:25 I **c** you, come out of him, and
Luke 9:54 do You want us to **c** fire to
John 10:18 This **c** I have received from
John 11:57 the Pharisees had given a **c**
John 12:49 who sent Me gave Me a **c**, what
John 15:14 if you do whatever I **c** you
Acts 15: 5 to **c** them to keep the law of
Acts 16:18 I **c** you in the name of Jesus
1Co 7:10 Now to the married I **c**, yet
2Th 3: 6 But we **c** you, brethren, in
1Ti 4:11 These things **c** and teach
Heb 11:23 not afraid of the king's **c**
Rev 3:10 have kept My **c** to persevere

COMMANDED (*see* COMMAND)
Gen 2:16 And the LORD God **c** the man
Gen 3:11 from the tree of which I **c**
Gen 6:22 to all that God **c** him, so he
Gen 7: 9 and female, as God had **c** Noah
Gen 7:16 went in as God had **c** him
Gen 12:20 So Pharaoh **c** his men
Ex 1:22 So Pharaoh **c** all his people,
Ex 4:28 the signs which He had **c** him
Ex 5: 6 **c** the taskmasters of the
Ex 7: 6 just as the LORD **c** them, so
Ex 12:50 as the LORD **c** Moses and Aaron,
Ex 16:24 up till morning, as Moses **c**
Ex 34:18 unleavened bread, as I **c** you
Ex 39: 1 as the LORD had **c** Moses
Num 36:13 judgments which the LORD **c**
Deut 1:16 Then I **c** your judges at that
Deut 5:15 **c** you to keep the Sabbath day
Deut 6: 1 your God has **c** to teach you
Deut 6:17 statutes which He has **c** you
Deut 6:24 the LORD **c** us to observe all

Deut 9:12 from the way which I **c** them
Deut 13: 5 LORD your God **c** you to walk
Deut 31:25 that Moses **c** the Levites, who
Deut 33: 4 Moses **c** a law for us, a
Josh 1: 7 which Moses My servant **c** you
Josh 1: 9 Have I not **c** you
Josh 7:11 My covenant which I **c** them
Ruth 2: 9 Have I not **c** the young men
Ruth 2:15 Boaz **c** his young men, saying,
2Sa 7: 7 whom I **c** to shepherd My
1Ki 17: 4 I have **c** the ravens to feed
Job 42: 9 and did as the LORD **c** them
Ps 33: 9 He **c**, and it stood fast
Ps 105: 8 forever, The word which He **c**
Ps 133: 3 there the LORD **c** the blessing
Lam 2:17 which He **c** in days of old
Lam 3:37 when the Lord has not **c** it
Ezek 12: 7 So I did as I was **c**
Ezek 37: 7 So I prophesied as I was **c**
Matt 1:24 the angel of the Lord **c** him
Matt 8: 4 offer the gift that Moses **c**
Matt 16:20 Then He **c** His disciples that
Matt 27:58 Then Pilate **c** the body to be
Matt 28:20 all things that I have **c** you
Mark 1:44 those things which Moses **c**
Luke 8:29 For He had **c** the unclean
Luke 14:22 Master, it is done as you **c**
Acts 1: 4 He **c** them not to depart from
Acts 4:18 **c** them not to speak at all
Acts 10:42 And He **c** us to preach to the
Acts 10:48 he **c** them to be baptized in
Acts 16:22 **c** them to be beaten with rods
Acts 23: 2 the high priest Ananias **c**
Acts 23:30 also **c** his accusers to state
Acts 24:23 So he **c** the centurion to keep
1Co 9:14 Even so the Lord has **c** that
2Co 4: 6 who **c** light to shine out of
1Th 4:11 your own hands, as we **c** you
Tit 1: 5 in every city as I **c** you
Heb 9:20 covenant which God has **c** you
Heb 12:20 could not endure what was **c**
Rev 9: 4 They were **c** not to harm the

COMMANDER (*see* COMMAND)
Josh 5:15 Then the **C** of the LORD's army
Is 55: 4 a leader and **c** for the people

COMMANDING† (*see* COMMAND)
Gen 49:33 Jacob had finished **c** his sons
Matt 11: 1 when Jesus finished **c** His
Acts 16:23 **c** the jailer to keep them

COMMANDMENT (*see* COMMAND, COMMANDMENTS)
Ex 36: 6 So Moses gave a **c**, and they
Deut 8: 1 Every **c** which I command you
Josh 22: 5 diligent heed to do the **c**
Ps 19: 8 The **c** of the LORD is pure,
Prov 6:23 For the **c** is a lamp, and the
Prov 13:18 fears the **c** will be rewarded
Prov 19:16 keeps the **c** keeps his soul
Matt 22:36 is the great **c** in the law
Matt 22:38 This is the first and great **c**
Mark 7: 8 For laying aside the **c** of God
Luke 23:56 Sabbath according to the **c**
John 13:34 A new **c** I give to you, that
John 14:31 and as the Father gave Me **c**
John 15:12 This is My **c**, that you love
Rom 7: 8 taking opportunity by the **c**
Rom 7: 9 the law, but when the **c** came
Rom 7:12 the **c** holy and just and good
Rom 7:13 so that sin through the **c**
1Co 7: 6 as a concession, not as a **c**
1Co 7:25 I have no **c** from the Lord
2Co 8: 8 I speak not by **c**, but I am
Eph 6: 2 is the first **c** with promise
1Ti 1: 1 by the **c** of God our Savior and
1Ti 1: 5 Now the purpose of the **c** is
1Ti 6:14 you keep this **c** without spot
Heb 7: 5 have a **c** to receive tithes
Heb 7:16 to the law of a fleshly **c**
Heb 7:18 **c** because of its weakness
2Pe 2:21 the holy **c** delivered to them
2Pe 3: 2 of the **c** of us the apostles
1Jn 2: 7 I write no new **c** to you, but
1Jn 3:23 And this is His **c**
1Jn 4:21 And this **c** we have from Him
2Jn 5 though I wrote a new **c** to you

COMMANDMENTS (*see* COMMANDMENT)
Ex 20: 6 who love Me and keep My **c**
Ex 24:12 **c** which I have written, that
Ex 34:28 of the covenant, the Ten **C**
Deut 4:13 perform, that is, the Ten **C**
Deut 10: 4 the first writing, the Ten **C**
Deut 11:13 **c** which I command you today
1Ki 14: 8 servant David, who kept My **c**
Ezra 9:10 For we have forsaken Your **c**
Ezra 9:14 should we again break Your **c**
Ps 119:10 let me not wander from Your **c**
Ps 119:19 Do not hide Your **c** from me
Ps 119:21 cursed, Who stray from Your **c**
Ps 119:35 me walk in the path of Your **c**
Ps 119:47 will delight myself in Your **c**
Ps 119:66 For I believe Your **c**
Ps 119:86 All Your **c** are faithful
Ps 119:127 I love Your **c** More than gold
Ps 119:143 Yet Your **c** are my delights
Ps 119:151 LORD, And all Your **c** are truth
Ps 119:176 For I do not forget Your **c**
Eccl 12:13 Fear God and Keep His **c**, for
Dan 9: 4 and with those who keep His **c**
Matt 5:19 one of the least of these **c**
Matt 15: 9 as doctrines the **c** of men
Matt 19:17 enter into life, keep the **c**
Matt 22:40 On these two **c** hang all the
Mark 12:29 The first of all the **c** is
John 14:15 If you love Me, keep My **c**
John 15:10 as I have kept My Father's **c**
Rom 13: 9 For the **c**, "You shall not
Eph 2:15 the law of **c** contained in
1Jn 2: 3 we know Him, if we keep His **c**
1Jn 3:24 who keeps His **c** abides in Him
1Jn 5: 2 we love God and keep His **c**
1Jn 5: 3 And His **c** are not burdensome

COMMANDS (*see* COMMAND)
Prov 2: 1 and treasure my **c** within you

C

Prov 7: 2 Keep my **c** and live, and my law
Luke 8:25 For He **c** even the winds and
Acts 17:30 but now **c** all men everywhere

COMMEND (*see* COMMENDATION)
Acts 20:32 I **c** you to God and to the word
1Co 8: 8 But food does not **c** us to God
2Co 3: 1 we begin again to **c** ourselves

COMMENDATION (*see* COMMEND)
2Co 3: 1 you or letters of **c** from you

COMMIT (*see* COMMITS, COMMITTED, COMMITTING)
Ex 20:14 You shall not **c** adultery
Lev 20: 5 him to **c** harlotry with Molech
Job 5: 8 and to God I would **c** my cause
Ps 31: 5 Into Your hand I **c** my spirit
Ps 37: 5 **C** your way to the LORD, Trust
Prov 16: 3 **C** your works to the LORD, and
Matt 5:27 You shall not **c** adultery
Luke 16:11 who will **c** to your trust the
Luke 23:46 into Your hands I **c** My spirit
1Co 10: 8 Nor let us **c** sexual
2Co 11: 7 Did I **c** sin in abasing myself
1Ti 1:18 This charge I **c** to you, son
2Ti 2: 2 **c** these to faithful men who
Jas 2: 9 show partiality, you **c** sin
1Jn 5:16 **c** sin not leading to death
Rev 2:14 and to **c** sexual immorality

COMMITS (*see* COMMIT)
Lev 20:10 The man who **c** adultery with
Num 5: 6 When a man or woman **c** any
Matt 5:32 who is divorced **c** adultery
John 8:34 whoever **c** sin is a slave of
1Co 6:18 the body, but he who **c** sexual
1Jn 3: 4 sin also **c** lawlessness, and

COMMITTED (*see* COMMIT)
Ex 32:31 have **c** a great sin
Num 15:24 if it is unintentionally **c**
Jer 2:13 My people have **c** two evils
Luke 12:48 and to whom much has been **c**
John 5:22 but has **c** all judgment to the
Acts 25:25 had **c** nothing worthy of death
Rom 3: 2 were **c** the oracles of God
Rom 11:32 For God has **c** them all to
2Co 5:19 and has **c** to us the word of
2Ti 1:12 have **c** to Him until that Day
2Ti 1:14 good thing which was **c** to you
Heb 9: 7 people's sins **c** in ignorance
Jas 5:15 And if he has **c** sins, he will
1Pe 2:22 Who **c** no sin, nor was guile
1Pe 2:23 but **c** Himself to Him who
Jude 15 they have **c** in an ungodly way
Rev 20: 4 and judgment was **c** to them

COMMITTING (*see* COMMIT)
Rom 1:27 men with men **c** what is

COMMON
Lev 4:27 If anyone of the **c** people
Num 16:29 by the **c** fate of all men,
1Sa 21: 4 There is no **c** bread on hand
1Ki 10:27 as **c** in Jerusalem as stones
Prov 22: 2 and the poor have this in **c**
Prov 29:13 the oppressor have this in **c**
Eccl 6: 1 the sun, and it is **c** among men
Ezek 42:20 the holy areas from the **c**
Mark 12:37 the **c** people heard Him gladly
Acts 2:44 and had all things in **c**,
Acts 5:18 and put them in the **c** prison
Acts 10:14 eaten anything **c** or unclean
1Co 10:13 except such as is **c** to man
Tit 1: 4 my true son in our **c** faith
Heb 10:29 he was sanctified a **c** thing
Jude 3 concerning our **c** salvation

COMMONWEALTH†
Eph 2:12 aliens from the **c** of Israel

COMMUNION
1Co 10:16 is it not the **c** of the blood
2Co 6:14 And what **c** has light with
2Co 13:14 the **c** of the Holy Spirit be

COMPANION (*see* COMPANIONS)
Ex 2:13 Why are you striking your **c**
Ex 32:27 his brother, every man his **c**
Job 30:29 jackals, and a **c** of ostriches
Ps 55:13 was you, a man my equal, My **c**
Ps 119:63 I am a **c** of all those who
Prov 2:17 forsakes the **c** of her youth
Prov 13:20 but the **c** of fools will be
Prov 28: 7 but a **c** of gluttons shames
Prov 29: 3 but a **c** of harlots wastes his
Eccl 4:10 fall, one will lift up his **c**
Zech 13: 7 against the Man who is My **C**
Mal 2:14 yet she is your **c** and your
Phil 4: 3 And I urge you also, true **c**
Rev 1: 9 **c** in tribulation, and in the

COMPANIONS (*see* COMPANION)
Num 16:40 become like Korah and his **c**
Ps 45: 7 of gladness more than Your **c**
Dan 2:13 they sought Daniel and his **c**
Acts 19:29 Macedonians, Paul's travel **c**
Heb 1: 9 of gladness more than Your **c**

COMPANY (*see* ASSEMBLY)
Ps 68:11 Great was the **c** of those who
Ps 107:32 Him in the **c** of the elders
Luke 2:44 Him to have been in the **c**
Luke 24:22 and certain women of our **c**
Rom 15:24 may enjoy your **c** for a while
1Co 5: 9 keep **c** with sexually immoral
1Co 15:33 Evil **c** corrupts good habits
Heb 12:22 to an innumerable **c** of angels

COMPARABLE (*see* COMPARE)
Gen 2:18 make him a helper **c** to him

COMPARE (*see* COMPARABLE, COMPARED, COMPARING)
Is 40:18 likeness will you **c** to Him
Is 46: 5 **c** Me, that we should be alike
Luke 13:18 And to what shall I **c** it

COMPARED (*see* COMPARE)
Ps 89: 6 heavens can be **c** to the LORD
Rom 8:18 time are not worthy to be **c**

COMPARING† (*see* COMPARE)
1Co 2:13 **c** spiritual things with
2Co 10:12 **c** themselves among themselves

COMPASSION (*see* COMPASSIONS)
Ex 2: 6 So she had **c** on him, and said,
Ex 33:19 I will have **c** on whom I will
Deut 32:36 have **c** on His servants, when
1Sa 23:21 LORD, for you have **c** on me
1Ki 3:26 yearned with **c** for her son
1Ki 8:50 grant them **c** before those who
2Ch 30: 9 will be treated with **c** by
Ps 78:38 But He, being full of **c**,
Ps 86:15 O Lord, are a God full of **c**
Ps 111: 4 LORD is gracious and full of **c**
Is 49:15 not have **c** on the son of her
Lam 3:32 yet He will show **c** according
Matt 9:36 He was moved with **c** for them
Matt 15:32 I have **c** on the multitude,
Matt 20:34 So Jesus had **c** and touched
Mark 9:22 have **c** on us and help us
Luke 15:20 his father saw him and had **c**
Rom 9:15 I will have **c** on whomever I
1Pe 3: 8 having **c** for one another

COMPASSIONS† (*see* COMPASSION)
Lam 3:22 because His **c** fail not

COMPEL (*see* COMPELLED, COMPELS)
Luke 14:23 **c** them to come in, that my
Gal 2:14 why do you **c** Gentiles to live

COMPELLED (*see* COMPEL)
Matt 27:32 Him they **c** to bear His cross
Gal 2: 3 was **c** to be circumcised

COMPELS† (*see* COMPEL)
Job 32:18 the spirit within me **c** me
Matt 5:41 whoever **c** you to go one mile,
2Co 5:14 For the love of Christ **c** us

COMPETES†
1Co 9:25 everyone who **c** for the prize
2Ti 2: 5 also if anyone **c** in athletics
2Ti 2: 5 he **c** according to the rules

COMPLAIN (*see* COMPLAINED, COMPLAINERS, COMPLAINING, COMPLAINT)
Num 14:27 who **c** against me

COMPLAINED (*see* COMPLAIN)
Ex 15:24 the people **c** against Moses
Num 14:29 you who have **c** against Me

COMPLAINERS† (*see* COMPLAIN)
Jude 16 These are murmurers, **c**,

COMPLAINING (*see* COMPLAIN)
Phil 2:14 Do all things without **c**

COMPLAINT (*see* COMPLAIN)
Ps 142: 2 I pour out my **c** before Him
Mic 6: 2 has a **c** against his people
Col 3:13 has a **c** against another

COMPLETE (*see* COMPLETED, COMPLETELY)
Gen 15:16 of the Amorites is not yet **c**
2Co 13: 9 pray, that you may be made **c**
2Co 13:11 Become **c**. Be of good comfort
Phil 1: 6 a good work in you will **c** it
Col 2:10 and you are **c** in Him, who is
Col 4:12 and **c** in all the will of God
2Ti 3:17 that the man of God may be **c**
Heb 13:21 make you **c** in every good work
Jas 1: 4 that you may be perfect and **c**

COMPLETED (*see* COMPLETE)
Lev 23:15 seven Sabbaths shall be **c**
Jer 25:12 when seventy years are **c**
Jer 29:10 years are **c** at Babylon, I
Luke 2:21 when eight days were **c** for

COMPLETELY (*see* COMPLETE)
Judg 1:28 but did not **c** drive them out
1Ki 9:21 not been able to destroy **c**
John 9:34 You were **c** born in sins, and
John 13:10 wash his feet, but is **c** clean
1Th 5:23 peace Himself sanctify you **c**

COMPREHEND†
Job 37: 5 things which we cannot **c**
Ps 139: 3 You **c** my path and my lying
Luke 24:45 they might **c** the Scriptures
John 1: 5 and the darkness did not **c** it
Eph 3:18 may be able to **c** with all the

COMPULSION†
Phm 14 good deed might not be by **c**
1Pe 5: 2 not by **c** but willingly, not

CONCEAL
Gen 37:26 our brother and **c** his blood
Prov 25: 2 glory of God to **c** a matter

CONCEIT† (*see* CONCEITED)
Phil 2: 3 through selfish ambition or **c**

CONCEITED† (*see* CONCEIT)
Gal 5:26 Let us not become **c**,

CONCEIVE (*see* CONCEIVED, CONCEIVES)
Job 15:35 They **c** trouble and bring forth
Is 7:14 Behold, the virgin shall **c**
Is 59: 4 they **c** evil and bring forth
Luke 1:31 you will **c** in your womb and

CONCEIVED (*see* CONCEIVE)
Gen 4: 1 knew Eve his wife, and she **c**
Ps 51: 5 And in sin my mother **c** me
Matt 1:20 for that which is **c** in her is
Luke 1:24 days his wife Elizabeth **c**
Luke 1:36 also **c** a son in her old age
Luke 2:21 before He was **c** in the womb

Acts 5: 4 Why have you **c** this thing in
Jas 1:15 Then, when desire has **c**, it

CONCEIVES† (*see* CONCEIVE)
Ps 7:14 **C** trouble and brings forth

CONCESSION†
1Co 7: 6 But I say this as a **c**, not as

CONCLUDING (*see* CONCLUSION)
Heb 11:19 **c** that God was able to raise

CONCLUSION (*see* CONCLUDING)
Eccl 12:13 Let us hear the **c** of the

CONCUBINE (*see* CONCUBINES)
Gen 35:22 with Bilhah his father's **c**
Judg 19: 2 But his **c** played the harlot
1Ch 1:32 born to Keturah, Abraham's **c**

CONCUBINES (*see* CONCUBINE)
Gen 25: 6 of the **c** which Abraham had
2Sa 5:13 And David took more **c** and
1Ki 11: 3 and three hundred **c**
Song 6: 8 are sixty queens and eighty **c**

CONDEMN (*see* CONDEMNATION, CONDEMNED, CONDEMNS)
Deut 25: 1 righteous and **c** the wicked,
Job 9:20 my own mouth would **c** me
Ps 94:21 And **c** innocent blood
Ps 109:31 save him from those who **c** him
Prov 12: 2 of wicked devices He will **c**
Is 50: 9 who is he who will **c** Me
Matt 12:41 **c** it, because they repented
Matt 20:18 they will **c** Him to death,
Luke 6:37 **C** not, and you shall not be
John 3:17 into the world to **c** the world
John 8:11 Neither do I **c** you
Rom 2: 1 judge another you **c** yourself
Rom 14:22 Happy is he who does not **c**
2Co 7: 3 I do not say this to **c**
1Jn 3:21 if our heart does not **c** us

CONDEMNATION (*see* CONDEMN)
Matt 23:14 you will receive greater **c**
Matt 23:33 can you escape the **c** of hell
Mark 3:29 but is subject to eternal **c**"
Luke 23:40 you are under the same **c**
John 3:19 And this is the **c**, that the
John 5:29 to the resurrection of **c**
Rom 3: 8 Their **c** is just
Rom 5:16 one offense resulted in **c**
Rom 8: 1 There is therefore now no **c**
2Co 3: 9 the ministry of **c** had glory
1Ti 3: 6 into the same **c** as the devil
Jude 4 were marked out for this **c**

CONDEMNED (*see* CONDEMN)
Job 9:29 If I am **c**, why then do I
Job 32: 3 no answer, and yet had **c** Job
Ps 34:21 hate the righteous shall be **c**
Ps 34:22 who trust in Him shall be **c**
Matt 12: 7 not have **c** the guiltless
Matt 12:37 by your words you will be **c**
Matt 27: 3 seeing that He had been **c**
Luke 24:20 Him to be **c** to death, and
John 3:18 who believes in Him is not **c**
John 3:18 does not believe is **c** already
Rom 8: 3 He **c** sin in the flesh,
Rom 14:23 he who doubts is **c** if he eats
1Co 4: 9 last, as men **c** to death
1Co 11:32 may not be **c** with the world
Tit 2: 8 sound speech that cannot be **c**
Heb 11: 7 by which he **c** the world and
2Pe 2: 6 **c** them to destruction, making

CONDEMNS (*see* CONDEMN)
Job 15: 6 Your own mouth **c** you, and not
Rom 8:34 Who is he who **c**
1Jn 3:20 For if our heart **c** us, God is

CONDITION
John 5: 6 been in that **c** a long time

CONDUCT
Ps 37:14 those who are of upright **c**
Phil 1:27 Only let your **c** be worthy of
1Ti 3:15 to **c** yourself in the house of
1Ti 4:12 the believers in word, in **c**
Jas 3:13 Let him show by good **c** that

CONFER (*see* COUNSEL)
Gal 1:16 not immediately **c** with flesh

CONFESS (*see* CONFESSED, CONFESSES, CONFESSING, CONFESSION)
Lev 5: 5 that he shall **c** that he has
Lev 16:21 **c** over it all the iniquities
Num 5: 7 then he shall **c** the sin
1Ki 8:33 **c** Your name, and pray and
Ps 32: 5 I will **c** my transgressions to
Matt 10:32 him I will also **c** before My
Luke 12: 8 **c** before the angels of God
John 12:42 Pharisees they did not **c** Him
Rom 10: 9 that if you **c** with your mouth
Rom 14:11 every tongue shall **c** to God
Phil 2:11 that every tongue should **c**
Jas 5:16 **C** your trespasses to one
1Jn 1: 9 If we **c** our sins, He is
1Jn 4: 3 **c** that Jesus Christ has come
2Jn 7 **c** Jesus Christ as coming in
Rev 3: 5 but I will **c** his name before

CONFESSED (*see* CONFESS)
John 1:20 He **c**, and did not deny, but
John 9:22 anyone **c** that He was Christ
1Ti 6:12 have **c** the good confession in
Heb 11:13 **c** that they were strangers and

CONFESSES (*see* CONFESS)
Matt 10:32 whoever **c** Me before men, him
1Jn 4: 2 Every spirit that **c** that

CONFESSING (*see* CONFESS)
Ezra 10: 1 praying, and while he was **c**
Dan 9:20 **c** my sin and the sin of my

Matt 3: 6 in the Jordan, **c** their sins
Acts 19:18 many who had believed came **c**

CONFESSION (*see* CONFESS)
Rom 10:10 with the mouth **c** is made **to**
2Co 9:13 **c** to the gospel of Christ
1Ti 6:13 good **c** before Pontius Pilate
Heb 3: 1 and High Priest of our **c**,
Heb 4:14 God, let us hold fast our **c**
Heb 10:23 the **c** of our hope without

CONFIDENCE (*see* CONFIDENT)
Ps 65: 5 You who are the **c** of all the
Ps 118: 8 the LORD Than to put **c** in man
Prov 3:26 for the LORD will be your **c**
Is 30:15 and **c** shall be your strength
2Co 2: 3 having **c** in you all that my
Eph 3:12 access with **c** through faith
Phil 3: 3 and have no **c** in the flesh,
2Th 3: 4 And we have **c** in the Lord
Phm 21 Having **c** in your obedience, I
Heb 3: 6 we are if we hold fast the **c**
Heb 3:14 of our **c** steadfast to the end
Heb 10:35 do not cast away your **c**,
1Jn 5:14 Now this is the **c** that we

CONFIDENT (*see* CONFIDENCE)
Ps 27: 3 me, In this I will be **c**
Phil 1: 6 being **c** of this very thing,
Phil 1:14 having become **c** by my chains
Heb 6: 9 we are **c** of better things
Heb 13:18 for we are **c** that we have a

CONFIRM (*see* CONFIRMED, CONFIRMING)
Rom 15: 8 to **c** the promises made to the

CONFIRMED (*see* CONFIRM, ESTABLISHED)
1Co 1: 6 of Christ was **c** in you,
Heb 6:17 His counsel, **c** it by an oath,

CONFIRMING† (*see* CONFIRM)
Mark 16:20 and **c** the word through the

CONFORMED (*see* CONFORMING)
Rom 8:29 be **c** to the image of His Son
Rom 12: 2 do not be **c** to this world,
Phil 3:10 being **c** to His death,

CONFORMING† (*see* CONFORMED)
1Pe 1:14 not **c** yourselves to the

CONFOUNDED (*see* APPALLED)
Ps 70: 2 and **c** Who seek my life

CONFUSE† (*see* CONFUSED, CONFUSION)
Gen 11: 7 there **c** their language, that

CONFUSED (*see* CONFUSE)
1Sa 7:10 and so **c** them that they were
Job 6:20 they come there and are **c**
Ps 70: 2 back and **c** Who desire my hurt
Acts 19:32 for the assembly was **c**, and

CONFUSION (*see* CONFUSE)
1Co 14:33 the author of **c** but of peace

CONGEALED†
Ex 15: 8 the depths **c** in the heart of

CONGREGATION (*see* ASSEMBLY)
Ex 12: 3 Speak to all the **c** of Israel
Ex 16:22 all the rulers of the **c** came
Lev 4:15 the elders of the **c** shall lay
Num 1: 2 Take a census of all the **c** of
Num 8: 9 **c** of the chidren of Israel.
Num 10: 2 use them for calling the **c**
Num 16: 3 for all the **c** is holy, every
Num 20: 2 there was no water for the **c**
Deut 33: 4 a heritage of the **c** of Jacob
Josh 9:21 water carriers for all the **c**
Ps 1: 5 in the **c** of the righteous
Ps 22:16 The **c** of the wicked has
Ps 82: 1 stands in the **c** of the mighty
Is 14:13 sit on the mount of the **c** on
Acts 13:43 Now when the **c** had broken up,

CONQUER (*see* CONQUERED, CONQUERORS)
Rev 6: 2 went out conquering and to **c**

CONQUERED (*see* CONQUER)
Josh 10:40 So Joshua **c** all the land

CONQUERORS† (*see* CONQUER)
Rom 8:37 things we are more than **c**

CONSCIENCE (*see* CONSCIENCE')
John 8: 9 being convicted by their **c**
Acts 23: 1 I have lived in all good **c**
Rom 2:15 their **c** also bearing witness,
1Co 8: 7 and their **c**, being weak, is
1Co 10:29 **C**, I say, not your own, but
1Co 10:29 judged by another man's **c**
2Co 1:12 the testimony of our **c** that
2Co 4: 2 man's **c** in the sight of God
1Ti 1: 5 a pure heart, from a good **c**
1Ti 1:19 having faith and a good **c**,
1Ti 3: 9 of the faith with a pure **c**
1Ti 4: 2 having their own **c** seared
Tit 1:15 their mind and **c** are defiled
Heb 9:14 purge your **c** from dead works
Heb 10:22 sprinkled from an evil **c** and
1Pe 2:19 if because of **c** toward God

CONSCIENCE' (*see* CONSCIENCE)
Rom 13: 5 of wrath but also for **c** sake
1Co 10:25 no questions for **c** sake

CONSECRATE (*see* CONSECRATED)
Ex 28:41 **c** them, and sanctify them,
Ex 29:33 the atonement was made, to **c**
Lev 25:10 you shall **c** the fiftieth year
Joel 1:14 **C** a fast, call a sacred
Mic 4:13 I will **c** their gain to the

CONSECRATED (*see* CONSECRATE)
Ex 29:29 in them and to be **c** in them

Lev 7:35 This is the **c** portion for
Lev 8:15 the alter, and **c** it, to make
Lev 8:30 he **c** Aaron, his garments,
Lev 16:32 **c** to minister as priest in
Lev 21:10 who is **c** to wear the garments
Num 6: 9 him, and he defiles his **c** head
Num 6:19 he has shaved his **c** hair,
Judg 17:12 So Micah **c** the Levite, and the
1Sa 16: 5 Then he **c** Jesse and his sons
1Ki 8:64 **c** the middle of the court
2Ch 29:33 The **c** things were six hundred
Heb 10:20 living way which He **c** for us

CONSENT (*see* CONSENTING)
Gen 34:22 the men **c** to dwell with us
Prov 1:10 sinners entice you, do not **c**
Acts 18:20 time with them, he did not **c**

CONSENTING (*see* CONSENT)
Acts 8: 1 Now Saul was **c** to his death

CONSIDER (*see* CONSIDERED, CONSIDERING, CONSIDERS)
Deut 4:39 **c** it in your heart, that the
Judg 19:30 **C** it, take counsel, and speak
1Sa 12:24 for **c** what great things He
Job 23:15 when I **c** this, I am afraid of
Job 37:14 **c** the wondrous works of God
Ps 5: 1 O LORD, **C** my meditation
Ps 8: 3 When I **c** Your heavens, the
Ps 13: 3 **C** and hear me, O LORD my God
Ps 25:19 **C** my enemies, for they are
Ps 64: 9 they shall wisely **c** His doing
Ps 119:95 But I will **c** Your testimonies
Ps 119:128 all things I **c** to be right
Ps 119:153 **C** my affliction and deliver me
Prov 6: 6 **C** her ways and be wise,
Prov 23: 1 **C** carefully what is before
Prov 24:12 He who weighs the hearts **c** it
Prov 28:22 does not **c** that poverty will
Eccl 2:12 I turned myself to **c** wisdom
Is 1: 3 not know, My people do not **c**
Is 43:18 nor **c** the things of old
Jer 2:10 **c** diligently, and see if there
Jer 30:24 the latter days you will **c** it
Lam 1: 9 she did not **c** her destiny
Lam 1:11 See, O LORD, and **c**, for I am
Ezek 12: 3 It may be that they will **c**
Dan 9:23 therefore **c** the matter, and
Hos 7: 2 They do not **c** in their hearts
Hag 1: 5 LORD of hosts: "**C** your ways
Hag 2:15 carefully **c** from this day
Matt 6:28 **C** the lilies of the field,
Matt 7: 3 but do not **c** the plank in
Luke 12:24 **C** the ravens, for they
Luke 14:31 **c** whether he is able with ten
John 11:50 nor do you **c** that it is
Acts 15: 6 together to **c** this matter
Rom 4:19 he did not **c** his own body,
Rom 8:18 For I **c** that the sufferings
Rom 11:22 Therefore **c** the goodness and
Phil 2: 6 did not **c** it robbery to be
2Ti 2: 7 **C** what I say, and may the Lord
Heb 3: 1 **c** the Apostle and High Priest
Heb 7: 4 Now **c** how great this man was,
Heb 10:24 let us **c** one another in order
Heb 12: 3 For **c** Him who endured such
1Pe 5:12 faithful brother as I **c** him

CONSIDERED (*see* CONSIDER)
Neh 13:13 for they were **c** faithful, and
Job 1: 8 Have you **c** My servant Job,
Job 2: 3 Have you **c** My servant Job,
Ps 31: 7 For You have **c** my trouble
Ps 77: 5 I have **c** the days of old, The
Prov 17:28 his lips, he is **c** perceptive
Mark 10:42 **c** rulers over the Gentiles
Luke 1:29 **c** what manner of greeting
Luke 22:24 them should be **c** the greatest
Phil 2:25 Yet I **c** it necessary to send

CONSIDERING (*see* CONSIDER)
Dan 7: 8 I was **c** the horns, and there
Acts 17:23 **c** the objects of your worship
Heb 13: 7 **c** the outcome of their

CONSIDERS (*see* CONSIDER)
Prov 31:16 She **c** a field and buys it
Is 44:19 no one **c** in his heart, nor is

CONSIST†
Luke 12:15 not **c** in the abundance of the
Col 1:17 and in Him all things **c**

CONSOLATION
Job 21: 2 speech, and let this be your **c**
Jer 16: 7 men give them the cup of **c** to
Luke 2:25 waiting for the **C** of Israel
Phil 2: 1 if there is any **c** in Christ
2Th 2:16 us and given us everlasting **c**

CONSPIRED
Gen 37:18 they **c** against him to kill
Amos 7:10 Amos has **c** against you in the

CONSTRAINED
Luke 24:29 But they **c** Him, saying
Acts 18: 5 Paul was **c** by the Spirit, and

CONSUME (*see* CONSUMED, CONSUMING)
Ex 32:10 against them and I may **c** them
Num 16:21 that I may **c** them in a moment
Deut 5:25 For this great fire will **c** us
Deut 28:38 in, for the locust shall **c** it
Job 24:19 heat **c** the snow waters, so
Ps 59:13 **C** them in wrath
Ezek 13:13 hailstones in fury to **c** it
Dan 7:26 take away his dominion, to **c**
Luke 9:54 **c** them, just as Elijah did
2Th 2: 8 whom the Lord will **c** with the

CONSUMED (*see* CONSUME)
Gen 19:15 here, lest you be **c** in the
Gen 31:15 also completely **c** our money
Ex 3: 2 fire, but the bush was not **c**
Ex 15: 7 which **c** them like stubble
Ps 73:19 are utterly **c** with terrors
Ps 104:35 sinners be **c** from the earth

Ps 119:139 My zeal has c me, Because my
Prov 5:11 your flesh and your body are c
Is 1:28 forsake the LORD shall be c
Jer 20:18 days should be c with shame
Jer 36:23 until all the scroll was c in
Lam 3:22 LORD's mercies we are not c
Amos 7: 4 and it c the great deep and
Mal 3: 6 therefore you are not c, O
Gal 5:15 lest you be c by one another

CONSUMING (*see* CONSUME)
Ex 24:17 a c fire on the top of the
Deut 4:24 the LORD your God is a c fire
Ezek 21:28 polished for slaughter, for c
Joel 1: 4 left, the c locust has eaten
Heb 12:29 For our God is a c fire

CONTAIN
1Ki 8:27 of heavens cannot c You
John 21:25 not c the books that would be

CONTEMPT (*see* CONTEMPTIBLE)
Deut 27:16 father or his mother with c
Esth 1:18 there will be excessive c
Job 12:21 He pours c on princes, and
Ps 119:22 from me reproach and c
Ps 123: 3 are exceedingly filled with c
Ps 123: 4 ease, With the c of the proud
Is 23: 9 and to bring into c all the
Dan 12: 2 to shame and everlasting c
Luke 23:11 of war, treated Him with c
Rom 14:10 you show c for your brother

CONTEMPTIBLE (*see* CONTEMPT)
Mal 1: 7 The table of the LORD is c
Mal 2: 9 I also have made you c and
2Co 10:10 is weak and his speech c

CONTEND (*see* CONTENDED, CONTENDING)
Ex 17: 2 Why do you c with me
Ex 21:18 If men c with each other, and
Job 9: 3 If one wished to c with Him
Job 10: 2 show me why You c with me
Job 13: 8 Will you c for God
Prov 28: 4 as keep the law c with them
Is 43:26 let us c together
Is 57:16 For I will not c forever, nor
Jer 12: 5 how can you c with horses
Jude 3 to c earnestly for the faith

CONTENDED (*see* CONTEND)
Ex 17: 2 the people c with Moses, and
Num 20:13 of Israel c with the LORD
Deut 33: 8 with whom You c at the waters
Acts 11: 2 the circumcision c with him

CONTENDING† (*see* CONTEND)
Jude 9 in c with the devil, when he

CONTENT (*see* CONTENTMENT)
Ex 2:21 Then Moses was c to live with
Luke 3:14 and be c with your wages
Phil 4:11 whatever state I am, to be c
1Ti 6: 8 with these we shall be c
Heb 13: 5 be c with such things as you

CONTENTION (*see* CONTENTIONS, CONTENTIOUS)
Jer 15:10 a man of c to the whole earth

CONTENTIONS (*see* CONTENTION)
Prov 23:29 Who has sorrow? who has c?
1Co 1:11 that there are c among you

CONTENTIOUS (*see* CONTENTION)
Prov 21: 9 a house shared with a c woman
1Co 11:16 But if anyone seems to be c

CONTENTMENT† (*see* CONTENT)
1Ti 6: 6 with c is great gain

CONTINUAL (*see* CONTINUALLY, CONTINUE)
Ex 29:42 This shall be a c burnt
2Ch 2: 4 for the c showbread, for the
Prov 15:15 a merry heart has a c feast
Prov 19:13 of a wife are a c dripping
Is 14: 6 in wrath with a c stroke, he
Jer 48: 5 they ascend with c weeping
Luke 18: 5 her, lest by her c coming she
Rom 9: 2 sorrow and c grief in my heart

CONTINUALLY (*see* CONTINUAL)
Gen 6: 5 of his heart was only evil c
Gen 8: 3 receded c from the earth
Ex 27:20 to cause the lamp to burn c
2Sa 9: 7 shall eat bread at my table c
Ps 34: 1 praise shall c be in my mouth
Ps 42: 3 night, While they c say to me
Ps 52: 1 The goodness of God endures c
Ps 126: 6 He who c goes forth weeping,
Prov 6:21 Bind them c upon your heart
Is 49:16 your walls are c before Me
Luke 24:53 were c in the temple praising
Acts 6: 4 give ourselves c to prayer
Heb 7: 3 of God, remains a priest c
Heb 10: 1 they offer c year by year

CONTINUE (*see* CONTINUAL, CONTINUED, CONTINUES, CONTINUING)
1Sa 13:14 now your kingdom shall not c
2Sa 7:29 that it may c forever before
Acts 14:22 them to c in the faith, and
Rom 6: 1 Shall we c in sin that grace
Rom 11:22 if you c in His goodness
Rom 11:23 if they do not c in unbelief
1Ti 2:15 if they c in faith, love, and
Heb 8: 9 they did not c in My covenant
Heb 13: 1 Let brotherly love c
2Pe 3: 4 all things c as they were

CONTINUED (*see* CONTINUE)
Acts 1:14 These all c with one accord
Acts 2:42 they c steadfastly in the
1Jn 2:19 us, they would have c with us

CONTINUES (*see* CONTINUE)
Heb 7:24 But He, because He c forever

CONTINUING (*see* CONTINUE)
Acts 2:46 So **c** daily with one accord in
Rom 12:12 **c** steadfastly in prayer
Heb 13:14 For here we have no **c** city

CONTRADICTION† (*see* CONTRARY)
Heb 7: 7 Now beyond all **c** the lesser

CONTRARY (*see* CONTRADICTION)
Lev 26:21 Then, if you walk **c** to Me
Lev 26:24 I also will walk **c** to you
Matt 14:24 the waves, for the wind was **c**
Luke 22:26 on the **c**, he who is greatest
Acts 17: 7 these are all acting **c** to the
Acts 18:13 to worship God **c** to the law
Rom 4:18 **c** to hope, in hope believed,
Rom 10:21 to a disobedient and **c** people
Rom 11:24 were grafted **c** to nature into
Rom 16:17 **c** to the doctrine which you
1Ti 1:10 that is **c** to sound doctrine

CONTRIBUTION
Rom 15:26 **c** for the poor among the

CONTRITE
Ps 34:18 saves such as have a **c** spirit
Ps 51:17 spirit, A broken and a **c** heart
Is 57:15 place, with him who has a **c**

CONTROVERSY
Jer 25:31 LORD has a **c** with the nations
1Ti 3:16 And without **c** great is the

CONVENIENT
Acts 24:25 when I have a **c** time I will
1Co 16:12 come when he has a **c** time

CONVERSATION†
Jer 38:27 for the **c** had not been heard
Luke 24:17 What kind of **c** is this that

CONVERTED† (*see* CONVERTING)
Ps 51:13 And sinners shall be **c** to You
Matt 18: 3 say to you, unless you are **c**
Acts 3:19 Repent therefore and be **c**,

CONVERTING† (*see* CONVERTED)
Ps 19: 7 LORD is perfect, **c** the soul

CONVICT† (*see* CONVICTS)
John 16: 8 He will **c** the world of sin,
Tit 1: 9 and **c** those who contradict
Jude 15 all, to **c** all who are ungodly

CONVICTS† (*see* CONVICT)
John 8:46 Which of you **c** Me of sin

CONVINCED
Acts 26:26 for I am **c** that none of these
Rom 4:21 being fully **c** that what He
Rom 14: 5 be fully **c** in his own mind
Rom 14:14 am **c** by the Lord Jesus that
1Co 14:24 he is **c** by all, he is judged

CONVOCATION
Ex 12:16 day there shall be a holy **c**

CONVULSES†
Luke 9:39 it **c** him so that he foams at

COOL
Gen 3: 8 garden in the **c** of the day
Luke 16:24 in water and **c** my tongue

COPIED† (*see* COPY)
Prov 25: 1 of Hezekiah king of Judah **c**

COPIES (*see* COPY)
Heb 9:23 the **c** of the things in the

COPY (*see* COPIED, COPIES)
Deut 17:18 are **c** of this law in a book
Josh 8:32 a **c** of the law of Moses,
Heb 8: 5 who serve the **c** and shadow of

CORBAN†
Mark 7:11 from me is **C** (that is,

CORD (*see* CORDS)
Gen 38:18 Your signet and **c**, and your
Josh 2:21 the scarlet **c** in the window
Eccl 4:12 a threefold **c** is not quickly
Eccl 12: 6 before the silver **c** is loosed

CORDS (*see* CORD)
Ps 2: 3 And cast away Their **c** from us
Ps 119:61 The **c** of the wicked have
Is 54: 2 lengthen your **c**, and
Hos 11: 4 I drew them with gentle **c**

CORIANDER†
Ex 16:31 And it was like white **c** seed
Num 11: 7 Now the manna was like **c** seed

CORINTH (*see* CORINTHIANS)
Acts 18: 1 from Athens and went to **C**
1Co 1: 2 church of God which is at **C**

CORINTHIANS† (*see* CORINTH)
Acts 18: 8 And many of the **C**, hearing,
2Co 6:11 O **C**! We have spoken openly

CORNELIUS
Acts 10: 1 man in Caesarea called **C**, a

CORNER (*see* CORNERS, CORNERSTONE)
1Sa 24: 4 cut off a **c** of Saul's robe
Prov 7: 8 along the street near her **c**
Prov 7:12 square, lurking at every **c**
Prov 21: 9 to dwell in a **c** of a housetop
Acts 26:26 thing was not done in a **c**

CORNERS (*see* CORNER)
Ex 27: 2 make its horns on its four **c**
Lev 19: 9 reap the **c** of your field, nor
Deut 22:12 make tassels on the four **c** of
Is 11:12 from the four **c** of the earth

Acts 10:11 sheet bound at the four **c**
Rev 7: 1 at the four **c** of the earth

CORNERSTONE (*see* CORNER)
Ps 118:22 Has become the chief **c**
Is 28:16 a tried stone, a precious **c**
Zech 10: 4 From him comes the **c**, from
Matt 21:42 has become the chief **c**
1Pe 2: 6 I lay in Zion a chief **c**,

CORPSE (*see* CORPSES, DEAD)
Lev 22: 4 anything made unclean by a **c**

CORPSES (*see* CORPSE)
2Ki 19:35 the morning, there were the **c**

CORRECT (*see* CORRECTED, CORRECTION)
Job 40: 2 with the Almighty **c** Him
Ps 39:11 You **c** man for iniquity, You
Ps 94:10 the nations, shall He not **c**
Prov 29:17 **C** your son, and he will give
Jer 2:19 own wickedness will **c** you
Jer 10:24 LORD, **c** me, but with justice

CORRECTED† (*see* CORRECT)
Prov 29:19 will not be **c** by mere words
Hab 2: 1 answer when I am **c**
Heb 12: 9 had human fathers who **c** us

CORRECTION (*see* CORRECT)
Prov 3:11 of the LORD, nor detest His **c**
Prov 22:15 but the rod of **c** will drive
Prov 23:13 not withhold **c** from a child
2Ti 3:16 doctrine, for reproof, for **c**

CORRESPONDING (*see* CORRESPONDS)
Ex 38:18 **c** to the hangings of the

CORRESPONDS† (*see* CORRESPONDING)
Gal 4:25 **c** to Jerusalem which now is,

CORRODED†
Jas 5: 3 Your gold and silver are **c**

CORRUPT (*see* CORRUPTED, CORRUPTIBLE, CORRUPTION, CORRUPTS)
Gen 6:11 earth also was **c** before God
1Sa 2:12 Now the sons of Eli were **c**
Ps 14: 1 They are **c**, They have done
Dan 2: 9 **c** words before me till the
Dan 11:32 he shall **c** with flattery
Eph 4:22 the old man which grows **c**
Eph 4:29 Let no **c** communication
1Ti 6: 5 wranglings of men of **c** minds
Jude 10 things they **c** themselves

CORRUPTED (*see* CORRUPT)
Gen 6:12 for all flesh had **c** their way
Ex 8:24 The land was **c** because of the
Mal 2: 8 You have **c** the covenant of
2Co 11: 3 so your minds may be **c** from
Jas 5: 2 Your riches are **c**, and your
Rev 19: 2 who **c** the earth with her

CORRUPTIBLE (*see* CORRUPT)
Rom 1:23 into an image made like **c** man
1Co 15:53 For this **c** must put on
1Pe 1:18 not redeemed with **c** things
1Pe 1:23 born again, not of **c** seed but

CORRUPTION (*see* CORRUPT)
2Ki 23:13 the south of the Mount of **C**
Ps 16:10 allow Your Holy One to see **c**
Is 38:17 my soul from the pit of **c**
Acts 2:27 allow Your Holy One to see **c**
Acts 2:31 nor did His flesh see **c**
Rom 8:21 from the bondage of **c** into
1Co 15:42 The body is sown in **c**, it is
1Co 15:50 nor does **c** inherit
Gal 6: 8 will of the flesh reap **c**, but
2Pe 1: 4 having escaped the **c** that is
2Pe 2:19 themselves are slaves of **c**

CORRUPTS† (*see* CORRUPT)
1Co 15:33 Evil company **c** good habits

COST (*see* COSTS)
Prov 7:23 it would **c** his life.
Luke 14:28 sit down first and count the **c**

COSTS (*see* COST)
2Sa 24:24 with that which **c** me nothing

COUNCIL (*see* COUNCILS)
Matt 5:22 shall be in danger of the **c**
Luke 22:66 and led Him into their **c**,
Acts 22: 5 all the **c** of the elders, from
Acts 23: 6 he cried out in the **c**, "Men

COUNCILS (*see* COUNCIL)
Matt 10:17 they will deliver you up to **c**

COUNSEL (*see* ADVICE, ADVISE, CONFER, COUNSELOR, DECISION, INQUIRE, INSTRUCTION, PLOT, PURPOSE, WILL)
Num 31:16 through the **c** of Balaam, to
2Sa 15:31 turn the **c** of Ahithophel into
Job 38: 2 Who is this who darkens **c** by
Ps 1: 1 not in the **c** of the ungodly
Ps 2: 2 And the rulers take **c** together
Ps 55:14 We took sweet **c** together, And
Ps 73:24 You will guide me with Your **c**
Ps 107:11 despised the **c** of the Most
Prov 1: 5 will attain wise **c**,
Prov 12:15 but he who heeds **c** is wise
Is 5:19 let the **c** of the Holy One of
Is 11: 2 the Spirit of **c** and might,
Is 28:29 hosts, Who is wonderful in **c**
Is 30: 1 Who take **c**, but not of Me, and
Jer 18:18 nor **c** from the wise, nor the
Acts 20:27 to you the whole **c** of God
Eph 1:11 to the **c** of His will,
Heb 6:17 the immutability of His **c**

COUNSELOR (*see* COUNSEL, COUNSELORS)
Is 9: 6 will be called wonderful, **C**

Is 40:13 or as His **c** has taught Him
Rom 11:34 Or who has become His **c**

COUNSELORS (*see* COUNSELOR)
Prov 11:14 of **c** there is safety
Is 1:26 your **c** as at the beginning
Dan 3: 2 the governors, the **c**, the

COUNT (*see* COUNTED)
Gen 15: 5 **c** the stars if you are able
Lev 23:16 **C** fifty days to the day
Lev 25: 8 you shall **c** seven sabbaths of
Num 23:10 Who can **c** the dust of Jacob,
Deut 16: 9 begin to **c** the seven weeks
Ps 22:17 I can **c** all My bones
Luke 14:28 **c** the cost, whether he has
Phil 3: 8 But indeed I also **c** all
Phil 3: 8 **c** them as rubbish, that I may
Phil 3:13 I do not **c** myself to have
2Th 1:11 **c** you worthy of this calling
Phm 17 If then you **c** me as a partner
Jas 1: 2 **c** it all joy when you fall
2Pe 3: 9 as some **c** slackness, but is

COUNTED (*see* COUNT)
Gen 16:10 shall not be **c** for multitude
Matt 14: 5 because they **c** him as a
Matt 26:15 And they **c** out to him thirty
Mark 11:32 for all **c** John to have been a
Luke 20:35 But those who are **c** worthy to
Acts 5:41 rejoicing that they were **c**
Rom 2:26 be **c** as circumcision
Rom 4: 4 the wages are not **c** as grace
Rom 9: 8 the promise are **c** as the seed
Phil 3: 7 me, these I have **c** loss for
2Th 1: 5 that you may be **c** worthy of
1Ti 1:12 because He **c** me faithful,
1Ti 5:17 be **c** worthy of double honor
Heb 3: 3 For this One has been **c**
Heb 10:29 **c** the blood of the covenant

COUNTENANCE (*see* FACE)
Gen 4: 5 was very angry, and his **c** fell
Gen 12:11 are a woman of beautiful **c**
Gen 31: 2 And Jacob saw the **c** of Laban
Gen 31: 5 I see your father's **c**, that
Num 6:26 LORD lift up His **c** upon you
Deut 28:50 a nation of fierce **c**, which
Judg 13: 6 the **c** of the Angel of God
1Sa 14:27 and his **c** brightened
2Ki 8:11 Then he set his **c** in a stare
Job 14:20 You change his **c** and send him
Ps 4: 6 the light of Your **c** upon us
Ps 10: 4 his proud **c** does not seek God
Ps 42: 5 Him For the help of His **c**
Ps 44: 3 arm, and the light of Your **c**
Ps 80:16 at the rebuke of Your **c**
Prov 15:13 heart makes a cheerful **c**, but
Prov 25:23 backbiting tongue an angry **c**
Prov 27:17 sharpens the **c** of his friend
Eccl 7: 3 for by a sad **c** the heart is
Dan 5: 6 Then the king's **c** changed
Matt 28: 3 His **c** was like lightning, and
2Co 3: 7 because of the glory of his **c**
Rev 1:16 and His **c** was like the sun

COUNTRIES (*see* COUNTRY)
Gen 41:57 So all **c** came to Joseph in
Ps 110: 6 execute the heads of many **c**
Is 8: 9 Give ear, all you from far **c**
Jer 23: 3 of My flock out of all **c**
Ezek 35:10 these two **c** shall be mine, and
Dan 11:41 many **c** shall be overthrown
Zech 10: 9 shall remember Me in a far **c**

COUNTRY (*see* COUNTRIES)
Gen 12: 1 Get out of your **c**, from your
Deut 28: 3 blessed shall you be in the **c**
Deut 28:16 cursed shall you be in the **c**
Josh 6:22 men who had spied out the **c**
Josh 9: 6 We have come from a far **c**
Josh 11:16 the mountain **c**, all the South
Prov 25:25 so is good news from a far **c**
Is 1: 7 Your **c** is desolate, your
Jer 2: 7 you into a bountiful **c**, to
Jer 6:22 people comes from the north **c**
Matt 2:12 for their own **c** another way
Matt 13:57 honor except in his own **c**
Matt 21:33 and went into a far **c**
Mark 5:14 it in the city and in the **c**
Luke 1:39 into the hill **c** with haste
Luke 1:65 all the hill **c** of Judea
Luke 2: 8 Now there were in the same **c**
Luke 4:24 is accepted in his own **c**
John 4:44 has no honor in his own **c**
Acts 7: 3 to him, 'Get out of your **c**
Heb 11:16 better, that is, a heavenly **c**

COUPLE (*see* COUPLED)
Ex 26: 9 you shall **c** five curtains by
1Ki 17:12 I am gathering a **c** of sticks

COUPLED (*see* COUPLE)
Ex 26: 3 shall be **c** to one another
Ex 26:24 They shall be **c** together at
Ex 36:10 he **c** five curtains to one
Ex 36:29 they were **c** at the bottom and
Ex 36:29 **c** together at the top by one

COURAGE (*see* COURAGEOUS)
Num 13:20 Be of good **c**
Deut 31: 6 Be strong and of good **c**, do
2Ch 15: 8 Oded the prophet, he took **c**
Acts 28:15 he thanked God and took **c**

COURAGEOUS (*see* COURAGE)
Josh 1: 7 Only be strong and very **c**,

COURSE (*see* COURSES)
Eph 2: 2 to the **c** of this world,
Jas 3: 6 set on fire the **c** of nature

COURSES† (*see* COURSE)
Judg 5:20 the stars from their **c** fought

COURT (*see* COURTS, COURTYARD)
Ex 27: 9 make the **c** of the tabernacle

2Ch 4: 9 he made the **c** of the priests
2Ch 29:16 **c** of the house of the LORD
Neh 3:25 was by the **c** of the prison
Esth 1: 5 in the **c** of the garden of the
Esth 6: 4 **c** of the ⁝:ing's palace to
Job 9:19 who will appoint my day in **c**
Job 9:32 we should go to **c** together
Job 11:19 yes, many would **c** your favor
Prov 25: 8 Do not go hastily to **c**
Jer 32: 2 up in the **c** of the prison
Jer 36:10 in the upper **c** at the entry
Ezek 10: 3 the cloud filled the inner **c**
Ezek 46:22 of the **c** were enclosed courts
Dan 7:10 The **c** was seated, and the
1Co 4: 3 judged by you or by a human **c**
Gal 4:17 They zealously **c** you, but for
Rev 11: 2 But leave out the **c** which is

COURTEOUS† (*see* COURTESY)
1Pe 3: 8 be tenderhearted, be **c**

COURTESY† (*see* COURTEOUS)
Acts 24: 4 I beg you to hear, by your **c**

COURTS (*see* COURT)
2Ki 23:12 had made in the two **c** of the
Ps 65: 4 That he may dwell in Your **c**
Ps 84: 2 faints For the **c** of the LORD
Ps 84:10 For a day in Your **c** is better
Ps 92:13 flourish in the **c** of our God
Ps 100: 4 And into His **c** with praise
Is 1:12 your hand, to trample My **c**
Jas 2: 6 you and drag you into the **c**

COURTYARD (*see* COURT)
Matt 26:69 Peter sat outside in the **c**

COVENANT (*see* COVENANTS, TESTAMENT)
Gen 6:18 will establish My **c** with you
Gen 9: 9 I establish My **c** with you
Gen 9:13 the sign of the **c** between Me
Gen 9:16 the everlasting **c** between God
Gen 15:18 the LORD made a **c** with Abram
Gen 17: 9 for you, you shall keep My **c**
Gen 17:11 be a sign of the **c** between Me
Ex 19: 5 obey My voice and keep My **c**
Ex 23:32 You shall make no **c** with them
Ex 24: 7 he took the Book of the **C**
Ex 24: 8 the blood of the **c** which the
Ex 31:16 generations as a perpetual **c**
Ex 34:28 tablets the words of the **c**
Num 10:33 the ark of the **c** of the LORD
Num 18:19 it is a **c** of salt forever
Num 25:12 I give to him My **c** of peace
Deut 9:11 stone, the tablets of the **c**
Deut 29:14 I make this **c** and this oath,
Josh 3: 8 who bear the ark of the **c**
1Sa 4: 3 **c** of the LORD from Shiloh to
1Sa 4: 4 of the **c** of the LORD of hosts
1Sa 4: 4 with the ark of the **c** of God
1Sa 18: 3 Jonathan and David made a **c**
1Ki 19:10 Israel have forsaken Your **c**
2Ki 13:23 because of His **c** with Abraham
2Ki 23: 2 words of the Book of the **C**
2Ch 13: 5 and his sons, by a **c** of salt
Neh 9:32 and awesome God, Who keeps **c**
Neh 13:29 the **c** of the priesthood and
Job 31: 1 I have made a **c** with my eyes
Ps 44:17 we dealt falsely with Your **c**
Ps 50: 5 made a **c** with Me by sacrifice
Ps 50:16 Or take My **c** in your mouth,
Ps 89:34 My **c** I will not break, Nor
Ps 103:18 To such as keep His **c**, And to
Ps 105: 8 has remembered His **c** forever
Ps 111: 5 will ever be mindful of His **c**
Ps 132:12 If your sons will keep My **c**
Prov 2:17 and forgets the **c** of her God
Is 24: 5 Broken the everlasting **c**
Is 28:15 We have made a **c** with death
Is 42: 6 give You as a **c** to the people
Is 54:10 nor shall My **c** of peace be
Jer 31:31 when I will make a new **c** with
Jer 31:32 My **c** which they broke, though
Jer 33:20 can break My **c** with the day
Ezek 34:25 I will make a **c** of peace with
Dan 9:27 a **c** with many for one week
Dan 11:22 and also the prince of the **c**
Dan 11:28 be moved against the holy **c**
Hos 2:18 In that day I will make a **c**
Amos 1: 9 remember the **c** of brotherhood
Zech 9:11 of the blood of your **c**, I
Mal 2: 4 you, that My **c** with Levi may
Mal 2:14 companion and your wife by **c**
Mal 3: 1 even the Messenger of the **c**
Matt 26:28 this is My blood of the new **c**
Luke 1:72 and to remember His holy **c**
Luke 22:20 cup is the new **c** in My blood
Acts 3:25 of the **c** which God made with
Acts 7: 8 him the **c** of circumcision
Rom 11:27 For this is My **c** with them
2Co 3: 6 as ministers of the new **c**
Gal 3:17 cannot annul the **c** that was
Heb 7:22 become a surety of a better **c**
Heb 8: 6 also Mediator of a better **c**
Heb 8: 7 For if that first **c** had been
Heb 8: 8 when I will make a new **c** with
Heb 9: 4 the ark of the **c** overlaid on
Heb 9: 4 and the tablets of the **c**
Heb 9:15 is the Mediator of the new **c**
Heb 13:20 blood of the everlasting **c**
Rev 11:19 the ark of His **c** was seen in

COVENANTS† (*see* COVENANT)
Rom 9: 4 adoption, the glory, the **c**
Gal 4:24 For these are the two **c**
Eph 2:12 from the **c** of promise, having

COVER (*see* COVERED, COVERING, COVERINGS, COVERS)
Gen 6:14 **c** it inside and outside with
Ex 33:22 will **c** you with My hand while
Deut 23:13 it and turn and **c** your refuse
1Sa 19:13 put a **c** of goats' hair for
1Sa 25:20 went down under **c** of the hill
1Ki 7:18 **c** the capitals that were on
2Ch 4:13 to **c** the two bowl-shaped
Neh 4: 5 Do not **c** their iniquity, and
Job 16:18 do not **c** my blood, and let my

C

Job 21:26 in the dust, and worms **c** them
Job 22:14 Thick clouds **c** Him, so that
Job 38:34 abundance of water may **c** you
Ps 91: 4 He shall **c** you with His
Ps 104: 2 Who **c** Yourself with light as
Is 11: 9 LORD as the waters **c** the sea
Is 26:21 and will no more **c** her slain
Is 58: 7 see the naked, that you **c** him
Is 60: 2 darkness shall **c** the earth
Ezek 7:18 horror will **c** them
Ezek 24:17 do not **c** your lips, and do not
Ezek 32: 7 I will **c** the sun with a cloud
Ezek 37: 6 **c** you with skin and put breath
Hos 2: 9 given to **c** her nakedness
Hos 10: 8 say to the mountains, "**C** us
Hab 2:14 LORD, as the waters **c** the sea
Zech 5: 8 the lead **c** over its mouth
Luke 23:30 and to the hills, '**C** us
1Co 11: 7 ought not to **c** his head,
Jas 5:20 and **c** a multitude of sins
1Pe 4: 8 love will **c** a multitude of

COVERED (*see* COVER)
Gen 7:20 and the mountains were **c**
Gen 9:23 and **c** the nakedness of their
Gen 24:65 she took a veil and **c** herself
Ex 14:28 **c** the chariots, the horsemen,
Ex 15: 5 The depths have **c** them
Ex 24:15 and a cloud **c** the mountain
Ex 37: 9 **c** the mercy seat with their
Num 9:15 the cloud **c** the tabernacle,
Ps 32: 1 is forgiven, Whose sin is **c**
Ps 65:13 valleys also are **c** with grain
Ps 68:13 wings of a dove **c** with silver
Ps 80:10 The hills were **c** with its
Ps 85: 2 You have **c** all their sin
Is 6: 2 with two he **c** his face, with
Is 61:10 He has **c** me with the robe of
Matt 10:26 For there is nothing **c** that
Rom 4: 7 forgiven, and whose sins are **c**
1Co 11: 4 having his head **c**, dishonors
1Co 11: 6 For if a woman is not **c**, let

COVERING (*see* COVER, COVERINGS)
Gen 8:13 Noah removed the **c** of the ark
Ex 22:27 For that is his only **c**, it is
Ex 25:20 **c** the mercy seat with their
Ps 105:39 He spread a cloud for a **c**
Is 25: 7 of the **c** cast over all people
1Co 11:15 hair is given to her for a **c**

COVERINGS (*see* COVER, COVERING)
Gen 3: 7 together and made themselves **c**

COVERS (*see* COVER)
Prov 10:12 strife, but love **c** all sins
Luke 8:16 **c** it with a vessel or puts it

COVET (*see* COVETED, COVETOUS)
Ex 20:17 You shall not **c** your
Rom 7: 7 You shall not **c**
Jas 4: 2 You murder and **c** and cannot

COVETOUS (*see* COVET, COVETOUSNESS)
1Co 5:10 of this world, or with the **c**
1Co 6:10 nor thieves, nor **c**, nor
Eph 5: 5 unclean person, nor **c** man
1Ti 3: 3 not quarrelsome, not **c**

COVETOUSNESS (*see* COVETOUS)
Luke 12:15 Take heed and beware of **c**, for
Rom 1:29 immorality, wickedness, **c**
Rom 7: 7 **c** unless the law had said
1Th 2: 5 you know, nor a cloak for **c**
Heb 13: 5 Let your conduct be without **c**

COW (*see* COWS)
Is 11: 7 The **c** and the bear shall graze

COWS (*see* COW)
Gen 41: 2 up out of the river seven **c**
1Sa 6: 7 and hitch the **c** to the cart
Amos 4: 1 you **c** of Bashan, who are on

CRAFTINESS (*see* CRAFTY)
Job 5:13 the wise in their own **c**, and
1Co 3:19 the wise in their own **c**"
2Co 11: 3 serpent deceived Eve by his **c**

CRAFTSMAN
Gen 4:22 of every **c** in bronze and iron
Prov 8:30 was beside Him, as a master **c**

CRAFTY (*see* CRAFTINESS)
1Sa 23:22 I am told that he is very **c**
Job 5:12 the devices of the **c**, so that
Job 15: 5 choose the tongue of the **c**
Ps 83: 3 They have taken **c** counsel
Prov 7:10 of a harlot, and a **c** heart

CREATE (*see* CREATED, CREATION, CREATOR, CREATURE)
Neh 4: 8 Jerusalem and **c** confusion
Ps 51:10 **C** in me a clean heart, O God,
Is 4: 5 then the LORD will **c** above
Is 45: 7 **c** darkness, I make peace and
Is 45: 7 I make peace and **c** calamity
Is 45:18 it, Who did not **c** it in vain
Is 65:17 I **c** new heavens and a new
Is 65:18 rejoice forever in what I **c**
Is 65:18 I **c** Jerusalem as a rejoicing,
Eph 2:15 so as to **c** in Himself one new

CREATED (*see* CREATE)
Gen 1: 1 beginning God **c** the heavens
Gen 1:21 So God **c** great sea creatures
Gen 1:27 So God **c** man in His own image
Gen 1:27 male and female He **c** them
Gen 6: 7 destroy man whom I have **c**
Ps 104:30 forth Your Spirit, they are **c**
Ps 148: 5 He commanded and they were **c**
Is 41:20 Holy One of Israel has **c** it
Is 43: 7 whom I have **c** for My glory
Is 45: 8 I, the LORD, have **c** it
Mal 2:10 Has not one God **c** us
Mark 13:19 which God **c** until this time

Rom 8:39 depth, nor any other **c** thing
1Co 11: 9 Nor was man **c** for the woman.
Eph 2:10 **c** in Christ Jesus for good
Eph 3: 9 **c** all things through Jesus
Col 1:16 All things were **c** through Him
Col 3:10 to the image of Him who **c** him
Rev 4:11 for You **c** all things, and by

CREATION (*see* CREATE)
Mark 10: 6 from the beginning of the **c**
Mark 13:19 of **c** which God created until
Rom 1:20 For since the **c** of the world
Rom 8:19 the **c** eagerly waits for the
Rom 8:20 For the **c** was subjected to
Rom 8:22 know that the whole **c** groans
2Co 5:17 is in Christ, he is a new **c**
Gal 6:15 avails anything, but a new **c**
Col 1:15 God, the firstborn over all **c**
Heb 9:11 hands, that is, not of this **c**
2Pe 3: 4 were from the beginning of **c**
Rev 3:14 the Beginning of the **c** of God

CREATOR (*see* CREATE)
Eccl 12: 1 Remember now your **C** in the
Is 40:28 the **C** of the ends of the
Is 43:15 the **C** of Israel, your King
Rom 1:25 creature rather than the **C**
1Pe 4:19 good, as to a faithful **C**

CREATURE (*see* CREATE, CREATURES)
Gen 1:24 **c** according to its kind
Gen 2:19 Adam called each living **c**
Ezek 1:15 living **c** with its four faces
Mark 16:15 preach the gospel to every **c**
Acts 28: 5 shook off the **c** into the fire
Rom 1:25 served the **c** rather than the
Col 1:23 to every **c** under heaven, of
1Ti 4: 4 For every **c** of God is good,
Jas 3: 7 **c** of the sea, is tamed and has
Rev 4: 7 living **c** was like a lion, the
Rev 5:13 every **c** of which is in heaven and
Rev 16: 3 every living **c** in the sea

CREATURES (*see* CREATURE)
Gen 1:21 So God created great sea **c**
Ezek 1: 5 the likeness of four living **c**
Rev 4: 6 were four living **c** full of

CREEP (*see* CREEPING)
Lev 11:20 **c** on all fours shall be an
2Ti 3: 6 those who **c** into households

CREEPING (*see* CREEP)
Gen 1:24 **c** thing and beast of the earth
Gen 6: 7 **c** thing and birds of the air,
Acts 10:12 **c** things, and birds of the air
Rom 1:23 beasts and **c** things

CRETANS† (*see* CRETE)
Acts 2:11 **C** and Arabs—we hear them
Tit 1:12 **C** are always liars, evil

CRETE (*see* CRETANS)
Acts 27: 7 the shelter of **C** off Salmone
Acts 27:12 a harbor of **C** opening toward
Tit 1: 5 this reason I left you in **C**

CRIED (*see* CRY)
Gen 41:55 the people **c** to Pharaoh for
Ex 14:10 of Israel **c** out to the LORD
Deut 22:27 betrothed young woman **c** out
Job 29:12 delivered the poor who **c** out
Ps 34: 6 This poor man **c** out, and the
Ps 66:17 I **c** to Him with my mouth, And
Ps 88: 1 I have **c** out day and night
Ps 107: 6 Then they **c** out to the LORD
Ps 130: 1 of the depths I have **c** to You
Is 6: 3 And one **c** to another and said
Dan 3: 4 Then a herald **c** aloud
Dan 5: 7 The king **c** aloud to bring in
Dan 6:20 he **c** out with a lamenting
Jon 1: 5 every man **c** out to his god,
Jon 2: 2 out of the belly of Sheol I **c**
Matt 14:30 and beginning to sink he **c** out
Matt 20:30 passing by, **c** out, saying,
Matt 20:31 but they **c** out all the more,
Matt 27:46 Jesus **c** out with a loud voice
Mark 6:49 it was a ghost, and **c** out
Mark 9:24 the father of the child **c** out
Mark 9:26 Then the spirit **c** out,
Mark 15:39 saw that He **c** out like this
Luke 16:24 Then he **c** and said, 'Father
John 19: 6 officers saw Him, they **c** out
John 19:12 Him, but the Jews **c** out,
John 19:15 But they **c** out, "Away with
Acts 23: 6 he **c** out in the council,
Rev 18: 2 he **c** mightily with a loud
Rev 18:19 **c** out, weeping and wailing, and

CRIES (*see* CRY)
Gen 4:10 of your brother's blood **c** out
Ps 72:12 deliver the needy when he **c**
Prov 1:21 She **c** out in the chief
Prov 20:14 for nothing," **c** the buyer
Is 26:17 **c** out in her pangs, when she
Mic 6: 9 LORD's voice **c** to the city
Heb 5: 7 with vehement **c** and tears to
Jas 5: 4 the **c** of the reapers have

CRIMINALS
Luke 23:32 There were also two others, **c**

CRIMSON
Is 1:18 though they are red like **c**

CROOKED
Deut 32: 5 a perverse and **c** generation
Eccl 1:15 What is **c** cannot be made
Eccl 7:13 straight what He has made **c**
Is 42:16 them, and **c** places straight

CROSS (*see* CROSSED)
Num 35:10 When you **c** the Jordan into
Josh 4: 5 **C** over before the ark of the
Is 11:15 and make men **c** over dryshod
Is 51:10 for the redeemed to **c** over
Ezek 47: 5 a river that I could not **c**
Matt 16:24 himself, and take up his **c**

Matt 27:32 they compelled to bear His **c**
Matt 27:40 of God, come down from the **c**
Mark 4:35 Let us **c** over to the other
Luke 9:23 and take up his **c** daily, and
Luke 23:26 on him they laid the **c** that
John 19:17 And He, bearing His **c**, went
John 19:19 a title and put it on the **c**
John 19:25 by the **c** of Jesus His mother
1Co 1:17 lest the **c** of Christ should
1Co 1:18 For the message of the **c** is
Gal 5:11 offense of the **c** has ceased
Gal 6:14 **c** of our Lord Jesus Christ
Eph 2:16 God in one body through the **c**
Phil 2: 8 even the death of the **c**
Phil 3:18 enemies of the **c** of Christ
Col 1:20 through the blood of His **c**
Col 2:14 having nailed it to the **c**
Heb 12: 2 set before Him endured the **c**

CROSSED (*see* CROSS)
Josh 3:17 and all Israel **c** over on dry

CROW (*see* CROWED, CROWING, CROWS)
Luke 22:34 the rooster will not **c** this

CROWD
Mark 2: 4 near Him because of the **c**
Mark 5:27 she came behind Him in the **c**
Mark 15:11 priests stirred up the **c**, so
Luke 4:42 the **c** sought Him and came to

CROWED (*see* CROW)
Matt 26:74 Immediately a rooster **c**.

CROWING† (*see* CROW)
Mark 13:35 at the **c** of the rooster, or

CROWN (*see* CROWNED, CROWNS)
Ex 29: 6 put the holy **c** on the head of
Job 2: 7 his foot to the **c** of his head
Ps 65:11 You **c** the year with Your
Prov 12: 4 wife is the **c** of her husband
Prov 14:24 The **c** of the wise is their
Prov 16:31 head is a **c** of glory, if it
Prov 17: 6 children are the **c** of old men
Zech 9:16 be like the jewels of a **c**
Matt 27:29 had twisted a **c** of thorns
1Co 9:25 it to obtain a perishable **c**
Phil 4: 1 brethren, my joy and **c**, so
1Th 2:19 or joy, or **c** of rejoicing
2Ti 4: 8 for me the **c** of righteousness
Jas 1:12 he will receive the **c** of life
Rev 6: 2 a **c** was given to him, and he
Rev 14:14 having on His head a golden **c**

CROWNED (*see* CROWN)
Ps 8: 5 You have **c** him with glory and
Heb 2: 7 You **c** him with glory and honor

CROWNS (*see* CROWN)
Ps 103: 4 Who **c** you with lovingkindness
Rev 4:10 and cast their **c** before the
Rev 19:12 and on His head were many **c**

CROWS (*see* CROW)
Matt 26:34 night, before the rooster **c**

CRUCIFIED (*see* CRUCIFY)
Matt 26: 2 will be delivered up to be **c**
Matt 27:31 Him, and led Him away to be **c**
Matt 27:38 two robbers were **c** with Him
Matt 28: 5 that you seek Jesus who was **c**
Luke 23:33 Calvary, there they **c** Him
Luke 24: 7 hands of sinful men, and be **c**
Luke 24:20 condemned to death, and **c** Him
John 19:20 Jesus was **c** was near the city
John 19:41 He was **c** there was a garden
Acts 4:10 of Nazareth, whom you **c**, whom
Rom 6: 6 our old man was **c** with Him
1Co 1:13 Was Paul **c** for you
1Co 1:23 but we preach Christ **c**, to
1Co 2: 2 except Jesus Christ and Him **c**
1Co 2: 8 not have **c** the Lord of glory
Gal 2:20 I have been **c** with Christ
Gal 5:24 **c** the flesh with its passions
Gal 6:14 the world has been **c** to me
Rev 11: 8 where also our Lord was **c**

CRUCIFY (*see* CRUCIFIED)
Matt 20:19 to mock and to scourge and to **c**
John 19: 6 saying, "**C** Him, **c** Him
John 19:10 that I have power to **c** You
John 19:15 them, "Shall I **c** your King
Heb 6: 6 since they **c** again for

CRUEL
Ex 6: 9 of spirit and **c** bondage

CRUMBS
Matt 15:27 the **c** which fall from their

CRUSH (*see* CRUSHED)
Amos 4: 1 who **c** the needy, who say to
Rom 16:20 will **c** Satan under your feet

CRUSHED (*see* CRUSH)
Lev 22:24 the LORD what is bruised or **c**
Judg 9:53 head and **c** his skull
2Co 4: 8 on every side, yet not **c**

CRY (*see* CRIED, CRIES, CRYING)
Ex 2:23 and their **c** came up to God
Ex 12:30 there was a great **c** in Egypt
Ps 5: 2 heed to the voice of my **c**
Ps 17: 1 cause, O LORD, Attend to my **c**
Ps 18: 6 my **c** came before Him, even to
Ps 22: 2 I **c** in the daytime, but You
Ps 28: 1 To You I will **c**, O LORD my
Ps 28: 2 supplications When I **c** to You
Ps 34:15 His ears are open to their **c**
Ps 34:17 The righteous **c** out, and the
Ps 39:12 O LORD, And give ear to my **c**
Ps 40: 1 inclined to me, And heard my **c**
Ps 61: 1 Hear my **c**, O God
Ps 84: 2 my flesh **c** out for the living
Ps 86: 3 For I **c** to You all day long
Ps 142: 6 Attend to my **c**, For I am

Ps 147: 9 And to the young ravens that **c**
Prov 8: 1 Does not wisdom **c** out, and
Prov 21:13 shuts his ears to the **c** of
Is 5: 7 but behold, a **c** for help.
Is 24:14 shall **c** aloud from the sea
Is 40: 6 The voice said, "**C** out
Is 40: 6 What shall I **c**
Is 42: 2 He will not **c** out, nor raise
Is 42:14 Now I will **c** like a woman in
Is 58: 1 **C** aloud, spare not
Jer 2: 2 **c** in the hearing of Jerusalem
Jer 14: 2 the **c** of Jerusalem has gone
Jer 25:34 Wail, shepherds, and **c**
Jer 46:12 your **c** has filled the land
Jer 48: 5 have heard a **c** of destruction
Jer 48:20 Wail and **c**! Tell it in
Jer 51:54 The sound of a **c** comes from
Lam 2:19 **c** out in the night, at the
Lam 3:56 sighing, from my **c** for help
Ezek 9: 4 **c** over all the abominations
Ezek 21:12 **C** and wail, son of man
Hos 8: 2 Israel will **c** to Me, 'My God,
Joel 1:19 O LORD, to You I **c** out
Joel 1:20 the field also **c** out to You
Amos 3: 4 a young lion **c** out of his den
Jon 1: 2 city, and **c** out against it
Hab 1: 2 O LORD, how long shall I **c**
Zeph 1:10 mournful **c** from the Fish Gate
Matt 12:19 He will not quarrel nor **c** out
Matt 25: 6 And at midnight a **c** was heard
Mark 10:47 Nazareth, he began to **c** out
Luke 18: 7 His own elect who **c** out day
Luke 19:40 would immediately **c** out
Rom 8:15 adoption by whom we **c** out

CRYING (*see* CRY)
2Sa 13:19 head and went away **c** bitterly
Ps 69: 3 I am weary with my **c**
Is 40: 3 The voice of one **c** in the
Mal 2:13 with tears, with weeping and **c**
Matt 3: 3 The voice of one **c** in the
Matt 21:15 the children **c** out in the
Mark 5: 5 **c** out and cutting himself with
John 1:23 of one **c** in the wilderness
Acts 8: 7 **c** with a loud voice, came out
Gal 4: 6 Son into your hearts, **c** out,
Rev 14:15 **c** with a loud voice to Him
Rev 21: 4 more death, nor sorrow, nor **c**

CRYSTAL
Rev 21:11 a jasper stone, clear as **c**
Rev 22: 1 of water of life, clear as **c**

CUBIT (*see* CUBITS)
Gen 6:16 finish it to a **c** from above
Matt 6:27 can add one **c** to his stature

CUBITS (*see* CUBIT)
Gen 6:15 ark shall be three hundred **c**
Gen 7:20 prevailed fifteen **c** upward
Dan 3: 1 whose height was sixty **c**
Rev 21:17 one hundred and forty-four **c**

CUD
Lev 11: 3 hooves and chewing the **c**

CUMI†
Mark 5:41 Talitha, **c**," which is

CUMMIN
Matt 23:23 tithe of mint and anise and **c**

CUNNING (*see* CUNNINGLY)
Gen 3: 1 Now the serpent was more **c**
Eph 4:14 in the **c** craftiness by which

CUNNINGLY† (*see* CUNNING)
2Pe 1:16 For we did not follow **c**

CUP (*see* CUPBEARER)
Gen 40:11 Pharaoh's **c** was in my hand
Gen 44: 2 Also put my **c**, the silver **c**
Gen 44:12 the **c** was found in Benjamin's
Ps 23: 5 My **c** runs over
Ps 116:13 take up the **c** of salvation
Prov 23:31 when it sparkles in the **c**
Is 51:17 of the LORD the **c** of His fury
Jer 16: 7 **c** of consolation to drink for
Matt 10:42 a **c** of cold water in the name
Matt 20:22 **c** that I am about to drink
Matt 23:25 cleanse the outside of the **c**
Matt 26:27 Then He took the **c**, and gave
Matt 26:39 let this **c** pass from Me
Luke 22:20 also took the **c** after supper
Luke 22:20 This **c** is the new covenant in
Luke 22:42 will, remove this **c** from Me
1Co 10:16 The **c** of blessing which we
1Co 10:21 drink the **c** of the Lord and
1Co 10:21 the Lord and the **c** of demons
1Co 11:26 this bread and drink this **c**
Rev 14:10 into the **c** of His indignation
Rev 16:19 to give her the **c** of the wine
Rev 17: 4 golden **c** full of abominations
Rev 18: 6 in the **c** which she has mixed,

CUPBEARER† (*see* CUP)
Neh 1:11 For I was the king's **c**

CURDS
Is 7:15 **C** and honey He shall eat, that

CURSE (*see* CURSED, CURSES, CURSING)
Gen 8:21 I will never again **c** the
Gen 12: 3 I will **c** him who curses you
Num 5:18 bitter water that brings a **c**
Num 23: 8 How shall I **c** whom God has
Deut 11:26 you today a blessing and a **c**
Neh 13: 2 Balaam against them to **c** them
Job 1:11 he will surely **c** You to Your
Job 2: 9 **C** God and die
Job 3: 8 May those **c** it who **c** the day
Ps 62: 4 mouth, But they **c** inwardly
Ps 109:28 Let them **c**, but You bless
Eccl 10:20 Do not **c** the king, even in
Eccl 10:20 do not **c** the rich, even in
Is 8:21 **c** their king and their God, and

C

Jer 24: 9 and a byword, a taunt and a **c**
Mal 2: 2 and I will **c** your blessings
Mal 4: 6 and strike the earth with a **c**
Matt 5:44 bless those who **c** you, do
Matt 26:74 Then he began to **c** and swear,
Gal 3:10 of the law are under the **c**
Gal 3:13 us from the **c** of the law,
Gal 3:13 having become a **c** for us (for
Jas 3: 9 Father, and with it we **c** men
Rev 22: 3 And there shall be no more **c**

CURSED (*see* CURSE)
Gen 3:14 this, you are **c** more than all
Gen 3:17 **C** is the ground for your sake
Gen 4:11 now you are **c** from the earth
Gen 9:25 **C** be Canaan
Deut 27:20 **C** is the one who lies with
Deut 28:16 **C** shall you be in the city,
Deut 28:16 **c** shall you be in the country
Deut 28:17 **C** shall be your basket and
1Sa 17:43 the Philistine **c** David by his
2Sa 16: 7 Shimei said thus when he **c**
Job 1: 5 and **c** God in their hearts
Job 3: 1 and **c** the day of his birth
Ps 37:22 But those who are **c** by Him
Ps 119:21 the **c**, Who stray from Your
Eccl 7:22 that even you have **c** others
Jer 17: 5 **C** is the man who trusts in
Jer 20:14 **C** be the day in which I was
Jer 20:15 Let the man **c** who brought
Mal 3: 9 You are **c** with a curse, for
Matt 25:41 hand, 'Depart from Me, you **c**
Mark 11:21 which You **c** has withered away
Gal 3:10 **C** is everyone who does not
Gal 3:13 **C** is everyone who hangs on a
Heb 6: 8 rejected and near to being **c**

CURSES (*see* CURSE)
Gen 12: 3 and I will curse him who **c** you
Ex 21:17 he who **c** his father or his
Lev 24:15 Whoever **c** his God shall bear
Num 5:23 shall write these **c** in a book
Jer 15:10 every one of them **c** me
Matt 15: 4 He who **c** father or mother,
Mark 7:10 He who **c** father or mother,

CURSING (*see* CURSE, CURSINGS)
Deut 30:19 life and death, blessing and **c**
Ps 10: 7 His mouth is full of **c** and
Ps 59:12 in their pride, And for the **c**
Ps 109:17 As he loved **c**, so let it come
Ps 109:18 with **c** as with his garment
Rom 3:14 Whose mouth is full of **c** and
Jas 3:10 mouth proceed blessings and **c**

CURSINGS† (*see* CURSING)
Josh 8:34 law, the blessings and the **c**
Hos 7:16 for the **c** of their tongue

CURTAIN (*see* CURTAINS)
Ex 26: 2 The length of each **c** shall be

CURTAINS (*see* CURTAIN)
Ex 26: 1 the tabernacle with ten **c**

CUSH (*see* ETHIOPIA)
Gen 2:13 the whole land of **C**
Gen 10: 8 **C** begot Nimrod

CUSTOM (*see* CUSTOMS)
Gen 19:31 as is the **c** of all the earth
2Ki 11:14 by a pillar according to **c**
Ezra 4:13 not pay tax, tribute, or **c**
Ps 119:132 As Your **c** is toward those who
Dan 6:10 as was his **c** since early days
Luke 2:27 according to the **c** of the law
Luke 2:42 to the **c** of the feast
Luke 4:16 And as His **c** was, He went into
John 19:40 as the **c** of the Jews is to
Acts 15: 1 according to the **c** of Moses
Acts 17: 2 Then Paul, as his **c** was, went
Acts 25:16 It is not the **c** of the

CUSTOMS (*see* CUSTOM)
Lev 18:30 any of these abominable **c**
Acts 6:14 and change the **c** which Moses
Rom 13: 7 **c** to whom **c**, fear to

CUT
Gen 9:11 be **c** off by the waters of the
Gen 15:10 and **c** them in two, down the
Gen 17:14 be **c** off from his people
Ex 4:25 **c** off the foreskin of her son
Ex 34: 1 **C** two tablets of stone like
Ex 34:13 **c** down their wooden images
Lev 22:24 or crushed, or torn or **c**
Deut 19: 5 the ax to **c** down the tree
Judg 20: 6 **c** her in pieces, and sent her
1Sa 24: 5 because he had **c** Saul's robe
1Ki 18:28 **c** themselves, as was their
1Ki 18:33 **c** the bull in pieces, and laid
Job 14: 7 for a tree, if it is **c** down
Ps 34:16 To **c** off the remembrance of
Ps 37: 2 soon be **c** down like the grass
Ps 37: 9 For evildoers shall be **c** off
Ps 90:10 For it is soon **c** off, and we
Ps 109:13 Let his posterity be **c** off
Ps 109:15 That He may **c** off the memory
Ps 143:12 In Your mercy **c** off my
Prov 2:22 will be **c** off from the earth
Prov 10:31 perverse tongue will be **c** out
Prov 23:18 your hope will not be **c** off
Prov 24:14 your hope will not be **c** off
Is 6:13 remains when it is **c** down
Is 10:34 He will **c** down the thickets
Is 14:22 **c** off from Babylon the name
Is 15: 2 and every beard **c** off
Is 53: 8 For He was **c** off from the
Is 55:13 sign that shall not be **c** off
Is 56: 5 name that shall not be **c** off
Jer 16: 6 them, **c** themselves, nor make
Jer 34:18 when they **c** the calf in two
Jer 44: 7 to **c** off from you man and
Jer 48:25 The horn of Moab is **c** off
Jer 50:16 **C** off the sower from Babylon,
Jer 50:23 whole earth has been **c** apart
Ezek 5:16 **c** off your supply of bread
Ezek 6: 6 incense altars may be **c** down

Ezek 14:13 **c** off man and beast from it
Ezek 16: 4 your navel cord was not **c**
Ezek 17: 9 **c** off its fruit, and leave it
Dan 2: 5 you shall be **c** in pieces
Dan 2:34 stone was **c** out without hands
Dan 9:26 weeks Messiah shall be **c** off
Hos 10: 7 her king is **c** off like a twig
Hos 10:15 Israel shall be **c** off utterly
Obad 9 may be **c** off by slaughter
Mic 1:16 **c** off your hair, because of
Mic 5:10 That I will **c** off your horses
Mic 5:12 I will **c** off sorceries from
Nah 2:13 I will **c** off your prey from
Hab 3:17 flock be **c** off from the fold
Zech 9:10 I will **c** off the chariot from
Zech 9:10 the battle bow shall be **c** off
Matt 3:10 not bear good fruit is **c** down
Matt 5:30 **c** it off and cast it from you
Matt 26:51 high priest, and **c** off his ear
Mark 9:43 hand makes you sin, **c** it off
Mark 11: 8 others **c** down leafy branches
John 18:26 of him whose ear Peter **c** off
Acts 2:37 they were **c** to the heart, and
Acts 7:54 they were **c** to the heart, and
Acts 18:18 his hair **c** off at Cenchrea
Acts 27:32 Then the soldiers **c** away the
Rom 9:28 **c** it short in righteousness,
Rom 11:22 you also will be **c** off

CYMBAL† (*see* CYMBALS)
1Co 13: 1 brass or a clanging **c**

CYMBALS (*see* CYMBAL)
Ps 150: 5 Praise Him with loud **c**

CYPRUS
Dan 11:30 For ships from **C** shall come
Acts 15:39 took Mark and sailed to **C**

CYRENIAN
Mark 15:21 a certain man, Simon a **C**, the

CYRUS
2Ch 36:22 year of **C** king of Persia,
Ezra 5:13 year of **C** king of Babylon
Ezra 5:17 **C** to build this house of God
Is 44:28 who says of C, 'He is My
Is 45: 1 LORD to His anointed, to **C**
Dan 6:28 in the reign of **C** the Persian

D

DAGON
Judg 16:23 sacrifice to **D** their god, and
1Sa 5: 2 it into the temple of **D**

DAILY
Ex 5:19 any bricks from your **d** quota
Ex 16: 5 as much as they gather **d**
Lev 6:20 flour as a **d** grain offering
Judg 16:16 pestered him **d** with her words
Prov 8:30 and I was **d** His delight,
Dan 1: 5 a **d** provision of the king's
Dan 11:31 take away the **d** sacrifices
Matt 6:11 Give us this day our **d** bread
Matt 26:55 I sat **d** with you, teaching in
Luke 9:23 and take up his cross **d**, and
Acts 2:47 Lord added to the church **d**
Acts 6: 1 in the **d** distribution
Acts 16: 5 and increased in number **d**
Acts 17:11 searched the Scriptures **d** to
1Co 15:31 Jesus our Lord, I die **d**
Heb 10:11 priest stands ministering **d**
Jas 2:15 naked and destitute of **d** food

DAMASCUS
Gen 15: 2 of my house is Eliezer of **D**
2Sa 8: 5 When the Syrians of **D** came to
2Ki 5:12 the Pharpar, the rivers of **D**
2Ki 16:10 and saw an altar that was at **D**
Is 7: 8 For the head of Syria is **D**
Amos 1: 3 For three transgressions of **D**
Acts 9:10 disciple at **D** named Ananias

DAN (*see* LAISH)
Gen 14:14 went in pursuit as far as **D**
Gen 49:16 **D** shall judge his people as
Num 1:38 From the children of **D**, their
Num 26:42 These are the sons of **D**
Deut 33:22 **D** is a lion's whelp
Deut 34: 1 land of Gilead as far as **D**
Josh 19:47 They called Leshem, **D**, after
Josh 21:23 and from the tribe of **D**,
Judg 5:17 why did **D** remain on ships
Judg 18:29 called the name of the city **D**
Judg 20: 1 from **D** to Beersheba, as well
1Sa 3:20 And all Israel from **D** to
2Sa 3:10 Judah, from **D** to Beersheba
2Ki 10:29 that were at Bethel and **D**
Amos 8:14 say, As your god lives, O **D**

DANCE (*see* DANCED, DANCES, DANCING)
Ps 150: 4 Him with the timbrel and **d**
Eccl 3: 4 time to mourn, and a time to **d**
Matt 11:17 for you, and you did not **d**

DANCED (*see* DANCE)
2Sa 6:14 Then David **d** before the LORD
Matt 14: 6 of Herodias **d** before them

DANCES (*see* DANCE)
Ex 15:20 her with timbrels and with **d**

DANCING (*see* DANCE)
Ex 32:19 that he saw the calf and the **d**
Judg 11:34 meet him with timbrels and **d**
1Sa 18: 6 of Israel, singing and **d**, to

DANGER
Matt 5:21 will be in **d** of the judgment
Matt 5:22 shall be in **d** of hell fire

DANIEL (*see* BELTESHAZZAR)
Ezek 14:20 even though Noah, **D**, and Job
Ezek 28: 3 (Behold, you are wiser than **D**
Dan 1: 7 he gave **D** the name

Dan 1:17 **D** had understanding in all
Dan 1:19 all none was found like **D**
Dan 2:19 So **D** blessed the God of
Dan 2:48 Then the king promoted **D** and
Dan 5:29 and they clothed **D** with purple
Dan 6: 2 governors, of whom **D** was one
Dan 6:10 Now when **D** knew that the
Dan 6:11 found **D** praying and making
Dan 6:20 **D**, servant of the living God,
Dan 6:23 take **D** up out of the den
Dan 6:27 Who has delivered **D** from the
Dan 6:28 So this **D** prospered in the
Dan 7: 1 **D** had a dream and visions of
Dan 8:27 And I, **D**, fainted and was sick
Dan 10: 7 And I, **D**, alone saw the vision
Dan 10:11 O **D**, man greatly beloved,
Dan 12: 4 But you, **D**, shut up the words
Matt 24:15 spoken of by **D** the prophet
Mark 13:14 spoken of by **D** the prophet

DARE (*see* DARED)

Esth 7: 5 who would **d** presume in his
Job 41:10 that he would **d** stir him up
Amos 6:10 For we **d** not mention the name
Matt 22:46 anyone **d** question Him
Rom 5: 7 someone would even **d** to die
Rom 15:18 For I will not **d** to speak of

DARED (*see* DARE)

2Sa 17:17 for they **d** not be seen coming
Job 32: 6 **d** not declare my opinion to
Mark 12:34 that no one **d** question Him
John 21:12 of the disciples **d** ask Him
Acts 5:13 none of the rest **d** join them
Acts 7:32 Moses trembled and **d** not look

DARIUS

Ezra 4: 5 the reign of **D** king of Persia
Dan 5:31 And **D** the Mede received the
Dan 6: 6 King **D**, live forever
Dan 6: 9 Therefore King **D** signed the
Hag 1: 1 In the second year of King **D**
Zech 1: 1 month of the second year of **D**

DARK (*see* DARKENED, DARKNESS)

Gen 15:17 the sun went down and it was **d**
Num 12: 8 plainly, and not in **d** sayings
1Ki 8:12 He would dwell in the **d** cloud
Ps 74:20 For the **d** places of the earth
Song 1: 5 I am **d**, but lovely, O
Is 45:19 in a **d** place of the earth
Ezek 34:12 on a cloudy and **d** day
Joel 2:10 the sun and moon grow **d**, and
Amos 5: 8 and makes the day **d** as night
John 6:17 And it was now **d**, and Jesus had
John 20: 1 early, while it was still **d**
2Pe 1:19 that shines in a **d** place,

DARKENED (*see* DARK, DARKENS)

Ex 10:15 earth, so that the land was **d**
Eccl 12: 2 moon and the stars, are not **d**
Matt 24:29 those days the sun will be **d**
Luke 23:45 Then the sun was **d**, and the
Rom 1:21 their foolish hearts were **d**
Rom 11:10 let their eyes be **d**, that
Eph 4:18 having their understanding **d**
Rev 8:12 that a third of them were **d**

DARKENS (*see* DARKENED)

Job 38: 2 Who is this who **d** counsel by

DARKNESS (*see* DARK)

Gen 1: 2 **d** was on the face of the deep
Gen 1: 4 divided the light from the **d**
Gen 1: 5 Day, and the **d** He called Night
Gen 1:18 divide the light from the **d**
Gen 15:12 and great **d** fell upon him
Ex 10:21 **d** which may even be felt
Ex 20:21 the thick **d** where God was
Job 10:21 not return, to the land of **d**
Job 26:10 at the boundary of light and **d**
Job 28: 3 Man puts an end to **d**, and
Ps 91: 6 pestilence that walks in **d**
Ps 139:12 the **d** shall not hide from You
Ps 139:12 The **d** and the light are both
Is 9: 2 in **d** have seen a great light
Is 45: 3 give you the treasures of **d**
Is 45: 7 I form the light and create **d**
Joel 2: 2 a day of clouds and thick **d**
Joel 2:31 sun shall be turned into **d**
Amos 5:18 It will be **d**, and not light
Amos 5:20 Is not the day of the LORD **d**
Zeph 1:15 a day of clouds and thick **d**
Matt 4:16 sat in **d** saw a great light
Matt 6:23 whole body will be full of **d**
Matt 6:23 how great is that **d**
Matt 8:12 will be cast out into outer **d**
Matt 27:45 there was **d** over all the land
Luke 22:53 your hour, and the power of **d**
John 1: 5 And the light shines in the **d**
John 1: 5 the **d** did not comprehend it
John 3:19 men loved **d** rather than light
John 8:12 Me shall not walk in **d**, but
Acts 2:20 sun shall be turned into **d**
Rom 13:12 us cast off the works of **d**
2Co 4: 6 light to shine out of **d** who
2Co 6:14 communion has light with **d**
Eph 5:11 the unfruitful works of **d**
Eph 6:12 rulers of the **d** of this age
Col 1:13 us from the power of **d** and
1Pe 2: 9 of **d** into His marvelous light
1Jn 1: 5 and in Him is no **d** at all
1Jn 1: 6 with Him, and walk in **d**, we
1Jn 2:11 who hates his brother is in **d**
Rev 16:10 his kingdom became full of **d**

DARTS

Eph 6:16 the fiery **d** of the wicked one

DASH (*see* DASHED, DASHES)

Ps 2: 9 You shall **d** them in pieces
Ps 91:12 Lest you **d** your foot against
Matt 4: 6 lest you **d** your foot against

DASHED (*see* BROKEN, DASH)

Ex 15: 6 has **d** the enemy in pieces
Rev 2:27 they shall be **d** to pieces

DASHES† (*see* DASH)
Ps 137: 9 **d** Your little ones against

DATHAN
Num 16:24 from the tents of Korah, **D**

DAUGHTER (*see* DAUGHTERS, GRANDDAUGHTER)
Gen 20:12 She is the **d** of my father,
Gen 29: 6 his **d** Rachel is coming with
Gen 34: 5 he had defiled Dinah his **d**
Ex 1:22 every **d** you shall save alive
Ex 2: 5 Then the **d** of Pharaoh came
Ex 2:21 gave Zipporah his **d** to Moses
Ex 20:10 you, nor your son, nor your **d**
Judg 11:35 "Alas, my **d**! You have brought
Judg 19:24 Look, here is my virgin **d**
2Sa 12: 3 and it was like a **d** to him
1Ki 3: 1 Egypt, and married Pharaoh's **d**
2Ki 19:21 the **d** of Zion, has despised
Ps 45:13 The royal **d** is all glorious
Ps 137: 8 O **d** of Babylon, who are to be
Is 10:32 the mount of the **d** of Zion,
Is 47: 1 dust, O virgin **d** of Babylon
Lam 2:13 you, O virgin **d** of Zion
Ezek 16:44 Like mother, like **d**
Hos 1: 6 conceived again and bore a **d**
Zech 9: 9 Rejoice greatly, O **d** of Zion
Zech 9: 9 Shout, O **d** of Jerusalem
Mal 2:11 the **d** of a foreign god
Matt 9:18 My **d** has just died, but come
Matt 10:35 a **d** against her mother, and a
Matt 10:37 he who loves son or **d** more
Matt 14: 6 the **d** of Herodias danced
Matt 15:28 her **d** was healed from that
Matt 21: 5 Tell the **d** of Zion, 'Behold,
Luke 8:42 for he had an only **d** about
Luke 12:53 father, mother against **d** and
Luke 13:16 being a **d** of Abraham, whom
John 12:15 Fear not, **d** of Zion
Heb 11:24 called the son of Pharaoh's **d**

DAUGHTERS (*see* DAUGHTER)
Gen 5: 4 and he begot sons and **d**
Gen 6: 1 and **d** were born to them,
Gen 6: 2 sons of God saw the **d** of men
Gen 19: 8 I have two **d** who have not
Gen 19:36 Thus both the **d** of Lot were
Gen 31:41 fourteen years for your two **d**
Num 27: 1 Then came the **d** of Zelophehad
Deut 12:31 **d** in the fire to their gods
Ezra 9:12 do not give your **d** as wives
Neh 10:30 nor take their **d** for our sons
Job 1: 2 and three **d** were born to him
Job 42:13 had seven sons and three **d**
Prov 30:15 The leech has two **d**, crying,
Prov 31:29 Many **d** have done well, but
Eccl 12: 4 and all the **d** of music are
Song 1: 5 O **d** of Jerusalem, like the
Jer 16: 2 have sons or **d** in this place
Lam 3:51 of all the **d** of my city
Ezek 13:17 against the **d** of your people
Ezek 14:16 deliver neither sons nor **d**
Ezek 14:18 deliver neither sons nor **d**
Ezek 16:46 of you, is Sodom and her **d**
Ezek 23: 2 women, the **d** of one mother
Ezek 30:18 her **d** shall go into captivity
Ezek 32:16 the **d** of the nations shall
Hos 4:13 Therefore your **d** commit
Joel 2:28 your **d** shall prophesy, your
Luke 1: 5 wife was of the **d** of Aaron
Luke 23:28 **D** of Jerusalem, do not weep
Acts 2:17 your **d** shall prophesy, your
Acts 21: 9 four virgin **d** who prophesied
2Co 6:18 and you shall be My sons and **d**
1Pe 3: 6 whose **d** you are if you do

DAVID
Ruth 4:17 of Jesse, the father of **D**
1Sa 16:13 upon **D** from that day forward
1Sa 16:23 that **D** would take a harp and
1Sa 17:14 **D** was the youngest
1Sa 17:43 So the Philistine said to **D**
1Sa 17:54 And **D** took the head of the
1Sa 18: 1 was knit to the soul of **D**
1Sa 18: 3 **D** made a covenant, because he
1Sa 18: 7 and **D** his ten thousands
1Sa 18: 9 So Saul eyed **D** from that day
1Sa 18:10 So **D** played music with his
1Sa 18:11 I will pin **D** to the wall with
1Sa 18:11 But **D** escaped his presence
1Sa 18:12 Now Saul was afraid of **D**,
1Sa 18:16 all Israel and Judah loved **D**
1Sa 18:20 Saul's daughter, loved **D**
1Sa 18:28 knew that the LORD was with **D**
1Sa 19: 2 So Jonathan told **D**, saying
1Sa 25:23 Now when Abigail saw **D**, she
1Sa 27:12 So Achish believed **D**, saying,
2Sa 2: 4 there they anointed **D** king
2Sa 5: 3 they anointed **D** king over
2Sa 5: 7 Zion (that is, the City of **D**)
2Sa 5:17 anointed **D** king over Israel
2Sa 6:14 Then **D** danced before the LORD
2Sa 7: 5 Go and tell My servant **D**
2Sa 11: 6 And Joab sent Uriah to **D**
2Sa 12: 1 the LORD sent Nathan to **D**
2Sa 12:24 Then **D** comforted Bathsheba
2Sa 20: 1 We have no part in **D**, nor do
2Sa 22:51 mercy to His anointed, to **D**
2Sa 23: 1 these are the last words of **D**
2Sa 24:24 So **D** bought the threshing
2Sa 24:25 **D** built there an altar to the
1Ki 1: 1 Now King **D** was old, advanced
1Ki 1:31 my lord King **D** live forever
1Ki 1:37 the throne of my lord King **D**
1Ki 2: 1 Then the days of **D** drew near
1Ki 2:10 So **D** rested with his fathers,
1Ki 2:10 was buried in the City of **D**
1Ki 2:33 But upon **D** and his descendants
1Ki 2:45 and the throne of **D** shall be
1Ki 3: 3 the statutes of his father **D**
1Ki 3: 6 to your servant **D** my father
1Ki 3: 7 king instead of my father **D**
1Ki 3:14 as your father **D** walked,
1Ki 5: 1 for Hiram had always loved **D**
1Ki 5: 7 for He has given **D** a wise son
1Ki 8:16 but I chose **D** to be over My

1Ki 8:24 Your servant **D** my father
1Ki 11:21 **D** rested with his fathers
1Ki 12:16 What portion have we in **D**
1Ki 12:16 see to your own house, O **D**
1Ki 14: 8 have not been as My servant **D**
1Ki 15: 5 because **D** did what was right
1Ch 9:22 **D** and Samuel the seer had
1Ch 11:10 of the mighty men whom **D** had
1Ch 13:12 **D** was afraid of God that day,
1Ch 18: 3 **D** defeated Hadadezer king of
1Ch 19:19 they made peace with **D** and
1Ch 21: 1 and moved **D** to number Israel
1Ch 22: 5 Now **D** said, "Solomon my son
1Ch 27:24 of the chronicles of King **D**
1Ch 29:29 Now the acts of King **D**, first
2Ch 6:42 the mercies of Your servant **D**
2Ch 8:14 for so **D** the man of God had
2Ch 29:26 with the instruments of **D**
2Ch 32:33 upper tombs of the sons of **D**
Neh 3:16 in front of the tombs of **D**
Neh 12:24 of **D** the man of God
Neh 12:37 the stairs of the City of **D**
Neh 12:37 wall, beyond the house of **D**
Neh 12:46 For in the days of **D** and Asaph
Ps 18:50 mercy to His anointed, To **D**
Ps 72:20 The prayers of **D** the son of
Ps 89:49 You swore to **D** in Your truth
Ps 132: 1 Lord, remember **D** And all his
Ps 132:17 will make the horn of **D** grow
Prov 1: 1 of Solomon the son of **D**, king
Eccl 1: 1 of the Preacher, the son of **D**
Song 4: 4 neck is like the tower of **D**
Is 7:13 Hear now, O house of **D**
Is 9: 7 no end, upon the throne of **D**
Is 16: 5 truth, in the tabernacle of **D**
Is 22:22 The key of the house of **D** I
Is 29: 1 Ariel, the city where **D** dwelt
Is 55: 3 the sure mercies of **D**
Jer 21:12 O house of **D**!
Jer 22: 2 who sit on the throne of **D**
Jer 23: 5 That I will raise to **D** a
Jer 33:15 **D** a Branch of righteousness
Jer 33:17 **D** shall never lack a man to
Ezek 34:23 shall feed them—My servant **D**
Hos 3: 5 **D** their king, and fear the
Amos 6: 5 musical instruments like **D**
Amos 9:11 raise up The tabernacle of **D**
Zech 12:10 I will pour on the house of **D**
Matt 1: 1 of Jesus Christ, the Son of **D**
Matt 1: 6 and Jesse begot **D** the king
Matt 1: 6 **D** the king begot Solomon by
Matt 1:17 to **D** are fourteen generations
Matt 1:20 Joseph, son of **D**, do not be
Matt 9:27 Son of **D**, have mercy on us
Matt 12: 3 what **D** did when he was hungry
Matt 20:30 mercy on us, O Lord, Son of **D**
Matt 21: 9 Hosanna to the Son of **D**
Matt 22:43 How then does **D** in the Spirit
Matt 22:45 If **D** then calls Him 'Lord,'
Mark 12:35 the Christ is the Son of **D**
Luke 1:27 was Joseph, of the house of **D**
Luke 1:32 the throne of His father **D**
Luke 2: 4 into Judea, to the city of **D**
Luke 2: 4 of the house and lineage of **D**
Luke 2:11 day in the city of **D** a Savior
Luke 20:41 the Christ is the Son of **D**?
John 7:42 comes from the seed of **D** and
John 7:42 of Bethlehem, where **D** was
Acts 1:16 mouth of **D** concerning Judas
Acts 2:29 to you of the patriarch **D**
Acts 13:34 you the sure mercies of **D**
Acts 15:16 of **D** which has fallen down
Rom 1: 3 of **D** according to the flesh
Rom 11: 9 And **D** says: "Let their table
2Ti 2: 8 Christ, of the seed of **D**, was
Heb 4: 7 a certain day, saying in **D**
Heb 11:32 Samson and Jephthah, also of **D**
Rev 3: 7 He who has the key of **D**, He
Rev 5: 5 tribe of Judah, the Root of **D**
Rev 22:16 Root and the Offspring of **D**

DAWN (*see* DAWNED, DAWNS)
Ps 46: 5 her, just at the break of **d**
Ps 57: 8 I will awaken the **d**
Is 58:10 light shall **d** in the darkness
Matt 28: 1 day of the week began to **d**

DAWNED (*see* DAWN)
Matt 4:16 shadow of death light has **d**

DAWNS† (*see* DAWN)
2Pe 1:19 a dark place, until the day **d**

DAY (*see* DAY'S, DAYS, DAYSPRING)
Gen 1: 5 God called the light **D**, and
Gen 1: 5 the morning were the first **d**
Gen 1:16 greater light to rule the **d**
Gen 2: 2 He rested on the seventh **d**
Gen 2: 3 God blessed the seventh **d**
Gen 2:17 for in the **d** that you eat of
Gen 3: 8 garden in the cool of the **d**
Gen 8:22 and winter and summer, and **d**
Gen 18: 1 door in the heat of the **d**
Gen 27: 2 do not know the **d** of my death
Ex 12:15 first **d** until the seventh **d**
Ex 12:17 you shall observe this **d**
Ex 20: 8 Remember the Sabbath **d**, to
Ex 20:11 them, and rested the seventh **d**
Ex 20:11 LORD blessed the Sabbath **d**
Ex 31:15 any work on the Sabbath **d**
Lev 23:27 shall be the **D** of Atonement
Num 15:32 sticks on the Sabbath **d**
Deut 6:24 us alive, as it is this **d**
Deut 34: 6 one knows his grave to this **d**
Josh 1: 8 you shall meditate in it **d**
Josh 10:13 go down for about a whole **d**
Josh 10:14 there has been no **d** like that
Josh 24:15 this **d** whom you will serve
Ruth 4: 9 You are witnesses this **d**
2Ki 17:23 Assyria, as it is to this **d**
Neh 4: 2 Will they complete it in a **d**
Neh 10:31 to sell on the Sabbath **d**, we
Neh 13:17 you profane the Sabbath **d**
Neh 13:22 to sanctify the Sabbath **d**
Job 3: 1 cursed the **d** of his birth
Job 3: 3 May the **d** perish on which I
Job 9:19 will appoint my **d** in court
Job 21:30 reserved for the **d** of doom

Ps 1: 2 And in His law he meditates **d**
Ps 18:18 me in the **d** of my calamity
Ps 19: 2 D unto day utters speech
Ps 20: 1 I you in the **d** of trouble
Ps 25: 5 On You I wait all the **d**
Ps 32: 3 my groaning all the **d** long
Ps 32: 4 For **d** and night Your hand was
Ps 44:22 sake we are killed all **d** long
Ps 74:16 The **d** is Yours, the night
Ps 81: 3 moon, on our solemn feast **d**
Ps 84:10 For a **d** in Your courts is
Ps 91: 5 of the arrow that flies by **d**
Ps 118:24 This is the **d** which the LORD
Ps 121: 6 sun shall not strike you by **d**
Ps 136: 8 The sun to rule by **d**, For His
Prov 4:18 brighter unto the perfect **d**
Prov 6:34 spare in the **d** of vengeance
Prov 27: 1 know what a **d** may bring forth
Prov 27:15 dripping on a very rainy **d**
Eccl 7: 1 than the **d** of one's birth
Eccl 12: 3 in the **d** when the keepers of
Song 2:17 Until the **d** breaks and the
Song 8: 8 the **d** when she is spoken for
Is 2:11 shall be exalted in that **d**
Is 2:12 For the **d** of the LORD of
Is 9: 4 as in the **d** of Midian
Is 13:13 in the **d** of His fierce anger
Is 19:16 In that **d** Egypt will be like
Is 19:24 In that **d** Israel will be one
Is 49: 8 in the **d** of salvation I have
Is 60:19 no longer be your light by **d**
Is 61: 2 the **d** of vengeance of our God
Jer 9: 1 of tears, that I might weep **d**
Jer 17:22 but hallow the Sabbath **d**
Jer 20:14 Cursed be the **d** in which I
Jer 31:35 the sun for a light by **d**, and
Jer 33:20 break My covenant with the **d**
Jer 51: 2 For in the **d** of doom they
Jer 52:34 a portion for each **d**
Lam 1:12 in the **d** of His fierce anger
Lam 1:13 desolate and faint all the **d**
Lam 2: 7 as on the **d** of a set feast
Lam 2:16 is the **d** we have waited for
Lam 2:18 tears run down like a river **d**
Ezek 1:28 in a cloud on a rainy **d**, so
Ezek 4: 6 laid on you a **d** for each year
Ezek 7:19 **d** of the wrath of the LORD
Ezek 22:24 on in the **d** of indignation
Ezek 24:27 on that **d** your mouth will be
Ezek 30: 3 even the **d** of the LORD is
Ezek 30: 3 it will be a **d** of clouds, the
Ezek 34:12 on a cloudy and dark **d**
Dan 6:10 his knees three times that **d**
Dan 6:13 his petition three times a **d**
Hos 1: 5 **d** that I will break the bow
Hos 2: 3 as in the **d** she was born, and
Hos 2:21 in that **d** that I will answer
Hos 6: 2 on the third **d** He will raise
Joel 1:15 Alas for the **d**
Joel 1:15 For the **d** of the LORD is at
Joel 2: 2 a **d** of darkness and gloominess
Joel 2: 2 a **d** of clouds and thick
Joel 2:31 and terrible **d** of the LORD
Amos 1:14 in the **d** of the whirlwind
Amos 2:16 shall flee naked in that **d**
Amos 5:18 who desire the **d** of the LORD
Amos 6: 3 who put far off the **d** of doom
Jon 4: 7 next **d** God prepared a worm
Mic 2: 4 In that **d** one shall take up a
Nah 2: 3 in the **d** of his preparation
Nah 3:17 in the hedges on a cold **d**
Zeph 1:14 The great **d** of the LORD is
Zeph 1:15 That **d** is a day of wrath,
Zeph 1:15 a **d** of trouble and distress
Zeph 1:15 a **d** of darkness and gloominess
Hag 2:15 consider from this **d** forward
Zech 3: 9 of that land in one **d**
Zech 4:10 the **d** of small things
Zech 13: 1 In that **d** a fountain shall be
Zech 14: 1 the **d** of the LORD is coming.
Zech 14: 4 in that **d** His feet will stand
Zech 14: 7 neither **d** nor night
Zech 14:20 In that **d** "HOLINESS TO THE
Mal 3: 2 endure the **d** of His coming
Mal 4: 1 the **d** is coming, burning like
Mal 4: 5 and dreadful **d** of the LORD
Matt 6:11 Give us this **d** our daily
Matt 7:22 Many will say to Me in that **d**
Matt 11:24 **d** of judgment than for you
Matt 16:21 be raised again the third **d**
Matt 20: 2 laborers for a denarius a **d**
Matt 24:36 But of that **d** and hour no one
Matt 24:38 until the **d** that Noah entered
Matt 25:13 for you know neither the **d**
Matt 26:29 **d** when I drink it new with
Matt 27:62 followed the **D** of Preparation
Matt 27:64 made secure until the third **d**
Luke 1:59 so it was, on the eighth **d**
Luke 2:11 this **d** in the city of David a
Luke 4:16 synagogue on the Sabbath **d**
Luke 10:12 **D** for Sodom than for that
Luke 11: 3 Give us **d** by day our daily
Luke 24:46 from the dead the third **d**
John 6:39 raise it up at the last **d**
John 6:40 raise him up at the last **d**
John 8:56 Abraham rejoiced to see My **d**
John 9: 4 Him who sent Me while it is **d**
John 11:24 resurrection at the last **d**
John 12: 7 this for the **d** of My burial
John 20: 1 On the first **d** of the week
John 20:19 the same **d** at evening
John 20:19 being the first **d** of the week
Acts 1: 2 until the **d** in which He was
Acts 2: 1 Now when the **D** of Pentecost
Acts 2:20 and notable **d** of the LORD
Acts 10:40 God raised up on the third **d**
Acts 13:14 synagogue on the Sabbath **d**
Acts 17:31 **d** on which He will judge the
Rom 2: 5 wrath in the **d** of wrath and
Rom 8:36 sake we are killed all **d** long
Rom 10:21 All **d** long I have stretched
Rom 13:12 far spent, the **d** is at hand
Rom 13:13 us walk properly, as in the **d**
Rom 14: 5 another esteems every **d** alike
1Co 1: 8 **d** of our Lord Jesus Christ
1Co 3:13 for the **D** will declare it,
1Co 16: 2 On the first **d** of the week
2Co 1:14 in the **d** of the Lord Jesus

D

2Co 6: 2 now is the **d** of salvation
Eph 4:30 for the **d** of redemption
Eph 6:13 to withstand in the evil **d**
Phil 3: 5 circumcised the eighth **d**, of
1Th 2: 9 for laboring night and **d**, that
1Th 5: 5 of light and sons of the **d**
1Th 5: 8 us who are of the **d** be sober
2Th 1:10 when He comes, in that **D**, to
2Ti 1:12 committed to Him until that **D**
Heb 10:25 as you see the **D** approaching
1Pe 2:12 God in the **d** of visitation
2Pe 1:19 dark place, until the **d** dawns
2Pe 3: 7 fire until the **d** of judgment
2Pe 3: 8 one **d** is as a thousand years
Rev 16:14 that great **d** of God Almighty
Rev 21:25 by **d** (there shall be no night)

DAY'S (*see* DAY)

Num 11:31 about a **d** journey on this
Jon 3: 4 the city on the first **d** walk
Acts 1:12 a Sabbath **d** journey

DAYS (*see* DAY, DAYS')

Gen 1:14 signs and seasons, and for **d**
Gen 3:14 dust all the **d** of your life
Gen 6: 4 on the earth in those **d**, and
Gen 7: 4 For after seven more **d** I will
Gen 7: 4 to rain on the earth forty **d**
Gen 8:10 he waited yet another seven **d**
Gen 17:12 He who is eight **d** old among
Gen 29:20 they seemed but a few **d** to
Gen 35:29 being old and full of **d**
Gen 49: 1 befall you in the last **d**
Ex 12:19 For seven **d** no leaven shall
Ex 20: 9 Six **d** you shall labor and do
Ex 20:11 For in six **d** the LORD made
Ex 20:12 that your **d** may be long upon
Ex 23:15 eat unleavened bread seven **d**
Ex 24:18 was on the mountain forty **d**
Lev 12: 4 the **d** of her purification are
Lev 23:16 Count fifty **d** to the day
Num 6: 4 All the **d** of his separation
Num 6: 5 All the **d** of the vow of his
Num 14:34 spied out the land, forty **d**
Deut 4: 9 heart all the **d** of your life
Deut 9:25 forty **d** and forty nights I
Deut 33:25 as your **d**, so shall your
Judg 17: 6 In those **d** there was no king
Ruth 1: 1 in the **d** when the judges
1Sa 3: 1 the LORD was rare in those **d**
2Ki 20: 6 add to your **d** fifteen years
Neh 1: 4 wept, and mourned for many **d**
Esth 9:26 So they called these **d** Purim
Job 2:13 him on the ground seven **d**
Job 7:16 for my **d** are but a breath
Job 14: 1 is born of woman is of few **d**
Job 29: 4 as I was in the **d** of my prime
Job 30:16 the **d** of affliction take hold
Job 42:12 latter **d** of Job more than his
Job 42:17 So Job died, old and full of **d**
Ps 21: 4 Length of **d** forever and ever
Ps 23: 6 me All the **d** of my life
Ps 27: 4 the LORD All the **d** of my life
Ps 37:18 knows the **d** of the upright
Ps 44: 1 in their days, In **d** of old
Ps 49: 5 I fear in the **d** of evil, When
Ps 55:23 not live out half their **d**
Ps 90:10 The **d** of our lives are
Ps 90:12 So teach us to number our **d**
Ps 90:14 rejoice and be glad all our **d**
Ps 102: 3 For my **d** are consumed like
Ps 102:11 My **d** are like a shadow that
Ps 103:15 for man, his **d** are like grass
Prov 3: 2 for length of **d** and long life
Prov 10:27 fear of the LORD prolongs **d**
Prov 31:12 evil all the **d** of her life
Eccl 2: 3 all the **d** of their lives
Eccl 6:12 all the **d** of his vain life
Eccl 7:15 all things in my **d** of vanity
Eccl 12: 1 in the **d** of your youth,
Eccl 12: 1 before the difficult **d** come
Is 39: 8 be peace and truth in my **d**
Is 53:10 seed, He shall prolong His **d**
Jer 7:32 the **d** are coming," says the
Jer 23: 6 In His **d** Judah will be saved,
Jer 31:31 the **d** are coming," says the
Jer 52:33 king all the **d** of his life
Lam 5:21 renew our **d** as of old,
Ezek 3:15 astonished among them seven **d**
Ezek 16:22 remember the **d** of your youth
Ezek 16:56 mouth in the **d** of your pride
Ezek 36:38 at Jerusalem on its feast **d**
Dan 1:12 test your servants for ten **d**
Dan 2:28 what will be in the latter **d**
Dan 7: 9 the Ancient of **D** was seated
Dan 8:14 two thousand three hundred **d**
Dan 10:14 your people in the latter **d**
Dan 10:14 refers to many **d** yet to come
Dan 12:13 at the end of the **d**
Hos 2:15 as in the **d** of her youth, as
Hos 3: 3 You shall stay with me many **d**
Hos 3: 4 many **d** without king or prince
Hos 3: 5 His goodness in the latter **d**
Hos 6: 2 After two **d** He will revive us
Joel 2:29 pour out My Spirit in those **d**
Amos 5:21 hate, I despise your feast **d**
Amos 9:11 rebuild it as in the **d** of old
Jon 1:17 the belly of the fish three **d**
Jon 3: 4 Yet forty **d**, and Nineveh shall
Hab 1: 5 I will work a work in your **d**
Matt 2: 1 in the **d** of Herod the king
Matt 3: 1 In those **d** John the Baptist
Matt 4: 2 And when He had fasted forty **d**
Matt 12:40 For as Jonah was three **d** and
Matt 12:40 the Son of Man be three **d**
Matt 24:19 nursing babies in those **d**
Matt 24:22 unless those **d** were shortened
Matt 24:29 **d** the sun will be darkened
Matt 24:37 But as the **d** of Noah were, so
Matt 26: 2 after two **d** is the Passover
Matt 27:40 temple and build it in three **d**
Matt 27:63 After three **d** I will rise
Mark 2:20 they will fast in those **d**
Luke 1: 5 There was in the **d** of Herod
Luke 1:39 Now Mary arose in those **d**
Luke 2:21 when eight **d** were completed
Luke 2:46 three **d** they found Him in the
Luke 4: 2 in those **d** He ate nothing, and

Luke 4:25 in Israel in the **d** of Elijah
Luke 17:22 of the **d** of the Son of Man
Luke 17:28 it was also in the **d** of Lot
John 2:12 did not stay there many **d**
John 11:17 been in the tomb four **d**
John 11:39 for he has been dead four **d**
Acts 1: 3 seen by them during forty **d**
Acts 1: 5 Spirit not many **d** from now
Acts 1:15 in those **d** Peter stood up in
Acts 2:17 come to pass in the last **d**
Acts 2:18 pour out My Spirit in those **d**
Acts 3:24 have also foretold these **d**
Acts 12: 3 the **D** of Unleavened Bread
Acts 13:31 He was seen for many **d** by
Acts 13:41 for I work a work in your **d**
Acts 21:26 of the **d** of purification, at
Gal 1:18 remained with him fifteen **d**
Eph 5:16 time, because the **d** are evil
2Ti 3: 1 that in the last **d** perilous
Heb 1: 2 has in these last **d** spoken to
Heb 5: 7 in the **d** of His flesh, when
Heb 7: 3 of **d** nor end of life, but
Jas 5: 3 up treasure in the last **d**
1Pe 3:10 would love life and see good **d**
1Pe 3:20 God waited in the **d** of Noah
2Pe 3: 3 will come in the last **d**,
Rev 11: 3 two hundred and sixty **d**,
Rev 11: 9 dead bodies three and a half **d**

DAYS' (*see* DAYS)
Gen 30:36 Then he put three **d** journey
Ex 3:18 let us go three **d** journey

DAYSPRING† (*see* DAY)
Luke 1:78 with which the **D** from on high

DEACONS
Phil 1: 1 with the bishops and **d**
1Ti 3: 8 Likewise **d** must be reverent,
1Ti 3:12 Let **d** be the husbands of one

DEAD (*see* CORPSE, DEADLY, DIE)
Gen 20: 3 him, "Indeed you are a **d** man
Gen 23: 4 may bury my **d** out of my sight
Ex 12:33 We shall all be **d**
Ex 14:30 Egyptians **d** on the seashore
Num 6: 6 he shall not go near a **d** body
Deut 18:11 or one who calls up the **d**
Deut 25: 5 the widow of the **d** man shall
Deut 25: 6 to the name of his **d** brother
Josh 1: 2 Moses My servant is **d**
Ruth 2:20 to the living and the **d**
Ruth 4: 5 of the **d** on his inheritance
Ruth 4:10 that the name of the **d** may
1Sa 24:14 Whom do you pursue? A **d** dog?
2Sa 11:21 Uriah the Hittite is **d** also
2Sa 12:18 tell him that the child was **d**
1Ki 3:20 laid her **d** child in my bosom
1Ki 3:22 son, and the **d** one is your son
2Ki 4:32 the child, lying **d** on his bed
2Ki 8: 5 he had restored the **d** to life
Ps 88:10 Shall the **d** arise and praise
Ps 106:28 ate sacrifices made to the **d**
Ps 115:17 The **d** do not praise the LORD,
Prov 2:18 death, and her paths to the **d**
Eccl 9: 4 dog is better than a **d** lion
Is 26:19 Your **d** shall live
Jer 22:10 Weep not for the **d**, nor
Jer 31:40 whole valley of the **d** bodies
Matt 8:22 let the **d** bury their own
Matt 10: 8 the lepers, raise the **d**, cast
Matt 14: 2 he is risen from the **d**, and
Matt 22:31 the resurrection of the **d**
Matt 22:32 God is not the God of the **d**
Matt 23:27 are full of **d** men's bones
Matt 28: 7 that He is risen from the **d**
Luke 7:22 the **d** are raised, the poor
Luke 8:52 she is not **d**, but sleeping
Luke 15:24 for this my son was **d** and is
Luke 15:32 glad, for your brother was **d**
Luke 16:31 though one rise from the **d**
Luke 24:46 rise from the **d** the third day
John 5:21 as the Father raises the **d**
John 5:25 is, when the **d** will hear the
John 11:14 them plainly, "Lazarus is **d**
John 11:39 for he has been **d** four days
John 20: 9 He must rise again from the **d**
Acts 2:29 David, that he is both **d** and
Acts 3:15 whom God raised from the **d**
Acts 10:42 Judge of the living and the **d**
Acts 14:19 city, supposing him to be **d**
Acts 17:32 of the resurrection of the **d**
Acts 20: 9 third story and was taken up **d**
Acts 23: 6 of the **d** I am being judged
Rom 4:17 God, who gives life to the **d**
Rom 4:24 up Jesus our Lord from the **d**
Rom 6: 4 **d** by the glory of the Father
Rom 6:11 to be **d** indeed to sin, but
Rom 6:13 God as being alive from the **d**
Rom 7: 4 you also have become **d** to the
Rom 8:10 the body is **d** because of sin,
Rom 8:11 from the **d** dwells in you, He
Rom 10: 9 God has raised Him from the **d**
1Co 15:16 For if the **d** do not rise,
1Co 15:20 Christ is risen from the **d**
1Co 15:29 do who are baptized for the **d**
1Co 15:52 and the **d** will be raised
Eph 2: 5 when we were **d** in trespasses
Eph 5:14 who sleep, arise from the **d**
Col 1:18 the firstborn from the **d**
1Th 4:16 the **d** in Christ will rise
1Ti 5: 6 pleasure is **d** while she lives
2Ti 4: 1 the **d** at His appearing and His
Heb 6: 1 of repentance from **d** works
Heb 9:14 **d** works to serve the living
Heb 9:17 is in force after men are **d**
Heb 11: 4 it he being **d** still speaks
Heb 11:12 one man, and him as good as **d**
Heb 11:19 raise him up, even from the **d**
Heb 11:35 their **d** raised to life again
Heb 13:20 up our Lord Jesus from the **d**
Jas 2:20 that faith without works is **d**
Jas 2:26 body without the spirit is **d**
Rev 1: 5 the firstborn from the **d**
Rev 1:17 Him, I fell at His feet as **d**
Rev 1:18 I am He who lives, and was **d**
Rev 2: 8 First and the Last, who was **d**
Rev 3: 1 you are alive, but you are **d**

D

Rev 14:13 Blessed are the **d** who die in
Rev 20:12 And I saw the **d**, small and
Rev 20:12 the **d** were judged according
Rev 20:13 gave up the **d** who were in it

DEADLY (*see* DEAD)
Jas 3: 8 unruly evil, full of **d** poison

DEAF
Ex 4:11 Or who makes the mute, the **d**
Is 29:18 In that day the **d** shall hear
Is 42:19 or **d** as My messenger whom I
Mark 7:32 brought to Him one who was **d**
Mark 9:25 You **d** and dumb spirit, I
Luke 7:22 the **d** hear, the dead are

DEAL (*see* DEALINGS, DEALT)
Gen 19: 9 now we will **d** worse with you
Gen 24:49 Now if you will **d** kindly and
Ex 1:10 let us **d** wisely with them,
Ps 119:17 **D** bountifully with Your
Is 52:13 My Servant shall **d** prudently

DEALINGS (*see* DEAL)
John 4: 9 have no **d** with Samaritans

DEALT (*see* DEAL)
Gen 16: 6 when Sarai **d** harshly with her
Gen 33:11 because God has **d** graciously
Ex 1:20 Therefore God **d** well with the
Ruth 1:20 for the Almighty has **d** very
Ps 103:10 He has not **d** with us
Rom 12: 3 as God has **d** to each one **a**

DEATH (*see* DIE)
Gen 25:11 after the **d** of Abraham, that
Gen 27: 2 I do not know the day of my **d**
Ex 19:12 shall surely be put to **d**
Num 35:25 remain there until the **d** of
Num 35:28 the **d** of the high priest
Num 35:30 a person for the **d** penalty
Deut 24:16 be put to **d** for their fathers
Deut 24:16 be put to **d** for his own sin
Deut 30:19 have set before you life and **d**
Josh 1: 1 After the **d** of Moses the
Judg 1: 1 Now after the **d** of Joshua it
Judg 16:30 his **d** were more than he had
Ruth 1:17 if anything but **d** parts you
2Sa 22: 5 the waves of **d** encompassed me
2Ki 15: 5 leper until the day of his **d**
2Ki 20: 1 Hezekiah was sick and near **d**
Job 18:13 the firstborn of **d** devours
Job 28:22 and **D** say, We have heard **a**
Job 38:17 Have the gates of **d** been
Ps 13: 3 Lest I sleep the sleep of **d**
Ps 18: 5 The snares of **d** confronted me
Ps 23: 4 the valley of the shadow of **d**
Ps 49:14 **D** shall feed on them
Ps 102:20 To loose those apointed to **d**
Ps 116: 8 have delivered my soul from **d**
Ps 116:15 LORD Is the **d** of His saints
Prov 2:18 for her house leads down to **d**
Prov 7:27 to the chambers of **d**
Prov 10: 2 righteousness delivers from **d**
Prov 14:12 but its end is the way of **d**
Song 8: 6 for love is as strong as **d**
Is 9: 2 the land of the shadow of **d**
Is 25: 8 He will swallow up **d** forever
Is 28:15 have made a covenant with **d**
Is 53: 9 but with the rich at His **d**
Is 53:12 He poured out His soul unto **d**
Jer 21: 8 way of life and the way of **d**
Ezek 33:11 in the **d** of the wicked, but
Hos 13:14 I will redeem them from **d**
Hos 13:14 O **D**, I will be your plagues
Matt 2:16 and put to **d** all the male
Matt 4:16 shadow of **d** light has dawned
Matt 26:38 sorrowful, even to **d**
Matt 26:66 He is deserving of **d**
Mark 9: 1 here who will not taste **d**
Luke 1:79 darkness and the shadow of **d**
Luke 2:26 that he would not see **d**
John 5:24 has passed from **d** into life
John 11: 4 This sickness is not unto **d**
John 12:33 by what **d** He would die
Rom 1:32 such things are worthy of **d**
Rom 5:10 God through the **d** of His Son
Rom 5:12 and **d** through sin
Rom 5:14 Nevertheless **d** reigned from
Rom 6: 3 were baptized into His **d**
Rom 6: 9 **D** no longer has dominion over
Rom 6:23 For the wages of sin is **d**
Rom 7:24 me from this body of **d**
Rom 8: 2 free from the law of sin and **d**
Rom 8: 6 to be carnally minded is **d**
Rom 8:38 that neither **d** nor life, nor
1Co 11:26 the Lord's **d** till He comes
1Co 15:26 that will be destroyed is **d**
1Co 15:54 **D** is swallowed up in victory
1Co 15:55 O **D**, where is your sting
2Co 2:16 are the aroma of **d** to **d**
2Co 3: 7 But if the ministry of **d**,
Phil 1:20 body, whether by life or by **d**
Phil 2: 8 obedient to the point of **d**
Phil 2: 8 even the **d** of the cross
Phil 3:10 being conformed to His **d**
2Ti 1:10 Christ, who has abolished **d**
Heb 2: 9 might taste **d** for everyone
Heb 11: 5 so that he did not see **d**
Jas 1:15 is full-grown, brings forth **d**
Jas 5:20 way will save a soul from **d**
1Jn 3:14 we have passed from **d** to life
1Jn 5:16 sin which does not lead to **d**
Rev 1:18 the keys of Hades and of **D**
Rev 2:10 Be faithful until **d**, and I
Rev 2:11 not be hurt by the second **d**
Rev 20:14 Then **D** and Hades were cast
Rev 21: 4 there shall be no more **d**, nor

DEBORAH
Gen 35: 8 Now **D**, Rebekah's nurse, died,
Judg 4: 4 Now **D**, a prophetess, the wife

DEBT (*see* DEBTOR, DEBTS)
Matt 18:27 him, and forgave him the **d**
Rom 4: 4 not counted as grace but as **d**

DEBTOR (*see* DEBT, DEBTORS)
Rom 1:14 I am a **d** both to Greeks and to

DEBTORS (*see* DEBTOR)
Matt 6:12 debts, As we forgive our **d**
Rom 8:12 Therefore, brethren, we are **d**

DEBTS (*see* DEBT)
Matt 6:12 And forgive us our **d**, As we

DECAPOLIS
Matt 4:25 from Galilee, and from **D**,

DECEIT (*see* DECEITFUL, DECEIVE)
Ps 32: 2 in whose spirit there is no **d**
Ps 34:13 your lips from speaking **d**
Prov 20:17 Bread gained by **d** is sweet to
Is 53: 9 nor was any **d** in His mouth
Amos 8: 5 falsifying the balances by **d**
John 1:47 indeed, in whom is no **d**!"
Rom 1:29 of envy, murder, strife, **d**
Rom 3:13 they have practiced **d**"
1Pe 2:22 Nor was **d** found in His
1Pe 3:10 And his lips from speaking **d**.
Rev 14: 5 in their mouth was found no **d**,

DECEITFUL (*see* DECEIT, DECEITFULLY, DECEITFULNESS)
Prov 14:25 but a **d** witness speaks lies
Prov 31:30 Charm is **d** and beauty is vain,
Jer 17: 9 The heart is **d** above all
Hos 7:16 they are like a **d** bow.
Hos 12: 7 **d** scales are in his hand
Mic 6:11 and with the bag of **d** weights
Eph 4:14 craftiness of **d** plotting,
Eph 4:22 according to the **d** lusts,

DECEITFULLY (*see* DECEITFUL)
Ps 24: 4 soul to an idol, Nor sworn **d**
Jer 48:10 does the work of the LORD **d**
2Co 4: 2 handling the word of God **d**

DECEITFULNESS (*see* DECEITFUL)
Matt 13:22 the **d** of riches choke the
Heb 3:13 hardened through the **d** of sin

DECEIVE (*see* DECEIT, DECEIVED, DECEIVERS, DECEIVES, DECEIVING)
2Ki 18:29 Do not let Hezekiah **d** you
2Ki 19:10 God in whom you trust **d** you
Matt 24: 5 the Christ,' and will **d** many
Matt 24:24 signs and wonders, so as to **d**
Rom 16:18 and flattering speech **d** the
1Co 3:18 Let no one **d** himself
1Jn 1: 8 we **d** ourselves, and the truth
Rev 20: 8 will go out to **d** the nations

DECEIVED (*see* DECEIVE)
Gen 3:13 The serpent **d** me, and I ate
Deut 11:16 lest your heart be **d**, and you
Josh 7:11 and have both stolen and **d**
Jer 4:10 have greatly **d** this people
Obad 3 pride of your heart has **d** you
Matt 2:16 that he was **d** by the wise men
Luke 21: 8 Take heed that you not be **d**
John 7:47 Are you also **d**
Rom 7:11 **d** me, and by it killed me
1Co 6: 9 Do not be **d**
1Co 15:33 Do not be **d**
2Co 11: 3 as the serpent **d** Eve by his
Gal 6: 7 Do not be **d**, God is not
1Ti 2:14 And Adam was not **d**, but the
Rev 18:23 all the nations were **d**
Rev 20:10 who **d** them, was cast into the

DECEIVERS (*see* DECEIVE)
2Jn 7 For many **d** have gone out into

DECEIVES (*see* DECEIVE)
Prov 26:19 is the man who **d** his neighbor
Matt 24: 4 Take heed that no one **d** you
John 7:12 the contrary, He **d** the people
Gal 6: 3 he is nothing, he **d** himself
Jas 1:26 tongue but **d** his own heart
Rev 12: 9 Satan, who **d** the whole world

DECEIVING (*see* DECEIVE)
1Ti 4: 1 giving heed to **d** spirits
2Ti 3:13 will grow worse and worse, **d**
Jas 1:22 hearers only, **d** yourselves

DECENTLY†
1Co 14:40 Let all things be done **d** and

DECISION (*see* COUNSEL)
Prov 16:33 but its every **d** is from the
Joel 3:14 multitudes in the valley of **d**

DECLARE (*see* DECLARED)
Deut 5: 5 to **d** to you the word of the
1Ch 16:24 **D** His glory among the nations
Ps 2: 7 I will **d** the decree
Ps 9:11 **D** His deeds among the people
Ps 19: 1 The heavens **d** the glory of
Is 53: 8 who will **d** His generation
Is 66:19 they shall **d** My glory among
Acts 8:33 who will **d** His generation
1Co 3:13 for the Day will **d** it,
1Jn 1: 3 seen and heard we **d** to you
1Jn 1: 5 **d** to you, that God is light

DECLARED (*see* DECLARE)
John 1:18 of the Father, He has **d** Him
Rom 1: 4 **d** to be the Son of God with

DECREASE
John 3:30 must increase, but I must **d**

DECREE
Ezra 5:13 King Cyrus issued a **d** to
Ps 2: 7 I will declare the **d**
Dan 2:13 So the **d** went out, and they
Dan 4:17 is by the **d** of the watchers
Dan 4:24 this is the **d** of the Most
Luke 2: 1 that a **d** went out from Caesar

D

DEDICATED (*see* DEDICATION)
Heb 9:18 covenant was **d** without blood

DEDICATION (*see* DEDICATED)
Ezra 6:17 at the **d** of this house of God
Neh 12:27 Now at the **d** of the wall of
John 10:22 the Feast of **D** in Jerusalem

DEED (*see* DEEDS)
Gen 44:15 What **d** is this you have done
Judg 20: 3 how did this wicked **d** happen
Jer 32:10 And I signed the **d** and sealed
Matt 6: 2 when you do a charitable **d**
Luke 23:51 to their counsel and **d**
Luke 24:19 who was a Prophet mighty in **d**
Rom 15:18 through me, in word and **d**, to
Tit 2:14 us from every lawless **d** and
Phm 14 that your good **d** might not be
1Jn 3:18 word or in tongue, but in **d**

DEEDS (*see* DEED)
Gen 20: 9 You have done **d** to me that
Deut 3:24 Your works and Your mighty **d**
1Ch 16: 8 make known His **d** among the
1Ch 17:21 a name by great and awesome **d**
Neh 13:14 do not wipe out my good **d**
Ps 9:11 Declare His **d** among the
Ps 28: 4 to them according to their **d**
Ps 44: 1 What **d** You did in their days,
Ps 105: 1 Make known His **d** among the
Prov 20:11 a child is known by his **d**
Prov 24:12 each man according to his **d**
Is 12: 4 declare His **d** among the
Jer 11:15 having done lewd **d** with many
Jer 32:44 buy fields for money, sign **d**
Ezek 9:10 their **d** on their own head
Dan 9:18 because of our righteous **d**
Hos 4: 9 and reward them for their **d**
Hos 12: 2 according to his **d** He will
Matt 6: 1 your charitable **d** before men
Luke 23:41 the due reward of our **d**
John 3:19 because their **d** were evil
John 3:20 lest his **d** should be exposed
John 8:41 You do the **d** of your father
Acts 7:22 and was mighty in words and **d**
Acts 19:18 confessing and telling their **d**
Rom 2: 6 each one according to his **d**"
Rom 3:28 apart from the **d** of the law
Rom 4: 7 whose lawless **d** are forgiven
Rom 8:13 to death the **d** of the body
2Co 12:12 signs and wonders and mighty **d**
Col 3: 9 off the old man with his **d**
Rev 2: 6 that you hate the **d** of the
Rev 2:22 unless they repent of their **d**

DEEP (*see* DEEPLY)
Gen 1: 2 was on the face of the **d**
Gen 2:21 a **d** sleep to fall on Adam
Gen 7:11 of the great **d** were broken up
Job 4:13 when **d** sleep falls on men,
Job 11: 7 out the **d** things of God
Ps 2: 5 them in His **d** displeasure
Ps 42: 7 **D** calls unto **d** at the
Ps 69:14 me, And out of the **d** waters
Prov 8:27 a circle on the face of the **d**
Dan 2:22 He reveals **d** and secret things
Dan 8:18 I was in a **d** sleep
Jon 2: 3 For You cast me into the **d**
Jon 2: 5 the **d** closed around me
Luke 5: 4 Launch out into the **d** and let
John 4:11 draw with, and the well is **d**
1Co 2:10 yes, the **d** things of God

DEEPLY (*see* DEEP)
Matt 26:37 be sorrowful and **d** distressed
Mark 8:12 But He sighed **d** in His spirit

DEER
2Sa 22:34 my feet like the feet of **d**
Ps 42: 1 As the **d** pants for the water
Prov 5:19 As a loving **d** and a graceful
Is 35: 6 the lame shall leap like a **d**

DEFEAT (*see* DEFEATED)
Ex 32:18 of those who cry out in **d**
Deut 7:23 and will inflict **d** upon them
2Sa 17:14 to **d** the good counsel of

DEFEATED (*see* DEFEAT)
Josh 12: 1 whom the children of Israel **d**
Judg 1: 5 they **d** the Canaanites and the
1Sa 4: 3 Why has the LORD **d** us today
Esth 9: 5 Thus the Jews **d** all their
Ps 135:10 He **d** many nations And slew

DEFEND (*see* DEFENDER, DEFENSE)
Job 13:15 I will **d** my own ways before
Ps 5:11 for joy, because You **d** them
Ps 20: 1 of the God of Jacob **d** you
Is 1:17 **d** the fatherless, plead for
Is 31: 5 the LORD of hosts **d** Jerusalem
Is 37:35 For I will **d** this city, to

DEFENDER† (*see* DEFEND)
Ps 68: 5 a **d** of widows, Is God in His

DEFENSE (*see* DEFEND)
2Ch 11: 5 built cities for **d** in Judah
Ps 59: 9 For God is my **d**
Acts 19:33 to make his **d** to the people
1Pe 3:15 always be ready to give a **d**

DEFERRED†
Prov 13:12 Hope **d** makes the heart sick,

DEFILE (*see* DEFILED, DEFILES, DEFILING, UNDEFILED)
Lev 18:20 wife, to **d** yourself with her
Lev 18:23 beast, to **d** yourself with it
Dan 1: 8 **d** himself with the portion of
Dan 11:31 they shall **d** the sanctuary
Amos 2: 7 same girl, to **d** My holy name
Matt 15:18 the heart, and they **d** a man
Mark 7:18 man from outside cannot **d** him
Jude 8 these dreamers **d** the flesh

DEFILED (*see* DEFILE)
Gen 34: 5 he had **d** Dinah his daughter
Num 5: 2 becomes **d** by a dead body
2Ki 23: 8 **d** the high places where the
2Ki 23:10 he **d** Topheth, which is in the
2Ch 36:14 **d** the house of the LORD which
Ezra 2:62 from the priesthood as **d**
Ps 74: 7 They have **d** the dwelling
Is 24: 5 The earth is also **d** under its
Mal 1: 7 You offer **d** food on My altar
Mal 1: 7 In what way have we **d** You
Mal 1:12 The table of the LORD is **d**
Mark 7: 2 disciples eat bread with **d**
1Co 8: 7 conscience, being weak, is **d**
Tit 1:15 pure, but to those who are **d**
Heb 12:15 and by this many become **d**
Jude 23 the garment **d** by the flesh
Rev 3: 4 who have not **d** their garments
Rev 14: 4 who were not **d** with women

DEFILES (*see* DEFILE)
Num 19:13 **d** the tabernacle of the LORD
Num 35:33 for blood **d** the land, and no
Matt 15:11 goes into the mouth **d** a man
Jas 3: 6 that it **d** the whole body, and
Rev 21:27 enter it anything that **d**, or

DEFILING (*see* DEFILE)
Is 56: 2 who keeps from **d** the Sabbath

DEGENERATE†
Jer 2:21 the **d** plant of an alien vine
Ezek 16:30 How **d** is your heart

DEGREES
2Ki 20: 9 the shadow go forward ten **d**

DELAY (*see* DELAYED, DELAYING)
1Sa 20:38 Make haste, hurry, do not **d**
Ps 40:17 Do not **d**, O my God

DELAYED (*see* DELAY)
Ex 32: 1 Moses **d** coming down from the

DELAYING (*see* DELAY)
Matt 24:48 My master is **d** his coming

DELIGHT (*see* DELIGHTS)
Deut 21:14 be, if you have no **d** in her
1Sa 15:22 as great **d** in burnt offerings
Ps 1: 2 But his **d** is in the law of
Ps 16: 3 ones, in whom is all my **d**
Ps 37: 4 **D** yourself also in the LORD,
Ps 40: 8 I **d** to do Your will, O my God
Ps 119:77 For Your law is my **d**
Prov 8:30 and I was daily His **d**,
Prov 11: 1 but a just weight is His **d**
Prov 29:17 he will give **d** to your soul
Is 1:11 I do not **d** in the blood of
Is 11: 3 His **d** is in the fear of the
Is 58:13 day, and call the Sabbath a **d**
Jer 9:24 For in these I **d**," says the
Ezek 24:21 your eyes, the **d** of your soul
Mal 3: 1 the covenant, in whom you **d**
Rom 7:22 For I **d** in the law of God

DELIGHTS (*see* DELIGHT)
Num 14: 8 If the LORD **d** in us, then He
Esth 6: 6 man whom the king **d** to honor
Ps 22: 8 Him, since He **d** in Him
Ps 37:23 the LORD, And He **d** in his way
Ps 119:143 Your commandments are my **d**
Prov 3:12 a father the son in whom he **d**
Is 42: 1 Elect One in whom My soul **d**

DELILAH
Judg 16: 6 So **D** said to Samson, "Please

DELIVER (*see* DELIVERANCE, DELIVERED, DELIVERER, DELIVERS, GRANT)
Gen 37:22 that he might **d** him out of
Ex 3: 8 So I have come down to **d** them
Deut 32:39 any who can **d** from My hand
Ps 6: 4 Return, O LORD, **d** me
Ps 7: 2 while there is none to **d**
Ps 17:13 **D** my life from the wicked
Ps 22: 8 Let Him **d** Him, since He
Ps 22:20 **D** Me from the sword, My
Ps 72:12 For He will **d** the needy when
Ps 119:170 **D** me according to Your word
Ps 144: 7 **d** me out of great waters,
Prov 2:16 to **d** you from the immoral
Prov 23:14 rod, and **d** his soul from hell
Is 44:17 **D** me, for you are my god
Jer 1: 8 for I am with you to **d** you
Jer 18:21 Therefore **d** up their children
Jer 24: 9 I will **d** them to trouble
Jer 43:11 **d** to death those appointed
Ezek 14:14 they would **d** only themselves
Ezek 34:10 for I will **d** My flock from
Dan 3:17 whom we serve is able to **d** us
Matt 6:13 but **d** us from the evil one
Matt 10:17 for they will **d** you up to
Matt 10:21 Now brother will **d** up brother
Matt 20:19 **d** Him to the Gentiles to mock
Matt 24: 9 Then they will **d** you up to
Matt 27:43 let Him **d** Him now if He will
Mark 10:33 and **d** Him to the Gentiles
Luke 12:58 judge, the judge **d** you to the
Acts 26:17 I will **d** you from the Jewish
Rom 7:24 Who will **d** me from this body
1Co 5: 5 **d** such a one to Satan for the
Gal 1: 4 that He might **d** us from this
2Ti 4:18 the Lord will **d** me from every
2Pe 2: 9 how to **d** the godly out of

DELIVERANCE (*see* DELIVER, LIBERTY)
Ps 32: 7 surround me with songs of **d**
Prov 21:31 battle, but **d** is of the LORD

DELIVERED (*see* BETRAYED, DELIVER)
Ex 2:19 An Egyptian **d** us from the
Ex 12:27 Egyptians and **d** our households
Judg 12: 3 the LORD **d** them into my hand
2Sa 12: 7 I **d** you from the hand of Saul
2Sa 22:20 He **d** me, because He delighted
Job 16:11 God has **d** me to the ungodly,

D

Ps 22: 4 They trusted, and You **d** them
Ps 22: 5 They cried to You, and were **d**
Ps 34: 4 me, And **d** me from all my fears
Ps 81: 7 called in trouble, and I **d** you
Ps 86:13 You have **d** my soul from the
Ps 106:43 Many times He **d** them
Prov 11: 8 righteous is **d** from trouble
Prov 11: 9 the righteous will be **d**
Ezek 3:21 you will have **d** your soul
Ezek 31:14 they have all been **d** to death
Dan 6:27 Who has **d** Daniel from the
Matt 11:27 been **d** to Me by My Father
Matt 18:34 **d** him to the torturers until
Matt 25:14 and **d** his goods to them
Matt 25:20 you **d** to me five talents
Matt 26: 2 will be **d** up to be crucified
Matt 27: 2 **d** Him to Pontius Pilate the
Luke 1: 2 of the word **d** them to us,
Luke 1:57 time came for her to be **d**
Luke 2: 6 completed for her to be **d**
Luke 10:22 been **d** to Me by My Father
Luke 19:13 **d** to them ten minas, and said
Luke 24: 7 The Son of Man must be **d**
Luke 24:20 and our rulers **d** Him to be
John 18:35 priests have **d** You to me
John 18:36 I should not be **d** to the Jews
Acts 2:23 being **d** by the determined
Acts 3:13 Servant Jesus, whom you **d** up
Acts 6:14 customs which Moses **d** to us
Acts 7:10 **d** him out of all his troubles
Rom 7: 6 we have been **d** from the law
Rom 8:21 will be **d** from the bondage of
Rom 8:32 but **d** Him up for us all, how
1Co 11:23 that which I also **d** to you
1Co 15: 3 For I **d** to you first of all
2Co 1:10 who **d** us from so great a
Col 1:13 He has **d** us from the power of
1Ti 1:20 whom I **d** to Satan that they
2Ti 4:17 I was **d** out of the mouth of
Jude 3 once for all **d** to the saints
Rev 20:13 Hades **d** up the dead who were

DELIVERER (*see* DELIVER, DELIVERERS)

Judg 3: 9 the LORD raised up a **d** for
2Sa 22: 2 my rock, my fortress and my **d**
Ps 40:17 You are my help and my **d**
Acts 7:35 a **d** by the hand of the Angel
Rom 11:26 The **D** will come out of Zion,

DELIVERS (*see* DELIVER)

Ex 22: 7 If a man **d** to his neighbor
Ps 34: 7 who fear Him, And **d** them
Ps 34:17 And **d** them out of all their
Prov 10: 2 righteousness **d** from death
Prov 14:25 A true witness **d** souls, but a
Dan 6:27 He **d** and rescues, and He works
1Co 15:24 when He **d** the kingdom to God
1Th 1:10 even Jesus who **d** us from the

DEMON (*see* DEMON-POSSESSED, DEMONS)

Matt 9:33 when the **d** was cast out, the
Matt 11:18 and they say, 'He has a **d**
Matt 17:18 And Jesus rebuked the **d**, and he
Luke 4:33 had a spirit of an unclean **d**
John 8:48 are a Samaritan and have a **d**

DEMON-POSSESSED (*see* DEMON)

Matt 4:24 torments, and those who were **d**
Matt 8:28 there met Him two **d** men,
Matt 15:22 My daughter is severely **d**
Mark 1:32 were sick and those who were **d**

DEMONS (*see* DEMON)

Deut 32:17 They sacrificed to **d**, not to
2Ch 11:15 the high places, for the **d**
Ps 106:37 sons And their daughters to **d**
Matt 7:22 cast out **d** in Your name, and
Matt 8:31 So the **d** begged Him, saying,
Matt 9:34 by the ruler of the **d**
Matt 10: 8 raise the dead, cast out **d**
Matt 12:24 Beelzebub, the ruler of the **d**
Luke 8:2 out of whom had come seven **d**
Luke 9: 1 power and authority over all **d**
1Co 10:20 sacrifice they sacrifice to **d**
1Co 10:21 of the Lord and the cup of **d**
1Ti 4: 1 spirits and doctrines of **d**
Jas 2:19 Even the **d** believe
Rev 9:20 they should not worship **d**

DEMONSTRATION†

1Co 2: 4 but in **d** of the Spirit and of

DEN

Ps 10: 9 secretly, as a lion in his **d**
Is 11: 8 put his hand in the viper's **d**
Jer 7:11 become a **d** of thieves in your
Dan 6: 7 be cast into the **d** of lions
Matt 21:13 have made it a '**d** of thieves

DENIED (*see* DENY)

Gen 18:15 But Sarah **d** it, saying, "I
Job 31:28 would have **d** God who is above
Matt 26:70 But he **d** it before them all,
Luke 8:45 When all **d** it, Peter and
Luke 12: 9 Me before men will be **d**
John 13:38 you have **d** Me three times
Acts 3:13 **d** in the presence of Pilate,
Acts 3:14 But you **d** the Holy One and the
Acts 19:36 these things cannot be **d**, you
1Ti 5: 8 he has **d** the faith and is
Rev 3: 8 word, and have not **d** My name

DENIES (*see* DENY)

Matt 10:33 But whoever **d** Me before men,
1Jn 2:22 **d** that Jesus is the Christ
1Jn 2:22 antichrist who **d** the Father
1Jn 2:23 Whoever **d** the Son does not

DENY (*see* DENIED, DENIES, DENYING)

Matt 10:33 him I will also **d** before My
Matt 16:24 after Me, let him **d** himself
Matt 26:34 you will **d** Me three times
Luke 20:27 who **d** that there is a
John 1:20 He confessed, and did not **d**
Acts 4:16 Jerusalem, and we cannot **d** it
2Ti 2:12 If we **d** Him, He also will **d** us
2Ti 2:13 He cannot **d** Himself

Rev 2:13 did not **d** My faith even in

DENYING† (*see* DENY)
2Ti 3: 5 of godliness but **d** its power
Tit 2:12 **d** ungodliness and worldly
2Pe 2: 1 even **d** the Lord who bought

DEPART (*see* DEPARTED, DEPARTS, DEPARTURE)
Gen 49:10 shall not **d** from Judah, nor a
Deut 4: 9 lest they **d** from your heart
Josh 1: 8 shall not **d** from your mouth
2Ki 15: 9 he did not **d** from the sins of
Ps 6: 8 **D** from me, all you workers of
Ps 34:14 **D** from evil, and do good
Prov 3: 7 fear the LORD and **d** from evil
Prov 22: 6 is old he will not **d** from it
Is 59:21 shall not **d** from your mouth,
Matt 7:23 **d** from Me, you who practice
Matt 8:18 to **d** to the other side
Matt 8:34 Him to **d** from their region
Matt 10:14 when you **d** from that house or
Mark 6:11 when you **d** from there, shake
Luke 2:29 Your servant **d** in peace,
John 7: 3 **D** from here and go into Judea,
John 13: 1 **d** from this world to the
John 16: 7 but if I **d**, I will send Him
Acts 1: 4 them not to **d** from Jerusalem
1Co 7:10 is not to **d** from her husband
1Co 7:11 But even if she does **d**, let
1Co 7:15 unbeliever departs, let him **d**
2Co 12: 8 times that it might **d** from me
Phil 1:23 the two, having a desire to **d**
1Ti 4: 1 some will **d** from the faith
2Ti 2:19 of Christ **d** from iniquity
Jas 2:16 **D** in peace, be warmed and

DEPARTED (*see* DEPART)
Gen 12: 4 So Abram **d** as the LORD had
Gen 31:40 and my sleep **d** from my eyes
Num 12:10 when the cloud **d** from above
Judg 16:20 that the LORD had **d** from him
1Sa 4:21 The glory has **d** from Israel
1Sa 16:14 of the LORD **d** from Saul, and a
Matt 27:60 the door of the tomb, and **d**
Mark 1:35 out and **d** to a solitary place
Luke 8:35 from whom the demons had **d**
Acts 18:23 spent some time there, he **d**
Acts 20: 1 them, and **d** to go to Macedonia
Acts 28:29 said these words, the Jews **d**
Phm 15 For perhaps he **d** for a while

DEPARTS (*see* DEPART)
1Co 7:15 But if the unbeliever **d**, let

DEPARTURE (*see* DEPART)
2Ti 4: 6 the time of my **d** is at hand
Heb 11:22 made mention of the **d** of the

DEPTH (*see* DEPTHS)
Prov 25: 3 for height and the earth for **d**
Matt 13: 5 they had no **d** of earth
Matt 18: 6 drowned in the **d** of the sea
Rom 8:39 nor height nor **d**, nor any
Rom 11:33 the **d** of the riches both of
Eph 3:18 is the width and length and **d**

DEPTHS (*see* DEPTH)
Ex 15: 5 The **d** have covered them
Job 36:30 and covers the **d** of the sea
Ps 71:20 again from the **d** of the earth
Ps 86:13 my soul from the **d** of Sheol
Ps 130: 1 Out of the **d** I have cried to
Prov 8:24 When there were no **d** I was
Prov 9:18 guests are in the **d** of hell
Prov 20:27 all the inner **d** of his heart
Is 14:15 to the lowest **d** of the Pit
Rev 2:24 have not known the **d** of Satan

DERISION
Ps 2: 4 The LORD shall hold them in **d**
Ps 44:13 a **d** to those all around us
Ps 59: 8 have all the nations in **d**
Ps 119:51 The proud have me in great **d**
Jer 20: 8 to me a reproach and a **d** daily
Ezek 23:32 laughed to scorn and held in **d**
Hos 7:16 This shall be their **d** in the

DESCEND (*see* DESCENDANTS, DESCENDED, DESCENDING)
2Ki 20:18 your sons who will **d** from you
Ezek 26:20 with those who **d** into the Pit
Mark 15:32 **d** now from the cross, that we
Rom 10: 7 Who will **d** into the abyss
1Th 4:16 **d** from heaven with a shout
Jas 3:15 wisdom does not **d** from above

DESCENDANTS (*see* DESCEND)
Gen 9: 9 you and with your **d** after you
Gen 12: 7 To your **d** I will give this
Gen 16:10 multiply your **d** exceedingly
Gen 22:17 your **d** shall possess the gate
Gen 32:12 make your **d** as the sand of
Num 13:22 the **d** of Anak, were there
Deut 23: 2 none of his **d** shall enter the
Josh 24: 3 Canaan, and multiplied his **d**
Ps 18:50 To David and his **d** forevermore
Ps 37:25 Nor his **d** begging bread
Is 41: 8 the **d** of Abraham My friend
Is 44: 3 will pour My Spirit on your **d**
John 8:33 We are Abraham's **d**, and have
Acts 7: 5 and to his **d** after him
Rom 4:18 So shall your **d** be

DESCENDED (*see* DESCEND)
Ex 19:18 the LORD **d** upon it in fire
Ex 33: 9 that the pillar of cloud **d**
Ex 34: 5 Then the LORD **d** in the cloud
Prov 30: 4 ascended into heaven, or **d**
Is 57: 9 and even **d** to Sheol
Matt 7:25 and the rain **d**, the floods
Matt 28: 2 of the Lord **d** from heaven
Luke 3:22 the Holy Spirit **d** in bodily
Eph 4: 9 **d** into the lower parts of the

DESCENDING (*see* DESCEND)
Gen 28:12 God were ascending and **d** on it
Ps 133: 3 **D** upon the mountains of Zion

Prov 7:27 **d** to the chambers of death
Matt 3:16 Spirit of God **d** like a dove
John 1:51 and **d** upon the Son of Man
Acts 10:11 **d** to him and let down to the
Acts 11: 5 an object **d** like a great
Rev 21:10 **d** out of heaven from God,

DESERT (*see* WILDERNESS)
Ex 3: 1 flock to the back of the **d**
Ps 73:27 those who **d** You for harlotry
Ps 106:14 And tested God in the **d**
Is 23:13 it for wild beasts of the **d**
Is 35: 1 and the **d** shall rejoice and
Is 35: 6 and streams in the **d**
Is 40: 3 make straight in the **d** a
Is 43:19 wilderness and rivers in the **d**
Matt 24:26 to you. 'Look, He is in the **d**
John 6:31 ate the manna in the **d**

DESERVE (*see* DESERVING)
Ezra 9:13 us less than our iniquities **d**
Ps 28: 4 Render to them what they **d**
Jer 26:16 This man does not **d** to die

DESERVING (*see* DESERVE)
Deut 17: 6 Whoever is **d** of death
Matt 26:66 and said, 'He is **d** of death

DESIRABLE (*see* DESIRE)
Gen 3: 6 a tree **d** to make one wise,
Prov 21:20 There is **d** treasure, and oil
Hos 13:15 the treasury of every **d** prize
Acts 6: 2 It is not **d** that we should

DESIRE (*see* DESIRABLE, DESIRED, DESIRES, DESIRING)
Gen 3:16 Your **d** shall be for your
Gen 4: 7 its **d** is for you, but you
1Sa 9:20 whom is all the **d** of Israel
Ps 10: 3 boasts of his heart's **d**
Ps 45:11 will greatly **d** your beauty
Ps 51: 6 You **d** truth in the inward
Ps 51:16 For You do not **d** sacrifice
Ps 59:10 let me see my **d** on my enemies
Ps 73:25 earth that I **d** besides You
Ps 145:16 satisfy the **d** of every living
Ps 145:19 He will fulfill the **d** of
Prov 13:19 A **d** accomplished is sweet to
Eccl 12: 5 is a burden, and **d** fails
Is 53: 2 beauty that we should **d** Him
Ezek 24:16 the **d** of your eyes with one
Hos 6: 6 For I **d** mercy and not
Amos 5:18 Woe to you who **d** the day of
Hag 2: 7 come to the **D** of All Nations
Matt 9:13 I **d** mercy and not sacrifice
Matt 15:28 Let it be to you as you **d**
Rom 7: 8 in me all manner of evil **d**
Rom 10: 1 Brethren, my heart's **d** and
1Co 12:31 But earnestly **d** the best
1Co 14: 1 and **d** spiritual gifts, but
2Co 7: 7 he told us of your earnest **d**
Phil 1:23 having a **d** to depart and be
Col 3: 5 uncleanness, passion, evil **d**
2Ti 3:12 all who **d** to live godly in
Heb 10: 5 and offering You did not **d**
Heb 10: 8 for sin You did not **d**, nor
Heb 11:16 But now they **d** a better, that
Jas 1:15 when **d** has conceived, it
1Pe 1:12 which angels **d** to look into
1Pe 2: 2 **d** the pure milk of the word,

DESIRED (*see* DESIRE)
Ps 19:10 More to be **d** are they than
Ps 27: 4 thing I have **d** of the LORD
Ps 107:30 guides them to their **d** haven
Eccl 2:10 Whatever my eyes **d** I did not
Luke 22:15 **d** to eat this Passover with

DESIRES (*see* DESIRE)
Deut 12:20 as much meat as your heart **d**
Job 7: 2 who earnestly **d** the shade
Job 23:13 And whatever His soul **d**, that
Ps 34:12 Who is the man who **d** life
Ps 37: 4 give you the **d** of your heart
Prov 21:10 The soul of the wicked **d** evil
Matt 16:24 If anyone **d** to come after Me,
Matt 16:25 For whoever **d** to save his
Gal 5:24 flesh with its passions and **d**
Eph 2: 3 fulfilling the **d** of the flesh
1Ti 2: 4 who **d** all men to be saved and
1Ti 3: 1 If a man **d** the position of a
1Ti 3: 1 of a bishop, he **d** a good work
Jas 1:14 he is drawn away by his own **d**

DESIRING (*see* DESIRE)
Luke 8:20 outside, **d** to see You
2Co 5: 2 earnestly **d** to be clothed

DESOLATE (*see* DESOLATION)
Ex 23:29 year, lest the land become **d**
Lev 26:34 sabbaths as long as it lies **d**
2Sa 13:20 So Tamar remained **d** in her
Ps 25:16 have mercy on me, For I am **d**
Is 62: 4 land any more be termed **D**
Jer 9:11 make the cities of Judah **d**
Dan 9:17 on Your sanctuary, which is **d**
Dan 9:27 shall be one who makes **d**,
Dan 9:27 is poured out on the **d**
Matt 23:38 Your house is left to you **d**

DESOLATION (*see* ASTONISHMENT, DESOLATE)
Is 51:19 **D** and destruction, famine and
Is 64:10 a wilderness, Jerusalem a **d**
Jer 22: 5 this house shall become a **d**
Jer 25:12 I will make it a perpetual **d**
Dan 8:13 and the transgression of **d**
Dan 11:31 there the abomination of **d**
Dan 12:11 abomination of **d** is set up
Matt 24:15 you see the 'abomination of **d**
Luke 21:20 then know that its **d** is near

DESPAIR (*see* DESPAIRED, DESPERATELY)
2Co 4: 8 are perplexed, but not in **d**

DESPAIRED (*see* DESPAIR)
2Co 1: 8 so that we **d** even of life

DESPERATELY (*see* DESPAIR)
Jer 17: 9 above all things, and **d** wicked

DESPISE (*see* DESPISED, DESPISES, DESPISING[1])
Ps 51:17 These, O God, You will not **d**
Prov 1: 7 knowledge, but fools **d** wisdom
Prov 3:11 do not **d** the chastening of
Amos 5:21 I **d** your feast days, and I do
Mal 1: 6 to you priests who **d** My name
Matt 6:24 to the one and **d** the other
Matt 18:10 **d** one of these little ones
Rom 2: 4 Or do you **d** the riches of His
Rom 14: 3 eats **d** him who does not eat
1Co 11:22 Or do you **d** the church of God
1Ti 4:12 Let no one **d** your youth, but

DESPISED (*see* DESPISE)
Gen 16: 4 mistress became **d** in her eyes
Gen 25:34 Thus Esau **d** his birthright
Num 11:20 because you have **d** the LORD
2Sa 6:16 and she **d** him in her heart
Ps 22: 6 of men, and **d** of the people
Ps 107:11 **d** the counsel of the Most
Is 5:24 **d** the word of the Holy One of
Is 53: 3 He is **d** and rejected by men, a
Is 53: 3 He was **d**, and we did not
Mal 1: 6 what way have we **d** Your name
1Co 1:28 which are **d** God has chosen

DESPISES (*see* DESPISE)
Prov 11:12 of wisdom **d** his neighbor, but
Prov 13:13 He who **d** the word will be
Prov 14: 2 is perverse in his ways **d** Him
Prov 14:21 He who **d** his neighbor sins
Prov 15: 5 A fool **d** his father's
Prov 15:20 a foolish man **d** his mother
Prov 15:32 instruction **d** his own soul

DESPISING† (*see* DESPISE)
Heb 12: 2 **d** the shame, and has sat down

DESTINED
Luke 2:34 this Child is **d** for the fall

DESTITUTE
Ps 102:17 regard the prayer of the **d**
Ps 141: 8 Do not leave my soul **d**
Prov 15:21 him who is **d** of discernment
1Ti 6: 5 **d** of the truth, who suppose
Heb 11:37 and goatskins, being **d**,
Jas 2:15 is naked and **d** of daily food,

DESTROY (*see* DESTROYED, DESTROYER, DESTROYS, DESTRUCTION)
Gen 6: 7 I will **d** man whom I have
Gen 9:11 be a flood to **d** the earth
Gen 18:28 forty-five, I will not **d** it
Gen 19:14 for the LORD will **d** this city
Deut 20:19 you shall not **d** its trees by
Judg 21:11 shall utterly **d** every male
Job 14:19 so You **d** the hope of man
Ps 21:10 You shall **d** from the earth
Ps 40:14 Who seek to **d** my life
Ps 106:23 He said that He would **d** them
Eccl 5: 6 and **d** the work of your hands
Eccl 7:16 why should you **d** yourself
Is 11: 9 nor **d** in all My holy mountain
Jer 1:10 out and to pull down, to **d**
Matt 2:13 seek the young Child to **d** Him
Matt 5:17 to **d** the Law or the Prophets
Matt 5:17 not come to **d** but to fulfill
Matt 6:19 earth, where moth and rust **d**
Matt 10:28 who is able to **d** both soul
Matt 12:14 Him, how they might **d** Him
Matt 27:40 You who **d** the temple and build
Luke 6: 9 evil, to save life or to **d** it
John 2:19 **D** this temple, and in three
John 10:10 to steal, and to kill, and to **d**
Rom 14:15 Do not **d** with your food the
Rom 14:20 Do not **d** the work of God for
1Co 1:19 I will **d** the wisdom of the
1Co 3:17 temple of God, God will **d** him
1Co 6:13 foods, but God will **d** both it
Heb 2:14 **d** him who had the power of
1Jn 3: 8 that He might **d** the works of

DESTROYED (*see* DESTROY)
Gen 7:23 So He **d** all living things
Gen 13:10 (before the LORD **d** Sodom and
Gen 19:17 the mountains, lest you be **d**
Josh 6:21 they utterly **d** all that was
Ezra 5:12 who **d** this temple and carried
Job 19:26 and after my skin is **d**, this I
Ps 11: 3 If the foundations are **d**,
Ps 78:51 **d** all the firstborn in Egypt,
Ps 137: 8 of Babylon, who are to be **d**
Prov 13:13 despises the word will be **d**
Prov 13:20 companion of fools will be **d**
Prov 29: 1 his neck, will suddenly be **d**
Jer 22:20 for all your lovers are **d**
Lam 2: 5 He has **d** her strongholds, and
Ezek 28:16 I **d** you, O covering cherub,
Dan 2:44 which shall never be **d**
Dan 7:11 was slain, and its body **d** and
Hos 4: 6 My people are **d** for lack of
Matt 22: 7 **d** those murderers, and burned
Luke 9:25 and is himself **d** or lost
Luke 17:27 the flood came and **d** them all
Acts 13:19 when He had **d** seven nations
1Co 10: 9 and were **d** by serpents
1Co 10:10 and were **d** by the destroyer
1Co 15:26 enemy that will be **d** is death
2Co 4: 9 struck down, but not **d**
2Co 5: 1 house, this tent, is **d**, we
Heb 11:28 lest he who **d** the firstborn
Rev 8: 9 a third of the ships were **d**

DESTROYER (*see* DESTROY)
Ex 12:23 not allow the **d** to come into
1Co 10:10 and were destroyed by the **d**

DESTROYS (*see* DESTROY)
Matt 6:20 where neither moth nor rust **d**

DESTRUCTION (*see* DESTROY)
Lev 27:29 become doomed to **d** among
Deut 32:24 by pestilence and bitter **d**

D

Josh 6:17 be doomed by the LORD to **d**
1Sa 5: 9 the city with a very great **d**
2Sa 24:16 the LORD relented from the **d**
Esth 4: 8 written decree for their **d**
Esth 9: 5 sword, with slaughter and **d**
Job 5:21 be afraid of **d** when it comes
Job 5:22 You shall laugh at **d** and
Job 26: 6 Him, and **D** has no covering
Job 28:22 **D** and Death say, 'We have
Job 31: 3 Is it not **d** for the wicked,
Job 31:12 be a fire that consumes to **d**
Job 31:23 For **d** from God is a terror to
Ps 5: 9 Their inward part is **d**
Ps 35: 8 Let **d** come upon him
Ps 52: 2 Your tongue devises **d**, Like a
Ps 55:23 them down to the pit of **d**
Ps 78:49 angels of **d** among them
Ps 88:11 in the place of **d**
Ps 91: 6 Nor of the **d** that lays waste
Ps 103: 4 Who redeems your life from **d**
Prov 1:27 your **d** comes like a whirlwind
Prov 10:15 the **d** of the poor is their
Prov 15:11 Hell and **D** are before the LORD
Prov 16:18 Pride goes before **d**, and a
Prov 18: 7 A fool's mouth is his **d**, and
Prov 18:12 Before **d** the heart of a man
Prov 27:20 Hell and **D** are never full
Is 14:23 sweep it with the broom of **d**
Is 19:18 will be called the City of **D**
Is 28:22 a **d** determined even upon the
Is 59: 7 and **d** are in their paths
Jer 4: 6 from the north, and great **d**
Jer 4:20 **D** upon destruction is cried
Jer 17:18 and destroy them with double **d**
Lam 2:11 the **d** of the daughter of my
Dan 11:16 Land with **d** in his power
Hos 13:14 O Grave, I will be your **d**
Amos 3:14 I will also visit **d** on the
Matt 7:13 is the way that leads to **d**
Rom 3:16 **d** and misery are in their ways
Rom 9:22 of wrath prepared for **d**,
1Co 5: 5 Satan for the **d** of the flesh
2Co 10: 8 edification and not for your **d**
Phil 3:19 whose end is **d**, whose god is
1Th 5: 3 then sudden **d** comes upon
2Th 1: 9 **d** from the presence of the
1Ti 6: 9 lusts which drown men in **d**
2Pe 2: 1 bring on themselves swift **d**
2Pe 2: 6 ashes, condemned them to **d**
2Pe 3:16 unstable twist to their own **d**

DETAIL

Heb 9: 5 we cannot now speak in **d**

DETERMINED

Josh 17:12 were **d** to dwell in that land
Ruth 1:18 that she was **d** to go with her
Job 14: 5 Since his days are **d**, the
Job 38: 5 Who **d** its measurements
Dan 9:24 weeks are **d** for your people
Dan 9:26 of the war desolations are **d**
Dan 11:36 what has been **d** shall be done
Matt 2: 7 **d** from them what time the
Luke 22:22 of Man goes as it has been **d**
Acts 2:23 delivered by the **d** counsel
Acts 3:13 when he was **d** to let Him go
Acts 11:29 **d** to send relief to the
Acts 15: 2 they **d** that Paul and Barnabas
Acts 17:26 and has **d** their preappointed
1Co 2: 2 For I **d** not to know anything

DEVICES

Job 5:12 the **d** of the crafty, so that
2Co 2:11 we are not ignorant of his **d**

DEVIL

Matt 4: 1 to be tempted by the **d**
Matt 4: 5 Then the **d** took Him up into
Matt 13:39 enemy who sowed them is the **d**
Matt 25:41 fire prepared for the **d** and
Luke 4: 2 for forty days by the **d**
Luke 8:12 then the **d** comes and takes
John 6:70 twelve, and one of you is a **d**
John 8:44 You are of your father the **d**
John 13: 2 the **d** having already put it
Acts 10:38 who were oppressed by the **d**
Acts 13:10 all fraud, you son of the **d**
Eph 4:27 nor give place to the **d**
Eph 6:11 against the wiles of the **d**
1Ti 3: 6 same condemnation as the **d**
1Ti 3: 7 and the snare of the **d**
Heb 2:14 of death, that is, the **d**,
Jas 4: 7 Resist the **d** and he will flee
1Pe 5: 8 **d** walks about like a roaring
1Jn 3: 8 He who sins is of the **d**, for
1Jn 3: 8 destroy the works of the **d**
Jude 9 in contending with the **d**
Rev 12: 9 serpent of old, called the **D**
Rev 20:10 And the **d**, who deceived them,

DEVISE

Mic 2: 1 Woe to those who **d** iniquity

DEVOTED (*see* DEVOUT)

Lev 27:28 every **d** offering is most holy
Ps 119:38 Who is **d** to fearing You
1Co 16:15 that they have **d** themselves

DEVOUR (*see* DEVOURED, DEVOURS)

2Sa 2:26 Shall the sword **d** forever
Ps 21: 9 And the fire shall **d** them
Prov 30:14 to **d** the poor from off the
Jer 17:27 it shall **d** the palaces of
Ezek 7:15 and pestilence will **d** him
Ezek 20:47 it shall **d** every green tree
Dan 7: 5 Arise, **d** much flesh
Dan 7:23 and shall **d** the whole earth,
Amos 1: 7 which shall **d** its palaces
Matt 23:14 For you **d** widows' houses, and
Gal 5:15 **d** one another, beware lest
Heb 10:27 which will **d** the adversaries
1Pe 5: 8 lion, seeking whom he may **d**

DEVOURED (*see* DEVOUR)

Gen 37:33 A wild beast has **d** him
Gen 41: 7 thin heads **d** the seven plump
Hos 7: 9 Aliens have **d** his strength

DEVOURS (*see* DEVOUR)

Num 13:32 a land that **d** its inhabitants
2Sa 11:25 for the sword **d** one as well
Hab 1:13 **d** one more righteous than he

DEVOUT (*see* DEVOTED)

Luke 2:25 and this man was just and **d**
Acts 2: 5 **d** men, from every nation
Acts 10: 2 a **d** man and one who feared

DEW

Gen 27:28 give you of the **d** of heaven
Ex 16:13 in the morning the **d** lay all
Deut 32: 2 my speech distill as the **d**
Deut 33:28 His Heavens shall also drop **d**
Judg 6:37 if there is **d** on the fleece
Ps 110: 3 You have the **d** of Your youth
Prov 3:20 up, and clouds drop down the **d**
Dan 4:33 his body was wet with the **d**
Hos 6: 4 like the early **d** it goes away

DIAL†

Is 38: 8 **d** by which it had gone down

DIANA

Acts 19:28 Great is **D** of the Ephesians

DIE (*see* DEAD, DEATH, DIED, DIES, DYING)

Gen 2:17 eat of it you shall surely **d**
Gen 3: 3 you touch it, lest you **d**
Gen 3: 4 You will not surely **d**
Gen 27: 4 soul may bless you before I **d**
Gen 30: 1 Give me children, or else I **d**
Ex 14:12 we should **d** in the wilderness
Deut 5:25 therefore, why should we **d**
Deut 18:20 gods, that prophet shall **d**
Ruth 1:17 Where you **d**, I will **d**, and
1Ki 21:10 and stone him, that he may **d**
2Ki 13:14 illness of which he would **d**
2Ch 25: 4 shall **d** for his own sin
Job 2: 9 Curse God and **d**
Job 3:11 Why did I not **d** at birth
Job 12: 2 and wisdom will **d** with you
Ps 79:11 those who are appointed to **d**
Ps 82: 7 But you shall **d** like men, And
Prov 23:13 him with a rod, he will not **d**
Eccl 3: 2 to be born, and a time to **d**
Eccl 7:17 why should you **d** before your
Is 22:13 and drink, for tomorrow we **d**
Is 66:24 For their worm does not **d**
Jer 11:22 men shall **d** by the sword,
Jer 20: 6 Babylon, and there you shall **d**
Jer 26:11 This man deserves to **d**
Jer 31:30 But every one shall **d** for his
Ezek 3:18 wicked, 'You shall surely **d**
Ezek 3:18 man shall **d** in his iniquity
Ezek 18: 4 the soul who sins shall **d**
Ezek 18:31 For why should you **d**, O house
Amos 6: 9 in one house, they shall **d**
Amos 7:11 Jeroboam shall **d** by the sword
Jon 4: 3 for me to **d** than to live
Hab 1:12 We shall not **d**
Matt 26:35 Even if I have to **d** with You
Mark 9:44 where 'their worm does not **d**
John 8:21 Me, and will **d** in your sin
John 11:25 in Me, though he may **d**, he
John 11:26 believes in Me shall never **d**
John 11:50 man should **d** for the people
John 11:51 Jesus would **d** for the nation
John 12:33 by what death He would **d**
John 21:23 this disciple would not **d**
Rom 5: 7 a righteous man will one **d**
Rom 5: 7 someone would even dare to **d**
Rom 8:13 to the flesh you will **d**
Rom 14: 8 if we **d**, we **d** to the Lord
Rom 14: 8 whether we live or **d**, we are
1Co 15:22 For as in Adam all **d**, even so
1Co 15:31 Jesus our Lord, I **d** daily
1Co 15:32 and drink, for tomorrow we **d**
Phil 1:21 is Christ, and to **d** is gain
Heb 9:27 appointed for men to **d** once
Rev 14:13 who **d** in the Lord from now on

DIED (*see* DIE)

Gen 25: 8 **d** in a good old age, an old
Num 15:36 him with stones, and he **d**
1Sa 25:37 that his heart **d** within him
1Sa 25:38 LORD struck Nabal, and he **d**
2Sa 11:17 and Uriah the Hittite **d** also
2Sa 12:18 came to pass that the child **d**
2Sa 18:33 if only I had **d** in your place
Job 42:17 So Job **d**, old and full of days
Is 6: 1 the year that King Uzziah **d**
Is 14:28 in the year that King Ahaz **d**
Ezek 24:18 and at evening my wife **d**
Hos 13: 1 he offended in Baal, he **d**
Matt 9:18 My daughter has just **d**, but
Matt 22:27 last of all the woman **d** also
Luke 16:22 So it was that the beggar **d**
Luke 16:22 The rich man also **d** and was
Luke 20:29 a wife, and **d** without children
John 11:21 my brother would not have **d**
John 11:44 he who had **d** came out bound
Acts 7:15 and he **d**, he and our fathers
Acts 12:23 he was eaten by worms and **d**
Rom 5: 6 time Christ **d** for the ungodly
Rom 5: 8 sinners, Christ **d** for us
Rom 5:15 the one man's offense many **d**
Rom 6: 2 How shall we who **d** to sin
Rom 6: 8 Now if we **d** with Christ, we
Rom 6:10 For the death that He **d**, He
Rom 6:10 He **d** to sin once for all
Rom 7: 9 came, sin revived and I **d**
Rom 14:15 the one for whom Christ **d**
1Co 15: 3 that Christ **d** for our sins
2Co 5:14 One **d** for all, then all **d**
Gal 2:19 For I through the law **d** to
Gal 2:21 law, then Christ **d** in vain
Col 3: 3 For you **d**, and your life is
1Th 4:14 if we believe that Jesus **d**
Heb 11:13 These all **d** in faith, not
1Pe 2:24 having **d** to sins, might live
Rev 8: 9 living creatures in the sea **d**

DIES (*see* DIE)

Lev 7:24 of a beast that **d** naturally
Num 27: 8 If a man **d** and has no son,

D

Deut 13:10 him with stones until he **d**
Deut 14:21 eat anything that **d** of itself
Deut 24: 3 or if the latter husband **d**
2Sa 3:33 Should Abner die as a fool **d**
Job 14:10 But man **d** and is laid away
Job 14:14 If a man **d**, shall he live
Job 21:23 One **d** in his full strength,
Prov 11: 7 When a wicked man **d**, his
Eccl 3:19 as one **d**, so **d** the other
Matt 22:24 Moses said that if a man **d**
Mark 12:19 us that if a man's brother **d**
Luke 20:28 he **d** without children, his
John 4:49 come down before my child **d**
John 12:24 falls into the ground and **d**
John 12:24 but if it **d**, it produces much
Rom 6: 9 from the dead, **d** no more
Rom 7: 2 But if the husband **d**, she is
Rom 14: 7 and no one **d** to himself
1Co 15:36 is not made alive unless it **d**
Heb 10:28 law **d** without mercy on the

DIFFER (*see* DIFFERENCE, DIFFERENT, DIFFERING)
1Co 4: 7 who makes you **d** from another

DIFFERENCE (*see* DIFFER)
Ex 8:23 I will make a **d** between My
Ex 11: 7 a **d** between the Egyptians
Ezek 22:26 the **d** between the unclean
Rom 3:22 For there is no **d**

DIFFERENT (*see* DIFFER, VARIOUS)
Num 14:24 he has a **d** spirit in him and
1Co 12:10 to another **d** kinds of tongues
2Co 11: 4 or if you receive a **d** spirit
Gal 1: 6 of Christ, to a **d** gospel,

DIFFERING† (*see* DIFFER)
Deut 25:13 have in your bag **d** weights
Deut 25:14 have in your house **d** measures
Rom 12: 6 Having then gifts **d** according

DIG (*see* DUG)
Deut 6:11 wells which you did not **d**
Deut 8: 9 whose hills you can **d** copper

DILIGENCE (*see* DILIGENT)
Prov 4:23 Keep your heart with all **d**
Rom 12: 8 he who leads, with **d**
Rom 12:11 not lagging in **d**, fervent in
2Co 8: 7 in knowledge, in all **d**, and

DILIGENT (*see* CAREFUL, DILIGENCE, DILIGENTLY)
2Co 8:22 often proved **d** in many things
2Ti 4: 9 Be **d** to come to me quickly
Heb 4:11 be **d** to enter that rest, lest
2Pe 3:14 be **d** to be found by Him in

DILIGENTLY (*see* CAREFULLY, DILIGENT, EARNESTLY)
Deut 6: 7 teach them **d** to your children
Prov 8:17 who seek me **d** will find me
Heb 11: 6 of those who **d** seek Him
Heb 12:17 he sought it **d** with tears

DIM (*see* DIMLY)
Gen 27: 1 his eyes were so **d** that he
Deut 34: 7 His eyes were not **d** nor his
Eccl 12: 3 through the windows grows **d**

DIMINISH (*see* DIMINISHED)
Jer 26: 2 Do not **d** a word

DIMINISHED (*see* DIMINISH)
Deut 34: 7 dim nor his natural vigor **d**

DIMLY† (*see* DIM)
1Co 13:12 For now we see in a mirror, **d**

DINAH
Gen 34: 3 to **D** the daughter of Jacob

DINNER
Prov 15:17 Better is a **d** of herbs where
Luke 11:38 had not first washed before **d**
1Co 10:27 not believe invites you to **d**

DIP (*see* DIPPED, DIPS)
Ex 12:22 **d** it in the blood that is in
Num 19:18 **d** it in the water, sprinkle
Luke 16:24 **d** the tip of his finger in

DIPPED (*see* DIP)
Gen 37:31 and **d** the tunic in the blood
Lev 9: 9 he **d** his finger in the blood,
2Ki 5:14 **d** seven times in the Jordan,
Matt 26:23 He who **d** his hand with Me in
John 13:26 of bread when I have **d** it
Rev 19:13 with a robe **d** in blood, and

DIPS† (*see* DIP)
Mark 14:20 who **d** with Me in the dish

DIRE
Lam 1: 3 overtake her in **d** straits

DIRECT (*see* DIRECTED, DIRECTS)
Ps 119:133 **D** my steps by Your word, And
Prov 3: 6 Him, and He shall **d** your paths
Is 45:13 and I will **d** all his ways
2Th 3: 5 Now may the Lord **d** your

DIRECTED (*see* DIRECT)
Ps 119: 5 that my ways were **d** To keep
Is 40:13 Who has **d** the Spirit of the
Matt 27:10 field, as the LORD **d** me

DIRECTS† (*see* DIRECT)
Prov 16: 9 way, but the LORD **d** his steps

DIRT
1Sa 4:12 clothes torn and **d** on his head
Is 57:20 waters cast up mire and **d**

DISAPPOINT†
Rom 5: 5 Now hope does not **d**, because

DISARMED
Col 2:15 Having **d** principalities and

DISASTER
Neh 13:18 God bring all this **d** on us
Job 31: 3 **d** for the workers of iniquity
Jer 4: 6 I will bring **d** from the north
Jer 18: 8 I will relent of the **d** that I
Ezek 7:26 **D** will come upon **d**
Jon 3:10 God relented from the **d** that
Acts 27:10 this voyage will end with **d**

DISCERN (*see* DISCERNED, DISCERNER, DISCERNING)
Jon 4:11 **d** between their right hand
Matt 16: 3 but you cannot **d** the signs of

DISCERNED† (*see* DISCERN)
1Co 2:14 they are spiritually **d**

DISCERNER† (*see* DISCERN)
Heb 4:12 is a **d** of the thoughts and

DISCERNING (*see* DISCERN)
1Co 11:29 not **d** the Lord's body
1Co 12:10 to another **d** of spirits, to

DISCIPLE (*see* DISCIPLES, DISCIPLINE)
Matt 10:24 A **d** is not above his teacher,
Matt 10:42 cold water in the name of a **d**
Matt 27:57 had also become a **d** of Jesus
Luke 14:27 come after Me cannot be My **d**
John 19:26 the **d** whom He loved standing
John 20: 4 the other **d** outran Peter and
John 21:20 saw the **d** whom Jesus loved
John 21:23 that this **d** would not die
Acts 9:36 was a certain **d** named Tabitha

DISCIPLES (*see* DISCIPLE, DISCIPLES')
Is 8:16 Seal the law among my **d**
Matt 5: 1 was seated His **d** came to Him
Matt 8:23 a boat, His **d** followed Him
Matt 9:14 Then the **d** of John came to
Matt 9:14 often, but Your **d** do not fast
Matt 10: 1 called His twelve **d** to Him
Matt 24: 3 the **d** came to Him privately,
Matt 26:26 broke it, and gave it to the **d**
Matt 26:36 Gethsemane, and said to the **d**
Matt 26:56 Then all the **d** forsook Him
Matt 28: 7 tell His **d** that He is risen
Matt 28:16 Then the eleven **d** went away
Matt 28:19 make **d** of all the nations,
Mark 10:10 in the house His **d** asked Him
Mark 10:24 the **d** were astonished at His
Mark 14:14 eat the Passover with My **d**
Luke 6: 1 His **d** plucked the heads of
Luke 9:40 Your **d** to cast it out, but
Luke 9:54 And when His **d** James and John
Luke 22:45 prayer, and had come to His **d**
John 1:35 John stood with two of his **d**
John 2:12 His brothers, and His **d**
John 2:17 Then His **d** remembered that it
John 4: 1 and baptized more **d** than John
John 6: 8 One of His **d**, Andrew, Simon
John 6:61 His **d** murmured about this
John 8:31 My word, you are My **d** indeed
John 9:27 you also want to become His **d**
John 9:28 disciple, but we are Moses' **d**
John 11: 8 The **d** said to Him, "Rabbi,
John 11:16 Didymus, said to his fellow **d**
John 12: 4 Then one of His **d**, Judas
John 13:23 on Jesus' bosom one of His **d**
John 13:35 will know that you are My **d**
John 18:17 not also one of this Man's **d**
John 20:19 where the **d** were assembled
John 20:20 Then the **d** were glad when
John 21: 1 the **d** at the Sea of Tiberias
John 21:14 **d** after He was raised from
Acts 1:15 up in the midst of the **d**
Acts 6: 1 of the **d** was multiplying,
Acts 6: 7 and the number of the **d**
Acts 9:19 days with the **d** at Damascus
Acts 9:25 Then the **d** took him by night
Acts 11:26 And the **d** were first called
Acts 14:21 to that city and made many **d**
Acts 20: 1 Paul called the **d** to him
Acts 20: 7 when the **d** came together to

DISCIPLES'† (*see* DISCIPLES)
John 13: 5 and began to wash the **d** feet

DISCIPLINE (*see* DISCIPLE, DISCIPLINES)
1Co 9:27 But I **d** my body and bring it

DISCIPLINES† (*see* DISCIPLINE)
Prov 13:24 who loves him **d** him promptly

DISCORD
Prov 6:19 one who sows **d** among brethren

DISCOURAGED
Deut 1:21 do not fear or be **d**
Is 42: 4 He will not fail nor be **d**
Heb 12: 5 nor be **d** when you are rebuked

DISCREET† (*see* DISCRETION)
Tit 2: 5 to be **d**, chaste, homemakers,

DISCRETION (*see* DISCREET)
Prov 1: 4 the young man knowledge and **d**

DISEASE (*see* DISEASES)
2Ki 8: 8 Shall I recover from this **d**
Matt 4:23 and all kinds of **d** among the
John 5: 4 well of whatever **d** he had

DISEASES (*see* DISEASE)
Deut 28:60 on you all the **d** of Egypt
Ps 103: 3 Who heals all your **d**,
Matt 4:24 were afflicted with various **d**
Luke 6:17 Him and be healed of their **d**
Luke 9: 1 over all demons, and to cure **d**
Acts 19:12 the **d** left them and the evil

DISGRACEFUL
Deut 22:21 has done a **d** thing in Israel
2Sa 13:12 Do not do this **d** thing

D

DISGUISED
1Sa 28: 8 So Saul **d** himself and put on

DISH
2Ki 21:13 Jerusalem as one wipes a **d**
Matt 23:25 the outside of the cup and **d**
Matt 26:23 Me in the **d** will betray Me
Luke 11:39 **d** clean, but your inward part

DISHONEST
1Sa 8: 3 turned aside after **d** gain
Tit 1:11 not, for the sake of **d** gain
1Pe 5: 2 not for **d** gain but eagerly

DISHONOR (*see* DISHONORED, DISHONORS)
Ps 35:26 and **d** Who magnify themselves
Ps 44:15 My **d** is continually before me
Ps 69:19 reproach, my shame, and my **d**
John 8:49 honor My Father, and you **d** Me
Rom 1:24 to **d** their bodies among
Rom 2:23 do you **d** God through breaking
Rom 9:21 for honor and another for **d**
1Co 11:14 long hair, it is a **d** to him
1Co 15:43 It is sown in **d**, it is raised
2Ti 2:20 some for honor and some for **d**

DISHONORED† (*see* DISHONOR)
1Co 4:10 distinguished, but we are **d**
Jas 2: 6 But you have **d** the poor man

DISHONORS† (*see* DISHONOR)
Mic 7: 6 For son **d** father, daughter
1Co 11: 4 his head covered, **d** his head
1Co 11: 5 her head uncovered **d** her head

DISMAYED
Deut 31: 8 do not fear nor be **d**
Josh 1: 9 do not be afraid, nor be **d**
Ps 83:17 be confounded and **d** forever
Is 41:10 be not **d**, for I am your God
Jer 1:17 Do not be **d** before their

DISOBEDIENCE (*see* DISOBEDIENT)
Rom 5:19 For as by one man's **d** many
Rom 11:30 mercy through their **d**,
Eph 2: 2 now works in the sons of **d**
Heb 2: 2 **d** received a just reward,
Heb 4: 6 did not enter because of **d**

DISOBEDIENT (*see* DISOBEDIENCE)
Neh 9:26 Nevertheless they were **d** and
Acts 26:19 I was not **d** to the heavenly
Rom 1:30 of evil things, **d** to parents,
Rom 10:21 stretched out My hands to a **d**
Rom 11:30 For as you were once **d** to God
1Pe 2: 8 being **d** to the word, to which
1Pe 3:20 who formerly were **d**, when

DISPENSATION†
Eph 1:10 that in the **d** of the fullness
Eph 3: 2 you have heard of the **d** of

DISPERSED (*see* DISPERSION)
Is 11:12 and gather together the **d** of

DISPERSION† (*see* DISPERSED)
John 7:35 go to the **D** among the Greeks
1Pe 1: 1 pilgrims of the **D** in Pontus

DISPLEASED (*see* DISPLEASURE)
Jon 4: 1 But it **d** Jonah exceedingly,

DISPLEASURE (*see* DISPLEASED)
Ps 2: 5 distress them in His deep **d**
Ps 6: 1 Nor chasten me in Your hot **d**

DISPOSSESS
Deut 9: 1 go in to **d** nations greater and

DISPUTE (*see* DISPUTED, DISPUTER, DISPUTES, DISPUTING)
Deut 25: 1 If there is a **d** between men
Mark 8:11 out and began to **d** with Him
Luke 9:46 Then a **d** arose among them as

DISPUTED (*see* DISPUTE)
Jude 9 when he **d** about the body of

DISPUTER† (*see* DISPUTE)
1Co 1:20 Where is the **d** of this age

DISPUTES (*see* DISPUTE)
Rom 14: 1 but not to **d** over doubtful
1Ti 1: 4 which cause **d** rather than
2Ti 2:23 avoid foolish and ignorant **d**

DISPUTING (*see* DISPUTE)
Acts 24:12 found me in the temple **d** with
Phil 2:14 without murmuring and **d**

DISQUALIFIED
1Co 9:27 I myself should become **d**

DISQUIETED
Ps 42: 5 And why are you **d** within me

DISSENSION
Acts 15: 2 and Barnabas had no small **d**

DISSOLVED
Is 34: 4 the host of heaven shall be **d**
2Pe 3:12 will be **d** being on fire, and

DISTINCTION (*see* DISTINGUISH)
Acts 15: 9 made no **d** between us and them,
Rom 10:12 For there is no **d** between Jew

DISTINGUISH (*see* DISTINCTION)
Lev 10:10 that you may **d** between holy
Lev 11:47 To **d** between the unclean and

DISTRACTED† (*see* DISTRACTION)
Luke 10:40 But Martha was **d** with much

DISTRACTION† (*see* DISTRACTED)
1Co 7:35 may serve the Lord without **d**

DISTRESS (*see* DISTRESSED, DISTRESSING)
Gen 35: 3 me in the day of my **d** and has
Ps 2: 5 wrath, And **d** them in His deep
Ps 4: 1 relieved me when I was in **d**
Ps 18: 6 In my **d** I called upon the
Rom 8:35 Shall tribulation, or **d**, or
1Co 7:26 good because of the present **d**
Phil 4:14 well that you shared in my **d**

DISTRESSED (*see* DISTRESS)
1Sa 28:15 I am deeply **d**
2Sa 1:26 I am **d** for you, my brother
Matt 26:37 to be sorrowful and deeply **d**
Luke 12:50 and how **d** I am till it is

DISTRESSING (*see* DISTRESS)
1Sa 16:14 and a **d** spirit from the LORD
Is 21: 2 a **d** vision is declared to me

DISTRIBUTE (*see* DISTRIBUTED, DISTRIBUTING, DISTRIBUTION)
Neh 13:13 was to **d** to their brethren
Luke 18:22 **d** to the poor, and you will

DISTRIBUTED (*see* DISTRIBUTE)
Josh 13:32 **d** as an inheritance in the
John 6:11 He **d** them to the disciples
Acts 4:35 they **d** to each as anyone had
1Co 7:17 But as God has **d** to each one

DISTRIBUTING† (*see* DISTRIBUTE)
Rom 12:13 **d** to the needs of the saints,
1Co 12:11 **d** to each one individually as

DISTRIBUTION† (*see* DISTRIBUTE)
Acts 6: 1 were neglected in the daily **d**

DISTURBED
1Sa 28:15 Why have you **d** me by bringing
Neh 2:10 they were deeply **d** that a man
Acts 21:30 And all the city was **d**

DITCH
Ps 7:15 into the **d** which he made
Matt 15:14 both will fall into a **d**

DIVERSE (*see* DIVERSITIES)
Prov 20:23 **D** weights are an abomination

DIVERSITIES (*see* DIVERSE)
1Co 12: 4 Now there are **d** of gifts, but

DIVIDE (*see* DIVIDED, DIVIDING, DIVISION)
Gen 1: 6 let it **d** the waters from the
Gen 1:14 to **d** the day from the night
Ex 14:16 hand over the sea and **d** it
Josh 13: 7 **d** this land as an inheritance
1Ki 3:25 **D** the living child in two, and
Ps 22:18 **d** My garments among them
Is 9: 3 rejoice when they **d** the spoil
Is 53:12 Therefore I will **d** Him a
Is 53:12 He shall **d** the spoil with the
Luke 12:13 tell my brother to **d** the

DIVIDED (*see* DIVIDE, SEPARATED)
Gen 1: 4 and God **d** the light from the
Gen 1: 7 **d** the waters which were under
Gen 10:25 in his days the earth was **d**
Ex 14:21 land, and the waters were **d**
1Ki 16:21 Israel were **d** into two parts
Ps 136:13 To Him who **d** the Red Sea in
Dan 2:41 iron, the kingdom shall be **d**
Dan 5:28 Your kingdom has been **d**, and
Matt 12:25 Every kingdom **d** against
Matt 27:35 **d** His garments, casting lots,
Mark 6:41 two fish He **d** among them all
Luke 12:53 Father will be **d** against son
Acts 2: 3 appeared to them **d** tongues
Acts 2:45 **d** them among all, as anyone
1Co 1:13 Is Christ **d**? Was Paul

DIVIDING
2Ti 2:15 rightly **d** the word of truth

DIVINATION (*see* DIVINE)
Lev 19:26 you practice **d** or soothsaying
Acts 16:16 with a spirit of **d** met us

DIVINE (*see* DIVINATION, DIVINELY)
Mic 3:11 and her prophets **d** for money
Acts 17:29 the **D** Nature is like gold or

DIVINELY (*see* DIVINE)
Matt 2:12 being **d** warned in a dream
Heb 11: 7 being **d** warned of things not

DIVISION (*see* DIVIDE, DIVISIONS)
1Ch 28:13 also for the **d** of the priests
Luke 1: 5 Zacharias, of the **d** of Abijah
John 7:43 there was a **d** among them
Heb 4:12 even to the **d** of soul and

DIVISIONS (*see* DIVISION)
1Ch 28:21 Here are the **d** of the priests
Rom 16:17 note those who cause **d** and
1Co 1:10 that there be no **d** among you

DIVORCE (*see* DIVORCED, DIVORCES)
Deut 22:19 he cannot **d** her all his days
Deut 24: 1 writes her a certificate of **d**
Mal 2:16 Israel says that He hates **d**
Matt 5:31 give her a certificate of **d**
Matt 19: 3 to **d** his wife for just any
1Co 7:11 husband is not to **d** his wife

DIVORCED (*see* DIVORCE)
Deut 24: 4 **d** her must not take her back
Matt 5:32 who is **d** commits adultery

DIVORCES (*see* DIVORCE)
Jer 3: 1 say, 'If a man **d** his wife
Matt 5:32 **d** his wife for any reason
Matt 19: 9 whoever **d** his wife, except

DOCTRINE (*see* DOCTRINES)
Matt 16:12 but of the **d** of the Pharisees
Mark 1:27 What new **d** is this
John 7:16 My **d** is not Mine, but His who
Acts 2:42 in the apostles' **d** and
Rom 16:17 contrary to the **d** which you
Eph 4:14 about with every wind of **d**
1Ti 1: 3 that they teach no other **d**
1Ti 1:10 that is contrary to sound **d**
1Ti 4:16 heed to yourself and to the **d**
1Ti 6: 1 His **d** may not be blasphemed
2Ti 3:16 God, and is profitable for **d**
2Ti 4: 3 they will not endure sound **d**
Tit 2:10 that they may adorn the **d** of
Heb 6: 2 of the **d** of baptisms, of
2Jn 9 does not abide in the **d** of
Rev 2:14 who hold the **d** of Balaam, who
Rev 2:15 hold the **d** of the Nicolaitans

DOCTRINES (*see* DOCTRINE)
Matt 15: 9 worship Me, teaching as **d** the
Col 2:22 commandments and **d** of men
1Ti 4: 1 spirits and **d** of demons,
Heb 13: 9 with various and strange **d**

DOER (*see* DOERS, DOINGS)
Jas 1:23 hearer of the word and not a **d**
Jas 4:11 you are not a **d** of the law

DOERS† (*see* DOER, EVILDOERS)
Rom 2:13 but the **d** of the law will be
Jas 1:22 But be **d** of the word, and not

DOG (*see* DOGS)
Ex 11: 7 shall a **d** move its tongue
Deut 23:18 a **d** to the house of the LORD
Judg 7: 5 with his tongue, as a **d** laps
1Sa 17:43 Am I a **d**, that you come to me
Ps 22:20 life from the power of the **d**
Prov 26:11 As a **d** returns to his own
Prov 26:17 one who takes a **d** by the ears
Eccl 9: 4 for a living **d** is better than
2Pe 2:22 A **d** returns to his own vomit,

DOGS (*see* DOG)
Ex 22:31 you shall throw it to the **d**
1Ki 21:19 **d** shall lick your blood, even
1Ki 21:23 The **d** shall eat Jezebel by
Ps 22:16 For **d** have surrounded Me
Matt 7: 6 give what is holy to the **d**
Matt 15:26 and throw it to the little **d**
Luke 16:21 Moreover the **d** came and licked
Phil 3: 2 Beware of **d**, beware of evil
Rev 22:15 But outside are **d** and

DOINGS (*see* DOER)
Deut 28:20 of the wickedness of your **d**
Jer 7: 3 Amend your ways and your **d**

DOMINION (*see* DOMINIONS)
Gen 1:26 let them have **d** over the fish
Num 24:19 Out of Jacob One shall have **d**
Ps 8: 6 have **d** over the works of Your
Ps 19:13 Let them not have **d** over me
Ps 49:14 The upright shall have **d** over
Ps 72: 8 He shall have **d** also from sea
Ps 103:22 works, In all places of His **d**
Ps 114: 2 sanctuary, And Israel His **d**
Ps 145:13 Your **d** endures throughout all
Dan 4: 3 His **d** is from generation to
Dan 4:34 His **d** is an everlasting **d**
Dan 7:14 Then to Him was given **d** and
Dan 7:14 **d** is an everlasting **d**
Zech 9:10 His **d** shall be 'from sea to
Rom 6: 9 no longer has **d** over Him
Rom 7: 1 that the law has **d** over a man
Rev 1: 6 be glory and **d** forever and ever

DOMINIONS† (*see* DOMINION)
Dan 7:27 all **d** shall serve and obey Him
Col 1:16 whether thrones or **d** or

DONKEY (*see* DONKEYS)
Gen 22: 3 the morning and saddled his **d**
Ex 13:13 a **d** you shall redeem with a
Ex 20:17 nor his ox, nor his **d**, nor
Ex 21:33 an ox or a **d** falls in it,
Num 22:30 So the **d** said to Balaam, "Am
Judg 15:15 found a fresh jawbone of a **d**
Jer 22:19 buried with the burial of a **d**
Zech 9: 9 lowly and riding on a **d**, a
Matt 21: 5 you, lowly, and sitting on a **d**
2Pe 2:16 a dumb **d** speaking with a

DONKEYS (*see* DONKEY)
Gen 12:16 He had sheep, oxen, male **d**

DOOM
Job 21:30 are reserved for the day of **d**
Amos 6: 3 who put far off the day of **d**

DOOR (*see* DOORKEEPER, DOORPOST, DOORS)
Gen 4: 7 do well, sin lies at the **d**
Gen 6:16 set the **d** of the ark in its
Gen 19: 9 came near to break down the **d**
Ex 12:23 the LORD will pass over the **d**
Ex 29: 4 to the **d** of the tabernacle of
Deut 15:17 it through his ear to the **d**
Ps 141: 3 watch over the **d** of my lips
Prov 26:14 As a **d** turns on its hinges,
Song 5: 4 hand by the latch of the **d**
Is 6: 4 And the posts of the **d** were
Hos 2:15 of Achor as a **d** of hope
Matt 6: 6 and when you have shut your **d**
Matt 27:60 against the **d** of the tomb
Matt 28: 2 back the stone from the **d**
Mark 2: 2 them, not even near the **d**
John 10: 2 the **d** is the shepherd of the
John 10: 7 you, I am the **d** of the sheep
John 10: 9 I am the **d**. If anyone
1Co 16: 9 effective **d** has opened to me,
2Co 2:12 a **d** was opened to me by the
Col 4: 3 open to us a **d** for the word
Jas 5: 9 Judge is standing at the **d**
Rev 3: 8 have set before you an open **d**
Rev 3:20 Behold, I stand at the **d** and
Rev 3:20 hears My voice and opens the **d**

DOORKEEPER (*see* DOOR)
Ps 84:10 I would rather be a **d** in the
John 10: 3 To him the **d** opens, and the

DOORPOST (*see* DOOR, DOORPOSTS)
Ex 21: 6 him to the door, or to the **d**
1Sa 1: 9 **d** of the tabernacle of the

DOORPOSTS (*see* DOORPOST)
Ex 12: 7 blood and put it on the two **d**
Deut 6: 9 them on the **d** of your house

DOORS (*see* DOOR)
Job 3:10 up the **d** of my mother's womb
Ps 24: 7 lifted up, you everlasting **d**
Eccl 12: 4 when the **d** are shut in the
Mic 7: 5 Guard the **d** of your mouth
Matt 24:33 it is near, at the very **d**
John 20:19 when the **d** were shut where

DORCAS (*see* TABITHA)
Acts 9:36 which is translated **D**

DOTHAN
Gen 37:17 brothers and found them in **D**

DOUBLE
Gen 43:12 Take **d** money in your hand, and
Ex 22: 4 or sheep, he shall restore **d**
Deut 21:17 firstborn by giving him a **d**
1Sa 1: 5 he would give a **d** portion
2Ki 2: 9 Please let a **d** portion of
Is 40: 2 hand **d** for all her sins
Jer 17:18 them with **d** destruction
1Ti 5:17 be counted worthy of **d** honor

DOUBLE-MINDED†
Ps 119:113 I hate the **d**, But I love Your
Jas 1: 8 he is a **d** man, unstable in
Jas 4: 8 and purify your hearts, you **d**

DOUBT (*see* DOUBTED, DOUBTFUL, DOUBTING, DOUBTLESS, DOUBTS)
Job 12: 2 No **d** you are the people, and
Matt 14:31 little faith, why did you **d**
Mark 11:23 does not **d** in his heart, but
Acts 28: 4 No **d** this man is a murderer,

DOUBTED† (*see* DOUBT)
Matt 28:17 worshipped Him: but some **d**

DOUBTFUL† (*see* DOUBT)
Rom 14: 1 not to disputes over **d** things

DOUBTING (*see* DOUBT)
Acts 10:20 and go with them, **d** nothing
1Ti 2: 8 hands, without wrath and **d**
Jas 1: 6 him ask in faith, with no **d**

DOUBTLESS (*see* DOUBT)
Ps 126: 6 Shall **d** come again with
Is 63:16 **D** You are our Father, though
2Co 12: 1 It is **d** not profitable for me

DOUBTS† (*see* DOUBT)
Luke 24:38 why do **d** arise in your hearts
Rom 14:23 But he who **d** is condemned if
Gal 4:20 for I have **d** about you
Jas 1: 6 for he who **d** is like a wave

DOVE (*see* DOVES)
Gen 8:10 sent the **d** out from the ark
Ps 55: 6 Oh, that I had wings like a **d**
Song 5: 2 me, my sister, my love, my **d**
Hos 7:11 also is like a silly **d**,
Luke 3:22 bodily form like a **d** upon Him

DOVES (*see* DOVE)
Song 5:12 His eyes are like **d** by the
Is 59:11 bears, and moan sadly like **d**
Matt 10:16 as serpents and harmless as **d**
Matt 21:12 the seats of those who sold **d**

DRAG (*see* DRAGGED)
Luke 12:58 lest he **d** you to the judge,
Jas 2: 6 you and **d** you into the courts

DRAGGED (*see* DRAG)
Jer 22:19 the burial of a donkey, **d**
John 21:11 **d** the net to land, full of
Acts 14:19 and **d** him out of the city,
Acts 16:19 **d** them into the marketplace

DRAGON
Rev 12: 3 fiery red **d** having seven

DRANK (*see* DRINK)
Gen 9:21 Then he **d** of the wine and was
Ex 24:11 saw God, and they ate and **d**
1Ki 17: 6 and he **d** from the brook
Dan 1: 8 nor with the wine which he **d**
Mark 14:23 them, and they all **d** from it
Luke 13:26 **d** in Your presence, and You
John 4:12 **d** from it himself, as well as
Acts 9: 9 sight, and neither ate nor **d**
Acts 10:41 **d** with Him after He arose
1Co 10: 4 and all **d** the same spiritual

DRAW (*see* DRAWN, DRAWS, DREW)
Gen 24:11 when women go out to **d** water
Ex 15: 9 I will **d** my sword, my hand
Judg 3:22 for he did not **d** the dagger
1Sa 14:36 Let us **d** near to God here
Ps 69:18 **D** near to my soul, and redeem
Ps 73:28 good for me to **d** near to God
Eccl 12: 1 the years **d** near when you say
Is 29:13 **d** near to Me with their
Matt 15: 8 These people **d** near to Me
John 4: 7 of Samaria came to **d** water
John 12:32 will **d** all peoples to Myself
Heb 7:19 which we **d** near to God
Heb 10:22 let us **d** near with a true
Jas 4: 8 **D** near to God
Jas 4: 8 and He will **d** near to you

DRAWN (*see* DRAW)
Num 22:23 with His **d** sword in His hand

D

Jer 31: 3 lovingkindness I have **d** you
Luke 21: 8 He,' and, 'The time has **d** near
Jas 1:14 is **d** away by his own desires

DRAWS (*see* DRAW)
Luke 21:28 your redemption **d** near
John 6:44 the Father who sent Me **d** him

DREAD (*see* DREADFUL)
Gen 9: 2 and the **d** of you shall be on
Is 7:16 the land that you **d** will be

DREADFUL (*see* DREAD)
Dan 7: 7 and behold, a fourth beast, **d**
Dan 7:19 all the others, exceedingly **d**
Mal 4: 5 great and **d** day of the LORD

DREAM (*see* DREAMER, DREAMS)
Gen 20: 3 to Abimelech in a **d** by night
Gen 31:10 lifted my eyes and saw in a **d**
Gen 37: 5 Now Joseph had a **d**, and
Gen 40: 5 in the prison, had a **d**
Gen 40: 9 butler told his **d** to Joseph
Gen 41: 1 years, that Pharaoh had a **d**
Gen 41:11 interpretation of his own **d**
Num 12: 6 and I speak to him in a **d**
1Ki 3: 5 to Solomon in a **d** by night
Job 20: 8 He will fly away like a **d**
Job 33:15 In a **d**, in a vision of the
Ps 73:20 As a **d** when one awakes, So,
Ps 126: 1 We were like those who **d**
Jer 23:28 has a **d**, let him tell a dream
Dan 2: 3 I have had a **d**, and my spirit
Dan 2: 5 do not make known the **d** to me
Dan 4: 5 I saw a **d** which made me
Dan 7: 1 of Babylon, Daniel had a **d**
Joel 2:28 your old men shall **d** dreams
Matt 1:20 Lord appeared to him in a **d**
Matt 2:12 being divinely warned in a **d**
Acts 2:17 your old men shall **d** dreams

DREAMER (*see* DREAM)
Gen 37:19 Look, this **d** is coming
Deut 13: 1 a prophet or a **d** of dreams

DREAMS (*see* DREAM)
Gen 37: 8 hated him even more for his **d**
Gen 37:20 see what will become of his **d**
Gen 41:12 he interpreted our **d** for us
Gen 41:25 The **d** of Pharaoh are one
Deut 13: 1 a prophet or a dreamer of **d**
1Sa 28: 6 either by **d** or by Urim or by
Dan 2: 1 reign, Nebuchadnezzar had **d**
Joel 2:28 your old men shall dream **d**
Acts 2:17 your old men shall dream **d**

DREW (*see* DRAW)
Gen 8: 9 **d** her into the ark to himself
Gen 24:45 down to the well and **d** water
Ex 2:10 Because I **d** him out of the
Hos 11: 4 I **d** them with gentle cords,
John 18:10 **d** it and struck the high

DRIED (*see* DRY)
Gen 8: 7 had **d** up from the earth
Judg 16: 7 fresh bowstrings, not yet **d**
Ps 106: 9 the Red Sea also, and it **d** up
Is 51:10 not the One who **d** up the sea
Mark 5:29 of her blood was **d** up, and she
Mark 11:20 fig tree **d** up from the roots

DRINK (*see* DRANK, DRINKING, DRINKS, DRUNK)
Gen 19:32 let us make our father **d** wine
Gen 21:19 water, and gave the lad a **d**
Gen 24:14 also give your camels a **d**'
Gen 35:14 he poured a **d** offering on it,
Ex 32: 6 people sat down to eat and **d**
Lev 10: 9 Do not **d** wine
Num 6:20 that the Nazirite may **d** wine
Judg 7: 6 on their knees to **d** water
Judg 13: 7 **d** no wine or similar **d**
2Sa 23:16 he would not **d** it, but poured
Neh 8:10 **d** the sweet, and send portions
Job 21:20 let him **d** of the wrath of the
Job 22: 7 given the weary water to **d**
Ps 50:13 Or **d** the blood of goats
Ps 69:21 they gave me vinegar to **d**
Ps 102: 9 mingled my **d** with weeping,
Ps 110: 7 He shall **d** of the brook by
Prov 4:17 and **d** the wine of violence
Prov 5:15 **D** water from your own cistern
Prov 23:35 that I may seek another **d**
Prov 25:21 thirsty, give him water to **d**
Prov 31: 4 it is not for kings to **d** wine
Prov 31: 6 Give strong **d** to him who is
Prov 31: 7 Let him **d** and forget his
Eccl 2:24 than that he should eat and **d**
Eccl 9: 7 and **d** your wine with an merry
Song 5: 1 **D**, yes, **d** deeply, O beloved
Is 22:13 Let us eat and **d**, for tomorrow
Is 24: 9 strong **d** is bitter to those
Is 28: 7 erred through intoxicating **d**
Is 62: 8 shall not **d** your new wine
Is 65:13 behold, My servants shall **d**
Jer 2:18 to **d** the waters of the River
Jer 8:14 given us water of gall to **d**
Jer 25:27 **D**, be drunk, and vomit
Jer 35: 6 We will **d** no wine, for
Jer 44:17 pour out **d** offerings to her,
Lam 3:15 He has made me **d** wormwood
Lam 5: 4 We pay for the water we **d**
Ezek 12:18 **d** your water with trembling
Ezek 25: 4 and they shall **d** your milk
Ezek 34:19 they **d** what you have fouled
Ezek 39:17 you may eat flesh and **d** blood
Ezek 44:21 No priest shall **d** wine when
Dan 1:10 has appointed your food and **d**
Dan 5: 2 concubines might **d** from them
Hos 2: 5 and my linen, my oil and my **d**
Hos 4:18 Their **d** is rebellion, they
Amos 2: 8 **d** the wine of the condemned
Amos 2:12 gave the Nazirites wine to **d**
Amos 6: 6 who **d** wine from bowls, and
Matt 6:25 will eat or what you will **d**
Matt 20:22 Are you able to **d** the cup

Matt 25:35 was thirsty and you gave Me **d**
Matt 26:27 **D** from it, all of you
Matt 26:29 I will not **d** of this fruit of
Matt 26:29 I **d** it new with you in My
Matt 27:34 wine mingled with gall to **d**
Mark 9:41 cup of water to **d** in My name
Mark 16:18 if they **d** anything deadly, it
Luke 1:15 and shall **d** neither wine nor
Luke 12:19 eat, **d**, and be merry
Luke 12:29 eat or what you should **d**, nor
John 4: 7 said to her, "Give Me a **d**."
John 4: 9 ask a **d** from me, a Samaritan
John 6:53 **d** His blood, you have no life
John 6:55 and My blood is **d** indeed
John 7:37 let him come to Me and **d**
Rom 12:20 if he thirsts, give him a **d**
1Co 9: 7 does not **d** of the milk of the
1Co 10: 4 drank the same spiritual **d**
1Co 10: 7 people sat down to eat and **d**
1Co 10:21 You cannot **d** the cup of the
1Co 10:31 whether you eat or **d**, or
1Co 11:25 This do, as often as you **d** it
1Co 12:13 made to **d** into one Spirit
1Co 15:32 Let us eat and **d**, for tomorrow
Col 2:16 one judge you in food or in **d**
1Ti 5:23 No longer **d** only water, but
2Ti 4: 6 poured out as a **d** offering
Rev 14: 8 she has made all nations **d** of
Rev 16: 6 have given them blood to **d**

DRINKING (*see* DRINK)
Ruth 3: 3 he has finished eating and **d**
Is 5:22 Woe to men mighty at **d** wine
Matt 11:19 Son of Man came eating and **d**
Matt 24:38 flood, they were eating and **d**
Rom 14:17 of God is not eating and **d**,

DRINKS (*see* DRINK)
Gen 44: 5 the one from which my lord **d**
Num 23:24 and **d** the blood of the slain
Job 6: 4 my spirit **d** in their poison
Job 15:16 Who **d** iniquity like water
Job 34: 7 Job, who **d** scorn like water,
Ezek 31:14 that no tree which **d** water
Mark 2:16 and **d** with tax collectors and
John 4:13 Whoever **d** of this water will
John 6:54 **d** My blood has eternal life,
John 6:56 **d** My blood abides in Me, and I
1Co 11:27 **d** this cup of the Lord in an
1Co 11:29 **d** in an unworthy manner eats
1Co 11:29 **d** judgment to himself, not
Heb 9:10 only with foods and **d**, various

DRIVE (*see* DRIVEN, DRIVES, DRIVING, DROVE)
Ex 33: 2 I will **d** out the Canaanite and
Judg 1:28 did not completely **d** them out
Prov 22:15 will **d** it far from him

DRIVEN (*see* DRIVE)
Gen 4:14 Surely You have **d** me out this
Ex 12:39 they were **d** out of Egypt and
Dan 4:33 he was **d** from men and ate
Luke 8:29 was **d** by the demon into the
Jas 1: 6 is like a wave of the sea **d**
Jas 3: 4 are **d** by fierce winds, they

DRIVES (*see* DRIVE)
Deut 18:12 the LORD your God **d** them out
2Ki 9:20 of Nimshi, for he **d** furiously
Ps 1: 4 chaff which the wind **d** away

DRIVING (*see* DRIVE)
Acts 26:24 Much learning is **d** you mad

DROP (*see* DROPS)
Deut 33:28 His Heavens shall also **d** dew
Is 40:15 are as a **d** in a bucket, and

DROPS (*see* DROP)
Luke 22:44 **d** of blood falling down to

DROUGHT
Ps 32: 4 turned into the **d** of summer
Is 58:11 and satisfy your soul in **d**

DROVE (*see* DRIVE)
Gen 3:24 So He **d** out the man
Gen 15:11 carcasses, Abram **d** them away
Josh 24:18 the LORD **d** out from before us
Judg 4:21 **d** the peg into his temple, and
Neh 13:28 therefore I **d** him from me
Matt 21:12 **d** out all those who bought and
Mark 1:12 immediately the Spirit **d** Him
John 2:15 He **d** them all out of the

DROWN† (*see* DROWNED)
Song 8: 7 love, nor can the floods **d** it
1Ti 6: 9 which **d** men in destruction

DROWNED (*see* DROWN)
Ex 15: 4 also are **d** in the Red Sea
Matt 18: 6 he were **d** in the depth of the
Heb 11:29 attempting to do so, were **d**

DRUNK (*see* DRINK)
Gen 9:21 he drank of the wine and was **d**
1Sa 1:13 Eli thought she was **d**
Is 63: 6 made them **d** in My fury, and
Dan 5:23 have **d** wine from them
Luke 5:39 And no one, having **d** old wine,
John 2:10 when the guests have well **d**
Acts 2:15 For these are not **d**, as you
1Co 11:21 one is hungry and another is **d**
Eph 5:18 And do not be **d** with wine, in
Rev 17: 6 **d** with the blood of the

DRUNKENNESS (*see* DRUNK)
Rom 13:13 the day, not in revelry and **d**
Gal 5:21 envy, murders, **d**, revelries,
1Pe 4: 3 in licentiousness, lusts, **d**

DRY (*see* DRIED)
Gen 1: 9 and let the **d** land appear"
Ex 14:21 and made the sea into **d** land
Josh 3:17 crossed over on **d** ground,
Judg 6:40 It was **d** on the fleece only,
1Ki 17:16 nor did the jar of oil run **d**

D

Ps 63: 1 My flesh longs for You In a **d**
Is 53: 2 and as a root out of **d** ground
Ezek 37: 4 O **d** bones, hear the word of
Jon 2:10 it vomited Jonah onto **d** land
Luke 23:31 what will be done in the **d**
Heb 11:29 the Red Sea as by **d** land,

DUE

Deut 18: 3 priest's **d** from the people
Deut 32:35 foot shall slip in **d** time
Ps 29: 2 LORD the glory **d** to His name
Ps 104:27 them their food in **d** season
Matt 24:45 to give them food in **d** season
Rom 5: 6 in **d** time Christ died for the
Rom 13: 7 taxes to whom taxes are **d**
1Co 7: 3 his wife the affection **d** her
1Co 15: 8 as by one born out of **d** time
Gal 6: 9 for in **d** season we shall reap
1Pe 5: 6 He may exalt you in **d** time

DUG (*see* DIG)

Gen 21:30 that I have **d** this well
Gen 26:18 Isaac **d** again the wells of
Ex 7:24 So all the Egyptians **d** all
Ps 57: 6 They have **d** a pit before me
Ps 94:13 the pit is **d** for the wicked
Is 5: 2 He **d** it up and cleared out its
Is 5: 6 it shall not be pruned or **d**
Is 51: 1 the pit from which you were **d**
Jer 13: 7 I went to the Euphrates and **d**
Ezek 8: 8 when I **d** into the wall, there
Matt 21:33 **d** a winepress in it and built
Matt 25:18 **d** in the ground, and hid his
Luke 6:48 house, who **d** deep and laid the

DULL

Is 6:10 the heart of this people **d**
Matt 13:15 of this people has grown **d**
Acts 28:27 of this people has grown **d**
Heb 5:11 you have become **d** of hearing

DUMB†

Is 35: 6 and the tongue of the **d** sing
Is 56:10 they are all **d** dogs, they
Mark 9:25 **d** spirit, I command you, come
1Co 12: 2 carried away to these **d** idols
2Pe 2:16 a **d** donkey speaking with a

DUST

Gen 2: 7 man of the **d** of the ground
Gen 3:14 you shall eat **d** all the days
Gen 3:19 for **d** you are, and to **d** you
Gen 3:19 and to **d** you shall return
Gen 13:16 as the **d** of the earth
Gen 18:27 Indeed now, I who am but **d**
2Sa 1: 2 clothes torn and **d** on his head
Job 34:15 and man would return to **d**
Job 42: 6 abhor myself, and repent in **d**
Ps 22:15 brought Me to the **d** of death
Ps 30: 9 Will the **d** praise You
Ps 72: 9 His enemies will lick the **d**
Ps 103:14 He remembers that we are **d**
Eccl 12: 7 Then the **d** will return to the
Is 26:19 and sing, you who dwell in **d**
Is 65:25 **d** shall be the serpent's food
Dan 12: 2 **d** of the earth shall awake
Matt 10:14 shake off the **d** from your
1Co 15:47 was of the earth, made of **d**
1Co 15:48 As was the man of **d**, so also
Rev 18:19 they threw **d** on their heads

DWELL (*see* DWELLING, DWELLS, DWELT)

Gen 4:20 of those who **d** in tents and
Gen 9:27 may he **d** in the tents of Shem
Gen 13: 6 they could not **d** together
Ex 25: 8 that I may **d** among them
Num 35:34 for I the LORD **d** among the
Deut 8:12 beautiful houses and **d** in them
Deut 25: 5 If brothers **d** together, and
2Sa 7: 2 I **d** in a house of cedar, but
2Sa 7: 5 build a house for Me to **d** in
1Ki 8:12 He would **d** in the dark cloud
1Ki 8:27 God indeed **d** on the earth
Ps 15: 1 Who may **d** in Your holy hill
Ps 23: 6 I will **d** in the house of the
Ps 24: 1 world and those who **d** therein
Ps 27: 4 That I may **d** in the house of
Ps 98: 7 world and those who **d** in it
Ps 107: 4 They found no city to **d** in
Ps 123: 1 O You who **d** in the heavens
Ps 133: 1 to **d** together in unity
Ps 139: 9 **d** in the uttermost parts of
Ps 143: 3 He has made me **d** in darkness
Prov 1:33 listens to me will **d** safely
Prov 2:21 upright will **d** in the land
Prov 21: 9 It is better to **d** in a corner
Song 8:13 You who **d** in the gardens, the
Is 6: 5 I **d** in the midst of a people
Is 10:24 who **d** in Zion, do not be
Is 11: 6 also shall **d** with the lamb
Is 26: 5 down those who **d** on high, the
Is 26:19 and sing, you who **d** in dust
Is 47: 8 who **d** securely, who say in
Is 57:15 I **d** in the high and holy place
Is 58:12 Restorer of Streets to D In
Jer 7: 3 cause you to **d** in this place
Jer 27:11 they shall till it and **d** in it
Jer 29: 5 Build houses and **d** in them
Jer 33:16 and Jerusalem will **d** safely
Jer 44: 1 who **d** in the land of Egypt
Jer 49: 8 turn back, **d** in the depths, O
Jer 50:39 **d** there with the jackals, and
Ezek 37:25 Then they shall **d** in the land
Ezek 43: 9 and I will **d** in their midst
Hos 14: 7 Those who **d** under his shadow
Hag 1: 4 to **d** in your paneled houses
Zech 2:11 And I will **d** in your midst
Acts 7:48 the Most High does not **d** in
Acts 17:24 does not **d** in temples made
Acts 17:26 to **d** on all the face of the
Acts 28:16 but Paul was permitted to **d**
Eph 3:17 that Christ may **d** in your
Col 1:19 Him all the fullness should **d**
Col 3:16 Let the word of Christ **d** in
1Pe 3: 7 husbands, **d** with them with
Rev 2:13 your works, and where you **d**
Rev 3:10 test those who **d** on the earth
Rev 7:15 the throne will **d** among them

Rev 13: 6 and those who **d** in heaven
Rev 21: 3 He will **d** with them, and they

DWELLING (*see* DWELL, DWELLINGS)
Gen 25:27 was a mild man, **d** in tents
Ex 15:17 You have made for Your own **d**
1Ki 8:30 hear in heaven Your **d** place
2Ch 30:27 came up to His holy **d** place
Neh 1: 9 chosen as a **d** for My name
Job 38:19 is the way to the **d** of light
Ps 76: 2 And His **d** place in Zion
Ps 90: 1 You have been our **d** place in
Ps 91: 9 the Most High, your **d** place,
Ps 107: 7 to a city for a **d** place.
Ps 132: 5 A **d** place for the Mighty God
Ps 132:13 desired it for His **d** place:
Dan 2:11 whose **d** is not with flesh
Dan 4:30 a royal **d** by my mighty power
Dan 5:21 and his **d** was with the wild
Mark 5: 3 who had his **d** among the tombs
Acts 1:19 to all those **d** in Jerusalem
Acts 7:46 asked to find a **d** for the God
Eph 2:22 for a **d** place of God
1Ti 6:16 **d** in unapproachable light,
Heb 11: 9 **d** in tents with Isaac and
2Pe 2: 8 **d** among them, tormented his
Rev 18: 2 become a **d** place of demons,

DWELLINGS (*see* DWELLING)
Ex 10:23 Israel had light in their **d**
Lev 7:26 any blood in any of your **d**
Lev 23:21 **d** throughout your generations
Num 24: 5 your **d**, O Israel
Ps 55:15 For wickedness is in their **d**
Ps 87: 2 More than all the **d** of Jacob
Is 32:18 habitation, in secure **d**, and
Jer 9:19 have been cast out of our **d**
Acts 17:26 the boundaries of their **d**,

DWELLS (*see* DWELL)
1Sa 4: 4 who **d** between the cherubim
2Sa 6: 2 who **d** between the cherubim
Ps 9:11 to the LORD, who **d** in Zion
Ps 26: 8 the place where Your glory **d**
Ps 91: 1 He who **d** in the secret place
Ps 113: 5 LORD our God, Who **d** on high,
Jer 49:31 nation that **d** securely,"
Dan 2:22 darkness, and light **d** with Him
John 14:10 but the Father who **d** in Me
John 14:17 for He **d** with you and will be
Rom 7:17 do it, but sin that **d** in me
Rom 7:18 in my flesh) nothing good **d**
Rom 7:20 do it, but sin that **d** in me
Rom 8: 9 the Spirit of God **d** in you
Rom 8:11 Jesus from the dead **d** in you
Col 2: 9 For in Him **d** all the fullness
Jas 4: 5 The Spirit who **d** in us yearns
2Pe 3:13 in which righteousness **d**
Rev 2:13 among you, where Satan **d**

DWELT (*see* DWELL)
Gen 4:16 **d** in the land of Nod on the
Gen 13:12 Abram **d** in the land of Canaan
Gen 13:12 Lot **d** in the cities of the
2Sa 5: 9 So David **d** in the stronghold,
2Sa 7: 6 For I have not **d** in a house
Ps 74: 2 Mount Zion where You have **d**
Matt 2:23 **d** in a city called Nazareth,
John 1:14 **d** among us, and we beheld His
Acts 7: 2 before he **d** in Haran,
2Ti 1: 5 in you, which **d** first in your

DYING (*see* DIE)
Luke 8:42 years of age, and she was **d**
John 11:37 have kept this man from **d**
2Co 4:10 body the **d** of the Lord Jesus
2Co 6: 9 as **d**, and behold we live

E

EAGERLY
Rom 8:19 **e** waits for the revealing of
Rom 8:23 **e** waiting for the adoption,
Heb 9:28 To those who **e** wait for Him

EAGLE (*see* EAGLE'S, EAGLES)
Prov 30:19 the way of an **e** in the air
Ezek 1:10 the four had the face of an **e**
Mic 1:16 your baldness like an **e**, for

EAGLE'S† (*see* EAGLE)
Ps 103: 5 youth is renewed like the **e**
Dan 7: 4 like a lion, and had **e** wings

EAGLES (*see* EAGLE, EAGLES')
2Sa 1:23 they were swifter than **e**,
Is 40:31 mount up with wings like **e**
Matt 24:28 there the **e** will be gathered

EAGLES'† (*see* EAGLES)
Ex 19: 4 and how I bore you on **e** wings
Dan 4:33 had grown like **e** feathers

EAR (*see* EARS)
Ex 15:26 give **e** to His commandments
Ex 21: 6 pierce his **e** with an awl
Ex 29:20 tip of the right **e** of Aaron
2Ki 19:16 Incline Your **e**, O LORD, and
Job 42: 5 You by the hearing of the **e**
Ps 5: 1 Give **e** to my words, O LORD,
Ps 17: 6 Incline Your **e** to me, and hear
Ps 94: 9 He who planted the **e**, shall
Prov 2: 2 you incline your **e** to wisdom
Prov 20:12 The hearing **e** and the seeing
Is 50: 5 The Lord GOD has opened My **e**
Amos 3:12 two legs or a piece of an **e**
Luke 22:51 And He touched his **e** and
John 18:26 of him whose **e** Peter cut off
1Co 2: 9 nor **e** heard, nor have entered
Rev 2: 7 He who has an **e**, let him hear

EARLY
Gen 19:27 Abraham went **e** in the morning
Gen 21:14 Abraham rose **e** in the morning
Gen 22: 3 Abraham rose **e** in the morning
Deut 11:14 the **e** rain and the latter rain

Ps 63: 1 E will I seek You; My soul
Ps 90:14 satisfy us e with Your
Dan 6:10 as was his custom since e
Dan 6:19 Then the king arose very e in
Hos 6: 4 And like the e dew it goes
Hos 13: 3 cloud And like the e dew
Mark 16: 9 Now when He rose e on the
Luke 21:38 Then e in the morning all the
Luke 24: 1 very e in the morning, they,
Luke 24:22 who arrived at the tomb e,
John 8: 2 Now e in the morning He came
John 18:28 and it was e morning. But
John 20: 1 Magdalene went to the tomb e,
Acts 5:21 they entered the temple e in
Acts 21:16 an e disciple, with whom we
Jas 5: 7 it until it receives the e

EARNEST (*see* EARNESTLY)

Rom 8:19 For the e expectation of the
2Co 7: 7 when he told us of your e
Phil 1:20 according to my e expectation
Heb 2: 1 must give the more e heed

EARNESTLY (*see* DILIGENTLY, EARNEST)

1Sa 20: 6 David e asked permission of
1Co 12:31 But e desire the best gifts.
1Co 14:39 desire e to prophesy, and do
2Co 5: 2 e desiring to be clothed
Col 4: 2 Continue e in prayer, being
Jas 5:17 and he prayed e that it
Jude 3 exhorting you to contend e

EARS (*see* EAR)

Ex 32: 2 which are in the e of your
Lev 8:24 on the tips of their right e,
Deut 29: 4 and eyes to see and e to
Judg 17: 2 even saying it in my e—
1Sa 3:11 in Israel at which both e
1Sa 15:14 of the sheep in my e,
2Sa 7:22 we have heard with our e.
2Sa 22: 7 And my cry entered His e.
2Ki 21:12 both his e will tingle.
2Ch 7:15 eyes will be open and My e
Neh 8: 3 and the e of all the people
Job 15:21 sounds are in his e;
Job 33:16 Then He opens the e of men,
Ps 34:15 And His e are open to
Ps 40: 6 My e You have opened.
Ps 44: 1 We have heard with our e,
Ps 78: 1 Incline your e to the words
Ps 115: 6 They have e, but they do not
Prov 21:13 Whoever shuts his e to the
Prov 23:12 And your e to words of
Prov 26:17 one who takes a dog by the e.
Is 6:10 And their e heavy, And
Is 6:10 eyes, And hear with their e,
Is 11: 3 by the hearing of His e;
Is 42:20 not observe; Opening the e,
Is 43: 8 And the deaf who have e.
Ezek 40: 4 eyes and hear with your e,
Matt 11:15 He who has e to hear, let him
Matt 13:15 Their e are hard of
Acts 17:20 some strange things to our e.
Acts 28:27 Their e are hard of

Rom 11: 8 e that they should not
2Ti 4: 3 because they have itching e,
1Pe 3:12 And His e are open to

EARTH (*see* EARTHEN, EARTHLY, EARTHQUAKE)

Gen 1: 1 the heavens and the e.
Gen 1: 2 The e was without form, and
Gen 1:10 God called the dry land E,
Gen 1:24 thing and beast of the e,
Gen 1:28 fill the e and subdue it;
Gen 2: 5 caused it to rain on the e,
Gen 2: 6 a mist went up from the e
Gen 4:11 you are cursed from the e,
Gen 4:14 and a vagabond on the e,
Gen 6: 4 There were giants on the e in
Gen 6: 5 of man was great in the e,
Gen 6:11 The e also was corrupt
Gen 7:17 and it rose high above the e.
Gen 8:11 had receded from the e.
Gen 8:22 While the e remains,
Gen 9: 1 and multiply, and fill the e.
Gen 11: 1 Now the whole e had one
Gen 11: 9 the language of all the e;
Gen 12: 3 all the families of the e
Gen 13:16 number the dust of the e,
Gen 14:19 Possessor of heaven and e;
Gen 18:25 not the Judge of all the e
Ex 15:12 The e swallowed them.
Ex 19: 5 for all the e is Mine.
Ex 20: 4 is in the water under the e;
Num 14:21 all the e shall be filled
Num 16:32 and the e opened its mouth
Deut 4:26 I call heaven and e to
Deut 13: 7 from one end of the e to
Deut 28: 1 above all nations of the e.
Deut 32: 1 I will speak; And hear, O e,
Deut 32:13 ride in the heights of the e,
Deut 33:17 To the ends of the e;
Josh 23:14 going the way of all the e.
Judg 5: 4 The e trembled and the
1Sa 4: 5 so loudly that the e shook.
1Sa 28:13 ascending out of the e.
2Sa 18: 9 hanging between heaven and e.
1Ki 1:40 that the e seemed to split
1Ki 8:23 God in heaven above or on e
2Ki 5:17 be given two mule-loads of e;
Ezra 5:11 of the God of heaven and e,
Job 1: 7 going to and fro on the e,
Job 1: 8 is none like him on the e,
Job 3:14 and counselors of the e,
Job 19:25 shall stand at last on the e;
Job 20: 4 Since man was placed on e,
Job 26: 7 He hangs the e on nothing.
Ps 2: 2 The kings of the e set
Ps 2: 8 And the ends of the e for
Ps 2:10 you judges of the e.
Ps 7: 5 him trample my life to the e,
Ps 8: 1 is Your name in all the e,
Ps 19: 4 gone out through all the e,
Ps 24: 1 The e is the LORD's, and
Ps 33: 5 The e is full of the
Ps 33: 8 Let all the e fear the
Ps 37:11 the meek shall inherit the e,

Ps 46: 2 Even though the e be
Ps 46: 6 His voice, the e melted.
Ps 46:10 I will be exalted in the e
Ps 47: 2 a great King over all the e.
Ps 48: 2 The joy of the whole e,
Ps 57: 5 glory be above all the e.
Ps 63: 9 the lower parts of the e.
Ps 67: 7 And all the ends of the e
Ps 72: 6 showers that water the e.
Ps 72: 8 River to the ends of the e.
Ps 72:16 flourish like grass of the e.
Ps 74:20 the dark places of the e
Ps 82: 8 Arise, O God, judge the e;
Ps 83:10 became as refuse on the e.
Ps 83:18 the Most High over all the e.
Ps 89:11 the e also is Yours; The
Ps 90: 2 ever You had formed the e
Ps 96:13 He is coming to judge the e.
Ps 97: 1 Let the e rejoice; Let the
Ps 98: 3 All the ends of the e have
Ps 103:11 heavens are high above the e,
Ps 104: 9 not return to cover the e.
Ps 104:14 bring forth food from the e,
Ps 104:30 You renew the face of the e.
Ps 115:16 But the e He has given to
Ps 121: 2 Who made heaven and e.
Ps 135: 6 He does, In heaven and in e,
Prov 3:19 by wisdom founded the e;
Prov 8:23 before there was ever an e.
Eccl 1: 4 But the e abides forever.
Eccl 5: 2 is in heaven, and you on e;
Eccl 12: 7 dust will return to the e
Song 2:12 The flowers appear on the e;
Is 1: 2 O e For the LORD has
Is 6: 3 The whole e is full of His
Is 11: 9 For the e shall be full of
Is 40:22 above the circle of the e,
Is 40:28 Creator of the ends of the e,
Is 45:18 Who formed the e and made
Is 45:22 All you ends of the e For
Is 55: 9 are higher than the e,
Is 55:10 there, But water the e,
Is 65:17 new heavens and a new e;
Is 66: 1 And e is My footstool.
Jer 15:10 contention to the whole e
Jer 22:29 O e, earth, earth, Hear
Dan 2:35 and filled the whole e.
Dan 4:22 dominion to the end of the e.
Dan 12: 2 sleep in the dust of the e
Amos 3: 2 of all the families of the e;
Mic 1: 2 you peoples! Listen, O e,
Hab 2:14 For the e will be filled
Hab 2:20 Let all the e keep silence
Hag 2: 6 I will shake heaven and e,
Zech 1:10 to and fro throughout the e.
Zech 4:14 the Lord of the whole e.
Zech 9:10 River to the ends of the e.
Zech 14: 9 shall be King over all the e.
Mal 4: 6 I come and strike the e
Matt 5: 5 they shall inherit the e.
Matt 5:13 "You are the salt of the e;
Matt 5:18 till heaven and e pass away,
Matt 6:10 Your will be done On e as
Matt 6:19 yourselves treasures on e,
Matt 9: 6 Son of Man has power on e
Matt 10:34 I came to bring peace on e.
Matt 16:19 and whatever you bind on e
Matt 24:35 Heaven and e will pass away,
Matt 28:18 to Me in heaven and on e.
Luke 2:14 And on e peace, goodwill
Luke 10:21 Father, Lord of heaven and e,
Luke 18: 8 really find faith on the e?
John 3:31 he who is of the e is
John 12:32 if I am lifted up from the e,
John 17: 4 have glorified You on the e.
Acts 1: 8 and to the end of the e.
Acts 7:49 And e is My footstool.
Acts 10:11 to him and let down to the e.
Rom 9:17 declared in all the e.
Rom 10:18 gone out to all the e,
1Co 10:26 the e is the LORD's,
1Co 15:47 The first man was of the e,
Eph 6: 3 may live long on the e.
Phil 2:10 in heaven, and of those on e,
Col 3: 2 not on things on the e.
Col 3: 5 members which are on the e:
Heb 11:13 and pilgrims on the e.
Heb 11:38 in dens and caves of the e.
Heb 12:25 refused Him who spoke on e,
Heb 12:26 whose voice then shook the e;
Heb 12:26 I shake not only the e,
2Pe 3: 5 and the e standing out of
2Pe 3:13 for new heavens and a new e
1Jn 5: 8 three that bear witness on e:
Rev 1: 5 over the kings of the e.
Rev 1: 7 And all the tribes of the e
Rev 3:10 those who dwell on the e.
Rev 5:10 And we shall reign on the e.
Rev 5:13 on the earth and under the e
Rev 6:13 of heaven fell to the e,
Rev 7: 1 at the four corners of the e,
Rev 7: 1 the four winds of the e,
Rev 7: 3 saying, "Do not harm the e,
Rev 12: 9 world; he was cast to the e,
Rev 12:16 and the e opened its mouth
Rev 13:11 beast coming up out of the e,
Rev 17: 5 ABOMINATIONS OF THE E.
Rev 21: 1 saw a new heaven and a new e,
Rev 21: 1 heaven and the first e had

EARTHEN (*see* EARTH)

Lev 6:28 But the e vessel in which it
Num 5:17 take holy water in an e
Jer 19: 1 Go and get a potter's e
Jer 32:14 and put them in an e vessel,
Hab 1:10 For they heap up e mounds
2Co 4: 7 we have this treasure in e

EARTHLY (*see* EARTH)

John 3:12 If I have told you e things
John 3:31 he who is of the earth is e
2Co 5: 1 For we know that if our e
Phil 3:19 who set their mind on e

EARTHQUAKE (*see* EARTH, EARTHQUAKES)

1Ki 19:11 and after the wind an e,
1Ki 19:11 the LORD was not in the e;

Amos 1: 1 two years before the e.
Matt 27:54 saw the e and the things

EARTHQUAKES (*see* EARTHQUAKE)
Matt 24: 7 and e in various places.

EASE
Amos 6: 1 Woe to you who are at e in
Luke 12:19 for many years; take your e;

EASIER (*see* EASY)
Matt 9: 5 "For which is e,
Matt 19:24 it is e for a camel to go
Luke 16:17 And it is e for heaven and

EASILY (*see* EASY)
Heb 12: 1 and the sin which so e

EAST
Gen 3:24 He placed cherubim at the e
Gen 4:16 in the land of Nod on the e
Gen 13:11 Jordan, and Lot journeyed e.
Ex 14:21 to go back by a strong e
Ps 103:12 As far as the e is from the
Jon 4: 8 God prepared a vehement e
Matt 2: 1 wise men from the E came to
Matt 2: 2 have seen His star in the E
Matt 8:11 that many will come from e

EASY (*see* EASIER, EASILY)
Matt 11:30 For My yoke is e and My

EAT (*see* ATE, EATEN, EATER, EATING, EATS)
Gen 2:16 the garden you may freely e;
Gen 2:17 and evil you shall not e,
Gen 3:14 And you shall e dust All
Gen 9: 4 But you shall not e flesh
Gen 40:19 and the birds will e your
Ex 12:11 So you shall e it in haste.
Lev 3:17 you shall e neither fat nor
Lev 11: 4 these you shall not e among
Lev 11:39 any animal which you may e
Lev 17:14 You shall not e the blood of
Lev 19:25 in the fifth year you may e
Lev 22: 4 shall not e the holy
Lev 22: 6 and shall not e the holy
Lev 22: 7 and afterward he may e the
Lev 22: 8 by beasts he shall not e,
Lev 22:13 she may e her father's food;
Lev 22:16 of trespass when they e
Lev 25:19 and you will e your fill,
Lev 26:38 of your enemies shall e you
Num 6: 3 nor e fresh grapes or
Num 6: 4 of his separation he shall e
Num 11:13 'Give us meat, that we may e.
Deut 2: 6 with money, that you may e;
Deut 4:28 neither see nor hear nor e
Deut 8: 9 a land in which you will e
Deut 12:15 you may slaughter and e meat
Deut 12:16 Only you shall not e the
Deut 12:23 you may not e the life with
Deut 14: 7 hooves, you shall not e,
Deut 14: 9 you may e all that have fins
Deut 14:10 and scales you shall not e;
Deut 14:11 "All clean birds you may e.
Deut 16: 3 seven days you shall e
Deut 18: 8 have equal portions to e,
Deut 28:55 his children whom he will e,
Neh 8:10 e the fat, drink the sweet,
Job 31: 8 let me sow, and another e;
Ps 14: 4 Who e up my people as they
Ps 22:26 The poor shall e and be
Ps 78:24 down manna on them to e,
Ps 127: 2 To e the bread of sorrows;
Prov 25:16 E only as much as you need,
Prov 25:21 hungry, give him bread to e;
Eccl 2:24 a man than that he should e
Eccl 8:15 under the sun than to e,
Eccl 9: 7 e your bread with joy, And
Is 1:19 You shall e the good of the
Is 7:15 "Curds and honey He shall e,
Is 11: 7 And the lion shall e straw
Is 22:13 Let us e and drink, for
Is 55: 1 no money, Come, buy and e.
Is 65:25 The lion shall e straw like
Ezek 3: 1 e this scroll, and go, speak
Dan 1:12 give us vegetables to e and
Dan 4:32 They shall make you e grass
Amos 7:12 There e bread, And there
Matt 6:25 what you will e or what you
Matt 6:31 saying, 'What shall we e?
Matt 9:11 Why does your Teacher e with
Matt 12: 1 heads of grain and to e.
Matt 12: 4 was not lawful for him to e,
Matt 15:20 but to e with unwashed hands
Matt 15:27 yet even the little dogs e
Matt 26:17 us to prepare for You to e
Matt 26:26 and said, "Take, e;
Mark 7:28 dogs under the table e from
Luke 5:30 Why do You e and drink with
Luke 5:33 but Yours e and drink?"
Luke 12:19 years; take your ease; e,
Luke 15:23 and let us e and be merry;
Luke 22:16 I will no longer e of it
Luke 22:30 that you may e and drink at
John 4:31 Him, saying, "Rabbi, e.
John 4:32 I have food to e of which you
John 6: 5 buy bread, that these may e?
John 6:31 bread from heaven to e.
John 6:52 Man give us His flesh to e?
Acts 10:13 "Rise, Peter; kill and e.
Acts 23:12 that they would neither e
Rom 14: 2 For one believes he may e all
Rom 14: 3 let not him who does not e
Rom 14:21 It is good neither to e
Rom 14:23 because he does not e
1Co 5:11 not even to e with such a
1Co 8:10 is weak be emboldened to e
1Co 8:13 I will never again e meat,
1Co 9:13 minister the holy things e
1Co 10: 7 people sat down to e
1Co 10:27 e whatever is set before
1Co 10:31 whether you e or drink, or
1Co 11:20 it is not to e the Lord's
1Co 11:24 it and said, "Take, e;
1Co 11:26 For as often as you e this
1Co 11:28 and so let him e of the
1Co 11:33 when you come together to e,

1Co 11:34 let him **e** at home, lest you
Gal 2:12 he would **e** with the
2Th 3:10 not work, neither shall he **e**.
Heb 13:10 have no right to **e**.
Jas 5: 3 against you and will **e** your
Rev 2: 7 overcomes I will give to **e**
Rev 2:14 to **e** things sacrificed to
Rev 2:17 of the hidden manna to **e**.
Rev 10: 9 Take and **e** it; and it will
Rev 17:16 **e** her flesh and burn her
Rev 19:18 that you may **e** the flesh of

EATEN (*see* EAT)
Gen 3:11 Have you **e** from the tree of
Ps 69: 9 zeal for Your house has **e**
Prov 9:17 And bread **e** in secret is
Jer 24: 2 figs which could not be **e**,
Jer 31:29 The fathers have **e** sour
Ezek 18: 2 The fathers have **e** sour
John 2:17 for Your house has **e**
John 6:13 left over by those who had **e**.
Acts 12:23 And he was **e** by worms and

EATER (*see* EAT)
Judg 14:14 Out of the **e** came something
Is 55:10 sower And bread to the **e**,

EATING (*see* EAT)
Matt 11:18 For John came neither **e** nor
Matt 11:19 The Son of Man came **e** and
Matt 24:38 they were **e** and drinking,
1Co 8: 4 Therefore concerning the **e** of
1Co 8:10 you who have knowledge **e** in
1Co 11:21 For in **e**, each one takes

EATS (*see* EAT)
Ex 12:15 For whoever **e** leavened bread
Lev 7:18 and the person who **e** of it
Lev 7:21 and who **e** the flesh of the
Lev 7:25 For whoever **e** the fat of the
Lev 7:27 Whoever **e** any blood, that
Lev 11:40 He who **e** of its carcass shall
Lev 22:14 And if a man **e** the holy
1Sa 14:24 Cursed is the man who **e** any
Job 40:15 He **e** grass like an ox.
Prov 30:20 She **e** and wipes her mouth,
Eccl 5:12 Whether he **e** little or
Eccl 5:17 All his days he also **e** in
Is 44:16 With this half he **e** meat;
Mark 2:16 How is it that He **e** and
Mark 14:18 one of you who **e** with Me
Luke 15: 2 Man receives sinners and **e**
John 6:51 If anyone **e** of this bread,
John 6:54 Whoever **e** My flesh and drinks
John 6:58 He who **e** this bread will
Rom 14: 2 but he who is weak **e** only
Rom 14: 3 Let not him who **e** despise him
Rom 14: 6 He who **e**, eats to the Lord,
Rom 14:23 doubts is condemned if he **e**,
1Co 11:27 Therefore whoever **e** this
1Co 11:29 in an unworthy manner **e** and

EBAL
Deu+ 11:29 and the curse on Mount **E**.

EBENEZER
1Sa 4: 1 and encamped beside **E**;

EDEN
Gen 2: 8 a garden eastward in **E**,
Gen 2:10 Now a river went out of **E** to
Ezek 28:13 You were in **E**,
Ezek 31: 9 So that all the trees of **E**

EDGE
Jer 31:29 teeth are set on **e**.
Ezek 18: 2 teeth are set on **e**'?
Luke 21:24 they will fall by the **e**
Heb 11:34 escaped the **e** of the sword

EDIFICATION (*see* EDIFY)
Rom 15: 2 for his good, leading to **e**.
1Co 14: 3 he who prophesies speaks **e**
1Co 14:26 Let all things be done for **e**.
1Ti 1: 4 rather than godly **e** which

EDIFIED (*see* EDIFY)
1Co 14:17 well, but the other is not **e**.

EDIFIES (*see* EDIFY)
1Co 8: 1 puffs up, but love **e**.
1Co 14: 4 He who speaks in a tongue **e**

EDIFY (*see* EDIFICATION, EDIFIED, EDIFIES, EDIFYING)
1Co 10:23 for me, but not all things **e**.

EDIFYING (*see* EDIFY)
Eph 4:12 for the **e** of the body of

EDOM (*see* ESAU, IDUMEA)
Gen 25:30 his name was called **E**.
Gen 32: 3 of Seir, the country of **E**.
Gen 36: 1 genealogy of Esau, who is **E**.
Is 63: 1 is this who comes from **E**,
Amos 1:11 three transgressions of **E**,

EFFECT (*see* EFFECTIVE)
Matt 15: 6 commandment of God of no **e**
Mark 7:13 the word of God of no **e**
Rom 4:14 and the promise made of no **e**,
Gal 3:17 make the promise of no **e**.

EFFECTIVE (*see* EFFECT, EFFECTIVELY)
1Co 16: 9 For a great and **e** door has
Jas 5:16 The **e**, fervent prayer

EFFECTIVELY (*see* EFFECTIVE)
1Th 2:13 which also **e** works in you

EGG
Luke 11:12 "Or if he asks for an **e**,

EGLON
Josh 10: 3 Lachish, and Debir king of **E**,
Judg 3:14 children of Israel served **E**

E

EGYPT (*see* EGYPTIAN, GOSHEN)

Gen 12:10 and Abram went down to **E** to
Gen 15:18 from the river of **E** to the
Gen 37:28 And they took Joseph to **E**.
Gen 41: 8 for all the magicians of **E**
Gen 41:33 set him over the land of **E**.
Gen 41:46 before Pharaoh king of **E**.
Gen 50:26 he was put in a coffin in **E**.
Ex 1: 5 persons (for Joseph was in **E**
Ex 1: 8 arose a new king over **E**,
Ex 3:12 brought the people out of **E**,
Ex 12:12 against all the gods of **E** I
Ex 13: 9 has brought you out of **E**.
Ex 20: 2 you out of the land of **E**,
Num 13:22 seven years before Zoan in **E**.
Num 14: 3 better for us to return to **E**?
Deut 4:20 the iron furnace, out of **E**,
Deut 6:21 were slaves of Pharaoh in **E**,
Deut 6:21 LORD brought us out of **E**
Deut 28:27 you with the boils of **E**,
Deut 28:60 on you all the diseases of **E**,
2Sa 7:23 redeemed for Yourself from **E**,
1Ki 3: 1 with Pharaoh king of **E**,
1Ki 4:30 East and all the wisdom of **E**.
1Ki 10:28 had horses imported from **E**
1Ki 11:40 Jeroboam arose and fled to **E**,
1Ki 11:40 Egypt, to Shishak king of **E**,
2Ki 17: 4 messengers to So, king of **E**,
2Ki 18:21 staff of this broken reed, **E**,
2Ki 18:24 and put your trust in **E** for
2Ki 23:29 days Pharaoh Necho king of **E**
2Ch 1:17 and imported from **E** a
2Ch 26: 8 as far as the entrance of **E**,
Ps 68:31 Envoys will come out of **E**;
Ps 78:43 He worked His signs in **E**,
Ps 80: 8 have brought a vine out of **E**;
Ps 105:38 **E** was glad when they
Ps 106:21 had done great things in **E**,
Ps 114: 1 When Israel went out of **E**,
Ps 135: 8 destroyed the firstborn of **E**,
Ps 136:10 To Him who struck **E** in their
Is 7:18 part of the rivers of **E**,
Is 11:15 the tongue of the Sea of **E**;
Is 19: 1 The burden against **E**.
Is 19: 1 The idols of **E** will totter
Is 19:18 five cities in the land of **E**
Is 19:23 will be a highway from **E** to
Is 19:24 will be one of three with **E**
Is 19:25 Blessed is **E** My people, and
Is 20: 4 uncovered, to the shame of **E**.
Is 27:12 the River to the Brook of **E**;
Is 30: 2 to trust in the shadow of **E**!
Is 43: 3 I gave **E** for your ransom,
Jer 43:12 the houses of the gods of **E**,
Jer 46:11 O virgin, the daughter of **E**;
Jer 46:14 "Declare in **E**,
Ezek 17:15 sending his ambassadors to **E**,
Ezek 20: 7 with the idols of **E**.
Ezek 23: 3 committed harlotry in **E**,
Ezek 30: 4 The sword shall come upon **E**,
Ezek 30: 8 I have set a fire in **E** And
Ezek 30:19 will execute judgments on **E**,
Ezek 32:12 shall plunder the pomp of **E**,
Ezek 32:16 shall lament for her, for **E**,
Hos 7:11 sense—They call to **E**,
Hos 11: 1 And out of **E** I called My
Hos 11:11 trembling like a bird from **E**,
Hos 12: 1 And oil is carried to **E**.
Amos 4:10 plague after the manner of **E**;
Amos 8: 8 subside Like the River of **E**.
Nah 3: 9 Ethiopia and **E** were her
Zech 10:11 And the scepter of **E** shall
Matt 2:13 and His mother, flee to **E**,
Matt 2:15 Out of **E** I called My
Matt 2:19 in a dream to Joseph in **E**,
Acts 7: 9 envious, sold Joseph into **E**.
Acts 7:10 he made him governor over **E**
Acts 7:15 "So Jacob went down to **E**;
Heb 11:26 than the treasures in **E**;
Heb 11:27 By faith he forsook **E**,
Jude 5 people out of the land of **E**,
Rev 11: 8 is called Sodom and **E**,

EGYPTIAN (*see* EGYPT, EGYPTIANS)

Gen 16: 1 And she had an **E** maidservant
Gen 21: 9 saw the son of Hagar the **E**,
Gen 39: 1 captain of the guard, an **E**,
Ex 2:12 he killed the **E** and hid him
Acts 7:24 and struck down the **E**.

EGYPTIANS (*see* EGYPTIAN)

Gen 12:14 that the **E** saw the woman,
Gen 41:55 Pharaoh said to all the **E**,
Gen 41:56 and sold to the **E**.
Gen 43:32 because the **E** could not eat
Gen 43:32 is an abomination to the **E**.
Gen 47:15 all the **E** came to Joseph and
Gen 50: 3 and the **E** mourned for him
Ex 1:13 So the **E** made the children of
Ex 3: 8 out of the hand of the **E**,
Ex 3: 9 oppression with which the **E**
Ex 3:21 favor in the sight of the **E**;
Ex 3:22 So you shall plunder the **E**.
Ex 7: 5 And the **E** shall know that I
Ex 7:18 and the **E** will loathe to
Ex 9:11 magicians and on all the **E**.
Ex 11: 3 favor in the sight of the **E**.
Ex 11: 7 a difference between the **E**
Ex 12:23 pass through to strike the **E**;
Ex 14:17 harden the hearts of the **E**,
Ex 14:30 and Israel saw the **E** dead on
Acts 7:22 in all the wisdom of the **E**,

EHUD

Judg 3:16 Now **E** made himself a dagger

EIGHT (*see* EIGHTH)

Gen 17:12 He who is **e** days old among
Gen 21: 4 his son Isaac when he was **e**
Luke 2:21 And when **e** days were
1Pe 3:20 **e** souls, were saved through
2Pe 2: 5 one of **e** people, **a**

EIGHTH (*see* EIGHT)

Luke 1:59 on the **e** day, that they came
Acts 7: 8 and circumcised him on the **e**
Phil 3: 5 circumcised the **e** day, of the

EIGHTY

Ex 7: 7 And Moses was **e** years old
Ps 90:10 of strength they are **e**

EKRON

Jer 25:20 (namely, Ashkelon, Gaza, **E**,

ELAM (*see* ELAMITES, PERSIA)

Gen 14: 1 Chedorlaomer king of **E**,
Dan 8: 2 is in the province of **E**;

ELAMITES (*see* ELAM, PERSIAN)

Acts 2: 9 "Parthians and Medes and **E**,

ELDER (*see* ELDERS)

Gen 10:21 the brother of Japheth the **e**.
Gen 27:15 the choice clothes of her **e**
Gen 29:16 the name of the **e** was Leah,
Is 3: 2 And the diviner and the **e**;
Ezek 16:46 Your **e** sister is Samaria,
Ezek 23: 4 Oholah the **e** and Oholibah
1Ti 5:19 an accusation against an **e**
1Pe 5: 1 I who am a fellow **e** and a
2Jn 1 The **E**, To the elect lady
3Jn 1 The **E**, To the beloved

ELDERS (*see* ELDER)

Gen 50: 7 the **e** of his house, and all
Ex 3:16 Go and gather the **e** of Israel
Ex 24: 1 and seventy of the **e** of
Lev 4:15 And the **e** of the congregation
Num 11:25 same upon the seventy **e**;
Deut 21: 2 then your **e** and your judges
Josh 24:31 and all the days of the **e**
Judg 11: 5 that the **e** of Gilead went to
Ruth 4: 2 he took ten men of the **e** of
Ruth 4:11 were at the gate, and the **e**,
Ps 105:22 And teach his **e** wisdom.
Ezek 8: 1 I sat in my house with the **e**
Ezek 8:11 them seventy men of the **e**
Matt 15: 2 the tradition of the **e**?
Matt 16:21 many things from the **e** and
Matt 26:47 the chief priests and **e** of
Matt 27:41 with the scribes and **e**,
Acts 14:23 appointed **e** in every church,
Acts 15: 2 to the apostles and **e**,
Acts 15: 6 Now the apostles and **e** came
Acts 20:17 and called for the **e** of the
Acts 22: 5 and all the council of the **e**,
Acts 23:14 to the chief priests and **e**,
1Ti 5:17 Let the **e** who rule well be
Tit 1: 5 and appoint **e** in every city
Heb 11: 2 For by it the **e** obtained a
Jas 5:14 Let him call for the **e** of
1Pe 5: 1 The **e** who are among you I
1Pe 5: 5 submit yourselves to your **e**.
Rev 4: 4 thrones I saw twenty-four **e**

ELEAZAR

Ex 6:23 she bore him Nadab, Abihu, **E**,
Ex 6:25 **E**, Aaron's son, took for

ELECT (*see* ELECT'S, ELECTION)

Is 42: 1 My **E** One in whom My soul
Is 45: 4 sake, And Israel My **e**,
Matt 24:24 if possible, even the **e**.
Matt 24:31 will gather together His **e**
Rom 8:33 a charge against God's **e**?
Rom 11: 7 but the **e** have obtained it,
Col 3:12 as the **e** of God, holy and
1Ti 5:21 Lord Jesus Christ and the **e**
2Ti 2:10 things for the sake of the **e**,
Tit 1: 1 to the faith of God's **e** and
1Pe 1: 2 **e** according to the
1Pe 2: 6 A chief cornerstone, **e**,
2Jn 1 To the **e** lady and her
2Jn 13 The children of your **e** sister

ELECT'S (*see* ELECT)

Matt 24:22 but for the **e** sake those

ELECTION† (*see* ELECT)

Rom 9:11 of God according to **e** might
Rom 11: 5 a remnant according to the **e**
Rom 11:28 but concerning the **e** they
1Th 1: 4 your **e** by God.
2Pe 1:10 to make your call and **e**

ELEMENTS

Gal 4: 9 to the weak and beggarly **e**,
2Pe 3:10 and the **e** will melt with

ELEVATION

Ps 48: 2 Beautiful in **e**,

ELEVEN (*see* ELEVENTH)

Gen 32:22 and his **e** sons, and crossed
Gen 37: 9 and the **e** stars bowed down
Matt 28:16 Then the **e** disciples went

ELEVENTH (*see* ELEVEN)

Matt 20: 6 And about the **e** hour he went

ELI (*see* ELOI)

1Sa 1: 3 Also the two sons of **E**,
1Sa 1: 9 Now **E** the priest was sitting
Matt 27:46 "**E**, Eli, lama sabachthani?"

ELIEZER

Gen 15: 2 the heir of my house is **E**
1Ch 23:15 of Moses were Gershon and **E**.

ELIHU

Job 32: 4 **E** had waited to speak to

ELIJAH

1Ki 17: 1 And **E** the Tishbite, of the
1Ki 17:23 And **E** said, "See, your son
1Ki 18:16 him; and Ahab went to meet **E**.
1Ki 18:25 Now **E** said to the prophets
1Ki 18:31 And **E** took twelve stones,
1Ki 18:46 of the LORD came upon **E**;
1Ki 19:20 the oxen and ran after **E**,
2Ki 1:13 fell on his knees before **E**,
2Ki 1:15 angel of the LORD said to **E**,

E

2Ki 2: 1 that **E** went with Elisha from
2Ki 2: 2 Then **E** said to Elisha, "Stay
2Ki 2: 8 Now **E** took his mantle, rolled
2Ki 2:11 and **E** went up by a whirlwind
2Ki 2:13 also took up the mantle of **E**
2Ki 2:14 Then he took the mantle of **E**
2Ki 2:14 is the LORD God of **E**?
2Ki 2:15 The spirit of **E** rests on
2Ki 9:36 He spoke by His servant **E**
Mal 4: 5 I will send you **E** the
Matt 11:14 he is **E** who is to come.
Matt 16:14 John the Baptist, some **E**,
Matt 17: 3 Moses and **E** appeared to
Matt 17: 4 one for Moses, and one for **E**.
Matt 17:10 do the scribes say that **E**
Matt 17:12 But I say to you that **E** has
Matt 27:47 This Man is calling for **E**!"
Mark 6:15 Others said, "It is **E**.
Luke 1:17 in the spirit and power of **E**,
Luke 4:25 in Israel in the days of **E**,
Luke 9:54 just as **E** did?"
John 1:21 him, "What then? Are you **E**?
John 1:25 are not the Christ, nor **E**,
Rom 11: 2 what the Scripture says of **E**,
Jas 5:17 **E** was a man with a nature

ELIM

Ex 15:27 Then they came to **E**,
Num 33: 9 from Marah and came to **E**.

ELIPHAZ

Job 4: 1 Then **E** the Temanite answered

ELISHA

1Ki 19:16 And **E** the son of Shaphat of
2Ki 2: 2 Then Elijah said to **E**,
2Ki 2:15 spirit of Elijah rests on **E**.
2Ki 5: 8 when **E** the man of God heard
Luke 4:27 in Israel in the time of **E**

ELIZABETH

Luke 1: 7 because **E** was barren, and

ELOI (*see* ELI)

Mark 15:34 "**E**, Eloi, lama sabachthani?"

ELOQUENT†

Ex 4:10 "O my Lord, I am not **e**,
Acts 18:24 an **e** man and mighty in the

EMBRACE (*see* EMBRACED, EMBRACES, EMBRACING)

Gen 16: 5 I gave my maid into your **e**;
Eccl 3: 5 gather stones; A time to **e**,

EMBRACED (*see* EMBRACE)

Gen 29:13 and **e** him and kissed him,
1Ki 9: 9 and have **e** other gods, and
Acts 20: 1 **e** them, and departed to go
Heb 11:13 **e** them and confessed that

EMBRACES† (*see* EMBRACE)

Song 2: 6 And his right hand **e** me.
Song 8: 3 And his right hand **e** me.

EMBRACING† (*see* EMBRACE)

Eccl 3: 5 a time to refrain from **e**;
Acts 20:10 and **e** him said, "Do not

EMMAUS†

Luke 24:13 day to a village called **E**,

EMPTY (*see* EMPTY-HANDED, VAIN)

Gen 37:24 a pit. And the pit was **e**;
Gen 41:27 and the seven **e** heads
Ex 23:15 shall appear before Me **e**;
Judg 7:16 with **e** pitchers, and torches
Ruth 1:21 has brought me home again **e**.
Job 11: 3 Should your **e** talk make men
Job 21:34 can you comfort me with **e**
Job 22: 9 You have sent widows away **e**,
Job 26: 7 out the north over **e** space;
Is 24: 1 the LORD makes the earth **e**
Is 29: 8 and his soul is still **e**;
Matt 12:44 he comes, he finds it **e**,
Luke 1:53 the rich He has sent away **e**.
1Co 15:14 then our preaching is **e** and
1Co 15:14 and your faith is also **e**.
Eph 5: 6 no one deceive you with **e**
Col 2: 8 you through philosophy and **e**

EMPTY-HANDED (*see* EMPTY)

Ex 3:21 go, that you shall not go **e**.
Ex 34:20 shall appear before Me **e**.
Ruth 3:17 Do not go **e** to your
Mark 12: 3 him and sent him away **e**.

EN DOR

1Sa 28: 7 a woman who is a medium a **E**

EN GEDI

1Sa 23:29 and dwelt in strongholds at **E**

ENABLED†

1Ti 1:12 Jesus our Lord who has **e** me,

ENCOURAGE (*see* ENCOURAGED, ENCOURAGEMENT)

Deut 3:28 and **e** him and strengthen
2Sa 11:25 So **e** him."
1Th 3: 2 to establish you and **e** you

ENCOURAGED (*see* ENCOURAGE)

Acts 16:40 they **e** them and departed.
Acts 20: 2 gone over that region and **e**
Acts 27:36 Then they were all **e**,
Rom 1:12 that I may be **e** together
1Co 14:31 may learn and all may be **e**.
Phil 2:19 that I also may be **e** when I
Col 2: 2 that their hearts may be **e**,

ENCOURAGEMENT (*see* ENCOURAGE)

2Ch 30:22 And Hezekiah gave **e** to all
Acts 4:36 is translated Son of **E**),
Acts 15:31 it, they rejoiced over its **e**.

END (*see* ENDED, ENDLESS, ENDS)

Gen 6:13 The **e** of all flesh has come

Gen 8: 6 at the e of forty days, that
Gen 41: 1 at the e of two full years,
Ex 23:16 of Ingathering at the e of
Ex 25:19 other cherub at the other e;
Deut 8:16 you, to do you good in the e—
Job 8: 7 Yet your latter e would
Job 16: 3 words of wind have an e?
Job 22: 5 And your iniquity without e?
Job 28: 3 Man puts an e to darkness,
Ps 7: 9 of the wicked come to an e,
Ps 19: 4 And their words to the e of
Ps 19: 6 its circuit to the other e;
Ps 39: 4 make me to know my e,
Ps 73:17 Then I understood their e.
Ps 102:27 Your years will have no e.
Ps 107:27 And are at their wits' e.
Ps 119:112 Forever, to the very e.
Prov 5: 4 But in the e she is bitter
Prov 14:12 But its e is the way of
Prov 14:13 And the e of mirth may be
Prov 16:25 But its e is the way of
Prov 25: 8 what will you do in the e,
Eccl 3:11 God does from beginning to e.
Eccl 4: 8 Yet there is no e to all
Eccl 12:12 many books there is no e,
Is 7: 3 at the e of the aqueduct
Is 9: 7 peace There will be no e,
Is 46:10 Declaring the e from the
Is 48:20 Utter it to the e of the
Jer 3: 5 Will He keep it to the e?
Jer 4:27 I will not make a full e.
Jer 5:31 what will you do in the e?
Jer 51:13 Your e has come, The
Ezek 22: 4 and have come to the e of
Dan 1:15 And at the e of ten days
Dan 6:26 shall endure to the e.
Dan 7:28 This is the e of the
Dan 8:17 refers to the time of the e.
Dan 8:19 at the appointed time the e
Dan 9:24 To make an e of sins, To
Dan 9:26 And till the e of the war
Dan 9:27 week He shall bring an e
Dan 11:35 until the time of the e;
Dan 11:40 At the time of the e the
Dan 12: 4 book until the time of the e;
Dan 12: 8 what shall be the e of
Dan 12: 9 till the time of the e.
Dan 12:13 go your way till the e;
Dan 12:13 to your inheritance at the e
Hos 1: 4 And bring an e to the
Matt 10:22 But he who endures to the e
Matt 13:39 the harvest is the e of the
Matt 24: 6 but the e is not yet.
Matt 24:14 and then the e will come.
Matt 24:31 from one e of heaven to the
Matt 28:20 even to the e of the age."
Mark 3:26 cannot stand, but has an e.
Luke 1:33 kingdom there will be no e.
Luke 21: 9 but the e will not come
John 13: 1 He loved them to the e.
Acts 1: 8 and to the e of the earth."
Rom 6:21 For the e of those things
Rom 10: 4 For Christ is the e of the
Heb 7: 3 beginning of days nor e of

1Pe 4: 7 But the e of all things is
1Pe 4:17 what will be the e of those
2Pe 2:20 the latter e is worse for
Rev 1: 8 the Beginning and the E,
Rev 21: 6 the Beginning and the E.
Rev 22:13 the Beginning and the E,

ENDEAVORING†
Eph 4: 3 e to keep the unity of the

ENDED (*see* END)
Gen 2: 2 And on the seventh day God e
Is 40: 2 her, That her warfare is e,
Jer 8:20 is past, The summer is e,

ENDLESS† (*see* END)
1Ti 1: 4 give heed to fables and e
Heb 7:16 to the power of an e life.

ENDS (*see* END)
Ps 2: 8 And the e of the earth for
Ps 22:27 All the e of the world
Matt 12:42 for she came from the e of
1Co 10:11 upon whom the e of the ages

ENDUED†
Luke 24:49 of Jerusalem until you are e

ENDURANCE (*see* ENDURE)
Heb 12: 1 and let us run with e the

ENDURE (*see* ENDURANCE, ENDURED ENDURES, ENDURING)
Ps 9: 7 But the LORD shall e
Ps 30: 5 Weeping may e for a night,
Ps 72: 5 long as the sun and moon e,
Ps 72:17 His name shall e forever;
Ps 102:26 will perish, but You will e;
Is 1:13 I cannot e iniquity and the
Dan 6:26 And His dominion shall e
Mal 3: 2 But who can e the day of His
1Co 9:12 but e all things lest we
1Th 3: 1 when we could no longer e it,
2Th 1: 4 and tribulations that you e,
2Ti 2: 3 You therefore must e hardship
2Ti 2:12 we e, We shall also reign
2Ti 4: 3 come when they will not e
2Ti 4: 5 e afflictions, do the work
Heb 12: 7 If you e chastening, God
Jas 5:11 we count them blessed who e.

ENDURED (*see* ENDURE)
2Ti 3:11 Lystra—what persecutions I e.
Heb 6:15 so, after he had patiently e,
Heb 10:32 you e a great struggle with
Heb 11:27 for he e as seeing Him who
Heb 12: 2 that was set before Him e
Heb 12: 3 For consider Him who e such

ENDURES (*see* ENDURE)
1Ch 16:34 is good! For His mercy e
Ps 52: 1 The goodness of God e
Ps 100: 5 And His truth e to all
Ps 106: 1 is good! For His mercy e

E

Ps 111: 3 And His righteousness e
Ps 111:10 His praise e forever.
Ps 117: 2 the truth of the LORD e
Ps 119:90 Your faithfulness e to all
Ps 119:160 Your righteous judgments e
Ps 136: 1 is good! For His mercy e
Ps 145:13 And Your dominion e
Matt 10:22 But he who e to the end will
John 6:27 but for the food which e to
1Co 13: 7 all things, e all things.
Jas 1:12 Blessed is the man who e
1Pe 1:25 word of the LORD e
1Pe 2:19 conscience toward God one e

ENDURING (*see* ENDURE)
1Sa 25:28 make for my lord an e house,
Ps 19: 9 e forever; The judgments of
Prov 8:18 E riches and righteousness.
Heb 10:34 you have a better and an e

ENEMIES (*see* ENEMY)
Gen 14:20 Who has delivered your e
Gen 22:17 possess the gate of their e.
Num 10: 9 will be saved from your e.
Judg 5:31 Thus let all Your e perish, O
2Sa 7:11 you to rest from all your e.
2Sa 19: 6 in that you love your e and
Job 19:11 counts me as one of His e.
Ps 18: 3 shall I be saved from my e.
Ps 23: 5 me in the presence of my e;
Ps 25: 2 Let not my e triumph over
Ps 27: 2 My e and foes, They
Ps 31:11 am a reproach among all my e,
Ps 35:19 me who are wrongfully my e
Ps 37:20 And the e of the LORD,
Ps 38:19 But my e are vigorous, and
Ps 41: 5 My e speak evil of me:
Ps 42:10 My e reproach me, While
Ps 54: 5 He will repay my e for their
Ps 54: 7 seen its desire upon my e.
Ps 56: 2 My e would hound me all
Ps 59:10 me see my desire on my e.
Ps 60:12 who shall tread down our e.
Ps 71:10 For my e speak against me;
Ps 72: 9 And His e will lick the
Ps 78:53 the sea overwhelmed their e.
Ps 78:66 And He beat back His e;
Ps 80: 6 And our e laugh among
Ps 89:10 You have scattered Your e
Ps 89:42 You have made all his e
Ps 92: 9 For behold, Your e,
Ps 92: 9 Your e shall perish; All
Ps 106:11 The waters covered their e;
Ps 110: 1 Till I make Your e Your
Ps 110: 2 in the midst of Your e!
Ps 139:20 Your e take Your name in
Ps 139:22 hatred; I count them my e.
Prov 16: 7 He makes even his e to be
Is 1:24 And take vengeance on My e.
Is 59:18 Recompense to His e;
Matt 5:44 I say to you, love your e,
Mark 12:36 Till I make Your e
Luke 1:71 should be saved from our e
Luke 6:27 to you who hear: Love your e
Rom 5:10 For if when we were e we were
Rom 11:28 the gospel they are e for
1Co 15:25 reign till He has put all e
Heb 1:13 Till I make Your e
Rev 11: 5 mouth and devours their e.

ENEMY (*see* ENEMIES)
Ex 15: 6 has dashed the e in pieces.
1Sa 18:29 So Saul became David's e
1Sa 24: 4 I will deliver your e into
2Sa 22:18 me from my strong e,
1Ki 8:33 are defeated before an e
1Ki 8:37 when their e besieges them
1Ki 21:20 "Have you found me, O my e?
2Ch 26:13 help the king against the e.
Esth 7: 6 The adversary and e is this
Esth 8: 1 the e of the Jews. And
Job 13:24 And regard me as Your e?
Job 33:10 me, He counts me as His e;
Ps 8: 2 That You may silence the e
Ps 13: 2 How long will my e be
Ps 18:17 me from my strong e,
Ps 41:11 Because my e does not
Ps 42: 9 of the oppression of the e?
Ps 61: 3 A strong tower from the e.
Ps 64: 1 my life from fear of the e.
Ps 74:10 Will the e blaspheme Your
Ps 78:42 He redeemed them from the e,
Ps 89:22 The e shall not outwit him,
Prov 24:17 Do not rejoice when your e
Prov 25:21 If your e is hungry, give
Prov 27: 6 But the kisses of an e are
Lam 1: 5 into captivity before the e.
Lam 2: 5 The Lord was like an e.
Mic 7:10 Then she who is my e will
Matt 5:43 neighbor and hate your e.
Matt 13:25 his e came and sowed tares
Luke 10:19 over all the power of the e,
Acts 13:10 you e of all righteousness,
Rom 12:20 If your e is hungry,
1Co 15:26 The last e that will be
2Th 3:15 do not count him as an e,
Jas 4: 4 world makes himself an e of

ENJOY
2Ti 6:17 us richly all things to e.

ENLARGE
Gen 9:27 May God e Japheth, And may
Is 54: 2 E the place of your tent,

ENLIGHTENED (*see* ENLIGHTENING)
Eph 1:18 your understanding being e;
Heb 6: 4 for those who were once e,

ENLIGHTENING† (*see* ENLIGHTENED)
Ps 19: 8 LORD is pure, e the eyes;

ENLISTED†
2Ti 2: 4 he may please him who e him

ENMITY
Gen 3:15 And I will put e Between
Rom 8: 7 the carnal mind is e

Eph 2:15 abolished in His flesh the **e**,
Eph 2:16 putting to death the **e**.
Jas 4: 4 with the world is **e** with

ENOCH

Gen 5:24 And **E** walked with God; and he
1Ch 1: 3 **E**, Methuselah, Lamech,
Heb 11: 5 By faith **E** was taken away so
Jude 14 **E**, the seventh from Adam,

ENTER (*see* ENTERED, ENTERING, ENTERS)

Deut 29:12 that you may **e** into covenant
Ps 95:11 They shall not **e** My rest.'"
Ps 100: 4 **E** into His gates with
Dan 11:41 He shall also **e** the Glorious
Joel 2: 9 They **e** at the windows like
Jon 3: 4 And Jonah began to **e** the city
Matt 5:20 you will by no means **e** the
Matt 7:13 **E** by the narrow gate; for
Matt 7:21 shall **e** the kingdom of
Matt 10: 5 and do not **e** a city of the
Matt 12:45 and they **e** and dwell there;
Matt 18: 9 It is better for you to **e**
Matt 19:23 is hard for a rich man to **e**
Matt 19:24 than for a rich man to **e**
Matt 25:21 **E** into the joy of your
Matt 26:41 lest you **e** into temptation.
Mark 1:45 could no longer openly **e**
Mark 3:27 No one can **e** a strong man's
Mark 5:12 that we may **e** them."
Mark 9:43 It is better for you to **e**
Mark 10:15 child will by no means **e** it.
Mark 13:15 nor **e** to take anything out
Luke 7: 6 not worthy that You should **e**
Luke 11:52 You did not **e** in yourselves,
Luke 24:26 these things and to **e** into
John 3: 4 Can he **e** a second time into
John 3: 5 he cannot **e** the kingdom of
John 10: 1 he who does not **e** the
Heb 3:11 They shall not **e** My
Heb 3:19 we see that they could not **e**
Heb 4: 6 was first preached did not **e**
Heb 10:19 having boldness to **e** the
Rev 21:27 there shall by no means **e**
Rev 22:14 and may **e** through the gates

ENTERED (*see* ENTER)

Gen 7:13 sons with them, **e** the ark—
Gen 7:16 So those that **e**,
Ex 33: 9 when Moses **e** the tabernacle,
2Ch 15:12 Then they **e** into a covenant
Jer 34:10 who had **e** into the covenant,
Mark 1:21 on the Sabbath He **e** the
Mark 5:13 spirits went out and **e** the
Mark 5:40 and **e** where the child was
Mark 6:56 Wherever He **e** into villages,
Luke 1:40 and **e** the house of Zacharias
Luke 4:38 from the synagogue and **e**
Luke 8:30 because many demons had **e**
Luke 9:34 they were fearful as they **e**
Luke 22: 3 Then Satan **e** Judas, surnamed
John 4:38 and you have **e** into their
John 6:22 and that Jesus had not **e** the
John 18:33 Then Pilate **e** the Praetorium
Acts 3: 2 to ask alms from those who **e**
Acts 11: 8 or unclean has at any time **e**
Acts 16:40 went out of the prison and **e**
Acts 18:19 but he himself **e** the
Acts 23:16 he went and **e** the barracks
Rom 5:12 as through one man sin **e**
Rom 5:20 Moreover the law **e** that the
1Co 2: 9 Nor have **e** into the
Heb 4:10 For he who has **e** His rest has
Heb 6:20 where the forerunner has **e**
Heb 9:12 but with His own blood He **e**
Heb 9:24 For Christ has not **e** the holy

ENTERING (*see* ENTER)

Deut 23:20 in the land which you are **e**
Mark 4:19 desires for other things **e**
Mark 16: 5 And **e** the tomb, they saw a
Acts 8: 3 **e** every house, and dragging
Heb 4: 1 a promise remains of **e** His

ENTERS (*see* ENTER)

Num 4:30 everyone who **e** the service
Job 22: 4 And **e** into judgment with
Prov 2:10 When wisdom **e** your heart,
Matt 15:17 understand that whatever **e**
Mark 7:18 perceive that whatever **e** a
John 10: 2 But he who **e** by the door is
John 10: 9 If anyone **e** by Me, he will
Heb 6:19 and which **e** the Presence
Heb 9:25 as the high priest **e** the

ENTERTAIN† (*see* ENTERTAINED)

Heb 13: 2 Do not forget to **e** strangers,

ENTERTAINED (*see* ENTERTAIN)

Heb 13: 2 some have unwittingly **e**

ENTICE (*see* ENTICED)

Prov 1:10 if sinners **e** you, Do not

ENTICED (*see* ENTICE)

Jas 1:14 by his own desires and **e**.

ENTRANCE

Ps 119:130 The **e** of Your words gives

ENTREAT (*see* ENTREATED)

Ex 8: 8 **E** the LORD that He may take
Ruth 1:16 **E** me not to leave you, Or
1Ki 13: 6 Please **e** the favor of the
1Co 4:13 being defamed, we **e**.

ENTREATED (*see* ENTREAT)

Ex 8:30 went out from Pharaoh and **e**
Ezra 8:23 So we fasted and **e** our God
Ps 119:58 I **e** Your favor with my

ENTRUSTED†

1Co 9:17 I have been **e** with a
1Th 2: 4 been approved by God to be **e**
1Pe 5: 3 as being lords over those **e**

ENVIED (*see* ENVY)

Gen 30: 1 Rachel **e** her sister, and

E

Gen 37:11 And his brothers **e** him, but
Ps 106:16 When they **e** Moses in the
Eccl 4: 4 skillful work a man is **e** by

ENVIOUS (*see* ENVY)
Ps 37: 1 Nor be **e** of the workers of
Ps 73: 3 For I was **e** of the
Prov 24: 1 Do not be **e** of evil men,
Prov 24:19 Nor be **e** of the wicked;
Acts 7: 9 the patriarchs, becoming **e**,

ENVY (*see* ENVIED, ENVIOUS, ENVYING)
Ps 68:16 Why do you fume with **e**,
Prov 3:31 Do not **e** the oppressor,
Prov 14:30 But **e** is rottenness to the
Prov 23:17 Do not let your heart **e**
Matt 27:18 handed Him over because of **e**.
Acts 13:45 they were filled with **e**;
Rom 1:29 maliciousness; full of **e**,
Rom 13:13 lust, not in strife and **e**.
1Co 13: 4 is kind; love does not **e**;
Gal 5:21 **e**, murders, drunkenness,
Phil 1:15 preach Christ even from **e**
Tit 3: 3 living in malice and **e**,
Jas 3:14 But if you have bitter **e** and
1Pe 2: 1 all deceit, hypocrisy, **e**,

ENVYING† (*see* ENVY)
Gal 5:26 **e** one another.

EPAPHRAS
Col 4:12 **E**, who is one of you,
Phm 1:23 **E**, my fellow prisoner in

EPAPHRODITUS†
Phil 2:25 necessary to send to you **E**,
Phil 4:18 having received from **E** the

EPHESIANS (*see* EPHESUS)
Acts 19:28 Great is Diana of the **E**!"

EPHESUS (*see* EPHESIANS)
Acts 19:17 and Greeks dwelling in **E**;
Eph 1: 1 To the saints who are in **E**,
1Ti 1: 3 remain in **E** that you may
2Ti 1:18 he ministered to me at **E**.
Rev 1:11 which are in Asia: to **E**,
Rev 2: 1 the angel of the church of **E**

EPHOD
Ex 25: 7 stones to be set in the **e**
Ex 28: 4 make: a breastplate, an **e**,
Lev 8: 7 and with it tied the **e** on
Judg 8:27 Gideon made it into an **e**
1Sa 2:18 a child, wearing a linen **e**.
2Sa 6:14 David was wearing a linen **e**.
Hos 3: 4 without **e** or teraphim.

EPHPHATHA†
Mark 7:34 sighed, and said to him, "**E**,

EPHRAIM
Gen 41:52 of the second he called **E**:
Gen 46:20 were born Manasseh and **E**,
Num 1:32 of Joseph, the children of **E**,
Deut 34: 2 Naphtali and the land of **E**
Josh 17:15 since the mountains of **E** are
2Sa 18: 6 battle was in the woods of **E**.
2Ki 14:13 from the Gate of **E** to the
2Ch 31: 1 all Judah, Benjamin, **E**,
Is 7: 5 'Because Syria, **E**,
Is 7: 8 Within sixty-five years **E**
Is 7: 9 The head of **E** is Samaria,
Jer 31: 9 And **E** is My firstborn.
Jer 31:20 Is **E** My dear son? Is he
Ezek 37:16 'For Joseph, the stick of **E**,
Hos 4:17 **E** is joined to idols, Let
Hos 7: 8 **E** is a cake unturned.
Hos 7:11 **E** also is like a silly dove,
Hos 11: 8 "How can I give you up, **E**?
Hos 11: 9 I will not again destroy **E**.
Hos 12: 1 **E** feeds on the wind, And

EPHRATHAH
Mic 5: 2 "But you, Bethlehem **E**,

EPICUREAN†
Acts 17:18 Then certain **E** and Stoic

EPISTLE (*see* EPISTLES)
Rom 16:22 Tertius, who wrote this **e**,
1Co 5: 9 I wrote to you in my **e** not
2Co 3: 2 You are our **e** written in our
2Co 3: 3 clearly you are an **e** of
Col 4:16 Now when this **e** is read
Col 4:16 that you likewise read the **e**
1Th 5:27 you by the Lord that this **e**
2Th 2:15 whether by word or our **e**.
2Pe 3: 1 write to you this second **e**

EPISTLES† (*see* EPISTLE)
2Co 3: 1 **e** of commendation to you or
2Pe 3:16 as also in all his **e**,

EQUAL (*see* EQUITY, UNEQUALLY)
Deut 18: 8 They shall have **e** portions to
Job 28:17 gold nor crystal can **e** it,
Ps 55:13 it was you, a man my **e**,
Is 40:25 Or to whom shall I be **e**?
Is 46: 5 and make Me **e** And compare
Luke 20:36 for they are **e** to the angels
John 5:18 making Himself **e** with God.
Phil 2: 6 consider it robbery to be **e**
Rev 21:16 breadth, and height are **e**.

EQUIPPED† (*see* EQUIPPING)
1Ch 12:23 the divisions that were **e**
2Ti 3:17 thoroughly **e** for every good

EQUIPPING† (*see* EQUIPPED)
Eph 4:12 for the **e** of the saints for

EQUITY (*see* EQUAL)
Ps 98: 9 And the peoples with **e**.
Ps 99: 4 You have established **e**;
Prov 1: 3 Justice, judgment, and **e**;
Is 11: 4 And decide with **e** for the
Mal 2: 6 with Me in peace and **e**,

ERROR (*see* ERRORS)
Job 4:18 He charges His angels with **e**,
Jas 5:20 turns a sinner from the **e**
1Jn 4: 6 of truth and the spirit of **e**.

ERRORS (*see* ERROR)
Ps 19:12 Who can understand his **e**?

ESAU (*see* EDOM)
Gen 25:25 so they called his name **E**.
Gen 25:27 And **E** was a skillful hunter,
Gen 25:28 And Isaac loved **E** because he
Gen 25:34 Thus **E** despised his
Gen 27:11 **E** my brother is a hairy
Gen 27:22 hands are the hands of **E**.
Mal 1: 3 But **E** I have hated, And
Rom 9:13 but **E** I have hated."
Heb 12:16 or profane person like **E**,

ESCAPE (*see* ESCAPED)
Gen 19:17 '**E** for your life! Do not look
Matt 23:33 of vipers! How can you **e**
Luke 21:36 may be counted worthy to **e**
Rom 2: 3 that you will **e** the judgment
1Co 10:13 will also make the way of **e**,
Heb 2: 3 how shall we **e** if we neglect
Heb 12:25 more shall we not **e** if

ESCAPED (*see* ESCAPE)
Job 1:15 and I alone have **e** to tell
Job 19:20 And I have **e** by the skin of
John 10:39 but He **e** out of their hand.
Acts 28: 4 though he has **e** the sea, yet
2Co 11:33 and **e** from his hands.
Heb 11:34 **e** the edge of the sword, out
2Pe 1: 4 having **e** the corruption
2Pe 2:20 after they have **e** the

ESHCOL
Num 13:24 was called the Valley of **E**,

ESPECIALLY
1Ti 4:10 **e** of those who believe.
2Ti 4:13 **e** the parchments.

ESTABLISH (*see* ESTABLISHED, ESTABLISHES)
Gen 6:18 But I will **e** My covenant with
Gen 9: 9 I **e** My covenant with you and
Gen 17: 7 And I will **e** My covenant
2Sa 7:12 and I will **e** his kingdom.
2Sa 7:13 and I will **e** the throne of
2Sa 7:25 **e** it forever and do as You
Ps 48: 8 God will **e** it forever.
Ps 87: 5 Most High Himself shall **e**
Ps 89: 4 Your seed I will **e** forever,
Ps 90:17 **e** the work of our hands.
Is 9: 7 To order it and **e** it with
Is 26:12 You will **e** peace for us,
Jer 33: 2 LORD who formed it to **e** it
Ezek 34:23 I will **e** one shepherd over
Dan 6: 8 **e** the decree and sign the
Amos 5:15 **E** justice in the gate. It
Rom 3:31 the contrary, we **e** the law.
Rom 10: 3 and seeking to **e** their own
Rom 16:25 to Him who is able to **e** you
1Th 3: 2 to **e** you and encourage you
1Th 3:13 so that He may **e** your hearts
2Th 2:17 comfort your hearts and **e** you
2Th 3: 3 who will **e** you and guard
Heb 10: 9 the first that He may **e** the
1Pe 5:10 suffered a while, perfect, **e**,

ESTABLISHED (*see* CONFIRMED, ESTABLISH, MADE)
Gen 9:17 the covenant which I have **e**
Gen 41:32 because the thing is **e** by
Ex 6: 4 I have also **e** My covenant
Ex 15:17 which Your hands have **e**.
Deut 19:15 the matter shall be **e**.
Deut 32: 6 Has He not made you and **e**
1Sa 3:20 that Samuel had been **e** as
1Sa 13:13 now the LORD would have **e**
2Sa 7:16 Your throne shall be **e**
2Sa 7:26 of Your servant David be **e**
1Ki 2:12 and his kingdom was firmly **e**.
1Ki 2:24 and who has **e** a house for
1Ch 16:30 The world also is firmly **e**,
1Ch 17:14 and his throne shall be **e**
1Ch 17:24 of Your servant David be **e**
2Ch 12: 1 when Rehoboam had **e** the
2Ch 23:18 as it was **e** by David.
Ps 24: 2 And **e** it upon the waters.
Ps 40: 2 And **e** my steps.
Ps 78: 5 For He **e** a testimony in
Ps 81: 5 This He **e** in Joseph as a
Ps 93: 2 Your throne is **e** from of
Ps 96:10 The world also is firmly **e**,
Ps 103:19 The LORD has **e** His throne
Ps 119:90 You **e** the earth, and it
Prov 8:23 I have been **e** from
Is 2: 2 LORD's house Shall be **e**
Is 7: 9 Surely you shall not be **e**.
Is 42: 4 Till He has **e** justice in
Is 45:18 Who has **e** it, Who did not
Mic 4: 1 LORD's house Shall be **e**
Matt 18:16 every word may be **e**.
Col 2: 7 and built up in Him and **e**

ESTABLISHES (*see* ESTABLISH)
Prov 29: 4 The king **e** the land by
Hab 2:12 Who **e** a city by iniquity!

ESTEEM (*see* ESTEEMED, ESTEEMING, ESTEEMS)
Is 53: 3 and we did not **e** Him.
Phil 2: 3 of mind let each **e** others

ESTEEMED (*see* ESTEEM)
Is 53: 4 Yet we **e** Him stricken,

ESTEEMING† (*see* ESTEEM)
Heb 11:26 **e** the reproach of Christ

ESTEEMS† (*see* ESTEEM)
Rom 14: 5 One person **e** one day above
Rom 14: 5 another **e** every day alike.

ESTHER

Esth 2: 7 up Hadassah, that is, **E**,
Esth 5: 3 "What do you wish, Queen **E**?

ESTRANGED

Job 19:13 are completely **e** from me.
Ps 58: 3 The wicked are **e** from the
Gal 5: 4 You have become **e** from

ETERNAL (*see* ETERNITY, EVERLASTING)

Deut 33:27 The **e** God is your refuge,
Eccl 12: 5 For man goes to his **e** home,
Matt 19:16 I do that I may have **e** life?
Mark 10:30 in the age to come, **e** life.
Luke 10:25 what shall I do to inherit **e**
John 3:15 not perish but have **e** life.
John 6:54 and drinks My blood has **e**
John 10:28 And I give them **e** life, and
John 17: 2 that He should give **e** life
John 17: 3 And this is **e** life, that they
Acts 13:48 as had been appointed to **e**
Rom 1:20 even His **e** power and
Rom 6:23 but the gift of God is **e**
2Co 4:17 a far more exceeding and **e**
2Co 5: 1 **e** in the heavens.
Eph 3:11 according to the **e** purpose
1Ti 1:17 Now to the King **e**,
Tit 1: 2 in hope of **e** life which God,
Heb 5: 9 He became the author of **e**
Heb 6: 2 and of **e** judgment.
Heb 9:14 who through the **e** Spirit
1Pe 5:10 who called us to His **e** glory
1Jn 1: 2 and declare to you that **e**
1Jn 5:13 you may know that you have **e**
1Jn 5:20 This is the true God and **e**
Jude 7 the vengeance of **e** fire.
Jude 21 our Lord Jesus Christ unto **e**

ETERNITY† (*see* ETERNAL)

Eccl 3:11 Also He has put **e** in their
Is 57:15 Lofty One Who inhabits **e**,
Acts 15:18 Known to God from **e** are all

ETHIOPIA (*see* CUSH, ETHIOPIAN)

Esth 1: 1 provinces, from India to **E**),
Ps 68:31 **E** will quickly stretch out
Is 18: 1 is beyond the rivers of **E**,
Acts 8:27 went. And behold, a man of **E**,

ETHIOPIAN (*see* ETHIOPIA, ETHIOPIANS)

Num 12: 1 for he had married an **E**
Jer 13:23 Can the **E** change his skin or

ETHIOPIANS (*see* ETHIOPIAN)

Acts 8:27 Candace the queen of the **E**,

EUNICE†

2Ti 1: 5 Lois and your mother **E**,

EUNUCH (*see* EUNUCHS)

Acts 8:34 So the **e** answered Philip and

EUNUCHS (*see* EUNUCH)

Dan 1: 7 To them the chief of the **e**
Matt 19:12 For there are **e** who were born

EUPHRATES

Gen 2:14 The fourth river is the **E**.
Gen 15:18 the great river, the River **E**—
2Ki 24: 7 of Egypt to the River **E**.
2Ch 35:20 against Carchemish by the **E**;
Rev 9:14 bound at the great river **E**.

EUTYCHUS†

Acts 20: 9 a certain young man named **E**,

EVANGELIST† (*see* EVANGELISTS)

Acts 21: 8 the house of Philip the **e**,
2Ti 4: 5 do the work of an **e**,

EVANGELISTS† (*see* EVANGELIST)

Eph 4:11 some prophets, some **e**,

EVE†

Gen 3:20 called his wife's name **E**,
Gen 4: 1 Now Adam knew **E** his wife, and
2Co 11: 3 as the serpent deceived **E** by
1Ti 2:13 was formed first, then **E**.

EVENING

Gen 1: 5 So the **e** and the morning
Ps 104:23 to his labor until the **e**.

EVER (*see* ALWAYS)

Ex 15:18 shall reign forever and **e**.
Ps 10:16 LORD is King forever and **e**;
Ps 45: 6 O God, is forever and **e**;
Ps 90: 2 Or **e** You had formed the
Ps 145: 1 Your name forever and **e**.
Prov 4:18 That shines **e** brighter unto
Dan 7:18 forever, even forever and **e**.
Dan 12: 3 the stars forever and **e**.
John 4:39 He told me all that I **e**
John 7:46 No man **e** spoke like this
Gal 1: 5 whom be glory forever and **e**.
Heb 1: 8 God, is forever and **e**;
Rev 4: 9 who lives forever and **e**,
Rev 11:15 He shall reign forever and **e**!

EVERLASTING (*see* ETERNAL)

Gen 9:16 look on it to remember the **e**
Gen 17: 7 for an **e** covenant, to be God
Gen 21:33 of the LORD, the **E** God.
Num 25:13 after him a covenant of an **e**
Deut 33:27 And underneath are the **e**
Ps 24: 7 you **e** doors! And the King
Ps 90: 2 Even from **e** to everlasting,
Ps 93: 2 of old; You are from **e**.
Ps 100: 5 is good; His mercy is **e**,
Ps 103:17 of the LORD is from **e** to
Ps 139:24 And lead me in the way **e**.
Ps 145:13 Your kingdom is an **e**
Is 9: 6 **E** Father, Prince of Peace.
Is 24: 5 Broken the **e** covenant.
Is 35:10 With **e** joy on their heads.

Is 40:28 The e God, the LORD, The
Is 54: 8 But with e kindness I will
Is 55:13 For an e sign that shall
Is 56: 5 I will give them an e name
Is 61: 7 E joy shall be theirs.
Is 63:16 Our Redeemer from E is
Jer 31: 3 I have loved you with an e
Dan 4: 3 His kingdom is an e
Dan 9:24 To bring in e
Dan 12: 2 Some to e life, Some to
Dan 12: 2 Some to shame and e
Mic 5: 2 are from of old, From e.
Matt 18: 8 to be cast into the e fire.
Matt 25:41 into the e fire prepared for
Matt 25:46 these will go away into e
John 3:16 not perish but have e life.
John 3:36 believes in the Son has e
John 4:14 of water springing up into e
Rom 6:22 and the end, e life.
Rom 16:26 to the commandment of the e
2Th 1: 9 shall be punished with e
1Ti 6:16 to whom be honor and e
Heb 13:20 through the blood of the e
2Pe 1:11 to you abundantly into the e
Jude 6 He has reserved in e chains
Rev 14: 6 having the e gospel to

EVIDENCE (*see* EVIDENT)

Heb 11: 1 the e of things not seen.

EVIDENT (*see* EVIDENCE)

Gal 5:19 the works of the flesh are e,
1Ti 5:24 men's sins are clearly e,
Heb 7:14 For it is e that our Lord

EVIL (*see* EVILDOER, EVILDOERS, EVILS, WICKED)

Gen 2: 9 the knowledge of good and e.
Gen 6: 5 of his heart was only e
Gen 8:21 of man's heart is e from
Gen 48:16 has redeemed me from all e,
Gen 50:20 you meant e against me; but
Deut 1:39 no knowledge of good and e,
Deut 30:15 life and good, death and e,
2Sa 14:17 in discerning good and e.
1Ki 11: 6 Solomon did e in the sight of
Job 1: 1 who feared God and shunned e.
Job 28:28 And to depart from e is
Ps 23: 4 of death, I will fear no e;
Ps 34:13 Keep your tongue from e,
Ps 34:14 Depart from e and do good;
Ps 38:20 Those also who render e for
Ps 51: 4 And done this e in Your
Ps 91:10 No e shall befall you, Nor
Ps 121: 7 preserve you from all e;
Prov 6:24 To keep you from the e
Prov 16:17 upright is to depart from e;
Prov 24: 1 Do not be envious of e men,
Prov 28:22 A man with an e eye hastens
Prov 31:12 She does him good and not e
Eccl 2:21 is vanity and a great e.
Eccl 12:14 thing, Whether good or e.
Is 1:16 My eyes. Cease to do e,
Is 5:20 call evil good, and good e;
Is 7:15 He may know to refuse the e
Jer 13:23 who are accustomed to do e.
Jer 18:20 Shall e be repaid for good?
Amos 5:13 For it is an e time.
Amos 5:14 Seek good and not e,
Amos 5:15 Hate e, love good;
Hab 1:13 purer eyes than to behold e,
Matt 5:11 and say all kinds of e
Matt 5:45 makes His sun rise on the e
Matt 6:13 But deliver us from the e
Matt 7:11 "If you then, being e,
Matt 9: 4 Why do you think e in your
Matt 12:35 evil treasure brings forth e
Matt 12:39 An e and adulterous
Matt 15:19 out of the heart proceed e
Matt 27:23 what e has He done?" But
Mark 3: 4 to do good or to do e,
Mark 7:21 proceed e thoughts,
Mark 7:22 an e eye, blasphemy, pride,
John 3:19 because their deeds were e.
Acts 23: 9 We find no e in this man; but
Rom 3: 8 Let us do e that good may
Rom 7: 8 in me all manner of e
Rom 12: 9 hypocrisy. Abhor what is e.
Rom 12:17 Repay no one evil for e.
Rom 12:21 but overcome e with good.
1Co 13: 5 is not provoked, thinks no e;
1Co 15:33 E company corrupts good
Gal 1: 4 us from this present e age,
Eph 4:31 and e speaking be put away
Eph 5:16 time, because the days are e.
Eph 6:13 able to withstand in the e
1Th 5:15 no one renders evil for e
1Th 5:22 Abstain from every form of e.
1Ti 6:10 a root of all kinds of e,
2Ti 3:13 But e men and impostors will
Heb 3:12 there be in any of you an e
Heb 5:14 to discern both good and e.
Heb 10:22 hearts sprinkled from an e
Jas 1:13 God cannot be tempted by e,
Jas 3: 8 tongue. It is an unruly e,
Jas 4:11 speaks e of the law and
Jas 4:16 All such boasting is e.
1Pe 3: 9 not returning evil for e or
1Jn 3:12 Because his works were e and
3Jn 11 but he who does e has not
Rev 2: 2 cannot bear those who are e.

EVILDOER (*see* EVIL, EVILDOERS)

John 18:30 him, "If He were not an e,
2Ti 2: 9 I suffer trouble as an e,

EVILDOERS (*see* DOERS, EVILDOER)

Ps 37: 1 Do not fret because of e,
Prov 24:19 Do not fret because of e,
1Pe 2:12 they speak against you as e,

EVILS (*see* EVIL)

Jer 2:13 people have committed two e:

EWE

2Sa 12: 3 except one little e lamb

EXALT (*see* EXALTED, EXALTS, MAGNIFY)
Ps 34: 3 And let us e His name
Ps 137: 6 If I do not e Jerusalem
Is 14:13 I will e my throne above
Dan 8:25 And he shall e himself in
Dan 11:36 he shall e and magnify
1Pe 5: 6 that He may e you in due

EXALTED (*see* EXALT, MAGNIFIED)
Num 24: 7 And his kingdom shall be e.
1Sa 2: 1 My horn is e in the LORD.
2Sa 22:47 be my Rock! Let God be e,
Job 10:16 If my head is e,
Ps 18:46 God of my salvation be e.
Ps 46:10 I will be e in the earth!
Ps 57: 5 Be e, O God, above the
Ps 118:16 right hand of the LORD is e;
Ps 148:13 For His name alone is e;
Is 2: 2 And shall be e above the
Is 2:11 the LORD alone shall be e
Is 40: 4 Every valley shall be e And
Dan 8:11 He even e himself as high as
Matt 23:12 humbles himself will be e.
Acts 5:31 Him God has e to His right
2Co 12: 7 lest I be e above measure.
Phil 2: 9 God also has highly e Him

EXALTS (*see* EXALT)
Prov 14:34 Righteousness e a nation,
Matt 23:12 And whoever e himself will be

EXAMINE (*see* LOOK)
1Co 11:28 But let a man e himself,
Gal 6: 4 But let each one e his own

EXAMPLE (*see* EXAMPLES)
Matt 1:19 to make her a public e,
John 13:15 "For I have given you an e,
Phil 3:17 join in following my e,
1Ti 4:12 but be an e to the believers
Jas 5:10 as an e of suffering and
1Pe 2:21 for us, leaving us an e,

EXAMPLES (*see* EXAMPLE)
1Co 10:11 things happened to them as e,
1Th 1: 7 so that you became e to all
1Pe 5: 3 but being e to the flock;

EXCEEDING (*see* EXCEEDINGLY, EXCEEDS)
Ps 43: 4 To God my e joy; And on
Eph 1:19 and what is the e greatness
Jude 24 of His glory with e joy,

EXCEEDINGLY (*see* EXCEEDING)
Gen 15: 1 your e great reward."
Ps 21: 6 You have made him e glad
Prov 30:24 But they are e wise:
Jon 3: 3 Now Nineveh was an e great
Matt 2:10 they rejoiced with e great
Matt 5:12 Rejoice and be e glad, for
Matt 26:38 My soul is e sorrowful, even
Eph 3:20 to Him who is able to do e

EXCEEDS (*see* EXCEEDING)
Matt 5:20 unless your righteousness e

EXCEL
Prov 31:29 But you e them all."
1Co 14:12 church that you seek to e.

EXCELLENCE (*see* EXCELLENT)
Ex 15: 7 in the greatness of Your e
Ps 47: 4 The e of Jacob whom He
1Co 2: 1 did not come with e of
2Co 4: 7 that the e of the power may
Phil 3: 8 all things loss for the e

EXCELLENT (*see* EXCELLENCE)
Job 37:23 He is e in power, In
Ps 8: 1 How e is Your name in all
Ps 150: 2 Him according to His e
Prov 12: 4 An e wife is the crown of
Is 12: 5 For He has done e things;
Luke 1: 3 most e Theophilus,
Acts 23:26 to the most e governor
Rom 2:18 the things that are e,
1Co 12:31 And yet I show you a more e
Phil 1:10 the things that are e,
Heb 1: 4 obtained a more e name than
Heb 11: 4 Abel offered to God a more e
2Pe 1:17 voice came to Him from the E

EXCHANGE (*see* EXCHANGED)
Matt 16:26 Or what will a man give in e

EXCHANGED (*see* EXCHANGE)
Rom 1:25 who e the truth of God for
Rom 1:26 For even their women e the

EXCUSE (*see* EXCUSING)
John 15:22 but now they have no e for
Rom 1:20 so that they are without e,
2Co 12:19 do you think that we e

EXCUSING† (*see* EXCUSE)
Rom 2:15 thoughts accusing or else e

EXECUTE (*see* EXECUTED, EXECUTES)
Ex 12:12 the gods of Egypt I will e
Ezek 45: 9 e justice and righteousness,
Zech 7: 9 E true justice, Show mercy
John 5:27 has given Him authority to e
Rom 13: 4 an avenger to e wrath on
Jude 15 to e judgment on all, to

EXECUTED (*see* EXECUTE)
1Ki 18:40 to the Brook Kishon and e
Ps 99. 4 You have e justice and
Dan 5:19 Whomever he wished, he e;

EXECUTES (*see* EXECUTE)
Ps 103: 6 The LORD e righteousness
Ps 146: 7 Who e justice for the

EXERCISE
1Ki 21: 7 You now e authority over

Luke 22:25 and those who e authority
1Co 7: 9 but if they cannot e
1Ti 4: 7 and e yourself toward
1Ti 4: 8 For bodily e profits a

EXHORT (*see* EXHORTATION, EXHORTS)
1Th 4: 1 we urge and e in the Lord
1Ti 5: 1 but e him as a father,
1Ti 6: 2 Teach and e these things.
2Ti 4: 2 season. Convince, rebuke, e,
Tit 2: 6 Likewise e the young men to
Tit 2: 9 E bondservants to be
Heb 3:13 but e one another daily,
1Pe 5: 1 elders who are among you I e,

EXHORTATION (*see* EXHORT)
Acts 13:15 if you have any word of e
Rom 12: 8 he who exhorts, in e;
1Ti 4:13 attention to reading, to e,
Heb 13:22 bear with the word of e,

EXHORTS† (*see* EXHORT)
Rom 12: 8 he who e, in exhortation;

EXIST (*see* EXISTED)
Rom 4:17 those things which do not e
Rev 4:11 And by Your will they e and

EXISTED† (*see* EXIST)
Eccl 4: 3 both is he who has never e,
2Pe 3: 6 which the world that then e

EXPECT (*see* EXPECTATION, UNEXPECTEDLY)
Matt 24:44 at an hour you do not e.

EXPECTATION (*see* EXPECT)
Ps 62: 5 For my e is from Him.
Luke 3:15 Now as the people were in e,
Acts 12:11 of Herod and from all the e
Rom 8:19 For the earnest e of the
Phil 1:20 according to my earnest e and
Heb 10:27 but a certain fearful e of

EXPEDIENT†
John 11:50 do you consider that it is e
John 18:14 the Jews that it was e that

EXPLAIN (*see* EXPLAINED)
Gen 41:24 was no one who could e it
Deut 1: 5 Moses began to e this law,
Dan 4: 9 e to me the visions of my
Dan 5:16 give interpretations and e
Matt 13:36 E to us the parable of the
Heb 5:11 much to say, and hard to e,

EXPLAINED (*see* EXPLAIN)
Acts 18:26 they took him aside and e to

EXPOSED
John 3:20 lest his deeds should be e.

EXPOUNDED†
Luke 24:27 He e to them in all the

EXPRESS (*see* EXPRESSLY)
Heb 1: 3 of His glory and the e

EXPRESSLY (*see* EXPRESS)
1Ti 4: 1 Now the Spirit e says that in

EXTOL† (*see* EXTOLLED)
Ps 30: 1 I will e You, O LORD, for
Ps 68: 4 E Him who rides on the
Ps 145: 1 I will e You, my God, O
Dan 4:37 praise and e and honor the

EXTOLLED (*see* EXTOL)
Is 52:13 He shall be exalted and e

EYE (*see* EYELIDS, EYES, EYESERVICE)
Ex 21:24 e for eye, tooth for tooth,
Deut 7:16 your e shall have no pity on
Deut 15: 9 and your e be evil against
Deut 19:21 e for eye, tooth for tooth,
Deut 32:10 him as the apple of His e.
Job 7: 8 The e of him who sees me
Job 17: 7 My e has also grown dim
Job 20: 9 The e that saw him will
Job 24:15 No e will see me'; And he
Job 42: 5 But now my e sees You.
Ps 6: 7 My e wastes away because of
Ps 32: 8 I will guide you with My e.
Ps 33:18 the e of the LORD is on
Ps 54: 7 And my e has seen its
Ps 94: 9 hear? He who formed the e,
Prov 20:12 hearing ear and the seeing e,
Prov 28:22 A man with an evil e hastens
Eccl 1: 8 The e is not satisfied with
Is 52: 8 For they shall see e to eye
Lam 1:16 my e overflows with water;
Ezek 5:11 My e will not spare, nor
Matt 5:29 If your right e causes you to
Matt 6:22 lamp of the body is the e.
Matt 6:22 If therefore your e is good,
Matt 7: 3 speck in your brother's e,
Matt 7: 3 the plank in your own e?
Matt 18: 9 And if your e causes you to
Matt 18: 9 enter into life with one e,
Matt 19:24 a camel to go through the e
1Co 2: 9 E has not seen, nor ear
1Co 12:16 say, "Because I am not an e,
1Co 12:17 If the whole body were an e,
1Co 15:52 in the twinkling of an e,
Rev 1: 7 and every e will see Him,
Rev 3:18 and anoint your eyes with e

EYELIDS (*see* EYE)
Ps 132: 4 my eyes Or slumber to my e,
Prov 6:25 her allure you with her e.

EYES (*see* EYE)
Gen 3: 5 the day you eat of it your e
Gen 3: 6 it was pleasant to the e,
Gen 6: 8 Noah found grace in the e
Gen 13:14 Lift your e now and look from
Gen 27: 1 when Isaac was old and his e
Gen 29:17 Leah's e were delicate, but

E

Gen 39: 7 wife cast longing **e** on
Gen 46: 4 will put his hand on your **e**.
Ex 13: 9 as a memorial between your **e**,
Ex 13:16 as frontlets between your **e**,
Num 5:13 and it is hidden from the **e**
Num 22:31 the LORD opened Balaam's **e**,
Deut 3:27 east; behold it with your **e**,
Deut 6:22 and wonders before our **e**,
Deut 12: 8 is right in his own **e**—
Deut 28:65 a trembling heart, failing **e**,
Deut 34: 7 His **e** were not dim nor his
Josh 23:13 sides and thorns in your **e**,
Judg 16:21 took him and put out his **e**,
Judg 17: 6 was right in his own **e**.
Ruth 2:10 have I found favor in your **e**,
1Ki 16:25 Omri did evil in the **e** of the
2Ki 4:35 and the child opened his **e**.
2Ki 9:30 and she put paint on her **e**
2Ki 25: 7 put out the **e** of Zedekiah,
2Ch 16: 9 For the **e** of the LORD run to
Job 19:27 And my **e** shall behold, and
Job 31: 1 made a covenant with my **e**;
Job 32: 1 was righteous in his own **e**.
Ps 19: 8 is pure, enlightening the **e**;
Ps 25:15 My **e** are ever toward the
Ps 34:15 The **e** of the LORD are on
Ps 36: 1 no fear of God before his **e**.
Ps 36: 2 himself in his own **e**,
Ps 115: 5 **E** they have, but they do
Ps 116: 8 My **e** from tears, And my
Ps 118:23 It is marvelous in our **e**.
Ps 119:18 Open my **e**, that I may see
Ps 121: 1 I will lift up my **e** to the
Ps 139:16 Your **e** saw my substance,
Prov 3: 7 not be wise in your own **e**;
Prov 6:13 He winks with his **e**,
Prov 12:15 fool is right in his own **e**,
Prov 23:29 cause? Who has redness of **e**?
Is 5:21 are wise in their own **e**,
Is 6: 5 For my **e** have seen the
Is 6:10 Lest they see with their **e**,
Is 11: 3 judge by the sight of His **e**,
Is 33:17 Your **e** will see the King in
Is 42: 7 To open blind **e**,
Jer 7:11 a den of thieves in your **e**?
Jer 9: 1 And my **e** a fountain of
Lam 2:11 My **e** fail with tears, My
Ezek 24:21 boast, the desire of your **e**,
Ezek 24:25 glory, the desire of their **e**,
Dan 7:20 that horn which had **e** and **a**
Dan 8: 5 a notable horn between his **e**.
Hab 1:13 You are of purer **e** than to
Zech 8: 6 it also be marvelous in My **e**?
Matt 9:29 Then He touched their **e**,
Matt 9:30 And their **e** were opened. And
Matt 13:15 see with their **e** and
Matt 20:34 and touched their **e**.
Matt 20:34 And immediately their **e**
Matt 21:42 is marvelous in our **e**'?
Matt 26:43 for their **e** were heavy.
Mark 8:23 when He had spit on his **e**
Luke 2:30 For my **e** have seen Your
Luke 10:23 Blessed are the **e** which see
Luke 24:16 But their **e** were restrained,
Luke 24:31 Then their **e** were opened and
John 4:35 lift up your **e** and look at
John 9: 6 and He anointed the **e** of the
John 9:10 How were your **e** opened?"
John 9:11 made clay and anointed my **e**
John 9:32 of that anyone opened the **e**
John 12:40 He has blinded their **e**
John 12:40 should see with their **e**,
Acts 9: 8 and when his **e** were opened
Acts 9:18 there fell from his **e**
Rom 3:18 of God before their **e**.
Rom 11:10 Let their **e** be darkened,
Eph 1:18 the **e** of your understanding
Heb 4:13 naked and open to the **e** of
1Pe 3:12 For the **e** of the LORD
2Pe 2:14 having **e** full of adultery and
1Jn 1: 1 we have seen with our **e**,
1Jn 2:11 darkness has blinded his **e**.
1Jn 2:16 the flesh, the lust of the **e**,
Rev 1:14 and His **e** like a flame of
Rev 3:18 and anoint your **e** with eye
Rev 4: 6 living creatures full of **e**
Rev 5: 6 seven horns and seven **e**,
Rev 21: 4 away every tear from their **e**;

EYESERVICE† (*see* EYE)
Eph 6: 6 not with **e**,
Col 3:22 to the flesh, not with **e**,

EYEWITNESSES† (*see* WITNESS)
Luke 1: 2 from the beginning were **e**
2Pe 1:16 but were **e** of His majesty.

EZEKIEL†
Ezek 1: 3 LORD came expressly to **E**
Ezek 24:24 Thus **E** is a sign to you;

EZRA (*see* AZARIAH)
Ezra 7: 6 this **E** came up from Babylon;
Ezra 7:12 To **E** the priest, a scribe of

F

FABLES
1Ti 1: 4 nor give heed to **f** and
1Ti 4: 7 profane and old wives' **f**,
Tit 1:14 not giving heed to Jewish **f**
2Pe 1:16 follow cunningly devised **f**

FACE (*see* COUNTENANCE, FACES)
Gen 1: 2 God was hovering over the **f**
Gen 3:19 In the sweat of your **f** you
Gen 11: 4 scattered abroad over the **f**
Gen 17: 3 Then Abram fell on his **f**,
Gen 32:30 I have seen God face to **f**,
Ex 33:11 spoke to Moses face to **f**,
Ex 34:30 the skin of his **f** shone, and
Ex 34:33 them, he put a veil on his **f**.
Num 6:25 The LORD make His **f** shine
Num 12: 8 I speak with him **f** to face,
Deut 34:10 whom the LORD knew **f** to
2Ch 7:14 and pray and seek My **f**,

Neh 2: 2 Why is your f sad, since you
Job 1:11 surely curse You to Your f!
Job 4:15 a spirit passed before my f;
Ps 24: 6 seek Him, Who seek Your f.
Ps 27: 8 heart said to You, "Your f,
Ps 27: 9 Do not hide Your f from me;
Ps 67: 1 And cause His f to shine
Ps 104:30 And You renew the f of the
Ps 105: 4 Seek His f evermore!
Prov 7:13 With an impudent f she said
Is 6: 2 with two he covered his f,
Jer 32: 4 speak with him face to f,
Jer 33: 5 I have hidden My f from
Lam 3:35 due a man Before the f of
Lam 4:16 The f of the LORD scattered
Ezek 7:18 Shame will be on every f,
Ezek 9: 8 and I fell on my f and cried
Ezek 10:14 the first f was the face of
Ezek 10:14 the second f the face of a
Ezek 10:14 the third the f of a lion,
Ezek 10:14 and the fourth the f of an
Ezek 38:18 My fury will show in My f.
Dan 3:19 and the expression on his f
Dan 10: 9 with my f to the ground.
Hos 5:15 Then they will seek My f;
Nah 3: 5 lift your skirts over your f,
Matt 6:17 your head and wash your f,
Matt 11:10 messenger before Your f,
Matt 16: 3 know how to discern the f
Matt 17: 2 His f shone like the sun,
Matt 18:10 angels always see the f of
Matt 26:39 farther and fell on His f,
Matt 26:67 Then they spat in His f and
Luke 9:29 the appearance of His f was
Luke 17:16 and fell down on his f at
Luke 22:64 they struck Him on the f and
John 11:44 and his f was wrapped with a
Acts 6:15 saw his f as the face of an
Acts 7:45 God drove out before the f
Acts 17:26 of men to dwell on all the f
Acts 20:25 will see my f no more.
Acts 25:16 meets the accusers face to f,
1Co 13:12 but then f to face. Now I
1Co 14:25 so, falling down on his f,
2Co 3: 7 not look steadily at the f
2Co 3:18 But we all, with unveiled f,
2Co 4: 6 of the glory of God in the f
2Co 11:20 if one strikes you on the f.
Gal 2:11 I withstood him to his f,
Col 2: 1 many as have not seen my f
1Th 2:17 more eagerly to see your f
Jas 1:23 man observing his natural f
1Pe 3:12 But the f of the
2Jn 12 to come to you and speak f
Rev 4: 7 living creature had a f
Rev 6:16 on us and hide us from the f
Rev 10: 1 his f was like the sun, and
Rev 22: 4 They shall see His f,

FACES (*see* FACE)
Is 25: 8 wipe away tears from all f;
Is 53: 3 our f from Him; He was

FADE (*see* FADES)
1Pe 1: 4 and that does not f away,
1Pe 5: 4 of glory that does not f

FADES (*see* FADE)
Is 40: 7 grass withers, the flower f,

FAIL (*see* FAILING, FAILS)
1Sa 17:32 Let no man's heart f because
Ps 69: 3 My eyes f while I wait for
Ps 73:26 My flesh and my heart f;
Is 42: 4 He will not f nor be
Jer 15:18 stream, As waters that f?
Lam 3:22 Because His compassions f
Luke 16:17 one tittle of the law to f.
1Co 13: 8 are prophecies, they will f;
Heb 1:12 Your years will not f.
Heb 11:32 For the time would f me to

FAILING (*see* FAIL)
Luke 21:26 men's hearts f them from fear

FAILS (*see* FAIL)
Ps 38:10 my strength f me; As for
Ps 40:12 Therefore my heart f me.
Eccl 12: 5 is a burden, And desire f.
Is 15: 6 withered away; The grass f,
1Co 13: 8 Love never f.

FAINT (*see* FAINTED, FAINTS)
Is 40:30 Even the youths shall f and
Is 40:31 They shall walk and not f.
Jer 8:18 My heart is f in me.
Jon 4: 8 head, so that he grew f,
Matt 15:32 lest they f on the way."

FAINTED (*see* FAINT)
Jon 2: 7 When my soul f within me, I

FAINTS† (*see* FAINT)
Ps 84: 2 even f For the courts of
Ps 119:81 My soul f for Your
Is 1: 5 sick, And the whole heart f.
Is 40:28 Neither f nor is weary.

FAIR (*see* FAIRER, FAIREST)
Song 1:15 Behold, you are f,
Matt 16: 2 It will be f weather, for
Acts 27: 8 we came to a place called F
Col 4: 1 what is just and f,

FAIRER† (*see* FAIR)
Ps 45: 2 You are f than the sons of

FAIREST (*see* FAIR)
Song 1: 8 O f among women, Follow in

FAITH (*see* FAITHFUL, FAITHLESS)
Deut 32:20 Children in whom is no f.
Hab 2: 4 the just shall live by his f.
Matt 6:30 you, O you of little f?
Matt 8:10 have not found such great f,
Matt 9: 2 bed. When Jesus saw their f,

F

Matt 9:22 your **f** has made you well."
Matt 15:28 great is your **f**! Let it be
Matt 17:20 if you have **f** as a mustard
Matt 23:23 law: justice and mercy and **f**.
Mark 11:22 Have **f** in God.
Luke 7: 9 have not found such great **f**,
Luke 7:50 Your **f** has saved you. Go in
Luke 17: 5 the Lord, "Increase our **f**.
Luke 17:19 Your **f** has made you well."
Luke 22:32 that your **f** should not fail;
Acts 3:16 the **f** which comes through
Acts 6: 5 a man full of **f** and the Holy
Acts 6: 7 were obedient to the **f**.
Acts 11:24 of the Holy Spirit and of **f**.
Acts 14: 9 and seeing that he had **f** to
Acts 14:22 them to continue in the **f**,
Acts 14:27 He had opened the door of **f**
Acts 15: 9 purifying their hearts by **f**.
Acts 16: 5 were strengthened in the **f**,
Acts 26:18 who are sanctified by **f** in
Rom 1: 8 that your **f** is spoken of
Rom 1:12 with you by the mutual **f**
Rom 1:17 is revealed from faith to **f**;
Rom 1:17 just shall live by **f**.
Rom 3:25 by His blood, through **f**,
Rom 3:28 that a man is justified by **f**
Rom 4:13 the righteousness of **f**.
Rom 4:19 And not being weak in **f**,
Rom 10: 6 But the righteousness of **f**
Rom 10: 8 the word of **f** which we
Rom 10:17 So then **f** comes by hearing,
Rom 12: 3 to each one a measure of **f**.
Rom 12: 6 in proportion to our **f**;
Rom 14:23 for whatever is not from **f**
1Co 13: 2 and though I have all **f**,
1Co 13:13 And now abide **f**,
1Co 15:17 your **f** is futile; you are
1Co 16:13 Watch, stand fast in the **f**,
2Co 5: 7 For we walk by **f**,
Gal 2:16 we might be justified by **f**
Gal 2:20 in the flesh I live by **f** in
Gal 3: 2 law, or by the hearing of **f**?
Gal 3:11 just shall live by **f**.
Gal 5: 6 but **f** working through love.
Gal 6:10 are of the household of **f**.
Eph 2: 8 have been saved through **f**,
Eph 4: 5 one Lord, one **f**,
Eph 4:13 come to the unity of the **f**
Eph 6:16 taking the shield of **f** with
Col 1: 4 since we heard of your **f** in
Col 1:23 indeed you continue in the **f**,
1Th 3:10 what is lacking in your **f**?
1Th 5: 8 on the breastplate of **f** and
1Ti 1: 2 Timothy, a true son in the **f**:
1Ti 1: 5 and from sincere **f**,
1Ti 4: 1 some will depart from the **f**,
1Ti 6:12 Fight the good fight of **f**,
2Ti 4: 7 the race, I have kept the **f**.
Heb 10:22 heart in full assurance of **f**,
Heb 10:38 just shall live by **f**;
Heb 11: 1 Now **f** is the substance of
Heb 11: 3 By **f** we understand that the
Heb 11: 6 But without **f** it is
Heb 12: 2 and finisher of our **f**,
Jas 1: 3 that the testing of your **f**
Jas 2:14 if someone says he has **f** but
Jas 2:20 that **f** without works is
Jas 5:15 And the prayer of **f** will save
1Pe 1: 5 the power of God through **f**
1Pe 1: 9 receiving the end of your **f**—
1Pe 5: 9 him, steadfast in the **f**,
2Pe 1: 1 obtained like precious **f**
2Pe 1: 5 add to your **f** virtue, to
1Jn 5: 4 has overcome the world—our **f**.
Jude 20 up on your most holy **f**,

FAITHFUL (*see* FAITH, FAITHFULLY, FAITHFULNESS)

Num 12: 7 He is **f** in all My house.
Deut 7: 9 the **f** God who keeps covenant
1Sa 2:35 will raise up for Myself a **f**
Ps 89:37 Even like the **f** witness in
Ps 119:86 Your commandments are **f**;
Prov 27: 6 **F** are the wounds of a
Is 1:21 How the **f** city has become a
Is 49: 7 of the LORD who is **f**,
Matt 24:45 Who then is a **f** and wise
Matt 25:21 good and **f** servant; you were
Matt 25:21 you were **f** over a few
Luke 16:10 in what is least is **f**
1Co 1: 9 God is **f**, by whom you were
1Co 4: 2 stewards that one be found **f**.
1Co 10:13 common to man; but God is **f**,
1Th 5:24 He who calls you is **f**,
1Ti 1:15 This is a **f** saying and
2Ti 2: 2 commit these to **f** men who
2Ti 2:13 are faithless, He remains **f**;
Heb 10:23 for He who promised is **f**.
1Pe 4:19 as to a **f** Creator.
1Jn 1: 9 He is **f** and just to forgive
Rev 1: 5 the **f** witness, the firstborn
Rev 2:10 Be **f** until death, and I will
Rev 3:14 the **F** and True Witness, the

FAITHFULLY (*see* FAITHFUL)

Jer 23:28 let him speak My word **f**.

FAITHFULNESS (*see* FAITHFUL)

Ps 36: 5 Your **f** reaches to the
Lam 3:23 morning; Great is Your **f**.
Hos 2:20 will betroth you to Me in **f**,
Gal 5:22 kindness, goodness, **f**,

FAITHLESS (*see* FAITH)

Matt 17:17 O **f** and perverse generation,
2Ti 2:13 If we are **f**, He remains

FALL (*see* FALLEN, FALLING, FALLS, FELL)

Gen 2:21 caused a deep sleep to **f** on
Ps 91: 7 A thousand may **f** at your
Ps 140:10 Let burning coals **f** upon
Prov 16:18 a haughty spirit before a **f**.
Eccl 10: 8 He who digs a pit will **f**
Is 40:30 young men shall utterly **f**,
Is 47:11 And trouble shall **f** upon
Jer 46: 6 They will stumble and **f**
Hos 10: 8 to the hills, "**F** on us!"
Matt 7:25 that house; and it did not **f**,

Matt 7:27 it fell. And great was its f.
Matt 15:14 both will f into a ditch."
Matt 15:27 dogs eat the crumbs which f
Luke 2:34 is destined for the f and
Luke 10:18 I saw Satan f like lightning
Luke 23:30 F on us!" and to the
Rom 3:23 for all have sinned and f
1Co 10:12 stands take heed lest he f.
Heb 6: 6 if they f away, to renew them
Heb 10:31 It is a fearful thing to f
Jas 1: 2 count it all joy when you f
Jas 5:12 lest you f into judgment.

FALLEN (*see* FALL)
Gen 4: 6 why has your countenance f?
2Sa 1:19 How the mighty have f!
2Sa 3:38 and a great man has f this
Ps 7:15 And has f into the ditch
Ps 16: 6 The lines have f to me in
Is 14:12 How you are f from heaven,
Gal 5: 4 you have f from grace.
Rev 2: 5 from where you have f;
Rev 14: 8 saying, "Babylon is f,
Rev 17:10 seven kings. Five have f,

FALLING (*see* FALL)
Ps 116: 8 tears, And my feet from f.
Is 34: 4 And as fruit f from a fig
Luke 8:47 and f down before Him, she
Luke 22:44 like great drops of blood f
Acts 1:18 and f headlong, he burst
1Co 14:25 f down on his face, he will
2Th 2: 3 not come unless the f

FALLOW
Ex 23:11 shall let it rest and lie f,
Jer 4: 3 Break up your f ground, And

FALLS (*see* FALL)
Ex 21:33 and an ox or a donkey f in
Num 24: 4 Who f down, with eyes wide
Num 33:54 shall be whatever f to him
Deut 22: 8 your household if anyone f
2Sa 3:29 who leans on a staff or f by
2Sa 17:12 fall on him as the dew f on
Job 4:13 When deep sleep f on men,
Job 30:30 My skin grows black and f
Prov 13:17 A wicked messenger f into
Prov 17:20 who has a perverse tongue f
Prov 24:17 rejoice when your enemy f,
Eccl 9:12 When it f suddenly upon
Matt 12:11 and if it f into a pit on
Matt 17:15 for he often f into the fire
Matt 21:44 And whoever f on this stone
Matt 21:44 broken; but on whomever it f,
Luke 11:17 divided against a house f.
Luke 15:12 the portion of goods that f
John 12:24 unless a grain of wheat f
Rom 14: 4 own master he stands or f.
Jas 1:11 the grass; its flower f,
1Pe 1:24 And its flower f away,
Rev 11: 6 so that no rain f in the

FALSE (*see* FALSEHOOD, FALSELY, FALSIFYING)
Ex 20:16 You shall not bear f witness
Ps 119:104 Therefore I hate every f
Ps 119:128 I hate every f way.
Prov 6:19 A f witness who speaks
Jer 8: 8 the f pen of the scribe
Jer 23:32 those who prophesy f dreams,
Zech 8:17 And do not love a f oath.
Matt 7:15 Beware of f prophets, who
Matt 19:18 You shall not bear f
Matt 24:11 Then many f prophets will
Matt 24:24 For false christs and f
Matt 26:60 But at last two f witnesses
Luke 19: 8 anything from anyone by f
Rom 13: 9 You shall not bear f
2Co 11:13 For such are f apostles,
2Co 11:26 in perils among f brethren;
Col 2:18 taking delight in f
2Pe 2: 1 But there were also f
2Pe 2: 1 even as there will be f
Rev 20:10 where the beast and the f

FALSEHOOD (*see* FALSE)
Job 31: 5 "If I have walked with f,
Ps 5: 6 destroy those who speak f;
Ps 7:14 trouble and brings forth f.
Ps 119:78 treated me wrongfully with f;
Prov 30: 8 Remove f and lies far from
Is 57: 4 Offspring of f,
Jer 8: 8 the scribe certainly works f.
Jer 10:14 For his molded image is f,

FALSELY (*see* FALSE)
Gen 21:23 God that you will not deal f
Lev 6: 3 concerning it, and swears f—
Lev 19:11 shall not steal, nor deal f,
Lev 19:12 shall not swear by My name f,
Deut 19:18 who has testified f against
Jer 5:31 The prophets prophesy f,
Jer 6:13 priest, Everyone deals f.
Jer 43: 2 You speak f! The LORD our
Matt 5:11 kinds of evil against you f
Matt 5:33 old, 'You shall not swear f,
1Ti 6:20 contradictions of what is f

FALSIFYING† (*see* FALSE)
Amos 8: 5 F the scales by deceit,

FAME
Matt 4:24 Then His f went throughout

FAMILIES (*see* FAMILY)
Gen 12: 3 And in you all the f of the
Ps 68: 6 God sets the solitary in f;
Amos 3: 2 have I known of all the f
Acts 3:25 in your seed all the f

FAMILY (*see* FAMILIES)
Gen 12: 1 From your f And from your
Esth 2:10 not revealed her people or f,
Jer 3:14 from a city and two from a f,
Jer 8: 3 who remain of this evil f,
Amos 3: 1 against the whole f which I

Zech 12:12 the **f** of the house of David
Acts 4: 6 as many as were of the **f** of
Acts 7:13 and Joseph's **f** became known
Acts 13:26 sons of the **f** of Abraham,
Acts 16:33 he and all his **f** were
Eph 3:15 from whom the whole **f** in

FAMINE (*see* FAMINES)
Gen 12:10 for the **f** was severe in the
Gen 26: 1 besides the first **f** that was
Gen 41:27 wind are seven years of **f**.
Ruth 1: 1 that there was a **f** in the
Jer 5:12 Nor shall we see sword or **f**.
Amos 8:11 Not a **f** of bread, Nor a
Luke 4:25 and there was a great **f**
Rom 8:35 or persecution, or **f**,

FAMINES (*see* FAMINE)
Matt 24: 7 kingdom. And there will be **f**,

FAN
Jer 15: 7 them with a winnowing **f** in
Matt 3:12 His winnowing **f** is in His

FANGS
Job 29:17 I broke the **f** of the wicked,

FAREWELL
Luke 9:61 me first go and bid them **f**
2Co 13:11 Finally, brethren, **f**.

FARMER
Gen 9:20 And Noah began to be a **f**,
2Ti 2: 6 The hard-working **f** must be
Jas 5: 7 See how the **f** waits for the

FAST (*see* FASTED, FASTING)
Deut 4: 4 But you who held **f** to the
Judg 4:21 for he was **f** asleep and
1Ki 21: 9 saying, Proclaim a **f**,
Esth 4:16 My maids and I will **f**
Job 2: 3 And still he holds **f** to his
Job 27: 6 My righteousness I hold **f**,
Ps 33: 9 commanded, and it stood **f**.
Ps 111: 8 They stand **f** forever and
Is 56: 4 And hold **f** My covenant,
Is 58: 4 You will not **f** as you do
Is 58: 5 Would you call this a **f**,
Joel 1:14 Consecrate a **f**,
Jon 1: 5 and was **f** asleep.
Jon 3: 5 believed God, proclaimed a **f**,
Zech 8:19 And the **f** of the tenth,
Matt 6:16 "Moreover, when you **f**,
Matt 9:14 do we and the Pharisees **f**
Matt 9:14 but Your disciples do not **f**?
Luke 18:12 I **f** twice a week; I give
Acts 27: 9 now dangerous because the **F**
Acts 27:41 and the prow stuck **f** and
1Co 15: 2 if you hold **f** that word
1Co 16:13 stand **f** in the faith, be
Gal 5: 1 Stand **f** therefore in the
Phil 1:27 that you stand **f** in one
Phil 2:16 holding **f** the word of life,
Phil 4: 1 so stand **f** in the Lord,
Col 2:19 and not holding **f** to the
1Th 5:21 hold **f** what is good.
2Ti 1:13 Hold **f** the pattern of sound
Tit 1: 9 holding **f** the faithful word
Heb 3: 6 house we are if we hold **f**
Heb 4:14 let us hold **f** our
Rev 2:13 And you hold **f** to My name,
Rev 3:11 I am coming quickly! Hold **f**

FASTED (*see* FAST)
Judg 20:26 before the LORD and **f** that
1Sa 31:13 and **f** seven days.
2Sa 12:16 and David **f** and went in and
Ezra 8:23 So we **f** and entreated our God
Is 58: 3 'Why have we **f**,
Matt 4: 2 And when He had **f** forty days
Acts 13: 3 having **f** and prayed, and

FASTING (*see* FAST, FASTINGS)
Ezra 9: 5 sacrifice I arose from my **f**;
Neh 1: 4 I was **f** and praying before
Neh 9: 1 Israel were assembled with **f**,
Ps 35:13 I humbled myself with **f**;
Ps 69:10 chastened my soul with **f**,
Ps 109:24 My knees are weak through **f**,
Jer 36: 6 house on the day of **f**.
Dan 6:18 palace and spent the night **f**;
Dan 9: 3 and supplications, with **f**,
Matt 6:16 may appear to men to be **f**.
Matt 17:21 out except by prayer and **f**.
Mark 2:18 and of the Pharisees were **f**.
Acts 14:23 church, and prayed with **f**,
1Co 7: 5 you may give yourselves to **f**

FASTINGS† (*see* FASTING)
Luke 2:37 but served God with **f** and
2Co 6: 5 in sleeplessness, in **f**;
2Co 11:27 in **f** often, in cold and

FAT (*see* FATNESS, FATTED)
Gen 4: 4 of his flock and of their **f**.
Gen 41: 2 cows, fine looking and **f**;
1Sa 15:22 And to heed than the **f** of
Neh 8:10 "Go your way, eat the **f**,
Ezek 34:16 but I will destroy the **f** and
Ezek 34:20 will judge between the **f**

FATHER (*see* FATHER-IN-LAW, FATHER'S, FATHERLESS, FATHERS)
Gen 2:24 a man shall leave his **f** and
Gen 9:22 saw the nakedness of his **f**,
Gen 11:28 And Haran died before his **f**
Gen 17: 5 for I have made you a **f** of
Gen 19:31 Our **f** is old, and there is
Gen 19:32 the lineage of our **f**.
Gen 19:33 went in and lay with her **f**,
Gen 19:36 were with child by their **f**.
Gen 20:12 She is the daughter of my **f**,
Gen 22: 7 My **f**!" And he said, "Here I
Gen 26: 3 I swore to Abraham your **f**.
Gen 26:24 I am the God of your **f**
Gen 27:38 O my **f**!" And Esau lifted up
Gen 31: 5 but the God of my **f** has been
Gen 31:53 swore by the Fear of his **f**

Gen 37:11 out his f kept the matter
Gen 43: 7 Is your f still alive? Have
Gen 46: 1 to the God of his f Isaac.
Gen 50: 5 let me go up and bury my f,
Gen 50:10 days of mourning for his f.
Ex 3: 6 "I am the God of your f—
Ex 20:12 Honor your f and your
Ex 21:15 And he who strikes his f or
Ex 21:17 And he who curses his f or
Lev 18: 7 The nakedness of your f or
Josh 24: 2 father of Abraham and the f
Josh 24: 3 Then I took your f Abraham
2Sa 7:14 "I will be his F,
1Ki 12:11 my f chastised you with
1Ki 15:26 walked in the way of his f,
2Ki 14: 3 he did everything as his f
2Ki 21:21 served the idols that his f
1Ch 22:10 son, and I will be his F;
1Ch 28: 4 and among the sons of my f,
1Ch 29:10 LORD God of Israel, our F,
2Ch 7:18 covenanted with David your f,
Esth 2: 7 for she had neither f nor
Job 17:14 corruption, 'You are my f,
Job 29:16 I was a f to the poor, And
Job 38:28 Has the rain a f?
Job 42:15 and their f gave them an
Ps 68: 5 A f of the fatherless, a
Ps 89:26 cry to Me, 'You are my F,
Ps 103:13 As a f pities his children,
Prov 1: 8 the instruction of your f,
Prov 3:12 Just as a f the son in
Prov 10: 1 A wise son makes a glad f,
Prov 17:21 And the f of a fool has no
Prov 17:25 son is a grief to his f,
Prov 20:20 Whoever curses his f or his
Prov 28:24 Whoever robs his f or his
Prov 29: 3 loves wisdom makes his f
Prov 30:17 The eye that mocks his f,
Is 8: 4 My f' and 'My mother,' the
Is 9: 6 Mighty God, Everlasting F,
Is 22:21 He shall be a f to the
Is 43:27 Your first f sinned, And
Is 45:10 to him who says to his f,
Is 51: 2 Look to Abraham your f,
Is 58:14 the heritage of Jacob your f.
Is 63:16 Doubtless You are our F,
Is 63:16 You, O LORD, are our F;
Jer 2:27 to a tree, 'You are my f,
Jer 3:19 'You shall call Me, "My F,
Jer 12: 6 the house of your f,
Jer 20:15 Who brought news to my f,
Jer 22:15 Did not your f eat and
Jer 31: 9 For I am a F to Israel,
Ezek 16: 3 your f was an Amorite and
Ezek 16:45 was a Hittite and your f
Ezek 18: 4 The soul of the f As well
Ezek 18:14 all the sins which his f
Ezek 18:17 for the iniquity of his f;
Ezek 18:18 "As for his f,
Ezek 18:19 not bear the guilt of the f?
Ezek 18:20 nor the f bear the guilt of
Dan 5:11 King Nebuchadnezzar your f—
Amos 2: 7 A man and his f go in to
Mic 7: 6 For son dishonors f,

Mal 1: 6 "A son honors his f,
Mal 1: 6 master. If then I am the F,
Mal 2:10 Have we not all one F?
Matt 2:22 over Judea instead of his f
Matt 3: 9 'We have Abraham as our f.
Matt 4:21 boat with Zebedee their f,
Matt 5:16 works and glorify your F in
Matt 6: 4 and your F who sees in
Matt 6: 9 Our F in heaven, Hallowed
Matt 6:26 yet your heavenly F feeds
Matt 7:21 he who does the will of My F
Matt 8:21 me first go and bury my f.
Matt 10:35 a man against his f,
Matt 10:37 He who loves f or mother more
Matt 11:25 and said, "I thank You, F,
Matt 11:26 "Even so, F, for so it
Matt 11:27 knows the Son except the F.
Matt 13:43 in the kingdom of their F.
Matt 15: 4 Honor your f and your
Matt 15: 4 He who curses f or
Matt 16:17 but My F who is in heaven.
Matt 16:27 come in the glory of His F
Matt 19: 5 man shall leave his f
Matt 19:29 or brothers or sisters or f
Matt 23: 9 call anyone on earth your f;
Matt 23: 9 father; for One is your F,
Matt 25:34 'Come, you blessed of My F,'
Matt 28:19 them in the name of the F
Mark 13:32 nor the Son, but only the F.
Mark 14:36 And He said, "Abba, F,
Luke 1:32 give Him the throne of His f
Luke 2:48 Your f and I have sought You
Luke 3: 8 'We have Abraham as our f.
Luke 9:59 me first go and bury my f.
Luke 15:18 'I will arise and go to my f,
Luke 15:27 your f has killed the fatted
Luke 16:24 F Abraham, have mercy on me,
Luke 18:20 Honor your f and your
Luke 23:34 Then Jesus said, "F,
Luke 24:49 I send the Promise of My F
John 1:14 the only begotten of the F,
John 1:18 who is in the bosom of the F,
John 3:35 The F loves the Son, and has
John 4:23 will worship the F in
John 5:17 My F has been working until
John 5:30 will but the will of the F
John 5:36 that the F has sent Me.
John 5:45 I shall accuse you to the F;
John 6:44 can come to Me unless the F
John 8:39 to Him, "Abraham is our f.
John 8:44 You are of your f the devil,
John 8:44 for he is a liar and the f
John 8:56 Your f Abraham rejoiced to
John 10:15 Me, even so I know the F;
John 10:30 I and My F are one."
John 11:41 up His eyes and said, "F,
John 13: 1 from this world to the F,
John 14: 6 No one comes to the F except
John 14: 8 Him, "Lord, show us the F,
John 14: 9 has seen Me has seen the F;
John 14:12 do, because I go to My F.
John 14:16 "And I will pray the F,
John 14:28 for My F is greater than I.
John 15: 1 and My F is the vinedresser.

F

John 15: 8 By this My **F** is glorified,
John 15:16 that whatever you ask the **F**
John 15:23 He who hates Me hates My **F**
John 15:26 who proceeds from the **F**,
John 16:23 whatever you ask the **F** in My
John 16:28 I came forth from the **F** and
John 17: 1 to heaven, and said: "**F**,
John 17:21 all may be one, as You, **F**,
John 18:11 not drink the cup which My **F**
John 20:17 to My Father and your **F**,
John 20:21 Peace to you! As the **F** has
Acts 1: 4 for the Promise of the **F**,
Rom 1: 7 you and peace from God our **F**
Rom 6: 4 dead by the glory of the **F**,
Rom 8:15 whom we cry out, "Abba, **F**.
Rom 15: 6 mouth glorify the God and **F**
1Co 8: 6 us there is one God, the **F**,
2Co 1: 3 the **F** of mercies and God of
Eph 1:17 the **F** of glory, may give to
Eph 2:18 by one Spirit to the **F**.
Eph 4: 6 one God and **F** of all, who is
Phil 2:11 to the glory of God the **F**.
Col 3:17 giving thanks to God the **F**
Heb 1: 5 will be to Him a **F**,
Heb 7: 3 without **f**, without mother,
Heb 12: 9 be in subjection to the **F**
Jas 1:17 and comes down from the **F** of
Jas 1:27 before God and the **F** is
1Pe 1: 2 foreknowledge of God the **F**,
1Jn 1: 2 life which was with the **F**
1Jn 1: 3 fellowship is with the **F**
1Jn 2: 1 have an Advocate with the **F**,
1Jn 2:15 the love of the **F** is not in
1Jn 3: 1 what manner of love the **F**
1Jn 5: 7 witness in heaven: the **F**,

FATHER-IN-LAW (*see* FATHER)

Ex 3: 1 the flock of Jethro his **f**,
Ex 18: 1 priest of Midian, Moses' **f**,
John 18:13 for he was the **f** of Caiaphas

FATHER'S (*see* FATHER)

Gen 12: 1 your family And from your **f**
1Ki 12:10 shall be thicker than my **f**
Prov 4: 3 When I was my **f** son, Tender
Prov 13: 1 A wise son heeds his **f**
Luke 2:49 that I must be about My **F**
John 10:29 to snatch them out of My **F**
John 14: 2 In My **F** house are many
John 15:10 just as I have kept My **F**
1Co 5: 1 that a man has his **f** wife!
Rev 14: 1 having His **F** name written on

FATHERLESS (*see* FATHER)

Ex 22:22 not afflict any widow or **f**
Ex 22:24 widows, and your children **f**.
Deut 10:18 justice for the **f** and the
Deut 14:29 and the stranger and the **f**
Ps 10:14 You are the helper of the **f**.
Ps 68: 5 A father of the **f**,
Is 1:17 the oppressor; Defend the **f**,
Hos 14: 3 For in You the **f** finds
Zech 7:10 oppress the widow or the **f**,

FATHERS (*see* FATHER)

Gen 15:15 you shall go to your **f** in
Gen 49:29 bury me with my **f** in the
Ex 3:13 The God of your **f** has sent me
Ex 20: 5 the iniquity of the **f** on
Num 20:15 how our **f** went down to Egypt.
Deut 4: 1 the LORD God of your **f** is
Deut 24:16 **F** shall not be put to death
Deut 31:16 you will rest with your **f**;
Josh 4:21 your children ask their **f**
Judg 2:10 had been gathered to their **f**,
2Sa 7:12 and you rest with your **f**,
1Ki 2:10 So David rested with his **f**,
2Ch 25: 4 be put to death for their **f**;
2Ch 26:23 they buried him with his **f**
Neh 9: 9 saw the affliction of our **f**
Ps 22: 4 Our **f** trusted in You; They
Ps 78: 3 And our **f** have told us.
Jer 31:29 The **f** have eaten sour grapes,
Jer 34:14 But your **f** did not obey Me
Jer 44: 3 they nor you nor your **f**.
Jer 44: 9 the wickedness of your **f**,
Jer 50: 7 LORD, the hope of their **f**.
Lam 5: 7 Our **f** sinned and are no
Ezek 5:10 and sons shall eat their **f**;
Ezek 18: 2 The **f** have eaten sour grapes,
Ezek 20: 4 the abominations of their **f**.
Dan 2:23 praise You, O God of my **f**;
Dan 11:38 and a god which his **f** did
Amos 2: 4 Lies which their **f**
Mic 7:20 You have sworn to our **f**
Zech 1: 2 been very angry with your **f**.
Zech 8:14 to punish you When your **f**
Mal 2:10 the covenant of the **f**?
Mal 4: 6 turn The hearts of the **f**
Matt 23:30 lived in the days of our **f**,
Luke 1:17 the hearts of the **f**
Luke 1:55 As He spoke to our **f**,
Luke 1:72 the mercy promised to our **f**
John 4:20 Our **f** worshiped on this
John 6:31 Our **f** ate the manna in the
Acts 5:30 The God of our **f** raised up
Acts 7: 2 he said, "Brethren and **f**,
Acts 7:32 am the God of your **f**—
Acts 7:44 Our **f** had the tabernacle of
Acts 15:10 which neither our **f** nor we
Acts 22: 1 "Brethren and **f**,
Acts 26: 6 promise made by God to our **f**.
Acts 28:17 or the customs of our **f**,
Rom 9: 5 of whom are the **f** and from
Rom 11:28 for the sake of the **f**.
Rom 15: 8 the promises made to the **f**,
1Co 4:15 you do not have many **f**;
1Co 10: 1 to be unaware that all our **f**
Gal 1:14 for the traditions of my **f**.
Eph 6: 4 And you, **f**, do not provoke
1Ti 1: 9 for murderers of **f** and
Heb 1: 1 spoke in time past to the **f**
Heb 3: 9 Where your **f** tested Me,
Heb 12: 9 we have had human **f** who
2Pe 3: 4 For since the **f** fell asleep,
1Jn 2:13 I write to you, **f**,

FATLING†
Is 11: 6 and the young lion and the **f**

FATNESS (*see* FAT)
Gen 27:28 Of the **f** of the earth, And

FATTED (*see* FAT)
Luke 15:27 your father has killed the **f**

FAULT (*see* FAULTLESS, FAULTS)
1Sa 29: 3 this day I have found no **f**
Mark 7: 2 unwashed hands, they found **f**.
Luke 23: 4 I find no **f** in this Man."
Rom 9:19 "Why does He still find **f**?
Phil 2:15 children of God without **f** in
Rev 14: 5 for they are without **f**

FAULTLESS (*see* FAULT)
Jude 24 And to present you **f**

FAULTS (*see* FAULT)
Gen 41: 9 I remember my **f** this day.
Ps 19:12 Cleanse me from secret **f**.

FAVOR (*see* FAVORED, FAVORITISM)
Gen 18: 3 if I have now found **f** in
Gen 39: 4 So Joseph found **f** in his
Deut 28:50 the elderly nor show **f** to
Ruth 2: 2 in whose sight I may find **f**.
1Sa 2:26 and in **f** both with the LORD
Esth 2:15 And Esther obtained **f** in the
Prov 3: 4 And so find **f** and high
Prov 8:35 And obtains **f** from the
Prov 11:27 earnestly seeks good finds **f**,
Prov 12: 2 A good man obtains **f** from
Luke 1:30 for you have found **f** with
Luke 2:52 and in **f** with God and men.
Acts 2:47 praising God and having **f**

FAVORED (*see* FAVOR)
Luke 1:28 highly **f** one, the Lord is

FAVORITISM† (*see* FAVOR)
Luke 20:21 You do not show personal **f**,
Gal 2: 6 God shows personal **f** to no

FEAR (*see* FEARED, FEARFUL, FEARING, FEARS)
Gen 9: 2 And the **f** of you and the
Gen 20:11 surely the **f** of God is not
Gen 21:17 **F** not, for God has heard the
Gen 22:12 for now I know that you **f**
Gen 31:42 God of Abraham and the **F** of
Lev 19:14 but shall **f** your God: I am
Deut 2:25 to put the dread and **f** of
Deut 4:10 that they may learn to **f** Me
Deut 6:13 You shall **f** the LORD your
Deut 28:66 you shall **f** day and night,
Deut 31: 8 do not **f** nor be dismayed."
Josh 24:14 **f** the LORD, serve Him in
1Sa 11: 7 And the **f** of the LORD
1Sa 12:24 Only **f** the LORD, and serve
2Ch 17:10 And the **f** of the LORD fell
Esth 8:17 because **f** of the Jews fell
Job 1: 9 Does Job **f** God for nothing?
Job 4:14 **F** came upon me, and
Job 6:14 though he forsakes the **f** of
Job 15: 4 Yes, you cast off **f**,
Job 21: 9 houses are safe from **f**,
Job 25: 2 Dominion and **f** belong to
Job 28:28 the **f** of the Lord, that is
Job 39:22 He mocks at **f**,
Ps 2:11 Serve the LORD with **f**,
Ps 15: 4 But he honors those who **f**
Ps 19: 9 The **f** of the LORD is
Ps 22:23 And **f** Him, all you
Ps 22:25 My vows before those who **f**
Ps 23: 4 I will **f** no evil; For You
Ps 25:14 LORD is with those who **f**
Ps 27: 1 salvation; Whom shall I **f**?
Ps 27: 3 me, My heart shall not **f**;
Ps 31:13 **F** is on every side; While
Ps 33: 8 Let all the earth **f** the
Ps 34: 7 all around those who **f** Him,
Ps 34: 9 is no want to those who **f**
Ps 34:11 I will teach you the **f** of
Ps 36: 1 There is no **f** of God
Ps 40: 3 Many will see it and **f**,
Ps 46: 2 Therefore we will not **f**,
Ps 52: 6 also shall see and **f**,
Ps 53: 5 in great fear Where no **f**
Ps 55:19 Therefore they do not **f**
Ps 60: 4 a banner to those who **f** You,
Ps 64: 1 Preserve my life from **f** of
Ps 67: 7 ends of the earth shall **f**
Ps 85: 9 is near to those who **f** Him,
Ps 86:11 Unite my heart to **f** Your
Ps 103:11 His mercy toward those who **f**
Ps 111:10 The **f** of the LORD is the
Ps 118: 4 Let those who **f** the LORD
Prov 1: 7 The **f** of the LORD is the
Prov 2: 5 you will understand the **f**
Prov 9:10 The **f** of the LORD is the
Prov 24:21 **f** the LORD and the king;
Is 7: 4 do not **f** or be fainthearted
Is 24:17 **F** and the pit and the snare
Is 41:10 **F** not, for I am with you
Is 43: 1 **F** not, for I have redeemed
Is 44: 2 **F** not, O Jacob My servant;
Is 44: 8 Do not **f**, nor be afraid;
Jer 2:19 And the **f** of Me is not in
Jer 6:25 **F** is on every side.
Jer 48:43 **F** and the pit and the snare
Dan 10:12 he said to me, "Do not **f**,
Dan 10:19 **f** not! Peace be to you; be
Amos 3: 8 has roared! Who will not **f**?
Matt 10:28 But rather **f** Him who is able
Luke 1:12 and **f** fell upon him.
Luke 1:50 His mercy is on those who **f**
Luke 1:74 Might serve Him without **f**,
Luke 12:32 "Do not **f**, little flock,
Luke 21:26 hearts failing them from **f**
Luke 23:40 Do you not even **f** God, seeing
John 12:15 **F** not, daughter of Zion;
John 20:19 for **f** of the Jews, Jesus
Acts 5: 5 So great **f** came upon all
Rom 3:18 There is no **f** of God

Rom 8:15 spirit of bondage again to f,
Rom 13: 7 whom customs, fear to whom f,
2Co 7: 1 holiness in the f of God.
Phil 1:14 to speak the word without f.
Phil 2:12 your own salvation with f
2Ti 1: 7 not given us a spirit of f,
Heb 5: 7 heard because of His godly f,
Heb 11: 7 yet seen, moved with godly f,
Heb 13: 6 helper; I will not f.
1Pe 2:17 F God. Honor the king.
1Pe 2:18 to your masters with all f,
1Jn 4:18 but perfect love casts out f,
Rev 11:11 and great f fell on those
Rev 11:18 And those who f Your name,
Rev 14: 7 F God and give glory to Him

FEARED (*see* FEAR)
Ex 1:17 But the midwives f God, and
Ex 14:31 so the people f the LORD,
2Ki 17:33 They f the LORD, yet served
Job 1: 1 and one who f God and
Ps 96: 4 He is to be f above all
Mark 6:20 for Herod f John, knowing
Luke 19:21 For I f you, because you are
Acts 10: 2 a devout man and one who f

FEARFUL (*see* FEAR, FEARFULLY)
Heb 10:27 but a certain f expectation
Heb 10:31 It is a f thing to fall into

FEARFULLY (*see* FEARFUL)
Ps 139:14 for I am f and wonderfully

FEARING (*see* FEAR)
Col 3:22 sincerity of heart, f God.

FEARS (*see* FEAR)
Job 1: 8 one who f God and shuns
Ps 34: 4 delivered me from all my f.
Ps 128: 1 is every one who f the
Prov 31:30 But a woman who f the
Acts 10:22 one who f God and has a good
Acts 10:35 in every nation whoever f

FEAST (*see* FEASTING, FEASTS)
Gen 19: 3 house. Then he made them a f,
Ex 5: 1 that they may hold a f to Me
Ex 12:17 you shall observe the F
Ex 23:16 and the F of Harvest, the
Ex 23:16 and the F of Ingathering at
Deut 16:16 and at the F of Tabernacles;
Job 1: 4 his sons would go and f in
Dan 5: 1 the king made a great f for
Hos 2:11 Her f days, Her New Moons,
Amos 5:21 I despise your f days, And
Mark 6:21 on his birthday gave a f
Mark 14: 1 the Passover and the F of
Luke 2:41 every year at the F of the
Luke 14: 8 by anyone to a wedding f
Luke 23:17 one to them at the f).
John 2: 8 it to the master of the f.
John 4:45 they also had gone to the f.
John 5: 1 After this there was a f of
John 7: 8 not yet going up to this f,
John 7:37 that great day of the f,
John 13: 1 Now before the f of the
Acts 18:21 means keep this coming f in
1Co 5: 8 Therefore let us keep the f,
2Pe 2:13 own deceptions while they f

FEASTING (*see* FEAST)
Esth 9:19 of Adar with gladness and f,
Job 1: 5 when the days of f had run
Prov 17: 1 Than a house full of f
Jer 16: 8 not go into the house of f
Hab 3:14 Their rejoicing was like f

FEASTS (*see* FEAST)
2Ch 8:13 the three appointed yearly f—
Mal 2: 3 The refuse of your solemn f;
Matt 23: 6 love the best places at f,
Jude 12 are spots in your love f,

FEATHERS
Ps 91: 4 shall cover you with His f,
Dan 4:33 had grown like eagles' f

FED (*see* FEED)
Deut 8: 3 and f you with manna which
Ezek 34: 8 but the shepherds f
Dan 5:21 They f him with grass like
Mark 5:14 So those who f the swine
1Co 3: 2 I f you with milk and not

FEEBLE
Is 35: 3 And make firm the f knees.
Heb 12:12 and the f knees,

FEED (*see* FED, FEEDING FEEDS)
1Ki 17: 4 commanded the ravens to f
Song 4: 5 Which f among the lilies.
Is 40:11 He will f His flock like a
Is 65:25 wolf and the lamb shall f
Ezek 34:16 and f them in judgment."
Matt 25:37 did we see You hungry and f
John 21:15 F My lambs."
John 21:17 F My sheep.
Rom 12:20 f him; If he is
1Co 13: 3 I bestow all my goods to f

FEEDING (*see* FEED)
Gen 37: 2 was f the flock with his
Matt 8:30 was a herd of many swine f.

FEEDS (*see* FEED)
Hos 12: 1 Ephraim f on the wind, And
Matt 6:26 yet your heavenly Father f

FEEL
Gen 27:12 Perhaps my father will f me,
Judg 16:26 Let me f the pillars which

FEET (*see* FOOT)
Gen 18: 4 be brought, and wash your f,
Gen 49:10 lawgiver from between his f,
Gen 49:33 he drew his f up into the
Ex 3: 5 Take your sandals off your f,
Ex 4:25 and cast it at Moses' f,

Josh 3:13 soon as the soles of the **f**
Josh 9: 5 patched sandals on their **f**,
Ruth 3: 8 a woman was lying at his **f**.
2Sa 4: 4 son who was lame in his **f**.
2Sa 4:12 cut off their hands and **f**,
1Ki 15:23 age he was diseased in his **f**.
Neh 9:21 not wear out And their **f**
Job 13:27 You put my **f** in the stocks,
Job 29:15 And I was **f** to the lame.
Ps 8: 6 put all things under his **f**,
Ps 22:16 pierced My hands and My **f**;
Ps 40: 2 And set my **f** upon a rock,
Ps 56:13 Have You not kept my **f**
Ps 66: 9 And does not allow our **f** to
Ps 73: 2 my **f** had almost stumbled;
Ps 115: 7 **F** they have, but they do
Ps 116: 8 And my **f** from falling.
Ps 119:101 I have restrained my **f** from
Ps 119:105 word is a lamp to my **f**
Prov 1:16 For their **f** run to evil,
Prov 5: 5 Her **f** go down to death, Her
Is 6: 2 with two he covered his **f**,
Is 52: 7 the mountains Are the **f** of
Dan 2:33 its **f** partly of iron and
Dan 7: 4 and made to stand on two **f**
Nah 1:15 on the mountains The **f** of
Zech 14: 4 And in that day His **f** will
Matt 10:14 off the dust from your **f**.
Matt 15:30 laid them down at Jesus' **f**,
Matt 18: 8 having two hands or two **f**,
Matt 18:29 servant fell down at his **f**
Matt 28: 9 came and held Him by the **f**
Mark 7:25 she came and fell at His **f**.
Mark 9:45 rather than having two **f**,
Luke 1:79 To guide our **f** into the way
Luke 7:38 and she began to wash His **f**
Luke 7:38 and she kissed His **f** and
Luke 8:35 sitting at the **f** of Jesus,
Luke 24:39 "Behold My hands and My **f**,
John 13: 5 to wash the disciples' **f**,
John 13: 9 not my **f** only, but also my
John 13:14 to wash one another's **f**.
John 20:12 head and the other at the **f**,
Acts 4:35 them at the apostles' **f**;
Acts 7:58 down their clothes at the **f**
Acts 13:25 the sandals of whose **f** I am
Acts 22: 3 up in this city at the **f** of
Rom 3:15 Their **f** are swift to
Rom 10:15 beautiful are the **f**
Rom 16:20 crush Satan under your **f**
1Co 12:21 nor again the head to the **f**,
1Co 15:27 all things under His **f**.
Eph 6:15 and having shod your **f** with
1Ti 5:10 she has washed the saints' **f**,
Heb 2: 8 subjection under his **f**.
Heb 12:13 straight paths for your **f**,
Rev 1:15 His **f** were like fine brass,
Rev 1:17 I fell at His **f** as dead. But
Rev 10: 1 and his **f** like pillars of
Rev 12: 1 with the moon under her **f**,
Rev 13: 2 his feet were like the **f**

FEIGNED†
1Sa 21:13 **f** madness in their hands,

FELIX
Acts 23:26 most excellent governor **F**:

FELL (*see* FALL)
Gen 4: 5 angry, and his countenance **f**.
Gen 17: 3 Then Abram **f** on his face, and
Gen 33: 4 and **f** on his neck and kissed
1Ki 18:38 the fire of the LORD **f** and
Ps 27: 2 foes, They stumbled and **f**.
Matt 2:11 and **f** down and worshiped
Matt 7:27 beat on that house; and it **f**.
Matt 13: 4 some seed **f** by the wayside;
Matt 13: 5 Some **f** on stony places, where
Luke 10:30 and **f** among thieves, who
Acts 10:44 the Holy Spirit **f** upon all
Acts 12: 7 quickly!" And his chains **f**
Acts 19:17 and fear **f** on them all, and
1Ti 2:14 **f** into transgression.
Rev 1:17 I **f** at His feet as dead. But
Rev 6:13 And the stars of heaven **f** to
Rev 16:21 And great hail from heaven **f**

FELLOW (*see* FELLOWSHIP)
1Sa 21:15 Shall this **f** come into my
Matt 26:71 This **f** also was with Jesus
John 9:29 to Moses; as for this **f**,
John 11:16 said to his **f** disciples,
Rom 16: 3 my **f** workers in Christ
1Co 3: 9 For we are God's **f** workers;
Eph 2:19 but **f** citizens with the
Phil 2:25 **f** worker, and fellow
Phil 2:25 and **f** soldier, but your
1Th 3: 2 and our **f** laborer in the
Phm 1: 1 our beloved friend and **f**
1Pe 5: 1 I who am a **f** elder and a

FELLOWSHIP (*see* FELLOW)
Acts 2:42 the apostles' doctrine and **f**,
1Co 1: 9 you were called into the **f**
1Co 10:20 I do not want you to have **f**
2Co 6:14 For what **f** has righteousness
Gal 2: 9 Barnabas the right hand of **f**,
Eph 3: 9 make all see what is the **f**
Eph 5:11 And have no **f** with the
Phil 1: 5 for your **f** in the gospel from
Phil 2: 1 if any **f** of the Spirit, if
Phil 3:10 and the **f** of His sufferings,
1Jn 1: 3 and truly our **f** is with the
1Jn 1: 6 If we say that we have **f** with
1Jn 1: 7 we have **f** with one another,

FEMALE (*see* MAIDSERVANT, MAIDSERVANTS)
Gen 1:27 male and **f** He created them.
Gen 7: 2 unclean, a male and his **f**;
Ex 20:10 nor your **f** servant, nor your
Matt 19: 4 'made them male and **f**,
Gal 3:28 there is neither male nor **f**;

FERVENT (*see* FERVENTLY)
Prov 26:23 **F** lips with a wicked heart
Luke 22:15 With **f** desire I have desired
Rom 12:11 **f** in spirit, serving the
Jas 5:16 **f** prayer of a righteous man

F

1Pe 4: 8 And above all things have **f**
2Pe 3:10 elements will melt with **f**

FERVENTLY† (*see* FERVENT)
Col 4:12 always laboring **f** for you in
1Pe 1:22 love one another **f** with a

FESTUS
Acts 24:27 after two years Porcius **F**

FEVER
Matt 8:14 mother lying sick with a **f**.
John 4:52 at the seventh hour the **f**

FIELD (*see* FIELDS)
Gen 2: 5 and before any herb of the **f**
Gen 2:19 formed every beast of the **f**
Gen 4: 8 when they were in the **f**,
Gen 25:27 hunter, a man of the **f**;
Ruth 2: 3 went and gleaned in the **f**
Ruth 2: 3 to come to the part of the **f**
Ruth 4: 5 On the day you buy the **f** from
1Sa 4: 2 men of the army in the **f**.
1Sa 20:24 Then David hid in the **f**.
2Sa 2:16 that place was called the **F**
2Sa 14:30 servants set the **f** on fire.
2Ki 18:17 highway to the Fuller's **F**.
Job 5:23 And the beasts of the **f**
Ps 78:12 in the **f** of Zoan.
Ps 96:12 Let the **f** be joyful, and all
Ps 103:15 grass; As a flower of the **f**,
Prov 31:16 She considers a **f** and buys
Song 7:11 Let us go forth to the **f**;
Is 5: 8 They add **f** to field, Till
Is 29:17 And the fruitful **f** be
Is 37:27 were as the grass of the **f**
Is 40: 6 is like the flower of the **f**.
Is 55:12 And all the trees of the **f**
Jer 26:18 shall be plowed like a **f**,
Jer 32: 7 Buy my **f** which is in
Ezek 17: 5 planted it in a fertile **f**;
Ezek 34:27 Then the trees of the **f** shall
Dan 4:25 be with the beasts of the **f**,
Hos 10: 4 in the furrows of the **f**.
Mic 3:12 shall be plowed like a **f**,
Matt 6:28 Consider the lilies of the **f**,
Matt 6:30 clothes the grass of the **f**,
Matt 13:24 who sowed good seed in his **f**;
Matt 13:36 of the tares of the **f**.
Matt 13:38 The **f** is the world, the good
Matt 13:44 that he has and buys that **f**.
Matt 24:40 two men will be in the **f**:
Matt 27: 7 with them the potter's **f**,
Matt 27: 8 field has been called the **F**
Luke 15:25 his older son was in the **f**.
Acts 1:19 that is, **F** of Blood.)
1Co 3: 9 workers; you are God's **f**,
Jas 1:10 as a flower of the **f** he

FIELDS (*see* FIELD)
Jer 32:43 And **f** will be bought in this
Luke 2: 8 living out in the **f**,
John 4:35 your eyes and look at the **f**,

FIERCE
Gen 49: 7 their anger, for it is **f**;
Ex 32:12 Turn from Your **f** wrath, and
Judg 20:34 Gibeah, and the battle was **f**.
Is 13:13 And in the day of His **f**

FIERY (*see* FIRE)
Num 21: 6 So the LORD sent **f** serpents
Ps 7:13 He makes His arrows into **f**
Eph 6:16 be able to quench all the **f**
Heb 10:27 and **f** indignation which will
1Pe 4:12 it strange concerning the **f**
Rev 12: 3 **f** red dragon having seven

FIFTEEN (*see* FIFTEENTH)
Gen 7:20 The waters prevailed **f** cubits
2Ki 20: 6 I will add to your days **f**

FIFTEENTH (*see* FIFTEEN)
Ex 16: 1 on the **f** day of the second
Luke 3: 1 Now in the **f** year of the

FIFTH (*see* FIVE)
Gen 1:23 and the morning were the **f**
Lev 19:25 And in the **f** year you may eat

FIFTIES (*see* FIFTY)
Ex 18:21 of hundreds, rulers of **f**,

FIFTY (*see* FIFTIES)
Gen 6:15 its width **f** cubits, and its
Gen 18:24 Suppose there were **f**
Lev 23:16 Count **f** days to the day after
Num 4: 3 even to **f** years old, all who
John 8:57 You are not yet **f** years old,

FIG (*see* FIGS)
Gen 3: 7 and they sewed **f** leaves
Deut 8: 8 of vines and **f** trees and
Judg 9:10 the trees said to the **f**
Mic 4: 4 his vine and under his **f**
Hab 3:17 Though the **f** tree may not
Matt 21:20 How did the **f** tree wither
Matt 24:32 this parable from the **f**
John 1:50 I saw you under the **f** tree,'

FIGHT (*see* FIGHTING, FIGHTS, FOUGHT)
Ex 1:10 also join our enemies and **f**
Ex 14:14 The LORD will **f** for you, and
Deut 25:11 If two men **f** together, and
1Sa 18:17 and **f** the LORD's battles."
2Ch 13:12 do not **f** against the LORD
Neh 4:20 Our God will **f** for us."
Jer 1:19 They will **f** against you,
Jer 15:20 And they will **f** against
John 18:36 world, My servants would **f**,
Acts 5:39 you even be found to **f**
1Co 9:26 with uncertainty. Thus I **f**:
1Ti 6:12 **F** the good fight of faith,
2Ti 4: 7 I have fought the good **f**,
Jas 4: 2 You **f** and war. Yet you do
Rev 2:16 to you quickly and will **f**

FIGHTING (*see* FIGHT)
Ex 2:13 two Hebrew men were **f**,
Acts 7:26 two of them as they were **f**,

FIGHTS (*see* FIGHT)
Ex 14:25 for the LORD **f** for them
Josh 23:10 LORD your God is He who **f**
Jas 4: 1 Where do wars and **f** come

FIGS (*see* FIG)
2Ki 20: 7 said, "Take a lump of **f**.
Song 2:13 tree puts forth her green **f**,
Jer 24: 2 One basket had very good **f**,
Jer 24: 5 Israel: 'Like these good **f**,
Jer 29:17 will make them like rotten **f**
Mark 11:13 it was not the season for **f**.
Luke 6:44 For men do not gather **f**
Jas 3:12 or a grapevine bear **f**?
Rev 6:13 a fig tree drops its late **f**

FIGURATIVE (*see* FIGURE)
John 16:25 I have spoken to you in **f**
Heb 11:19 he also received him in a **f**

FIGURE† (*see* FIGURATIVE)
Deut 4:16 image in the form of any **f**:
Is 44:13 And makes it like the **f** of
John 16:29 and using no **f** of speech!

FILL (*see* FILLED, FILLS, FULL)
Gen 1:22 and **f** the waters in the
Gen 1:28 **f** the earth and subdue it;
Gen 9: 1 and **f** the earth.
1Ki 18:33 **F** four waterpots with water,
Prov 7:18 let us take our **f** of love
Jer 23:24 Do I not **f** heaven and
John 2: 7 **F** the waterpots with water."
Rom 15:13 Now may the God of hope **f** you
Eph 4:10 that He might **f** all things.)
Col 1:24 and **f** up in my flesh what is

FILLED (*see* FILL)
Gen 6:11 and the earth was **f** with
Gen 24:16 **f** her pitcher, and came up.
Ex 1: 7 and the land was **f** with
Num 14:21 all the earth shall be **f**
Deut 11:15 that you may eat and be **f**.
1Ki 18:35 and he also **f** the trench
Neh 9:25 So they ate and were **f** and
Ps 72:19 let the whole earth be **f**
Ps 78:29 So they ate and were well **f**,
Ps 126: 2 Then our mouth was **f** with
Prov 3:10 So your barns will be **f** with
Eccl 1: 8 Nor the ear **f** with hearing.
Is 6: 1 and the train of His robe **f**
Is 6: 4 and the house was **f** with
Jer 15:17 For You have **f** me with
Ezek 43: 5 the glory of the LORD **f** the
Dan 2:35 a great mountain and **f** the
Hab 2:14 For the earth will be **f**
Matt 5: 6 For they shall be **f**.
Matt 14:20 So they all ate and were **f**,
Luke 1:15 He will also be **f** with the
Luke 1:41 and Elizabeth was **f** with the
Luke 1:53 He has **f** the hungry with
Luke 1:67 his father Zacharias was **f**
Luke 2:40 **f** with wisdom; and the grace
Luke 6:21 now, For you shall be **f**.
John 2: 7 And they **f** them up to the
John 6:13 and **f** twelve baskets with
John 6:26 ate of the loaves and were **f**.
John 16: 6 sorrow has **f** your heart.
Acts 2: 2 and it **f** the whole house
Acts 2: 4 And they were all **f** with the
Acts 3:10 and they were **f** with wonder
Acts 5: 3 why has Satan **f** your heart
Acts 5:17 and they were **f** with
Acts 5:28 you have **f** Jerusalem with
Acts 13: 9 **f** with the Holy Spirit,
Acts 13:45 they were **f** with envy; and
Acts 13:52 And the disciples were **f** with
Rom 1:29 being **f** with all
Rom 15:14 **f** with all knowledge, able
Eph 3:19 that you may be **f** with all
Phil 1:11 being **f** with the fruits of
Jas 2:16 in peace, be warmed and **f**,
Rev 15: 8 The temple was **f** with smoke

FILLS (*see* FILL)
Ps 107: 9 And **f** the hungry soul with
Eph 1:23 the fullness of Him who **f**

FILTHY
Is 64: 6 righteousnesses are like **f**
Col 3: 8 **f** language out of your
Rev 22:11 be unjust still; he who is **f**,

FINALLY
2Co 13:11 **F**, brethren, farewell.
Eph 6:10 **F**, my brethren, be strong
Phil 4: 8 **F**, brethren, whatever
2Th 3: 1 **F**, brethren, pray for us,
2Ti 4: 8 **F**, there is laid up for me

FIND (*see* FINDING, FINDS, FOUND)
Gen 18:26 If I **f** in Sodom fifty
Gen 33:15 Let me **f** favor in the sight
Gen 34:11 Let me **f** favor in your eyes,
Num 32:23 and be sure your sin will **f**
Deut 4:29 and you will **f** Him if you
Ps 132: 5 Until I **f** a place for the
Prov 2: 5 And **f** the knowledge of God.
Prov 8: 9 And right to those who **f**
Prov 8:17 seek me diligently will **f**
Prov 14: 6 wisdom and does not **f** it,
Prov 19: 8 keeps understanding will **f**
Prov 20: 6 But who can **f** a faithful
Prov 31:10 Who can **f** a virtuous wife?
Eccl 3:11 except that no one can **f** out
Song 3: 1 but I did not **f** him.
Song 5: 8 If you **f** my beloved, That
Is 41:12 shall seek them and not **f**
Jer 29:13 And you will seek Me and **f**
Matt 7: 7 to you; seek, and you will **f**;
Matt 7:14 and there are few who **f** it.
Matt 10:39 his life for My sake will **f**
Matt 11:29 and you will **f** rest for your

F

Mark 13:36 he f you sleeping.
Luke 2:12 You will f a Babe wrapped in
Luke 2:45 So when they did not f Him,
Luke 12:43 whom his master will f so
Luke 13: 7 on this fig tree and f none.
Luke 18: 8 will He really f faith on
Luke 23: 4 I f no fault in this Man."
Luke 24:23 When they did not f His body,
John 7:34 You will seek Me and not f
John 10: 9 and will go in and out and f
John 21: 6 and you will f some." So
Acts 5:22 officers came and did not f
Acts 7:46 before God and asked to f a
Acts 17: 6 But when they did not f them,
Acts 17:11 the Scriptures daily to f
Acts 17:27 might grope for Him and f
Acts 23: 9 We f no evil in this man; but
Rom 7:18 what is good I do not f.
Rom 9:19 Why does He still f fault?
2Co 9: 4 come with me and f you
Heb 4:16 we may obtain mercy and f
Rev 9: 6 seek death and will not f

FINDING (*see* FIND)
Gen 4:15 lest anyone f him should
Rom 11:33 and His ways past f out!

FINDS (*see* FIND)
Gen 4:14 happen that anyone who f
Num 35:27 and the avenger of blood f
Prov 3:13 Happy is the man who f
Prov 8:35 For whoever f me finds life,
Prov 18:22 He who finds a wife f a
Eccl 9:10 Whatever your hand f to do,
Hos 14: 3 For in You the fatherless f
Matt 7: 8 receives, and he who seeks f,
Matt 10:39 He who f his life will lose
Matt 12:44 he f it empty, swept, and
Luke 15: 4 which is lost until he f it?

FINE
Gen 41:42 him in garments of f linen
Num 6:15 cakes of f flour mixed with
Ps 19:10 than much f gold; Sweeter
Prov 31:22 Her clothing is f linen
Jas 2: 2 in f apparel, and there
Rev 1:15 His feet were like f brass,
Rev 19:14 clothed in f linen, white

FINGER (*see* FINGERS)
Ex 8:19 This is the f of God." But
Ex 31:18 written with the f of God.
Lev 4: 6 The priest shall dip his f in
Lev 16:14 some of the blood with his f
1Ki 12:10 My little f shall be thicker
Luke 11:20 I cast out demons with the f
Luke 16:24 he may dip the tip of his f
John 8: 6 on the ground with His f,
John 20:25 and put my f into the print

FINGERS (*see* FINGER)
2Sa 21:20 who had six f on each hand
Ps 8: 3 heavens, the work of Your f,
Prov 7: 3 Bind them on your f;

Dan 5: 5 In the same hour the f of a
Dan 5:24 Then the f of the hand were
Matt 23: 4 them with one of their f.
Mark 7:33 and put His f in his ears,

FINISH (*see* FINISHED, FINISHER)
Ps 90: 9 We f our years like a sigh.
Dan 9:24 To f the transgression, To
Zech 4: 9 His hands shall also f it.
Luke 14:30 build and was not able to f.
John 4:34 and to f His work.
Acts 20:24 so that I may f my race with

FINISHED (*see* FINISH)
Gen 2: 1 all the host of them, were f.
Ex 40:33 So Moses f the work.
Dan 5:26 your kingdom, and f it;
Dan 12: 7 all these things shall be f.
Matt 11: 1 when Jesus f commanding His
Matt 13:53 when Jesus had f these
John 17: 4 I have f the work which You
John 19:30 It is f!" And bowing His
2Ti 4: 7 I have f the race, I have

FINISHER† (*see* FINISH)
Heb 12: 2 the author and f of our

FIRE (*see* FIERY)
Gen 19:24 rained brimstone and f on
Gen 22: 6 and he took the f in his
Gen 22: 7 the f and the wood, but
Ex 3: 2 to him in a flame of f from
Ex 3: 2 the bush was burning with f,
Ex 13:22 by day or the pillar of f
Ex 19:18 LORD descended upon it in f.
Ex 24:17 was like a consuming f on
Ex 32:24 me, and I cast it into the f,
Lev 10: 1 and offered profane f before
Deut 4:24 your God is a consuming f,
Deut 18:10 daughter pass through the f,
Deut 32:22 For a f is kindled by my
Josh 8: 8 you shall set the city on f.
Josh 11:11 Then he burned Hazor with f.
1Ki 18:24 and the God who answers by f,
1Ki 18:25 but put no f under it."
1Ki 18:38 Then the f of the LORD fell
1Ki 19:12 and after the earthquake a f.
1Ki 19:12 the LORD was not in the f;
1Ki 19:12 and after the f a still
2Ki 1:10 And f came down from
2Ki 1:12 And the f of God came down
2Ki 2:11 appeared with horses of f,
2Ki 6:17 of horses and chariots of f
2Ki 16: 3 his son pass through the f,
2Ki 19:18 cast their gods into the f;
2Ki 21: 6 his son pass through the f,
2Ki 23:10 daughter pass through the f
Neh 1: 3 gates are burned with f.
Neh 2: 3 its gates are burned with f?
Job 1:16 The f of God fell from heaven
Job 20:26 An unfanned f will consume
Job 41:19 Sparks of f shoot out.
Ps 18: 8 And devouring f from His
Ps 18:12 hailstones and coals of f.

Ps 50: 3 A f shall devour before
Ps 66:12 We went through f and
Ps 68: 2 As wax melts before the f,
Ps 74: 7 They have set f to Your
Ps 79: 5 Your jealousy burn like f?
Ps 83:14 sets the mountains on f,
Ps 89:46 Will Your wrath burn like f?
Ps 104: 4 His ministers a flame of f.
Ps 148: 8 F and hail, snow and clouds
Prov 6:27 Can a man take f to his
Prov 16:27 on his lips like a burning f.
Prov 25:22 you will heap coals of f on
Prov 26:20 the f goes out; And where
Prov 30:16 And the f never says,
Song 8: 6 Its flames are flames of f,
Is 1: 7 cities are burned with f;
Is 43: 2 When you walk through the f,
Is 44:16 burns half of it in the f;
Is 66:24 And their f is not
Jer 15:14 For a f is kindled in My
Jer 20: 9 in my heart like a burning f
Jer 23:29 "Is not My word like a f?
Dan 3:24 into the midst of the f?
Dan 3:27 and the smell of f was not
Joel 2:30 Blood and f and pillars of
Amos 1: 4 But I will send a f into the
Mic 1: 4 split Like wax before the f,
Zeph 1:18 shall be devoured By the f
Zech 2: 5 will be a wall of f all
Zech 3: 2 a brand plucked from the f?
Mal 1:10 that you would not kindle f
Mal 3: 2 He is like a refiner's f
Matt 3:10 down and thrown into the f.
Matt 3:11 with the Holy Spirit and f.
Matt 3:12 chaff with unquenchable f.
Matt 5:22 shall be in danger of hell f.
Matt 13:42 them into the furnace of f.
Matt 13:50 them into the furnace of f.
Matt 17:15 he often falls into the f
Matt 18: 8 cast into the everlasting f.
Mark 9:44 And the f is not
Mark 9:49 will be seasoned with f,
Mark 14:54 and warmed himself at the f.
Luke 9:54 do You want us to command f
Luke 12:49 I came to send f on the
Luke 17:29 out of Sodom it rained f
John 21: 9 they saw a f of coals there,
Acts 2: 3 divided tongues, as of f,
Acts 2:19 Blood and f and vapor
Acts 7:30 to him in a flame of f in a
Acts 28: 5 off the creature into the f
Rom 12:20 will heap coals of f
1Co 3:13 it will be revealed by f;
1Co 3:13 and the f will test each
1Co 3:15 saved, yet so as through f.
2Th 1: 8 in flaming f taking vengeance
Heb 1: 7 ministers a flame of f.
Heb 12:29 our God is a consuming f.
Jas 3: 5 great a forest a little f
Jas 3: 6 and sets on f the course of
Jas 3: 6 and it is set on f by hell.
1Pe 1: 7 though it is tested by f,
2Pe 3: 7 are reserved for f until the
2Pe 3:12 be dissolved, being on f,
Jude 7 the vengeance of eternal f.
Rev 1:14 His eyes like a flame of f;
Rev 3:18 Me gold refined in the f,
Rev 8: 5 filled it with f from the
Rev 10: 1 his feet like pillars of f.
Rev 11: 5 f proceeds from their mouth
Rev 14:10 He shall be tormented with f
Rev 19:20 alive into the lake of f
Rev 20: 9 And f came down from God out
Rev 20:10 was cast into the lake of f

FIRM

Is 35: 3 And make f the feeble

FIRMAMENT

Gen 1: 6 Let there be a f in the midst
Gen 1: 8 And God called the f Heaven.
Ps 19: 1 And the f shows His
Ps 150: 1 Praise Him in His mighty f!
Ezek 1:26 And above the f over their
Dan 12: 3 the brightness of the f,

FIRST (*see* FIRSTBORN, FIRSTFRUIT)

Gen 1: 5 and the morning were the f
Gen 26: 1 besides the f famine that
Ex 12: 5 a male of the f year. You
Judg 1: 1 Who shall be f to go up for
1Ki 3:27 Give the f woman the living
2Ch 36:22 Now in the f year of Cyrus
Ezra 1: 1 Now in the f year of Cyrus
Job 40:19 He is the f of the ways of
Ps 105:36 The f of all their
Is 41: 4 'I, the LORD, am the f;
Is 43:27 Your f father sinned, And
Is 44: 6 I am the F and I am the
Hos 2: 7 will go and return to my f
Matt 5:24 F be reconciled to your
Matt 6:33 But seek f the kingdom of God
Matt 7: 5 Hypocrite! F remove the plank
Matt 8:21 let me f go and bury my
Matt 12:45 that man is worse than the f.
Matt 17:10 say that Elijah must come f?
Matt 19:30 But many who are f will be
Matt 20:27 whoever desires to be f
Matt 22:38 This is the f and great
Mark 4:28 f the blade, then the head,
Mark 9:35 "If anyone desires to be f,
Mark 12:28 Which is the f commandment of
Mark 13:10 And the gospel must f be
Mark 16: 9 He appeared f to Mary
Luke 2: 2 This census f took place
John 1:41 He f found his own brother
Acts 11:26 And the disciples were f
Acts 13:24 after John had f preached,
Rom 1: 8 F, I thank my God
Rom 1:16 for the Jew f and also for
Rom 13:11 is nearer than when we f
1Co 12:28 f apostles, second prophets,
1Co 14:30 let the f keep silent.
1Co 15:45 The f man Adam became a
1Co 16: 2 On the f day of the week let
2Co 8: 5 but they f gave themselves
2Co 8:12 For if there is f a willing
Gal 4:13 the gospel to you at the f.

F

Eph 1:12 that we who **f** trusted in
Eph 4: 9 it mean but that He also **f**
Eph 6: 2 which is the **f** commandment
1Th 4:16 dead in Christ will rise **f**.
2Th 2: 3 the falling away comes **f**,
1Ti 2:13 For Adam was formed **f**,
2Ti 1: 5 which dwelt **f** in your
2Ti 2: 6 farmer must be **f** to partake
2Ti 4:16 At my **f** defense no one stood
Heb 2: 3 which at the **f** began to be
Heb 5:12 to teach you again the **f**
Heb 7:27 **f** for His own sins and then
Heb 8: 7 For if that **f** covenant had
Heb 8:13 He has made the **f**
Heb 9: 8 made manifest while the **f**
Heb 10: 9 He takes away the **f** that
Jas 3:17 that is from above is **f**
1Pe 4:17 and if it begins with us **f**,
2Pe 1:20 knowing this **f**,
1Jn 4:19 We love Him because He **f**
Rev 1:11 the **F** and the Last," and,
Rev 1:17 I am the **F** and the Last.
Rev 2: 4 that you have left your **f**
Rev 2: 5 repent and do the **f** works,
Rev 20: 5 This is the **f** resurrection.
Rev 21: 1 for the **f** heaven and the
Rev 21: 1 the first heaven and the **f**
Rev 22:13 the **F** and the Last."

FIRSTBORN (*see* FIRST)
Gen 4: 4 Abel also brought of the **f** of
Gen 19:33 And the **f** went in and lay
Gen 27:19 father, "I am Esau your **f**;
Ex 4:22 "Israel is My son, My **f**.
Ex 4:23 I will kill your son, your **f**.
Ex 11: 5 from the **f** of Pharaoh who
Ex 13: 2 "Consecrate to Me all the **f**,
Deut 21:17 the right of the **f** is his.
Mic 6: 7 Shall I give my **f** for my
Matt 1:25 she had brought forth her **f**
Rom 8:29 that He might be the **f** among
Col 1:15 the **f** over all creation.
Col 1:18 the **f** from the dead, that in
Heb 12:23 and church of the **f** who

FIRSTFRUIT† (*see* FIRST, FIRSTFRUITS)
Rom 11:16 For if the **f** is holy, the

FIRSTFRUITS (*see* FIRSTFRUIT)
Ex 23:16 the **f** of your labors which
Lev 2:12 for the offering of the **f**,
Jer 2: 3 The **f** of His increase. All
Rom 8:23 but we also who have the **f**
Rom 16: 5 who is the **f** of Achaia to
1Co 15:20 and has become the **f** of
1Co 15:23 his own order: Christ the **f**,
Jas 1:18 we might be a kind of **f** of

FISH
Gen 1:26 have dominion over the **f** of
Num 11: 5 We remember the **f** which we
Deut 4:18 or the likeness of any **f**
Ps 8: 8 And the **f** of the sea That
Jon 1:17 was in the belly of the **f**
Matt 7:10 "Or if he asks for a **f**,
Matt 12:40 in the belly of the great **f**,
Matt 14:17 only five loaves and two **f**.
Matt 15:34 "Seven, and a few little **f**.
Luke 11:11 him a serpent instead of a **f**?
Luke 24:42 Him a piece of a broiled **f**
1Co 15:39 of animals, another of **f**,

FISHERS
Matt 4:19 and I will make you **f** of

FIT (*see* FITLY, FITTING)
Luke 9:62 is **f** for the kingdom of
Acts 22:22 for he is not **f** to live!"

FITLY (*see* FIT)
Prov 25:11 A word **f** spoken is like

FITTING (*see* FIT)
Prov 26: 1 So honor is not **f** for a
Matt 3:15 for thus it is **f** for us to
Rom 1:28 those things which are not **f**;
Col 3:18 as is **f** in the Lord.

FIVE (*see* FIFTH)
Gen 18:28 Suppose there were **f** less
Josh 13: 3 the **f** lords of the
1Sa 6: 4 **F** golden tumors and five
Matt 14:17 We have here only **f** loaves
Matt 14:21 who had eaten were about **f**
Matt 25: 2 and **f** were foolish.
Matt 25:15 And to one he gave **f** talents,
John 4:18 for you have had **f** husbands,
1Co 15: 6 that He was seen by over **f**

FLAME (*see* FLAMING)
Ex 3: 2 appeared to him in a **f** of
Ps 104: 4 His ministers a **f** of fire.
Acts 7:30 Lord appeared to him in a **f**
Heb 1: 7 And His ministers a **f**
Rev 1:14 and His eyes like a **f** of

FLAMING (*see* FLAME)
Gen 3:24 and a **f** sword which turned
2Th 1: 8 in **f** fire taking vengeance on

FLASK
1Sa 10: 1 Then Samuel took a **f** of oil
Jer 19: 1 and get a potter's earthen **f**,
Mark 14: 3 Then she broke the **f** and
Luke 7:37 brought an alabaster **f** of

FLAVOR
Matt 5:13 but if the salt loses its **f**,

FLAX
Judg 15:14 on his arms became like **f**
Prov 31:13 She seeks wool and **f**,
Is 42: 3 And smoking **f** He will not
Matt 12:20 And smoking **f** He will

FLED (*see* FLEE)
Gen 31:22 third day that Jacob had **f**.
Ex 4: 3 and Moses **f** from it.

Ex 14: 5 Egypt that the people had f,
Num 35:25 of refuge where he had f,
1Sa 4:10 and every man f to his tent.
1Sa 17:51 champion was dead, they f.
1Sa 21:10 Then David arose and f that
2Sa 4: 4 his nurse took him up and f.
1Ki 2:28 So Joab f to the tabernacle
2Ki 7: 7 and they f for their lives.
Ps 104: 7 At Your rebuke they f;
Ps 114: 5 ails you, O sea, that you f?
Is 21:15 For they f from the swords,
Jer 4:25 birds of the heavens had f.
Jer 26:21 it, he was afraid and f,
Dan 10: 7 so that they f to hide
Amos 5:19 will be as though a man f
Jon 1:10 For the men knew that he f
Jon 4: 2 Therefore I f previously to
Matt 26:56 disciples forsook Him and f.
Mark 5:14 So those who fed the swine f,
Mark 14:52 left the linen cloth and f
Mark 16: 8 they went out quickly and f
Acts 16:27 the prisoners had f,
Rev 20:11 the earth and the heaven f

FLEE (*see* FLED)

Gen 19:20 city is near enough to f
Gen 31:27 Why did you f away secretly,
Lev 26:17 and you shall f when no one
Num 35: 6 to which a manslayer may f.
Num 35:11 person accidentally may f
Num 35:15 a person accidentally may f
Deut 28: 7 against you one way and f
Deut 28:25 one way against them and f
Josh 8:20 So they had no power to f
2Sa 15:14 "Arise, and let us f;
2Sa 19: 3 steal away when they f in
Job 41:28 The arrow cannot make him f;
Ps 31:11 Those who see me outside f
Ps 64: 8 All who see them shall f
Ps 68: 1 those also who hate Him f
Ps 68:12 "Kings of armies f,
Ps 68:12 of armies flee, they f,
Ps 139: 7 Or where can I f from Your
Prov 28: 1 The wicked f when no one
Song 2:17 breaks And the shadows f
Song 4: 6 breaks And the shadows f
Is 30:17 One thousand shall f at
Is 35:10 sorrow and sighing shall f
Matt 24:16 those who are in Judea f to
1Co 6:18 F sexual immorality. Every
1Co 10:14 f from idolatry.
2Ti 2:22 F also youthful lusts; but
Jas 4: 7 the devil and he will f

FLEECE

Judg 6:37 if there is dew on the f

FLESH (*see* FLESHLY)

Gen 2:21 and closed up the f in its
Gen 2:23 my bones And flesh of my f;
Gen 2:24 and they shall become one f.
Gen 6: 3 forever, for he is indeed f;
Gen 6:12 for all f had corrupted
Gen 6:13 The end of all f has come
Gen 9: 4 But you shall not eat f with
Gen 17:11 be circumcised in the f of
Gen 17:13 covenant shall be in your f
Gen 37:27 is our brother and our f.
Ex 4: 7 restored like his other f.
Lev 17:11 For the life of the f is in
Lev 21: 5 make any cuttings in their f.
Num 16:22 God of the spirits of all f,
2Ki 5:14 and his f was restored like
Job 7: 5 My f is caked with worms and
Job 19:26 That in my f I shall see
Job 34:15 All f would perish together,
Ps 16: 9 My f also will rest in
Ps 27: 2 against me To eat up my f,
Ps 38: 7 is no soundness in my f.
Ps 56: 4 What can f do to me?
Ps 63: 1 My f longs for You In a
Ps 65: 2 To You all f will come.
Ps 73:26 My f and my heart fail;
Ps 78:39 that they were but f,
Ps 84: 2 My heart and my f cry out
Ps 119:120 My f trembles for fear of
Ps 136:25 Who gives food to all f,
Ps 145:21 And all f shall bless His
Prov 3: 8 It will be health to your f,
Eccl 12:12 study is wearisome to the f.
Is 31: 3 God; And their horses are f,
Is 40: 5 And all f shall see it
Is 40: 6 All f is grass, And all its
Is 49:26 All f shall know That I,
Is 65: 4 tombs; Who eat swine's f,
Is 66:24 be an abhorrence to all f.
Jer 17: 5 trusts in man And makes f
Jer 32:27 the LORD, the God of all f.
Ezek 11:19 stony heart out of their f,
Ezek 11:19 and give them a heart of f,
Ezek 37: 6 sinews on you and bring f
Ezek 44: 7 heart and uncircumcised in f,
Dan 1:15 better and fatter in f than
Joel 2:28 pour out My Spirit on all f;
Matt 16:17 for f and blood has not
Matt 19: 5 two shall become one f"
Matt 24:22 no f would be saved; but for
Matt 26:41 but the f is weak."
Luke 24:39 for a spirit does not have f
John 1:13 nor of the will of the f,
John 1:14 And the Word became f and
John 3: 6 which is born of the f
John 6:52 this Man give us His f to
John 6:53 unless you eat the f of the
John 6:55 For My f is food indeed, and
John 6:63 the f profits nothing. The
John 17: 2 Him authority over all f,
Acts 2:17 of My Spirit on all f;
Rom 1: 3 of David according to the f,
Rom 3:20 by the deeds of the law no f
Rom 7:18 in my f) nothing good
Rom 8: 1 not walk according to the f,
Rom 8: 3 it was weak through the f,
Rom 8: 3 in the likeness of sinful f,
Rom 8: 3 He condemned sin in the f,
Rom 8: 5 minds on the things of the f,
Rom 8: 9 But you are not in the f but
Rom 8:12 to live according to the f.

F

Rom 13:14 make no provision for the **f**,
1Co 1:26 many wise according to the **f**,
1Co 1:29 that no **f** should glory in His
1Co 5: 5 for the destruction of the **f**,
1Co 6:16 "shall become one **f**.
1Co 15:39 another **f** of animals,
2Co 3: 3 of stone but on tablets of **f**,
2Co 4:11 manifested in our mortal **f**.
2Co 10: 3 For though we walk in the **f**,
2Co 12: 7 a thorn in the **f** was given
Gal 1:16 immediately confer with **f**
Gal 2:16 by the works of the law no **f**
Gal 2:20 which I now live in the **f** I
Gal 5:13 as an opportunity for the **f**,
Gal 5:16 fulfill the lust of the **f**.
Gal 5:17 and the Spirit against the **f**;
Gal 5:24 have crucified the **f** with
Gal 6: 8 For he who sows to his **f** will
Eph 2:15 having abolished in His **f** the
Eph 5:29 no one ever hated his own **f**,
Eph 5:30 of His **f** and of His bones.
Eph 5:31 two shall become one **f**.
Eph 6:12 we do not wrestle against **f**
Phil 3: 3 have no confidence in the **f**,
Col 1:22 in the body of His **f** through
Col 1:24 and fill up in my **f** what is
Col 2: 5 though I am absent in the **F**,
Col 2:23 the indulgence of the **f**.
1Ti 3:16 was manifested in the **f**,
Heb 5: 7 who, in the days of His **f**,
Heb 10:20 the veil, that is, His **f**,
1Pe 1:24 All **f** is as grass, And
1Pe 4: 1 he who has suffered in the **f**
2Pe 2:10 who walk according to the **f**
1Jn 2:16 the world—the lust of the **f**,
1Jn 4: 2 Christ has come in the **f** is
Jude 7 and gone after strange **f**,

FLESHLY (*see* FLESH)
2Co 1:12 not with **f** wisdom but by the
1Pe 2:11 abstain from **f** lusts which

FLEW (*see* FLY)
2Sa 22:11 rode upon a cherub, and **f**;
Ps 18:10 He **f** upon the wings of the
Is 6: 2 his feet, and with two he **f**.
Is 6: 6 Then one of the seraphim **f**

FLIES (*see* FLY)
Ex 8:21 I will send swarms of **f** on
Ps 91: 5 Nor of the arrow that **f**
Eccl 10: 1 Dead **f** putrefy the

FLIGHT (*see* FLY)
Lev 26: 8 shall put ten thousand to **f**;
Heb 11:34 turned to **f** the armies of

FLINT (*see* FLINTY)
Josh 5: 2 Make **f** knives for yourself,
Is 50: 7 I have set My face like a **f**,
Zech 7:12 made their hearts like **f**,

FLINTY (*see* FLINT)
Deut 32:13 And oil from the **f** rock;

FLOCK (*see* FLOCKS)
Gen 4: 4 of the firstborn of his **f**
Gen 30:40 not put them with Laban's **f**.
Ex 2:16 to water their father's **f**.
Ex 3: 1 Now Moses was tending the **f**
Lev 5:18 without blemish from the **f**,
Song 4: 1 Your hair is like a **f** of
Is 40:11 He will feed His **f** like a
Jer 23: 2 "You have scattered My **f**,
Ezek 34: 3 but you do not feed the **f**.
Ezek 34:15 "I will feed My **f**,
Amos 7:15 took me as I followed the **f**,
Luke 2: 8 keeping watch over their **f**
Luke 12:32 "Do not fear, little **f**,
John 10:16 and there will be one **f** and
1Pe 5: 2 Shepherd the **f** of God which
1Pe 5: 3 but being examples to the **f**;

FLOCKS (*see* FLOCK)
Gen 24:35 and He has given him **f** and
Gen 30:36 fed the rest of Laban's **f**.
Ezek 34: 2 not the shepherds feed the **f**?

FLOOD (*see* FLOODS, FLOODWATERS)
Gen 7: 7 of the waters of the **f**.
Gen 9:11 again shall there be a **f** to
Ps 29:10 sat enthroned at the **F**,
Is 59:19 the enemy comes in like a **f**,
Matt 24:38 as in the days before the **f**,

FLOODS (*see* FLOOD)
Song 8: 7 Nor can the **f** drown it. If
Jon 2: 3 And the **f** surrounded me;
Matt 7:25 the **f** came, and the winds

FLOODWATERS (*see* FLOOD, WATERS)
Gen 6:17 I Myself am bringing **f** on

FLOOR
Num 5:17 of the dust that is on the **f**
Num 18:27 the grain of the threshing **f**
Ruth 3:14 came to the threshing **f**.

FLOURISH (*see* FLOURISHES)
Job 8:11 Can the reeds **f** without
Ps 72: 7 days the righteous shall **f**,
Ps 72:16 those of the city shall **f**
Ps 92: 7 the workers of iniquity **f**,
Ps 92:12 The righteous shall **f** like a
Ps 92:13 house of the LORD Shall **f**
Prov 11:28 But the righteous will **f**
Prov 14:11 tent of the upright will **f**.
Is 66:14 And your bones shall **f** like
Ezek 17:24 tree and made the dry tree **f**;

FLOURISHES (*see* FLOURISH)
Ps 90: 6 In the morning it **f** and

FLOW (*see* FLOWING)
Lev 12: 7 shall be clean from the **f**
Ps 147:18 to blow, and the waters **f**.
Is 2: 2 And all nations shall **f** to
Is 8: 6 waters of Shiloah that **f**

Is 48:21 He caused the waters to **f**
Jer 14:17 Let my eyes **f** with tears
Lam 3:49 My eyes **f** and do not cease,
Joel 3:18 A fountain shall **f** from the
Amos 9:13 And all the hills shall **f**
Mic 4: 1 And peoples shall **f** to it.
Zech 14: 8 living waters shall **f** from
Mark 5:25 Now a certain woman had a **f**
John 7:38 out of his heart will **f**

FLOWER (*see* FLOWERS)
1Sa 2:33 house shall die in the **f** of
Job 14: 2 He comes forth like a **f** and
Ps 103:15 As a **f** of the field, so he
Is 18: 5 grape is ripening in the **f**,
Is 40: 8 the **f** fades, But the word
1Co 7:36 if she is past the **f** of
Jas 1:10 because as a **f** of the field
1Pe 1:24 And its **f** falls away,

FLOWERS (*see* FLOWER)
Song 2:12 The **f** appear on the earth;

FLOWING (*see* FLOW)
Ex 13: 5 a land **f** with milk and
Ezek 47: 1 the water was **f** from under

FLUTE
Gen 4:21 who play the harp and **f**.
Matt 9:23 and saw the **f** players and

FLY (*see* FLEW, FLIES, FLIGHT)
Gen 1:20 and let birds **f** above the
Job 5: 7 As the sparks **f** upward.
Ps 90:10 and we **f** away.
Is 7:18 LORD will whistle for the **f**

FOAL†
Zech 9: 9 the **f** of a donkey.
Matt 21: 5 the **f** of a donkey.' '

FOAMING† (*see* FOAMS)
Mark 9:20 **f** at the mouth.
Jude 13 **f** up their own shame;

FOAMS (*see* FOAMING)
Mark 9:18 he **f** at the mouth, gnashes

FOLD (*see* FOLDED, FOLDING, FOLDS)
Neh 5:13 Then I shook out the **f** of my
Ezek 34:14 shall lie down in a good **f**
John 10:16 have which are not of this **f**;
Heb 1:12 a cloak You will **f**

FOLDED† (*see* FOLD)
John 20: 7 but **f** together in a place by

FOLDING (*see* FOLD)
Prov 6:10 A little **f** of the hands to

FOLDS (*see* FOLD)
Num 32:36 and **f** for sheep.
Job 41:23 The **f** of his flesh are
Eccl 4: 5 The fool **f** his hands And

FOLLOW (*see* FOLLOWED, FOLLOWERS, FOLLOWING, FOLLOWS)
Deut 8:19 and **f** other gods, and serve
1Ki 11: 6 and did not fully **f** the
1Ki 18:21 **f** Him; but if Baal, follow
Ps 23: 6 goodness and mercy shall **f**
Ps 94:15 the upright in heart will **f**
Jer 13:10 who **f** the dictates of their
Matt 4:19 **F** Me, and I will make you
Matt 8:19 I will **f** You wherever You
Matt 8:22 **F** Me, and let the dead bury
Matt 10:38 not take his cross and **f**
Matt 16:24 up his cross and **f** Me.
Matt 19:21 and come, **f** Me."
Mark 1:17 **F** Me, and I will make you
Mark 5:37 And He permitted no one to **f**
Mark 16:17 And these signs will **f** those
Luke 9:57 I will **f** You wherever You
John 1:43 said to him, **F** Me."
John 10: 4 and the sheep **f** him, for
John 10:27 and they **f** Me.
John 13:36 I am going you cannot **f** Me
John 13:36 but you shall **f** Me
Acts 3:24 from Samuel and those who **f**,
1Ti 5:24 but those of some men **f**
1Pe 1:11 and the glories that would **f**.
1Pe 2:21 that you should **f** His steps:
2Pe 1:16 For we did not **f** cunningly
Rev 14:13 and their works **f** them."

FOLLOWED (*see* FOLLOW, WALKED)
Num 14:24 spirit in him and has **f** Me
Num 32:11 they have not wholly **f** Me,
Judg 2:12 and they **f** other gods from
Amos 7:15 the LORD took me as I **f**
Matt 4:20 left their nets and **f** Him.
Matt 4:22 their father, and **f** Him.
Matt 4:25 Great multitudes **f** Him—from
Matt 8:23 His disciples **f** Him.
Matt 9:27 two blind men **f** Him, crying
Matt 19:27 we have left all and **f** You.
Matt 26:58 But Peter **f** Him at a distance
Matt 27:55 And many women who **f** Jesus
Matt 27:62 which **f** the Day of
Mark 14:51 Now a certain young man **f**
Luke 5:11 they forsook all and **f** Him.
Luke 18:43 and **f** Him, glorifying God.
John 1:40 and **f** Him, was Andrew, Simon
John 18:15 And Simon Peter **f** Jesus, and
Acts 13:43 Jews and devout proselytes **f**
1Co 10: 4 that spiritual Rock that **f**
1Ti 5:10 if she has diligently **f**
2Ti 3:10 But you have carefully **f** my
Rev 6: 8 and Hades **f** with him. And
Rev 8: 7 sounded: And hail and fire **f**,
Rev 13: 3 all the world marveled and **f**

FOLLOWERS (*see* FOLLOW)
1Th 1: 6 And you became **f** of us and of

FOLLOWING (*see* FOLLOW)
Judg 2:19 by **f** other gods, to serve
Ruth 1:16 Or to turn back from **f**

F

FOLLOWS (*see* FOLLOW)

Ps 63: 8 My soul **f** close behind You;
John 8:12 He who **f** Me shall not walk

FOLLY (*see* FOOL)

1Sa 25:25 and **f** is with him. But I,
Job 42: 8 you according to your **f**;
Prov 26: 4 a fool according to his **f**,
Eccl 1:17 and to know madness and **f**.
Eccl 7:25 To know the wickedness of **f**,
2Ti 3: 9 for their **f** will be manifest

FOOD (*see* FOODS)

Gen 1:29 to you it shall be for **f**.
Gen 1:30 every green herb for **f**";
Gen 2: 9 to the sight and good for **f**.
Job 23:12 More than my necessary **f**.
Ps 42: 3 My tears have been my **f** day
Ps 69:21 also gave me gall for my **f**,
Ps 78:25 Men ate angels' **f**;
Ps 78:25 He sent them **f** to the full.
Ps 104:14 That he may bring forth **f**
Ps 104:21 And seek their **f** from God.
Ps 104:27 You may give them their **f**
Ps 136:25 Who gives **f** to all flesh,
Ps 146: 7 Who gives **f** to the hungry.
Prov 6: 8 And gathers her **f** in the
Prov 23: 3 For they are deceptive **f**.
Prov 31:14 She brings her **f** from afar.
Prov 31:15 And provides **f** for her
Is 65:25 shall be the serpent's **f**.
Mal 3:10 That there may be **f** in My
Matt 3: 4 and his **f** was locusts and
Matt 6:25 Is not life more than **f** and
Matt 10:10 a worker is worthy of his **f**.
Matt 24:45 to give them **f** in due
Matt 25:35 was hungry and you gave Me **f**;
Luke 9:13 unless we go and buy **f** for
Luke 12:23 "Life is more than **f**,
Luke 24:41 Have you any **f** here?"
John 4: 8 away into the city to buy **f**.
John 4:32 I have **f** to eat of which you
John 4:34 My **f** is to do the will of Him
John 6:27 Do not labor for the **f** which
John 6:27 but for the **f** which endures
John 6:55 For My flesh is **f** indeed, and
John 21: 5 "Children, have you any **f**?
Acts 27:21 after long abstinence from **f**,
Rom 14:15 Do not destroy with your **f**
1Co 3: 2 milk and not with solid **f**;
1Co 8: 8 But **f** does not commend us to
1Co 8:13 if **f** makes my brother
1Co 10: 3 all ate the same spiritual **f**,
1Co 10:30 I evil spoken of for the **f**
2Co 9:10 the sower, and bread for **f**,
Col 2:16 So let no one judge you in **f**
Heb 12:16 who for one morsel of **f** sold
Jas 2:15 and destitute of daily **f**,

FOODS (*see* FOOD)

1Co 6:13 and the stomach for **f**,

FOOL (*see* FOLLY, FOOL'S, FOOLISH, FOOLS)

Ps 14: 1 The **f** has said in his heart,
Prov 11:29 And the **f** will be servant
Prov 12:15 The way of a **f** is right in
Prov 15: 5 A **f** despises his father's
Prov 17:10 Than a hundred blows on a **f**.
Prov 26: 4 Do not answer a **f** according
Prov 26: 5 Answer a **f** according to his
Prov 26:12 is more hope for a **f** than
Matt 5:22 You **f**!' shall be in danger of
Luke 12:20 **F**! This night your soul will
2Co 11:23 of Christ?—I speak as a **f**—

FOOL'S (*see* FOOL)

Prov 12:16 A **f** wrath is known at once,
Prov 18: 7 A **f** mouth is his
Prov 26: 3 And a rod for the **f** back.
Eccl 5: 3 And a **f** voice is known by

FOOLISH (*see* FOOL, FOOLISHNESS)

Job 2:10 You speak as one of the **f**
Prov 10: 1 But a **f** son is the grief
Ezek 13: 3 Woe to the **f** prophets, who
Matt 25: 2 were wise, and five were **f**.
Luke 24:25 O **f** ones, and slow of heart
Rom 1:21 and their **f** hearts were
1Co 1:20 Has not God made **f** the
1Co 1:27 But God has chosen the **f**
Gal 3: 1 O **f** Galatians! Who has
2Ti 2:23 But avoid **f** and ignorant
Tit 3: 9 But avoid **f** disputes,

FOOLISHNESS (*see* FOOLISH)

Prov 15: 2 mouth of fools pours forth **f**.
Prov 22:15 **F** is bound up in the heart
1Co 1:18 message of the cross is **f**
1Co 1:21 it pleased God through the **f**
1Co 1:23 block and to the Greeks **f**,
1Co 1:25 Because the **f** of God is wiser
1Co 2:14 for they are **f** to him; nor
1Co 3:19 wisdom of this world is **f**

FOOLS (*see* FOOL)

Prov 1: 7 But **f** despise wisdom and
Prov 19:29 beatings for the backs of **f**.
Prov 26: 7 a proverb in the mouth of **f**.
Eccl 5: 4 He has no pleasure in **f**.
Eccl 10:15 The labor of **f** wearies them,
Matt 23:17 **F** and blind! For which is
Rom 1:22 to be wise, they became **f**,
1Co 4:10 We are **f** for Christ's sake,
Eph 5:15 not as **f** but as wise,

FOOT (*see* FEET, FOOTSTOOL, FOUR-FOOTED)

Gen 8: 9 place for the sole of her **f**,
Ex 21:24 hand for hand, foot for **f**,
Ex 29:20 the big toe of their right **f**,
Lev 11:26 animal which divides the **f**,
Lev 13:12 sore, from his head to his **f**,
Job 2: 7 from the sole of his **f** to
Ps 38:16 when my **f** slips, they exalt
Ps 66: 6 went through the river on **f**.
Ps 91:12 Lest you dash your **f**

Ps 121: 3 He will not allow your **f** to
Prov 1:15 Keep your **f** from their
Is 1: 6 From the sole of the **f** even
Matt 4: 6 Lest you dash your **f**
Matt 18: 8 If your hand or **f** causes you
Matt 22:13 'Bind him hand and **f**,
John 11:44 came out bound hand and **f**
1Co 12:15 If the **f** should say,

FOOTSTOOL (*see* FOOT)
2Ch 9:18 with a **f** of gold, which
Ps 99: 5 God, And worship at His **f**—
Ps 110: 1 I make Your enemies Your **f**.
Is 66: 1 throne, And earth is My **f**.
Matt 5:35 the earth, for it is His **f**;
Matt 22:44 Your enemies Your **f**"?
Acts 7:49 And earth is My **f**.
Heb 1:13 Your enemies Your **f**"?
Jas 2: 3 or, "Sit here at my **f**,

FORBEARANCE
Rom 2: 4 riches of His goodness, **f**,
Rom 3:25 because in His **f** God had

FORBID
1Sa 24: 6 The LORD **f** that I should do
Matt 19:14 and do not **f** them; for of
Acts 10:47 Can anyone **f** water, that
Gal 6:14 But God **f** that I should boast

FORCE
Matt 11:12 and the violent take it by **f**.
John 6:15 to come and take Him by **f**

FOREHEAD (*see* FOREHEADS)
Ex 28:38 it shall always be on his **f**,
1Sa 17:49 the Philistine in his **f**,
Rev 14: 9 receives his mark on his **f**
Rev 17: 5 And on her **f** a name was

FOREHEADS (*see* FOREHEAD)
Ezek 9: 4 and put a mark on the **f** of
Rev 9: 4 the seal of God on their **f**.
Rev 13:16 right hand or on their **f**,
Rev 14: 1 name written on their **f**.

FOREIGN (*see* FOREIGNER)
Gen 35: 2 Put away the **f** gods that are
Ex 2:22 have been a stranger in a **f**
Ex 21: 8 no right to sell her to a **f**
Josh 24:23 put away the **f** gods which
1Ki 11: 1 King Solomon loved many **f**
1Ki 11: 8 did likewise for all his **f**
Ps 81: 9 shall you worship any **f** god.
Ps 137: 4 the LORD's song In a **f**
Jer 5:19 forsaken Me and served **f**
Mal 2:11 married the daughter of a **f**
Heb 11: 9 land of promise as in a **f**

FOREIGNER (*see* FOREIGN, FOREIGNERS, STRANGER)
Gen 17:12 with money from any **f** who
Ex 12:43 No **f** shall eat it.
Deut 17:15 you may not set a **f** over
Ruth 2:10 of me, since I am a **f**?
Ezek 44: 9 says the Lord GOD: "No **f**,
Luke 17:18 glory to God except this **f**?
1Co 14:11 I shall be a **f** to him who

FOREIGNERS (*see* FOREIGNER)
Deut 31:16 with the gods of the **f** of
Is 25: 2 A palace of **f** to be a city
Jer 30: 8 **F** shall no more enslave
Lam 5: 2 aliens, And our houses to **f**.
Acts 17:21 all the Athenians and the **f**
Eph 2:19 no longer strangers and **f**,

FOREKNEW (*see* FOREKNOWLEDGE)
Rom 11: 2 away His people whom He **f**.

FOREKNOWLEDGE† (*see* FOREKNEW)
Acts 2:23 determined purpose and **f** of
1Pe 1: 2 elect according to the **f** of

FOREORDAINED†
1Pe 1:20 He indeed was **f** before the

FORERUNNER†
Heb 6:20 where the **f** has entered for

FORESEEING
Gal 3: 8 **f** that God would justify the

FORESKIN (*see* FORESKINS)
Gen 17:14 in the flesh of his **f**,
Ex 4:25 stone and cut off the **f** of

FORESKINS (*see* FORESKIN)
1Sa 18:25 any dowry but one hundred **f**

FOREST (*see* FORESTS)
Jas 3: 5 See how great a **f** a little

FORESTS (*see* FOREST)
Ps 29: 9 And strips the **f** bare; And

FORETOLD
Acts 3:18 those things which God **f** by
Acts 3:24 have also **f** these days.

FOREVER (*see* ALWAYS, FOREVERMORE, WORLD)
Gen 3:22 and eat, and live **f**"—
Gen 6: 3 shall not strive with man **f**,
Gen 13:15 you and your descendants **f**.
Ex 3:15 to you. This is My name **f**,
Ex 12:24 for you and your sons **f**.
Ex 15:18 The LORD shall reign **f** and
2Sa 7:13 the throne of his kingdom **f**.
2Sa 7:16 shall be established **f**
2Sa 7:24 Your very own people **f**;
2Sa 7:25 establish it **f** and do as
2Sa 7:26 let Your name be magnified **f**,
2Sa 7:29 that it may continue **f**
2Sa 7:29 of Your servant be blessed **f**.
2Ki 8:19 lamp to him and his sons **f**.
1Ch 16:15 Remember His covenant **f**.
1Ch 16:34 For His mercy endures **f**.

F

Neh 2: 3 May the king live f! Why
Ps 10:16 The LORD is King f and
Ps 19: 9 LORD is clean, enduring f;
Ps 21: 4 Length of days f and ever.
Ps 23: 6 in the house of the LORD F.
Ps 29:10 the LORD sits as King f.
Ps 30:12 I will give thanks to You f.
Ps 44:23 Do not cast us off f.
Ps 73:26 of my heart and my portion f.
Ps 74: 1 why have You cast us off f?
Ps 89: 1 the mercies of the LORD f;
Ps 106: 1 For His mercy endures f.
Ps 110: 4 You are a priest f
Ps 111: 3 His righteousness endures f.
Ps 117: 2 of the LORD endures f.
Ps 119:44 continually, F and ever.
Ps 119:89 F, O LORD, Your word
Ps 125: 1 be moved, but abides f.
Ps 125: 2 From this time forth and f.
Ps 135:13 name, O LORD, endures f,
Ps 136: 1 For His mercy endures f.
Ps 145: 1 I will bless Your name f
Ps 145: 2 I will praise Your name f
Ps 146:10 The LORD shall reign f—
Eccl 1: 4 But the earth abides f.
Is 9: 7 that time forward, even f.
Is 25: 8 He will swallow up death f,
Is 26: 4 Trust in the LORD f,
Is 40: 8 the word of our God stands f.
Lam 3:31 the Lord will not cast off f.
Lam 5:20 Why do You forget us f,
Ezek 37:25 their children's children, f;
Ezek 43: 9 shall be their prince f.
Dan 2: 4 live f! Tell your servants
Dan 2:44 and it shall stand f.
Dan 4:34 and honored Him who lives f:
Dan 6: 6 "King Darius, live f!
Dan 12: 3 Like the stars f and ever.
Dan 12: 7 and swore by Him who lives f,
Hos 2:19 will betroth you to Me f;
Matt 6:13 the power and the glory f.
Luke 1:55 Abraham and to his seed f.
John 6:58 eats this bread will live f.
John 8:35 forever, but a son abides f.
John 14:16 that He may abide with you f—
Rom 1:25 Creator, who is blessed f.
Rom 11:36 things, to whom be glory f.
Rom 16:27 glory through Jesus Christ f.
2Co 9: 9 righteousness endures f.
2Co 11:31 Christ, who is blessed f,
Gal 1: 5 to whom be glory f and ever.
Heb 1: 8 is f and ever; A
Heb 5: 6 You are a priest f
Heb 7:24 He, because He continues f,
Heb 10:12 one sacrifice for sins f,
Heb 10:14 offering He has perfected f
Heb 13: 8 same yesterday, today, and f.
Heb 13:21 to whom be glory f and
1Pe 1:25 of the LORD endures f.
2Pe 2:17 the blackness of darkness f.
1Jn 2:17 the will of God abides f.
2Jn 2 in us and will be with us f:
Rev 11:15 and He shall reign f and
Rev 14:11 of their torment ascends f
Rev 22: 5 And they shall reign f and

FOREVERMORE (*see* FOREVER)
Ps 16:11 right hand are pleasures f.
Ps 113: 2 From this time forth and f!
Ps 133: 3 the blessing–Life f.
Rev 1:18 and behold, I am alive f.

FORGAVE (*see* FORGIVE)
Ps 32: 5 And You f the iniquity of
Eph 4:32 just as God in Christ f you.
Col 3:13 even as Christ f you, so you

FORGET (*see* FORGETFULNESS, FORGETS, FORGETTING, FORGOT, FORGOTTEN)
Deut 4:23 lest you f the covenant of
Deut 6:12 lest you f the LORD who
Ps 13: 1 Will You f me forever? How
Ps 50:22 you who f God, Lest I tear
Ps 103: 2 And f not all His benefits:
Ps 119:16 I will not f Your word.
Ps 137: 5 If I f you, O Jerusalem,
Ps 137: 5 Let my right hand f its
Is 49:15 her womb? Surely they may f,
Is 49:15 Yet I will not f you.
Heb 13: 2 Do not f to entertain
Heb 13:16 But do not f to do good and

FORGETFULNESS† (*see* FORGET)
Ps 88:12 in the land of f?

FORGETS (*see* FORGET)
Prov 2:17 And f the covenant of her
Jas 1:24 and immediately f what kind

FORGETTING† (*see* FORGET)
Phil 3:13 f those things which are

FORGIVE (*see* FORGAVE, FORGIVEN, FORGIVES, FORGIVING, UNFORGIVING)
Ex 32:32 if You will f their sin—but
2Ch 7:14 and will f their sin and
Dan 9:19 f! O Lord, listen and act!
Matt 6:12 And f us our debts, As we
Matt 6:14 For if you f men their
Matt 6:14 heavenly Father will also f
Matt 9: 6 Man has power on earth to f
Matt 18:35 does not f his brother his
Mark 2: 7 Who can f sins but God
Luke 11: 4 And f us our sins, For we
Luke 23:34 f them, for they do not know
1Jn 1: 9 He is faithful and just to f

FORGIVEN (*see* FORGIVE, FORGIVENESS)
Ps 32: 1 whose transgression is f,
Matt 9: 2 your sins are f you."
Matt 12:31 the Spirit will not be f
Luke 6:37 Forgive, and you will be f.
1Jn 2:12 Because your sins are f you

FORGIVENESS (*see* FORGIVEN)
Ps 130: 4 But there is f with You,
Dan 9: 9 our God belong mercy and f,

Acts 5:31 repentance to Israel and **f**
Eph 1: 7 the **f** of sins, according to

FORGIVES (*see* FORGIVE)
Ps 103: 3 Who **f** all your iniquities,
Luke 7:49 Who is this who even **f**

FORGIVING (*see* FORGIVE)
Ex 34: 7 **f** iniquity and transgression
Eph 4:32 **f** one another, just as God

FORGOT (*see* FORGET)
Gen 40:23 Joseph, but **f** him.
Judg 3: 7 They **f** the LORD their God,
Hos 2:13 her lovers; But Me she **f**,

FORGOTTEN (*see* FORGET)
Deut 32:18 And have **f** the God who
Job 19:14 my close friends have **f** me.
Hos 8:14 For Israel has **f** his Maker,

FORM (*see* FORMED, FORMS, UNFORMED)
Gen 1: 2 The earth was without **f**,
Gen 29:17 Rachel was beautiful of **f**
Gen 39: 6 Now Joseph was handsome in **f**
Deut 4:12 of the words, but saw no **f**;
Job 4:16 A **f** was before my eyes;
Is 45: 7 I **f** the light and create
Is 52:14 And His **f** more than the
Is 53: 2 He has no **f** or comeliness;
Luke 3:22 descended in bodily **f** like
John 5:37 at any time, nor seen His **f**.
Phil 2: 6 being in the **f** of God, did
Phil 2: 7 taking the **f** of a
1Th 5:22 Abstain from every **f** of evil.
2Ti 3: 5 having a **f** of godliness but

FORMED (*see* FORM)
Gen 2: 7 And the LORD God **f** man of
Ps 90: 2 Or ever You had **f** the earth
Ps 95: 5 And His hands **f** the dry
Ps 139:13 For You **f** my inward parts;
Is 29:16 Or shall the thing **f** say of
Is 43: 1 And He who **f** you, O Israel:
Is 45:18 Who **f** it to be inhabited:
Jer 1: 5 Before I **f** you in the womb I
Rom 9:20 Will the thing **f** say to him
Gal 4:19 again until Christ is **f** in

FORMER
Is 42: 9 the **f** things have come to
Is 46: 9 Remember the **f** things of
Hos 6: 3 Like the latter and **f** rain
Rev 21: 4 for the **f** things have passed

FORMS (*see* FORM)
Is 45: 9 the clay say to him who **f**

FORNICATION (*see* FORNICATOR)
Gal 5:19 which are: adultery, **f**,

FORNICATOR (*see* FORNICATION, FORNICATORS)
Eph 5: 5 For this you know, that no **f**,

FORNICATORS (*see* FORNICATOR)
1Co 6: 9 not be deceived. Neither **f**,

FORSAKE (*see* FORSAKEN, FORSAKES, FORSAKING, FORSOOK)
Deut 31: 6 He will not leave you nor **f**
Josh 1: 5 I will not leave you nor **f**
Ps 138: 8 Do not **f** the works of Your
Is 55: 7 Let the wicked **f** his way,
Heb 13: 5 never leave you nor **f**

FORSAKEN (*see* FORSAKE)
Judg 6:13 But now the LORD has **f** us
Judg 10:13 Yet you have **f** Me and served
Ps 37:25 not seen the righteous **f**,
Jer 2:13 They have **f** Me, the
Matt 27:46 why have You **f** Me?"
2Co 4: 9 persecuted, but not **f**;
2Ti 4:10 for Demas has **f** me, having

FORSAKES (*see* FORSAKE)
Prov 28:13 But whoever confesses and **f**

FORSAKING† (*see* FORSAKE)
Heb 10:25 not **f** the assembling of

FORSOOK (*see* FORSAKE)
Matt 26:56 Then all the disciples **f**
2Ti 4:16 but all **f** me. May it not be

FORTIETH (*see* FORTY)
Num 33:38 and died there in the **f** year

FORTIFIED (*see* FORTRESS)
Num 13:28 the cities are **f** and very
Jer 1:18 have made you this day A **f**
Jer 15:20 make you to this people a **f**

FORTRESS (*see* FORTIFIED)
Ps 18: 2 LORD is my rock and my **f**
Ps 91: 2 "He is my refuge and my **f**;
Jer 16:19 LORD, my strength and my **f**,

FORTUNE-TELLING†
Acts 16:16 her masters much profit by **f**.

FORTY (*see* FORTIETH)
Gen 7: 4 the earth forty days and **f**
Gen 7:12 the rain was on the earth **f**
Gen 18:29 not do it for the sake of **f**."
Ex 16:35 of Israel ate manna **f** years,
Ex 24:18 Moses was on the mountain **f**
Ex 24:18 mountain forty days and **f**
Num 13:25 spying out the land after **f**
Num 14:33 in the wilderness **f** years,
Num 14:34 namely **f** years, and you
Deut 8: 4 did your foot swell these **f**
Deut 25: 3 **F** blows he may give him and
Judg 3:11 So the land had rest for **f**
1Sa 4:18 And he had judged Israel **f**
1Ki 11:42 over all Israel was **f**
1Ki 19: 8 the strength of that food **f**
Neh 9:21 **F** years You sustained them

F

Ps 95:10 For f years I was grieved
Jon 3: 4 Yet f days, and Nineveh shall
Matt 4: 2 had fasted forty days and f
Mark 1:13 there in the wilderness f
Luke 4: 2 being tempted for f days by
Acts 1: 3 being seen by them during f
2Co 11:24 Jews five times I received f
Heb 3:17 Now with whom was He angry f

FORTY-FOUR
Rev 14: 1 with Him one hundred and f

FOUGHT (*see* FIGHT)
Josh 10:14 for the LORD f for Israel.
Judg 5:20 stars from their courses f
1Co 15:32 I have f with beasts at
2Ti 4: 7 I have f the good fight, I

FOUND (*see* FIND, FOUNDED)
Gen 2:20 for Adam there was not f a
Gen 6: 8 But Noah f grace in the eyes
Gen 18: 3 if I have now f favor in
Deut 21: 1 If anyone is f slain, lying
Deut 22:14 and when I came to her I f
Deut 22:22 If a man is f lying with a
Deut 22:28 and they are f out,
Deut 24: 1 in his eyes because he has f
Deut 24: 7 If a man is f kidnapping any
Judg 15:15 He f a fresh jawbone of a
Ruth 2:10 Why have I f favor in your
1Sa 13:19 was no blacksmith to be f
1Sa 29: 3 And to this day I have f no
1Sa 29: 6 For to this day I have not f
2Sa 7:27 Your servant has f it in
1Ki 13:14 and f him sitting under an
1Ki 13:28 Then he went and f his corpse
1Ki 20:36 a lion f him and killed him.
1Ki 21:20 I have f you, because you
2Ki 12:18 and all the gold f in the
2Ki 14:14 the articles that were f in
2Ki 22: 8 I have f the Book of the Law
1Ch 26:31 and there were f among them
1Ch 28: 9 He will be f by you; but if
2Ch 29:16 all the debris that they f
2Ch 34:14 Hilkiah the priest f the
Neh 8:14 And they f written in the
Neh 9: 8 You f his heart faithful
Job 19:28 the root of the matter is f
Job 28:12 where can wisdom be f?
Job 32:13 We have f wisdom; God will
Ps 17: 3 have tried me and have f
Ps 32: 6 In a time when You may be f;
Ps 69:20 comforters, but I f none.
Ps 84: 3 Even the sparrow has f a
Ps 89:20 I have f My servant David;
Ps 107: 4 They f no city to dwell in.
Ps 109: 7 let him be f guilty, And
Ps 116: 3 I f trouble and sorrow.
Ps 132: 6 We f it in the fields of
Prov 10:13 Wisdom is f on the lips of
Prov 30: 6 and you be f a liar.
Prov 30:10 and you be f guilty.
Song 3: 4 When I f the one I love. I
Is 51: 3 Joy and gladness will be f
Is 55: 6 the LORD while He may be f,
Jer 15:16 Your words were f,
Jer 29:14 I will be f by you, says the
Dan 5:27 and f wanting;
Dan 12: 1 Every one who is f written
Matt 1:18 she was f with child of the
Matt 2: 8 and when you have f Him,
Matt 8:10 I have not f such great
Matt 13:44 which a man f and hid; and
Matt 13:46 when he had f one pearl of
Luke 1:30 for you have f favor with
Luke 2:16 they came with haste and f
Luke 2:46 after three days they f Him
Luke 15: 6 for I have f my sheep which
Luke 15: 9 for I have f the piece which
Luke 15:32 again, and was lost and is f.
Luke 23:14 I have f no fault in this
Luke 23:22 I have f no reason for death
John 1:41 He first f his own brother
John 1:41 We have f the Messiah"
John 1:45 We have f Him of whom Moses
John 12:14 when He had f a young
Acts 5:10 the young men came in and f
Acts 5:23 we f no one inside!"
Acts 5:39 lest you even be f to fight
Acts 9:30 When the brethren f out, they
Acts 17:23 I even f an altar with this
Acts 22:29 was also afraid after he f
Acts 23:29 I f out that he was accused
Rom 7:10 I f to bring death.
1Co 4: 2 in stewards that one be f
2Co 5: 3 we shall not be f naked.
2Co 12:20 and that I shall be f by
Phil 3: 9 and be f in Him, not having
Heb 11: 5 death, "and was not f,
Heb 12:17 for he f no place for
Rev 20:15 And anyone not f written in

FOUNDATION (*see* FOUNDATIONS)
1Ki 5:17 to lay the f of the temple.
Ps 102:25 Of old You laid the f of the
Ps 137: 7 To its very f!"
Is 28:16 lay in Zion a stone for a f,
Is 28:16 cornerstone, a sure f;
Matt 13:35 kept secret from the f
Rom 15:20 build on another man's f,
1Co 3:11 For no other f can anyone lay
1Co 3:12 if anyone builds on this f
Eph 1: 4 us in Him before the f of
Eph 2:20 having been built on the f of
2Ti 2:19 Nevertheless the solid f of
Rev 13: 8 of the Lamb slain from the f
Rev 17: 8 the Book of Life from the f
Rev 21:19 the first f was jasper, the

FOUNDATIONS (*see* FOUNDATION)
Job 38: 4 were you when I laid the f
Heb 11:10 for the city which has f,
Rev 21:14 of the city had twelve f,

FOUNDED (*see* FOUND)
Ps 24: 2 For He has f it upon the
Prov 3:19 The LORD by wisdom f the
Matt 7:25 for it was f on the rock.

FOUNTAIN (*see* FOUNTAINS)
Prov 14:27 fear of the LORD is a **f**
Eccl 12: 6 pitcher shattered at the **f**,
Jer 2:13 the **f** of living waters,
Jer 9: 1 And my eyes a **f** of tears,
Jer 17:13 The **f** of living waters."
Joel 3:18 A **f** shall flow from the
John 4:14 him will become in him a **f**
Rev 21: 6 I will give of the **f** of the

FOUNTAINS (*see* FOUNTAIN)
Gen 8: 2 The **f** of the deep and the

FOUR (*see* FOUR-FOOTED, FOURTH)
Gen 2:10 there it parted and became **f**
Gen 14: 9 **f** kings against five.
Gen 23:16 **f** hundred shekels of silver,
Prov 30:18 **f** which I do not
Prov 30:29 **f** which are stately in
Jer 49:36 the four winds From the **f**
Ezek 1: 6 Each one had **f** faces, and
Ezek 1: 6 and each one had **f** wings.
Dan 7: 3 And **f** great beasts came up
Dan 7: 6 The beast also had **f** heads,
Dan 7:17 are **f** kings which arise
Amos 1: 3 of Damascus, and for **f**,
Matt 24:31 His elect from the **f** winds,
Mark 2: 3 who was carried by **f** men.
John 4:35 There are still **f** months and
John 11:39 for he has been dead **f**
Acts 10:11 a great sheet bound at the **f**

FOUR-FOOTED (*see* FOOT, FOUR)
Acts 10:12 In it were all kinds of **f**
Rom 1:23 and birds and **f** animals and

FOURTEEN
Gen 31:41 I served you **f** years for
Matt 1:17 from Abraham to David are **f**

FOURTH (*see* FOUR)
Gen 1:19 and the morning were the **f**
Gen 2:14 The **f** river is the
Gen 15:16 But in the **f** generation they
Num 14:18 children to the third and **f**
Dan 2:40 And the **f** kingdom shall be as
Dan 7: 7 a **f** beast, dreadful and

FOWLER†
Ps 91: 3 you from the snare of the **f**
Prov 6: 5 bird from the hand of the **f**.

FOX (*see* FOXES)
Luke 13:32 to them, "Go, tell that **f**,

FOXES (*see* FOX)
Judg 15: 4 turned the **f** tail to tail,
Song 2:15 The little **f** that spoil the
Matt 8:20 F have holes and birds of the

FRAGMENTS
Matt 14:20 baskets full of the **f** that

FRAGRANCE (*see* FRAGRANT)
Song 1:12 spikenard sends forth its **f**.
Song 7: 8 The **f** of your breath like
John 12: 3 house was filled with the **f**
2Co 2:14 through us diffuses the **f**
2Co 2:15 For we are to God the **f** of

FRAGRANT (*see* FRAGRANCE)
Song 4:13 F henna with spikenard,
Matt 26: 7 flask of very costly **f** oil,
Matt 26:12 For in pouring this **f** oil on
Luke 7:46 has anointed My feet with **f**
Luke 23:56 and prepared spices and **f**

FRAME (*see* FRAMED)
Ps 103:14 For He knows our **f**;
Ps 139:15 My **f** was not hidden from

FRAMED† (*see* FRAME)
Heb 11: 3 that the worlds were **f** by

FRANKINCENSE
Ex 30:34 and pure **f** with these sweet
Song 3: 6 Perfumed with myrrh and **f**,
Matt 2:11 gifts to Him: gold, **f**,
Rev 18:13 incense, fragrant oil and **f**,

FREE (*see* FREELY, FREEWILL, FREEWOMAN)
Ex 21: 2 seventh he shall go out **f**
Lev 19: 5 offer it of your own **f** will.
Deut 32:36 no one remaining, bond or **f**.
Judg 16:20 and shake myself **f**!" But he
Is 45:13 city And let My exiles go **f**,
Jer 34: 9 that every man should set **f**
John 8:32 the truth shall make you **f**.
John 8:36 you shall be **f** indeed.
Rom 5:15 But the **f** gift is not like
Rom 6:18 And having been set **f** from
Rom 6:20 you were **f** in regard to
Rom 8: 2 Christ Jesus has made me **f**
1Co 7:22 he who is called while **f**
1Co 9: 1 I not an apostle? Am I not **f**?
2Co 11: 7 the gospel of God to you **f**
Gal 3:28 there is neither slave nor **f**,
Gal 4:26 but the Jerusalem above is **f**,
Gal 4:31 the bondwoman but of the **f**.
Gal 5: 1 which Christ has made us **f**,
2Th 3: 8 did we eat anyone's bread **f**
1Pe 2:16 as **f**, yet not using

FREELY (*see* FREE)
Gen 2:16 of the garden you may **f** eat;
Hos 14: 4 I will love them **f**,
Matt 10: 8 F you have received, freely
Rom 3:24 being justified **f** by His
Rom 8:32 He not with Him also **f** give
Rev 21: 6 of the water of life **f** to
Rev 22:17 him take the water of life **f**.

FREEWILL (*see* FREE)
Ex 36: 3 continued bringing to him **f**
Ps 119:108 the **f** offerings of my mouth,

F

FREEWOMAN (*see* FREE)
Gal 4:30 with the son of the **f**.

FRESH
Judg 15:15 He found a **f** jawbone of a
Judg 16: 7 they bind me with seven **f**

FRET
Ps 37: 1 Do not **f** because of

FRIEND (*see* FRIENDS, FRIENDSHIP)
Ex 33:11 as a man speaks to his **f**.
1Ki 4: 5 a priest and the king's **f**;
2Ch 20: 7 of Abraham Your **f** forever?
Ps 41: 9 Even my own familiar **f** in
Prov 17:17 A **f** loves at all times, And
Prov 18:24 But there is a **f** who
Prov 27: 6 are the wounds of a **f**,
Is 41: 8 descendants of Abraham My **f**.
Matt 11:19 a **f** of tax collectors and
John 3:29 but the **f** of the bridegroom,
John 19:12 go, you are not Caesar's **f**.
Phm 1: 1 To Philemon our beloved **f**
Jas 2:23 And he was called the **f** of

FRIENDS (*see* FRIEND)
Job 2:11 Now when Job's three **f** heard
Job 19:19 All my close **f** abhor me,
Job 42:10 when he prayed for his **f**.
Zech 13: 6 wounded in the house of my **f**.
Matt 9:15 Can the **f** of the bridegroom
Luke 15: 6 he calls together his **f** and
Luke 15: 9 she calls her **f** and
Luke 23:12 Pilate and Herod became **f**
John 15:13 down one's life for his **f**.
John 15:14 You are My **f** if you do
John 15:15 but I have called you **f**,

FRIENDSHIP (*see* FRIEND)
Jas 4: 4 Do you not know that **f** with

FROGS
Ex 8: 2 all your territory with **f**.

FRONTLETS
Ex 13:16 a sign on your hand and as **f**
Deut 6: 8 and they shall be as **f**

FRUIT (*see* FRUITFUL, FRUITS)
Amos 2: 9 Yet I destroyed his **f** above
Amos 7:14 And a tender of sycamore **f**.
Amos 8: 1 Behold, a basket of summer **f**.
Mic 6: 7 The **f** of my body for the
Matt 7:17 every good tree bears good **f**,
Matt 12:33 a tree is known by its **f**.
Matt 21:19 Let no **f** grow on you ever
Matt 26:29 I will not drink of this **f**
Luke 1:42 and blessed is the **f** of
John 4:36 and gathers **f** for eternal
John 15: 2 in Me that does not bear **f**
John 15: 2 every branch that bears **f**
John 15:16 and that your **f** should
Rom 1:13 that I might have some **f**
Rom 7: 4 that we should bear **f** to
1Co 9: 7 and does not eat of its **f**?
Gal 5:22 But the **f** of the Spirit is
Heb 12:11 it yields the peaceable **f**
Heb 13:15 the **f** of our lips, giving
Jas 3:18 Now the **f** of righteousness is
Rev 22: 2 each tree yielding its **f**

FRUITFUL (*see* FRUIT, UNFRUITFUL)
Gen 1:22 Be **f** and multiply, and fill
Gen 9: 1 Be **f** and multiply, and fill
Gen 17: 6 will make you exceedingly **f**;
Is 5: 1 has a vineyard On a very **f**
Col 1:10 being **f** in every good work

FRUITS (*see* FRUIT)
Gen 43:11 Take some of the best **f** of
Matt 3: 8 Therefore bear **f** worthy of
Matt 7:16 will know them by their **f**.
Matt 21:43 to a nation bearing the **f**
Phil 1:11 being filled with the **f** of
Rev 22: 2 of life, which bore twelve **f**,

FULFILL (*see* FULFILLED, FULFILLMENT)
Gen 29:27 F her week, and we will give
Lev 22:21 to **f** his vow, or a freewill
Deut 9: 5 and that He may **f** the word
1Ki 5: 9 And you shall **f** my desire by
Matt 3:15 it is fitting for us to **f**
Matt 5:17 not come to destroy but to **f**.
Rom 13:14 to **f** its lusts.
Gal 5:16 and you shall not **f** the lust
Gal 6: 2 and so **f** the law of Christ.
Phil 2: 2 **f** my joy by being
2Ti 4: 5 **f** your ministry.

FULFILLED (*see* BELIEVED, FULFILL)
Gen 25:24 So when her days were **f** for
Num 6:13 days of his separation are **f**,
1Ki 8:20 So the LORD has **f** His word
2Ch 36:22 mouth of Jeremiah might be **f**,
Ezra 1: 1 mouth of Jeremiah might be **f**,
Dan 4:33 very hour the word was **f**
Dan 10: 3 three whole weeks were **f**.
Matt 1:22 was done that it might be **f**
Matt 5:18 from the law till all is **f**.
Mark 1:15 and saying, "The time is **f**,
Luke 1: 1 which have been **f** among us,
Luke 4:21 Today this Scripture is **f** in
Luke 21:24 times of the Gentiles are **f**.
Luke 22:16 eat of it until it is **f** in
John 17:13 that they may have My joy **f**
John 18:32 saying of Jesus might be **f**
Rom 8: 4 of the law might be **f** in us
Rev 17:17 until the words of God are **f**.

FULFILLMENT (*see* FULFILL)
Rom 13:10 therefore love is the **f** of

FULL (*see* FILL, FULL-GROWN, FULLNESS, FULLY, VALUE)
Gen 25: 8 an old man and **f** of years,
Gen 35:29 being old and **f** of days.
Gen 41: 7 the seven plump and **f** heads.

Deut 6:11 you have eaten and are f—
Ruth 1:21 "I went out f,
Job 14: 1 woman Is of few days and f
Job 42:17 old and f of days.
Ps 29: 4 voice of the LORD is f of
Ps 33: 5 The earth is f of the
Ps 78:38 being f of compassion,
Ps 81: 3 At the f moon, on our
Ps 104:24 The earth is f of Your
Ps 119:64 is f of Your mercy; Teach
Ps 127: 5 man who has his quiver f of
Ps 144:13 That our barns may be f,
Eccl 1: 7 sea, Yet the sea is not f;
Is 1:15 Your hands are f of blood.
Is 6: 3 The whole earth is f of
Is 11: 9 For the earth shall be f of
Jer 28: 3 Within two f years I will
Lam 1: 1 sits the city That was f
Ezek 37: 1 and it was f of bones.
Ezek 39:19 shall eat fat till you are f,
Mic 3: 8 But truly I am f of power
Mic 6:12 For her rich men are f of
Hab 3: 3 And the earth was f of His
Matt 6:22 your whole body will be f of
Matt 13:48 "which, when it was f,
Matt 14:20 took up twelve baskets f of
Matt 23:27 but inside are f of dead
Matt 23:28 but inside you are f of
Mark 6:43 took up twelve baskets f of
Mark 15:36 ran and filled a sponge f
Luke 1:57 Now Elizabeth's f time came
Luke 5:12 a man who was f of leprosy
Luke 6:25 Woe to you who are f,
Luke 11:34 your whole body also is f of
Luke 16:20 f of sores, who was laid at
John 1:14 f of grace and truth.
John 15:11 and that your joy may be f.
John 16:24 that your joy may be f.
John 21:11 f of large fish, one hundred
Acts 2:13 They are f of new wine."
Acts 2:28 You will make me f of
Acts 6: 3 f of the Holy Spirit and
Acts 6: 5 a man f of faith and the
Acts 6: 8 f of faith and power, did
1Co 4: 8 You are already f! You are
Phil 4:12 I have learned both to be f
Jas 3: 8 f of deadly poison.
1Pe 1: 8 joy inexpressible and f of
2Pe 2:14 having eyes f of adultery and
1Jn 1: 4 you that your joy may be f.

FULL-GROWN† (*see* FULL, GROW)
Jas 1:15 sin; and sin, when it is f,

FULLNESS (*see* FULL)
Ps 16:11 In Your presence is f of
Ps 24: 1 the LORD's, and all its f,
John 1:16 And of His f we have all
Rom 11:25 to Israel until the f of
Rom 15:29 I shall come in the f of the
1Co 10:26 LORD's, and all its f.
Gal 4: 4 But when the f of the time
Eph 1:10 in the dispensation of the f
Eph 1:23 the f of Him who fills all
Eph 3:19 be filled with all the f of
Eph 4:13 of the stature of the f of
Col 1:19 that in Him all the f
Col 2: 9 For in Him dwells all the f

FULLY (*see* FULL)
Num 14:24 in him and has followed Me f,
John 7: 8 for My time has not yet f
Col 1:10 f pleasing Him, being
1Pe 1:13 and rest your hope f upon

FURNACE
Gen 19:28 up like the smoke of a f.
Ex 19:18 like the smoke of a f,
Deut 4:20 you out of the iron f,
1Ki 8:51 of Egypt, out of the iron f),
Is 48:10 I have tested you in the f
Jer 11: 4 of Egypt, from the iron f,
Dan 3: 6 midst of a burning fiery f.
Matt 13:42 will cast them into the f

FURTHERANCE†
Phil 1:12 turned out for the f of the

FURY
Gen 27:44 until your brother's f turns
Prov 6:34 jealousy is a husband's f;
Is 51:17 the LORD The cup of His f;
Is 59:18 F to His adversaries,
Is 63: 3 And trampled them in My f;
Is 63: 6 Made them drunk in My f,
Jer 25:15 Take this wine cup of f from
Jer 33: 5 slay in My anger and My f,
Ezek 9: 8 in pouring out Your f on
Dan 9:16 let Your anger and Your f be
Amos 5: 9 So that f comes upon the
Mic 5:15 vengeance in anger and f
Nah 1: 6 His f is poured out like

FUTILE (*see* FUTILITY)
Rom 1:21 but became f in their
1Co 15:17 not risen, your faith is f;

FUTILITY (*see* FUTILE)
Rom 8:20 creation was subjected to f,
Eph 4:17 in the f of their mind,

FUTURE
Jer 29:11 to give you a f and a hope.
Jer 31:17 There is hope in your f,
Dan 8:26 to many days in the f.

G

GABBATHA†
John 19:13 Pavement, but in Hebrew, G.

GABRIEL
Dan 9:21 in prayer, the man G,
Luke 1:19 and said to him, "I am G,

GAD

Gen 30:11 So she called his name **G**.
Num 2:14 "Then comes the tribe of **G**,
1Sa 13: 7 the Jordan to the land of **G**
1Sa 22: 5 Now the prophet **G** said to

GAIN (*see* GAINED, GAINS)

1Sa 8: 3 aside after dishonest **g**,
Job 18: 2 **G** understanding, and
Ps 90:12 That we may **g** a heart of
Prov 1:19 everyone who is greedy for **g**;
Eccl 3: 6 A time to **g**, And a time
Dan 2: 8 for certain that you would **g**
Phil 1:21 is Christ, and to die is **g**.
Phil 3: 7 But what things were **g** to me,
Phil 3: 8 that I may **g** Christ
1Ti 6: 5 godliness is a means of **g**.
1Ti 6: 6 with contentment is great **g**.
Tit 1:11 for the sake of dishonest **g**.
Jude 16 flattering people to **g**

GAINED (*see* GAIN)

Ps 98: 1 and His holy arm have **g** Him
Prov 20:17 Bread **g** by deceit is sweet
Eccl 1:16 and have **g** more wisdom than
Ezek 28: 4 understanding You have **g**
Matt 18:15 you have **g** your brother.
Matt 25:17 he who had received two **g**

GAINS (*see* GAIN)

Prov 3:13 And the man who **g**
Mark 8:36 it profit a man if he **g** the
Luke 9:25 is it to a man if he **g** the

GALATIA (*see* GALATIANS)

Gal 1: 2 me, To the churches of **G**:
1Pe 1: 1 the Dispersion in Pontus, **G**,

GALATIANS† (*see* GALATIA)

Gal 3: 1 O foolish **G**! Who has

GALILEAN (*see* GALILEE)

Mark 14:70 of them; for you are a **G**,

GALILEE (*see* GALILEAN)

Josh 20: 7 they appointed Kedesh in **G**,
1Ki 9:11 cities in the land of **G**.
Is 9: 1 In **G** of the Gentiles.
Matt 4:15 **G** of the Gentiles:
Matt 4:23 And Jesus went about all **G**,
Matt 4:25 followed Him—from **G**,
Matt 21:11 prophet from Nazareth of **G**.
Luke 4:31 to Capernaum, a city of **G**,
John 2: 1 was a wedding in Cana of **G**,
Acts 1:11 who also said, "Men of **G**,

GALL

Ps 69:21 They also gave me **g** for my
Lam 3:19 The wormwood and the **g**.
Matt 27:34 sour wine mingled with **g** to

GALLOWS

Esth 7: 9 to the king, "Look! The **g**,

GAMALIEL

Acts 5:34 stood up, a Pharisee named **G**,
Acts 22: 3 this city at the feet of **G**,

GAME

Gen 25:28 because he ate of his **g**,
Gen 27:31 arise and eat of his son's **g**,

GAP

Ezek 22:30 and stand in the **g** before Me

GARDEN (*see* GARDENER)

Gen 2: 8 The LORD God planted a **g**
Gen 3: 8 LORD God walking in the **g**
Is 1: 8 As a hut in a **g** of
Ezek 28:13 the **g** of God; Every
John 18: 1 Kidron, where there was a **g**,
John 19:41 was crucified there was a **g**,
John 19:41 and in the **g** a new tomb in

GARDENER† (*see* GARDEN)

John 20:15 supposing Him to be the **g**,

GARLIC†

Num 11: 5 leeks, the onions, and the **g**;

GARMENT (*see* GARMENTS)

Gen 9:23 Shem and Japheth took a **g**,
Gen 25:25 He was like a hairy **g** all
Gen 39:12 But he left his **g** in her
Ex 22:26 ever take your neighbor's **g**
Lev 19:19 Nor shall a **g** of mixed linen
Deut 22: 5 a man put on a woman's **g**,
Ruth 3: 3 put on your best **g** and go
Ps 69:11 I also made sackcloth my **g**;
Ps 102:26 will all grow old like a **g**;
Dan 7: 9 His **g** was white as snow,
Matt 9:16 unshrunk cloth on an old **g**;
Matt 9:16 patch pulls away from the **g**,
Matt 9:20 and touched the hem of His **g**.
Matt 22:11 did not have on a wedding **g**.
Mark 10:50 And throwing aside his **g**,
Luke 22:36 let him sell his **g** and buy
John 21: 7 he put on his outer **g** (for
Heb 1:11 all grow old like a **g**;
Jude 23 hating even the **g** defiled by

GARMENTS (*see* GARMENT)

Gen 38:14 she took off her widow's **g**,
Gen 45:22 silver and five changes of **g**.
Ex 28: 3 that they may make Aaron's **g**,
Deut 8: 4 Your **g** did not wear out on
Josh 9: 5 and old **g** on themselves; and
2Sa 10: 4 cut off their **g** in the
2Sa 13:31 king arose and tore his **g**
Ezra 2:69 and one hundred priestly **g**.
Ps 22:18 They divide My **g** among them,
Ps 45: 8 All Your **g** are scented with
Ps 133: 2 down on the edge of his **g**.
Prov 31:24 She makes linen **g** and sells
Eccl 9: 8 Let your **g** always be white,
Song 4:11 And the fragrance of your **g**
Is 3:22 the mantles; The outer **g**,

Is 9: 5 And g rolled in blood,
Is 61:10 He has clothed me with the g
Is 63: 1 With dyed g from Bozrah,
Is 63: 3 blood is sprinkled upon My g,
Dan 3:27 not singed nor were their g
Joel 2:13 your heart, and not your g;
Zech 3: 3 was clothed with filthy g,
Matt 11: 8 see? A man clothed in soft g?
Matt 27:35 They divided My g among
Luke 24: 4 stood by them in shining g.
John 13: 4 supper and laid aside His g,
Acts 18: 6 he shook his g and said to
Jas 5: 2 and your g are moth-eaten.
Rev 3: 4 who have not defiled their g;
Rev 3: 5 shall be clothed in white g,

GATE (*see* GATES)

Gen 19: 1 Lot was sitting in the g of
Gen 22:17 shall possess the g of
Deut 22:15 elders of the city at the g.
Ruth 4: 1 Now Boaz went up to the g and
Neh 3:26 in front of the Water G
Esth 5: 9 saw Mordecai in the king's g,
Esth 5:13 Jew sitting at the king's g.
Job 5: 4 They are crushed in the g,
Prov 22:22 the afflicted at the g;
Is 28: 6 back the battle at the g.
Is 29:21 him who reproves in the g,
Jer 19: 2 the entry of the Potsherd G;
Jer 36:10 at the entry of the New G
Jer 38: 7 king was sitting at the G
Jer 51:30 The bars of her g are
Jer 52: 7 at night by way of the g
Ezek 8: 3 to the door of the north g
Ezek 40: 7 between the g chambers was
Ezek 44: 2 This g shall be shut; it
Amos 1: 5 I will also break the g bar
Amos 5:10 the one who rebukes in the g,
Matt 7:13 "Enter by the narrow g;
Matt 7:13 for wide is the g and broad
Luke 16:20 sores, who was laid at his g,
John 5: 2 Jerusalem by the Sheep G a
Acts 3:10 alms at the Beautiful G of
Acts 12:10 they came to the iron g that
Acts 12:13 knocked at the door of the g,
Heb 13:12 suffered outside the g.
Rev 21:21 each individual g was of one

GATES (*see* GATE)

Ex 20:10 who is within your g.
Deut 3: 5 fortified with high walls, g,
Deut 6: 9 of your house and on your g.
Deut 12:12 Levite who is within your g,
Deut 14:21 alien who is within your g,
Ps 24: 7 O you g! And be lifted up,
Ps 100: 4 Enter into His g with
Ps 122: 2 been standing Within your g,
Prov 31:23 husband is known in the g,
Prov 31:31 works praise her in the g.
Matt 16:18 and the g of Hades shall not
Rev 21:12 and high wall with twelve g,

GATH

Josh 11:22 remained only in Gaza, in G,
1Sa 6:17 one for Ashkelon, one for G,
1Sa 17: 4 named Goliath, from G,
2Sa 1:20 Tell it not in G,
Mic 1:10 Tell it not in G,

GATHER (*see* GATHERED, GATHERING, GATHERS)

Ex 5: 7 Let them go and g straw for
Ruth 2: 7 Please let me glean and g
Eccl 3: 5 And a time to g stones; A
Song 6: 2 And to g lilies.
Is 11:12 And g together the
Is 34:15 and g them under her
Is 40:11 He will g the lambs with
Is 43: 5 And g you from the west;
Matt 3:12 and g His wheat into the
Matt 13:30 First g together the tares
Matt 23:37 her! How often I wanted to g
Matt 25:26 and g where I have not
Mark 13:27 and g together His elect
Luke 6:44 For men do not g figs from
Luke 6:44 nor do they g grapes from a
John 6:12 G up the fragments that
John 11:52 but also that He would g
John 15: 6 and they g them and throw
Rev 19:17 Come and g together for the

GATHERED (*see* ASSEMBLED, GATHER)

Gen 1: 9 under the heavens be g
Gen 12: 5 possessions that they had g,
Gen 25:17 and was g to his people.
Ex 15: 8 nostrils The waters were g
Ex 16:18 he who g much had nothing
Ex 16:18 and he who g little had no
Ex 16:21 So they g it every morning,
Num 11:32 and g the quail the who
Josh 24: 1 Then Joshua g all the tribes
1Sa 13: 5 Then the Philistines g
2Sa 14:14 which cannot be g up again.
2Sa 21:13 and they g the bones of
2Ki 22:20 and you shall be g to your
2Ch 13: 7 Then worthless rogues g to
Ezra 3: 1 the people g together as one
Neh 8:13 were g to Ezra the scribe,
Neh 12:28 the sons of the singers g
Esth 2:19 When virgins were g together
Ps 35:15 Attackers g against me,
Ps 107: 3 And g out of the lands,
Prov 30: 4 Who has g the wind in His
Eccl 2: 8 I also g for myself silver
Is 22: 9 And you g together the
Is 27:12 And you will be g one by
Is 34:16 and His Spirit has g them.
Is 49: 5 So that Israel is g to Him
Jer 8: 2 They shall not be g nor
Ezek 29: 5 shall not be picked up or g.
Matt 2: 4 And when he had g all the
Matt 13:40 as the tares are g and
Matt 18:20 where two or three are g
Matt 22:41 While the Pharisees were g
Mark 1:33 And the whole city was g
Mark 4: 1 And a great multitude was g
Mark 6:30 Then the apostles g to Jesus
Luke 15:13 the younger son g all

G

John 6:13 Therefore they **g** them up,
Acts 4: 6 were **g** together at
Acts 14:20 when the disciples **g** around
Acts 14:27 Now when they had come and **g**
2Co 8:15 He who **g** much had
Rev 19:19 **g** together to make war

GATHERING (*see* GATHER)
Gen 1:10 and the **g** together of the
Num 15:32 they found a man **g** sticks on
Matt 25:24 and **g** where you have not
2Th 2: 1 Lord Jesus Christ and our **g**

GATHERS (*see* GATHER)
Matt 23:37 as a hen **g** her chicks under
John 4:36 and **g** fruit for eternal

GAVE (*see* GIVE)
Gen 2:20 So Adam **g** names to all
Gen 35:12 The land which I **g** Abraham
Gen 39:21 and He **g** him favor in the
2Sa 12: 8 I **g** you your master's house
1Ki 4:29 And God **g** Solomon wisdom and
Neh 8: 8 and they **g** the sense, and
Neh 9:15 You **g** them bread from heaven
Neh 9:20 You also **g** Your good Spirit
Neh 9:20 And **g** them water for their
Job 1:21 I return there. The LORD **g**,
Job 42:10 Indeed the LORD **g** Job twice
Ps 68:11 The Lord **g** the word; Great
Ps 69:21 They also **g** me gall for my
Eccl 12: 7 will return to God who **g** it.
Is 43: 3 I **g** Egypt for your ransom,
Is 50: 6 I **g** My back to those who
Dan 1:17 God **g** them knowledge and
Dan 6:10 and prayed and **g** thanks
Hos 2: 8 she did not know That I **g**
Hos 13:11 I **g** you a king in My anger,
Amos 4: 6 Also I **g** you cleanness of
Matt 10: 1 He **g** them power over
Matt 25:35 for I was hungry and you **g** Me
Mark 3:16 to whom He **g** the name Peter;
Mark 6:28 and **g** it to the girl; and
Luke 2:38 coming in that instant she **g**
Luke 5:29 Then Levi **g** Him a great feast
Luke 7:21 and to many blind He **g**
Luke 7:44 you **g** Me no water for My
Luke 9: 1 disciples together and **g**
Luke 9:42 and **g** him back to his
Luke 10:35 **g** them to the innkeeper,
Luke 18:43 **g** praise to God.
Luke 22:17 and **g** thanks, and said,
Luke 22:19 **g** thanks and broke it, and
Luke 23:24 So Pilate **g** sentence that it
Luke 24:42 So they **g** Him a piece of a
John 1:12 to them He **g** the right to
John 3:16 so loved the world that He **g**
John 4:12 who **g** us the well, and drank
John 6:31 He **g** them bread from
John 13:26 He **g** it to Judas Iscariot,
John 14:31 and as the Father **g** Me
John 17:12 Those whom You **g** Me I have
John 17:22 And the glory which You **g** Me
John 19: 9 But Jesus **g** him no answer.
John 19:30 He **g** up His spirit.
Acts 2: 4 as the Spirit **g** them
Acts 7:42 Then God turned and **g** them up
Acts 8:10 to whom they all **g** heed, from
Acts 14:17 **g** us rain from heaven and
Rom 1:24 Therefore God also **g** them up
1Co 3: 5 as the Lord **g** to each one?
1Co 3: 6 but God **g** the increase.
2Co 8: 5 but they first **g** themselves
Gal 1: 4 who **g** Himself for our sins,
Gal 2:20 who loved me and **g** Himself
Eph 1:22 and **g** Him to be head over
Eph 4: 8 And **g** gifts to men."
Eph 4:11 And He Himself **g** some to be
Eph 5:25 also loved the church and **g**
1Ti 2: 6 who **g** Himself a ransom for
Heb 7: 2 to whom also Abraham **g** a
Heb 11:22 and **g** instructions
Jas 5:18 and the heaven **g** rain, and
1Jn 3:23 as He **g** us commandment.
Rev 1: 1 which God **g** Him to show His
Rev 11:13 the rest were afraid and **g**
Rev 12:13 persecuted the woman who **g**
Rev 13: 2 The dragon **g** him his power,
Rev 13: 4 worshiped the dragon who **g**
Rev 15: 7 the four living creatures **g**
Rev 20:13 The sea **g** up the dead who

GAZA
Judg 16: 1 Now Samson went to **G** and saw
Amos 1: 6 three transgressions of **G**,
Acts 8:26 down from Jerusalem to **G**.

GAZELLE (*see* GAZELLES)
2Sa 2:18 fleet of foot as a wild **g**.
Song 2: 9 My beloved is like a **g** or a
Song 4: 5 two fawns, Twins of a **g**,

GAZELLES (*see* GAZELLE)
Song 2: 7 By the **g** or by the does of

GAZING
Acts 1:11 why do you stand **g** up into

GENEALOGIES (*see* GENEALOGY)
1Ti 1: 4 heed to fables and endless **g**,
Tit 3: 9 avoid foolish disputes, **g**,

GENEALOGY (*see* GENEALOGIES)
Gen 5: 1 This is the book of the **g** of
Gen 6: 9 This is the **g** of Noah. Noah
Matt 1: 1 The book of the **g** of Jesus
Heb 7: 3 without mother, without **g**,

GENERATION (*see* GENERATIONS)
Gen 7: 1 before Me in this **g**.
Gen 15:16 But in the fourth **g** they
Gen 50:23 children to the third **g**.
Deut 1:35 of these men of this evil **g**
Deut 23: 2 even to the tenth **g** none of
Deut 32: 5 A perverse and crooked **g**.
Ps 22:30 of the Lord to the next **g**,
Ps 24: 6 the **g** of those who seek Him,
Ps 78: 8 A stubborn and rebellious **g**,

Ps 112: 2 The g of the upright will
Ps 145: 4 One g shall praise Your
Eccl 1: 4 One g passes away, and
Is 53: 8 And who will declare His g?
Dan 4: 3 His dominion is from g to
Dan 4:34 And His kingdom is from g
Matt 11:16 to what shall I liken this g?
Matt 12:39 An evil and adulterous g
Matt 12:41 in the judgment with this g
Matt 12:45 also be with this wicked g.
Matt 17:17 "O faithless and perverse g,
Matt 24:34 this g will by no means pass
Mark 8:12 Why does this g seek a sign?
Mark 8:38 this adulterous and sinful g,
Luke 11:29 to say, "This is an evil g.
Luke 11:30 Son of Man will be to this g.
Luke 11:31 with the men of this g and
Luke 11:50 may be required of this g,
Luke 16: 8 are more shrewd in their g
Acts 8:33 who will declare His g?
Phil 2:15 of a crooked and perverse g,
Heb 3:10 was angry with that g,
1Pe 2: 9 But you are a chosen g,

GENERATIONS (*see* GENERATION)

Gen 6: 9 a just man, perfect in his g.
Gen 9:12 with you, for perpetual g:
Ex 3:15 is My memorial to all g.
Ex 20: 5 to the third and fourth g
Ex 31:16 Sabbath throughout their g
Deut 7: 9 and mercy for a thousand g
Job 42:16 grandchildren for four g.
Ps 49:11 dwelling places to all g;
Ps 61: 6 life, His years as many g.
Ps 72: 5 endure, Throughout all g.
Ps 79:13 forth Your praise to all g.
Ps 89: 1 Your faithfulness to all g.
Ps 90: 1 our dwelling place in all g.
Ps 100: 5 His truth endures to all g.
Ps 102:24 years are throughout all g.
Ps 106:31 for righteousness To all g
Ps 119:90 endures to all g;
Is 51: 9 In the g of old. Are You
Is 60:15 excellence, A joy of many g.
Is 61: 4 The desolations of many g.
Joel 2: 2 Even for many successive g.
Matt 1:17 So all the g from Abraham to
Eph 3:21 by Christ Jesus to all g,

GENEROUS

Ps 51:12 And uphold me by Your g

GENTILES

Gen 10: 5 coastland peoples of the G
Is 9: 1 Jordan, In Galilee of the G.
Is 11:10 For the G shall seek Him,
Is 42: 1 bring forth justice to the G.
Is 49: 6 give You as a light to the G,
Is 66:19 declare My glory among the G.
Jer 10: 2 not learn the way of the G;
Ezek 30: 3 of clouds, the time of the G.
Matt 4:15 Galilee of the G:
Matt 6:32 all these things the G seek.
Matt 12:18 justice to the G.
Matt 12:21 And in His name G will
Matt 20:19 and deliver Him to the G to
Luke 2:32 bring revelation to the G,
Luke 18:32 will be delivered to the G
Luke 21:24 will be trampled by G until
Luke 21:24 until the times of the G
Acts 9:15 to bear My name before G,
Acts 10:45 had been poured out on the G
Acts 13:46 behold, we turn to the G.
Acts 13:47 as a light to the G,
Acts 14: 2 Jews stirred up the G and
Acts 14:27 the door of faith to the G.
Acts 15: 3 the conversion of the G;
Acts 18: 6 now on I will go to the G.
Acts 26:23 Jewish people and to the G.
Acts 28:28 God has been sent to the G,
Rom 1:13 just as among the other G.
Rom 2:24 blasphemed among the G
Rom 3:29 not also the God of the G?
Rom 11:11 has come to the G.
Rom 11:13 as I am an apostle to the G,
Rom 11:25 until the fullness of the G
Rom 15:11 all you G! Laud Him,
Rom 15:12 In Him the G shall
Rom 16: 4 all the churches of the G.
1Co 5: 1 not even named among the G—
Gal 1:16 might preach Him among the G,
Gal 2:12 he would eat with the G;
Gal 2:14 why do you compel G to live
Eph 2:11 once G in the flesh—who are
Col 1:27 of this mystery among the G:
1Ti 2: 7 a teacher of the G in faith
1Ti 3:16 Preached among the G,
Rev 11: 2 it has been given to the G.

GENTLE (*see* GENTLENESS, GENTLY)

Prov 25:15 And a g tongue breaks a
Hos 11: 4 I drew them with g cords,
Matt 11:29 for I am g and lowly in
1Th 2: 7 But we were g among you, just
1Ti 3: 3 not greedy for money, but g,
2Ti 2:24 must not quarrel but be g
Tit 3: 2 no one, to be peaceable, g,
Jas 3:17 pure, then peaceable, g,

GENTLENESS (*see* GENTLE)

1Co 4:21 or in love and a spirit of g?
2Co 10: 1 you by the meekness and g
Gal 5:23 g, self-control. Against
Gal 6: 1 such a one in a spirit of g,
Phil 4: 5 Let your g be known to all
1 Ti 6:11 faith, love, patience, g.

GENTLY (*see* GENTLE)

Is 40:11 And g lead those who are

GENUINENESS

1Pe 1: 7 that the g of your faith,

GERIZIM

Deut 11:29 put the blessing on Mount G

GET

Gen 12: 1 G out of your country, From

G

Prov 4: 5 **G** wisdom! Get understanding!
Matt 16:23 **G** behind Me, Satan! You are
Matt 24:18 the field not go back to **g**

GETHSEMANE
Matt 26:36 them to a place called **G**,

GHOST
Mark 6:49 they supposed it was a **g**,

GIANTS
Gen 6: 4 There were **g** on the earth in
Num 13:33 There we saw the **g** (the
Deut 3:13 was called the land of the **g**.

GIBEON
Josh 10:12 "Sun, stand still over **G**;
2Sa 2:13 met them by the pool of **G**.

GIDEON
Judg 6:11 while his son **G** threshed
Judg 6:24 So **G** built an altar there to
Judg 6:34 of the LORD came upon **G**;
Judg 7:20 sword of the LORD and of **G**!
Judg 8:27 Then **G** made it into an ephod
Heb 11:32 would fail me to tell of **G**

GIFT (*see* GIFTS, GIVE)
Num 8:19 given the Levites as a **g** to
2Sa 11: 8 and a **g** of food from the
Prov 21:14 A **g** in secret pacifies
Eccl 3:13 it is the **g** of God.
Matt 5:23 if you bring your **g** to the
Matt 8: 4 and offer the **g** that Moses
John 4:10 If you knew the **g** of God, and
Acts 2:38 and you shall receive the **g**
Rom 1:11 to you some spiritual **g**,
Rom 5:15 But the free **g** is not like
Rom 5:17 of grace and of the **g** of
Rom 6:23 but the **g** of God is eternal
1Co 7: 7 But each one has his own **g**
1Co 13: 2 And though I have the **g** of
1Co 16: 3 I will send to bear your **g**
2Co 1:11 on our behalf for the **g**
2Co 8: 4 that we would receive the **g**
2Co 9: 5 and prepare your generous **g**
2Co 9:15 God for His indescribable **g**!
Eph 2: 8 it is the **g** of God,
Eph 3: 7 minister according to the **g**
Eph 4: 7 to the measure of Christ's **g**.
Phil 4:17 Not that I seek the **g**,
2Ti 4:14 Do not neglect the **g** that is
Heb 6: 4 have tasted the heavenly **g**,
Jas 1:17 Every good **g** and every
1Pe 4:10 As each one has received a **g**,

GIFTS (*see* GIFT)
Ps 68:18 You have received **g** among
Dan 2: 6 you shall receive from me **g**,
Dan 2:48 and gave him many great **g**;
Dan 5:17 Let your **g** be for yourself,
Matt 2:11 they presented **g** to Him:
Matt 7:11 know how to give good **g** to
Rom 11:29 For the **g** and the calling of
Rom 12: 6 Having then **g** differing
1Co 12: 1 Now concerning spiritual **g**,
1Co 12: 4 There are diversities of **g**,
1Co 12: 9 to another **g** of healings by
1Co 12:31 earnestly desire the best **g**.
Eph 4: 8 And gave **g** to men."
Heb 2: 4 and **g** of the Holy Spirit,
Heb 8: 4 are priests who offer the **g**
Heb 11: 4 God testifying of his **g**;
Rev 11:10 and send **g** to one another,

GILEAD
Num 26:29 and Machir begot **G**;
Num 32:29 give them the land of **G** as
Josh 17: 1 of Manasseh, the father of **G**,
Josh 22:13 Manasseh, into the land of **G**,
Judg 11: 1 and **G** begot Jephthah.
1Sa 13: 7 to the land of Gad and **G**.
2Ki 10:33 including **G** and Bashan.
Ps 60: 7 **G** is Mine, and Manasseh is
Song 6: 5 of goats Going down from **G**.
Jer 8:22 Is there no balm in **G**,
Hos 12:11 Though **G** has idols—Surely
Amos 1: 3 they have threshed **G** with
Amos 1:13 the women with child in **G**,
Obad 19 Benjamin shall possess **G**.

GILGAL
Josh 4:19 and they camped in **G** on the
Josh 4:20 Jordan, Joshua set up in **G**.
Hos 12:11 they sacrifice bulls in **G**,

GIRD (*see* GIRDED)
1Sa 25:13 Every man **g** on his sword."
2Sa 3:31 **g** yourselves with sackcloth,
John 21:18 and another will **g** you and
1Pe 1:13 Therefore **g** up the loins of

GIRDED (*see* GIRD)
1Ki 18:46 and he **g** up his loins and
Ps 93: 1 He has **g** Himself with
John 13: 4 took a towel and **g** Himself.
Eph 6:14 having **g** your waist with

GIRL
Judg 5:30 To every man a **g** or two;
Amos 2: 7 father go in to the same **g**,
Matt 9:24 for the **g** is not dead, but
Matt 9:25 and the **g** arose.
Matt 14:11 a platter and given to the **g**,
Matt 26:69 And a servant **g** came to him,
Mark 5:41 is translated, "Little **g**,
Acts 12:13 a **g** named Rhoda came to
Acts 16:16 that a certain slave **g**
Acts 16:17 This **g** followed Paul and us,

GIVE (*see* GAVE, GIFT, GIVEN, GIVER, GIVES, GIVING)
Gen 1:15 of the heavens to **g** light
Gen 12: 7 your descendants I will **g**
Gen 13:15 the land which you see I **g**
Gen 28:13 on which you lie I will **g**
Gen 30: 1 **G** me children, or else I
Ex 6: 8 the land which I swore to **g**

Ex 33:14 and I will **g** you rest."
Deut 18: 3 they shall **g** to the priest
Judg 21:18 we cannot **g** them wives from
Ruth 4:12 which the LORD will **g** you
1Sa 2:10 He will **g** strength to His
1Sa 6: 5 and you shall **g** glory to the
1Sa 8: 6 **G** us a king to judge us." So
2Sa 3:14 **G** me my wife Michal, whom I
2Sa 22:50 Therefore I will **g** thanks to
1Ki 3: 5 Ask! What shall I **g** you?"
1Ki 3: 9 Therefore **g** to Your servant
1Ki 3:25 and **g** half to one, and half
1Ki 3:26 **g** her the living child, and
1Ki 11:13 I will **g** one tribe to your
1Ki 17:19 **G** me your son." So he took
1Ki 21: 6 **G** me your vineyard for money;
1Ki 21: 6 I will not **g** you my
2Ki 6:28 **G** your son, that we may eat
2Ki 8:19 as He promised him to **g** a
1Ch 16: 8 **g** thanks to the LORD! Call
1Ch 16:29 **G** to the LORD the glory
1Ch 22: 9 for I will **g** peace and
1Ch 22:12 Only may the LORD **g** you
2Ch 1:10 Now **g** me wisdom and
2Ch 25:18 **G** your daughter to my son as
2Ch 30:12 of God was on Judah to **g**
2Ch 31: 2 to **g** thanks, and to praise
Ezra 9: 8 enlighten our eyes and **g** us
Ezra 9: 9 and to **g** us a wall in Judah
Ezra 9:12 do not **g** your daughters as
Neh 9:12 To **g** them light on the road
Neh 9:15 Which You had sworn to **g**
Job 2: 4 all that a man has he will **g**
Job 10: 1 I will **g** free course to my
Job 33:31 **G** ear, Job, listen to me;
Ps 2: 8 and I will **g** You The
Ps 5: 1 **G** ear to my words, O LORD,
Ps 5: 2 **G** heed to the voice of my
Ps 6: 5 In the grave who will **g** You
Ps 18:49 Therefore I will **g** thanks to
Ps 28: 4 **G** them according to the
Ps 29: 1 **G** unto the LORD glory and
Ps 29:11 The LORD will **g** strength to
Ps 30:12 I will **g** thanks to You
Ps 37: 4 And He shall **g** you the
Ps 49: 7 Nor **g** to God a ransom for
Ps 51:16 or else I would **g** it; You
Ps 84:11 The LORD will **g** grace and
Ps 91:11 For He shall **g** His angels
Ps 92: 1 It is good to **g** thanks to
Ps 96: 7 **G** to the LORD, O families
Ps 97:12 And **g** thanks at the
Ps 105: 1 **g** thanks to the LORD! Call
Ps 106:47 To **g** thanks to Your holy
Ps 108:12 **G** us help from trouble, For
Ps 109: 4 But I **g** myself to
Ps 118: 1 **g** thanks to the LORD, for
Ps 118:29 **g** thanks to the LORD, for
Ps 119:62 midnight I will rise to **g**
Ps 132: 4 I will not **g** sleep to my
Ps 136: 1 **g** thanks to the LORD, for
Ps 136: 2 **g** thanks to the God of gods!
Ps 136: 3 **g** thanks to the Lord of
Ps 143: 1 **G** ear to my supplications!

Ps 145:15 And You **g** them their food
Prov 1: 4 To **g** prudence to the simple,
Prov 4: 2 For I **g** you good doctrine:
Prov 4:20 **g** attention to my words;
Prov 5: 9 Lest you **g** your honor to
Prov 6: 4 **G** no sleep to your eyes,
Prov 9: 9 **G** instruction to a wise
Prov 23:26 **g** me your heart, And let
Prov 25:21 **g** him bread to eat; And if
Prov 29:17 he will **g** delight to your
Prov 30:15 Give and **G**! There are
Prov 31: 3 Do not **g** your strength to
Prov 31: 6 **G** strong drink to him who is
Prov 31:31 **G** her of the fruit of her
Eccl 5: 1 to hear rather than to **g**
Song 7:12 There I will **g** you my love.
Song 8: 7 If a man would **g** for love
Is 1: 2 and **g** ear, O earth! For the
Is 7:14 the Lord Himself will **g** you
Is 42: 8 And My glory I will not **g**
Jer 32:39 then I will **g** them one heart
Ezek 11:19 Then I will **g** them one heart,
Ezek 11:19 and **g** them a heart of flesh,
Ezek 36:26 I will **g** you a new heart and
Hos 11: 8 How can I **g** you up, Ephraim?
Mic 6: 7 Shall I **g** my firstborn for
Matt 4: 6 He shall **g** His angels
Matt 5:42 **G** to him who asks you, and
Matt 6:11 **G** us this day our daily
Matt 7: 6 Do not **g** what is holy to the
Matt 7: 9 will **g** him a stone?
Matt 7:11 know how to **g** good gifts to
Matt 10: 8 you have received, freely **g**.
Matt 11:28 and I will **g** you rest.
Matt 16:26 Or what will a man **g** in
Matt 20:28 and to **g** His life a ransom
Matt 24:45 to **g** them food in due
Mark 10:21 whatever you have and **g** to
Luke 1:79 To **g** light to those who sit
Luke 4: 6 and I **g** it to whomever I
Luke 4:10 He shall **g** His angels
Luke 6:30 **G** to everyone who asks of
Luke 6:38 "**G**, and it will be given
Luke 11: 3 **G** us day by day our daily
Luke 11:11 will he **g** him a serpent
Luke 11:13 know how to **g** good gifts to
Luke 11:13 your heavenly Father **g** the
Luke 12:32 Father's good pleasure to **g**
Luke 12:33 Sell what you have and **g**
Luke 15:12 **g** me the portion of goods
Luke 18:12 I **g** tithes of all that I
Luke 19: 8 I **g** half of my goods to the
John 1:22 that we may **g** an answer to
John 4: 7 **G** Me a drink."
John 4:14 of the water that I shall **g**
John 4:15 **g** me this water, that I may
John 6:34 **g** us this bread always."
John 6:51 the bread that I shall **g** is
John 6:51 which I shall **g** for the life
John 9:24 **G** God the glory! We know that
John 10:28 And I **g** them eternal life,
John 13:26 It is he to whom I shall **g** a
John 13:34 A new commandment I **g** to you,
John 14:16 and He will **g** you another

G

John 14:27 My peace I **g** to you; not as
John 15:16 Father in My name He may **g**
John 17: 2 that He should **g** eternal
Acts 3: 6 but what I do have I **g** you:
Acts 12:23 because he did not **g** glory
Acts 20:35 It is more blessed to **g** than
Rom 8:32 not with Him also freely **g**
Rom 12:20 **g** him a drink; For in
Rom 14:12 So then each of us shall **g**
Rom 16: 4 to whom not only I **g** thanks,
1Co 7: 5 that you may **g** yourselves to
1Co 10:32 **G** no offense, either to the
1Co 13: 3 and though I **g** my body to be
1Co 14:17 For you indeed **g** thanks well,
2Co 8:10 And in this I **g** advice: It is
2Co 9: 7 So let each one **g** as he
Eph 1:16 do not cease to **g** thanks for
Eph 4:27 nor **g** place to the devil.
Eph 4:28 he may have something to **g**
Eph 5:14 And Christ will **g** you
Col 1: 3 We **g** thanks to the God and
1Th 5:18 in everything **g** thanks; for
1Ti 1: 4 nor **g** heed to fables and
1Ti 4:13 **g** attention to reading, to
1Ti 5:14 **g** no opportunity to the
2Ti 4: 8 will **g** to me on that Day,
Heb 2: 1 Therefore we must **g** the more
1Pe 3:15 and always be ready to **g**
1Jn 5:16 and He will **g** him life for
Rev 2: 7 him who overcomes I will **g**
Rev 2:10 and I will **g** you the crown
Rev 2:17 And I will **g** him a white
Rev 2:28 and I will **g** him the morning
Rev 4: 9 the living creatures **g**
Rev 14: 7 Fear God and **g** glory to Him,
Rev 16: 9 they did not repent and **g**
Rev 22:12 to **g** to every one according

GIVEN (*see* GIVE)

Gen 1:30 I have **g** every green herb
Gen 9: 3 I have **g** you all things,
Gen 15:18 your descendants I have **g**
Esth 7: 3 let my life be **g** me at my
Ps 16: 7 bless the LORD who has **g**
Ps 115:16 But the earth He has **g** to
Eccl 9: 9 vain life which He has **g**
Is 8:18 whom the LORD has **g** me!
Is 9: 6 is born, Unto us a Son is **g**;
Dan 5:28 and **g** to the Medes and
Matt 7: 7 and it will be **g** to you;
Matt 9: 8 who had **g** such power to men.
Matt 12:39 and no sign will be **g** to it
Matt 13:12 has, to him more will be **g**,
Matt 21:43 be taken from you and **g** to
Matt 22:30 neither marry nor are **g** in
Matt 28:18 All authority has been **g** to
Mark 14:23 and when He had **g** thanks He
Luke 6:38 and it will be **g** to you:
Luke 11: 9 and it will be **g** to you;
Luke 11:29 and no sign will be **g** to it
Luke 22:19 This is My body which is **g**
John 1:17 For the law was **g** through
John 3:27 unless it has been **g** to him
John 3:35 and has **g** all things into
John 4:10 and He would have **g** you
John 5:27 and has **g** Him authority to
John 5:36 which the Father has **g** Me
John 6:11 and when He had **g** thanks He
John 7:39 Holy Spirit was not yet **g**,
John 10:29 who has **g** them to Me, is
John 13: 3 that the Father had **g** all
John 13:15 For I have **g** you an example,
John 16:21 but as soon as she has **g**
John 17: 2 as You have **g** Him authority
John 17: 4 the work which You have **g**
John 17: 6 to the men whom You have **g**
John 17: 8 For I have **g** to them the
John 17: 8 the words which You have **g**
John 17: 9 for those whom You have **g**
John 17:14 I have **g** them Your word; and
John 17:22 which You gave Me I have **g**
John 17:24 My glory which You have **g**
John 18:11 cup which My Father has **g**
Acts 4:12 no other name under heaven **g**
Acts 5:32 Holy Spirit whom God has **g**
Acts 8:18 hands the Holy Spirit was **g**,
Acts 17:31 He has **g** assurance of this
Rom 5: 5 by the Holy Spirit who was **g**
Rom 11: 8 God has **g** them a spirit
Rom 12: 3 through the grace **g** to me,
Rom 12:13 **g** to hospitality.
1Co 11:15 for her hair is **g** to her
1Co 11:24 and when He had **g** thanks, He
1Co 12: 7 of the Spirit is **g** to each
1Co 12: 8 for to one is **g** the word of
1Co 12:24 having **g** greater honor to
2Co 5:18 and has **g** us the ministry of
2Co 9: 9 He has **g** to the poor;
Gal 3:22 in Jesus Christ might be **g**
Gal 4:15 out your own eyes and **g**
Eph 3: 8 the saints, this grace was **g**,
Eph 4: 7 each one of us grace was **g**
Eph 4:19 have **g** themselves over to
Eph 5: 2 also has loved us and **g**
Eph 6:19 that utterance may be **g** to
Phil 2: 9 has highly exalted Him and **g**
2Th 2:16 who has loved us and **g** us
1Ti 3: 3 not **g** to wine, not violent,
2Ti 1: 7 For God has not **g** us a spirit
2Ti 3:16 All Scripture is **g** by
Heb 2:13 whom God has **g** Me.
Heb 4: 8 For if Joshua had **g** them
Jas 1: 5 and it will be **g** to him.
2Pe 3:15 according to the wisdom **g** to
1Jn 4:13 because He has **g** us of His
1Jn 5:10 testimony that God has **g** of
1Jn 5:11 that God has **g** us eternal
Rev 6: 2 and a crown was **g** to him,
Rev 8: 2 and to them were **g** seven
Rev 9: 1 To him was **g** the key to the
Rev 9: 3 And to them was **g** power, as
Rev 11: 1 Then I was **g** a reed like a
Rev 16: 8 and power was **g** to him to

GIVER† (*see* GIVE)

2Co 9: 7 for God loves a cheerful **g**.

GIVES (*see* GIVE)

Job 32: 8 the breath of the Almighty **g**
Job 35:10 Who **g** songs in the night,
Ps 119:130 entrance of Your words **g**
Ps 119:130 It **g** understanding to the
Ps 127: 2 For so He **g** His beloved
Ps 136:25 Who **g** food to all flesh,
Ps 146: 7 Who **g** food to the hungry.
Prov 3:34 But **g** grace to the humble.
Matt 5:15 and it **g** light to all who
Matt 10:42 And whoever **g** one of these
Mark 9:41 For whoever **g** you a cup of
John 1: 9 was the true Light which **g**
John 5:21 even so the Son **g** life to
John 6:63 It is the Spirit who **g** life;
John 10:11 The good shepherd **g** His life
John 14:27 not as the world **g** do I give
Acts 17:25 since He **g** to all life,
Rom 4:17 who **g** life to the dead and
Rom 12: 8 in exhortation; he who **g**,
1Co 3: 7 but God who **g** the increase.
1Co 15:57 who **g** us the victory through
2Co 3: 6 but the Spirit **g** life.
1Ti 6:17 who **g** us richly all things
Jas 1: 5 who **g** to all liberally and
Jas 1:15 it **g** birth to sin; and sin,
Jas 4: 6 But **g** grace to the
Rev 22: 5 for the Lord God **g** them

GIVING (*see* GIVE)

Ruth 1: 6 had visited His people by **g**
Matt 24:38 marrying and **g** in marriage,
Luke 17:16 **g** Him thanks. And he was a
Acts 15: 8 acknowledged them by **g** them
Rom 4:20 **g** glory to God,
Rom 9: 4 the **g** of the law, the
Rom 12:10 in honor **g** preference to one
Col 1:12 **g** thanks to the Father who
1Ti 4: 1 **g** heed to deceiving spirits
Tit 1:14 not **g** heed to Jewish fables
Heb 13:15 **g** thanks to His name.
1Pe 3: 7 **g** honor to the wife, as to
2Pe 1: 5 **g** all diligence, add to your

GLAD (*see* GLADLY, GLADNESS)

Ps 9: 2 I will be **g** and rejoice in
Ps 14: 7 rejoice and Israel be **g**.
Ps 16: 9 Therefore my heart is **g**,
Ps 34: 2 shall hear of it and be **g**.
Ps 45: 8 which they have made You **g**.
Ps 46: 4 whose streams shall make **g**
Ps 104:15 And wine that makes **g** the
Ps 118:24 We will rejoice and be **g** in
Ps 122: 1 I was **g** when they said to
Ps 126: 3 for us, And we are **g**.
Prov 10: 1 A wise son makes a **g**
Is 52: 7 Who brings **g** tidings of
Matt 5:12 and be exceedingly **g**,
John 8:56 and he saw it and was **g**.
John 20:20 Then the disciples were **g**
Rom 10:15 Who bring **g** tidings of
Phil 2:17 I am **g** and rejoice with you
Rev 19: 7 Let us be **g** and rejoice and

GLADLY (*see* GLAD)

Mark 12:37 common people heard Him **g**.
2Co 12: 9 Therefore most **g** I will

GLADNESS (*see* GLAD)

Deut 28:47 your God with joy and **g** of
Esth 8:16 The Jews had light and **g**,
Esth 9:17 it a day of feasting and **g**.
Ps 4: 7 You have put **g** in my heart,
Ps 30:11 and clothed me with **g**,
Ps 45: 7 You With the oil of **g** more
Ps 51: 8 Make me hear joy and **g**,
Ps 100: 2 Serve the LORD with **g**;
Is 35:10 They shall obtain joy and **g**,
Jer 7:34 of mirth and the voice of **g**,
Heb 1: 9 You With the oil of **g**

GLEAN (*see* GLEANED)

Lev 19:10 And you shall not **g** your
Ruth 2: 7 Please let me **g** and gather

GLEANED (*see* GLEAN)

Ruth 2:17 So she **g** in the field until

GLORIES† (*see* GLORY)

Jer 9:24 But let him who **g** glory in
1Co 1:31 it is written, "He who **g**,
2Co 10:17 But "he who **g**,
1Pe 1:11 of Christ and the **g** that

GLORIFIED (*see* GLORIFY)

Is 49: 3 Israel, In whom I will be **g**.
Dan 5:23 your ways, you have not **g**.
Matt 9: 8 they marveled and **g** God, who
John 7:39 because Jesus was not yet **g**.
John 11: 4 that the Son of God may be **g**
John 12:28 I have both **g** it and will
John 13:31 and God is **g** in Him.
John 14:13 that the Father may be **g** in
John 17: 4 I have **g** You on the earth. I
Rom 8:30 justified, these He also **g**.
2Th 1:12 Lord Jesus Christ may be **g**
1Pe 4:14 but on your part He is **g**.

GLORIFY (*see* GLORIFIED, GLORIFYING, GLORY)

Matt 5:16 see your good works and **g**
John 12:28 **g** Your name." Then a voice
John 12:28 glorified it and will **g**
John 17: 1 **G** Your Son, that Your Son
John 21:19 by what death he would **g**
Rom 1:21 they did not **g** Him as God,
1Co 6:20 therefore **g** God in your body
Heb 5: 5 So also Christ did not **g**

GLORIFYING (*see* GLORIFY)

Luke 2:20 **g** and praising God for all

GLORIOUS (*see* GLORY)

Ex 15: 6 has become **g** in power; Your
Ps 72:19 And blessed be His **g** name
Ps 87: 3 **G** things are spoken of you,
Dan 8: 9 and toward the **G** Land.
Eph 5:27 present her to Himself a **g**

G

Phil 3:21 it may be conformed to His **g**
Col 1:11 according to His **g** power,
1Ti 1:11 according to the **g** gospel of
Tit 2:13 for the blessed hope and **g**

GLORY (*see* GLORIES, GLORIFY, GLORIOUS, GLORYING)

Ex 24:16 Now the **g** of the LORD rested
Ex 29:43 shall be sanctified by My **g**.
Ex 33:18 "Please, show me Your **g**.
Ex 33:22 while My **g** passes by, that I
Ex 40:34 and the **g** of the LORD
Num 14:21 shall be filled with the **g**
Num 14:22 men who have seen My **g** and
Josh 7:19 give **g** to the LORD God of
1Sa 4:21 The **g** has departed from
1Ch 16:24 Declare His **g** among the
1Ch 16:29 Give to the LORD the **g** due
1Ch 29:11 The power and the **g**,
Ps 4: 2 Will you turn my **g** to
Ps 8: 1 Who have set Your **g** above
Ps 8: 5 You have crowned him with **g**
Ps 19: 1 The heavens declare the **g** of
Ps 24: 7 doors! And the King of **g**
Ps 29: 1 Give unto the LORD **g** and
Ps 29: 3 The God of **g** thunders; The
Ps 29: 9 everyone says, "**G**!"
Ps 62: 7 is my salvation and my **g**;
Ps 64:10 the upright in heart shall **g**.
Ps 72:19 earth be filled with His **g**.
Ps 73:24 afterward receive me to **g**.
Ps 79: 9 For the **g** of Your name;
Ps 84:11 LORD will give grace and **g**;
Ps 85: 9 That **g** may dwell in our
Ps 90:16 And Your **g** to their
Ps 96: 3 Declare His **g** among the
Ps 97: 6 all the peoples see His **g**.
Ps 102:16 He shall appear in His **g**.
Ps 104:31 May the **g** of the LORD
Ps 105: 3 **G** in His holy name
Ps 106:20 Thus they changed their **g**
Ps 108: 5 And Your **g** above all the
Ps 113: 4 His **g** above the heavens.
Ps 138: 5 For great is the **g** of the
Ps 145:11 They shall speak of the **g** of
Ps 148:13 His **g** is above the earth
Ps 149: 5 the saints be joyful in **g**;
Prov 17: 6 And the **g** of children is
Prov 25: 2 It is the **g** of God to
Prov 25: 2 But the **g** of kings is to
Is 6: 3 earth is full of His **g**!"
Is 28: 5 will be For a crown of **g**
Is 40: 5 The **g** of the LORD shall be
Is 41:16 And **g** in the Holy One of
Is 42: 8 And My **g** I will not give to
Is 43: 7 I have created for My **g**;
Is 46:13 in Zion, For Israel My **g**.
Is 60: 1 light has come! And the **g**
Is 60:19 light, And your God your **g**.
Jer 9:23 Let not the wise man **g** in
Ezek 1:28 of the likeness of the **g** of
Ezek 3:23 the **g** of the LORD stood
Ezek 8: 4 the **g** of the God of Israel
Ezek 10: 4 brightness of the LORD's **g**.
Ezek 43: 5 the **g** of the LORD filled
Dan 7:14 Him was given dominion and **g**
Hag 2: 3 this temple in its former **g**?
Hag 2: 9 The **g** of this latter temple
Matt 6:13 and the power and the **g**
Matt 6:29 even Solomon in all his **g**
Matt 16:27 of Man will come in the **g**
Matt 19:28 sits on the throne of His **g**,
Matt 24:30 with power and great **g**.
Luke 2: 9 and the **g** of the Lord shone
Luke 2:14 **G** to God in the highest, And
Luke 2:32 And the **g** of Your people
Luke 19:38 Peace in heaven and **g** in
Luke 24:26 and to enter into His **g**?
John 1:14 us, and we beheld His **g**,
John 2:11 and manifested His **g**;
John 17: 5 with the **g** which I had with
John 17:22 And the **g** which You gave Me I
Acts 7: 2 The God of **g** appeared to our
Rom 1:23 and changed the **g** of the
Rom 3:23 and fall short of the **g** of
Rom 5: 2 rejoice in hope of the **g** of
Rom 6: 4 from the dead by the **g** of
Rom 8:18 to be compared with the **g**
Rom 9: 4 pertain the adoption, the **g**,
Rom 9:23 known the riches of His **g**
Rom 9:23 prepared beforehand for **g**,
Rom 11:36 to whom be **g** forever. Amen.
Rom 16:27 be **g** through Jesus Christ
1Co 1:29 that no flesh should **g** in His
1Co 2: 7 before the ages for our **g**,
1Co 2: 8 have crucified the Lord of **g**.
1Co 10:31 do all to the **g** of God.
1Co 11: 7 since he is the image and **g**
1Co 11: 7 but woman is the **g** of man.
1Co 15:43 dishonor, it is raised in **g**.
2Co 3: 7 of Moses because of the **g**
2Co 3: 7 which **g** was passing away,
2Co 3:18 same image from glory to **g**,
2Co 4:17 and eternal weight of **g**,
Gal 1: 5 to whom be **g** forever and
Eph 1: 6 to the praise of the **g** of His
Eph 1:17 Christ, the Father of **g**,
Eph 1:18 are the riches of the **g** of
Eph 3:21 to Him be **g** in the church by
Phil 2:11 to the **g** of God the Father.
Phil 4:19 to His riches in **g** by
Col 1:27 are the riches of the **g** of
Col 1:27 Christ in you, the hope of **g**.
Col 3: 4 will appear with Him in **g**.
1Th 2:20 For you are our **g** and joy.
1Ti 3:16 the world, Received up in **g**.
2Ti 2:10 Christ Jesus with eternal **g**.
Heb 1: 3 the brightness of His **g**
Heb 2: 7 crowned him with **g** and
Heb 2:10 in bringing many sons to **g**,
Heb 13:21 to whom be **g** forever and
Jas 2: 1 Christ, the Lord of **g**,
1Pe 1: 8 inexpressible and full of **g**,
1Pe 4:13 that when His **g** is revealed,
1Pe 4:14 for the Spirit of **g** and of
1Pe 5: 1 and also a partaker of the **g**
1Pe 5: 4 will receive the crown of **g**
1Pe 5:10 called us to His eternal **g**

1Pe 5:11 To Him be the **g** and the
Jude 24 the presence of His **g** with
Rev 4:11 To receive **g** and honor and

GLORYING† (*see* GLORY)
1Co 5: 6 Your **g** is not good. Do you

GLUTTON
Deut 21:20 he is a **g** and a drunkard.'
Matt 11:19 a **g** and a winebibber, a

GNASHING
Matt 8:12 There will be weeping and **g**
Matt 13:42 There will be wailing and **g**

GNAT†
Matt 23:24 who strain out a **g** and

GOAD† (*see* GOADS)
Judg 3:31 the Philistines with an ox **g**;

GOADS (*see* GOAD)
Eccl 12:11 words of the wise are like **g**,
Acts 9: 5 you to kick against the **g**.

GOAL†
Phil 3:14 I press toward the **g** for the

GOAT (*see* GOATS)
Gen 15: 9 a three-year-old female **g**,
Ex 23:19 shall not boil a young **g** in
Lev 16:20 he shall bring the live **g**.
Lev 16:26 And he who released the **g** as
Is 11: 6 lie down with the young **g**,
Dan 8: 5 suddenly a male **g** came from

GOATS (*see* GOAT)
Gen 27:16 skins of the kids of the **g**
Matt 25:32 his sheep from the **g**.
Matt 25:33 but the **g** on the left.
Heb 9:12 Not with the blood of **g** and
Heb 9:13 if the blood of bulls and **g**
Heb 10: 4 the blood of bulls and **g**

GOD (*see* GOD'S, GODHEAD, GODLY, ONE, YOU-ARE-THE-GOD-WHO-SEES)
Gen 1: 1 In the beginning **G** created
Gen 1: 3 Then **G** said, "Let there be
Gen 1:10 And **G** saw that it was
Gen 1:26 Then **G** said, "Let Us make
Gen 1:27 So **G** created man in His own
Gen 2: 7 And the LORD **G** formed man
Gen 5:22 Enoch walked with **G** three
Gen 6: 4 when the sons of **G** came in
Gen 6: 9 Noah walked with **G**.
Gen 7: 9 as **G** had commanded Noah.
Gen 8: 1 Then **G** remembered Noah, and
Gen 9:16 covenant between **G** and
Gen 14:18 he was the priest of **G** Most
Gen 17: 1 to him, "I am Almighty **G**;
Gen 20:11 surely the fear of **G** is not
Gen 21:17 Then the angel of **G** called
Gen 21:33 the LORD, the Everlasting **G**.
Gen 22: 8 **G** will provide for Himself
Gen 28: 3 May **G** Almighty bless you,
Gen 31:11 Then the Angel of **G** spoke to
Gen 32:30 For I have seen **G** face to
Gen 41:38 in whom is the Spirit of **G**?
Gen 50:20 but **G** meant it for good, in
Ex 2:24 So **G** heard their groaning,
Ex 3: 1 to Horeb, the mountain of **G**.
Ex 3: 4 **G** called to him from the
Ex 3:15 the **G** of Abraham, the God of
Ex 3:18 The LORD **G** of the Hebrews
Ex 3:18 sacrifice to the LORD our **G**.
Ex 6: 7 people, and I will be your **G**.
Ex 8:19 "This is the finger of **G**.
Ex 18:12 sacrifices to offer to **G**.
Ex 18:15 come to me to inquire of **G**.
Ex 20: 2 "I am the LORD your **G**,
Ex 20: 5 your God, am a jealous **G**,
Ex 20: 7 name of the LORD your **G** in
Ex 24:11 lay His hand. So they saw **G**,
Ex 31: 3 him with the Spirit of **G**,
Ex 31:18 written with the finger of **G**.
Ex 34: 6 "The LORD, the LORD **G**,
Lev 18:21 profane the name of your **G**:
Lev 21:17 to offer the bread of his **G**.
Num 16:22 the **G** of the spirits of all
Num 22: 9 Then **G** came to Balaam and
Num 23: 8 How shall I curse whom **G** has
Num 23:19 **G** is not a man, that He
Num 27:16 the **G** of the spirits of all
Deut 4:24 consuming fire, a jealous **G**.
Deut 4:25 sight of the LORD your **G**
Deut 4:29 will seek the LORD your **G**,
Deut 5:14 Sabbath of the LORD your **G**.
Deut 5:26 the voice of the living **G**
Deut 6: 4 O Israel: The LORD our **G**,
Deut 6: 5 shall love the LORD your **G**
Deut 6:16 not tempt the LORD your **G**
Deut 7: 9 the LORD your God, He is **G**,
Deut 7: 9 the faithful **G** who keeps
Deut 7:21 God, the great and awesome **G**,
Deut 21:23 is hanged is accursed of **G**.
Deut 28:58 name, THE LORD YOUR **G**,
Deut 32: 3 Ascribe greatness to our **G**.
Deut 32:17 to demons, not to **G**,
Deut 32:39 And there is no **G** besides
Deut 33:27 The eternal **G** is your
Josh 1:11 land which the LORD your **G**
Josh 3:10 know that the living **G** is
Josh 24:26 in the Book of the Law of **G**.
Josh 24:27 to you, lest you deny your **G**.
Judg 13: 5 shall be a Nazirite to **G**
Judg 13: 6 A Man of **G** came to me, and
Judg 13: 6 of the Angel of **G**,
Judg 13:22 because we have seen **G**!"
Judg 18:31 the time that the house of **G**
Ruth 1:16 people, And your God, my **G**.
1Sa 2: 2 there any rock like our **G**.
1Sa 10:10 then the Spirit of **G** came
1Sa 16:23 whenever the spirit from **G**
1Sa 17:26 the armies of the living **G**?
1Sa 18:10 distressing spirit from **G**
1Sa 19:20 the Spirit of **G** came upon
2Sa 5:10 and the LORD **G** of hosts
2Sa 6: 7 died there by the ark of **G**.

G

2Sa 7:22 You are great, O Lord G.
2Sa 7:22 nor is there any G
2Sa 7:28 now, O Lord GOD, You are G,
2Sa 14:17 for as the angel of G,
1Ki 4:29 And G gave Solomon wisdom
1Ki 8:27 But will G indeed dwell on
1Ki 13: 1 a man of G went from Judah
1Ki 18:21 opinions? If the LORD is G,
1Ki 18:24 who answers by fire, He is G.
1Ki 18:36 LORD G of Abraham, Isaac,
1Ki 18:39 He is G! The LORD, He is
1Ki 19: 8 as Horeb, the mountain of G.
1Ki 20:28 The LORD is G of the hills,
1Ki 21:10 You have blasphemed G and the
2Ki 18:22 'We trust in the LORD our G,
2Ki 19: 4 to reproach the living G,
2Ki 19:10 Do not let your G in whom you
2Ki 19:15 the cherubim, You are G,
1Ch 9:11 officer over the house of G;
2Ch 15: 1 Now the Spirit of G came upon
Ezra 1: 3 God of Israel (He is G),
Ezra 7: 9 to the good hand of his G
Neh 1: 5 O great and awesome G,
Neh 8:18 the Book of the Law of G.
Neh 13:31 times. Remember me, O my G,
Job 1: 1 and one who feared G and
Job 1: 5 have sinned and cursed G in
Job 1: 9 Does Job fear G for nothing?
Job 1:16 The fire of G fell from
Job 1:22 Job did not sin nor charge G
Job 2: 9 Curse G and die!"
Job 2:10 we indeed accept good from G,
Job 3:23 And whom G has hedged in?
Job 11: 7 out the deep things of G?
Job 13: 3 I desire to reason with G.
Job 19:26 in my flesh I shall see G,
Job 33: 4 The Spirit of G has made me,
Job 33:12 For G is greater than man.
Job 38: 7 And all the sons of G
Job 40:19 the first of the ways of G;
Ps 5: 2 of my cry, My King and my G,
Ps 14: 1 heart, "There is no G.
Ps 14: 2 who understand, who seek G.
Ps 16: 1 Preserve me, O G,
Ps 18: 2 and my deliverer; My G,
Ps 18:29 By my G I can leap over a
Ps 18:46 be my Rock! Let the G of
Ps 19: 1 declare the glory of G;
Ps 22: 1 My God, My G, why have
Ps 29: 3 The G of glory thunders;
Ps 31: 5 O LORD G of truth.
Ps 33:12 is the nation whose G is
Ps 36: 1 There is no fear of G
Ps 40: 8 to do Your will, O my G,
Ps 42: 1 pants my soul for You, O G.
Ps 42: 2 My soul thirsts for G,
Ps 42: 3 to me, "Where is your G?
Ps 42: 5 within me? Hope in G,
Ps 45: 6 Your throne, O G,
Ps 45: 7 Therefore God, Your G,
Ps 46: 1 G is our refuge and
Ps 46: 4 make glad the city of G,
Ps 46: 5 G is in the midst of her,
Ps 46: 5 G shall help her, just at
Ps 46: 7 The G of Jacob is our
Ps 46:10 still, and know that I am G;
Ps 48: 1 In the city of our G,
Ps 51: 1 Have mercy upon me, O G,
Ps 51:10 in me a clean heart, O G,
Ps 65: 9 The river of G is full of
Ps 66: 1 Make a joyful shout to G,
Ps 66: 5 Come and see the works of G;
Ps 66: 8 Oh, bless our G,
Ps 66:19 But certainly G has heard
Ps 67: 3 the peoples praise You, O G;
Ps 68: 5 Is G in His holy
Ps 68: 6 G sets the solitary in
Ps 68:15 A mountain of G is the
Ps 68:17 The chariots of G are
Ps 68:19 The G of our salvation!
Ps 68:26 Bless G in the
Ps 68:31 stretch out her hands to G.
Ps 68:34 Ascribe strength to G;
Ps 69: 1 O G! For the waters have
Ps 69:35 For G will save Zion And
Ps 70: 1 Make haste, O G,
Ps 70: 4 Let G be magnified!"
Ps 71: 5 You are my hope, O Lord G;
Ps 71:19 have done great things; O G,
Ps 71:22 O my G! To You I will sing
Ps 73: 1 Truly G is good to Israel,
Ps 74:12 For G is my King from of
Ps 75: 1 We give thanks to You, O G,
Ps 76:11 vows to the LORD your G,
Ps 77: 1 I cried out to G with my
Ps 77:13 is so great a God as our G?
Ps 78:56 and provoked the Most High G,
Ps 79: 9 O G of our salvation, For
Ps 79:10 say, "Where is their G?
Ps 82: 8 Arise, O G, judge
Ps 83: 1 O G! Do not hold Your
Ps 84: 2 cry out for the living G.
Ps 84: 3 of hosts, My King and my G.
Ps 84:11 For the LORD G is a sun
Ps 86:15 are a G full of compassion,
Ps 87: 3 O city of G! Selah
Ps 89:26 'You are my Father, My G,
Ps 90: 2 to everlasting, You are G.
Ps 98: 3 seen the salvation of our G.
Ps 100: 3 that the LORD, He is G;
Ps 115: 3 But our G is in heaven; He
Ps 119:115 the commandments of my G!
Ps 136: 2 give thanks to the G of
Ps 139:23 Search me, O G,
Ps 144:15 are the people whose G is
Prov 2: 5 And find the knowledge of G.
Prov 2:17 the covenant of her G.
Prov 30: 5 Every word of G is pure;
Prov 30: 9 profane the name of my G.
Eccl 2:24 saw, was from the hand of G.
Eccl 3:13 labor—it is the gift of G.
Eccl 5: 2 For G is in heaven, and
Eccl 5: 4 When you make a vow to G,
Eccl 12: 7 the spirit will return to G
Eccl 12:13 Fear G and keep His
Eccl 12:14 For G will bring every work
Is 7:13 but will you weary my G
Is 8:10 For G is with us."

Is 8:21 curse their king and their G,
Is 9: 6 Counselor, Mighty G,
Is 10:21 of Jacob, To the Mighty G.
Is 14:13 throne above the stars of G;
Is 25: 8 And the Lord G will wipe
Is 31: 3 are men, and not G;
Is 40: 1 My people!" Says your G.
Is 40: 3 desert A highway for our G.
Is 40: 8 But the word of our G
Is 40: 9 Behold your G!"
Is 40:18 whom then will you liken G?
Is 40:28 heard? The everlasting G,
Is 41:10 dismayed, for I am your G.
Is 44: 6 Besides Me there is no G.
Is 45: 5 There is no G besides Me.
Is 45:14 There is no other G.
Is 45:21 A just G and a Savior;
Is 52:10 see The salvation of our G.
Is 53: 4 Him stricken, Smitten by G,
Is 55: 7 mercy on him; And to our G,
Is 57:21 is no peace," Says my G,
Is 61: 1 The Spirit of the Lord G is
Is 61: 2 day of vengeance of our G;
Jer 1: 6 Lord G! Behold, I cannot
Jer 24: 7 and I will be their G,
Jer 32:18 them—the Great, the Mighty G,
Ezek 1: 1 and I saw visions of G.
Ezek 11:24 a vision by the Spirit of G
Ezek 13: 9 know that I am the Lord G.
Dan 1:17 G gave them knowledge and
Dan 2:19 So Daniel blessed the G of
Dan 2:28 But there is a G in heaven
Dan 3:25 fourth is like the Son of G.
Dan 3:26 servants of the Most High G,
Dan 4: 8 the Spirit of the Holy G),
Dan 5:14 that the Spirit of G is in
Dan 5:26 G has numbered your kingdom,
Dan 9: 4 Lord, great and awesome G,
Hos 1: 9 And I will not be your G.
Hos 1:10 are sons of the living G.
Hos 4: 1 or mercy Or knowledge of G
Hos 6: 6 And the knowledge of G more
Amos 4:12 you, Prepare to meet your G,
Jon 3:10 and G relented from the
Jon 4: 2 a gracious and merciful G,
Mic 6: 6 bow myself before the High G?
Mic 6: 8 to walk humbly with your G?
Mal 2:10 Has not one G created us?
Mal 2:17 Where is the G of justice?"
Mal 3: 8 "Will a man rob G?
Mal 3:15 They even tempt G and go
Matt 1:23 translated, "G with us."
Matt 3:16 and He saw the Spirit of G
Matt 4: 3 "If You are the Son of G,
Matt 4: 4 from the mouth of G.
Matt 4: 7 tempt the LORD your G.
Matt 5: 8 heart, For they shall see G.
Matt 5: 9 shall be called sons of G.
Matt 6:24 You cannot serve G and
Matt 6:33 seek first the kingdom of G
Matt 12:28 demons by the Spirit of G,
Matt 14:33 "Truly You are the Son of G.
Matt 16:16 the Son of the living G.
Matt 19:17 good but One, that is, G.
Matt 22:32 the G of Isaac, and
Matt 27:40 If You are the Son of G,
Matt 27:43 "He trusted in G;
Matt 27:46 that is, "My God, My G,
Matt 27:54 this was the Son of G!
Mark 1: 1 Jesus Christ, the Son of G.
Mark 1:14 gospel of the kingdom of G,
Mark 4:11 mystery of the kingdom of G;
Mark 10:14 of such is the kingdom of G.
Luke 1:35 will be called the Son of G.
Luke 1:37 For with G nothing will be
Luke 1:47 my spirit has rejoiced in G
Luke 2:13 the heavenly host praising G
Luke 2:14 Glory to G in the highest,
Luke 2:52 and in favor with G and men.
Luke 3: 2 the word of G came to John
Luke 3:38 son of Adam, the son of G.
Luke 4: 4 but by every word of G.
Luke 9:20 and said, "The Christ of G.
Luke 11:20 demons with the finger of G,
Luke 23:35 the Christ, the chosen of G.
John 1: 1 and the Word was with G,
John 1: 1 with God, and the Word was G.
John 1: 2 was in the beginning with G.
John 1: 6 There was a man sent from G,
John 1:12 to become children of G,
John 1:13 of the will of man, but of G.
John 1:18 No one has seen G at any
John 1:29 Behold! The Lamb of G who
John 1:49 You are the Son of G! You
John 3: 2 are a teacher come from G;
John 3: 3 cannot see the kingdom of G.
John 3:16 For G so loved the world that
John 3:17 For G did not send His Son
John 3:36 but the wrath of G abides on
John 4:10 "If you knew the gift of G,
John 4:24 G is Spirit, and those who
John 5:18 making Himself equal with G.
John 6:28 we may work the works of G?
John 6:29 "This is the work of G,
John 6:33 For the bread of G is He who
John 6:69 the Son of the living G.
John 8:41 we have one Father—G.
John 9:16 "This Man is not from G,
John 9:24 Give G the glory! We know
John 10:33 being a Man, make Yourself G.
John 11:22 that whatever You ask of G,
John 11:27 are the Christ, the Son of G,
John 13: 3 and that He had come from G
John 13:31 and G is glorified in Him.
John 14: 1 troubled; you believe in G,
John 17: 3 know You, the only true G,
John 19: 7 He made Himself the Son of G.
John 20:17 and to My G and your God.'
John 20:28 My Lord and my G!"
John 21:19 death he would glorify G.
Acts 2:11 the wonderful works of G.
Acts 2:23 and foreknowledge of G,
Acts 2:32 This Jesus G has raised up,
Acts 2:33 to the right hand of G,
Acts 3: 8 leaping, and praising G.
Acts 3:15 whom G raised from the dead,
Acts 5: 4 not lied to men but to G.
Acts 5:29 We ought to obey G rather

G

Acts 5:39 be found to fight against G.
Acts 7: 2 The G of glory appeared to
Acts 8:37 Jesus Christ is the Son of G.
Acts 10: 2 man and one who feared G
Acts 10:15 What G has cleansed you must
Acts 15:18 Known to G from eternity are
Acts 16:17 servants of the Most High G,
Acts 17:23 TO THE UNKNOWN G.
Acts 20:24 the gospel of the grace of G.
Acts 20:27 you the whole counsel of G.
Acts 26:18 the power of Satan to G,
Acts 26:20 should repent, turn to G,
Rom 1: 1 to the gospel of G
Rom 1: 7 to you and peace from G our
Rom 1: 9 For G is my witness, whom I
Rom 1:16 for it is the power of G to
Rom 1:17 in it the righteousness of G
Rom 1:18 For the wrath of G is
Rom 1:21 although they knew G,
Rom 1:21 did not glorify Him as G,
Rom 1:23 of the incorruptible G into
Rom 1:24 Therefore G also gave them up
Rom 1:25 who exchanged the truth of G
Rom 2:11 is no partiality with G.
Rom 3: 2 committed the oracles of G.
Rom 3: 4 let G be true but every man
Rom 3:11 none who seeks after G.
Rom 3:23 fall short of the glory of G,
Rom 3:29 Or is He the G of the Jews
Rom 4: 3 say? "Abraham believed G,
Rom 4:20 waver at the promise of G
Rom 5: 1 we have peace with G through
Rom 5: 8 But G demonstrates His own
Rom 5:10 we were reconciled to G
Rom 5:15 much more the grace of G and
Rom 6:10 that He lives, He lives to G.
Rom 6:22 having become slaves of G,
Rom 6:23 but the gift of G is
Rom 8: 7 mind is enmity against G;
Rom 8: 7 not subject to the law of G,
Rom 8: 8 in the flesh cannot please G.
Rom 8:14 are led by the Spirit of G,
Rom 8:14 of God, these are sons of G.
Rom 8:16 that we are children of G,
Rom 8:17 heirs of G and joint heirs
Rom 8:21 liberty of the children of G.
Rom 8:28 for good to those who love G,
Rom 8:31 If G is for us, who can
Rom 8:33 It is G who justifies.
Rom 8:39 us from the love of G which
Rom 9: 5 the eternally blessed G.
Rom 10: 1 desire and prayer to G for
Rom 10: 2 that they have a zeal for G,
Rom 10:17 and hearing by the word of G.
Rom 11: 1 has G cast away His people?
Rom 11:23 for G is able to graft them
Rom 11:29 gifts and the calling of G
Rom 11:33 wisdom and knowledge of G!
Rom 12: 1 by the mercies of G,
Rom 12: 1 holy, acceptable to G,
Rom 12: 2 and perfect will of G.
Rom 13: 1 no authority except from G,
Rom 15: 5 Now may the G of patience and
Rom 15:13 Now may the G of hope fill

Rom 16:20 And the G of peace will crush
1Co 1: 4 I thank my G always
1Co 1: 9 G is faithful, by whom you
1Co 1:14 I thank G that I baptized
1Co 1:20 Has not G made foolish the
1Co 1:21 since, in the wisdom of G,
1Co 1:24 Christ the power of G and
1Co 1:25 and the weakness of G is
1Co 2:10 yes, the deep things of G.
1Co 2:14 things of the Spirit of G,
1Co 3: 6 but G gave the increase.
1Co 3:16 you are the temple of G and
1Co 4: 1 of the mysteries of G.
1Co 4:20 For the kingdom of G is not
1Co 6:20 therefore glorify G in your
1Co 7:40 I also have the Spirit of G.
1Co 8: 6 yet for us there is one G,
1Co 10:13 but G is faithful, who will
1Co 10:20 to demons and not to G,
1Co 10:31 do, do all to the glory of G.
1Co 11: 3 and the head of Christ is G.
1Co 11: 7 is the image and glory of G;
1Co 14:33 For G is not the author of
1Co 15: 9 I persecuted the church of G.
1Co 15:28 that G may be all in all.
1Co 15:57 But thanks be to G,
2Co 2:15 For we are to G the fragrance
2Co 2:17 many, peddling the word of G;
2Co 4: 4 who is the image of G,
2Co 5: 1 we have a building from G,
2Co 5:19 that G was in Christ
2Co 5:20 behalf, be reconciled to G.
2Co 6:16 the temple of the living G.
2Co 6:16 I will be their G,
2Co 10: 4 not carnal but mighty in G
2Co 13:11 and the G of love and peace
Gal 2:20 by faith in the Son of G,
Gal 3: 6 as Abraham "believed G,
Gal 4: 4 G sent forth His Son, born
Gal 6: 7 G is not mocked; for
Gal 6:16 and upon the Israel of G.
Eph 2: 8 it is the gift of G,
Eph 2:10 which G prepared beforehand
Eph 2:12 no hope and without G in
Eph 2:19 of the household of G,
Eph 3:19 with all the fullness of G.
Eph 4: 6 one G and Father of all, who
Eph 4:30 grieve the Holy Spirit of G,
Eph 4:32 just as G in Christ forgave
Eph 5: 1 Therefore be imitators of G
Eph 6:11 Put on the whole armor of G,
Phil 2: 6 who, being in the form of G,
Phil 2: 6 robbery to be equal with G,
Phil 2: 9 Therefore G also has highly
Phil 2:13 for it is G who works in you
Phil 3:14 of the upward call of G in
Phil 4: 6 requests be made known to G;
Phil 4: 7 and the peace of G,
Phil 4: 9 and the G of peace will be
Phil 4:19 And my G shall supply all
Col 1:15 the image of the invisible G,
Col 3:12 as the elect of G,
Col 3:15 And let the peace of G rule
1Th 1: 8 Your faith toward G has gone

1Th 1: 9 and how you turned to **G** from
1Th 1: 9 serve the living and true **G**,
1Th 2: 4 but **G** who tests our hearts.
1Th 2:13 is in truth, the word of **G**,
1Th 4: 5 Gentiles who do not know **G**;
1Th 4:16 and with the trumpet of **G**.
1Th 5: 9 For **G** did not appoint us to
1Th 5:18 for this is the will of **G** in
1Ti 1:17 to **G** who alone is wise, be
1Ti 2: 5 For there is one **G** and one
1Ti 2: 5 and one Mediator between **G**
1Ti 3:15 the church of the living **G**,
1Ti 3:16 **G** was manifested in the
1Ti 6:11 But you, O man of **G**,
2Ti 1: 6 you to stir up the gift of **G**
2Ti 2:15 yourself approved to **G**,
2Ti 3: 4 rather than lovers of **G**,
2Ti 3:16 given by inspiration of **G**,
Tit 2:13 appearing of our great **G**
Heb 1: 8 "Your throne, O **G**,
Heb 1: 9 Therefore God, Your **G**,
Heb 4: 9 a rest for the people of **G**.
Heb 4:12 For the word of **G** is living
Heb 5:10 called by **G** as High Priest
Heb 5:12 of the oracles of **G**;
Heb 6: 5 tasted the good word of **G**
Heb 6:18 it is impossible for **G** to
Heb 7: 1 priest of the Most High **G**,
Heb 7: 3 but made like the Son of **G**,
Heb 9:14 works to serve the living **G**?
Heb 10: 7 do Your will, O **G**.
Heb 10:12 down at the right hand of **G**,
Heb 10:29 has trampled the Son of **G**
Heb 10:31 the hands of the living **G**.
Heb 11: 3 were framed by the word of **G**,
Heb 11: 4 By faith Abel offered to **G**
Heb 11:10 builder and maker is **G**.
Heb 12:29 For our **G** is a consuming
Heb 13:20 Now may the **G** of peace who
Jas 1: 5 wisdom, let him ask of **G**,
Jas 1:13 for **G** cannot be tempted by
Jas 1:27 undefiled religion before **G**
Jas 2:23 "Abraham believed **G**,
Jas 2:23 was called the friend of **G**.
Jas 4: 4 the world is enmity with **G**?
Jas 4: 6 **G** resists the proud, But
Jas 4: 8 Draw near to **G** and He will
1Pe 1: 2 to the foreknowledge of **G**
1Pe 1: 5 are kept by the power of **G**
1Pe 2:10 but are now the people of **G**,
1Pe 3: 4 precious in the sight of **G**.
1Pe 4:10 of the manifold grace of **G**.
1Pe 4:11 speak as the oracles of **G**.
1Pe 4:17 to begin at the house of **G**;
1Pe 5: 2 Shepherd the flock of **G** which
1Pe 5: 5 **G** resists the proud, But
1Pe 5:10 But may the **G** of all grace,
2Pe 1:21 but holy men of **G** spoke as
1Jn 1: 5 that **G** is light and in Him
1Jn 2:14 and the word of **G** abides in
1Jn 2:17 he who does the will of **G**
1Jn 3: 2 now we are children of **G**;
1Jn 3: 9 Whoever has been born of **G**
1Jn 4: 2 come in the flesh is of **G**,
1Jn 4: 7 who loves is born of **G** and
1Jn 4: 8 for **G** is love.
1Jn 4:10 is love, not that we loved **G**,
1Jn 4:12 No one has seen **G** at any
1Jn 4:16 **G** is love, and he who abides
1Jn 5: 1 is the Christ is born of **G**,
1Jn 5: 5 that Jesus is the Son of **G**?
1Jn 5:12 does not have the Son of **G**
1Jn 5:13 in the name of the Son of **G**,
1Jn 5:20 This is the true **G** and
Jude 25 To **G** our Savior, Who alone
Rev 1: 2 witness to the word of **G**,
Rev 1: 6 kings and priests to His **G**
Rev 2: 7 midst of the Paradise of **G**.
Rev 3: 1 has the seven Spirits of **G**
Rev 7:17 And **G** will wipe away every
Rev 14:10 the wine of the wrath of **G**,
Rev 16:11 They blasphemed the **G** of
Rev 19: 6 Alleluia! For the Lord **G**
Rev 19:13 name is called The Word of **G**.
Rev 19:17 the supper of the great **G**,
Rev 21: 4 And **G** will wipe away every
Rev 22:18 **G** will add to him the
Rev 22:19 **G** shall take away his part

GOD'S (*see* GOD)
Matt 22:21 to God the things that are **G**.
1Co 3:23 Christ's, and Christ is **G**.
1Co 6:20 in your spirit, which are **G**.

GODDESS
1Ki 11: 5 went after Ashtoreth the **g**

GODHEAD† (*see* GOD)
Rom 1:20 His eternal power and **G**,
Col 2: 9 all the fullness of the **G**

GODLINESS (*see* GODLY)
1Ti 2: 2 and peaceable life in all **g**
1Ti 3:16 great is the mystery of **g**:
1Ti 4: 8 but **g** is profitable for all
1Ti 6: 6 Now **g** with contentment is
2Ti 3: 5 having a form of **g** but
2Pe 1: 3 that pertain to life and **g**,
2Pe 1: 7 to **g** brotherly kindness, and

GODLY (*see* GOD, GODLINESS, UNGODLY)
2Co 7:10 For **g** sorrow produces
2Ti 3:12 all who desire to live **g** in
Heb 11: 7 moved with **g** fear, prepared
Heb 12:28 with reverence and **g** fear.

GODS (*see* GOD)
Gen 31:30 but why did you steal my **g**?
Gen 35: 2 Put away the foreign **g** that
Ex 12:12 and against all the **g** of
Ex 18:11 is greater than all the **g**;
Ex 20: 3 You shall have no other **g**
Ex 20:23 **g** of silver or gods of gold
Deut 10:17 LORD your God is God of **g**
Ruth 1:15 to her people and to her **g**;
Ps 82: 6 I said, "You are **g**,
Ps 95: 3 the great King above all **g**.
Ps 96: 4 is to be feared above all **g**.

G

Ps 97: 7 Worship Him, all you **g**.
Ps 97: 9 are exalted far above all **g**.
Ps 136: 2 give thanks to the God of **g**!
Is 42:17 images, 'You are our **g**.
Jer 10:11 The **g** that have not made the
Jer 11:13 of your cities were your **g**,
Ezek 28: 2 I sit in the seat of **g**,
Dan 2:47 your God is the God of **g**,
Dan 5: 4 and praised the **g** of gold
Dan 5:11 like the wisdom of the **g**,
Dan 5:23 And you have praised the **g**
John 10:34 You are **g**'"?
John 10:35 "If He called them **g**,
Acts 7:40 Make us **g** to go before
1Co 8: 5 if there are so-called **g**,
Gal 4: 8 which by nature are not **g**.

GOG (*see* MAGOG)
Ezek 38: 2 man, set your face against **G**,
Rev 20: 8 **G** and Magog, to gather them

GOLD (*see* GOLDEN)
Gen 2:12 And the **g** of that land is
Gen 13: 2 in silver, and in **g**.
Ex 20:23 of silver or gods of **g**
Ex 25:11 shall overlay it with pure **g**,
Ex 32:31 for themselves a god of **g**!
Deut 17:17 multiply silver and **g** for
1Ki 10:11 which brought **g** from Ophir,
1Ki 22:48 ships to go to Ophir for **g**;
Job 23:10 me, I shall come forth as **g**.
Job 28: 1 And a place where **g** is
Job 28:15 cannot be purchased for **g**,
Job 31:24 If I have made **g** my hope, Or
Ps 19:10 be desired are they than **g**,
Ps 21: 3 You set a crown of pure **g**
Ps 72:15 And the **g** of Sheba will be
Ps 115: 4 idols are silver and **g**,
Prov 11:22 As a ring of **g** in a swine's
Prov 16:16 better to get wisdom than **g**!
Prov 17: 3 silver and the furnace for **g**,
Song 5:11 head is like the finest **g**;
Jer 10: 9 And **g** from Uphaz, The work
Dan 2:32 image's head was of fine **g**,
Dan 2:35 and the **g** were crushed
Dan 2:38 all—you are this head of **g**.
Dan 2:45 clay, the silver, and the **g**—
Dan 3: 5 fall down and worship the **g**
Dan 3:18 nor will we worship the **g**
Dan 5: 3 Then they brought the **g**
Dan 5: 4 and praised the gods of **g**
Dan 5: 7 and have a chain of **g**
Dan 10: 5 waist was girded with **g** of
Hos 8: 4 From their silver and **g**
Nah 2: 9 of silver! Take spoil of **g**!
Hag 2: 8 and the **g** is Mine,' says
Zech 4: 2 is a lampstand of solid **g**
Zech 4:12 the receptacles of the two **g**
Zech 13: 9 And test them as **g** is
Matt 2:11 presented gifts to Him: **g**,
Acts 3: 6 Silver and **g** I do not have,
Acts 17:29 the Divine Nature is like **g**
1Co 3:12 on this foundation with **g**,
1Ti 2: 9 not with braided hair or **g**
2Ti 2:20 are not only vessels of **g**
Heb 9: 4 overlaid on all sides with **g**,
Jas 2: 2 your assembly a man with **g**
1Pe 1: 7 much more precious than **g**
1Pe 1:18 things, like silver or **g**,
Rev 3:18 counsel you to buy from Me **g**
Rev 4: 4 and they had crowns of **g** on
Rev 21:15 who talked with me had a **g**
Rev 21:18 and the city was pure **g**,

GOLDEN (*see* GOLD)
Ex 28:34 a **g** bell and a pomegranate, a
1Sa 6: 4 Five **g** tumors and five golden
2Ki 10:29 from the **g** calves that were
Eccl 12: 6 Or the **g** bowl is broken,
Jer 51: 7 Babylon was a **g** cup in the

GOLGOTHA† (*see* CALVARY)
Matt 27:33 had come to a place called **G**,
Mark 15:22 brought Him to the place **G**,
John 19:17 which is called in Hebrew, **G**,

GOLIATH
1Sa 17: 4 of the Philistines, named **G**,
2Sa 21:19 killed the brother of **G**
1Ch 20: 5 Lahmi the brother of **G** the

GOMER
Ezek 38: 6 **G** and all its troops; the
Hos 1: 3 So he went and took **G** the

GOMORRAH
Gen 19:24 and fire on Sodom and **G**,
Is 1: 9 would have been made like **G**.
Jer 50:40 God overthrew Sodom and **G**
Matt 10:15 for the land of Sodom and **G**
Mark 6:11 tolerable for Sodom and **G**
Rom 9:29 have been made like **G**.

GOOD (*see* GOODNESS)
Gen 1: 4 the light, that it was **g**;
Gen 1:31 and indeed it was very **g**.
Gen 2: 9 pleasant to the sight and **g**
Gen 2: 9 tree of the knowledge of **g**
Gen 2:18 It is not **g** that man should
Gen 3: 5 knowing **g** and evil."
Gen 44: 4 have you repaid evil for **g**?
Gen 50:20 me; but God meant it for **g**,
Ex 18:17 thing that you do is not **g**.
Lev 27:10 **g** for bad or bad for good;
Lev 27:12 whether it is **g** or bad; as
Num 13:20 Be of **g** courage. And bring
Deut 6:18 do what is right and **g** in
Deut 8:16 to do you **g** in the end—
Deut 10:13 command you today for your **g**?
Deut 30:15 before you today life and **g**,
Deut 31:23 Be strong and of **g** courage;
Josh 1: 9 Be strong and of **g** courage;
1Ki 8:56 failed one word of all His **g**
2Ki 3:19 and ruin every **g** piece of
2Ki 7: 9 This day is a day of **g**
1Ch 16:34 for He is **g**! For His
2Ch 14: 2 Asa did what was **g** and
2Ch 30:18 May the **g** LORD provide

Ezra 8:18 by the g hand of our God
Neh 5: 9 you are doing is not g.
Neh 5:19 Remember me, my God, for g,
Esth 10: 3 seeking the g of his people
Job 2:10 Shall we indeed accept g
Ps 14: 1 There is none who does g.
Ps 16: 6 I have a g inheritance.
Ps 25: 8 G and upright is the LORD
Ps 34: 8 and see that the LORD is g;
Ps 34:10 LORD shall not lack any g
Ps 34:14 Depart from evil and do g;
Ps 35:12 They reward me evil for g,
Ps 37: 3 in the LORD, and do g;
Ps 37:23 The steps of a g man are
Ps 38:20 also who render evil for g,
Ps 40: 9 I have proclaimed the g news
Ps 45: 1 is overflowing with a g
Ps 51:18 Do g in Your good pleasure
Ps 52: 3 You love evil more than g,
Ps 69:16 Your lovingkindness is g;
Ps 73: 1 Truly God is g to Israel,
Ps 84:11 No g thing will He
Ps 100: 5 For the LORD is g;
Ps 103: 5 satisfies your mouth with g
Ps 106: 1 for He is g! For His
Ps 109: 5 have rewarded me evil for g,
Ps 133: 1 how g and how pleasant it
Ps 143:10 my God; Your Spirit is g.
Ps 145: 9 The LORD is g to all, And
Prov 3:27 Do not withhold g from
Prov 4: 2 For I give you g doctrine:
Prov 12: 2 A g man obtains favor from
Prov 15: 3 watch on the evil and the g.
Prov 15:30 And a g report makes the
Prov 17:13 Whoever rewards evil for g,
Prov 17:22 A merry heart does g,
Prov 18:22 who finds a wife finds a g
Prov 20:14 It is g for nothing,"
Prov 20:23 dishonest scales are not g.
Prov 22: 1 A g name is to be chosen
Prov 25:25 So is g news from a far
Prov 28:21 show partiality is not g,
Prov 31:12 She does him g and not evil
Eccl 4: 8 toil and deprive myself of g?
Eccl 7: 1 A g name is better than
Is 1:17 Learn to do g;
Is 1:19 You shall eat the g of the
Is 7:15 the evil and choose the g.
Is 52: 7 the feet of him who brings g
Is 52: 7 brings glad tidings of g
Is 61: 1 has anointed Me To preach g
Jer 8:15 but no g came; And for a
Jer 13:23 Then may you also do g who
Jer 18:10 will relent concerning the g
Jer 18:20 Shall evil be repaid for g?
Lam 3:25 The LORD is g to those who
Amos 5:14 Seek g and not evil, That
Amos 5:15 Hate evil, love g;
Mic 6: 8 shown you, O man, what is g;
Matt 5:13 It is then g for nothing but
Matt 5:16 that they may see your g
Matt 5:44 do g to those who hate you,
Matt 5:45 on the evil and on the g,
Matt 6:22 If therefore your eye is g,
Matt 7:11 know how to give g gifts to
Matt 7:17 every g tree bears good
Matt 9: 2 be of g cheer; your sins are
Matt 11:26 for so it seemed g in Your
Matt 12:12 it is lawful to do g on the
Matt 12:35 A g man out of the good
Matt 13: 8 But others fell on g ground
Matt 19:16 G Teacher, what good thing
Matt 19:17 No one is g but One, that
Matt 25:21 g and faithful servant; you
Matt 26:10 For she has done a g work
Matt 26:24 It would have been g for
Mark 3: 4 on the Sabbath to do g or
Luke 2:10 I bring you g tidings of
Luke 6: 9 on the Sabbath to do g or
Luke 6:27 do g to those who hate you,
Luke 6:38 g measure, pressed down,
Luke 10:21 for so it seemed g in Your
John 1:46 Can anything g come out of
John 2:10 You have kept the g wine
John 10:11 I am the g shepherd. The good
Acts 10:38 who went about doing g and
Acts 15:28 For it seemed g to the Holy
Rom 3: 8 Let us do evil that g may
Rom 3:12 is none who does g,
Rom 5: 7 yet perhaps for a g man
Rom 7:12 holy and just and g.
Rom 7:18 in my flesh) nothing g
Rom 7:19 For the g that I will to
Rom 8:28 things work together for g
Rom 10:15 bring glad tidings of g
Rom 12: 2 may prove what is that g
Rom 12: 9 is evil. Cling to what is g.
Rom 12:21 but overcome evil with g.
1Co 5: 6 Your glorying is not g.
1Co 7: 1 It is g for a man not to
2Co 13:11 Be of g comfort, be of one
Gal 6: 9 not grow weary while doing g,
Eph 2:10 in Christ Jesus for g works,
Phil 1: 6 that He who has begun a g
Phil 2:13 to will and to do for His g
Phil 4: 8 whatever things are of g
Col 1:10 being fruitful in every g
1Th 5:21 things; hold fast what is g.
2Th 2:17 and establish you in every g
2Th 3:13 not grow weary in doing g.
1Ti 1: 5 from a g conscience, and
1Ti 2: 3 For this is g and acceptable
1Ti 6:12 Fight the g fight of faith,
2Ti 1:14 That g thing which was
2Ti 2: 3 must endure hardship as a g
2Ti 2:21 prepared for every g work.
2Ti 3:17 equipped for every g work.
2Ti 4: 7 I have fought the g fight, I
Tit 2:14 zealous for g works.
Heb 6: 5 and have tasted the g word of
Heb 10: 1 having a shadow of the g
Heb 11: 2 it the elders obtained a g
Heb 11:12 and him as g as dead, were
Heb 13:21 make you complete in every g
Jas 1:17 Every g gift and every
1Pe 3:16 having a g conscience, that
1Pe 4:10 as g stewards of the

G

GOODNESS (*see* GOOD)

Ex 33:19 I will make all My **g** pass
Ps 23: 6 Surely **g** and mercy shall
Ps 27:13 That I would see the **g** of
Ps 33: 5 The earth is full of the **g**
Ps 65:11 crown the year with Your **g**,
Eccl 6: 3 soul is not satisfied with **g**,
Hos 3: 5 fear the LORD and His **g** in
Rom 2: 4 despise the riches of His **g**,
Rom 2: 4 not knowing that the **g** of
Gal 5:22 longsuffering, kindness, **g**,

GOODS

Luke 12:19 you have many **g** laid up for
Luke 15:12 give me the portion of **g**
Luke 19: 8 I give half of my **g** to the
1Co 13: 3 though I bestow all my **g** to
1Jn 3:17 whoever has this world's **g**,

GOODWILL

Luke 2:14 **g** toward men!"

GOSHEN (*see* EGYPT)

Gen 45:10 shall dwell in the land of **G**,

GOSPEL

Matt 11: 5 up and the poor have the **g**
Matt 24:14 And this **g** of the kingdom
Matt 26:13 wherever this **g** is preached
Mark 1: 1 The beginning of the **g** of
Mark 1:15 Repent, and believe in the **g**.
Mark 13:10 And the **g** must first be
Mark 16:15 the world and preach the **g**
Luke 4:18 Me To preach the **g**
Rom 1: 1 separated to the **g** of God
Rom 1:15 I am ready to preach the **g**
Rom 1:16 I am not ashamed of the **g**
Rom 10:15 those who preach the **g**
Rom 10:16 have not all obeyed the **g**.
Rom 15:16 ministering the **g** of God,
1Co 1:17 baptize, but to preach the **g**,
1Co 9:12 things lest we hinder the **g**
1Co 9:14 that those who preach the **g**
1Co 9:16 me if I do not preach the **g**!
1Co 9:18 abuse my authority in the **g**.
2Co 4: 3 But even if our **g** is veiled,
2Co 4: 4 lest the light of the **g** of
2Co 11: 4 or a different **g** which you
Gal 1: 6 of Christ, to a different **g**,
Gal 1: 7 and want to pervert the **g**
Gal 1: 8 preach any other **g** to you
Gal 2: 5 that the truth of the **g**
Gal 3: 8 preached the **g** to Abraham
Eph 6:15 the preparation of the **g** of
Eph 6:19 known the mystery of the **g**,
Phil 1: 5 for your fellowship in the **g**
Phil 1: 7 and confirmation of the **g**,
Phil 1:12 for the furtherance of the **g**,
Phil 1:17 for the defense of the **g**.
Phil 1:27 conduct be worthy of the **g**
Phil 1:27 for the faith of the **g**,
Phil 2:22 he served with me in the **g**.
Phil 4:15 in the beginning of the **g**,
Col 1:23 away from the hope of the **g**
1Th 1: 5 For our **g** did not come to you
1Th 2: 4 to be entrusted with the **g**,
1Ti 1:11 according to the glorious **g**
2Ti 1:10 to light through the **g**,
Phm 1:13 to me in my chains for the **g**.
Heb 4: 2 For indeed the **g** was preached
1Pe 4:17 those who do not obey the **g**
Rev 14: 6 having the everlasting **g** to

GOVERNMENT

Is 9: 6 And the **g** will be upon His
Is 9: 7 Of the increase of His **g**

GRACE (*see* GRACIOUS)

Gen 6: 8 But Noah found **g** in the eyes
Ps 45: 2 **G** is poured upon Your lips;
Prov 3:34 But gives **g** to the humble.
Zech 4: 7 capstone With shouts of "**G**,
Luke 2:40 and the **g** of God was upon
John 1:14 full of **g** and truth.
John 1:16 received, and grace for **g**.
John 1:17 but **g** and truth came
Acts 4:33 And great **g** was upon them
Acts 14: 3 witness to the word of His **g**
Acts 20:24 to the gospel of the **g** of
Rom 1: 5 Him we have received **g** and
Rom 1: 7 **G** to you and peace from God
Rom 3:24 justified freely by His **g**
Rom 4: 4 wages are not counted as **g**
Rom 5: 2 access by faith into this **g**
Rom 5:15 of God and the gift by the **g**
Rom 5:20 **g** abounded much more,
Rom 5:21 even so **g** might reign
Rom 6: 1 we continue in sin that **g**
Rom 6:14 not under law but under **g**.
Rom 12: 3 through the **g** given to me,
Rom 16:20 The **g** of our Lord Jesus
1Co 15:10 But by the **g** of God I am what
2Co 4:15 are for your sakes, that **g**,
2Co 6: 1 you not to receive the **g**
2Co 8: 1 we make known to you the **g**
2Co 8: 9 For you know the **g** of our
2Co 9:14 because of the exceeding **g**
2Co 12: 9 My **g** is sufficient for you,
Gal 1:15 and called me through His **g**,
Gal 5: 4 law; you have fallen from **g**.
Eph 1: 6 praise of the glory of His **g**,
Eph 1: 7 to the riches of His **g**
Eph 2: 5 together with Christ (by **g**
Eph 2: 7 exceeding riches of His **g**
Eph 2: 8 For by **g** you have been saved
Eph 4: 7 But to each one of us **g** was
Phil 1: 7 are partakers with me of **g**.
Col 3:16 singing with **g** in your
Col 4: 6 speech always be with **g**,
1Ti 1: 2 a true son in the faith: **G**,
Tit 3: 7 been justified by His **g** we
Heb 2: 9 by the **g** of God, might taste
Heb 4:16 boldly to the throne of **g**,
Heb 4:16 may obtain mercy and find **g**
Heb 10:29 and insulted the Spirit of **g**?
Heb 12:15 anyone fall short of the **g**
Jas 4: 6 But He gives more **g**.

Jas 4: 6 But gives **g** to the
1Pe 1:10 who prophesied of the **g**
1Pe 1:13 your hope fully upon the **g**
1Pe 3: 7 heirs together of the **g** of
1Pe 4:10 stewards of the manifold **g**
1Pe 5: 5 But gives **g** to the
1Pe 5:10 But may the God of all **g**,
Rev 1: 4 **G** to you and peace from Him
Rev 22:21 The **g** of our Lord Jesus

GRACIOUS (*see* GRACE)
Ex 33:19 I will be **g** to whom I will
Ex 34: 6 LORD God, merciful and **g**,
Num 6:25 And be **g** to you;
Neh 9:17 **G** and merciful, Slow to
Ps 86:15 full of compassion, and **g**,
Ps 103: 8 LORD is merciful and **g**,
Ps 111: 4 The LORD is **g** and full of
Jon 4: 2 for I know that You are a **g**
1Pe 2: 3 tasted that the Lord is **g**.

GRAFTED
Rom 11:17 were **g** in among them, and
Rom 11:24 be **g** into their own olive

GRAIN (*see* MEAL)
Gen 41: 5 suddenly seven heads of **g**
Gen 41:57 to Joseph in Egypt to buy **g**,
Gen 42:25 to fill their sacks with **g**,
Ex 30: 9 or a **g** offering; nor shall
Deut 7:13 your **g** and your new wine and
Deut 25: 4 while it treads out the **g**.
Hos 2: 8 not know That I gave her **g**,
Hos 2:22 earth shall answer With **g**,
Amos 8: 5 be past, That we may sell **g**?
Amos 9: 9 As **g** is sifted in a sieve;
Matt 12: 1 began to pluck heads of **g**
John 12:24 unless a **g** of wheat falls
John 12:24 it dies, it produces much **g**.
1Co 9: 9 it treads out the **g**.
1Ti 5:18 it treads out the **g**,

GRANDCHILDREN (*see* CHILDREN)
Deut 4: 9 to your children and your **g**,
Job 42:16 and saw his children and **g**

GRANDDAUGHTER (*see* DAUGHTER)
2Ki 8:26 name was Athaliah the **g** of

GRANDMOTHER (*see* MOTHER)
2Ti 1: 5 which dwelt first in your **g**

GRANDSON (*see* SON)
Deut 6: 2 you and your son and your **g**,

GRANT (*see* DELIVER, GRANTED)
Ps 85: 7 And **g** us Your salvation.
Mark 10:37 **G** us that we may sit, one on
2Ti 1:16 The Lord **g** mercy to the

GRANTED (*see* GRANT)
Esth 5: 6 It shall be **g** you. What is
John 6:65 to Me unless it has been **g**
Phil 1:29 For to you it has been **g** on

GRAPE (*see* GRAPES, GRAPEVINE)
Num 6: 3 shall he drink any **g** juice,

GRAPES (*see* GRAPE)
Gen 49:11 clothes in the blood of **g**.
Num 6: 3 nor eat fresh **g** or raisins.
Num 13:23 branch with one cluster of **g**;
Is 5: 2 But it brought forth wild **g**.
Jer 31:29 fathers have eaten sour **g**,
Ezek 18: 2 fathers have eaten sour **g**,
Amos 9:13 And the treader of **g** him

GRAPEVINE† (*see* GRAPE, VINE)
Num 6: 4 that is produced by the **g**,
Jas 3:12 or a **g** bear figs? Thus no

GRASS (*see* GRASSHOPPERS)
Gen 1:11 the earth bring forth **g**,
Job 40:15 He eats **g** like an ox.
Ps 72:16 city shall flourish like **g**
Ps 90: 5 the morning they are like **g**
Ps 92: 7 the wicked spring up like **g**,
Ps 103:15 man, his days are like **g**;
Prov 19:12 favor is like dew on the **g**.
Is 40: 6 I cry?" "All flesh is **g**,
Is 40: 7 The **g** withers, the flower
Is 40: 7 Surely the people are **g**.
Dan 4:25 they shall make you eat **g**
Matt 6:30 if God so clothes the **g**
Mark 6:39 in groups on the green **g**.
1Pe 1:24 "All flesh is as **g**,

GRASSHOPPERS (*see* GRASS)
Num 13:33 and we were like **g** in our
Is 40:22 its inhabitants are like **g**,

GRAVE (*see* GRAVECLOTHES, GRAVES)
Gen 18:20 because their sin is very **g**,
Gen 37:35 I shall go down into the **g**
Gen 42:38 hair with sorrow to the **g**.
Deut 34: 6 but no one knows his **g** to
Job 10:19 from the womb to the **g**.
Job 21:13 in a moment go down to the **g**.
Ps 30: 3 my soul up from the **g**;
Ps 31:17 Let them be silent in the **g**.
Ps 88: 5 the slain who lie in the **g**,
Ps 141: 7 at the mouth of the **g**,
Eccl 9:10 or wisdom in the **g** where
Song 8: 6 Jealousy as cruel as the **g**;
Is 14:19 you are cast out of your **g**
Is 53: 9 And they made His **g** with the
Jer 20:17 mother might have been my **g**
Hos 13:14 I will be your plagues! O **G**,

GRAVECLOTHES† (*see* GRAVE)
John 11:44 bound hand and foot with **g**,

GRAVES (*see* GRAVE)
2Ki 23: 6 threw its ashes on the **g** of
Jer 8: 1 of Jerusalem, out of their **g**.
Ezek 37:12 I will open your **g** and cause
Ezek 37:12 you to come up from your **g**,
Matt 27:52 and the **g** were opened; and

G

Matt 27:53 and coming out of the **g** after
John 5:28 which all who are in the **g**

GRAZE

Is 11: 7 cow and the bear shall **g**;
Dan 4:15 And let him **g** with the

GREAT (*see* GREATER, GREATEST, GREATLY, GREATNESS)

Gen 1:16 Then God made two **g** lights:
Gen 1:21 So God created **g** sea
Gen 6: 5 wickedness of man was **g** in
Gen 7:11 all the fountains of the **g**
Gen 12: 2 I will make you a **g** nation;
Gen 12: 2 you And make your name **g**;
Gen 15: 1 your exceedingly **g** reward."
Gen 21: 8 And Abraham made a **g** feast
Ex 3: 3 turn aside and see this **g**
Ex 6: 6 outstretched arm and with **g**
Ex 14:31 Thus Israel saw the **g** work
Ex 32:11 of the land of Egypt with **g**
Ex 32:30 You have committed a **g** sin.
Num 34: 6 you shall have the **G** Sea for
Deut 1:17 the small as well as the **g**;
Deut 1:28 the cities are **g** and
Deut 4: 7 For what **g** nation is there
Deut 9: 2 a people **g** and tall, the
Deut 10:17 the **g** God, mighty and
1Sa 12:22 for His **g** name's sake,
1Sa 12:24 for consider what **g** things
1Sa 15:22 Has the LORD as **g** delight
2Sa 3:38 know that a prince and a **g**
2Sa 7: 9 and have made you a **g** name,
2Sa 7:22 "Therefore You are **g**,
2Sa 7:23 and to do for Youself **g** and
Neh 6: 3 I am doing a **g** work, so that
Job 38:32 Or can you guide the **G** Bear
Ps 19:11 in keeping them there is **g**
Ps 19:13 I shall be innocent of **g**
Ps 25:11 my iniquity, for it is **g**.
Ps 31:19 how **g** is Your goodness,
Ps 47: 2 He is a **g** King over all
Ps 48: 1 **G** is the LORD, and greatly
Ps 48: 2 The city of the **g** King.
Ps 68:11 **G** was the company of those
Ps 71:19 You who have done **g** things;
Ps 77:13 Who is so **g** a God as our
Ps 86:13 For **g** is Your mercy toward
Ps 92: 5 how **g** are Your works! Your
Ps 95: 3 For the LORD is the **g** God,
Ps 95: 3 And the **g** King above all
Ps 104: 1 LORD my God, You are very **g**:
Ps 108: 4 For Your mercy is **g** above
Ps 119:156 **G** are Your tender mercies,
Ps 119:165 **G** peace have those who love
Ps 126: 3 The LORD has done **g** things
Ps 136: 4 To Him who alone does **g**
Ps 139:17 O God! How **g** is the sum of
Ps 145: 3 **G** is the LORD, and greatly
Ps 145: 8 Slow to anger and **g** in
Is 9: 2 in darkness Have seen a **g**
Is 32: 2 As the shadow of a **g** rock
Is 53:12 Him a portion with the **g**,
Jer 33: 3 and show you **g** and mighty
Jer 45: 5 And do you seek **g** things for
Lam 3:23 **G** is Your faithfulness.
Dan 4:30 Is not this **g** Babylon, that I
Dan 5: 1 the king made a **g** feast for
Dan 7: 3 And four **g** beasts came up
Dan 9: 4 **g** and awesome God, who keeps
Dan 9:18 but because of Your **g**
Hos 1: 2 the land has committed **g**
Hos 13: 5 In the land of **g** drought.
Joel 2:11 the day of the LORD is **g**
Joel 2:13 and of **g** kindness; And He
Jon 1: 2 that **g** city, and cry out
Jon 1: 4 But the LORD sent out a **g**
Jon 1:17 the LORD had prepared a **g**
Nah 3: 3 A **g** number of bodies,
Zeph 1:14 The **g** day of the LORD is
Zech 4: 7 O **g** mountain? Before
Zech 7:12 Thus **g** wrath came from the
Mal 1:11 For My name shall be **g**
Mal 1:14 For I am a **g** King," Says
Mal 4: 5 Before the coming of the **g**
Matt 2:10 rejoiced with exceedingly **g**
Matt 2:18 and **g** mourning, Rachel
Matt 4:16 darkness have seen a **g**
Matt 4:25 **G** multitudes followed
Matt 5:12 for **g** is your reward in
Matt 5:19 he shall be called **g** in the
Matt 5:35 for it is the city of the **g**
Matt 6:23 how **g** is that darkness!
Matt 7:27 And **g** was its fall."
Matt 8:10 I have not found such **g**
Matt 8:24 And suddenly a **g** tempest
Matt 8:26 and there was a **g** calm.
Matt 12:40 in the belly of the **g** fish,
Matt 13:46 he had found one pearl of **g**
Matt 15:28 **g** is your faith! Let it be
Matt 19:22 for he had **g** possessions.
Matt 20:26 whoever desires to become **g**
Matt 22:38 This is the first and **g**
Matt 24:21 For then there will be **g**
Matt 24:24 will rise and show **g** signs
Matt 24:30 of heaven with power and **g**
Matt 24:31 send His angels with a **g**
Matt 28: 2 there was a **g** earthquake;
Mark 5:19 and tell them what **g** things
Mark 13: 2 Do you see these **g** buildings?
Luke 1:32 "He will be **g**,
Luke 1:49 He who is mighty has done **g**
Luke 2:10 bring you good tidings of **g**
Luke 8:39 and tell what **g** things God
Luke 9:48 among you all will be **g**.
Luke 10: 2 "The harvest truly is **g**,
John 7:37 that **g** day of the feast,
Acts 4:33 And with **g** power the apostles
Acts 4:33 And **g** grace was upon them
Acts 5: 5 So **g** fear came upon all
Acts 19:28 **G** is Diana of the
Rom 9: 2 that I have **g** sorrow and
1Co 16: 9 For a **g** and effective door
2Co 1:10 who delivered us from so **g** a
2Co 3:12 we use **g** boldness of speech—
Eph 2: 4 because of His **g** love with
Eph 5:32 This is a **g** mystery, but I
1Th 2:17 to see your face with **g**

1Ti 3:13 a good standing and **g**
1Ti 3:16 And without controversy **g** is
1Ti 6: 6 with contentment is **g** gain.
Tit 2:13 glorious appearing of our **g**
Heb 2: 3 escape if we neglect so **g** a
Heb 4:14 then that we have a **g** High
Heb 7: 4 Now consider how **g** this man
Heb 12: 1 we are surrounded by so **g** a
Heb 13:20 that **g** Shepherd of the
Jas 3: 5 a little member and boasts **g**
Jas 3: 5 See how **g** a forest a little
2Pe 3:10 will pass away with a **g**
Rev 6:12 there was a **g** earthquake;
Rev 6:17 For the **g** day of His wrath
Rev 7: 9 a **g** multitude which no one
Rev 8:10 And a **g** star fell from
Rev 9:14 who are bound at the **g**
Rev 12: 1 Now a **g** sign appeared in
Rev 12: 9 So the **g** dragon was cast out,
Rev 12:12 having **g** wrath, because he
Rev 13: 2 and **g** authority.
Rev 13: 5 was given a mouth speaking **g**
Rev 14: 8 that **g** city, because she has
Rev 16:14 to the battle of that **g** day
Rev 17: 5 MYSTERY, BABYLON THE **G**,
Rev 18:10 that **g** city Babylon, that
Rev 19:17 for the supper of the **g** God,
Rev 20:11 Then I saw a **g** white throne
Rev 20:12 I saw the dead, small and **g**,
Rev 21:10 and showed me the **g** city,

GREATER (*see* GREAT)
Gen 1:16 the **g** light to rule the day,
Gen 4:13 My punishment is **g** than I
Job 33:12 For God is **g** than man.
Matt 11:11 there has not risen one **g**
Matt 12:41 and indeed a **g** than Jonah
Matt 12:42 and indeed a **g** than Solomon
John 1:50 You will see **g** things than
John 4:12 Are You **g** than our father
John 5:20 and He will show Him **g** works
John 8:53 Are You **g** than our father
John 10:29 is **g** than all; and no one is
John 13:16 a servant is not **g** than his
John 14:12 and **g** works than these he
John 14:28 for My Father is **g** than I.
John 15:13 **G** love has no one than this,
1Co 12:23 on these we bestow **g** honor;
Heb 6:13 He could swear by no one **g**,
Heb 11:26 the reproach of Christ **g**
1Jn 4: 4 He who is in you is **g** than

GREATEST (*see* GREAT)
Jon 3: 5 from the **g** to the least of
Matt 18: 4 this little child is the **g**
Matt 23:11 But he who is **g** among you
Mark 9:34 who would be the **g**.
1Co 13:13 but the **g** of these is love.

GREATLY (*see* GREAT)
Gen 3:16 I will **g** multiply your sorrow
1Ch 16:25 the LORD is great and **g**
Ps 48: 1 and **g** to be praised In the
Ps 62: 2 I shall not be **g** moved.
Ps 96: 4 the LORD is great and **g**
1Pe 1: 6 In this you **g** rejoice, though

GREATNESS (*see* GREAT)
1Ch 29:11 Yours, O LORD, is the **g**,
Ps 145: 3 And His **g** is unsearchable.
Ps 145: 6 And I will declare Your **g**.
Ps 150: 2 to His excellent **g**!
Prov 5:23 And in the **g** of his folly
Ezek 31: 2 are you like in your **g**?
Eph 1:19 what is the exceeding **g** of

GREECE (*see* GREEK)
Dan 8:21 goat is the kingdom of **G**.

GREEDY
1Ti 3: 3 not **g** for money, but gentle,

GREEK (*see* GREECE, GREEKS)
Luke 23:38 over Him in letters of **G**,
Acts 16: 1 but his father was **G**.
Rom 1:16 Jew first and also for the **G**.
Rom 10:12 between Jew and **G**,
Gal 3:28 There is neither Jew nor **G**,

GREEKS (*see* GREEK)
Rom 1:14 I am a debtor both to **G** and
1Co 1:22 and **G** seek after wisdom;
1Co 1:24 are called, both Jews and **G**,

GREEN
Gen 1:30 I have given every **g** herb
Gen 9: 3 even as the **g** herbs.
Ps 23: 2 makes me to lie down in **g**
Ps 37: 2 And wither as the **g** herb.
Luke 23:31 do these things in the **g**

GREET
Rom 16:16 **G** one another with a holy
Phil 4:21 **G** every saint in Christ
Heb 13:24 **G** all those who rule over
1Pe 5:14 **G** one another with a kiss of

GREW (*see* GROW)
Gen 21: 8 So the child **g** and was
Ex 1: 7 multiplied and **g** exceedingly
Ex 2:10 And the child **g**,
Ex 7:13 And Pharaoh's heart **g** hard,
Luke 1:80 So the child **g** and became
Luke 2:40 And the Child **g** and became

GRIEF (*see* GRIEFS, GRIEVE)
Job 2:13 for they saw that his **g** was
Ps 6: 7 eye wastes away because of **g**;
Ps 10:14 You observe trouble and **g**,
Ps 31:10 For my life is spent with **g**,
Prov 10: 1 a foolish son is the **g** of
Eccl 1:18 in much wisdom is much **g**,
Is 53: 3 and acquainted with **g**.
Is 53:10 Him; He has put Him to **g**.
Rom 9: 2 sorrow and continual **g** in
Heb 13:17 so with joy and not with **g**,
1Pe 2:19 toward God one endures **g**,

G

GRIEFS† (*see* GRIEF)
Is 53: 4 Surely He has borne our **g**

GRIEVE (*see* GRIEF, GRIEVED)
Zech 12:10 and **g** for Him as one grieves
Eph 4:30 And do not **g** the Holy Spirit

GRIEVED (*see* GRIEVE)
Gen 6: 6 and He was **g** in His heart.

GRIND (*see* GRINDER, GRINDING)
Matt 21:44 it will **g** him to powder."

GRINDER† (*see* GRIND, GRINDERS)
Judg 16:21 and he became a **g** in the

GRINDERS† (*see* GRINDER)
Eccl 12: 3 When the **g** cease because

GRINDING (*see* GRIND)
Eccl 12: 4 And the sound of **g** is low;
Matt 24:41 Two women will be **g** at the

GROAN (*see* GROANING, GROANS)
Rom 8:23 even we ourselves **g** within

GROANING (*see* GROAN, GROANINGS)
Ex 2:24 So God heard their **g**,
Ps 6: 6 I am weary with my **g**;
Ps 22: 1 from the words of My **g**?
Ps 32: 3 grew old Through my **g** all

GROANINGS (*see* GROANING)
Rom 8:26 intercession for us with **g**

GROANS† (*see* GROAN)
Rom 8:22 that the whole creation **g**

GROUND (*see* GROUNDED)
Gen 2: 5 was no man to till the **g**;
Gen 2: 7 man of the dust of the **g**,
Gen 3:17 Cursed is the **g** for your
Gen 3:19 Till you return to the **g**,
Gen 3:23 of Eden to till the **g** from
Gen 4: 2 Cain was a tiller of the **g**.
Gen 4:10 cries out to Me from the **g**.
Gen 8:21 never again curse the **g** for
Ex 3: 5 where you stand is holy **g**.
Ex 14:22 of the sea on the dry **g**,
Ex 32:20 and **g** it to powder; and he
Num 16:31 that the **g** split apart under
Josh 24:32 in the plot of **g** which Jacob
Judg 6:40 there was dew on all the **g**.
2Sa 8: 2 Forcing them down to the **g**,
2Sa 17:12 as the dew falls on the **g**.
2Ki 2: 8 them crossed over on dry **g**.
Job 1:20 and he fell to the **g** and
Job 2:13 sat down with him on the **g**
Job 5: 6 trouble spring from the **g**;
Job 14: 8 its stump may die in the **g**,
Job 39:14 she leaves her eggs on the **g**,
Is 14:12 you are cut down to the **g**,
Is 29: 4 a medium's, out of the **g**;
Is 35: 7 The parched **g** shall become **a**
Is 44: 3 And floods on the dry **g**;
Is 53: 2 And as a root out of dry **g**.
Jer 4: 3 "Break up your fallow **g**,
Lam 5:13 Young men **g** at the
Dan 8: 5 without touching the **g**;
Dan 8: 7 he cast him down to the **g**
Hos 10:12 Break up your fallow **g**,
Amos 9: 9 grain shall fall to the **g**.
Hag 1:11 on whatever the **g** brings
Matt 13: 8 But others fell on good **g** and
Matt 15:35 to sit down on the **g**.
Matt 25:25 and hid your talent in the **g**.
Mark 4: 8 other seed fell on good **g**
Luke 12:16 The **g** of a certain rich man
Luke 14:18 'I have bought a piece of **g**,
Luke 22:44 blood falling down to the **g**.
John 4: 5 near the plot of **g** that
John 8: 6 down and wrote on the **g**
John 9: 6 He spat on the **g** and made
John 12:24 of wheat falls into the **g**
Acts 7:33 you stand is holy **g**.
Acts 9: 8 Then Saul arose from the **g**,
Acts 22: 7 And I fell to the **g** and heard
Acts 26:14 we all had fallen to the **g**,
1Ti 3:15 the pillar and **g** of the

GROUNDED (*see* GROUND)
Eph 3:17 being rooted and **g** in love,

GROW (*see* FULL-GROWN, GREW, GROWN, GROWS)
Gen 2: 9 LORD God made every tree **g**
Num 6: 5 of the hair of his head **g**.
Judg 16:22 hair of his head began to **g**
Ps 102:26 they will all **g** old like a
Eccl 11: 5 Or how the bones **g** in the
Is 11: 1 And a Branch shall **g** out of
Is 51: 6 The earth will **g** old like a
Is 53: 2 For He shall **g** up before Him
Joel 3:15 The sun and moon will **g**
Jon 4:10 not labored, nor made it **g**,
Matt 6:28 of the field, how they **g**:
Matt 13:30 Let both **g** together until the
Matt 21:19 Let no fruit **g** on you ever
Matt 24:12 the love of many will **g**
Luke 12:33 money bags which do not **g**
Gal 6: 9 And let us not **g** weary while
Eph 4:15 may **g** up in all things into
2Th 3:13 do not **g** weary in doing
2Ti 3:13 men and impostors will **g**
Heb 1:11 And they will all **g**
1Pe 2: 2 that you may **g** thereby,
2Pe 3:18 but **g** in the grace and

GROWN (*see* GROW)
Gen 2: 5 any herb of the field had **g**.
Gen 18:12 After I have **g** old, shall I
Ruth 1:13 for them till they were **g**?
Dan 4:33 heaven till his hair had **g**

GROWS (*see* GROW)
Ps 90: 5 are like grass which **g** up:
Ps 90: 6 morning it flourishes and **g**

Eph 2:21 g into a holy temple in the
2Th 1: 3 because your faith **g**

GRUDGINGLY†
2Co 9: 7 not **g** or of necessity; for

GUARANTEE†
2Co 1:22 Spirit in our hearts as a **g**.
2Co 5: 5 given us the Spirit as a **g**.
Eph 1:14 who is the **g** of our

GUARD (*see* GUARDIANS, GUARDS)
Gen 3:24 to **g** the way to the tree of
Gen 37:36 and captain of the **g**.
Num 10:25 children of Dan (the rear **g**
Job 7:12 That You set a **g** over me?
Ps 39: 1 I will **g** my ways, Lest I sin
Ps 141: 3 Set a **g**, O LORD, over
Mic 7: 5 **G** the doors of your mouth
Matt 27:66 the stone and setting the **g**.
Phil 1:13 to the whole palace **g**,
Phil 4: 7 will **g** your hearts and minds
2Th 3: 3 who will establish you and **g**
1Ti 6:20 O Timothy! **G** what was

GUARDIANS (*see* GUARD)
Gal 4: 2 but is under **g** and stewards

GUARDS (*see* GUARD)
Ps 34:20 He **g** all his bones; Not one
Ps 127: 1 Unless the LORD **g** the

GUESTS
John 2:10 and when the **g** have well

GUIDE (*see* GUIDES)
Ps 31: 3 Lead me and **g** me.
Ps 32: 8 I will **g** you with My eye.
Ps 48:14 He will be our **g** Even to
Prov 23:19 And **g** your heart in the
Luke 1:79 To **g** our feet into the way
John 16:13 He will **g** you into all
Rom 2:19 that you yourself are a **g**

GUIDES (*see* GUIDE)
Matt 23:16 "Woe to you, blind **g**,
Acts 8:31 unless someone **g** me?" And

GUILT (*see* GUILTLESS, GUILTY)
Lev 5: 1 not tell it, he bears **g**.
Deut 19:13 you shall put away the **g**
2Ch 28:13 for our **g** is great, and
Ezra 9:13 deeds and for our great **g**,
Ezek 18:19 the son not bear the **g** of
Ezek 18:20 nor the father bear the **g** of
Matt 23:32 measure of your fathers' **g**.

GUILTLESS (*see* GUILT)
Ex 20: 7 LORD will not hold him **g**
Matt 12: 7 not have condemned the **g**.

GUILTY (*see* GUILT)
Ex 34: 7 by no means clearing the **g**,
Lev 6: 4 he has sinned and is **g**,
Num 14:18 by no means clears the **g**,
Num 35:27 he shall not be **g** of blood,
Ps 5:10 Pronounce them **g**,
Ps 109: 7 judged, let him be found **g**,
Prov 21: 8 The way of a **g** man is
Rom 3:19 all the world may become **g**
1Co 11:27 an unworthy manner will be **g**
Jas 2:10 he is **g** of all.

GULF†
Luke 16:26 and you there is a great **g**

H

HABAKKUK†
Hab 1: 1 burden which the prophet **H**
Hab 3: 1 A prayer of **H** the prophet, on

HABITATION (*see* HOME)
Ex 15:13 strength To Your holy **h**.
Ps 68: 5 Is God in His holy **h**.
Is 32:18 will dwell in a peaceful **h**,
Is 34:13 It shall be a **h** of jackals,
Is 63:15 heaven, And see from Your **h**,
Hab 3:11 moon stood still in their **h**;
2Co 5: 2 to be clothed with our **h**

HABITS†
1Co 15:33 company corrupts good **h**.

HADES
Matt 11:23 will be brought down to **H**;
Matt 16:18 and the gates of **H** shall not
Acts 2:27 not leave my soul in **H**,
1Co 15:55 is your sting? O **H**,
Rev 1:18 And I have the keys of **H** and
Rev 20:14 Then Death and **H** were cast

HAGAR
Gen 16: 3 took **H** her maid, the
Gen 16:15 So **H** bore Abram a son; and
Gal 4:25 for this **H** is Mount Sinai in

HAGGAI
Ezra 5: 1 Then the prophet **H** and
Ezra 6:14 the prophesying of **H** the

HAIL (*see* HAILSTONES)
Ex 9:23 the LORD sent thunder and **h**,
Matt 27:29 and mocked Him, saying, "**H**,
Rev 16:21 And great **h** from heaven fell

HAILSTONES (*see* HAIL)
Josh 10:11 the LORD cast down large **h**
Ps 18:13 **H** and coals of fire.

HAIR (*see* HAIRS, HAIRY)
Gen 42:38 would bring down my gray **h**
Ex 25: 4 fine linen, and goats' **h**;
Lev 14: 9 day he shall shave all the **h**
Num 6: 5 let the locks of the **h** of
Num 6:19 shaved his consecrated **h**,

Judg 16:22 the **h** of his head began to
2Sa 14:26 he weighed the **h** of his head
Neh 13:25 them and pulled out their **h**,
Job 4:15 The **h** on my body stood up.
Song 4: 1 Your **h** is like a flock of
Is 7:20 The head and the **h** of the
Ezek 8: 3 took me by a lock of my **h**;
Dan 3:27 the **h** of their head was not
Dan 4:33 the dew of heaven till his **h**
Dan 7: 9 And the **h** of His head was
Zech 13: 4 not wear a robe of coarse **h**
Matt 3: 4 was clothed in camel's **h**,
Matt 5:36 you cannot make one **h** white
Luke 7:38 and wiped them with the **h**
Luke 21:18 But not a **h** of your head
John 11: 2 wiped His feet with her **h**,
Acts 18:18 He had his **h** cut off at
Acts 27:34 since not a **h** will fall from
1Co 11:14 you that if a man has long **h**,
1Co 11:15 But if a woman has long **h**,
1Co 11:15 for her **h** is given to her
1Ti 2: 9 not with braided **h** or gold
1Pe 3: 3 outward—arranging the **h**,
Rev 1:14 His head and **h** were white

HAIRS (*see* HAIR)
Ps 40:12 They are more than the **h** of
Matt 10:30 But the very **h** of your head

HAIRY (*see* HAIR)
Gen 25:25 He was like a **h** garment
Gen 27:11 Esau my brother is a **h** man,

HALF
Ex 24: 6 and **h** the blood he sprinkled
1Ki 3:25 and give **h** to one, and half
Esth 5: 6 up to **h** the kingdom? It
Is 44:16 He burns **h** of it in the
Dan 7:25 For a time and times and **h**
Dan 12: 7 and **h** a time; and when the
Mark 6:23 up to **h** of my kingdom."
Luke 10:30 leaving him **h** dead.
Luke 19: 8 I give **h** of my goods to the

HALF-TRIBE
Num 34:14 and the **h** of Manasseh has

HALLOW (*see* HALLOWED)
Is 29:23 They will **h** My name, And
Jer 17:22 but **h** the Sabbath day, as I

HALLOWED (*see* HALLOW)
Ex 20:11 the Sabbath day and **h** it.
Ex 29:21 and his garments shall be **h**,
Matt 6: 9 **H** be Your name.
Luke 11: 2 **H** be Your name. Your

HAM
Gen 5:32 old, and Noah begot Shem, **H**,
Ps 105:27 wonders in the land of **H**.

HAMAN
Esth 7: 6 this wicked Haman!" So **H**

HAMMER
Judg 4:21 a tent peg and took a **h** in
Jer 23:29 And like a **h** that breaks the

HANANIAH (*see* SHADRACH)
Jer 28: 5 spoke to the prophet **H** in
Dan 1: 6 sons of Judah were Daniel, **H**,

HAND (*see* HANDIWORK, HANDS)
Gen 4:11 brother's blood from your **h**.
Gen 9: 2 They are given into your **h**.
Gen 9: 5 and from the **h** of man. From
Gen 14:22 I have raised my **h** to the
Gen 22:12 Do not lay your **h** on the lad,
Gen 24: 2 put your **h** under my thigh,
Gen 24:49 I may turn to the right **h**
Gen 38:30 the scarlet thread on his **h**.
Gen 39: 3 he did to prosper in his **h**.
Gen 39:12 he left his garment in her **h**,
Gen 46: 4 and Joseph will put his **h** on
Gen 48:13 Ephraim with his right **h**
Ex 3: 8 to deliver them out of the **h**
Ex 3:19 no, not even by a mighty **h**.
Ex 3:20 So I will stretch out My **h**
Ex 4: 2 "What is that in your **h**?
Ex 4: 4 Reach out your **h** and take it
Ex 4: 4 it became a rod in his **h**,
Ex 4: 6 Now put your **h** in your
Ex 4: 6 his **h** was leprous, like
Ex 6: 1 and with a strong **h** he will
Ex 7: 5 when I stretch out My **h** on
Ex 8: 6 So Aaron stretched out his **h**
Ex 9: 3 the **h** of the LORD will be
Ex 13: 9 as a sign to you on your **h**
Ex 14:22 to them on their right **h**
Ex 15: 6 "Your right **h**,
Ex 15: 6 in power; Your right **h**,
Ex 16: 3 that we had died by the **h** of
Ex 17:11 when Moses held up his **h**,
Ex 18: 9 had delivered out of the **h**
Ex 19:13 Not a **h** shall touch him, but
Ex 21:24 tooth for tooth, hand for **h**,
Ex 29:20 the thumb of their right **h**
Ex 32:11 power and with a mighty **h**?
Ex 33:22 and will cover you with My **h**
Lev 4: 4 lay his **h** on the bull's
Lev 21:19 a broken foot or broken **h**,
Num 5:25 jealousy from the woman's **h**,
Num 27:18 and lay your **h** on him;
Num 35:21 he strikes him with his **h**
Deut 2: 7 in all the work of your **h**.
Deut 2:15 For indeed the **h** of the LORD
Deut 3:24 greatness and Your mighty **h**,
Deut 5:15 out from there by a mighty **h**
Deut 6: 8 them as a sign on your **h**,
Deut 10: 3 the two tablets in my **h**.
Deut 11:18 them as a sign on your **h**,
Deut 14:25 take the money in your **h**,
Deut 15: 9 the year of release, is at **h**,
Deut 15:10 all to which you put your **h**.
Deut 19:21 **h** for hand, foot for foot.
Deut 19:21 tooth for tooth, hand for **h**,
Deut 25:12 you shall cut off her **h**;

Deut 28:12 bless all the work of your **h**.
Deut 32:35 of their calamity is at **h**,
Deut 32:39 who can deliver from My **h**.
Deut 32:40 For I raise My **h** to heaven,
Deut 33: 3 His saints are in Your **h**;
Josh 5:13 His sword drawn in His **h**.
Josh 6: 2 given Jericho into your **h**,
Josh 10:32 Lachish into the **h** of
Josh 14: 2 had commanded by the **h** of
Josh 20: 5 the slayer into his **h**,
Judg 2:15 the **h** of the LORD was
Judg 2:16 delivered them out of the **h**
Judg 2:23 He deliver them into the **h**
Judg 3: 8 and He sold them into the **h**
Judg 3:21 Ehud reached with his left **h**,
Judg 4: 9 will sell Sisera into the **h**
Judg 4:21 and took a hammer in her **h**,
Judg 5:26 She stretched her **h** to the
Judg 7: 2 My own **h** has saved me.'
Judg 7:16 a trumpet into every man's **h**,
Judg 9:48 took an ax in his **h** and cut
1Sa 5:11 the **h** of God was very heavy
2Sa 4:11 require his blood at your **h**
2Sa 6: 6 Uzzah put out his **h** to the
2Sa 21:20 had six fingers on each **h**
1Ki 18:44 cloud, as small as a man's **h**,
Ezra 7: 9 according to the good **h** of
Neh 2: 8 me according to the good **h**
Job 1:11 stretch out Your **h** and touch
Job 1:12 only do not lay a **h** on his
Job 26:13 His **h** pierced the fleeing
Ps 16: 8 He is at my right **h** I
Ps 16:11 At Your right **h** are
Ps 31: 5 Into Your **h** I commit my
Ps 31: 8 not shut me up into the **h**
Ps 31:15 My times are in Your **h**;
Ps 32: 4 For day and night Your **h** was
Ps 37:24 upholds him with His **h**.
Ps 45: 4 And Your right **h** shall
Ps 63: 8 Your right **h** upholds me.
Ps 71: 4 out of the **h** of the wicked,
Ps 77:10 the years of the right **h** of
Ps 78:54 mountain which His right **h**
Ps 80:17 upon the man of Your right **h**,
Ps 89:25 Also I will set his **h** over
Ps 89:42 have exalted the right **h** of
Ps 91: 7 ten thousand at your right **h**;
Ps 95: 7 And the sheep of His **h**.
Ps 98: 1 His right **h** and His holy
Ps 108: 6 Save with Your right **h**,
Ps 110: 1 Lord, "Sit at My right **h**,
Ps 110: 5 Lord is at Your right **h**;
Ps 121: 5 your shade at your right **h**.
Ps 127: 4 Like arrows in the **h** of a
Ps 136:12 With a strong **h**,
Ps 137: 5 Let my right **h** forget its
Ps 138: 7 And Your right **h** will save
Ps 139: 5 And laid Your **h** upon me.
Ps 139:10 Even there Your **h** shall lead
Ps 139:10 And Your right **h** shall hold
Prov 3:16 of days is in her right **h**,
Prov 3:27 it is in the power of your **h**
Prov 12:24 The **h** of the diligent will
Prov 19:24 A lazy man buries his **h** in
Prov 21: 1 king's heart is in the **h**
Prov 26:15 The lazy man buries his **h**
Prov 31:19 And her **h** holds the
Prov 31:20 She extends her **h** to the
Eccl 2:24 was from the **h** of God.
Eccl 9: 1 their works are in the **h**
Eccl 9:10 Whatever your **h** finds to do,
Eccl 11: 6 do not withhold your **h**;
Song 2: 6 And his right **h** embraces
Is 1:12 required this from your **h**,
Is 6: 6 having in his **h** a live coal
Is 9:12 But His **h** is stretched out
Is 11: 8 child shall put his **h** in
Is 13: 6 day of the LORD is at **h**!
Is 40: 2 received from the LORD's **h**
Is 40:12 in the hollow of His **h**,
Is 41:10 with My righteous right **h**.
Is 41:13 God, will hold your right **h**,
Is 45: 1 whose right **h** I have
Is 49:22 I will lift My **h** in an oath
Is 50: 2 Is My **h** shortened at all
Is 51:16 you with the shadow of My **h**,
Is 53:10 LORD shall prosper in His **h**.
Is 59: 1 the LORD's **h** is not
Is 62: 8 has sworn by His right **h**
Is 64: 8 we are the work of Your **h**.
Jer 1: 9 the LORD put forth His **h**
Jer 15:17 sat alone because of Your **h**,
Jer 18: 4 of clay was marred in the **h**
Jer 18: 6 clay is in the potter's **h**,
Jer 18: 6 hand, so are you in My **h**,
Jer 22:24 the signet on My right **h**,
Jer 25:15 wine cup of fury from My **h**,
Jer 36:14 Take in your **h** the scroll
Jer 40: 4 chains that were on your **h**.
Jer 43: 9 large stones in your **h**,
Jer 44:30 his enemies and into the **h**
Lam 1: 7 her people fell into the **h**
Lam 4: 6 With no **h** to help her!
Ezek 1: 3 and the **h** of the LORD was
Ezek 3:18 I will require at your **h**.
Ezek 10: 8 have the form of a man's **h**
Ezek 20: 5 Israel and raised My **h** in
Ezek 33: 8 I will require at your **h**.
Dan 4:35 No one can restrain His **h**
Dan 5: 5 the fingers of a man's **h**
Hos 11: 8 How can I **h** you over,
Joel 1:15 day of the LORD is at **h**;
Amos 5:19 Leaned his **h** on the wall,
Jon 4:11 between their right **h** and
Matt 3: 2 kingdom of heaven is at **h**!
Matt 5:30 And if your right **h** causes
Matt 6: 3 do not let your left **h** know
Matt 8:15 So He touched her **h**,
Matt 12:10 a man who had a withered **h**.
Matt 20:21 one on Your right **h** and the
Matt 22:44 "Sit at My right **h**,
Matt 25:33 set the sheep on His right **h**,
Matt 26:18 says, "My time is at **h**;
Matt 26:23 He who dipped his **h** with Me
Matt 26:45 Behold, the hour is at **h**,
Mark 1:15 the kingdom of God is at **h**.
Mark 5:41 He took the child by the **h**,
Mark 8:23 took the blind man by the **h**

H

Mark 16:19 and sat down at the right **h**
Luke 1: 1 as many have taken in **h** to
Luke 23:33 one on the right **h** and the
John 3:35 given all things into His **h**.
John 7:30 but no one laid a **h** on Him,
John 10:28 snatch them out of My **h**.
John 10:29 them out of My Father's **h**.
John 20:25 and put my **h** into His side,
Acts 2:33 exalted to the right **h** of
Acts 7:50 Has My **h** not made all
Acts 9:12 in and putting his **h** on
Acts 26: 1 So Paul stretched out his **h**
Acts 28: 3 heat, and fastened on his **h**.
Rom 13:12 far spent, the day is at **h**.
1Co 12:15 say, "Because I am not a **h**,
1Co 16:21 The salutation with my own **h**—
Gal 2: 9 me and Barnabas the right **h**
Gal 3:19 through angels by the **h** of
Gal 6:11 to you with my own **h**!
Phil 4: 5 all men. The Lord is at **h**.
2Ti 4: 6 time of my departure is at **h**.
Phm 1:19 am writing with my own **h**.
Heb 1: 3 sat down at the right **h** of
Heb 1:13 "Sit at My right **h**,
Jas 5: 8 coming of the Lord is at **h**.
1Pe 4: 7 end of all things is at **h**;
1Pe 5: 6 under the mighty **h** of God,
Rev 1:16 He had in His right **h** seven
Rev 1:17 But He laid His right **h** on
Rev 6: 5 a pair of scales in his **h**.
Rev 10: 2 a little book open in his **h**.
Rev 10: 5 on the land raised up his **h**
Rev 13:16 a mark on their right **h** or

HANDIWORK (*see* HAND)
Ps 19: 1 the firmament shows His **h**.

HANDKERCHIEF (*see* HANDKERCHIEFS)
Luke 19:20 I have kept put away in a **h**.

HANDKERCHIEFS† (*see* HANDKERCHIEF)
Acts 19:12 so that even **h** or aprons were

HANDLE (*see* HANDLED)
Ps 115: 7 hands, but they do not **h**;
Luke 24:39 **H** Me and see, for a spirit

HANDLED (*see* HANDLE)
1Jn 1: 1 upon, and our hands have **h**,

HANDS (*see* ARMS, HAND)
Gen 5:29 work and the toil of our **h**,
Gen 27:22 but the hands are the **h** of
Gen 27:23 because his **h** were hairy
Ex 17:12 But Moses' **h** became heavy;
Lev 16:21 Aaron shall lay both his **h** on
Deut 4:28 gods, the work of men's **h**,
Deut 34: 9 for Moses had laid his **h** on
Judg 2:14 He delivered them into the **h**
Judg 2:14 and He sold them into the **h**
Judg 12: 3 I took my life in my **h** and
Judg 15:14 bonds broke loose from his **h**.
2Sa 4:12 cut off their **h** and feet,
2Ki 11:12 and they clapped their **h** and
Neh 2:18 Then they set their **h** to
Neh 6: 9 O God, strengthen my **h**.
Job 1:10 blessed the work of his **h**,
Job 10: 3 despise the work of Your **h**,
Ps 8: 6 over the works of Your **h**;
Ps 22:16 They pierced My **h** and My
Ps 24: 4 He who has clean **h** and a
Ps 47: 1 Oh, clap your **h**,
Ps 90:17 establish the work of our **h**.
Ps 91:12 In their **h** they shall bear
Ps 115: 4 gold, The work of men's **h**.
Ps 138: 8 forsake the works of Your **h**.
Prov 6:10 A little folding of the **h**
Prov 6:17 **H** that shed innocent blood,
Prov 31:13 willingly works with her **h**.
Prov 31:31 her of the fruit of her **h**,
Song 5: 5 And my **h** dripped with
Is 1:15 Your **h** are full of blood.
Is 19:25 and Assyria the work of My **h**,
Is 35: 3 Strengthen the weak **h**,
Is 45: 9 say, 'He has no **h**'?
Ezek 23:37 and blood is on their **h**.
Dan 2:34 stone was cut out without **h**,
Zech 4: 9 The **h** of Zerubbabel Have
Matt 4: 6 In their **h** they shall
Matt 15:20 but to eat with unwashed **h**
Matt 18:28 and he laid **h** on him and
Matt 26:50 Then they came and laid **h**
Matt 27:24 took water and washed his **h**
Mark 14:58 this temple made with **h**,
Mark 16:18 they will lay **h** on the sick,
Luke 6: 1 rubbing them in their **h**.
Luke 23:46 into Your **h** I commit My
Luke 24:39 Behold My **h** and My feet, that
John 7:44 but no one laid **h** on Him.
John 13: 3 given all things into His **h**,
John 20:20 He showed them His **h** and
John 20:25 Unless I see in His **h** the
Acts 2:23 you have taken by lawless **h**,
Acts 5:18 and laid their **h** on the
Acts 7:48 dwell in temples made with **h**,
Acts 17:25 is He worshiped with men's **h**,
Acts 19:26 gods which are made with **h**.
Rom 10:21 stretched out My **h** To
1Co 4:12 working with our own **h**.
2Co 5: 1 God, a house not made with **h**,
Col 2:11 circumcision made without **h**,
1Th 4:11 and to work with your own **h**,
1Ti 2: 8 lifting up holy **h**,
Heb 1:10 are the work of Your **h**.
Heb 6: 2 baptisms, of laying on of **h**,
Heb 9:11 tabernacle not made with **h**,
Heb 10:31 thing to fall into the **h** of
Heb 12:12 Therefore strengthen the **h**
Jas 4: 8 near to you. Cleanse your **h**,
1Jn 1: 1 and our **h** have handled,
Rev 7: 9 palm branches in their **h**,
Rev 20: 4 foreheads or on their **h**.

HANDSOME
Gen 39: 6 Now Joseph was **h** in form and
1Sa 16:18 and a **h** person; and the
Song 1:16 Behold, you are **h**,

HANDWRITING†
Col 2:14 having wiped out the **h** of

HANG (*see* HANGED, HANGS, HUNG)
Gen 40:19 off your head from you and **h**
Matt 22:40 these two commandments **h**
Heb 12:12 the hands which **h** down,

HANGED (*see* HANG)
Deut 21:23 for he who is **h** is accursed
Matt 27: 5 and went and **h** himself.

HANGS† (*see* HANG)
Job 26: 7 He **h** the earth on nothing.
Gal 3:13 is everyone who **h** on

HANNAH
1Sa 1: 2 but **H** had no children.

HAPPY (*see* BLESSED)
1Ki 10: 8 **H** are your men and happy
Ps 127: 5 **H** is the man who has his
Ps 137: 8 **H** the one who repays you as
Ps 144:15 **H** are the people whose God

HARAN
Gen 11:26 begot Abram, Nahor, and **H**.
Gen 11:27 **H** begot Lot.
Gen 11:32 years, and Terah died in **H**.
Acts 7: 2 before he dwelt in **H**,

HARD (*see* HARDEN, HARDNESS)
Gen 18:14 Is anything too **h** for the
Ex 1:14 their lives bitter with **h**
Ex 7:13 And Pharaoh's heart grew **h**,
Ex 18:26 the **h** cases they brought to
1Ki 10: 1 she came to test him with **h**
2Ki 2:10 You have asked a **h** thing.
Jer 32:17 There is nothing too **h** for
Matt 13:15 Their ears are **h** of
Matt 25:24 I knew you to be a **h** man,
Acts 9: 5 It is **h** for you to kick
2Co 4: 8 We are **h** pressed on every
Heb 5:11 and **h** to explain, since you
2Pe 3:16 in which are some things **h**

HARDEN (*see* HARD, HARDENED, HARDENS)
Ex 7: 3 And I will **h** Pharaoh's heart,
Ps 95: 8 Do not **h** your hearts, as in
Heb 3: 8 Do not **h** your hearts

HARDENED (*see* HARDEN)
Ex 10:20 But the LORD **h** Pharaoh's
Neh 9:16 **H** their necks, And did not
Dan 5:20 and his spirit was **h** in
Mark 6:52 because their heart was **h**.

HARDENS (*see* HARDEN)
Prov 28:14 But he who **h** his heart will
Prov 29: 1 and **h** his neck, Will
Rom 9:18 and whom He wills He **h**.

HARDNESS (*see* HARD)
Matt 19: 8 because of the **h** of your

HARLOT (*see* HARLOTRY, HARLOTS)
Gen 34:31 he treat our sister like a **h**?
Gen 38:15 her, he thought she was a **h**,
Ex 34:16 and his daughters play the **h**
Deut 23:17 shall be no ritual **h** of
Josh 2: 1 and came to the house of a **h**
Judg 11: 1 but he was the son of a **h**;
Judg 16: 1 went to Gaza and saw a **h**
Prov 7:10 With the attire of a **h**,
Prov 23:27 For a **h** is a deep pit, And
Is 1:21 city has become a **h**! It
Ezek 16:30 the deeds of a brazen **h**.
Ezek 16:34 one solicited you to be a **h**.
Hos 2: 5 mother has played the **h**;
Amos 7:17 Your wife shall be a **h** in the
1Co 6:15 make them members of a **h**?
1Co 6:16 he who is joined to a **h** is
Heb 11:31 By faith the **h** Rahab did not
Jas 2:25 was not Rahab the **h** also
Rev 17: 1 the judgment of the great **h**

HARLOTRY (*see* HARLOT)
Gen 38:24 she is with child by **h**.
Num 25: 1 the people began to commit **h**
Ezek 16:25 multiplied your acts of **h**.
Hos 1: 2 take yourself a wife of **h**
Hos 1: 2 land has committed great **h**
Hos 5: 4 For the spirit of **h** is in

HARLOTS (*see* HARLOT)
1Ki 3:16 Now two women who were **h**
1Ki 22:38 up his blood while the **h**
Matt 21:31 that tax collectors and **h**
Luke 15:30 your livelihood with **h**,
Rev 17: 5 THE MOTHER OF **H**

HARM (*see* HARMLESS)
Gen 26:29 'that you will do us no **h**,
Gen 31:29 is in my power to do you **h**,
Ex 21:23 But if any **h** follows, then
Lev 5:16 make restitution for the **h**
1Ch 16:22 And do My prophets no **h**.
Rom 13:10 Love does no **h** to a neighbor;

HARMLESS† (*see* HARM)
Matt 10:16 be wise as serpents and **h**
Phil 2:15 may become blameless and **h**,

HARP (*see* HARPS)
Gen 4:21 of all those who play the **h**
1Sa 16:23 that David would take a **h**
Ps 33: 2 Praise the LORD with the **h**;
Ps 57: 8 lute and **h**! I will awaken
Rev 5: 8 the Lamb, each having a **h**,

HARPS (*see* HARP)
Ps 137: 2 We hung our **h** Upon the

HARVEST
Gen 8:22 remains, Seedtime and **h**,

Gen 30:14 went in the days of wheat **h**
Ex 23:16 "and the Feast of **H**,
Lev 19: 9 the gleanings of your **h**.
Ruth 1:22 at the beginning of barley **h**.
Ruth 2:23 barley harvest and wheat **h**;
Jer 8:20 The **h** is past, The summer is
Amos 4: 7 still three months to the **h**.
Matt 9:37 The **h** truly is plentiful,
Matt 9:38 pray the Lord of the **h** to
Matt 9:38 send out laborers into His **h**.
Matt 13:39 the **h** is the end of the age,
Luke 10: 2 The **h** truly is great, but
Luke 10: 2 send out laborers into His **h**.
John 4:35 are already white for **h**!

HASTE (*see* HASTEN, HASTILY)
Ex 12:11 So you shall eat it in **h**.
Ps 38:22 Make **h** to help me, O Lord,
Prov 1:16 And they make **h** to shed
Song 8:14 Make **h**, my beloved,
Is 59: 7 And they make **h** to shed

HASTEN (*see* HASTE, HASTENING, HASTENS)
Ps 22:19 **h** to help Me!

HASTENING (*see* HASTEN)
2Pe 3:12 looking for and **h** the coming

HASTENS (*see* HASTEN)
Zeph 1:14 It is near and **h** quickly.

HASTILY (*see* HASTE, QUICKLY)
1Ti 5:22 Do not lay hands on anyone **h**,

HATE (*see* HATED, HATERS, HATES, HATRED)
Gen 50:15 Perhaps Joseph will **h** us, and
Ex 20: 5 generations of those who **h**
Lev 19:17 You shall not **h** your brother
Deut 32:41 And repay those who **h** Me.
Judg 14:16 You only **h** me! You do not
Ps 25:19 And they **h** me with cruel
Ps 45: 7 love righteousness and **h**
Ps 119:104 Therefore I **h** every false
Ps 139:22 I **h** them with perfect
Prov 1:22 And fools **h** knowledge.
Prov 8:13 fear of the LORD is to **h**
Eccl 3: 8 to love, And a time to **h**;
Amos 5:15 **H** evil, love good
Mic 3: 2 You who **h** good and love
Matt 5:43 love your neighbor and **h**
Matt 5:44 do good to those who **h** you,
Matt 6:24 for either he will **h** the one
Luke 6:22 Blessed are you when men **h**
John 7: 7 The world cannot **h** you, but
Rom 7:15 not practice; but what I **h**,

HATED (*see* HATE)
Gen 27:41 So Esau **h** Jacob because of
Gen 37: 4 they **h** him and could not
2Sa 13:15 the hatred with which he **h**
Esth 9: 1 overpowered those who **h**
Ps 44: 7 put to shame those who **h** us.
Prov 1:29 Because they **h** knowledge
Prov 5:12 How I have **h** instruction,
Prov 14:20 The poor man is **h** even by
Eccl 2:17 Therefore I **h** life because
Mal 1: 3 But Esau I have **h**,
Matt 10:22 And you will be **h** by all for
John 15:18 it hated Me before it **h**
John 15:24 they have seen and also **h**
John 15:25 They **h** Me without a
John 17:14 and the world has **h** them
Rom 9:13 but Esau I have **h**.
Eph 5:29 For no one ever **h** his own
Heb 1: 9 righteousness and **h**

HATERS (*see* HATE)
Rom 1:30 **h** of God, violent, proud,

HATES (*see* HATE)
Deut 19:11 But if anyone **h** his
Job 16: 9 and **h** me; He gnashes at me
Prov 6:16 six things the LORD **h**,
Prov 12: 1 But he who **h** correction is
Prov 13: 5 A righteous man **h** lying,
Prov 13:24 He who spares his rod **h** his
Prov 15:27 But he who **h** bribes will
Is 1:14 appointed feasts My soul **h**;
John 7: 7 but it **h** Me because I
John 12:25 and he who **h** his life in
John 15:18 If the world **h** you, you know
John 15:23 He who **h** Me hates My Father
1Jn 2: 9 and **h** his brother, is in
1Jn 3:13 if the world **h** you.

HATRED (*see* HATE)
Ps 25:19 they hate me with cruel **h**.
Ps 109: 5 And **h** for my love.
Ps 139:22 I hate them with perfect **h**;
Prov 10:12 **H** stirs up strife, But love
Prov 15:17 Than a fatted calf with **h**.

HAUGHTY
Prov 16:18 And a **h** spirit before a
Prov 21: 4 A **h** look, a proud heart,

HAY
1Co 3:12 precious stones, wood, **h**,

HAZOR
Josh 11:11 Then he burned **H** with fire.

HEAD (*see* HEADS)
Gen 3:15 He shall bruise your **h**,
Gen 40:13 Pharaoh will lift up your **h**
Gen 40:19 will lift off your **h** from
Ex 29: 7 oil, pour it on his **h**,
Ex 29:10 put their hands on the **h** of
Lev 13:12 from his **h** to his foot,
Lev 16:21 lay both his hands on the **h**
Num 6: 5 razor shall come upon his **h**;
Num 6: 5 locks of the hair of his **h**
Judg 13: 5 razor shall come upon his **h**,
Judg 16:19 off the seven locks of his **h**.
1Sa 1:11 razor shall come upon his **h**.
1Sa 5: 4 The **h** of Dagon and both the
2Sa 1: 2 torn and dust on his **h**.
2Sa 3: 8 Am I a dog's **h** that belongs

2Sa 18: 9 and his **h** caught in the
2Ki 4:19 said to his father, "My **h**,
2Ki 6: 5 the iron ax **h** fell into
2Ki 9:30 her eyes and adorned her **h**,
Esth 2:17 the royal crown upon her **h**
Esth 6:12 mourning and with his **h**
Esth 9:25 should return on his own **h**,
Job 1:20 his robe, and shaved his **h**;
Job 2: 7 foot to the crown of his **h**.
Job 2:12 and sprinkled dust on his **h**
Job 10:15 I cannot lift up my **h**.
Job 20: 6 And his **h** reaches to the
Job 29: 3 His lamp shone upon my **h**,
Ps 3: 3 the One who lifts up my **h**.
Ps 7:16 shall return upon his own **h**,
Ps 21: 3 of pure gold upon his **h**.
Ps 22: 7 the lip, they shake the **h**,
Ps 23: 5 You anoint my **h** with oil;
Ps 38: 4 have gone over my **h**;
Ps 40:12 more than the hairs of my **h**;
Ps 110: 7 He shall lift up the **h**.
Ps 133: 2 the precious oil upon the **h**,
Prov 1: 9 graceful ornament on your **h**,
Prov 16:31 The silver-haired **h** is a
Prov 20:29 of old men is their gray **h**.
Prov 25:22 heap coals of fire on his **h**,
Eccl 9: 8 And let your **h** lack no
Song 2: 6 left hand is under my **h**,
Is 1: 5 The whole **h** is sick, And
Is 3:17 a scab The crown of the **h**
Is 7: 8 For the **h** of Syria is
Is 9:14 the LORD will cut off **h**
Is 19:15 Which the **h** or tail, Palm
Is 59:17 helmet of salvation on His **h**;
Jer 9: 1 that my **h** were waters, And
Jer 18:16 astonished And shake his **h**.
Jer 23:19 fall violently on the **h** of
Jer 48:37 For every **h** shall be bald,
Jer 52:31 lifted up the **h** of
Ezek 5: 1 and pass it over your **h** and
Ezek 10: 1 that was above the **h** of the
Ezek 17:19 will recompense on his own **h**.
Ezek 24:17 bind your turban on your **h**,
Ezek 33: 4 blood shall be on his own **h**.
Dan 2:28 and the visions of your **h**
Dan 2:38 you are this **h** of gold.
Dan 4: 5 bed and the visions of my **h**
Dan 7: 9 And the hair of His **h** was
Matt 5:36 shall you swear by your **h**,
Matt 8:20 has nowhere to lay His **h**.
Matt 10:30 the very hairs of your **h**
Matt 14: 8 me John the Baptist's **h**
Matt 26: 7 and she poured it on His **h**
Matt 27:30 reed and struck Him on the **h**.
Matt 27:37 And they put up over His **h**
Mark 4:28 first the blade, then the **h**,
Luke 7:38 them with the hair of her **h**;
John 13: 9 also my hands and my **h**!"
Rom 12:20 coals of fire on his **h**.
1Co 11: 3 the **h** of woman is man, and
1Co 11: 3 and the **h** of Christ is God.
1Co 11:10 of authority on her **h**,
Eph 1:22 and gave Him to be **h** over
Eph 4:15 things into Him who is the **h**—
Eph 5:23 For the husband is **h** of the
Eph 5:23 as also Christ is **h** of the
Col 1:18 And He is the **h** of the body,
Col 2:19 not holding fast to the **H**,

HEADLONG
Acts 1:18 of iniquity; and falling **h**,

HEADS (*see* HEAD)
Gen 41: 5 and suddenly seven **h** of
Gen 43:28 And they bowed their **h**
Ex 18:25 and made them **h** over the
Josh 7: 6 and they put dust on their **h**.
Ps 24: 7 Lift up your **h**,
Is 35:10 everlasting joy on their **h**.
Dan 7: 6 The beast also had four **h**,
Acts 18: 6 blood be upon your own **h**;
Rev 12: 3 red dragon having seven **h**

HEAL (*see* HEALED, HEALING, HEALS)
2Ch 7:14 will forgive their sin and **h**
Ps 41: 4 **H** my soul, for I have
Eccl 3: 3 to kill, And a time to **h**;
Is 61: 1 He has sent Me to **h** the
Jer 17:14 **H** me, O LORD, and I shall
Matt 8: 7 I will come and **h** him."
Matt 10: 8 **H** the sick, cleanse the
Matt 12:10 Is it lawful to **h** on the
Luke 4:18 He has sent Me to **h**
Luke 4:23 **h** yourself! Whatever we have

HEALED (*see* HEAL)
Is 6:10 heart, And return and be **h**.
Is 53: 5 And by His stripes we are **h**.
Hos 11: 3 they did not know that I **h**
Matt 8:13 And his servant was **h** that
Matt 15:28 And her daughter was **h**
Luke 8: 2 women who had been **h** of
Luke 8:36 been demon-possessed was **h**.
Luke 8:43 and could not be **h** by any,
Luke 22:51 And He touched his ear and **h**
John 5:13 But the one who was **h** did not
Acts 3:11 as the lame man who was **h**
Acts 5:16 spirits, and they were all **h**.
Acts 14: 9 that he had faith to be **h**,
Acts 28: 8 laid his hands on him and **h**
Heb 12:13 dislocated, but rather be **h**.
1Pe 2:24 whose stripes you were **h**.
Rev 13: 3 and his deadly wound was **h**.

HEALING (*see* HEAL, HEALINGS)
Is 58: 8 Your **h** shall spring forth
Jer 14:19 us so that there is no **h**
Jer 14:19 good; And for the time of **h**,
Mal 4: 2 shall arise With **h** in His
Matt 4:23 and **h** all kinds of sickness
Luke 9: 6 preaching the gospel and **h**
Luke 9:11 those who had need of **h**.
Acts 10:38 went about doing good and **h**
Rev 22: 2 of the tree were for the **h**

HEALINGS (*see* HEALING)
1Co 12: 9 to another gifts of **h** by the

H

HEALS (*see* HEAL)

Ex 15:26 For I am the LORD who **h**
Ps 103: 3 Who **h** all your diseases,
Ps 147: 3 He **h** the brokenhearted And
Acts 9:34 Jesus the Christ **h** you.

HEALTH

Prov 16:24 to the soul and **h** to the

HEAP (*see* HEAPED)

Gen 31:46 took stones and made a **h**,
Gen 31:48 This **h** is a witness between
Ex 15: 8 stood upright like a **h**;
Prov 25:22 For so you will **h** coals of
Rom 12:20 in so doing you will **h**

HEAPED (*see* HEAP)

Jas 5: 3 You have **h** up treasure in

HEAR (*see* HEARD, HEARERS, HEARING, HEARS)

Ex 22:27 he cries to Me, I will **h**,
Deut 1:16 **H** the cases between your
Deut 4:33 Did any people ever **h** the
Deut 5: 1 and said to them: "**H**,
Deut 6: 4 "**H**, O Israel: The LORD
1Sa 15:14 lowing of the oxen which I **h**?
1Ki 4:34 came to **h** the wisdom of
1Ki 8:30 **H** in heaven Your dwelling
Job 26:14 how small a whisper we **h** of
Job 31:35 that I had one to **h** me!
Ps 4: 1 **H** me when I call, O God of
Ps 4: 1 and **h** my prayer.
Ps 10:17 will cause Your ear to **h**,
Ps 13: 3 Consider and **h** me, O LORD
Ps 17: 1 **H** a just cause, O LORD,
Ps 28: 2 **H** the voice of my
Ps 34: 2 The humble shall **h** of it
Ps 39:12 **H** my prayer, O LORD, And
Ps 51: 8 Make me **h** joy and gladness,
Ps 61: 1 **H** my cry, O God
Ps 94: 9 the ear, shall He not **h**?
Ps 115: 6 have ears, but they do not **h**;
Eccl 12:13 Let us **h** the conclusion of
Is 1:10 **H** the word of the LORD,
Is 1:15 many prayers, I will not **h**.
Is 6:10 And **h** with their ears, And
Is 29:18 that day the deaf shall **h**
Is 55: 3 your ear, and come to Me. **H**,
Is 59: 1 ear heavy, That it cannot **h**.
Jer 5:21 And who have ears and **h**
Jer 11: 2 **H** the words of this covenant,
Jer 11:10 who refused to **h** My words,
Jer 13:15 **H** and give ear: Do not be
Jer 14:12 I will not **h** their cry; and
Jer 22:29 **H** the word of the LORD!
Jer 49:20 Therefore **h** the counsel of
Lam 1:18 **H** now, all peoples, And
Ezek 2: 5 whether they **h** or whether
Ezek 2: 7 whether they **h** or whether
Ezek 2: 8 **h** what I say to you. Do not
Ezek 3:27 He who hears, let him **h**;
Ezek 8:18 I will not **h** them."
Ezek 12: 2 and ears to **h** but does not
Ezek 24:26 come to you to let you **h**
Ezek 37: 4 **h** the word of the LORD!
Dan 3:15 are ready at the time you **h**
Dan 5:23 which do not see or **h** or
Dan 9:17 **h** the prayer of Your
Hos 5: 1 **H** this, O priests! Take
Joel 1: 2 **H** this, you elders, And
Amos 4: 1 **H** this word, you cows of
Amos 7:16 **h** the word of the LORD:
Mic 3: 9 Now **h** this, You heads of
Mic 6: 1 And let the hills **h** your
Zech 7:12 refusing to **h** the law and
Mal 2: 2 If you will not **h**,
Matt 10:14 will not receive you nor **h**
Matt 10:27 and what you **h** in the ear,
Matt 11: 4 John the things which you **h**
Matt 11: 5 are cleansed and the deaf **h**;
Matt 11:15 "He who has ears to **h**,
Matt 12:19 Nor will anyone **h** His
Matt 12:42 the ends of the earth to **h**
Matt 13:13 and hearing they do not **h**,
Matt 13:15 with their eyes and **h**
Matt 13:18 Therefore **h** the parable of
Matt 17: 5 well pleased. "**H** Him!"
Matt 18:17 But if he refuses even to **h**
Matt 24: 6 And you will **h** of wars and
Mark 4:15 word is sown. When they **h**,
Mark 4:24 them, "Take heed what you **h**.
Mark 4:24 to you; and to you who **h**,
Mark 7:37 He makes both the deaf to **h**
Mark 12:29 the commandments is: '**H**,
Luke 5:15 came together to **h**,
Luke 6:17 who came to **h** Him and be
Luke 7:22 are cleansed, the deaf **h**,
Luke 8:12 wayside are the ones who **h**;
Luke 8:18 take heed how you **h**.
Luke 15: 1 drew near to Him to **h** Him.
Luke 16: 2 What is this I **h** about you?
Luke 16:31 If they do not **h** Moses and
Luke 18: 6 **H** what the unjust judge said.
John 3: 8 and you **h** the sound of it,
John 5:25 when the dead will **h** the
John 5:25 and those who **h** will live.
John 5:28 who are in the graves will **h**
John 9:31 we know that God does not **h**
John 10: 3 and the sheep **h** his voice;
Acts 2:11 we **h** them speaking in our own
Acts 2:22 **h** these words: Jesus of
Acts 7:37 Him you shall **h**.
Acts 13: 7 and Saul and sought to **h**
Acts 15: 7 mouth the Gentiles should **h**
Acts 17:21 but either to tell or to **h**
Acts 17:32 We will **h** you again on this
Acts 22: 1 **h** my defense before you
Acts 26: 3 Therefore I beg you to **h** me
Acts 26:29 but also all who **h** me today,
Acts 28:26 "Hearing you will **h**,
Acts 28:27 with their eyes and **h**
Rom 10:14 And how shall they **h** without
Rom 11: 8 that they should not **h**,
1Co 11:18 I **h** that there are divisions
Gal 4:21 do you not **h** the law?
Phil 1:30 you saw in me and now **h** is

Heb 3: 7 if you will **h** His
1Jn 4: 6 is not of God does not **h** us.
Rev 1: 3 he who reads and those who **h**
Rev 2: 7 let him **h** what the Spirit
Rev 9:20 which can neither see nor **h**
Rev 13: 9 anyone has an ear, let him **h**.

HEARD (*see* HEAR)
Gen 3:10 I **h** Your voice in the garden,
Deut 4:12 you only **h** a voice.
1Ki 10: 1 when the queen of Sheba **h**
Neh 9:27 You **h** from heaven; And
Job 42: 5 I have **h** of You by the
Ps 3: 4 And He **h** me from His holy
Ps 6: 8 For the LORD has **h** the
Ps 10:17 You have **h** the desire of the
Ps 18: 6 He **h** my voice from His
Ps 19: 3 Where their voice is not **h**.
Ps 22:24 when He cried to Him, He **h**.
Ps 34: 4 and He **h** me, And delivered
Ps 34: 6 and the LORD **h** him, And
Ps 40: 1 And **h** my cry.
Ps 44: 1 We have **h** with our ears, O
Ps 48: 8 As we have **h**,
Ps 81: 5 Where I **h** a language I did
Ps 106:44 When He **h** their cry;
Ps 120: 1 And He **h** me.
Ps 132: 6 we **h** of it in Ephrathah; We
Song 2:12 of the turtledove Is **h** in
Is 6: 8 Also I **h** the voice of the
Is 40:21 not known? Have you not **h**?
Is 49: 8 an acceptable time I have **h**
Is 52:15 And what they had not **h**
Jer 31:15 A voice was **h** in Ramah,
Matt 2:18 A voice was **h** in Ramah,
Matt 5:21 You have **h** that it was said
Matt 6: 7 think that they will be **h**
Mark 12:37 And the common people **h**
Luke 1:13 for your prayer is **h**;
Luke 1:41 when Elizabeth **h** the
Luke 1:58 neighbors and relatives **h**
Luke 2:18 And all those who **h** it
Luke 2:20 the things that they had **h**
Luke 2:47 And all who **h** Him were
Luke 7:22 things you have seen and **h**:
Luke 12: 3 in the dark will be **h** in
Luke 15:25 he **h** music and dancing.
Luke 22:71 For we have **h** it ourselves
John 3:32 "And what He has seen and **h**,
John 4:42 for we ourselves have **h** Him
John 8:26 those things which I **h** from
John 8:40 told you the truth which I **h**
John 11: 6 when He **h** that he was sick,
John 11:41 I thank You that You have **h**
John 12:34 We have **h** from the law that
Acts 1: 4 you have **h** from Me;
Acts 4:20 which we have seen and **h**.
Acts 8:30 and **h** him reading the
Acts 19: 2 We have not so much as **h**
Acts 22:15 of what you have seen and **h**.
Rom 10:14 Him of whom they have not **h**?
1Co 2: 9 not seen, nor ear **h**,
Eph 1:13 after you **h** the word of
Eph 1:15 after I **h** of your faith in
Phil 4: 9 learned and received and **h**
Col 1: 4 since we **h** of your faith in
Col 1: 9 since the day we **h** it, do
2Ti 1:13 words which you have **h** from
2Ti 2: 2 the things that you have **h**
Jas 5:11 You have **h** of the
2Pe 1:18 And we **h** this voice which
1Jn 1: 1 beginning, which we have **h**,
1Jn 1: 3 which we have seen and **h** we
1Jn 1: 5 the message which we have **h**
Rev 1:10 and I **h** behind me a loud
Rev 3: 3 how you have received and **h**;
Rev 5:11 and I **h** the voice of many
Rev 6: 1 and I **h** one of the four
Rev 10: 4 but I **h** a voice from heaven
Rev 12:10 Then I **h** a loud voice saying
Rev 18:22 trumpeters shall not be **h** in
Rev 18:23 and bride shall not be **h** in
Rev 22: 8 saw and **h** these things. And

HEARERS (*see* HEAR)
Rom 2:13 (for not the **h** of the law
Eph 4:29 it may impart grace to the **h**.
Jas 1:22 and not **h** only, deceiving

HEARING (*see* HEAR)
Ex 24: 7 Covenant and read in the **h**
Job 42: 5 have heard of You by the **h**
Prov 20:12 The **h** ear and the seeing
Eccl 1: 8 Nor the ear filled with **h**.
Is 6: 9 this people: 'Keep on **h**,
Amos 8:11 But of **h** the words of the
Matt 13:13 and **h** they do not hear, nor
Matt 13:14 **H** you will hear and
Matt 13:15 ears are hard of **h**,
Mark 6: 2 And many **h** Him were
Luke 4:21 is fulfilled in your **h**.
Luke 7: 1 all His sayings in the **h** of
Acts 5: 5 **h** these words, fell down and
Acts 9: 7 **h** a voice but seeing no one.
Acts 28:26 **H** you will hear, and
Acts 28:27 ears are hard of **h**,
Rom 10:17 So then faith comes by **h**,
Rom 10:17 and **h** by the word of God.
1Co 12:17 eye, where would be the **h**?
Gal 3: 2 or by the **h** of faith?
Phm 1: 5 **h** of your love and faith
Heb 5:11 you have become dull of **h**.
2Pe 2: 8 day to day by seeing and **h**

HEARS (*see* HEAR)
1Sa 3:10 "Speak, for Your servant **h**.
Matt 7:24 Therefore whoever **h** these
Matt 13:19 When anyone **h** the word of the
Matt 13:23 the good ground is he who **h**
Luke 10:16 He who **h** you hears Me, he who
John 5:24 he who **h** My word and
John 8:47 He who is of God **h** God's
John 12:47 And if anyone **h** My words and
John 18:37 who is of the truth **h** My
1Jn 4: 5 and the world **h** them.
1Jn 4: 6 He who knows God **h** us; he
Rev 3:20 If anyone **h** My voice and
Rev 22:17 Come!" And let him who **h**

H

HEART (*see* BROKENHEARTED, HEART'S, HEARTS)

Gen 6: 5 of the thoughts of his **h**
Gen 6: 6 and He was grieved in His **h**.
Gen 8:21 the imagination of man's **h**
Gen 17:17 laughed, and said in his **h**,
Ex 7: 3 I will harden Pharaoh's **h**,
Ex 7:13 And Pharaoh's **h** grew hard,
Ex 10:20 LORD hardened Pharaoh's **h**,
Ex 35: 5 Whoever is of a willing **h**,
Lev 26:16 eyes and cause sorrow of **h**.
Deut 4:29 you seek Him with all your **h**
Deut 6: 5 your God with all your **h**,
Deut 6: 6 you today shall be in your **h**.
Deut 8: 2 to know what was in your **h**,
Deut 8:14 when your **h** is lifted up, and
Deut 10:12 your God with all your **h**
Deut 10:16 the foreskin of your **h**,
Deut 11:13 serve Him with all your **h**
Deut 12:15 whatever your **h** desires,
Deut 26:16 them with all your **h** and
Deut 30:14 in your mouth and in your **h**
Josh 5: 1 that their **h** melted; and
Judg 5:16 have great searchings of **h**.
Judg 16:17 that he told her all his **h**,
Judg 19: 6 and let your **h** be merry."
1Sa 2: 1 My **h** rejoices in the LORD;
1Sa 13:14 a man after His own **h**,
1Sa 16: 7 but the LORD looks at the **h**.
1Ki 11: 3 his wives turned away his **h**.
1Ki 14: 8 followed Me with all his **h**,
2Ch 36:13 his neck and hardened his **h**
Job 19:27 How my **h** yearns within me!
Job 41:24 His **h** is as hard as stone,
Ps 4: 7 have put gladness in my **h**,
Ps 7:10 Who saves the upright in **h**.
Ps 9: 1 O LORD, with my whole **h**;
Ps 12: 2 lips and a double **h** they
Ps 14: 1 The fool has said in his **h**,
Ps 15: 2 speaks the truth in his **h**;
Ps 16: 9 Therefore my **h** is glad, and
Ps 17: 3 You have tested my **h**;
Ps 19: 8 are right, rejoicing the **h**;
Ps 19:14 and the meditation of my **h**
Ps 22:14 My **h** is like wax; It has
Ps 24: 4 has clean hands and a pure **h**,
Ps 27: 3 My **h** shall not fear;
Ps 38:10 My **h** pants, my strength
Ps 40: 8 Your law is within my **h**.
Ps 44:21 knows the secrets of the **h**.
Ps 45: 1 My **h** is overflowing with a
Ps 51:10 Create in me a clean **h**,
Ps 51:17 A broken and a contrite **h**—
Ps 66:18 I regard iniquity in my **h**,
Ps 73: 1 To such as are pure in **h**.
Ps 86:11 Unite my **h** to fear Your
Ps 90:12 That we may gain a **h** of
Ps 101: 2 my house with a perfect **h**.
Ps 101: 4 A perverse **h** shall depart
Ps 101: 5 a haughty look and a proud **h**,
Ps 109:22 And my **h** is wounded within
Ps 119:11 word I have hidden in my **h**,
Ps 119:70 Their **h** is as fat as grease,
Ps 119:80 Let my **h** be blameless
Ps 139:23 me, O God, and know my **h**;
Prov 2: 2 And apply your **h** to
Prov 2:10 When wisdom enters your **h**,
Prov 3: 3 them on the tablet of your **h**,
Prov 3: 5 in the LORD with all your **h**,
Prov 4:23 Keep your **h** with all
Prov 13:12 Hope deferred makes the **h**
Prov 14:10 The **h** knows its own
Prov 14:14 The backslider in **h** will be
Prov 14:30 A sound **h** is life to the
Prov 14:33 But what is in the **h** of
Prov 15:15 But he who is of a merry **h**
Prov 16: 9 A man's **h** plans his way,
Prov 17:16 Since he has no **h** for
Prov 17:20 He who has a deceitful **h**
Prov 20: 5 Counsel in the **h** of man is
Prov 20: 9 I have made my **h** clean, I am
Prov 20:27 the inner depths of his **h**.
Prov 21: 1 The king's **h** is in the hand
Prov 21: 4 A haughty look, a proud **h**,
Prov 22:15 is bound up in the **h** of a
Prov 22:17 And apply your **h** to my
Prov 23: 7 For as he thinks in his **h**,
Prov 23:17 Do not let your **h** envy
Prov 23:19 And guide your **h** in the
Prov 23:26 My son, give me your **h**,
Prov 25:20 who sings songs to a heavy **h**.
Prov 26:25 seven abominations in his **h**;
Prov 27:19 So a man's **h** reveals the
Prov 28:14 But he who hardens his **h**
Prov 28:25 He who is of a proud **h** stirs
Prov 28:26 He who trusts in his own **h**
Eccl 1:16 I communed with my **h**,
Eccl 1:17 And I set my **h** to know wisdom
Eccl 5:20 busy with the joy of his **h**.
Eccl 8: 9 and applied my **h** to every
Eccl 8:16 When I applied my **h** to know
Song 4: 9 You have ravished my **h**,
Song 8: 6 me as a seal upon your **h**,
Is 1: 5 And the whole **h** faints.
Is 6:10 Make the **h** of this people
Is 6:10 And understand with their **h**,
Is 57:15 And to revive the **h** of the
Jer 8:18 My **h** is faint in me.
Jer 9:26 are uncircumcised in the **h**.
Jer 15:16 joy and rejoicing of my **h**;
Jer 17: 9 The **h** is deceitful above
Jer 17:10 I, the LORD, search the **h**,
Jer 29:13 for Me with all your **h**.
Ezek 11:19 I will give them one **h**,
Ezek 11:19 and take the stony **h** out of
Ezek 11:19 and give them a **h** of flesh,
Ezek 36:26 I will give you a new **h** and
Ezek 36:26 I will take the **h** of stone
Ezek 36:26 your flesh and give you a **h**
Hos 11: 8 My **h** churns within Me; My
Joel 2:13 So rend your **h**,
Matt 5: 8 Blessed are the pure in **h**,
Matt 5:28 adultery with her in his **h**.
Matt 6:21 there your **h** will be also.
Matt 11:29 I am gentle and lowly in **h**,
Matt 12:34 of the abundance of the **h**
Matt 12:35 the good treasure of his **h**

Matt 15:19 For out of the **h** proceed evil
Matt 22:37 God with all your **h**,
Luke 2:19 and pondered them in her **h**.
Luke 2:51 all these things in her **h**.
Luke 6:45 the good treasure of his **h**
Luke 24:25 and slow of **h** to believe in
Luke 24:32 Did not our **h** burn within us
John 7:38 out of his **h** will flow
John 14: 1 Let not your **h** be troubled;
Acts 4:32 who believed were of one **h**
Acts 5: 3 why has Satan filled your **h**
Acts 7:51 and uncircumcised in **h** and
Acts 8:37 you believe with all your **h**,
Acts 13:22 a man after My own **h**,
Acts 15: 8 "So God, who knows the **h**,
Rom 2:29 is that of the **h**,
Rom 6:17 yet you obeyed from the **h**
Rom 10: 6 "Do not say in your **h**,
Rom 10: 9 Jesus and believe in your **h**
Rom 10:10 For with the **h** one believes
1Co 2: 9 entered into the **h** of
1Co 14:25 thus the secrets of his **h**
2Co 2: 4 affliction and anguish of **h**
2Co 3: 3 flesh, that is, of the **h**.
2Co 3:15 read, a veil lies on their **h**.
2Co 6:11 our **h** is wide open.
2Co 9: 7 as he purposes in his **h**,
Gal 6: 9 reap if we do not lose **h**.
Eph 5:19 and making melody in your **h**
Eph 6: 5 trembling, in sincerity of **h**,
Eph 6: 6 the will of God from the **h**,
Phil 1: 7 because I have you in my **h**,
1Ti 1: 5 is love from a pure **h**,
Phm 1:12 him, that is, my own **h**,
Phm 1:20 refresh my **h** in the Lord.
Heb 3:12 be in any of you an evil **h**
Heb 4:12 and intents of the **h**.
Heb 10:22 us draw near with a true **h**
Jas 1:26 but deceives his own **h**,
1Pe 1:22 fervently with a pure **h**,
1Pe 3: 4 the hidden person of the **h**,
1Jn 3:17 and shuts up his **h** from him,
1Jn 3:20 For if our **h** condemns us, God
1Jn 3:20 God is greater than our **h**,

HEART'S (*see* HEART)
Rom 10: 1 my **h** desire and prayer to

HEARTILY
Col 3:23 And whatever you do, do it **h**,

HEARTS (*see* HEART)
Ex 14:17 I indeed will harden the **h**
1Sa 10:26 whose **h** God had touched.
1Ki 8:58 that He may incline our **h** to
1Ch 28: 9 for the LORD searches all **h**
Job 1: 5 and cursed God in their **h**.
Ps 95: 8 "Do not harden your **h**,
Prov 17: 3 But the LORD tests the **h**.
Prov 21: 2 But the LORD weighs the **h**.
Eccl 3:11 has put eternity in their **h**,
Jer 31:33 and write it on their **h**;
Mal 4: 6 And he will turn The **h** of
Matt 13:15 understand with their **h**
Matt 19: 8 of the hardness of your **h**,
Luke 1:17 to turn the **h** of the
Luke 1:51 the imagination of their **h**.
Luke 2:35 that the thoughts of many **h**
Luke 16:15 men, but God knows your **h**.
Luke 21:26 men's **h** failing them from
Luke 24:38 do doubts arise in your **h**?
Acts 15: 9 purifying their **h** by faith.
Rom 1:21 and their foolish **h** were
Rom 1:24 in the lusts of their **h**,
Rom 2:15 the law written in their **h**,
Rom 8:27 Now He who searches the **h**
1Co 4: 5 reveal the counsels of the **h**.
2Co 1:22 us the Spirit in our **h** as a
2Co 3: 2 our epistle written in our **h**,
2Co 4: 6 who has shone in our **h** to
2Co 7: 2 Open your **h** to us. We have
Gal 4: 6 of His Son into your **h**,
Eph 3:17 Christ may dwell in your **h**
Eph 6:22 that he may comfort your **h**.
Phil 4: 7 will guard your **h** and minds
Col 3:15 peace of God rule in your **h**,
Col 3:16 with grace in your **h** to the
Col 4: 8 and comfort your **h**,
1Th 2: 4 men, but God who tests our **h**.
1Th 3:13 that He may establish your **h**
Heb 3: 8 Do not harden your **h**
Heb 8:10 write them on their **h**;
Heb 10:16 My laws into their **h**,
Heb 10:22 having our **h** sprinkled from
Jas 3:14 and self-seeking in your **h**,
Jas 4: 8 sinners; and purify your **h**,
2Pe 1:19 morning star rises in your **h**;
1Jn 3:19 and shall assure our **h**
Rev 2:23 who searches the minds and **h**.
Rev 17:17 God has put it into their **h**

HEAT (*see* HEATED)
Gen 8:22 and harvest, Cold and **h**,
Ps 19: 6 is nothing hidden from its **h**.
2Pe 3:10 will melt with fervent **h**;

HEATED (*see* HEAT)
Dan 3:19 more than it was usually **h**.

HEATHEN
Matt 6: 7 vain repetitions as the **h**

HEAVE
Ex 29:28 their **h** offering to the

HEAVEN (*see* HEAVENLY, HEAVENS)
Gen 1: 8 God called the firmament **H**.
Gen 7:11 and the windows of **h** were
Gen 14:19 Possessor of **h** and earth;
Gen 22:17 as the stars of the **h** and
Gen 28:12 and its top reached to **h**;
Gen 28:17 and this is the gate of **h**!
Ex 16: 4 I will rain bread from **h** for
Ex 20: 4 of anything that is in **h**
Deut 1:28 great and fortified up to **h**;
Deut 2:25 nations under the whole **h**,
Deut 4:26 I call **h** and earth to witness
Deut 10:14 Indeed **h** and the highest

H

Deut 30:12 Who will ascend into **h** for us
2Sa 18: 9 was left hanging between **h**
1Ki 8:27 **h** and the heaven of heavens
1Ki 8:30 Hear in **h** Your dwelling
2Ki 1:10 let fire come down from **h**
2Ki 2: 1 to take up Elijah into **h** by
2Ch 7:14 then I will hear from **h**,
Job 1:16 fire of God fell from **h**
Job 2:12 dust on his head toward **h**.
Job 16:19 even now my witness is in **h**,
Job 22:14 walks above the circle of **h**.
Ps 11: 4 The LORD's throne is in **h**;
Ps 19: 6 rising is from one end of **h**,
Ps 73:25 Whom have I in **h** but You?
Ps 78:24 given them of the bread of **h**.
Ps 115: 3 But our God is in **h**;
Ps 119:89 Your word is settled in **h**.
Ps 136:26 give thanks to the God of **h**!
Ps 139: 8 If I ascend into **h**,
Eccl 1:13 all that is done under **h**;
Is 14:12 you are fallen from **h**,
Is 14:13 'I will ascend into **h**,
Is 66: 1 **H** is My throne, And earth
Jer 7:18 cakes for the queen of **h**;
Jer 23:24 Do I not fill **h** and earth?"
Jer 49:36 From the four quarters of **h**,
Dan 2:19 Daniel blessed the God of **h**.
Dan 2:28 But there is a God in **h** who
Dan 4:15 it be wet with the dew of **h**,
Dan 4:26 you come to know that **H**
Dan 7:13 with the clouds of **h**! He
Hag 2:21 I will shake **h** and earth.
Mal 3:10 for you the windows of **h**
Matt 3: 2 for the kingdom of **h** is at
Matt 5: 3 theirs is the kingdom of **h**.
Matt 5:12 great is your reward in **h**,
Matt 5:16 and glorify your Father in **h**.
Matt 5:18 till **h** and earth pass away,
Matt 5:19 least in the kingdom of **h**;
Matt 5:34 swear at all: neither by **h**,
Matt 5:45 be sons of your Father in **h**;
Matt 6: 9 pray: Our Father in **h**,
Matt 6:10 On earth as it is in **h**.
Matt 6:20 yourselves treasures in **h**,
Matt 7:21 the will of My Father in **h**.
Matt 11:11 is least in the kingdom of **h**
Matt 11:25 Lord of **h** and earth, that
Matt 12:50 the will of My Father in **h**
Matt 16:19 the keys of the kingdom of **h**,
Matt 16:19 on earth will be bound in **h**,
Matt 18: 1 greatest in the kingdom of **h**?
Matt 18:10 of My Father who is in **h**.
Matt 18:14 of your Father who is in **h**
Matt 19:14 of such is the kingdom of **h**.
Matt 19:21 you will have treasure in **h**;
Matt 24:30 Son of Man will appear in **h**,
Matt 24:30 coming on the clouds of **h**
Matt 24:35 **H** and earth will pass away,
Matt 28:18 has been given to Me in **h**
Mark 10:21 you will have treasure in **h**;
Mark 16:19 He was received up into **h**,
Luke 2:15 gone away from them into **h**,
Luke 10:18 fall like lightning from **h**.
Luke 10:20 your names are written in **h**.
Luke 15: 7 there will be more joy in **h**
Luke 15:18 I have sinned against **h** and
Luke 17:29 fire and brimstone from **h**
Luke 19:38 the LORD!' Peace in **h**
Luke 24:51 them and carried up into **h**.
John 1:32 the Spirit descending from **h**
John 1:51 hereafter you shall see **h**
John 3:13 No one has ascended to **h** but
John 3:13 the Son of Man who is in **h**.
John 3:31 He who comes from **h** is above
John 6:31 gave them bread from **h**
John 17: 1 lifted up His eyes to **h**,
Acts 1:11 you stand gazing up into **h**?
Acts 1:11 was taken up from you into **h**,
Acts 2: 2 there came a sound from **h**,
Acts 2: 5 from every nation under **h**.
Acts 2:19 will show wonders in **h**
Acts 3:21 whom **h** must receive until the
Acts 4:12 is no other name under **h**
Acts 17:24 since He is Lord of **h** and
Rom 1:18 of God is revealed from **h**
Rom 10: 6 'Who will ascend into **h**?
1Co 8: 5 whether in **h** or on earth (as
2Co 12: 2 was caught up to the third **h**.
Eph 3:15 whom the whole family in **h**
Phil 2:10 should bow, of those in **h**,
Phil 3:20 For our citizenship is in **h**,
Col 1: 5 is laid up for you in **h**,
Col 1:16 were created that are in **h**
Col 1:20 on earth or things in **h**,
1Th 1:10 to wait for His Son from **h**,
1Th 4:16 Himself will descend from **h**
2Th 1: 7 Jesus is revealed from **h**
Heb 12:23 who are registered in **h**,
1Pe 1: 4 reserved in **h** for you,
1Pe 1:12 the Holy Spirit sent from **h**—
1Jn 5: 7 three that bear witness in **h**:
Rev 3:12 which comes down out of **h**
Rev 9: 1 I saw a star fallen from **h**
Rev 18: 5 her sins have reached to **h**,
Rev 19:11 Now I saw **h** opened, and
Rev 20: 9 came down from God out of **h**
Rev 21: 1 Now I saw a new **h** and a new
Rev 21: 1 for the first **h** and the

HEAVENLY (*see* HEAVEN)

Matt 6:14 your **h** Father will also
Matt 18:35 So My **h** Father also will do
Luke 2:13 angel a multitude of the **h**
John 3:12 you believe if I tell you **h**
Acts 26:19 was not disobedient to the **h**
1Co 15:48 and as is the **h** Man, so
Eph 1: 3 spiritual blessing in the **h**
Heb 3: 1 partakers of the **h** calling,
Heb 6: 4 and have tasted the **h** gift,
Heb 8: 5 the copy and shadow of the **h**
Heb 11:16 a **h** country. Therefore God
Heb 12:22 the **h** Jerusalem, to an

HEAVENS (*see* HEAVEN)

Gen 1: 1 beginning God created the **h**
Gen 11: 4 tower whose top is in the **h**;
Ex 20:11 days the LORD made the **h**
Deut 10:14 heaven and the highest **h**

Deut 32: 1 "Give ear, O **h**,
1Ki 8:27 heaven and the heaven of **h**
Ps 2: 4 He who sits in the **h** shall
Ps 8: 1 set Your glory above the **h**!
Ps 8: 3 When I consider Your **h**,
Ps 19: 1 The **h** declare the glory of
Ps 33: 6 the word of the LORD the **h**
Ps 68:33 who rides on the heaven of **h**,
Ps 96:11 Let the **h** rejoice, and let
Ps 103:11 For as the **h** are high above
Ps 104: 2 Who stretch out the **h** like
Ps 136: 5 Him who by wisdom made the **h**,
Prov 8:27 When He prepared the **h**,
Is 34: 4 And the **h** shall be rolled
Is 40:22 Who stretches out the **h**
Is 51: 6 For the **h** will vanish away
Is 55: 9 For as the **h** are higher than
Is 64: 1 that You would rend the **h**!
Is 65:17 I create new **h** and a new
Jer 4:23 form, and void; And the **h**,
Ezek 1: 1 that the **h** were opened and
Dan 4:11 Its height reached to the **h**,
Joel 2:30 I will show wonders in the **h**
Zech 8:12 And the **h** shall give their
Matt 3:16 the **h** were opened to Him,
Matt 24:29 and the powers of the **h** will
Mark 1:10 He saw the **h** parting and the
Luke 12:33 a treasure in the **h** that
Acts 2:34 did not ascend into the **h**,
Acts 7:56 Look! I see the **h** opened and
2Co 5: 1 with hands, eternal in the **h**.
Eph 4:10 ascended far above all the **h**,
Heb 1:10 And the **h** are the
Heb 4:14 who has passed through the **h**,
Heb 7:26 has become higher than the **h**;
Heb 8: 1 of the Majesty in the **h**,
2Pe 3:10 in which the **h** will pass
2Pe 3:13 look for new **h** and a new
Rev 12:12 "Therefore rejoice, O **h**,

HEAVY

Ex 17:12 But Moses' hands became **h**;
Num 11:14 the burden is too **h** for me.
1Ki 12:10 'Your father made our yoke **h**,
Is 6:10 dull, And their ears **h**,
Matt 11:28 all you who labor and are **h**
Matt 23: 4 For they bind **h** burdens, hard
Matt 26:43 again, for their eyes were **h**.

HEBREW (*see* HEBREWS)

Gen 14:13 came and told Abram the **H**,
Gen 39:17 The **H** servant whom you
Ex 1:15 king of Egypt spoke to the **H**
Ex 21: 2 If you buy a **H** servant, he
2Ki 18:26 and do not speak to us in **H**
Luke 23:38 of Greek, Latin, and **H**:
Phil 3: 5 a **H** of the Hebrews;

HEBREWS (*see* HEBREW)

Ex 3:18 The LORD God of the **H** has

HEBRON

Gen 23: 2 **H**) in the land of Canaan,
Josh 14:13 and gave **H** to Caleb the son
2Sa 2:11 that David was king in **H**
2Sa 15:10 Absalom reigns in **H**!'"

HEDGE (*see* HEDGED, HEDGES)

Job 1:10 Have You not made a **h** around
Is 5: 5 I will take away its **h**,
Hos 2: 6 I will **h** up your way with

HEDGED (*see* HEDGE)

Ps 139: 5 You have **h** me behind and

HEDGES (*see* HEDGE)

Luke 14:23 out into the highways and **h**,

HEED (*see* HEEDED, HEEDS)

Deut 4:23 Take **h** to yourselves, lest
1Sa 15:22 And to **h** than the fat of
Ps 119: 9 By taking **h** according to
Matt 24: 4 Take **h** that no one deceives
Mark 13: 5 Take **h** that no one deceives
Luke 8:18 Therefore take **h** how you
1Co 10:12 who thinks he stands take **h**
Col 4:17 Take **h** to the ministry which
1Ti 1: 4 nor give **h** to fables and
1Ti 4: 1 giving **h** to deceiving
1Ti 4:16 Take **h** to yourself and to the
Tit 1:14 not giving **h** to Jewish fables
Heb 2: 1 give the more earnest **h** to
2Pe 1:19 which you do well to **h** as a

HEEDED (*see* HEED)

Gen 3:17 Because you have **h** the voice
Gen 16: 2 And Abram **h** the voice of
Ex 6:12 of Israel have not **h** me.
Ex 18:24 So Moses **h** the voice of his
Josh 10:14 that the LORD **h** the voice
Judg 2:20 and has not **h** My voice,
2Ch 25:16 done this and have not **h** my
Neh 9:34 Nor **h** Your commandments and
Is 48:18 that you had **h** My
Dan 9: 6 Neither have we **h** Your
Acts 8: 6 with one accord **h** the

HEEDS (*see* HEED)

Prov 13: 1 A wise son **h** his father's

HEEL

Gen 3:15 And you shall bruise His **h**.
Gen 25:26 hand took hold of Esau's **h**;
Ps 41: 9 Has lifted up his **h**
Hos 12: 3 took his brother by the **h**
John 13:18 Me has lifted up his **h**

HEIFER

Gen 15: 9 Me a three-year-old **h**,
Num 19: 2 that they bring you a red **h**
Num 19: 9 gather up the ashes of the **h**
Heb 9:13 goats and the ashes of a **h**,

HEIGHT (*see* HEIGHTS)

1Sa 16: 7 his appearance or at the **h**
Prov 25: 3 As the heavens for **h** and
Eccl 12: 5 Also they are afraid of **h**,
Is 7:11 in the depth or in the **h**

Rom 8:39 nor **h** nor depth, nor any
Eph 3:18 and length and depth and **h**—
Rev 21:16 and **h** are equal.

HEIGHTS (*see* HEIGHT)
Ps 148: 1 Praise Him in the **h**!
Is 14:14 I will ascend above the **h** of

HEIR (*see* HEIRS)
Gen 15: 2 and the **h** of my house is
Gen 15: 3 born in my house is my **h**!"
Gen 15: 4 one shall not be your **h**,
Gen 21:10 bondwoman shall not be **h**
2Sa 14: 7 and we will destroy the **h**
Matt 21:38 themselves, 'This is the **h**.
Rom 4:13 that he would be the **h** of
Gal 4: 1 Now I say that the **h**,
Gal 4: 7 then an **h** of God through
Gal 4:30 shall not be **h** with
Heb 1: 2 whom He has appointed **h** of
Heb 11: 7 the world and became **h** of

HEIRS (*see* HEIR)
2Ki 11: 1 destroyed all the royal **h**.
Rom 4:14 who are of the law are **h**,
Rom 8:17 and if children, then **h**—
Rom 8:17 **h** of God and joint
Rom 8:17 and joint **h** with Christ,
Gal 3:29 and **h** according to the
Heb 11: 9 the **h** with him of the same
1Pe 3: 7 and as being **h** together of

HELD (*see* HOLD)
Ps 18:35 Your right hand has **h** me
Song 3: 4 I **h** him and would not let
Is 45: 1 whose right hand I have **h**—
Acts 5:34 a teacher of the law **h** in

HELL
Deut 32:22 shall burn to the lowest **h**;
Ps 139: 8 If I make my bed in **h**,
Prov 7:27 Her house is the way to **h**,
Is 14: 9 **H** from beneath is excited
Matt 5:22 shall be in danger of **h**
Matt 5:29 whole body to be cast into **h**.
Matt 10:28 both soul and body in **h**.
Matt 23:15 twice as much a son of **h** as
Jas 3: 6 and it is set on fire by **h**.
2Pe 2: 4 but cast them down to **h** and

HELMET
1Sa 17: 5 He had a bronze **h** on his
Is 59:17 And a **h** of salvation on His
Eph 6:17 And take the **h** of salvation,
1Th 5: 8 and as a **h** the hope of

HELP (*see* HELPED, HELPER, HELPFUL, HELPING, HELPS)
2Ch 25: 8 for God has power to **h** and
Job 6:13 Is my **h** not within me? And
Ps 3: 2 There is no **h** for him in
Ps 20: 2 May He send you **h** from the
Ps 22:11 For there is none to **h**.
Ps 22:19 hasten to **h** Me!
Ps 33:20 He is our **h** and our
Ps 38:22 Make haste to **h** me, O Lord,
Ps 40:17 You are my **h** and my
Ps 42: 5 yet praise Him For the **h**
Ps 42:11 The **h** of my countenance and
Ps 46: 1 A very present **h** in
Ps 46: 5 God shall **h** her, just at
Ps 60:11 For the **h** of man is
Ps 70: 5 O God! You are my **h** and my
Ps 94:17 the LORD had been my **h**,
Ps 115: 9 He is their **h** and their
Ps 121: 1 whence comes my **h**?
Ps 121: 2 My **h** comes from the LORD,
Ps 124: 8 Our **h** is in the name of the
Ps 146: 5 the God of Jacob for his **h**,
Eccl 4:10 For he has no one to **h**
Is 30: 7 For the Egyptians shall **h** in
Is 31: 1 who go down to Egypt for **h**,
Is 41:13 you, 'Fear not, I will **h** you
Is 50: 7 For the Lord God will **h** Me
Is 63: 5 but there was no one to **h**,
Jer 37: 7 army which has come up to **h**
Lam 1: 7 With no one to **h** her, The
Lam 4:17 Watching vainly for our **h**;
Dan 11:34 be aided with a little **h**;
Mark 9:24 **h** my unbelief!"
Luke 5: 7 the other boat to come and **h**
Acts 16: 9 over to Macedonia and **h** us.
Acts 26:22 having obtained **h** from God,
Phil 4: 3 **h** these women who labored
Heb 4:16 mercy and find grace to **h**

HELPED (*see* HELP)
1Sa 7:12 Thus far the LORD has **h**
Neh 8: 7 **h** the people to understand
Is 49: 8 day of salvation I have **h**
Luke 1:54 He has **h** His servant Israel,

HELPER (*see* HELP)
Gen 2:18 I will make him a **h**
John 14:16 He will give you another **H**,
John 16: 7 the **H** will not come to you;
Heb 13: 6 "The LORD is my **h**;

HELPFUL (*see* HELP)
1Co 6:12 me, but all things are not **h**.
1Co 10:23 me, but not all things are **h**;

HELPING (*see* HELP)
Ps 22: 1 are You so far from **h** Me,

HELPS (*see* HELP)
Rom 8:26 Likewise the Spirit also **h** in

HEM (*see* BORDER)
Matt 9:20 behind and touched the **h** of
Matt 14:36 they might only touch the **h**

HEN
Matt 23:37 as a **h** gathers her chicks

HENCEFORTH†
Luke 1:48 **h** all generations will call

HERB (*see* HERBS)

Gen 1:11 the **h** that yields seed,
Gen 1:30 have given every green **h**
Gen 2: 5 the earth and before any **h**
Gen 3:18 And you shall eat the **h** of
Ex 9:25 and the hail struck every **h**
Ps 37: 2 And wither as the green **h**.

HERBS (*see* HERB)

Gen 9: 3 things, even as the green **h**.
Num 9:11 bread and bitter **h**.
Prov 15:17 Better is a dinner of **h**
Matt 13:32 it is greater than the **h**
Mark 4:32 becomes greater than all **h**,

HERD (*see* HERDS, HERDSMEN)

Gen 18: 7 And Abraham ran to the **h**,
2Sa 17:29 sheep and cheese of the **h**,
Hab 3:17 And there be no **h** in the
Matt 8:31 us to go away into the **h** of
Mark 5:13 and the **h** ran violently down

HERDS (*see* HERD)

Gen 13: 5 had flocks and **h** and tents.
Ex 12:32 take your flocks and your **h**,
Deut 12: 6 and the firstborn of your **h**
Joel 1:18 the animals groan! The **h**

HERDSMEN

Gen 13: 7 was strife between the **h** of
Gen 13: 7 Abram's livestock and the **h**
Gen 26:20 quarreled with Isaac's **h**,

HERESIES†

Gal 5:20 ambitions, dissensions, **h**,
2Pe 2: 1 bring in destructive **h**,

HERITAGE

Ex 6: 8 will give it to you as a **h**:
Job 27:13 And the **h** of oppressors,
Ps 94: 5 O LORD, And afflict Your **h**.
Ps 111: 6 In giving them the **h** of the
Ps 119:111 I have taken as a **h** forever,
Ps 127: 3 children are a **h** from the
Eccl 2:21 yet he must leave his **h** to a
Jer 2: 7 My land And made My **h** an
Jer 50:11 You destroyers of My **h**,
Joel 3: 2 My **h** Israel, Whom they have

HERMON

Deut 3: 8 the River Arnon to Mount **H**
Ps 133: 3 It is like the dew of **H**,

HEROD (*see* HERODIANS)

Matt 2: 1 of Judea in the days of **H**
Matt 2:12 they should not return to **H**,
Matt 2:13 for **H** will seek the young
Matt 2:15 there until the death of **H**,
Matt 14: 3 For **H** had laid hold of John
Luke 3: 1 **H** being tetrarch of Galilee,

HERODIANS (*see* HEROD)

Mark 12:13 of the Pharisees and the **H**,

HERODIAS

Matt 14: 6 the daughter of **H** danced

HEWN

2Ki 22: 6 and to buy timber and **h** stone
Prov 9: 1 She has **h** out her seven
Is 51: 1 rock from which you were **h**,
Matt 27:60 his new tomb which he had **h**

HEZEKIAH

2Ki 18: 1 that **H** the son of Ahaz,
2Ki 19:15 Then **H** prayed before the
2Ki 20: 1 In those days **H** was sick and
2Ki 20:20 the rest of the acts of **H**—
2Ki 20:21 So **H** rested with his fathers.
2Ki 21: 3 the high places which **H** his
1Ch 3:13 **H** his son, Manasseh his son,
2Ch 30:22 And **H** gave encouragement to
2Ch 31: 9 Then **H** questioned the priests
2Ch 32: 2 And when **H** saw that
2Ch 32:26 Then **H** humbled himself for
2Ch 32:27 **H** had very great riches and
Prov 25: 1 Solomon which the men of **H**
Is 1: 1 Uzziah, Jotham, Ahaz, and **H**,
Hos 1: 1 Uzziah, Jotham, Ahaz, and **H**,
Mic 1: 1 days of Jotham, Ahaz, and **H**,
Zeph 1: 1 son of Amariah, the son of **H**,
Matt 1: 9 begot Ahaz, and Ahaz begot **H**.

HID (*see* HIDE)

Gen 3: 8 and Adam and his wife **h**
Ex 2: 2 she **h** him three months.
Ex 3: 6 And Moses **h** his face, for
1Sa 3:18 and **h** nothing from him. And
2Ch 22:11 **h** him from Athaliah so that
Is 53: 3 with grief. And we **h**,
Jer 13: 5 So I went and **h** it by the
Matt 13:33 which a woman took and **h** in
Matt 13:44 which a man found and **h**;
Matt 25:25 and went and **h** your talent

HIDDEN (*see* HIDE)

Gen 4:14 I shall be **h** from Your face;
2Sa 18:13 For there is nothing **h** from
Job 3:21 search for it more than **h**
Ps 19: 6 And there is nothing **h** from
Ps 22:24 Nor has He **h** His face from
Ps 32: 5 my iniquity I have not **h**.
Ps 51: 6 And in the **h** part You will
Ps 69: 5 And my sins are not **h** from
Ps 119:11 Your word I have **h** in my
Ps 139:15 My frame was not **h** from You,
Prov 2: 4 search for her as for **h**
Matt 5:14 is set on a hill cannot be **h**.
Matt 10:26 and **h** that will not be
Matt 11:25 that You have **h** these things
Matt 13:44 of heaven is like treasure **h**
Mark 7:24 it, but He could not be **h**.
Luke 19:42 peace! But now they are **h**
1Co 2: 7 the **h** wisdom which God
1Co 4: 5 both bring to light the **h**
Eph 3: 9 of the ages has been **h** in
Col 1:26 the mystery which has been **h**

Col 2: 3 in whom are **h** all the
Col 3: 3 and your life is **h** with
Heb 4:13 And there is no creature **h**
Heb 11:23 was **h** three months by his
1Pe 3: 4 rather let it be the **h**
Rev 2:17 I will give some of the **h**

HIDE (*see* HID, HIDDEN, HIDES, HIDING)
Gen 18:17 Shall I **h** from Abraham what I
Ex 2: 3 when she could no longer **h**
Lev 4:11 But the bull's **h** and all its
Deut 31:17 I will **h** My face from them,
Ps 17: 8 **H** me under the shadow of
Ps 27: 5 time of trouble He shall **h**
Ps 27: 5 His tabernacle He shall **h**
Ps 139:12 the darkness shall not **h**

HIDES (*see* HIDE)
Job 42: 3 Who is this who **h** counsel

HIDING (*see* HIDE)
Ps 119:114 You are my **h** place and my

HIGH (*see* HIGHER, HIGHEST, HIGHLY, LOUD)
Gen 7:17 and it rose **h** above the
Gen 7:19 and all the **h** hills under
Gen 14:18 the priest of God Most **H**.
Lev 21:10 He who is the **h** priest
Lev 26:30 I will destroy your **h** places,
Num 35:28 until the death of the **h**
Deut 32: 8 When the Most **H** divided
2Sa 22:14 And the Most **H** uttered His
1Ki 11: 7 Then Solomon built a **h** place
2Ki 23:15 and the **h** place which
1Ch 17:17 to the rank of a man of **h**
2Ch 31: 1 and threw down the **h** places
2Ch 33: 3 For he rebuilt the **h** places
2Ch 33:17 still sacrificed on the **h**
Esth 7: 9 The gallows, fifty cubits **h**,
Job 16:19 And my evidence is on **h**.
Ps 7:17 the name of the LORD Most **H**.
Ps 9: 2 to Your name, O Most **H**.
Ps 18:13 And the Most **H** uttered His
Ps 18:33 And sets me on my **h** places.
Ps 21: 7 the mercy of the Most **H** he
Ps 27: 5 He shall set me **h** upon a
Ps 46: 4 the tabernacle of the Most **H**.
Ps 47: 2 For the LORD Most **H** is
Ps 49: 2 Both low and **h**,
Ps 57: 2 will cry out to God Most **H**,
Ps 62: 9 Men of **h** degree are a lie;
Ps 68:18 You have ascended on **h**,
Ps 75: 5 not lift up your horn on **h**;
Ps 77:10 the right hand of the Most **H**.
Ps 82: 6 are children of the Most **H**.
Ps 91: 1 secret place of the Most **H**
Ps 92: 1 to Your name, O Most **H**;
Ps 103:11 For as the heavens are **h**
Ps 107:11 the counsel of the Most **H**,
Ps 107:41 Yet He sets the poor on **h**,
Ps 139: 6 wonderful for me; It is **h**,
Is 6: 1 **h** and lifted up, and the
Is 14:14 I will be like the Most **H**.
Is 52:13 and extolled and be very **h**.
Is 57:15 For thus says the **H** and
Is 57:15 I dwell in the **h** and holy
Dan 3:26 servants of the Most **H** God,
Dan 4:24 is the decree of the Most **H**,
Dan 4:25 you know that the Most **H**
Dan 4:34 and I blessed the Most **H** and
Dan 7:22 of the saints of the Most **H**,
Dan 8: 3 and the two horns were **h**;
Mic 6: 6 bow myself before the **H** God?
Matt 4: 8 Him up on an exceedingly **h**
Matt 17: 1 led them up on a **h** mountain
Mark 5: 7 Son of the Most **H** God? I
Luke 1:78 the Dayspring from on **h** has
Luke 3: 2 Annas and Caiaphas were **h**
Luke 6:35 will be sons of the Most **H**.
Luke 8:28 Son of the Most **H** God? I beg
Luke 24:49 endued with power from on **h**.
Acts 7:48 the Most **H** does not dwell in
Acts 16:17 the servants of the Most **H**
Eph 4: 8 He ascended on **h**,
Heb 1: 3 hand of the Majesty on **h**,
Heb 2:17 be a merciful and faithful **H**
Heb 3: 1 consider the Apostle and **H**
Heb 4:14 then that we have a great **H**
Heb 6:20 having become **H** Priest
Heb 7: 1 priest of the Most **H** God,
Heb 9:11 But Christ came as **H** Priest

HIGHER (*see* HIGH)
Ps 61: 2 me to the rock that is **h**
Is 55: 9 For as the heavens are **h**
Is 55: 9 So are My ways **h** than your
Luke 14:10 say to you, 'Friend, go up **h**.
Heb 7:26 and has become **h** than the

HIGHEST (*see* HIGH)
Matt 21: 9 LORD!' Hosanna in the **h**!
Luke 1:32 be called the Son of the **H**;
Luke 1:35 and the power of the **H** will
Luke 2:14 "Glory to God in the **h**,
Luke 19:38 in heaven and glory in the **h**!

HIGHLY† (*see* HIGH)
1Sa 18:30 so that his name became **h**
1Ch 14: 2 for his kingdom was **h**
Luke 1:28 **h** favored one, the Lord is
Luke 16:15 For what is **h** esteemed among
Acts 5:13 the people esteemed them **h**.
Rom 12: 3 to think of himself more **h**
Phil 2: 9 Therefore God also has **h**
1Th 5:13 and to esteem them very **h** in

HIGHWAY (*see* HIGHWAYS)
Is 19:23 that day there will be a **h**
Is 40: 3 straight in the desert A **h**

HIGHWAYS (*see* HIGHWAY)
Matt 22: 9 Therefore go into the **h**, and

HILL (*see* HILLS)
1Ki 14:23 images on every high **h** and
Ps 2: 6 set My King On My holy **h**
Ps 15: 1 may dwell in Your holy **h**?
Ps 24: 3 Who may ascend into the **h** of

Is 5: 1 On a very fruitful **h**.
Matt 5:14 A city that is set on a **h**

HILLS (*see* HILL)
Gen 7:19 and all the high **h** under the
Ps 50:10 the cattle on a thousand **h**.
Ps 114: 4 The little **h** like lambs.
Ps 121: 1 lift up my eyes to the **h**—
Prov 8:25 were settled, Before the **h**,
Is 2: 2 shall be exalted above the **h**;
Is 55:12 The mountains and the **h**
Jer 4:24 And all the **h** moved back
Jer 17: 2 green trees on the high **h**.
Jer 26:18 the temple Like the bare **h**
Hos 10: 8 "Cover us!" And to the **h**,
Mic 4: 1 shall be exalted above the **h**;
Nah 1: 5 The **h** melt, And the earth
Zeph 1:10 a loud crashing from the **h**.
Luke 23:30 on us!" and to the **h**,

HINDER (*see* HINDERED, HINDERS)
Gen 24:56 Do not **h** me, since the LORD
Job 9:12 who can **h** Him? Who can say

HINDERED (*see* HINDER)
Rom 1:13 to come to you (but was **h**
Gal 5: 7 Who **h** you from obeying the
1Th 2:18 but Satan **h** us.
1Pe 3: 7 your prayers may not be **h**.

HINDERS (*see* HINDER)
Acts 8:36 What **h** me from being

HINNOM
Josh 15: 8 the Valley of the Son of **H**
Neh 11:30 Beersheba to the Valley of **H**.

HIP
Gen 32:25 and the socket of Jacob's **h**
Judg 15: 8 So he attacked them **h** and

HIRED (*see* HIRELING)
Gen 30:16 for I have surely **h** you with
Ex 12:45 A sojourner and a **h** servant
Deut 15:18 he has been worth a double **h**
1Sa 2: 5 who were full have **h**
2Ch 24:12 and they **h** masons and
Neh 13: 2 but **h** Balaam against them to
Job 7: 1 also like the days of a **h**
Is 7:20 the Lord will shave with a **h**
Hos 8: 9 Ephraim has **h** lovers.
Matt 20: 7 Because no one **h** us.' He said
Matt 20: 9 when those came who were **h**
Mark 1:20 in the boat with the **h**
Luke 15:19 Make me like one of your **h**

HIRELING (*see* HIRED)
John 10:13 The **h** flees because he is a

HISTORY
Gen 2: 4 This is the **h** of the

HITTITE (*see* HITTITES)
Gen 49:29 in the field of Ephron the **H**,
2Sa 11: 3 the wife of Uriah the **H**?
Ezek 16: 3 Amorite and your mother a **H**.

HITTITES (*see* HITTITE)
Ex 3: 8 of the Canaanites and the **H**

HIVITES
Josh 3:10 and the Hittites and the **H**

HOLD (*see* HELD, HOLDING, HOLDS)
Gen 19:16 the men took **h** of his hand,
Ex 5: 1 that they may **h** a feast to
Ex 20: 7 for the LORD will not **h**
Deut 5:11 for the LORD will not **h**
Deut 10:20 and to Him you shall **h** fast,
Judg 16: 3 took **h** of the doors of the
Judg 16:29 And Samson took **h** of the two
1Ki 2: 9 do not **h** him guiltless, for
1Ch 13: 9 Uzza put out his hand to **h**
Job 2: 9 Do you still **h** fast to your
Job 6:24 and I will **h** my tongue;
Job 9:28 I know that You will not **h**
Job 21: 6 And trembling takes **h** of my
Job 27: 6 My righteousness I **h** fast,
Ps 2: 4 The LORD shall **h** them in
Ps 73:23 You **h** me by my right hand.
Ps 94:18 O LORD, will **h** me up.
Ps 116: 3 the pangs of Sheol laid **h**
Ps 119:53 Indignation has taken **h** of
Ps 139:10 Your right hand shall **h** me.
Prov 3:18 of life to those who take **h**
Prov 4:13 Take firm **h** of instruction,
Prov 5: 5 Her steps lay **h** of hell.
Prov 24:11 And **h** back those stumbling
Is 4: 1 seven women shall take **h** of
Jer 2:13 broken cisterns that can **h** no
1Co 15: 2 if you **h** fast that word
Phil 3:12 that I may lay **h** of that for
Phil 3:12 Jesus has also laid **h** of me.
1Th 5:21 **h** fast what is good.
2Th 2:15 stand fast and **h** the
1Ti 6:12 lay **h** on eternal life, to
2Ti 1:13 **H** fast the pattern of sound
Heb 4:14 let us **h** fast our

HOLDING (*see* HOLD)
Jer 6:11 I am weary of **h** it i...
Phil 2:16 **h** fast the word of life, so
Col 2:19 and not **h** fast to the Head,
1Ti 3: 9 **h** the mystery of the faith
Tit 1: 9 **h** fast the faithful word as

HOLDS (*see* HOLD)
Job 2: 3 And still he **h** fast to his

HOLES
Matt 8:20 Foxes have **h** and birds of the

HOLIEST (*see* HOLY)
Heb 9: 3 which is called the **H** of
Heb 10:19 boldness to enter the **H** by

HOLINESS (*see* HOLY)
Ex 28:36 **H** TO THE LORD.

H

1Ch 16:29 LORD in the beauty of **h**!
Ps 89:35 Once I have sworn by My **h**;
Ps 93: 5 H adorns Your house, O
Is 35: 8 be called the Highway of **H**.
Zech 14:20 H TO THE LORD" shall be
Luke 1:75 In **h** and righteousness
Rom 1: 4 according to the Spirit of **h**,
2Co 7: 1 perfecting **h** in the fear of
Eph 4:24 in true righteousness and **h**.
1Ti 2:15 in faith, love, and **h**,
Heb 12:10 may be partakers of His **h**.

HOLLOW

Is 40:12 the waters in the **h** of His

HOLY (*see* HOLIEST, HOLINESS, SPIRIT, UNHOLY)

Ex 3: 5 place where you stand is **h**
Ex 16:23 a **h** Sabbath to the LORD.
Ex 19: 6 a kingdom of priests and a **h**
Ex 20: 8 Sabbath day, to keep it **h**.
Ex 22:31 And you shall be **h** men to
Ex 29:37 the altar shall be most **h**.
Ex 31:15 **h** to the LORD. Whoever does
Ex 35: 2 the seventh day shall be a **h**
Lev 10:10 may distinguish between **h**
Lev 11:44 shall be holy; for I am **h**.
Lev 16: 2 at just any time into the **H**
Lev 16: 3 Aaron shall come into the **H**
Lev 16:17 to make atonement in the **H**
Lev 21: 8 who sanctify you, am **h**.
Lev 22:15 shall not profane the **h**
Lev 27:14 his house to be **h** to the
Num 4:15 they shall not touch any **h**
Num 4:19 they approach the most **h**
Num 16: 5 who is His and who is **h**,
Num 31: 6 with the **h** articles and the
Num 35:25 who was anointed with the **h**
Deut 5:12 Sabbath day, to keep it **h**,
Deut 7: 6 For you are a **h** people to
Deut 26:13 I have removed the **h** tithe
Deut 26:15 Look down from Your **h**
Josh 5:15 place where you stand is **h**.
Josh 24:19 for He is a **h** God. He is a
1Sa 2: 2 No one is **h** like the LORD,
1Sa 21: 6 So the priest gave him **h**
1Ki 7:50 the inner room (the Most **H**
1Ki 8: 4 and all the **h** furnishings
2Ki 4: 9 I know that this is a **h** man
2Ki 19:22 Against the **H** One of
1Ch 16:10 Glory in His **h** name; Let
1Ch 29: 3 I have prepared for the **h**
2Ch 23: 6 may go in, for they are **h**;
2Ch 30:27 prayer came up to His **h**
2Ch 35: 3 Put the **h** ark in the house
Ezra 9: 2 sons, so that the **h** seed is
Neh 8: 9 This day is **h** to the LORD
Neh 9:14 made known to them Your **h**
Neh 10:31 or on a **h** day; and we would
Neh 11: 1 the **h** city, and nine-tenths
Ps 2: 6 My King On My **h** hill of Zion
Ps 3: 4 He heard me from His **h** hill.
Ps 11: 4 The LORD is in His **h**
Ps 15: 1 Who may dwell in Your **h**
Ps 16:10 Nor will You allow Your **H**
Ps 24: 3 Or who may stand in His **h**
Ps 51:11 And do not take Your **H**
Ps 68: 5 Is God in His **h**
Ps 103: 1 bless His **h** name!
Ps 111: 9 **H** and awesome is His name.
Prov 9:10 And the knowledge of the **H**
Prov 30: 3 have knowledge of the **H** One.
Is 1: 4 provoked to anger The **H**
Is 6: 3 and said: "Holy, **h**,
Is 6:13 So the **h** seed shall be
Is 10:17 And his **H** One for a flame;
Is 11: 9 hurt nor destroy in all My **h**
Is 12: 6 For great is the **H** One of
Is 52:10 LORD has made bare His **h**
Is 57:15 eternity, whose name is **H**:
Is 57:15 I dwell in the high and **h**
Is 63:10 rebelled and grieved His **H**
Is 63:11 Where is He who put His **H**
Dan 4:18 for the Spirit of the **H** God
Dan 9:24 be moved against the **h**
Hos 11: 9 my **H** One? We shall not die.
Hab 2:20 as His inheritance in the **H**
Matt 1:18 found with child of the **H**
Matt 3:11 will baptize you with the **H**
Matt 4: 5 took Him up into the **h** city,
Matt 12:32 speaks against the **H** Spirit,
Matt 28:19 and of the Son and of the **H**
Mark 1:24 the **H** One of God!"
Mark 13:11 but the **H** Spirit.
Luke 1:15 also be filled with the **H**
Luke 1:35 The **H** Spirit will come upon
Luke 1:35 that **H** One who is to be born
Luke 3:16 will baptize you with the **H**
Luke 3:22 And the **H** Spirit descended in
Luke 4: 1 being filled with the **H**
John 1:33 He who baptizes with the **H**
John 7:39 for the **H** Spirit was not yet
John 14:26 the **H** Spirit, whom the
John 17:11 **H** Father, keep through Your
John 20:22 Receive the **H** Spirit.
Acts 1: 2 after He through the **H**
Acts 1: 5 shall be baptized with the **H**
Acts 1: 8 receive power when the **H**
Acts 2: 4 were all filled with the **H**
Acts 2:33 Father the promise of the **H**
Acts 2:38 receive the gift of the **H**
Acts 3:14 But you denied the **H** One and
Acts 5: 3 your heart to lie to the **H**
Acts 6: 3 full of the **H** Spirit and
Acts 7:33 where you stand is **h**
Acts 7:51 You always resist the **H**
Acts 8:15 they might receive the **H**
Acts 9:17 and be filled with the **H**
Acts 11:16 shall be baptized with the **H**
Acts 13:35 will not allow Your **H**
Acts 13:52 with joy and with the **H**
Acts 15:28 For it seemed good to the **H**
Acts 19: 2 heard whether there is a **H**
Rom 5: 5 out in our hearts by the **H**
Rom 7:12 Therefore the law is **h**,
Rom 7:12 and the commandment **h** and
Rom 9: 1 bearing me witness in the **H**
Rom 12: 1 bodies a living sacrifice, **h**,

Rom 14:17 and peace and joy in the **H**
Rom 15:13 hope by the power of the **H**
Rom 15:16 sanctified by the H Spirit.
Rom 16:16 Greet one another with a **h**
1Co 3:17 For the temple of God is **h**,
1Co 6:19 body is the temple of the **H**
1Co 7:14 unclean, but now they are **h**.
1Co 12: 3 is Lord except by the **H**
2Co 13:14 and the communion of the **H**
Eph 1:13 you were sealed with the **H**
Eph 2:21 grows into a **h** temple in the
Eph 4:30 And do not grieve the **H**
1Th 4: 8 who has also given us His **H**
1Ti 2: 8 lifting up **h** hands, without
2Ti 1:14 keep by the H Spirit who
Heb 6: 4 become partakers of the **H**
Heb 9:12 blood He entered the Most **H**
Heb 9:25 priest enters the Most **H**
1Pe 1:15 as He who called you is **h**,
1Pe 1:16 "Be holy, for I am **h**.
1Pe 2: 5 a **h** priesthood, to offer up
1Pe 2: 9 a **h** nation, His own special
2Pe 1:21 but **h** men of God spoke as
2Pe 1:21 they were moved by the **H**
1Jn 2:20 an anointing from the H One,
1Jn 5: 7 and the H Spirit; and these
Jude 20 up on your most **h** faith,
Jude 20 praying in the H Spirit,
Rev 3: 7 things says He who is **h**,
Rev 4: 8 saying: "Holy, holy, **h**,
Rev 6:10 **h** and true, until You judge
Rev 11: 2 And they will tread the **h**
Rev 14:10 in the presence of the **h**
Rev 15: 4 name? For You alone are **h**.
Rev 18:20 and you **h** apostles and
Rev 20: 6 Blessed and **h** is he who has
Rev 21:10 the **h** Jerusalem, descending
Rev 22:11 righteous still; he who is **h**,
Rev 22:11 let him be **h** still."

HOME (*see* HABITATION, HOMELESS, HOMEMAKERS)
Prov 7:19 For my husband is not at **h**;
Eccl 12: 5 man goes to his eternal **h**,
Matt 8: 6 my servant is lying at **h**
John 14:23 come to him and make Our **h**
John 19:27 took her to his own **h**.
1Co 14:35 ask their own husbands at **h**;

HOMELESS† (*see* HOME)
1Co 4:11 clothed, and beaten, and **h**.

HOMEMAKERS† (*see* HOME)
Tit 2: 5 to be discreet, chaste, **h**,

HOMOSEXUALS†
1Co 6: 9 nor adulterers, nor **h**,

HONEST (*see* JUST)
Gen 42:11 we are **h** men; your
Lev 19:36 You shall have **h** scales,

HONEY (*see* HONEYCOMB)
Ex 3: 8 land flowing with milk and **h**,
Ex 16:31 like wafers made with **h**.
Judg 14:18 "What is sweeter than **h**?
Ps 19:10 Sweeter also than **h** and the
Ps 81:16 And with **h** from the rock I
Is 7:15 Curds and **h** He shall eat,
Ezek 3: 3 it was in my mouth like **h**
Matt 3: 4 food was locusts and wild **h**.

HONEYCOMB (*see* HONEY)
Ps 19:10 also than honey and the **h**.
Luke 24:42 of a broiled fish and some **h**.

HONOR (*see* HONORABLE, HONORED, HONORS)
Ex 20:12 **H** your father and your
1Ki 3:13 not asked both riches and **h**,
1Ch 16:27 **H** and majesty are before
Ps 8: 5 crowned him with glory and **h**.
Ps 21: 5 **H** and majesty You have
Ps 104: 1 You are clothed with **h** and
Prov 3: 9 **H** the LORD with your
Prov 31:25 Strength and **h** are her
Is 29:13 with their mouths And **h** Me
Is 61: 7 you shall have double **h**,
Matt 13:57 A prophet is not without **h**
Matt 15: 4 **H** your father and your
Matt 15: 8 And **h** Me with their
John 4:44 that a prophet has no **h** in
John 8:49 but I **h** My Father, and you
John 8:54 If I **h** Myself, My honor is
John 12:26 Me, him My Father will **h**.
Rom 9:21 to make one vessel for **h**
Rom 12:10 in **h** giving preference to
Rom 13: 7 whom fear, honor to whom **h**.
1Co 12:23 on these we bestow greater **h**;
1Ti 1:17 be **h** and glory forever and
1Ti 5:17 counted worthy of double **h**,
2Ti 2:21 he will be a vessel for **h**,
Heb 2: 7 him with glory and **h**,
1Pe 1: 7 may be found to praise, **h**,
1Pe 2:17 **H** all people. Love the
1Pe 2:17 Fear God. **H** the king.
1Pe 3: 7 giving **h** to the wife, as to
Rev 19: 1 Salvation and glory and **h**

HONORABLE (*see* HONOR)
Heb 13: 4 Marriage is **h** among all, and

HONORED (*see* HONOR)
Dan 4:34 Most High and praised and **h**
1Co 12:26 it; or if one member is **h**,

HONORS (*see* HONOR)
Mal 1: 6 A son **h** his father, And a
Mark 7: 6 This people **h** Me with
John 8:54 It is My Father who **h** Me, of

HOOKS
Is 2: 4 their spears into pruning **h**;
Joel 3:10 swords And your pruning **h**

HOPE (*see* HOPED, HOPES)
Ruth 1:12 If I should say I have **h**,
Job 14: 7 For there is **h** for a tree,
Job 17:15 Where then is my **h**?

Ps 16: 9 flesh also will rest in **h**.
Ps 31:24 All you who **h** in the LORD.
Ps 42: 5 **H** in God, for I shall yet
Ps 71: 5 For You are my **h**,
Ps 119:81 But I **h** in Your word.
Ps 119:166 I **h** for Your salvation, And
Ps 130: 7 **h** in the LORD; For with
Prov 13:12 **H** deferred makes the heart
Prov 19:18 your son while there is **h**,
Prov 26:12 There is more **h** for a
Jer 14: 8 O the **H** of Israel, his
Jer 29:11 to give you a future and a **h**.
Lam 3:21 my mind, Therefore I have **h**.
Hos 2:15 of Achor as a door of **h**;
Acts 16:19 masters saw that their **h** of
Acts 17:27 in the **h** that they might
Rom 4:18 who, contrary to **h**,
Rom 5: 2 and rejoice in **h** of the
Rom 5: 4 character; and character, **h**.
Rom 5: 5 Now **h** does not disappoint,
Rom 8:20 Him who subjected it in **h**;
Rom 8:24 but **h** that is seen is not
Rom 12:12 rejoicing in **h**,
Rom 15: 4 the Scriptures might have **h**.
Rom 15:12 the Gentiles shall **h**.
Rom 15:13 Now may the God of **h** fill you
1Co 9:10 who plows should plow in **h**,
1Co 13:13 And now abide faith, **h**,
1Co 15:19 in this life only we have **h**
1Co 16: 7 but I **h** to stay a while with
Gal 5: 5 eagerly wait for the **h** of
Eph 1:18 you may know what is the **h**
Eph 2:12 having no **h** and without God
Eph 4: 4 as you were called in one **h**
Col 1:23 not moved away from the **h**
Col 1:27 the **h** of glory.
1Th 2:19 For what is our **h**,
1Th 4:13 as others who have no **h**.
1Th 5: 8 and as a helmet the **h** of
1Ti 1: 1 the Lord Jesus Christ, our **h**,
Tit 1: 2 in **h** of eternal life which
Tit 2:13 looking for the blessed **h** and
Heb 3: 6 and the rejoicing of the **h**
Heb 6:19 This **h** we have as an anchor
Heb 7:19 bringing in of a better **h**,
Heb 10:23 the confession of our **h**
1Pe 1: 3 us again to a living **h**
1Pe 1:21 so that your faith and **h** are
1Pe 3:15 asks you a reason for the **h**
1Jn 3: 3 And everyone who has this **h**

HOPED (*see* HOPE)
Heb 11: 1 is the substance of things **h**

HOPES† (*see* HOPE)
1Co 13: 7 **h** all things, endures all

HOREB (*see* SINAI)
Ex 33: 6 their ornaments by Mount **H**.
Deut 5: 2 made a covenant with us in **H**.

HORN (*see* HORNS)
Josh 6: 5 long blast with the ram's **h**,
1Sa 2: 1 My **h** is exalted in the
1Sa 16: 1 Fill your **h** with oil, and
Ps 89:17 And in Your favor our **h** is
Ps 132:17 There I will make the **h** of
Dan 3: 5 you hear the sound of the **h**,
Dan 7: 8 and there was another **h**,
Dan 7:20 and the other **h** which came
Dan 8: 5 the goat had a notable **h**
Dan 8: 8 the large **h** was broken, and
Dan 8: 9 one of them came a little **h**
Luke 1:69 And has raised up a **h** of

HORNS (*see* HORN)
Gen 22:13 caught in a thicket by its **h**.
Ex 29:12 bull and put it on the **h**
Ex 30:10 make atonement upon its **h**
Josh 6: 4 seven trumpets of rams' **h**
1Ki 1:51 he has taken hold of the **h**
Ps 22:21 mouth And from the **h** of
Ezek 43:15 with four **h** extending upward
Dan 7: 7 before it, and it had ten **h**.
Dan 7:24 The ten **h** are ten kings
Dan 8: 3 was a ram which had two **h**,
Zech 1:18 and there were four **h**.
Rev 5: 6 having seven **h** and seven
Rev 9:13 a voice from the four **h** of
Rev 12: 3 having seven heads and ten **h**,
Rev 13: 1 and on his **h** ten crowns, and

HORSE (*see* HORSEMEN, HORSES)
Ex 15: 1 gloriously! The **h** and its
Zech 1: 8 a man riding on a red **h**,
Rev 6: 2 and behold, a white **h**.
Rev 19:19 Him who sat on the **h** and

HORSEMEN (*see* HORSE)
Ex 15:19 with his chariots and his **h**
2Ki 2:12 chariot of Israel and its **h**!

HORSES (*see* HORSE)
Ex 14: 9 all the **h** and chariots of
Ex 14:23 of the sea, all Pharaoh's **h**,
Deut 17:16 he shall not multiply **h**
1Ki 10:28 Also Solomon had **h** imported
Is 31: 1 for help, And rely on **h**,
Is 31: 3 And their **h** are flesh, and
Jer 12: 5 how can you contend with **h**?
Amos 6:12 Do **h** run on rocks? Does
Hab 1: 8 Their **h** also are swifter
Zech 6: 2 first chariot were red **h**,
Rev 19:14 followed Him on white **h**.

HOSANNA
Matt 21: 9 **H** to the Son of David!
Matt 21: 9 name of the LORD!' **H**
Mark 11: 9 **H**! 'Blessed is He who

HOSEA
Hos 1: 1 of the LORD that came to **H**
Rom 9:25 As He says also in **H**:

HOSPITALITY
Rom 12:13 of the saints, given to **h**.

HOST (*see* HOSTS)

Gen 2: 1 and all the **h** of them, were
Deut 4:19 all the **h** of heaven, you
2Ki 17:16 and worshiped all the **h** of
2Ki 21: 5 built altars for all the **h**
Neh 9: 6 The **h** of heaven worships
Ps 33: 6 And all the **h** of them by
Is 40:26 Who brings out their **h** by
Dan 8:10 it cast down some of the **h**
Luke 2:13 multitude of the heavenly **h**

HOSTILITY†

Heb 12: 3 Him who endured such **h** from

HOSTS (*see* HOST)

1Sa 1: 3 sacrifice to the LORD of **h**
1Sa 4: 4 covenant of the LORD of **h**,
1Sa 15: 2 "Thus says the LORD of **h**:
1Sa 17:45 the name of the LORD of **h**,
2Sa 6: 2 by the Name, the LORD of **H**,
1Ki 19:10 for the LORD God of **h**;
Ps 24:10 of glory? The LORD of **h**,
Ps 46: 7 The LORD of **h** is with us;
Ps 48: 8 the city of the LORD of **h**,
Ps 80: 4 O LORD God of **h**,
Ps 80: 7 Restore us, O God of **h**;
Ps 84: 3 Your altars, O LORD of **h**,
Ps 103:21 the LORD, all you His **h**,
Ps 148: 2 Praise Him, all His **h**!
Is 1: 9 Unless the LORD of **h** Had
Is 5:24 the law of the LORD of **h**,
Is 6: 3 holy is the LORD of **h**;
Is 6: 5 the King, The LORD of **h**.
Is 13:13 the wrath of the LORD of **h**
Is 14:24 The LORD of **h** has sworn,
Zech 8: 3 Mountain of the LORD of **h**,
Zech 8:21 And seek the LORD of **h**.
Mal 2: 7 messenger of the LORD of **h**.
Eph 6:12 against spiritual **h** of

HOT

Ps 6: 1 Nor chasten me in Your **h**
Prov 6:28 Can one walk on **h** coals,
Dan 3:22 the furnace exceedingly **h**,
Luke 12:55 There will be **h** weather'; and
1Ti 4: 2 conscience seared with a **h**
Rev 3:15 you are neither cold nor **h**.

HOUR

Matt 8:13 was healed that same **h**.
Matt 20:12 men have worked only one **h**,
Matt 24:36 But of that day and **h** no one
Matt 24:42 for you do not know what **h**
Matt 25:13 neither the day nor the **h**
Matt 26:40 you not watch with Me one **h**?
Matt 26:45 the **h** is at hand, and the
Matt 27:45 sixth hour until the ninth **h**
Mark 13:11 is given you in that **h**,
Mark 14:35 the **h** might pass from Him.
Luke 1:10 praying outside at the **h** of
Luke 20:19 and the scribes that very **h**
Luke 24:33 So they rose up that very **h**
John 1:39 it was about the tenth **h**.
John 2: 4 My **h** has not yet come."
John 4:21 the **h** is coming when you
John 4:52 Yesterday at the seventh **h**
John 5:25 the **h** is coming, and now is,
John 12:27 save Me from this **h**'?
John 12:27 purpose I came to this **h**.
John 13: 1 when Jesus knew that His **h**
John 16:32 Indeed the **h** is coming, yes,
John 17: 1 the **h** has come. Glorify Your
John 19:27 mother!" And from that **h**
Acts 2:15 it is only the third **h** of
Acts 3: 1 to the temple at the **h** of
Acts 3: 1 hour of prayer, the ninth **h**.
Acts 10: 9 to pray, about the sixth **h**
Acts 23:23 to Caesarea at the third **h**
1Co 4:11 To the present **h** we both
1Co 15:30 we stand in jeopardy every **h**?
1Jn 2:18 children, it is the last **h**;
Rev 3: 3 you will not know what **h** I
Rev 3:10 will keep you from the **h** of
Rev 14: 7 for the **h** of His judgment
Rev 18:10 mighty city! For in one **h**

HOUSE (*see* HOUSEHOLD, HOUSES, HOUSETOP)

Gen 12: 1 And from your father's **h**,
Gen 14:14 who were born in his own **h**,
Gen 15: 2 and the heir of my **h** is
Gen 15: 3 indeed one born in my **h** is
Gen 17:12 he who is born in your **h** or
Gen 24: 7 took me from my father's **h**
Gen 28:22 as a pillar shall be God's **h**,
Ex 12:46 of the flesh outside the **h**,
Ex 13: 3 out of the **h** of bondage; for
Ex 16:31 And the **h** of Israel called
Ex 19: 3 you shall say to the **h**
Ex 20: 2 out of the **h** of bondage.
Ex 20:17 not covet your neighbor's **h**;
Ex 23:19 you shall bring into the **h**
Lev 14:35 is some plague in the **h**,
Lev 14:36 that they empty the **h**,
Lev 14:39 spread on the walls of the **h**,
Lev 14:47 he who lies down in the **h**
Lev 14:47 and he who eats in the **h**
Lev 14:48 shall pronounce the **h** clean,
Lev 14:53 and make atonement for the **h**,
Lev 22:13 returned to her father's **h**
Num 1: 4 the head of his father's **h**.
Num 1:20 by their fathers' **h**,
Num 3:30 leader of the fathers' **h** of
Num 12: 7 He is faithful in all My **h**.
Num 30: 3 while in her father's **h** in
Num 30:10 she vowed in her husband's **h**,
Deut 5: 6 out of the **h** of bondage.
Deut 5:21 not desire your neighbor's **h**,
Deut 6: 7 them when you sit in your **h**,
Deut 6: 9 on the doorposts of your **h**
Deut 20: 5 who has built a new **h** and
Josh 2:15 for her **h** was on the city
Josh 24:15 But as for me and my **h**,
Judg 6:15 the least in my father's **h**.
Ruth 1: 8 each to her mother's **h**.
Ruth 1: 9 each in the **h** of her
2Sa 7: 2 I dwell in a **h** of cedar, but
2Sa 7: 5 Would you build a **h** for Me to

2Sa 7: 7 have you not built Me a **h**
2Sa 7:13 He shall build a **h** for My
2Sa 7:16 And your **h** and your kingdom
2Sa 7:27 'I will build you a **h**.
2Sa 7:29 it please You to bless the **h**
2Sa 11: 2 on the roof of the king's **h**.
1Ki 3: 1 finished building his own **h**,
1Ki 3:17 and I dwell in the same **h**;
1Ki 3:17 while she was in the **h**.
1Ki 3:18 the two of us in the **h**.
1Ki 5: 3 David could not build a **h**
1Ki 5: 5 he shall build the **h** for My
1Ki 6:37 the foundation of the **h** of
1Ki 6:38 the **h** was finished in all
1Ki 7: 1 years to build his own **h**;
1Ki 14:17 to the threshold of the **h**,
1Ki 14:26 treasures of the king's **h**;
1Ki 15:29 that he killed all the **h** of
1Ki 16:18 the citadel of the king's **h**
1Ki 16:18 and burned the king's **h**
1Ki 18: 3 who was in charge of his **h**.
1Ki 21: 2 it is near, next to my **h**;
1Ki 21: 4 So Ahab went into his **h**
1Ki 22:39 the ivory **h** which he built
2Ki 4: 2 what do you have in the **h**?
2Ki 4: 2 has nothing in the **h** but a
2Ki 10: 5 who was in charge of the **h**,
2Ki 10:11 all who remained of the **h**
2Ki 11: 5 watch over the king's **h**,
2Ki 11:15 let her be killed in the **h**
2Ki 12:10 that was found in the **h** of
2Ki 12:11 who worked on the **h** of the
2Ki 12:12 repair the damage of the **h**
2Ki 12:14 and they repaired the **h** of
2Ki 12:20 and killed Joash in the **h** of
2Ki 15: 5 so he dwelt in an isolated **h**.
2Ki 20: 1 Set your **h** in order, for you
2Ki 20:15 have they seen in your **h**?
2Ki 20:15 seen all that is in my **h**;
2Ki 21:13 and the plummet of the **h** of
2Ki 21:18 in the garden of his own **h**,
2Ki 21:23 killed the king in his own **h**.
2Ki 22: 5 to those who are in the **h**
2Ki 22: 5 repair the damages of the **h**—
2Ki 22: 8 Book of the Law in the **h** of
2Ki 22: 9 that was found in the **h**,
2Ki 22: 9 who oversee the **h** of the
2Ki 23: 6 the wooden image from the **h**
2Ki 25: 9 He burned the **h** of the LORD
1Ch 6:48 of the tabernacle of the **h**
1Ch 7:23 tragedy had come upon his **h**.
1Ch 14: 1 carpenters, to build him a **h**.
1Ch 25: 6 for the music in the **h** of
1Ch 25: 6 for the service of the **h** of
1Ch 29: 3 have prepared for the holy **h**,
2Ch 3: 1 began to build the **h** of the
2Ch 5:14 of the LORD filled the **h**
2Ch 7: 5 the people dedicated the **h**
2Ch 7:11 Thus Solomon finished the **h**
2Ch 10:19 in rebellion against the **h**
2Ch 21:13 like the harlotry of the **h**
2Ch 22:12 hidden with them in the **h**
2Ch 23:14 Do not kill her in the **h** of
2Ch 24: 7 dedicated things of the **h**
2Ch 29:15 to cleanse the **h** of the
2Ch 31:10 from the **h** of Zadok,
2Ch 33:15 and the idol from the **h** of
2Ch 33:15 built in the mount of the **h**
2Ch 35: 3 Put the holy ark in the **h**
2Ch 36:14 and defiled the **h** of the
2Ch 36:23 me to build Him a **h** at
Ezra 1: 2 me to build Him a **h** at
Ezra 1: 3 and build the **h** of the LORD
Ezra 3: 8 to oversee the work of the **h**
Ezra 5:13 a decree to build this **h** of
Ezra 5:15 and let the **h** of God be
Ezra 6: 7 of the Jews build this **h** of
Ezra 6:17 at the dedication of this **h**
Ezra 7:27 to beautify the **h** of the
Ezra 9: 9 to repair the **h** of our God,
Ps 23: 6 And I will dwell in the **h**
Ps 27: 4 That I may dwell in the **h**
Ps 69: 9 Because zeal for Your **h** has
Ps 84: 4 those who dwell in Your **h**;
Ps 84:10 be a doorkeeper in the **h** of
Ps 93: 5 Holiness adorns Your **h**,
Ps 112: 3 riches will be in his **h**,
Ps 114: 1 The **h** of Jacob from a
Ps 115:10 O **h** of Aaron, trust in the
Ps 115:12 He will bless the **h** of
Ps 116:19 the courts of the LORD's **h**,
Ps 118: 3 Let the **h** of Aaron now say,
Ps 119:54 been my songs In the **h** of
Ps 122: 1 Let us go into the **h** of the
Ps 127: 1 the LORD builds the **h**,
Ps 132: 3 go into the chamber of my **h**,
Ps 134: 1 by night stand in the **h** of
Ps 135: 2 You who stand in the **h** of
Ps 135:19 O **h** of Israel! Bless the
Prov 2:18 For her **h** leads down to
Prov 5: 8 go near the door of her **h**,
Prov 6:31 all the substance of his **h**.
Prov 7: 6 For at the window of my **h**
Prov 7:27 Her **h** is the way to hell,
Prov 9: 1 Wisdom has built her **h**,
Prov 9:14 sits at the door of her **h**,
Prov 11:29 He who troubles his own **h**
Prov 12: 7 But the **h** of the righteous
Prov 14: 1 The wise woman builds her **h**,
Prov 14:11 The **h** of the wicked will be
Prov 17: 1 Than a **h** full of feasting
Prov 21: 9 Than in a **h** shared with a
Prov 24: 3 Through wisdom a **h** is built,
Prov 25:17 foot in your neighbor's **h**,
Prov 25:24 Than in a **h** shared with a
Prov 27:10 Nor go to your brother's **h**
Eccl 5: 1 when you go to the **h** of God;
Eccl 12: 3 when the keepers of the **h**
Song 3: 4 I had brought him to the **h**
Is 2: 2 mountain of the LORD's **h**
Is 2: 3 To the **h** of the God of
Is 5: 7 LORD of hosts is the **h** of
Is 5: 8 to those who join house to **h**;
Is 6: 4 and the **h** was filled with
Is 7: 2 And it was told to the **h** of
Is 7:17 people and your father's **h**—
Is 22:15 Shebna, who is over the **h**,
Is 22:22 The key of the **h** of David I

Is 38: 1 Set your **h** in order, for you
Is 42: 7 darkness from the prison **h**.
Is 46: 3 all the remnant of the **h** of
Is 48: 1 O **h** of Jacob, Who are
Is 56: 7 My house shall be called a **h**
Is 60: 7 And I will glorify the **h** of
Jer 7:10 stand before Me in this **h**
Jer 18: 2 go down to the potter's **h**,
Jer 31:31 a new covenant with the **h**
Jer 36:22 was sitting in the winter **h**
Ezek 2: 5 they are a rebellious **h**—
Ezek 18:31 O **h** of Israel?
Dan 1: 2 of the articles of the **h** of
Dan 1: 2 into the treasure **h** of his
Dan 2:17 Then Daniel went to his **h**,
Dan 5: 3 from the temple of the **h** of
Dan 5:23 the vessels of His **h** before
Amos 2: 8 of the condemned in the **h**
Amos 3:15 I will destroy the winter **h**
Amos 3:15 along with the summer **h**;
Amos 5: 3 have ten left to the **h** of
Amos 6: 1 To whom the **h** of Israel
Amos 7: 9 the sword against the **h** of
Amos 7:10 you in the midst of the **h**
Obad 18 But the **h** of Esau shall
Mic 4: 1 mountain of the LORD's **h**
Mic 4: 2 To the **h** of the God of
Hag 1: 2 the time that the LORD's **h**
Hag 1:14 came and worked on the **h** of
Zech 1:16 My **h** shall be built in
Zech 13: 6 I was wounded in the **h** of
Zech 14:20 The pots in the LORD's **h**
Mal 3:10 there may be food in My **h**,
Matt 2:11 they had come into the **h**,
Matt 5:15 to all who are in the **h**.
Matt 7:24 a wise man who built his **h**
Matt 7:25 blew and beat on that **h**;
Matt 7:26 foolish man who built his **h**
Matt 10: 6 to the lost sheep of the **h**
Matt 10:25 called the master of the **h**
Matt 12:29 one enter a strong man's **h**
Matt 12:29 then he will plunder his **h**.
Matt 21:13 My **h** shall be called a
Mark 3:25 And if a **h** is divided against
Mark 3:25 that **h** cannot stand.
Luke 2: 4 because he was of the **h** and
Luke 13:35 See! Your **h** is left to you
Luke 15: 8 light a lamp, sweep the **h**,
Luke 18:29 is no one who has left **h** or
Luke 19: 9 salvation has come to this **h**,
John 2:16 make My Father's house a **h**
John 2:17 Zeal for Your **h** has
John 8:35 does not abide in the **h**
John 11:20 Mary was sitting in the **h**.
John 12: 3 And the **h** was filled with
John 14: 2 In My Father's **h** are many
Acts 2: 2 and it filled the whole **h**
Acts 2:46 bread from house to **h**,
Acts 5:42 the temple, and in every **h**,
Acts 8: 3 the church, entering every **h**,
Acts 10: 6 whose **h** is by the sea. He
Acts 10:30 ninth hour I prayed in my **h**,
Acts 16:32 and to all who were in his **h**.
Acts 19:16 that they fled out of that **h**
Acts 20:20 publicly and from house to **h**,
Acts 28:30 years in his own rented **h**,
Rom 16: 5 church that is in their **h**.
1Co 16:19 church that is in their **h**.
2Co 5: 1 know that if our earthly **h**,
2Co 5: 1 a **h** not made with hands,
1Ti 3: 4 one who rules his own **h** well,
1Ti 3:15 to conduct yourself in the **h**
Heb 3: 2 was faithful in all His **h**.
Heb 3: 6 as a Son over His own **h**,
Heb 3: 6 whose **h** we are if we hold
Heb 8: 8 covenant with the **h** of
Heb 8: 8 Israel and with the **h**
Heb 10:21 a High Priest over the **h** of
1Pe 2: 5 being built up a spiritual **h**,
1Pe 4:17 judgment to begin at the **h**

HOUSEHOLD (*see* HOUSE, HOUSEHOLDER, HOUSEHOLDS)
Gen 7: 1 the ark, you and all your **h**,
Judg 18:14 **h** idols, a carved image, and
2Sa 17:23 Then he put his **h** in order,
Prov 31:15 And provides food for her **h**,
Prov 31:21 not afraid of snow for her **h**,
Matt 10:36 be those of his own **h**.
John 4:53 believed, and his whole **h**.
Acts 10: 2 feared God with all his **h**,
Acts 16:31 be saved, you and your **h**.
Gal 6:10 to those who are of the **h**
Eph 2:19 saints and members of the **h**
Phil 4:22 those who are of Caesar's **h**.
Heb 11: 7 ark for the saving of his **h**,

HOUSEHOLDER† (*see* HOUSEHOLD)
Matt 13:52 of heaven is like a **h** who

HOUSEHOLDS (*see* HOUSEHOLD)
Ex 1:21 that He provided **h** for them.
Tit 1:11 stopped, who subvert whole **h**,

HOUSES (*see* HOUSE)
Ex 6:14 heads of their fathers' **h**:
Ex 12: 7 and on the lintel of the **h**
Amos 3:15 The **h** of ivory shall
Hag 1: 4 to dwell in your paneled **h**,
Matt 11: 8 clothing are in kings' **h**.
Matt 23:14 For you devour widows' **h**,

HOUSETOP (*see* HOUSE, HOUSETOPS)
Prov 21: 9 to dwell in a corner of a **h**,
Matt 24:17 Let him who is on the **h** not
Acts 10: 9 Peter went up on the **h** to

HOUSETOPS (*see* HOUSETOP)
Luke 12: 3 will be proclaimed on the **h**.

HOVERING† (*see* HOVERS)
Gen 1: 2 And the Spirit of God was **h**

HOVERS† (*see* HOVERING)
Deut 32:11 **H** over its young,

HUMAN

Rom 6:19 I speak in **h** terms because
Heb 12: 9 we have had **h** fathers who

HUMBLE (*see* ABASE, HUMBLED, HUMBLES, HUMBLY)

Ex 10: 3 long will you refuse to **h**
Num 12: 3 the man Moses was very **h**,
Deut 8: 2 to **h** you and test you, to
2Ch 7:14 are called by My name will **h**
Job 22:29 Then He will save the **h**
Ps 9:12 not forget the cry of the **h**.
Ps 10:12 hand! Do not forget the **h**.
Ps 10:17 heard the desire of the **h**;
Ps 25: 9 And the **h** He teaches His
Ps 34: 2 The **h** shall hear of it
Ps 147: 6 The LORD lifts up the **h**;
Prov 3:34 But gives grace to the **h**.
Prov 16:19 Better to be of a **h** spirit
Is 57:15 revive the spirit of the **h**,
Ezek 21:26 humble, and **h** the exalted.
Dan 10:12 and to **h** yourself before
Jas 4: 6 gives grace to the **h**.
Jas 4:10 **H** yourselves in the sight of
1Pe 5: 5 gives grace to the **h**.
1Pe 5: 6 Therefore **h** yourselves under

HUMBLED (*see* ABASED, HUMBLE)

Deut 8: 3 So He **h** you, allowed you to
Deut 21:14 because you have **h** her.
Deut 22:29 be his wife because he has **h**
2Ch 33:23 as his father Manasseh had **h**
Ps 35:13 I **h** myself with fasting;
Is 2:11 looks of man shall be **h**,
Dan 5:22 have not **h** your heart,
Matt 23:12 exalts himself will be **h**
Phil 2: 8 He **h** Himself and became

HUMBLES (*see* HUMBLE)

Matt 23:12 and he who **h** himself will be

HUMBLY (*see* HUMBLE)

Mic 6: 8 And to walk **h** with your

HUMILITY

Prov 15:33 And before honor is **h**.
Prov 22: 4 By **h** and the fear of the
Zeph 2: 3 Seek righteousness, seek **h**.
Acts 20:19 the Lord with all **h**,
Col 2:18 taking delight in false **h**
Col 3:12 tender mercies, kindness, **h**,
Tit 3: 2 showing all **h** to all men.
1Pe 5: 5 and be clothed with **h**,

HUNDRED (*see* HUNDREDFOLD)

Gen 5: 3 And Adam lived one **h** and
Gen 5:22 walked with God three **h**
Deut 34: 7 Moses was one **h** and twenty
1Ki 11: 3 And he had seven **h** wives,
1Ki 11: 3 and three **h** concubines; and
Matt 18:12 If a man has a **h** sheep, and
Matt 18:28 servants who owed him a **h**
Mark 4: 8 some sixty, and some a **h**.
Mark 4:20 some sixty, and some a **h**.
Luke 16: 6 A **h** measures of oil.' So he
John 19:39 about a **h** pounds.
Acts 7: 6 and oppress them four **h**
Acts 13:20 judges for about four **h** and
1Co 15: 6 He was seen by over five **h**
Rev 7: 4 One **h** and forty-four
Rev 11: 3 prophesy one thousand two **h**
Rev 21:17 one **h** and forty-four

HUNDREDFOLD (*see* HUNDRED)

Gen 26:12 reaped in the same year a **h**;
Matt 13: 8 and yielded a crop: some a **h**,
Matt 13:23 fruit and produces: some a **h**,
Mark 10:30 who shall not receive a **h** now

HUNG (*see* HANG)

Ex 40:21 **h** up the veil of the
Ex 40:33 and **h** up the screen of the
2Sa 21:12 where the Philistines had **h**
Neh 3: 1 they consecrated it and **h**
Ps 137: 2 We **h** our harps Upon the
Lam 5:12 Princes were **h** up by their
Matt 18: 6 him if a millstone were **h**

HUNGER (*see* HUNGRY)

Deut 8: 3 you, allowed you to **h**,
Deut 32:24 shall be wasted with **h**,
1Sa 2: 5 hungry have ceased to **h**.
Neh 9:15 from heaven for their **h**,
Ps 34:10 lions lack and suffer **h**;
Prov 19:15 an idle person will suffer **h**.
Is 49:10 They shall neither **h** nor
Lam 4: 9 Than those who die of **h**;
Mic 6:14 **H** shall be in your midst.
Matt 5: 6 Blessed are those who **h** and
John 6:35 comes to Me shall never **h**,
1Co 4:11 the present hour we both **h**
2Co 11:27 in **h** and thirst, in fastings
Rev 6: 8 to kill with sword, with **h**,

HUNGRY (*see* HUNGER)

1Sa 2: 5 And the **h** have ceased to
Job 22: 7 withheld bread from the **h**.
Ps 107: 5 **H** and thirsty, Their soul
Ps 107: 9 And fills the **h** soul with
Ps 146: 7 Who gives food to the **h**.
Prov 25:21 If your enemy is **h**,
Prov 27: 7 But to a **h** soul every
Is 29: 8 shall even be as when a **h**
Is 32: 6 To keep the **h** unsatisfied,
Is 58: 7 share your bread with the **h**,
Is 65:13 eat, But you shall be **h**;
Ezek 18: 7 has given his bread to the **h**
Matt 4: 2 nights, afterward He was **h**.
Matt 12: 1 And His disciples were **h**,
Matt 12: 3 what David did when he was **h**,
Matt 15:32 not want to send them away **h**,
Matt 25:35 for I was **h** and you gave Me
Mark 11:12 out from Bethany, He was **h**.
Acts 10:10 Then he became very **h** and
Rom 12:20 "If your enemy is **h**,
1Co 11:34 But if anyone is **h**,
Phil 4:12 both to be full and to be **h**,

HUNTER
Gen 10: 9 He was a mighty **h** before the

HURT
Ex 21:22 and **h** a woman with child, so
Ps 15: 4 He who swears to his own **h**
Ps 35: 4 to confusion Who plot my **h**.
Ps 38:12 Those who seek my **h** speak
Ps 105:18 They **h** his feet with
Prov 23:35 struck me, but I was not **h**;
Eccl 10: 9 quarries stones may be **h** by
Is 11: 9 They shall not **h** nor destroy
Jer 8:11 For they have healed the **h**
Dan 3:25 the fire; and they are not **h**,
Dan 6:22 so that they have not **h** me,
Rev 2:11 overcomes shall not be **h** by

HUSBAND (*see* HUSBANDS)
Gen 3:16 desire shall be for your **h**,
Ex 4:25 Surely you are a **h** of blood
Prov 12: 4 wife is the crown of her **h**,
Prov 31:23 Her **h** is known in the gates,
Is 54: 5 For your Maker is your **h**,
Jer 31:32 though I was a **h** to them,
Hos 2: 2 nor am I her **H**! Let her
Hos 2: 7 go and return to my first **h**,
Hos 2:16 you will call Me 'My **H**,
Rom 7: 2 But if the **h** dies, she is
1Co 7: 2 each woman have her own **h**.
1Co 7: 3 Let the **h** render to his wife
1Co 7: 4 but the **h** does. And
1Co 7:10 is not to depart from her **h**.
1Co 7:11 or be reconciled to her **h**.
1Co 7:11 And a **h** is not to divorce
1Co 7:14 wife is sanctified by the **h**;
1Co 7:16 you will save your **h**?
1Co 7:34 she may please her **h**.
Eph 5:23 For the **h** is head of the
Eph 5:33 that she respects her **h**.
1Ti 3: 2 the **h** of one wife,
Rev 21: 2 as a bride adorned for her **h**.

HUSBANDS (*see* HUSBAND)
John 4:18 "for you have had five **h**,
1Co 14:35 let them ask their own **h** at
Eph 5:22 Wives, submit to your own **h**,
1Ti 3:12 Let deacons be the **h** of one
Tit 2: 4 young women to love their **h**,
Tit 2: 5 obedient to their own **h**,
1Pe 3: 1 be submissive to your own **h**,

HYMN† (*see* HYMNS)
Matt 26:30 And when they had sung a **h**,
Mark 14:26 And when they had sung a **h**,

HYMNS† (*see* HYMN)
Acts 16:25 were praying and singing **h**
Eph 5:19 one another in psalms and **h**
Col 3:16 one another in psalms and **h**

HYPOCRISY (*see* HYPOCRITE)
Matt 23:28 but inside you are full of **h**
Luke 12: 1 of the Pharisees, which is **h**.
Rom 12: 9 Let love be without **h**.

HYPOCRITE (*see* HYPOCRISY, HYPOCRITES)
Job 8:13 And the hope of the **h** shall
Job 20: 5 And the joy of the **h** is
Matt 7: 5 **H**! First remove the plank

HYPOCRITES (*see* HYPOCRITE)
Matt 6: 5 you shall not be like the **h**.
Matt 16: 3 **H**! You know how to discern
Matt 23:13 **h**! For you shut up the

HYSSOP
Ex 12:22 you shall take a bunch of **h**,
Ps 51: 7 Purge me with **h**,
John 19:29 with sour wine, put it on **h**,
Heb 9:19 water, scarlet wool, and **h**,

I

ICHABOD†
1Sa 4:21 Then she named the child **I**,

IDLE (*see* IDLENESS)
Prov 14:23 But **i** chatter leads only
Prov 19:15 And an **i** person will suffer
Matt 12:36 say to you that for every **i**
Matt 20: 3 and saw others standing **i**
1Ti 6:20 the profane and **i** babblings
Tit 1:10 both **i** talkers and

IDLENESS (*see* IDLE)
Prov 31:27 does not eat the bread of **i**.

IDOL (*see* IDOLATER, IDOLATRY, IDOLS)
Ps 24: 4 lifted up his soul to an **i**,
1Co 8: 4 we know that an **i** is
1Co 8: 7 as a thing offered to an **i**;
1Co 10:19 That an **i** is anything, or

IDOLATER† (*see* IDOL, IDOLATERS)
1Co 5:11 or covetous, or an **i**,
Eph 5: 5 covetous man, who is an **i**,

IDOLATERS (*see* IDOLATER)
1Co 5:10 or extortioners, or **i**,
1Co 6: 9 Neither fornicators, nor **i**,
1Co 10: 7 And do not become **i** as were
Rev 21: 8 immoral, sorcerers, **i**,

IDOLATRY (*see* IDOL)
1Sa 15:23 is as iniquity and **i**.
1Co 10:14 my beloved, flee from **i**.
Col 3: 5 and covetousness, which is **i**.

IDOLS (*see* IDOL)
Gen 31:19 had stolen the household **i**
Lev 26:30 the lifeless forms of your **i**;
Judg 17: 5 an ephod and household **i**;
1Ch 16:26 gods of the peoples are **i**,
2Ch 11:15 and the calf **i** which he had
Ps 31: 6 those who regard useless **i**;
Ps 115: 4 Their **i** are silver and
Zech 10: 2 For the **i** speak delusion;
Acts 15:20 from things polluted by **i**,

Acts 15:29 from things offered to **i**,
Acts 17:16 the city was given over to **i**.
Rom 2:22 adultery? You who abhor **i**,
1Co 8: 4 of things offered to **i**,
1Co 12: 2 carried away to these dumb **i**,
2Co 6:16 has the temple of God with **i**?
1Th 1: 9 you turned to God from **i** to
1Jn 5:21 keep yourselves from **i**.
Rev 2:14 eat things sacrificed to **i**,
Rev 9:20 and **i** of gold, silver,

IDUMEA† (*see* EDOM)
Mark 3: 8 and Jerusalem and **I** and

IGNORANCE (*see* IGNORANT)
Ezek 45:20 unintentionally or in **i**.
Acts 3:17 I know that you did it in **i**,
Acts 17:30 these times of **i** God
Heb 9: 7 sins committed in **i**;
1Pe 1:14 former lusts, as in your **i**;
1Pe 2:15 may put to silence the **i** of

IGNORANT (*see* IGNORANCE, IGNORANTLY)
Ps 73:22 I was so foolish and **i**;
Is 63:16 Though Abraham was **i** of us,
Rom 10: 3 For they being **i** of God's
Rom 11:25 that you should be **i** of this
1Co 12: 1 I do not want you to be **i**:
2Co 2:11 for we are not **i** of his
2Ti 2:23 But avoid foolish and **i**
Heb 5: 2 on those who are **i** and

IGNORANTLY† (*see* IGNORANT)
1Ti 1:13 mercy because I did it **i**

ILLEGITIMATE
Heb 12: 8 then you are **i** and not sons.

IMAGE (*see* IMAGES)
Gen 1:26 "Let Us make man in Our **i**,
Gen 1:27 created man in His own **i**;
Gen 5: 3 own likeness, after his **i**,
Gen 9: 6 For in the **i** of God He
Ex 20: 4 make for yourself a carved **i**,
Deut 9:12 made themselves a molded **i**.
Ps 106:20 their glory Into the **i** of
Is 40:19 The workman molds an **i**,
Is 44:17 into a god, His carved **i**.
Jer 10:14 For his molded **i** is
Ezek 8: 3 where the seat of the **i** of
Dan 2:31 a great **i**! This great image,
Dan 3: 1 the king made an **i** of gold,
Dan 3: 3 for the dedication of the **i**
Dan 3: 5 down and worship the gold **i**
Hab 2:18 "What profit is the **i**,
Matt 22:20 Whose **i** and inscription is
Rom 1:23 incorruptible God into an **i**
Rom 8:29 to be conformed to the **i**
1Co 11: 7 since he is the **i** and glory
1Co 15:49 And as we have borne the **i** of
1Co 15:49 we shall also bear the **i** of
2Co 3:18 transformed into the same **i**
2Co 4: 4 who is the **i** of God, should
Col 1:15 He is the **i** of the invisible
Col 3:10 according to the **i** of Him
Heb 1: 3 glory and the express **i** of
Heb 10: 1 and not the very **i** of the
Rev 13:14 on the earth to make an **i**
Rev 13:15 as would not worship the **i**
Rev 14:11 worship the beast and his **i**,

IMAGES (*see* IMAGE)
Ex 34:13 cut down their wooden **i**
Num 33:52 destroy all their molded **i**,
Deut 7: 5 and burn their carved **i** with
Judg 3:19 back from the stone **i** that
1Sa 6: 5 images of your tumors and **i**
2Ch 34: 7 had beaten the carved **i** into
Ezek 21:21 arrows, he consults the **i**,
Acts 7:43 **I** which you made to

IMAGINATION
Gen 8:21 although the **i** of man's
Luke 1:51 the proud in the **i** of

IMITATE† (*see* IMITATORS)
1Co 4:16 **i** me.
1Co 11: 1 just as I also **i** Christ.
Heb 6:12 but **i** those who through
3Jn 11 do not **i** what is evil, but

IMITATORS (*see* IMITATE)
1Th 2:14 became **i** of the churches of

IMMANUEL†
Is 7:14 and shall call His name **I**.
Is 8: 8 breadth of Your land, O **I**.
Matt 1:23 shall call His name **I**,

IMMEDIATELY
Matt 3:16 Jesus came up **i** from the
Matt 8: 3 **I** his leprosy was
Mark 1:12 **I** the Spirit drove Him into
Mark 1:31 and **i** the fever left her.
Mark 4: 5 and **i** it sprang up because
Luke 19:11 of God would appear **i**.
Luke 19:40 the stones would **i** cry
John 5: 9 And **i** the man was made well,
John 6:21 and **i** the boat was at the
John 19:34 and **i** blood and water came
John 21: 3 They went out and **i** got
Acts 3: 7 and **i** his feet and ankle
Acts 9:20 **I** he preached the Christ in
Acts 9:34 your bed." Then he arose **i**.
Acts 16:26 and **i** all the doors were
Gal 1:16 I did not **i** confer with
Jas 1:24 and **i** forgets what kind of
Rev 4: 2 **I** I was in the Spirit; and

IMMORAL (*see* IMMORALITY)
Prov 2:16 To deliver you from the **i**
Prov 5: 3 For the lips of an **i** woman
Prov 7: 5 they may keep you from the **i**
Prov 22:14 The mouth of an **i** woman is

IMMORALITY (*see* IMMORAL)
Matt 5:32 any reason except sexual **i**
Acts 15:29 strangled, and from sexual **i**.

Rom 1:29 unrighteousness, sexual i,
1Co 5: 1 and such sexual i as is not
1Co 6:13 body is not for sexual i
1Co 6:18 Flee sexual i
1Th 4: 3 should abstain from sexual i;

IMMORTAL† (*see* IMMORTALITY)
1Ti 1:17 Now to the King eternal, i,

IMMORTALITY (*see* IMMORTAL)
1Co 15:53 this mortal must put on i.
1Ti 6:16 who alone has i,
2Ti 1:10 and brought life and i to

IMMOVABLE†
Acts 27:41 stuck fast and remained i,
1Co 15:58 brethren, be steadfast, i,

IMMUTABLE†
Heb 6:18 that by two i things, in

IMPENITENT†
Rom 2: 5 your hardness and your i

IMPERISHABLE†
1Co 9:25 but we for an i crown.

IMPLANTED†
Jas 1:21 receive with meekness the i

IMPLORE
Mark 5: 7 I i You by God that You do
2Co 5:20 we i you on Christ's

IMPOSSIBLE
Matt 17:20 and nothing will be i for
Matt 19:26 them, "With men this is i,
Luke 1:37 with God nothing will be i.
Heb 6: 4 For it is i for those who
Heb 6:18 in which it is i for God to
Heb 11: 6 But without faith it is i

IMPOSTORS†
2Ti 3:13 But evil men and i will grow

IMPUDENT
Prov 7:13 With an i face she said to

IMPUTE† (*see* IMPUTED, IMPUTES, IMPUTING)
1Sa 22:15 from me! Let not the king i
2Sa 19:19 Do not let my lord i iniquity
Ps 32: 2 to whom the LORD does not i
Rom 4: 8 the LORD shall not i

IMPUTED (*see* IMPUTE)
Lev 17: 4 of bloodshed shall be i to
Rom 4:23 sake alone that it was i to
Rom 4:24 It shall be i to us who
Rom 5:13 but sin is not i when there

IMPUTES† (*see* IMPUTE)
Rom 4: 6 of the man to whom God i

IMPUTING (*see* IMPUTE)
2Co 5:19 not i their trespasses to

INCENSE
Ex 30: 1 make an altar to burn i on;
Ex 30: 7 shall burn on it sweet i
Ex 30: 8 a perpetual i before the
Ex 30: 9 shall not offer strange i
Ex 30:27 utensils, and the altar of i;
Is 1:13 I is an abomination to Me.
Luke 1: 9 his lot fell to burn i when

INCITED
Job 2: 3 although you i Me against

INCLINE (*see* INCLINED)
Josh 24:23 and i your heart to the
1Ki 8:58 that He may i our hearts to
2Ki 19:16 I Your ear, O LORD, and
Ps 17: 6 I Your ear to me, and hear
Ps 119:36 I my heart to Your

INCLINED (*see* INCLINE)
Ps 116: 2 Because He has i His ear to

INCLUDING
Eccl 12:14 I every secret thing,

INCORRUPTIBLE (*see* INCORRUPTION)
Rom 1:23 changed the glory of the i
1Co 15:52 the dead will be raised i,
1Pe 1: 4 to an inheritance i and
1Pe 1:23 of corruptible seed but i,

INCORRUPTION (*see* INCORRUPTIBLE)
1Co 15:42 it is raised in i.
1Co 15:53 corruptible must put on i,

INCREASE (*see* INCREASED, INCREASES, INCREASING)
Lev 19:25 it may yield to you its i:
Job 10:17 And i Your indignation
Ps 67: 6 the earth shall yield her i;
Is 9: 7 Of the i of His government
Dan 12: 4 fro, and knowledge shall i.
Luke 17: 5 I our faith."
John 3:30 "He must i,
1Co 3: 6 watered, but God gave the i.
1Th 3:12 And may the Lord make you i
1Th 4:10 that you i more and more;

INCREASED (*see* INCREASE)
Gen 7:17 The waters i and lifted up
Gen 19:19 and you have i your mercy
Ex 1: 7 Israel were fruitful and i
Job 1:10 and his possessions have i
Ps 105:24 He i His people greatly,
Is 9: 3 the nation And i its joy;
Is 26:15 You have i the nation; You
Jer 5: 6 Their backslidings have i.
Jer 30:14 Because your sins have i.
Ezek 23:14 But she i her harlotry; She
Ezek 28: 5 wisdom in trade you have i

I

Hos 4: 7 "The more they **i**,
Mark 4: 8 **i** and produced: some
Luke 2:52 And Jesus **i** in wisdom and
Acts 9:22 But Saul **i** all the more in
Acts 16: 5 and **i** in number daily.
2Co 10:15 that as your faith is **i**,

INCREASES (*see* INCREASE)
Prov 16:21 And sweetness of the lips **i**
Prov 23:28 And **i** the unfaithful among
Prov 29:16 multiplied, transgression **i**;
Eccl 1:18 he who increases knowledge **i**
Eccl 8: 6 Though the misery of man **i**
Is 40:29 who have no might He **i**
Hab 2: 6 Woe to him who **i** What is

INCREASING† (*see* INCREASE)
Col 1:10 in every good work and **i** in

INCURABLE
Job 34: 6 my right? My wound is **i**,
Jer 15:18 perpetual And my wound **i**,
Jer 30:15 Your sorrow is **i**.

INDESCRIBABLE†
2Co 9:15 Thanks be to God for His **i**

INDIGNATION
Deut 29:28 in wrath, and in great **i**,
2Ki 3:27 and there was great **i**
Job 10:17 And increase Your **i** toward
Ps 69:24 Pour out Your **i** upon them,
Ps 78:49 of His anger, Wrath, **i**,
Is 13: 5 LORD and His weapons of **i**,
Is 30:27 His lips are full of **i**,
Is 66:14 And His **i** to His enemies.
Jer 10:10 not be able to endure His **i**.
Jer 15:17 You have filled me with **i**.
Dan 8:19 in the latter time of the **i**;
Nah 1: 6 Who can stand before His **i**?
Acts 5:17 and they were filled with **i**,
Rom 2: 8 **i** and wrath,
Heb 10:27 and fiery **i** which will
Rev 14:10 into the cup of His **i**.

INDIVIDUALLY
Rom 12: 5 and **i** members of one
1Co 12:11 distributing to each one **i**
1Co 12:27 of Christ, and members **i**.

INEXPRESSIBLE†
2Co 12: 4 up into Paradise and heard **i**
1Pe 1: 8 you rejoice with joy **i** and

INFALLIBLE†
Acts 1: 3 His suffering by many **i**

INFANTS
Ps 8: 2 of babes and nursing **i** You
Matt 21:16 of babes and nursing **i**
Luke 18:15 Then they also brought **i** to

INFERIOR
Job 12: 3 I am not **i** to you.

Dan 2:39 arise another kingdom **i** to
John 2:10 have well drunk, then the **i**.

INFINITE†
Ps 147: 5 His understanding is **i**.

INFIRMITIES (*see* INFIRMITY)
Matt 8:17 He Himself took our **i**
2Co 12: 5 not boast, except in my **i**.
1Ti 5:23 sake and your frequent **i**.

INFIRMITY (*see* INFIRMITIES)
Luke 13:11 woman who had a spirit of **i**

INGATHERING
Ex 34:22 and the Feast of **I** at the

INHABIT (*see* INHABITANT, INHABITED, INHABITS)
Num 15: 2 into the land you are to **i**,
Prov 10:30 But the wicked will not **i**
Is 65:21 shall build houses and **i**

INHABITANT (*see* INHABIT, INHABITANTS)
Is 6:11 are laid waste and without **i**,
Is 12: 6 O **i** of Zion, For great is

INHABITANTS (*see* INHABITANT)
Ps 75: 3 The earth and all its **i** are
Is 24: 1 And scatters abroad its **i**.
Jer 23:14 And her **i** like Gomorrah.
Ezek 27:35 All the **i** of the isles will
Rev 8:13 woe to the **i** of the earth,

INHABITED (*see* INHABIT)
Ex 16:35 until they came to an **i**
Is 45:18 vain, Who formed it to be **i**:

INHABITS (*see* INHABIT)
Is 57:15 High and Lofty One Who **i**

INHERIT (*see* INHERITANCE)
Gen 15: 7 to give you this land to **i**
Gen 15: 8 shall I know that I will **i**
Num 32:19 For we will not **i** with them
Ps 25:13 his descendants shall **i** the
Ps 37:11 But the meek shall **i** the
Ps 37:29 The righteous shall **i** the
Ps 82: 8 For You shall **i** all
Prov 8:21 cause those who love me to **i**
Prov 11:29 his own house will **i** the
Prov 14:18 The simple **i** folly, But the
Prov 28:10 But the blameless will **i**
Is 57:13 And shall **i** My holy
Is 65: 9 My elect shall **i** it, And
Matt 5: 5 For they shall **i** the earth.
Matt 19:29 and **i** eternal life.
Matt 25:34 **i** the kingdom prepared for
Mark 10:17 what shall I do that I may **i**
1Co 6: 9 the unrighteous will not **i**
1Co 6:10 nor extortioners will **i** the
1Co 15:50 flesh and blood cannot **i**
1Co 15:50 nor does corruption **i**
Heb 1:14 for those who will **i**

Heb 6:12 faith and patience **i** the
Heb 12:17 when he wanted to **i** the
Rev 21: 7 He who overcomes shall **i** all

INHERITANCE (*see* INHERIT)

Gen 31:14 still any portion or **i** for
Ex 15:17 In the mountain of Your **i**,
Josh 13:14 of Levi he had given no **i**;
Josh 13:33 God of Israel was their **i**,
Ruth 4: 5 of the dead through his **i**.
Ps 16: 6 Yes, I have a good **i**.
Ps 78:71 people, And Israel His **i**.
Is 19:25 of My hands, and Israel My **i**.
Is 47: 6 I have profaned My **i**,
Matt 21:38 us kill him and seize his **i**.
Luke 12:13 my brother to divide the **i**
Gal 3:18 For if the **i** is of the law,
Eph 1:11 also we have obtained an **i**,
Eph 1:14 is the guarantee of our **i**
Eph 1:18 of the glory of His **i** in
Eph 5: 5 has any **i** in the kingdom of
Col 1:12 us to be partakers of the **i**
Col 3:24 receive the reward of the **i**;
Heb 1: 4 as He has by **i** obtained a
Heb 9:15 the promise of the eternal **i**.
Heb 11: 8 he would receive as an **i**.
1Pe 1: 4 to an **i** incorruptible and

INIQUITIES (*see* INIQUITY)

Lev 16:21 confess over it all the **i** of
Ps 51: 9 sins, And blot out all my **i**.
Ps 90: 8 You have set our **i** before
Ps 103: 3 Who forgives all your **i**,
Ps 103:10 us according to our **i**.
Ps 130: 3 You, LORD, should mark **i**,
Is 53: 5 He was bruised for our **i**;
Is 53:11 For He shall bear tneir **i**.
Is 64: 6 fade as a leaf, And our **i**,
Amos 3: 2 punish you for all your **i**.

INIQUITY (*see* INIQUITIES)

Gen 15:16 for the **i** of the Amorites
Ex 20: 5 visiting the **i** of the
Ex 34: 7 forgiving **i** and
Ex 34: 9 and pardon our **i** and our
Josh 22:20 not perish alone in his **i**.
1Sa 15:23 And stubbornness is as **i**
1Sa 25:24 on me let this **i** be! And
2Sa 7:14 be My son. If he commits **i**,
2Sa 14: 9 let the **i** be on me and on
2Sa 14:32 but if there is **i** in me, let
2Sa 19:19 not let my lord impute **i**
Neh 4: 5 Do not cover their **i**,
Job 4: 8 Those who plow **i** And sow
Job 7:21 And take away my **i**?
Job 10:14 will not acquit me of my **i**.
Job 11: 6 from you Less than your **i**
Job 15:16 Who drinks **i** like water!
Job 22:23 You will remove **i** far from
Job 31: 3 for the workers of **i**?
Job 31:11 it would be **i** deserving
Job 31:33 By hiding my **i** in my bosom,
Job 33: 9 and there is no **i** in me.
Job 34:10 the Almighty to commit **i**.
Ps 7: 3 If there is **i** in my hands,
Ps 7:14 the wicked brings forth **i**;
Ps 10: 7 his tongue is trouble and **i**.
Ps 18:23 And I kept myself from my **i**.
Ps 25:11 sake, O LORD, Pardon my **i**,
Ps 32: 2 the LORD does not impute **i**,
Ps 32: 5 And You forgave the **i** of
Ps 38:18 For I will declare my **i**;
Ps 51: 2 me thoroughly from my **i**,
Ps 51: 5 I was brought forth in **i**,
Ps 53: 1 and have done abominable **i**;
Ps 66:18 If I regard **i** in my heart,
Ps 69:27 Add **i** to their iniquity,
Ps 85: 2 You have forgiven the **i** of
Ps 92: 7 when all the workers of **i**
Ps 109:14 Let the **i** of his fathers be
Ps 119:133 And let no **i** have dominion
Ps 125: 3 reach out their hands to **i**.
Prov 16: 6 Atonement is provided for **i**;
Prov 19:28 of the wicked devours **i**.
Prov 22: 8 He who sows **i** will reap
Is 1: 4 A people laden with **i**,
Is 1:13 I cannot endure **i** and the
Is 6: 7 Your **i** is taken away, And
Is 40: 2 That her **i** is pardoned;
Is 53: 6 LORD has laid on Him the **i**
Is 59: 7 thoughts are thoughts of **i**;
Is 64: 9 Nor remember **i** forever;
Jer 9: 5 weary themselves to commit **i**.
Jer 16:17 nor is their **i** hidden from
Jer 16:18 repay double for their **i**
Jer 31:30 one shall die for his own **i**;
Jer 31:34 For I will forgive their **i**,
Jer 36: 3 that I may forgive their **i**
Ezek 3:18 man shall die in his **i**;
Ezek 4: 4 it, you shall bear their **i**.
Ezek 14: 3 them to stumble into **i**.
Ezek 18:17 shall not die for the **i**
Ezek 18:18 he shall die for his **i**.
Ezek 28:18 By the **i** of your trading;
Ezek 33: 8 man shall die in his **i**;
Dan 9: 5 have sinned and committed **i**,
Dan 9:24 make reconciliation for **i**,
Hos 4: 8 set their heart on their **i**.
Hos 8:13 He will remember their **i**
Hos 10:13 You have reaped **i**.
Hos 13:12 The **i** of Ephraim is bound
Mic 2: 1 Woe to those who devise **i**,
Mic 7:18 Pardoning **i** And passing
Hab 2:12 establishes a city by **i**!
Mal 2: 6 And turned many away from **i**.
Luke 13:27 Me, all you workers of **i**.
Acts 1:18 a field with the wages of **i**;
Acts 8:23 by bitterness and bound by **i**.
1Co 13: 6 does not rejoice in **i**,
2Ti 2:19 name of Christ depart from **i**.
Jas 3: 6 is a fire, a world of **i**.
2Pe 2:16 but he was rebuked for his **i**:

INN (*see* INNKEEPER)

Luke 2: 7 was no room for them in the **i**
Luke 10:34 animal, brought him to an **i**

I

INNER
Eph 3:16 through His Spirit in the **i**

INNKEEPER† (*see* INN)
Luke 10:35 denarii, gave them to the **i**,

INNOCENCE (*see* INNOCENT)
Gen 20: 5 integrity of my heart and **i**
Ps 26: 6 I will wash my hands in **i**;

INNOCENT (*see* INNOCENCE)
Ex 23: 7 do not kill the **i** and
Deut 19:10 lest **i** blood be shed in the
Deut 27:25 takes a bribe to slay an **i**
Job 4: 7 who ever perished being **i**?
Job 9:23 at the plight of the **i**.
Job 9:28 that You will not hold me **i**.
Job 22:30 deliver one who is not **i**;
Job 33: 9 transgression; I am **i**,
Ps 15: 5 take a bribe against the **i**.
Ps 19:13 And I shall be **i** of great
Ps 94:21 And condemn **i** blood.
Ps 106:38 And shed **i** blood, The blood
Prov 1:11 us lurk secretly for the **i**
Prov 6:17 Hands that shed **i** blood,
Prov 6:29 touches her shall not be **i**.
Is 59: 7 they make haste to shed **i**
Jer 2:35 you say, 'Because I am **i**,
Dan 6:22 because I was found **i** before
Jon 1:14 and do not charge us with **i**
Matt 27: 4 have sinned by betraying **i**
Matt 27:24 I am **i** of the blood of this
Acts 20:26 to you this day that I am **i**

INNUMERABLE
Heb 12:22 to an **i** company of angels,

INQUIRE (*see* COUNSEL, INQUIRED)
Deut 17: 4 then you shall **i** diligently.
1Sa 9: 9 when a man went to **i** of God,
Ps 27: 4 And to **i** in His temple.

INQUIRED (*see* INQUIRE)
1Sa 28: 6 And when Saul **i** of the LORD,
Matt 2: 4 he **i** of them where the
John 4:52 Then he **i** of them the hour
1Pe 1:10 the prophets have **i** and

INSANE
1Sa 21:14 "Look, you see the man is **i**.

INSCRIBED (*see* INSCRIPTION)
Job 19:23 that they were **i** in a book!
Is 49:16 I have **i** you on the palms

INSCRIPTION (*see* INSCRIBED)
Ex 39:30 and wrote on it an **i** like
Dan 5:25 And this is the **i** that was
Matt 22:20 Whose image and **i** is this?"
Mark 15:26 And the **i** of His accusation
Acts 17:23 found an altar with this **i**:

INSPIRATION†
2Ti 3:16 Scripture is given by **i** of

INSTRUCT (*see* INSTRUCTED, INSTRUCTION)
Deut 17:11 of the law in which they **i**
Neh 9:20 gave Your good Spirit to **i**
Ps 32: 8 I will **i** you and teach you
1Co 2:16 LORD that he may **i**

INSTRUCTED (*see* INSTRUCT)
Ps 2:10 be wise, O kings; Be **i**,
Is 40:14 and who **i** Him, And taught
Luke 1: 4 things in which you were **i**.
Acts 18:25 This man had been **i** in the
Rom 2:18 being **i** out of the law,

INSTRUCTION (*see* COUNSEL, INSTRUCT, INSTRUCTIONS)
Prov 1: 2 To know wisdom and **i**,
Prov 1: 7 fools despise wisdom and **i**.
Prov 1: 8 hear the **i** of your father,
Prov 13: 1 son heeds his father's **i**,
Prov 15: 5 fool despises his father's **i**,
Prov 15:33 fear of the LORD is the **i**
Jer 36:27 Baruch had written at the **i**
2Ti 3:16 for **i** in righteousness,

INSTRUCTIONS (*see* INSTRUCTION)
Heb 11:22 and gave **i** concerning his

INSTRUMENTS
Ps 150: 4 Praise Him with stringed **i**
Amos 6: 5 to the sound of stringed **i**,
Rom 6:13 present your members as **i**

INTEGRITY
Gen 20: 5 In the **i** of my heart and
Job 2: 3 still he holds fast to his **i**,
Job 31: 6 That God may know my **i**.
Ps 7: 8 And according to my **i**
Ps 26: 1 For I have walked in my **i**.
Prov 10: 9 He who walks with **i** walks
Prov 11: 3 The **i** of the upright will
Tit 2: 7 in doctrine showing **i**,

INTENT (*see* INTENTS)
Gen 6: 5 and that every **i** of the
Prov 21:27 he brings it with wicked **i**!
Eph 3:10 to the **i** that now the

INTENTS (*see* INTENT)
Heb 4:12 of the thoughts and **i** of

INTERCESSION
Is 53:12 And made **i** for the
Jer 7:16 nor make **i** to Me; for I will
Rom 8:26 the Spirit Himself makes **i**
Heb 7:25 He always lives to make **i**

INTEREST (*see* INTERESTS)
Lev 25:36 Take no usury or **i** from him;
Deut 23:19 You shall not charge **i** to

Deut 23:20 a foreigner you may charge i,
Matt 25:27 received back my own with i.

INTERESTS (*see* INTEREST)
Phil 2: 4 but also for the i of

INTERPRET (*see* INTERPRETATION, INTERPRETED, INTERPRETER, INTERPRETING, INTERPRETS)
Gen 41:15 there is no one who can i
1Co 12:30 speak with tongues? Do all i?
1Co 14:13 a tongue pray that he may i.

INTERPRETATION (*see* INTERPRET, INTERPRETATIONS)
Dan 2: 6 you tell the dream and its i,
Dan 4: 6 make known to me the i of
Dan 5: 7 writing, and tells me its i,
Dan 5:26 This is the i of each word.
1Co 12:10 to another the i of tongues.
1Co 14:26 has a revelation, has an i.
2Pe 1:20 is of any private i,

INTERPRETATIONS† (*see* INTERPRETATION)
Gen 40: 8 Do not i belong to God? Tell
Dan 5:16 that you can give i and

INTERPRETED (*see* INTERPRET)
Gen 40:22 as Joseph had i to them.
Gen 41:12 and he i our dreams for us;

INTERPRETER (*see* INTERPRET)
Gen 42:23 spoke to them through an i.
1Co 14:28 But if there is no i,

INTERPRETING† (*see* INTERPRET)
Dan 5:12 i dreams, solving riddles,

INTERPRETS† (*see* INTERPRET)
Deut 18:10 or one who i omens, or a
1Co 14: 5 tongues, unless indeed he i,

INVISIBLE†
Rom 1:20 creation of the world His i
Col 1:15 He is the image of the i God,
Col 1:16 are on earth, visible and i,
1Ti 1:17 King eternal, immortal, i,
Heb 11:27 as seeing Him who is i.

INVITE (*see* INVITED)
1Sa 16: 3 Then i Jesse to the
Job 1: 4 and would send and i their
Matt 22: 9 i to the wedding.'
Luke 14:13 i the poor, the maimed,

INVITED (*see* INVITE)
1Sa 16: 5 and i them to the sacrifice.
Esth 5:12 Queen Esther i no one but me
Matt 22: 3 to call those who were i to
Luke 14: 8 When you are i by anyone to a
Luke 14:10 "But when you are i,
John 2: 2 and His disciples were i to

INWARD (*see* INWARDLY)
Ps 51: 6 You desire truth in the i
Ps 64: 6 Both the i thought and
Ps 139:13 For You formed my i parts;
Rom 7:22 of God according to the i
2Co 4:16 yet the i man is being

INWARDLY† (*see* INWARD)
Ps 62: 4 mouth, But they curse i.
Matt 7:15 but i they are ravenous
Rom 2:29 he is a Jew who is one i;

IRON
Gen 4:22 craftsman in bronze and i.
Deut 3:11 his bedstead was an i
2Ki 6: 6 and he made the i float.
Job 19:24 on a rock With an i pen
Job 28: 2 I is taken from the earth,
Ps 2: 9 break them with a rod of i;
Prov 27:17 As i sharpens iron, So a
Jer 1:18 A fortified city and an i
Dan 2:33 "its legs of i,
Dan 2:33 its feet partly of i and
Dan 7: 7 It had huge i teeth; it was
1Ti 4: 2 seared with a hot i,
Rev 2:27 them with a rod of i;
Rev 19:15 rule them with a rod of i.

IRREVOCABLE†
Rom 11:29 the calling of God are i.

ISAAC
Gen 17:19 you shall call his name I;
Gen 21: 3 whom Sarah bore to him—I.
Gen 21: 4 circumcised his son I when
Gen 21:12 for in I your seed shall be
Gen 22: 2 your son, your only son I,
Gen 24: 4 and take a wife for my son I.
Gen 24:67 So I was comforted after his
Gen 27: 1 when I was old and his eyes
Gen 31:42 of Abraham and the Fear of I,
2Ki 13:23 His covenant with Abraham, I,
Matt 8:11 and sit down with Abraham, I,
Rom 9: 7 In I your seed shall be
Heb 11:17 he was tested, offered up I,
Heb 11:20 By faith I blessed Jacob and
Jas 2:21 by works when he offered I

ISAIAH
2Ki 19: 2 to I the prophet, the son of
Is 1: 1 The vision of I the son of
Is 20: 3 Just as My servant I has
Matt 4:14 which was spoken by I the
Matt 13:14 in them the prophecy of I
Luke 4:17 the book of the prophet I.
Acts 8:28 he was reading I the
Rom 10:16 For I says, "Lord, who
Rom 10:20 But I is very bold and says:

ISCARIOT (*see* JUDAS)
Matt 26:14 the twelve, called Judas I,
John 14:22 Judas (not I) said to Him,

ISHMAEL (*see* ISHMAELITES)

Gen 16:16 years old when Hagar bore I
Gen 17:26 circumcised, and his son I;
Gen 25: 9 And his sons Isaac and I
Jer 40:15 and I will kill I the son of

ISHMAELITES (*see* ISHMAEL)

Gen 37:28 and sold him to the I for
Judg 8:24 because they were I.

ISLAND

Rev 1: 9 was on the I that is called

ISRAEL (*see* ISRAELITE, JACOB)

Gen 32:28 be called Jacob, but I;
Gen 32:32 this day the children of I
Gen 35:10 but I shall be your name."
Gen 36:31 over the children of I:
Gen 37: 3 Now I loved Joseph more than
Gen 42: 5 And the sons of I went to buy
Gen 43: 8 Then Judah said to I his
Gen 46: 8 names of the children of I,
Gen 46:29 Goshen to meet his father I;
Gen 46:30 And I said to Joseph, "Now
Gen 47:29 the time drew near that I
Gen 48: 8 Then I saw Joseph's sons,
Gen 48:10 Now the eyes of I were dim
Gen 49: 2 And listen to I your
Gen 49: 7 Jacob And scatter them in I.
Gen 49:24 Shepherd, the Stone of I),
Gen 49:28 are the twelve tribes of I,
Gen 50: 2 So the physicians embalmed I.
Ex 1: 1 names of the children of I
Ex 1: 7 But the children of I were
Ex 3:10 My people, the children of I,
Ex 3:11 bring the children of I out
Ex 3:16 and gather the elders of I
Ex 4:22 I is My son, My firstborn.
Ex 5: 1 says the LORD God of I:
Ex 5: 2 obey His voice to let I go?
Ex 6:14 Reuben, the firstborn of I,
Ex 10:23 But all the children of I
Ex 11: 7 between the Egyptians and I.
Ex 12: 3 to all the congregation of I,
Ex 12:15 shall be cut off from I.
Ex 14: 8 he pursued the children of I;
Ex 14:10 and the children of I cried
Ex 14:19 went before the camp of I,
Ex 14:30 So the LORD saved I that
Ex 15: 1 Moses and the children of I
Ex 15:22 So Moses brought I from the
Ex 16: 2 of the children of I
Ex 16:31 And the house of I called its
Ex 16:35 And the children of I ate
Ex 17:11 that I prevailed; and when
Ex 19: 2 So I camped there before the
Ex 24: 1 seventy of the elders of I,
Ex 24: 9 seventy of the elders of I,
Ex 24:10 and they saw the God of I.
Ex 28: 9 the names of the sons of I:
Ex 32: 4 "This is your god, O I,
Ex 32:13 Abraham, Isaac, and I,
Ex 34:27 covenant with you and with I.
Ex 39: 7 stones for the sons of I,
Lev 4:13 the whole congregation of I
Lev 10: 6 the whole house of I,
Lev 20: 2 the strangers who dwell in I,
Lev 24:10 woman's son and a man of I
Lev 27:34 Moses for the children of I
Num 1: 3 able to go to war in I.
Num 1:16 heads of the divisions in I.
Num 1:44 with the leaders of I,
Num 1:45 of the children of I,
Num 24:17 Scepter shall rise out of I,
Deut 5: 1 said to them: "Hear, O I,
Deut 6: 4 "Hear, O I: The LORD
Deut 9: 1 "Hear, O I: You are to
Deut 10:12 "And now, I, what does
Deut 13:11 So all I shall hear and fear,
Deut 18: 1 part nor inheritance with I;
Deut 21: 8 O LORD, for Your people I,
Deut 21:21 and all I shall hear and
Deut 23:17 harlot of the daughters of I,
Deut 23:17 one of the sons of I.
Deut 25: 6 may not be blotted out of I.
Deut 25: 7 a name to his brother in I;
Deut 31:11 when all I comes to appear
Deut 34:10 there has not arisen in I a
Deut 34:12 in the sight of all I.
Josh 10:14 for the LORD fought for I.
Josh 24:31 I served the LORD all the
Judg 3:31 and he also delivered I.
Judg 5: 7 arose, Arose a mother in I.
Judg 17: 6 there was no king in I;
Ruth 4:14 may his name be famous in I!
1Sa 4:21 glory has departed from I!
1Sa 7:10 they were overcome before I.
1Sa 7:15 And Samuel judged I all the
1Sa 8: 1 made his sons judges over I.
1Sa 8:22 Samuel said to the men of I,
1Sa 9: 9 (Formerly in I, when a man
1Sa 9:21 smallest of the tribes of I,
1Sa 13:13 your kingdom over I forever.
1Sa 14:23 So the LORD saved I that
1Sa 15:17 LORD anoint you king over I?
1Sa 15:26 you from being king over I.
1Sa 15:29 And also the Strength of I
1Sa 17: 8 cried out to the armies of I,
1Sa 17:10 I defy the armies of I this
1Sa 17:45 the God of the armies of I,
1Sa 17:46 that there is a God in I.
1Sa 23:17 You shall be king over I,
1Sa 24: 2 chosen men from all I,
1Sa 25:30 appointed you ruler over I,
1Sa 25:32 is the LORD God of I,
1Sa 31: 1 Philistines fought against I;
1Sa 31: 1 and the men of I fled from
2Sa 1:19 The beauty of I is slain on
2Sa 1:24 "O daughters of I,
2Sa 3:10 the throne of David over I
2Sa 3:38 man has fallen this day in I?
2Sa 5: 2 shall shepherd My people I,
2Sa 5: 3 anointed David king over I.
2Sa 7: 6 I brought the children of I
2Sa 7: 7 to shepherd My people I,
2Sa 7: 8 ruler over My people, over I.
2Sa 7:11 to be over My people I,

2Sa 7:24 You have made Your people I
2Sa 7:27 O LORD of hosts, God of I,
2Sa 10:18 the Syrians fled before I;
2Sa 10:19 they made peace with I and
2Sa 11:11 The ark and I and Judah are
2Sa 12: 7 'I anointed you king over I,
2Sa 12: 8 and gave you the house of I
2Sa 13:13 like one of the fools in I.
2Sa 14:25 Now in all I there was no
2Sa 15: 6 the hearts of the men of I.
2Sa 17:15 Absalom and the elders of I,
2Sa 19:22 be put to death today in I?
2Sa 19:22 that today I am king over I?
2Sa 20:19 a city and a mother in I.
2Sa 21: 5 any of the territories of I,
2Sa 21:17 you quench the lamp of I.
2Sa 23: 1 And the sweet psalmist of I:
2Sa 23: 3 The God of I said, The Rock
2Sa 23: 3 The Rock of I spoke to me:
2Sa 24: 1 LORD was aroused against I,
2Sa 24: 1 number I and Judah."
2Sa 24:25 plague was withdrawn from I.
1Ki 1:20 the eyes of all I are on
1Ki 2: 4 a man on the throne of I.
1Ki 2:11 that David reigned over I
1Ki 4: 1 Solomon was king over all I.
1Ki 4: 7 twelve governors over all I,
1Ki 4:25 And Judah and I dwelt safely,
1Ki 6:13 will not forsake My people I.
1Ki 8:16 no city from any tribe of I
1Ki 8:16 David to be over My people I.
1Ki 8:20 and sit on the throne of I,
1Ki 8:23 he said: "LORD God of I,
1Ki 8:34 the sin of Your people I,
1Ki 8:52 of Your people I,
1Ki 9: 5 of your kingdom over I
1Ki 9: 7 I will be a proverb and a
1Ki 11:25 He was an adversary of I all
1Ki 11:42 in Jerusalem over all I
1Ki 12: 1 for all I had gone to
1Ki 12:16 O I! Now, see to your own
1Ki 12:19 So I has been in rebellion
1Ki 12:28 Here are your gods, O I,
1Ki 14: 7 you ruler over My people I,
1Ki 14:15 He will uproot I from this
1Ki 14:16 who sinned and who made I
1Ki 18:17 that you, O troubler of I?
1Ki 18:36 God of Abraham, Isaac, and I,
1Ki 19:18 reserved seven thousand in I,
2Ki 2:12 the chariot of I and its
2Ki 13:14 the chariots of I and their
2Ki 17:34 of Jacob, whom He named I,
1Ch 21: 1 Now Satan stood up against I,
1Ch 21:14 LORD sent a plague upon I,
Ezra 3: 2 the altar of the God of I,
Ezra 3:10 ordinance of David king of I.
Ezra 4: 1 temple of the LORD God of I,
Ezra 6:22 house of God, the God of I.
Ezra 7:10 statutes and ordinances in I.
Ezra 10: 5 and all I swear an oath that
Ezra 10:10 adding to the guilt of I.
Neh 1: 6 sins of the children of I
Neh 10:33 to make atonement for I,
Neh 13: 3 the mixed multitude from I.
Neh 13:26 God made him king over all I.
Ps 14: 7 Let Jacob rejoice and I be
Ps 22: 3 in the praises of I.
Ps 22:23 all you offspring of I!
Ps 25:22 Redeem I, O God
Ps 41:13 be the LORD God of I
Ps 59: 5 God of hosts, the God of I,
Ps 68:26 Lord, from the fountain of I.
Ps 68:34 His excellence is over I,
Ps 71:22 the harp, O Holy One of I.
Ps 73: 1 Truly God is good to I,
Ps 76: 1 His name is great in I.
Ps 78: 5 And appointed a law in I,
Ps 78:41 limited the Holy One of I.
Ps 78:71 And I His inheritance.
Ps 80: 1 Give ear, O Shepherd of I,
Ps 81: 4 this is a statute for I,
Ps 81:11 And I would have none of
Ps 81:13 That I would walk in My
Ps 103: 7 acts to the children of I.
Ps 105:10 To I as an everlasting
Ps 106:48 be the LORD God of I
Ps 114: 1 When I went out of Egypt,
Ps 114: 2 And I His dominion.
Ps 115: 9 O I, trust in the LORD;
Ps 118: 2 Let I now say, "His mercy
Ps 121: 4 He who keeps I Shall
Ps 122: 4 To the Testimony of I,
Ps 124: 1 Let I now say—
Ps 125: 5 Peace be upon I!
Ps 128: 6 Peace be upon I!
Ps 130: 8 And He shall redeem I From
Ps 135: 4 I for His special treasure.
Ps 136:22 A heritage to I His servant,
Ps 149: 2 Let I rejoice in their
Prov 1: 1 the son of David, king of I:
Eccl 1:12 was king over I in
Is 1: 3 But I does not know, My
Is 1: 4 to anger The Holy One of I,
Is 1:24 hosts, the Mighty One of I,
Is 5: 7 of hosts is the house of I,
Is 9:14 cut off head and tail from I,
Is 10:17 So the Light of I will be
Is 10:20 day That the remnant of I,
Is 12: 6 great is the Holy One of I
Is 19:25 and I My inheritance."
Is 27: 6 I shall blossom and bud,
Is 29:23 And fear the God of I.
Is 40:27 O Jacob, And speak, O I:
Is 41:14 You men of I! I will help
Is 41:14 Redeemer, the Holy One of I.
Is 43: 1 And He who formed you, O I:
Is 43:15 Holy One, The Creator of I,
Is 43:22 have been weary of Me, O I.
Is 44: 1 And I whom I have chosen.
Is 44:23 And glorified Himself in I.
Is 45: 4 And I My elect, I have
Is 46: 3 remnant of the house of I,
Is 46:13 For I My glory.
Is 48: 2 And lean on the God of I;
Is 49: 3 'You are My servant, O I,
Jer 2: 3 I was holiness to the
Jer 2:14 Is I a servant? Is he a
Jer 3: 6 you seen what backsliding I

I

Jer 3:23 God Is the salvation of I.
Jer 14: 8 O the Hope of I,
Ezek 3:17 watchman for the house of I;
Ezek 11:22 the glory of the God of I
Ezek 18:31 should you die, O house of I?
Ezek 33:11 should you die, O house of I?
Ezek 34: 2 against the shepherds of I,
Hos 1: 5 I will break the bow of I
Hos 1: 6 have mercy on the house of I,
Hos 3: 5 Afterward the children of I
Hos 5: 5 The pride of I testifies to
Hos 5: 5 Therefore I and Ephraim
Hos 7: 1 I would have healed I,
Hos 8: 8 I is swallowed up
Hos 8:14 For I has forgotten his
Hos 9:10 I found I Like grapes in
Hos 10:15 At dawn the king of I
Hos 11: 1 When I was a child, I loved
Hos 11: 8 How can I hand you over, I?
Hos 13: 1 He exalted himself in I;
Hos 13: 9 "O I, you are destroyed,
Hos 14: 5 I will be like the dew to I;
Joel 3: 2 of My people, My heritage I,
Amos 2: 6 three transgressions of I,
Amos 5: 2 The virgin of I has fallen;
Amos 5: 3 ten left to the house of I.
Amos 6: 1 To whom the house of I
Amos 7: 9 And the sanctuaries of I
Amos 7:10 sent to Jeroboam king of I,
Amos 7:11 And I shall surely be led
Amos 7:15 prophesy to My people I.
Amos 7:16 'Do not prophesy against I,
Amos 7:17 And I shall surely be led
Amos 8: 2 has come upon My people I;
Amos 9:14 the captives of My people I;
Mic 2:12 gather the remnant of I;
Mic 3: 8 his transgression And to I
Mic 5: 2 Me The One to be Ruler in I,
Nah 2: 2 Like the excellence of I,
Zeph 3:15 your enemy. The King of I,
Matt 2: 6 shepherd My people I.
Matt 8:10 not even in I!
Matt 10: 6 lost sheep of the house of I.
Matt 10:23 gone through the cities of I
Matt 15:24 lost sheep of the house of I.
Matt 19:28 the twelve tribes of I.
Matt 27:42 save. If He is the King of I,
Mark 12:29 is: 'Hear, O I,
Mark 15:32 the Christ, the King of I,
Luke 1:54 He has helped His servant I,
Luke 1:68 is the Lord God of I,
Luke 1:80 of his manifestation to I.
Luke 2:25 for the Consolation of I,
Luke 2:32 the glory of Your people I.
Luke 2:34 fall and rising of many in I,
Luke 24:21 He who was going to redeem I.
John 1:31 He should be revealed to I,
John 1:49 God! You are the King of I!
John 3:10 "Are you the teacher of I,
John 12:13 LORD!' The King of I!"
Acts 1: 6 restore the kingdom to I?
Acts 2:22 "Men of I, hear these
Acts 3:12 to the people: "Men of I,
Acts 4:27 Gentiles and the people of I
Acts 5:31 to give repentance to I and
Acts 13:16 his hand said, "Men of I,
Acts 13:23 God raised up for I a
Rom 9: 6 For they are not all I who
Rom 9:27 of the children of I
Rom 10: 1 and prayer to God for I is
Rom 10:21 But to I he says: "All
Rom 11: 7 I has not obtained what it
Rom 11:25 in part has happened to I
Rom 11:26 And so all I will be saved,
1Co 10:18 Observe I after the flesh:
Gal 6:16 and upon the I of God.
Eph 2:12 from the commonwealth of I
Phil 3: 5 day, of the stock of I,
Heb 8: 8 with the house of I
Rev 21:12 tribes of the children of I:

ISRAELITE (*see* ISRAEL, ISRAELITES)
John 1:47 an I indeed, in whom is no
Rom 11: 1 not! For I also am an I,

ISRAELITES (*see* ISRAELITE)
Rom 9: 4 who are I, to whom pertain
2Co 11:22 So am I. Are they I?

ISSACHAR
Gen 35:23 and Simeon, Levi, Judah, I,

ISSUES†
Prov 4:23 out of it spring the i of

ITCHING†
2Ti 4: 3 because they have i ears,

IVORY
1Ki 10:18 made a great throne of i,
1Ki 22:39 the i house which he built
Ps 45: 8 Out of the i palaces, by
Song 7: 4 Your neck is like an i
Amos 3:15 The houses of i shall
Amos 6: 4 Who lie on beds of i,

J

JABBOK
Gen 32:22 crossed over the ford of J.

JACOB (*see* ISRAEL, JACOB'S, JAMES)
Gen 25:27 but J was a mild man,
Gen 25:28 game, but Rebekah loved J.
Gen 25:29 Now J cooked a stew; and
Gen 25:33 and sold his birthright to J.
Gen 25:34 And J gave Esau bread and
Gen 27:30 and J had scarcely gone out
Gen 27:36 "Is he not rightly named J?
Gen 27:41 So Esau hated J because of
Gen 27:41 I will kill my brother J.
Gen 28:16 Then J awoke from his sleep
Gen 28:20 Then J made a vow, saying,
Gen 29:11 Then J kissed Rachel, and
Gen 29:15 Then Laban said to J,
Gen 29:18 Now J loved Rachel; so he

Gen 29:20 So J served seven years for
Gen 30:40 Then J separated the lambs,
Gen 30:41 that J placed the rods
Gen 31: 1 J has taken away all that was
Gen 31:25 So Laban overtook J.
Gen 31:45 So J took a stone and set it
Gen 31:47 but J called it Galeed.
Gen 31:53 And J swore by the Fear of
Gen 32: 7 So J was greatly afraid and
Gen 32:24 Then J was left alone; and a
Gen 32:28 shall no longer be called J,
Gen 34: 3 to Dinah the daughter of J,
Gen 35: 4 and J hid them under the
Gen 35:10 name shall not be called J
Gen 35:14 So J set up a pillar in the
Gen 35:20 And J set a pillar on her
Gen 35:22 Now the sons of J were
Gen 37: 2 This is the history of J.
Gen 37:34 Then J tore his clothes, put
Gen 46: 5 Then J arose from Beersheba;
Gen 46:26 the persons who went with J
Gen 47: 7 and J blessed Pharaoh.
Gen 47: 8 Pharaoh said to J,
Gen 49: 2 and hear, you sons of J,
Gen 50:24 Abraham, to Isaac, and to J.
Ex 3: 6 of Isaac, and the God of J.
Ex 3:16 Abraham, of Isaac, and of J,
Lev 26:42 remember My covenant with J,
Num 23: 7 curse J for me, And come,
Num 24: 5 O J! Your dwellings, O
Num 24:17 A Star shall come out of J;
Deut 33: 4 of the congregation of J.
Deut 33:28 The fountain of J alone,
Josh 24: 4 To Isaac I gave J and Esau.
2Sa 23: 1 anointed of the God of J,
1Ki 18:31 the tribes of the sons of J,
Ps 14: 7 Let J rejoice and Israel
Ps 20: 1 the name of the God of J
Ps 24: 6 This is J, the generation
Ps 44: 4 Command victories for J.
Ps 46: 7 The God of J is our
Ps 46:11 The God of J is our
Ps 47: 4 The excellence of J whom He
Ps 75: 9 sing praises to the God of J.
Ps 76: 6 At Your rebuke, O God of J,
Ps 77:15 The sons of J and Joseph.
Ps 78: 5 established a testimony in J,
Ps 78:21 a fire was kindled against J,
Ps 78:71 To shepherd J His people,
Ps 81: 1 joyful shout to the God of J.
Ps 84: 8 O God of J! Selah
Ps 85: 1 back the captivity of J.
Ps 94: 7 Nor does the God of J
Ps 105:10 And confirmed it to J for a
Ps 105:23 And J dwelt in the land of
Ps 114: 7 the presence of the God of J,
Ps 132: 2 vowed to the Mighty One of J:
Ps 135: 4 For the LORD has chosen J
Ps 147:19 He declares His word to J,
Is 2: 3 the house of the God of J;
Is 10:21 return, the remnant of J,
Is 17: 4 pass That the glory of J
Is 29:23 hallow the Holy One of J,
Is 41: 8 J whom I have chosen, The
Is 41:14 "Fear not, you worm J,
Is 41:21 says the King of J.
Is 43: 1 LORD, who created you, O J,
Is 44: 1 O J My servant, And Israel
Is 45:19 did not say to the seed of J,
Is 46: 3 to Me, O house of J,
Is 49: 5 To bring J back to Him, So
Is 49:26 the Mighty One of J.
Is 58: 1 And the house of J their
Is 58:14 you with the heritage of J
Jer 10:16 The Portion of J is not
Jer 10:25 For they have eaten up J,
Jer 31: 7 "Sing with gladness for J,
Jer 31:11 the LORD has redeemed J,
Lam 2: 3 He has blazed against J
Ezek 39:25 bring back the captives of J,
Hos 12: 2 And will punish J according
Amos 6: 8 "I abhor the pride of J,
Amos 7: 2 that J may stand, For he
Amos 8: 7 has sworn by the pride of J:
Obad 10 against your brother J,
Mic 1: 5 for the transgression of J
Mic 3: 1 "Hear now, O heads of J,
Mic 3: 8 To declare to J his
Mal 1: 2 Yet J I have loved;
Mal 3: 6 not consumed, O sons of J.
Matt 8:11 and J in the kingdom of
Matt 22:32 and the God of J'?
Luke 1:33 reign over the house of J
Luke 13:28 see Abraham and Isaac and J
Luke 20:37 and the God of J.
John 4:12 greater than our father J,
Acts 3:13 God of Abraham, Isaac, and J,
Acts 7: 8 and J begot the twelve
Rom 9:13 J I have loved, but Esau
Rom 11:26 away ungodliness from J;
Heb 11: 9 in tents with Isaac and J,
Heb 11:20 By faith Isaac blessed J and

JACOB'S (*see* JACOB)

Gen 27:22 The voice is J voice, but
Gen 32:25 and the socket of J hip was
Jer 30: 7 And it is the time of J
Mal 1: 2 Was not Esau J brother?"
John 4: 6 Now J well was there. Jesus

JAILER†

Acts 16:23 commanding the j to keep

JAIRUS

Mark 5:22 J by name. And when he saw

JAMES (*see* JACOB)

Matt 4:21 J the son of Zebedee, and
Matt 10: 3 J the son of Alphaeus, and
Matt 17: 1 six days Jesus took Peter, J,
1Co 15: 7 After that He was seen by J,
Jude 1 Christ, and brother of J,

JAPHETH

Gen 7:13 sons, Shem, Ham, and J,
Gen 9:27 May God enlarge J,

J

JAWBONE (*see* JAWS)
Judg 15:15 He found a fresh j of a

JAWS (*see* JAWBONE)
Ps 22:15 My tongue clings to My j;

JEALOUS (*see* JEALOUSY)
Ex 20: 5 am a j God, visiting the
Ex 34:14 the LORD, whose name is J,
Num 5:14 upon him and he becomes j
Deut 5: 9 am a j God, visiting the
Ezek 39:25 and I will be j for My holy
2Co 11: 2 For I am j for you with godly

JEALOUSY (*see* JEALOUS)
Num 5:14 if the spirit of j comes upon
Num 5:15 it is a grain offering of j,
Deut 29:20 anger of the LORD and His j
Deut 32:16 They provoked Him to j with
Ps 78:58 And moved Him to j with
Ps 79: 5 Will Your j burn like fire?
Prov 6:34 For j is a husband's fury;
Song 8: 6 J as cruel as the grave;
Ezek 8: 3 the seat of the image of j
Ezek 23:25 I will set My j against you,
Zeph 1:18 By the fire of His j,
Rom 10:19 will provoke you to j
1Co 10:22 do we provoke the Lord to j?
2Co 11: 2 jealous for you with godly j.

JEHOAHAZ (*see* AHAZIAH)
2Ki 13: 1 J the son of Jehu became
2Ki 14: 1 year of Joash the son of J,

JEHOASH (*see* JOASH)
2Ki 12:18 And J king of Judah took all
2Ki 14: 9 And J king of Israel sent to

JEHOIACHIN
2Ki 24: 8 J was eighteen years old
2Ki 24:15 And he carried J captive to
2Ki 25:27 released J king of Judah
2Ch 36: 9 J was eight years old when

JEHOIAKIM
2Ki 23:34 and changed his name to J.
2Ki 24: 5 the rest of the acts of J,
Jer 36:32 words of the book which J
Dan 1: 1 year of the reign of J king

JEHORAM (*see* JORAM)
1Ki 22:50 Then J his son reigned in
2Ki 3: 1 Now J the son of Ahab became
2Ki 3: 6 So King J went out of
2Ki 8:16 J the son of Jehoshaphat
2Ki 8:25 Israel, Ahaziah the son of J,
2Ki 9:24 full strength and shot J
2Ch 22: 6 And Azariah the son of J,

JEHOSHAPHAT
2Sa 8:16 J the son of Ahilud was
1Ki 15:24 Then J his son reigned in
1Ki 22: 2 that J the king of Judah
1Ki 22:41 J the son of Asa had become
1Ki 22:45 the rest of the acts of J,
1Ki 22:50 And J rested with his
2Ki 9: 2 there for Jehu the son of J,
2Ch 18: 1 J had riches and honor in
2Ch 18: 7 the king of Israel said to J,
2Ch 19: 4 So J dwelt at Jerusalem; and
2Ch 20: 1 came to battle against J.
2Ch 20: 3 And J feared, and set himself
2Ch 20:18 And J bowed his head with
2Ch 20:30 Then the realm of J was
2Ch 20:34 the rest of the acts of J,
2Ch 20:37 prophesied against J,
2Ch 21:12 not walked in the ways of J
Joel 3: 2 them down to the Valley of J;
Matt 1: 8 J begot Joram, and Joram

JEHU
1Ki 16: 1 word of the LORD came to J
1Ki 16: 7 LORD came by the prophet J
1Ki 19:17 J will kill; and whoever
2Ki 9:14 So J the son of Jehoshaphat,
2Ki 9:16 So J rode in a chariot and
2Ki 9:20 is like the driving of J
2Ki 9:22 happened, when Joram saw J,
2Ki 9:22 he said, "Is it peace, J?
2Ki 9:27 So J pursued him, and said,
2Ki 9:30 Now when J had come to
2Ki 10: 1 And J wrote and sent letters
2Ki 10:11 So J killed all who remained
2Ki 10:19 But J acted deceptively,
2Ki 10:28 Thus J destroyed Baal from
2Ki 10:31 But J took no heed to walk in
2Ki 10:34 the rest of the acts of J,
2Ki 10:35 So J rested with his fathers,
2Ki 13: 1 Jehoahaz the son of J became

JEOPARDY
1Co 15:30 And why do we stand in j

JEPHTHAH
Judg 11: 1 Now J the Gileadite was a
Judg 11:30 And J made a vow to the
Judg 11:40 to lament the daughter of J
1Sa 12:11 sent Jerubbaal, Bedan, J,
Heb 11:32 and Barak and Samson and J,

JEREMIAH
2Ch 35:25 J also lamented for Josiah.
2Ch 36:12 not humble himself before J
2Ch 36:22 the LORD by the mouth of J
Ezra 1: 1 the LORD by the mouth of J
Jer 1: 1 The words of J the son of
Jer 1:11 came to me, saying, "J,
Jer 7: 1 The word that came to J from
Jer 18:18 us devise plans against J;
Jer 20: 2 Then Pashhur struck J the
Jer 20: 3 day that Pashhur brought J
Jer 26: 9 were gathered against J in
Jer 36: 4 Then J called Baruch the son
Jer 36: 5 And J commanded Baruch,
Jer 36:19 "Go and hide, you and J;
Jer 36:27 at the instruction of J,
Jer 36:32 Then J took another scroll

Jer 36:32 it at the instruction of J
Jer 37:12 that J went out of Jerusalem
Jer 37:13 and he seized J the prophet,
Jer 37:15 princes were angry with J,
Jer 37:16 When J entered the dungeon
Jer 37:21 Thus J remained in the court
Jer 38: 6 and they let J down with
Jer 38: 6 So J sank in the mire.
Jer 38:10 and lift J the prophet out
Jer 38:11 ropes into the dungeon to J.
Jer 38:12 the Ethiopian said to J,
Jer 38:15 J said to Zedekiah, "If I
Jer 38:16 the king swore secretly to J,
Jer 38:19 Zedekiah the king said to J,
Jer 39:14 they sent someone to take J
Jer 40: 2 captain of the guard took J
Jer 40: 6 Then J went to Gedaliah the
Jer 45: 1 book at the instruction of J,
Jer 51:60 So J wrote in a book all the
Jer 51:64 Thus far are the words of J.
Dan 9: 2 word of the LORD through J
Matt 2:17 what was spoken by J the
Matt 16:14 and others J or one of the
Matt 27: 9 what was spoken by J the

JERICHO

Num 22: 1 the Jordan across from J.
Deut 34: 3 the plain of the Valley of J,
Josh 2: 1 view the land, especially J.
Josh 4:13 battle, to the plains of J.
Josh 6: 1 Now J was securely shut up
Matt 20:29 Now as they went out of J,
Luke 10:30 down from Jerusalem to J,
Heb 11:30 By faith the walls of J fell

JEROBOAM

1Ki 11:26 J the son of Nebat, an
1Ki 13: 4 it came to pass when King J
1Ki 13:34 the sin of the house of J,
2Ki 14:28 the rest of the acts of J,
Hos 1: 1 and in the days of J the son
Amos 1: 1 and in the days of J the son
Amos 7: 9 sword against the house of J.

JERUSALEM (*see* SALEM)

Josh 10: 1 when Adoni-Zedek king of J
Josh 15: 8 Jebusite city (which is J)
Josh 18:28 Eleph, Jebus (which is J),
2Sa 9:13 So Mephibosheth dwelt in J,
2Sa 11: 1 But David remained at J.
2Sa 14:23 and brought Absalom to J.
2Sa 15:29 the ark of God back to J.
2Sa 20: 3 David came to his house at J.
2Sa 24:16 out His hand over J to
1Ki 2:36 yourself a house in J
1Ki 8: 1 Israel, to King Solomon in J,
1Ki 9:15 the Millo, the wall of J,
2Ki 23: 6 the Brook Kidron outside J,
2Ki 24:10 of Babylon came up against J,
2Ki 24:15 into captivity from J to
2Ch 24:18 wrath came upon Judah and J
2Ch 36:23 me to build Him a house at J
Ezra 1: 2 me to build Him a house at J
Ezra 1: 3 and let him go up to J which
Ezra 1:11 brought from Babylon to J.
Ezra 3: 8 out of the captivity to J,
Neh 2:12 put in my heart to do at J;
Neh 2:13 and viewed the walls of J
Neh 2:17 how J lies waste, and its
Neh 2:17 let us build the wall of J,
Neh 11: 1 one out of ten to dwell in J,
Neh 12:27 dedication of the wall of J
Neh 12:43 so that the joy of J was
Ps 51:18 Zion; Build the walls of J.
Ps 79: 1 They have laid J in heaps.
Ps 79: 3 shed like water all around J,
Ps 102:21 Zion, And His praise in J,
Ps 116:19 In the midst of you, O J.
Ps 122: 2 Within your gates, O J!
Ps 122: 3 J is built As a city that
Ps 122: 6 Pray for the peace of J:
Ps 125: 2 As the mountains surround J,
Ps 128: 5 may you see the good of J
Ps 135:21 Who dwells in J! Praise
Ps 137: 5 If I forget you, O J,
Ps 137: 6 If I do not exalt J Above
Ps 147: 2 The LORD builds up J;
Ps 147:12 O J! Praise your God, O
Eccl 1: 1 the son of David, king in J.
Eccl 1:12 was king over Israel in J.
Eccl 1:16 all who were before me in J.
Song 5: 8 charge you, O daughters of J,
Song 6: 4 as Tirzah, Lovely as J,
Is 1: 1 saw concerning Judah and J
Is 3: 8 For J stumbled, And Judah
Is 4: 4 and purged the blood of J
Is 10:12 work on Mount Zion and on J,
Is 10:32 of Zion, The hill of J.
Is 27:13 LORD in the holy mount at J.
Is 40: 2 "Speak comfort to J,
Is 44:26 messengers; Who says to J,
Is 51:17 awake! Stand up, O J,
Is 52: 1 beautiful garments, O J,
Is 52: 9 You waste places of J! For
Is 52: 9 people, He has redeemed J.
Is 62: 6 watchmen on your walls, O J;
Is 62: 7 And till He makes J a
Is 64:10 J a desolation.
Is 65:18 I create J as a rejoicing,
Jer 1: 3 until the carrying away of J
Jer 1:15 entrance of the gates of J,
Jer 2: 2 and cry in the hearing of J,
Jer 4: 4 Judah and inhabitants of J,
Jer 4:16 Yes, proclaim against J,
Jer 5: 1 fro through the streets of J;
Jer 6: 1 to flee from the midst of J!
Jer 6: 6 And build a mound against J.
Jer 7:34 and from the streets of J
Jer 8: 1 of the inhabitants of J,
Jer 9:11 I will make J a heap of
Jer 11: 6 and in the streets of J,
Jer 13: 9 and the great pride of J.
Jer 14:16 cast out in the streets of J
Jer 15: 5 will have pity on you, O J?
Jer 17:27 entering the gates of J on
Jer 17:27 devour the palaces of J,
Jer 19: 7 the counsel of Judah and J
Jer 23:14 thing in the prophets of J:

J

Jer 24: 8 the residue of J who remain
Jer 27:20 the nobles of Judah and J—
Jer 29: 1 carried away captive from J
Jer 32: 2 of Babylon's army besieged J,
Jer 33:16 And J will dwell safely.
Jer 35:17 on all the inhabitants of J
Jer 37:11 left the siege of J for
Jer 38:28 prison until the day that J
Jer 39: 8 broke down the walls of J.
Jer 40: 1 carried away captive from J
Jer 44: 6 and in the streets of J;
Jer 44: 9 and in the streets of J?
Jer 44:13 Egypt, as I have punished J,
Jer 52:29 carried away captive from J
Lam 1: 8 J has sinned gravely,
Lam 1:17 J has become an unclean
Lam 2:10 The virgins of J Bow their
Lam 2:13 liken you, O daughter of J?
Lam 4:12 Could enter the gates of J—
Dan 1: 1 king of Babylon came to J
Dan 6:10 his windows open toward J,
Dan 9:25 To restore and build J
Zech 14: 4 Which faces J on the east.
Zech 14: 8 waters shall flow from J,
Matt 23:37 "O Jerusalem, J,
Luke 9:51 set His face to go to J,
Luke 24:47 all nations, beginning at J.
Luke 24:49 but tarry in the city of J
John 4:20 and you Jews say that in J
John 4:21 on this mountain, nor in J,
Acts 1: 8 be witnesses to Me in J,
Acts 8: 1 the church which was at J;
Acts 8:26 road which goes down from J
Acts 8:27 and had come to J to
Acts 9: 2 might bring them bound to J.
Acts 9:13 has done to Your saints in J.
Acts 9:21 who called on this name in J,
Acts 11:27 days prophets came from J
Acts 16: 4 the apostles and elders at J.
Acts 20:16 he was hurrying to be at J,
Acts 20:22 go bound in the spirit to J,
Acts 21: 4 the Spirit not to go up to J.
Acts 21:13 but also to die at J for the
Acts 21:31 of the garrison that all J
Acts 24:11 days since I went up to J
Acts 25: 1 went up from Caesarea to J.
Acts 26:20 those in Damascus and in J,
Acts 28:17 as a prisoner from J into
Rom 15:25 But now I am going to J to
Rom 15:26 the saints who are in J.
Gal 1:17 nor did I go up to J to those
Gal 1:18 three years I went up to J
Gal 2: 1 years I went up again to J
Gal 4:25 and corresponds to J which
Gal 4:26 but the J above is free,
Heb 12:22 living God, the heavenly J,
Rev 3:12 city of My God, the New J,
Rev 21: 2 saw the holy city, New J,
Rev 21:10 the great city, the holy J,

JESHUA (*see* JOSHUA)
Ezra 2: 2 came with Zerubbabel were J,

JESSE
Ruth 4:22 Obed begot J,
Ruth 4:22 and J begot David.
1Sa 16: 1 I am sending you to J the
1Sa 16:10 Thus J made seven of his sons
1Sa 17:17 Then J said to his son David,
1Sa 22: 8 a covenant with the son of J;
2Sa 20: 1 inheritance in the son of J;
Ps 72:20 of David the son of J are
Is 11: 1 a Rod from the stem of J,
Is 11:10 there shall be a Root of J,
Matt 1: 6 and J begot David the king.
Acts 13:22 found David the son of J,
Rom 15:12 shall be a root of J;

JESUS (*see* CHRIST, JESUS')
Matt 1: 1 book of the genealogy of J
Matt 1:16 of whom was born J who is
Matt 1:18 Now the birth of J Christ
Matt 1:21 you shall call His name J,
Matt 2: 1 Now after J was born in
Matt 3:13 Then J came from Galilee to
Matt 4: 1 Then J was led up by the
Matt 4:12 Now when J heard that John
Matt 7:28 when J had ended these
Matt 8: 3 Then J put out His hand and
Matt 8:13 Then J said to the centurion,
Matt 8:20 And J said to him, "Foxes
Matt 8:22 But J said to him, "Follow
Matt 8:29 have we to do with You, J,
Matt 8:34 city came out to meet J.
Matt 9: 2 When J saw their faith, He
Matt 9:35 Then J went about all the
Matt 10: 5 These twelve J sent out and
Matt 11: 1 when J finished commanding
Matt 12:25 But J knew their thoughts,
Matt 15:32 Now J called His disciples
Matt 16:20 tell no one that He was J
Matt 16:21 From that time J began to
Matt 27:17 or J who is called Christ?"
Matt 27:37 THIS IS J THE KING OF THE
Matt 27:58 and asked for the body of J.
Mark 1: 1 of the gospel of J Christ,
Mark 1:24 J of Nazareth? Did You come
Mark 14:62 J said, "I am. And you will
Mark 16: 6 You seek J of Nazareth, who
Luke 1:31 and shall call His name J.
Luke 2:21 His name was called J,
Luke 2:43 the Boy J lingered behind in
Luke 2:52 And J increased in wisdom and
Luke 4:14 Then J returned in the power
Luke 4:34 J of Nazareth? Did You come
Luke 5:10 And J said to Simon, "Do
Luke 5:12 was full of leprosy saw J;
Luke 8:35 sitting at the feet of J,
Luke 8:45 And J said, "Who touched
Luke 9:42 Then J rebuked the unclean
Luke 9:58 And J said to him, "Foxes
Luke 9:60 J said to him, "Let the dead
Luke 10:21 In that hour J rejoiced in
Luke 13:14 because J had healed on the
Luke 17:13 their voices and said, "J,
Luke 18:38 he cried out, saying, "J,

Luke 19: 9 And J said to him, "Today
Luke 19:35 and they set J on him.
Luke 22:47 them and drew near to J to
Luke 22:52 Then J said to the chief
Luke 22:63 Now the men who held J
Luke 23: 8 Now when Herod saw J,
Luke 23:20 wishing to release J,
Luke 23:25 but he delivered J to their
Luke 23:26 he might bear it after J.
Luke 23:34 Then J said, "Father,
Luke 23:46 And when J had cried out with
Luke 23:52 and asked for the body of J.
Luke 24:19 The things concerning J of
Luke 24:36 J Himself stood in the midst
John 1:17 and truth came through J
John 1:37 speak, and they followed J.
John 1:45 J of Nazareth, the son of
John 1:47 J saw Nathanael coming toward
John 2: 2 Now both J and His disciples
John 2: 4 J said to her, "Woman, what
John 2: 7 J said to them, "Fill the
John 2:11 This beginning of signs J did
John 2:13 and J went up to Jerusalem.
John 3: 2 This man came to J by night
John 4:26 J said to her, "I who speak
John 4:34 J said to them, "My food is
John 4:46 So J came again to Cana of
John 4:50 J said to him, "Go your way;
John 4:54 again is the second sign J
John 5: 6 When J saw him lying there,
John 5:16 reason the Jews persecuted J,
John 6: 3 And J went up on the
John 6: 5 Then J lifted up His eyes,
John 6:11 And J took the loaves, and
John 6:14 had seen the sign that J
John 6:24 came to Capernaum, seeking J.
John 6:42 they said, "Is not this J,
John 6:67 Then J said to the twelve,
John 7: 1 After these things J walked
John 7:14 the middle of the feast J
John 7:39 because J was not yet
John 7:50 Nicodemus (he who came to J
John 8: 1 But J went to the Mount of
John 8: 6 But J stooped down and wrote
John 8:59 but J hid Himself and went
John 9:11 A Man called J made clay and
John 9:14 Now it was a Sabbath when J
John 9:35 J heard that they had cast
John 9:39 And J said, "For judgment I
John 10: 6 J used this illustration, but
John 10:23 And J walked in the temple,
John 11: 5 Now J loved Martha and her
John 11:13 J spoke of his death, but
John 11:21 Then Martha said to J,
John 11:23 J said to her, "Your brother
John 11:25 J said to her, "I am the
John 11:33 when J saw her weeping, and
John 11:35 J wept.
John 11:39 J said, "Take away the
John 11:44 J said to them, "Loose him,
John 11:51 year he prophesied that J
John 12: 1 J came to Bethany, where
John 12: 3 anointed the feet of J,
John 12: 7 But J said, "Let her alone;
John 12:11 went away and believed in J.
John 12:16 but when J was glorified,
John 12:21 "Sir, we wish to see J.
John 13:23 whom J loved.
John 19:19 J OF NAZARETH, THE KING
John 20:19 J came and stood in the
John 20:26 J came, the doors being
John 20:30 And truly J did many other
John 20:31 that you may believe that J
John 21: 7 that disciple whom J loved
Acts 1:11 up into heaven? This same J,
Acts 1:14 and Mary the mother of J,
Acts 3:13 glorified His Servant J,
Acts 3:26 raised up His Servant J,
Acts 4:10 that by the name of J Christ
Acts 16:18 you in the name of J Christ
Acts 16:31 Believe on the Lord J Christ,
Acts 17: 7 there is another king—J.
Acts 19:13 call the name of the Lord J
Acts 19:15 J I know, and Paul I know;
Acts 20:24 I received from the Lord J,
Acts 22: 8 I am J of Nazareth, whom you
Acts 26:15 Lord?' And He said, 'I am J,
Acts 28:23 them concerning J from both
Rom 1: 1 a bondservant of J Christ,
Rom 1: 3 concerning His Son J Christ
Rom 1: 6 you also are the called of J
Rom 1: 7 our Father and the Lord J
Rom 2:16 the secrets of men by J
Rom 3:22 through faith in J Christ,
Rom 3:26 the one who has faith in J.
Rom 4:24 in Him who raised up J our
Rom 6: 3 were baptized into Christ J
Rom 6:23 is eternal life in Christ J
Rom 8: 1 to those who are in Christ J,
Rom 8: 2 Spirit of life in Christ J
Rom 8:11 Spirit of Him who raised J
Rom 8:39 of God which is in Christ J
Rom 10: 9 with your mouth the Lord J
Rom 13:14 But put on the Lord J Christ,
Rom 15:16 I might be a minister of J
Rom 15:17 reason to glory in Christ J
Rom 16: 3 fellow workers in Christ J,
1Co 1: 1 to be an apostle of J
1Co 1: 2 are sanctified in Christ J,
1Co 1: 8 in the day of our Lord J
1Co 2: 2 anything among you except J
1Co 5: 4 with the power of our Lord J
1Co 8: 6 and one Lord J Christ,
1Co 9: 1 Have I not seen J Christ our
1Co 11:23 that the Lord J on the same
1Co 12: 3 by the Spirit of God calls J
1Co 12: 3 and no one can say that J is
1Co 15:57 victory through our Lord J
2Co 1: 2 our Father and the Lord J
2Co 4: 5 but Christ J the Lord, and
2Co 4: 6 of God in the face of J
2Co 4:10 body the dying of the Lord J,
2Co 4:10 that the life of J also may
2Co 4:14 will also raise us up with J,
Gal 1:12 through the revelation of J
Gal 2:16 of the law but by faith in J
Gal 3:14 the Gentiles in Christ J,
Gal 3:28 you are all one in Christ J.

J

Gal 5: 6 For in Christ J neither
Gal 6:14 in the cross of our Lord J
Gal 6:17 body the marks of the Lord J.
Eph 1: 1 and faithful in Christ J:
Eph 2: 6 heavenly places in Christ J,
Eph 2:10 created in Christ J for good
Eph 2:20 J Christ Himself being the
Eph 3: 1 the prisoner of Christ J for
Eph 4:21 by Him, as the truth is in J:
Eph 6:24 those who love our Lord J
Phil 1: 1 bondservants of J Christ,
Phil 1: 8 all with the affection of J
Phil 1:19 supply of the Spirit of J
Phil 2: 5 which was also in Christ J,
Phil 2:10 that at the name of J every
Phil 2:11 tongue should confess that J
Phil 2:19 But I trust in the Lord J to
Phil 3: 8 of the knowledge of Christ J
Phil 3:14 call of God in Christ J.
Phil 4: 7 and minds through Christ J.
Phil 4:19 riches in glory by Christ J.
Phil 4:21 every saint in Christ J.
Col 1:28 man perfect in Christ J.
Col 4:11 and J who is called Justus.
1Th 1:10 even J who delivers us from
1Th 3:13 at the coming of our Lord J
1Th 4:14 For if we believe that J died
1Th 4:14 Him those who sleep in J.
1Th 5:23 at the coming of our Lord J
2Th 1: 8 the gospel of our Lord J
2Th 2: 1 the coming of our Lord J
2Th 2:14 of the glory of our Lord J
1Ti 1:15 that Christ J came into the
1Ti 2: 5 and men, the Man Christ J,
1Ti 4: 6 will be a good minister of J
1Ti 6:14 blameless until our Lord J
2Ti 1: 1 of life which is in Christ J,
2Ti 2: 3 as a good soldier of J
2Ti 3:12 to live godly in Christ J
Tit 1: 4 the Father and the Lord J
Tit 2:13 our great God and Savior J
Phm 1: 1 a prisoner of Christ J,
Phm 1:23 fellow prisoner in Christ J,
Heb 2: 9 But we see J,who was made
Heb 3: 1 of our confession, Christ J,
Heb 4:14 J the Son of God, let us
Heb 7:22 by so much more J has become
Heb 10:10 offering of the body of J
Heb 10:19 Holiest by the blood of J,
Heb 12: 2 looking unto J,
Heb 12:24 to J the Mediator of the new
Heb 13: 8 J Christ is the same
Heb 13:20 who brought up our Lord J
Heb 13:21 through J Christ, to whom
1Pe 1: 1 an apostle of J Christ, To
1Pe 1: 7 glory at the revelation of J
1Pe 5:10 eternal glory by Christ J,
2Pe 1: 1 and apostle of J Christ,
1Jn 1: 7 and the blood of J Christ
1Jn 2: 1 J Christ the righteous.
1Jn 2:22 but he who denies that J is
1Jn 4: 2 spirit that confesses that J
1Jn 4:15 Whoever confesses that J is
1Jn 5: 5 but he who believes that J
1Jn 5: 6 J Christ; not only by water,
Jude 1 and preserved in J Christ
Rev 1: 1 The Revelation of J Christ,
Rev 1: 2 and to the testimony of J
Rev 1: 9 kingdom and patience of J
Rev 17: 6 blood of the martyrs of J.
Rev 22:21 The grace of our Lord J

JESUS' (*see* JESUS)
Matt 15:30 and they laid them down at J
Luke 10:39 who also sat at J feet and
John 12: 9 not for J sake only, but
John 13:25 leaning back on J breast, he

JETHRO (*see* REUEL)
Ex 3: 1 was tending the flock of J
Ex 18: 6 "I, your father-in-law J,

JEW (*see* JEWISH, JEWS, JUDAISM)
Esth 8: 7 Esther and Mordecai the J,
John 4: 9 is it that You, being a J,
Acts 21:39 I am a J from Tarsus, in
Acts 22: 3 "I am indeed a J,
Rom 1:16 for the J first and also for
Rom 2:28 For he is not a J who is
Rom 3: 1 advantage then has the J,
Rom 10:12 is no distinction between J
1Co 9:20 to the Jews I became as a J,
Gal 2:14 all, "If you, being a J,
Gal 3:28 There is neither J nor Greek,

JEWELS
Mal 3:17 day that I make them My j.

JEWISH (*see* JEW)
Zech 8:23 grasp the sleeve of a J man,
Acts 24:24 his wife Drusilla, who was J,
Tit 1:14 not giving heed to J fables

JEWS (*see* JEW)
Esth 4: 3 great mourning among the J,
Esth 4:14 will arise for the J from
Esth 8:16 The J had light and gladness,
Matt 2: 2 has been born King of the J?
Matt 27:37 JESUS THE KING OF THE J.
John 2:13 Now the Passover of the J
John 3: 1 Nicodemus, a ruler of the J.
John 4: 9 For J have no dealings
John 4:20 and you J say that in
John 4:22 for salvation is of the J.
John 7: 1 because the J sought to kill
John 7:13 of Him for fear of the J.
John 18:12 and the officers of the J
John 18:33 "Are You the King of the J?
John 18:36 not be delivered to the J;
John 19:19 THE KING OF THE J.
John 19:20 Then many of the J read this
John 19:21 write, 'The King of the J,
John 19:38 secretly, for fear of the J,
John 19:40 as the custom of the J is to
John 20:19 assembled, for fear of the J,
Acts 2: 5 were dwelling in Jerusalem J,
Acts 2:10 both J and proselytes,
Acts 9:23 the J plotted to kill him.

Acts 13: 5 in the synagogues of the J.
Acts 14: 2 But the unbelieving J stirred
Acts 14: 5 by both the Gentiles and J,
Acts 18: 4 and persuaded both J and
Acts 18: 5 and testified to the J that
Acts 18:14 mouth, Gallio said to the J,
Acts 18:19 and reasoned with the J.
Acts 18:28 he vigorously refuted the J
Acts 20: 3 And when the J plotted
Acts 20:19 me by the plotting of the J;
Acts 20:21 "testifying to J,
Acts 21:20 how many myriads of J there
Acts 21:21 you that you teach all the J
Acts 24: 5 dissension among all the J
Acts 24: 9 And the J also assented,
Acts 24:27 wanting to do the J a favor,
Acts 25: 2 and the chief men of the J
Acts 25: 8 against the law of the J,
Acts 26: 2 which I am accused by the J,
Rom 3: 9 previously charged both J
Rom 3:29 Or is He the God of the J
Rom 9:24 not of the J only, but also
1Co 1:22 For J request a sign, and
1Co 1:23 to the J a stumbling block
1Co 1:24 both J and Greeks, Christ
1Co 9:20 and to the J I became as a
1Co 10:32 either to the J or to the
2Co 11:24 From the J five times I
Gal 2:14 compel Gentiles to live as J?
Gal 2:15 We who are J by nature, and
Rev 2: 9 of those who say they are J
Rev 3: 9 who say they are J and are

JEZEBEL

1Ki 19: 1 And Ahab told J all that
1Ki 21:23 The dogs shall eat J by the
Rev 2:20 you allow that woman J,

JEZREEL (*see* JEZREELITE)

Josh 17:16 who are of the Valley of J.
Hos 1: 4 to him: "Call his name J,
Hos 1: 5 of Israel in the Valley of J.
Hos 2:22 oil; They shall answer J.

JEZREELITE (*see* JEZREEL)

1Ki 21: 7 the vineyard of Naboth the J
2Ki 9:21 the property of Naboth the J
2Ki 9:25 of the field of Naboth the J

JOAB

2Sa 2:14 Then Abner said to J,
2Sa 3:22 the servants of David and J
2Sa 11: 6 And J sent Uriah to David.

JOASH (*see* JEHOASH)

Judg 7:14 sword of Gideon the son of J,
2Ki 13:14 Then J the king of Israel
Hos 1: 1 of Jeroboam the son of J,
Amos 1: 1 of Jeroboam the son of J,

JOB (*see* JOB'S)

Job 1: 1 of Uz, whose name was J;
Job 1: 8 you considered My servant J,
Job 1:22 In all this J did not sin
Job 2: 7 and struck J with painful
Job 3: 1 After this J opened his mouth
Job 31:40 The words of J are ended.
Ezek 14:14 men, Noah, Daniel, and J,
Ezek 14:20 and J were in it, as I
Jas 5:11 of the perseverance of J

JOB'S† (*see* JOB)

Job 2:11 Now when J three friends
Job 42:10 And the LORD restored J

JOEL

Joel 1: 1 of the LORD that came to J
Acts 2:16 was spoken by the prophet J:

JOHN (*see* BAPTIST, MARK•)

Matt 3: 1 In those days J the Baptist
Matt 9:14 Then the disciples of J came
Matt 11:11 not risen one greater than J
Matt 11:12 And from the days of J the
Matt 11:13 the law prophesied until J.
Matt 11:18 For J came neither eating nor
Matt 14: 3 For Herod had laid hold of J
Matt 14: 8 Give me J the Baptist's head
Matt 14:10 So he sent and had J beheaded
Matt 16:14 Some say J the Baptist, some
Matt 21:25 "The baptism of J—
Mark 1: 9 and was baptized by J in the
Mark 1:19 and J his brother, who also
Mark 1:29 and Andrew, with James and J.
Mark 3:17 the son of Zebedee and J
Mark 6:14 J the Baptist is risen from
Mark 6:25 me at once the head of J
Mark 9: 2 took Peter, James, and J,
Luke 1:13 you shall call his name J.
Luke 5:33 Why do the disciples of J
Luke 7:24 When the messengers of J had
Luke 16:16 the prophets were until J.
Luke 20: 6 they are persuaded that J
Luke 22: 8 And He sent Peter and J,
John 1: 6 from God, whose name was J.
John 1:15 J bore witness of Him and
John 1:19 this is the testimony of J,
John 1:32 And J bore witness, saying,
John 3:24 For J had not yet been thrown
John 4: 1 more disciples than J
John 5:33 "You have sent to J,
John 10:41 J performed no sign, but all
Acts 1: 5 for J truly baptized with
Acts 1:13 staying: Peter, James, J,
Acts 3:11 held on to Peter and J,
Acts 4:13 the boldness of Peter and J,
Acts 12:12 the mother of J whose
Acts 12:25 they also took with them J
Acts 15:37 to take with them J called
Acts 18:25 knew only the baptism of J.
Gal 2: 9 when James, Cephas, and J,
Rev 1: 1 His angel to His servant J,

JOIN (*see* JOINED)

Ex 1:10 that they also j our enemies
Is 5: 8 Woe to those who j house to

J

JOINED (*see* JOIN)

Gen 2:24 father and mother and be **j**
Matt 19: 5 and mother and be **j**
Matt 19: 6 Therefore what God has **j**
Acts 17:34 some men **j** him and believed,
1Co 1:10 but that you be perfectly **j**
1Co 6:16 not know that he who is **j**
1Co 6:17 But he who is **j** to the Lord
Eph 2:21 being **j** together, grows into
Eph 4:16 **j** and knit together by what
Eph 5:31 and mother and be **j**

JOINT (*see* JOINTS)

Gen 32:25 of Jacob's hip was out of **j**
Ps 22:14 all My bones are out of **j**;
Rom 8:17 heirs of God and **j** heirs with
Eph 4:16 together by what every **j**

JOINTS (*see* JOINT)

Col 2:19 and knit together by **j** and
Heb 4:12 and of **j** and marrow, and is

JOKING†

Gen 19:14 he seemed to be **j**.
Prov 26:19 I was only **j**!"

JONAH

2Ki 14:25 through His servant **J** the
Jon 1: 1 word of the LORD came to **J**
Jon 3: 1 word of the LORD came to **J**
Matt 12:39 the sign of the prophet **J**.
Matt 12:40 For as **J** was three days and
Matt 12:41 and indeed a greater than **J**
John 1:42 "You are Simon the son of **J**.
John 21:16 time, "Simon, son of **J**,

JONATHAN

1Sa 13:22 who were with Saul and **J**.
1Sa 18: 3 Then **J** and David made a
2Sa 1:26 for you, my brother **J**;

JOPPA

2Ch 2:16 to you in rafts by sea to **J**,
Jon 1: 3 the LORD. He went down to **J**,
Acts 11:13 said to him, 'Send men to **J**,

JORAM (*see* JEHORAM)

2Ki 9:21 Then **J** king of Israel and
Matt 1: 8 Jehoshaphat begot **J**,

JORDAN

Gen 13:11 himself all the plain of **J**,
Num 13:29 and along the banks of the **J**.
Num 26: 3 the plains of Moab by the **J**,
Deut 1: 1 on this side of the **J** in
Deut 3:25 the good land beyond the **J**,
Josh 1: 2 arise, go over this **J**,
1Ki 17: 3 which flows into the **J**.
2Ki 5:10 Go and wash in the **J** seven
Is 9: 1 way of the sea, beyond the **J**,
Matt 3: 6 baptized by him in the **J**,
Matt 3:13 Galilee to John at the **J** to
Matt 4:15 the sea, beyond the **J**,

JOSEPH

Gen 30:25 when Rachel had borne **J**,
Gen 37: 3 Now Israel loved **J** more than
Gen 37: 5 Now **J** had a dream, and he
Gen 37:33 Without doubt **J** is torn to
Gen 39: 2 The LORD was with **J**,
Gen 39: 4 So **J** found favor in his
Gen 39: 6 Now **J** was handsome in form
Gen 39: 7 wife cast longing eyes on **J**,
Gen 39:10 as she spoke to **J** day by
Gen 40: 3 the place where **J** was
Gen 40: 4 of the guard charged **J** with
Gen 40: 9 butler told his dream to **J**,
Gen 40:22 as **J** had interpreted to
Gen 40:23 butler did not remember **J**,
Gen 41:14 Pharaoh sent and called **J**,
Gen 41:46 **J** was thirty years old when
Gen 41:50 And to **J** were born two sons
Gen 42: 6 Now **J** was governor over the
Gen 42: 8 So **J** recognized his brothers,
Gen 42: 9 Then **J** remembered the dreams
Gen 43:16 When **J** saw Benjamin with
Gen 45: 1 Then **J** could not restrain
Gen 45: 3 Then **J** said to his brothers,
Gen 45: 3 to his brothers, "I am **J**;
Gen 45: 4 I am **J** your brother, whom
Gen 45:26 **J** is still alive, and he is
Gen 45:28 **J** my son is still alive. I
Gen 47: 7 Then **J** brought in his father
Gen 47:17 and **J** gave them bread in
Gen 47:20 Then **J** bought all the land
Gen 47:26 And **J** made it a law over the
Gen 48:13 And **J** took them both, Ephraim
Gen 48:15 And he blessed **J**,
Gen 49:22 **J** is a fruitful bough, a
Gen 49:26 shall be on the head of **J**,
Gen 50: 7 So **J** went up to bury his
Gen 50:15 Perhaps **J** will hate us, and
Gen 50:17 And **J** wept when they spoke
Gen 50:22 And **J** lived one hundred and
Gen 50:23 **J** saw Ephraim's children to
Ex 1: 8 Egypt, who did not know **J**.
Ex 13:19 Moses took the bones of **J**
Num 13:11 from the tribe of **J**,
Num 27: 1 of Manasseh the son of **J**;
Josh 14: 4 For the children of **J** were
Josh 24:32 The bones of **J**,
Judg 1:22 And the house of **J** also went
Ps 77:15 The sons of Jacob and **J**.
Ps 78:67 He rejected the tent of **J**,
Ps 80: 1 You who lead **J** like a
Ps 81: 5 This He established in **J** as
Ps 105:17 sent a man before them—**J**—
Ezek 37:16 and write on it, 'For **J**,
Amos 5: 6 like fire in the house of **J**,
Amos 5:15 gracious to the remnant of **J**.
Amos 6: 6 for the affliction of **J**.
Obad 18 And the house of **J** a flame;
Matt 1:18 Mary was betrothed to **J**,
Matt 1:19 Then **J** her husband, being a
Matt 1:20 him in a dream, saying, "**J**,
Matt 2:13 of the Lord appeared to **J**
Matt 2:19 appeared in a dream to **J** in

Matt 27:59 When J had taken the body, he
Mark 15:43 J of Arimathea, a prominent
Mark 15:45 he granted the body to J.
Luke 1:27 to a man whose name was J,
Luke 2: 4 J also went up from Galilee,
Luke 2:16 haste and found Mary and J,
Luke 2:33 And J and His mother marveled
Luke 3:23 was supposed) the son of J,
John 1:45 of Nazareth, the son of J.
Acts 1:23 J called Barsabas, who was
Acts 7: 9 sold J into Egypt. But God
Heb 11:21 each of the sons of J,
Heb 11:22 By faith J, when he was
Rev 7: 8 of the tribe of J twelve

JOSHUA (*see* JESHUA)

Ex 17:10 So J did as Moses said to
Ex 17:13 So J defeated Amalek and his
Ex 24:13 arose with his assistant J,
Ex 33:11 but his servant J the son of
Num 11:28 So J the son of Nun, Moses'
Num 13:16 Hoshea the son of Nun, J.
Deut 31:23 Then He inaugurated J the son
Josh 4: 4 Then J called the twelve men
Josh 8:30 Now J built an altar to the
Josh 9: 3 of Gibeon heard what J had
Josh 9:15 So J made peace with them,
Josh 10: 6 the men of Gibeon sent to J
Josh 10:18 So J said, "Roll large
Josh 10:24 brought out those kings to J,
Josh 10:27 down of the sun that J
Josh 10:40 So J conquered all the landJ
Josh 11:13 which J burned.
Josh 11:18 J made war a long time with
Josh 11:21 J utterly destroyed them
Josh 12: 7 which J gave to the tribes
Josh 13: 1 Now J was old, advanced in
Josh 14:13 And J blessed him, and gave
Josh 18:10 and there J divided the land
Josh 23: 1 that J was old, advanced in
Josh 24:25 So J made a covenant with the
Josh 24:26 Then J wrote these words in
Josh 24:31 of the elders who outlived J,
Judg 1: 1 Now after the death of J it
Judg 2:21 any of the nations which J
Hag 1: 1 and to J the son of
Zech 3: 1 Then he showed me J the high
Zech 3: 3 Now J was clothed with filthy
Zech 3: 8 'Hear, O J, the high priest
Acts 7:45 also brought with J into the
Heb 4: 8 For if J had given them rest,

JOSIAH

1Ki 13: 2 J by name, shall be born to
2Ki 22: 1 J was eight years old when
2Ki 22: 3 eighteenth year of King J,
2Ch 35:25 Jeremiah also lamented for J.
Jer 1: 2 LORD came in the days of J
Zeph 1: 1 in the days of J the son of
Matt 1:10 begot Amon, and Amon begot J.

JOT†

Matt 5:18 one j or one tittle will by

JOTHAM

Judg 9: 5 But J the youngest son of
Judg 9:21 And J ran away and fled; and
Judg 9:57 on them came the curse of J
2Ki 15:36 the rest of the acts of J,
2Ki 15:38 So J rested with his fathers,
2Ki 16: 1 Remaliah, Ahaz the son of J,
Is 1: 1 in the days of Uzziah, J,
Is 7: 1 days of Ahaz the son of J,
Hos 1: 1 in the days of Uzziah, J,
Mic 1: 1 Moresheth in the days of J,
Matt 1: 9 Uzziah begot J,

JOURNEY (*see* JOURNEYED, JOURNEYS)

Gen 30:36 Then he put three days' j
Gen 31:23 him for seven days' j,
Ex 5: 3 let us go three days' j into
Deut 1: 2 It is eleven days' j from
Jon 3: 3 a three-day j in extent.
Matt 10:10 "nor bag for your j,
Mark 6: 8 to take nothing for the j
John 4: 6 being wearied from His j,
Acts 1:12 Jerusalem, a Sabbath day's j.

JOURNEYED (*see* JOURNEY)

Gen 11: 2 as they j from the east,
Luke 15:13 j to a far country, and

JOURNEYS (*see* JOURNEY)

Ex 40:38 throughout all their j.
2Co 11:26 in j often, in perils of

JOY (*see* JOYFUL)

Neh 8:10 for the j of the LORD is
Esth 8:17 the Jews had j and gladness,
Job 20: 5 And the j of the hypocrite
Job 38: 7 sons of God shouted for j?
Ps 16:11 presence is fullness of j;
Ps 21: 1 The king shall have j in
Ps 27: 6 I will offer sacrifices of j
Ps 30: 5 But j comes in the
Ps 32:11 righteous; And shout for j,
Ps 43: 4 God, To God my exceeding j;
Ps 48: 2 The j of the whole earth,
Ps 51: 8 Make me hear j and gladness,
Ps 51:12 Restore to me the j of Your
Ps 67: 4 be glad and sing for j!
Ps 126: 5 in tears Shall reap in j.
Ps 137: 6 Jerusalem Above my chief j.
Eccl 9: 7 Go, eat your bread with j,
Is 12: 3 Therefore with j you will
Is 22:13 j and gladness, Slaying
Is 35:10 With everlasting j on their
Is 55:12 you shall go out with j,
Is 61: 3 The oil of j for mourning,
Jer 15:16 Your word was to me the j
Jer 31:13 turn their mourning to j,
Matt 2:10 with exceedingly great j.
Matt 13:20 receives it with j;
Matt 25:21 Enter into the j of your
Matt 28: 8 tomb with fear and great j,
Luke 1:14 And you will have j and
Luke 1:44 babe leaped in my womb for j.

J

Luke 2:10 you good tidings of great **j**
Luke 15: 7 there will be more **j** in
John 15:11 that My **j** may remain in you,
John 15:11 and that your **j** may be
John 16:20 sorrow will be turned into **j**.
John 16:24 that your **j** may be full.
Acts 20:24 I may finish my race with **j**,
Rom 14:17 and peace and **j** in the Holy
Rom 15:13 of hope fill you with all **j**
2Co 2: 3 in you all that my **j** is
2Co 8: 2 the abundance of their **j**
Gal 5:22 of the Spirit is love, **j**,
Phil 2: 2 fulfill my **j** by being
Phil 4: 1 my **j** and crown, so stand
1Th 1: 6 with **j** of the Holy Spirit,
1Th 2:20 For you are our glory and **j**.
Heb 12: 2 who for the **j** that was set
Jas 1: 2 count it all **j** when you fall
1Pe 1: 8 you rejoice with **j**
1Pe 4:13 be glad with exceeding **j**.
1Jn 1: 4 we write to you that your **j**
3Jn 4 I have no greater **j** than to
Jude 24 His glory with exceeding **j**,

JOYFUL (*see* JOY, JOYFULLY)

Ps 63: 5 shall praise You with **j**
Ps 66: 1 Make a **j** shout to God, all
Ps 98: 8 Let the hills be **j** together
Ps 100: 1 Make a **j** shout to the LORD,
2Co 7: 4 I am exceedingly **j** in all
Heb 12:11 no chastening seems to be **j**

JOYFULLY (*see* JOYFUL)

Ps 98: 4 Shout **j** to the LORD, all
Eccl 9: 9 Live **j** with the wife whom
Luke 19: 6 down, and received Him **j**.

JUBILEE

Lev 25:11 fiftieth year shall be a **J**
Lev 25:28 it until the Year of **J**;

JUDAH (*see* JUDEA)

Gen 35:23 and Simeon, Levi, **J**,
Gen 37:26 So **J** said to his brothers,
Gen 49:10 shall not depart from **J**,
Ex 1: 2 Reuben, Simeon, Levi, and **J**;
Judg 17: 7 man from Bethlehem in **J**,
Ruth 4:12 Perez, whom Tamar bore to **J**,
2Sa 3:10 David over Israel and over **J**,
2Ki 14:12 And **J** was defeated by Israel,
2Ki 25:21 He sent them against **J** to
2Ch 16:11 the book of the kings of **J**
2Ch 36:23 at Jerusalem which is in **J**.
Ezra 1: 2 at Jerusalem which is in **J**.
Ezra 1: 8 Sheshbazzar the prince of **J**,
Ezra 2: 1 returned to Jerusalem and **J**,
Ezra 4: 1 when the adversaries of **J**
Ezra 9: 9 and to give us a wall in **J**
Neh 2: 5 I ask that you send me to **J**,
Neh 5:14 governor in the land of **J**,
Neh 13:12 Then all **J** brought the tithe
Neh 13:24 not speak the language of **J**
Ps 48:11 Let the daughters of **J** be
Ps 60: 7 **J** is My lawgiver.
Ps 69:35 And build the cities of **J**,
Ps 76: 1 In **J** God is known; His
Ps 97: 8 And the daughters of **J**
Ps 114: 2 **J** became His sanctuary,
Prov 25: 1 men of Hezekiah king of **J**
Is 1: 1 which he saw concerning **J**
Is 2: 1 son of Amoz saw concerning **J**
Is 5: 7 And the men of **J** are His
Is 7:17 that Ephraim departed from **J**.
Is 11:13 Ephraim shall not envy **J**,
Is 26: 1 be sung in the land of **J**:
Is 36: 1 the fortified cities of **J**
Is 40: 9 Say to the cities of **J**,
Is 48: 1 from the wellsprings of **J**;
Jer 1: 3 the son of Josiah, king of **J**,
Jer 1:15 against all the cities of **J**.
Jer 1:18 land—Against the kings of **J**,
Jer 2:28 cities Are your gods, O **J**.
Jer 3: 7 And her treacherous sister **J**
Jer 4: 5 Declare in **J** and proclaim in
Jer 8: 1 the bones of the kings of **J**,
Jer 9:11 I will make the cities of **J**
Jer 10:22 To make the cities of **J**
Jer 11:13 cities were your gods, O **J**;
Jer 13: 9 I will ruin the pride of **J**
Jer 13:19 **J** shall be carried away
Jer 14: 2 **J** mourns, And her gates
Jer 14:19 You utterly rejected **J**?
Jer 17: 1 The sin of **J** is written with
Jer 19: 7 make void the counsel of **J**
Jer 19:13 the houses of the kings of **J**
Jer 23: 6 In His days **J** will be saved,
Jer 28: 4 with all the captives of **J**
Jer 29: 2 the princes of **J** and
Jer 29:22 up by all the captivity of **J**
Jer 30: 3 My people Israel and **J**,
Jer 32:35 to cause **J** to sin.'
Jer 33: 7 cause the captives of **J** and
Jer 33:16 In those days **J** will be
Jer 34: 7 and all the cities of **J**
Jer 36:31 and on the men of **J** all the
Jer 39: 6 killed all the nobles of **J**.
Jer 39:10 guard left in the land of **J**
Jer 40: 5 over the cities of **J**,
Jer 40:11 had left a remnant of **J**,
Jer 44: 6 kindled in the cities of **J**
Jer 44: 9 wickedness of the kings of **J**,
Jer 44:26 in the mouth of any man of **J**
Jer 51: 5 is not forsaken, nor **J**,
Jer 51:59 with Zedekiah the king of **J**
Lam 1: 3 **J** has gone into captivity,
Lam 1:15 The virgin daughter of **J**.
Ezek 8: 1 house with the elders of **J**
Ezek 37:19 with it, with the stick of **J**,
Dan 1: 2 gave Jehoiakim king of **J**
Dan 1: 6 those of the sons of **J** were
Dan 5:13 one of the captives from **J**,
Hos 1: 1 and Hezekiah, kings of **J**,
Hos 1: 7 have mercy on the house of **J**,
Hos 5: 5 **J** also stumbles with them.
Hos 5:12 And to the house of **J** like
Hos 5:13 And **J** saw his wound, Then
Hos 5:14 young lion to the house of **J**.
Hos 6: 4 what shall I do to you? O **J**,

Hos 11:12 But J still walks with God,
Hos 12: 2 brings a charge against J,
Joel 3: 1 back the captives of J and
Joel 3:20 But J shall abide forever,
Amos 1: 1 the days of Uzziah king of J,
Amos 2: 4 three transgressions of J,
Amos 2: 5 I will send a fire upon J,
Amos 7:12 seer! Flee to the land of J.
Mic 5: 2 among the thousands of J,
Matt 1: 2 and Jacob begot J and his
Matt 2: 6 in the land of J,
Matt 2: 6 among the rulers of J;
Rev 5: 5 the Lion of the tribe of J,
Rev 7: 5 of the tribe of J twelve

JUDAISM (*see* JEW)
Gal 1:13 of my former conduct in J,

JUDAS (*see* ISCARIOT, JUDE, THADDAEUS)
Matt 10: 4 and J Iscariot, who also
Luke 22: 3 Then Satan entered J,
John 12: 4 J Iscariot, Simon's son,
John 13: 2 put it into the heart of J
John 13:29 because J had the money box,
John 14:22 J (not Iscariot) said to Him,
Acts 1:13 and J the son of James.
Acts 5:37 J of Galilee rose up in the

JUDE† (*see* JUDAS)
Jude 1 J, a bondservant of Jesus

JUDEA (*see* JUDAH)
Matt 2: 1 was born in Bethlehem of J
Luke 1:65 all the hill country of J.
Luke 3: 1 Pilate being governor of J,
Acts 1: 8 and in all J and Samaria,

JUDGE (*see* JUDGED, JUDGES, JUDGMENT)
Gen 18:25 it from You! Shall not the J
Ex 2:14 made you a prince and a j
Ex 18:13 that Moses sat to j the
Deut 17: 8 is too hard for you to j,
Judg 2:18 the LORD was with the j and
Judg 11:27 me. May the LORD, the J,
1Sa 8: 6 Give us a king to j us." So
1Sa 24:12 Let the LORD j between you
1Ki 3: 9 an understanding heart to j
1Ch 16:33 For He is coming to j the
Ps 7:11 God is a just j,
Ps 9: 8 He shall j the world in
Ps 50: 6 For God Himself is J.
Ps 51: 4 And blameless when You j.
Ps 58: 1 Do you j uprightly, you
Ps 82: 8 j the earth; For You shall
Ps 96:13 for He is coming to j the
Ps 96:13 He shall j the world with
Is 2: 4 He shall j between the
Is 11: 3 And He shall not j by the
Is 11: 4 righteousness He shall j
Is 33:22 (For the LORD is our J,
Ezek 34:17 I shall j between sheep and
Ezek 34:20 I Myself will j between the
Amos 2: 3 And I will cut off the j
Mic 3:11 Her heads j for a bribe,
Mic 4: 3 He shall j between many
Matt 5:25 deliver you to the j,
Matt 7: 1 J not, that you be not
Matt 7: 2 with what judgment you j,
Luke 12:14 who made Me a j or an
Luke 12:58 lest he drag you to the j,
Luke 18: 6 Hear what the unjust j said.
Luke 19:22 of your own mouth I will j
John 7:24 but j with righteous
John 7:51 Does our law j a man before
John 8:15 You j according to the flesh;
John 8:15 I j no one.
John 8:16 "And yet if I do j,
John 12:47 for I did not come to j the
John 12:48 that I have spoken will j
John 18:31 You take Him and j Him
Acts 7:27 you a ruler and a j
Acts 10:42 ordained by God to be J
Acts 13:46 and j yourselves unworthy of
Acts 17:31 a day on which He will j
Acts 18:15 for I do not want to be a j
Acts 23: 3 wall! For you sit to j me
Rom 2: 1 O man, whoever you are who j,
Rom 2: 1 for in whatever you j
Rom 2:16 in the day when God will j
Rom 3: 6 For then how will God j the
Rom 14: 3 not him who does not eat j
Rom 14: 4 Who are you to j another's
Rom 14:10 But why do you j your
Rom 14:13 Therefore let us not j one
1Co 6: 2 know that the saints will j
1Co 6: 3 you not know that we shall j
1Co 10:15 j for yourselves what I say.
1Co 11:31 For if we would j ourselves,
Col 2:16 So let no one j you in food
2Ti 4: 1 who will j the living and
2Ti 4: 8 the Lord, the righteous J,
Heb 10:30 The LORD will j His
Heb 12:23 to God the J of all, to the
Heb 13: 4 and adulterers God will j.
Jas 4:11 But if you j the law, you
Jas 4:12 Who are you to j another?
Jas 5: 9 the J is standing at the
1Pe 4: 5 to Him who is ready to j
Rev 6:10 until You j and avenge our

JUDGED (*see* JUDGE)
Ex 18:26 but they j every small case
Judg 3:10 and he j Israel. He went out
Ps 37:33 condemn him when he is j.
Matt 7: 1 not, that you be not j.
John 16:11 the ruler of this world is j.
Acts 23: 6 of the dead I am being j!"
Rom 2:12 sinned in the law will be j
1Co 6: 2 And if the world will be j
Heb 11:11 because she j Him faithful
Rev 11:18 dead, that they should be j,
Rev 19: 2 because He has j the great
Rev 20:12 And the dead were j

JUDGES (*see* JUDGE)
Ex 21: 6 shall bring him to the j.
Deut 16:18 You shall appoint j and
Judg 2:16 the LORD raised up j who

J

Judg 2:17 would not listen to their j,
Ruth 1: 1 in the days when the j
1Sa 8: 1 old that he made his sons j
Ps 2:10 you j of the earth.
Ps 58:11 Surely He is God who j in
Ps 82: 1 He j among the gods.
Ps 148:11 Princes and all j of the
Is 1:26 I will restore your j as at
Zeph 3: 3 Her j are evening wolves
John 5:22 For the Father j no one, but
Acts 13:20 After that He gave them j
1Co 2:15 But he who is spiritual j all
1Co 4: 4 but He who j me is the Lord.
Jas 2: 4 and become j with evil
Jas 4:11 evil of the law and j the
1Pe 1:17 who without partiality j
1Pe 2:23 Himself to Him who j

JUDGMENT (*see* JUDGE, JUDGMENTS)

Ex 12:12 of Egypt I will execute j:
Ex 28:15 make the breastplate of j.
Deut 1:17 not show partiality in j;
Ps 1: 5 shall not stand in the j,
Eccl 11: 9 God will bring you into j.
Eccl 12:14 will bring every work into j,
Is 4: 4 by the spirit of j and by
Is 9: 7 it and establish it with j
Is 53: 8 taken from prison and from j,
Jer 5: 4 The j of their God.
Jer 8: 7 My people do not know the j
Jer 39: 5 where he pronounced j on
Jer 51: 9 For her j reaches to heaven
Jer 51:47 coming That I will bring j
Ezek 23:24 I will delegate j to them,
Ezek 34:16 strong, and feed them in j.
Dan 7:22 and a j was made in favor
Hos 10: 4 Thus j springs up like
Joel 3: 2 And I will enter into j
Hab 1: 4 Therefore perverse j
Hab 1:12 have appointed them for j;
Zech 8:16 Give j in your gates for
Matt 5:21 will be in danger of the j.
Matt 7: 2 For with what j you judge,
Matt 10:15 and Gomorrah in the day of j
Matt 12:41 will rise up in the j with
Matt 12:42 South will rise up in the j
Matt 27:19 he was sitting on the j
Luke 10:14 for Tyre and Sidon at the j
John 5:22 but has committed all j to
John 5:24 and shall not come into j,
John 5:27 Him authority to execute j
John 5:30 and My j is righteous,
John 8:16 My j is true; for I am not
John 9:39 For j I have come into this
John 12:31 Now is the j of this world;
John 16: 8 of righteousness, and of j:
John 19:13 out and sat down in the j
Acts 24:25 and the j to come, Felix was
Acts 25:10 I stand at Caesar's j seat,
Rom 1:32 knowing the righteous j of
Rom 5:18 one man's offense j came
Rom 13: 2 who resist will bring j on
Rom 14:10 all stand before the j seat
1Co 1:10 same mind and in the same j.
1Co 7:25 yet I give j as one whom the
1Co 11:29 manner eats and drinks j to
1Co 11:34 lest you come together for j.
Gal 5:10 you shall bear his j,
2Th 1: 5 evidence of the righteous j
Heb 6: 2 the dead, and of eternal j.
Heb 9:27 once, but after this the j,
Heb 10:27 fearful expectation of j,
Jas 2:13 For j is without mercy to the
Jas 2:13 mercy. Mercy triumphs over j.
Jas 3: 1 shall receive a stricter j.
Jas 5:12 "No," lest you fall into j.
1Pe 4:17 the time has come for j
2Pe 2: 4 to be reserved for j;
2Pe 2: 9 punishment for the day of j,
2Pe 3: 7 for fire until the day of j
1Jn 4:17 boldness in the day of j;
Jude 6 under darkness for the j of
Jude 15 to execute j on all, to
Rev 14: 7 for the hour of His j has
Rev 17: 1 I will show you the j of the
Rev 20: 4 and j was committed to them.

JUDGMENTS (*see* JUDGMENT)

Ex 6: 6 arm and with great j.
Lev 18: 5 keep My statutes and My j,
Ps 19: 9 The j of the LORD are
Ps 89:30 law And do not walk in My j,
Ps 119:39 For Your j are good.
Ps 119:52 I remembered Your j of old,
Hos 6: 5 And your j are like light
Rom 11:33 How unsearchable are His j
Rev 16: 7 and righteous are Your j.

JUST (*see* HONEST, JUSTICE, JUSTIFY, JUSTLY, UNJUST)

Gen 6: 9 Noah was a j man, perfect in
Judg 6:39 but let me speak j once
Ps 51: 4 That You may be found j when
Prov 4:18 But the path of the j is
Prov 11: 1 But a j weight is His
Is 45:21 A j God and a Savior;
Is 49: 4 Yet surely my j reward is
Is 52:14 J as many were astonished at
Hab 2: 4 But the j shall live by his
Zech 9: 9 He is j and having
Matt 1:19 being a j man, and not
Matt 5:45 and sends rain on the j and
Matt 27:19 nothing to do with that j
Matt 27:24 of the blood of this j
Luke 2:25 and this man was j and
Luke 6:31 And j as you want men to do
Luke 14:14 at the resurrection of the j.
Luke 15: 7 than over ninety-nine j
Acts 10:22 a j man, one who fears God
Acts 22:14 and see the J One, and hear
Rom 1:17 The j shall live by
Rom 3: 8 say. Their condemnation is j.
Rom 3:26 that He might be j and the
Rom 7:12 the commandment holy and j
1Co 13:12 but then I shall know j as I
Gal 3:11 the j shall live by
Eph 4:32 j as God in Christ forgave
Eph 5:25 j as Christ also loved the

Phil 4: 8 whatever things are **j**,
Col 4: 1 your bondservants what is **j**
1Th 5:11 **j** as you also are doing.
Tit 1: 8 is good, sober-minded, **j**,
Heb 2: 2 disobedience received a **j**
Heb 10:38 Now the **j** shall live
Heb 12:23 to the spirits of **j** men made
Jas 5: 6 you have murdered the **j**;
1Pe 3:18 the **j** for the unjust, that
1Jn 1: 9 He is faithful and **j**
1Jn 2: 6 himself also to walk **j** as
1Jn 3: 3 **j** as He is pure.
1Jn 3: 7 **j** as He is righteous.
Rev 15: 3 Lord God Almighty! **J** and
Rev 16: 6 For it is their **j** due."

JUSTICE (*see* JUST)
Gen 18:19 to do righteousness and **j**,
Ex 23: 2 after many to pervert **j**.
1Ki 3:11 understanding to discern **j**,
Job 8: 3 does the Almighty pervert **j**?
Ps 33: 5 loves righteousness and **j**;
Ps 37: 6 And your **j** as the noonday.
Ps 82: 3 Do **j** to the afflicted and
Ps 89:14 Righteousness and **j** are the
Ps 101: 1 I will sing of mercy and **j**;
Is 1:17 Learn to do good; Seek **j**,
Is 5: 7 plant. He looked for **j**,
Is 9: 7 it with judgment and **j**
Is 10: 2 To rob the needy of **j**,
Is 30:18 the LORD is a God of **j**;
Is 42: 1 He will bring forth **j** to
Is 42: 4 Till He has established **j**
Is 59: 9 Therefore **j** is far from us,
Amos 5: 7 You who turn **j** to wormwood,
Amos 5:12 the poor from **j** at the
Amos 5:15 Establish **j** in the gate.
Amos 5:24 But let **j** run down like
Mal 2:17 "Where is the God of **j**?
Matt 12:18 And He will declare **j**
Matt 12:20 Till He sends forth **j**
Matt 23:23 **j** and mercy and faith. These
Luke 11:42 and pass by **j** and the love

JUSTIFICATION (*see* JUSTIFY)
Rom 4:25 was raised because of our **j**.

JUSTIFIED (*see* JUSTIFY)
Matt 11:19 sinners!' But wisdom is **j**
Matt 12:37 by your words you will be **j**,
Luke 18:14 man went down to his house **j**
Acts 13:39 everyone who believes is **j**
Acts 13:39 which you could not be **j** by
Rom 2:13 doers of the law will be **j**;
Rom 3: 4 That You may be **j** in
Rom 3:20 the law no flesh will be **j**
Rom 3:24 being **j** freely by His grace
Rom 3:28 we conclude that a man is **j**
Rom 4: 2 For if Abraham was **j** by
Rom 5: 1 having been **j** by faith, we
Rom 8:30 He called, these He also **j**;
Gal 2:16 that we might be **j** by faith
Gal 2:16 the law no flesh shall be **j**.
Gal 3:24 that we might be **j** by faith.
1Ti 3:16 **J** in the Spirit, Seen by
Jas 2:21 not Abraham our father **j** by
Jas 2:24 see then that a man is **j** by
Jas 2:25 not Rahab the harlot also **j**

JUSTIFIER† (*see* JUSTIFY)
Rom 3:26 He might be just and the **j**

JUSTIFIES (*see* JUSTIFY)
Prov 17:15 He who **j** the wicked, and he
Rom 4: 5 but believes on Him who **j**
Rom 8:33 elect? It is God who **j**.

JUSTIFY (*see* JUST, JUSTIFICATION, JUSTIFIED, JUSTIFIER, JUSTIFIES)
Ex 23: 7 For I will not **j** the wicked.
Is 53:11 My righteous Servant shall **j**
Gal 3: 8 foreseeing that God would **j**

JUSTLY (*see* JUST)
Mic 6: 8 require of you But to do **j**,
Luke 23:41 "And we indeed **j**,

JUSTUS
Acts 1:23 Barsabas, who was surnamed **J**,
Col 4:11 and Jesus who is called **J**.

K

KADESH BARNEA
Num 32: 8 away from **K** to see the land
Deut 1: 2 by way of Mount Seir to **K**
Deut 1:19 Then we came to **K**
Deut 2:14 **K** until we crossed over
Josh 14: 7 me from **K** to spy out the land

KEEP (*see* KEEPER, KEEPING, KEEPS, KEPT)
Gen 2:15 of Eden to tend and **k** it.
Gen 17: 9 you shall **k** My covenant, you
Ex 19: 5 indeed obey My voice and **k**
Ex 20: 6 to those who love Me and **k**
Ex 20: 8 Sabbath day, to **k** it holy.
Ex 23:14 Three times you shall **k** a
Num 6:24 The LORD bless you and **k**
Deut 8: 2 whether you would **k** His
2Ki 23:21 **K** the Passover to the LORD
Ps 19:13 **K** back Your servant also
Ps 25:10 To such as **k** His covenant
Ps 34:13 **K** your tongue from evil,
Ps 91:11 To **k** you in all your ways.
Ps 140: 4 **K** me, O LORD, from the
Prov 1:15 **K** your foot from their
Prov 4: 4 **K** my commands, and live.
Prov 4:13 **K** her, for she is your
Prov 4:23 **K** your heart with all
Prov 6:24 To **k** you from the evil
Eccl 3: 7 A time to **k** silence, And a
Eccl 12:13 Fear God and **k** His
Is 6: 9 **K** on hearing, but do not
Is 26: 3 You will **k** him in perfect
Dan 9: 4 and with those who **k** His
Amos 5:13 Therefore the prudent **k**

Hab 2:20 Let all the earth **k** silence
Matt 19:17 **k** the commandments."
Matt 26:18 I will **k** the Passover at
Luke 4:10 over you, To **k** you,'
Luke 11:28 hear the word of God and **k**
Luke 19:40 you that if these should **k**
John 8:55 but I do know Him and **k** His
John 9:16 because He does not **k** the
John 12:25 life in this world will **k**
John 14:15 **k** My commandments.
John 14:23 he will **k** My word; and My
John 17:11 **k** through Your name those
Acts 5: 3 lie to the Holy Spirit and **k**
Acts 10:28 it is for a Jewish man to **k**
Acts 15: 5 and to command them to **k**
Acts 15:24 must be circumcised and **k**
Acts 15:29 If you **k** yourselves from
Acts 16:23 commanding the jailer to **k**
Acts 18: 9 and do not **k** silent;
1Co 5: 8 Therefore let us **k** the feast,
1Co 11: 2 me in all things and **k** the
1Co 14:28 let him **k** silent in church,
1Co 14:34 Let your women **k** silent in
Gal 5: 3 that he is a debtor to **k**
Gal 6:13 those who are circumcised **k**
Eph 4: 3 endeavoring to **k** the unity of
2Th 3:14 that person and do not **k**
1Ti 5:22 **k** yourself pure.
2Ti 1:12 that He is able to **k** what I
2Ti 1:14 **k** by the Holy Spirit who
Phm 1:13 whom I wished to **k** with me,
Jas 1:27 and to **k** oneself unspotted
Jas 2:10 For whoever shall **k** the whole
1Jn 2: 3 if we **k** His commandments.
1Jn 5:21 **k** yourselves from idols.
Jude 6 And the angels who did not **k**
Jude 24 to Him who is able to **k** you
Rev 1: 3 and **k** those things which are
Rev 3:10 I also will **k** you from the
Rev 22: 9 and of those who **k** the words

KEEPER (*see* KEEP, KEEPERS)
Gen 4: 2 Now Abel was a **k** of sheep,
Gen 4: 9 know. Am I my brother's **k**?
Ps 121: 5 The LORD is your **k**;
Luke 13: 7 Then he said to the **k** of his
Acts 16:27 And the **k** of the prison,

KEEPERS (*see* KEEPER)
Eccl 12: 3 In the day when the **k** of the

KEEPING (*see* KEEP)
Ex 34: 7 **k** mercy for thousands,
Ps 19:11 And in **k** them there is
Luke 2: 8 **k** watch over their flock by

KEEPS (*see* KEEP)
Ps 121: 3 He who **k** you will not
Ps 121: 4 He who **k** Israel Shall
Prov 29:18 But happy is he who **k** the
John 8:51 if anyone **k** My word he shall
John 14:21 has My commandments and **k**
1Jn 2: 5 But whoever **k** His word, truly
1Jn 5:18 who has been born of God **k**
Rev 2:26 and **k** My works until the
Rev 22: 7 Blessed is he who **k** the

KEPT (*see* KEEP)
Gen 37:11 but his father **k** the matter
Num 9: 5 And they **k** the Passover on
Job 31:16 If I have **k** the poor from
Ps 18:23 And I **k** myself from my
Ps 30: 3 You have **k** me alive, that I
Ps 32: 3 When I **k** silent, my bones
Dan 7:28 but I **k** the matter in my
Matt 19:20 All these things I have **k**
Matt 26:63 But Jesus **k** silent. And the
Matt 27:36 they **k** watch over Him there.
Mark 10:20 all these things I have **k**
Luke 1:66 all those who heard them **k**
Luke 2:19 But Mary **k** all these things
Luke 2:51 but His mother **k** all these
Luke 8:29 and he was **k** under guard,
Luke 18:21 All these things I have **k**
Luke 20:26 at His answer and **k** silent.
John 2:10 You have **k** the good wine
John 11:37 also have **k** this man from
John 12: 7 she has **k** this for the day
John 15:10 just as I have **k** My Father's
John 18:17 Then the servant girl who **k**
Acts 5: 2 And he **k** back part of the
Acts 12: 5 Peter was therefore **k** in
Acts 25: 4 that Paul should be **k** at
Rom 16:25 revelation of the mystery **k**
2Co 11: 9 And in everything I **k** myself
Gal 3:23 we were **k** under guard by the
Gal 3:23 **k** for the faith which would
2Ti 4: 7 I have **k** the faith.
Heb 11:28 By faith he **k** the Passover
1Pe 1: 5 who are **k** by the power of God
Rev 3: 8 have **k** My word, and have not
Rev 3:10 you have **k** My command

KEY (*see* KEYS)
Is 22:22 The **k** of the house of David
Luke 11:52 you have taken away the **k**
Rev 3: 7 He who has the **k** of
Rev 9: 1 To him was given the **k** to
Rev 20: 1 having the **k** to the

KEYS† (*see* KEY)
Matt 16:19 And I will give you the **k** of
Rev 1:18 And I have the **k** of Hades

KICK
Acts 9: 5 It is hard for you to **k**

KIDRON
2Sa 15:23 crossed over the Brook **K**,
John 18: 1 disciples over the Brook **K**,

KIDS
Gen 27:16 she put the skins of the **k**

KILL (*see* KILLED, KILLING, KILLS)
Gen 4:14 anyone who finds me will **k**
Gen 37:18 conspired against him to **k**
Ex 2:14 Do you intend to **k** me as you

Ex 12:21 and **k** the Passover lamb.
Ex 29:11 Then you shall **k** the bull
Deut 32:39 I **k** and I make alive; I
2Ki 5: 7 to **k** and make alive, that
Eccl 3: 3 A time to **k**, And a time
Jer 20:17 Because he did not **k** me from
Jer 40:15 and I will **k** Ishmael the son
Matt 10:28 do not fear those who **k**
Matt 10:28 kill the body but cannot **k**
Matt 17:23 and they will **k** Him, and the
Matt 21:38 let us **k** him and seize his
Matt 24: 9 you up to tribulation and **k**
Mark 3: 4 evil, to save life or to **k**?
Mark 9:31 and they will **k** Him. And
Mark 10:34 and **k** Him. And the third day
Luke 13:31 for Herod wants to **k** You."
Luke 15:23 the fatted calf here and **k**
Luke 22: 2 sought how they might **k** Him,
John 5:16 and sought to **k** Him, because
John 7: 1 the Jews sought to **k** Him.
John 10:10 except to steal, and to **k**,
Acts 5:33 furious and plotted to **k**
Acts 9:23 the Jews plotted to **k** him.
Acts 10:13 "Rise, Peter; **k** and eat."
Acts 27:42 the soldiers' plan was to **k**
Rev 2:23 I will **k** her children with

KILLED (*see* KILL)

Gen 4: 8 Abel his brother and **k** him.
Ex 2:12 he **k** the Egyptian and hid
Lev 6:25 the burnt offering is **k**,
Judg 9:54 A woman **k** him.'" So his
Judg 16:30 So the dead that he **k** at his
Judg 16:30 were more than he had **k** in
1Sa 17:36 Your servant has **k** both lion
1Sa 17:50 struck the Philistine and **k**
2Sa 12: 9 You have **k** Uriah the Hittite
2Sa 14: 6 one struck the other and **k**
1Ki 18:13 what I did when Jezebel **k**
1Ki 19:10 and **k** Your prophets with the
2Ki 10:11 So Jehu **k** all who remained of
2Ki 10:17 he **k** all who remained to
2Ki 23:29 And Pharaoh Necho **k** him at
2Ki 25:25 ten men and struck and **k**
Job 1:15 indeed they have **k** the
Job 1:17 and **k** the servants with the
Ps 44:22 Yet for Your sake we are **k**
Jer 39: 6 Then the king of Babylon **k**
Dan 3:22 the flame of the fire **k**
Amos 4:10 Your young men I **k** with a
Matt 16:21 and scribes, and be **k**,
Mark 9:31 kill Him. And after He is **k**,
Mark 12: 5 sent another, and him they **k**;
Luke 9:22 and scribes, and be **k**,
Luke 11:48 for they indeed **k** them, and
Luke 12: 5 Fear Him who, after He has **k**,
Luke 15:27 your father has **k** the fatted
Luke 22: 7 when the Passover must be **k**.
Acts 3:15 and **k** the Prince of life,
Acts 10:39 whom they **k** by hanging on a
Acts 12: 2 Then he **k** James the brother
Rom 7:11 and by it **k** me.
Rom 8:36 Your sake we are **k**
Rom 11: 3 they have **k** Your
2Co 6: 9 as chastened, and yet not **k**;
1Th 2:15 who **k** both the Lord Jesus and
Rev 2:13 who was **k** among you, where
Rev 9:18 a third of mankind was **k**—
Rev 13:15 image of the beast to be **k**.
Rev 19:21 And the rest were **k** with the

KILLING (*see* KILL)

Hos 4: 2 **K** and stealing and

KILLS (*see* KILL)

Gen 4:15 whoever **k** Cain, vengeance
Lev 17: 3 or who **k** it outside the
Lev 24:17 Whoever **k** any man shall
Deut 19: 4 Whoever **k** his neighbor
1Sa 2: 6 The LORD **k** and makes alive;
1Sa 17:26 be done for the man who **k**
Matt 23:37 the one who **k** the prophets
John 16: 2 is coming that whoever **k**
2Co 3: 6 the Spirit; for the letter **k**,

KIND (*see* KINDLY, KINDNESS, KINDS)

Gen 1:11 fruit according to its **k**,
Matt 17:21 this **k** does not go out
Luke 1:66 What **k** of child will this
1Co 13: 4 Love suffers long and is **k**;
Eph 4:32 And be **k** to one another,
1Th 1: 5 as you know what **k** of men we
Jas 1:24 immediately forgets what **k**

KINDLED (*see* KINDLES)

Ex 4:14 the anger of the LORD was **k**
Deut 32:22 For a fire is **k** by my anger,
Ps 2:12 When His wrath is **k** but a

KINDLES (*see* KINDLED)

Jas 3: 5 a forest a little fire **k**!

KINDLY (*see* KIND)

Gen 24:49 Now if you will deal **k** and
Ruth 1: 8 The LORD deal **k** with you,
Rom 12:10 Be **k** affectionate to one

KINDNESS (*see* KIND)

Gen 24:12 and show **k** to my master
Ruth 2:20 who has not forsaken His **k**
Ruth 3:10 For you have shown more **k**
Neh 9:17 to anger, Abundant in **k**,
Ps 117: 2 For His merciful **k** is great
Is 54: 8 But with everlasting **k** I
Is 54:10 But My **k** shall not depart
Joel 2:13 to anger, and of great **k**;
Gal 5:22 joy, peace, longsuffering, **k**,
Eph 2: 7 of His grace in His **k**
Col 3:12 put on tender mercies, **k**,
2Pe 1: 7 to godliness brotherly **k**,

KINDS (*see* KIND)

Lev 11:27 among all **k** of animals that
Matt 4:23 and healing all **k** of
Matt 5:11 and say all **k** of evil
1Co 12:10 to another different **k** of
1Ti 6:10 of money is a root of all **k**

K

KING (*see* KING'S, KINGS)

Gen 14:18 Then Melchizedek **k** of Salem
Gen 41:46 he stood before Pharaoh **k**
Ex 1: 8 Now there arose a new **k** over
Deut 17:15 you shall surely set a **k** over
Judg 17: 6 those days there was no **k**
1Sa 2:10 will give strength to His **k**,
1Sa 8: 5 Now make us a **k** to judge us
1Sa 8:10 people who asked him for a **k**.
1Sa 10:24 Long live the **k**!"
1Sa 11:15 and there they made Saul **k**
1Sa 12:12 LORD your God was your **k**.
1Sa 15:23 rejected you from being **k**.
2Sa 2: 4 there they anointed David **k**
2Sa 16:16 Long live the **k**! Long live
2Sa 18:33 Then the **k** was deeply moved,
2Sa 19: 1 the **k** is weeping and
2Sa 19: 2 The **k** is grieved for his
2Sa 19: 4 But the **k** covered his face,
2Sa 19:12 the last to bring back the **k**?
2Sa 19:15 to escort the **k** across the
2Sa 19:16 the men of Judah to meet **K**
2Sa 19:22 not know that today I am **k**
2Sa 19:23 And the **k** swore to him.
2Sa 19:30 Mephibosheth said to the **k**,
2Sa 19:36 And why should the **k** repay
2Sa 19:43 have ten shares in the **k**;
2Sa 20: 2 remained loyal to their **k**.
2Sa 20: 3 And the **k** took the ten
1Ki 1: 1 Now **K** David was old,
1Ki 1: 4 and she cared for the **k**,
1Ki 1: 5 I will be **k**"; and he
1Ki 1:13 then has Adonijah become **k**?
1Ki 1:15 Shunammite was serving the **k**.
1Ki 1:16 and did homage to the **k**.
1Ki 1:18 look! Adonijah has become **k**;
1Ki 1:19 all the sons of the **k**,
1Ki 1:25 Long live **K** Adonijah!'
1Ki 1:29 And the **k** took an oath and
1Ki 1:30 Solomon your son shall be **k**
1Ki 1:31 Let my lord **K** David live
1Ki 1:34 the prophet anoint him **k**
1Ki 1:34 Long live **K** Solomon!'
1Ki 1:37 than the throne of my lord **K**
1Ki 1:43 David has made Solomon **k**.
1Ki 1:45 prophet have anointed him **k**
1Ki 1:51 Adonijah is afraid of **K**
1Ki 1:53 So **K** Solomon sent them to
1Ki 2:26 to Abiathar the priest the **k**
1Ki 3: 4 Now the **k** went to Gibeon to
1Ki 3: 7 You have made Your servant **k**
1Ki 3:16 were harlots came to the **k**,
1Ki 3:24 brought a sword before the **k**.
1Ki 3:25 And the **k** said, "Divide the
1Ki 3:28 of the judgment which the **k**
1Ki 3:28 and they feared the **k**,
1Ki 4: 7 who provided food for the **k**
1Ki 4:27 and for all who came to **K**
1Ki 5: 1 Now Hiram **k** of Tyre sent his
1Ki 7:45 which Huram made for **K**
1Ki 9:15 for the labor force which **K**
1Ki 9:26 **K** Solomon also built a fleet
1Ki 10: 3 so difficult for the **k** that
1Ki 10: 6 Then she said to the **k**:
1Ki 10:10 the queen of Sheba gave to **K**
1Ki 10:22 For the **k** had merchant ships
1Ki 10:23 So **K** Solomon surpassed all
1Ki 10:27 The **k** made silver as common
1Ki 11: 1 But **K** Solomon loved many
1Ki 12: 6 Then **K** Rehoboam consulted
1Ki 12:15 So the **k** did not listen to
1Ki 12:28 Therefore the **k** asked advice,
1Ki 14:25 in the fifth year of **K**
1Ki 14:25 Rehoboam that Shishak **k** of
1Ki 21:10 blasphemed God and the **k**.
2Ki 3: 4 Now Mesha **k** of Moab was a
2Ki 11:12 Long live the **k**!"
2Ki 15:19 Pul **k** of Assyria came against
2Ki 16: 7 to Tiglath-Pileser **k** of
2Ki 18:13 Sennacherib **k** of Assyria
2Ki 23:29 In his days Pharaoh Necho **k**
2Ki 25: 2 until the eleventh year of **K**
2Ki 25: 5 the Chaldeans pursued the **k**,
2Ki 25: 6 So they took the **k** and
2Ki 25: 6 and brought him up to the **k**
2Ki 25:21 Then the **k** of Babylon struck
2Ki 25:22 whom Nebuchadnezzar **k** of
2Ki 25:24 in the land and serve the **k**
2Ki 25:27 captivity of Jehoiachin **k**
2Ki 25:27 that Evil-Merodach **k** of
2Ki 25:27 released Jehoiachin **k** of
2Ki 25:30 ration given him by the **k**,
1Ch 11: 3 Then they anointed David **k**
1Ch 15:29 through a window and saw **K**
1Ch 18: 3 David defeated Hadadezer **k**
1Ch 21:24 Then **K** David said to Ornan,
1Ch 23: 1 he made his son Solomon **k**
1Ch 25: 6 under the authority of the **k**.
1Ch 26:32 whom **K** David made officials
1Ch 27:24 of the chronicles of **K**
1Ch 27:31 were the officials over **K**
1Ch 28: 2 Then **K** David rose to his feet
1Ch 29:24 and also all the sons of **K**
1Ch 29:29 Now the acts of **K** David,
2Ch 1: 8 and have made me **k** in his
2Ch 1:15 Also the **k** made silver and
2Ch 2:12 for He has given **K** David a
2Ch 7: 5 **K** Solomon offered a sacrifice
2Ch 13: 1 Abijah became **k** over Judah.
2Ch 16: 1 Baasha **k** of Israel came up
2Ch 18: 3 So Ahab **k** of Israel said to
2Ch 18: 3 said to Jehoshaphat **k** of
2Ch 18:12 one accord encourage the **k**.
2Ch 21: 2 the sons of Jehoshaphat **k**
2Ch 23:11 Testimony, and made him **k**
2Ch 23:12 running and praising the **k**,
2Ch 23:20 and set the **k** on the throne
2Ch 24:23 all their spoil to the **k** of
2Ch 25: 3 murdered his father the **k**.
2Ch 25:17 Now Amaziah **k** of Judah asked
2Ch 25:17 **k** of Israel, saying, "Come,
2Ch 25:18 And Joash **k** of Israel sent to
2Ch 26:18 And they withstood **K** Uzziah,
2Ch 26:21 **K** Uzziah was a leper until
2Ch 28:19 Judah low because of Ahaz **k**
2Ch 28:20 Also Tiglath-Pileser **k** of
2Ch 28:22 This is that **K** Ahaz.

2Ch 30: 4 And the matter pleased the **k**
2Ch 30: 6 with the letters from the **k**
2Ch 30: 6 to the command of the **k**:
2Ch 30:24 For Hezekiah **k** of Judah gave
2Ch 32: 1 Sennacherib **k** of Assyria
2Ch 33:25 who had conspired against **K**
2Ch 33:25 land made his son Josiah **k**
2Ch 34:16 carried the book to the **k**,
2Ch 34:18 the scribe told the **k**,
2Ch 34:18 Shaphan read it before the **k**.
2Ch 34:19 when the **k** heard the words
2Ch 34:31 Then the **k** stood in his place
2Ch 35:20 Necho **k** of Egypt came up to
2Ch 35:23 And the archers shot **K**
2Ch 35:23 and the **k** said to his
2Ch 36: 3 Now the **k** of Egypt deposed
2Ch 36: 4 brother Eliakim **k** over
2Ch 36: 6 Nebuchadnezzar **k** of Babylon
2Ch 36:17 brought against them the **k**
2Ch 36:18 and the treasures of the **k**
2Ch 36:22 in the first year of Cyrus **k**
Ezra 1: 2 Thus says Cyrus **k** of Persia:
Ezra 4: 2 the days of Esarhaddon **k** of
Ezra 4: 5 until the reign of Darius **k**
Ezra 4: 7 wrote to Artaxerxes **k** of
Ezra 4:12 Let it be known to the **k** that
Ezra 4:17 The **k** sent an answer: To
Ezra 5:13 in the first year of Cyrus **k**
Ezra 5:13 **K** Cyrus issued a decree to
Neh 2: 3 May the **k** live forever! Why
Ps 2: 6 Yet I have set My **K** On My
Ps 5: 2 My **K** and my God, For to
Ps 10:16 The LORD is **K** forever and
Ps 24: 7 doors! And the **K** of glory
Ps 33:16 No **k** is saved by the
Ps 44: 4 You are my **K**, O God;
Ps 47: 2 He is a great **K** over all
Ps 47: 6 Sing praises to our **K**,
Ps 47: 7 For God is the **K** of all the
Ps 48: 2 The city of the great **K**.
Ps 74:12 For God is my **K** from of
Ps 84: 3 My **K** and my God.
Ps 95: 3 And the great **K** above all
Ps 98: 6 before the LORD, the **K**.
Ps 145: 1 will extol You, my God, O **K**;
Ps 149: 2 of Zion be joyful in their **K**.
Prov 24:21 fear the LORD and the **k**;
Prov 25: 1 which the men of Hezekiah **k**
Prov 29:14 The **k** who judges the poor
Prov 30:27 The locusts have no **k**,
Prov 31: 1 The words of **K** Lemuel, the
Eccl 1: 1 **k** in Jerusalem.
Eccl 1:12 was **k** over Israel in
Eccl 4:13 Than an old and foolish **k**
Eccl 10:16 when your **k** is a child,
Eccl 10:20 Do not curse the **k**,
Song 1: 4 The **k** has brought me into
Song 3: 9 of Lebanon Solomon the **K**
Song 3:11 And see **K** Solomon with the
Is 6: 1 In the year that **K** Uzziah
Is 6: 5 For my eyes have seen the **K**,
Is 7: 6 and set a **k** over them, the
Is 7:17 The LORD will bring the **k** of
Is 20: 1 when Sargon the **k** of Assyria

Is 32: 1 a **k** will reign in
Is 33:17 Your eyes will see the **K** in
Is 33:22 The LORD is our **K**;
Is 39: 3 Isaiah the prophet went to **K**
Is 41:21 says the **K** of Jacob.
Is 43:15 Creator of Israel, your **K**.
Is 44: 6 the **K** of Israel, And his
Jer 8:19 Is not her **K** in her?"
Jer 10: 7 O **K** of the nations? For
Jer 10:10 God and the everlasting **K**.
Jer 25: 9 and Nebuchadnezzar the **k** of
Jer 25:26 Also the **k** of Sheshach shall
Jer 27: 3 the **k** of Moab, the king of
Jer 27: 3 the **k** of the Ammonites, the
Jer 27: 3 the **k** of Tyre, and the king
Jer 27: 3 and the **k** of Sidon, by the
Jer 27: 8 under the yoke of the **k** of
Jer 30: 9 God, And David their **k**,
Jer 34: 7 when the **k** of Babylon's army
Jer 36:21 So the **k** sent Jehudi to bring
Jer 36:22 Now the **k** was sitting in the
Jer 36:23 that the **k** cut it with
Jer 36:27 Now after the **k** had burned
Jer 37:18 Moreover Jeremiah said to **K**
Jer 37:20 hear now, O my lord the **k**.
Jer 39: 6 Then the **k** of Babylon killed
Jer 44:30 I will give Pharaoh Hophra **k**
Jer 46:17 **k** of Egypt, is but a
Jer 50:17 First the **k** of Assyria
Jer 50:17 last this Nebuchadnezzar **k**
Jer 52:10 Then the **k** of Babylon killed
Jer 52:27 Then the **k** of Babylon struck
Ezek 26: 7 **k** of kings, with horses,
Ezek 28:12 up a lamentation for the **k**
Ezek 29: 2 your face against Pharaoh **k**
Ezek 37:22 and one **k** shall be king over
Dan 1: 1 of the reign of Jehoiakim **k**
Dan 1: 1 Nebuchadnezzar **k** of Babylon
Dan 1: 5 And the **k** appointed for them
Dan 1: 5 might serve before the **k**.
Dan 1:19 Then the **k** interviewed them,
Dan 1:20 about which the **k** examined
Dan 1:21 until the first year of **K**
Dan 2: 2 the Chaldeans to tell the **k**
Dan 2: 4 Chaldeans spoke to the **k** in
Dan 2: 4 the king in Aramaic, "O **k**,
Dan 2:12 For this reason the **k** was
Dan 2:15 is the decree from the **k** so
Dan 2:16 went in and asked the **k** to
Dan 2:16 that he might tell the **k** the
Dan 2:25 brought Daniel before the **k**,
Dan 2:25 who will make known to the **k**
Dan 2:28 and He has made known to **K**
Dan 2:29 "As for you, O **k**,
Dan 2:37 are a **k** of kings. For the
Dan 3:18 let it be known to you, O **k**,
Dan 3:30 Then the **k** promoted Shadrach,
Dan 4:37 and extol and honor the **K**
Dan 5: 1 Belshazzar the **k** made a great
Dan 5: 8 or make known to the **k** its
Dan 5: 9 Then **K** Belshazzar was greatly
Dan 5:11 and **K** Nebuchadnezzar your
Dan 5:17 read the writing to the **k**,
Dan 5:30 **k** of the Chaldeans, was

K

Dan 6: 6 **K** Darius, live forever!
Dan 6: 7 thirty days, except you, O **k**,
Dan 6: 9 Therefore **K** Darius signed the
Dan 6:17 and the **k** sealed it with his
Dan 6:19 Then the **k** arose very early
Dan 6:20 The **k** spoke, saying to
Dan 6:21 Then Daniel said to the **k**,
Dan 8:23 A **k** shall arise, Having
Dan 11: 3 Then a mighty **k** shall arise,
Dan 11: 5 Also the **k** of the South
Dan 11: 6 the South shall go to the **k**
Hos 1: 1 son of Joash, **k** of Israel.
Hos 3: 4 abide many days without **k**
Hos 3: 5 their God and David their **k**.
Hos 10: 3 they say, "We have no **k**,
Hos 13:11 I gave you a **k** in My anger,
Amos 1: 1 in the days of Uzziah **k** of
Amos 1: 1 **k** of Israel, two years
Amos 2: 1 he burned the bones of the **k**
Amos 7:10 of Bethel sent to Jeroboam **k**
Jon 3: 6 Then word came to the **k** of
Mic 6: 5 remember now What Balak **k**
Zeph 3:15 The **K** of Israel, the LORD,
Hag 1: 1 In the second year of **K**
Zech 9: 9 your **K** is coming to you; He
Zech 14: 5 In the days of Uzziah **k** of
Zech 14: 9 And the LORD shall be **K**
Zech 14:17 Jerusalem to worship the **K**,
Mal 1:14 I am a great **K**,
Matt 2: 1 in the days of Herod the **k**,
Matt 2: 2 is He who has been born **K**
Matt 5:35 is the city of the great **K**.
Matt 21: 5 your **K** is coming to
Matt 25:34 Then the **K** will say to those
Matt 27:11 Are You the **K** of the Jews?"
Matt 27:29 **K** of the Jews!"
Matt 27:37 THIS IS JESUS THE **K** OF THE
Matt 27:42 If He is the **K** of Israel,
Mark 15:32 the **K** of Israel, descend now
Luke 1: 5 the **k** of Judea, a certain
Luke 14:31 "Or what **k**, going to make
Luke 19:38 Blessed is the **K** who
Luke 23: 2 He Himself is Christ, a **K**.
John 1:49 Son of God! You are the **K**
John 6:15 Him by force to make Him **k**,
John 12:15 your **K** is coming,
John 18:37 Are You a **k** then?" Jesus
John 18:37 say rightly that I am a **k**.
John 19:12 Whoever makes himself a **k**
John 19:14 Behold your **K**!"
John 19:15 "Shall I crucify your **K**?
John 19:15 We have no **k** but Caesar!"
John 19:19 THE **K** OF THE JEWS.
John 19:21 The **K** of the Jews,' but, 'He
Acts 13:22 up for them David as **k**,
Acts 25:13 And after some days **K**
Acts 26: 7 **K** Agrippa, I am accused by
Acts 26:13 "at midday, O **k**,
Acts 26:19 **K** Agrippa, I was not
Acts 26:27 **K** Agrippa, do you believe the
1Ti 1:17 Now to the **K** eternal,
1Ti 6:15 the **K** of kings and Lord of
Heb 7: 1 **k** of Salem, priest of the
Heb 7: 2 **k** of righteousness," and
Heb 7: 2 meaning "**k** of peace,"
Heb 11:27 fearing the wrath of the **k**;
1Pe 2:13 whether to the **k** as supreme,
1Pe 2:17 Fear God. Honor the **k**.
Rev 15: 3 O **K** of the saints!
Rev 17:14 He is Lord of lords and **K**
Rev 19:16 **K** OF KINGS AND LORD OF

KING'S (*see* KING)

Gen 14:17 the **K** Valley), after his
1Ki 4: 5 a priest and the **k** friend;
2Ki 25: 4 which was by the **k** garden,
Neh 1:11 For I was the **k** cupbearer.
Amos 7:13 For it is the **k** sanctuary,
Heb 11:23 were not afraid of the **k**

KINGDOM (*see* KINGDOMS)

Gen 10:10 And the beginning of his **k**
Ex 19: 6 And you shall be to Me a **k** of
Deut 17:18 sits on the throne of his **k**,
Deut 17:20 prolong his days in his **k**,
1Sa 18: 8 more can he have but the **k**?
2Sa 7:12 and I will establish his **k**.
2Sa 7:13 the throne of his **k** forever.
1Ki 2:46 Thus the **k** was established
Esth 4:14 you have come to the **k** for
Esth 5: 3 up to half the **k**!"
Ps 22:28 For the **k** is the LORD'S,
Ps 45: 6 is the scepter of Your **k**.
Ps 103:19 And His **k** rules over all.
Ps 145:12 glorious majesty of His **k**.
Ps 145:13 Your **k** is an everlasting
Is 9: 7 of David and over His **k**,
Jer 18: 7 a nation and concerning a **k**,
Dan 2:39 you shall arise another **k**
Dan 2:39 a third **k** of bronze, which
Dan 2:40 And the fourth **k** shall be as
Dan 2:41 the **k** shall be divided; yet
Dan 4:25 Most High rules in the **k** of
Dan 5: 7 be the third ruler in the **k**.
Dan 5:21 High God rules in the **k** of
Dan 5:26 God has numbered your **k**,
Dan 5:28 Your **k** has been divided, and
Dan 7:23 beast shall be A fourth **k**
Dan 7:27 His **k** is an everlasting
Matt 3: 2 for the **k** of heaven is at
Matt 4:23 the gospel of the **k**,
Matt 5: 3 For theirs is the **k** of
Matt 5:19 be called least in the **k** of
Matt 5:19 be called great in the **k** of
Matt 5:20 by no means enter the **k** of
Matt 6:10 Your **k** come. Your will be
Matt 6:13 For Yours is the **k** and the
Matt 6:33 But seek first the **k** of God
Matt 8:11 and Jacob in the **k** of
Matt 8:12 But the sons of the **k** will be
Matt 10: 7 The **k** of heaven is at hand.'
Matt 12:28 surely the **k** of God has come
Matt 13:11 know the mysteries of the **k**
Matt 13:24 The **k** of heaven is like a man
Matt 13:38 seeds are the sons of the **k**,
Matt 13:41 will gather out of His **k**

Matt 13:43 forth as the sun in the **k**
Matt 16:19 give you the keys of the **k**
Matt 16:28 Son of Man coming in His **k**.
Matt 18: 1 then is greatest in the **k**
Matt 18: 3 by no means enter the **k** of
Matt 19:12 eunuchs for the **k** of
Matt 19:14 for of such is the **k** of
Matt 19:23 a rich man to enter the **k**
Matt 20:21 other on the left, in Your **k**.
Matt 24: 7 and **k** against kingdom. And
Matt 24:14 And this gospel of the **k** will
Matt 25:34 inherit the **k** prepared for
Matt 26:29 with you in My Father's **k**.
Mark 1:14 the gospel of the **k** of God,
Mark 1:15 and the **k** of God is at hand.
Mark 3:24 that **k** cannot stand.
Mark 4:11 to know the mystery of the **k**
Mark 4:26 The **k** of God is as if a man
Mark 4:30 what shall we liken the **k**
Mark 6:23 give you, up to half of my **k**.
Mark 9: 1 death till they see the **k**
Mark 9:47 for you to enter the **k** of
Mark 10:14 for of such is the **k** of God.
Mark 10:23 have riches to enter the **k**
Mark 10:24 in riches to enter the **k** of
Mark 12:34 You are not far from the **k** of
Mark 14:25 I drink it new in the **k** of
Mark 15:43 himself waiting for the **k**
Luke 1:33 and of His **k** there will be
Luke 8: 1 the glad tidings of the **k**
Luke 9:62 is fit for the **k** of God."
Luke 10: 9 The **k** of God has come near to
Luke 12:32 pleasure to give you the **k**.
Luke 13:18 What is the **k** of God like?
Luke 13:29 and sit down in the **k** of
Luke 14:15 shall eat bread in the **k** of
Luke 17:21 the **k** of God is within
Luke 18:24 have riches to enter the **k**
Luke 19:11 because they thought the **k**
Luke 19:12 to receive for himself a **k**
Luke 22:18 of the vine until the **k** of
Luke 22:30 drink at My table in My **k**,
Luke 23:42 me when You come into Your **k**.
Luke 23:51 was also waiting for the **k**
John 3: 3 he cannot see the **k** of
John 3: 5 he cannot enter the **k** of
John 18:36 My **k** is not of this world. If
Acts 1: 6 at this time restore the **k**
Acts 20:25 I have gone preaching the **k**
Acts 28:23 solemnly testified of the **k**
Rom 14:17 for the **k** of God is not
1Co 6: 9 will not inherit the **k** of
1Co 15:24 when He delivers the **k** to
Eph 5: 5 any inheritance in the **k** of
Col 1:13 and conveyed us into the **k**
Col 4:11 fellow workers for the **k** of
1Th 2:12 who calls you into His own **k**
2Th 1: 5 be counted worthy of the **k**
2Ti 4: 1 at His appearing and His **k**:
2Ti 4:18 me for His heavenly **k**.
Heb 1: 8 the scepter of Your **K**.
Heb 12:28 since we are receiving a **k**
Jas 2: 5 in faith and heirs of the **k**
2Pe 1:11 into the everlasting **k** of
Rev 1: 9 in the tribulation and **k**
Rev 17:17 and to give their **k** to the

KINGDOMS (*see* KINGDOM)
Josh 11:10 the head of all those **k**.
1Ki 4:21 Solomon reigned over all **k**
2Ki 19:15 of all the **k** of the earth.
2Ch 36:23 All the **k** of the earth the
Ezra 1: 2 All the **k** of the earth the
Jer 1:10 the nations and over the **k**,
Jer 51:20 With you I will destroy **k**;
Dan 8:22 four **k** shall arise out of
Luke 4: 5 showed Him all the **k** of the
Heb 11:33 who through faith subdued **k**,
Rev 11:15 The **k** of this world have
Rev 11:15 world have become the **k**

KINGS (*see* KING)
Gen 14: 9 four **k** against five.
Gen 17:16 **k** of peoples shall be from
2Sa 11: 1 at the time when **k** go out
1Ch 9: 1 in the book of the **k** of
Job 3:14 With **k** and counselors of the
Ps 2: 2 The **k** of the earth set
Ps 2:10 Now therefore, be wise, O **k**;
Ps 135:10 nations And slew mighty **k**—
Ps 138: 4 All the **k** of the earth shall
Prov 8:15 By me **k** reign, And rulers
Prov 31: 4 It is not for **k** to drink
Is 52:15 **K** shall shut their mouths
Dan 2:21 He removes **k** and raises up
Dan 2:37 O king, are a king of **k**.
Dan 2:47 God of gods, the Lord of **k**,
Dan 7:17 are four **k** which arise out
Dan 7:24 The ten horns are ten **k**
Dan 7:24 And shall subdue three **k**.
Dan 8:20 they are the **k** of Media and
Dan 10:13 left alone there with the **k**
Dan 11: 2 three more **k** will arise in
Hos 7: 7 All their **k** have fallen.
Hos 8: 4 "They set up **k**,
Matt 10:18 before governors and **k** for
Luke 10:24 you that many prophets and **k**
Luke 21:12 You will be brought before **k**
Luke 22:25 The **k** of the Gentiles
Acts 4:26 The **k** of the earth
1Ti 2: 2 for **k** and all who are in
1Ti 6:15 the King of **k** and Lord of
Rev 1: 5 and the ruler over the **k** of
Rev 1: 6 and has made us **k** and priests
Rev 10:11 nations, tongues, and **k**.
Rev 16:12 so that the way of the **k**
Rev 17:10 "There are also seven **k**.
Rev 17:12 which you saw are ten **k** who
Rev 17:14 Lord of lords and King of **k**;
Rev 19:16 KING OF **K** AND LORD OF

KIRJATH JEARIM
1Sa 7: 2 ark remained in **K** a long time

KISS (*see* KISSED, KISSES)
Gen 27:26 Come near now and **k** me, my

K

Ps 2:12 **K** the Son, lest He be angry,
Song 1: 2 Let him **k** me with the kisses
Matt 26:48 sign, saying, "Whomever I **k**,
Luke 22:48 the Son of Man with a **k**?
Rom 16:16 one another with a holy **k**.
1Th 5:26 the brethren with a holy **k**.
1Pe 5:14 Greet one another with a **k** of

KISSED (*see* KISS)
Gen 29:11 Then Jacob **k** Rachel, and
Ps 85:10 and peace have **k**.
Matt 26:49 Rabbi!" and **k** Him.

KISSES (*see* KISS)
Song 1: 2 Let him kiss me with the **k**

KNEE (*see* KNEES)
Gen 41:43 Bow the **k**!" So he set him
Matt 27:29 And they bowed the **k** before
Rom 11: 4 have not bowed the **k**
Rom 14:11 Every **k** shall bow to
Phil 2:10 at the name of Jesus every **k**

KNEEL (*see* KNELT)
Gen 24:11 And he made his camels **k** down

KNEES (*see* KNEE)
Gen 30: 3 will bear a child on my **k**,
Job 4: 4 strengthened the feeble **k**;
Is 35: 3 And make firm the feeble **k**.
Heb 12:12 hang down, and the feeble **k**,

KNELT (*see* KNEEL)
Dan 6:10 he **k** down on his knees three
Luke 22:41 and He **k** down and prayed,

KNEW (*see* KNOW)
Gen 3: 7 and they **k** that they were
Gen 4: 1 Now Adam **k** Eve his wife, and
Deut 34:10 whom the LORD **k** face to
Judg 19:25 And they **k** her and abused
Job 23: 3 that I **k** where I might find
Jer 1: 5 I formed you in the womb I **k**
Dan 5:21 till he **k** that the Most High
Dan 6:10 Now when Daniel **k** that the
Hos 13: 5 I **k** you in the wilderness,
Matt 7:23 I never **k** you; depart from
Matt 12:25 But Jesus **k** their thoughts,
Matt 25:24 I **k** you to be a hard man,
Matt 25:26 you **k** that I reap where I
Luke 19:22 You **k** that I was an austere
Luke 24:31 eyes were opened and they **k**
John 2: 9 who had drawn the water **k**),
John 2:25 for He **k** what was in man.
John 4:10 If you **k** the gift of God, and
John 13: 1 when Jesus **k** that His hour
John 13:11 For He **k** who would betray
John 13:28 But no one at the table **k** for
Acts 3:10 Then they **k** that it was he
Acts 18:25 though he **k** only the baptism
Rom 1:21 although they **k** God, they
1Co 2: 8 of the rulers of this age **k**;
2Co 5:21 For He made Him who **k** no sin

KNIFE
Gen 22: 6 fire in his hand, and a **k**,
Prov 23: 2 And put a **k** to your throat

KNIT
1Sa 18: 1 the soul of Jonathan was **k**
Eph 4:16 joined and **k** together by
Col 2: 2 being **k** together in love,
Col 2:19 nourished and **k** together by

KNOCK (*see* KNOCKED, KNOCKS)
Matt 7: 7 seek, and you will find; **k**,
Rev 3:20 I stand at the door and **k**.

KNOCKED (*see* KNOCK)
Acts 12:13 And as Peter **k** at the door of

KNOCKS (*see* KNOCK)
Song 5: 2 voice of my beloved! He **k**,
Matt 7: 8 and to him who **k** it will be

KNOW (*see* KNEW, KNOWING, KNOWLEDGE, KNOWN, KNOWS, UNKNOWN)
Gen 3:22 to **k** good and evil. And now,
Gen 19: 5 them out to us that we may **k**
Gen 19:33 and he did not **k** when she
Ex 1: 8 who did not **k** Joseph.
Ex 3: 7 for I **k** their sorrows.
Ex 33:12 I **k** you by name, and you have
Deut 8: 2 to **k** what was in your
Deut 8: 3 manna which you did not **k**
Deut 13: 3 your God is testing you to **k**
Deut 29:26 gods that they did not **k** and
1Sa 2:12 they did not **k** the LORD.
1Sa 3: 7 (Now Samuel did not yet **k** the
1Ki 17:24 Now by this I **k** that you are
Job 19:25 For I **k** that my Redeemer
Job 38: 5 Surely you **k**! Or who
Job 42: 2 I **k** that You can do
Ps 4: 3 But **k** that the LORD has set
Ps 9:10 And those who **k** Your name
Ps 9:20 That the nations may **k**
Ps 20: 6 Now I **k** that the LORD saves
Ps 35:11 me things that I do not **k**.
Ps 39: 4 make me to **k** my end, And
Ps 39: 4 That I may **k** how frail I
Ps 46:10 and **k** that I am God; I
Ps 51: 6 part You will make me to **k**
Ps 69: 5 You **k** my foolishness; And
Ps 69:19 You **k** my reproach, my shame,
Ps 73:11 they say, "How does God **k**?
Ps 79: 6 on the nations that do not **k**
Ps 83:18 That they may **k** that You,
Ps 89:15 are the people who **k** the
Ps 92: 6 A senseless man does not **k**,
Ps 95:10 And they do not **k** My ways.'
Ps 100: 3 **K** that the LORD, He is God
Ps 119:79 Those who **k** Your
Ps 139: 2 You **k** my sitting down and my
Ps 139: 4 You **k** it altogether.
Ps 139:23 and **k** my heart; Try me, and
Ps 139:23 and **k** my anxieties;

Prov 1: 2 To **k** wisdom and instruction,
Prov 7:23 He did not **k** it would
Prov 24:12 Surely we did not **k** this,"
Prov 27: 1 For you do not **k** what a day
Prov 30: 4 His Son's name, If you **k**?
Eccl 1:17 And I set my heart to **k**
Eccl 1:17 to know wisdom and to **k**
Eccl 7:25 I applied my heart to **k**,
Eccl 7:25 To **k** the wickedness of
Eccl 8: 7 For he does not **k** what will
Eccl 9: 5 But the dead **k** nothing,
Eccl 10:15 For they do not even **k** how
Eccl 11: 9 But **k** that for all these
Is 1: 3 But Israel does not **k**,
Is 7:15 that He may **k** to refuse the
Is 9: 9 All the people will **k**—
Is 19:21 and the Egyptians will **k** the
Is 41:20 That they may see and **k**,
Is 41:22 And **k** the latter end of
Is 44: 9 They neither see nor **k**,
Is 48: 8 hear, Surely you did not **k**;
Is 49:26 All flesh shall **k** That I,
Is 51: 7 you who **k** righteousness,
Is 52: 6 My people shall **k** My name;
Is 55: 5 call a nation you do not **k**,
Is 58: 2 And delight to **k** My ways,
Jer 2:19 **K** therefore and see that
Jer 5:15 whose language you do not **k**,
Jer 7: 9 other gods whom you do not **k**,
Jer 9: 3 And they do not **k** Me,"
Jer 10:23 I **k** the way of man is not
Jer 10:25 who do not **k** You, And on
Jer 14:18 in a land they do not **k**.
Jer 15:15 O LORD, You **k**;
Jer 15:15 **K** that for Your sake I have
Jer 17: 9 Who can **k** it?
Jer 31:34 **K** the LORD,' for they all
Jer 31:34 for they all shall **k** Me,
Jer 44: 3 gods whom they did not **k**,
Jer 48:17 And all you who **k** his name,
Ezek 2: 5 yet they will **k** that a
Ezek 6: 7 and you shall **k** that I am
Ezek 21: 5 that all flesh may **k** that I,
Ezek 25:14 and they shall **k** My
Ezek 37: 3 "O Lord GOD, You **k**.
Ezek 37:28 The nations also will **k** that
Ezek 38:16 so that the nations may **k**
Ezek 39:23 The Gentiles shall **k** that the
Hos 2: 8 For she did not **k** That I
Hos 2:20 And you shall **k** the LORD.
Hos 6: 3 Let us **k**, Let us pursue
Matt 1:25 and did not **k** her till she
Matt 6: 3 do not let your left hand **k**
Matt 7:11 **k** how to give good gifts to
Matt 7:16 You will **k** them by their
Matt 7:20 by their fruits you will **k**
Matt 11:27 Nor does anyone **k** the Father
Matt 24:42 for you do not **k** what hour
Matt 25:12 I do not **k** you.'
Matt 25:13 for you **k** neither the day
Matt 26:72 I do not **k** the Man!"
Luke 1:18 How shall I **k** this? For I am
Luke 1:34 since I do not **k** a man?"

Luke 2:49 Did you not **k** that I must be
Luke 22:34 deny three times that you **k**
Luke 22:57 I do not **k** Him."
Luke 23:34 for they do not **k** what they
John 1:10 and the world did not **k** Him.
John 2: 9 and did not **k** where it came
John 3: 2 we **k** that You are a teacher
John 3:10 and do not **k** these things?
John 3:11 We speak what We **k** and
John 4:22 worship what you do not **k**;
John 4:22 we **k** what we worship, for
John 4:25 I **k** that Messiah is coming"
John 4:32 to eat of which you do not **k**.
John 7:28 You both **k** Me, and you know
John 7:29 But I **k** Him, for I am from
John 8:28 then you will **k** that I am
John 8:32 And you shall **k** the truth,
John 8:55 but I **k** Him. And if I say,
John 8:55 but I do **k** Him and keep His
John 9:20 We **k** that this is our son,
John 9:21 he now sees we do not **k**,
John 9:21 opened his eyes we do not **k**.
John 9:25 I do not know. One thing I **k**:
John 10: 4 for they **k** his voice.
John 10:14 and I **k** My sheep, and am
John 10:15 even so I **k** the Father; and
John 11:24 I **k** that he will rise again
John 13:12 Do you **k** what I have done to
John 13:17 If you **k** these things,
John 13:18 I **k** whom I have chosen; but
John 14: 4 "And where I go you **k**,
John 14: 4 you know, and the way you **k**.
John 14: 5 and how can we **k** the way?"
John 14: 7 and from now on you **k** Him
John 14:17 but you **k** Him, for He dwells
John 14:31 But that the world may **k** that
John 15:18 you **k** that it hated Me
John 17: 3 that they may **k** You, the
John 17:23 and that the world may **k**
John 21:15 You **k** that I love You." He
John 21:17 You **k** all things; You know
John 21:24 and we **k** that his testimony
Acts 1: 7 It is not for you to **k** times
Acts 7:18 king arose who did not **k**
Acts 17:19 May we **k** what this new
Acts 19:15 and said, "Jesus I **k**,
Rom 6: 3 Or do you not **k** that as many
Rom 6:16 Do you not **k** that to whom you
Rom 7:18 For I **k** that in me (that is,
Rom 8:28 And we **k** that all things work
1Co 1:21 through wisdom did not **k**
1Co 2: 2 For I determined not to **k**
1Co 2:14 nor can he **k** them, because
1Co 3:16 Do you not **k** that you are the
1Co 6:15 Do you not **k** that your bodies
1Co 9:13 Do you not **k** that those who
1Co 13: 9 For we **k** in part and we
1Co 13:12 Now I **k** in part, but then I
2Co 8: 9 For you **k** the grace of our
2Co 12: 2 I **k** a man in Christ who
2Co 12: 2 in the body I do not **k**,
2Co 12: 3 out of the body I do not **k**,
Gal 4: 8 when you did not **k** God, you

K

Eph 1:18 that you may **k** what is the
Eph 3:19 to **k** the love of Christ which
Phil 3:10 that I may **k** Him and the
1Th 1: 5 as you **k** what kind of men we
2Ti 1:12 for I **k** whom I have believed
Tit 1:16 They profess to **k** God, but in
Heb 8:11 **K** the LORD,' for all
Heb 8:11 for all shall **k** Me,
1Jn 2: 3 by this we know that we **k**
1Jn 2: 4 I **k** Him," and does not keep
1Jn 2: 5 By this we **k** that we are in
1Jn 3: 1 the world does not **k** us,
1Jn 3: 1 because it did not **k** Him.
1Jn 3: 2 but we **k** that when He is
1Jn 3:14 We **k** that we have passed from
1Jn 3:15 and you **k** that no murderer
1Jn 3:16 By this we **k** love, because
1Jn 3:24 And by this we **k** that He
1Jn 4: 2 By this you **k** the Spirit of
1Jn 4: 8 who does not love does not **k**
1Jn 4:13 By this we **k** that we abide in
1Jn 5: 2 By this we **k** that we love the
1Jn 5:13 that you may **k** that you have
1Jn 5:18 We **k** that whoever is born of
1Jn 5:19 We **k** that we are of God, and
1Jn 5:20 And we **k** that the Son of God
1Jn 5:20 that we may **k** Him who is
Rev 2: 2 I **k** your works, your labor,
Rev 2: 9 I **k** your works, tribulation,
Rev 2: 9 and I **k** the blasphemy of
Rev 2:13 I **k** your works, and where you
Rev 3: 3 and you will not **k** what hour
Rev 3:15 I **k** your works, that you are

KNOWING (*see* KNOW)

Gen 3: 5 **k** good and evil."
1Co 15:58 **k** that your labor is not in
2Ti 3:14 **k** from whom you have learned
Heb 11: 8 not **k** where he was going.
1Pe 1:18 **k** that you were not redeemed

KNOWLEDGE (*see* KNOW)

Gen 2: 9 and the tree of the **k** of
2Ch 1:10 "Now give me wisdom and **k**,
Job 34:35 'Job speaks without **k**,
Job 35:16 multiplies words without **k**.
Job 38: 2 counsel By words without **k**?
Job 42: 3 who hides counsel without **k**?
Ps 19: 2 night unto night reveals **k**.
Ps 73:11 And is there **k** in the Most
Ps 94:10 He who teaches man **k**?
Ps 139: 6 Such **k** is too wonderful
Ps 144: 3 that You take **k** of him? Or
Prov 1: 7 LORD is the beginning of **k**,
Prov 2: 5 And find the **k** of God.
Prov 9:10 And the **k** of the Holy One
Eccl 1:18 And he who increases **k**
Eccl 9:10 is no work or device or **k**
Eccl 12: 9 he still taught the people **k**;
Is 11: 2 The Spirit of **k** and of the
Is 11: 9 shall be full of the **k** of
Is 53:11 By His **k** My righteous
Dan 12: 4 and **k** shall increase."
Hos 4: 1 is no truth or mercy Or **k**
Hos 4: 6 are destroyed for lack of **k**.
Hos 4: 6 Because you have rejected **k**,
Hos 6: 3 Let us pursue the **k** of the
Hos 6: 6 And the **k** of God more than
Hab 2:14 will be filled With the **k**
Luke 11:52 have taken away the key of **k**.
Acts 24:22 having more accurate **k** of
Rom 1:28 to retain God in their **k**,
Rom 2:20 having the form of **k** and
Rom 10: 2 God, but not according to **k**.
Rom 11:33 both of the wisdom and **k** of
Rom 15:14 goodness, filled with all **k**,
1Co 8: 1 **K** puffs up, but love
1Co 12: 8 to another the word of **k**
1Co 13: 2 all mysteries and all **k**,
1Co 13: 8 cease; whether there is **k**,
2Co 2:14 the fragrance of His **k** in
2Co 4: 6 to give the light of the **k**
Eph 3:19 of Christ which passes **k**;
Col 1: 9 may be filled with the **k** of
Col 1:10 and increasing in the **k** of
Col 2: 3 treasures of wisdom and **k**.
Col 3:10 new man who is renewed in **k**
1Ti 2: 4 saved and to come to the **k**
1Ti 6:20 of what is falsely called **k**—
2Ti 3: 7 never able to come to the **k**
2Pe 1: 5 faith virtue, to virtue **k**,
2Pe 1: 6 to **k** self-control, to
2Pe 3:18 but grow in the grace and **k**

KNOWN (*see* KNOW)

Gen 18:19 For I have **k** him, in order
Gen 19: 8 daughters who have not **k** a
Gen 45: 1 while Joseph made himself **k**
Ex 2:14 Surely this thing is **k**!"
Ex 6: 3 My name LORD I was not **k**
Num 12: 6 make Myself **k** to him in a
Ps 76: 1 In Judah God is **k**;
Ps 78: 3 Which we have heard and **k**,
Ps 89: 1 my mouth will I make **k** Your
Ps 91:14 because he has **k** My name.
Ps 105: 1 Make **k** His deeds among the
Ps 139: 1 You have searched me and **k**
Is 40:21 Have you not **k**?
Is 45: 4 though you have not **k** Me.
Is 59: 8 way of peace they have not **k**,
Amos 3: 2 You only have I **k** of all the
Hab 3: 2 of the years make it **k**;
Matt 10:26 hidden that will not be **k**.
Matt 12: 7 But if you had **k** what this
Matt 12:16 them not to make Him **k**,
Matt 12:33 for a tree is **k** by its
Matt 24:43 master of the house had **k**
Luke 2:15 which the Lord has made **k** to
Luke 2:17 they made widely **k** the
Luke 8:17 hidden that will not be **k**
Luke 24:35 and how He was **k** to them in
John 8:19 If you had **k** Me, you would
John 8:19 you would have **k** My Father
John 8:55 Yet you have not **k** Him, but I
John 10:14 and am **k** by My own.
John 14: 7 If you had **k** Me, you would
John 14: 7 you would have **k** My Father
John 17:25 but I have **k** You; and these

John 17:25 and these have **k** that You
Acts 15:18 **K** to God from eternity are
Rom 1:19 because what may be **k** of God
Rom 3:17 peace they have not **k**.
Rom 7: 7 I would not have **k** sin
Rom 9:22 and to make His power **k**,
Rom 9:23 and that He might make **k** the
Rom 11:34 For who has **k** the mind
Rom 16:26 Scriptures has been made **k**
1Co 2: 8 age knew; for had they **k**,
1Co 2:16 who has **k** the mind of
1Co 8: 3 this one is **k** by Him.
1Co 13:12 know just as I also am **k**.
2Co 3: 2 **k** and read by all men;
Eph 3: 3 by revelation He made **k** to
Eph 3:10 of God might be made **k** by
Eph 6:19 my mouth boldly to make **k**
Phil 4: 5 Let your gentleness be **k** to
Phil 4: 6 let your requests be made **k**
2Ti 3:15 from childhood you have **k**
Heb 3:10 And they have not **k**
2Pe 1:16 fables when we made **k** to
2Pe 2:21 than having **k** it, to turn
1Jn 2:13 Because you have **k** Him who
1Jn 2:14 Because you have **k** Him who
1Jn 3: 6 has neither seen Him nor **k**
1Jn 4:16 And we have **k** and believed
Rev 2:24 who have not **k** the depths of

KNOWS (*see* KNOW, KNOWLEDGE)

Gen 3: 5 For God **k** that in the day you
Deut 34: 6 but no one **k** his grave to
Ps 1: 6 For the LORD **k** the way of
Ps 90:11 Who **k** the power of Your
Ps 94:11 The LORD **k** the thoughts of
Ps 103:14 For He **k** our frame; He
Ps 104:19 The sun **k** its going down.
Ps 139:14 And that my soul **k** very
Eccl 2:19 And who **k** whether he will be
Is 1: 3 The ox **k** its owner And the
Jer 9:24 That he understands and **k**
Matt 6: 8 For your Father **k** the things
Matt 6:32 For your heavenly Father **k**
Matt 11:27 and no one **k** the Son except
Matt 24:36 that day and hour no one **k**,
Luke 16:15 but God **k** your hearts. For
John 7:27 no one **k** where He is from."
John 10:15 As the Father **k** Me, even so I
John 14:17 it neither sees Him nor **k**
Acts 15: 8 who **k** the heart,
Rom 8:27 He who searches the hearts **k**
1Co 2:11 For what man **k** the things of
1Co 3:20 The LORD **k** the thoughts
1Co 8: 2 if anyone thinks that he **k**
1Co 8: 2 he **k** nothing yet as he ought
2Co 12: 2 body I do not know, God **k**—
2Ti 2:19 The Lord **k** those who are
Jas 4:17 to him who **k** to do good and
1Jn 3:20 and **k** all things.
1Jn 4: 6 He who **k** God hears us; he
1Jn 4: 7 loves is born of God and **k**
Rev 2:17 name written which no one **k**

KORAH

Num 16: 6 **K** and all your company;
Jude 11 in the rebellion of **K**.

L

LABAN

Gen 29:15 Then **L** said to Jacob,
Gen 29:16 Now **L** had two daughters: the
Gen 46:18 whom **L** gave to Leah his
Gen 46:25 whom **L** gave to Rachel his

LABOR (*see* LABORED, LABORER, LABORS)

Gen 35:16 and she had hard **l**.
Ex 20: 9 Six days you shall **l** and do
Josh 17:13 the Canaanites to forced **l**,
Josh 24:13 land for which you did not **l**
Is 21: 3 the pangs of a woman in **l**.
Jer 20:18 from the womb to see **l** and
Matt 11:28 all you who **l** and are heavy
John 6:27 Do not **l** for the food which
1Co 3: 8 according to his own **l**.
1Co 15:58 knowing that your **l** is not
Eph 4:28 longer, but rather let him **l**,
Col 1:29 To this end I also **l**,
1Th 1: 3 **l** of love, and patience of
1Th 2: 9 our **l** and toil; for laboring
1Th 3: 5 and our **l** might be in vain.
Rev 2: 2 "I know your works your **l**,

LABORED (*see* LABOR)

Eccl 2:21 to a man who has not **l** for
Is 49: 4 I have **l** in vain, I have
Dan 6:14 and he **l** till the going down
Jon 4:10 for which you have not **l**,
John 4:38 for which you have not **l**;
John 4:38 not labored; others have **l**,
Rom 16:12 who have **l** in the Lord.
1Co 15:10 but I **l** more abundantly than
Gal 4:11 lest I have **l** for you in
Phil 2:16 I have not run in vain or **l**
Phil 4: 3 help these women who **l** with
Rev 2: 3 and have **l** for My name's

LABORER† (*see* LABOR, LABORERS)

Luke 10: 7 for the **l** is worthy of his
1Th 3: 2 and our fellow **l** in the
1Ti 5:18 The **l** is worthy of his
Phm 1: 1 beloved friend and fellow **l**,

LABORERS (*see* LABORER)

Matt 9:37 but the **l** are few.
Matt 9:38 of the harvest to send out **l**
Matt 20: 1 in the morning to hire **l**
Phm 1:24 Demas, Luke, my fellow **l**.

LABORS (*see* LABOR)

Ex 23:16 the firstfruits of your **l**
Eccl 4: 8 is no end to all his **l**,
Jer 31: 8 child And the one who **l**
John 4:38 have entered into their **l**.

Rom 8:22 whole creation groans and l
2Co 6: 5 in tumults, in l,
2Co 10:15 that is, in other men's l,
2Co 11:23 in l more abundant, in
Rev 14:13 they may rest from their l,

LACHISH
Is 36: 2 with a great army from L to

LACK (*see* LACKED, LACKING, LACKS)
Hos 4: 6 people are destroyed for l
Amos 4: 6 And l of bread in all your
Mark 10:21 to him, "One thing you l:
2Co 8:14 may supply their l,
2Co 8:15 little had no l.
1Th 4:12 and that you may l nothing.

LACKED (*see* LACK)
Acts 4:34 anyone among them who l;
Phil 4:10 but you l opportunity.

LACKING (*see* LACK)
Eccl 1:15 And what is l cannot be
1Co 16:17 for what was l on your part
Phil 2:30 to supply what was l in your
Col 1:24 up in my flesh what is l in

LACKS (*see* LACK)
Eccl 10: 3 He l wisdom, And he shows
Jas 1: 5 If any of you l wisdom, let

LAD (*see* LADS)
Gen 21:17 God heard the voice of the l.
Gen 22: 5 the l and I will go yonder
John 6: 9 There is a l here who has

LADDER†
Gen 28:12 a l was set up on the

LADEN†
Is 1: 4 A people l with iniquity,
Matt 11:28 who labor and are heavy l,

LADS (*see* LAD)
Gen 48:16 from all evil, Bless the l;

LAID (*see* LAY)
Gen 9:23 l it on both their
Gen 22: 6 of the burnt offering and l
Gen 22: 9 he bound Isaac his son and l
Ex 2: 3 and l it in the reeds by
Ex 16:24 So they l it up till morning,
Num 27:23 And he l his hands on him and
1Ki 3:20 and l her dead child in my
1Ki 16:34 He l its foundation with
Ps 102:25 Of old You l the foundation
Is 53: 6 And the LORD has l on Him
Zech 4: 9 hands of Zerubbabel Have l
Matt 3:10 And even now the ax is l to
Matt 18:28 and he l hands on him and
Matt 27:60 and l it in his new tomb
Mark 15:47 observed where He was l.
Mark 16: 6 See the place where they l
Luke 2: 7 and l Him in a manger,
Luke 12:19 you have many goods l up for
John 7:30 but no one l a hand on Him,
John 13: 4 rose from supper and l aside
John 20: 2 not know where they have l
Acts 4: 3 And they l hands on them, and
Acts 4:35 and l them at the apostles'
Acts 7:58 And the witnesses l down
Acts 16:23 And when they had l many
Acts 19: 6 And when Paul had l hands on
1Co 3:10 master builder I have l the
1Co 3:11 lay than that which is l,
1Co 9:16 for necessity is l upon me;
Phil 3:12 Christ Jesus has also l
Col 1: 5 of the hope which is l up
2Ti 4: 8 there is l up for me the
Heb 1:10 in the beginning l the
1Jn 3:16 because He l down His life
Rev 1:17 But He l His right hand on
Rev 21:16 The city is l out as a

LAIN (*see* LIE)
Luke 23:53 where no one had ever l
John 20:12 the body of Jesus had l.

LAISH (*see* DAN)
Judg 18:29 of the city formerly was L.

LAKE
Luke 8:22 to the other side of the l.
Luke 8:23 windstorm came down on the l,
Rev 20:10 was cast into the l of fire

LAMA†
Matt 27:46 l sabachthani?" that is,
Mark 15:34 l sabachthani?" which is

LAMB (*see* LAMB'S, LAMBS)
Gen 22: 7 but where is the l for a
Gen 22: 8 provide for Himself the l
Ex 12: 3 a l for a household.
Ex 12:21 and kill the Passover l.
Ex 13:13 you shall redeem with a l;
2Sa 12: 3 except one little ewe l
2Sa 12: 4 but he took the poor man's l
Is 11: 6 also shall dwell with the l,
Is 53: 7 He was led as a l to the
Is 65:25 The wolf and the l shall
Mark 14:12 they killed the Passover l,
John 1:29 Behold! The L of God who
John 1:36 Behold the L of God!"
Acts 8:32 And as a l before its
1Pe 1:19 as of a l without blemish
Rev 5: 8 fell down before the L,
Rev 5:12 Worthy is the L who was slain
Rev 6:16 and from the wrath of the L!
Rev 7:14 white in the blood of the L.
Rev 13: 8 in the Book of Life of the L
Rev 15: 3 God, and the song of the L,
Rev 17:14 will make war with the L,
Rev 19: 9 marriage supper of the L!'
Rev 21:14 the twelve apostles of the L.
Rev 21:23 The L is its light.

LAMB'S (*see* LAMB)
Rev 21:27 who are written in the **L**

LAMBS (*see* LAMB)
Gen 30:40 Then Jacob separated the **l**,
Lev 14:10 day he shall take two male **l**
Ezra 6:20 slaughtered the Passover **l**
Ps 114: 4 The little hills like **l**.
Is 40:11 He will gather the **l** with
Luke 10: 3 I send you out as **l** among
John 21:15 He said to him, "Feed My **l**.

LAME
Lev 21:18 approach: a man blind or **l**,
2Sa 4: 4 had a son who was **l** in
Is 35: 6 Then the **l** shall leap like a
Matt 11: 5 The blind see and the **l**
Luke 7:22 the **l** walk, the lepers are
Acts 3: 2 And a certain man **l** from his
Acts 8: 7 who were paralyzed and **l**
Heb 12:13 so that what is **l** may not be

LAMECH
Gen 4:23 Then **L** said to his wives:
Gen 5:30 **L** lived five hundred and

LAMENT (*see* LAMENTATION, LAMENTED)
Judg 11:40 four days each year to **l**
2Sa 3:33 And the king sang a **l** over
Lam 2: 8 the rampart and wall to **l**;

LAMENTATION (*see* LAMENT)
Gen 50:10 a great and very solemn **l**.
2Sa 1:17 David lamented with this **l**
Jer 31:15 **L** and bitter weeping,
Mic 2: 4 And lament with a bitter **l**,
Matt 2:18 was heard in Ramah, **L**,

LAMENTED (*see* LAMENT)
2Sa 1:17 Then David **l** with this
2Ch 35:25 Jeremiah also **l** for Josiah.

LAMP (*see* LAMPS, LAMPSTAND)
Ex 27:20 to cause the **l** to burn
1Sa 3: 3 and before the **l** of God went
2Sa 22:29 "For You are my **l**,
1Ki 11:36 David may always have a **l**
Ps 119:105 Your word is a **l** to my
Prov 31:18 And her **l** does not go out
Matt 5:15 Nor do they light a **l** and put
Matt 6:22 The **l** of the body is the
Luke 8:16 one, when he has lit a **l**,
Luke 15: 8 one coin, does not light a **l**,
John 5:35 the burning and shining **l**,
Rev 22: 5 They need no **l** nor light of

LAMPS (*see* LAMP)
Ex 25:37 You shall make seven **l** for
Ex 30: 8 when Aaron lights the **l**
Zeph 1:12 will search Jerusalem with **l**,
Zech 4: 2 seven pipes to the seven **l**.
Matt 25: 1 ten virgins who took their **l**
Rev 4: 5 Seven **l** of fire were

LAMPSTAND (*see* LAMP, LAMPSTANDS)
Ex 25:31 You shall also make a **l** of
Ex 37:19 branches coming out of the **l**.
Dan 5: 5 and wrote opposite the **l** on
Matt 5:15 under a basket, but on a **l**,
Rev 2: 5 quickly and remove your **l**

LAMPSTANDS (*see* LAMPSTAND)
1Ki 7:49 the **l** of pure gold, five on
Rev 1:12 turned I saw seven golden **l**,
Rev 11: 4 olive trees and the two **l**

LAND (*see* LANDMARK, LANDOWNER, LANDS)
Gen 1: 9 and let the dry **l** appear";
Gen 12: 1 To a **l** that I will show
Gen 12: 7 I will give this **l**.
Gen 12:10 there was a famine in the **l**,
Gen 35:12 The **l** which I gave Abraham
Gen 37: 1 in the **l** of Canaan.
Gen 42: 5 for the famine was in the **l**
Gen 45:18 give you the best of the **l**
Gen 45:18 will eat the fat of the **l**.
Ex 3: 8 land to a good and large **l**,
Ex 3:17 to a **l** flowing with milk and
Ex 14:21 and made the sea into dry **l**,
Ex 14:29 Israel had walked on dry **l**
Ex 18: 3 a stranger in a foreign **l**'
Ex 20: 2 brought you out of the **l** of
Ex 20:12 days may be long upon the **l**
Ex 22:21 you were strangers in the **l**
Ex 23:30 and you inherit the **l**.
Ex 32: 1 brought us up out of the **l**
Ex 32:11 have brought out of the **l**
Ex 34:15 the inhabitants of the **l**,
Ex 34:24 will any man covet your **l**
Lev 18:25 For the **l** is defiled;
Lev 18:25 and the **l** vomits out its
Lev 19: 9 reap the harvest of your **l**,
Lev 19:29 lest the **l** fall into
Lev 24:16 as him who is born in the **l**.
Lev 25: 2 When you come into the **l**
Lev 25: 4 of solemn rest for the **l**,
Lev 25: 5 is a year of rest for the **l**.
Lev 25:18 and you will dwell in the **l**
Lev 25:19 Then the **l** will yield its
Lev 25:23 The **l** shall not be sold
Lev 25:23 for the **l** is Mine; for you
Lev 25:24 grant redemption of the **l**.
Lev 26: 4 the **l** shall yield its
Lev 26: 5 and dwell in your **l** safely.
Lev 26: 6 I will give peace in the **l**,
Lev 26: 6 I will rid the **l** of evil
Lev 27:30 'And all the tithe of the **l**,
Num 9:14 and the native of the **l**.
Num 13: 2 Send men to spy out the **l** of
Num 13:20 whether the **l** is rich or
Num 13:20 some of the fruit of the **l**.
Num 14: 2 only we had died in the **l**
Num 14: 3 LORD brought us to this **l**
Num 14: 7 is an exceedingly good **l**.
Num 14:36 a bad report of the **l**,
Num 15:19 eat of the bread of the **l**,
Num 18:20 no inheritance in their **l**,

L

Num 20:18 shall not pass through my l,
Num 20:23 Hor by the border of the l
Num 21: 4 to go around the l of Edom;
Num 32: 8 Kadesh Barnea to see the l.
Num 32:22 and the l is subdued before
Num 33:53 for I have given you the l
Num 33:54 And you shall divide the l by
Num 35:14 you shall appoint in the l
Num 35:33 you shall not pollute the l
Num 35:33 for blood defiles the l,
Deut 1: 8 I have set the l before you;
Deut 1: 8 go in and possess the l
Deut 1:22 let them search out the l
Deut 1:25 It is a good l which the
Deut 2:20 was also regarded as a l of
Deut 2:27 'Let me pass through your l;
Deut 3:18 God has given you this l to
Deut 3:25 over and see the good l
Deut 4:22 "But I must die in this l,
Deut 4:40 prolong your days in the l
Deut 5:15 you were a slave in the l
Deut 6:18 go in and possess the good l
Deut 6:23 to give us the l of which He
Deut 8: 7 bringing you into a good l,
Deut 8: 7 a l of brooks of water, of
Deut 8: 8 a l of wheat and barley, of
Deut 8: 8 a l of olive oil and honey;
Deut 8: 9 a l whose stones are iron
Deut 9:28 able to bring them to the l
Deut 10: 7 a l of rivers of water.
Deut 10:19 you were strangers in the l
Deut 11:11 over to possess is a l of
Josh 1: 4 all the l of the Hittites,
Josh 2: 1 saying, "Go, view the l,
Josh 4:18 feet touched the dry l,
Josh 10:40 Joshua conquered all the l:
Josh 14: 5 did; and they divided the l.
Josh 14: 7 Barnea to spy out the l,
Judg 9:37 from the center of the l,
Ruth 1: 1 there was a famine in the l.
1Ki 15:20 with all the l of Naphtali.
1Ki 17: 7 had been no rain in the l.
2Ki 4:38 was a famine in the l.
2Ki 5: 2 a young girl from the l of
2Ki 8: 1 it will come upon the l for
2Ki 8: 3 for her house and for her l.
2Ki 11: 3 Athaliah reigned over the l.
2Ki 11:20 So all the people of the l
2Ki 13:20 from Moab invaded the l in
2Ki 15:19 Assyria came against the l;
2Ki 17:26 rituals of the God of the l;
2Ki 18:32 a l of grain and new wine, a
2Ki 18:32 a l of bread and vineyards,
2Ki 18:32 a l of olive groves and
2Ki 19: 7 and return to his own l;
2Ki 23:33 and he imposed on the l a
2Ki 23:35 but he taxed the l to give
2Ki 24:14 the poorest people of the l.
2Ki 25: 3 food for the people of the l.
2Ki 25:21 away captive from its own l.
2Ki 25:22 who remained in the l of
2Ki 25:24 Dwell in the l and serve the
1Ch 5:25 gods of the peoples of the l,
1Ch 28: 8 you may possess this good l,

2Ch 6:27 and send rain on Your l
2Ch 6:36 take them captive to a l
2Ch 6:38 all their soul in the l of
2Ch 6:38 and pray toward their l
2Ch 7:13 the locusts to devour the l,
2Ch 7:14 their sin and heal their l.
2Ch 15: 8 idols from all the l of
2Ch 32: 4 brook that ran through the l,
2Ch 34: 8 when he had purged the l and
2Ch 36: 3 and he imposed on the l a
Ezra 9:11 The l which you are entering
Ezra 9:11 to possess is an unclean l,
Ezra 9:12 and eat the good of the l,
Neh 5:14 be their governor in the l
Neh 9:25 strong cities and a rich l,
Esth 10: 1 imposed tribute on the l
Job 1: 1 There was a man in the l of
Job 1:10 have increased in the l.
Job 10:21 To the l of darkness and
Job 39: 6 And the barren l his
Job 42:15 In all the l were found no
Ps 10:16 have perished out of His l.
Ps 27:13 of the LORD In the l of
Ps 37: 3 and do good; Dwell in the l,
Ps 37:29 shall inherit the l,
Ps 42: 6 remember You from the l of
Ps 52: 5 And uproot you from the l
Ps 63: 1 You In a dry and thirsty l
Ps 66: 6 turned the sea into dry l;
Ps 74: 8 places of God in the l.
Ps 85: 1 been favorable to Your l;
Ps 85: 9 glory may dwell in our l.
Ps 85:12 And our l will yield its
Ps 88:12 Your righteousness in the l
Ps 95: 5 His hands formed the dry l.
Ps 101: 6 be on the faithful of the l,
Ps 101: 8 all the wicked of the l,
Ps 105:23 And Jacob dwelt in the l of
Ps 105:36 all the firstborn in their l,
Ps 106:24 they despised the pleasant l;
Ps 106:38 And the l was polluted with
Ps 107:34 A fruitful l into
Ps 107:35 And dry l into
Ps 116: 9 before the LORD In the l
Ps 135:12 And gave their l as a
Ps 137: 4 LORD's song In a foreign l?
Ps 143: 6 for You like a thirsty l.
Ps 143:10 Lead me in the l of
Prov 2:21 upright will dwell in the l,
Prov 29: 4 The king establishes the l
Prov 31:23 among the elders of the l.
Song 2:12 Is heard in our l.
Is 1:19 shall eat the good of the l;
Is 6:11 The l is utterly desolate,
Is 7:16 the l that you dread will be
Is 8: 8 fill the breadth of Your l,
Is 9: 1 land of Zebulun and the l
Is 32: 2 of a great rock in a weary l.
Jer 2: 2 In a l not sown.
Jer 24: 5 into the l of the Chaldeans.
Jer 51:47 Her whole l shall be
Jer 52:16 some of the poor of the l
Jer 52:25 mustered the people of the l,
Jer 52:27 away captive from its own l.

Ezek 7: 2 the four corners of the l.
Ezek 8:12 the LORD has forsaken the l.
Ezek 8:17 For they have filled the l
Ezek 9: 9 and the l is full of
Ezek 12:19 so that her l may be emptied
Ezek 14:13 when a l sins against Me by
Ezek 14:17 I bring a sword on that l,
Ezek 14:19 a pestilence into that l
Ezek 17:13 away the mighty of the l,
Ezek 19:13 In a dry and thirsty l.
Ezek 20:46 against the forest l,
Ezek 21:30 In the l of your nativity.
Ezek 23:19 played the harlot in the l
Ezek 23:48 lewdness to cease from the l,
Ezek 26:20 establish glory in the l of
Ezek 29:14 to the l of their origin,
Ezek 32: 8 bring darkness upon your l,
Ezek 32:23 Who caused terror in the l
Ezek 33: 2 I bring the sword upon a l,
Ezek 33:24 the l has been given to us
Ezek 34:27 shall be safe in their l;
Ezek 36:18 blood they had shed on the l,
Ezek 37:14 will place you in your own l.
Ezek 38: 2 of the l of Magog, the
Ezek 38: 9 covering the l like a cloud,
Ezek 38:16 like a cloud, to cover the l.
Ezek 38:19 a great earthquake in the l
Ezek 39:12 in order to cleanse the l.
Ezek 45: 1 when you divide the l by lot
Ezek 48:14 this best part of the l,
Dan 8: 9 and toward the Glorious L.
Dan 11:39 and divide the l for gain.
Dan 11:41 also enter the Glorious L,
Hos 1: 2 For the l has committed
Hos 2: 3 And set her like a dry l,
Hos 4: 1 knowledge of God in the l.
Hos 4: 3 Therefore the l will mourn;
Hos 7:16 be their derision in the l
Hos 9: 3 not dwell in the LORD's l,
Hos 12: 9 Ever since the l of Egypt;
Joel 1:10 The l mourns; For the
Joel 2:18 will be zealous for His l,
Joel 3:19 innocent blood in their l.
Amos 7: 2 eating the grass of the l,
Amos 7:10 The l is not able to bear
Amos 7:11 captive From their own l.
Amos 7:12 you seer! Flee to the l of
Amos 7:17 away captive From his own l.
Amos 8: 4 And make the poor of the l
Jon 1: 9 made the sea and the dry l.
Jon 1:13 rowed hard to return to l,
Jon 2:10 it vomited Jonah onto dry l.
Mic 5: 5 Assyrian comes into our l,
Mic 5: 6 And the l of Nimrod at its
Hab 2: 8 And the violence of the l
Hab 3: 7 The curtains of the l of
Hag 1:11 for a drought on the l and
Hag 2: 6 and earth, the sea and dry l;
Zech 2:12 inheritance in the Holy L,
Zech 3: 9 the iniquity of that l in
Zech 7:14 for they made the pleasant l
Zech 8: 7 save My people from the l
Zech 8: 7 of the east And from the l
Zech 9:16 like a banner over His l—
Zech 11: 6 the inhabitants of the l,
Zech 11:16 up a shepherd in the l who
Zech 12:12 And the l shall mourn, every
Mal 3:12 you will be a delightful l,
Matt 2: 6 in the l of Judah,
Matt 2:20 and go to the l of Israel,
Matt 4:15 The l of Zebulun and the
Matt 10:15 be more tolerable for the l
Matt 23:15 For you travel l and sea to
Matt 27:45 was darkness over all the l.
Mark 1: 5 Then all the l of Judea, and
Luke 4:25 famine throughout all the l;
Luke 5: 3 put out a little from the l.
Luke 5:11 had brought their boats to l,
Luke 15:14 a severe famine in that l,
Luke 21:23 be great distress in the l
John 3:22 disciples came into the l
John 6:21 the boat was at the l where
John 21: 9 soon as they had come to l,
John 21:11 up and dragged the net to l,
Acts 4:37 having l, sold it, and
Acts 5: 8 me whether you sold the l
Acts 7:45 with Joshua into the l
Acts 27:44 they all escaped safely to l.
Heb 11: 9 By faith he dwelt in the l of
Heb 11:29 the Red Sea as by dry l,
Jas 5:17 and it did not rain on the l
Jude 5 the people out of the l of
Rev 10: 2 and his left foot on the l,

LANDMARK (*see* LAND)
Deut 19:14 not remove your neighbor's l,
Prov 22:28 Do not remove the ancient l

LANDOWNER (*see* LAND)
Matt 20: 1 of heaven is like a l who

LANDS (*see* LAND)
Gen 10:31 their languages, in their l,
Ps 100: 1 to the LORD, all you l!
Matt 19:29 or wife or children or l,

LANGUAGE (*see* LANGUAGES)
Gen 10: 5 everyone according to his l,
Gen 11: 1 the whole earth had one l
Gen 11: 7 and there confuse their l,
Ezra 4: 7 into the Aramaic l.
Ps 19: 3 There is no speech nor l
Ps 114: 1 from a people of strange l,
Dan 1: 4 whom they might teach the l
Zeph 3: 9 to the peoples a pure l,
Acts 1:19 is called in their own l,
Acts 2: 6 them speak in his own l.
Acts 21:40 to them in the Hebrew l,
Col 3: 8 filthy l out of your mouth.

LANGUAGES (*see* LANGUAGE)
Gen 10:20 according to their l,
1Co 14:10 so many kinds of l in the

LAODICEA (*see* LAODICEANS)
Col 4:15 the brethren who are in L,
Col 4:16 read the epistle from L.
Rev 1:11 to Philadelphia, and to L.

L

LAODICEANS† (*see* LAODICEA)
Col 4:16 also in the church of the **L**,
Rev 3:14 angel of the church of the **L**

LAP (*see* LAPS)
Prov 16:33 The lot is cast into the **l**,

LAPS (*see* LAP)
Judg 7: 5 with his tongue, as a dog **l**,

LAST
Gen 25: 8 Then Abraham breathed his **l**
Job 19:25 And He shall stand at **l** on
Prov 23:32 At the **l** it bites like a
Is 41: 4 And with the **l** I am He.'
Is 44: 6 the First and **l** am the **L**;
Matt 5:26 till you have paid the **l**
Matt 12:45 and the **l** state of that man
Matt 19:30 who are first will be **l**,
Mark 15:37 voice, and breathed His **l**.
Luke 12:59 you have paid the very **l**
John 6:40 I will raise him up at the **l**
John 11:24 in the resurrection at the **l**
John 12:48 will judge him in the **l** day.
Acts 5: 5 fell down and breathed his **l**.
Acts 5:10 his feet and breathed her **l**.
1Co 15: 8 Then **l** of all He was seen by
1Co 15:26 The **l** enemy that will be
1Co 15:45 The **l** Adam became a
1Co 15:52 at the **l** trumpet. For the
2Ti 3: 1 that in the **l** days perilous
Heb 1: 2 has in these **l** days spoken to
Jas 5: 3 heaped up treasure in the **l**
1Pe 1: 5 to be revealed in the **l**
1Pe 1:20 but was manifest in these **l**
2Pe 3: 3 scoffers will come in the **l**
1Jn 2:18 it is the **l** hour; and as you
Rev 1:11 Omega, the First and the **L**,
Rev 1:17 I am the First and the **L**.
Rev 2: 8 says the First and the **L**,
Rev 2:19 the **l** are more than the
Rev 15: 1 angels having the seven **l**
Rev 21: 9 filled with the seven **l**
Rev 22:13 End, the First and the **L**.

LATE (*see* LATER)
Ps 127: 2 rise up early, To sit up **l**,
Amos 7: 1 at the beginning of the **l**
Matt 14:15 and the hour is already **l**.
Rev 6:13 as a fig tree drops its **l**

LATER (*see* LATE)
Mark 14:70 And a little **l** those who
Acts 5: 7 it was about three hours **l**
1Ti 5:24 those of some men follow **l**.

LATIN†
Luke 23:38 Him in letters of Greek, **L**,
John 19:20 in Hebrew, Greek, and **L**.

LATTER
Deut 4:30 come upon you in the **l** days,
Deut 11:14 the early rain and the **l**
Deut 32:29 they would consider their **l**
Job 42:12 Now the LORD blessed the **l**
Is 2: 2 shall come to pass in the **l**
Jer 49:39 shall come to pass in the **l**
Ezek 38: 8 In the **l** years you will come
Dan 2:28 what will be in the **l** days.
Dan 8:19 what shall happen in the **l**
Dan 10:14 to your people in the **l**
Dan 11:29 be like the former or the **l**.
Hos 3: 5 and His goodness in the **l**
Hos 6: 3 Like the **l** and former rain
Joel 2:23 And the **l** rain in the first
Mic 4: 1 shall come to pass in the **l**
Hag 2: 9 The glory of this **l** temple
Phil 1:17 but the **l** out of love,
1Ti 4: 1 expressly says that in **l**
Jas 5: 7 it receives the early and **l**
2Pe 2:20 the **l** end is worse for them

LATTICE
2Ki 1: 2 Ahaziah fell through the **l**

LAUD†
Ps 117: 1 all you Gentiles! **L** Him,
Rom 15:11 all you Gentiles! **L**

LAUGH (*see* LAUGHED)
Gen 18:13 Abraham, "Why did Sarah **l**,
Gen 18:15 but you did **l**!"
Gen 21: 6 said, "God has made me **l**,
Ps 2: 4 sits in the heavens shall **l**;
Eccl 3: 4 to weep, And a time to **l**;
Luke 6:21 weep now, For you shall **l**.

LAUGHED (*see* LAUGH)
Gen 17:17 fell on his face and **l**,
Gen 18:12 Therefore Sarah **l** within

LAUNCH† (*see* LAUNCHED)
Luke 5: 4 **L** out into the deep and let

LAUNCHED† (*see* LAUNCH)
Luke 8:22 And they **l** out.

LAVER (*see* LAVERS)
Ex 30:18 You shall also make a **l** of

LAVERS (*see* LAVER)
1Ki 7:38 Then he made ten **l** of

LAW (*see* LAWFUL, LAWGIVER, LAWLESS, LAWS, LAWYER)
Num 5:29 This is the **l** of jealousy,
Deut 17:18 himself a copy of this **l** in
Deut 29:21 in this Book of the **L**,
Deut 31: 9 So Moses wrote this **l** and
Deut 31:11 you shall read this **l** before
Josh 1: 7 to do according to all the **l**
Josh 1: 8 This Book of the **L** shall not
Josh 8:32 the stones a copy of the **l**
2Ki 22: 8 found the Book of the **L** in
Ezra 7: 6 a skilled scribe in the **L**
Neh 8: 7 people to understand the **L**;
Ps 1: 2 his delight is in the **l** of

Ps 1: 2 And in His l he meditates
Ps 19: 7 The l of the LORD is
Ps 40: 8 And Your l is within my
Ps 81: 4 A l of the God of Jacob.
Ps 119:18 Wondrous things from Your l.
Ps 119:61 I have not forgotten Your l.
Ps 119:70 But I delight in Your l.
Ps 119:97 how I love Your l! It is
Ps 119:142 And Your l is truth.
Prov 1: 8 And do not forsake the l of
Prov 3: 1 My son, do not forget my l,
Prov 6:23 And the l a light;
Prov 29:18 happy is he who keeps the l.
Prov 31:26 on her tongue is the l of
Is 2: 3 of Zion shall go forth the l,
Is 5:24 they have rejected the l of
Is 8:16 Seal the l among my
Is 8:20 To the l and to the
Is 42: 4 shall wait for His l.
Is 51: 7 in whose heart is My l:
Jer 31:33 I will put My l in their
Mic 4: 2 For out of Zion the l
Mal 2: 9 shown partiality in the l.
Mal 4: 4 Remember the L of Moses, My
Matt 5:17 I came to destroy the L or
Matt 5:18 by no means pass from the l
Matt 7:12 for this is the L and the
Matt 22:36 great commandment in the l?
Matt 22:40 commandments hang all the L
Matt 23:23 weightier matters of the l:
Luke 16:16 The l and the prophets were
Luke 16:17 for one tittle of the l to
John 1:17 For the l was given through
John 7:51 Does our l judge a man before
John 8:17 is also written in your l
Acts 5:34 a teacher of the l held in
Acts 13:39 not be justified by the l
Rom 2:12 as have sinned without l
Rom 2:13 but the doers of the l will
Rom 2:14 are a l to themselves,
Rom 2:15 who show the work of the l
Rom 2:23 who make your boast in the l,
Rom 2:25 you are a breaker of the l,
Rom 2:27 are a transgressor of the l?
Rom 3:19 to those who are under the l,
Rom 3:20 by the deeds of the l no
Rom 3:27 It is excluded. By what l?
Rom 3:27 but by the l of faith.
Rom 3:31 Do we then make void the l
Rom 3:31 contrary, we establish the l.
Rom 5:13 (For until the l sin was in
Rom 5:13 imputed when there is no l.
Rom 6:14 for you are not under l but
Rom 7: 1 that the l has dominion over
Rom 7: 2 a husband is bound by the l
Rom 7: 3 she is free from that l,
Rom 7: 4 have become dead to the l
Rom 7: 7 covetousness unless the l
Rom 7:12 Therefore the l is holy, and
Rom 7:22 For I delight in the l of God
Rom 7:23 But I see another l in my
Rom 7:23 warring against the l of my
Rom 7:23 me into captivity to the l
Rom 8: 2 For the l of the Spirit of
Rom 8: 2 has made me free from the l
Rom 9:32 were, by the works of the l.
Rom 10: 4 Christ is the end of the l
Rom 13:10 is the fulfillment of the l.
1Co 6: 6 But brother goes to l against
1Co 7:39 A wife is bound by l as long
1Co 15:56 strength of sin is the l.
Gal 2:16 not by the works of the l;
Gal 2:19 For I through the l died to
Gal 3:12 Yet the l is not of faith,
Gal 3:13 us from the curse of the l,
Gal 3:18 the inheritance is of the l,
Gal 3:23 kept under guard by the l,
Gal 3:24 Therefore the l was our tutor
Gal 4: 4 of a woman, born under the l,
Gal 5: 3 a debtor to keep the whole l.
Gal 5: 4 to be justified by l;
Gal 5:14 For all the l is fulfilled in
Gal 5:23 Against such there is no l.
Gal 6: 2 and so fulfill the l of
Phil 3: 5 Hebrews; concerning the l,
Heb 7:12 is also a change of the l.
Heb 7:19 for the l made nothing
Heb 7:28 For the l appoints as high
Heb 7:28 oath, which came after the l,
Heb 9:22 And according to the l almost
Heb 10:28 who has rejected Moses' l
Jas 1:25 looks into the perfect l of
Jas 2: 8 really fulfill the royal l
Jas 2:10 shall keep the whole l,
Jas 2:11 a transgressor of the l.
Jas 4:11 law. But if you judge the l,

LAWFUL (*see* LAW)

Matt 12: 2 are doing what is not l to
Matt 12: 4 showbread which was not l
Matt 12:10 Is it l to heal on the
Matt 12:12 Therefore it is l to do good
Matt 14: 4 It is not l for you to have
Matt 19: 3 Is it l for a man to divorce
Matt 22:17 Is it l to pay taxes to
John 5:10 it is not l for you to carry
John 18:31 It is not l for us to put
Acts 16:21 customs which are not l for
Acts 19:39 shall be determined in the l
Acts 22:25 Is it l for you to scourge a
1Co 6:12 All things are l for me, but
2Co 12: 4 which it is not l for a man

LAWGIVER (*see* LAW)

Gen 49:10 Nor a l from between his
Jas 4:12 There is one L,

LAWLESS (*see* LAW, LAWLESSNESS)

2Th 2: 9 The coming of the l one is

LAWLESSNESS (*see* LAWLESS)

Matt 23:28 are full of hypocrisy and l.
Matt 24:12 And because l will abound,
2Th 2: 7 For the mystery of l is

LAWS (*see* LAW)

Gen 26: 5 My statutes, and My l.
Neh 9:13 just ordinances and true l,

L

Esth 3: 8 their l are different from
Ps 105:45 His statutes And keep His l.
Is 24: 5 they have transgressed the l,
Dan 9:10 our God, to walk in His l,
Heb 8:10 I will put My l in
Heb 10:16 I will put My l into

LAWYER (*see* LAW)
Matt 22:35 Then one of them, a l,

LAY (*see* LAID, LAYING, LAYS, LIE)
Gen 22:12 Do not l your hand on the
Gen 37:22 and do not l a hand on
Lev 3: 2 And he shall l his hand on
Lev 4: 4 l his hand on the bull's
1Ki 5:17 to l the foundation of the
Job 1:12 only do not l a hand on his
Is 54:11 I will l your stones with
Is 54:11 And l your foundations with
Matt 6:19 Do not l up for yourselves
Matt 8:20 Son of Man has nowhere to l
Matt 9:18 but come and l Your hand on
Matt 21:46 But when they sought to l
Matt 23: 4 and l them on men's
Matt 28: 6 the place where the Lord l.
Mark 1:30 But Simon's wife's mother l
Mark 3:21 they went out to l hold of
Mark 12:12 And they sought to l hands on
Mark 16:18 they will l hands on the
John 10:15 and I l down My life for the
John 10:18 I have power to l it down,
John 11:38 and a stone l against it.
John 13:38 Will you l down your life for
John 15:13 than to l down one's life
Acts 8:19 that anyone on whom I l
Rom 9:33 "Behold, I l in Zion a
1Co 3:11 foundation can anyone l
1Co 16: 2 week let each one of you l
Phil 3:12 that I may l hold of that
1Ti 5:22 Do not l hands on anyone
1Ti 6:12 l hold on eternal life, to
Heb 6:18 have fled for refuge to l
Heb 12: 1 let us l aside every weight,
Jas 1:21 Therefore l aside all
1Pe 2: 6 I l in Zion A chief
1Jn 3:16 And we also ought to l down

LAYING (*see* LAY)
Acts 9:17 and l his hands on him he
1Ti 4:14 you by prophecy with the l
2Ti 1: 6 is in you through the l on
Heb 6: 1 not l again the foundation
Heb 6: 2 of l on of hands, of

LAYS (*see* LAY)
Luke 12:21 So is he who l up treasure

LAZARUS
Luke 16:20 was a certain beggar named L,
Luke 16:23 and L in his bosom.
John 11: 2 whose brother L was sick.
John 11: 5 Martha and her sister and L.

LAZY (*see* SLUGGARD)
Prov 19:24 A l man buries his hand in
Matt 25:26 You wicked and l servant, you

LEAD (*see* LEADER, LEADING, LEADS, LED)
Ex 13:17 that God did not l them by
Ex 13:21 in a pillar of cloud to l
Ex 15:10 They sank like l in the
Job 19:24 rock With an iron pen and l,
Ps 5: 8 L me, O LORD, in Your
Ps 25: 5 L me in Your truth and teach
Ps 27:11 And l me in a smooth path,
Ps 43: 3 and Your truth! Let them l
Ps 61: 2 L me to the rock that is
Ps 80: 1 You who l Joseph like a
Ps 125: 5 The LORD shall l them away
Ps 139:10 there Your hand shall l me
Ps 139:24 And l me in the way
Ps 143:10 L me in the land of
Is 11: 6 And a little child shall l
Is 40:11 And gently l those who are
Is 42:16 I will l them in paths they
Is 63:14 So You l Your people, To
Jer 32: 5 then he shall l Zedekiah to
Amos 2: 4 Their lies l them astray,
Matt 6:13 And do not l us into
Mark 14:44 seize Him and l Him away
Luke 6:39 Can the blind l the blind?
Luke 11: 4 And do not l us into
Acts 13:11 around seeking someone to l
1Th 4:11 that you also aspire to l a
1Jn 5:16 a sin which does not l
Rev 7:17 will shepherd them and l

LEADER (*see* LEAD, LEADERS)
Num 14: 4 Let us select a l and return
Is 55: 4 A l and commander for the

LEADERS (*see* LEADER)
Matt 15:14 They are blind l of the

LEADING (*see* LEAD)
Acts 15:22 l men among the brethren.

LEADS (*see* LEAD)
Ps 23: 2 He l me beside the still
Ps 23: 3 He l me in the paths of
Matt 7:13 broad is the way that l to
Matt 7:14 is the way which l to life,
Matt 15:14 And if the blind l the
Rom 2: 4 that the goodness of God l
Rom 12: 8 with liberality; he who l,
2Co 2:14 be to God who always l us

LEAF (*see* LEAVES)
Gen 8:11 a freshly plucked olive l
Ps 1: 3 Whose l also shall not
Is 64: 6 rags; We all fade as a l,
Jer 17: 8 But its l will be green,

LEAH
Gen 29:16 the name of the elder was L,

Gen 29:30 loved Rachel more than **L.**
Ruth 4:11 your house like Rachel and **L,**

LEAN (*see* LEANED, LEANING, LEANNESS, LEANS)
Judg 16:26 so that I can **l** on them."
Prov 3: 5 And **l** not on your own

LEANED (*see* LEAN)
Amos 5:19 **L** his hand on the wall,
John 21:20 who also had **l** on His breast

LEANING (*see* LEAN)
John 13:23 Now there was **l** on Jesus'
Heb 11:21 **l** on the top of his staff.

LEANNESS (*see* LEAN)
Ps 106:15 But sent **l** into their soul.

LEANS (*see* LEAN)
2Ki 18:21 Egypt, on which if a man **l,**

LEAPED
1Ki 18:26 Then they **l** about the altar
Luke 1:41 that the babe **l** in her womb;

LEARN (*see* LEARNED, LEARNING)
Deut 4:10 that they may **l** to fear Me
Prov 22:25 Lest you **l** his ways And set
Is 1:17 **L** to do good; Seek justice
Is 2: 4 Neither shall they **l** war
Is 29:24 those who complained will **l**
Mic 4: 3 Neither shall they **l** war
Matt 9:13 But go and **l** what this
Matt 11:29 My yoke upon you and **l**
Matt 24:32 Now **l** this parable from the
1Co 4: 6 that you may **l** in us not to
1Ti 1:20 to Satan that they may **l**
1Ti 2:11 Let a woman **l** in silence with
1Ti 5:13 And besides they **l** to be
Rev 14: 3 and no one could **l** that song

LEARNED (*see* LEARN)
John 6:45 who has heard and **l** from
Acts 7:22 And Moses was **l** in all the
Acts 17:13 the Jews from Thessalonica **l**
Acts 23:27 having **l** that he was a
Rom 16:17 to the doctrine which you **l,**
Eph 4:20 But you have not so **l** Christ,
Phil 4: 9 The things which you **l** and
Phil 4:11 for **l** have **l** in whatever
Phil 4:12 and in all things **l** have **l**
2Ti 3:14 the things which you have **l**
2Ti 3:14 from whom you have **l** them,
Heb 5: 8 yet He **l** obedience by the

LEARNING (*see* LEARN)
Prov 1: 5 will hear and increase **l,**
Acts 26:24 are beside yourself! Much **l**
Rom 15: 4 were written for our **l,**
2Ti 3: 7 always **l** and never able to

LEATHER
2Ki 1: 8 A hairy man wearing a **l** belt

LEAVEN (*see* LEAVENED, LEAVENS, UNLEAVENED)
Ex 12:15 day you shall remove **l** from
Ex 12:19 For seven days no **l** shall be
Matt 13:33 kingdom of heaven is like **l,**
Matt 16:11 but to beware of the **l** of
Mark 8:15 of the Pharisees and the **l**
1Co 5: 6 you not know that a little **l**
1Co 5: 7 purge out the old **l,**
1Co 5: 8 nor with the **l** of malice and

LEAVENED (*see* LEAVEN)
Hos 7: 4 the dough, Until it is **l.**
Matt 13:33 of meal till it was all **l.**

LEAVENS† (*see* LEAVEN)
1Co 5: 6 know that a little leaven **l**
Gal 5: 9 A little leaven **l** the whole

LEAVES (*see* LEAF)
Gen 3: 7 and they sewed fig **l**
Matt 21:19 found nothing on it but **l,**
Matt 24:32 tender and puts forth **l,**
Mark 11:13 afar a fig tree having **l,**
Rev 22: 2 The **l** of the tree were for

LEBANON
1Ki 5: 6 down cedars for me from **L;**
Song 7: 4 nose is like the tower of **L**
Is 2:13 Upon all the cedars of **L**

LED (*see* LEAD)
Gen 24:48 who had **l** me in the way of
Ex 3: 1 And he **l** the flock to the
Ex 13:18 So God **l** the people around
Deut 29: 5 And **l** have **l** you forty years
Judg 2: 1 **l** **l** you up from Egypt and
2Ch 21:11 and **l** Judah astray.
Is 53: 7 He was **l** as a lamb to the
Matt 4: 1 Then Jesus was **l** up by the
Matt 27:31 and **l** Him away to be
Mark 8:23 blind man by the hand and **l**
Mark 9: 2 and **l** them up on a high
Luke 4:29 and they **l** Him to the brow
Luke 23: 1 of them arose and **l** Him to
Luke 24:50 And He **l** them out as far as
John 18:13 And they **l** Him away to Annas
Acts 8:32 He was **l** as a sheep to
Acts 9: 8 But they **l** him by the hand
Rom 8:14 For as many as are **l** by the
2Co 7: 9 but that your sorrow **l** to
Gal 5:18 But if you are **l** by the
Eph 4: 8 He **l** captivity captive,
2Ti 3: 6 **l** away by various lusts,
2Pe 3:17 being **l** away with the error

LEEKS†
Num 11: 5 cucumbers, the melons, the **l,**

LEFT (*see* LEFT-HANDED)
Gen 13: 9 from me. If you take the **l,**
Prov 3:16 In her **l** hand riches and
Prov 4:27 turn to the right or the **l;**

L

Song 2: 6 His l hand is under my
Matt 6: 3 do not let your l hand know
Matt 20:21 hand and the other on the l,
Matt 20:23 on My right hand and on My l
Matt 25:33 hand, but the goats on the l.
Matt 25:41 also say to those on the l
Matt 27:38 right and another on the l.

LEFT-HANDED† (*see* LEFT)
Judg 3:15 a l man. By him the children
Judg 20:16 select men who were l;

LEGION (*see* LEGIONS)
Mark 5: 9 saying, "My name is L;

LEGIONS† (*see* LEGION)
Matt 26:53 Me with more than twelve l

LEGS
Dan 2:33 its l of iron, its feet
John 19:33 they did not break His l.

LEND
Ex 22:25 If you l money to any of
Lev 25:37 nor l him your food at a
Deut 24:10 When you l your brother
Prov 5: 1 L your ear to my
Luke 6:34 And if you l to those from
Luke 6:34 For even sinners l to
Luke 6:35 your enemies, do good, and l,
Luke 11: 5 l me three loaves;

LENGTH (*see* LENGTHEN)
Prov 3: 2 For l of days and long life
Eph 3:18 what is the width and l

LENGTHEN (*see* LENGTH)
Is 54: 2 L your cords, And

LENTILS
Gen 25:34 Esau bread and stew of l;

LEOPARD
Is 11: 6 The l shall lie down with
Jer 13:23 change his skin or the l
Dan 7: 6 there was another, like a l,
Rev 13: 2 which I saw was like a l,

LEPER (*see* LEPERS, LEPROSY)
Lev 13:45 Now the l on whom the sore
Num 5: 2 put out of the camp every l,
Num 12:10 and there she was, a l.
2Ki 5: 1 man of valor, but a l.
2Ch 26:21 King Uzziah was a l until the
Matt 8: 2 a l came and worshiped Him,
Matt 26: 6 at the house of Simon the l,

LEPERS (*see* LEPER)
Matt 10: 8 the sick, cleanse the l,
Luke 17:12 met Him ten men who were l,

LEPROSY (*see* LEPER, LEPROUS)
Lev 13:12 And if l breaks out all over
2Ki 5:27 Therefore the l of Naaman
2Ch 26:19 l broke out on his forehead,
Matt 8: 3 Immediately his l was

LEPROUS (*see* LEPROSY)
Ex 4: 6 out, behold, his hand was l,
Lev 13: 2 skin of his body like a l
Lev 13:47 if a garment has a l plague
Lev 13:59 This is the law of the l
Num 12:10 suddenly Miriam became l,
2Ki 5:27 went out from his presence l,
2Ki 7: 3 Now there were four l men at
2Ch 26:20 on his forehead, he was l;

LETTER (*see* LETTERS)
2Sa 11:14 that David wrote a l to
Ezra 7:11 This is a copy of the l
Neh 6: 5 with an open l in his hand.
Esth 9:29 to confirm this second l
Jer 29: 1 are the words of the l
Jer 29:29 the priest read this l in
Acts 23:33 and had delivered the l to
Rom 2:29 in the Spirit, not in the l;
Rom 7: 6 not in the oldness of the l.
2Co 3: 6 for the l kills, but the
2Co 7: 8 I made you sorry with my l,
2Th 2: 2 by spirit or by word or by l,

LETTERS (*see* LETTER)
1Ki 21: 8 And she wrote l in Ahab's
Neh 2: 7 let l be given to me for the
Neh 2: 9 and gave them the king's l.
Esth 9:20 these things and sent l to
Luke 23:38 was written over Him in l
John 7:15 "How does this Man know l,
Acts 9: 2 and asked l from him to the
2Co 3: 1 of commendation to you or l
Gal 6:11 See with what large l I have

LEVI (*see* LEVITE, MATTHEW)
Gen 34:25 sons of Jacob, Simeon and L,
Deut 10: 9 Therefore L has no portion
Mal 2: 4 That My covenant with L may
Luke 5:27 saw a tax collector named L,
Heb 7: 5 who are of the sons of L,
Heb 7: 9 Even L, who receives
Rev 7: 7 of the tribe of L twelve

LEVIATHAN
Job 3: 8 who are ready to arouse L.
Job 41: 1 Can you draw out L with a
Ps 74:14 You broke the heads of L in
Is 27: 1 L that twisted serpent;

LEVITE (*see* LEVI, LEVITES)
Ex 4:14 Is not Aaron the L your
Deut 12:12 and the L who is within
Judg 17:12 So Micah consecrated the L,
Luke 10:32 "Likewise a L,
Acts 4:36 a L of the country of

LEVITES (*see* LEVITE)
Ex 6:25 the fathers' houses of the L
Ex 38:21 for the service of the L,
Lev 25:32 the cities of the L,

Deut 17: 9 come to the priests, the **L**,
1Ch 15:14 So the priests and the **L**
John 1:19 the Jews sent priests and **L**

LEWD (*see* LEWDNESS)
Ezek 16:27 who were ashamed of your **l**
Ezek 23:44 Oholibah, the **l** women.

LEWDNESS (*see* LEWD)
Judg 20: 6 because they committed **l** and
Ezek 23:21 called to remembrance the **l**
Hos 2:10 Now I will uncover her **l** in
Hos 6: 9 Surely they commit **l**.
Rom 13:13 not in **l** and lust, not in

LIAR (*see* LIARS, LIE)
Job 24:25 so, who will prove me a **l**,
Prov 19:22 poor man is better than a **l**.
Prov 30: 6 you, and you be found a **l**.
John 8:44 for he is a **l** and the father
Rom 3: 4 be true but every man a **l**.
1Jn 1:10 not sinned, we make Him a **l**,
1Jn 2: 4 His commandments, is a **l**,
1Jn 2:22 Who is a **l** but he who denies
1Jn 4:20 hates his brother, he is a **l**;
1Jn 5:10 believe God has made Him a **l**,

LIARS (*see* LIAR)
Ps 116:11 my haste, "All men are **l**.
Tit 1:12 "Cretans are always **l**,
Rev 2: 2 not, and have found them **l**;
Rev 21: 8 and all **l** shall have their

LIBERALITY (*see* LIBERALLY)
Rom 12: 8 he who gives, with **l**;
2Co 8: 2 in the riches of their **l**.

LIBERALLY (*see* LIBERALITY)
Jas 1: 5 who gives to all **l** and

LIBERTY (*see* DELIVERANCE)
Lev 25:10 and proclaim **l** throughout
Ps 119:45 And I will walk at **l**,
Is 61: 1 To proclaim **l** to the
Jer 34:16 slaves, whom he had set at **l**,
Luke 4:18 To proclaim **l** to the
Acts 27: 3 Paul kindly and gave him **l**
Rom 8:21 into the glorious **l** of the
1Co 7:39 she is at **l** to be married to
1Co 8: 9 beware lest somehow this **l**
1Co 10:29 For why is my **l** judged by
2Co 3:17 of the Lord is, there is **l**.
Gal 2: 4 by stealth to spy out our **l**
Gal 5: 1 fast therefore in the **l** by
Gal 5:13 only do not use **l** as an
Jas 1:25 into the perfect law of **l**
Jas 2:12 be judged by the law of **l**.
1Pe 2:16 yet not using **l** as a cloak
2Pe 2:19 While they promise them **l**,

LICK (*see* LICKED)
1Ki 21:19 dogs shall **l** your blood,
Mic 7:17 They shall **l** the dust like a

LICKED (*see* LICK)
1Ki 18:38 and it **l** up the water that
1Ki 21:19 In the place where dogs **l** the
Luke 16:21 the dogs came and **l** his

LIE (*see* LAIN, LAY, LIAR, LIED, LIES, LYING)
Gen 19:32 and we will **l** with him, that
Gen 39: 7 she said, "**L** with me."
Gen 47:30 but let me **l** with my fathers;
Lev 19:11 nor **l** to one another.
Num 23:19 not a man, that He should **l**,
Deut 6: 7 when you **l** down, and when
Ps 23: 2 He makes me to **l** down in
Prov 1:11 Let us **l** in wait to shed
Eccl 4:11 if two **l** down together, they
Is 11: 6 The leopard shall **l** down
Jer 28:15 this people trust in a **l**.
Ezek 4: 4 **L** also on your left side,
Ezek 34:14 There they shall **l** down in a
Amos 2: 8 They **l** down by every altar
Amos 6: 4 Who **l** on beds of ivory,
John 8:44 in him. When he speaks a **l**,
Acts 5: 3 filled your heart to **l** to
Rom 1:25 the truth of God for the **l**,
Gal 1:20 before God, I do not **l**.
Col 3: 9 Do not **l** to one another,
2Th 2:11 they should believe the **l**,
Tit 1: 2 life which God, who cannot **l**,
Heb 6:18 is impossible for God to **l**,
Jas 3:14 do not boast and **l** against
1Jn 1: 6 we **l** and do not practice the
1Jn 2:21 and that no **l** is of the
1Jn 2:27 and is true, and is not a **l**,
Rev 3: 9 are Jews and are not, but **l**—
Rev 22:15 loves and practices a **l**.

LIED (*see* LIE)
Ps 78:36 And they **l** to Him with
Acts 5: 4 You have not **l** to men but to

LIES (*see* LIE)
Gen 4: 7 sin **l** at the door. And its
Ex 22:16 and **l** with her, he shall
Ex 22:19 Whoever **l** with an animal
Judg 16: 5 where his great strength **l**,
Job 14:12 So man **l** down and does not
Prov 30: 8 Remove falsehood and **l** far
2Co 3:15 a veil **l** on their heart.
1Ti 4: 2 speaking **l** in hypocrisy,
1Jn 5:19 and the whole world **l** under

LIFE (*see* LIFE-GIVING, LIVE)
Gen 1:30 earth, in which there is **l**,
Gen 2: 7 his nostrils the breath of **l**;
Gen 2: 9 The tree of **l** was also in
Gen 3:14 dust All the days of your **l**.
Gen 3:24 the way to the tree of **l**.
Gen 7:22 breath of the spirit of **l**,
Gen 9: 4 not eat flesh with its **l**,
Gen 9: 5 I will require the **l** of man.
Gen 44:30 is bound up in the lad's **l**,
Ex 21:23 you shall give life for **l**,
Lev 17:11 For the **l** of the flesh is in

L

Lev 17:14 Its blood sustains its l.
Num 35:31 take no ransom for the l of
Deut 30:15 have set before you today l
Deut 30:19 cursing; therefore choose l,
1Ki 3:11 and have not asked long l
1Ki 19: 4 Now, LORD, take my l,
1Ki 19:10 and they seek to take my l.
2Ki 8: 5 had restored the dead to l,
Job 2: 4 has he will give for his l.
Job 2: 6 your hand, but spare his l.
Job 7:16 I loathe my l;
Job 33: 4 of the Almighty gives me l.
Job 33:30 with the light of l.
Ps 16:11 will show me the path of l;
Ps 17:13 Deliver my l from the
Ps 22:20 My precious l from the
Ps 23: 6 me All the days of my l;
Ps 27: 1 is the strength of my l;
Ps 27: 4 LORD All the days of my l,
Ps 36: 9 You is the fountain of l;
Ps 91:16 With long l I will satisfy
Ps 119:50 Your word has given me l.
Ps 133: 3 L forevermore.
Prov 2:19 they regain the paths of l—
Prov 3: 2 length of days and long l
Prov 3:18 She is a tree of l to those
Prov 4:23 it spring the issues of l.
Prov 7:23 know it would cost his l.
Prov 8:35 whoever finds me finds l,
Prov 10:11 righteous is a well of l,
Prov 11:30 righteous is a tree of l,
Prov 13:14 the wise is a fountain of l,
Prov 14:27 LORD is a fountain of l,
Prov 16:22 is a wellspring of l to
Prov 21:21 and mercy Finds l,
Prov 22: 4 Are riches and honor and l.
Prov 31:12 evil All the days of her l.
Eccl 6:12 all the days of his vain l
Eccl 9: 9 that is your portion in l,
Is 38:10 In the prime of my l I shall
Is 38:12 My l span is gone, Taken
Is 38:20 All the days of our l,
Jer 18:20 they have dug a pit for my l.
Jer 23:10 Their course of l is evil,
Lam 2:12 As their l is poured out
Lam 3:58 You have redeemed my l.
Ezek 3:18 wicked way, to save his l,
Ezek 33:15 walks in the statutes of l
Dan 12: 2 Some to everlasting l,
Jon 2: 6 You have brought up my l
Jon 4: 3 please take my l from me,
Matt 2:20 sought the young Child's l
Matt 6:25 do not worry about your l,
Matt 6:25 Is not l more than food and
Matt 7:14 is the way which leads to l,
Matt 10:39 He who finds his l will lose
Matt 10:39 and he who loses his l for
Matt 16:25 desires to save his l will
Matt 18: 8 for you to enter into l
Matt 19:16 do that I may have eternal l?
Matt 20:28 and to give His l a ransom
Matt 25:46 the righteous into eternal l.
Mark 3: 4 to save l or to kill?" But
Mark 10:30 the age to come, eternal l.
Mark 10:45 and to give His l a ransom
Luke 1:75 Him all the days of our l.
Luke 6: 9 to save l or to destroy?"
Luke 8:14 riches, and pleasures of l,
Luke 12:15 for one's l does not consist
Luke 12:22 do not worry about your l,
Luke 12:23 L is more than food, and the
Luke 18:30 in the age to come eternal l.
Luke 21:34 and cares of this l,
John 1: 4 In Him was l,
John 1: 4 and the l was the light of
John 3:15 perish but have eternal l.
John 3:16 but have everlasting l.
John 3:36 in the Son has everlasting l;
John 3:36 the Son shall not see l,
John 4:14 up into everlasting l.
John 4:36 gathers fruit for eternal l
John 5:24 sent Me has everlasting l,
John 5:24 has passed from death into l.
John 5:39 you think you have eternal l;
John 5:40 to Me that you may have l.
John 6:27 endures to everlasting l,
John 6:35 them, "I am the bread of l.
John 6:54 My blood has eternal l,
John 6:63 is the Spirit who gives l;
John 6:63 are spirit, and they are l.
John 6:68 have the words of eternal l.
John 8:12 but have the light of l.
John 10:10 come that they may have l,
John 10:15 and I lay down My l for the
John 10:28 "And I give them eternal l,
John 11:25 the resurrection and the l.
John 12:25 He who loves his l will lose
John 14: 6 way, the truth, and the l.
John 15:13 than to lay down one's l for
John 17: 3 "And this is eternal l,
John 20:31 believing you may have l in
Acts 3:15 "and killed the Prince of l
Acts 17:25 since He gives to all l,
Rom 5:10 we shall be saved by His l.
Rom 6: 4 should walk in newness of l.
Rom 6:22 and the end, everlasting l.
Rom 6:23 gift of God is eternal l
Rom 8: 2 the law of the Spirit of l
Rom 8: 6 be spiritually minded is l
Rom 8:38 that neither death nor l,
1Co 15:19 If in this l only we have
2Co 2:16 to the other the aroma of l
2Co 3: 6 but the Spirit gives l.
Gal 2:20 and the l which I now live
Gal 6: 8 Spirit reap everlasting l.
Phil 1:20 whether by l or by death.
Phil 2:16 holding fast the word of l,
Phil 4: 3 names are in the Book of L.
Col 3: 3 and your l is hidden with
Col 3: 4 When Christ who is our l
1Ti 6:19 may lay hold on eternal l.
2Ti 1:10 death and brought l and
Heb 7: 3 of days nor end of l,
Heb 7:16 to the power of an endless l.
Jas 1:12 will receive the crown of l
1Pe 3: 7 together of the grace of l,
1Jn 1: 1 concerning the Word of l—
1Jn 1: 2 the l was manifested, and we

1Jn 2:16 the eyes, and the pride of l—
1Jn 3:14 have passed from death to l,
1Jn 5:11 and this l is in His Son.
1Jn 5:12 He who has the Son has l;
1Jn 5:13 know that you have eternal l,
1Jn 5:20 the true God and eternal l.
Rev 2: 7 to eat from the tree of l,
Rev 2:10 will give you the crown of l.
Rev 13: 8 written in the Book of L of
Rev 21: 6 fountain of the water of l
Rev 21:27 in the Lamb's Book of L.
Rev 22: 2 river, was the tree of l,
Rev 22:17 let him take the water of l
Rev 22:19 his part from the Book of L,

LIFE-GIVING† (*see* LIFE)
1Co 15:45 The last Adam became a l

LIFT (*see* LIFTED, LIFTING, LIFTS, RAISE)
Gen 13:14 L your eyes now and look from
Num 6:26 The LORD l up His
Ps 24: 7 L up your heads, O you
Ps 25: 1 I l up my soul.
Ps 110: 7 Therefore He shall l up the
Ps 121: 1 I will l up my eyes to the
Is 2: 4 Nation shall not l up sword
Is 49:18 L up your eyes, look around
Is 62:10 L up a banner for the
Lam 3:41 Let us l our hearts and
Mic 4: 3 Nation shall not l up sword
Luke 21:28 look up and l up your heads,
John 8:28 When you l up the Son of Man,
Jas 4:10 and He will l you up.

LIFTED (*see* LIFT, RAISED)
Gen 13:10 And Lot l his eyes and saw
Gen 22:13 Then Abraham l his eyes and
Deut 8:14 when your heart is l up, and
Ps 24: 4 Who has not l up his soul
Ps 24: 7 O you gates! And be l up,
Ps 27: 6 And now my head shall be l
Ps 30: 1 for You have l me up, And
Ps 41: 9 Has l up his heel against
Is 6: 1 high and l up, and the train
Jer 38:13 up with ropes and l him out
Dan 4:34 l my eyes to heaven, and my
Dan 5:20 But when his heart was l up,
Mark 1:31 took her by the hand and l
John 3:14 And as Moses l up the serpent
John 3:14 so must the Son of Man be l
John 12:32 if I am l up from the earth,
John 12:34 The Son of Man must be l up'?

LIFTING (*see* LIFT)
1Ti 2: 8 l up holy hands, without

LIFTS (*see* LIFT)
1Sa 2: 7 He brings low and l up.
Ps 3: 3 My glory and the One who l
Ps 147: 6 The LORD l up the humble;
Is 18: 3 When he l up a banner on

LIGAMENTS†
Col 2:19 together by joints and l,

LIGHT (*see* LIGHTS)
Gen 1: 3 Let there be l"; and there
Gen 1: 4 and God divided the l from
Gen 1: 5 God called the l Day, and the
Gen 1:15 of the heavens to give l on
Gen 1:16 the greater l to rule the
Gen 1:18 and to divide the l from the
Ex 10:23 children of Israel had l in
Ex 13:21 of fire to give them l,
Esth 8:16 The Jews had l and gladness,
Job 3:16 infants who never saw l?
Job 26:10 At the boundary of l and
Job 37:15 And causes the l of His
Ps 4: 6 lift up the l of Your
Ps 18:28 For You will l my lamp; The
Ps 27: 1 The LORD is my l and my
Ps 36: 9 In Your l we see light.
Ps 43: 3 send out Your l and Your
Ps 90: 8 Our secret sins in the l
Ps 119:105 a lamp to my feet And a l
Ps 119:130 of Your words gives l;
Ps 139:11 Even the night shall be l
Ps 139:12 The darkness and the l are
Prov 16:15 In the l of the king's face
Is 2: 5 and let us walk In the l
Is 5:20 Who put darkness for l,
Is 9: 2 Have seen a great l;
Is 9: 2 Upon them a l has shined.
Is 10:17 So the L of Israel will be
Is 42: 6 As a l to the Gentiles,
Is 45: 7 I form the l and create
Is 49: 6 I will also give You as a l
Is 58: 8 Then your l shall break
Is 60: 1 For your l has come! And
Is 60:19 be to you an everlasting l,
Dan 2:22 And l dwells with Him.
Amos 5:18 be darkness, and not l.
Matt 4:16 have seen a great l,
Matt 4:16 and shadow of death L
Matt 5:14 You are the l of the world. A
Matt 5:15 Nor do they l a lamp and put
Matt 5:15 and it gives l to all who
Matt 5:16 Let your l so shine before
Matt 6:22 whole body will be full of l.
Matt 6:23 If therefore the l that is
Matt 11:30 is easy and My burden is l.
Matt 22: 5 But they made l of it and
Matt 24:29 the moon will not give its l;
Luke 1:79 To give l to those who sit
Luke 2:32 A l to bring revelation to
Luke 8:16 who enter may see the l.
Luke 8:17 not be known and come to l.
Luke 12: 3 dark will be heard in the l,
Luke 15: 8 does not l a lamp, sweep the
Luke 16: 8 than the sons of l.
John 1: 4 and the life was the l of
John 1: 5 And the l shines in the
John 1: 7 to bear witness of the L,
John 1: 8 He was not that L,
John 1: 9 That was the true L which
John 3:19 loved darkness rather than l,
John 3:20 practicing evil hates the l
John 3:21 the truth comes to the l,

L

John 8:12 I am the l of the world. He
John 8:12 but have the l of life."
John 9: 5 I am the l of the world."
John 12:35 Walk while you have the l,
John 12:36 the light, believe in the l,
John 12:36 you may become sons of l.
John 12:46 I have come as a l into the
Acts 9: 3 and suddenly a l shone
Acts 12: 7 and a l shone in the prison;
Acts 22: 6 suddenly a great l from
Rom 2:19 a l to those who are in
Rom 13:12 let us put on the armor of l.
1Co 4: 5 who will both bring to l the
2Co 4: 4 lest the l of the gospel of
2Co 4: 6 is the God who commanded l
2Co 4: 6 in our hearts to give the l
2Co 6:14 And what communion has l
2Co 11:14 himself into an angel of l.
Eph 5: 8 but now you are l in the
Eph 5: 8 Walk as children of l
Eph 5:13 are made manifest by the l,
Eph 5:14 And Christ will give you l.
Col 1:12 of the saints in the l.
1Th 5: 5 You are all sons of l and
2Ti 1:10 life and immortality to l
1Pe 2: 9 into His marvelous l;
2Pe 1:19 you do well to heed as a l
1Jn 1: 5 that God is l and in Him is
1Jn 1: 7 But if we walk in the l as He
1Jn 2: 8 and the true l is already
1Jn 2: 9 He who says he is in the l,
1Jn 2:10 his brother abides in the l,
Rev 21:23 it. The Lamb is its l.
Rev 21:24 saved shall walk in its l,
Rev 22: 5 They need no lamp nor l of
Rev 22: 5 the Lord God gives them l.

LIGHTNING (*see* LIGHTNINGS)
Ex 20:18 the l flashes, the sound of
Ps 135: 7 He makes l for the rain;
Dan 10: 6 like the appearance of l,
Matt 24:27 For as the l comes from the
Matt 28: 3 His countenance was like l,
Luke 10:18 I saw Satan fall like l from

LIGHTNINGS (*see* LIGHTNING)
Ex 19:16 there were thunderings and l,

LIGHTS (*see* LIGHT)
Gen 1:14 Let there be l in the
Gen 1:16 Then God made two great l:
Ps 136: 7 To Him who made great l,
Phil 2:15 among whom you shine as l in
Jas 1:17 down from the Father of l,

LIKE-MINDED
Rom 15: 5 comfort grant you to be l
Phil 2: 2 fulfill my joy by being l,

LIKENESS
Gen 1:26 image, according to Our l;
Gen 5: 1 He made him in the l of God.
Gen 5: 3 begot a son in his own l,
Ex 20: 4 or any l of anything that
Deut 4:16 the l of male or female,
Rom 6: 5 we also shall be in the l
Rom 8: 3 His own Son in the l of
Phil 2: 7 and coming in the l of men.
Heb 7:15 in the l of Melchizedek,

LILIES (*see* LILY)
Song 2:16 his flock among the l.
Matt 6:28 Consider the l of the field,

LILY (*see* LILIES)
Song 2: 1 And the l of the valleys.

LIMPED
Gen 32:31 and he l on his hip.

LINE (*see* LINEAGE, LINES)
Ps 19: 4 Their l has gone out through
Is 28:10 L upon line, line upon
Zech 2: 1 a man with a measuring l in

LINEAGE (*see* LINE)
Luke 2: 4 he was of the house and l

LINEN
Ex 28:42 you shall make for them l
Lev 13:47 is a woolen garment or a l
Deut 22:11 such as wool and l mixed
Jer 13: 1 Go and get yourself a l sash,
Matt 27:59 he wrapped it in a clean l
Luke 24:12 he saw the l cloths lying by
John 19:40 and bound it in strips of l

LINES (*see* LINE)
Ps 16: 6 The l have fallen to me in

LINTEL
Ex 12: 7 two doorposts and on the l
Ex 12:23 He sees the blood on the l

LION (*see* LIONS)
Judg 14: 6 and he tore the l apart as
Judg 14:18 what is stronger than a l?
1Sa 17:34 and when a l or a bear came
Ps 22:13 a raging and roaring l.
Ps 91:13 You shall tread upon the l
Prov 28: 1 righteous are bold as a l.
Eccl 9: 4 dog is better than a dead l.
Is 11: 6 The calf and the young l
Is 11: 7 And the l shall eat straw
Ezek 1:10 four had the face of a l on
Dan 7: 4 "The first was like a l,
Amos 3: 8 A l has roared! Who will
Amos 3:12 takes from the mouth of a l
Amos 5:19 though a man fled from a l,
2Ti 4:17 out of the mouth of the l.
1Pe 5: 8 walks about like a roaring l,
Rev 5: 5 the L of the tribe of Judah,

LIONS (*see* LION)
2Sa 1:23 They were stronger than l.
Ps 35:17 precious life from the l.
Dan 6: 7 be cast into the den of l.
Heb 11:33 stopped the mouths of l,

LIPS

Ex 6:12 for I am of uncircumcised l?
1Sa 1:13 only her I moved, but her
Job 2:10 Job did not sin with his l.
Job 15: 6 your own l testify against
Job 23:12 the commandment of His l;
Job 33: 3 My l utter pure knowledge.
Ps 12: 2 With flattering l and a
Ps 16: 4 take up their names on my l.
Ps 17: 1 is not from deceitful l.
Ps 31:18 Let the lying l be put to
Ps 34:13 And your l from speaking
Ps 40: 9 I do not restrain my l,
Ps 45: 2 Grace is poured upon Your l;
Ps 63: 3 My l shall praise You.
Ps 66:14 Which my l have uttered And
Ps 71:23 My l shall greatly rejoice
Ps 106:33 he spoke rashly with his l.
Ps 141: 3 watch over the door of my l.
Prov 4:24 And put perverse l far from
Prov 5: 3 For the l of an immoral
Prov 7:21 With her flattering l she
Prov 10:18 hides hatred has lying l,
Prov 10:19 But he who restrains his l
Prov 10:32 The l of the righteous know
Prov 12:22 Lying l are an abomination
Prov 14: 3 But the l of the wise will
Prov 14: 7 not perceive in him the l
Prov 16:10 Divination is on the l of
Prov 16:30 He purses his l and brings
Prov 17: 4 gives heed to false l;
Prov 19: 1 who is perverse in his l,
Prov 23:16 will rejoice When your l
Prov 24: 2 And their l talk of
Prov 24:26 a right answer kisses the l.
Prov 26:23 Fervent l with a wicked
Eccl 10:12 But the l of a fool shall
Song 5:13 His l are lilies,
Is 6: 5 I am a man of unclean l,
Is 6: 5 of a people of unclean l;
Is 6: 7 this has touched your l;
Is 11: 4 with the breath of His l He
Is 29:13 And honor Me with their l,
Is 37:29 And My bridle in your l,
Jer 17:16 know what came out of my l;
Ezek 24:17 feet; do not cover your l,
Dan 10:16 the sons of men touched my l;
Hos 14: 2 the sacrifices of our l.
Hab 3:16 My l quivered at the
Mal 2: 7 For the l of a priest should
Matt 15: 8 honor Me with their l,
Rom 3:13 asps is under their l'
1Co 14:21 tongues and other l I
Heb 13:15 that is, the fruit of our l,
1Pe 3:10 And his l from

LISTEN

Gen 4:23 l to my speech! For I have
Ex 4: 1 will not believe me or l to
Deut 1:43 to you; yet you would not l,
Prov 23:22 L to your father who begot
Is 46: 3 L to Me, O house of Jacob,
John 8:43 you are not able to l to My
John 10:20 Why do you l to Him?"
Acts 7: 2 "Brethren and fathers, l:
Acts 13:16 and you who fear God, l:
Jas 2: 5 L, my beloved brethren:

LITTLE

Gen 19:20 and it is a l one; please
Ex 16:18 and he who gathered l had no
Ex 23:30 L by little I will drive them
2Sa 12: 3 except one l ewe lamb which
1Ki 12:10 My l finger shall be thicker
2Ki 5:14 like the flesh of a l child,
Ps 2:12 His wrath is kindled but a l.
Ps 8: 5 For You have made him a l
Ps 37:10 For yet a l while and the
Ps 65:12 And the l hills rejoice on
Ps 114: 4 The l hills like lambs.
Ps 137: 9 who takes and dashes Your l
Prov 6:10 A l sleep, a little slumber,
Prov 24:33 A l folding of the hands to
Prov 30:24 four things which are l
Song 2:15 The l foxes that spoil the
Song 8: 8 We have a l sister, And
Is 11: 6 And a l child shall lead
Is 28:10 Here a little, there a l.
Is 60:22 A l one shall become a
Jer 51:33 Yet a l while And the time
Ezek 34:18 Is it too l for you to have
Dan 7: 8 a l one, coming up among
Dan 8: 9 out of one of them came a l
Dan 11:34 they shall be aided with a l
Hos 1: 4 For in a l while I will
Mic 5: 2 Though you are l among the
Hag 1: 6 sown much, and bring in l;
Matt 6:30 O you of l faith?
Matt 10:42 gives one of these l ones
Matt 14:31 O you of l faith, why did you
Matt 18: 2 Then Jesus called a l child
Matt 18: 3 converted and become as l
Matt 18: 4 humbles himself as this l
Matt 18: 5 Whoever receives one l child
Matt 19:14 Let the l children come to
Matt 26:39 He went a l farther and fell
Mark 4:36 And other l boats were also
Mark 5:23 My l daughter lies at the
Mark 5:41 L girl, I say to you,
Mark 10:15 the kingdom of God as a l
Luke 5: 3 and asked him to put out a l
Luke 7:47 But to whom l is forgiven,
Luke 12:28 O you of l faith?
Luke 12:32 l flock, for it is your
Luke 17: 2 offend one of these l ones.
Luke 19:17 were faithful in a very l,
John 7:33 I shall be with you a l while
John 13:33 L children, I shall be with
John 16:16 A l while, and you will not
1Co 5: 6 Do you not know that a l
2Co 8:15 and he who gathered l
2Co 11:16 that I also may boast a l.
Gal 4:19 My l children, for whom I
Gal 5: 9 A l leaven leavens the whole
1Ti 4: 8 bodily exercise profits a l,
1Ti 5:23 but use a l wine for your
Heb 2: 7 You have made him a l

L

Heb 10:37 For yet a l while, And
Jas 3: 5 Even so the tongue is a l
Jas 3: 5 See how great a forest a l
Jas 4:14 a vapor that appears for a l
1Pe 1: 6 though now for a l while, if
1Jn 2: 1 My l children, these things I
1Jn 5:21 L children, keep yourselves
Rev 3: 8 for you have a l strength,
Rev 10: 2 He had a l book open in his

LIVE (*see* LIFE, LIVED, LIVES, LIVING)
Gen 3:22 and l forever"—
Gen 45: 3 does my father still l?
Ex 1:16 a daughter, then she shall l.
Ex 33:20 no man shall see Me, and l.
Num 21: 8 when he looks at it, shall l.
Deut 8: 3 know that man shall not l
1Sa 10:24 Long l the king!"
Job 14:14 shall he l again? All the
Ps 63: 4 I will bless You while I l;
Ps 104:33 to the LORD as long as I l;
Is 6: 6 having in his hand a l coal
Is 26:19 Your dead shall l;
Is 38:16 by these things men l;
Is 55: 3 Hear, and your soul shall l;
Ezek 18:23 turn from his ways and l?
Ezek 20:11 he shall l by them.'
Ezek 33:10 in them, how can we then l?
Ezek 37: 3 of man, can these bones l?
Dan 2: 4 l forever! Tell your
Amos 5: 4 of Israel: "Seek Me and l;
Amos 5: 6 Seek the LORD and l,
Amos 5:14 not evil, That you may l;
Hab 2: 4 But the just shall l by his
Matt 4: 4 Man shall not l by bread
Matt 9:18 hand on her and she will l.
Luke 10:28 do this and you will l.
Luke 20:38 for all l to Him."
John 5:25 and those who hear will l.
John 6:51 he will l forever; and the
John 6:57 and I l because of the
John 6:57 so he who feeds on Me will l
John 11:25 he may die, he shall l.
John 14:19 you will l also.
Acts 17:28 for in Him we l and move and
Rom 1:17 The just shall l by
Rom 6: 2 shall we who died to sin l
Rom 6: 8 that we shall also l with
Rom 8:12 to l according to the flesh.
Rom 12:18 l peaceably with all men.
Rom 14: 8 For if we l, we live to
Rom 14: 8 we l to the Lord; and if we
1Co 7:12 and she is willing to l with
1Co 8: 6 and through whom we l.
1Co 9:14 preach the gospel should l
2Co 5:15 that those who l should live
2Co 6: 9 as dying, and behold we l;
2Co 7: 3 to die together and to l
2Co 13: 4 but we shall l with Him by
Gal 2:14 do you compel Gentiles to l
Gal 2:19 to the law that I might l
Gal 2:20 it is no longer I who l,
Gal 2:20 and the life which I now l
Gal 3:11 the just shall l by
Gal 3:12 who does them shall l
Gal 5:25 If we l in the Spirit, let us
Eph 6: 3 with you and you may l
Phil 1:21 to l is Christ, and to die
Phil 1:22 But if I l on in the flesh,
1Th 5:10 we should l together with
2Ti 2:11 We shall also l with Him.
2Ti 3:12 and all who desire to l
Tit 2:12 we should l soberly,
Heb 10:38 Now the just shall l
Heb 13:18 in all things desiring to l
Jas 4:15 we shall l and do this or
1Pe 2:24 might l for righteousness—by
1Pe 4: 2 that he no longer should l
1Pe 4: 6 but l according to God in
2Pe 2: 6 those who afterward would l
2Pe 2:18 escaped from those who l in
1Jn 4: 9 that we might l through Him.
Rev 20: 5 rest of the dead did not l

LIVED (*see* LIVE)
Num 21: 9 at the bronze serpent, he l.
Deut 5:26 the fire, as we have, and l?
Col 3: 7 once walked when you l in
Rev 20: 4 And they l and reigned with

LIVES (*see* LIVE)
Gen 9: 3 Every moving thing that l
Deut 8: 3 but man l by every word
Judg 8:19 my mother. As the LORD l,
1Sa 1:26 "O my lord! As your soul l,
2Sa 23:17 in jeopardy of their l?
Job 19:25 I know that my Redeemer l,
Ps 18:46 The LORD l! Blessed be my
Ps 90:10 The days of our l are
Dan 4:34 and honored Him who l
Dan 12: 7 and swore by Him who l
Luke 9:56 not come to destroy men's l
John 4:50 "Go your way; your son l.
John 11:26 And whoever l and believes in
Rom 6:10 He l to God.
Rom 14: 7 For none of us l to himself,
1Co 7:39 law as long as her husband l;
2Co 13: 4 yet He l by the power of
Gal 2:20 but Christ l in me; and the
Heb 7:25 since He always l to make
Heb 9:17 at all while the testator l.
1Pe 1:23 the word of God which l and
1Jn 3:16 ought to lay down our l
Rev 1:18 "I am He who l,
Rev 4: 9 who l forever and ever,

LIVESTOCK
Gen 4:20 dwell in tents and have l.
Gen 13: 2 Abram was very rich in l,
Ex 9: 6 and all the l of Egypt died·
Ex 12:29 and all the firstborn of l.

LIVING (*see* LIVE)
Gen 1:21 sea creatures and every l
Gen 2: 7 and man became a l being.
Gen 3:20 she was the mother of all l.
Ruth 2:20 His kindness to the l and
1Sa 17:26 defy the armies of the l

1Ki 3:25 Divide the l child in two,
Job 28:13 found in the land of the l.
Ps 27:13 LORD In the land of the l.
Ps 42: 2 for the l God. When shall I
Ps 69:28 out of the book of the l,
Ps 84: 2 my flesh cry out for the l
Ps 104:25 L things both small and
Ps 145:16 the desire of every l thing.
Eccl 9: 4 for a l dog is better than a
Song 4:15 A well of l waters, And
Is 4: 3 who is recorded among the l
Is 8:19 the dead on behalf of the l?
Is 53: 8 off from the land of the l;
Jer 2:13 the fountain of l waters,
Jer 10:10 He is the l God and the
Jer 17:13 The fountain of l waters."
Ezek 1: 5 came the likeness of four l
Dan 6:20 servant of the l God, has
Hos 1:10 You are sons of the l God.'
Matt 16:16 the Son of the l God."
Matt 22:32 of the dead, but of the l.
Luke 2: 8 the same country shepherds l
Luke 24: 5 Why do you seek the l among
John 4:10 He would have given you l
John 6:51 I am the l bread which came
John 7:38 heart will flow rivers of l
Acts 10:42 God to be Judge of the l
Rom 9:26 called sons of the l
Rom 12: 1 you present your bodies a l
1Co 15:45 man Adam became a l
2Co 3: 3 but by the Spirit of the l
2Co 6:16 you are the temple of the l
1Th 1: 9 from idols to serve the l
1Ti 3:15 is the church of the l God,
2Ti 4: 1 who will judge the l and the
Tit 3: 3 l in malice and envy,
Heb 3:12 in departing from the l God;
Heb 4:12 For the word of God is l and
Heb 9:14 dead works to serve the l
Heb 10:20 by a new and l way which He
Heb 10:31 into the hands of the l God.
Heb 12:22 and to the city of the l
1Pe 1: 3 has begotten us again to a l
1Pe 2: 4 Coming to Him as to a l
1Pe 4: 5 who is ready to judge the l
Rev 4: 6 were four l creatures full
Rev 7: 2 having the seal of the l
Rev 7:17 them and lead them to l

LO
Matt 28:20 I have commanded you; and l,

LOAF (*see* LOAVES)
Judg 7:13 a l of barley bread tumbled
Mark 8:14 did not have more than one l

LOATHE
Job 7:16 I l my life; I would not
Ps 139:21 And do I not l those who

LOAVES (*see* LOAF)
Matt 16: 9 or remember the five l of
Matt 16:10 Nor the seven l of the four
Mark 6:41 blessed and broke the l,

LOCUST (*see* LOCUSTS)
Ex 10:19 There remained not one l in
Joel 1: 4 What the chewing l left,
Amos 7: 1 He formed l swarms at the

LOCUSTS (*see* LOCUST)
Prov 30:27 The l have no king, Yet
Mark 1: 6 and he ate l and wild honey.
Rev 9: 3 Then out of the smoke l came

LODGE
Ruth 1:16 wherever you lodge, I will l;

LOFTY
Is 57:15 thus says the High and L

LOINS
1Ki 18:46 and he girded up his l and
Heb 7:10 for he was still in the l of
1Pe 1:13 Therefore gird up the l of

LOIS†
2Ti 1: 5 first in your grandmother L

LONG (*see* LONGER, LONGING, LONGS)
Ex 20:12 that your days may be l upon
Num 9:18 as l as the cloud stayed
Num 14:11 And how l will they not
Num 14:27 How l shall I bear with
Num 20:15 and we dwelt in Egypt a l
Deut 5:16 you, that your days may be l,
Deut 12:20 because you l to eat meat,
Deut 19: 6 him, because the way is l,
Josh 6: 5 when they make a l blast
Josh 11:18 Joshua made war a l time with
1Sa 1:14 How l will you be drunk? Put
1Sa 7: 2 in Kirjath Jearim a l time;
1Sa 10:24 L live the king!"
1Ki 3:11 and have not asked l life
1Ki 18:21 How l will you falter between
Job 3:21 Who l for death, but it does
Job 6: 8 me the thing that I l for!
Job 7:19 How l? Will You not look
Job 18: 2 How l till you put an end to
Job 27: 3 As l as my breath is in me,
Job 27: 6 shall not reproach me as l
Ps 6: 3 But You, O LORD—HOW l?
Ps 13: 1 How l will You hide Your
Ps 32: 3 my groaning all the day l.
Ps 35:28 of Your praise all the day l.
Ps 44:22 sake we are killed all day l;
Ps 62: 3 How l will you attack a man?
Ps 72: 5 They shall fear You As l as
Ps 73:14 For all day l I have been
Ps 80: 4 How l will You be angry
Ps 89:16 name they rejoice all day l,
Ps 90:13 Return, O LORD! How l?
Ps 91:16 With l life I will satisfy
Ps 94: 3 How l will the wicked
Ps 104:33 will sing to the LORD as l
Ps 116: 2 I will call upon Him as l
Ps 119:40 I l for Your precepts;
Ps 129: 3 They made their furrows l.

L

Ps 143: 3 Like those who have I been
Prov 3: 2 For length of days and I
Prov 6: 9 How I will you slumber, O
Prov 7:19 He has gone on a I journey;
Prov 23:30 Those who linger I at the
Is 6:11 Then I said, "Lord, how I?
Is 22:11 for Him who fashioned it I
Is 65: 2 out My hands all day I to a
Jer 12: 4 How I will the land mourn,
Jer 47: 6 How I until you are quiet?
Ezek 44:20 nor let their hair grow I;
Dan 8:13 How I will the vision be,
Dan 10: 1 the appointed time was I;
Dan 12: 6 How I shall the fulfillment
Mark 12:38 who desire to go around in I
John 9: 5 As I as I am in the world, I
John 14: 9 "Have I been with you so I,
1Co 11:14 you that if a man has I
1Co 11:15 But if a woman has I hair, it
1Co 13: 4 Love suffers I and is kind;
Rev 6:10 loud voice, saying, "How I,

LONGER (*see* LONG)

Ex 2: 3 But when she could no I hide
Matt 19: 6 they are no I two but one
Mark 14:25 I will no I drink of the
Luke 15:19 and I am no I worthy to be
Luke 22:16 I will no I eat of it until
John 7:33 be with you a little while I,
John 11:54 Therefore Jesus no I walked
John 12:35 A little while I the light is
John 14:19 A little while I and the
John 15:15 No I do I call you servants,
John 16:25 is coming when I will no I
John 17:11 Now I am no I in the world,
Rom 6: 2 who died to sin live any I
Rom 6: 6 that we should no I be
Rom 6: 9 Death no I has dominion over
Rom 7:17 it is no I I who do it,
Rom 11: 6 then it is no I of works;
Rom 11: 6 otherwise grace is no I
Rom 14:15 you are no I walking in
2Co 5:15 who live should live no I
2Co 5:16 now we know Him thus no I.
Gal 2:20 it is no I I who live, but
Gal 3:18 it is no I of promise; but
Gal 3:25 we are no I under a tutor.
Gal 4: 7 Therefore you are no I a
Eph 2:19 you are no I strangers and
Eph 4:14 that we should no I be
Eph 4:17 that you should no I walk as
Eph 4:28 Let him who stole steal no I,
1Th 3: 1 when we could no I endure
1Ti 5:23 No I drink only water, but
Phm 1:16 no I as a slave but more than
Heb 10:18 there is no I an offering
Heb 10:26 there no I remains a
1Pe 4: 2 that he no I should live the
Rev 6:11 should rest a little while I,

LONGING

Ps 107: 9 For He satisfies the I soul,

LONGS (*see* LONG)

Ps 63: 1 My flesh I for You In a
Ps 84: 2 My soul I, yes, even
Ps 143: 6 My soul I for You like a

LONGSUFFERING

Ex 34: 6 merciful and gracious, I,
Num 14:18 The LORD is I and abundant
Ps 86:15 L and abundant in mercy and
Rom 2: 4 goodness, forbearance, and I,
Rom 9:22 endured with much I the
2Co 6: 6 purity, by knowledge, by I,
Gal 5:22 is love, joy, peace, I,
Eph 4: 2 and gentleness, with I,
Col 1:11 for all patience and I with
Col 3:12 humility, meekness, I;
2Ti 4: 2 with all I and teaching.
1Pe 3:20 when once the Divine I
2Pe 3: 9 but is I toward us, not
2Pe 3:15 and consider that the I of

LOOK (*see* EXAMINE, LOOKED, LOOKING, LOOKS)

Gen 13:14 Lift your eyes now and I from
Gen 15: 5 L now toward heaven, and
Ex 3: 6 for he was afraid to I upon
Num 15:39 that you may I upon it and
Deut 26:15 L down from Your holy
1Sa 16: 7 Do not I at his appearance or
Job 6:28 be pleased to I at me; For
Job 7:19 Will You not I away from
Job 21: 5 L at me and be astonished
Job 35: 5 L to the heavens and see
Ps 17: 2 Let Your eyes I on the
Ps 22:17 They I and stare at Me.
Ps 25:18 L on my affliction and my
Ps 35:17 how long will You I on?
Ps 80:14 L down from heaven and see,
Ps 84: 9 And I upon the face of Your
Ps 101: 5 one who has a haughty I and
Ps 123: 2 So our eyes I to the LORD
Prov 6:17 A proud I, A lying tongue
Prov 21: 4 A haughty I, a proud heart,
Prov 23:31 Do not I on the wine when it
Is 45:22 L to Me, and be saved, All
Is 51: 1 L to the rock from which
Is 51: 2 L to Abraham your father,
Is 59: 9 We I for light, but there
Is 59:11 We I for justice, but
Is 63:15 L down from heaven, And
Hab 1:13 And cannot I on wickedness.
Hab 1:13 Why do You I on those who
Zech 12:10 then they will I on Me whom
Matt 6:26 L at the birds of the air,
Matt 7: 3 And why do you I at the speck
Matt 11: 3 or do we I for another?"
Matt 24:26 if they say to you, 'L,
Luke 17:23 L here!' or 'Look there!' Do
Luke 21:28 I up and lift up your heads,
Luke 21:29 L at the fig tree, and all
John 4:35 lift up your eyes and I at
John 7:52 from Galilee? Search and I,
John 19:37 They shall I on Him whom

John 20:27 and I at My hands; and reach
Acts 3:12 Or why I so intently at us,
Acts 18:15 I to it yourselves; for I
2Co 10: 7 Do you I at things according
Phil 2: 4 Let each of you I out not
1Pe 1:12 which angels desire to I
2Pe 3:13 I for new heavens and a new
2Jn 8 L to yourselves, that we do
Rev 5: 3 or to I at it.

LOOKED (*see* LOOK)
Gen 18: 2 So he lifted his eyes and I,
Gen 19:26 But his wife I back behind
Ex 2:12 So he I this way and that
Ex 3: 2 the midst of a bush. So he I,
Job 30:26 But when I I for good, evil
Ps 34: 5 They I to Him and were
Is 5: 7 He I for justice, but
Jer 8:15 We I for peace, but no good
Matt 19:26 But Jesus I at them and said
Mark 6:41 He I up to heaven, blessed
Mark 8:33 He had turned around and I
Mark 14:67 she I at him and said, "You
Luke 1:25 in the days when He I on
Luke 2:38 of Him to all those who I
Luke 21: 1 And He I up and saw the rich
Luke 22:56 I intently at him and said,
Luke 22:61 And the Lord turned and I at
John 1:42 Now when Jesus I at him, He
John 20:11 she stooped down and I
Acts 1:10 And while they I steadfastly
Acts 13: 9 I intently at him
Heb 11:26 for he I to the reward.
1Jn 1: 1 which we have I upon, and
Rev 4: 1 After these things I I,

LOOKING (*see* LOOK)
Luke 9:62 and I back, is fit for the
Tit 2:13 I for the blessed hope and
Heb 12: 2 I unto Jesus, the author and
2Pe 3:12 I for and hastening the

LOOKS (*see* LOOK)
1Sa 16: 7 for man I at the outward
1Sa 16: 7 but the LORD I at the
2Sa 14:25 as Absalom for his good I.
Ps 14: 2 The LORD I down from heaven
Matt 5:28 I say to you that whoever I

LOOSE (*see* LOOSED, RELEASE)
Judg 15:14 and his bonds broke I from
Matt 16:19 and whatever you I on earth
Mark 1: 7 worthy to stoop down and I.

LOOSED (*see* LOOSE)
Eccl 12: 6 before the silver cord is I,
Matt 18:18 loose on earth will be I in
Acts 2:24 having I the pains of death,

LORD (*see* LORD'S, LORDS, THE-LORD-IS-MY-BANNER, THE-LORD-WILL-PROVIDE, YAH)
Gen 2: 4 in the day that the L God
Gen 2: 7 And the L God formed man of
Gen 2: 8 The L God planted a garden
Gen 2: 9 And out of the ground the L
Gen 2:15 Then the L God took the man
Gen 3: 8 heard the sound of the L
Gen 4:26 call on the name of the L.
Gen 6: 8 grace in the eyes of the L.
Gen 7:16 and the L shut him in.
Gen 8:20 built an altar to the L,
Gen 10: 9 mighty hunter before the L;
Gen 11: 5 But the L came down to see
Gen 11: 8 So the L scattered them
Gen 12: 7 Then the L appeared to Abram
Gen 13:10 like the garden of the L,
Gen 15: 2 L GOD, what will You give
Gen 15: 6 And he believed in the L,
Gen 16: 7 Now the Angel of the L
Gen 18:12 my I being old also?"
Gen 18:14 anything too hard for the L?
Gen 18:30 Let not the L be angry, and I
Gen 22:14 In the Mount of The L it
Gen 24: 7 The L God of heaven, who
Gen 28:13 the L stood above it and
Gen 28:13 I am the L God of Abraham
Gen 28:16 Surely the L is in this
Gen 31:49 May the L watch between you
Ex 3: 2 And the Angel of the L
Ex 3:15 The L God of your fathers,
Ex 3:18 The L God of the Hebrews has
Ex 3:18 we may sacrifice to the L
Ex 5: 2 said, "Who is the L,
Ex 5: 2 go? I do not know the L,
Ex 6: 2 said to him: "I am the L.
Ex 6: 3 but by My name L I was not
Ex 6: 6 of Israel: 'I am the L;
Ex 7:16 The L God of the Hebrews has
Ex 8:10 is no one like the L our
Ex 9:12 But the L hardened the heart
Ex 9:30 you will not yet fear the L
Ex 10: 7 that they may serve the L
Ex 10: 9 must hold a feast to the L.
Ex 12:23 For the L will pass through
Ex 12:23 the L will pass over the
Ex 12:27 Passover sacrifice of the L,
Ex 12:29 pass at midnight that the L
Ex 13:12 shall set apart to the L
Ex 13:14 By strength of hand the L
Ex 13:21 And the L went before them
Ex 14:13 see the salvation of the L,
Ex 14:14 The L will fight for you,
Ex 14:21 and the L caused the sea to
Ex 14:27 So the L overthrew the
Ex 14:30 So the L saved Israel that
Ex 14:31 so the people feared the L,
Ex 14:31 and believed the L and His
Ex 15: 1 sang this song to the L,
Ex 15: 1 "I will sing to the L,
Ex 15: 2 The L is my strength and
Ex 15: 3 The L is a man of war;
Ex 15: 3 The L is His name.
Ex 15: 6 "Your right hand, O L,
Ex 15:11 "Who is like You, O L,
Ex 15:16 Your people pass over, O L,
Ex 15:18 The L shall reign forever
Ex 15:19 and the L brought back the

L

Ex 15:26 For I am the L who heals
Ex 16: 7 see the glory of the L;
Ex 16: 7 complaints against the L.
Ex 16:23 a holy Sabbath to the L.
Ex 16:33 and lay it up before the L,
Ex 17: 2 me? Why do you tempt the L?
Ex 17: 4 So Moses cried out to the L,
Ex 18: 9 all the good which the L
Ex 18:10 said, "Blessed be the L,
Ex 19:18 because the L descended
Ex 19:20 Then the L came down upon
Ex 19:21 through to gaze at the L,
Ex 19:22 priests who come near the L
Ex 19:22 lest the L break out
Ex 20: 5 the L your God, am a
Ex 20: 7 not take the name of the L
Ex 20:10 is the Sabbath of the L
Ex 20:11 For in six days the L made
Ex 20:11 Therefore the L blessed the
Ex 22:11 then an oath of the L shall
Ex 22:20 except to the L only, he
Ex 24: 1 Moses, "Come up to the L,
Ex 24: 2 alone shall come near the L,
Ex 24: 5 offerings of oxen to the L.
Ex 24: 7 All that the L has said we
Ex 24: 8 of the covenant which the L
Ex 24:16 Now the glory of the L
Ex 28:36 signet: HOLINESS TO THE L.
Ex 31:13 may know that I am the L
Ex 31:15 of rest, holy to the L.
Ex 31:17 for in six days the L made
Ex 32: 5 is a feast to the L.
Ex 32:14 So the L relented from the
Ex 32:35 So the L plagued the people
Ex 34: 6 And the L passed before him
Ex 34: 6 him and proclaimed, "The L,
Ex 34:14 no other god, for the L,
Ex 35: 2 a Sabbath of rest to the L.
Ex 40:34 and the glory of the L
Ex 40:38 For the cloud of the L was
Lev 1: 2 brings an offering to the L,
Lev 1: 5 kill the bull before the L;
Lev 18: 2 I am the L your God.
Lev 18: 5 live by them: I am the L.
Lev 20: 8 I am the L who sanctifies
Lev 23: 3 it is the Sabbath of the L
Lev 24: 6 gold table before the L.
Lev 25: 1 And the L spoke to Moses on
Lev 25: 2 keep a sabbath to the L.
Lev 26:46 and laws which the L made
Lev 27: 2 certain persons to the L,
Lev 27:28 is most holy to the L.
Num 3: 4 profane fire before the L
Num 4:49 to the commandment of the L
Num 5: 6 against the L,
Num 5: 8 wrong must go to the L
Num 5:16 and set her before the L.
Num 5:21 the L make you a curse and
Num 5:21 when the L makes your thigh
Num 6: 2 separate himself to the L,
Num 6: 6 separates himself to the L
Num 6: 8 he shall be holy to the L.
Num 6:12 shall consecrate to the L
Num 6:24 The L bless you and keep
Num 6:25 The L make His face shine
Num 6:26 The L lift up His
Num 8: 4 to the pattern which the L
Num 8:10 the Levites before the L,
Num 8:11 perform the work of the L.
Num 9: 8 that I may hear what the L
Num 9:13 the offering of the L at
Num 9:18 and at the command of the L
Num 9:19 kept the charge of the L
Num 9:20 to the command of the L
Num 10:29 the place of which the L
Num 10:29 for the L has promised good
Num 10:32 that whatever good the L
Num 10:33 from the mountain of the L
Num 10:33 of the covenant of the L
Num 10:34 And the cloud of the L was
Num 10:35 O L! Let Your enemies be
Num 11: 1 it displeased the L;
Num 11: 1 So the fire of the L burned
Num 11: 2 when Moses prayed to the L,
Num 11:18 in the hearing of the L,
Num 11:28 and said, "Moses my l,
Num 11:31 a wind went out from the L,
Num 11:33 and the L struck the people
Num 12: 2 Has the L indeed spoken only
Num 12: 2 And the L heard it.
Num 12: 6 among you, I, the L,
Num 12: 8 he sees the form of the L.
Num 12: 9 So the anger of the L was
Num 12:11 my l! Please do not lay
Num 14: 3 Why has the L brought us to
Num 14: 8 If the L delights in us,
Num 14: 9 do not rebel against the L,
Num 14:14 these people; that You, L,
Num 14:17 let the power of my L be
Num 14:18 The L is longsuffering and
Num 14:42 for the L is not among
Num 14:43 have turned away from the L,
Num 14:44 of the covenant of the L
Num 15:15 stranger be before the L.
Num 15:30 brings reproach on the L,
Num 15:31 despised the word of the L,
Num 16: 5 Tomorrow morning the L will
Num 16:17 his censer before the L,
Num 16:30 But if the L creates a new
Num 16:30 men have rejected the L.
Num 16:35 a fire came out from the L
Num 21: 6 So the L sent fiery serpents
Num 21:14 Book of the Wars of the L:
Num 22:22 and the Angel of the L took
Num 22:28 Then the L opened the mouth
Num 22:31 Then the L opened Balaam's
Num 23: 5 Then the L put a word in
Num 30: 2 a man makes a vow to the L,
Num 30: 3 woman makes a vow to the L,
Deut 1: 8 the land which the L swore
Deut 1:27 Because the L hates us, He
Deut 1:36 he wholly followed the L.
Deut 2: 7 These forty years the L
Deut 4:12 And the L spoke to you out
Deut 4:15 you saw no form when the L
Deut 4:23 the covenant of the L your
Deut 6: 2 that you may fear the L your
Deut 6: 4 The L our God, the LORD

Deut 6: 5 You shall love the L your
Deut 6:16 shall not tempt the L
Deut 7: 6 are a holy people to the L
Deut 7: 6 the L your God has chosen
Deut 7: 7 The L did not set His love
Deut 7: 8 but because the L loves you,
Deut 7: 9 Therefore know that the L
Deut 7:25 is an abomination to the L
Deut 8: 2 shall remember that the L
Deut 10:17 God is God of gods and L
Deut 10:20 You shall fear the L your
Deut 12: 5 seek the place where the L
Deut 12:21 If the place where the L
Deut 12:29 When the L your God cuts
Deut 13: 3 know whether you love the L
Deut 14: 1 are the children of the L
Deut 14: 2 are a holy people to the L
Deut 14: 2 and the L has chosen you to
Deut 14:23 you may learn to fear the L
Deut 15: 9 and he cry out to the L
Deut 15:15 and the L your God redeemed
Deut 15:19 you shall sanctify to the L
Deut 16: 1 keep the Passover to the L
Deut 16:15 a sacred feast to the L
Deut 16:16 not appear before the L
Deut 17: 1 is an abomination to the L
Deut 18: 2 the L is their inheritance,
Deut 18: 7 stand there before the L.
Deut 18:15 The L your God will raise
Deut 18:21 know the word which the L
Deut 18:22 speaks in the name of the L,
Deut 18:22 is the thing which the L
Deut 20:18 and you sin against the L
Deut 23: 1 enter the assembly of the L.
Deut 23:21 you make a vow to the L
Deut 26: 3 to the country which the L
Deut 26: 4 before the altar of the L
Deut 28: 7 The L will cause your
Deut 28:11 And the L will grant you
Deut 28:21 The L will make the plague
Deut 28:22 The L will strike you with
Deut 28:58 THE L YOUR GOD,
Deut 28:64 Then the L will scatter you
Deut 29:20 and the L would blot out
Deut 29:28 And the L uprooted them from
Deut 30: 6 to love the L your God with
Deut 31:11 to appear before the L
Deut 31:12 may learn to fear the L
Deut 31:27 rebellious against the L,
Deut 31:29 evil in the sight of the L,
Deut 32: 3 proclaim the name of the L:
Deut 33: 2 The L came from Sinai, And
Deut 33:12 The beloved of the L shall
Deut 33:29 a people saved by the L,
Deut 34: 1 And the L showed him all
Deut 34:10 whom the L knew face to
Deut 34:11 and wonders which the L
Josh 1: 1 Moses the servant of the L,
Josh 2:10 we have heard how the L
Josh 2:12 you, swear to me by the L,
Josh 3:11 of the covenant of the L of
Josh 4:23 for the L your God dried up
Josh 5:14 of the army of the L I
Josh 6:11 So he had the ark of the L
Josh 6:19 are consecrated to the L;
Josh 6:19 into the treasury of the L.
Josh 6:27 So the L was with Joshua,
Josh 7: 1 so the anger of the L
Josh 7:19 give glory to the L God of
Josh 14: 8 I wholly followed the L my
Josh 22: 5 to love the L your God, to
Josh 22:16 this day against the L?
Josh 22:22 The L God of gods, the LORD
Josh 22:22 the L God of gods, He
Josh 24:15 house, we will serve the L.
Josh 24:16 we should forsake the L to
Josh 24:18 We also will serve the L,
Josh 24:24 The L our God we will serve,
Josh 24:29 Nun, the servant of the L,
Judg 2: 1 Then the Angel of the L came
Judg 2:16 the L raised up judges who
Judg 2:18 the L was with the judge
Judg 2:18 for the L was moved to pity
Judg 3: 7 They forgot the L their
Judg 3: 9 the L raised up a deliverer
Judg 3:10 The Spirit of the L came
Judg 4: 2 So the L sold them into the
Judg 5:11 the righteous acts of the L,
Judg 6:22 seen the Angel of the L
Judg 6:34 But the Spirit of the L came
Judg 7:20 The sword of the L and of
Judg 8:23 the L shall rule over
Judg 11:30 made a vow to the L,
Judg 13: 3 And the Angel of the L
Judg 13:25 And the Spirit of the L
Judg 16:20 he did not know that the L
Judg 16:28 Samson called to the L,
Ruth 1: 8 The L deal kindly with you,
Ruth 1:17 The L do so to me, and
Ruth 2: 4 The L be with you!" And
Ruth 2: 4 The L bless you!"
Ruth 4:13 the L gave her conception,
Ruth 4:14 Naomi, "Blessed be the L,
1Sa 1:11 I will give him to the L
1Sa 1:28 also have lent him to the L;
1Sa 2: 1 heart rejoices in the L;
1Sa 2: 1 horn is exalted in the L.
1Sa 2: 2 one is holy like the L,
1Sa 2: 6 The L kills and makes alive;
1Sa 2:21 Samuel grew before the L.
1Sa 2:26 in favor both with the L
1Sa 3: 4 that the L called Samuel.
1Sa 3: 7 did not yet know the L,
1Sa 3: 9 you must say, 'Speak, L,
1Sa 7:12 Thus far the L has helped
1Sa 15: 1 The L sent me to anoint you
1Sa 15:19 not obey the voice of the L?
1Sa 15:22 Has the L as great delight
1Sa 15:22 obeying the voice of the L?
1Sa 15:23 rejected the word of the L,
1Sa 15:26 and the L has rejected you
1Sa 15:28 The L has torn the kingdom
1Sa 15:33 in pieces before the L in
1Sa 15:35 and the L regretted that He
1Sa 16: 7 For the L does not see
1Sa 16: 7 but the L looks at the
1Sa 16: 8 Neither has the L chosen
1Sa 16:13 and the Spirit of the L

L

1Sa 16:14 spirit from the L troubled
1Sa 16:18 and the L is with him."
1Sa 20:42 May the L be between you and
1Sa 24:12 Let the L judge between you
1Sa 25:28 fights the battles of the L,
1Sa 25:38 that the L struck Nabal,
1Sa 26:19 be cursed before the L,
1Sa 26:23 May the L repay every man
1Sa 28: 6 when Saul inquired of the L,
1Sa 28: 6 the L did not answer him,
1Sa 28:18 not obey the voice of the L
2Sa 2: 6 And now may the L show
2Sa 3:39 The L shall repay the
2Sa 4: 8 and the L has avenged my
2Sa 6: 2 the L of Hosts, who dwells
2Sa 6: 5 played music before the L
2Sa 6: 9 How can the ark of the L
2Sa 6:11 And the L blessed Obed-Edom
2Sa 6:14 David danced before the L
2Sa 7:18 O L GOD? And what is my
2Sa 8: 6 The L preserved David
2Sa 12: 1 Then the L sent Nathan to
2Sa 12:13 have sinned against the L.
2Sa 12:14 to the enemies of the L to
2Sa 12:15 And the L struck the child
2Sa 14:11 As the L lives, not one
2Sa 15: 7 vow which I made to the L.
2Sa 22: 1 Then David spoke to the L
2Sa 22:32 who is God, except the L?
2Sa 23: 2 The Spirit of the L spoke by
2Sa 24: 1 Again the anger of the L was
1Ki 1:31 Let my I King David live
1Ki 6: 1 to build the house of the L.
1Ki 15: 4 for David's sake the L his
1Ki 18: 7 that you, my I Elijah?"
1Ki 18:12 servant have feared the L
1Ki 18:13 the prophets of the L,
1Ki 18:21 If the L is God, follow
1Ki 18:22 am left a prophet of the L;
1Ki 18:36 L God of Abraham, Isaac, and
1Ki 18:38 Then the fire of the L fell
1Ki 18:39 and they said, "The L,
1Ki 19: 4 "It is enough! Now, L,
1Ki 19: 7 And the angel of the L came
1Ki 19:11 the mountain before the L.
1Ki 19:11 the L passed by, and a
1Ki 19:11 in pieces before the L,
1Ki 19:11 but the L was not in the
1Ki 20:28 The L is God of the hills,
1Ki 22: 7 still a prophet of the L
1Ki 22:19 I saw the L sitting on His
1Ki 22:28 the L has not spoken by
2Ki 1:15 And the angel of the L said
2Ki 2:14 Where is the L God of
2Ki 2:16 the Spirit of the L has
2Ki 3:15 that the hand of the L came
2Ki 4: 1 your servant feared the L.
2Ki 5:18 in this thing may the L
2Ki 6:18 him, Elisha prayed to the L,
2Ki 6:33 calamity is from the L;
2Ki 10:16 and see my zeal for the L.
2Ki 10:30 And the L said to Jehu,
2Ki 10:31 to walk in the law of the L
2Ki 11:15 in the house of the L.

2Ki 11:17 a covenant between the L,
2Ki 13:23 But the L was gracious to
2Ki 15: 3 right in the sight of the L,
2Ki 15: 5 Then the L struck the king,
2Ki 17: 9 secretly did against the L
2Ki 17:11 things to provoke the L to
2Ki 17:20 And the L rejected all the
2Ki 17:23 until the L removed Israel
2Ki 17:25 they did not fear the L;
2Ki 17:25 therefore the L sent lions
2Ki 17:41 these nations feared the L,
2Ki 18: 6 For he held fast to the L;
2Ki 18:22 We trust in the L our God,'
2Ki 19:14 and spread it before the L.
2Ki 19:15 prayed before the L,
2Ki 19:16 "Incline Your ear, O L,
2Ki 19:16 hear; open Your eyes, O L,
2Ki 19:19 O L our God, I pray, save
2Ki 19:31 The zeal of the L of hosts
2Ki 20: 2 wall, and prayed to the L,
2Ki 20: 3 "Remember now, O L,
2Ki 21:22 He forsook the L God of his
2Ki 22: 8 Law in the house of the L.
2Ki 22: 9 oversee the house of the L.
2Ki 22:13 is the wrath of the L
2Ki 23: 3 a covenant before the L,
2Ki 23:21 the Passover to the L
2Ki 24: 4 which the L would not
2Ki 25: 9 burned the house of the L
1Ch 29:11 Yours is the kingdom, O L,
2Ch 1: 1 and the L his God was with
2Ch 11:16 their heart to seek the L
2Ch 12: 1 he forsook the law of the L,
2Ch 16: 9 For the eyes of the L run to
2Ch 31: 3 written in the Law of the L.
2Ch 32: 8 but with us is the L our
2Ch 32:22 Thus the L saved Hezekiah
2Ch 36:22 the L stirred up the spirit
Ezra 1: 1 the L stirred up the spirit
Ezra 1: 3 build the house of the L
Neh 1: 5 L God of heaven, O great
Neh 8: 9 day is holy to the L
Neh 8:10 for the joy of the L is
Neh 9: 3 Book of the Law of the L
Neh 9: 6 You alone are the L;
Job 1: 7 And the L said to Satan,
Job 1:21 The L gave, and the LORD
Job 1:21 and the L has taken away;
Job 1:21 be the name of the L.
Job 28:28 'Behold, the fear of the L,
Job 38: 1 Then the L answered Job out
Job 42: 9 for the L had accepted Job.
Job 42:10 Indeed the L gave Job twice
Job 42:12 Now the L blessed the latter
Ps 1: 2 is in the law of the L,
Ps 1: 6 For the L knows the way of
Ps 2: 2 Against the L and against
Ps 2: 7 The L has said to Me,
Ps 2:11 Serve the L with fear, And
Ps 3: 8 belongs to the L.
Ps 4: 3 But know that the L has set
Ps 4: 3 The L will hear when I
Ps 5: 6 The L abhors the
Ps 5: 8 Lead me, O L,

Ps 6: 2 LORD, for I am weak; O L,
Ps 6: 3 troubled; But You, O L–
Ps 9: 1 I will praise You, O L,
Ps 9:11 Sing praises to the L,
Ps 9:13 O L! Consider my trouble
Ps 10: 1 do You stand afar off, O L?
Ps 10:16 The L is King forever and
Ps 11: 4 The L is in His holy
Ps 11: 5 The L tests the righteous,
Ps 12: 6 The words of the L are
Ps 13: 6 I will sing to the L,
Ps 14: 2 The L looks down from
Ps 14: 7 out of Zion! When the L
Ps 16: 7 I will bless the L who has
Ps 16: 8 I have set the L always
Ps 18: 1 I will love You, O L,
Ps 18: 2 The L is my rock and my
Ps 18:28 The L my God will
Ps 18:46 The L lives! Blessed be
Ps 19: 7 The law of the L is
Ps 19: 7 The testimony of the L is
Ps 19: 8 The statutes of the L are
Ps 19: 8 The commandment of the L
Ps 19: 9 The fear of the L is
Ps 19: 9 The judgments of the L
Ps 19:14 in Your sight, O L,
Ps 21: 7 the king trusts in the L,
Ps 21: 9 The L shall swallow them
Ps 22: 8 "He trusted in the L,
Ps 22:27 remember and turn to the L,
Ps 22:30 will be recounted of the L
Ps 23: 1 The L is my shepherd; I
Ps 23: 6 dwell in the house of the L
Ps 24: 3 into the hill of the L?
Ps 24: 5 receive blessing from the L,
Ps 24: 8 The L strong and mighty,
Ps 24: 8 The L mighty in battle.
Ps 24:10 The L of hosts, He is
Ps 25: 4 Show me Your ways, O L;
Ps 25:12 the man that fears the L?
Ps 26: 1 Vindicate me, O L,
Ps 26: 2 Examine me, O L,
Ps 26: 6 go about Your altar, O L,
Ps 27: 1 The L is my light and my
Ps 27: 1 The L is the strength of
Ps 27: 4 I have desired of the L,
Ps 27: 4 behold the beauty of the L,
Ps 27: 8 said to You, "Your face, L,
Ps 27:11 Teach me Your way, O L,
Ps 27:13 see the goodness of the L
Ps 28: 7 The L is my strength and
Ps 29: 2 Give unto the L the glory
Ps 29: 2 Worship the L in the
Ps 29: 3 The voice of the L is over
Ps 29:10 The L sat enthroned at the
Ps 29:10 And the L sits as King
Ps 29:11 The L will bless His
Ps 30: 1 I will extol You, O L,
Ps 30:10 Hear, O L, and have mercy
Ps 30:10 and have mercy on me; L,
Ps 31:24 All you who hope in the L.
Ps 32: 2 is the man to whom the L
Ps 32: 5 my transgressions to the L,
Ps 33: 2 Praise the L with the harp;
Ps 33: 5 of the goodness of the L.
Ps 33:12 nation whose God is the L,
Ps 33:13 The L looks from heaven;
Ps 33:18 the eye of the L is on
Ps 33:20 Our soul waits for the L;
Ps 34: 1 I will bless the L at all
Ps 34: 2 make its boast in the L;
Ps 34: 3 magnify the L with me, And
Ps 34: 4 I sought the L,
Ps 34: 6 and the L heard him, And
Ps 34: 7 The angel of the L encamps
Ps 34: 8 taste and see that the L
Ps 34:18 The L is near to those who
Ps 37: 3 Trust in the L,
Ps 37: 5 Commit your way to the L,
Ps 37: 7 Rest in the L,
Ps 37:23 man are ordered by the L,
Ps 40: 1 waited patiently for the L;
Ps 46: 7 The L of hosts is with us;
Ps 48: 1 Great is the L,
Ps 50: 1 The Mighty One, God the L,
Ps 55:22 Cast your burden on the L,
Ps 59:11 O L our shield.
Ps 68:11 The L gave the word; Great
Ps 70: 5 help and my deliverer; O L,
Ps 77: 7 Will the L cast off forever?
Ps 84: 2 For the courts of the L;
Ps 84:11 For the L God is a sun and
Ps 84:11 The L will give grace and
Ps 86: 1 Bow down Your ear, O L,
Ps 86:11 Teach me Your way, O L;
Ps 89: 1 of the mercies of the L
Ps 89: 6 can be compared to the L?
Ps 90:17 let the beauty of the L
Ps 93: 1 The L reigns, He is clothed
Ps 94: 1 O L God, to whom vengeance
Ps 94:17 Unless the L had been my
Ps 95: 1 let us sing to the L! Let
Ps 95: 6 Let us kneel before the L
Ps 96: 1 sing to the L a new song!
Ps 96: 7 Give to the L glory and
Ps 96: 9 worship the L in the beauty
Ps 96:10 The L reigns; The world
Ps 100: 1 a joyful shout to the L,
Ps 100: 2 Serve the L with gladness;
Ps 100: 3 Know that the L,
Ps 100: 5 For the L is good; His
Ps 102:19 From heaven the L viewed
Ps 103: 1 Bless the L, O my soul;
Ps 103:13 So the L pities those who
Ps 103:17 But the mercy of the L is
Ps 105: 1 give thanks to the L! Call
Ps 106: 1 Oh, give thanks to the L,
Ps 106: 2 the mighty acts of the L?
Ps 107: 2 Let the redeemed of the L
Ps 107: 6 they cried out to the L in
Ps 110: 1 The L said to my Lord,
Ps 110: 4 The L has sworn And will
Ps 110: 5 The L is at Your right
Ps 111:10 The fear of the L is the
Ps 115:17 dead do not praise the L,
Ps 116: 1 I love the L,
Ps 116:12 shall I render to the L
Ps 116:14 will pay my vows to the L

L

Ps 118: 8 better to trust in the L
Ps 118:14 The L is my strength and
Ps 118:24 This is the day the L has
Ps 118:26 comes in the name of the L!
Ps 119:89 Forever, O L, Your word is
Ps 119:107 very much; Revive me, O L,
Ps 120: 1 distress I cried to the L,
Ps 121: 2 My help comes from the L,
Ps 121: 5 The L is your keeper; The
Ps 121: 7 The L shall preserve you
Ps 122: 1 go into the house of the L.
Ps 124: 1 If it had not been the L who
Ps 126: 1 When the L brought back the
Ps 126: 2 The L has done great things
Ps 127: 1 Unless the L builds the
Ps 127: 3 are a heritage from the L,
Ps 130: 3 should mark iniquities, O L,
Ps 130: 7 For with the L there is
Ps 135: 1 O you servants of the L!
Ps 135: 6 Whatever the L pleases He
Ps 136: 1 Oh, give thanks to the L,
Ps 139:21 Do I not hate them, O L,
Ps 144: 1 Blessed be the L my Rock,
Ps 144: 5 Bow down Your heavens, O L,
Ps 144:15 people whose God is the L!
Ps 145:10 works shall praise You, O L,
Ps 145:17 The L is righteous in all
Prov 1: 7 The fear of the L is the
Prov 3: 5 Trust in the L with all
Prov 3:12 For whom the L loves He
Prov 3:19 The L by wisdom founded
Prov 6:16 These six things the L
Prov 8:13 The fear of the L is to
Prov 8:22 The L possessed me at the
Prov 8:35 obtains favor from the L;
Prov 9:10 The fear of the L is the
Prov 16: 2 But the L weighs the
Prov 16: 7 a man's ways please the L,
Prov 16: 9 But the L directs his
Prov 16:33 decision is from the L.
Prov 17: 3 But the L tests the
Prov 19:23 The fear of the L leads to
Prov 20:24 man's steps are of the L;
Prov 21: 2 But the L weighs the
Prov 31:30 a woman who fears the L,
Is 1: 2 O earth! For the L has
Is 1: 9 Unless the L of hosts Had
Is 2: 3 up to the mountain of the L,
Is 2: 3 And the word of the L from
Is 5: 7 For the vineyard of the L
Is 6: 1 I saw the L sitting on a
Is 6: 3 holy is the L of hosts;
Is 7:14 Therefore the L Himself will
Is 8:18 and the children whom the L
Is 9: 7 The zeal of the L of hosts
Is 11: 2 The Spirit of the L shall
Is 11: 2 and of the fear of the L.
Is 11: 9 of the knowledge of the L
Is 12: 2 afraid; 'For YAH, the L,
Is 19:19 and a pillar to the L at
Is 25: 8 And the L GOD will wipe
Is 26: 4 For in YAH, the L,
Is 30:33 wood; The breath of the L,
Is 33:22 (For the L is our Judge,
Is 33:22 The L is our King; He
Is 37:36 Then the angel of the L
Is 40: 3 "Prepare the way of the L;
Is 40: 5 The glory of the L shall be
Is 40: 7 the breath of the L blows
Is 40:13 the Spirit of the L,
Is 40:27 way is hidden from the L,
Is 40:28 The everlasting God, the L,
Is 40:31 those who wait on the L
Is 41: 4 the beginning? 'I, the L,
Is 42: 8 I am the L, that is My
Is 42:10 Sing to the L a new song,
Is 43:11 I, even I, am the L,
Is 44:23 for the L has done it!
Is 45: 6 besides Me. I am the L,
Is 48:22 is no peace," says the L,
Is 50: 5 The L GOD has opened My
Is 51: 3 For the L will comfort
Is 51: 3 like the garden of the L;
Is 52: 9 of Jerusalem! For the L
Is 52:10 The L has made bare His
Is 53: 1 whom has the arm of the L
Is 53: 6 And the L has laid on Him
Is 53:10 Yet it pleased the L to
Is 53:10 And the pleasure of the L
Is 55: 6 Seek the L while He may be
Is 55: 7 Let him return to the L,
Is 58: 5 an acceptable day to the L?
Is 58: 9 and the L will answer; You
Is 58:13 The holy day of the L
Is 58:14 delight yourself in the L;
Is 59:19 fear The name of the L
Is 60: 1 And the glory of the L is
Is 60:14 call you The City of the L,
Is 61: 1 The Spirit of the L GOD is
Is 61: 1 Because the L has anointed
Is 61: 2 acceptable year of the L,
Is 61: 3 The planting of the L,
Is 62: 8 The L has sworn by His
Is 62:12 The Redeemed of the L;
Is 63: 7 lovingkindnesses of the L
Is 63:16 acknowledge us. You, O L,
Is 66: 5 Let the L be glorified,
Is 66:15 the L will come with fire
Is 66:16 and by His sword The L
Jer 1: 4 Then the word of the L came
Jer 1: 6 L GOD! Behold, I cannot
Jer 1: 8 deliver you," says the L.
Jer 1:19 am with you," says the L.
Jer 7: 4 LORD, the temple of the L,
Jer 9:24 knows Me, That I am the L,
Jer 9:24 I delight," says the L.
Jer 10:10 But the L is the true God;
Jer 15:20 deliver you," says the L.
Jer 17: 5 heart departs from the L.
Jer 17: 7 the man who trusts in the L,
Jer 17: 7 And whose hope is the L.
Jer 22:16 knowing Me?" says the L.
Jer 23: 6 L OUR RIGHTEOUSNESS.
Jer 23:34 The oracle of the L!' I will
Jer 28: 6 Amen! The L do so; the LORD
Jer 28:15 the L has not sent you, but
Jer 31:31 days are coming, says the L,
Jer 31:32 husband to them, says the L.

Jer 31:33 those days, says the L:
Jer 31:34 saying, 'Know the L,
Jer 33:16 L OUR RIGHTEOUSNESS.'
Jer 47: 6 "O you sword of the L,
Jer 50:25 The L has opened His
Jer 50:28 the vengeance of the L our
Jer 50:35 the Chaldeans," says the L,
Jer 51:39 not awake," says the L.
Jer 51:45 the fierce anger of the L.
Jer 51:48 the north," says the L.
Jer 52:13 burned the house of the L
Jer 52:17 were in the house of the L,
Lam 1: 9 had no comforter. "O L,
Lam 1:15 The L has trampled underfoot
Lam 2: 7 The L has spurned His altar,
Lam 2: 9 find no vision from the L.
Lam 3:18 Have perished from the L.
Lam 3:25 The L is good to those who
Lam 3:31 For the L will not cast off
Lam 3:40 And turn back to the L;
Lam 3:50 Till the L from heaven
Lam 4:11 The L has fulfilled His
Lam 5:21 Turn us back to You, O L,
Ezek 1: 3 and the hand of the L was
Ezek 1:28 of the glory of the L.
Ezek 3:14 but the hand of the L was
Ezek 6: 7 shall know that I am the L.
Ezek 7: 9 know that I am the L who
Ezek 7:19 day of the wrath of the L;
Ezek 8:12 The L does not see us, the
Ezek 8:12 the L has forsaken the
Ezek 8:16 toward the temple of the L
Ezek 9: 9 The L has forsaken the land,
Ezek 10: 4 Then the glory of the L went
Ezek 11: 5 Then the Spirit of the L
Ezek 11:23 And the glory of the L went
Ezek 13: 5 battle on the day of the L.
Ezek 16:23 woe to you!' says the L
Ezek 16:58 abominations," says the L.
Ezek 18:25 The way of the L is not
Ezek 20:12 know that I am the L who
Ezek 20:48 shall see that I, the L,
Ezek 20:49 L GOD! They say of me,
Ezek 25: 5 shall know that I am the L.
Ezek 30: 3 Even the day of the L is
Ezek 33:17 The way of the L is not
Ezek 37: 1 The hand of the L came upon
Ezek 37: 1 out in the Spirit of the L,
Ezek 37: 3 O L GOD, You know."
Ezek 37: 4 hear the word of the L!
Ezek 37:14 performed it," says the L.
Ezek 38:14 Thus says the L GOD: "On
Ezek 39: 6 shall know that I am the L.
Ezek 39: 7 know that I am the L,
Ezek 39:20 says the L GOD.
Ezek 43: 5 the glory of the L filled
Ezek 43:24 a burnt offering to the L.
Ezek 44: 4 the glory of the L filled
Ezek 44:15 says the L GOD.
Ezek 46: 3 this gateway before the L
Ezek 46: 4 the prince offers to the L
Ezek 46: 9 the land come before the L
Ezek 46:14 be made regularly to the L.
Ezek 48:14 for it is holy to the L.
Ezek 48:35 THE L IS THERE."
Dan 2:47 the L of kings, and a
Dan 5:23 yourself up against the L
Dan 9: 2 by the word of the L
Dan 9: 4 And I prayed to the L my
Dan 9: 4 confession, and said, "O L,
Dan 9:19 "O Lord, hear! O L,
Dan 12: 8 Then I said, "My l,
Hos 1: 2 When the L began to speak
Hos 1: 7 Will save them by the L
Hos 2:13 Me she forgot," says the L.
Hos 2:20 And you shall know the L.
Hos 5: 4 And they do not know the L.
Hos 6: 1 and let us return to the L;
Hos 6: 3 the knowledge of the L.
Joel 1:15 day! For the day of the L
Joel 2:31 and awesome day of the L.
Joel 2:32 calls on the name of the L
Joel 3:16 The L also will roar from
Amos 1: 2 The L roars from Zion, And
Amos 5: 6 Seek the L and live, Lest
Amos 5:18 desire the day of the L!
Jon 1:17 Now the L had prepared a
Jon 2: 1 Then Jonah prayed to the L
Jon 2: 9 Salvation is of the L.
Jon 4: 6 And the L God prepared a
Mic 2: 7 Is the Spirit of the L
Mic 3: 8 by the Spirit of the L,
Mic 4: 2 up to the mountain of the L,
Mic 4: 2 And the word of the L from
Mic 6: 6 shall I come before the L,
Mic 6: 7 Will the L be pleased with
Mic 6: 8 And what does the L
Nah 1: 3 The L is slow to anger and
Hab 1:12 O L my God, my Holy One?
Hab 2:20 But the L is in His holy
Zeph 1:12 The L will not do good, Nor
Zeph 1:14 The great day of the L is
Zech 1:12 Then the Angel of the L
Zech 3: 2 And the L said to Satan,
Zech 14: 9 The L is one," And His
Zech 14:20 HOLINESS TO THE L" shall
Mal 2:17 You have wearied the L
Mal 4: 5 and dreadful day of the L.
Matt 1:20 an angel of the L appeared
Matt 1:22 which was spoken by the L
Matt 3: 3 the way of the L;
Matt 4: 7 shall not tempt the L
Matt 4:10 shall worship the L
Matt 7:21 everyone who says to Me, 'L,
Matt 8: 2 worshiped Him, saying, "L,
Matt 8: 8 answered and said, "L,
Matt 8:21 disciples said to Him, "L,
Matt 8:25 and awoke Him, saying, "L,
Matt 11:25 L of heaven and earth, that
Matt 12: 8 For the Son of Man is L even
Matt 14:28 answered Him and said, "L,
Matt 15:27 And she said, "Yes, L,
Matt 16:22 "Far be it from You, L;
Matt 17: 4 and said to Jesus, "L,
Matt 18:21 came to Him and said, "L,
Matt 20:25 rulers of the Gentiles l it
Matt 21: 3 The L has need of them,' and
Matt 21: 9 in the name of the L!

L

Matt 22:37 You shall love the L
Matt 22:44 The L said to my Lord,
Matt 22:45 David then calls Him 'L,
Matt 24:42 do not know what hour your L
Matt 25:21 His I said to him, 'Well
Matt 25:21 Enter into the joy of your L
Matt 26:22 began to say to Him, "L,
Matt 27:10 as the L directed
Matt 28: 2 for an angel of the L
Matt 28: 6 see the place where the L
Mark 12:29 the L is one.
Mark 12:30 you shall love the L
Luke 1:28 the L is with you; blessed
Luke 1:32 and the L God will give Him
Luke 1:38 the maidservant of the L!
Luke 1:43 that the mother of my L
Luke 1:46 "My soul magnifies the L,
Luke 2: 9 an angel of the L stood
Luke 2: 9 and the glory of the L shone
Luke 2:11 Savior, who is Christ the L.
Luke 2:15 which the L has made known
Luke 2:22 to present Him to the L
Luke 4:18 The Spirit of the L is
Luke 4:19 year of the L.
Luke 10:27 You shall love the L
Luke 24:34 The L is risen indeed, and
John 6:23 they ate bread after the L
John 12:38 has the arm of the L
John 13:13 "You call me Teacher and L,
John 13:14 your L and Teacher, have
John 20: 2 They have taken away the L
John 20:18 that she had seen the L,
John 20:20 glad when they saw the L.
John 20:28 My L and my God!"
John 21: 7 It is the L!" Now when Simon
John 21: 7 heard that it was the L,
Acts 2:20 awesome day of the L.
Acts 2:21 on the name of the L
Acts 2:36 both L and Christ."
Acts 2:47 And the L added to the
Acts 5: 9 to test the Spirit of the L?
Acts 5:14 increasingly added to the L,
Acts 5:19 at night an angel of the L
Acts 7:30 an Angel of the L appeared
Acts 7:59 L Jesus, receive my spirit."
Acts 8:26 Now an angel of the L spoke
Acts 8:39 the Spirit of the L caught
Acts 9: 5 he said, "Who are You, L?
Acts 9: 5 Then the L said, "I am
Acts 9:42 and many believed on the L.
Acts 10:48 in the name of the L.
Acts 11:24 people were added to the L.
Acts 12: 7 an angel of the L stood by
Acts 14: 3 speaking boldly in the L,
Acts 15:35 preaching the word of the L,
Acts 16:31 Believe on the L Jesus
Acts 17:24 since He is L of heaven and
Acts 18: 9 Now the L spoke to Paul in
Acts 19:20 So the word of the L grew
Acts 21:14 The will of the L be done."
Acts 22: 8 I answered, 'Who are You, L?
Acts 22:10 I said, 'What shall I do, L?
Rom 4: 8 the man to whom the L
Rom 4:24 who raised up Jesus our L
Rom 6:23 life in Christ Jesus our L.
Rom 9:29 Unless the L of Sabaoth
Rom 10: 9 with your mouth the L Jesus
Rom 10:12 for the same L over all is
Rom 10:13 on the name of the L
Rom 10:16 For Isaiah says, "L,
Rom 11:34 the mind of the L?
Rom 12:11 in spirit, serving the L;
Rom 12:19 will repay," says the L.
Rom 13:14 But put on the L Jesus
Rom 14: 6 day, observes it to the L;
Rom 14: 6 He who eats, eats to the L,
Rom 14: 8 if we die, we die to the L.
Rom 14: 9 that He might be L of both
Rom 16:12 who have labored in the L.
Rom 16:20 The grace of our L Jesus
1Co 1: 9 His Son, Jesus Christ our L.
1Co 1:31 him glory in the L.
1Co 2: 8 not have crucified the L of
1Co 2:16 the mind of the L
1Co 4: 4 He who judges me is the L.
1Co 5: 4 In the name of our L Jesus
1Co 5: 4 with the power of our L
1Co 6:13 and the L for the body.
1Co 7:10 yet not I but the L:
1Co 7:12 But to the rest I, not the L,
1Co 7:25 no commandment from the L;
1Co 7:32 Lord—how he may please the L.
1Co 7:35 and that you may serve the L
1Co 8: 6 and one L Jesus Christ,
1Co 9: 1 not seen Jesus Christ our L?
1Co 9: 1 Are you not my work in the L?
1Co 9: 2 of my apostleship in the L.
1Co 10:21 drink the cup of the L and
1Co 10:22 Or do we provoke the L to
1Co 11:23 For I received from the L
1Co 11:23 that the L Jesus on the
1Co 11:27 or drinks this cup of the L
1Co 11:27 the body and blood of the L.
1Co 12: 3 one can say that Jesus is L
1Co 12: 5 ministries, but the same L.
1Co 15:47 the second Man is the L
1Co 15:58 in the work of the L,
1Co 15:58 is not in vain in the L.
1Co 16:10 he does the work of the L,
1Co 16:22 let him be accursed. O L,
2Co 3:16 when one turns to the L,
2Co 3:17 where the Spirit of the L
2Co 3:18 a mirror the glory of the L,
2Co 4:10 the body the dying of the L
2Co 5: 6 we are absent from the L.
2Co 5: 8 and to be present with the L
2Co 6:17 be separate, says the L.
2Co 10:17 him glory in the L.
2Co 10:18 but whom the L commends.
2Co 12: 8 thing I pleaded with the L
Gal 6:14 in the cross of our L Jesus
Gal 6:17 my body the marks of the L
Eph 1:15 heard of your faith in the L
Eph 2:21 into a holy temple in the L,
Eph 4: 1 the prisoner of the L,
Eph 4: 5 one L, one faith, one
Eph 5: 8 now you are light in the L.
Eph 5:10 what is acceptable to the L.

Eph 5:17 what the will of the L is.
Eph 5:19 in your heart to the L,
Eph 5:22 own husbands, as to the L.
Eph 5:29 just as the L does the
Eph 6: 1 obey your parents in the L,
Eph 6: 7 doing service, as to the L,
Phil 2:11 that Jesus Christ is L,
Phil 4: 1 so stand fast in the L,
Phil 4: 2 be of the same mind in the L.
Phil 4: 4 Rejoice in the L always.
Phil 4: 5 The L is at hand.
Col 1:10 you may walk worthy of the L,
Col 3:16 in your hearts to the L.
Col 3:23 as to the L and not to men,
Col 3:24 for you serve the L Christ.
Col 4: 7 and fellow servant in the L,
1Th 1: 3 patience of hope in our L
1Th 1: 6 followers of us and of the L,
1Th 2:15 who killed both the L Jesus
1Th 2:19 you in the presence of our L
1Th 3: 8 if you stand fast in the L.
1Th 4:17 in the clouds to meet the L
1Th 4:17 shall always be with the L.
2Th 2: 8 whom the L will consume with
2Th 3: 3 But the L is faithful, who
2Th 3:16 Now may the L of peace
1Ti 1: 1 of God our Savior and the L
1Ti 1:12 I thank Christ Jesus our L
1Ti 6:14 blameless until our L Jesus
1Ti 6:15 the King of kings and L of
2Ti 1: 8 of the testimony of our L,
2Ti 2:19 The L knows those who are
2Ti 2:22 those who call on the L out
2Ti 2:24 And a servant of the L must
Phm 1:20 refresh my heart in the L.
Heb 7:14 it is evident that our L
Heb 7:21 The L has sworn And
Heb 8:11 saying, 'Know the L,
Heb 10:30 will repay," says the L.
Heb 10:30 The L will judge His
Heb 12: 5 chastening of the L,
Heb 12: 6 For whom the L loves
Heb 13:20 peace who brought up our L
Jas 1:12 crown of life which the L
Jas 2: 1 the L of glory, with
Jas 5: 4 reached the ears of the L
Jas 5: 8 for the coming of the L is
Jas 5:11 the end intended by the L—
Jas 5:14 oil in the name of the L.
Jas 5:15 and the L will raise him up.
1Pe 2: 3 you have tasted that the L
1Pe 3: 6 Abraham, calling him I,
1Pe 3:15 But sanctify the L God in
1:11 kingdom of our L and Savior
2Pe 2: 1 even denying the L who
2Pe 3: 2 the apostles of the L and
2Pe 3: 8 that with the L one day is
2Pe 3: 9 The L is not slack concerning
2Pe 3:10 But the day of the L will
Jude 4 and deny the only L God and
Jude 9 The L rebuke you!"
Jude 14 the L comes with ten
Rev 1: 8 and the End," says the L,
Rev 4: 8 L God Almighty, Who was
Rev 4:11 "You are worthy, O L,
Rev 6:10 saying, "How long, O L,
Rev 11:15 the kingdoms of our L and
Rev 14:13 the dead who die in the L
Rev 17:14 for He is L of lords and
Rev 19: 6 Alleluia! For the L God
Rev 19:16 KING OF KINGS AND L OF
Rev 22:21 The grace of our L Jesus

LORD'S (*see* LORD)
Ex 9:29 that the earth is the L.
Ex 12:11 It is the L Passover.
1Sa 17:47 for the battle is the L,
Ps 11: 4 The L throne is in
Ps 24: 1 The earth is the L,
Ps 118:23 This was the L doing; It
Ps 137: 4 How shall we sing the L
Is 2: 2 the mountain of the L
Is 40: 2 she has received from the L
Lam 3:22 Through the L mercies we
Mic 4: 1 the mountain of the L
Matt 21:42 This was the L doing,
Luke 2:26 before he had seen the L
Rom 14: 8 we live or die, we are the L.
1Co 10:21 you cannot partake of the L
1Co 10:26 "the earth is the L,
1Co 11:26 you proclaim the L death
1Co 11:29 not discerning the L body.

LORDS (*see* LORD)
Deut 10:17 God of gods and Lord of l,
Josh 13: 3 the five l of the
Ps 136: 3 thanks to the Lord of l!
1Co 8: 5 are many gods and many l),
1Ti 6:15 King of kings and Lord of l,
Rev 17:14 for He is Lord of l and King
Rev 19:16 OF KINGS AND LORD OF L.

LOSE (*see* LOSES, LOSS, LOST)
Eccl 3: 6 to gain, And a time to l;
Matt 10:39 who finds his life will l
Gal 6: 9 we shall reap if we do not l

LOSES (*see* LOSE)
Matt 5:13 but if the salt l its
Matt 10:39 and he who l his life for My
Matt 16:26 and l his own soul? Or what
Luke 15: 4 if he l one of them, does
Luke 15: 8 if she l one coin, does not

LOSS (*see* LOSE)
1Co 3:15 is burned, he will suffer l;
Phil 3: 7 these I have counted l for

LOST (*see* LOSE)
Jer 50: 6 My people have been l sheep.
Ezek 34:16 I will seek what was l and
Ezek 37:11 bones are dry, our hope is l,
Matt 10: 6 But go rather to the l sheep
Matt 15:24 was not sent except to the l
Matt 18:11 to save that which was l.
Luke 14:34 but if the salt has l its
Luke 15: 4 go after the one which is l
Luke 15: 6 found my sheep which was l.

L

Luke 15: 9 found the piece which I l!'
Luke 15:24 he was l and is found.' And
Luke 21:18 hair of your head shall be l.
John 17:12 and none of them is l except
John 18: 9 whom You gave Me I have l

LOT (*see* LOTS)
Num 26:55 land shall be divided by l;
Num 33:54 whatever falls to him by l.
Esth 3: 7 cast Pur (that is, the l),
Ps 16: 5 my cup; You maintain my l.
Prov 16:33 The l is cast into the lap,
Jon 1: 7 and the l fell on Jonah.
Acts 1:26 and the l fell on Matthias.

LOT* (*see* LOT'S)
Gen 11:27 and Haran. Haran begot L.
Gen 11:31 son Abram and his grandson L,
Gen 19:29 and sent L out of the midst
Gen 19:36 both the daughters of L
Luke 17:28 it was also in the days of L:
2Pe 2: 7 and delivered righteous L,

LOT'S (*see* LOT*)
Luke 17:32 Remember L wife.

LOTS (*see* LOT)
Ps 22:18 for My clothing they cast l.
Jon 1: 7 upon us." So they cast l,
Matt 27:35 My clothing they cast l.
Acts 1:26 And they cast their l,

LOUD (*see* HIGH)
Matt 27:46 Jesus cried out with a l

LOVE (*see* LOVED, LOVERS, LOVES, LOVESICK, LOVINGKINDNESS, UNLOVED)
Gen 22: 2 only son Isaac, whom you l,
Gen 27: 4 me savory food, such as I l,
Ex 20: 6 to those who l Me and keep
Lev 19:18 but you shall l your
Lev 19:34 and you shall l him as
Deut 6: 5 You shall l the LORD your
Deut 7: 7 LORD did not set His l
Deut 7: 9 with those who l Him and
2Sa 1:26 Surpassing the l of women.
Ps 18: 1 I will l You, O LORD, my
Ps 45: 7 You l righteousness and hate
Ps 52: 3 You l evil more than good,
Ps 116: 1 I l the LORD, because He
Ps 119:47 commandments, Which I l.
Ps 119:97 how I l Your law! It is my
Prov 4: 6 L her, and she will keep
Prov 7:18 let us take our fill of l
Prov 8:17 I l those who love me, And
Prov 10:12 But l covers all sins.
Prov 15:17 a dinner of herbs where l
Eccl 3: 8 A time to l, And a time
Eccl 9: 9 with the wife whom you l
Song 1: 2 For your l is better than
Song 1: 7 Tell me, O you whom I l,
Song 2: 4 his banner over me was l.
Song 2: 7 Do not stir up nor awaken l
Song 3: 3 "Have you seen the one I l?
Song 8: 6 For l is as strong as
Song 8: 7 Many waters cannot quench l,
Jer 31: 3 you with an everlasting l;
Dan 9: 4 and mercy with those who l
Hos 3: 1 l a woman who is loved by
Hos 3: 1 who look to other gods and l
Hos 9:15 I will l them no more. All
Hos 11: 4 cords, With bands of l,
Hos 14: 4 I will l them freely, For
Mic 6: 8 To l mercy, And to walk
Matt 5:43 You shall l your neighbor
Matt 5:44 l your enemies, bless those
Matt 5:46 For if you l those who love
Matt 6: 5 For they l to pray standing
Matt 6:24 he will hate the one and l
Matt 19:19 You shall l your neighbor
Matt 22:37 You shall l the LORD
Matt 24:12 the l of many will grow
Mark 12:33 And to l Him with all the
Luke 16:13 he will hate the one and l
John 11: 3 he whom You l is sick."
John 13:34 that you l one another; as I
John 14:15 If you l Me, keep My
John 14:23 and My Father will l him,
John 14:24 He who does not l Me does not
John 14:31 the world may know that I l
John 15: 9 loved you; abide in My l.
John 15:13 Greater l has no one than
John 21:15 do you l Me more than
John 21:15 You know that I l You." He
Rom 5: 5 because the l of God has
Rom 5: 8 God demonstrates His own l
Rom 8:28 for good to those who l God,
Rom 8:35 separate us from the l of
Rom 12: 9 Let l be without
Rom 12:10 one another with brotherly l,
Rom 13:10 does no harm to a neighbor
1Co 8: 1 but l edifies.
1Co 13: 1 of angels, but have not l,
1Co 13: 8 L never fails. But whether
1Co 13:13 And now abide faith, hope, l,
1Co 13:13 the greatest of these is l.
2Co 13:11 and the God of l and peace
2Co 13:14 and the l of God, and the
Gal 5: 6 but faith working through l.
Gal 5:22 the fruit of the Spirit is l,
Eph 2: 4 because of His great l with
Eph 3:17 rooted and grounded in l,
Eph 3:19 to know the l of Christ which
Eph 4:15 but, speaking the truth in l,
Eph 4:16 the edifying of itself in l.
Eph 5:25 l your wives, just as Christ
Eph 5:28 So husbands ought to l their
Phil 1: 9 that your l may abound still
Phil 2: 1 Christ, if any comfort of l,
Col 1:13 kingdom of the Son of His l,
Col 2: 2 being knit together in l,
Col 3:14 all these things put on l,
1Th 1: 3 work of faith, labor of l,
1Th 3:12 increase and abound in l to
1Ti 6:10 For the l of money is a root
Heb 6:10 your work and labor of l
Heb 10:24 in order to stir up l and
Heb 13: 1 Let brotherly l continue.

Jas 1:12 has promised to those who l
1Pe 1: 8 whom having not seen you l.
1Pe 2:17 L the brotherhood. Fear God.
1Pe 4: 8 l will cover a multitude
1Pe 5:14 one another with a kiss of l.
1Jn 2:15 Do not l the world or the
1Jn 2:15 the l of the Father is not
1Jn 3: 1 Behold what manner of l the
1Jn 3:17 how does the l of God abide
1Jn 4: 7 for l is of God; and
1Jn 4: 8 not know God, for God is l.
1Jn 4: 9 In this the l of God was
1Jn 4:10 In this is l, not that we
1Jn 4:12 If we l one another, God
1Jn 4:12 and His l has been perfected
1Jn 4:19 We l Him because He first
1Jn 4:20 how can he l God whom he has
1Jn 5: 2 By this we know that we l the
1Jn 5: 2 when we l God and keep His
Rev 2: 4 you have left your first l.

LOVED (*see* LOVE)

Gen 25:28 And Isaac l Esau because he
Gen 25:28 but Rebekah l Jacob.
Gen 27:14 food, such as his father l.
Gen 29:18 Now Jacob l Rachel; so he
Gen 37: 3 Now Israel l Joseph more than
1Sa 18: 1 and Jonathan l him as his
Jer 31: 3 I have l you with an
Hos 11: 1 I l him, And out of Egypt I
John 3:16 For God so l the world that
John 3:19 and men l darkness rather
John 11: 5 Now Jesus l Martha and her
John 11:36 See how He l him!"
John 13: 1 having l His own who were in
John 13: 1 He l them to the end.
John 13:23 His disciples, whom Jesus l.
John 14:28 If you l Me, you would
John 15: 9 I also have l you; abide in
John 15:12 one another as I have l you.
John 20: 2 other disciple, whom Jesus l,
Rom 8:37 through Him who l us.
Rom 9:13 "Jacob I have l,
Gal 2:20 who l me and gave Himself
Eph 2: 4 great love with which He l
Eph 5: 2 as Christ also has l us and
2Ti 4:10 having l this present world,
1Jn 4:10 not that we l God, but that
1Jn 4:11 if God so l us, we also
1Jn 4:19 love Him because He first l
Rev 1: 5 To Him who l us and washed

LOVELY

Ps 84: 1 How l is Your tabernacle,
Song 1: 5 I am dark, but l,
Song 5:16 Yes, he is altogether l.
Phil 4: 8 pure, whatever things are l,

LOVERS

Hos 2: 5 said, 'I will go after my l,
Luke 16:14 who were l of money, also
2Ti 3: 2 l of money, boasters, proud,
2Ti 3: 4 l of pleasure rather than

LOVES (*see* LOVE)

Gen 27: 9 your father, such as he l.
Deut 7: 8 but because the LORD l you,
Ps 47: 4 of Jacob whom He l.
Prov 3:12 For whom the LORD l He
Prov 17:17 A friend l at all times,
Matt 10:37 He who l father or mother
Luke 7: 5 for he l our nation, and has
John 12:25 He who l his life will lose
John 14:21 it is he who l Me. And he
2Co 9: 7 for God l a cheerful giver.
Heb 12: 6 For whom the LORD l
1Jn 2:15 If anyone l the world, the
1Jn 4: 7 and everyone who l is born
1Jn 4:21 that he who l God must love

LOVESICK† (*see* LOVE)

Song 2: 5 me with apples, For I am l.
Song 5: 8 That you tell him I am l!

LOVINGKINDNESS (*see* LOVE)

Ps 51: 1 O God, According to Your l;
Ps 63: 3 Because Your l is better
Ps 103: 4 Who crowns you with l and
Jer 31: 3 Therefore with l I have
Jer 32:18 You show l to thousands, and
Jon 4: 2 to anger and abundant in l,

LOWING

1Sa 15:14 and the l of the oxen which

LOWLINESS (*see* LOWLY)

Phil 2: 3 but in l of mind let each

LOWLY (*see* LOWLINESS)

Ps 136:23 Who remembered us in our l
Zech 9: 9 L and riding on a donkey,
Matt 11:29 for I am gentle and l in
Matt 21: 5 is coming to you, L,

LUCIFER†

Is 14:12 are fallen from heaven, O L,

LUKE

Col 4:14 L the beloved physician and
2Ti 4:11 Only L is with me. Get Mark

LUKEWARM†

Rev 3:16 "So then, because you are l,

LUMP

Rom 9:21 from the same l to make one
Rom 11:16 the l is also holy; and if
1Co 5: 6 leaven leavens the whole l?
1Co 5: 7 that you may be a new l,

LUST (*see* LUSTS)

Prov 6:25 Do not l after her beauty in
Matt 5:28 looks at a woman to l for
Rom 1:27 burned in their l for one
Gal 5:16 you shall not fulfill the l
2Pe 1: 4 is in the world through l.
1Jn 2:16 the l of the eyes, and the

L

LUSTS (*see* LUST)

Rom 13:14 flesh, to fulfill its l.
Gal 5:17 For the flesh l against the
Eph 4:22 according to the deceitful l,
2Ti 2:22 Flee also youthful l;
1Pe 2:11 abstain from fleshly l which

LUTE

Ps 150: 3 Praise Him with the l and

LYDIA

Ezek 27:10 "Those from Persia, L,
Acts 16:14 Now a certain woman named L

LYING (*see* LIE)

Ps 31:18 Let the l lips be put to
Ps 119:163 I hate and abhor l,
Prov 6:17 A l tongue, Hands that
Prov 12:22 L lips are an abomination
Matt 8: 6 my servant is l at home
Matt 8:14 He saw his wife's mother l
Matt 9: 2 to Him a paralytic l on a
Luke 2:12 l in a manger."
Luke 2:16 and the Babe l in a manger
Luke 5:25 took up what he had been l
Luke 11:54 l in wait for Him, and
Luke 24:12 he saw the linen cloths l by
John 5: 6 When Jesus saw him l there,
John 11:41 where the dead man was l.
John 20: 5 saw the linen cloths l
John 20: 6 he saw the linen cloths l
Rom 9: 1 truth in Christ, I am not l,
Eph 4:25 Therefore, putting away l,
2Th 2: 9 and l wonders,
1Ti 2: 7 truth in Christ and not l—

M

MACEDONIA

Acts 16: 9 A man of M stood and pleaded
Acts 16: 9 Come over to M and help us."
1Th 1: 8 not only in M and Achaia,

MACHPELAH

Gen 25: 9 buried him in the cave of M,
Gen 50:13 the cave of the field of M,

MAD (*see* MADMAN, MADNESS)

Acts 26:24 learning is driving you m!

MADE (*see* ESTABLISHED, MAKE, TOOK)

Gen 1: 7 Thus God m the firmament, and
Gen 1:16 Then God m two great lights:
Gen 1:16 He m the stars also.
Gen 1:31 saw everything that He had m,
Gen 2: 3 which God had created and m.
Gen 3: 7 fig leaves together and m
Gen 5: 1 He m him in the likeness of
Gen 6: 7 for I am sorry that I have m
Gen 9: 6 in the image of God He m
Ex 2:14 Who m you a prince and a
Ex 4:11 has m man's mouth? Or who
Ex 7: 1 I have m you as God to
Ex 20:11 For in six days the LORD m
Ex 29:18 an offering m by fire to the
Josh 9:15 So Joshua m peace with them,
Josh 9:15 and m a covenant with them
Judg 9: 6 and they went and m
Judg 9:27 and m merry. And they went
Judg 11:30 And Jephthah m a vow to the
Judg 17: 4 and he m it into a carved
1Sa 1:11 Then she m a vow and said,
1Sa 3:13 because his sons m
1Sa 8: 1 Samuel was old that he m
1Sa 11:15 and there they m Saul king
1Sa 15:35 regretted that He had m
1Sa 16: 8 and m him pass before
1Sa 16:10 Thus Jesse m seven of his
1Sa 18: 3 Then Jonathan and David m a
1Sa 20:16 So Jonathan m a covenant
2Sa 5: 3 and King David m a covenant
2Sa 7: 9 and have m you a great name,
2Sa 8:13 And David m himself a name
1Ki 1:43 Our lord King David has m
1Ki 1:44 and they have m him ride on
1Ki 3: 1 Now Solomon m a treaty with
1Ki 3: 7 You have m Your servant king
1Ki 4: 7 each one m provision for one
1Ki 5:12 and the two of them m a
1Ki 6: 4 And he m for the house
1Ki 10: 9 therefore He m you king, to
1Ki 12: 4 Your father m our yoke heavy;
1Ki 12:20 and m him king over all
1Ki 12:28 m two calves of gold, and
1Ki 12:31 He m shrines on the high
1Ki 12:31 and m priests from every
1Ki 14: 7 and m you ruler over My
1Ki 14: 9 for you have gone and m for
1Ki 14:16 who sinned and who m Israel
1Ki 14:26 shields which Solomon had m.
1Ki 15:26 in his sin by which he had m
1Ki 15:30 sinned and by which he had m
1Ki 15:34 in his sin by which he had m
1Ki 18:26 the altar which they had m.
1Ki 18:32 and he m a trench around the
1Ki 22:44 Also Jehoshaphat m peace with
1Ki 22:45 and how he m war, are they
1Ki 22:48 Jehoshaphat m merchant ships
1Ki 22:52 who had m Israel sin;
2Ki 6: 6 and he m the iron float.
2Ki 9:21 And his chariot was m
2Ki 11:17 Then Jehoiada m a covenant
2Ki 14:21 and m him king instead of
2Ki 16: 3 indeed he m his son pass
2Ki 17:21 and they m Jeroboam the son
2Ki 17:30 the men of Cuth m Nergal,
2Ki 18: 4 serpent that Moses had m;
2Ki 19:15 You have m heaven and earth.
2Ki 20:20 and how he m a pool and a
2Ki 21: 7 of Asherah that he had m,
2Ki 21:11 and has also m Judah sin
2Ki 21:24 the people of the land m
2Ki 23: 3 stood by a pillar and m a
2Ki 23:34 Then Pharaoh Necho m Eliakim
1Ch 16: 5 but Asaph m music with

1Ch 22: 8 shed much blood and have **m**
1Ch 28: 2 and had **m** preparations to
2Ch 6:29 whatever supplication is **m**
2Ch 6:40 attentive to the prayer **m**
2Ch 12: 9 shields which Solomon had **m**.
2Ch 12:10 Then King Rehoboam **m** bronze
2Ch 25:27 they **m** a conspiracy against
2Ch 26: 5 God **m** him prosper.
2Ch 33:25 the people of the land **m**
2Ch 34:31 stood in his place and **m** a
2Ch 35:25 They **m** it a custom in
2Ch 36:22 so that he **m** a proclamation
Ezra 1: 1 so that he **m** a proclamation
Job 33: 4 The Spirit of God has **m** me,
Ps 8: 5 For You have **m** him a little
Ps 33: 6 the LORD the heavens were **m**,
Ps 100: 3 It is He who has **m** us,
Ps 118:24 is the day the LORD has **m**;
Ps 139:14 fearfully and wonderfully **m**;
Prov 20:12 The LORD has **m** them both.
Eccl 3:11 He has **m** everything beautiful
Is 29:16 For shall the thing **m** say
Is 43: 7 I have **m** him."
Is 52:10 The LORD has **m** bare His
Is 53: 9 And they **m** His grave with
Is 53:12 And **m** intercession for the
Jer 1:18 I have **m** you this day A
Jer 10:11 The gods that have not **m** the
Jer 17:23 but **m** their neck stiff, that
Jer 18: 4 And the vessel that he **m** of
Jer 18: 4 so he **m** it again into
Jer 19:11 which cannot be **m** whole
Jer 25:17 and **m** all the nations drink,
Jer 29:26 The LORD has **m** you priest
Jer 31:32 to the covenant that I **m**
Jer 34:11 changed their minds and **m**
Jer 34:15 and you **m** a covenant before
Jer 46:16 He **m** many fall; Yes, one
Lam 1:13 He has **m** me desolate And
Lam 1:14 He **m** my strength fail; The
Lam 3: 2 He has led me and **m** me walk
Lam 3: 7 He has **m** my chain heavy.
Lam 3:15 He has **m** me drink wormwood.
Ezek 3: 8 I have **m** your face strong
Ezek 3: 9 I have **m** your forehead; do
Ezek 3:17 I have **m** you a watchman for
Ezek 12: 6 for I have **m** you a sign to
Ezek 16:25 and **m** your beauty to be
Ezek 20: 5 and **m** Myself known to them
Ezek 22:12 you have **m** profit from your
Ezek 27:11 They **m** your beauty
Ezek 27:16 the abundance of goods you **m**.
Ezek 29: 9 and I have **m** it.'
Ezek 31: 9 I **m** it beautiful with a
Ezek 33: 7 I have **m** you a watchman for
Dan 2:28 and He has **m** known to King
Dan 2:29 He who reveals secrets has **m**
Dan 3: 1 Nebuchadnezzar the king **m** an
Dan 4: 5 I saw a dream which **m** me
Dan 5: 1 Belshazzar the king **m** a great
Dan 9: 4 and **m** confession, and said,
Dan 10:10 which **m** me tremble on my
Hos 8: 4 silver and gold They **m**
Hos 8: 6 A workman **m** it, and it is
Amos 5: 8 He **m** the Pleiades and Orion;
Jon 1: 9 who **m** the sea and the dry
Jon 4: 5 There he **m** himself a shelter
Jon 4: 6 God prepared a plant and **m**
Jon 4:10 nor **m** it grow, which came up
Zeph 2: 8 And **m** arrogant threats
Mal 2: 9 Therefore I also have **m** you
Matt 9:16 and the tear is **m** worse.
Matt 9:22 your faith has **m** you well."
Matt 15:31 the maimed **m** whole, the
Matt 18:25 had, and that payment be **m**.
Matt 19:12 there are eunuchs who were **m**
Matt 21:13 but you have **m** it a 'den
Matt 24:45 whom his master **m** ruler over
Matt 25:16 and **m** another five talents.
Matt 26:33 Even if all are **m** to stumble
Matt 27:64 command that the tomb be **m**
Matt 27:66 So they went and **m** the tomb
Mark 2:27 The Sabbath was **m** for man,
Mark 10: 6 **m** them male and female.'
Mark 14:58 will destroy this temple **m**
Luke 1:62 So they **m** signs to his
Luke 2:15 which the Lord has **m** known
Luke 2:17 they **m** widely known the
Luke 3: 5 places shall be **m**
Luke 4:38 and they **m** request of Him
Luke 9:15 and **m** them all sit down.
Luke 12:14 who **m** Me a judge or an
Luke 23:19 for a certain rebellion **m**
John 1: 3 All things were **m** through
John 1: 3 nothing was made that was **m**.
John 1:10 and the world was **m** through
John 2: 9 tasted the water that was **m**
John 5: 6 Do you want to be **m** well?"
John 8:33 You will be **m** free'?"
John 19: 7 because He **m** Himself the Son
Acts 17:24 who **m** the world and
Rom 1:20 by the things that are **m**,
Rom 9:29 we would have been **m**
Rom 15:20 And so I have **m** it my aim to
Rom 16:26 Scriptures has been **m** known
1Co 9:19 I have **m** myself a servant to
1Co 12:13 and have all been **m** to drink
1Co 15:22 so in Christ all shall be **m**
1Co 15:28 Now when all things are **m**
2Co 5:21 For He **m** Him who knew no sin
Gal 3:19 to whom the promise was **m**;
Gal 5: 1 by which Christ has **m** us
Eph 1: 6 by which He has **m** us
Eph 1: 8 which He **m** to abound toward
Eph 1: 9 having **m** known to us the
Eph 2: 1 And you He **m** alive, who
Eph 2: 5 **m** us alive together with
Eph 2: 6 and **m** us sit together in
Eph 2:14 who has **m** both one, and has
Phil 2: 7 but **m** Himself of no
Phil 4: 6 let your requests be **m** known
Col 1:20 having **m** peace through the
Col 2:11 with the circumcision **m**
Col 2:13 He has **m** alive together with
Col 2:15 He **m** a public spectacle of
Heb 1: 2 through whom also He **m** the
Heb 2: 7 You have **m** him a
Heb 6:13 For when God **m** a promise to

M

Heb 7: 3 but **m** like the Son of God,
Heb 7:19 for the law **m** nothing
Heb 8: 9 the covenant that I **m**
Heb 8:13 He has **m** the first
Heb 9:11 perfect tabernacle not **m**
Heb 9:24 entered the holy places **m**
Heb 10:13 till His enemies are **m** His
Heb 11: 3 which are seen were not **m**
Heb 11:22 **m** mention of the departure
Heb 11:34 out of weakness were **m**
Heb 12:23 to the spirits of just men **m**
Heb 12:27 as of things that are **m**,
Jas 2:22 and by works faith was **m**
1Pe 3:18 to death in the flesh but **m**
1Pe 3:22 and powers having been **m**
2Pe 1:16 devised fables when we **m**
1Jn 5:10 does not believe God has **m**
Rev 1: 6 and has **m** us kings and

MADMAN (*see* MAD)
1Sa 21:15 this fellow to play the **m**

MADNESS (*see* MAD)
1Sa 21:13 feigned **m** in their hands,
Eccl 1:17 to know wisdom and to know **m**

MAGDALENE
Mark 16: 9 He appeared first to Mary **M**,
Luke 8: 2 infirmities—Mary called **M**,
John 20:18 Mary **M** came and told the

MAGGOT†
Job 25: 6 much less man, who is a **m**,

MAGICIANS
Gen 41: 8 and called for all the **m** of
Ex 7:22 Then the **m** of Egypt did so
Dan 2: 2 the command to call the **m**,

MAGNIFIED (*see* EXALTED, MAGNIFY)
2Sa 7:26 So let Your name be **m**
Ps 138: 2 For You have **m** Your word
Acts 19:17 name of the Lord Jesus was **m**.
Phil 1:20 so now also Christ will be **m**

MAGNIFIES† (*see* MAGNIFY)
Luke 1:46 My soul **m** the Lord,

MAGNIFY (*see* EXALT, MAGNIFIED, MAGNIFIES)
Ps 34: 3 **m** the LORD with me, And
Rom 11:13 I **m** my ministry,

MAGOG (*see* GOG)
Gen 10: 2 of Japheth were Gomer, **M**,
Ezek 38: 2 Gog, of the land of **M**,
Rev 20: 8 of the earth, Gog and **M**,

MAHER-SHALAL-HASH-BAZ
Is 8: 3 to me, "Call his name **M**;

MAID
Gen 16: 2 Please, go in to my **m**;
Gen 16: 8 He said, "Hagar, Sarai's **m**,

MAIDSERVANT (*see* FEMALE, MAIDSERVANTS SERVANT)
Gen 16: 1 And she had an Egyptian **m**
Ruth 3: 9 "I am Ruth, your **m**.
1Sa 1:11 on the affliction of Your **m**
Ps 86:16 And save the son of Your **m**.
Luke 1:38 Behold the **m** of the Lord! Let
Luke 1:48 the lowly state of His **m**;

MAIDSERVANTS (*see* FEMALE, MAIDSERVANT)
Gen 33: 1 Leah, Rachel, and the two **m**.
Ruth 2:13 I am not like one of your **m**.
Prov 31:15 And a portion for her **m**.
Joel 2:29 menservants and on My **m** I
Acts 2:18 and on My **m** I will

MAINTAIN
Ps 16: 5 You **m** my lot.

MAJESTY
Ps 29: 4 of the LORD is full of **m**.
Ps 45: 4 And in Your **m** ride
Ps 93: 1 reigns, He is clothed with **m**;
Ps 96: 6 Honor and **m** are before Him;
Is 2:10 And the glory of His **m**.
Dan 4:30 and for the honor of my **m**?
Heb 1: 3 at the right hand of the **M**
Heb 8: 1 hand of the throne of the **M**
2Pe 1:16 were eyewitnesses of His **m**.
Jude 25 is wise, Be glory and **m**,

MAKE (*see* MADE, MAKER, MAKES, MAKING)
Gen 1:26 Let Us **m** man in Our image,
Gen 2:18 I will **m** him a helper
Gen 9:12 of the covenant which I **m**
Gen 11: 4 let us **m** a name for
Gen 12: 2 I will **m** you a great nation;
Gen 12: 2 I will bless you And **m**
Gen 13:16 And I will **m** your descendants
Gen 17: 2 And I will **m** My covenant
Gen 17: 6 and I will **m** nations of you,
Ex 20: 4 You shall not **m** for yourself
Ex 20:23 You shall not **m** anything to
Ex 28: 2 And you shall **m** holy garments
Ex 29:36 cleanse the altar when you **m**
Ex 32: 1 **m** us gods that shall go
Ex 33:19 I will **m** all My goodness pass
Lev 4:35 So the priest shall **m**
Lev 22:22 nor **m** an offering by fire of
Lev 26: 1 You shall not **m** idols for
Lev 26: 6 and none will **m** you afraid;
Lev 26:22 and **m** you few in number; and
Num 5:21 the LORD **m** you a curse and
Num 5:22 and **m** your belly swell and
Num 5:24 And he shall **m** the woman
Num 6:25 The LORD **m** His face shine
Num 12: 6 **m** Myself known to him in a
Num 15:38 Tell them to **m** tassels on
Num 21: 8 **M** a fiery serpent, and set
Deut 4:25 and act corruptly and **m** a
Deut 12:11 LORD your God chooses to **m**
Deut 20:12 if the city will not **m**
Deut 22: 8 then you shall **m** a parapet

Deut 23:21 When you **m** a vow to the
Deut 32:39 I kill and I **m** alive; I
Josh 1: 8 For then you will **m** your way
Josh 9: 7 so how can we **m** a covenant
Judg 8:24 I would like to **m** a request
Judg 9:48 **m** haste and do as I have
Ruth 3: 3 but do not **m** yourself known
Ruth 4:11 The LORD **m** the woman who is
1Sa 1: 6 to **m** her miserable, because
1Sa 2:19 his mother used to **m** him a
1Sa 6: 7 **m** a new cart, take two milk
1Sa 8: 5 Now **m** us a king to judge us
1Sa 13:19 Lest the Hebrews **m** swords or
1Sa 20:38 **M** haste, hurry, do not
2Sa 7:11 tells you that He will **m**
2Sa 7:23 to **m** for Himself a name—and
1Ki 1:37 and **m** his throne greater
1Ki 8:33 and pray and **m** supplication
1Ki 12:10 but you **m** it lighter on
2Ki 4:10 let us **m** a small upper room
2Ki 8: 3 and she went to **m** an appeal
1Ch 16: 8 **M** known His deeds among the
Ps 39: 4 **m** me to know my end, And
Ps 100: 1 **M** a joyful shout to the
Ps 105: 1 **M** known His deeds among the
Ps 110: 1 Till I **m** Your enemies Your
Ps 115: 8 Those who **m** them are like
Ps 119:27 **M** me understand the way of
Ps 139: 8 If I **m** my bed in hell,
Prov 1:16 And they **m** haste to shed
Is 1:15 Even though you **m** many
Is 41:15 I will **m** you into a new
Is 53:10 When You **m** His soul an
Is 55: 3 And I will **m** an everlasting
Jer 31:31 when I will **m** a new covenant
Jer 46:27 No one shall **m** him afraid.
Ezek 24:17 **m** no mourning for the dead;
Ezek 30:12 I will **m** the rivers dry,
Ezek 30:12 I will **m** the land waste,
Ezek 34:25 I will **m** a covenant of peace
Ezek 35:11 and I will **m** Myself known
Ezek 37:19 and **m** them one stick, and
Ezek 37:22 and I will **m** them one nation
Ezek 37:26 Moreover I will **m** a covenant
Ezek 45:15 to **m** atonement for them,"
Dan 4:25 and they shall **m** you eat
Dan 5:15 read this writing and **m**
Dan 6: 7 a royal statute and to **m** a
Dan 9:24 To **m** an end of sins, To
Dan 9:24 To **m** reconciliation for
Dan 11:35 and **m** them white, until
Hos 2:18 To **m** them lie down safely.
Hos 11: 8 How can I **m** you like Admah?
Amos 8: 9 That I will **m** the sun go down
Mic 1:16 **M** yourself bald and cut off
Mic 4: 4 And no one shall **m** them
Hab 1:14 Why do You **m** men like fish
Hab 2: 2 Write the vision And **m** it
Hab 3: 2 In the midst of the years **m**
Hab 3:19 He will **m** my feet like
Hab 3:19 And He will **m** me walk on my
Zeph 3:13 And no one shall **m** them
Hag 2:23 and will **m** you like a signet
Mal 3:17 On the day that I **m** them My

Matt 1:19 and not wanting to **m** her a
Matt 3: 3 **M** His paths straight.'
Matt 4:19 and I will **m** you fishers of
Matt 5:36 because you cannot **m** one
Matt 8: 2 You can **m** me clean."
Matt 12:16 Yet He warned them not to **m**
Matt 12:33 Either **m** the tree good and
Matt 17: 4 let us **m** here three
Matt 22:44 Till I **m** Your enemies
Matt 23: 5 They **m** their phylacteries
Matt 23:14 and for a pretense **m** long
Matt 23:15 you **m** him twice as much a
Matt 24:47 I say to you that he will **m**
Matt 25:21 I will **m** you ruler over many
Matt 28:19 Go therefore and **m** disciples
Mark 14:15 there **m** ready for us."
Luke 1:17 to **m** ready a people prepared
Luke 9:14 **M** them sit down in groups of
Luke 11:39 Now you Pharisees **m** the
Luke 11:40 He who made the outside **m**
Luke 14:18 with one accord began to **m**
Luke 15:19 **M** me like one of your hired
Luke 15:29 that I might **m** merry with my
Luke 16: 9 **m** friends for yourselves by
Luke 19: 5 **m** haste and come down, for
Luke 19:42 the things that **m** for your
Luke 22:12 there **m** ready."
John 2:16 these things away! Do not **m**
John 6:15 and take Him by force to **m**
John 8:32 and the truth shall **m** you
John 8:53 Whom do You **m** Yourself out
John 10:33 **m** Yourself God."
John 14:23 We will come to him and **m**
Acts 2:28 You will **m** me full of
Rom 1: 9 that without ceasing I **m**
Rom 2:17 and **m** your boast in God,
Rom 3: 3 Will their unbelief **m** the
Rom 3:31 Do we then **m** void the law
Rom 9:21 from the same lump to **m** one
Rom 9:22 to show His wrath and to **m**
Rom 13:14 and **m** no provision for the
Rom 14: 4 for God is able to **m** him
Rom 14:19 pursue the things which **m**
1Co 8:13 lest I **m** my brother stumble.
1Co 10:13 the temptation will also **m**
1Co 14: 7 when they **m** a sound, unless
2Co 8: 1 we **m** known to you the grace
2Co 9: 8 And God is able to **m** all
Gal 3:17 that it should **m** the promise
Gal 6:12 As many as desire to **m** a good
Eph 3: 9 and to **m** all see what is the
Eph 6:19 open my mouth boldly to **m**
Col 4: 4 that I may **m** it manifest, as
1Th 3:12 And may the Lord **m** you
2Th 3: 9 but to **m** ourselves an
2Ti 3: 6 creep into households and **m**
2Ti 3:15 which are able to **m** you wise
Heb 1:13 Till I **m** Your enemies
Heb 2:17 to **m** propitiation for the
Heb 7:25 since He always lives to **m**
Heb 8: 8 when I will **m** a new
Heb 13:21 **m** you complete in every good
Jas 3:18 sown in peace by those who **m**
Jas 4:13 and **m** a profit";

M

2Pe 1:10 be even more diligent to **m**
1Jn 1:10 we **m** Him a liar, and His
Rev 11: 7 of the bottomless pit will **m**
Rev 13: 7 It was granted to him to **m**
Rev 21: 5 I **m** all things new." And He

MAKER (*see* MAKE)
Job 4:17 man be more pure than his **M**?
Ps 95: 6 kneel before the LORD our **M**.
Is 45: 9 him who strives with his **M**!
Is 51:13 you forget the LORD your **M**,
Is 54: 5 For your **M** is your husband,
Hos 8:14 Israel has forgotten his **M**,
Heb 11:10 whose builder and **m** is God.

MAKES (*see* MAKE, VOWS)
1Sa 2: 6 The LORD kills and **m** alive;
1Sa 2: 7 The LORD **m** poor and makes
Ps 18:33 He **m** my feet like the feet
Ps 23: 2 He **m** me to lie down in green
Ps 46: 9 He **m** wars cease to the end
Ps 104: 3 Who **m** the clouds His
Ps 104: 4 Who **m** His angels spirits,
Ps 104:15 And wine that **m** glad the
Prov 10: 1 A wise son **m** a glad father,
Prov 13:12 Hope deferred **m** the heart
Prov 16: 7 He **m** even his enemies to be
Is 44:15 Indeed he **m** a god and
Matt 5:45 for He **m** His sun rise on the
Mark 7:37 He **m** both the deaf to hear
John 8:36 Therefore if the Son **m** you
Rom 8:26 but the Spirit Himself **m**
1Co 4: 7 For who **m** you differ from
Heb 1: 7 Who **m** His angels spirits
Jas 4: 4 be a friend of the world **m**

MAKING (*see* MAKE)
1Ch 15:28 **m** music with stringed
Ps 19: 7 **m** wise the simple;
Eccl 12:12 Of **m** many books there is
Is 45: 9 forms it, 'What are you **m**?
Mark 7:13 **m** the word of God of no
John 5:18 **m** Himself equal with God.
Eph 1:16 **m** mention of you in my
Eph 5:19 singing and **m** melody in your
1Th 1: 2 **m** mention of you in our

MALE (*see* MALES)
Gen 1:27 **m** and female He created
Gen 17:10 Every **m** child among you
Deut 4:16 the likeness of **m** or female,
1Ki 11:15 after he had killed every **m**
Dan 8: 5 suddenly a **m** goat came from
Matt 2:16 and put to death all the **m**
Matt 19: 4 made them **m** and female,'
Luke 2:23 Every **m** who opens the
Gal 3:28 there is neither **m** nor
Rev 12: 5 She bore a **m** Child who was to

MALES (*see* MALE)
Ex 23:17 times in the year all your **m**

MALICE
1Co 5: 8 nor with the leaven of **m** and
Col 3: 8 all these: anger, wrath, **m**,

MAMMON
Matt 6:24 You cannot serve God and **m**.
Luke 16: 9 yourselves by unrighteous **m**,

MAN (*see* MAN'S, MANKIND, MEN, SON)
Gen 1:26 Let Us make **m** in Our image,
Gen 1:27 So God created **m** in His own
Gen 2: 7 And the LORD God formed **m**
Gen 2: 7 and **m** became a living being.
Gen 2:18 It is not good that **m**
Gen 9: 5 I will require the life of **m**.
Gen 9: 6 By **m** his blood shall be
Gen 9: 6 the image of God He made **m**.
Ex 15: 3 The LORD is a **m** of war;
Ex 33:11 as a **m** speaks to his friend.
Ex 33:20 for no **m** shall see Me, and
Num 23:19 "God is not a **m**,
Deut 8: 3 but **m** lives by every word
Deut 22:25 But if a **m** finds a betrothed
Deut 22:25 and the **m** forces her and
Deut 24: 5 When a **m** has taken a new
Deut 24: 7 If a **m** is found kidnapping
Deut 25: 5 the widow of the dead **m**
Deut 33: 1 with which Moses the **m** of
Josh 3:12 one **m** from every tribe.
Josh 5:13 a **M** stood opposite him with
Josh 8:17 There was not a **m** left in Ai
Josh 10:14 heeded the voice of a **m**;
Josh 23:10 One **m** of you shall chase a
Judg 3:17 (Now Eglon was a very fat **m**.
Judg 5:30 To every **m** a girl or two;
Judg 6:12 you mighty **m** of valor!"
Judg 11:39 he had vowed. She knew no **m**.
Judg 13: 6 A **M** of God came to me, and
Judg 16: 7 and be like any other **m**.
Judg 17: 5 The **m** Micah had a shrine, and
Judg 17:11 content to dwell with the **m**;
Judg 17:12 and the young **m** became his
Judg 18:15 house of the young Levite **m**—
Judg 19:22 Bring out the **m** who came to
Judg 19:25 So the **m** took his concubine
Judg 20: 1 gathered together as one **m**
Judg 21:11 woman who has known a **m**
Ruth 2: 1 a **m** of great wealth, of the
Ruth 2:20 This **m** is a relation of
Ruth 3:18 for the **m** will not rest
Ruth 4: 7 one **m** took off his sandal
1Sa 2:27 Then a **m** of God came to Eli
1Sa 9: 1 There was a **m** of Benjamin
1Sa 9: 6 there is in this city a **m**
1Sa 9: 9 when a **m** went to inquire of
1Sa 9:10 to the city where the **m** of
1Sa 10: 6 and be turned into another **m**.
1Sa 13:14 has sought for Himself a **m**
1Sa 14: 1 of Saul said to the young **m**
1Sa 14: 6 said to the young **m** who
1Sa 15:29 relent. For He is not a **m**,
1Sa 16: 7 LORD does not see as **m**
1Sa 16: 7 for **m** looks at the outward

1Sa 16:16 to seek out a **m** who is a
1Sa 16:18 a mighty **m** of valor, a man
1Sa 16:18 a **m** of war, prudent in
1Sa 17:26 shall be done for the **m** who
1Sa 17:58 son are you, young **m**?
1Sa 21:14 you see the **m** is insane. Why
1Sa 27: 9 he left neither **m** nor woman
1Sa 27:11 David would save neither **m**
1Sa 28:14 An old **m** is coming up, and he
2Sa 3:38 that a prince and a great **m**
2Sa 7:19 Is this the manner of **m**,
2Sa 12: 2 The rich **m** had exceedingly
2Sa 12: 3 But the poor **m** had nothing,
2Sa 12: 7 You are the **m**! Thus says the
2Sa 14:21 bring back the young **m**
2Sa 16: 7 Come out! You bloodthirsty **m**,
2Sa 18:12 anyone touch the young **m**
2Sa 19:22 Shall any **m** be put to death
2Sa 20: 1 Every **m** to his tents, O
2Sa 21:20 where there was a **m** of
2Sa 22:49 me from the violent **m**.
2Sa 24:14 me fall into the hand of **m**.
1Ki 1:42 for you are a prominent **m**,
1Ki 1:52 he proves himself a worthy **m**,
1Ki 4:25 each **m** under his vine and
1Ki 8:25 shall not fail to have a **m**
1Ki 13: 1 a **m** of God went from Judah
1Ki 13:29 took up the corpse of the **m**
1Ki 17:18 O **m** of God? Have you come to
2Ki 1: 9 **M** of God, the king has said,
2Ki 4: 9 know that this is a holy **m**
1Ch 12: 4 a mighty **m** among the thirty,
Neh 9:29 Which if a **m** does, he shall
Job 1: 1 There was a **m** in the land of
Job 1: 8 a blameless and upright **m**,
Job 2: 4 all that a **m** has he will
Job 5: 7 Yet **m** is born to trouble,
Job 7: 1 like the days of a hired **m**?
Job 7:17 "What is **m**, that You
Job 9:32 "For He is not a **m**,
Job 14: 1 **M** who is born of woman Is
Job 25: 6 a maggot, And a son of **m**,
Job 33:12 For God is greater than **m**.
Ps 1: 1 Blessed is the **m** Who walks
Ps 8: 4 What is **m** that You are
Ps 8: 4 And the son of **m** that You
Ps 19: 5 rejoices like a strong **m** to
Ps 22: 6 But I am a worm, and no **m**;
Ps 32: 2 Blessed is the **m** to whom
Ps 34: 6 This poor **m** cried out, and
Ps 56:11 What can **m** do to me?
Ps 84: 5 Blessed is the **m** whose
Ps 119: 9 How can a young **m** cleanse
Prov 9: 8 hate you; Rebuke a wise **m**,
Prov 14:12 that seems right to a **m**,
Prov 19: 6 And every **m** is a friend to
Prov 24:34 your need like an armed **m**.
Prov 29:22 An angry **m** stirs up strife,
Eccl 1: 3 What profit has a **m** from all
Eccl 2:22 For what has **m** for all his
Eccl 2:24 Nothing is better for a **m**
Eccl 11: 9 Rejoice, O young **m**,
Eccl 12: 5 For **m** goes to his eternal
Song 8: 7 If a **m** would give for love

Is 6: 5 undone! Because I am a **m**
Is 36: 6 on which if a **m** leans, it
Is 52:14 was marred more than any **m**,
Is 53: 3 A **M** of sorrows and
Is 55: 7 And the unrighteous **m** his
Jer 3: 1 If a **m** divorces his wife,
Jer 9:23 Let not the wise **m** glory in
Jer 9:23 Let not the mighty **m** glory
Jer 9:23 Nor let the rich **m** glory
Jer 10:23 I know the way of **m** is not
Jer 10:23 It is not in **m** who walks
Jer 15:10 A **m** of strife and a man of
Jer 22:30 Write this **m** down as
Jer 31:22 woman shall encompass a **m**.
Jer 31:34 No more shall every **m** teach
Jer 31:34 and every **m** his brother,
Jer 33:17 David shall never lack a **m** to
Lam 3: 1 I am the **m** who has seen
Ezek 1: 5 they had the likeness of a **m**.
Ezek 2: 1 He said to me, "Son of **m**,
Ezek 20:11 if a **m** does, he shall live
Dan 2:10 There is not a **m** on earth who
Dan 7:13 One like the Son of **M**,
Dan 8:17 me, "Understand, son of **m**,
Dan 9:21 the **m** Gabriel, whom I had
Hos 11: 9 For I am God, and not **m**,
Amos 2: 7 A **m** and his father go in to
Mic 6: 8 He has shown you, O **m**,
Zech 13: 7 Against the **M** who is My
Mal 3: 8 Will a **m** rob God? Yet you
Matt 1:19 her husband, being a just **m**,
Matt 4: 4 **M** shall not live by
Matt 7: 9 Or what **m** is there among you
Matt 7:24 I will liken him to a wise **m**
Matt 7:26 will be like a foolish **m** who
Matt 8: 9 For I also am a **m** under
Matt 8:20 but the Son of **M** has nowhere
Matt 9: 6 may know that the Son of **M**
Matt 11:19 The Son of **M** came eating and
Matt 12: 8 For the Son of **M** is Lord even
Matt 12:29 he first binds the strong **m**?
Matt 12:35 A good **m** out of the good
Matt 12:35 and an evil **m** out of the
Matt 12:40 so will the Son of **M** be
Matt 12:45 the last state of that **m**
Matt 13:31 which a **m** took and sowed in
Matt 15:11 into the mouth defiles a **m**;
Matt 16:13 men say that I, the Son of **M**,
Matt 18: 7 but woe to that **m** by whom
Matt 19: 6 let not **m** separate."
Matt 19:20 The young **m** said to Him,
Matt 19:24 a needle than for a rich **m**
Matt 20:18 and the Son of **M** will be
Matt 24:30 the sign of the Son of **M**
Matt 24:30 they will see the Son of **M**
Matt 24:37 the coming of the Son of **M**
Matt 25:14 of heaven is like a **m**
Matt 25:24 I knew you to be a hard **m**,
Matt 26:72 I do not know the **M**!"
Matt 27:57 there came a rich **m** from
Mark 2: 7 Why does this **M** speak
Mark 5: 2 met Him out of the tombs a **m**
Mark 8:22 and they brought a blind **m**
Mark 12: 1 A **m** planted a vineyard and

M

Mark 14:51 Now a certain young **m**
Mark 15:39 Truly this **M** was the Son of
Luke 1:18 know this? For I am an old **m**,
Luke 1:27 to a virgin betrothed to a **m**
Luke 1:34 be, since I do not know a **m**?
Luke 2:25 there was a **m** in Jerusalem
Luke 2:25 and this **m** was just and
Luke 5:12 a **m** who was full of leprosy
Luke 5:18 men brought on a bed a **m** who
Luke 6:48 He is like a **m** building a
Luke 7: 8 For I also am a **m** placed
Luke 7:12 a dead **m** was being carried
Luke 7:14 And He said, "Young **m**,
Luke 8:33 the demons went out of the **m**
Luke 8:41 there came a **m** named Jairus,
Luke 13: 6 A certain **m** had a fig tree
Luke 13:19 which a **m** took and put in
Luke 15: 2 This **M** receives sinners and
Luke 15:11 A certain **m** had two sons.
Luke 16:22 The rich **m** also died and was
Luke 18: 2 not fear God nor regard **m**.
Luke 18:25 a needle than for a rich **m**
Luke 19: 2 there was a **m** named
Luke 19:21 because you are an austere **m**.
Luke 22:48 you betraying the Son of **M**
Luke 22:58 them." But Peter said, "**M**,
Luke 23: 4 "I find no fault in this **M**.
Luke 23:18 saying, "Away with this **M**,
Luke 23:41 but this **M** has done nothing
Luke 23:47 this was a righteous **M**!"
John 1: 6 There was a **m** sent from God,
John 1: 7 This **m** came for a witness, to
John 1: 9 which gives light to every **m**
John 1:13 flesh, nor of the will of **m**,
John 1:30 After me comes a **M** who is
John 1:51 descending upon the Son of **M**.
John 2:10 Every **m** at the beginning sets
John 2:25 for He knew what was in **m**.
John 3: 2 This **m** came to Jesus by night
John 3: 4 How can a **m** be born when he
John 3:14 even so must the Son of **M** be
John 4:29 see a **M** who told me all
John 6:53 the flesh of the Son of **M**
John 7:15 How does this **M** know letters,
John 7:46 No **m** ever spoke like this
John 9: 2 this **m** or his parents, that
John 9:11 A **M** called Jesus made clay
John 12:23 has come that the Son of **M**
John 12:34 The Son of **M** must be lifted
John 18:40 again, saying, "Not this **M**,
John 19: 5 Behold the **M**!"
Acts 6: 5 a **m** full of faith and the
Acts 7:56 opened and the Son of **M**
Acts 10:22 the centurion, a just **m**,
Acts 13:22 a **m** after My own
Acts 16: 9 A **m** of Macedonia stood and
Acts 17:31 in righteousness by the **M**
Acts 22:26 for this **m** is a Roman."
Acts 23: 9 "We find no evil in this **m**;
Rom 1:23 made like corruptible **m**—
Rom 2: 1 you are inexcusable, O **m**,
Rom 3: 4 let God be true but every **m**
Rom 3: 5 wrath? (I speak as a **m**.
Rom 4: 6 the blessedness of the **m** to
Rom 5: 7 scarcely for a righteous **m**
Rom 5: 7 yet perhaps for a good **m**
Rom 5:12 just as through one **m** sin
Rom 5:15 by the grace of the one **M**,
Rom 6: 6 that our old **m** was crucified
Rom 7:22 according to the inward **m**.
Rom 9:10 also had conceived by one **m**,
1Co 2: 9 into the heart of **m**
1Co 2:11 For what **m** knows the things
1Co 2:14 But the natural **m** does not
1Co 7: 1 It is good for a **m** not to
1Co 7:26 that it is good for a **m** to
1Co 9: 8 these things as a mere **m**?
1Co 10:13 such as is common to **m**;
1Co 11: 3 that the head of every **m** is
1Co 11: 3 the head of woman is **m**,
1Co 11: 7 but woman is the glory of **m**.
1Co 11: 8 For **m** is not from woman, but
1Co 11:28 But let a **m** examine himself,
1Co 13:11 child; but when I became a **m**,
1Co 15:21 For since by **m** came death,
1Co 15:45 The first **m** Adam became
1Co 15:47 the second **M** is the Lord
2Co 4:16 Even though our outward **m** is
2Co 4:16 yet the inward **m** is being
2Co 12: 2 I know a **m** in Christ who
Gal 1: 1 (not from men nor through **m**,
Eph 2:15 create in Himself one new **m**
Eph 3:16 His Spirit in the inner **m**,
Eph 4:22 the old **m** which grows
Eph 4:24 that you put on the new **m**
Eph 5:31 For this reason a **m**
Phil 2: 8 found in appearance as a **m**,
Col 1:28 warning every **m** and teaching
Col 1:28 that we may present every **m**
Col 3: 9 you have put off the old **m**
Col 3:10 and have put on the new **m**
2Th 2: 3 and the **m** of sin is
1Ti 2: 5 the **M** Christ Jesus,
1Ti 3: 1 If a **m** desires the position
1Ti 6:11 O **m** of God, flee these
1Ti 6:16 whom no **m** has seen or can
2Ti 3:17 that the **m** of God may be
Heb 2: 6 What is **m** that You are
Heb 2: 6 Or the son of **m** that
Heb 7: 4 consider how great this **m**
Heb 11:12 Therefore from one **m**,
Heb 13: 6 What can **m** do to
Jas 1: 8 he is a double-minded **m**,
Jas 1:11 So the rich **m** also will fade
Jas 1:23 he is like a **m** observing his
Jas 1:24 forgets what kind of **m** he
Jas 3: 8 But no **m** can tame the tongue.
Jas 5:16 prayer of a righteous **m**
1Pe 1:24 all the glory of **m** as
2Pe 1:21 never came by the will of **m**,
Rev 1:13 One like the Son of **M**,
Rev 4: 7 creature had a face like a **m**,
Rev 13:18 for it is the number of a **m**:
Rev 21:17 to the measure of a **m**,

MAN'S (*see* MAN)

Gen 8:21 curse the ground for **m** sake,
Gen 8:21 the imagination of **m** heart

Gen 9: 6 Whoever sheds **m** blood, By
Prov 16: 7 When a **m** ways please the
Prov 20:24 A **m** steps are of the LORD;
Mic 7: 6 A **m** enemies are the men of
Matt 10:36 a **m** enemies will be
Rom 15:20 I should build on another **m**
1Co 2:13 not in words which **m** wisdom

MANASSEH
Gen 41:51 the name of the firstborn **M**:
Gen 48: 5 your two sons, Ephraim and **M**,
Deut 3:13 gave to half the tribe of **M**.
2Ki 21:11 Because **M** king of Judah has
2Ki 24: 3 because of the sins of **M**,
Matt 1:10 Hezekiah begot **M**,

MANDRAKES
Gen 30:14 me some of your son's **m**.
Song 7:13 The **m** give off a fragrance,

MANGER
Luke 2: 7 cloths, and laid Him in a **m**,
Luke 2:16 and the Babe lying in a **m**.

MANIFEST (*see* MANIFESTATION, MANIFESTED)
John 14:21 and I will love him and **m**
Rom 1:19 may be known of God is **m** in
Eph 5:13 that are exposed are made **m**
1Pe 1:20 but was **m** in these last
1Jn 3:10 children of the devil are **m**:

MANIFESTATION (*see* MANIFEST)
Luke 1:80 till the day of his **m** to
1Co 12: 7 But the **m** of the Spirit is

MANIFESTED (*see* MANIFEST)
John 2:11 and **m** His glory; and His
John 17: 6 I have **m** Your name to the
2Co 4:10 life of Jesus also may be **m**
1Ti 3:16 God was **m** in the flesh,
1Jn 1: 2 the life was **m**,
1Jn 4: 9 this the love of God was **m**

MANIFOLD
Ps 104:24 how **m** are Your works! In
1Pe 4:10 as good stewards of the **m**

MANKIND (*see* MAN)
Gen 5: 2 them and called them **M** in
Acts 15:17 So that the rest of **m**

MANNA
Ex 16:31 of Israel called its name **M**.
Ex 16:33 a pot and put an omer of **m**
Josh 5:12 Then the **m** ceased on the day
Ps 78:24 Had rained down **m** on them to
John 6:31 Our fathers ate the **m** in the
Heb 9: 4 golden pot that had the **m**,
Rev 2:17 give some of the hidden **m**

MANNER
Gen 31:35 for the **m** of women is with
2Sa 7:19 Is this the **m** of man, O

Acts 1:11 will so come in li
1Co 11:25 In the same **m** He
1Co 11:29 and drinks in an u
Gal 3:15 I speak in the **m** of
Heb 10:25 as is the **m** of some,
1Pe 1:11 or what **m** of time, the
2Pe 3:11 what **m** of persons oug
1Jn 3: 1 Behold what **m** of love

MANOAH
Judg 13: 9 but **M** her husband was n

MANSIONS†
John 14: 2 My Father's house are many

MANSLAYER
Num 35: 6 to which a **m** may flee. And

MANTLE
2Ki 2: 8 Now Elijah took his **m**,

MARCH
Josh 6: 3 You shall **m** around the city,

MARK (*see* MARKS)
Gen 4:15 And the LORD set a **m** on
Ps 130: 3 should **m** iniquities, O
Ezek 9: 4 and put a **m** on the foreheads
Rev 13:16 to receive a **m** on their

MARK* (*see* JOHN)
Acts 12:12 of John whose surname was **M**,
2Ti 4:11 Get **M** and bring him with
1Pe 5:13 and so does **M** my son.

MARKS (*see* MARK)
Gal 6:17 for I bear in my body the **m**

MARRED
Is 52:14 So His visage was **m** more
Jer 18: 4 that he made of clay was **m**

MARRIAGE (*see* MARRY)
Matt 22:30 marry nor are given in **m**,
1Co 7:38 then he who gives her in **m**
Heb 13: 4 **M** is honorable among all,
Rev 19: 9 who are called to the **m**

MARRIED (*see* MARRY)
1Ki 3: 1 and **m** Pharaoh's daughter
Is 62: 4 And your land shall be **m**.
Matt 22:25 first died after he had **m**,
Rom 7: 3 though she has **m** another
1Co 7:10 Now to the **m** I command, yet
1Co 7:33 But he who is **m** cares about

MARRIES (*see* MARRY)
Matt 5:32 and whoever **m** a woman who is
Luke 16:18 and whoever **m** her who is
Rom 7: 3 she **m** another man, she will
1Co 7:28 sinned; and if a virgin **m**,

MARROW
Heb 4:12 spirit, and of joints and **m**,

M

MARRY (*see* MARRIAGE, MARRIED, MARRIES, MARRYING, UNMARRIED)

Is 62: 5 So shall your sons **m** you;
Matt 19:10 wife, it is better not to **m**.
Matt 22:30 resurrection they neither **m**
Luke 20:34 The sons of this age **m** and
1Co 7: 9 For it is better to **m** than
1Co 7:36 He does not sin; let them **m**.
1Ti 4: 3 forbidding to **m**,

MARRYING (*see* MARRY)

Matt 24:38 **m** and giving in marriage,

MARTHA

Luke 10:40 But **M** was distracted with
John 11: 1 of Mary and her sister **M**.

MARTYRS (*see* MARTYR)

Rev 17: 6 and with the blood of the **m**

MARVEL (*see* MARVELED, MARVELOUS)

John 3: 7 Do not **m** that I said to you,

MARVELED (*see* MARVEL)

Matt 8:10 When Jesus heard it, He **m**,
Luke 20:26 And they **m** at His answer and
John 4:27 and they **m** that He talked
Acts 2: 7 they were all amazed and **m**,

MARVELOUS (*see* MARVEL)

Ps 9: 1 I will tell of all Your **m**
Ps 98: 1 new song! For He has done **m**
Ps 118:23 It is **m** in our eyes.
Ps 139:14 **M** are Your works, And
Joel 2:21 For the LORD has done **m**
Matt 21:42 And it is **m** in our
John 9:30 this is a **m** thing, that you
1Pe 2: 9 out of darkness into His **m**

MARY

Matt 1:16 Joseph the husband of **M**,
Matt 1:18 After His mother **M** was
Matt 27:56 whom were **M** Magdalene,
Matt 27:56 **M** the mother of James and
Mark 6: 3 the carpenter, the Son of **M**,
Mark 16: 9 He appeared first to **M**
Luke 1:27 The virgin's name was **M**.
Luke 2:19 But **M** kept all these things
John 11: 2 It was that **M** who anointed
John 11:19 women around Martha and **M**,
John 19:25 **M** the wife of Clopas, and
John 20:16 **M**!" She turned and said to
Acts 1:14 with the women and **M** the

MASONS

2Sa 5:11 trees, and carpenters and **m**.
2Ki 12:12 and to **m** and stonecutters,

MASTER (*see* MASTER'S, MASTERS)

Gen 24:12 O LORD God of my **m** Abraham,
Prov 8:30 I was beside Him as a **m**
Hos 2:16 And no longer call Me 'My **M**,
Mal 1: 6 My honor? And if I am a **M**,
Matt 10:24 nor a servant above his **m**.
Matt 24:45 whom his **m** made ruler over
Matt 24:46 is that servant whom his **m**,
Mark 14:14 say to the **m** of the house,
Luke 13:25 When once the **M** of the house
Luke 14:21 Then the **m** of the house,
Luke 16: 5 'How much do you owe my **m**?
Luke 16: 8 So the **m** commended the unjust
John 2: 8 and take it to the **m** of the
John 13:16 is not greater than his **m**;
1Co 3:10 as a wise **m** builder I have
Gal 4: 1 though he is **m** of all,
Eph 6: 9 knowing that your own **M** also
2Ti 2:21 and useful for the **M**,

MASTER'S (*see* MASTER)

2Sa 12: 8 I gave you your **m** house and
Is 1: 3 owner And the donkey its **m**

MASTERS (*see* MASTER, TASKMASTERS)

Matt 6:24 "No one can serve two **m**;
Acts 16:16 who brought her **m** much
Eph 6: 9 And you, **m**, do the same
Col 3:22 obey in all things your **m**
Col 4: 1 **M**, give your bondservants
1Ti 6: 2 those who have believing **m**,

MATTHEW (*see* LEVI)

Matt 9: 9 He saw a man named **M** sitting
Matt 10: 3 Thomas and **M** the tax
Mark 3:18 Philip, Bartholomew, **M**,

MATURE

1Co 2: 6 wisdom among those who are **m**,
1Co 14:20 but in understanding be **m**.

MEAL (*see* GRAIN)

Matt 13:33 hid in three measures of **m**

MEAN (*see* MEANS, MEANT)

Josh 4: 6 What do these stones **m** to

MEANS (*see* MEAN)

Matt 9:13 go and learn what this **m**:
Matt 12: 7 you had known what this **m**,
John 6:37 comes to Me I will by no **m**
1Co 9:22 that I might by all **m** save
2Th 2: 3 no one deceive you by any **m**;
1Pe 2: 6 on Him will by no **m**

MEANT (*see* MEAN)

Gen 50:20 you **m** evil against me; but
Gen 50:20 but God **m** it for good, in

MEASURE (*see* MEASURED, MEASURES, MEASURING)

Luke 6:38 will be given to you: good **m**,
John 3:34 not give the Spirit by **m**.
Rom 12: 3 has dealt to each one a **m**
Eph 4: 7 given according to the **m** of
Eph 4:13 to the **m** of the stature of

MEASURED (*see* MEASURE)
Is 40:12 Who has **m** the waters in the
Matt 7: 2 it will be **m** back to you.

MEASURES (*see* MEASURE)
Prov 20:10 weights and diverse **m**,
Matt 13:33 took and hid in three **m** of

MEASURING (*see* MEASURE)
Zech 2: 1 a man with a **m** line in his

MEAT
Ex 16: 8 when the LORD gives you **m**
Num 11:13 over me, saying, 'Give us **m**,
Num 11:18 and you shall eat **m**;
Ps 78:20 Can He provide **m** for His
Ps 78:27 He also rained **m** on them
Is 44:16 With this half he eats **m**;
Dan 10: 3 no **m** or wine came into my
Rom 14:21 is good neither to eat **m**
1Co 8:13 I will never again eat **m**,
1Co 10:25 whatever is sold in the **m**

MEDE† (*see* MEDES, MEDIA)
Dan 5:31 And Darius the **M** received the
Dan 11: 1 first year of Darius the **M**,

MEDES (*see* MEDE)
Esth 1:19 of the Persians and the **M**,
Is 13:17 I will stir up the **M** against
Dan 5:28 and given to the **M** and
Dan 6: 8 to the law of the **M** and
Acts 2: 9 Parthians and **M** and Elamites,

MEDIA (*see* MEDE)
Ezra 6: 2 is in the province of **M**,
Esth 1:14 princes of Persia and **M**,
Dan 8:20 they are the kings of **M** and

MEDIATOR†
Job 9:33 Nor is there any **m** between
Job 33:23 is a messenger for him, A **m**,
Gal 3:19 angels by the hand of a **m**.
Gal 3:20 Now a **m** does not mediate for
1Ti 2: 5 there is one God and one **M**
Heb 8: 6 inasmuch as He is also **M** of
Heb 9:15 for this reason He is the **M**
Heb 12:24 to Jesus the **M** of the new

MEDITATE (*see* MEDITATES, MEDITATION)
Gen 24:63 And Isaac went out to **m** in
Josh 1: 8 but you shall **m** in it day
Ps 119:15 I will **m** on Your precepts,
Ps 119:148 That I may **m** on Your word.
Phil 4: 8 **m** on these things.
1Ti 4:15 **M** on these things; give

MEDITATES (*see* MEDITATE)
Ps 1: 2 And in His law he **m** day and

MEDITATION (*see* MEDITATE)
Ps 19:14 words of my mouth and the **m**
Ps 119:97 love Your law! It is my **m**

MEDIUM
1Sa 28: 7 is a woman who is a

MEEK (*see* MEEKNESS)
Ps 37:11 But the **m** shall inherit the
Matt 5: 5 Blessed are the **m**,

MEEKNESS (*see* MEEK)
Col 3:12 kindness, humility, **m**,
1Pe 3:15 with **m** and fear;

MEET (*see* MEETING, MET)
Gen 18: 2 ran from the tent door to **m**
Ex 25:22 And there I will **m** with you,
Amos 4:12 Prepare to **m** your God, O
1Th 4:17 them in the clouds to **m** the

MEETING (*see* MEET)
Ex 27:21 "In the tabernacle of **m**,
Ex 39:40 for the tent of **m**;

MEGIDDO
Judg 5:19 Taanach, by the waters of **M**;
1Ki 9:15 wall of Jerusalem, Hazor, **M**,
2Ch 35:22 to fight in the Valley of **M**.

MELCHIZEDEK
Gen 14:18 Then **M** king of Salem brought
Ps 110: 4 According to the order of **M**.
Heb 5: 6 to the order of **M**";
Heb 7: 1 For this **M**, king of Salem,
Heb 7:15 if, in the likeness of **M**,

MELODY
Eph 5:19 singing and making **m** in your

MELT
Josh 14: 8 the heart of the people **m**,
Ps 97: 5 The mountains **m** like wax at
2Pe 3:10 and the elements will **m** with

MEMBER (*see* MEMBERS)
1Co 12:14 fact the body is not one **m**
1Co 12:26 And if one **m** suffers, all the
Jas 3: 5 so the tongue is a little **m**

MEMBERS (*see* MEMBER)
Matt 5:29 for you that one of your **m**
Rom 6:13 And do not present your **m** as
Rom 7: 5 law were at work in our **m**
Rom 7:23 law of sin which is in my **m**.
Rom 12: 4 For as we have many **m** in one
1Co 6:15 know that your bodies are **m**
1Co 12:12 body is one and has many **m**,
Eph 4:25 for we are **m** of one
Eph 5:30 For we are **m** of His body, of
Jas 4: 1 pleasure that war in your **m**?

MEMORIAL
Ex 12:14 this day shall be to you a **m**;
Ex 13: 9 you on your hand and as a **m**
Josh 4: 7 stones shall be for a **m** to
Matt 26:13 will also be told as a **m** to

MEN (*see* MAN, MEN-PLEASERS, MEN'S, PEOPLE)

Gen 4:26 Then **m** began to call on the
Gen 6: 1 when **m** began to multiply on
Gen 6: 2 God saw the daughters of **m**,
Gen 6: 4 Those were the mighty **m** who
Gen 6: 4 were of old, **m** of renown.
Gen 11: 5 tower which the sons of **m**
Gen 13:13 But the **m** of Sodom were
Gen 18: 2 three **m** were standing by
Gen 32:28 with God and with **m**,
Ex 7:11 also called the wise **m** and
Ex 18:25 And Moses chose able **m** out of
Deut 1:15 wise and knowledgeable **m**,
Deut 3:18 All you **m** of valor shall
Josh 1:14 all your mighty **m** of valor,
Judg 9: 9 which they honor God and **m**,
Judg 9:13 cheers both God and **m**,
Ruth 2: 9 I not commanded the young **m**
Ruth 2:21 stay close by my young **m**
1Sa 31: 4 lest these uncircumcised **m**
2Sa 7:14 him with the rod of **m** and
2Sa 7:14 the blows of the sons of **m**.
2Sa 10: 7 all the army of the mighty **m**.
2Sa 11:16 knew there were valiant **m**.
2Sa 23: 9 one of the three mighty **m**
1Ki 9:22 because they were **m** of war
1Ch 12:33 stouthearted **m** who could
1Ch 22:15 and all types of skillful **m**
1Ch 26:31 found among them capable **m**
2Ch 6:18 God indeed dwell with **m** on
Esth 1:13 the king said to the wise **m**
Job 4:13 When deep sleep falls on **m**,
Job 7:20 done to You, O watcher of **m**?
Job 12:12 Wisdom is with aged **m**,
Job 33:15 deep sleep falls upon **m**,
Ps 4: 2 How long, O you sons of **m**,
Ps 12: 1 from among the sons of **m**.
Ps 62: 9 Surely **m** of low degree are
Ps 62: 9 **M** of high degree are a
Ps 68:18 have received gifts among **m**,
Ps 107: 8 that **m** would give thanks to
Ps 107: 8 works to the children of **m**!
Ps 116:11 All **m** are liars."
Ps 148:12 Both young **m** and maidens;
Ps 148:12 Old **m** and children.
Prov 8:31 was with the sons of **m**.
Prov 17: 6 are the crown of old **m**,
Prov 20:29 The glory of young **m** is
Is 7:13 thing for you to weary **m**,
Is 9: 3 As **m** rejoice when they
Is 19:12 they? Where are your wise **m**?
Is 31: 3 Now the Egyptians are **m**,
Is 38:16 by these things **m** live;
Is 45:24 To Him **m** shall come, And
Is 52:14 form more than the sons of **m**;
Is 53: 3 despised and rejected by **m**,
Lam 1:15 me To crush my young **m**;
Lam 2:21 My virgins and my young **m**
Ezek 9: 4 on the foreheads of the **m**
Ezek 14:14 "Even if these three **m**,
Ezek 26:17 one inhabited by seafaring **m**,
Ezek 27: 8 your oarsmen; Your wise **m**,
Ezek 34:31 of My pasture; you are **m**,
Dan 1:15 flesh than all the young **m**
Dan 1:17 As for these four young **m**,
Dan 2:12 to destroy all the wise **m**
Dan 3:21 Then these **m** were bound in
Dan 3:23 And these three **m**,
Dan 3:25 I see four **m** loose, walking
Dan 4:17 rules in the kingdom of **m**,
Dan 4:33 he was driven from **m** and ate
Dan 5: 8 Now all the king's wise **m**
Hos 6: 7 But like **m** they transgressed
Hos 13: 2 Let the **m** who sacrifice kiss
Joel 2:28 Your old **m** shall dream
Joel 2:28 Your young **m** shall see
Amos 6: 9 that if ten **m** remain in one
Amos 8:13 virgins And strong young **m**
Jon 1:13 Nevertheless the **m** rowed hard
Jon 1:16 Then the **m** feared the LORD
Mic 5: 5 and eight princely **m**.
Zeph 1:17 they shall walk like blind **m**,
Matt 2: 1 wise **m** from the East came to
Matt 4:19 I will make you fishers of **m**.
Matt 5:13 and trampled underfoot by **m**.
Matt 5:16 your light so shine before **m**,
Matt 5:19 and teaches **m** so, shall be
Matt 6: 1 charitable deeds before **m**,
Matt 6: 2 they may have glory from **m**.
Matt 6: 5 that they may be seen by **m**.
Matt 6:14 For if you forgive **m** their
Matt 6:15 if you do not forgive **m**
Matt 6:16 that they may appear to **m**
Matt 7:12 whatever you want **m** to do to
Matt 7:16 Do **m** gather grapes from
Matt 8:28 Him two demon-possessed **m**,
Matt 9: 8 had given such power to **m**.
Matt 10:32 confesses Me before **m**,
Matt 12:31 blasphemy will be forgiven **m**,
Matt 12:31 will not be forgiven **m**.
Matt 12:36 that for every idle word **m**
Matt 12:41 The **m** of Nineveh will rise up
Matt 14:21 were about five thousand **m**,
Matt 15:38 who ate were four thousand **m**,
Matt 16:13 Who do **m** say that I, the Son
Matt 17:22 betrayed into the hands of **m**,
Matt 19:26 With **m** this is impossible,
Matt 21:25 from? From heaven or from **m**?
Matt 24:40 Then two **m** will be in the
Matt 28: 4 him, and became like dead **m**.
Mark 2: 3 who was carried by four **m**.
Mark 7: 7 the commandments of **m**.
Mark 7: 8 you hold the tradition of **m**—
Mark 7:21 out of the heart of **m**,
Luke 2:14 goodwill toward **m**!"
Luke 2:52 and in favor with God and **m**.
Luke 6:44 For **m** do not gather figs
Luke 11:46 lawyers! For you load **m** with
Luke 16:15 justify yourselves before **m**,
Luke 17:12 there met Him ten **m** who were
Luke 18: 1 that **m** always ought to pray
Luke 18:11 that I am not like other **m**—
John 1: 4 the life was the light of **m**.
John 2:24 them, because He knew all **m**,
John 3:19 and **m** loved darkness rather
John 5:41 do not receive honor from **m**.

Acts 1:10 two **m** stood by them in white
Acts 1:11 **M** of Galilee, why do you
Acts 1:16 **M** and brethren, this
Acts 2: 5 in Jerusalem Jews, devout **m**,
Acts 2:17 Your young **m** shall see
Acts 2:17 Your old **m** shall dream
Acts 2:22 **M** of Israel, hear these
Acts 4:12 under heaven given among **m**
Acts 4:13 uneducated and untrained **m**,
Acts 5: 4 You have not lied to **m** but
Acts 5:29 to obey God rather than **m**.
Acts 6: 3 out from among you seven **m**
Acts 11: 3 went in to uncircumcised **m**
Acts 13:50 women and the chief **m** of
Acts 14:15 We also are **m** with the same
Acts 17: 5 took some of the evil **m** from
Acts 17:12 prominent women as well as **m**.
Acts 17:22 **M** of Athens, I perceive that
Acts 17:26 one blood every nation of **m**
Acts 17:30 but now commands all **m**
Rom 1:18 and unrighteousness of **m**,
Rom 1:27 **m** with men committing what
Rom 2:29 whose praise is not from **m**
Rom 5:12 thus death spread to all **m**,
Rom 5:18 judgment came to all **m**,
Rom 5:18 free gift came to all **m**,
Rom 12:17 things in the sight of all **m**.
Rom 12:18 live peaceably with all **m**.
1Co 1:25 of God is wiser than **m**,
1Co 2: 5 not be in the wisdom of **m**
1Co 3: 3 and behaving like mere **m**?
1Co 7: 7 For I wish that all **m** were
1Co 9:19 though I am free from all **m**,
1Co 9:22 become all things to all **m**,
1Co 13: 1 speak with the tongues of **m**
1Co 14: 2 a tongue does not speak to **m**
1Co 14:21 With **m** of other tongues
1Co 15:19 we are of all **m** the most
1Co 15:39 is one kind of flesh of **m**,
2Co 3: 2 known and read by all **m**;
2Co 5:11 of the Lord, we persuade **m**;
Gal 1: 1 an apostle (not from **m** nor
Gal 1:10 For do I now persuade **m**,
Eph 4: 8 And gave gifts to **m**.
Eph 6: 7 as to the Lord, and not to **m**,
Phil 2: 7 coming in the likeness of **m**.
Phil 4: 5 gentleness be known to all **m**.
Col 3:23 as to the Lord and not to **m**,
1Th 1: 5 as you know what kind of **m**
1Th 2: 4 we speak, not as pleasing **m**,
1Th 2:13 it not as the word of **m**,
1Ti 2: 4 who desires all **m** to be saved
1Ti 2: 5 Mediator between God and **m**,
1Ti 2: 8 desire therefore that the **m**
1Ti 4:10 who is the Savior of all **m**,
1Ti 6: 9 harmful lusts which drown **m**
2Ti 2: 2 commit these to faithful **m**
2Ti 3:13 But evil **m** and impostors will
Tit 2: 2 that the older **m** be sober,
Tit 2:11 has appeared to all **m**,
Heb 9:27 as it is appointed for **m** to
Heb 12:23 to the spirits of just **m**
Jas 3: 9 and with it we curse **m**,
1Pe 2:15 the ignorance of foolish **m**—
2Pe 1:21 but holy **m** of God spoke as
2Pe 3: 7 and perdition of ungodly **m**.
1Jn 2:13 I write to you, young **m**,
Jude 4 For certain **m** have crept in
Rev 9: 7 were like the faces of **m**.
Rev 16:21 **M** blasphemed God because of
Rev 18:13 and bodies and souls of **m**.
Rev 21: 3 tabernacle of God is with **m**,

MEN-PLEASERS† (*see* MEN)
Eph 6: 6 not with eyeservice, as **m**,
Col 3:22 not with eyeservice, as **m**,

MEN'S (*see* MEN)
Matt 23:27 inside are full of dead **m**
Luke 21:26 **m** hearts failing them from
2Co 10:15 in other **m** labors, but

MENDING
Matt 4:21 **m** their nets. He called

MENE
Dan 5:25 that was written: MENE, **M**,

MENTION
Rom 1: 9 without ceasing I make **m** of
Eph 1:16 making **m** of you in my

MEPHIBOSHETH
2Sa 9: 6 Then David said, "M?
2Sa 19:24 Now **M** the son of Saul came

MERCHANDISE
John 2:16 Father's house a house of **m**!

MERCIES (*see* MERCY)
Gen 32:10 of the least of all the **m**
Neh 9:27 to Your abundant **m** You
Ps 25: 6 Your tender **m** and Your
Ps 51: 1 multitude of Your tender **m**,
Ps 89: 1 I will sing of the **m** of the
Is 55: 3 The sure **m** of David.
Lam 3:22 Through the LORD's **m** we
Dan 9:18 but because of Your great **m**.
Acts 13:34 give you the sure **m**
Rom 12: 1 by the **m** of God, that you
2Co 1: 3 the Father of **m** and God of

MERCIFUL (*see* MERCY, UNMERCIFUL)
Gen 19:16 the LORD being **m** to him,
Ex 34: 6 **m** and gracious,
Ps 18:25 With the **m** You will show
Ps 41: 4 be **m** to me; Heal my soul,
Ps 56: 1 Be **m** to me, O God, for man
Ps 67: 1 God be **m** to us and bless us,
Ps 103: 8 The LORD is **m** and
Joel 2:13 For He is gracious and **m**,
Jon 4: 2 You are a gracious and **m**
Matt 5: 7 Blessed are the **m**,
Luke 18:13 be **m** to me a sinner!'
Heb 2:17 that He might be a **m** and

MERCY (*see* MERCIES, MERCIFUL)
Ex 20: 6 but showing **m** to thousands,

M

Ex 25:17 You shall make a **m** seat of
Lev 16:15 and sprinkle it on the **m**
Num 14:18 and abundant in **m**,
Deut 5:10 but showing **m** to thousands,
Deut 7: 9 God who keeps covenant and **m**
1Ch 16:34 for He is good! For His **m**
Ps 4: 1 Have **m** on me, and hear my
Ps 18:50 And shows **m** to His
Ps 23: 6 Surely goodness and **m** shall
Ps 25: 7 According to Your **m**
Ps 31: 7 glad and rejoice in Your **m**,
Ps 32:10 **m** shall surround him.
Ps 33:18 On those who hope in His **m**,
Ps 51: 1 Have **m** upon me, O God,
Ps 59:16 I will sing aloud of Your **m**
Ps 85:10 **M** and truth have met
Ps 90:14 satisfy us early with Your **m**,
Ps 98: 3 He has remembered His **m** and
Ps 100: 5 His **m** is everlasting, And
Ps 103: 8 to anger, and abounding in **m**.
Ps 103:11 So great is His **m** toward
Ps 103:17 But the **m** of the LORD is
Ps 106: 1 for He is good! For His **m**
Ps 119:64 O LORD, is full of Your **m**;
Ps 130: 7 with the LORD there is **m**,
Ps 136: 1 for He is good! For His **m**
Ps 145: 8 to anger and great in **m**.
Is 55: 7 And He will have **m** on him;
Hos 1: 6 I will no longer have **m** on
Hos 2:23 who had not obtained **m**;
Hos 4: 1 There is no truth or **m** Or
Hos 6: 6 For I desire **m** and not
Hos 14: 3 You the fatherless finds **m**.
Mic 6: 8 to do justly, To love **m**,
Mic 7:18 Because He delights in **m**.
Hab 3: 2 known; In wrath remember **m**.
Matt 5: 7 For they shall obtain **m**.
Matt 9:13 I desire **m** and not
Matt 9:27 have **m** on us!"
Matt 23:23 justice and **m** and faith.
Luke 1:50 And His **m** is on those who
Luke 1:78 Through the tender **m** of our
Rom 9:15 I will have **m** on
Rom 9:16 runs, but of God who shows **m**.
Rom 9:23 glory on the vessels of **m**,
Rom 11:30 yet have now obtained **m**
Gal 6:16 peace and **m** be upon them,
Eph 2: 4 But God, who is rich in **m**,
Phil 2: 1 if any affection and **m**,
1Ti 1:13 but I obtained **m** because I
Tit 3: 5 but according to His **m** He
Heb 4:16 that we may obtain **m** and
Heb 9: 5 of glory overshadowing the **m**
1Pe 1: 3 according to His abundant **m**
1Pe 2:10 who had not obtained **m** but

MERODACH-BALADAN†
Is 39: 1 At that time **M** the son of

MERRY
Eccl 8:15 than to eat, drink, and be **m**;
Luke 12:19 ease; eat, drink, and be **m**.

MESHA
2Ki 3: 4 Now **M** king of Moab was a

MESHACH (*see* MISHAEL)
Dan 1: 7 Shadrach; to Mishael, **M**;
Dan 3:12 of Babylon: Shadrach, **M**,

MESHECH
Ezek 32:26 There are **M** and Tubal and

MESOPOTAMIA (*see* ARAM)
Gen 24:10 And he arose and went to **M**,
Judg 3: 8 Cushan-Rishathaim king of **M**;
Acts 2: 9 those dwelling in **M**,
Acts 7: 2 Abraham when he was in **M**,

MESSAGE (*see* MESSENGER)
1Co 1:18 For the **m** of the cross is
1Co 1:21 the foolishness of the **m**
1Jn 1: 5 This is the **m** which we have

MESSENGER (*see* MESSAGE)
Job 1:14 and a **m** came to Job and said,
Is 42:19 Or deaf as My **m** whom I
Mal 2: 7 For he is the **m** of the
Mal 3: 1 "Behold, I send My **m**,
Mal 3: 1 Even the **M** of the covenant,
Matt 11:10 I send My **m** before
2Co 12: 7 a **m** of Satan to buffet me,

MESSIAH†
Dan 9:25 and build Jerusalem Until **M**
Dan 9:26 after the sixty-two weeks **M**
John 1:41 We have found the **M**" (which
John 4:25 I know that **M** is coming"

MET (*see* MEET)
Ps 85:10 Mercy and truth have **m**

METHUSELAH
Gen 5:27 So all the days of **M** were

MICAH
Judg 17: 1 Ephraim, whose name was **M**.
Jer 26:18 **M** of Moresheth prophesied in
Mic 1: 1 of the LORD that came to **M**

MICHAEL
Dan 10:21 except **M** your prince.
Jude 9 Yet **M** the archangel, in
Rev 12: 7 **M** and his angels fought with

MICHAL
2Sa 3:14 saying, "Give me my wife **M**,

MIDDLE
Ezek 1:16 a wheel in the **m** of a wheel.
Eph 2:14 and has broken down the **m**

MIDIAN (*see* MIDIANITE)
Ex 2:15 and dwelt in the land of **M**;
Ex 18: 1 And Jethro, the priest of **M**,
Judg 7: 8 Now the camp of **M** was below

MIDIANITE (*see* MIDIAN, MIDIANITES)
Gen 37:28 Then **M** traders passed by; so

MIDIANITES (*see* MIDIANITE)
Gen 37:36 Now the **M** had sold him in
Judg 6:14 from the hand of the **M**.

MIDNIGHT
Ex 12:29 And it came to pass at **m**

MIDWIVES
Ex 1:17 But the **m** feared God, and did

MIGHT (*see* MIGHTILY, MIGHTY, STRENGTH)
Eccl 9:10 to do, do it with your **m**;
Is 11: 2 The Spirit of counsel and **m**,
Jer 9:23 mighty man glory in his **m**,
Zech 4: 6 Not by **m** nor by power, but by
Eph 3:16 to be strengthened with **m**
Eph 6:10 and in the power of His **m**.

MIGHTIER (*see* MIGHT, MIGHTY)
Ex 1: 9 of Israel are more and **m**
Matt 3:11 who is coming after me is **m**

MIGHTILY (*see* MIGHT)
Judg 14: 6 Spirit of the LORD came **m**
Acts 19:20 the word of the Lord grew **m**
Col 1:29 working which works in me **m**.

MIGHTY (*see* MIGHT, MIGHTIER)
Gen 6: 4 Those were the **m** men who
Gen 10: 9 Like Nimrod the **m** hunter
Gen 49:24 By the hands of the M God
Ex 32:11 great power and with a **m**
Num 22: 6 for they are too **m** for me.
Deut 9:29 You brought out by Your **m**
Josh 1:14 all your **m** men of valor, and
2Sa 23: 9 one of the three **m** men with
Ps 24: 8 The LORD strong and **m**,
Ps 24: 8 The LORD **m** in battle.
Ps 29: 1 O you **m** ones, Give unto the
Ps 50: 1 The M One, God the LORD,
Ps 89: 8 Who is **m** like You, O
Ps 150: 1 Praise Him in His **m**
Is 1:24 the M One of Israel, "Ah,
Is 5:22 Woe to men **m** at drinking
Is 9: 6 M God, Everlasting Father,
Is 10:21 To the M God.
Is 43:16 And a path through the **m**
Is 49:26 the M One of Jacob."
Is 63: 1 righteousness, **m** to save."
Jer 9:23 Let not the **m** man glory in
Jer 32:18 the M God, whose name is
Jer 33: 3 and show you great and **m**
Jer 51:30 The **m** men of Babylon have
Dan 4:30 for a royal dwelling by my **m**
Dan 8:24 His power shall be **m**,
Dan 11: 3 Then a **m** king shall arise,
Amos 5:24 And righteousness like a **m**
Jon 1: 4 and there was a **m** tempest on
Zeph 3:17 The M One, will save; He
Matt 11:20 in which most of His **m**
Mark 6: 5 Now He could do no **m** work
Luke 1:49 For He who is **m** has done
Luke 1:52 He has put down the **m** from
Luke 24:19 who was a Prophet **m** in deed
Acts 2: 2 as of a rushing **m** wind, and
Acts 7:22 and was **m** in words and
Acts 18:24 an eloquent man and **m** in
1Co 1:26 to the flesh, not many **m**,
1Co 1:27 shame the things which are **m**;
2Co 10: 4 are not carnal but **m** in
2Co 13: 3 but **m** in you.
Eph 1:19 to the working of His **m**
2Th 1: 7 from heaven with His **m**
1Pe 5: 6 yourselves under the **m** hand
Rev 18:10 that **m** city! For in one hour

MILE†
Matt 5:41 compels you to go one **m**,

MILK
Ex 3: 8 to a land flowing with **m** and
Ex 23:19 young goat in its mother's **m**.
Judg 5:25 asked for water, she gave **m**;
Is 55: 1 buy wine and **m** Without
1Co 3: 2 I fed you with **m** and not with
Heb 5:12 and you have come to need **m**
1Pe 2: 2 desire the pure **m** of the

MILLSTONE
Judg 9:53 woman dropped an upper **m** on
Matt 18: 6 be better for him if a **m**

MINA
Luke 19:16 your **m** has earned ten

MIND (*see* MINDED, MINDFUL, MINDS)
Gen 37:11 kept the matter in **m**.
Neh 4: 6 for the people had a **m** to
Ps 26: 2 Try my **m** and my heart.
Ps 73:21 And I was vexed in my **m**.
Is 26: 3 Whose **m** is stayed on
Is 65:17 be remembered or come to **m**.
Jer 12: 2 mouth But far from their **m**.
Jer 17:10 the heart, I test the **m**,
Lam 3:21 This I recall to my **m**,
Matt 22:37 and with all your **m**.
Mark 5:15 clothed and in his right **m**.
Luke 12:29 drink, nor have an anxious **m**.
Rom 1:28 them over to a debased **m**,
Rom 7:23 against the law of my **m**,
Rom 8: 7 Because the carnal **m** is
Rom 11:34 who has known the **m**
Rom 12: 2 by the renewing of your **m**,
Rom 14: 5 fully convinced in his own **m**.
1Co 1:10 together in the same **m** and
1Co 2:16 who has known the **m** of
1Co 2:16 But we have the **m** of
2Co 8:12 there is first a willing **m**,
2Co 8:19 and to show your ready **m**,
Phil 1:27 with one **m** striving together
Phil 2: 3 but in lowliness of **m** let
Phil 2: 5 Let this **m** be in you which
Phil 4: 2 to be of the same **m** in the
Col 2:18 puffed up by his fleshly **m**,

M

Col 3: 2 Set your **m** on things above,
1Th 4:11 to **m** your own business, and
2Ti 1: 7 and of love and of a sound **m**.
Heb 8:10 put My laws in their **m**
1Pe 3: 8 all of you be of one **m**,

MINDED (*see* MIND)
Matt 1:19 was **m** to put her away
Rom 8: 6 For to be carnally **m** is

MINDFUL (*see* MIND)
Ps 8: 4 What is man that You are **m**
Heb 2: 6 is man that You are **m**

MINDS (*see* MIND)
Jer 31:33 I will put My law in their **m**,
Jer 34:11 they changed their **m** and
2Co 3:14 But their **m** were blinded. For
2Co 4: 4 whose **m** the god of this age
Phil 4: 7 will guard your hearts and **m**
1Ti 6: 5 of men of corrupt **m** and
Rev 2:23 I am He who searches the **m**

MINGLED
Matt 27:34 they gave Him sour wine **m**
Luke 13: 1 whose blood Pilate had **m**

MINISTER (*see* MINISTERED, MINISTERING, MINISTERS, MINISTRY)
Ex 28: 1 that he may **m** to Me as
Matt 25:44 and did not **m** to You?'
Rom 13: 4 For he is God's **m** to you for
1Co 9:13 not know that those who **m**
Eph 3: 7 of which I became a **m**
1Ti 4: 6 you will be a good **m** of
Heb 1:14 spirits sent forth to **m** for
Heb 8: 2 a **M** of the sanctuary and of

MINISTERED (*see* MINISTER)
Matt 4:11 angels came and **m** to Him.

MINISTERING (*see* MINISTER)
Rom 15:16 **m** the gospel of God, that
Heb 1:14 Are they not all **m** spirits
Heb 10:11 And every priest stands **m**

MINISTERS (*see* MINISTER)
Ex 28:35 be upon Aaron when he **m**,
Ps 103:21 You **m** of His, who do His
Ps 104: 4 His **m** a flame of fire.
Luke 1: 2 were eyewitnesses and **m** of
Rom 13: 6 for they are God's **m**
2Co 6: 4 we commend ourselves as **m**
2Co 11:23 Are they **m** of Christ?—I speak
Heb 1: 7 spirits And His **m** a
1Pe 4:11 oracles of God. If anyone **m**,

MINISTRIES† (*see* MINISTRY)
1Co 12: 5 There are differences of **m**,

MINISTRY (*see* MINISTER, MINISTRIES)
Luke 3:23 Jesus Himself began His **m**
Acts 6: 4 to prayer and to the **m** of
1Co 16:15 devoted themselves to the **m**
2Co 3: 8 how will the **m** of the Spirit
2Co 3: 9 For if the **m** of condemnation
Eph 4:12 the saints for the work of **m**,
1Ti 1:12 putting me into the **m**,
2Ti 4: 5 evangelist, fulfill your **m**.
2Ti 4:11 for he is useful to me for **m**.
Heb 8: 6 obtained a more excellent **m**,

MINT
Matt 23:23 For you pay tithe of **m** and

MIRACLE (*see* MIRACLES)
Ex 7: 9 Show a **m** for yourselves,'
Mark 9:39 for no one who works a **m** in
Luke 23: 8 and he hoped to see some **m**
Acts 4:22 years old on whom this **m** of

MIRACLES (*see* MIRACLE, SIGNS)
Acts 2:22 attested by God to you by **m**,
Acts 19:11 Now God worked unusual **m** by
1Co 12:10 to another the working of **m**,
1Co 12:28 third teachers, after that **m**,

MIRE (*see* MIRY)
Ps 69:14 Deliver me out of the **m**,
Is 57:20 Whose waters cast up **m** and
Jer 38: 6 So Jeremiah sank in the **m**.

MIRIAM
Ex 15:20 Then **M** the prophetess, the
Num 12:10 suddenly **M** became leprous,
Num 26:59 and Moses and their sister **M**.

MIRROR
1Co 13:12 For now we see in a **m**,
2Co 3:18 beholding as in a **m** the
Jas 1:23 his natural face in a **m**;

MIRTH
Ps 137: 3 plundered us requested **m**,

MIRY† (*see* MIRE)
Ps 40: 2 Out of the **m** clay, And set

MISERABLE
Job 16: 2 **M** comforters are you all!
Rev 3:17 that you are wretched, **m**,

MISHAEL (*see* MESHACH)
Dan 1: 6 were Daniel, Hananiah, **M**,

MIST
Gen 2: 6 but a **m** went up from the
Job 36:27 distill as rain from the **m**,

MISTRESS
Gen 16: 4 her **m** became despised in her

MITE† (*see* MITES)
Luke 12:59 have paid the very last **m**.

MITES (*see* MITE)
Mark 12:42 came and threw in two **m**,

MIXED
Ex 12:38 A **m** multitude went up with
Dan 2:41 just as you saw the iron **m**

MIZPAH
Gen 31:49 also **M**, because he said,
Jer 40: 8 they came to Gedaliah at **M**–

MOAB (*see* MOABITESS)
Gen 19:37 a son and called his name **M**;
Num 23: 7 Balak the king of **M** has
Num 25: 1 harlotry with the women of **M**.
Num 26:63 of Israel in the plains of **M**
Deut 34: 5 died there in the land of **M**,
Ruth 1: 1 to dwell in the country of **M**,
2Ki 1: 1 **M** rebelled against Israel

MOABITESS (*see* MOAB)
Ruth 1:22 and Ruth the **M** her

MOCK (*see* MOCKED, MOCKER)
Gen 39:14 in to us a Hebrew to **m** us.

MOCKED (*see* MOCK)
Judg 16:15 You have **m** me these three
1Ki 18:27 that Elijah **m** them and said,
Neh 4: 1 and **m** the Jews.
Job 12: 4 I am one **m** by his friends,
Lam 1: 7 adversaries saw her And **m**
Matt 27:29 the knee before Him and **m**
Luke 18:32 the Gentiles and will be **m**
Luke 22:63 the men who held Jesus **m**
Luke 23:36 The soldiers also **m** Him,
Acts 17:32 of the dead, some **m**,
Gal 6: 7 be deceived, God is not **m**;

MOCKER† (*see* MOCK, MOCKERS)
Prov 20: 1 Wine is a **m**,

MOCKERS (*see* MOCKER)
Jer 15:17 sit in the assembly of the **m**,
Jude 18 you that there would be **m**

MODESTY†
1Co 12:23 parts have greater **m**,

MOLDED
Ex 32: 4 and made a **m** calf. Then they
Ex 34:17 You shall make no **m** gods for
Num 33:52 destroy all their **m** images,
Judg 17: 3 make a carved image and a **m**
Judg 17: 4 into a carved image and a **m**
2Ch 28: 2 and made **m** images for the
Ps 106:19 And worshiped the **m** image.
Is 41:29 Their **m** images are wind
Jer 10:14 For his **m** image is

MOLECH
Lev 18:21 pass through the fire to **M**,
1Ki 11: 7 and for **M** the abomination of

MOMENT
Job 20: 5 hypocrite is but for a **m**?
Ps 30: 5 His anger is but for a **m**,
Luke 4: 5 of the world in a **m** of time.
1Co 15:52 in a **m**, in the twinkling of
2Co 4:17 which is but for a **m**,

MONEY (*see* MONEY CHANGERS)
Gen 17:23 who were bought with his **m**,
Ex 22:25 If you lend **m** to any of My
Ex 30:16 shall take the atonement **m**
Num 3:51 gave their redemption **m** to
Deut 21:14 shall not sell her for **m**;
2Ki 17: 3 and paid him tribute **m**.
Is 52: 3 shall be redeemed without **m**.
Is 55: 1 buy wine and milk Without **m**
Is 55: 2 Why do you spend **m** for what
Mic 3:11 her prophets divine for **m**.
Matt 17:27 you will find a piece of **m**;
Matt 22:19 "Show Me the tax **m**.
Matt 25:18 ground, and hid his lord's **m**.
Luke 16:14 who were lovers of **m**,
Luke 19:23 then did you not put my **m**
John 2:15 poured out the changers' **m**
John 13:29 because Judas had the **m** box,
Acts 8:20 Your **m** perish with you,
1Ti 3: 3 violent, not greedy for **m**,
1Ti 6:10 For the love of **m** is a root
2Ti 3: 2 of themselves, lovers of **m**,

MONEY CHANGERS† (*see* MONEY)
Matt 21:12 overturned the tables of the **m**
John 2:14 and the **m** doing business.

MONTH (*see* MONTHS)
Ex 12: 2 it shall be the first **m** of
Ex 12: 6 fourteenth day of the same **m**.
Ex 13: 4 in the **m** Abib.
Luke 1:26 Now in the sixth **m** the angel
Rev 22: 2 yielding its fruit every **m**.

MONTHS (*see* MONTH)
Ex 2: 2 child, she hid him three **m**.
Ex 12: 2 be your beginning of **m**;
John 4:35 There are still four **m** and

MONUMENT
2Sa 18:18 day it is called Absalom's **M**.

MOON (*see* MOONS)
Gen 37: 9 this time, the sun, the **m**,
Num 29: 6 grain offering for the New **M**,
Josh 10:12 still over Gibeon; And **M**,
Josh 10:13 And the **m** stopped, Till
2Ki 23: 5 Baal, to the sun, to the **m**,
Ps 8: 3 The **m** and the stars, which
Ps 72: 5 As long as the sun and **m**
Ps 72: 7 Until the **m** is no more.
Ps 121: 6 Nor the **m** by night.
Ps 136: 9 The **m** and stars to rule by
Ps 148: 3 Praise Him, sun and **m**;
Joel 2:10 The sun and **m** grow dark,
Joel 2:31 And the **m** into blood,
Joel 3:15 The sun and **m** will grow
Amos 8: 5 When will the New **M** be past,
Hab 3:11 The sun and **m** stood still in

M

Acts 2:20 And the **m** into blood,
1Co 15:41 sun, another glory of the **m**,
Rev 6:12 and the **m** became like blood.

MOONS (*see* MOON)
1Ch 23:31 Sabbaths and on the New **M**

MORDECAI
Esth 2: 5 Jew whose name was **M** the

MORIAH†
Gen 22: 2 and go to the land of **M**,
2Ch 3: 1 at Jerusalem on Mount **M**,

MORNING
Gen 1: 5 So the evening and the **m**
Gen 21:14 Abraham rose early in the **m**,
Gen 22: 3 Abraham rose early in the **m**
Ex 7:15 "Go to Pharaoh in the **m**,
Ex 12:10 none of it remain until **m**,
Ex 16:19 one leave any of it till **m**.
Ex 18:13 stood before Moses from **m**
1Ki 18:26 on the name of Baal from **m**
Neh 8: 3 of the Water Gate from **m**
Job 1: 5 he would rise early in the **m**
Job 24:17 For the **m** is the same to
Job 38: 7 When the **m** stars sang
Job 38:12 Have you commanded the **m**
Ps 30: 5 But joy comes in the **m**.
Ps 55:17 Evening and **m** and at noon I
Ps 59:16 aloud of Your mercy in the **m**;
Ps 88:13 And in the **m** my prayer
Ps 90: 5 In the **m** they are like
Ps 90: 6 In the **m** it flourishes and
Ps 92: 2 Your lovingkindness in the **m**,
Ps 110: 3 from the womb of the **m**,
Ps 130: 6 those who watch for the **m**—
Ps 139: 9 I take the wings of the **m**,
Prov 7:18 our fill of love until **m**;
Eccl 11: 6 In the **m** sow your seed, And
Is 5:11 who rise early in the **m**,
Is 14:12 son of the **m**! How you are
Is 58: 8 shall break forth like the **m**,
Jer 20:16 him hear the cry in the **m**
Lam 3:23 They are new every **m**;
Ezek 24:18 and the next **m** I did as I
Dan 6:19 arose very early in the **m**
Hos 6: 4 faithfulness is like a **m**
Amos 4: 4 your sacrifices every **m**,
Amos 4:13 And makes the **m** darkness,
Jon 4: 7 But as **m** dawned the next day
Matt 16: 3 "and in the **m**,
Matt 20: 1 who went out early in the **m**
Mark 13:35 of the rooster, or in the **m**—
Mark 16: 2 Very early in the **m**,
Acts 5:21 the temple early in the **m**
2Pe 1:19 the day dawns and the **m**
Rev 2:28 and I will give him the **m**
Rev 22:16 the Bright and **M** Star."

MORSEL
Prov 17: 1 Better is a dry **m** with
Heb 12:16 who for one **m** of food sold

MORTAL (*see* MORTALITY)
Job 4:17 Can a **m** be more righteous
Rom 6:12 not let sin reign in your **m**
Rom 8:11 also give life to your **m**
1Co 15:53 and this **m** must put on
2Co 4:11 may be manifested in our **m**

MORTALITY (*see* MORTAL)
2Co 5: 4 that **m** may be swallowed up

MORTAR
Gen 11: 3 and they had asphalt for **m**.
Ex 1:14 with hard bondage—in **m**,

MOSES (*see* MOSES')
Ex 2:10 So she called his name **M**,
Ex 5:20 they met **M** and Aaron who
Ex 14:31 the LORD and His servant **M**.
Num 12: 1 and Aaron spoke against **M**
Num 12: 3 (Now the man **M** was very
Num 12: 7 Not so with My servant **M**;
Deut 31: 9 So **M** wrote this law and
Deut 31:22 Therefore **M** wrote this song
Deut 31:24 when **M** had completed writing
Deut 33: 1 the blessing with which **M**
Deut 34: 7 **M** was one hundred and twenty
Deut 34:10 in Israel a prophet like **M**,
Josh 1: 1 After the death of **M** the
Josh 1: 2 **M** My servant is dead. Now
Josh 8:31 in the Book of the Law of **M**:
Josh 8:32 a copy of the law of **M**,
Josh 23: 6 in the Book of the Law of **M**,
1Ki 2: 3 is written in the Law of **M**,
1Ki 8: 9 two tablets of stone which **M**
2Ki 14: 6 in the Book of the Law of **M**,
2Ki 18: 4 the bronze serpent that **M**
2Ki 23:25 to all the Law of **M**;
1Ch 23:15 The sons of **M** were Gershon
2Ch 8:13 to the commandment of **M**,
2Ch 25: 4 in the Law in the Book of **M**,
2Ch 30:16 according to the Law of **M**
2Ch 33: 8 ordinances by the hand of **M**.
Ezra 7: 6 scribe in the Law of **M**,
Ps 77:20 a flock By the hand of **M**
Ps 99: 6 **M** and Aaron were among His
Ps 103: 7 He made known His ways to **M**,
Ps 106:23 Had not **M** His chosen one
Is 63:12 them by the right hand of **M**,
Jer 15: 1 Even if **M** and Samuel stood
Matt 8: 4 and offer the gift that **M**
Matt 17: 3 **M** and Elijah appeared to
Matt 17: 4 one for You, one for **M**,
Matt 19: 7 Why then did **M** command to
Matt 22:24 **M** said that if a man dies,
Mark 7:10 For **M** said, 'Honor your
Mark 10: 4 **M** permitted a man to write
Mark 12:19 **M** wrote to us that if a
Mark 12:26 not read in the book of **M**,
Luke 2:22 according to the law of **M**
Luke 16:31 If they do not hear **M** and the
Luke 24:27 And beginning at **M** and all
Luke 24:44 written in the Law of **M** and
John 1:17 the law was given through **M**,

John 1:45 have found Him of whom **M**
John 3:14 And as **M** lifted up the
John 5:45 is one who accuses you—**M**,
John 5:46 "For if you believed **M**,
John 6:32 **M** did not give you the bread
John 7:19 Did not **M** give you the law,
John 9:29 know that God spoke to **M**;
Acts 6:11 blasphemous words against **M**
Acts 7:22 And **M** was learned in all the
Acts 13:39 be justified by the law of **M**.
Acts 15: 1 according to the custom of **M**,
Acts 15:21 For **M** has had throughout many
Acts 21:21 the Gentiles to forsake **M**,
Acts 26:22 which the prophets and **M**
Acts 28:23 from both the Law of **M** and
Rom 5:14 death reigned from Adam to **M**,
Rom 9:15 For He says to **M**,
Rom 10: 5 For **M** writes about the
Rom 10:19 First **M** says: "I will
1Co 9: 9 is written in the law of **M**,
1Co 10: 2 all were baptized into **M** in
2Co 3:15 when **M** is read, a veil lies
2Ti 3: 8 and Jambres resisted **M**,
Heb 3: 2 as **M** also was faithful in
Heb 8: 5 as **M** was divinely instructed
Heb 11:23 By faith **M**, when he was
Jude 9 disputed about the body of **M**,
Rev 15: 3 They sing the song of **M**,

MOSES' (*see* MOSES)
Ex 34:35 that the skin of **M** face
Matt 23: 2 and the Pharisees sit in **M**

MOTH
Job 4:19 Who are crushed before a **m**?
Matt 6:20 where neither **m** nor rust

MOTHER (*see* GRANDMOTHER, MOTHER-IN-LAW, MOTHER'S, MOTHERS)
Gen 2:24 leave his father and **m** and
Gen 3:20 because she was the **m** of all
Gen 20:12 but not the daughter of my **m**;
Ex 20:12 your father and your **m**,
Ex 21:15 strikes his father or his **m**
Ex 21:17 curses his father or his **m**
Judg 5: 7 Arose a **m** in Israel.
Ruth 2:11 left your father and your **m**
1Sa 2:19 Moreover his **m** used to make
2Sa 20:19 to destroy a city and a **m**
1Ki 1:11 spoke to Bathsheba the **m** of
1Ki 2:19 throne set for the king's **m**;
1Ki 3:27 kill him; she is his **m**.
1Ki 15:13 from being queen **m**,
1Ki 17:23 house, and gave him to his **m**.
2Ki 4:30 And the **m** of the child said,
2Ki 9:22 as the harlotries of your **m**
Job 17:14 You are my **m** and my sister,'
Ps 35:14 one who mourns for his **m**.
Ps 51: 5 And in sin my **m** conceived
Ps 113: 9 Like a joyful **m** of
Ps 131: 2 a weaned child with his **m**;
Prov 1: 8 forsake the law of your **m**;
Prov 10: 1 son is the grief of his **m**.
Prov 15:20 a foolish man despises his **m**.
Prov 31: 1 the utterance which his **m**
Song 3: 4 him to the house of my **m**,
Song 6: 9 one, The only one of her **m**,
Is 8: 4 to cry 'My father' and 'My **m**,
Jer 15:10 Woe is me, my **m**,
Jer 20:14 not be blessed in which my **m**
Jer 20:17 That my **m** might have been
Ezek 16: 3 was an Amorite and your **m**
Ezek 16:44 proverb against you: 'Like **m**,
Hos 2: 5 For their **m** has played the
Hos 4: 5 And I will destroy your **m**.
Matt 2:13 the young Child and His **m**,
Matt 2:20 the young Child and His **m**,
Matt 8:14 He saw his wife's **m** lying
Matt 10:37 He who loves father or **m** more
Matt 12:47 Your **m** and Your brothers are
Matt 12:48 Who is My **m** and who are My
Matt 14: 8 been prompted by her **m**,
Matt 14:11 and she brought it to her **m**.
Matt 15: 4 your father and your **m**'
Matt 19: 5 leave his father and **m**
Matt 19:29 or sisters or father or **m**
Mark 1:30 But Simon's wife's **m** lay sick
Luke 1:43 that the **m** of my Lord should
Luke 2:51 but His **m** kept all these
Luke 12:53 **m** against daughter and
John 2: 1 and the **m** of Jesus was
John 19:25 by the cross of Jesus His **m**,
John 19:27 Behold your **m**!" And from
Acts 1:14 the women and Mary the **m** of
Gal 4:26 which is the **m** of us all.
Eph 5:31 leave his father and **m**
Eph 6: 2 your father and **m**,
1Th 2: 7 just as a nursing **m**
2Ti 1: 5 grandmother Lois and your **m**
Heb 7: 3 without father, without **m**,
Rev 17: 5 THE **M** OF HARLOTS AND OF

MOTHER-IN-LAW (*see* MOTHER)
Ruth 1:14 and Orpah kissed her **m**,
Ruth 3: 1 Then Naomi her **m** said to her,

MOTHER'S (*see* MOTHER)
Job 1:21 Naked I came from my **m** womb,
Ps 50:20 You slander your own **m** son.
John 3: 4 a second time into his **m**
Gal 1:15 who separated me from my **m**

MOTHERS (*see* MOTHER)
Mark 10:30 brothers and sisters and **m**

MOUNT (*see* MOUNTAIN)
Gen 22:14 In the **M** of The LORD it
Gen 36: 8 So Esau dwelt in **M** Seir: Esau
Ex 19:18 Now **M** Sinai was completely
Num 20:23 to Moses and Aaron in **M** Hor
Deut 11:29 shall put the blessing on **M**
Deut 11:29 Gerizim and the curse on **M**
Josh 19:26 it reached to **M** Carmel
1Sa 31: 1 and fell slain on **M** Gilboa.
Ps 48: 2 Is **M** Zion on the sides of
Song 4: 1 Going down from **M** Gilead.
Is 40:31 They shall **m** up with wings
Zech 14: 4 feet will stand on the **M** of

Matt 24: 3 Now as He sat on the **M** of
Gal 4:25 for this Hagar is **M** Sinai in
Heb 12:22 But you have come to **M** Zion

MOUNTAIN (*see* MOUNT, MOUNTAINS)
Ex 3: 1 the **m** of God.
Ex 3:12 shall serve God on this **m**.
Ex 19:12 Whoever touches the **m** shall
Ex 19:16 and a thick cloud on the **m**;
Ex 19:18 and the whole **m** quaked
Ex 24:18 And Moses was on the **m** forty
Ex 25:40 which was shown you on the **m**.
Is 2: 2 latter days That the **m** of
Is 2: 3 and let us go up to the **m** of
Is 11: 9 nor destroy in all My holy **m**,
Is 40: 4 be exalted And every **m** and
Dan 2:35 the image became a great **m**
Dan 2:45 stone was cut out of the **m**
Mic 3:12 And the **m** of the temple
Mic 4: 1 latter days That the **m** of
Mic 4: 2 and let us go up to the **m** of
Matt 4: 8 up on an exceedingly high **m**,
Matt 5: 1 He went up on a **m**,
Matt 8: 1 He had come down from the **m**,
Matt 17: 1 led them up on a high **m** by
Matt 17:20 seed, you will say to this **m**,
Luke 19:29 at the **m** called Olivet,
John 4:20 fathers worshiped on this **m**,
Heb 8: 5 shown you on the **m**.
Heb 12:18 you have not come to the **m**
2Pe 1:18 were with Him on the holy **m**.

MOUNTAINS (*see* MOUNTAIN)
Gen 7:20 and the **m** were covered.
Gen 8: 4 on the **m** of Ararat.
Gen 8: 5 the tops of the **m** were seen.
Gen 19:17 the plain. Escape to the **m**,
Gen 22: 2 offering on one of the **m** of
2Sa 1:21 O **m** of Gilboa, Let there
Ps 46: 2 And though the **m** be carried
Ps 90: 2 Before the **m** were brought
Ps 104: 6 waters stood above the **m**.
Ps 114: 4 The **m** skipped like rams,
Ps 148: 9 **M** and all hills
Is 2: 2 on the top of the **m**,
Is 40:12 Weighed the **m** in scales
Is 52: 7 How beautiful upon the **m**
Is 55:12 The **m** and the hills Shall
Ezek 34:13 I will feed them on the **m** of
Ezek 34:14 in rich pasture on the **m** of
Nah 1:15 on the **m** The feet of him
Hab 3: 6 And the everlasting **m** were
Matt 24:16 are in Judea flee to the **m**.
1Co 13: 2 so that I could remove **m**,
Heb 11:38 wandered in deserts and **m**,
Rev 17: 9 The seven heads are seven **m**

MOURN (*see* MOURNED, MOURNERS, MOURNING)
Gen 23: 2 and Abraham came to **m** for
Job 2:11 together to come and **m** with
Eccl 3: 4 time to laugh; A time to **m**,
Is 61: 2 God; To comfort all who **m**,
Is 61: 3 To console those who **m** in

Lam 1: 4 The roads to Zion **m** Because
Ezek 24:16 yet you shall neither **m** nor
Ezek 24:23 you shall neither **m** nor
Hos 4: 3 Therefore the land will **m**;
Amos 1: 2 pastures of the shepherds **m**,
Zech 12:10 they will **m** for Him as one
Matt 5: 4 Blessed are those who **m**,
Matt 9:15 friends of the bridegroom **m**
Matt 24:30 tribes of the earth will **m**,
Luke 6:25 For you shall **m** and weep.
Rev 1: 7 tribes of the earth will **m**
Rev 18:11 of the earth will weep and **m**

MOURNED (*see* MOURN)
Gen 37:34 and **m** for his son many days.
Gen 50: 3 and the Egyptians **m** for him
1Sa 15:35 Nevertheless Samuel **m** for
2Sa 1:12 And they **m** and wept and
2Sa 11:26 she **m** for her husband.
2Sa 13:37 And David **m** for his son
Is 38:14 I **m** like a dove; My eyes
Luke 23:27 and women who also **m** and

MOURNERS (*see* MOURNER)
Eccl 12: 5 And the **m** go about the
Hos 9: 4 shall be like bread of **m**

MOURNING (*see* MOURN)
Gen 37:35 the grave to my son in **m**.
Gen 50:10 He observed seven days of **m**
Ps 38: 6 I go **m** all the day long.
Ps 42: 9 Why do I go **m** because of
Eccl 7: 2 to go to the house of **m**
Is 61: 3 ashes, The oil of joy for **m**,
Jer 16: 5 not enter the house of **m**,
Jer 31:13 For I will turn their **m** to
Jas 4: 9 laughter be turned to **m** and
Rev 18: 8 death and **m** and famine. And

MOUTH (*see* MOUTHS)
Gen 4:11 which has opened its **m** to
Gen 8:11 olive leaf was in her **m**;
Ex 4:11 him, "Who has made man's **m**?
Ex 4:12 and I will be with your **m**
Ex 4:15 and put the words in his **m**.
Ex 13: 9 LORD's law may be in your **m**;
Num 16:32 and the earth opened its **m**
Num 23: 5 put a word in Balaam's **m**,
Num 30: 2 that proceeds out of his **m**.
Deut 8: 3 that proceeds from the **m** of
Deut 18:18 will put My words in His **m**,
Deut 19:15 by the **m** of two or three
Deut 30:14 in your **m** and in your heart,
Josh 1: 8 shall not depart from your **m**,
Job 29:10 stuck to the roof of their **m**.
Ps 8: 2 Out of the **m** of babes and
Ps 10: 7 His **m** is full of cursing and
Ps 19:14 Let the words of my **m** and
Ps 22:21 Save Me from the lion's **m**
Ps 33: 6 them by the breath of His **m**.
Ps 34: 1 continually be in my **m**.
Ps 40: 3 has put a new song in my **m**—
Ps 51:15 And my **m** shall show forth
Ps 62: 4 They bless with their **m**,

Ps 89: 1 With my **m** will I make known
Ps 119:103 than honey to my **m**!
Ps 137: 6 cling to the roof of my **m**—
Prov 5: 3 And her **m** is smoother than
Prov 30:20 She eats and wipes her **m**,
Prov 31:26 She opens her **m** with wisdom,
Song 1: 2 me with the kisses of his **m**—
Is 1:20 For the **m** of the LORD has
Is 6: 7 And he touched my **m** with
Is 11: 4 earth with the rod of His **m**,
Is 45:23 word has gone out of My **m**
Is 53: 7 So He opened not His **m**.
Is 53: 9 was any deceit in His **m**.
Is 55:11 be that goes forth from My **m**;
Is 58:14 The **m** of the LORD has
Jer 1: 9 His hand and touched my **m**,
Jer 1: 9 have put My words in your **m**.
Jer 12: 2 You are near in their **m**
Dan 7: 5 and had three ribs in its **m**
Matt 4: 4 proceeds from the **m** of
Matt 5: 2 Then He opened His **m** and
Matt 12:34 of the heart the **m** speaks.
Matt 13:35 I will open My **m** in
Matt 15: 8 to Me with their **m**,
Matt 15:11 Not what goes into the **m**
Matt 18:16 by the **m** of two or
Matt 21:16 Out of the **m** of babes
Mark 9:18 him down; he foams at the **m**,
Mark 9:20 wallowed, foaming at the **m**.
Luke 1:64 Immediately his **m** was opened
Luke 1:70 As He spoke by the **m** of His
Luke 19:22 Out of your own **m** I will
Luke 22:71 it ourselves from His own **m**
John 19:29 hyssop, and put it to His **m**.
Acts 4:25 who by the **m** of Your servant
Acts 8:32 He opened not His **m**.
Acts 23: 2 him to strike him on the **m**.
Rom 3:14 Whose **m** is full of
Rom 3:19 that every **m** may be stopped,
Rom 10: 8 in your **m** and in your
Rom 10: 9 if you confess with your **m**
Eph 6:19 that I may open my **m** boldly
Col 3: 8 language out of your **m**.
2Th 2: 8 with the breath of His **m**
2Ti 4:17 I was delivered out of the **m**
Jas 3:10 Out of the same **m** proceed
1Pe 2:22 deceit found in His **m**'
Rev 1:16 out of His **m** went a sharp
Rev 3:16 I will vomit you out of My **m**.

MOUTHS (*see* MOUTH)

Ps 17:10 With their **m** they speak
Ps 22:13 gape at Me with their **m**,
Ps 135:17 there any breath in their **m**.
Is 29:13 draw near with their **m** And
Is 52:15 Kings shall shut their **m** at
Dan 6:22 angel and shut the lions' **m**,
Heb 11:33 stopped the **m** of lions,

MOVE (*see* MOVED)

Gen 9: 2 on all that **m** on the earth,
Matt 17:20 to there,' and it will **m**;
Acts 17:28 for in Him we live and **m** and

MOVED (*see* MOVE)

Gen 12: 8 And he **m** from there to the
Gen 13:18 Then Abram **m** his tent, and
Deut 32:21 They have **m** Me to anger by
1Sa 1:13 her heart; only her lips **m**,
Ps 10: 6 heart, "I shall not be **m**;
Ps 62: 6 defense; I shall not be **m**.
Ps 66: 9 not allow our feet to be **m**.
Ps 125: 1 Zion, Which cannot be **m**,
Is 7: 2 heart of his people were **m**
Matt 9:36 He was **m** with compassion for
Heb 11: 7 **m** with godly fear, prepared
2Pe 1:21 God spoke as they were **m**
Rev 6:14 mountain and island was **m**

MULBERRY

2Sa 5:24 in the tops of the **m** trees,

MULTIPLIED (*see* MULTIPLY)

Ex 1: 7 **m** and grew exceedingly
Is 9: 3 You have **m** the nation And
Acts 6: 7 number of the disciples **m**
Acts 12:24 the word of God grew and **m**.
1Pe 1: 2 Grace to you and peace be **m**.

MULTIPLY (*see* MULTIPLIED, MULTIPLYING)

Gen 1:22 saying, "Be fruitful and **m**,
Gen 3:16 I will greatly **m** your sorrow
Gen 6: 1 when men began to **m** on the
Gen 9: 1 to them: "Be fruitful and **m**,
Gen 17: 2 and will **m** you
Deut 17:16 But he shall not **m** horses for

MULTIPLYING (*see* MULTIPLY)

Gen 22:17 and **m** I will multiply your
Heb 6:14 and **m** I will multiply

MULTITUDE (*see* MULTITUDES)

Gen 16:10 shall not be counted for **m**.
Gen 48:19 shall become a **m** of nations.
Ex 12:38 A mixed **m** went up with them
Deut 1:10 as the stars of heaven in **m**.
Judg 7:12 sand by the seashore in **m**.
1Ki 4:20 as the sand by the sea in **m**,
Ps 51: 1 According to the **m** of Your
Prov 11:14 But in the **m** of counselors
Matt 15:32 "I have compassion on the **m**,
Luke 2:13 was with the angel a **m** of
Heb 11:12 as the stars of the sky in **m**—
Jas 5:20 from death and cover a **m** of
1Pe 4: 8 love will cover a **m** of
Rev 7: 9 a great **m** which no one could

MULTITUDES (*see* MULTITUDE)

Joel 3:14 **m** in the valley of decision!
Matt 4:25 Great **m** followed Him—from

MURDER (*see* MURDERED, MURDERER, MURDERS)

Ex 20:13 "You shall not **m**.
Deut 5:17 'You shall not **m**.
Jer 7: 9 "Will you steal, **m**,
Matt 5:21 of old, 'You shall not **m**

M

Luke 23:25 who for rebellion and **m** had
Acts 9: 1 breathing threats and **m**
Rom 1:29 full of envy, **m**,
Rom 13: 9 "You shall not **m**,

MURDERED (*see* MURDER)
Matt 23:31 you are sons of those who **m**
Acts 5:30 raised up Jesus whom you **m**

MURDERER (*see* MURDER, MURDERERS)
Num 35:16 the **m** shall surely be put to
2Ki 9:31 **m** of your master?"
John 8:44 He was a **m** from the
Acts 28: 4 "No doubt this man is a **m**,
1Pe 4:15 none of you suffer as a **m**,
1Jn 3:15 hates his brother is a **m**,

MURDERERS (*see* MURDERER)
1Ti 1: 9 murderers of fathers and **m**
Rev 21: 8 unbelieving, abominable, **m**,

MURDERS (*see* MURDER)
Matt 5:21 and whoever **m** will be in
Matt 15:19 proceed evil thoughts, **m**,
Mark 7:21 adulteries, fornications, **m**,
Gal 5:21 envy, **m**, drunkenness,

MUSIC (*see* MUSICAL, MUSICIAN)
1Sa 18:10 So David played **m** with his

MUSICAL (*see* MUSIC)
1Sa 18: 6 and with **m** instruments.
Amos 6: 5 invent for yourselves **m**

MUSICIAN (*see* MUSIC, MUSICIANS)
Hab 3:19 high hills. To the Chief **M**.

MUST
Luke 2:49 Did you not know that I **m** be
John 3: 7 You **m** be born again.'
John 3:14 even so **m** the Son of Man be
John 3:30 He **m** increase, but I must
John 9: 4 I **m** work the works of Him who
Acts 4:12 among men by which we **m** be
Acts 16:30 what **m** I do to be saved?"

MUSTARD
Matt 13:31 of heaven is like a **m** seed,
Matt 17:20 if you have faith as a **m**

MUTE
Ex 4:11 mouth? Or who makes the **m**,
Ezek 24:27 speak and no longer be **m**.
Matt 9:33 the **m** spoke. And the
Matt 12:22 demon-possessed, blind and **m**;

MUZZLE
Deut 25: 4 You shall not **m** an ox while
1Co 9: 9 You shall not **m** an ox
1Ti 5:18 You shall not **m** an ox

MYRRH
Gen 37:25 bearing spices, balm, and **m**,
Song 1:13 A bundle of **m** is my beloved
Song 5:13 lilies, Dripping liquid **m**.
Matt 2:11 gold, frankincense, and **m**.
Mark 15:23 Him wine mingled with **m** to

MYRTLE
Zech 1: 8 and it stood among the **m**

MYSTERIES (*see* MYSTERY)
Matt 13:11 given to you to know the **m**
Luke 8:10 been given to know the **m** of
1Co 13: 2 and understand all **m** and all

MYSTERY (*see* MYSTERIES)
Mark 4:11 been given to know the **m** of
Rom 11:25 should be ignorant of this **m**,
Rom 16:25 to the revelation of the **m**
1Co 15:51 Behold, I tell you a **m**:
Eph 1: 9 made known to us the **m** of
Eph 3: 9 is the fellowship of the **m**,
Eph 5:32 This is a great **m**,
Col 1:26 the **m** which has been hidden
Col 2: 2 to the knowledge of the **m** of
2Th 2: 7 For the **m** of lawlessness is
1Ti 3: 9 holding the **m** of the faith
1Ti 3:16 controversy great is the **m**
Rev 17: 5 a name was written: **M**,

N

NAAMAN
2Ki 5:20 my master has spared **N** this
Luke 4:27 them was cleansed except **N**

NABAL
1Sa 25:25 **N** is his name, and folly

NABOTH
1Ki 21: 2 So Ahab spoke to **N**,
1Ki 21: 7 give you the vineyard of **N**

NADAB
Num 3: 4 **N** and Abihu had died before
1Ki 15:25 Now **N** the son of Jeroboam

NAHOR
Gen 11:27 Terah: Terah begot Abram, **N**,
Gen 24:10 to the city of **N**.

NAHSHON
Num 1: 7 **N** the son of Amminadab;
Matt 1: 4 Amminadab begot **N**,

NAHUM
Nah 1: 1 The book of the vision of **N**

NAILED† (*see* NAILS)
Col 2:14 having **n** it to the cross.

NAILS (*see* NAILED)
Eccl 12:11 are like well-driven **n**,
Dan 7:19 its teeth of iron and its **n**
John 20:25 His hands the print of the **n**,

NAIN†

Luke 7:11 He went into a city called **N**;

NAKED (*see* NAKEDNESS)

Gen 2:25 And they were both **n**,
Gen 3: 7 they knew that they were **n**;
1Sa 19:24 and lay down **n** all that day
Job 1:21 **N** I came from my mother's
Eccl 5:15 **n** shall he return, To go as
Matt 25:36 I was **n** and you clothed Me;
Mark 14:52 cloth and fled from them **n**.
Heb 4:13 but all things are **n** and
Jas 2:15 If a brother or sister is **n**
Rev 3:17 poor, blind, and **n**—

NAKEDNESS (*see* NAKED)

Gen 9:23 backward and covered the **n**
Lev 18: 7 The **n** of your father or the
Rom 8:35 persecution, or famine, or **n**,
2Co 11:27 often, in cold and **n**—

NAME (*see* NAMED, NAME'S, NAMES)

Gen 4:26 men began to call on the **n**
Gen 11: 4 let us make a **n** for
Gen 12: 2 bless you And make your **n**
Gen 17: 5 but your **n** shall be Abraham;
Gen 35:10 but Israel shall be your **n**.
Ex 3:13 say to me, 'What is His **n**?
Ex 3:15 This is My **n** forever, and
Ex 6: 3 but by My **n** LORD I was not
Ex 20: 7 You shall not take the **n** of
Ex 34: 5 and proclaimed the **n** of the
Ex 34:14 whose **n** is Jealous, is a
Lev 18:21 nor shall you profane the **n**
Lev 19:12 you shall not swear by My **n**
Lev 24:11 son blasphemed the **n** of
Deut 12:11 God chooses to make His **n**
Ruth 4: 5 to perpetuate the **n** of the
2Sa 7:13 shall build a house for My **n**,
2Sa 12:24 and he called his **n** Solomon.
2Sa 12:25 So he called his **n** Jedidiah,
1Ch 16:29 LORD the glory due His **n**;
2Ch 7:14 who are called by My **n** will
Job 1:21 Blessed be the **n** of the
Ps 8: 1 How excellent is Your **n** in
Ps 20: 5 And in the **n** of our God we
Ps 22:22 I will declare Your **n** to My
Ps 29: 2 LORD the glory due to His **n**;
Ps 34: 3 And let us exalt His **n**
Ps 68: 4 By His **n** YAH, And rejoice
Ps 99: 3 Your great and awesome **n**—
Ps 100: 4 to Him, and bless His **n**.
Ps 103: 1 bless His holy **n**!
Ps 113: 2 Blessed be the **n** of the
Ps 118:10 But in the **n** of the LORD
Ps 118:26 is he who comes in the **n**
Ps 138: 2 Your word above all Your **n**.
Ps 147: 4 He calls them all by **n**.
Prov 22: 1 A good **n** is to be chosen
Prov 30: 4 the earth? What is His **n**,
Prov 30: 4 and what is His Son's **n**,
Is 7:14 and shall call His **n**
Is 9: 6 And His **n** will be called
Is 57:15 whose **n** is Holy: "I dwell
Is 62: 2 shall be called by a new **n**,
Jer 7:10 which is called by My **n**,
Zech 14: 9 is one," And His **n** one.
Matt 1:21 and you shall call His **n**
Matt 6: 9 heaven, Hallowed be Your **n**.
Matt 7:22 we not prophesied in Your **n**,
Matt 10:42 cup of cold water in the **n**
Matt 18:20 gathered together in My **n**,
Matt 21: 9 He who comes in the **n**
Matt 28:19 baptizing them in the **n** of
Luke 1:13 and you shall call his **n**
Luke 1:27 The virgin's **n** was Mary.
Luke 1:49 for me, And holy is His **n**.
Luke 24:47 should be preached in His **n**
John 1: 6 whose **n** was John.
John 1:12 those who believe in His **n**:
John 3:18 he has not believed in the **n**
John 5:43 have come in My Father's **n**,
John 10: 3 he calls his own sheep by **n**
John 12:28 "Father, glorify Your **n**.
John 14:13 whatever you ask in My **n**,
John 17: 6 I have manifested Your **n** to
John 17:12 world, I kept them in Your **n**.
John 20:31 you may have life in His **n**.
Acts 2:21 whoever calls on the **n**
Acts 2:38 of you be baptized in the **n**
Acts 4: 7 By what power or by what **n**
Acts 4:12 for there is no other **n**
Acts 4:18 at all nor teach in the **n**
Acts 5:41 to suffer shame for His **n**.
Acts 9:15 vessel of Mine to bear My **n**
Acts 10:48 to be baptized in the **n** of
Acts 16:18 I command you in the **n** of
Rom 2:24 the **n** of God is blasphemed
Rom 10:13 whoever calls on the **n**
1Co 1:13 were you baptized in the **n**
Eph 1:21 and every **n** that is named,
Phil 2: 9 name which is above every **n**,
Phil 2:10 that at the **n** of Jesus every
Col 3:17 do all in the **n** of the Lord
Heb 1: 4 obtained a more excellent **n**
Heb 2:12 I will declare Your **n** to
Jas 5:14 him with oil in the **n** of
1Pe 4:14 are reproached for the **n** of
1Jn 5:13 to you who believe in the **n**
Rev 2:13 And you hold fast to My **n**,
Rev 2:17 and on the stone a new **n**
Rev 3: 5 I will not blot out his **n**
Rev 3:12 name of My God and the **n** of
Rev 6: 8 And the **n** of him who sat on
Rev 8:11 The **n** of the star is
Rev 13:17 who has the mark or the **n**
Rev 13:17 or the number of his **n**.
Rev 15: 4 O Lord, and glorify Your **n**?
Rev 16: 9 and they blasphemed the **n** of
Rev 17: 5 And on her forehead a **n** was
Rev 19:13 and His **n** is called The Word

NAMED (*see* NAME)

Rom 15:20 not where Christ was **n**,
Eph 1:21 and every name that is **n**,
Eph 3:15 in heaven and earth is **n**,
Eph 5: 3 let it not even be **n** among

N

NAME'S (*see* NAME)
Ps 23: 3 of righteousness For His **n**
Matt 24: 9 by all nations for My **n**
Acts 9:16 he must suffer for My **n**

NAMES (*see* NAME)
Gen 2:20 So Adam gave **n** to all cattle,
Luke 10:20 rejoice because your **n** are
Phil 4: 3 whose **n** are in the Book of
2Ti 2:19 Let everyone who **n** the name
Rev 3: 4 You have a few **n** even in
Rev 17: 8 whose **n** are not written in

NAOMI
Ruth 1: 2 the name of his wife was **N**,
Ruth 1:22 So **N** returned, and Ruth the
Ruth 3: 1 Then **N** her mother-in-law said

NAPHTALI
Gen 35:25 maidservant, were Dan and **N**;
2Ki 15:29 Galilee, all the land of **N**;
Is 9: 1 of Zebulun and the land of **N**,
Matt 4:15 and the land of **N**,

NARROW
Matt 7:14 Because **n** is the gate and

NATHAN
2Sa 7: 2 that the king said to **N** the
1Ki 1:11 So **N** spoke to Bathsheba the

NATHANAEL (*see* BARTHOLOMEW)
John 1:45 Philip found **N** and said to
John 21: 2 **N** of Cana in Galilee, the

NATION (*see* NATIONS)
Gen 12: 2 I will make you a great **n**;
Ex 19: 6 of priests and a holy **n**.
Deut 4: 7 For what great **n** is there
2Sa 7:23 the one **n** on the earth whom
Ps 33:12 Blessed is the **n** whose God
Prov 14:34 Righteousness exalts a **n**,
Is 1: 4 Alas, sinful **n**, A people
Is 2: 4 not lift up sword against **n**,
Is 9: 3 You have multiplied the **n**
Is 18: 2 to a **n** tall and smooth of
Is 26:15 You have increased the **n**,
Jer 18: 7 I speak concerning a **n** and
Jer 18: 8 if that **n** against whom I have
Mic 4: 3 not lift up sword against **n**,
Matt 24: 7 nation will rise against **n**,
Luke 7: 5 "for he loves our **n**,
Luke 23: 2 fellow perverting the **n**,
John 11:50 and not that the whole **n**
John 11:51 Jesus would die for the **n**,
John 11:52 and not for that **n** only, but
Acts 2: 5 from every **n** under heaven.
Acts 10:35 But in every **n** whoever fears
Acts 17:26 made from one blood every **n**
Rom 10:19 those who are not a **n**,
1Pe 2: 9 a royal priesthood, a holy **n**,
Rev 5: 9 and tongue and people and **n**,
Rev 13: 7 every tribe, tongue, and **n**.
Rev 14: 6 on the earth—to every **n**,

NATIONS (*see* NATION)
Gen 10: 5 their families, into their **n**.
Gen 10:31 lands, according to their **n**.
Gen 17: 4 shall be a father of many **n**.
Gen 17:16 shall be a mother of **n**;
Gen 18:18 and all the **n** of the earth
Gen 25:23 Two **n** are in your womb, Two
1Sa 8:20 also may be like all the **n**,
Ps 2: 1 Why do the **n** rage, And the
Ps 22:27 all the families of the **n**
Ps 22:28 And He rules over the **n**.
Ps 46:10 will be exalted among the **n**,
Ps 47: 3 And the **n** under our feet.
Ps 79:10 there be known among the **n**
Ps 96: 3 His glory among the **n**,
Ps 110: 6 He shall judge among the **n**,
Is 2: 2 And all **n** shall flow to it.
Is 2: 4 shall judge between the **n**,
Is 5:26 lift up a banner to the **n**
Is 40:15 the **n** are as a drop in a
Is 52:15 So shall He sprinkle many **n**.
Is 56: 7 a house of prayer for all **n**.
Jer 1: 5 you a prophet to the **n**.
Jer 1:10 this day set you over the **n**
Ezek 37:22 shall no longer be two **n**,
Dan 4: 1 the king, To all peoples, **n**,
Mic 4: 2 Many **n** shall come and say,
Mic 4: 3 And rebuke strong **n** afar
Hag 2: 7 'and I will shake all **n**,
Hag 2: 7 come to the Desire of All **N**,
Zech 9:10 shall speak peace to the **n**;
Matt 24: 9 you will be hated by all **n**
Matt 28:19 make disciples of all the **n**,
Mark 11:17 of prayer for all **n**'?
Mark 13:10 be preached to all the **n**.
Luke 12:30 For all these things the **n** of
Acts 4:25 Why did the **n** rage, And
Acts 13:19 He had destroyed seven **n** in
Gal 3: 8 In you all the **n** shall
Rev 7: 9 one could number, of all **n**,
Rev 12: 5 Child who was to rule all **n**
Rev 17:15 are peoples, multitudes, **n**,
Rev 18: 3 For all the **n** have drunk of

NATURAL (*see* NATURE)
Deut 34: 7 eyes were not dim nor his **n**
Rom 11:24 who are **n** branches, be
1Co 2:14 But the **n** man does not
1Co 15:44 It is sown a **n** body, it is

NATURE (*see* NATURAL)
Acts 17:29 to think that the Divine **N**
Rom 1:26 use for what is against **n**.
Eph 2: 3 and were by **n** children of
Jas 3: 6 sets on fire the course of **n**;
2Pe 1: 4 be partakers of the divine **n**,

NAZARENE† (*see* NAZARENES, NAZARETH)
Matt 2:23 "He shall be called a **N**.

NAZARENES† (*see* NAZARENE)
Acts 24: 5 of the sect of the **N**.

NAZARETH (*see* NAZARENE)
Matt 2:23 and dwelt in a city called **N**,
Matt 21:11 the prophet from **N** of
Matt 26:71 also was with Jesus of **N**.
John 1:46 anything good come out of **N**?
John 19:19 the writing was: JESUS OF **N**,

NAZIRITE (*see* NAZIRITES)
Num 6: 2 to take the vow of a **N**,
Num 6:18 Then the **N** shall shave his
Num 6:20 After that the **N** may drink
Judg 13: 5 for the child shall be a **N**

NAZIRITES (*see* NAZIRITE)
Amos 2:12 But you gave the **N** wine to

NEBO (*see* PISGAH)
Deut 34: 1 plains of Moab to Mount **N**,
Is 46: 1 **N** stoops; Their idols were

NEBUCHADNEZZAR
Dan 2: 1 **N** had dreams; and his spirit
Dan 5: 2 vessels which his father **N**

NECESSARY
Job 23:12 of His mouth More than my **n**

NECESSITY
1Co 9:16 for **n** is laid upon me; yes,
2Co 9: 7 not grudgingly or of **n**;

NECHO (*see* PHARAOH)
2Ki 23:29 And Pharaoh **N** killed him

NECK (*see* NECKS)
Gen 41:42 a gold chain around his **n**.
Gen 45:14 and Benjamin wept on his **n**.
Ex 13:13 then you shall break its **n**.
Deut 31:27 rebellion and your stiff **n**.
Ps 69: 1 waters have come up to my **n**.
Prov 3: 3 Bind them around your **n**,
Prov 3:22 soul And grace to your **n**.
Prov 29: 1 rebuked, and hardens his **n**,
Song 7: 4 Your **n** is like an ivory
Is 8: 8 He will reach up to the **n**;
Dan 5: 7 a chain of gold around his **n**;
Luke 15:20 and ran and fell on his **n**

NECKS (*see* NECK)
Josh 10:24 put their feet on their **n**.
2Ki 17:14 hear, but stiffened their **n**,
Neh 9:16 proudly, Hardened their **n**,
Is 3:16 walk with outstretched **n**

NEED (*see* NEEDED, NEEDFUL, NEEDS, NEEDY, WANT)
Prov 6:11 And your **n** like an armed
Matt 3:14 I **n** to be baptized by You,
Matt 6: 8 knows the things you have **n**
Matt 6:32 Father knows that you **n** all
Matt 9:12 who are well have no **n** of a
Matt 21: 3 The Lord has **n** of them,' and
Mark 2:25 David did when he was in **n**
Luke 15: 7 just persons who **n** no
Luke 22:71 further testimony do we **n**?
Acts 2:45 among all, as anyone had **n**.
1Co 12:21 I have no **n** of you."
Eph 4:28 to give him who has **n**.
Phil 2:25 one who ministered to my **n**;
Phil 4:12 to abound and to suffer **n**.
Phil 4:19 God shall supply all your **n**
1Th 1: 8 so that we do not **n** to say
2Ti 2:15 a worker who does not **n** to
Heb 4:16 grace to help in time of **n**.
Heb 5:12 you **n** someone to teach you
1Jn 3:17 and sees his brother in **n**,
Rev 3:17 and have **n** of nothing'—and
Rev 21:23 The city had no **n** of the sun
Rev 22: 5 They **n** no lamp nor light of

NEEDED (*see* NEED)
John 4: 4 But He **n** to go through
Acts 17:25 as though He **n** anything,

NEEDFUL† (*see* NEED)
Phil 1:24 in the flesh is more **n** for

NEEDLE
Matt 19:24 to go through the eye of a **n**

NEEDS (*see* NEED)
Rom 12:13 distributing to the **n** of the

NEEDY (*see* NEED)
Deut 15:11 to your poor and your **n**,
Ps 9:18 For the **n** shall not always
Ps 37:14 To cast down the poor and **n**,
Ps 40:17 But I am poor and **n**;
Ps 72:13 will save the souls of the **n**.
Is 10: 2 To rob the **n** of justice,
Ezek 18:12 has oppressed the poor and **n**,
Amos 4: 1 the poor, Who crush the **n**,
Amos 8: 4 you who swallow up the **n**,
Amos 8: 6 And the **n** for a pair of

NEGLECT (*see* NEGLECTED)
Col 2:23 and **n** of the body, but are
1Ti 4:14 Do not **n** the gift that is in
Heb 2: 3 how shall we escape if we **n**

NEGLECTED† (*see* NEGLECT)
Matt 23:23 and have **n** the weightier
Acts 6: 1 because their widows were **n**

NEHEMIAH
Ezra 2: 2 Zerubbabel were Jeshua, **N**,

NEIGHBOR (*see* NEIGHBOR'S)
Ex 3:22 woman shall ask of her **n**,
Ex 20:16 false witness against your **n**.
Ex 21:14 premeditation against his **n**,
Ex 22:14 borrows anything from his **n**,
Lev 19:13 'You shall not cheat your **n**,
Lev 19:18 but you shall love your **n** as

N

Deut 4:42 flee there, who kills his **n**
1Sa 15:28 and has given it to a **n** of
Ps 101: 5 secretly slanders his **n**,
Prov 14:20 is hated even by his own **n**,
Prov 24:28 be a witness against your **n**
Prov 27:10 Better is a **n** nearby than
Jer 31:34 shall every man teach his **n**,
Jer 34:15 proclaiming liberty to his **n**;
Zech 8:16 each man the truth to his **n**;
Matt 5:43 You shall love your **n** and
Luke 10:29 to Jesus, "And who is my **n**?
Rom 13: 9 You shall love your **n** as
Rom 13:10 Love does no harm to a **n**;
Eph 4:25 speak truth with his **n**,
Heb 8:11 them shall teach his **n**,

NEIGHBOR'S (*see* NEIGHBOR)
Ex 20:17 shall not covet your **n**

NEST (*see* NESTED, NESTS)
Matt 13:32 birds of the air come and **n**

NESTED† (*see* NEST)
Luke 13:19 and the birds of the air **n**

NESTS (*see* NEST)
Matt 8:20 and birds of the air have **n**,

NET (*see* NETS)
Ps 57: 6 They have prepared a **n** for
Matt 4:18 casting a **n** into the sea;
John 21: 6 Cast the **n** on the right side
John 21:11 the **n** was not broken.

NETS (*see* NET)
Ps 141:10 wicked fall into their own **n**,
Ezek 26:14 a place for spreading **n**,
Matt 4:20 immediately left their **n**

NEW (*see* NEWBORN, NEWNESS, NEWS)
Ex 1: 8 Now there arose a **n** king
Num 18:12 all the best of the **n** wine
Ps 33: 3 Sing to Him a **n** song; Play
Ps 40: 3 He has put a **n** song in my
Ps 96: 1 sing to the LORD a **n** song!
Eccl 1: 9 And there is nothing **n**
Is 1:13 The **N** Moons, the Sabbaths,
Is 42: 9 And **n** things I declare;
Is 42:10 Sing to the LORD a **n** song,
Is 43:19 I will do a **n** thing, Now it
Is 65:17 I create **n** heavens and a new
Lam 3:23 They are **n** every morning;
Ezek 11:19 and I will put a **n** spirit
Ezek 18:31 and get yourselves a **n** heart
Ezek 18:31 a new heart and a **n** spirit.
Amos 8: 5 When will the **N** Moon be past,
Matt 9:17 But they put new wine into **n**
Matt 26:28 this is My blood of the **n**
Mark 2:21 or else the **n** piece pulls
John 13:34 A **n** commandment I give to
John 19:41 and in the garden a **n** tomb
Acts 2:13 They are full of **n** wine."
Acts 17:21 to tell or to hear some **n**
1Co 5: 7 that you may be a **n** lump,
1Co 11:25 This cup is the **n** covenant in
2Co 3: 6 as ministers of the **n**
2Co 5:17 he is a **n** creation; old
Gal 6:15 anything, but a **n** creation.
Eph 2:15 to create in Himself one **n**
Eph 4:24 and that you put on the **n** man
Col 3:10 and have put on the **n** man
Heb 8: 8 when I will make a **n**
Heb 9:15 He is the Mediator of the **n**
Heb 10:20 by a **n** and living way which
2Pe 3:13 look for **n** heavens and a new
Rev 2:17 and on the stone a **n** name
Rev 3:12 the **N** Jerusalem, which comes
Rev 5: 9 And they sang a **n** song,
Rev 21: 1 I saw a new heaven and a **n**
Rev 21: 5 I make all things **n**.

NEWBORN† (*see* NEW)
1Pe 2: 2 as **n** babes, desire the pure

NEWNESS (*see* NEW)
Rom 6: 4 so we also should walk in **n**

NEWS (*see* NEW, TIDINGS)
2Sa 18:27 man, and comes with good **n**.
1Ki 14: 6 sent to you with bad **n**.
Prov 25:25 So is good **n** from a far
Is 52: 7 of him who brings good **n**,
Jer 20:15 be cursed Who brought **n**
1Th 3: 6 and brought us good **n** of

NICODEMUS
John 3: 1 man of the Pharisees named **N**,
John 7:50 **N** (he who came to Jesus by

NIGHT (*see* NIGHTS)
Gen 1: 5 and the darkness He called **N**.
Gen 1:14 to divide the day from the **n**;
Gen 1:16 lesser light to rule the **n**.
Josh 1: 8 meditate in it day and **n**,
Job 35:10 Who gives songs in the **n**,
Ps 1: 2 law he meditates day and **n**.
Ps 19: 2 And night unto **n** reveals
Ps 22: 2 And in the **n** season, and am
Ps 30: 5 Weeping may endure for a **n**,
Ps 90: 4 And like a watch in the **n**.
Ps 91: 5 be afraid of the terror by **n**,
Ps 121: 6 by day, Nor the moon by **n**.
Ps 136: 9 moon and stars to rule by **n**,
Is 21:11 "Watchman, what of the **n**?
Jer 9: 1 I might weep day and **n** For
Jon 4:10 which came up in a **n** and
Luke 2: 8 watch over their flock by **n**.
Luke 12:20 Fool! This **n** your soul will
John 3: 2 This man came to Jesus by **n**
John 9: 4 the **n** is coming when no one
John 13:30 immediately. And it was **n**.
Rom 13:12 The **n** is far spent, the day
1Co 11:23 Lord Jesus on the same **n**
1Th 5: 2 so comes as a thief in the **n**.
1Th 5: 5 We are not of the **n** nor of
2Pe 3:10 come as a thief in the **n**,
Rev 21:25 by day (there shall be no **n**

NIGHTS (*see* NIGHT)
Gen 7: 4 earth forty days and forty **n**,
1Ki 19: 8 food forty days and forty **n**
Jon 1:17 fish three days and three **n**.
Matt 4: 2 forty days and forty **n**,
Matt 12:40 was three days and three **n**

NIMROD
Gen 10: 9 Like **N** the mighty hunter

NINETY-NINE
Gen 17:24 Abraham was **n** years old when
Matt 18:12 does he not leave the **n** and
Luke 15: 7 who repents than over **n**

NINEVEH
Gen 10:11 went to Assyria and built **N**,
Jon 1: 2 "Arise, go to **N**,
Jon 3: 2 "Arise, go to **N**,
Jon 4:11 "And should I not pity **N**,
Nah 3: 7 **N** is laid waste! Who will
Luke 11:32 The men of **N** will rise up in

NINTH
Matt 20: 5 about the sixth and the **n**
Matt 27:46 And about the **n** hour Jesus
Acts 3: 1 of prayer, the **n** hour.

NISAN (*see* ABIB)
Esth 3: 7 which is the month of **N**,

NOAH
Gen 5:32 and **N** begot Shem, Ham, and
Gen 6: 8 But **N** found grace in the eyes
Gen 8: 1 Then God remembered **N**,
Gen 9: 1 So God blessed **N** and his
Is 54: 9 is like the waters of **N** to
Ezek 14:20 "even though **N**,
Luke 17:26 as it was in the days of **N**,
Heb 11: 7 By faith **N**, being divinely
1Pe 3:20 waited in the days of **N**,
2Pe 2: 5 ancient world, but saved **N**,

NOBLE (*see* NOBLEMAN)
1Co 1:26 not many mighty, not many **n**,
Phil 4: 8 true, whatever things are **n**,
Jas 2: 7 Do they not blaspheme that **n**

NOBLEMAN (*see* NOBLE)
Luke 19:12 A certain **n** went into a far
John 4:46 And there was a certain **n**

NOD†
Gen 4:16 and dwelt in the land of **N**

NOISE
Ex 32:17 There is **a n** of war in the
Ex 32:18 It is not the **n** of the
2Ki 7: 6 the **n** of a great army; so
Ps 42: 7 calls unto deep at the **n** of
Ps 93: 4 is mightier Than the **n** of
Is 29: 6 and earthquake and great **n**,
Is 66: 6 The sound of **n** from the
Jer 4:19 heart! My heart makes a **n**
Jer 49:21 The earth shakes at the **n** of
Ezek 1:24 I heard the **n** of their
Ezek 3:13 and the **n** of the wheels
Ezek 37: 7 I prophesied, there was a **n**,
Amos 5:23 Take away from Me the **n** of
Zeph 1:14 The **n** of the day of the
2Pe 3:10 pass away with a great **n**,

NOON (*see* NOONDAY)
Acts 22: 6 near Damascus at about **n**,

NOONDAY (*see* NOON)
Ps 91: 6 that lays waste at **n**.

NORTH
Job 26: 7 He stretches out the **n** over
Ps 48: 2 Zion on the sides of the **n**,
Ps 107: 3 From the **n** and from the
Is 14:13 the farthest sides of the **n**;
Jer 1:14 Out of the **n** calamity shall

NOSE
Gen 24:30 when he saw the **n** ring, and
2Ki •19:28 I will put My hook in your **n**
Song 7: 4 Your **n** is like the tower
Ezek 8:17 put the branch to their **n**.

NOSTRILS
Gen 2: 7 and breathed into his **n** the
Gen 7:22 All in whose **n** was the
Ex 15: 8 with the blast of Your **n**
Num 11:20 it comes out of your **n** and
2Sa 22: 9 Smoke went up from His **n**,
Ps 18:15 of the breath of Your **n**.
Lam 4:20 The breath of our **n**,

NOURISHED (*see* NOURISHES)
2Sa 12: 3 which he had bought and **n**;
Is 1: 2 I have **n** and brought up
Col 2:19 **n** and knit together by
1Ti 4: 6 **n** in the words of faith and

NOURISHES (*see* NOURISHED)
Eph 5:29 but **n** and cherishes it, just

NUMBER (*see* NUMBERED)
Gen 13:16 so that if a man could **n** the
Gen 15: 5 stars if you are able to **n**
Num 1: 3 You and Aaron shall **n** them
Deut 7: 7 because you were more in **n**
2Sa 24: 1 **n** Israel and Judah."
1Ch 21: 1 and moved David to **n** Israel.
Ps 90:12 So teach us to **n** our days,
Dan 9: 2 by the books the **n** of the
Acts 11:21 and a great **n** believed and
Acts 16: 5 and increased in **n** daily.
Rev 7: 9 which no one could **n**,
Rev 13:18 of a man: His **n** is 666.

NUMBERED (*see* NUMBER)
Gen 13:16 descendants also could be **n**.
Is 53:12 And He was **n** with the
Dan 5:26 God has **n** your kingdom, and

N

Matt 10:30 hairs of your head are all **n**.
Mark 15:28 And He was **n** with the

NUN
Ex 33:11 servant Joshua the son of **N**,
Num 13: 8 Ephraim, Hoshea the son of **N**;

NURSE (*see* NURSED, NURSING)
Ex 2: 7 that she may **n** the child for
Ruth 4:16 and became a **n** to him.

NURSED (*see* NURSE)
Ex 2: 9 woman took the child and **n**
Luke 11:27 and the breasts which **n**
Luke 23:29 and breasts which never **n**!'

NURSING (*see* NURSE)
Is 11: 8 The **n** child shall play by
Is 49:15 Can a woman forget her **n**

O

OATH (*see* OATHS)
Gen 21:31 the two of them swore an **o**
Deut 7: 8 because He would keep the **o**
Deut 29:14 this covenant and this **o**,
Josh 2:20 we will be free from your **o**
Ps 106:26 up His hand in an **o**
Eccl 9: 2 He who takes an **o** as he
Matt 26:63 I put you under **o** by the

OATHS (*see* OATH)
Matt 5:33 but shall perform your **o** to

OBADIAH
1Ki 18: 3 And Ahab had called **O**,
Obad 1 The vision of **O**.

OBED
Ruth 4:21 begot Boaz, and Boaz begot **O**;
Matt 1: 5 Boaz begot **O** by Ruth, Obed

OBEDIENCE (*see* OBEDIENT)
Gen 49:10 to Him shall be the **o** of
Rom 1: 5 grace and apostleship for **o**
Rom 5:19 so also by one Man's **o** many
Rom 6:16 or of **o** leading to
Rom 16:19 For your **o** has become known
Rom 16:26 for **o** to the faith—
2Co 10: 5 into captivity to the **o** of
Heb 5: 8 yet He learned **o** by the
1Pe 1: 2 for **o** and sprinkling of the

OBEDIENT (*see* OBEDIENCE, OBEY)
Ex 24: 7 said we will do, and be **o**.
Is 1:19 If you are willing and **o**,
Acts 6: 7 many of the priests were **o**
Rom 15:18 deed, to make the Gentiles **o**—
Eph 6: 5 be **o** to those who are your
Phil 2: 8 Himself and became **o** to
Tit 2: 5 **o** to their own husbands,
Tit 2: 9 bondservants to be **o** to
1Pe 1:14 as **o** children, not conforming

OBEY (*see* OBEDIENT, OBEYED, OBEYING)
Gen 27:43 **o** my voice: arise, flee to
Ex 5: 2 that I should **o** His voice to
Ex 19: 5 if you will indeed **o** My
Deut 4:30 to the LORD your God and **o**
Deut 11:13 be that if you earnestly **o**
Deut 15: 5 only if you carefully **o** the
Josh 24:24 and His voice we will **o**!"
1Sa 8:19 the people refused to **o** the
1Sa 12:14 LORD and serve Him and **o**
1Sa 15:22 to **o** is better than
1Sa 28:18 Because you did not **o** the
Jer 7:28 is a nation that does not **o**
Jer 11: 3 is the man who does not **o**
Jer 18:10 sight so that it does not **o**
Dan 7:27 dominions shall serve and **o**
Matt 8:27 the winds and the sea **o** Him?
Mark 1:27 and they **o** Him."
Acts 5:29 We ought to **o** God rather than
Acts 5:32 God has given to those who **o**
Acts 7:39 our fathers would not **o**,
Rom 2: 8 self-seeking and do not **o**
Rom 6:12 that you should **o** it in its
Rom 6:16 yourselves slaves to **o**,
Eph 6: 1 **o** your parents in the Lord,
Col 3:20 **o** your parents in all
Col 3:22 **o** in all things your masters
2Th 1: 8 and on those who do not **o**
2Th 3:14 And if anyone does not **o** our
Tit 3: 1 rulers and authorities, to **o**,
Heb 3:18 but to those who did not **o**?
Heb 5: 9 salvation to all who **o** Him,
Heb 13:17 **O** those who rule over you,
1Pe 3: 1 that even if some do not **o**
1Pe 4:17 end of those who do not **o**

OBEYED (*see* OBEY)
Gen 22:18 because you have **o** My
Gen 26: 5 because Abraham **o** My voice
Dan 9:10 We have not **o** the voice of
Dan 9:14 though we have not **o** His
Rom 6:17 yet you **o** from the heart
Rom 10:16 But they have not all **o** the
Heb 11: 8 By faith Abraham **o** when he
1Pe 3: 6 as Sarah **o** Abraham, calling

OBEYING (*see* OBEY)
Judg 2:17 in **o** the commandments of the
1Sa 15:22 As in **o** the voice of the
Gal 5: 7 Who hindered you from **o** the

OBSERVE (*see* OBSERVING)
Deut 4: 1 which I teach you to **o**,
Deut 5:12 **O** the Sabbath day, to keep
Matt 28:20 teaching them to **o** all things

OBSERVING (*see* OBSERVE)
Jas 1:23 he is like a man **o** his

OBSOLETE
Heb 8:13 He has made the first **o**.

OBTAIN (*see* OBTAINED, OBTAINS)

Gen 16: 2 perhaps I shall **o** children
Matt 5: 7 For they shall **o** mercy.
Rom 11:31 shown you they also may **o**
1Co 9:25 Now they do it to **o** a
1Th 5: 9 but to **o** salvation through
Heb 4:16 that we may **o** mercy and find
Heb 11:35 that they might **o** a better

OBTAINED (*see* OBTAIN)

Rom 11:30 yet have now **o** mercy through
Eph 1:11 In Him also we have **o** an
1Ti 1:16 for this reason I **o** mercy,
Heb 1: 4 as He has by inheritance **o**
Heb 8: 6 But now He has **o** a more
Heb 9:12 having **o** eternal redemption.
Heb 11: 2 For by it the elders **o** a
Heb 11: 4 through which he **o** witness
Heb 11:33 **o** promises, stopped the
Heb 11:39 having **o** a good testimony
1Pe 2:10 who had not **o** mercy but now

OBTAINS (*see* OBTAIN)

Prov 8:35 And **o** favor from the LORD;
Prov 12: 2 A good man **o** favor from the

OCCASION

Rom 7:11 taking **o** by the commandment,

OFFEND (*see* OFFENDED, OFFENSE)

Matt 13:41 kingdom all things that **o**,
Luke 17: 2 than that he should **o** one of

OFFENDED (*see* OFFEND)

Prov 18:19 A brother **o** is harder to
Matt 11: 6 blessed is he who is not **o**
Matt 13:57 So they were **o** at Him. But

OFFENSE (*see* OFFEND, OFFENSES)

Is 8:14 of stumbling and a rock of **o**
Matt 16:23 Satan! You are an **o** to Me,
Matt 18: 7 to that man by whom the **o**
Rom 5:15 For if by the one man's **o**
Rom 9:33 stone and rock of **o**,
1Co 10:32 Give no **o**, either to the
Gal 5:11 Then the **o** of the cross has
Phil 1:10 may be sincere and without **o**
1Pe 2: 8 And a rock of **o**.

OFFENSES (*see* OFFENSE)

Matt 18: 7 to the world because of **o**!

OFFER (*see* OFFERED, OFFERING)

Gen 22: 2 and **o** him there as a burnt
Ex 23:18 You shall not **o** the blood of
2Sa 24:12 I **o** you three things; choose
2Ki 17:36 and to Him you shall **o**
1Ch 29:17 who are present here to **o**
Job 1: 5 early in the morning and **o**
Job 42: 8 and **o** up for yourselves a
Ps 16: 4 of blood I will not **o**,
Ps 50:14 **O** to God thanksgiving, And
Ps 51:19 Then they shall **o** bulls on
Jer 11:12 to the gods to whom they **o**
Jer 33:18 lack a man to **o** burnt
Ezek 43:22 the second day you shall **o**
Ezek 44:27 he must **o** his sin offering
Hos 9: 4 They shall not **o** wine
Amos 4: 5 **O** a sacrifice of
Amos 5:22 Though you **o** Me burnt
Amos 5:25 Did you **o** Me sacrifices and
Hag 2:14 and what they **o** there is
Mal 1: 7 You **o** defiled food on My
Mal 1: 8 And when you **o** the blind as
Luke 6:29 **o** the other also. And from
Luke 11:12 will he **o** him a scorpion?
Heb 5: 3 to **o** sacrifices for sins.
Heb 7:27 to **o** up sacrifices, first
Heb 8: 3 One also have something to **o**.
Heb 9:25 not that He should **o** Himself
Heb 10: 1 which they **o** continually
Heb 13:15 by Him let us continually **o**
1Pe 2: 5 to **o** up spiritual sacrifices

OFFERED (*see* OFFER)

Gen 8:20 and **o** burnt offerings on the
Gen 22:13 and **o** it up for a burnt
Lev 10: 1 and **o** profane fire before
Mark 15:36 and **o** it to Him to drink,
Acts 7:41 **o** sacrifices to the idol,
Acts 15:29 you abstain from things **o**
Acts 21:25 themselves from things **o**
1Co 8: 4 the eating of things **o** to
1Co 10:19 or what is **o** to idols is
Heb 5: 7 when He had **o** up prayers and
Heb 7:27 did once for all when He **o**
Heb 9: 7 which he **o** for himself and
Heb 9:14 through the eternal Spirit **o**
Heb 9:28 so Christ was **o** once to bear
Heb 10:12 after He had **o** one sacrifice
Heb 11: 4 By faith Abel **o** to God a
Heb 11:17 **o** up Isaac, and he who had
Heb 11:17 had received the promises **o**
Jas 2:21 by works when he **o** Isaac

OFFERING (*see* OFFER, OFFERINGS)

Gen 4: 4 respected Abel and his **o**,
Gen 4: 5 not respect Cain and his **o**.
Gen 22: 2 him there as a burnt **o** on
Lev 4: 3 without blemish as a sin **o**.
Lev 4: 8 fat of the bull as the sin **o**.
Lev 4:25 of the altar of burnt **o**,
Lev 5:15 sanctuary, as a trespass **o**.
Lev 6:14 is the law of the grain **o**:
Lev 7:13 thanksgiving of his peace **o**.
Lev 7:16 is a vow or a voluntary **o**,
Lev 9:15 he brought the people's **o**,
Lev 10:14 The breast of the wave **o** and
Lev 10:15 The thigh of the heave **o** and
Lev 23:13 and its drink **o** shall be
Lev 27:28 'Nevertheless no devoted **o**
Num 7:88 This was the dedication **o**
Deut 23:18 your God for any vowed **o**,
Neh 10:34 for bringing the wood **o**
Ps 40: 6 Sacrifice and **o** You did not
Ps 40: 6 Burnt **o** and sin offering
Ps 51:16 do not delight in burnt **o**.

Ps 51:19 offering and whole burnt o;
Ps 96: 8 due His name; Bring an o,
Is 53:10 You make His soul an o for
Is 57: 6 you have poured a drink o,
Jer 11:17 to provoke Me to anger in o
Ezek 40:42 slaughtered the burnt o and
Ezek 45:19 of the blood of the sin o
Ezek 45:23 the goats daily for a sin o.
Dan 2:46 they should present an o
Dan 9:21 the time of the evening o.
Dan 9:27 an end to sacrifice and o.
Mal 1:10 Nor will I accept an o from
Mal 2:13 So He does not regard the o
Mal 3: 3 offer to the LORD An o in
Luke 5:14 and make an o for your
Luke 23:36 coming and o Him sour wine,
Rom 15:16 that the o of the Gentiles
Eph 5: 2 an o and a sacrifice to God
2Ti 4: 6 poured out as a drink o,
Heb 10: 5 Sacrifice and o You did
Heb 10: 8 saying, "Sacrifice and o,
Heb 10:10 sanctified through the o of
Heb 10:11 ministering daily and o
Heb 10:14 For by one o He has perfected
Heb 10:18 there is no longer an o

OFFERINGS (*see* OFFERING)

Gen 8:20 and offered burnt o on the
Ex 20:24 on it your burnt o and your
Lev 8:28 They were consecration o
1Sa 15:22 great delight in burnt o
2Sa 1:21 upon you, Nor fields of o.
2Ki 12:16 money from the trespass o
2Ch 1: 6 offered a thousand burnt o
2Ch 29:34 not skin all the burnt o;
2Ch 31: 3 the burnt o for the Sabbaths
2Ch 35: 6 slaughter the Passover o,
Ezra 3: 3 morning and evening burnt o.
Ezra 8:35 offered burnt o to the God
Neh 12:44 of the storehouse for the o
Job 1: 5 morning and offer burnt o
Ps 16: 4 Their drink o of blood I
Ps 20: 3 May He remember all your o,
Ps 66:13 into Your house with burnt o;
Ps 119:108 the freewill o of my mouth,
Prov 7:14 I have peace o with me;
Is 1:11 have had enough of burnt o
Jer 7:18 and they pour out drink o
Jer 19: 5 sons with fire for burnt o
Jer 33:18 before Me, to kindle grain o,
Jer 41: 5 with o and incense in their
Ezek 20:28 and provoked Me with their o.
Ezek 42:13 shall eat the most holy o.
Ezek 45:17 and the peace o to make
Hos 6: 6 of God more than burnt o.
Amos 5:22 regard your fattened peace o.
Amos 5:25 offer Me sacrifices and o
Mic 6: 6 come before Him with burnt o,
Mal 3: 8 You?' In tithes and o.
Mark 12:33 than all the whole burnt o
1Co 9:13 the altar partake of the o
Heb 10: 6 In burnt o and sacrifices
Heb 10: 8 and o for sin You did

OFFICE (*see* OFFICER)

Gen 41:13 He restored me to my o,
1Ch 9:22 them to their trusted o.
Ps 109: 8 And let another take his o.
Matt 9: 9 Matthew sitting at the tax o.
Mark 2:14 sitting at the tax o.
Luke 5:27 Levi, sitting at the tax o.
Acts 1:20 another take his o.

OFFICER (*see* OFFICE)

Gen 37:36 an o of Pharaoh and captain
Matt 5:25 judge hand you over to the o,
Luke 12:58 and the o throw you into

OFFSPRING

Gen 15: 3 You have given me no o;
Deut 7:13 of your cattle and the o of
Judg 8:30 sons who were his own o,
Ruth 4:12 because of the o which the
Job 39: 3 young, They deliver their o.
Ps 21:10 Their o You shall destroy
Ps 22:23 all you o of Israel!
Is 44: 3 And My blessing on your o;
Is 48:19 And the o of your body like
Is 57: 4 O of falsehood,
Lam 2:20 the women eat their o,
Mal 2:15 why one? He seeks godly o.
Matt 22:24 his wife and raise up o for
Matt 22:25 had married, and having no o,
Mark 12:20 and dying, he left no o.
Acts 17:28 said, 'For we are also His o.
Acts 17:29 since we are the o of God,
Rev 22:16 I am the Root and the O of

OG

Num 21:33 So O king of Bashan went out
Ps 135:11 O king of Bashan And all

OIL

Gen 28:18 and poured o on top of it.
Ex 25: 6 o for the light, and spices
Ex 25: 6 spices for the anointing o
Ex 29: 2 cakes mixed with o,
Ex 30:24 and a hin of olive o.
Ex 37:29 made the holy anointing o
Deut 7:13 and your new wine and your o,
Deut 32:13 And o from the flinty rock;
1Sa 10: 1 Samuel took a flask of o
1Sa 16: 1 Fill your horn with o,
1Ki 17:12 and a little o in a jar; and
2Ki 4: 6 So the o ceased.
Job 29: 6 rock poured out rivers of o
Ps 23: 5 You anoint my head with o;
Ps 45: 7 anointed You With the o of
Ps 104:15 O to make his face shine,
Ps 109:18 And like o into his bones.
Ps 133: 2 It is like the precious o
Prov 5: 3 mouth is smoother than o;
Eccl 9: 8 And let your head lack no o.
Is 61: 3 The o of joy for mourning,
Jer 31:12 wheat and new wine and o,
Ezek 32:14 make their rivers run like o,
Ezek 45:25 grain offering, and the o.

Hos 2: 5 My o and my drink.'
Mic 6: 7 Ten thousand rivers of o?
Zech 4:12 from which the golden o
Matt 25: 4 but the wise took o in their
Matt 26: 7 of very costly fragrant o,
Luke 10:34 pouring on o and wine; and
Heb 1: 9 You With the o of
Jas 5:14 anointing him with o in the

OINTMENT (*see* OINTMENTS)

Ex 30:25 an o compounded according to
Prov 27: 9 O and perfume delight the
Eccl 7: 1 is better than precious o,
Is 1: 6 bound up, Or soothed with o.

OINTMENTS (*see* OINTMENT)

Song 1: 3 the fragrance of your good o,
Amos 6: 6 yourselves with the best o,

OLD (*see* OLDER)

Gen 6: 4 mighty men who were of o,
Gen 15:15 shall be buried at a good o
Gen 17: 1 was ninety-nine years o,
Gen 18:11 Abraham and Sarah were o,
Gen 19:31 younger, "Our father is o,
Gen 21: 2 bore Abraham a son in his o
Gen 21: 4 when he was eight days o,
Gen 25: 8 last and died in a good o
Gen 25: 8 an o man and full of
Deut 32: 7 "Remember the days of o,
Deut 34: 7 hundred and twenty years o
Josh 9: 5 o and patched sandals on
1Sa 2:22 Now Eli's was very o;
2Ch 31:17 Levites from twenty years o
Job 22:15 Will you keep to the o way
Job 42:17 o and full of days.
Ps 25: 6 For they are from of o.
Ps 32: 3 my bones grew o Through my
Ps 37:25 been young, and now am o;
Ps 55:19 He who abides from of o.
Ps 74:12 God is my King from of o,
Ps 77: 5 considered the days of o,
Ps 77:11 remember Your wonders of o.
Ps 78: 2 will utter dark sayings of o,
Ps 92:14 shall still bear fruit in o
Ps 102:25 Of o You laid the foundation
Ps 102:26 they will all grow o like a
Ps 148:12 O men and children.
Prov 8:22 way, Before His works of o.
Is 43:18 consider the things of o.
Is 46: 4 Even to your o age, I am
Is 46: 9 the former things of o,
Is 50: 9 they will all grow o like a
Is 65:20 die one hundred years o,
Lam 5:21 Renew our days as of o,
Joel 2:28 Your o men shall dream
Mic 5: 2 goings forth are from of o,
Mic 6: 6 With calves a year o?
Mic 7:20 our fathers From days of o.
Matt 2:16 from two years o and under,
Matt 5:21 it was said to those of o,
Matt 9:16 of unshrunk cloth on an o
Matt 9:17 do they put new wine into o
Matt 13:52 treasure things new and o.
Luke 1:18 For I am an o man, and my
Luke 1:36 conceived a son in her o
Luke 2:42 when He was twelve years o,
Luke 9: 8 by others that one of the o
Luke 9:19 say that one of the o
John 3: 4 a man be born when he is o?
John 8:57 are not yet fifty years o,
John 21:18 wished; but when you are o,
Acts 2:17 Your o men shall dream
Rom 6: 6 that our o man was crucified
1Co 5: 7 Therefore purge out the o
2Co 3:14 in the reading of the O
2Co 5:17 o things have passed away;
Eph 4:22 the o man which grows
Col 3: 9 you have put off the o man
1Ti 4: 7 But reject profane and o
Heb 1:11 they will all grow o
Heb 8:13 obsolete and growing o is
2Pe 1: 9 he was cleansed from his o
1Jn 2: 7 but an o commandment which
Rev 12: 9 cast out, that serpent of o,
Rev 20: 2 dragon, that serpent of o,

OLDER (*see* OLD)

Gen 25:23 And the o shall serve the
Rom 9:12 The o shall serve the
1Ti 5: 1 Do not rebuke an o man, but
1Ti 5: 2 o women as mothers, younger
Tit 2: 2 that the o men be sober,

OLIVE (*see* OLIVES)

Gen 8:11 a freshly plucked o leaf
Ex 23:11 your vineyard and your o
Deut 6:11 vineyards and o trees which
Judg 9: 8 And they said to the o
Neh 8:15 and bring o branches,
Zech 4: 3 Two o trees are by it, one
Rom 11:17 being a wild o tree, were
Rom 11:24 be grafted into their own o
Rev 11: 4 These are the two o trees and

OLIVES (*see* OLIVE)

Ex 27:20 you pure oil of pressed o
2Sa 15:30 Ascent of the Mount of O,
Zech 14: 4 will stand on the Mount of O,
Matt 26:30 went out to the Mount of O.
Mark 13: 3 as He sat on the Mount of O

OLIVET

Luke 19:29 at the mountain called O,

OMEGA†

Rev 1: 8 "I am the Alpha and the O,
Rev 1:11 "I am the Alpha and the O,
Rev 21: 6 I am the Alpha and the O,
Rev 22:13 "I am the Alpha and the O,

OMNIPOTENT†

Rev 19: 6 For the Lord God O reigns!

OMRI

1Ki 16:23 O became king over Israel,
1Ki 16:25 O did evil in the eyes of the

1Ki 16:29 Ahab the son of O became
Mic 6:16 For the statutes of O are

ONCE (*see* ONE)

Gen 18:32 and I will speak but o more:
Lev 16:34 o a year." And he did as
Josh 6:14 marched around the city o
Judg 6:39 just o more with the fleece;
Job 40: 5 O I have spoken, but I will
Rom 6:10 He died to sin o for all;
1Co 15: 6 five hundred brethren at o,
Gal 1:23 the faith which he o tried
Eph 2: 2 in which you o walked
Eph 2:13 in Christ Jesus you who o
Eph 5: 8 For you were o darkness, but
Col 1:21 who o were alienated and
Col 3: 7 in which you yourselves o
Heb 6: 4 for those who were o
Heb 7:27 for this He did o for all
Heb 9: 7 high priest went alone o a
Heb 9:12 the Most Holy Place o for
Heb 9:27 appointed for men to die o,
Heb 9:28 so Christ was offered o to
Heb 12:26 Yet o more I shake not
1Pe 2:10 who o were not a people but
1Pe 3:18 For Christ also suffered o
Jude 3 for the faith which was o

ONE (*see* GOD, ONCE)

Gen 2:24 and they shall become o
Gen 31:49 and me when we are absent o
Num 7:89 he heard the voice of O
Deut 6: 4 our God, the LORD is o!
1Sa 13: 1 Saul reigned o year; and when
2Ki 19:22 Against the Holy O of
Ps 3: 3 My glory and the O who
Ps 14: 3 who does good, No, not o.
Ps 16:10 will You allow Your Holy O
Ps 19: 6 Its rising is from o end of
Ps 27: 4 O thing I have desired of
Ps 34:20 Not o of them is broken.
Ps 50: 1 The Mighty O, God the
Ps 53: 3 Every o of them has turned
Ps 53: 3 who does good, No, not o.
Ps 71:22 O Holy O of Israel.
Ps 83: 5 consulted together with o
Ps 105:13 When they went from o nation
Ps 132: 2 And vowed to the Mighty O
Ps 132: 5 place for the Mighty O of
Ps 137: 3 Sing us o of the songs of
Ps 142: 4 For there is no o who
Ps 144: 2 My shield and the O in
Prov 9:10 the knowledge of the Holy O
Prov 28: 1 The wicked flee when no o
Prov 30: 3 have knowledge of the Holy O.
Eccl 4: 9 Two are better than o,
Song 2:10 up, my love, my fair o,
Is 1: 4 to anger The Holy O of
Is 1:24 the Mighty O of Israel,
Is 6: 2 each o had six wings: with
Is 6: 6 Then o of the seraphim flew
Is 12: 6 For great is the Holy O of
Is 29:23 And hallow the Holy O of
Is 40: 3 The voice of o crying in
Is 42: 1 My Elect O in whom My
Is 53: 6 We have turned, every o,
Is 57:15 says the High and Lofty O
Is 63: 1 This O who is glorious
Jer 32:39 then I will give them o heart
Ezek 1:28 and I heard a voice of O
Dan 7:13 O like the Son of Man,
Dan 12: 1 Every o who is found
Hos 11: 9 The Holy O in your midst;
Mic 4: 4 And no o shall make them
Mic 5: 2 come forth to Me The O to
Zech 14: 9 is one," And His name o.
Matt 6:13 deliver us from the evil o.
Matt 6:24 No o can serve two masters;
Matt 8: 4 "See that you tell no o;
Matt 11: 3 Him, "Are You the Coming O,
Matt 19: 5 the two shall become o
Matt 19:17 No o is good but One, that
Matt 23: 8 for O is your Teacher, the
Matt 23: 9 for O is your Father, He who
Mark 10:21 O thing you lack: Go your
Mark 12:29 God, the LORD is o.
Luke 12:25 of you by worrying can add o
Luke 12:27 was not arrayed like o of
Luke 15: 4 and go after the o which is
Luke 15: 7 be more joy in heaven over o
Luke 15:19 Make me like o of your hired
Luke 16:13 either he will hate the o
Luke 16:31 they be persuaded though o
Luke 17: 2 that he should offend o of
Luke 18:22 You still lack o thing. Sell
1Co 11:21 and o is hungry and another
1Co 12: 3 and no o can say that Jesus
1Co 12:11 But o and the same Spirit
1Co 12:12 For as the body is o and has
1Co 12:13 For by o Spirit we were all
1Co 12:13 we were all baptized into o
1Co 12:26 And if o member suffers, all
1Co 15: 8 as by o born out of due
1Co 15:23 But each o in his own order:
2Co 2:16 To the o we are the aroma
2Co 3:16 Nevertheless when o turns to
2Co 5:14 that if O died for all, then
2Co 9: 7 So let each o give as he
2Co 11:24 forty stripes minus o.
Gal 3:11 But that no o is justified by
Gal 3:28 for you are all o in Christ
Gal 6: 1 spiritual restore such a o
Gal 6: 2 Bear o another's burdens, and
Eph 2:14 peace, who has made both o,
Eph 2:15 so as to create in Himself o
Eph 2:18 Him we both have access by o
Eph 4: 4 just as you were called in o
Eph 4: 5 o Lord, one faith, one
Eph 4: 6 o God and Father of all, who
Eph 4:32 And be kind to o another,
Eph 4:32 forgiving o another, just as
Eph 5:21 submitting to o another in
Eph 5:29 For no o ever hated his own
Eph 6:16 fiery darts of the wicked o.
Phil 2: 2 being of o accord, of one
Phil 3:13 but o thing I do,
Col 2:16 So let no o judge you in food
Col 3: 9 Do not lie to o another,

Col 3:13 bearing with **o** another, and
Col 3:13 and forgiving **o** another, if
Col 3:15 also you were called in **o**
Col 3:16 teaching and admonishing **o**
1Th 5:11 each other and edify **o**
1Th 5:15 See that no **o** renders evil
2Th 2: 8 And then the lawless **o** will
1Ti 2: 5 For there is **o** God and one
1Ti 3: 2 the husband of **o** wife,
1Ti 3: 4 **o** who rules his own house
1Ti 4:12 Let no **o** despise your youth
Heb 6:13 He could swear by no **o**,
Heb 10:14 For by **o** offering He has
Heb 10:25 but exhorting **o** another,
Heb 11:12 Therefore from **o** man, and him
Heb 12:14 without which no **o** will see
Jas 2:10 and yet stumble in **o** point,
1Pe 3: 8 all of you be of **o** mind,
2Pe 3: 8 and a thousand years as **o**
1Jn 1: 7 we have fellowship with **o**
1Jn 2:13 have overcome the wicked **o**.
1Jn 3:11 that we should love **o**
1Jn 4:12 No **o** has seen God at any
1Jn 5: 7 and these three are **o**.
1Jn 5: 8 and these three agree as **o**.
Rev 1:13 of the seven lampstands **O**
Rev 3: 7 and shuts and no **o**
Rev 7: 4 **O** hundred and forty-four
Rev 7: 9 a great multitude which no **o**
Rev 14:14 and on the cloud sat **O** like
Rev 16: 5 The **O** who is and who was
Rev 22:12 to give to every **o** according

ONESIMUS†

Col 4: 9 with **O**, a faithful and
Phm 1:10 I appeal to you for my son **O**,

ONESIPHORUS

2Ti 1:16 mercy to the household of **O**,

ONIONS†

Num 11: 5 the melons, the leeks, the **o**,

OPEN (*see* OPENED, OPENING, OPENLY, OPENS)

Ex 34:19 All that **o** the womb are
Ps 34:15 And His ears are **o** to
Ps 51:15 **o** my lips, And my mouth
Ps 118:19 **O** to me the gates of
Ps 119:18 **O** my eyes, that I may see
Is 22:22 shut, and no one shall **o**.
Is 42: 7 To **o** blind eyes, To bring
Dan 6:10 with his windows **o** toward
Amos 1:13 Because they ripped **o** the
Matt 25:11 'Lord, Lord, **o** to us!'
John 1:51 you shall see heaven **o**,
John 9:26 How did He **o** your eyes?"
Acts 16:27 seeing the prison doors **o**,
Rom 3:13 Their throat is an **o**
2Co 7: 2 **O** your hearts to us
Col 4: 3 that God would **o** to us a
Heb 4:13 all things are naked and **o**
Heb 6: 6 and put Him to an **o** shame.
1Pe 3:12 And His ears are **o** to
Rev 3: 8 I have set before you an **o**
Rev 5: 2 Who is worthy to **o** the scroll

OPENED (*see* OPEN)

Gen 3: 5 of it your eyes will be **o**,
Gen 7:11 the windows of heaven were **o**.
Gen 29:31 He **o** her womb; but Rachel
Num 16:32 and the earth **o** its mouth and
2Ki 4:35 and the child **o** his eyes.
Ps 40: 6 desire; My ears You have **o**.
Ps 106:17 The earth **o** up and swallowed
Is 35: 5 eyes of the blind shall be **o**,
Is 53: 7 Yet He **o** not His mouth; He
Ezek 1: 1 that the heavens were **o** and
Ezek 3: 2 So I **o** my mouth, and He
Ezek 37:13 when I have **o** your graves, O
Dan 7:10 And the books were **o**.
Matt 3:16 the heavens were **o** to Him,
Matt 5: 2 Then He **o** His mouth and
Matt 7: 7 and it will be **o** to you.
Matt 27:52 and the graves were **o**;
Mark 7:34 that is, "Be **o**.
Mark 7:35 Immediately his ears were **o**,
Luke 1:64 Immediately his mouth was **o**
Luke 4:17 And when He had **o** the book,
Luke 24:32 and while He **o** the
Luke 24:45 And He **o** their understanding,
John 9:14 Jesus made the clay and **o**
Acts 5:19 an angel of the Lord **o** the
Acts 7:56 Look! I see the heavens **o** and
Acts 8:32 So He **o** not His mouth.
Acts 8:35 Then Philip **o** his mouth, and
1Co 16: 9 and effective door has **o** to
Rev 6: 1 Now I saw when the Lamb **o** one
Rev 9: 2 And he **o** the bottomless pit,
Rev 19:11 Now I saw heaven **o**,
Rev 20:12 before God, and books were **o**.

OPENING (*see* OPEN)

Is 61: 1 And the **o** of the prison to

OPENLY (*see* OPEN)

Matt 6: 6 in secret will reward you **o**.

OPENS (*see* OPEN)

Ex 13: 2 whatever **o** the womb among
Num 16:30 and the earth **o** its mouth
Ps 146: 8 The LORD **o** the eyes of
Luke 2:23 Every male who **o** the
John 10: 3 "To him the doorkeeper **o**,
Rev 3: 7 shuts and no one **o**":
Rev 3:20 anyone hears My voice and **o**

OPHIR

1Ki 10:11 which brought gold from **O**,

OPINION (*see* OPINIONS)

Rom 11:25 should be wise in your own **o**,
Rom 12:16 Do not be wise in your own **o**.

OPINIONS† (*see* OPINION)

1Ki 18:21 you falter between two **o**?

O

OPPORTUNITY
Matt 26:16 from that time he sought **o**
Rom 7: 8 taking **o** by the commandment,
Gal 5:13 do not use liberty as an **o**
Gal 6:10 Therefore, as we have **o**,
Phil 4:10 did care, but you lacked **o**.
1Ti 5:14 give no **o** to the adversary

OPPRESS (*see* OPPRESSED, OPPRESSION, OPPRESSOR)
Ex 3: 9 with which the Egyptians **o**
Lev 25:14 you shall not **o** one another.
Ps 17: 9 From the wicked who **o** me,
Amos 4: 1 Who **o** the poor, Who crush
Zech 7:10 Do not **o** the widow or the
Acts 7: 6 them into bondage and **o**

OPPRESSED (*see* OPPRESS)
1Sa 12: 4 have not cheated us or **o** us,
Ps 9: 9 will be a refuge for the **o**,
Ps 10:18 to the fatherless and the **o**,
Ps 76: 9 To deliver all the **o** of the
Ps 103: 6 justice for all who are **o**.
Is 53: 7 He was **o** and He was
Is 58: 6 To let the **o** go free, And
Amos 3: 9 And the **o** within her.
Luke 4:18 liberty those who are **o**;
Acts 10:38 and healing all who were **o**

OPPRESSION (*see* OPPRESS)
Ex 3: 7 I have surely seen the **o** of
Ps 12: 5 For the **o** of the poor, for
Ps 42: 9 go mourning because of the **o**
Ps 55: 3 Because of the **o** of the
Ps 72:14 redeem their life from **o**
Is 5: 7 for justice, but behold, **o**;
Jer 6: 6 She is full of **o** in her
Acts 7:34 have surely seen the **o**

OPPRESSOR (*see* OPPRESS)
Ps 72: 4 will break in pieces the **o**.
Prov 3:31 Do not envy the **o**,
Is 1:17 Seek justice, Rebuke the **o**;
Is 9: 4 shoulder, The rod of his **o**,
Is 14: 4 How the **o** has ceased, The

ORACLE (*see* ORACLES)
Num 23: 7 And he took up his **o** and
Ps 36: 1 An **o** within my heart
Jer 23:33 What is the **o** of the LORD?'

ORACLES (*see* ORACLE)
Acts 7:38 who received the living **o**
Rom 3: 2 to them were committed the **o**
Heb 5:12 first principles of the **o**
1Pe 4:11 let him speak as the **o** of

ORDAIN† (*see* ORDAINED)
1Co 7:17 And so I **o** in all the

ORDAINED (*see* ORDAIN)
Ps 8: 3 the stars, which You have **o**,
Jer 1: 5 I **o** you a prophet to the
Acts 17:31 by the Man whom He has **o**.
1Co 2: 7 hidden wisdom which God **o**

ORDER (*see* ORDERED)
Gen 22: 9 and placed the wood in **o**;
2Ki 23: 4 the priests of the second **o**,
Ps 110: 4 forever According to the **o**
Is 9: 7 To **o** it and establish it
Luke 1: 1 taken in hand to set in **o** a
Luke 1: 8 priest before God in the **o**
1Co 14:40 be done decently and in **o**.
1Co 15:23 But each one in his own **o**:
Heb 5: 6 According to the **o** of

ORDERED (*see* ORDER)
Ps 37:23 steps of a good man are **o**

ORDINANCE (*see* ORDINANCES)
Ex 12:14 a feast by an everlasting **o**.

ORDINANCES (*see* ORDINANCE)
Luke 1: 6 all the commandments and **o**
Eph 2:15 commandments contained in **o**.

ORPAH
Ruth 1:14 and **O** kissed her

ORPHANS
John 14:18 "I will not leave you **o**;
Jas 1:27 to visit **o** and widows in

OTHNIEL
Judg 3: 9 **O** the son of Kenaz, Caleb's

OUTCRY
Gen 18:20 Because the **o** against Sodom

OUTRAN†
2Sa 18:23 and **o** the Cushite.
John 20: 4 and the other disciple **o**

OUTSTRETCHED
Ex 6: 6 I will redeem you with an **o**
Deut 5:15 by a mighty hand and by an **o**
Is 3:16 And walk with **o** necks And

OUTWARD (*see* OUTWARDLY)
1Sa 16: 7 for man looks at the **o**
2Co 4:16 Even though our **o** man is
2Co 10: 7 at things according to the **o**
1Pe 3: 3 your adornment be merely **o**—

OUTWARDLY (*see* OUTWARD)
Matt 23:27 indeed appear beautiful **o**,
Rom 2:28 is not a Jew who is one **o**,

OVEN
Gen 15:17 there appeared a smoking **o**
Hos 7: 4 Like an **o** heated by a
Mal 4: 1 coming, Burning like an **o**,
Matt 6:30 is thrown into the **o**,

OVERCAME† (*see* OVERCOME)
Rev 3:21 as I also **o** and sat down
Rev 12:11 And they **o** him by the blood

OVERCOME (*see* OVERCAME, OVERCOMES)
John 16:33 I have **o** the world."
Rom 3: 4 And may **o** when You
Rom 12:21 Do not be **o** by evil, but
1Jn 2:13 Because you have **o** the
1Jn 2:14 And you have **o** the wicked
1Jn 5: 4 is the victory that has **o**
Rev 17:14 and the Lamb will **o** them,

OVERCOMES (*see* OVERCOME)
1Jn 5: 4 whatever is born of God **o**
Rev 2: 7 To him who **o** I will give to

OVERLOOKED†
Acts 17:30 times of ignorance God **o**,

OVERLY
Eccl 7:16 Do not be **o** righteous, Nor

OVERSEER (*see* OVERSEERS)
1Pe 2:25 to the Shepherd and **O** of

OVERSEERS (*see* OVERSEER)
Acts 20:28 Holy Spirit has made you **o**,
1Pe 5: 2 is among you, serving as **o**,

OVERSHADOW†
Luke 1:35 power of the Highest will **o**

OVERTAKE (*see* OVERTAKEN)
Gen 19:19 lest some evil **o** me and I
Hos 2: 7 But not **o** them; Yes, she
Amos 9:13 When the plowman shall **o** the
Acts 8:29 Go near and **o** this chariot."
1Th 5: 4 so that this Day should **o**

OVERTAKEN (*see* OVERTAKE)
Ps 40:12 My iniquities have **o** me, so
1Co 10:13 No temptation has **o** you
Gal 6: 1 if a man is **o** in any

OVERTHREW (*see* OVERTHROW)
Gen 19:25 So He **o** those cities, all the
Ex 14:27 So the LORD **o** the Egyptians
Jer 50:40 As God **o** Sodom and Gomorrah

OVERTHROW (*see* OVERTHREW, OVERTHROWN)
Gen 19:29 out of the midst of the **o**,
Deut 29:23 like the **o** of Sodom and

OVERTHROWN (*see* OVERTHROW)
Jon 3: 4 and Nineveh shall be **o**!"

OVERTURNED
Matt 21:12 and **o** the tables of the
John 2:15 the changers' money and **o**

OVERWHELMED
Ps 142: 3 When my spirit was **o** within
Dan 10:16 vision my sorrows have **o** me,

OWE (*see* OWES)
Matt 18:28 Pay me what you **o**!'
Luke 16: 5 How much do you **o** my master?'
Rom 13: 8 **O** no one anything except to
Phm 1:19 to mention to you that you **o**

OWES† (*see* OWE)
Phm 1:18 if he has wronged you or **o**

OWN (*see* OWNER)
Gen 1:27 So God created man in His **o**
Gen 5: 3 and begot a son in his **o**
Gen 15: 4 who will come from your **o**
Josh 2:19 blood shall be on his **o**
Judg 7: 2 My **o** hand has saved me.'
Judg 17: 6 what was right in his **o**
Ruth 4: 6 lest I ruin my **o**
1Sa 13:14 Himself a man after His **o**
1Sa 18: 3 he loved him as his **o** soul.
2Sa 7:24 people Israel Your very **o**
Prov 3: 5 And lean not on your **o**
Prov 3: 7 Do not be wise in your **o**
Prov 5:15 running water from your **o**
Prov 12:15 of a fool is right in his **o**
Prov 26: 5 Lest he be wise in his **o**
Prov 31:31 And let her **o** works praise
Is 2: 8 That which their **o** fingers
Is 31: 7 which your **o** hands have made
Is 37:35 to save it For My **o** sake
Is 53: 6 to his **o** way; And the LORD
Is 59:16 Therefore His **o** arm brought
Is 66: 3 as they have chosen their **o**
Jer 1:16 the works of their **o** hands.
Jer 9:14 to the dictates of their **o**
Jer 31:30 one shall die for his **o**
Lam 4:10 women Have cooked their **o**
Ezek 13: 3 who follow their **o** spirit
Ezek 37:21 and bring them into their **o**
Dan 3:28 any god except their **o** God!
Dan 6:17 king sealed it with his **o**
Dan 9:19 act! Do not delay for Your **o**
Joel 3: 4 your retaliation upon your **o**
Jon 2: 8 idols Forsake their **o**
Matt 2:12 they departed for their **o**
Matt 6:34 for the day is its **o**
Matt 7: 3 the plank in your **o** eye?
Matt 8:22 let the dead bury their **o**
Matt 10:36 will be those of his **o**
Matt 16:26 and loses his **o** soul? Or
Matt 25:27 have received back my **o**
Matt 27:31 put His **o** clothes on Him,
Mark 6: 4 honor except in his **o**
Luke 2: 3 everyone to his **o** city.
Luke 2:35 will pierce through your **o**
Luke 6:44 every tree is known by its **o**
John 1:11 He came to His **o**,
John 1:41 He first found his **o** brother
John 4:44 has no honor in his **o**
John 5:30 because I do not seek My **o**

John 5:43 if another comes in his **o**
John 7:17 or whether I speak on My **o**
John 10: 3 and he calls his **o** sheep by
John 10:12 one who does not **o** the
John 11:51 this he did not say on his **o**
John 13: 1 having loved His **o** who were
John 19:27 disciple took her to his **o**
Acts 1: 7 the Father has put in His **o**
Acts 1:19 field is called in their **o**
Acts 1:25 that he might go to his **o**
Acts 2: 8 each in our **o** language in
Acts 5: 4 remained, was it not your **o**?
Acts 13:22 a man after My **o**
Acts 17:28 as also some of your **o** poets
Acts 20:28 He purchased with His **o**
Acts 28:30 two whole years in his **o**
Rom 4:19 he did not consider his **o**
Rom 5: 8 But God demonstrates His **o**
Rom 8: 3 God did by sending His **o**
Rom 8:32 He who did not spare His **o**
Rom 10: 3 seeking to establish their **o**
Rom 11:25 you should be wise in your **o**
Rom 16:18 but their **o** belly, and by
1Co 1:15 that I had baptized in my **o**
1Co 3: 8 reward according to his **o**
1Co 3:19 the wise in their **o**
1Co 4:12 working with our **o** hands.
1Co 6:18 sins against his **o** body.
1Co 6:19 God, and you are not your **o**?
1Co 7: 2 let each man have his **o**
1Co 7: 4 have authority over her **o**
1Co 10:33 not seeking my **o** profit, but
1Co 11:21 each one takes his **o** supper
1Co 13: 5 rudely, does not seek its **o**,
1Co 14:35 let them ask their **o**
1Co 15:23 But each one in his **o** order:
1Co 16:21 The salutation with my **o**
Gal 6: 4 let each one examine his **o**
Gal 6: 5 each one shall bear his **o**
Eph 5:22 submit to your **o** husbands,
Eph 5:28 ought to love their **o** wives
Eph 5:29 For no one ever hated his **o**
Phil 2: 4 look out not only for his **o**
Phil 2:12 work out your **o** salvation
1Th 4:11 to mind your **o** business, and
2Th 3:17 of Paul with my **o** hand,
1Ti 3: 5 not know how to rule his **o**
1Ti 5: 8 does not provide for his **o**,
Tit 2:14 purify for Himself His **o**
Heb 3: 6 Christ as a Son over His **o**
Heb 7:27 first for His **o** sins and
Heb 9:12 but with His **o** blood He
Jas 1:14 he is drawn away by his **o**
1Pe 2: 9 His **o** special people, that
1Pe 2:24 bore our sins in His **o** body
2Pe 2:22 dog returns to his **o**
2Pe 3:16 people twist to their **o**
Jude 6 but left their **o** abode, He
Rev 1: 5 us from our sins in His **o**

)WNER (*see* OWN)
Ex 21:28 but the **o** of the ox shall
Ex 22:12 make restitution to the **o**
Is 1: 3 The ox knows its **o** And the
Matt 13:27 So the servants of the **o** came
Matt 20: 8 the **o** of the vineyard said

OX (*see* OXEN)
Ex 20:17 female servant, nor his **o**,
Ex 21:28 If an **o** gores a man or a
Deut 25: 4 You shall not muzzle an **o**
Is 1: 3 The **o** knows its owner And
Is 11: 7 shall eat straw like the **o**.
Ezek 1:10 four had the face of an **o**
1Co 9: 9 shall not muzzle an **o**
1Ti 5:18 shall not muzzle an **o**

OXEN (*see* OX)
Gen 12:16 her sake. He had sheep, **o**,
1Sa 15:14 and the lowing of the **o**
2Sa 6: 6 for the **o** stumbled.
Ps 8: 7 All sheep and **o**—
Dan 4:25 make you eat grass like **o**.
Amos 6:12 one plow there with **o**?
John 2:14 the temple those who sold **o**

P

PAID (*see* PAY)
Matt 5:26 out of there till you have **p**
Heb 7: 9 **p** tithes through Abraham, so

PAIN (*see* PAINFUL, PAINS)
Gen 3:16 In **p** you shall bring forth
Jer 6:24 **P** as of a woman in labor.
Jer 15:18 Why is my **p** perpetual And
Rev 21: 4 There shall be no more **p**,

PAINFUL (*see* PAIN)
Job 2: 7 and struck Job with **p** boils
Heb 12:11 for the present, but **p**;

PAINS (*see* PAIN)
1Sa 4:19 for her labor **p** came upon
Ps 116: 3 The **p** of death surrounded
Acts 2:24 having loosed the **p** of

PAIR
Amos 2: 6 And the poor for a **p** of
Amos 8: 6 And the needy for a **p** of
Luke 2:24 A **p** of turtledoves or

PALACE (*see* PALACES)
Ps 45:13 all glorious within the **p**;
Dan 5: 5 of the wall of the king's **p**;

PALACES (*see* PALACE)
Ps 45: 8 cassia, Out of the ivory **p**,

PALM (*see* PALMS)
Ex 15:27 wells of water and seventy **p**
Deut 34: 3 the city of **p** trees, as far
Judg 4: 5 she would sit under the **p**
Neh 8:15 **p** branches, and branches of
Ps 92:12 shall flourish like a **p**
John 12:13 took branches of **p** trees and

John 18:22 by struck Jesus with the **p**
Rev 7: 9 with **p** branches in their

PALMS (*see* PALM)
Judg 1:16 went up from the City of **P**
Is 49:16 have inscribed you on the **p**
Matt 26:67 struck Him with the **p** of

PANELED
Hag 1: 4 to dwell in your **p** houses,

PANGS
Ps 18: 4 The **p** of death surrounded
Ps 116: 3 And the **p** of Sheol laid
Is 21: 3 like the **p** of a woman in
Jer 48:41 heart of a woman in birth **p**.
Mic 4: 9 For **p** have seized you like
Rom 8:22 and labors with birth **p**

PANTS
Ps 38:10 My heart **p**, my strength
Ps 42: 1 As the deer **p** for the water

PAPYRUS
Is 19: 7 The **p** reeds by the River, by

PARABLE (*see* PARABLES)
Matt 13:18 Therefore hear the **p** of the
Mark 4:13 you not understand this **p**?

PARABLES (*see* PARABLE)
Ezek 20:49 of me, 'Does he not speak **p**?
Matt 13:10 do You speak to them in **p**?
Mark 4: 2 taught them many things by **p**,
Luke 8:10 the rest it is given in **p**,

PARADISE†
Luke 23:43 you will be with Me in **P**.
2Co 12: 4 how he was caught up into **P**
Rev 2: 7 is in the midst of the **P** of

PARALYTIC (*see* PARALYZED)
Matt 9: 2 they brought to Him a **p**
Mark 2: 9 is easier, to say to the **p**,

PARALYZED (*see* PARALYTIC)
Matt 8: 6 servant is lying at home **p**,
John 5: 3 sick people, blind, lame, **p**,
Acts 8: 7 and many who were **p** and lame

PARCHMENTS†
2Ti 4:13 the books, especially the **p**.

PARDON (*see* PARDONED, PARDONING)
Ex 34: 9 and **p** our iniquity and our
1Sa 15:25 please **p** my sin, and return
Neh 9:17 You are God, Ready to **p**,
Is 55: 7 For He will abundantly **p**.

PARDONED (*see* PARDON)
Is 40: 2 That her iniquity is **p**;

PARDONING† (*see* PARDON)
Mic 7:18 **P** iniquity And passing

PARENTS
Luke 2:41 His **p** went to Jerusalem
Luke 18:29 one who has left house or **p**
John 9: 2 sinned, this man or his **p**,
Rom 1:30 things, disobedient to **p**,
Eph 6: 1 obey your **p** in the Lord, for
2Ti 3: 2 disobedient to **p**,

PART (*see* PARTLY, PARTS, SHARE)
Ps 51: 6 And in the hidden **p** You
Luke 10:42 Mary has chosen that good **p**,
John 13: 8 you have no **p** with Me."
Acts 5: 3 Spirit and keep back **p** of
Rom 11:25 that blindness in **p** has
1Co 13: 9 in part and we prophesy in **p**.
1Co 13:10 then that which is in **p** will
1Co 13:12 to face. Now I know in **p**,
Eph 4:16 working by which every **p**
1Pe 4:14 On their **p** He is blasphemed,
Rev 22:19 God shall take away his **p**

PARTAKE (*see* PARTAKER)
1Co 9:13 who serve at the altar **p** of
1Co 10:17 for we all **p** of that one

PARTAKER (*see* PARTAKE, PARTAKERS)
1Pe 5: 1 and also a **p** of the glory

PARTAKERS (*see* PARTAKER)
Eph 3: 6 and **p** of His promise in
Col 1:12 has qualified us to be **p** of
Heb 3: 1 **p** of the heavenly calling,
Heb 6: 4 and have become **p** of the
Heb 12:10 that we may be **p** of His
2Pe 1: 4 through these you may be **p**

PARTIALITY
Ex 23: 3 You shall not show **p** to a
Acts 10:34 perceive that God shows no **p**.
Rom 2:11 For there is no **p** with God.
1Ti 5:21 doing nothing with **p**.
Jas 2: 9 but if you show **p**,

PARTLY (*see* PART)
Dan 2:33 feet partly of iron and **p**
Dan 2:42 shall be partly strong and **p**

PARTS (*see* PART)
Ps 51: 6 desire truth in the inward **p**,
Ps 139: 9 dwell in the uttermost **p** of
Ps 139:13 For You formed my inward **p**;

PASS (*see* PASSED, PASSES)
Ex 12:13 I will **p** over you; and the
Ex 15:16 Till Your people **p** over, O
1Sa 16:10 made seven of his sons **p**
Ps 8: 8 the fish of the sea That **p**
Ps 37: 5 And He shall bring it to **p**.
Is 42: 9 former things have come to **p**,
Lam 1:12 all you who **p** by? Behold
Matt 5:18 till heaven and earth **p**
Matt 5:18 tittle will by no means **p**
Matt 26:39 let this cup **p** from Me;

P

Mark 14:35 the hour might **p** from Him.
Jas 1:10 of the field he will **p** away.
2Pe 3:10 in which the heavens will **p**

PASSED (*see* PASS)
Ex 12:27 who **p** over the houses of the
1Ki 19:11 the LORD **p** by, and a great
Ps 90: 9 For all our days have **p** away
Luke 10:31 he **p** by on the other side.
John 5:24 but has **p** from death into
2Co 5:17 old things have **p** away;
1Jn 3:14 We know that we have **p** from
Rev 21: 1 and the first earth had **p**
Rev 21: 4 for the former things have **p**

PASSES (*see* PASS)
Hos 13: 3 like the early dew that **p**
Eph 3:19 the love of Christ which **p**

PASSION (*see* PASSIONS)
1Co 7: 9 marry than to burn with **p**.

PASSIONS (*see* PASSION)
Rom 1:26 God gave them up to vile **p**.
Gal 5:24 the flesh with its **p** and

PASSOVER
Ex 12:11 haste. It is the LORD's **P**.
Ex 12:21 and kill the **P** lamb.
Ex 12:27 It is the **P** sacrifice of the
Ex 34:25 of the Feast of the **P** be
Josh 5:10 and kept the **P** on the
2Ki 23:22 Such a **P** surely had never
Matt 26:17 prepare for You to eat the **P**?
Mark 14:12 when they killed the **P**
Mark 14:14 in which I may eat the **P**
Luke 22:15 I have desired to eat this **P**
John 2:13 Now the **P** of the Jews was at
John 12: 1 Then, six days before the **P**,
John 19:14 the Preparation Day of the **P**,
1Co 5: 7 For indeed Christ, our **P**,
Heb 11:28 By faith he kept the **P** and

PAST
Job 9:10 He does great things **p**
Song 2:11 For lo, the winter is **p**,
Jer 8:20 "The harvest is **p**,
Amos 8: 5 will the New Moon be **p**,
Rom 11:33 His judgments and His ways **p**
1Co 7:36 if she is **p** the flower of
2Ti 2:18 resurrection is already **p**;
Heb 1: 1 ways spoke in time **p** to the
Heb 11:11 bore a child when she was **p**

PASTORS†
Eph 4:11 and some **p** and teachers,

PASTURE (*see* PASTURES)
Ps 95: 7 we are the people of His **p**,
Ps 100: 3 and the sheep of His **p**.
Jer 23: 1 scatter the sheep of My **p**!
Ezek 34:14 "I will feed them in good **p**,
John 10: 9 go in and out and find **p**.

PASTURES (*see* PASTURE)
Ps 23: 2 me to lie down in green **p**;

PATH (*see* PATHS)
Ps 1: 1 Nor stands in the **p** of
Ps 16:11 You will show me the **p** of
Ps 27:11 And lead me in a smooth **p**,
Ps 77:19 Your **p** in the great waters,
Ps 78:50 He made a **p** for His anger;
Ps 119:105 my feet And a light to my **p**.
Prov 2: 9 Equity and every good **p**.
Prov 4:18 But the **p** of the just is

PATHS (*see* PATH)
Ps 8: 8 That pass through the **p** of
Ps 23: 3 He leads me in the **p** of
Ps 25: 4 O LORD; Teach me Your **p**.
Prov 2: 8 He guards the **p** of justice,
Prov 2:18 And her **p** to the dead;
Prov 3: 6 And He shall direct your **p**.
Prov 3:17 And all her **p** are peace.
Is 2: 3 And we shall walk in His **p**.
Jer 6:16 see, And ask for the old **p**,
Matt 3: 3 Make His **p** straight.'
Heb 12:13 and make straight **p** for your

PATIENCE (*see* PATIENT)
Luke 21:19 By your **p** possess your souls.
Rom 15: 4 that we through the **p** and
Rom 15: 5 Now may the God of **p** and
2Co 6: 4 ministers of God: in much **p**,
Col 1:11 for all **p** and longsuffering
1Th 1: 3 and **p** of hope in our Lord
2Th 3: 5 love of God and into the **p**
1Ti 6:11 godliness, faith, love, **p**,
Heb 6:12 who through faith and **p**
Jas 1: 3 of your faith produces **p**.
Jas 1: 4 But let **p** have its perfect
Jas 5:10 example of suffering and **p**.
Rev 2: 2 works, your labor, your **p**,
Rev 14:12 Here is the **p** of the saints;

PATIENT (*see* PATIENCE, PATIENTLY)
Rom 2: 7 life to those who by **p**
Rom 12:12 **p** in tribulation, continuing
1Th 5:14 the weak, be **p** with all.
2Ti 2:24 to all, able to teach, **p**,
Jas 5: 7 Therefore be **p**, brethren,

PATIENTLY (*see* PATIENT)
Ps 37: 7 and wait **p** for Him; Do not
Ps 40: 1 I waited **p** for the LORD;
Heb 6:15 after he had **p** endured, he
Jas 5: 7 waiting **p** for it until it
1Pe 2:20 your faults, you take it **p**?

PATMOS†
Rev 1: 9 the island that is called **P**

PATRIARCH† (*see* PATRIARCHS)
Acts 2:29 speak freely to you of the **p**
Heb 7: 4 to whom even the **p** Abraham

PATRIARCHS (*see* PATRIARCH)
Acts 7: 8 Jacob begot the twelve **p**.

PATTERN
Ex 25: 9 the **p** of the tabernacle and
Ex 25:40 them according to the **p**
2Ti 1:13 Hold fast the **p** of sound
Heb 8: 5 according to the **p**

PAUL (*see* SAUL)
Acts 13: 9 Saul, who also is called **P**,
Acts 13:46 Then **P** and Barnabas grew bold
Acts 15:40 but **P** chose Silas and
Acts 19:15 and **P** I know; but who are
1Co 1:12 of you says, "I am of **P**,
1Co 1:13 Was **P** crucified for you? Or
1Co 1:13 baptized in the name of **P**?
1Co 3:22 whether **P** or Apollos or
2Pe 3:15 also our beloved brother **P**,

PAVEMENT
John 19:13 place that is called The **P**,

PAVILION
Ps 27: 5 He shall hide me in His **p**;

PAW
1Sa 17:37 who delivered me from the **p**

PAY (*see* PAID)
Ex 22: 7 he shall **p** double.
Ps 22:25 I will **p** My vows before
Eccl 5: 4 **P** what you have vowed—
Jon 2: 9 I will **p** what I have vowed.
Matt 22:17 Is it lawful to **p** taxes to
Matt 23:23 hypocrites! For you **p** tithe

PEACE (*see* PEACEABLE, PEACEMAKERS)
Gen 15:15 go to your fathers in **p**;
Num 6:26 upon you, And give you **p**.
Num 25:12 give to him My covenant of **p**;
Judg 6:23 **P** be with you; do not fear,
Ps 4: 8 I will both lie down in **p**,
Ps 28: 3 Who speak **p** to their
Ps 29:11 will bless His people with **p**.
Ps 34:14 Seek **p** and pursue it.
Ps 85: 8 For He will speak **p** To His
Ps 85:10 Righteousness and **p** have
Ps 119:165 Great **p** have those who love
Ps 120: 7 I am for **p**; But when I
Ps 122: 6 Pray for the **p** of Jerusalem:
Ps 125: 5 **P** be upon Israel!
Prov 3:17 And all her paths are **p**.
Prov 16: 7 even his enemies to be at **p**
Eccl 3: 8 of war, And a time of **p**.
Is 9: 6 Father, Prince of **P**.
Is 9: 7 of His government and **p**
Is 26: 3 will keep him in perfect **p**,
Is 45: 7 I make **p** and create
Is 48:22 "There is no **p**," says the
Is 52: 7 good news, Who proclaims **p**,
Is 53: 5 The chastisement for our **p**
Is 54:10 Nor shall My covenant of **p**
Is 57:21 "There is no **p**," Says my
Is 59: 8 The way of **p** they have not
Jer 6:14 people slightly, Saying, '**P**,
Jer 6:14 **p**!' When there is no
Jer 29: 7 And seek the **p** of the city
Jer 29: 7 in its peace you will have **p**.
Ezek 34:25 will make a covenant of **p**
Nah 1:15 Who proclaims **p**! O Judah,
Matt 10:34 I did not come to bring **p**
Mark 4:39 and said to the sea, "**P**,
Luke 2:14 the highest, And on earth **p**,
Luke 19:38 name of the LORD! **P**
Luke 19:42 that make for your **p**! But
John 14:27 **P** I leave with you, My peace
John 16:33 that in Me you may have **p**.
Acts 10:36 preaching **p** through Jesus
Rom 1: 7 Grace to you and **p** from God
Rom 3:17 And the way of **p** they
Rom 5: 1 we have **p** with God through
Rom 8: 6 minded is life and **p**.
Rom 10:15 preach the gospel of **p**,
Rom 14:19 things which make for **p**
Rom 15:33 Now the God of **p** be with you
Rom 16:20 And the God of **p** will crush
1Co 7:15 But God has called us to **p**.
1Co 14:33 of confusion but of **p**,
Gal 5:22 the Spirit is love, joy, **p**,
Gal 6:16 **p** and mercy be upon them,
Eph 2:14 For He Himself is our **p**,
Eph 2:15 the two, thus making **p**,
Eph 2:17 And He came and preached **p** to
Eph 4: 3 the Spirit in the bond of **p**.
Eph 6:15 of the gospel of **p**;
Phil 4: 7 and the **p** of God, which
Phil 4: 9 and the God of **p** will be
Col 1:20 having made **p** through the
Col 3:15 And let the **p** of God rule in
Heb 7: 2 Salem, meaning "king of **p**,
Heb 13:20 Now may the God of **p** who
Jas 2:16 says to them, "Depart in **p**,
1Pe 3:11 Let him seek **p** and
Rev 6: 4 one who sat on it to take **p**

PEACEABLE (*see* PEACE, PEACEABLY)
1Ti 2: 2 we may lead a quiet and **p**
Heb 12:11 afterward it yields the **p**
Jas 3:17 above is first pure, then **p**,

PEACEABLY (*see* PEACEABLE)
Rom 12:18 live **p** with all men.

PEACEMAKERS† (*see* PEACE)
Matt 5: 9 Blessed are the **p**,

PEARL† (*see* PEARLS)
Matt 13:46 when he had found one **p** of
Rev 21:21 individual gate was of one **p**.

PEARLS (*see* PEARL)
Matt 7: 6 nor cast your **p** before

PEDDLING†
2Co 2:17 **p** the word of God; but as of

P

PEN

Ps 45: 1 My tongue is the **p** of a
Jer 8: 8 the false **p** of the scribe
3Jn 13 wish to write to you with **p**

PENIEL† (*see* PENUEL)

Gen 32:30 the name of the place **P**:

PENNY†

Matt 5:26 you have paid the last **p**.

PENTECOST†

Acts 2: 1 When the Day of **P** had fully
Acts 20:16 if possible, on the Day of **P**.
1Co 16: 8 tarry in Ephesus until **P**.

PENUEL (*see* PENIEL)

Gen 32:31 Just as he crossed over **P** the

PEOPLE (*see* MEN, PEOPLES)

Gen 11: 6 Indeed the **p** are one and
Gen 17:14 shall be cut off from his **p**;
Gen 25: 8 and was gathered to his **p**.
Gen 49:10 be the obedience of the **p**.
Ex 5: 1 Let My **p** go, that they may
Ex 15:24 And the **p** complained against
Ex 19: 5 treasure to Me above all **p**;
Ex 32: 9 it is a stiff-necked **p**!
Lev 26:12 God, and you shall be My **p**.
Deut 4:33 Did any **p** ever hear the
Deut 7: 6 For you are a holy **p** to the
Deut 7: 6 God has chosen you to be a **p**
Deut 7: 7 in number than any other **p**,
Judg 7: 4 The **p** are still too many;
Ruth 1: 6 the LORD had visited His **p**
Ruth 1:16 Your **p** shall be my
2Sa 3:18 I will save My **p** Israel from
2Sa 7: 8 sheep, to be ruler over My **p**,
2Sa 7:23 "And who is like Your **p**,
2Sa 7:23 to redeem for Himself as a **p**,
2Sa 7:24 Israel Your very own **p**
2Ch 7:14 if My **p** who are called by My
Neh 4: 6 for the **p** had a mind to
Neh 8: 5 all the **p** stood up.
Neh 8: 7 helped the **p** to understand
Neh 8: 9 For all the **p** wept, when
Job 12: 2 "No doubt you are the **p**,
Ps 2: 1 And the **p** plot a vain
Ps 9:11 His deeds among the **p**.
Ps 14: 4 Who eat up my **p** as they
Ps 14: 7 back the captivity of His **p**,
Ps 22: 6 men, and despised by the **p**.
Ps 29:11 will give strength to His **p**;
Ps 29:11 The LORD will bless His **p**
Ps 72: 2 He will judge Your **p** with
Ps 77:20 You led Your **p** like a flock
Ps 79:13 Your **p** and sheep of Your
Ps 85: 8 will speak peace To His **p**
Ps 95: 7 And we are the **p** of His
Ps 100: 3 We are His **p** and the
Ps 144:15 Happy are the **p** whose God
Prov 14:34 sin is a reproach to any **p**.
Prov 29:18 the **p** cast off restraint;
Prov 30:25 The ants are a **p** not
Is 1: 3 My **p** do not consider."
Is 1: 4 A **p** laden with iniquity, A
Is 6: 5 I dwell in the midst of a **p**
Is 6: 9 said, "Go, and tell this **p**:
Is 6:10 Make the heart of this **p**
Is 9: 2 The **p** who walked in darkness
Is 11:10 stand as a banner to the **p**;
Is 19:25 "Blessed is Egypt My **p**,
Is 40: 1 comfort My **p**!" Says your
Is 40: 7 Surely the **p** are grass.
Is 42: 6 You as a covenant to the **p**,
Is 49: 8 You As a covenant to the **p**,
Is 53: 8 the transgressions of My **p**
Is 55: 4 him as a witness to the **p**,
Is 55: 4 and commander for the **p**.
Is 62:10 Prepare the way for the **p**;
Is 65: 2 day long to a rebellious **p**,
Jer 7:16 do not pray for this **p**,
Jer 7:23 God, and you shall be My **p**.
Jer 31:33 God, and they shall be My **p**.
Jer 32:38 They shall be My **p**,
Jer 34: 8 a covenant with all the **p**
Jer 38: 4 seek the welfare of this **p**,
Lam 1: 1 city That was full of **p**!
Ezek 37:23 Then they shall be My **p**,
Hos 1: 9 For you are not My **p**,
Hos 2: 1 Say to your brethren, 'My **p**,
Hos 4: 6 My **p** are destroyed for lack
Hos 4: 9 And it shall be: like **p**,
Amos 7:15 prophesy to My **p** Israel.'
Matt 1:21 for He will save His **p** from
Matt 2: 6 Who will shepherd My **p**
Matt 4:16 The **p** who sat in
Matt 9:35 every disease among the **p**.
Matt 13:15 the hearts of this **p**
Matt 15: 8 These **p** draw near to Me
Mark 6:12 out and preached that **p**
Mark 7: 6 This **p** honors Me with
Mark 12:37 And the common **p** heard Him
Luke 1:17 to make ready a **p** prepared
Luke 1:25 away my reproach among **p**.
Luke 2:10 joy which will be to all **p**.
Luke 2:32 And the glory of Your **p**
Luke 3:21 When all the **p** were
Luke 9:13 and buy food for all these **p**.
Luke 23: 5 saying, "He stirs up the **p**,
Luke 23:35 And the **p** stood looking on.
John 7:31 And many of the **p** believed in
John 11:50 one man should die for the **p**,
John 12:29 Therefore the **p** who stood by
John 18:14 one man should die for the **p**.
Acts 2:47 having favor with all the **p**.
Acts 4:25 And the **p** plot vain
Acts 5:16 bringing sick **p** and those
Acts 5:26 for they feared the **p**,
Acts 5:37 and drew away many **p** after
Acts 6: 8 and signs among the **p**.
Acts 10: 2 alms generously to the **p**,
Acts 15:14 to take out of them a **p** for
Acts 18:10 for I have many **p** in this
Acts 21:39 permit me to speak to the **p**.
Acts 26:23 light to the Jewish **p** and
Acts 28:27 the hearts of this **p**

Rom 9:25 will call them My **p**,
Rom 10:21 and contrary **p**.
Rom 11: 1 has God cast away His **p**?
Rom 11: 2 God has not cast away His **p**
1Co 10: 7 The **p** sat down to eat
2Co 6:16 they shall be My **p**.
Tit 2:14 Himself His own special **p**,
Heb 2:17 for the sins of the **p**.
Heb 4: 9 therefore a rest for the **p**
Heb 8:10 and they shall be My **p**.
Heb 9:19 book itself and all the **p**,
Heb 10:30 LORD will judge His **p**.
Heb 11:25 affliction with the **p** of
Heb 13:12 that He might sanctify the **p**
1Pe 2: 9 nation, His own special **p**,
1Pe 2:10 a people but are now the **p**
2Pe 2: 5 Noah, one of eight **p**,
Rev 5: 9 tribe and tongue and **p** and
Rev 14: 6 nation, tribe, tongue, and **p**—

PEOPLES (*see* PEOPLE)

Gen 17:16 kings of **p** shall be from
Gen 25:23 Two **p** shall be separated
Deut 7: 6 treasure above all the **p** on
Deut 7: 7 you were the least of all **p**;
Deut 32: 8 set the boundaries of the **p**
1Ch 16: 8 known His deeds among the **p**!
Ps 7: 8 The LORD shall judge the **p**;
Ps 33:10 makes the plans of the **p** of
Ps 47: 1 all you **p**! Shout to God
Ps 49: 1 Hear this, all **p**;
Ps 65: 7 And the tumult of the **p**.
Ps 67: 3 Let the **p** praise You, O God;
Ps 67: 3 Let all the **p** praise You.
Ps 87: 6 When He registers the **p**:
Ps 96:13 And the **p** with His truth.
Ps 98: 9 And the **p** with equity.
Ps 99: 2 He is high above all the **p**.
Ps 105: 1 known His deeds among the **p**!
Is 12: 4 His deeds among the **p**,
Is 49:22 set up My standard for the **p**;
Is 51: 4 rest As a light of the **p**.
Is 62:10 Lift up a banner for the **p**!
Ezek 32:10 I will make many **p**
Dan 3: 4 you it is commanded, O **p**,
Dan 4: 1 the king, To all **p**,
Hos 7: 8 mixed himself among the **p**;
Mic 4: 1 And **p** shall flow to it.
Mic 4: 3 shall judge between many **p**,
Zeph 3: 9 I will restore to the **p** a
Zech 10: 9 will sow them among the **p**,
John 12:32 will draw all **p** to
Rev 7: 9 of all nations, tribes, **p**,
Rev 11: 9 Then those from the **p**,

PEOR

Num 23:28 took Balaam to the top of **P**,
Num 25: 3 was joined to Baal of **P**,

PERCEIVE (*see* PERCEIVED)

Deut 29: 4 not given you a heart to **p**
Prov 1: 2 To **p** the words of
Is 6: 9 on seeing, but do not **p**.
Matt 13:14 you will see and not **p**;
Luke 6:41 but do not **p** the plank in
John 4:19 I **p** that You are a prophet.
Acts 10:34 In truth I **p** that God shows
Acts 17:22 I **p** that in all things you

PERCEIVED (*see* PERCEIVE)

2Sa 12:19 David **p** that the child was
Luke 5:22 But when Jesus **p** their
Luke 8:46 for I **p** power going out from
Gal 2: 9 **p** the grace that had been

PERDITION

John 17:12 is lost except the son of **p**,
2Th 2: 3 is revealed, the son of **p**,
2Pe 3: 7 the day of judgment and **p**
Rev 17: 8 bottomless pit and go to **p**.

PERES† (*see* UPHARSIN)

Dan 5:28 "**P**: Your kingdom has

PEREZ

1Ch 4: 1 The sons of Judah were **P**,
Matt 1: 3 Judah begot **P** and Zerah by

PERFECT (*see* PERFECTED, PERFECTION)

Gen 6: 9 **p** in his generations. Noah
Deut 25:15 a **p** and just measure, that
Deut 32: 4 is the Rock, His work is **p**;
2Sa 22:33 And He makes my way **p**.
Ps 19: 7 The law of the LORD is **p**,
Ps 138: 8 The LORD will **p** that
Ps 139:22 I hate them with **p** hatred;
Prov 4:18 ever brighter unto the **p**
Is 26: 3 You will keep him in **p**
Ezek 27: 3 I am **p** in beauty.'
Ezek 28:12 Full of wisdom and **p** in
Matt 5:48 "Therefore you shall be **p**,
Matt 5:48 your Father in heaven is **p**.
Luke 1: 3 having had **p** understanding
John 17:23 that they may be made **p** in
Rom 12: 2 good and acceptable and **p**
1Co 13:10 But when that which is **p** has
2Co 12: 9 for My strength is made **p** in
Eph 4:13 to a **p** man, to the measure
Col 1:28 we may present every man **p**
Col 4:12 that you may stand **p** and
1Th 3:10 we may see your face and **p**
Heb 2:10 captain of their salvation **p**
Heb 7:19 for the law made nothing **p**;
Heb 12:23 spirits of just men made **p**,
Jas 1: 4 But let patience have its **p**
Jas 1:17 Every good gift and every **p**
Jas 1:25 But he who looks into the **p**
Jas 2:22 by works faith was made **p**?
Jas 3: 2 he is a **p** man, able also to
1Pe 5:10 you have suffered a while, **p**
1Jn 4:18 but **p** love casts out fear,
Rev 3: 2 have not found your works **p**

PERFECTED (*see* PERFECT)

Matt 21:16 infants You have **p**
Luke 13:32 the third day I shall be **p**.
Phil 3:12 attained, or am already **p**;
Heb 7:28 the Son who has been **p**

P

Heb 10:14 For by one offering He has **p**
1Jn 2: 5 truly the love of God is **p**

PERFECTION (*see* PERFECT)
Col 3:14 love, which is the bond of **p**.
Heb 6: 1 of Christ, let us go on to **p**,
Heb 7:11 if **p** were through the

PERFORM
Deut 25: 5 and **p** the duty of a
Judg 16:25 that he may **p** for us." So
Is 9: 7 of the LORD of hosts will **p**
Rom 4:21 He was also able to **p**.

PERGAMOS
Rev 1:11 to Ephesus, to Smyrna, to **P**,

PERIL† (*see* PERILOUS)
Rom 8:35 famine, or nakedness, or **p**,

PERILOUS (*see* PERIL)
2Ti 3: 1 that in the last days **p**

PERISH (*see* PERISHABLE, PERISHED, PERISHES, PERISHING)
Gen 41:36 that the land may not **p**
Deut 4:26 that you will soon utterly **p**
Esth 4:16 against the law; and if I **p**,
Job 3: 3 May the day **p** on which I was
Job 3:11 Why did I not **p** when I
Job 4:20 They **p** forever, with no one
Job 34:15 All flesh would **p** together,
Ps 1: 6 way of the ungodly shall **p**.
Ps 2:12 And you **p** in the way,
Ps 37:20 But the wicked shall **p**;
Ps 41: 5 will he die, and his name **p**?
Ps 49:12 is like the beasts that **p**.
Ps 80:16 They **p** at the rebuke of
Ps 92: 9 behold, Your enemies shall **p**;
Ps 102:26 They will **p**, but You will
Is 31: 3 They all will **p** together.
Jer 18:18 for the law shall not **p** from
Ezek 7:26 But the law will **p** from the
Dan 2:18 his companions might not **p**
Jon 1: 6 us, so that we may not **p**.
Jon 1:14 please do not let us **p** for
Jon 3: 9 anger, so that we may not **p**?
Matt 5:29 that one of your members **p**,
Matt 18:14 these little ones should **p**.
Matt 26:52 who take the sword will **p**
Luke 13: 3 you will all likewise **p**.
Luke 15:17 and I **p** with hunger!
John 3:16 in Him should not **p** but
John 10:28 life, and they shall never **p**;
John 11:50 the whole nation should **p**.
Acts 8:20 Your money **p** with you,
Rom 2:12 without law will also **p**
1Co 8:11 shall the weak brother **p**,
Heb 1:11 They will **p**, but You

PERISHABLE† (*see* PERISH)
1Co 9:25 they do it to obtain a **p**

PERISHED (*see* PERISH)
Job 4: 7 who ever **p** being innocent?
Ps 9: 6 Even their memory has **p**.
Jer 49: 7 Has counsel **p** from the
Jon 4:10 came up in a night and **p** in
Mic 7: 2 The faithful man has **p** from
Luke 11:51 the blood of Zechariah who **p**
1Co 15:18 asleep in Christ have **p**.
2Pe 3: 6 world that then existed **p**,
Jude 11 and **p** in the rebellion of

PERISHES (*see* PERISH)
Is 57: 1 The righteous **p**,
John 6:27 labor for the food which **p**,
1Pe 1: 7 precious than gold that **p**,

PERISHING (*see* PERISH)
Prov 31: 6 strong drink to him who is **p**,
Matt 8:25 save us! We are **p**!"

PERMIT (*see* PERMITTED)
1Ti 2:12 And I do not **p** a woman to

PERMITTED (*see* PERMIT)
Deut 22:29 he shall not be **p** to divorce
Matt 19: 8 **p** you to divorce your wives,

PERPETUAL
Ex 30: 8 a **p** incense before the LORD
Jer 15:18 Why is my pain **p** And my

PERPLEXED
2Co 4: 8 yet not crushed; we are **p**,

PERSECUTE (*see* PERSECUTED, PERSECUTING, PERSECUTION)
Ps 31:15 And from those who **p** me.
Ps 119:86 They **p** me wrongfully; Help
Jer 17:18 Let them be ashamed who **p**
Dan 7:25 Shall **p** the saints of the
Matt 5:11 you when they revile and **p**
Matt 5:44 who spitefully use you and **p**
Matt 23:34 in your synagogues and **p**
Luke 11:49 of them they will kill and **p**,
John 15:20 they will also **p** you. If
Rom 12:14 Bless those who **p** you; bless

PERSECUTED (*see* PERSECUTE)
Ps 109:16 But **p** the poor and needy
Ps 143: 3 For the enemy has **p** my soul;
Matt 5:10 are those who are **p** for
Matt 5:12 for so they **p** the prophets
John 15:20 If they **p** Me, they will
Acts 22: 4 I **p** this Way to the death,
1Co 15: 9 because I **p** the church of
2Co 4: 9 **p**, but not forsaken;

PERSECUTING (*see* PERSECUTE)
Acts 9: 5 "I am Jesus, whom you are **p**.
Phil 3: 6 **p** the church; concerning the

PERSECUTION (*see* PERSECUTE, PERSECUTIONS)
Matt 13:21 For when tribulation or **p**
Acts 8: 1 At that time a great **p** arose
Acts 11:19 were scattered after the **p**
Rom 8:35 or distress, or **p**,
Gal 6:12 that they may not suffer **p**
2Ti 3:12 Christ Jesus will suffer **p**.

PERSECUTIONS (*see* PERSECUTION)
Mark 10:30 children and lands, with **p**—
2Ti 3:11 what **p** I endured. And out of

PERSEVERANCE
Rom 5: 3 that tribulation produces **p**;
2Co 12:12 among you with all **p**,
2Ti 3:10 longsuffering, love, **p**,
Jas 5:11 You have heard of the **p** of
2Pe 1: 6 to **p** godliness,

PERSIA (*see* ELAM, PERSIAN)
2Ch 36:22 year of Cyrus king of **P**,
Ezra 4: 7 to Artaxerxes king of **P**;
Ezra 4:24 reign of Darius king of **P**.
Esth 1: 3 the powers of **P** and Media,
Dan 10:13 prince of the kingdom of **P**
Dan 10:20 fight with the prince of **P**;

PERSIAN† (*see* ELAMITES, PERSIA, PERSIANS)
Neh 12:22 the reign of Darius the **P**,
Dan 6:28 in the reign of Cyrus the **P**.

PERSIANS (*see* PERSIAN)
Dan 5:28 and given to the Medes and **P**.
Dan 6: 8 the law of the Medes and **P**,

PERSISTENCE†
Luke 11: 8 yet because of his **p** he will

PERSON (*see* PERSONS)
Matt 27:24 of the blood of this just **P**.
Rom 14: 5 One **p** esteems one day above
Heb 1: 3 the express image of His **p**,
1Pe 3: 4 let it be the hidden **p**

PERSONS (*see* PERSON)
Luke 15: 7 over ninety-nine just **p** who
2Pe 3:11 what manner of **p** ought you

PERSUADE (*see* PERSUADED, PERSUASIVE)
Acts 26:28 You almost **p** me to become a
2Co 5:11 we **p** men; but we are well
Gal 1:10 For do I now **p** men, or God?

PERSUADED (*see* PERSUADE)
Luke 16:31 neither will they be **p**
Acts 18: 4 and **p** both Jews and Greeks.
Rom 8:38 For I am **p** that neither death
2Ti 1: 5 and I am **p** is in you also.
2Ti 1:12 I have believed and am **p**

PERSUASIVE (*see* PERSUADE)
1Co 2: 4 preaching were not with **p**

PERTAIN (*see* PERTAINING)
Rom 9: 4 to whom **p** the adoption, the
1Co 6: 3 things that **p** to this life?

PERTAINING (*see* PERTAIN)
Acts 1: 3 speaking of the things **p** to
1Co 6: 4 concerning things **p** to this
Heb 2:17 High Priest in things **p** to
Heb 5: 1 for men in things **p** to God,

PERVERSE (*see* PERVERT)
Deut 32: 5 A **p** and crooked generation.
1Sa 20:30 to him, "You son of a **p**,
Prov 4:24 And put **p** lips far from
Prov 10:31 But the **p** tongue will be
Prov 11:20 Those who are of a **p** heart
Is 19:14 The LORD has mingled a **p**
Matt 17:17 O faithless and **p** generation,
Phil 2:15 the midst of a crooked and **p**

PERVERT (*see* PERVERSE)
Ex 23: 2 turn aside after many to **p**
Job 8: 3 Or does the Almighty **p**
Amos 2: 7 And **p** the way of the
Gal 1: 7 trouble you and want to **p**

PESTILENCE (*see* PESTILENCES)
Ps 91: 3 And from the perilous **p**.
Ps 91: 6 Nor of the **p** that walks in
Jer 27: 8 sword, the famine, and the **p**,
Hab 3: 5 Before Him went **p**,

PESTILENCES (*see* PESTILENCE)
Matt 24: 7 And there will be famines, **p**,

PETER (*see* CEPHAS, SIMON)
Matt 4:18 two brothers, Simon called **P**,
Matt 26:69 Now **P** sat outside in the
Matt 26:75 And **P** remembered the word of
Mark 3:16 to whom He gave the name **P**;
Mark 8:33 His disciples, He rebuked **P**,
Mark 14:33 And He took **P**, James, and
Mark 14:67 And when she saw **P** warming
Mark 16: 7 go, tell His disciples—and **P**
Luke 22:34 He said, "I tell you, **P**,
Luke 22:58 But **P** said, "Man, I am
Luke 22:61 Lord turned and looked at **P**.
Luke 22:62 So **P** went out and wept
John 1:44 the city of Andrew and **P**.
John 18:10 Then Simon **P**, having a
John 18:18 And **P** stood with them and
John 18:26 of him whose ear **P** cut
John 18:27 **P** then denied again; and
John 20: 4 the other disciple outran **P**
Acts 1:13 where they were staying: **P**,
Acts 1:15 And in those days **P** stood up
Acts 2:38 Then **P** said to them,
Acts 3: 1 Now **P** and John went up
Acts 3: 6 Then **P** said, "Silver and
Acts 4: 8 Then **P**, filled with the
Acts 4:13 they saw the boldness of **P**
Acts 5:29 But **P** and the other apostles
Acts 10: 5 for Simon whose surname is **P**.

Acts 10:13 voice came to him, "Rise, **P**;
Acts 10:14 But **P** said, "Not so, Lord!
Acts 10:25 As **P** was coming in, Cornelius
Acts 12: 6 that night **P** was sleeping,
Acts 12: 7 and he struck **P** on the side
Acts 12:13 And as **P** knocked at the door
Gal 1:18 up to Jerusalem to see **P**,
1Pe 1: 1 **P**, an apostle of Jesus
2Pe 1: 1 Simon **P**, a bondservant

PETITION (*see* PETITIONS)
1Sa 1:17 God of Israel grant your **p**
Esth 5: 7 My **p** and request is this:
Dan 6:13 but makes his **p** three times

PETITIONS (*see* PETITION)
Ps 20: 5 the LORD fulfill all your **p**.
Dan 6: 7 that whoever **p** any god or
1Jn 5:15 we know that we have the **p**

PHARAOH (*see* NECHO)
Gen 12:15 The princes of **P** also saw her
Gen 37:36 an officer of **P** and captain
Gen 41: 1 that **P** had a dream; and
Ex 1:11 And they built for **P** supply
Ex 6:11 tell **P** king of Egypt to let
Ex 7: 1 I have made you as God to **P**,
Ex 8:32 But **P** hardened his heart at
Ex 11: 5 from the firstborn of **P** who
Deut 6:21 We were slaves of **P** in Egypt,
Neh 9:10 signs and wonders against **P**,
Acts 7:10 wisdom in the presence of **P**,
Rom 9:17 For the Scripture says to **P**,

PHARISEE (*see* PHARISEES)
Matt 23:26 "Blind **P**, first cleanse the
Luke 11:37 a certain **P** asked Him to
Luke 18:10 one a **P** and the other a tax
Acts 5:34 a **P** named Gamaliel, a
Acts 23: 6 a Pharisee, the son of a **P**;
Acts 26: 5 of our religion I lived a **P**.
Phil 3: 5 concerning the law, a **P**;

PHARISEES (*see* PHARISEE)
Matt 5:20 of the scribes and **P**,
Matt 9:14 Why do we and the **P** fast
Matt 16: 1 Then the **P** and Sadducees
Matt 16: 6 of the leaven of the **P** and
Matt 16:12 but of the doctrine of the **P**
Matt 21:45 when the chief priests and **P**
Matt 22:15 Then the **P** went and plotted
Matt 23: 2 The scribes and the **P** sit in
Matt 23:14 "Woe to you, scribes and **P**,
Mark 2:18 of John and of the **P** fast,
Luke 5:30 And their scribes and the **P**
Luke 6: 7 So the scribes and **P** watched
Luke 7:30 But the **P** and lawyers
Luke 16:14 Now the **P**, who were
John 3: 1 There was a man of the **P**
John 7:45 to the chief priests and **P**,
John 9:13 formerly was blind to the **P**.
John 11:47 the chief priests and the **P**
Acts 23: 7 arose between the **P** and the

PHILADELPHIA†
Rev 1:11 to Thyatira, to Sardis, to **P**,
Rev 3: 7 the angel of the church in **P**

PHILIP (*see* PHILIP'S)
Mark 3:18 Andrew, **P**, Bartholomew,
Luke 3: 1 his brother **P** tetrarch of
John 1:45 **P** found Nathanael and said to
John 12:22 **P** came and told Andrew, and
Acts 6: 5 and the Holy Spirit, and **P**,
Acts 8:26 angel of the Lord spoke to **P**,
Acts 8:29 Then the Spirit said to **P**,
Acts 21: 8 and entered the house of **P**

PHILIP'S (*see* PHILIP)
Matt 14: 3 his brother **P** wife.

PHILIPPI
Acts 16:12 and from there to **P**,
Phil 1: 1 in Christ Jesus who are in **P**,
1Th 2: 2 were spitefully treated at **P**,

PHILISTINE (*see* PHILISTINES)
1Sa 17:23 the **P** of Gath, Goliath by
1Sa 17:26 who is this uncircumcised **P**,

PHILISTINES (*see* PHILISTINE)
Gen 21:32 to the land of the **P**.
Gen 26: 1 to Abimelech king of the **P**,
Ex 13:17 by way of the land of the **P**,
Josh 13: 3 the five lords of the **P**—
Judg 16: 9 The **P** are upon you,
Judg 16:30 Let me die with the **P**!" And
1Sa 5: 1 Then the **P** took the ark of
1Sa 18:25 hundred foreskins of the **P**,
2Sa 8: 1 that David attacked the **P**

PHILOSOPHERS† (*see* PHILOSOPHY)
Acts 17:18 Epicurean and Stoic **p**

PHILOSOPHY† (*see* PHILOSOPHERS)
Col 2: 8 anyone cheat you through **p**

PHINEHAS
Josh 22:30 Now when **P** the priest and
1Sa 1: 3 sons of Eli, Hophni and **P**,

PHOEBE†
Rom 16: 1 I commend to you **P** our

PHYLACTERIES†
Matt 23: 5 They make their **p** broad and

PHYSICIAN (*see* PHYSICIANS)
Jer 8:22 Is there no **p** there? Why
Matt 9:12 are well have no need of a **p**,
Luke 4:23 say this proverb to Me, '**P**,
Col 4:14 Luke the beloved **p** and Demas

PHYSICIANS (*see* PHYSICIAN)
Gen 50: 2 his servants the **p** to
Job 13: 4 You are all worthless **p**.

Mark 5:26 many things from many **p**.
Luke 8:43 all her livelihood on **p** and

PIECE (*see* PIECES)
Matt 9:16 No one puts a **p** of unshrunk
Matt 17:27 you will find a **p** of money;
John 19:23 woven from the top in one **p**.

PIECES (*see* PIECE)
Gen 15:17 that passed between those **p**.
Gen 37:33 doubt Joseph is torn to **p**.
Ps 2: 9 You shall dash them to **p**
Dan 2:40 as iron breaks in **p** and
Dan 2:40 kingdom will break in **p**
Zech 11:12 out for my wages thirty **p**
Matt 26:15 counted out to him thirty **p**

PIERCE (*see* PIERCED, PIERCING)
Ex 21: 6 and his master shall **p** his
2Ki 18:21 will go into his hand and **p**
Job 41: 2 Or **p** his jaw with a hook?
Luke 2:35 a sword will **p** through your

PIERCED (*see* PIERCE)
Ps 22:16 They **p** My hands and My
Zech 12:10 will look on Me whom they **p**.
John 19:34 But one of the soldiers **p** His
John 19:37 on Him whom they **p**.
1Ti 6:10 and **p** themselves through
Rev 1: 7 even they who **p** Him. And all

PIERCING† (*see* PIERCE)
Heb 4:12 **p** even to the division of

PIGEON† (*see* PIGEONS)
Gen 15: 9 a turtledove, and a young **p**.
Lev 12: 6 and a young **p** or a

PIGEONS (*see* PIGEON)
Lev 5: 7 turtledoves or two young **p**,
Luke 2:24 or two young **p**.

PILATE
Matt 27: 2 delivered Him to Pontius **P**
Luke 3: 1 Pontius **P** being governor of
Luke 13: 1 the Galileans whose blood **P**
Luke 23:12 That very day **P** and Herod
John 18:33 Then **P** entered the Praetorium
1Ti 6:13 confession before Pontius **P**,

PILGRIMS
Heb 11:13 they were strangers and **p**

PILLAR (*see* PILLARS)
Gen 19:26 and she became a **p** of salt.
Gen 28:18 his head, set it up as a **p**,
Gen 31:52 and this **p** is a witness,
Ex 13:21 and by night in a **p** of fire
2Sa 18:18 had taken and set up a **p**
Jer 1:18 fortified city and an iron **p**,
1Ti 3:15 the **p** and ground of the

PILLARS (*see* PILLAR)
Ex 24: 4 and twelve **p** according to

Judg 16:26 Let me feel the **p** which
Job 26:11 The **p** of heaven tremble,
Prov 9: 1 has hewn out her seven **p**;
Joel 2:30 Blood and fire and **p** of
Gal 2: 9 and John, who seemed to be **p**,

PIM
1Sa 13:21 for a sharpening was a **p**

PINNACLE
Matt 4: 5 set Him on the **p** of the

PISGAH (*see* NEBO)
Deut 34: 1 Mount Nebo, to the top of **P**,

PIT
Gen 37:22 but cast him into this **p**
Ps 28: 1 those who go down to the **p**.
Ps 40: 2 me up out of a horrible **p**,
Ps 49: 9 And not see the **P**.
Ps 88: 6 have laid me in the lowest **p**
Prov 23:27 For a harlot is a deep **p**,
Is 14:15 the lowest depths of the **P**.
Is 24:17 Fear and the **p** and the snare
Jer 48:43 Fear and the **p** and the snare
Ezek 28: 8 throw you down into the **P**,
Jon 2: 6 up my life from the **p**,
Matt 12:11 and if it falls into a **p** on
Rev 9:11 angel of the bottomless **p**,

PITCH
Gen 6:14 it inside and outside with **p**.
Ex 2: 3 daubed it with asphalt and **p**,

PITCHER (*see* PITCHERS)
Gen 24:15 came out with her **p** on her
Eccl 12: 6 Or the **p** shattered at the
Mark 14:13 will meet you carrying a **p**

PITCHERS (*see* PITCHER, VESSELS)
Judg 7:16 and torches inside the **p**.

PITIABLE† (*see* PITY)
1Co 15:19 we are of all men the most **p**.

PITIES (*see* PITY)
Ps 103:13 As a father **p** his children,

PITY (*see* PITIABLE, PITIES)
2Sa 12: 6 and because he had no **p**.
Jon 4:11 And should I not **p** Nineveh,
Matt 18:33 just as I had **p** on you?'

PLAGUE (*see* PLAGUES)
Ex 11: 1 will bring yet one more **p**
Lev 13:47 if a garment has a leprous **p**
Deut 28:61 every sickness and every **p**,
1Ch 21:14 So the LORD sent a **p** upon
Ps 91:10 Nor shall any **p** come near
Acts 24: 5 we have found this man a **p**,

PLAGUES (*see* PLAGUE)
Gen 12:17 and his house with great **p**
Hos 13:14 I will be your **p**! O Grave,

Rev 9:18 By these three **p** a third of
Rev 15: 1 having the seven last **p**,
Rev 22:18 God will add to him the **p**

PLAIN (*see* PLAINLY)
Gen 19:29 the cities of the **p**,
Ezek 8: 4 vision that I saw in the **p**.
Hab 2: 2 the vision And make it **p**

PLAINLY (*see* PLAIN)
Num 12: 8 him face to face, Even **p**,
Mark 7:35 was loosed, and he spoke **p**.
John 10:24 are the Christ, tell us **p**.

PLANS
Prov 6:18 heart that devises wicked **p**,
Prov 16: 9 A man's heart **p** his way,
Jer 18:18 Come and let us devise **p**

PLANT (*see* PLANTED)
Gen 2: 5 before any **p** of the field was
Eccl 3: 2 a time to die; A time to **p**,
Is 5: 7 of Judah are His pleasant **p**.
Is 53: 2 up before Him as a tender **p**,
Jer 1:10 down, To build and to **p**.
Jer 18: 9 to build and to **p** it,
Jon 4: 6 the LORD God prepared a **p**

PLANTED (*see* PLANT)
Gen 2: 8 The LORD God **p** a garden
Gen 9:20 and he **p** a vineyard.
Ps 1: 3 He shall be like a tree **P**
Ps 80:15 which Your right hand has **p**,
Ps 94: 9 He who **p** the ear, shall He
Eccl 3: 2 a time to pluck what is **p**;
Is 40:24 Scarcely shall they be **p**,
Jer 17: 8 he shall be like a tree **p**
1Co 3: 6 I **p**, Apollos watered, but

PLAY (*see* PLAYING)
Ex 32: 6 and drink, and rose up to **p**.
Ex 34:15 and they **p** the harlot with
1Sa 16:17 me now a man who can **p** well,
1Co 10: 7 and rose up to **p**.

PLAYING (*see* PLAY)
1Sa 16:18 who is skillful in **p**,

PLEAD
Ps 35: 1 **P** my cause, O LORD, with
Is 1:17 **P** for the widow.

PLEASANT (*see* PLEASANTNESS)
Gen 3: 6 that it was **p** to the eyes,
Ps 16: 6 lines have fallen to me in **p**
Ps 133: 1 how good and how **p** it is
Is 5: 7 the men of Judah are His **p**

PLEASANTNESS† (*see* PLEASANT)
Prov 3:17 Her ways are ways of **p**,

PLEASE (*see* PLEASED, PLEASES, PLEASING)
Prov 16: 7 When a man's ways **p** the
Is 55:11 it shall accomplish what I **p**,
Rom 8: 8 are in the flesh cannot **p**
Rom 15: 3 For even Christ did not **p**
1Co 7:32 how he may **p** the Lord.
1Co 7:33 how he may **p** his wife.
1Co 7:34 how she may **p** her husband.
Heb 11: 6 it is impossible to **p**

PLEASED (*see* PLEASE)
Is 53:10 Yet it **p** the LORD to
Mic 6: 7 Will the LORD be **p** with
Matt 3:17 Son, in whom I am well **p**.
1Co 1:21 it **p** God through the
Heb 11: 5 testimony, that he **p** God.
Heb 13:16 sacrifices God is well **p**.
2Pe 1:17 Son, in whom I am well **p**.

PLEASES (*see* PLEASE)
Ps 115: 3 He does whatever He **p**.
Ps 135: 6 Whatever the LORD **p** He
Song 2: 7 nor awaken love Until it **p**.

PLEASING (*see* PLEASE)
Acts 7:20 and was well **p** to God; and
Phil 4:18 sacrifice, well **p** to God.
Col 1:10 fully **p** Him, being fruitful
1Th 2: 4 not as **p** men, but God who
Heb 13:21 in you what is well **p** in

PLEASURE (*see* PLEASURES)
Ps 51:18 Do good in Your good **p** to
Ps 103:21 of His, who do His **p**.
Ps 147:11 The LORD takes **p** in those
Eccl 12: 1 I have no **p** in them":
Is 53:10 And the **p** of the LORD
Is 58:13 From doing your **p** on My
Luke 12:32 it is your Father's good **p**
2Co 12:10 Therefore I take **p** in
Eph 1: 5 according to the good **p** of
Phil 2:13 and to do for His good **p**.
1Ti 5: 6 But she who lives in **p** is
2Ti 3: 4 lovers of **p** rather than
Heb 10: 8 nor had **p** in them"
Heb 10:38 My soul has no **p** in
Jas 4: 1 from your desires for **p**

PLEASURES (*see* PLEASURE)
Ps 16:11 At Your right hand are **p**
Tit 3: 3 serving various lusts and **p**,
Heb 11:25 than to enjoy the passing **p**
Jas 4: 3 you may spend it on your **p**.

PLEDGE
Ex 22:26 neighbor's garment as a **p**,
Deut 24:17 a widow's garment as a **p**.
Prov 17:18 shakes hands in a **p**,
Amos 2: 8 altar on clothes taken in **p**,

PLENTIFUL (*see* PLENTY)
Gen 41:34 land of Egypt in the seven **p**
Matt 9:37 "The harvest truly is **p**,

PLENTY (*see* PLENTIFUL)
Gen 41:53 Then the seven years of **p**
Jer 44:17 For then we had **p** of food,

PLOT (*see* COUNSEL)
Ps 2: 1 And the people **p** a vain
Acts 4:25 And the people **p** vain

PLOW (*see* PLOWED, PLOWMAN, PLOWSHARES)
Deut 22:10 You shall not **p** with an ox
Luke 9:62 having put his hand to the **p**,

PLOWED (*see* PLOW)
Judg 14:18 If you had not **p** with my
Jer 26:18 Zion shall be **p** like a
Mic 3:12 of you Zion shall be **p**

PLOWMAN (*see* PLOW)
Amos 9:13 When the **p** shall overtake the

PLOWSHARES (*see* PLOW)
Is 2: 4 beat their swords into **p**,
Joel 3:10 Beat your **p** into swords And
Mic 4: 3 beat their swords into **p**,

PLUCK (*see* PLUCKED)
Deut 23:25 you may **p** the heads with
Eccl 3: 2 And a time to **p** what is
Jer 18: 7 to **p** up, to pull down, and
Matt 5:29 **p** it out and cast it from
Matt 12: 1 and began to **p** heads of

PLUCKED (*see* PLUCK)
Gen 8:11 a freshly **p** olive leaf was
Luke 6: 1 And His disciples **p** the

PLUMB
Amos 7: 7 on a wall made with a **p**
Zech 4:10 seven rejoice to see The **p**

PLUNDER (*see* PLUNDERED)
Ex 3:22 So you shall **p** the
Matt 12:29 a strong man's house and **p**

PLUNDERED (*see* PLUNDER)
Ex 12:36 Thus they **p** the Egyptians.

POETS†
Acts 17:28 as also some of your own **p**

POINT (*see* POINTS)
Phil 2: 8 became obedient to the **p**
Jas 2:10 and yet stumble in one **p**,

POINTS (*see* POINT)
Prov 6:13 He **p** with his fingers;
Heb 4:15 but was in all **p** tempted as

POISON
Ps 140: 3 The **p** of asps is under
Rom 3:13 The **p** of asps is under
Jas 3: 8 evil, full of deadly **p**.

POLLUTED
Acts 15:20 to abstain from things **p** by

POMEGRANATE (*see* POMEGRANATES)
Ex 28:34 "a golden bell and a **p**,

POMEGRANATES (*see* POMEGRANATE)
Ex 39:24 on the hem of the robe **p** of

PONDERED
Luke 2:19 kept all these things and **p**

POOL
2Ki 18:17 aqueduct from the upper **p**,
John 5: 7 no man to put me into the **p**
John 9: 7 wash in the **p** of Siloam"

POOR
Gen 41:19 **p** and very ugly and gaunt,
Deut 15: 4 when there may be no **p**
Deut 15:11 For the **p** will never cease
Ruth 3:10 whether **p** or rich.
2Sa 12: 4 but he took the **p** man's lamb
Job 5:16 So the **p** have hope, And
Job 24:10 They cause the **p** to go
Job 24:14 He kills the **p** and needy;
Job 29:16 I was a father to the **p**,
Job 34:28 caused the cry of the **p** to
Ps 34: 6 This **p** man cried out, and
Ps 40:17 But I am **p** and needy; Yet
Ps 82: 3 Defend the **p** and fatherless;
Ps 113: 7 He raises the **p** out of the
Ps 132:15 I will satisfy her **p** with
Prov 14:20 The **p** man is hated even by
Prov 14:31 He who oppresses the **p**
Prov 19:22 And a **p** man is better than
Prov 22: 9 gives of his bread to the **p**.
Prov 22:16 He who oppresses the **p** to
Prov 22:22 Do not rob the **p** because he
Prov 31:20 extends her hand to the **p**,
Is 3:15 grinding the faces of the **p**?
Is 41:17 The **p** and needy seek water,
Is 61: 1 preach good tidings to the **p**;
Amos 2: 6 And the **p** for a pair of
Amos 8: 6 That we may buy the **p** for
Matt 5: 3 Blessed are the **p** in spirit,
Matt 11: 5 are raised up and the **p**
Matt 19:21 you have and give to the **p**,
Matt 26:11 For you have the **p** with you
Mark 12:42 Then one **p** widow came and
Mark 14: 5 denarii and given to the **p**.
Luke 4:18 the gospel to the **p**;
Luke 6:20 "Blessed are you **p**,
Luke 14:13 give a feast, invite the **p**,
Luke 19: 8 half of my goods to the **p**;
Rom 15:26 contribution for the **p**
1Co 13: 3 all my goods to feed the **p**,
2Co 6:10 yet always rejoicing; as **p**,
2Co 8: 9 for your sakes He became **p**,
Jas 2: 2 should also come in a **p** man
Rev 3:17 are wretched, miserable, **p**,
Rev 13:16 small and great, rich and **p**,

PORCH (*see* PORCHES)
John 10:23 the temple, in Solomon's **p**.

PORCHES (*see* PORCH)
John 5: 2 Bethesda, having five **p**.

PORTION (*see* PORTIONS, SHARE)
Deut 21:17 by giving him a double **p** of
1Sa 1: 5 he would give a double **p**,
2Ki 2: 9 Please let a double **p** of your
Ps 16: 5 You are the **p** of my
Ps 119:57 You are my **p**, O LORD;
Is 53:12 I will divide Him a **p** with
Jer 10:16 The **P** of Jacob is not like
Luke 15:12 give me the **p** of goods that

PORTIONS (*see* PORTION)
Neh 8:10 and send **p** to those for whom

POSSESS (*see* POSSESSED, POSSESSES, POSSESSION, POSSESSOR)
Deut 4: 5 the land which you go to **p**.
Josh 1:11 to go in to **p** the land which
Luke 18:12 give tithes of all that I **p**.

POSSESSED (*see* POSSESS)
Prov 8:22 The LORD **p** me at the
Acts 16:16 that a certain slave girl **p**

POSSESSES (*see* POSSESS)
Luke 12:15 abundance of the things he **p**.

POSSESSION (*see* POSSESS, POSSESSIONS)
Gen 17: 8 Canaan, as an everlasting **p**;
Gen 36:43 in the land of their **p**.
Ps 2: 8 of the earth for Your **p**.
Acts 7: 5 to give it to him for a **p**,
Eph 1:14 of the purchased **p**,

POSSESSIONS (*see* POSSESSION)
Gen 15:14 shall come out with great **p**.
Matt 19:22 for he had great **p**.
Luke 15:13 and there wasted his **p** with
Acts 2:45 and sold their **p** and goods,

POSSESSOR (*see* POSSESS)
Gen 14:19 **P** of heaven and earth;

POSSIBLE
Matt 19:26 with God all things are **p**.
Matt 24:24 and wonders to deceive, if **p**,
Matt 26:39 "O My Father, if it is **p**,
Mark 9:23 all things are **p** to him who
Luke 18:27 impossible with men are **p**
Rom 12:18 If it is **p**, as much as
Heb 10: 4 For it is not **p** that the

POT (*see* POTSHERD)
Ex 16:33 Take a **p** and put an omer of
Eccl 7: 6 of thorns under a **p**,
Jer 1:13 I said, "I see a boiling **p**,
Zech 14:21 every **p** in Jerusalem and
Heb 9: 4 in which were the golden **p**

POTENTATE†
1Ti 6:15 is the blessed and only **P**,

POTIPHAR
Gen 37:36 had sold him in Egypt to **P**,

POTSHERD (*see* POT)
Job 2: 8 And he took for himself a **p**

POTTER (*see* POTTER'S)
Is 29:16 turned around! Shall the **p**
Is 41:25 As the **p** treads clay.
Is 64: 8 are the clay, and You our **p**;
Jer 18: 4 marred in the hand of the **p**;
Zech 11:13 Throw it to the **p**"—that
Rom 9:21 Does not the **p** have power

POTTER'S (*see* POTTER)
Ps 2: 9 dash them to pieces like a **p**
Jer 18: 6 as the clay is in the **p**

POUR (*see* POURED)
Ex 29:12 and **p** all the blood beside
Lev 4:25 and **p** its blood at the base
Lev 17:13 he shall **p** out its blood and
Ps 42: 4 I **p** out my soul within me.
Ps 62: 8 **P** out your heart before
Is 44: 3 I will **p** My Spirit on your
Joel 2:28 afterward That I will **p**
Joel 2:29 My maidservants I will **p**
Mal 3:10 the windows of heaven And **p**

POURED (*see* POUR)
Gen 28:18 and **p** oil on top of it.
Lev 4:12 where the ashes are **p** out,
Lev 8:15 And he **p** the blood at the
Lev 21:10 the anointing oil was **p** and
1Sa 1:15 but have **p** out my soul
Ps 22:14 I am **p** out like water, And
Is 32:15 Until the Spirit is **p** upon
Is 53:12 Because He **p** out His soul
Jer 7:20 anger and My fury will be **p**
Matt 26: 7 and she **p** it on His head as
John 13: 5 He **p** water into a basin and
Phil 2:17 and if I am being **p** out as

POVERTY
Prov 6:11 So shall your **p** come on you
Prov 11:24 right, But it leads to **p**.
Prov 31: 7 him drink and forget his **p**,
Mark 12:44 but she out of her **p** put in
2Co 8: 2 their joy and their deep **p**
2Co 8: 9 that you through His **p** might
Rev 2: 9 and **p** (but you are rich);

POWDER
Ex 32:20 fire, and ground it to **p**;
Matt 21:44 it will grind him to **p**.

POWER (*see* POWERFUL, POWERS)
Ex 9:16 that I may show My **p** in
1Ch 29:11 The **p** and the glory, The
Ps 22:20 precious life from the **p**
Ps 49:15 redeem my soul from the **p**
Ps 65: 6 Being clothed with **p**;
Ps 90:11 Who knows the **p** of Your

Is 40:29 He gives **p** to the weak, And
Dan 2:37 has given you a kingdom, **p**,
Dan 4:30 dwelling by my mighty **p** and
Dan 6:27 delivered Daniel from the **p**
Nah 1: 3 slow to anger and great in **p**,
Zech 4: 6 'Not by might nor by **p**,
Matt 6:13 is the kingdom and the **p**
Matt 9: 6 that the Son of Man has **p**
Matt 9: 8 who had given such **p** to men.
Matt 24:30 the clouds of heaven with **p**
Matt 26:64 at the right hand of the **P**,
Luke 1:17 Him in the spirit and **p** of
Luke 1:35 and the **p** of the Highest
Luke 4:14 Jesus returned in the **p** of
Luke 6:19 for **p** went out from Him and
Luke 24:49 until you are endued with **p**
John 10:18 I have **p** to lay it down, and
John 19:11 You could have no **p** at all
Acts 1: 8 But you shall receive **p** when
Acts 4: 7 By what **p** or by what name
Acts 6: 8 Stephen, full of faith and **p**,
Acts 26:18 and from the **p** of Satan to
Rom 1: 4 be the Son of God with **p**
Rom 1:16 for it is the **p** of God to
Rom 1:20 even His eternal **p** and
Rom 9:22 His wrath and to make His **p**
1Co 1:18 are being saved it is the **p**
1Co 1:24 Christ the **p** of God and the
1Co 4:20 God is not in word but in **p**.
1Co 15:43 weakness, it is raised in **p**.
2Co 4: 7 the excellence of the **p** may
2Co 12: 9 that the **p** of Christ may
Eph 1:19 greatness of His **p** toward
Eph 1:19 the working of His mighty **p**
Eph 1:21 all principality and **p** and
Eph 2: 2 to the prince of the **p** of
Eph 3: 7 effective working of His **p**.
Phil 3:10 I may know Him and the **p** of
Col 1:11 according to His glorious **p**,
Col 2:10 of all principality and **p**.
1Th 1: 5 in word only, but also in **p**,
2Th 1: 9 and from the glory of His **p**,
2Ti 1: 7 but of **p** and of love and of
2Ti 3: 5 godliness but denying its **p**.
Heb 1: 3 things by the word of His **p**,
Heb 7:16 but according to the **p** of an
1Pe 1: 5 who are kept by the **p** of God
Jude 25 and majesty, Dominion and **p**,
Rev 4:11 glory and honor and **p**;
Rev 20: 6 the second death has no **p**,

POWERFUL (*see* POWER)

Ps 29: 4 voice of the LORD is **p**;
Heb 4:12 word of God is living and **p**,

POWERS (*see* POWER)

Rom 8:38 nor principalities nor **p**,
Eph 3:10 to the principalities and **p**
1Pe 3:22 angels and authorities and **p**

PRACTICE

Rom 1:32 that those who **p** such things

PRAISE (*see* PRAISED, PRAISES, PRAISING, THANK)

Ps 9: 1 I will **p** You, O LORD, with
Ps 33: 2 **P** the LORD with the harp
Ps 34: 1 His **p** shall continually
Ps 42: 5 for I shall yet **p** Him For
Ps 67: 3 Let the peoples **p** You, O
Ps 69:34 Let heaven and earth **p** Him,
Ps 100: 4 And into His courts with **p**.
Ps 104:33 I will sing **p** to my God
Ps 104:35 O my soul! **P** the LORD!
Ps 135: 1 **P** the LORD! Praise the
Ps 145: 4 One generation shall **p** Your
Ps 148: 1 **P** Him in the heights!
Ps 150: 1 Praise the LORD! **P** God in
Ps 150: 2 **P** Him for His mighty acts
Prov 31:31 And let her own works **p** her
Is 60:18 Salvation, And your gates **P**.
Matt 21:16 You have perfected **p**'?
John 12:43 for they loved the **p** of men
Rom 2:29 whose **p** is not from men but
Eph 1: 6 to the **p** of the glory of His
Phil 1:11 to the glory and **p** of God.
Heb 2:12 assembly I will sing **p**
Heb 13:15 offer the sacrifice of **p** to
1Pe 1: 7 by fire, may be found to **p**,
Rev 19: 5 **P** our God, all you His

PRAISED (*see* PRAISE)

1Ch 16:25 great and greatly to be **p**;
Ps 18: 3 who is worthy to be **p**;
Ps 48: 1 and greatly to be **p** In the
Prov 31:30 the LORD, she shall be **p**.
Dan 5: 4 and **p** the gods of gold and

PRAISES (*see* PRAISE)

Ps 9:11 Sing **p** to the LORD, who
Ps 22: 3 Enthroned in the **p** of
Ps 47: 6 Sing **p** to God, sing praises!

PRAISING (*see* PRAISE)

Luke 1:64 and he spoke, **p** God.
Luke 2:13 of the heavenly host **p** God
Luke 2:20 glorifying and **p** God for all

PRAY (*see* PRAYED, PRAYER, PRAYING)

Gen 20: 7 and he will **p** for you and
2Ch 7:14 and **p** and seek My face, and
Job 42: 8 and My servant Job shall **p**
Ps 55:17 and at noon I will **p**,
Ps 122: 6 **P** for the peace of Jerusalem
Jer 7:16 Therefore do not **p** for this
Matt 5:44 and **p** for those who
Matt 6: 5 For they love to **p** standing
Matt 6: 6 **p** to your Father who is in
Matt 6: 9 this manner, therefore, **p**:
Matt 9:38 Therefore **p** the Lord of the
Matt 14:23 the mountain by Himself to **p**.
Matt 26:41 "Watch and **p**, lest you
Luke 11: 1 Him, "Lord, teach us to **p**,
John 14:16 And I will **p** the Father, and
John 17: 9 I **p** for them. I do not pray
John 17:20 I do not **p** for these alone,

Rom 8:26 do not know what we should **p**
1Co 11:13 it proper for a woman to **p**
1Co 14:13 him who speaks in a tongue **p**
1Co 14:14 For if I **p** in a tongue, my
1Co 14:15 I will **p** with the spirit,
Col 1: 9 do not cease to **p** for you,
1Th 5:17 **p** without ceasing,
1Th 5:25 Brethren, **p** for us.
Jas 5:13 you suffering? Let him **p**.
Jas 5:14 and let them **p** over him,

PRAYED (*see* PRAY)
Gen 20:17 So Abraham **p** to God; and God
Mark 14:35 and **p** that if it were
Luke 22:41 and He knelt down and **p**,
Acts 4:31 And when they had **p**,
Jas 5:17 and he **p** earnestly that it
Jas 5:18 And he **p** again, and the

PRAYER (*see* PRAY, PRAYERS)
Ps 4: 1 mercy on me, and hear my **p**.
Ps 17: 1 Give ear to my **p** which is
Ps 39:12 "Hear my **p**, O LORD, And
Ps 42: 8 A **p** to the God of my life.
Is 56: 7 be called a house of **p** for
Dan 9:17 hear the **p** of Your servant,
Hab 3: 1 A **p** of Habakkuk the prophet,
Matt 17:21 does not go out except by **p**
Matt 21:13 be called a house of **p**,
Matt 21:22 whatever things you ask in **p**,
Acts 1:14 with one accord in **p** and
Acts 3: 1 the temple at the hour of **p**,
Rom 10: 1 my heart's desire and **p** to
Rom 12:12 continuing steadfastly in **p**;
1Co 7: 5 yourselves to fasting and **p**;
Eph 6:18 praying always with all **p** and
Phil 1: 4 always in every **p** of mine
Phil 4: 6 but in everything by **p** and
1Ti 4: 5 by the word of God and **p**.
Jas 5:15 And the **p** of faith will save
Jas 5:16 fervent **p** of a righteous man

PRAYERS (*see* PRAYER)
Ps 72:20 The **p** of David the son of
Matt 23:14 for a pretense make long **p**.
Luke 20:47 for a pretense make long **p**.
Acts 2:42 breaking of bread, and in **p**.
Acts 10: 4 Your **p** and your alms have
Rom 1: 9 of you always in my **p**,
2Ti 1: 3 I remember you in my **p**
Heb 5: 7 when He had offered up **p** and
1Pe 3: 7 that your **p** may not be
Rev 5: 8 which are the **p** of the

PRAYING (*see* PRAY)
Dan 6:11 and found Daniel **p** and
Mark 11:25 "And whenever you stand **p**,
Eph 6:18 **p** always with all prayer and
Col 1: 3 **p** always for you,
Jude 20 **p** in the Holy Spirit,

PREACH (*see* PREACHED, PREACHER, PREACHES, PREACHING, PROCLAIM)
Is 61: 1 LORD has anointed Me To **p**
Matt 4:17 that time Jesus began to **p**
Matt 10:27 **p** on the housetops.
Mark 3:14 He might send them out to **p**,
Mark 16:15 into all the world and **p**
Acts 15:21 generations those who **p** him
Rom 1:15 I am ready to **p** the gospel
Rom 10: 8 word of faith which we **p**:
Rom 10:15 And how shall they **p** unless
Rom 15:20 I have made it my aim to **p**
1Co 1:17 but to **p** the gospel, not
1Co 1:23 but we **p** Christ crucified, to
1Co 9:14 commanded that those who **p**
1Co 9:16 woe is me if I do not **p** the
2Co 4: 5 For we do not **p** ourselves,
Gal 1: 8 **p** any other gospel to you
Phil 1:15 Some indeed **p** Christ even
Col 1:28 Him we **p**, warning every
2Ti 4: 2 **P** the word! Be ready in

PREACHED (*see* PREACH)
Matt 11: 5 the poor have the gospel **p**
Matt 24:14 of the kingdom will be **p** in
Mark 13:10 the gospel must first be **p**
Mark 14: 9 wherever this gospel is **p** in
Acts 8:35 **p** Jesus to him.
Acts 10:37 the baptism which John **p**:
1Co 9:27 when I have **p** to others, I
1Co 15:12 Now if Christ is **p** that He
Gal 3: 8 **p** the gospel to Abraham
Eph 2:17 And He came and **p** peace to
Phil 1:18 or in truth, Christ is **p**;
Heb 4: 2 For indeed the gospel was **p**
1Pe 3:19 by whom also He went and **p** to

PREACHER (*see* PREACH)
Eccl 1: 2 of vanities," says the **P**;
Rom 10:14 shall they hear without a **p**?
1Ti 2: 7 which I was appointed a **p**
2Pe 2: 5 a **p** of righteousness,

PREACHES† (*see* PREACH)
2Co 11: 4 For if he who comes **p** another
Gal 1: 9 if anyone **p** any other gospel

PREACHING (*see* PREACH)
Matt 3: 1 John the Baptist came **p** in
Matt 4:23 **p** the gospel of the kingdom,
Matt 12:41 they repented at the **p** of
Luke 9: 6 **p** the gospel and healing
Acts 10:36 **p** peace through Jesus
Acts 11:20 **p** the Lord Jesus.
1Co 2: 4 And my speech and my **p** were
1Co 15:14 then our **p** is empty and

PRECEPT
Is 28:10 precept must be upon **p**,

PRECIOUS
Ps 22:20 My **p** life from the power
Ps 36: 7 How **p** is Your
Ps 116:15 **P** in the sight of the LORD
Ps 133: 2 It is like the **p** oil upon
Ps 139:17 How **p** also are Your thoughts
Prov 3:15 She is more **p** than rubies,

1Co 3:12 **p** stones, wood, hay, straw,
1Pe 1: 7 being much more **p** than gold
1Pe 1:19 but with the **p** blood of
1Pe 2: 6 cornerstone, elect, **p**,
1Pe 3: 4 which is very **p** in the sight
2Pe 1: 4 us exceedingly great and **p**

PREDESTINED
Rom 8:29 He also **p** to be conformed
Eph 1: 5 having **p** us to adoption as

PREEMINENCE
Col 1:18 all things He may have the **p**.

PREPARATION (*see* PREPARE)
Matt 27:62 which followed the Day of **P**,
Eph 6:15 shod your feet with the **p**

PREPARE (*see* PREPARATION, PREPARED)
Is 40: 3 **P** the way of the LORD; Make
Amos 4:12 **P** to meet your God, O
Mal 3: 1 And he will **p** the way
Matt 3: 3 **P** the way of the LORD;
Matt 26:17 Where do You want us to **p** for
John 14: 2 I go to **p** a place for you.

PREPARED (*see* PREPARE)
Neh 8:10 those for whom nothing is **p**;
Ps 31:19 Which You have **p** for those
Jon 1:17 Now the LORD had **p** a great
Jon 4: 6 And the LORD God **p** a plant
Jon 4: 7 dawned the next day God **p** a
Jon 4: 8 that God **p** a vehement east
Matt 25:34 inherit the kingdom **p** for
Matt 25:41 into the everlasting fire **p**
Matt 26:19 and they **p** the Passover.
Luke 1:17 to make ready a people **p** for
Rom 9:23 which He had **p** beforehand
1Co 2: 9 things which God has **p**
Eph 2:10 which God **p** beforehand that
2Ti 2:21 **p** for every good work.
Heb 10: 5 a body You have **p** for
Heb 11: 7 **p** an ark for the saving of
Rev 21: 2 **p** as a bride adorned for her

PRESENCE (*see* PRESENT)
Gen 3: 8 hid themselves from the **p**
Ex 33:14 My **P** will go with you, and
Ps 16:11 In Your **p** is fullness of
Ps 23: 5 a table before me in the **p**
Ps 51:11 not cast me away from Your **p**,
Ps 100: 2 Come before His **p** with
Ps 116:14 to the LORD Now in the **p**
Ps 139: 7 where can I flee from Your **p**?
Is 63: 9 And the Angel of His **P**
Phil 2:12 not as in my **p** only, but now
2Th 1: 9 destruction from the **p** of
1Ti 6:12 good confession in the **p** of
Heb 6:19 and which enters the **P**
Jude 24 faultless Before the **p** of

PRESENT (*see* PRESENCE)
Ps 46: 1 A very **p** help in trouble.
Luke 2:22 Him to Jerusalem to **p** Him
Rom 6:13 And do not **p** your members as
Rom 8:18 the sufferings of this **p**
Rom 8:38 nor things **p** nor things to
Rom 12: 1 that you **p** your bodies a
1Co 5: 3 as absent in body but **p** in
1Co 15: 6 greater part remain to the **p**,
2Co 5: 8 from the body and to be **p**
2Co 5: 9 whether **p** or absent, to be
Gal 1: 4 deliver us from this **p** evil
Eph 5:27 that He might **p** her to
Col 1:22 to **p** you holy, and
Col 1:28 that we may **p** every man
2Ti 4:10 having loved this **p** world,
Tit 2:12 and godly in the **p** age,
Heb 12:11 seems to be joyful for the **p**,
Jude 24 And to **p** you faultless

PRESERVE (*see* PRESERVED)
Ps 16: 1 **P** me, O God, for in You I
Ps 32: 7 You shall **p** me from
Ps 64: 1 **P** my life from fear of the
Ps 121: 7 He shall **p** your soul.
Ps 121: 8 The LORD shall **p** your going
Luke 17:33 loses his life will **p** it.

PRESERVED (*see* PRESERVE)
1Th 5:23 and body be **p** blameless at

PRESS (*see* PRESSED)
Phil 3:12 but I **p** on, that I may lay
Phil 3:14 I **p** toward the goal for the

PRESSED (*see* PRESS)
Mark 3:10 as many as had afflictions **p**
Luke 6:38 **p** down, shaken together, and
2Co 4: 8 We are hard **p** on every

PRESUMPTUOUS
Ps 19:13 Your servant also from **p**

PREVAIL (*see* PREVAILED)
Is 7: 1 but could not **p** against it.
Matt 16:18 gates of Hades shall not **p**

PREVAILED (*see* PREVAIL)
Gen 7:24 And the waters **p** on the earth
Gen 32:28 God and with men, and have **p**.
Hos 12: 4 with the Angel and **p**;

PRICE
Is 55: 1 Without money and without **p**.
Matt 13:46 found one pearl of great **p**,
Acts 5: 3 keep back part of the **p** of
1Co 6:20 For you were bought at a **p**;
1Co 7:23 You were bought at a **p**;

PRIDE (*see* PROUD)
Prov 16:18 **P** goes before destruction,
1Ti 3: 6 lest being puffed up with **p**
1Jn 2:16 and the **p** of life—is not of

PRIEST (*see* PRIESTHOOD, PRIESTS)
Gen 14:18 he was the **p** of God Most
Ex 18: 1 the **p** of Midian, Moses'

P

Ex 31:10 garments for Aaron the **p**
Num 5:17 The **p** shall take holy water
Num 35:28 the death of the high **p**.
Judg 17:13 since I have a Levite as **p**!
1Sa 2:35 up for Myself a faithful **p**
Ezra 7:11 Artaxerxes gave Ezra the **p**,
Ezra 10:10 Then Ezra the **p** stood up and
Neh 8: 2 So Ezra the **p** brought the Law
Neh 8: 9 Ezra the **p** and scribe, and
Ps 110: 4 You are a **p** forever
Jer 23:11 For both prophet and **p** are
Ezek 1: 3 expressly to Ezekiel the **p**,
Ezek 7:26 law will perish from the **p**,
Hos 4: 9 be: like people, like **p**.
Matt 8: 4 way, show yourself to the **p**,
Matt 26:51 the servant of the high **p**,
Matt 26:57 away to Caiaphas the high **p**,
Mark 2:26 days of Abiathar the high **p**,
Luke 1: 5 a certain **p** named Zacharias,
Luke 10:31 Now by chance a certain **p**
John 11:49 being high **p** that year, said
Acts 4: 6 as well as Annas the high **p**,
Acts 14:13 Then the **p** of Zeus, whose
Acts 23: 4 "Do you revile God's high **p**?
Heb 2:17 and faithful High **P** in
Heb 3: 1 the Apostle and High **P** of
Heb 4:14 that we have a great High **P**
Heb 5: 6 You are a **p** forever
Heb 7: 1 **p** of the Most High God, who
Heb 7: 3 remains a **p** continually.
Heb 7:20 as He was not made **p**
Heb 8: 1 We have such a High **P**,
Heb 9: 7 the second part the high **p**
Heb 9:11 But Christ came as High **P**
Heb 9:25 as the high **p** enters the

PRIESTHOOD (*see* PRIEST)
Num 25:13 covenant of an everlasting **p**,
Heb 7:12 For the **p** being changed, of
Heb 7:24 has an unchangeable **p**.
1Pe 2: 5 a spiritual house, a holy **p**,
1Pe 2: 9 chosen generation, a royal **p**,

PRIESTS (*see* PRIEST)
Ex 19: 6 be to Me a kingdom of **p** and
Is 61: 6 you shall be named the **p** of
Matt 16:21 from the elders and chief **p**
Matt 20:18 be betrayed to the chief **p**
Matt 26: 3 Then the chief **p**,
Matt 27: 3 of silver to the chief **p**
Mark 2:26 to eat, except for the **p**,
Mark 15: 3 And the chief **p** accused Him
Luke 6: 4 lawful for any but the **p** to
Luke 17:14 show yourselves to the **p**.
Luke 23: 4 Pilate said to the chief **p**
Acts 9:21 them bound to the chief **p**?
Acts 26:10 authority from the chief **p**;
Rev 1: 6 and has made us kings and **p**
Rev 5:10 have made us kings and **p** to

PRINCE (*see* PRINCES)
Gen 23: 6 You are a mighty **p** among
Ex 2:14 Who made you a **p** and a judge
Ezra 1: 8 out to Sheshbazzar the **p** of
Is 9: 6 Father, **P** of Peace.
Ezek 28: 2 say to the **p** of Tyre, 'Thus
Ezek 38: 2 the **p** of Rosh, Meshech, and
Dan 8:11 himself as high as the **P**
Dan 8:25 even rise against the **P** of
Dan 9:25 Until Messiah the **P**,
Dan 9:26 And the people of the **p** who
Dan 10:20 return to fight with the **p**
Dan 10:20 indeed the **p** of Greece will
Dan 10:21 these, except Michael your **p**.
Dan 11:22 and also the **p** of the
Hos 3: 4 many days without king or **p**,
Acts 3:15 and killed the **P** of life,
Acts 5:31 to His right hand to be **P**
Eph 2: 2 according to the **p** of the

PRINCES (*see* PRINCE)
Gen 12:15 The **p** of Pharaoh also saw her
Gen 17:20 He shall beget twelve **p**,
Judg 5: 3 O **p**! I, even I, will sing
1Sa 18:30 Then the **p** of the Philistines
Job 12:21 He pours contempt on **p**,
Ps 45:16 Whom You shall make **p** in
Ps 105:22 To bind his **p** at his
Ps 107:40 He pours contempt on **p**,
Ps 113: 8 He may seat him with **p**—
Ps 118: 9 Than to put confidence in **p**.
Ps 146: 3 Do not put your trust in **p**,
Ps 148:11 **P** and all judges of the
Prov 8:16 By me **p** rule, and nobles,
Is 1:23 Your **p** are rebellious, And
Jer 1:18 of Judah, Against its **p**,
Jer 48: 7 His priests and his **p**
Lam 5:12 **P** were hung up by their
Dan 8:25 rise against the Prince of **p**;
Dan 10:13 Michael, one of the chief **p**,
Hos 7: 3 And **p** with their lies.
Hos 8: 4 but not by Me; They made **p**,
Hos 9:15 All their **p** are
Zeph 3: 3 Her **p** in her midst are

PRINCIPALITIES (*see* PRINCIPALITY)
Rom 8:38 nor angels nor **p** nor powers,
Eph 6:12 and blood, but against **p**,
Col 2:15 Having disarmed **p** and powers,

PRINCIPALITY (*see* PRINCIPALITIES)
Eph 1:21 far above all **p** and power and

PRINCIPLES†
Col 2: 8 according to the basic **p** of
Col 2:20 Christ from the basic **p** of
Heb 5:12 teach you again the first **p**
Heb 6: 1 of the elementary **p** of

PRISCILLA
Acts 18: 2 from Italy with his wife **P**
Rom 16: 3 Greet **P** and Aquila, my

PRISON (*see* PRISONER)
Gen 39:20 him and put him into the **p**,
Judg 16:21 he became a grinder in the **p**.
Is 53: 8 He was taken from **p** and from
Is 61: 1 And the opening of the **p** to

Matt 4:12 that John had been put in **p**,
Matt 14:10 and had John beheaded in **p**.
Matt 25:36 I was in **p** and you came to
Luke 12:58 the officer throw you into **p**.
Acts 12: 5 was therefore kept in **p**,
Acts 16:27 And the keeper of the **p**,
1Pe 3:19 preached to the spirits in **p**,

PRISONER (*see* PRISON, PRISONERS)
2Ti 1: 8 of our Lord, nor of me His **p**,
Phm 1: 1 a **p** of Christ Jesus, and
Phm 1:23 my fellow **p** in Christ Jesus,

PRISONERS (*see* PRISONER)
Gen 39:20 a place where the king's **p**
Is 42: 7 To bring out **p** from the

PRIVATE (*see* PRIVATELY)
2Pe 1:20 of Scripture is of any **p**

PRIVATELY (*see* PRIVATE)
Matt 17:19 disciples came to Jesus **p**

PRIZE
1Co 9:24 run, but one receives the **p**?
Phil 3:14 toward the goal for the **p**

PROCEED (*see* PROCEEDED, PROCEEDS)
Is 51: 4 For law will **p** from Me,
Matt 15:19 For out of the heart **p** evil
Eph 4:29 Let no corrupt word **p** out of
Jas 3:10 Out of the same mouth **p**

PROCEEDED (*see* PROCEED)
John 8:42 for I **p** forth and came from
Rev 19:21 with the sword which **p** from

PROCEEDS (*see* PROCEED)
Deut 8: 3 lives by every word that **p**
Matt 4: 4 by every word that **p**
John 15:26 the Spirit of truth who **p**

PROCLAIM (*see* PREACH, PROCLAIMED, PROCLAIMS)
Ex 33:19 and I will **p** the name of the
Lev 25:10 and **p** liberty throughout
2Sa 1:20 **P** it not in the streets of
Ps 26: 7 That I may **p** with the voice
Ps 96: 2 **P** the good news of His
Is 61: 1 To **p** liberty to the
Is 61: 2 To **p** the acceptable year of
Mark 1:45 he went out and began to **p**
Luke 4:19 To **p** the acceptable
1Co 11:26 you **p** the Lord's death till
1Pe 2: 9 that you may **p** the praises

PROCLAIMED (*see* PROCLAIM)
Ex 34: 5 and **p** the name of the LORD.
Ps 68:11 the company of those who **p**
Jon 3: 5 **p** a fast, and put on
Mark 7:36 the more widely they **p** it.
Luke 12: 3 in inner rooms will be **p** on

PROCLAIMS (*see* PROCLAIM)
Is 52: 7 Who **p** peace, Who brings
Nah 1:15 Who **p** peace! O Judah, keep

PRODIGAL†
Luke 15:13 his possessions with **p**

PRODUCES
Rom 5: 3 knowing that tribulation **p**
2Co 7:10 For godly sorrow **p** repentance
Jas 1: 3 the testing of your faith **p**

PROFANE
Lev 10: 1 and offered **p** fire before
Lev 18:21 nor shall you **p** the name of
1Ti 4: 7 But reject **p** and old wives'
2Ti 2:16 But shun **p** and idle

PROFESSING
Rom 1:22 **P** to be wise, they became

PROFIT (*see* ADVANTAGE, PROFITABLE, PROFITS)
Prov 14:23 In all labor there is **p**,
Eccl 1: 3 What **p** has a man from all
Mark 8:36 For what will it **p** a man if
Acts 16:16 brought her masters much **p**
2Ti 2:14 strive about words to no **p**,
Jas 2:14 What does it **p**, my brethren,

PROFITABLE (*see* PROFIT, UNPROFITABLE)
Matt 5:29 for it is more **p** for you
1Ti 4: 8 but godliness is **p** for all
2Ti 3:16 and is **p** for doctrine, for
Tit 3: 8 These things are good and **p**
Phm 1:11 but now is **p** to you and to

PROFITS (*see* PROFIT)
John 6:63 the flesh **p** nothing. The
1Co 13: 3 it **p** me nothing.
1Ti 4: 8 For bodily exercise **p** a

PROLONG (*see* PROLONGED)
Deut 5:33 and that you may **p** your
Ps 85: 5 Will You **p** Your anger to
Is 53:10 He shall **p** His days, And

PROLONGED (*see* PROLONG)
Deut 6: 2 and that your days may be **p**.

PROMISE (*see* PROMISED, PROMISES)
1Ki 8:56 one word of all His good **p**,
Luke 24:49 I send the **P** of My Father
Acts 1: 4 but to wait for the **P** of the
Acts 2:39 For the **p** is to you and to
Acts 13:23 seed, according to the **p**,
Rom 4:14 is made void and the **p** made
Rom 4:20 He did not waver at the **p** of
Rom 9: 9 For this is the word of **p**:
Gal 3:14 that we might receive the **p**
Gal 3:18 law, it is no longer of **p**;
Gal 3:18 God gave it to Abraham by **p**.
Gal 3:19 should come to whom the **p**
Gal 3:29 and heirs according to the **p**.
Gal 4:23 of the freewoman through **p**,
Gal 4:28 was, are children of **p**.

P

Eph 1:13 with the Holy Spirit of **p**,
Eph 2:12 from the covenants of **p**,
Eph 3: 6 and partakers of His **p** in
Eph 6: 2 the first commandment with **p**:
1Ti 4: 8 having **p** of the life that
Heb 4: 1 since a **p** remains of
Heb 6:15 endured, he obtained the **p**.
Heb 6:17 to the heirs of **p** the
Heb 9:15 called may receive the **p** of
Heb 11: 9 heirs with him of the same **p**;
Heb 11:39 faith, did not receive the **p**,
2Pe 3: 4 Where is the **p** of His coming?
2Pe 3: 9 not slack concerning His **p**,
2Pe 3:13 we, according to His **p**,
1Jn 2:25 And this is the **p** that He has

PROMISED (*see* PROMISE)
Deut 9:28 them to the land which He **p**
Rom 1: 2 which He **p** before through His
Rom 4:21 that what He had **p** He was
Tit 1: 2 **p** before time began,
Heb 10:23 for He who **p** is faithful.
Heb 11:11 Him faithful who had **p**.
Jas 1:12 of life which the Lord has **p**

PROMISES (*see* PROMISE)
2Co 1:20 For all the **p** of God in Him
2Co 7: 1 Therefore, having these **p**,
Heb 6:12 and patience inherit the **p**.
Heb 7: 6 blessed him who had the **p**.
Heb 8: 6 was established on better **p**.
Heb 11:13 not having received the **p**,
Heb 11:17 he who had received the **p**
Heb 11:33 righteousness, obtained **p**,
2Pe 1: 4 great and precious **p**,

PROMOTED
Dan 2:48 Then the king **p** Daniel and
Dan 3:30 Then the king **p** Shadrach,

PROOFS†
Acts 1: 3 by many infallible **p**,

PROPER
Jude 6 who did not keep their **p**

PROPHECIES (*see* PROPHECY)
1Co 13: 8 But whether there are **p**,

PROPHECY (*see* PROPHECIES, PROPHESY, PROPHETIC)
Dan 9:24 To seal up vision and **p**,
Rom 12: 6 let us use them: if **p**,
1Co 13: 2 I have the gift of **p**,
1Ti 4:14 which was given to you by **p**
2Pe 1:20 that no **p** of Scripture is of
2Pe 1:21 for **p** never came by the will
Rev 1: 3 who hear the words of this **p**,
Rev 19:10 of Jesus is the spirit of **p**.
Rev 22: 7 keeps the words of the **p** of

PROPHESIED (*see* PROPHESY)
Num 11:25 upon them, that they **p**,
1Sa 10:10 and he **p** among them.
Jer 2: 8 The prophets **p** by Baal,
Jer 20: 1 heard that Jeremiah **p** these
Matt 7:22 have we not **p** in Your name,
Matt 11:13 the prophets and the law **p**
Luke 1:67 with the Holy Spirit, and **p**,
John 11:51 high priest that year he **p**
Acts 19: 6 spoke with tongues and **p**.
1Pe 1:10 who **p** of the grace that
Jude 14 **p** about these men also,

PROPHESIES (*see* PROPHESY)
Jer 28: 9 As for the prophet who **p** of
1Co 11: 5 every woman who prays or **p**
1Co 14: 4 but he who **p** edifies the

PROPHESY (*see* PROPHECY, PROPHESIED, PROPHESIES, PROPHET, PROPHETESS)
Jer 5:31 The prophets **p** falsely, And
Ezek 21:14 therefore, son of man, **p**,
Ezek 37: 4 **P** to these bones, and say to
Ezek 37: 9 **P** to the breath, prophesy,
Joel 2:28 and your daughters shall **p**,
Amos 3: 8 has spoken! Who can but **p**?
Amos 7:12 eat bread, And there **p**.
Amos 7:13 But never again **p** at Bethel,
Matt 15: 7 Well did Isaiah **p** about you,
Matt 26:68 **P** to us, Christ! Who is the
Luke 22:64 **P**! Who is the one who struck
Acts 2:17 your daughters shall **p**,
Rom 12: 6 let us **p** in proportion to
1Co 13: 9 we know in part and we **p** in
1Co 14: 1 especially that you may **p**.
1Co 14:39 desire earnestly to **p**,

PROPHET (*see* PROPHESY, PROPHETS)
Gen 20: 7 man's wife; for he is a **p**,
Ex 7: 1 your brother shall be your **p**.
Num 12: 6 If there is a **p** among you,
Deut 13: 1 there arises among you a **p**
Deut 18:15 will raise up for you a **P**
Deut 18:20 But the **p** who presumes to
Deut 18:20 other gods, that **p** shall die.'
Deut 34:10 has not arisen in Israel a **p**
1Sa 9: 9 he who is now called a **p**
1Ki 18:22 I alone am left a **p** of the
Is 9:15 The **p** who teaches lies, he
Jer 1: 5 I ordained you a **p** to the
Jer 18:18 nor the word from the **p**.
Jer 23:11 For both **p** and priest are
Jer 23:28 The **p** who has a dream, let
Dan 9: 2 LORD through Jeremiah the **p**,
Amos 7:14 Nor was I a son of a **p**,
Hag 1: 3 LORD came by Haggai the **p**,
Mal 4: 5 I will send you Elijah the **p**
Matt 1:22 by the Lord through the **p**,
Matt 2: 5 thus it is written by the **p**:
Matt 2:17 was spoken by Jeremiah the **p**,
Matt 3: 3 who was spoken of by the **p**
Matt 10:41 He who receives a **p** in the
Matt 11: 9 did you go out to see? A **p**?
Matt 11: 9 to you, and more than a **p**.
Matt 12:39 it except the sign of the **p**
Matt 13:57 A **p** is not without honor
Matt 21:11 the **p** from Nazareth of

Matt 21:26 for all count John as a **p**.
Matt 24:15 spoken of by Daniel the **p**,
Mark 6:15 others said, "It is the **P**,
Luke 4:17 was handed the book of the **p**
Luke 4:24 no **p** is accepted in his own
Luke 24:19 who was a **P** mighty in deed
John 6:14 This is truly the **P** who is to
Acts 2:16 is what was spoken by the **p**
Acts 3:22 raise up for you a **P**
Acts 7:37 raise up for you a **P**
Acts 8:28 he was reading Isaiah the **p**.
Acts 13: 6 certain sorcerer, a false **p**,
Acts 13:20 years, until Samuel the **p**.
Rev 20:10 the beast and the false **p**

PROPHETESS (*see* PROPHESY)
Ex 15:20 Then Miriam the **p**,
Judg 4: 4 Now Deborah, a **p**,
2Ki 22:14 Asaiah went to Huldah the **p**,
Luke 2:36 there was one, Anna, a **p**,

PROPHETIC† (*see* PROPHECY)
Rom 16:26 and by the **p** Scriptures has
2Pe 1:19 And so we have the **p** word

PROPHETS (*see* PROPHET)
Num 11:29 the LORD's people were **p**
1Sa 10: 5 you will meet a group of **p**
1Sa 10:12 "Is Saul also among the **p**?
2Ki 2: 3 Now the sons of the **p** who
2Ki 17:13 to you by My servants the **p**.
1Ch 16:22 And do My **p** no harm."
Neh 9:30 by Your Spirit in Your **p**.
Ps 105:15 And do My **p** no harm."
Jer 23:21 "I have not sent these **p**,
Dan 9: 6 heeded Your servants the **p**,
Dan 9:10 us by His servants the **p**.
Amos 3: 7 secret to His servants the **p**.
Zech 7:12 Spirit through the former **p**.
Matt 2:23 which was spoken by the **p**,
Matt 5:17 to destroy the Law or the **P**.
Matt 7:15 "Beware of false **p**,
Matt 11:13 For all the **p** and the law
Matt 16:14 Jeremiah or one of the **p**.
Matt 23:30 them in the blood of the **p**.
Mark 6:15 or like one of the **p**.
Luke 1:70 by the mouth of His holy **p**,
Luke 16:16 The law and the **p** were until
Luke 16:29 'They have Moses and the **p**;
Luke 24:44 the Law of Moses and the **P**
Acts 3:25 "You are sons of the **p**,
Acts 10:43 To Him all the **p** witness
Acts 15:15 with this the words of the **p**
Rom 1: 2 before through His **p** in the
Rom 11: 3 have killed Your **p** and
1Co 12:28 first apostles, second **p**,
1Co 12:29 all apostles? Are all **p**?
1Co 14:29 Let two or three **p** speak, and
1Co 14:32 And the spirits of the **p** are
1Co 14:32 are subject to the **p**.
Eph 2:20 of the apostles and **p**,
Eph 4:11 to be apostles, some **p**,
Heb 1: 1 past to the fathers by the **p**,
Heb 11:32 David and Samuel and the **p**:
1Pe 1:10 Of this salvation the **p** have
2Pe 2: 1 But there were also false **p**
1Jn 4: 1 because many false **p** have
Rev 10: 7 to His servants the **p**.

PROPITIATION
Rom 3:25 whom God set forth as a **p** by
Heb 2:17 to make **p** for the sins of
1Jn 4:10 sent His Son to be the **p**

PROPORTION
Rom 12: 6 let us prophesy in **p** to

PROSELYTE†
Matt 23:15 land and sea to win one **p**,
Acts 6: 5 a **p** from Antioch,

PROSPER (*see* PROSPEROUS)
Gen 24:40 His angel with you and **p**
Josh 1: 7 that you may **p** wherever you
Ps 1: 3 whatever he does shall **p**.
Ps 122: 6 May they **p** who love you.
Is 53:10 of the LORD shall **p** in His

PROSPEROUS (*see* PROSPER)
Gen 24:21 had made his journey **p** or
Josh 1: 8 you will make your way **p**,

PROUD (*see* PRIDE)
Prov 6:17 A **p** look, A lying tongue,
Jas 4: 6 "God resists the **p**,
1Pe 5: 5 "God resists the **p**,

PROVE (*see* TEST, TRY)
Ps 26: 2 and **p** me; Try my mind and
Rom 12: 2 that you may **p** what is that

PROVERB (*see* PROVERBS)
Prov 1: 6 To understand a **p** and an

PROVERBS (*see* PROVERB)
1Ki 4:32 He spoke three thousand **p**,
Prov 1: 1 The **p** of Solomon the son of
Prov 10: 1 The **P** of Solomon: A wise son
Prov 25: 1 These also are **p** of Solomon
Eccl 12: 9 out and set in order many **p**.

PROVIDE (*see* PROVIDED, PROVISION)
Gen 22: 8 God will **p** for Himself the
1Ti 5: 8 But if anyone does not **p** for

PROVIDED (*see* PROVIDE)
Gen 22:14 of The LORD it shall be **p**.
Heb 11:40 God having **p** something better

PROVISION (*see* PROVIDE.
Rom 13:14 and make no **p** for the flesh,

PROVOKE (*see* PROVOKED, PROVOKING)
Ex 23:21 do not **p** Him, for He will
Deut 4:25 of the LORD your God to **p**
Rom 10:19 I will **p** you to jealousy
1Co 10:22 Or do we **p** the Lord to
Eph 6: 4 do not **p** your children to

P

PROVOKED (*see* PROVOKE)
Deut 32:16 They **p** Him to jealousy with
1Sa 1: 6 And her rival also **p** her
Is 1: 4 They have **p** to anger The
Acts 17:16 his spirit was **p** within him
1Co 13: 5 not seek its own, is not **p**,

PROVOKING (*see* PROVOKE)
Gal 5:26 **p** one another, envying one

PRUDENCE (*see* PRUDENT)
Prov 1: 4 To give **p** to the simple, To
Eph 1: 8 us in all wisdom and **p**,

PRUDENT (*see* PRUDENCE, PRUDENTLY)
1Sa 16:18 **p** in speech, and a handsome
Prov 14: 8 The wisdom of the **p** is to
Matt 11:25 things from the wise and **p**

PRUDENTLY (*see* PRUDENT)
Is 52:13 My Servant shall deal **p**;

PRUNES† (*see* PRUNING)
John 15: 2 that bears fruit He **p**,

PRUNING (*see* PRUNES)
Is 2: 4 And their spears into **p**
Joel 3:10 into swords And your **p**
Mic 4: 3 And their spears into **p**

PSALM (*see* PSALMIST, PSALMS)
1Ch 16: 7 first delivered this **p**
Ps 98: 5 harp and the sound of a **p**,
Acts 13:33 also written in the second **P**:
1Co 14:26 each of you has a **p**,

PSALMIST† (*see* PSALM)
2Sa 23: 1 And the sweet **p** of Israel:

PSALMS (*see* PSALM)
Luke 20:42 said in the Book of **P**:
Luke 24:44 and the Prophets and the **P**
Acts 1:20 is written in the book of **P**:
Eph 5:19 to one another in **p** and
Col 3:16 one another in **p** and hymns
Jas 5:13 cheerful? Let him sing **p**.

PUBLIC†
Matt 1:19 not wanting to make her a **p**
Col 2:15 He made a **p** spectacle of

PUFFED (*see* PUFFS)
1Co 4: 6 that none of you may be **p** up
1Co 13: 4 is not **p** up;
1Ti 3: 6 lest being **p** up with pride

PUFFS† (*see* PUFFED)
1Co 8: 1 Knowledge **p** up, but love

PUNISHMENT
Gen 4:13 My **p** is greater than I can
Is 10: 3 will you do in the day of **p**,
Jer 8:12 In the time of their **p**
Jer 11:23 even the year of their **p**.
Hos 9: 7 The days of **p** have come;
Amos 1: 3 I will not turn away its **p**,
Matt 25:46 go away into everlasting **p**,
Heb 10:29 Of how much worse **p**,

PURCHASED
Acts 20:28 the church of God which He **p**
Eph 1:14 the redemption of the **p**

PURE (*see* PURER, PURIFY, PURITY)
Ex 25:17 make a mercy seat of **p** gold;
Ps 12: 6 words of the LORD are **p**
Ps 18:26 With the **p** You will show
Ps 19: 8 of the LORD is **p**,
Ps 24: 4 who has clean hands and a **p**
Ps 73: 1 To such as are **p** in heart.
Prov 30: 5 Every word of God is **p**;
Dan 7: 9 hair of His head was like **p**
Matt 5: 8 Blessed are the **p** in heart,
Phil 4: 8 just, whatever things are **p**,
1Ti 1: 5 is love from a **p** heart,
1Ti 3: 9 of the faith with a **p**
1Ti 5:22 sins; keep yourself **p**.
Heb 10:22 and our bodies washed with **p**
Jas 1:27 **P** and undefiled religion
Jas 3:17 is from above is first **p**,
1Pe 2: 2 desire the **p** milk of the
1Jn 3: 3 himself, just as He is **p**.
Rev 15: 6 clothed in **p** bright linen,
Rev 21:21 street of the city was **p**

PURER† (*see* PURE)
Hab 1:13 You are of **p** eyes than to

PURGE (*see* PURGED)
Ps 51: 7 **P** me with hyssop, and I
1Co 5: 7 Therefore **p** out the old

PURGED (*see* PURGE, PURIFIED)
Is 6: 7 taken away, And your sin **p**.
Heb 1: 3 when He had by Himself **p** our

PURIFICATION (*see* PURIFY)
Lev 12: 4 until the days of her **p** are
Luke 2:22 Now when the days of her **p**

PURIFIED (*see* PURGED, PURIFY)
Heb 9:22 law almost all things are **p**
1Pe 1:22 Since you have **p** your souls

PURIFIES† (*see* PURIFY)
1Jn 3: 3 who has this hope in Him **p**

PURIFY (*see* PURE, PURIFICATION, PURIFIED, PURIFIES, PURIFYING)
Gen 35: 2 **p** yourselves, and change
Jas 4: 8 and **p** your hearts, you

PURIFYING (*see* PURIFY)
Acts 15: 9 **p** their hearts by faith.
Heb 9:13 sanctifies for the **p** of the

PURIM
Esth 9:26 So they called these days **P**,

PURITY (*see* PURE)
1Ti 4:12 in spirit, in faith, in **p**.

PURPLE
Dan 5:29 they clothed Daniel with **p**
John 19: 5 crown of thorns and the **p**
Acts 16:14 She was a seller of **p** from
Rev 17: 4 The woman was arrayed in **p**

PURPOSE (*see* COUNSEL, PURPOSES)
Eccl 3: 1 A time for every **p** under
Luke 4:43 because for this **p** I have
John 12:27 But for this **p** I came to
Acts 2:23 by the determined **p** and
Rom 8:28 called according to His **p**.
Rom 9:17 For this very **p** I have
Gal 3:19 What **p** then does the law
Eph 1:11 according to the **p** of Him
Eph 3:11 according to the eternal **p**
1Jn 3: 8 For this **p** the Son of God

PURPOSES (*see* PURPOSE)
2Co 9: 7 let each one give as he **p**

PURSUE (*see* PURSUES)
Ex 14: 4 so that he will **p** them; and
Ps 34:14 Seek peace and **p** it.
Hos 6: 3 Let us **p** the knowledge of
1Th 5:15 but always **p** what is good
1Pe 3:11 him seek peace and **p**

PURSUES (*see* PURSUE)
Lev 26:17 you shall flee when no one **p**
Prov 28: 1 wicked flee when no one **p**,
Hos 12: 1 And **p** the east wind; He

Q

QUAIL (*see* QUAILS)
Num 11:32 and gathered the **q** (he who

QUAILS† (*see* QUAIL)
Ex 16:13 So it was that **q** came up at

QUAKED
Ex 19:18 and the whole mountain **q**
Matt 27:51 to bottom; and the earth **q**,

QUALIFIED
Col 1:12 to the Father who has **q** us

QUEEN
1Ki 10: 1 Now when the **q** of Sheba heard
Matt 12:42 The **q** of the South will rise
Rev 18: 7 in her heart, 'I sit as **q**,

QUENCH (*see* QUENCHED, UNQUENCHABLE)
Song 8: 7 Many waters cannot **q** love,
Is 42: 3 smoking flax He will not **q**;
Matt 12:20 flax He will not **q**,
1Th 5:19 Do not **q** the Spirit.

QUENCHED (*see* QUENCH)
Mark 9:43 fire that shall never be **q**—
Heb 11:34 **q** the violence of fire,

QUESTION (*see* QUESTIONED, QUESTIONS)
Job 38: 3 I will **q** you, and you shall
Matt 22:35 a lawyer, asked Him a **q**,
Matt 22:46 day on did anyone dare **q**

QUESTIONED (*see* QUESTION)
Luke 23: 9 Then he **q** Him with many

QUESTIONS (*see* QUESTION)
1Ki 10: 3 Solomon answered all her **q**;
Luke 2:46 to them and asking them **q**.

QUICKLY (*see* HASTILY)
Deut 11:17 and you perish **q** from the
John 13:27 to him, "What you do, do **q**.
2Ti 4: 9 Be diligent to come to me **q**;
Rev 3:11 I am coming **q**! Hold fast
Rev 22:20 says, "Surely I am coming **q**.

QUIET (*see* QUIETNESS)
Is 7: 4 to him: 'Take heed, and be **q**;
Jer 47: 6 How long until you are **q**?
Mark 1:25 rebuked him, saying, "Be **q**,
1Th 4:11 you also aspire to lead a **q**
1Pe 3: 4 beauty of a gentle and **q**

QUIETNESS (*see* QUIET)
Is 30:15 In **q** and confidence shall

QUIRINIUS†
Luke 2: 2 first took place while **Q**

QUIVER
Ps 127: 5 is the man who has his **q**
Is 49: 2 In His **q** He has hidden

QUOTA
Ex 5: 8 you shall lay on them the **q**

R

RAAMSES† (*see* RAMESES)
Ex 1:11 supply cities, Pithom and **R**.

RABBI (*see* RABBONI)
Matt 23: 7 and to be called by men, '**R**,
Matt 26:25 Him, answered and said, "**R**,
Mark 9: 5 and said to Jesus, "**R**,
John 1:49 and said to Him, "**R**,

RABBONI (*see* RABBI)
John 20:16 **R**!" (which is to say

R

RACA†
Matt 5:22 R!' shall be in danger of the

RACE
Ps 19: 5 a strong man to run its r.
Eccl 9:11 The r is not to the swift,
Zech 9: 6 A mixed r shall settle in
1Co 9:24 that those who run in a r
2Ti 4: 7 fight, I have finished the r;
Heb 12: 1 us run with endurance the r

RACHEL
Gen 29:11 Then Jacob kissed R,
Gen 35:19 So R died and was buried on
Ruth 4:11 coming to your house like R
Jer 31:15 R weeping for her children,
Matt 2:18 R weeping for her

RAGE (*see* RAGING)
Ps 2: 1 Why do the nations r;
Acts 4:25 did the nations r;

RAGING (*see* RAGE)
Ps 22:13 Like a r and roaring lion.
Jon 1:15 the sea ceased from its r.

RAGS
Is 64: 6 are like filthy r;
Jer 38:12 put these old clothes and r

RAHAB
Josh 2: 1 house of a harlot named R,
Ps 89:10 You have broken R in pieces,
Matt 1: 5 Salmon begot Boaz by R,
Heb 11:31 By faith the harlot R did not
Jas 2:25 was not R the harlot also

RAIN (*see* RAINED, RAINS)
Gen 2: 5 God had not caused it to r
Gen 7: 4 days I will cause it to r
Ex 16: 4 I will r bread from heaven
Deut 11:14 the early r and the latter
2Sa 1:21 there be no dew nor r
1Ki 17: 1 there shall not be dew nor r
1Ki 18:41 the sound of abundance of r
Eccl 11: 3 If the clouds are full of r,
Eccl 12: 2 do not return after the r;
Song 2:11 The r is over and gone.
Is 55:10 For as the r comes down, and
Hos 6: 3 will come to us like the r,
Matt 5:45 and sends r on the just and
Matt 7:25 and the r descended, the
Jas 5:17 and it did not r on the land
Jas 5:18 again, and the heaven gave r,

RAINBOW
Gen 9:13 I set My r in the cloud, and

RAINED (*see* RAIN)
Gen 19:24 Then the LORD r brimstone
Ex 9:23 And the LORD r hail on the
Ps 78:24 Had r down manna on them to
Ps 78:27 He also r meat on them like
Luke 17:29 Lot went out of Sodom it r

RAINS (*see* RAIN)
2Sa 21:10 of harvest until the late r
Hos 10:12 Till He comes and r

RAISE (*see* LIFT, RAISED)
Deut 18:18 I will r up for them a
Hos 6: 2 On the third day He will r
Matt 10: 8 r the dead, cast out demons.
John 2:19 and in three days I will r
John 6:40 and I will r him up at the
Acts 2:30 He would r up the Christ to
1Co 15:15 whom He did not r up—if in
2Co 4:14 the Lord Jesus will also r
Heb 11:19 that God was able to r
Jas 5:15 and the Lord will r him up.

RAISED (*see* LIFTED, RAISE)
Judg 2:16 the LORD r up judges who
Judg 3: 9 the LORD r up a deliverer
Matt 11: 5 the dead are r up and the
Matt 16:21 and be r the third day.
Matt 26:32 "But after I have been r,
Matt 27:52 who had fallen asleep were r;
John 12: 1 whom He had r from the dead.
Acts 2:32 This Jesus God has r up, of
Acts 3:26 having r up His Servant
Acts 4:10 whom God r from the dead, by
Rom 4:24 us who believe in Him who r
Rom 4:25 and was r because of our
Rom 6: 4 that just as Christ was r
Rom 8:11 if the Spirit of Him who r
Rom 9:17 very purpose I have r
Rom 10: 9 in your heart that God has r
1Co 6:14 And God both r up the Lord
1Co 15:12 preached that He has been r
1Co 15:42 it is r in incorruption.
2Co 4:14 knowing that He who r up the
Eph 2: 6 and r us up together, and
Col 2:12 in which you also were r
Heb 11:35 Women received their dead r

RAM (*see* RAM'S, RAMS)
Gen 15: 9 goat, a three-year-old r,
Gen 22:13 Abraham went and took the r;
Ruth 4:19 Hezron begot R,
Dan 8: 3 was a r which had two horns,
Matt 1: 4 R begot Amminadab, Amminadab

RAM'S (*see* RAM)
Josh 6: 5 a long blast with the r

RAMAH
Jer 31:15 "A voice was heard in R,
Matt 2:18 voice was heard in R,

RAMESES (*see* RAAMSES)
Gen 47:11 the land, in the land of R,
Ex 12:37 of Israel journeyed from R

RAMS (*see* RAM)
Ex 29: 1 one young bull and two **r**
1Sa 15:22 to heed than the fat of **r**
Ps 114: 4 mountains skipped like **r**,
Mic 6: 7 pleased with thousands of **r**,

RAN (*see* RUN)
Gen 18: 2 he **r** from the tent door to
Gen 33: 4 But Esau **r** to meet him, and
1Sa 3: 5 So he **r** to Eli and said,
1Sa 17:51 Therefore David **r** and stood
1Ki 18:35 So the water **r** all around the
Jer 23:21 these prophets, yet they **r**
Matt 8:32 the whole herd of swine **r**
Matt 28: 8 and **r** to bring His disciples
Luke 24:12 But Peter arose and **r** to the
John 2: 3 And when they **r** out of wine,
Acts 27:41 they **r** the ship aground; and
Gal 5: 7 You **r** well. Who hindered you

RANSOM (*see* RANSOMED)
Num 35:31 you shall take no **r** for the
Ps 49: 7 Nor give to God a **r** for
Prov 13: 8 The **r** of a man's life is
Hos 13:14 I will **r** them from the power
Matt 20:28 and to give His life a **r** for
Mark 10:45 and to give His life a **r** for
1Ti 2: 6 who gave Himself a **r** for all,

RANSOMED (*see* RANSOM)
Is 35:10 And the **r** of the LORD shall
Jer 31:11 And **r** him from the hand of

RARE
1Sa 3: 1 the word of the LORD was **r**

RAVEN (*see* RAVENS)
Gen 8: 7 Then he sent out a **r**;
Song 5:11 wavy, And black as a **r**.

RAVENOUS
Matt 7:15 but inwardly they are **r**

RAVENS (*see* RAVEN)
1Ki 17: 6 The **r** brought him bread and
Luke 12:24 "Consider the **r**,

RAZOR
Num 6: 5 vow of his separation no **r**
Judg 13: 5 And no **r** shall come upon his
1Sa 1:11 and no **r** shall come upon his

READ (*see* READER, READING, READS)
Deut 17:19 and he shall **r** it all the
Neh 8: 3 Then he **r** from it in the open
Neh 8: 8 So they **r** distinctly from the
Dan 5: 8 but they could not **r** the
Matt 12: 5 Or have you not **r** in the law
Luke 4:16 day, and stood up to **r**.
John 19:20 Then many of the Jews **r** this
Acts 8:32 in the Scripture which he **r**
Acts 13:27 of the Prophets which are **r**
2Co 3: 2 known and **r** by all men;
2Co 3:15 to this day, when Moses is **r**,
Col 4:16 Now when this epistle is **r**

READER† (*see* READ)
Mark 13:14 it ought not" (let the **r**

READINESS† (*see* READY)
Acts 17:11 received the word with all **r**,

READING (*see* READ)
Neh 8: 8 them to understand the **r**.
Acts 8:28 he was **r** Isaiah the prophet.
Acts 8:30 understand what you are **r**?
1Ti 4:13 I come, give attention to **r**,

READS† (*see* READ)
Dan 5: 7 Whoever **r** this writing, and
Hab 2: 2 That he may run who **r** it.
Matt 24:15 the holy place" (whoever **r**,
Rev 1: 3 Blessed is he who **r** and

READY (*see* READINESS)
Ex 19:15 Be **r** for the third day; do
Luke 1:17 to make **r** a people prepared
Rom 1:15 I am **r** to preach the
2Co 12:14 for the third time I am **r**
1Pe 1: 5 faith for salvation **r** to be
1Pe 3:15 and always be **r** to give a
1Pe 4: 5 an account to Him who is **r**

REAP (*see* REAPER, REAPING, REAPS)
Ps 126: 5 who sow in tears Shall **r**
Prov 22: 8 He who sows iniquity will **r**
Hos 8: 7 And **r** the whirlwind. The
Matt 6:26 for they neither sow nor **r**
Matt 25:26 you knew that I **r** where I
2Co 9: 6 sows sparingly will also **r**
Gal 6: 7 sows, that he will also **r**.
Gal 6: 8 flesh will of the flesh **r**

REAPER (*see* REAP, REAPERS)
Amos 9:13 plowman shall overtake the **r**,

REAPERS (*see* REAPER)
Ruth 2: 3 in the field after the **r**.
Matt 13:39 and the **r** are the angels.

REAPING (*see* REAP)
Matt 25:24 **r** where you have not sown,

REAPS (*see* REAP)
John 4:36 he who sows and he who **r**

REASON (*see* REASONABLE, REASONING)
Ps 90:10 And if by **r** of strength
Is 1:18 and let us **r** together,"
Matt 16: 8 why do you **r** among
Luke 23:22 I have found no **r** for death
Eph 5:31 For this **r** a man shall
1Pe 3:15 to everyone who asks you a **r**

REASONABLE† (*see* REASON)
Rom 12: 1 which is your **r** service.

R

REASONING (*see* REASON)
Luke 5:22 Why are you **r** in your hearts?

REBECCA† (*see* REBEKAH)
Rom 9:10 but when **R** also had

REBEKAH (*see* REBECCA)
Gen 25:28 but **R** loved Jacob.

REBELLED (*see* REBELLION, REBELLIOUS)
Is 1: 2 And they have **r** against Me;

REBELLION (*see* REBELLED, REBELLIOUS)
1Sa 15:23 For **r** is as the sin of
Ps 95: 8 your hearts, as in the **r**,
Heb 3: 8 hearts as in the **r**,
Jude 11 and perished in the **r** of

REBELLIOUS (*see* REBELLED, REBELLION)
Deut 21:20 of ours is stubborn and **r**;
Ps 78: 8 A stubborn and **r**
Prov 7:11 She was loud and **r**,
Is 30: 1 Woe to the **r** children," says
Is 65: 2 My hands all day long to a **r**
Jer 5:23 people has a defiant and **r**
Ezek 2: 5 for they are a **r** house—yet
Hos 9:15 All their princes are **r**

REBUILD (*see* REBUILDING, REBUILT)
Is 61: 4 And they shall **r** the old

REBUILDING (*see* REBUILD)
Ezra 5:11 and we are **r** the temple that
Neh 6: 6 you are **r** the wall, that you

REBUILT (*see* REBUILD)
Ezra 5:15 let the house of God be **r**

REBUKE (*see* REBUKED, REPROOF)
Ruth 2:16 and do not **r** her."
Ps 6: 1 do not **r** me in Your anger,
Prov 9: 8 **R** a wise man, and he will
Prov 30: 6 Lest He **r** you, and you be
Is 1:17 **R** the oppressor; Defend
Jer 15:15 Your sake I have suffered **r**
Mic 4: 3 And **r** strong nations afar
Zech 3: 2 The LORD **r** you, Satan! The
1Ti 5: 1 Do not **r** an older man, but
2Ti 4: 2 out of season. Convince, **r**,
Tit 2:15 and **r** with all authority.

REBUKED (*see* REBUKE)
Gen 37:10 and his father **r** him and
Ps 9: 5 You have **r** the nations, You
Ps 105:14 He **r** kings for their sakes,
Prov 29: 1 He who is often **r**,
Matt 17:18 And Jesus **r** the demon, and it
Mark 8:33 He **r** Peter, saying, "Get
Heb 12: 5 when you are **r** by Him;

RECALL
Lam 3:21 This I **r** to my mind,
Heb 10:32 But **r** the former days in

RECEDED
Gen 8: 3 And the waters **r** continually
Rev 6:14 Then the sky **r** as a scroll

RECEIVE (*see* RECEIVED, RECEIVES, RECEIVING)
Ps 24: 5 He shall **r** blessing from the
Ps 49:15 For He shall **r** me. Selah
Ps 73:24 And afterward **r** me to
Mal 3:10 not be room enough to **r**
Matt 10:14 And whoever will not **r** you
Matt 10:41 name of a prophet shall **r** a
Matt 11:14 if you are willing to **r**
Luke 18:30 who shall not **r** many times
Luke 23:41 for we **r** the due reward of
John 1:11 and His own did not **r** Him.
John 12:48 and does not **r** My words, has
John 14: 3 I will come again and **r** you
John 14:17 whom the world cannot **r**,
John 16:24 My name. Ask, and you will **r**;
John 20:22 **R** the Holy Spirit.
Acts 1: 8 But you shall **r** power when
Acts 2:38 and you shall **r** the gift of
Acts 3:21 whom heaven must **r** until the
Acts 7:59 Lord Jesus, **r** my spirit."
Acts 20:35 blessed to give than to **r**.
1Co 2:14 the natural man does not **r**
1Co 4: 7 you have that you did not **r**?
Gal 3: 2 Did you **r** the Spirit by the
Gal 4: 5 that we might **r** the adoption
Heb 11:39 did not **r** the promise,
Jas 1:12 he will **r** the crown of life
Jas 4: 3 You ask and do not **r**,
1Pe 5: 4 you will **r** the crown of
1Jn 3:22 And whatever we ask we **r** from
Rev 4:11 To **r** glory and honor and
Rev 13:16 to **r** a mark on their right

RECEIVED (*see* RECEIVE)
Is 40: 2 For she has **r** from the
Matt 10: 8 demons. Freely you have **r**;
Mark 16:19 He was **r** up into heaven, and
Luke 9:51 had come for Him to be **r** up,
John 1:12 But as many as **r** Him, to them
John 1:16 His fullness we have all **r**,
Acts 1: 9 and a cloud **r** Him out of
Acts 8:17 and they **r** the Holy Spirit.
Acts 15: 4 they were **r** by the church
Rom 1: 5 Through Him we have **r** grace
Rom 5:11 through whom we have now **r**
Rom 8:15 but you **r** the Spirit of
1Co 4: 7 boast as if you had not **r**
1Co 11:23 For I **r** from the Lord that
1Co 15: 3 of all that which I also **r**:
1Ti 3:16 **R** up in glory.
Heb 10:26 willfully after we have **r**
Heb 11:13 not having **r** the promises,
1Pe 4:10 As each one has **r** a gift,

RECEIVES (*see* RECEIVE)
Prov 15: 5 But he who **r** correction is
Matt 7: 8 "For everyone who asks **r**,
Matt 10:40 He who **r** you receives Me,

Matt 10:41 He who **r** a prophet in the
Matt 18: 5 Whoever **r** one little child
1Co 9:24 but one **r** the prize? Run in
Heb 6: 7 **r** blessing from God;
Heb 12: 6 every son whom He **r**

RECEIVING (*see* RECEIVE)
Rom 1:27 and **r** in themselves the
Heb 12:28 since we are **r** a kingdom
1Pe 1: 9 **r** the end of your faith—the

RECOGNIZE (*see* RECOGNIZED)
Job 2:12 and did not **r** him, they

RECOGNIZED (*see* RECOGNIZE)
Gen 42: 8 So Joseph **r** his brothers, but

RECOMPENSE
Deut 32:35 Vengeance is Mine, and **r**;

RECONCILE (*see* RECONCILED, RECONCILIATION, RECONCILING)
Eph 2:16 and that He might **r** them both
Col 1:20 and by Him to **r** all things to

RECONCILED (*see* RECONCILE)
Matt 5:24 First be **r** to your brother,
Rom 5:10 we were enemies we were **r**
2Co 5:20 be **r** to God.

RECONCILIATION (*see* RECONCILE)
Rom 5:11 we have now received the **r**
2Co 5:18 given us the ministry of **r**,
2Co 5:19 to us the word of **r**

RECONCILING (*see* RECONCILE)
2Co 5:19 that God was in Christ **r** the

RECOVERY
Luke 4:18 to the captives And **r**

RED (*see* REDNESS)
Gen 25:25 And the first came out **r**
Gen 25:30 feed me with that same **r**
Ex 10:19 and blew them into the **R**
Prov 23:31 on the wine when it is **r**,
Is 1:18 Though they are **r** like
Is 63: 2 Why is Your apparel **r**,
Zech 1: 8 a man riding on a **r** horse,
Matt 16: 2 weather, for the sky is **r**';
Heb 11:29 they passed through the **R**
Rev 6: 4 Another horse, fiery **r**;

REDEEM (*see* REDEEMED, REDEEMER, REDEEMING, REDEEMS, REDEMPTION)
Ex 6: 6 and I will **r** you with an
Ex 13:13 of a donkey you shall **r**
Ex 13:15 the firstborn of my sons I **r**
Lev 25:25 relative comes to **r** it,
Lev 27:20 if he does not want to **r**
Ruth 4: 4 If you will **r** it, redeem
Ps 49:15 But God will **r** my soul from
Mic 4:10 There the LORD will **r** you
Luke 24:21 it was He who was going to **r**
Gal 4: 5 to **r** those who were under the

REDEEMED (*see* REDEEM)
2Sa 4: 9 who has **r** my life from all
Ps 55:18 He has **r** my soul in peace
Ps 77:15 You have with Your arm **r**
Ps 107: 2 Let the **r** of the LORD say
Is 62:12 The **R** of the LORD; And
Gal 3:13 Christ has **r** us from the
1Pe 1:18 knowing that you were not **r**
Rev 5: 9 And have **r** us to God by

REDEEMER (*see* REDEEM)
Job 19:25 For I know that my **R** lives,
Ps 19:14 LORD, my strength and my **R**.
Is 41:14 says the LORD And your **R**,
Is 49: 7 The **R** of Israel, their Holy
Is 49:26 am your Savior, And your **R**,
Is 63:16 Our **R** from Everlasting is

REDEEMING (*see* REDEEM)
Eph 5:16 **r** the time, because the days

REDEEMS (*see* REDEEM)
Ps 103: 4 Who **r** your life from

REDEMPTION (*see* REDEEM)
Ps 130: 7 And with Him is abundant **r**
Luke 2:38 all those who looked for **r**
Luke 21:28 because your **r** draws near."
Rom 3:24 by His grace through the **r**
Rom 8:23 the **r** of our body.
1Co 1:30 and sanctification and **r**—
Eph 1: 7 In Him we have **r** through His
Eph 4:30 were sealed for the day of **r**
Col 1:14 in whom we have **r** through His
Heb 9:12 having obtained eternal **r**

REDNESS† (*see* RED)
Prov 23:29 Who has **r** of eyes?

REED (*see* REEDS)
Is 42: 3 A bruised **r** He will not
Matt 11: 7 A **r** shaken by the wind?
Matt 12:20 A bruised **r** He will

REEDS (*see* REED)
Ex 2: 5 she saw the ark among the **r**;

REFORMATION†
Heb 9:10 imposed until the time of **r**

REFRAIN
Eccl 3: 5 And a time to **r** from

REFRESHING
Acts 3:19 so that times of **r** may come

REFUGE
Num 35: 6 appoint six cities of **r**;
Deut 33:27 The eternal God is your **r**;
Ruth 2:12 wings you have come for **r**
Ps 9: 9 A **r** in times of trouble.

Ps 46: 1 God is our **r** and strength,
Ps 46: 7 The God of Jacob is our **r**
Heb 6:18 who have fled for **r** to lay

REFUSE (*see* REFUSED, REFUSING)
Is 7:15 that He may know to **r** the
Heb 12:25 See that you do not **r** Him

REFUSED (*see* REFUSE)
Gen 37:35 but he **r** to be comforted,
1Sa 16: 7 because I have **r** him. For
Ps 77: 2 My soul **r** to be comforted.
Is 8: 6 Inasmuch as these people **r**
Heb 11:24 **r** to be called the son of

REFUSING (*see* REFUSE)
Jer 31:15 **R** to be comforted for her
Matt 2:18 **R** to be comforted,

REGARD (*see* REGARDED)
Ps 66:18 If I **r** iniquity in my heart,
Luke 18: 2 who did not fear God nor **r**
2Co 5:16 we **r** no one according to the

REGARDED (*see* REGARD)
Luke 1:48 For He has **r** the lowly state

REGENERATION
Tit 3: 5 through the washing of **r** and

REGIONS
2Co 10:16 preach the gospel in the **r**

REGISTERED
Luke 2: 1 all the world should be **r**
Luke 2: 5 to be **r** with Mary, his
Heb 12:23 of the firstborn who are **r**

REHOBOAM
1Ki 12:21 restore the kingdom to **R**
Matt 1: 7 Solomon begot **R**,

REIGN (*see* REIGNED, REIGNS)
Gen 37: 8 Shall you indeed **r** over us?
Ex 15:18 The LORD shall **r** forever and
Judg 9: 8 **R** over us!'
1Sa 8:11 of the king who will **r** over
Prov 8:15 By me kings **r**,
Luke 1:33 And He will **r** over the house
Luke 3: 1 the fifteenth year of the **r**
Rom 5:17 of righteousness will **r** in
Rom 5:21 even so grace might **r**
Rom 6:12 Therefore do not let sin **r** in
1Co 15:25 For He must **r** till He has put
Rev 11:15 and He shall **r** forever and
Rev 20: 6 and shall **r** with Him a
Rev 22: 5 And they shall **r** forever and

REIGNED (*see* REIGN)
Gen 36:31 of Edom before any king **r**
1Sa 13: 1 Saul **r** one year; and when he
Rom 5:14 Nevertheless death **r** from
Rom 5:21 so that as sin **r** in death,
Rev 20: 4 And they lived and **r** with

REIGNS (*see* REIGN)
Ps 96:10 the nations, "The LORD **r**;
Rev 19: 6 the Lord God Omnipotent **r**!

REJECTED (*see* CAST, REJECTS)
1Sa 8: 7 for they have not **r** you, but
1Sa 15:23 Because you have **r** the word
Ps 118:22 stone which the builders **r**
Is 5:24 Because they have **r** the law
Is 53: 3 He is despised and **r** by men,
Matt 21:42 which the builders **r**
Acts 4:11 stone which was **r** by you
Heb 12:17 the blessing, he was **r**,
1Pe 2: 7 which the builders **r**

REJECTS (*see* REJECTED)
Luke 10:16 he who **r** you rejects Me, and

REJOICE (*see* REJOICED, REJOICES, REJOICING)
1Sa 2: 1 Because I **r** in Your
Ps 2:11 And **r** with trembling.
Ps 9: 2 I will be glad and **r** in You;
Ps 9:14 I will **r** in Your salvation.
Ps 14: 7 Let Jacob **r** and Israel be
Ps 33: 1 **R** in the LORD, O you
Ps 51: 8 bones You have broken may **r**
Ps 63: 7 of Your wings I will **r**
Ps 85: 6 That Your people may **r** in
Ps 90:14 That we may **r** and be glad
Ps 97: 1 reigns; Let the earth **r**;
Ps 107:42 The righteous see it and **r**;
Ps 118:24 We will **r** and be glad in
Ps 119:162 I **r** at Your word As one who
Prov 5:18 And **r** with the wife of your
Eccl 3:22 than that a man should **r** in
Eccl 11: 9 **R**, O young man,
Is 9: 3 As men **r** when they divide
Is 25: 9 We will be glad and **r** in
Is 35: 1 And the desert shall **r** and
Is 65:13 Behold, My servants shall **r**;
Jer 15:17 of the mockers, Nor did I **r**;
Hab 3:18 Yet I will **r** in the LORD,
Zech 9: 9 **R** greatly, O daughter of
Matt 5:12 **R** and be exceedingly glad,
Luke 1:14 and many will **r** at his
Luke 1:28 the angel said to her, "**R**,
Luke 6:23 **R** in that day and leap for
Luke 10:20 but rather **r** because your
Luke 15: 6 **R** with me, for I have found
John 4:36 sows and he who reaps may **r**
Rom 5: 2 and **r** in hope of the glory
Rom 5:11 but we also **r** in God through
Rom 12:15 **R** with those who rejoice, and
1Co 13: 6 does not **r** in iniquity, but
Gal 4:27 For it is written: "**R**,
Phil 1:18 is preached; and in this I **r**;
Phil 4: 4 **R** in the Lord always. Again I
Col 1:24 I now **r** in my sufferings for
1Th 5:16 **R** always,
1Pe 1: 6 In this you greatly **r**;
1Pe 1: 8 you **r** with joy inexpressible
1Pe 4:13 but **r** to the extent that you
Rev 19: 7 Let us be glad and **r** and give

REJOICED (*see* REJOICE)
Matt 2:10 they **r** with exceedingly
Luke 1:47 And my spirit has **r** in God
John 8:56 Your father Abraham **r** to see
Phil 4:10 But I **r** in the Lord greatly

REJOICES (*see* REJOICE)
1Sa 2: 1 My heart **r** in the LORD; My
Ps 19: 5 And **r** like a strong man to
Matt 18:13 he **r** more over that sheep
1Co 13: 6 but **r** in the truth;

REJOICING (*see* REJOICE)
Ps 19: 8 **r** the heart; The
Ps 107:22 declare His works with **r**
Ps 119:111 For they are the **r** of my
Ps 126: 6 doubtless come again with **r**
Jer 15:16 was to me the joy and **r** of
Acts 5:41 **r** that they were counted
Acts 8:39 and he went on his way **r**
Rom 12:12 **r** in hope, patient in
2Co 6:10 as sorrowful, yet always **r**;
1Th 2:19 hope, or joy, or crown of **r**?

RELEASE (*see* LOOSE, RELEASED)
Lev 16:22 and he shall **r** the goat in
Deut 15: 9 seventh year, the year of **r**,
Matt 27:17 Whom do you want me to **r** to

RELEASED (*see* RELEASE)
Lev 16:26 And he who **r** the goat as the
Matt 27:26 Then he **r** Barabbas to them;

RELENT (*see* RELENTED, RELENTS)
1Sa 15:29 not a man, that He should **r**
Ps 110: 4 has sworn And will not **r**,
Jer 18: 8 I will **r** of the disaster
Heb 7:21 sworn And will not **r**,

RELENTED (*see* RELENT)
Jon 3:10 and God **r** from the disaster

RELENTS† (*see* RELENT)
Joel 2:13 And He **r** from doing harm.
Jon 4: 2 One who **r** from doing harm.

RELIGION (*see* RELIGIOUS)
Jas 1:27 Pure and undefiled **r** before

RELIGIOUS† (*see* RELIGION)
Acts 17:22 in all things you are very **r**;
Jas 1:26 among you thinks he is **r**,

REMAIN (*see* REMAINS, REMNANT)
Ex 12:10 You shall let none of it **r**
John 15:11 that My joy may **r** in you,
John 15:16 that your fruit should **r**,
1Co 7:11 let her **r** unmarried or be
1Co 7:26 it is good for a man to **r**
1Th 4:15 that we who are alive and **r**
Heb 1:11 will perish, but You **r**;
Heb 12:27 which cannot be shaken may **r**

REMAINS (*see* REMAIN)
Gen 8:22 "While the earth **r**,
John 9:41 see.' Therefore your sin **r**
John 12:24 it **r** alone; but if it dies,
1Co 7:40 But she is happier if she **r**
2Ti 2:13 He **r** faithful; He cannot
Heb 4: 9 There **r** therefore a rest for
Heb 7: 3 **r** a priest continually.
1Jn 3: 9 for His seed **r** in him; and

REMEDY
Prov 6:15 he shall be broken without **r**
Prov 29: 1 and that without **r**

REMEMBER (*see* REMEMBERED, REMEMBERING, REMEMBERS, REMEMBRANCE)
Gen 9:15 and I will **r** My covenant
Gen 40:23 the chief butler did not **r**
Ex 20: 8 **R** the Sabbath day, to keep
Deut 9: 7 "**R**! Do not forget how
Neh 13:31 **R** me, O my God, for good!
Ps 25: 7 Do not **r** the sins of my
Ps 25: 7 According to Your mercy **r**
Ps 42: 4 When I **r** these things, I
Ps 42: 6 Therefore I will **r** You from
Ps 63: 6 When I **r** You on my bed, I
Ps 77:10 But I will **r** the years
Ps 79: 8 do not **r** former iniquities
Ps 105: 5 **R** His marvelous works which
Ps 137: 6 If I do not **r** you, Let my
Eccl 12: 1 **R** now your Creator in the
Is 43:18 Do not **r** the former things,
Is 46: 9 **R** the former things of old,
Jer 31:34 and their sin I will **r** no
Lam 3:19 **R** my affliction and
Hab 3: 2 In wrath **r** mercy.
Luke 17:32 **R** Lot's wife.
Luke 23:42 **r** me when You come into Your
Col 4:18 **R** my chains. Grace be with
2Ti 1: 3 as without ceasing I **r** you
Rev 2: 5 **R** therefore from where you

REMEMBERED (*see* REMEMBER, REMEMBERS)
Gen 8: 1 Then God **r** Noah, and every
Gen 19:29 that God **r** Abraham, and sent
Gen 42: 9 Then Joseph **r** the dreams
Ex 6: 5 and I have **r** My covenant.
Ps 98: 3 He has **r** His mercy and His
Ps 105:42 For He **r** His holy promise,
Ps 111: 4 His wonderful works to be **r**;
Ps 136:23 Who **r** us in our lowly state,
Ps 137: 1 we wept When we **r** Zion.
Is 65:17 the former shall not be **r**
Hos 2:17 And they shall be **r** by
Jon 2: 7 I **r** the LORD; And my
Matt 26:75 And Peter **r** the word of Jesus
Luke 24: 8 And they **r** His words.
Rev 18: 5 and God has **r** her

REMEMBERING (*see* REMEMBER)
Mark 11:21 And Peter, **r**, said to Him,
1Th 1: 3 **r** without ceasing your work

R

REMEMBERS (*see* REMEMBER)
Ps 103:14 He r that we are dust.
Ps 103:16 And its place r it no more.
Ps 105: 8 He r His covenant forever,

REMEMBRANCE (*see* REMEMBER)
Ex 17:14 will utterly blot out the r
Deut 25:19 you will blot out the r of
Ps 6: 5 in death there is no r of
Ps 112: 6 will be in everlasting r
Eccl 1:11 There is no r of former
Mal 3:16 So a book of r was written
Luke 1:54 In r of His mercy,
Luke 22:19 do this in r of Me."
1Co 11:24 do this in r of Me."
1Co 11:25 drink it, in r of Me."
Phil 1: 3 I thank my God upon every r
2Ti 1: 5 when I call to r the genuine

REMISSION
Matt 26:28 is shed for many for the r
Luke 1:77 to His people By the r of
Luke 24:47 and that repentance and r of
Acts 10:43 in Him will receive r of
Heb 9:22 of blood there is no r
Heb 10:18 Now where there is r of

REMNANT (*see* REMAIN)
Is 1: 9 left to us a very small r,
Is 10:21 The r will return, the
Is 10:21 the r of Jacob, To the
Ezek 6: 8 "Yet I will leave a r,
Amos 5:15 Will be gracious to the r
Mic 2:12 I will surely gather the r
Mic 5: 7 Then the r of Jacob Shall
Rom 9:27 The r will be saved.
Rom 11: 5 present time there is a r

REMOVE (*see* REMOVED, TAKE)
Prov 22:28 Do not r the ancient
1Co 13: 2 so that I could r mountains,

REMOVED (*see* REMOVE)
Ps 103:12 So far has He r our

REND†
Is 64: 1 that You would r the
Joel 2:13 So r your heart, and not

RENDER
Ps 38:20 Those also who r evil for
Ps 116:12 What shall I r to the LORD
Matt 22:21 R therefore to Caesar the
Rom 2: 6 will r to each one
Rom 13: 7 R therefore to all their due:
1Co 7: 3 Let the husband r to his wife

RENEW (*see* RENEWED, RENEWING)
Ps 51:10 And r a steadfast spirit
Ps 104:30 And You r the face of the
Is 40:31 wait on the LORD Shall r
Heb 6: 6 to r them again to

RENEWED (*see* RENEW)
Ps 103: 5 So that your youth is r
2Co 4:16 the inward man is being r
Eph 4:23 and be r in the spirit of
Col 3:10 on the new man who is r in

RENEWING† (*see* RENEW)
Rom 12: 2 but be transformed by the r
Tit 3: 5 of regeneration and r of

RENOWN
Gen 6: 4 who were of old, men of r

REPAY
Ruth 2:12 The LORD r your work, and a
1Sa 26:23 May the LORD r every man
Ps 54: 5 He will r my enemies for
Is 59:18 deeds, accordingly He will r,
Luke 10:35 I will r you.'
Rom 12:17 R no one evil for evil. Have
Rom 12:19 is Mine, I will r,
2Ti 4:14 May the Lord r him according
Phm 1:19 with my own hand. I will r—
Heb 10:30 is Mine, I will r,

REPENT (*see* REPENTANCE, REPENTED, REPENTS)
Num 23:19 son of man, that He should r
Job 42: 6 And r in dust and ashes."
Jer 25: 5 R now everyone of his evil
Ezek 14: 6 says the Lord GOD: "R,
Hos 11: 5 Because they refused to r
Matt 3: 2 and saying, "R,
Matt 4:17 to preach and to say, "R,
Mark 1:15 kingdom of God is at hand. R,
Luke 13: 3 but unless you r you will
Acts 3:19 R therefore and be converted,
Acts 17:30 all men everywhere to r,
Acts 26:20 Gentiles, that they should r,
Rev 2: 5 r and do the first works, or
Rev 3: 3 and heard; hold fast and r
Rev 9:20 did not r of the works of

REPENTANCE (*see* REPENT)
Matt 3: 8 bear fruits worthy of r,
Matt 3:11 you with water unto r,
Matt 9:13 righteous, but sinners, to r
Mark 1: 4 and preaching a baptism of r
Luke 3: 8 bear fruits worthy of r,
Luke 15: 7 just persons who need no r
Luke 24:47 and that r and remission of
Acts 11:18 granted to the Gentiles r
Acts 13:24 the baptism of r to all the
Acts 20:21 r toward God and faith
Acts 26:20 and do works befitting r
Rom 2: 4 of God leads you to r?
2Co 7: 9 that your sorrow led to r
2Co 7:10 For godly sorrow produces r
Heb 6: 1 again the foundation of r
Heb 6: 6 to renew them again to r,
Heb 12:17 for he found no place for r,
2Pe 3: 9 that all should come to r

REPENTED (*see* REPENT)
Matt 11:21 they would have **r** long ago
Luke 11:32 for they **r** at the preaching
2Co 12:21 before and have not **r** of

REPENTS (*see* REPENT)
Luke 15:10 of God over one sinner who **r**

REPETITIONS†
Matt 6: 7 do not use vain **r** as the

REPORT
Gen 37: 2 and Joseph brought a bad **r**
Is 53: 1 Who has believed our **r**?
John 12:38 who has believed our **r**?
Rom 10:16 who has believed our **r**?
Phil 4: 8 things are of good **r**;

REPROACH (*see* REPROACHED, REPROACHES)
Gen 30:23 "God has taken away my **r**
Ps 22: 6 A **r** of men, and despised by
Ps 69: 7 for Your sake I have borne **r**;
Prov 14:34 But sin is a **r** to any
Luke 1:25 to take away my **r** among
Col 1:22 and above **r** in His sight—
1Ti 4:10 we both labor and suffer **r**;
Heb 11:26 esteeming the **r** of Christ
Heb 13:13 the camp, bearing His **r**.
Jas 1: 5 all liberally and without **r**;

REPROACHED (*see* REPROACH)
Rom 15: 3 of those who **r** You
1Pe 4:14 If you are **r** for the name of

REPROACHES (*see* REPROACH)
Ps 69: 9 And the **r** of those who
Rom 15: 3 The **r** of those who

REPROOF (*see* REBUKE)
2Ti 3:16 for doctrine, for **r**;

REPUTATION
Acts 6: 3 you seven men of good **r**,
Phil 2: 7 but made Himself of no **r**,

REQUEST (*see* REQUESTS)
1Co 1:22 For Jews **r** a sign, and Greeks
Phil 1: 4 prayer of mine making **r** for

REQUESTS (*see* REQUEST)
Phil 4: 6 let your **r** be made known to

REQUIRE (*see* REQUIRED, REQUIREMENT)
Gen 9: 5 of every beast I will **r** it,
Gen 9: 5 man's brother I will **r** the
Ps 40: 6 sin offering You did not **r**
Ezek 3:18 but his blood I will **r** at
Mic 6: 8 And what does the LORD **r**

REQUIRED (*see* REQUIRE)
Luke 12:20 night your soul will be **r**
Luke 12:48 from him much will be **r**;
1Co 4: 2 Moreover it is **r** in stewards

REQUIREMENT† (*see* REQUIRE, REQUIREMENTS)
Rom 8: 4 that the righteous **r** of the

REQUIREMENTS (*see* REQUIREMENT)
Rom 2:26 man keeps the righteous **r**

RESCUE
Ex 6: 6 I will **r** you from their
Ps 22: 8 let Him **r** Him; Let Him

RESERVED
1Ki 19:18 Yet I have **r** seven thousand
Job 21:30 For the wicked are **r** for the
1Pe 1: 4 **r** in heaven for you,
2Pe 2: 4 to be **r** for judgment;
2Pe 2:17 for whom is **r** the blackness
2Pe 3: 7 are **r** for fire until the day
Jude 6 He has **r** in everlasting

RESIST (*see* RESISTED, RESISTS)
Jas 4: 7 **R** the devil and he will flee
1Pe 5: 9 **R** him, steadfast in the

RESISTED (*see* RESIST)
Rom 9:19 For who has **r** His will?"
Heb 12: 4 You have not yet **r** to

RESISTS (*see* RESIST)
Jas 4: 6 God **r** the proud, But
1Pe 5: 5 God **r** the proud, But

RESPECT
Gen 4: 5 but He did not **r** Cain and his
Ps 40: 4 And does not **r** the proud,
Ps 74:20 Have **r** to the covenant; For
Is 22:11 Nor did you have **r** for Him
Matt 21:37 They will **r** my son.'
Acts 5:34 of the law held in **r** by all
Heb 12: 9 us, and we paid them **r**

REST (*see* RESTED, RESTING, RESTS)
Ex 16:23 'Tomorrow is a Sabbath **r**,
Ex 23:11 year you shall let it **r**
Ex 23:12 the seventh day you shall **r**;
Ex 33:14 you, and I will give you **r**
Deut 12: 9 you have not come to the
Deut 31:16 you will **r** with your
Judg 3:11 So the land had **r** for forty
2Sa 7: 1 the LORD had given him **r**
1Ki 11:41 Now the **r** of the acts of
1Ch 28: 2 heart to build a house of **r**
Ezra 3: 8 and the **r** of their brethren
Ezra 4: 3 and Jeshua and the **r** of the
Ezra 4: 7 and the **r** of their
Neh 6:14 Noadiah and the **r** of the
Esth 9:22 days on which the Jews had **r**
Job 3:17 there the weary are at **r**.
Ps 16: 9 My flesh also will **r** in
Ps 37: 7 **R** in the LORD, and wait
Ps 55: 6 would fly away and be at **r**.
Ps 95:11 'They shall not enter My **r**.
Ps 116: 7 Return to your **r**,

R

Prov 24:33 folding of the hands to **r**;
Is 11: 2 Spirit of the LORD shall **r**
Is 14: 7 The whole earth is at **r** and
Is 18: 4 to me, "I will take My **r**;
Is 28:12 may cause the weary to **r**;
Is 34:14 the night creature shall **r**
Is 57:20 sea, When it cannot **r**,
Jer 6:16 Then you will find **r** for
Jer 47: 6 **R** and be still!
Matt 11:28 laden, and I will give you **r**.
Matt 11:29 and you will find **r** for your
1Co 7:12 But to the **r** I, not the Lord,
2Co 12: 9 the power of Christ may **r**
2Th 1: 7 you who are troubled **r** with
Heb 3:11 shall not enter My **r**.
Heb 4: 9 There remains therefore a **r**
1Pe 1:13 and **r** your hope fully upon
Rev 4: 8 And they do not **r** day or

RESTED (*see* REST)
Gen 2: 2 and He **r** on the seventh day
Ex 20:11 and **r** the seventh day.
Num 11:25 when the Spirit **r** upon them,
1Ki 2:10 So David **r** with his fathers,
Heb 4: 4 And God **r** on the seventh

RESTING (*see* REST)
Gen 8: 9 But the dove found no **r** place
Ps 132:14 This is My **r** place forever;

RESTITUTION
Ex 22: 3 He should make full **r**;

RESTORATION† (*see* RESTORE)
Acts 3:21 until the times of **r** of all

RESTORE (*see* RESTORATION, RESTORED, RESTORES)
Gen 20: 7 **r** the man's wife; for he is
2Sa 12: 6 And he shall **r** fourfold for
Ps 51:12 **R** to me the joy of Your
Ps 60: 1 Oh, **r** us again!
Dan 9:25 forth of the command To **r**
Joel 2:25 So I will **r** to you the years
Matt 17:11 is coming first and will **r**
Luke 19: 8 I **r** fourfold."
Acts 1: 6 will You at this time **r** the
Gal 6: 1 you who are spiritual **r**

RESTORED (*see* RESTORE)
Ex 4: 7 it was **r** like his other
2Ki 5:10 and your flesh shall be **r** to
Dan 4:36 I was **r** to my kingdom, and
Mark 3: 5 and his hand was **r** as whole

RESTORES (*see* RESTORE)
Ps 23: 3 He **r** my soul; He leads me
Mark 9:12 is coming first and **r** all

RESTRAINS (*see* RESTRAINT)
2Th 2: 7 only He who now **r** will do

RESTRAINT (*see* RESTRAINS)
Prov 29:18 the people cast off **r**;

RESTS (*see* REST)
2Ki 2:15 The spirit of Elijah **r** on
1Pe 4:14 of glory and of God **r** upon

RESURRECTION
Matt 22:23 who say there is no **r**,
Matt 27:53 of the graves after His **r**,
John 5:29 to the **r** of life, and those
John 5:29 to the **r** of condemnation.
John 11:24 he will rise again in the **r**
John 11:25 I am the **r** and the life. He
Acts 1:22 a witness with us of His **r**.
Acts 17:18 to them Jesus and the **r**.
Acts 17:32 when they heard of the **r** of
Acts 23: 6 concerning the hope and **r** of
Acts 23: 8 say that there is no **r**—
Rom 1: 4 by the **r** from the dead.
Rom 6: 5 in the likeness of His **r**,
1Co 15:13 But if there is no **r** of the
1Co 15:42 So also is the **r** of the
Phil 3:10 Him and the power of His **r**,
Phil 3:11 I may attain to the **r** from
2Ti 2:18 saying that the **r** is already
Heb 11:35 they might obtain a better **r**.
1Pe 1: 3 a living hope through the **r**
1Pe 3:21 through the **r** of Jesus
Rev 20: 6 who has part in the first **r**.

RETAIN (*see* RETAINED)
John 20:23 if you **r** the sins of any,
Rom 1:28 as they did not like to **r**

RETAINED (*see* RETAIN)
John 20:23 the sins of any, they are **r**.

RETURN (*see* RETURNED, RETURNING, RETURNS)
Gen 3:19 And to dust you shall **r**.
Ex 13:17 and **r** to Egypt."
Deut 17:16 You shall not **r** that way
Ruth 1: 8 **r** each to her mother's
1Sa 7: 3 If you **r** to the LORD with
2Sa 12:23 but he shall not **r** to me."
Neh 7: 5 had come up in the first **r**;
Job 1:21 And naked shall I **r** there.
Job 10:21 from which I shall not **r**,
Job 16:22 I shall go the way of no **r**.
Job 34:15 And man would **r** to dust.
Ps 59: 6 At evening they **r**,
Ps 116: 7 **R** to your rest, O my soul,
Prov 2:19 None who go to her **r**;
Eccl 1: 7 There they **r** again.
Eccl 3:20 and all **r** to dust.
Eccl 5:15 womb, naked shall he **r**;
Eccl 12: 2 And the clouds do not **r**
Eccl 12: 7 Then the dust will **r** to the
Eccl 12: 7 And the spirit will **r** to
Is 6:10 And **r** and be healed."
Is 10:21 The remnant will **r**;
Is 55: 7 Let him **r** to the LORD,
Is 55:11 It shall not **r** to Me void,
Hos 2: 7 I will go and **r** to my first
Hos 6: 1 and let us **r** to the LORD;

Mal 3: 7 'In what way shall we r?
Matt 10:13 let your peace r to you.
1Pe 2:23 reviled, did not revile in r,

RETURNED (*see* RETURN)
Ezra 2: 1 and who r to Jerusalem and
Neh 7: 6 and who r to Jerusalem and
Is 38: 8 So the sun r ten degrees
Dan 4:34 and my understanding r to
Amos 4: 6 Yet you have not r to Me,"
Luke 2:20 Then the shepherds r,
Luke 10:17 Then the seventy r with joy,
Luke 24: 9 Then they r from the tomb and
Luke 24:52 and r to Jerusalem with
Acts 1:12 Then they r to Jerusalem
1Pe 2:25 but have now r to the

RETURNING (*see* RETURN)
Is 30:15 In r and rest you shall be
1Pe 3: 9 not r evil for evil or

RETURNS (*see* RETURN)
Prov 26:11 As a dog r to his own vomit,
2Pe 2:22 A dog r to his own

REUBEN
Gen 35:23 the sons of Leah were R,
Gen 46: 8 R was Jacob's firstborn.
Num 13: 4 names: from the tribe of R,

REUEL (*see* JETHRO)
Ex 2:18 When they came to R their

REVEAL (*see* REVEALED, REVEALS, REVELATION)
Esth 2:10 had charged her not to r
Dan 2:47 since you could r this
Matt 11:27 to whom the Son wills to r
1Co 4: 5 things of darkness and r
Gal 1:16 to r His Son in me, that I
Phil 3:15 God will r even this to you.

REVEALED (*see* REVEAL)
1Sa 3: 7 the word of the LORD yet r
Is 40: 5 of the LORD shall be r;
Is 53: 1 the arm of the LORD been r?
Dan 2:19 Then the secret was r to
Matt 10:26 covered that will not be r;
Matt 11:25 wise and prudent and have r
Matt 16:17 flesh and blood has not r
Luke 2:26 And it had been r to him by
Luke 2:35 of many hearts may be r.
Luke 17:30 day when the Son of Man is r.
John 1:31 but that He should be r to
John 9: 3 works of God should be r in
John 12:38 of the LORD been r?
Acts 23:22 no one that you have r
Rom 1:17 righteousness of God is r
Rom 1:18 For the wrath of God is r
Rom 3:21 God apart from the law is r,
Rom 8:18 the glory which shall be r
1Co 2:10 But God has r them to us
1Co 3:13 because it will be r by
1Co 14:25 secrets of his heart are r;
Gal 3:23 which would afterward be r.
Col 1:26 but now has been r to His
2Th 1: 7 us when the Lord Jesus is r
2Th 2: 3 and the man of sin is r,
2Th 2: 8 the lawless one will be r,
2Ti 1:10 but has now been r by the
1Pe 1: 5 for salvation ready to be r
1Pe 1:12 To them it was r that, not to
1Pe 4:13 that when His glory is r,
1Pe 5: 1 of the glory that will be r:
1Jn 3: 2 and it has not yet been r
1Jn 3: 2 we know that when He is r,

REVEALS (*see* REVEAL)
Ps 19: 2 And night unto night r
Dan 2:28 is a God in heaven who r
Amos 3: 7 Unless He r His secret to

REVELATION (*see* REVEAL)
1Sa 3: 1 there was no widespread r.
Prov 29:18 Where there is no r,
Luke 2:32 A light to bring r to the
1Co 14: 6 I speak to you either by r,
1Co 14:26 has a tongue, has a r,
Gal 1:12 but it came through the r
Gal 2: 2 And I went up by r,
Eph 1:17 the spirit of wisdom and r
Eph 3: 3 how that by r He made known
1Pe 1: 7 and glory at the r of Jesus
1Pe 1:13 be brought to you at the r
Rev 1: 1 The R of Jesus Christ, which

REVERENCE (*see* REVERENT)
1Ti 2: 2 life in all godliness and r.
1Ti 3: 4 in submission with all r

REVERENT (*see* REVERENCE)
1Ti 3: 8 deacons must be r,
1Ti 3:11 their wives must be r,
Tit 2: 2 the older men be sober, r,

REVILE (*see* REVILED)
Matt 5:11 are you when they r
1Pe 2:23 did not r in return; when He

REVILED (*see* REVILE)
Mark 15:32 were crucified with Him r
1Pe 2:23 who, when He was r,

REVIVE (*see* REVIVED)
Ps 71:20 Shall r me again, And
Ps 85: 6 Will You not r us again,
Is 57:15 To r the spirit of the
Is 57:15 And to r the heart of the
Hab 3: 2 r Your work in the midst of

REVIVED (*see* REVIVE)
2Ki 13:21 he r and stood on his feet.
Rom 7: 9 sin r and I died.

REWARD (*see* REWARDER)
Gen 15: 1 your exceedingly great r.
Ps 19:11 them there is great r
Ps 127: 3 fruit of the womb is a r.

R

Prov 25:22 And the LORD will r you.
Matt 5:12 for great is your r in
Matt 5:46 what r have you? Do not even
Matt 6: 1 Otherwise you have no r from
Matt 6: 4 in secret will Himself r
Matt 10:41 shall receive a prophet's r;
Matt 10:42 shall by no means lose his r.
Matt 16:27 and then He will r each
Luke 23:41 for we receive the due r of
Heb 2: 2 received a just r;
Heb 10:35 which has great r.
Heb 11:26 for he looked to the r.

REWARDER† (*see* REWARD)
Heb 11: 6 and that He is a r of those

RHODA†
Acts 12:13 a girl named R came to

RIB
Gen 2:22 Then the r which the LORD

RICH (*see* RICHES, RICHLY)
Gen 13: 2 Abram was very r in
Gen 14:23 say, 'I have made Abram r'—
Is 53: 9 But with the r at His death,
Jer 9:23 Nor let the r man glory in
Matt 19:23 you that it is hard for a r
Matt 19:24 eye of a needle than for a r
Matt 27:57 there came a r man from
Luke 1:53 And the r He has sent away
Luke 12:21 and is not r toward God."
Luke 16:21 which fell from the r man's
Rom 10:12 the same Lord over all is r
1Co 4: 8 full! You are already r!
2Co 6:10 as poor, yet making many r;
2Co 8: 9 Christ, that though He was r,
2Co 8: 9 His poverty might become r.
Eph 2: 4 who is r in mercy, because
Jas 1:11 So the r man also will fade
Rev 2: 9 and poverty (but you are r);
Rev 3:17 "Because you say, 'I am r,

RICHES (*see* RICH)
1Ki 3:11 nor have asked r for
Prov 8:18 R and honor are with me,
Prov 11:28 He who trusts in his r will
Prov 19:14 Houses and r are an
Prov 22: 1 chosen rather than great r,
Prov 27:24 For r are not forever, Nor
Jer 9:23 the rich man glory in his r;
Matt 13:22 and the deceitfulness of r
Mark 10:24 is for those who trust in r
Rom 2: 4 Or do you despise the r of
Rom 9:23 He might make known the r
Rom 11:33 the depth of the r both of
Eph 1:18 what are the r of the glory
Eph 2: 7 might show the exceeding r
Eph 3: 8 Gentiles the unsearchable r
Phil 4:19 need according to His r in
Col 1:27 to make known what are the r
1Ti 6:17 nor to trust in uncertain r
Heb 11:26 of Christ greater r than

RICHLY† (*see* RICH)
Col 3:16 of Christ dwell in you r in
1Ti 6:17 who gives us r all things to

RIDDLE
Judg 14:12 Let me pose a r to you. If

RIDE (*see* RIDER, RIDING)
Ps 45: 4 And in Your majesty r

RIDER (*see* RIDE)
Ex 15: 1 The horse and its r He

RIDING (*see* RIDE)
Zech 9: 9 Lowly and r on a donkey, A

RIGHT (*see* RIGHTLY)
Gen 18:25 Judge of all the earth do r?
Gen 48:13 Ephraim with his r hand
Deut 12:28 you do what is good and r
Deut 21:17 the r of the firstborn is
Judg 17: 6 everyone did what was r in
Ruth 4: 6 You redeem my r of
1Ki 11:33 in My ways to do what is r
1Ki 15:11 Asa did what was r in the
2Ki 14: 3 And he did what was r in
2Ki 16: 2 he did not do what was r
2Ch 3:17 the name of the one on the r
Job 33:27 and perverted what was r,
Job 35: 2 "Do you think this is r?
Job 40:14 to you That your own r
Job 42: 7 not spoken of Me what is r,
Ps 9: 4 You have maintained my r
Ps 16: 8 Because He is at my r
Ps 16:11 At Your r hand are
Ps 19: 8 statutes of the LORD are r,
Ps 20: 6 the saving strength of His r
Ps 33: 4 the word of the LORD is r;
Ps 44: 3 But it was Your r hand,
Ps 63: 8 Your r hand upholds me.
Ps 73:23 You hold me by my r hand.
Ps 78:54 This mountain which His r
Ps 80:17 be upon the man of Your r
Ps 91: 7 And ten thousand at your r
Ps 98: 1 His r hand and His holy arm
Ps 107: 7 He led them forth by the r
Ps 110: 1 Sit at My r hand, Till I
Ps 110: 5 The Lord is at Your r hand;
Ps 121: 5 is your shade at your r
Ps 137: 5 Let my r hand forget its
Ps 138: 7 And Your r hand will save
Ps 139:10 And Your r hand shall hold
Prov 14:12 is a way that seems r to
Prov 21: 2 Every way of a man is r in
Is 41:10 you with My righteous r
Is 45: 1 whose r hand I have held—To
Is 62: 8 LORD has sworn by His r
Jer 32: 7 for the r of redemption is
Jer 32: 8 for the r of inheritance is
Ezek 21:27 Until He comes whose r it
Jon 4: 9 Is it r for you to be angry
Jon 4:11 discern between their r
Matt 5:29 If your r eye causes you to

Matt 20:21 one on Your r hand and the
Matt 22:44 Sit at My r hand, Till
Matt 25:33 will set the sheep on His r
Matt 26:64 Son of Man sitting at the r
Mark 5:15 and clothed and in his r
Mark 16:19 and sat down at the r hand
John 1:12 to them He gave the r to
John 21: 6 Cast the net on the r side of
Acts 2:25 For He is at my r
Acts 7:55 and Jesus standing at the r
Rom 8:34 who is even at the r hand of
Eph 1:20 and seated Him at His r
Eph 6: 1 in the Lord, for this is r
Heb 1: 3 sat down at the r hand of
Heb 1:13 Sit at My r hand, Till

RIGHTEOUS (*see* RIGHTEOUSLY, RIGHTEOUSNESS, UNRIGHTEOUS)

Gen 7: 1 I have seen that you are r
Gen 18:23 You also destroy the r with
Gen 18:24 Suppose there were fifty r
Gen 38:26 She has been more r than I,
Job 22:19 The r see it and are glad,
Job 34: 5 "For Job has said, 'I am r;
Ps 1: 5 in the congregation of the r.
Ps 1: 6 LORD knows the way of the r;
Ps 7: 9 For the r God tests the
Ps 14: 5 with the generation of the r
Ps 19: 9 the LORD are true and r
Ps 37:16 A little that a r man has
Ps 37:17 But the LORD upholds the r.
Ps 37:25 Yet I have not seen the r
Ps 37:29 The r shall inherit the
Ps 92:12 The r shall flourish like a
Ps 143: 2 sight no one living is r.
Ps 145:17 The LORD is r in all His
Prov 10: 7 The memory of the r is
Prov 11:10 it goes well with the r;
Prov 11:28 But the r will flourish
Prov 11:30 The fruit of the r is a
Prov 13:22 is stored up for the r
Prov 15:29 He hears the prayer of the r.
Prov 18:10 The r run to it and are
Eccl 7:16 Do not be overly r;
Is 41:10 I will uphold you with My r
Is 53:11 By His knowledge My r
Is 57: 1 The r perishes, And no man
Ezek 3:21 if you warn the r man that
Amos 2: 6 Because they sell the r for
Matt 9:13 I did not come to call the r;
Matt 10:41 And he who receives a r man
Matt 13:43 Then the r will shine forth
Matt 23:28 you also outwardly appear r
Luke 23:47 Certainly this was a r Man!"
John 5:30 judge; and My judgment is r;
John 17:25 O r Father! The world has not
Rom 1:32 knowing the r judgment of
Rom 3:10 "There is none r;
Rom 5: 7 For scarcely for a r man will
Rom 5:19 many will be made r.
Rom 8: 4 that the r requirement of the
2Ti 4: 8 the r Judge, will give to me
Jas 5:16 fervent prayer of a r man
1Pe 4:18 If the r one is scarcely
2Pe 2: 7 and delivered r Lot, who
1Jn 2: 1 Father, Jesus Christ the r.
Rev 16: 7 true and r are Your

RIGHTEOUSLY (*see* RIGHTEOUS)

Tit 2:12 we should live soberly, r,

RIGHTEOUSNESS (*see* RIGHTEOUS, RIGHTEOUSNESS' RIGHTEOUSNESSES)

Gen 15: 6 He accounted it to him for r.
Ps 4: 1 O God of my r! You have
Ps 7: 8 O LORD, according to my r;
Ps 7:17 the LORD according to His r;
Ps 9: 8 shall judge the world in r;
Ps 23: 3 leads me in the paths of r
Ps 24: 5 And r from the God of his
Ps 35:28 shall speak of Your r And
Ps 40: 9 the good news of r In the
Ps 45: 6 A scepter of r is the
Ps 45: 7 You love r and hate
Ps 85:10 R and peace have kissed.
Ps 96:13 shall judge the world with r.
Ps 103:17 And His r to children's
Ps 106:31 was accounted to him for r
Ps 111: 3 And His r endures forever.
Prov 2:20 And keep to the paths of r.
Prov 10: 2 But r delivers from death.
Prov 11:19 As r leads to life, So he
Prov 14:34 R exalts a nation, But sin
Prov 16: 8 Better is a little with r,
Prov 16:12 a throne is established by r.
Is 5: 7 behold, oppression; For r,
Is 11: 4 But with r He shall judge
Is 11: 5 R shall be the belt of His
Is 28:17 And r the plummet; The
Is 45:23 gone out of My mouth in r,
Is 61:10 me with the robe of r,
Jer 23: 5 raise to David a Branch of r;
Jer 23: 6 be called: THE LORD OUR R.
Ezek 14:14 only themselves by their r,
Ezek 33:13 but he trusts in his own r
Dan 9:24 To bring in everlasting r,
Dan 12: 3 those who turn many to r
Hos 2:19 betroth you to Me In r and
Hos 10:12 Till He comes and rains r
Amos 5:24 And r like a mighty stream.
Mal 4: 2 fear My name The Sun of R
Matt 3:15 for us to fulfill all r.
Matt 5: 6 who hunger and thirst for r,
Matt 5:20 that unless your r exceeds
Matt 6:33 the kingdom of God and His r;
John 16: 8 the world of sin, and of r,
Acts 17:31 He will judge the world in r
Acts 24:25 Now as he reasoned about r,
Rom 1:17 For in it the r of God is
Rom 4: 3 accounted to him for r.
Rom 4: 5 his faith is accounted for r.
Rom 4: 6 man to whom God imputes r
Rom 4:11 a seal of the r of the faith
Rom 6:13 as instruments of r to God.
Rom 6:18 sin, you became slaves of r.
Rom 8:10 Spirit is life because of r.
Rom 9:31 pursuing the law of r,
Rom 10: 3 being ignorant of God's r,

R

Rom 10: 3 to establish their own r;
Rom 10: 4 the end of the law for r to
Rom 10:10 heart one believes unto r;
Rom 14:17 but r and peace and joy in
2Co 5:21 that we might become the r
2Co 6: 7 by the armor of r on the
2Co 11:15 into ministers of r;
Gal 2:21 for if r comes through the
Gal 3: 6 accounted to him for r
Eph 6:14 put on the breastplate of r;
Phil 3: 9 in Him, not having my own r;
1Ti 6:11 these things and pursue r;
2Ti 2:22 youthful lusts; but pursue r;
2Ti 3:16 for instruction in r;
2Ti 4: 8 up for me the crown of r;
Tit 3: 5 not by works of r which we
Heb 1: 8 A scepter of r is the
Heb 1: 9 You have loved r and
Heb 7: 2 being translated "king of r;
Jas 2:23 accounted to him for r
1Pe 2:24 to sins, might live for r—
2Pe 2: 5 people, a preacher of r;
2Pe 3:13 and a new earth in which r

RIGHTEOUSNESS' (*see* RIGHTEOUSNESS)
Matt 5:10 who are persecuted for r

RIGHTEOUSNESSES† (*see* RIGHTEOUSNESS)
Is 64: 6 And all our r are like

RIGHTLY (*see* RIGHT)
Gen 27:36 Is he not r named Jacob? For
2Ti 2:15 r dividing the word of

RING
Prov 11:22 As a r of gold in a swine's
Luke 15:22 and put a r on his hand and

RIPE
Jer 24: 2 the figs that are first r;

RISE (*see* AWAKE, RISEN, RISES, RISING, ROSE)
Num 24:17 A Scepter shall r out of
Deut 6: 7 and when you r up.
Neh 2:18 Let us r up and build." Then
Job 14:12 man lies down and does not r
Ps 27: 3 Though war should r against
Prov 31:28 Her children r up and call
Song 2:10 R up, my love, my fair one,
Matt 5:45 for He makes His sun r on
Matt 12:41 The men of Nineveh will r up
Matt 20:19 And the third day He will r
Matt 24: 7 For nation will r against
Matt 24:11 many false prophets will r
Matt 27:63 'After three days I will r
Luke 5:23 R up and walk'?
Luke 22:46 R and pray, lest you enter
John 11:23 Your brother will r again."
Acts 3: 6 r up and walk."
1Co 15:15 in fact the dead do not r
1Th 4:16 the dead in Christ will r

RISEN (*see* RISE)
Matt 17: 9 until the Son of Man is r
Matt 28: 6 is not here; for He is r;
Mark 6:14 John the Baptist is r from
Mark 16:14 had seen Him after He had r
Luke 24: 6 but is r! Remember how He
Luke 24:34 The Lord is r indeed, and has
1Co 15:13 dead, then Christ is not r

RISES (*see* RISE)
Eccl 1: 5 The sun also r;
Eccl 12: 4 When one r up at the sound
2Pe 1:19 and the morning star r in

RISING (*see* RISE)
Ps 19: 6 Its r is from one end of
Ps 139: 2 my sitting down and my r up;
Luke 2:34 destined for the fall and r

RIVER (*see* RIVERS)
Gen 2:10 Now a r went out of Eden to
Gen 15:18 from the r of Egypt to the
Gen 15:18 of Egypt to the great r;
Ps 46: 4 There is a r whose streams
Mark 1: 5 by him in the Jordan R,

RIVERS (*see* RIVER)
Ps 1: 3 a tree Planted by the r of
Ps 78:44 Turned their r into blood,
Ps 137: 1 By the r of Babylon, There
Mic 6: 7 Ten thousand r of oil?
John 7:38 of his heart will flow r of

ROAD
Acts 26:13 along the r I saw a light

ROAR (*see* ROARED, ROARING, ROARS)
Ps 96:11 be glad; Let the sea r;

ROARED (*see* ROAR)
Amos 3: 8 A lion has r! Who will not

ROARING (*see* ROAR)
Ps 22:13 Like a raging and r lion.
1Pe 5: 8 devil walks about like a r

ROARS (*see* ROAR)
Amos 1: 2 The LORD r from Zion, And

ROB (*see* ROBBER, ROBBERY)
Mal 3: 8 Will a man r God? Yet you

ROBBER (*see* ROB, ROBBERS)
John 10: 1 the same is a thief and a r

ROBBERS (*see* ROBBER)
Matt 27:38 Then two r were crucified
John 10: 8 before Me are thieves and r;

ROBBERY (*see* ROB)
Phil 2: 6 did not consider it r to be

ROBE (*see* ROBES)
Ex 28: 4 a breastplate, an ephod, a r;
Ex 29: 5 and the r of the ephod, the
1Sa 2:19 used to make him a little r;

1Sa 15:27 seized the edge of his **r**;
1Sa 24: 4 cut off a corner of Saul's **r**.
2Sa 13:18 Now she had on a **r** of many
2Sa 15:32 to meet him with his **r** torn
Esth 6: 8 let a royal **r** be brought
Job 1:20 Then Job arose, tore his **r**,
Job 2:12 and each one tore his **r** and
Song 5: 3 I have taken off my **r**;
Is 6: 1 and the train of His **r**
Is 61:10 has covered me with the **r**
Matt 27:28 Him and put a scarlet **r** on
Luke 15:22 Bring out the best **r** and put
John 19: 2 they put on Him a purple **r**.
Rev 6:11 Then a white **r** was given to
Rev 19:13 He was clothed with a **r**

ROBES (*see* ROBE)
Ps 45:14 be brought to the King in **r**
Is 63: 3 And I have stained all My **r**.
Mark 12:38 to go around in long **r**,
Rev 7: 9 Lamb, clothed with white **r**,
Rev 7:14 and washed their **r** and made

ROCK (*see* ROCKS)
Ex 17: 6 and you shall strike the **r**,
Ex 33:22 you in the cleft of the **r**,
Num 20: 8 water for them out of the **r**,
Num 20:11 his hand and struck the **r**
Deut 32: 4 He is the **R**,
Deut 32:13 him draw honey from the **r**,
1Sa 2: 2 Nor is there any **r** like
2Sa 22: 2 The LORD is my **r** and my
Job 19:24 they were engraved on a **r**
Ps 18: 2 The LORD is my **r** and my
Ps 27: 5 shall set me high upon a **r**.
Ps 28: 1 You I will cry, O LORD my **R**:
Ps 31: 3 For You are my **r** and my
Ps 40: 2 And set my feet upon a **r**,
Ps 61: 2 Lead me to the **r** that is
Ps 78:16 brought streams out of the **r**,
Ps 81:16 And with honey from the **r**
Ps 94:22 And my God the **r** of my
Ps 137: 9 little ones against the **r**!
Prov 30:19 The way of a serpent on a **r**;
Is 8:14 a stone of stumbling and a **r**
Is 32: 2 As the shadow of a great **r**
Is 51: 1 Look to the **r** from which
Jer 23:29 a hammer that breaks the **r**
Matt 7:24 who built his house on the **r**:
Matt 7:25 for it was founded on the **r**.
Matt 16:18 and on this **r** I will build
Matt 27:60 he had hewn out of the **r**;
Luke 8: 6 "Some fell on **r**;
Rom 9:33 a stumbling stone and **r**
1Co 10: 4 drank of that spiritual **R**
1Co 10: 4 and that **R** was Christ.
1Pe 2: 8 of stumbling And a **r**

ROCKS (*see* ROCK)
1Sa 13: 6 in caves, in thickets, in **r**,
1Ki 19:11 mountains and broke the **r**
Amos 6:12 Do horses run on **r**?
Matt 27:51 and the **r** were split,
Acts 27:29 should run aground on the **r**,

ROD (*see* RODS)
Ex 4: 4 and it became a **r** in his
Ex 4:20 And Moses took the **r** of God
Ex 7:12 But Aaron's **r** swallowed up
Ex 8:16 Aaron, 'Stretch out your **r**,
Num 20:11 the rock twice with his **r**;
2Sa 7:14 will chasten him with the **r**
Ps 2: 9 shall break them with a **r**
Ps 23: 4 Your **r** and Your staff, they
Prov 13:24 He who spares his **r** hates
Prov 22:15 The **r** of correction will
Prov 23:13 if you beat him with a **r**,
Is 9: 4 The **r** of his oppressor, As
Is 10: 5 the **r** of My anger And the
Is 11: 1 There shall come forth a **R**
Heb 9: 4 Aaron's **r** that budded, and
Rev 2:27 rule them with a **r** of

RODS (*see* ROD)
2Co 11:25 times I was beaten with **r**;

ROLL (*see* ROLLED)
Mark 16: 3 Who will **r** away the stone

ROLLED (*see* ROLL)
Gen 29:10 that Jacob went near and **r**
Is 9: 5 And garments **r** in blood,
Is 34: 4 And the heavens shall be **r**
Matt 27:60 and he **r** a large stone
Rev 6:14 as a scroll when it is **r** up,

ROMAN (*see* ROME)
Acts 22:26 you do, for this man is a **R**.

ROME (*see* ROMAN)
Acts 23:11 must also bear witness at **R**.
2Ti 1:17 but when he arrived in **R**,

ROOF
Gen 19: 8 under the shadow of my **r**.
2Sa 11: 2 his bed and walked on the **r**
Ps 137: 6 my tongue cling to the **r** of
Matt 8: 8 You should come under my **r**.
Mark 2: 4 they uncovered the **r** where

ROOM
Mal 3:10 there will not be **r**
Matt 6: 6 you pray, go into your **r**,
Luke 2: 7 because there was no **r** for
Luke 14:22 and still there is **r**.
Acts 1:13 went up into the upper **r**

ROOSTER
Matt 26:34 before the **r** crows, you will
Mark 14:30 before the **r** crows twice,

ROOT (*see* ROOTED, ROOTS)
Deut 29:18 may not be among you a **r**
Job 19:28 Since the **r** of the matter
Is 11:10 that day there shall be a **R**
Is 53: 2 And as a **r** out of dry
Matt 3:10 now the ax is laid to the **r**
Matt 13: 6 and because they had no **r**

Rom 11:16 and if the **r** is holy, so
1Ti 6:10 the love of money is a **r** of
Heb 12:15 lest any **r** of bitterness
Rev 5: 5 the **R** of David, has
Rev 22:16 I am the **R** and the Offspring

ROOTED (*see* ROOT)
Eph 3:17 being **r** and grounded in

ROOTS (*see* ROOT)
Amos 2: 9 his fruit above And his **r**

ROPES
Judg 15:13 bound him with two new **r**
Jer 38: 6 let Jeremiah down with **r**

ROSE (*see* RISE)
Gen 4: 8 that Cain **r** up against Abel
Gen 22: 3 So Abraham **r** early in the
Ex 32: 6 and **r** up to play.
Josh 6:15 the seventh day that they **r**
Ruth 2:15 And when she **r** up to glean,
1Sa 25:42 So Abigail **r** in haste and
2Ch 13: 6 **r** up and rebelled against
Ps 18:39 under me those who **r** up
Ps 124: 2 When men **r** up against us,
Song 2: 1 I am the **r** of Sharon, And
Is 35: 1 rejoice and blossom as the **r**;
John 11:31 when they saw that Mary **r** up
John 13: 4 **r** from supper and laid aside
Acts 5:36 some time ago Theudas **r**
Acts 18:12 the Jews with one accord **r**
Rom 14: 9 this end Christ died and **r**
1Co 10: 7 and **r** up to play."
1Co 15: 4 and that He **r** again the
2Co 5:15 Him who died for them and **r**
1Th 4:14 that Jesus died and **r** again,

ROSH
Ezek 38: 3 you, O Gog, the prince of **R**,

ROTTENNESS
Prov 14:30 But envy is **r** to the

ROUGH
Is 40: 4 be made straight And the **r**
Luke 3: 5 straight And the **r**

ROYAL
Jas 2: 8 If you really fulfill the **r**
1Pe 2: 9 a **r** priesthood, a holy

RUBBISH
Phil 3: 8 things, and count them as **r**;

RUBIES
Job 28:18 price of wisdom is above **r**
Prov 3:15 is more precious than **r**;
Prov 8:11 wisdom is better than **r**;
Prov 31:10 her worth is far above **r**

RUDDER
Jas 3: 4 are turned by a very small **r**

RUDDY
1Sa 16:12 him in. Now he was **r**;
Song 5:10 My beloved is white and **r**;

RUIN (*see* RUINED, RUINS)
Luke 6:49 And the **r** of that house was
2Ti 2:14 to the **r** of the hearers.

RUINED (*see* RUIN)
Matt 9:17 and the wineskins are **r**

RUINS (*see* RUIN)
Is 61: 4 they shall rebuild the old **r**;
Jer 9:11 make Jerusalem a heap of **r**;
Jer 26:18 shall become heaps of **r**,
Amos 9:11 I will raise up its **r**;
Mic 3:12 shall become heaps of **r**;
Hag 1: 4 this temple to lie in **r**?
Acts 15:16 I will rebuild its **r**;

RULE (*see* RULER, RULES)
Gen 1:16 the greater light to **r** the
Gen 3:16 And he shall **r** over you."
Gen 4: 7 but you should **r** over it."
Judg 8:23 the LORD shall **r** over
Ps 110: 2 **R** in the midst of Your
Ps 136: 8 The sun to **r** by day, For
Prov 8:16 By me princes **r**,
Is 3: 4 And babes shall **r** over
Is 3:12 And women **r** over them. O
Is 40:10 And His arm shall **r** for
1Co 15:24 He puts an end to all **r** and
Gal 6:16 as walk according to this **r**;
Phil 3:16 let us walk by the same **r**;
Col 3:15 And let the peace of God **r** in
1Ti 3: 5 a man does not know how to **r**
1Ti 5:17 Let the elders who **r** well be
Heb 13:17 Obey those who **r** over you,
Rev 2:27 He shall **r** them with a

RULER (*see* RULE, RULERS)
2Sa 5: 2 and be **r** over Israel.'"
2Sa 7: 8 to be **r** over My people, over
Dan 2:38 and has made you **r** over them
Dan 5: 7 and he shall be the third **r**
Mic 5: 2 to Me The One to be **R** in
Matt 2: 6 of you shall come a **R**
Matt 25:21 I will make you **r** over many
John 3: 1 a **r** of the Jews.
John 12:31 now the **r** of this world will
Acts 7:27 Who made you a **r** and a

RULERS (*see* RULER)
Ex 18:21 **r** of hundreds, rulers of
Ps 2: 2 And the **r** take counsel
Matt 2: 6 the least among the **r**
Acts 3:17 as did also your **r**
Rom 13: 3 For **r** are not a terror to
1Co 2: 6 nor of the **r** of this age,
Eph 6:12 against the **r** of the

RULES (*see* RULE)
Ps 59:13 let them know that God **r** in

Ps 103:19 And His kingdom **r** over all.
Prov 16:32 And he who **r** his spirit
Dan 4:17 know That the Most High **r**
Dan 4:26 come to know that Heaven **r**
1Ti 3: 4 one who **r** his own house well,
2Ti 2: 5 competes according to the **r**

RUMORS
Matt 24: 6 you will hear of wars and **r**

RUN (*see* RAN, RUNNING, RUNS)
2Ch 16: 9 the eyes of the LORD **r**
Ps 18:29 For by You I can **r** against a
Ps 19: 5 like a strong man to **r** its
Prov 18:10 The righteous **r** to it and
Is 40:31 They shall **r** and not be
Jer 12: 5 If you have **r** with the
Dan 12: 4 many shall **r** to and fro, and
Amos 5:24 But let justice **r** down like
Hab 2: 2 That he may **r** who reads it.
1Co 9:24 not know that those who **r**
Gal 2: 2 lest by any means I might **r**,
2Th 3: 1 the word of the Lord may **r**
Heb 12: 1 and let us **r** with endurance
1Pe 4: 4 it strange that you do not **r**
Jude 11 have **r** greedily in the error

RUNNING (*see* RUN)
Ps 133: 2 **R** down on the beard, The

RUNS (*see* RUN)
Ps 23: 5 My cup **r** over.
Rom 9:16 who wills, nor of him who **r**,

RUSHING
Acts 2: 2 as of a **r** mighty wind, and

RUST
Matt 6:19 where moth and **r** destroy and

S

SABACHTHANI†
Matt 27:46 saying, "Eli, Eli, lama s?
Mark 15:34 saying, "Eloi, Eloi, lama s?

SABAOTH†
Rom 9:29 Unless the Lord of **S**
Jas 5: 4 the ears of the Lord of **S**.

SABBATH (*see* SABBATHS)
Ex 16:23 Tomorrow is a **S** rest, a holy
Ex 20: 8 Remember the **S** day, to keep
Ex 20:11 the LORD blessed the **S** day
Ex 31:15 does any work on the **S** day,
Num 15:32 gathering sticks on the **S**
Matt 12: 2 is not lawful to do on the **S**!
Matt 12: 8 of Man is Lord even of the **S**.
Mark 2:27 man, and not man for the **S**.
Acts 1:12 a **S** day's journey.

SABBATHS (*see* SABBATH)
Lev 23:15 seven **S** shall be completed.

SACK
Gen 42:25 every man's money to his **s**,
Gen 44:12 was found in Benjamin's **s**.

SACKCLOTH
Jon 3: 5 a fast, and put on **s**,
Matt 11:21 have repented long ago in **s**

SACRIFICE (*see* SACRIFICED, SACRIFICES)
Ex 3:18 that we may **s** to the LORD
Ex 12:27 It is the Passover **s** of the
1Sa 1:21 to the LORD the yearly **s**
1Sa 15:22 to obey is better than **s**,
2Ch 7:12 for Myself as a house of **s**.
Ps 40: 6 **S** and offering You did not
Ps 50: 5 made a covenant with Me by **s**.
Ps 51:16 For You do not desire **s**,
Dan 9:27 He shall bring an end to **s**
Dan 12:11 the time that the daily **s**
Hos 6: 6 I desire mercy and not **s**,
Matt 9:13 desire mercy and not **s**.
Matt 12: 7 desire mercy and not **s**,
Rom 12: 1 your bodies a living **s**,
Eph 5: 2 an offering and a **s** to God
Phil 4:18 aroma, an acceptable **s**,
Heb 10: 5 **S** and offering You did
Heb 10:12 after He had offered one **s**
Heb 10:26 there no longer remains a **s**
Heb 11: 4 to God a more excellent **s**

SACRIFICED (*see* SACRIFICE)
1Co 5: 7 our Passover, was **s** for us.
Rev 2:14 to eat things **s** to idols,

SACRIFICES (*see* SACRIFICE)
Ps 4: 5 Offer the **s** of
Ps 51:17 The **s** of God are a broken
Ps 106:28 And ate **s** made to the dead.
Ps 107:22 Let them sacrifice the **s** of
Is 1:11 is the multitude of your **s**
Is 1:13 Bring no more futile **s**;
Is 43:23 you honored Me with your **s**.
Dan 8:11 and by him the daily **s** were
Hos 14: 2 For we will offer the **s** of
Amos 4: 4 Bring your **s** every morning,
Amos 5:25 Did you offer Me **s** and
Mal 1:14 But **s** to the Lord what is
Luke 13: 1 had mingled with their **s**.
Acts 7:41 offered **s** to the idol, and
1Co 10:18 not those who eat of the **s**
Heb 5: 1 may offer both gifts and **s**
Heb 5: 3 to offer **s** for sins.
Heb 7:27 high priests, to offer up **s**,
Heb 9:23 themselves with better **s**
Heb 10: 6 burnt offerings and **s**
Heb 10:11 repeatedly the same **s**,
Heb 13:16 for with such **s** God is well
1Pe 2: 5 to offer up spiritual **s**

SAD

1Sa 1:18 her face was no longer **s**.
Neh 2: 2 to me, "Why is your face **s**,

SADDUCEES

Matt 3: 7 many of the Pharisees and **S**
Acts 23: 8 For **S** say that there is no

SAFE (*see* SAFELY, SAFETY)

Prov 18:10 run to it and are **s**.

SAFELY (*see* SAFE)

1Ki 4:25 And Judah and Israel dwelt **s**,

SAFETY (*see* SAFE)

Prov 11:14 of counselors there is **s**.
Is 14:30 the needy will lie down in **s**;
1Th 5: 3 Peace and **s**!" then sudden

SAINTS

1Sa 2: 9 will guard the feet of His **s**,
Ps 30: 4 You **s** of His, And give
Ps 34: 9 you His **s**! There is no
Ps 89: 5 in the assembly of the **s**.
Ps 97:10 preserves the souls of His **s**;
Ps 116:15 Is the death of His **s**.
Dan 7:18 But the **s** of the Most High
Dan 7:21 was making war against the **s**,
Matt 27:52 and many bodies of the **s** who
Rom 1: 7 of God, called to be **s**:
Rom 8:27 makes intercession for the **s**
Rom 12:13 to the needs of the **s**,
Rom 15:25 to minister to the **s**.
Rom 16: 2 in a manner worthy of the **s**,
1Co 1: 2 Jesus, called to be **s**,
1Co 6: 2 Do you not know that the **s**
1Co 14:33 in all the churches of the **s**.
1Co 16: 1 the collection for the **s**,
1Co 16:15 to the ministry of the **s**—
2Co 1: 1 with all the **s** who are in
Eph 1:15 and your love for all the **s**,
Eph 1:18 of His inheritance in the **s**,
Eph 2:19 fellow citizens with the **s**
Eph 3: 8 than the least of all the **s**,
Eph 3:18 to comprehend with all the **s**
Eph 4:12 for the equipping of the **s**
Eph 6:18 supplication for all the **s**—
Col 1:12 of the inheritance of the **s**
1Th 3:13 Jesus Christ with all His **s**.
2Th 1:10 to be glorified in His **s** and
Jude 3 for all delivered to the **s**.
Jude 14 with ten thousands of His **s**,
Rev 5: 8 are the prayers of the **s**.
Rev 13: 7 him to make war with the **s**
Rev 15: 3 O King of the **s**!
Rev 17: 6 with the blood of the **s** and

SAKE

Ps 23: 3 For His name's **s**.
Phil 1:29 but also to suffer for His **s**,
Col 1:24 for the **s** of His body, which
1Jn 2:12 you for His name's **s**.

SALEM (*see* JERUSALEM)

Gen 14:18 Then Melchizedek king of **S**
Ps 76: 2 In **S** also is His tabernacle,
Heb 7: 1 this Melchizedek, king of **S**,

SALOME

Mark 16: 1 and **S** bought spices, that

SALT

Gen 14: 3 (that is, the **S** Sea).
Gen 19:26 and she became a pillar of **s**.
Num 18:19 it is a covenant of **s**
Judg 9:45 the city and sowed it with **s**.
Matt 5:13 You are the **s** of the earth;
Col 4: 6 with grace, seasoned with **s**,

SALVATION (*see* SAVE)

Ex 14:13 and see the **s** of the LORD,
Ex 15: 2 And He has become my **s**;
Deut 32:15 esteemed the Rock of his **s**.
1Sa 2: 1 Because I rejoice in Your **s**.
2Sa 22: 3 shield and the horn of my **s**,
Ps 3: 8 **S** belongs to the LORD
Ps 9:14 I will rejoice in Your **s**.
Ps 27: 1 LORD is my light and my **s**;
Ps 51:12 to me the joy of Your **s**,
Ps 51:14 O God, The God of my **s**,
Ps 89:26 God, and the rock of my **s**.
Ps 95: 1 to the Rock of our **s**.
Ps 96: 2 the good news of His **s** from
Ps 98: 2 LORD has made known His **s**;
Ps 98: 3 of the earth have seen the **s**
Ps 116:13 I will take up the cup of **s**,
Ps 118:14 And He has become my **s**.
Is 45:17 LORD With an everlasting **s**;
Is 52: 7 things, Who proclaims **s**,
Is 52:10 the earth shall see The **s**
Is 59:16 His own arm brought **s** for
Is 59:17 And a helmet of **s** on His
Jon 2: 9 **S** is of the LORD."
Zech 9: 9 He is just and having **s**,
Luke 1:69 has raised up a horn of **s**
Luke 2:30 my eyes have seen Your **s**
Luke 3: 6 flesh shall see the **s**
Luke 19: 9 Today **s** has come to this
John 4:22 for **s** is of the Jews.
Acts 4:12 Nor is there **s** in any other,
Acts 16:17 proclaim to us the way of **s**.
Rom 1:16 it is the power of God to **s**
Rom 10:10 confession is made unto **s**.
Rom 13:11 for now our **s** is nearer
2Co 6: 2 behold, now is the day of **s**.
Eph 1:13 truth, the gospel of your **s**;
Eph 6:17 And take the helmet of **s**,
Phil 2:12 work out your own **s** with
1Th 5: 8 as a helmet the hope of **s**.
1Th 5: 9 but to obtain **s** through our
2Ti 3:15 able to make you wise for **s**
Heb 1:14 for those who will inherit **s**?
Heb 2: 3 if we neglect so great a **s**,
Heb 2:10 make the captain of their **s**
Heb 5: 9 the author of eternal **s** to
1Pe 1: 9 the **s** of your souls.

1Pe 1:10 Of this **s** the prophets have

SALVE†
Rev 3:18 anoint your eyes with eye **s**,

SAMARIA (*see* SAMARITAN)
1Ki 16:24 And he bought the hill of **S**
1Ki 16:24 the city which he built, **S**,
John 4: 4 He needed to go through **S**.
John 4: 7 A woman of **S** came to draw
Acts 1: 8 and in all Judea and **S**,

SAMARITAN† (*see* SAMARIA, SAMARITANS)
Luke 10:33 "But a certain **S**,
Luke 17:16 Him thanks. And he was a **S**.
John 4: 9 a **S** woman?" For Jews have
John 8:48 say rightly that You are a **S**

SAMARITANS (*see* SAMARITAN)
John 4: 9 Jews have no dealings with **S**.

SAMSON
Judg 16: 6 So Delilah said to **S**,
Judg 16:29 And **S** took hold of the two
Heb 11:32 of Gideon and Barak and **S**

SAMUEL
1Sa 1:20 a son, and called his name **S**,
1Sa 3:10 **S**! Samuel!" And Samuel
1Sa 7:15 And **S** judged Israel all the
1Sa 16:13 Then **S** took the horn of oil
1Sa 25: 1 Then **S** died; and the
1Sa 28:11 Bring up **S** for me."
1Sa 28:12 When the woman saw **S**,
Acts 3:24 from **S** and those who follow,
Acts 13:20 until **S** the prophet.
Heb 11:32 also of David and **S** and the

SANBALLAT
Neh 6:14 God, remember Tobiah and **S**,

SANCTIFICATION (*see* SANCTIFY)
1Co 1:30 and righteousness and **s** and
1Th 4: 3 is the will of God, your **s**:
1Th 4: 4 possess his own vessel in **s**
2Th 2:13 you for salvation through **s**

SANCTIFIED (*see* SANCTIFY)
Gen 2: 3 the seventh day and **s** it,
Jer 1: 5 Before you were born I **s**
John 10:36 say of Him whom the Father **s**
John 17:19 that they also may be **s** by
Acts 20:32 among all those who are **s**.
Acts 26:18 among those who are **s** by
Rom 15:16 **s** by the Holy Spirit.
1Co 1: 2 to those who are **s** in Christ
1Co 6:11 were washed, but you were **s**,
1Co 7:14 unbelieving husband is **s** by
2Ti 2:21 **s** and useful for the Master,
Jude 1 **s** by God the Father, and

SANCTIFIES (*see* SANCTIFY)
Heb 2:11 For both He who **s** and those
Heb 9:13 **s** for the purifying of the

SANCTIFY (*see* SANCTIFICATION, SANCTIFIED, SANCTIFIES)
Num 6:11 and he shall **s** his head that
Neh 13:22 to **s** the Sabbath day.
Ezek 36:23 And I will **s** My great name,
Ezek 38:23 I will magnify Myself and **s**
John 17:17 **S** them by Your truth. Your
John 17:19 And for their sakes I **s**
Eph 5:26 that He might **s** and cleanse
1Th 5:23 the God of peace Himself **s**
Heb 13:12 that He might **s** the people
1Pe 3:15 But **s** the Lord God in your

SANCTUARY
Ex 25: 8 "And let them make Me a **s**,
Ex 30:13 to the shekel of the **s** (a
Lev 16:33 atonement for the Holy **S**,
Ps 96: 6 and beauty are in His **s**.
Ps 150: 1 LORD! Praise God in His **s**;
Dan 9:26 destroy the city and the **s**.
Heb 9: 1 service and the earthly **s**.
Heb 13:11 blood is brought into the **s**

SAND
Gen 22:17 of the heaven and as the **s**
Gen 32:12 your descendants as the **s**
Matt 7:26 who built his house on the **s**:
Rom 9:27 of Israel be as the **s**

SANDAL (*see* SANDALS)
Mark 1: 7 whose **s** strap I am not

SANDALS (*see* SANDAL)
Ex 3: 5 Take your **s** off your feet,
Deut 29: 5 and your **s** have not worn out
Amos 2: 6 the poor for a pair of **s**.
Matt 3:11 whose **s** I am not worthy to

SANG (*see* SING)
Job 38: 7 When the morning stars **s**
Rev 5: 9 And they **s** a new song,

SANK (*see* SINK)
Judg 5:27 At her feet he **s**,
1Sa 17:49 so that the stone **s** into his
Jer 38: 6 So Jeremiah **s** in the mire.

SAPPHIRA†
Acts 5: 1 with **S** his wife, sold a

SARAH (*see* SARAI)
Gen 17:19 **S** your wife shall bear you a
Gen 18:12 Therefore **S** laughed within
Gen 21: 1 And the LORD visited **S** as He
Is 51: 2 And to **S** who bore you;
Heb 11:11 By faith **S** herself also

SARAI (*see* SARAH)
Gen 11:29 name of Abram's wife was **S**,

SARGON†
Is 20: 1 when **S** the king of Assyria

S

SAT (*see* SIT)

Ex 32: 6 and the people **s** down to eat
Ps 137: 1 There we **s** down, yea, we
Jer 15:17 I **s** alone because of Your
Mark 11: 2 tied, on which no one has **s**.
Mark 16:19 and **s** down at the right hand
Luke 10:39 who also **s** at Jesus' feet
1Co 10: 7 The people **s** down to eat
Heb 1: 3 **s** down at the right hand of
Rev 4: 2 and One **s** on the throne.
Rev 14:14 and on the cloud **s** One like
Rev 19:19 make war against Him who **s**

SATAN

1Ch 21: 1 Now **S** stood up against
Job 1: 6 and **S** also came among them.
Zech 3: 1 and **S** standing at his right
Matt 4:10 **S**! For it is written, 'You
Matt 12:26 If **S** casts out Satan, he is
Matt 16:23 **S**! You are an offense to Me,
Mark 1:13 forty days, tempted by **S**,
Luke 10:18 I saw **S** fall like lightning
Luke 11:18 If **S** also is divided against
Luke 22: 3 Then **S** entered Judas,
Rom 16:20 God of peace will crush **S**
1Co 5: 5 deliver such a one to **S** for
2Co 12: 7 a messenger of **S** to buffet
1Th 2:18 but **S** hindered us.
1Ti 1:20 whom I delivered to **S** that
Rev 2: 9 but are a synagogue of **S**.
Rev 2:24 not known the depths of **S**,
Rev 12: 9 old, called the Devil and **S**,
Rev 20: 7 **S** will be released from his

SATISFIED (*see* SATISFY)

Ps 63: 5 My soul shall be **s** as with
Prov 27:20 the eyes of man are never **s**.
Eccl 1: 8 The eye is not **s** with
Is 53:11 labor of His soul, and be **s**.
Hab 2: 5 like death, and cannot be **s**,

SATISFIES (*see* SATISFY)

Ps 103: 5 Who **s** your mouth with good

SATISFY (*see* SATISFIED, SATISFIES)

Ps 91:16 With long life I will **s** him,

SAUL (*see* PAUL)

1Sa 9: 3 And Kish said to his son **S**,
1Sa 9:17 And when Samuel saw **S**,
1Sa 11:15 and there they made **S** king
1Sa 14: 1 that Jonathan the son of **S**
1Sa 18: 7 **S** has slain his thousands,
2Sa 1:17 this lamentation over **S** and
Acts 7:58 feet of a young man named **S**.
Acts 9: 4 a voice saying to him, "**S**,
Acts 13:21 so God gave them **S** the son

SAVE (*see* SALVATION, SAVED, SAVING, SAVIOR)

Ps 3: 7 **S** me, O my God! For You
Ps 6: 4 **s** me for Your mercies' sake!
Ps 22:21 **S** Me from the lion's mouth
Ps 44: 3 Nor did their own arm **s**
Ps 57: 3 send from heaven and **s** me;
Ps 59: 2 And **s** me from bloodthirsty
Ps 69: 1 **S** me, O God! For the waters
Ps 72:13 And will **s** the souls of the
Ps 86:16 And **s** the son of Your
Ps 138: 7 And Your right hand will **s**
Is 45:20 pray to a god that cannot **s**.
Is 49:25 And I will **s** your children.
Is 59: 1 shortened, That it cannot **s**;
Is 63: 1 righteousness, mighty to **s**.
Jer 15:20 For I am with you to **s** you
Jer 17:14 **S** me, and I shall be saved,
Jer 46:27 I will **s** you from afar, And
Ezek 3:18 to **s** his life, that same
Ezek 13:22 from his wicked way to **s**
Ezek 34:22 therefore I will **s** My flock,
Hos 1: 7 Will **s** them by the LORD
Zeph 3:19 I will **s** the lame, And
Matt 1:21 for He will **s** His people
Matt 8:25 **s** us! We are perishing!"
Matt 16:25 For whoever desires to **s** his
Matt 18:11 the Son of Man has come to **s**
Matt 27:40 **s** Yourself! If You are the
Matt 27:42 others; Himself He cannot **s**.
Matt 27:49 see if Elijah will come to **s**
Mark 3: 4 to **s** life or to kill?" But
Mark 8:35 and the gospel's will **s** it.
Mark 15:30 **s** Yourself, and come down
Luke 23:37 of the Jews, **s** Yourself."
John 12:27 **s** Me from this hour'? But
1Co 9:22 that I might by all means **s**
1Ti 1:15 came into the world to **s**
1Ti 4:16 for in doing this you will **s**
Heb 5: 7 to Him who was able to **s**
Heb 7:25 He is also able to **s** to the
Jas 1:21 which is able to **s** your
Jas 2:14 Can faith **s** him?
Jas 5:15 the prayer of faith will **s**

SAVED (*see* SAVE)

Ps 18: 3 So shall I be **s** from my
Ps 34: 6 And **s** him out of all his
Ps 80: 3 And we shall be **s**!
Is 30:15 and rest you shall be **s**;
Is 45:22 "Look to Me, and be **s**,
Is 63: 9 the Angel of His Presence **s**
Jer 8:20 And we are not **s**!"
Jer 17:14 Save me, and I shall be **s**,
Joel 2:32 of the LORD Shall be **s**.
Matt 10:22 endures to the end will be **s**.
Matt 19:25 saying, "Who then can be **s**?
Matt 27:42 He **s** others; Himself He
Mark 16:16 and is baptized will be **s**;
Luke 7:50 Your faith has **s** you. Go in
John 3:17 world through Him might be **s**.
John 10: 9 enters by Me, he will be **s**,
Acts 2:21 the LORD Shall be **s**.
Acts 2:47 daily those who were being **s**.
Acts 4:12 men by which we must be **s**.
Acts 16:30 what must I do to be **s**?
Acts 16:31 Christ, and you will be **s**,
Rom 5: 9 we shall be **s** from wrath
Rom 5:10 we shall be **s** by His life.
Rom 10: 1 Israel is that they may be **s**.

Rom 10: 9 from the dead, you will be **s**.
Rom 10:13 the LORD shall be **s**.
Rom 11:26 And so all Israel will be **s**,
1Co 1:18 but to us who are being **s** it
1Co 5: 5 that his spirit may be **s** in
2Co 2:15 among those who are being **s**
Eph 2: 8 For by grace you have been **s**
1Ti 2: 4 who desires all men to be **s**
1Ti 2:15 Nevertheless she will be **s** in
Tit 3: 5 according to His mercy He **s**
1Pe 3:20 were **s** through water.
1Pe 4:18 one is scarcely **s**,

SAVING (*see* SAVE)
Heb 10:39 those who believe to the **s**
Heb 11: 7 prepared an ark for the **s** of

SAVIOR
Ps 106:21 They forgot God their **S**,
Is 19:20 and He will send them a **S**
Is 43: 3 Holy One of Israel, your **S**;
Is 43:11 besides Me there is no **s**.
Is 45:21 Me, A just God and a **S**;
Luke 1:47 has rejoiced in God my **S**.
Luke 2:11 day in the city of David a **S**,
John 4:42 the **S** of the world."
Eph 5:23 and He is the **S** of the body.
Phil 3:20 also eagerly wait for the **S**,
1Ti 1: 1 the commandment of God our **S**
1Ti 4:10 who is the **S** of all men,
Tit 2:13 of our great God and **S**
2Pe 1: 1 of our God and **S** Jesus
2Pe 1:11 kingdom of our Lord and **S**
1Jn 4:14 has sent the Son as **S** of

SCAPEGOAT
Lev 16:10 and to let it go as the **s**

SCARCELY
Rom 5: 7 For **s** for a righteous man
1Pe 4:18 the righteous one is **s**

SCARLET
Gen 38:28 and the midwife took a **s**
Josh 2:18 you bind this line of **s** cord
Prov 31:21 household is clothed with **s**.
Is 1:18 your sins are like **s**,
Matt 27:28 stripped Him and put a **s**
Heb 9:19 **s** wool, and hyssop, and
Rev 17: 3 I saw a woman sitting on a **s**

SCATTERED (*see* SCATTERS)
Gen 11: 8 So the LORD **s** them abroad
Ezek 34: 6 My flock was **s** over the
Zech 13: 7 And the sheep will be **s**;
Mark 14:27 the sheep will be **s**.

SCATTERS (*see* SCATTERED)
Matt 12:30 does not gather with Me **s**
John 10:12 wolf catches the sheep and **s**

SCEPTER
Gen 49:10 The **s** shall not depart from
Num 24:17 A **S** shall rise out of
Ps 45: 6 A **s** of righteousness is
Heb 1: 8 A **s** of righteousness

SCORNFUL
Ps 1: 1 sits in the seat of the **s**;

SCORPION
Luke 11:12 egg, will he offer him a **s**?

SCOURGE (*see* SCOURGED, SCOURGES)
Mark 10:34 and **s** Him, and spit on Him,

SCOURGED (*see* SCOURGE)
John 19: 1 then Pilate took Jesus and **s**

SCOURGES (*see* SCOURGE)
Heb 12: 6 And **s** every son whom

SCRIBE (*see* SCRIBES)
Ezra 7:11 gave Ezra the priest, the **s**,
Ezra 7:12 a **s** of the Law of the God of
Is 33:18 terror: "Where is the **s**?
Jer 36:32 and gave it to Baruch the **s**,
Matt 8:19 Then a certain **s** came and
1Co 1:20 the wise? Where is the **s**?

SCRIBES (*see* SCRIBE)
Matt 2: 4 all the chief priests and **s**
Matt 5:20 righteousness of the **s** and
Matt 7:29 authority, and not as the **s**.
Matt 23:14 **s** and Pharisees, hypocrites!

SCRIPTURE (*see* SCRIPTURES)
Dan 10:21 you what is noted in the **S**
Mark 15:28 So the **S** was fulfilled which
Luke 4:21 Today this **S** is fulfilled in
John 2:22 and they believed the **S** and
John 7:38 as the **S** has said, out of
John 10:35 word of God came (and the **S**
Acts 8:35 and beginning at this **S**,
Rom 4: 3 For what does the **S** say?
2Ti 3:16 All **S** is given by
Jas 2: 8 royal law according to the **S**,
Jas 4: 5 Or do you think that the **S**
1Pe 2: 6 is also contained in the **S**,
2Pe 1:20 that no prophecy of **S** is of

SCRIPTURES (*see* SCRIPTURE)
Matt 21:42 you never read in the **S**:
Matt 22:29 not knowing the **S** nor the
Matt 26:54 How then could the **S** be
Luke 24:27 to them in all the **S** the
Luke 24:32 and while He opened the **S** to
Luke 24:45 they might comprehend the **S**.
John 5:39 "You search the **S**,
Acts 17: 2 with them from the **S**,
Acts 17:11 and searched the **S** daily to
Acts 18:24 man and mighty in the **S**,
Acts 18:28 showing from the **S** that
Rom 1: 2 His prophets in the Holy **S**,
Rom 16:26 and by the prophetic **S** has
1Co 15: 3 our sins according to the **S**,
2Ti 3:15 you have known the Holy **S**,
2Pe 3:16 do also the rest of the **S**.

SCROLL

Ps 40: 7 In the s of the book it
Is 34: 4 shall be rolled up like a s;
Jer 36: 4 and Baruch wrote on a s of a
Jer 36:27 the king had burned the s
Ezek 3: 1 what you find; eat this s,
Zech 5: 1 and saw there a flying s.
Rev 5: 2 is worthy to open the s
Rev 6:14 Then the sky receded as a s

SEA (*see* SEAS, SEASHORE)

Gen 1:21 So God created great s
Gen 1:26 over the fish of the s,
Gen 14: 3 Siddim (that is, the Salt S).
Gen 32:12 as the sand of the s,
Ex 10:19 and blew them into the Red S.
Ex 20:11 heavens and the earth, the s,
Num 34: 6 you shall have the Great S
Ps 8: 8 And the fish of the s That
Ps 72: 8 have dominion also from s
Ps 95: 5 The s is His, for He made
Ps 96:11 Let the s roar, and all its
Ps 107:23 Those who go down to the s
Ps 114: 3 The s saw it and fled;
Ps 114: 5 What ails you, O s,
Ps 139: 9 the uttermost parts of the s,
Eccl 1: 7 Yet the s is not full;
Is 9: 1 her, By the way of the s,
Is 11: 9 As the waters cover the s.
Is 43:16 who makes a way in the s
Is 57:20 are like the troubled s,
Dan 7: 3 beasts came up from the s,
Hos 1:10 be as the sand of the s,
Hab 2:14 As the waters cover the s.
Matt 4:15 By the way of the s,
Matt 4:18 walking by the S of Galilee,
Matt 8:27 even the winds and the s
Matt 8:32 the steep place into the s,
Matt 14:26 saw Him walking on the s,
1Co 10: 1 all passed through the s,
1Co 10: 2 in the cloud and in the s,
2Co 11:26 in perils in the s,
Heb 11:29 passed through the Red S as
Jas 1: 6 is like a wave of the s
Rev 13: 1 beast rising up out of the s,
Rev 20:13 The s gave up the dead who
Rev 21: 1 Also there was no more s.

SEAL (*see* SEALED)

Job 38:14 on form like clay under a s,
Song 8: 6 Set me as a s upon your
Is 8:16 S the law among my
Dan 8:26 Therefore s up the vision,
Dan 12: 4 and s the book until the
John 6:27 the Father has set His s on
2Ti 2:19 of God stands, having this s:
Rev 6: 3 When He opened the second s,
Rev 10: 4 S up the things which the
Rev 22:10 Do not s the words of the

SEALED (*see* SEAL)

Jer 32:10 I signed the deed and s
Dan 12: 9 words are closed up and s
2Co 1:22 who also has s us and given
Eph 1:13 you were s with the Holy
Eph 4:30 by whom you were s for the

SEARCH (*see* SEARCHED, SEARCHES, SEARCHING)

Job 3:21 And s for it more than
Job 11: 7 Can you s out the deep things
Ps 139:23 S me, O God, and know my
Prov 2: 4 And s for her as for
Jer 17:10 s the heart, I test the
Jer 29:13 when you s for Me with all
Ezek 34:11 Indeed I Myself will s for My
Matt 2: 8 Go and s carefully for the
John 5:39 You s the Scriptures, for in

SEARCHED (*see* SEARCH)

Gen 31:34 And Laban s all about the
Ps 139: 1 You have s me and known me.
Eccl 2: 3 I s in my heart how to
Acts 12:19 But when Herod had s for him
Acts 17:11 and s the Scriptures daily
1Pe 1:10 prophets have inquired and s

SEARCHES (*see* SEARCH)

1Ch 28: 9 for the LORD s all hearts
Rom 8:27 Now He who s the hearts knows
1Co 2:10 For the Spirit s all things,
Rev 2:23 know that I am He who s the

SEARCHING (*see* SEARCH)

1Pe 1:11 s what, or what manner of

SEARED

1Ti 4: 2 their own conscience s with

SEAS (*see* SEA)

Gen 1:10 of the waters He called S.
Ps 8: 8 through the paths of the s.
Ps 24: 2 He has founded it upon the s,

SEASHORE (*see* SEA)

Gen 22:17 the sand which is on the s;
Ex 14:30 the Egyptians dead on the s.
1Ki 4:29 heart like the sand on the s.
Heb 11:12 the sand which is by the s.

SEASON (*see* SEASONED, SEASONS)

Ps 1: 3 forth its fruit in its s,
Ps 22: 2 hear; And in the night s,
Ps 104:27 them their food in due s.
Prov 15:23 And a word spoken in due s,
Eccl 3: 1 everything there is a s,
Matt 24:45 to give them food in due s?
Mark 11:13 for it was not the s for
Gal 6: 9 for in due s we shall reap
2Ti 4: 2 the word! Be ready in s

SEASONED (*see* SEASON)

Matt 5:13 flavor, how shall it be s?
Mark 9:49 every sacrifice will be s
Col 4: 6 s with salt, that you may

SEASONS (*see* SEASON)

Gen 1:14 let them be for signs and **s**,
Ps 16: 7 instructs me in the night **s**.
Dan 2:21 changes the times and the **s**;
Matt 21:41 to him the fruits in their **s**.
Acts 1: 7 for you to know times or **s**
1Th 5: 1 the times and the **s**,

SEAT (*see* SEATED)

Ex 25:22 you from above the mercy **s**,
Lev 16:15 sprinkle it on the mercy **s**
Ps 1: 1 Nor sits in the **s** of the
Ezek 28: 2 I sit in the **s** of gods,
Matt 23: 2 Pharisees sit in Moses' **s**.
Matt 27:19 sitting on the judgment **s**,
Rom 14:10 stand before the judgment **s**
2Co 5:10 before the judgment **s** of
Heb 9: 5 overshadowing the mercy **s**.

SEATED (*see* SEAT)

Eph 1:20 Him from the dead and **s**
Heb 8: 1 who is **s** at the right hand

SECOND

Rev 20:14 This is the **s** death.

SECRET (*see* SECRETLY, SECRETS)

Deut 29:29 The **s** things belong to the
Judg 16: 9 So the **s** of his strength was
Ps 19:12 Cleanse me from **s** faults.
Ps 27: 5 In the **s** place of His
Ps 90: 8 Our **s** sins in the light of
Ps 91: 1 He who dwells in the **s** place
Ps 139:15 You, When I was made in **s**,
Eccl 12:14 Including every **s** thing,
Dan 2:19 Then the **s** was revealed to
Amos 3: 7 Unless He reveals His **s** to
Matt 6: 4 your Father who sees in **s**
Luke 8:17 For nothing is **s** that will
Rom 16:25 of the mystery kept **s** since

SECRETLY (*see* SECRET)

Matt 1:19 was minded to put her away **s**.

SECRETS (*see* SECRET)

Dan 2:28 God in heaven who reveals **s**,
Rom 2:16 when God will judge the **s**
1Co 14:25 And thus the **s** of his heart

SEED (*see* SEEDS, SEEDTIME)

Gen 1:11 the herb that yields **s**,
Gen 3:15 And between your **s** and her
Gen 21:12 for in Isaac your **s** shall be
Gen 22:18 In your **s** all the nations of
Ps 126: 6 Bearing **s** for sowing,
Is 6:13 So the holy **s** shall be
Is 53:10 sin, He shall see His **s**,
Is 55:10 That it may give **s** to the
Matt 13: 4 some **s** fell by the wayside;
Matt 13:24 like a man who sowed good **s**
Matt 13:31 heaven is like a mustard **s**,
Matt 17:20 have faith as a mustard **s**,
Luke 1:55 To Abraham and to his **s**
Luke 8:11 The **s** is the word of God.
Acts 3:25 And in your **s** all the
Acts 13:23 "From this man's **s**,
Rom 1: 3 who was born of the **s** of
Rom 9: 7 In Isaac your **s** shall be
Rom 9: 8 promise are counted as the **s**.
Rom 11: 1 of the **s** of Abraham, of the
2Co 9:10 Now may He who supplies **s** to
Gal 3:16 of one, "And to your **S**,
Gal 3:29 then you are Abraham's **s**,
Heb 11:18 In Isaac your **s** shall be
1Pe 1:23 not of corruptible **s** but
1Jn 3: 9 for His **s** remains in him;

SEEDS (*see* SEED)

Matt 13:32 is the least of all the **s**;
Gal 3:16 He does not say, "And to **s**,

SEEDTIME† (*see* SEED)

Gen 8:22 **S** and harvest, Cold and

SEEK (*see* SEEKING, SEEKS, SOUGHT)

Deut 4:29 you will find Him if you **s**
2Ch 7:14 and pray and **s** My face, and
Ps 14: 2 understand, who **s** God.
Ps 24: 6 generation of those who **s**
Ps 27: 4 of the LORD, That will I **s**:
Ps 34:14 **S** peace and pursue it.
Ps 53: 2 understand, who **s** God.
Ps 63: 1 Early will I **s** You; My
Prov 2: 4 If you **s** her as silver, And
Eccl 1:13 And I set my heart to **s** and
Is 1:17 **S** justice, Rebuke the
Is 41:12 You shall **s** them and not
Is 55: 6 **S** the LORD while He may be
Jer 29: 7 And **s** the peace of the city
Jer 29:13 And you will **s** Me and find
Jer 45: 5 And do you **s** great things for
Ezek 34:16 I will **s** what was lost and
Amos 5: 4 **S** Me and live;
Amos 5: 6 **S** the LORD and live, Lest
Amos 5:14 **S** good and not evil, That
Mal 3: 1 And the Lord, whom you **s**,
Matt 2:13 for Herod will **s** the young
Matt 6:32 these things the Gentiles **s**.
Matt 6:33 But **s** first the kingdom of
Matt 7: 7 it will be given to you; **s**,
Matt 28: 5 for I know that you **s** Jesus
Mark 8:12 Why does this generation **s** a
Mark 16: 6 You **s** Jesus of Nazareth, who
Luke 12:29 And do not **s** what you should
Luke 12:30 the nations of the world **s**
Luke 13:24 will **s** to enter and will not
Luke 19:10 the Son of Man has come to **s**
Luke 24: 5 Why do you **s** the living among
John 1:38 to them, "What do you **s**?
John 4:27 no one said, "What do You **s**?
John 5:30 because I do not **s** My own
John 7:34 You will **s** Me and not find
John 8:50 And I do not **s** My own glory;
Acts 6: 3 **s** out from among you seven
Acts 10:21 "Yes, I am he whom you **s**.
Acts 15:17 rest of mankind may **s**
Acts 17:27 so that they should **s** the

Rom 10:20 by those who did not **s**
Rom 11: 3 and they s my life"?
1Co 1:22 and Greeks s after wisdom;
1Co 7:27 Do not s a wife.
1Co 13: 5 does not s its own, is not
Gal 1:10 Or do I s to please men? For
Phil 2:21 For all s their own, not the
Phil 4:17 Not that I s the gift, but I
1Th 2: 6 Nor did we s glory from men,
Heb 11: 6 of those who diligently s
Heb 11:14 declare plainly that they **s**
Heb 13:14 but we s the one to come.
1Pe 3:11 Let him s peace and

SEEKING (*see* SEEK)
John 4:23 for the Father is s such to
John 18: 4 to them, "Whom are you s?
John 20:15 you weeping? Whom are you s?
Rom 10: 3 and s to establish their own
1Pe 5: 8 s whom he may devour.

SEEKS (*see* SEEK)
Matt 7: 8 and he who s finds, and to
Matt 12:39 and adulterous generation **s**
Rom 3:11 There is none who **s**

SEEN
Ex 19: 4 You have s what I did to the
Judg 6:22 O Lord GOD! For I have s
Judg 13:22 because we have s God!"
Ps 37:25 Yet I have not s the
Is 6: 5 For my eyes have s the
Is 9: 2 walked in darkness Have **s**
John 1:18 No one has s God at any time.
John 3:11 and testify what We have **s**,
John 3:32 And what He has s and heard,
John 9:37 You have both s Him and it is
John 14: 7 on you know Him and have **s**
John 14: 9 He who has s Me has seen the
John 20:18 the disciples that she had **s**
John 20:25 We have s the Lord." So he
John 20:29 because you have s Me, you
John 20:29 are those who have not **s**
Acts 13:31 He was s for many days by
Rom 8:24 but hope that is s is not
1Co 2: 9 "Eye has not **s**,
1Co 9: 1 Have I not s Jesus Christ
1Co 15: 5 and that He was s by Cephas,
2Co 4:18 at the things which are **s**,
1Ti 3:16 S by angels, Preached
1Ti 6:16 whom no man has s or can
Heb 11: 1 the evidence of things not **s**.
Heb 11: 3 that the things which are **s**
Heb 11: 7 warned of things not yet **s**,
Heb 11:13 but having s them afar off
1Pe 1: 8 whom having not s you love.
1Jn 1: 1 which we have s with our
1Jn 4:12 No one has s God at any
1Jn 4:20 his brother whom he has **s**,
Rev 1:19 the things which you have **s**,

SEER
1Sa 9: 9 was formerly called a s.
Amos 7:12 you s! Flee to the land of

SELF-CONTROL
Acts 24:25 about righteousness, **s**,
1Co 7: 5 because of your lack of **s**.
Gal 5:23 gentleness, s. Against such
2Pe 1: 6 to knowledge **s**,

SELL (*see* SOLD)
Gen 25:31 S me your birthright as of
Gen 37:27 Come and let us s him to the

SEND (*see* SENDS, SENT)
Gen 24: 7 He will s His angel before
Gen 38:17 I will s a young goat from
Ex 3:10 and I will s you to Pharaoh
Ex 8:21 I will s swarms of flies
Ex 23:20 I s an Angel before you to
Neh 2: 5 I ask that you s me to
Neh 2: 6 So it pleased the king to **s**
Neh 8:10 and s portions to those for
Ps 20: 2 May He s you help from the
Ps 43: 3 s out Your light and Your
Ps 57: 3 He shall s from heaven and
Ps 104:30 You s forth Your Spirit,
Is 6: 8 saying: "Whom shall I **s**,
Is 6: 8 Here am I! S me."
Is 42:19 as My messenger whom I **s**?
Jer 1: 7 shall go to all to whom I **s**
Jer 14:15 in My name, whom I did not **s**,
Ezek 7: 3 And I will s My anger
Ezek 39: 6 And I will s fire on Magog
Amos 1: 7 But I will s a fire upon the
Mal 3: 1 I s My messenger, And he
Mal 4: 5 I will s you Elijah the
Matt 9:38 the Lord of the harvest to **s**
Matt 10:16 I s you out as sheep in the
Matt 11:10 I s My messenger before
Matt 14:15 S the multitudes away, that
Matt 24:31 And He will s His angels with
Mark 5:12 S us to the swine, that we
Mark 6: 7 and began to s them out two
Luke 12:49 I came to s fire on the
Luke 24:49 I s the Promise of My Father
John 3:17 For God did not s His Son
John 16: 7 I will s Him to you.
John 20:21 I also s you."
Acts 11:29 determined to s relief to
1Co 1:17 For Christ did not s me to
Phil 2:19 trust in the Lord Jesus to **s**
2Th 2:11 for this reason God will **s**
Rev 1:11 write in a book and s it to

SENDS (*see* SEND)
Ps 68:33 He s out His voice, a mighty
Matt 5:45 and s rain on the just and

SENNACHERIB
2Ki 18:13 S king of Assyria came up
2Ch 32: 2 And when Hezekiah saw that S

SENSE†
Neh 8: 8 of God; and they gave the **s**,
Hos 7:11 like a silly dove, without **s**—
Heb 11:19 him in a figurative **s**.

SENT (*see* SEND)

Ex 3:12 a sign to you that I have **s**
Ex 3:14 I AM has **s** me to you.'"
Num 21: 6 So the LORD **s** fiery serpents
Is 55:11 the thing for which I **s**
Is 61: 1 He has **s** Me to heal the
Jer 26:12 The LORD **s** me to prophesy
Jer 28:15 the LORD has not **s** you, but
Ezek 39:28 who **s** them into captivity
Matt 10: 5 These twelve Jesus **s** out and
Matt 10:40 Me receives Him who **s** Me.
Matt 15:24 I was not **s** except to the
Mark 9:37 not Me but Him who **s** Me.
Luke 4:18 He has **s** Me to heal
Luke 10: 1 and **s** them two by two before
Luke 10:16 Me rejects Him who **s** Me.
John 1: 6 There was a man **s** from God,
John 1: 8 but was **s** to bear witness
John 4:34 to do the will of Him who **s**
John 5:24 and believes in Him who **s**
John 5:37 who **s** Me, has testified of
John 6:39 will of the Father who **s** Me,
John 8:16 I am with the Father who **s**
John 9: 4 work the works of Him who **s**
John 9: 7 (which is translated, S).
John 13:16 sent greater than he who **s**
John 13:20 Me receives Him who **s** Me.
John 17: 3 Jesus Christ whom You have **s**.
John 20:21 to you! As the Father has **s**
Rom 10:15 preach unless they are **s**?
Gal 4: 4 God **s** forth His Son, born of
Heb 1:14 all ministering spirits **s**
1Pe 1:12 to you by the Holy Spirit **s**
1Jn 4: 9 that God has **s** His only
1Jn 4:10 but that He loved us and **s**
1Jn 4:14 that the Father has **s** the
Rev 1: 1 And He **s** and signified it

SEPARATE (*see* SEPARATED)

Matt 19: 6 together, let not man **s**.
Acts 13: 2 Now **s** to Me Barnabas and Saul
Rom 8:35 Who shall **s** us from the love
Rom 8:39 shall be able to **s** us from
2Co 6:17 among them And be **s**,
Heb 7:26 **s** from sinners, and has

SEPARATED (*see* DIVIDED, SEPARATE)

Is 59: 2 But your iniquities have **s**
Rom 1: 1 **s** to the gospel of God
Gal 1:15 who **s** me from my mother's

SERAPHIM†

Is 6: 2 Above it stood **s**;
Is 6: 6 Then one of the **s** flew to

SERPENT (*see* SERPENTS)

Gen 3: 1 Now the **s** was more cunning
Ex 7:15 rod which was turned to a **s**
Num 21: 8 to Moses, "Make a fiery **s**,
Num 21: 9 So Moses made a bronze **s**,
2Ki 18: 4 in pieces the bronze **s** that
Job 26:13 hand pierced the fleeing **s**.
Prov 23:32 the last it bites like a **s**,
Is 27: 1 Leviathan the fleeing **s**,
Mic 7:17 shall lick the dust like a **s**;
Matt 7:10 a fish, will he give him a **s**?
John 3:14 as Moses lifted up the **s** in
2Co 11: 3 as the **s** deceived Eve by his
Rev 12: 9 that **s** of old, called the
Rev 20: 2 that **s** of old, who is the

SERPENTS (*see* SERPENT)

Matt 10:16 Therefore be wise as **s** and
Mark 16:18 "they will take up **s**;
Luke 10:19 authority to trample on **s**

SERVANT (*see* MAIDSERVANT, SERVANTS, SERVE)

Gen 9:25 A **s** of servants He shall
Gen 9:26 And may Canaan be his **s**.
Gen 18: 3 do not pass on by Your **s**.
Gen 24:34 he said, "I am Abraham's **s**.
Gen 26:24 your descendants for My **s**
Gen 39:17 Hebrew **s** whom you brought
Ex 14:31 the LORD and His **s** Moses.
Ex 21: 2 "If you buy a Hebrew **s**,
Num 12: 7 Not so with My **s** Moses; He
Deut 34: 5 So Moses the **s** of the LORD
Josh 1: 2 Moses My **s** is dead. Now
1Sa 3: 9 for Your **s** hears.'" So
2Sa 3:18 By the hand of My **s** David, I
Job 1: 8 Have you considered My **s** Job,
Job 42: 8 and My **s** Job shall pray for
Ps 19:11 Moreover by them Your **s** is
Ps 19:13 Keep back Your **s** also from
Ps 27: 9 Do not turn Your **s** away in
Ps 31:16 Your face shine upon Your **s**;
Ps 69:17 hide Your face from Your **s**,
Ps 86:16 Your strength to Your **s**,
Ps 89: 3 I have sworn to My **s** David:
Ps 116:16 O LORD, truly I am Your **s**;
Ps 119:17 bountifully with Your **s**,
Ps 119:135 Your face shine upon Your **s**,
Ps 136:22 A heritage to Israel His **s**,
Prov 17: 2 A wise **s** will rule over a
Is 20: 3 Just as My **s** Isaiah has
Is 41: 8 you, Israel, are My **s**,
Is 41: 9 said to you, 'You are My **s**,
Is 42: 1 Behold! My **S** whom I uphold,
Is 42:19 Who is blind but My **s**,
Is 43:10 And My **s** whom I have chosen,
Is 44:21 formed you, you are My **s**;
Is 49: 3 said to me, 'You are My **s**,
Is 50:10 obeys the voice of His **S**?
Is 52:13 My **S** shall deal prudently;
Is 53:11 His knowledge My righteous **S**
Dan 6:20 **s** of the living God, has
Dan 9:17 hear the prayer of Your **s**,
Zech 3: 8 I am bringing forth My **S** the
Matt 8: 6 my **s** is lying at home
Matt 8: 8 and my **s** will be healed.
Matt 10:24 nor a **s** above his master.
Matt 12:18 Behold! My **S** whom I
Matt 24:45 is a faithful and wise **s**,
Matt 25:21 done, good and faithful **s**;
Matt 25:30 'And cast the unprofitable **s**
Matt 26:51 struck the **s** of the high

S

Luke 1:54 He has helped His **s** Israel,
Luke 2:29 now You are letting Your **s**
Luke 7: 2 And a certain centurion's **s**,
Luke 12:43 Blessed is that **s** whom his
Luke 16:13 No **s** can serve two masters;
John 12:26 there My **s** will be also. If
John 13:16 a **s** is not greater than his
Acts 3:13 glorified His **S** Jesus, whom
Acts 3:26 having raised up His **S**
Acts 4:30 the name of Your holy **S**
Rom 14: 4 are you to judge another's **s**?
Rom 15: 8 Jesus Christ has become a **s**
1Co 9:19 I have made myself a **s** to
Col 4: 7 and fellow **s** in the Lord,
Heb 3: 5 in all His house as a **s**,
Rev 1: 1 it by His angel to His **s**

SERVANTS (*see* SERVANT)
Job 1:15 they have killed the **s** with
Ps 34:22 redeems the soul of His **s**,
Ps 90:13 have compassion on Your **s**.
Ps 113: 1 O **s** of the LORD, Praise
Ps 135:14 have compassion on His **s**.
Eccl 2: 7 I acquired male and female **s**,
Dan 3:26 **s** of the Most High God, come
Amos 3: 7 reveals His secret to His **s**
Matt 18:23 settle accounts with his **s**.
Matt 21:36 "Again he sent other **s**,
Mark 1:20 in the boat with the hired **s**,
Luke 15:17 many of my father's hired **s**
Luke 15:19 me like one of your hired **s**.
Luke 17:10 say, 'We are unprofitable **s**.
Luke 19:13 "So he called ten of his **s**,
John 15:15 "No longer do I call you **s**,
John 18:36 My **s** would fight, so that I
1Co 4: 1 as **s** of Christ and stewards
1Pe 2:18 **S**, be submissive to your
Rev 1: 1 God gave Him to show His **s**—
Rev 19: 5 all you His **s** and those who
Rev 22: 3 and His **s** shall serve Him.

SERVE (*see* SERVANT, SERVED, SERVICE, SERVING)
Gen 25:23 And the older shall **s** the
Ex 3:12 you shall **s** God on this
Ex 4:23 let My son go that he may **s**
Ex 20: 5 not bow down to them nor **s**
Ex 21: 2 he shall **s** six years; and in
Ex 21: 6 and he shall **s** him forever.
Ex 23:33 For if you **s** their gods, it
Deut 7: 4 to **s** other gods; so the
Josh 24:15 this day whom you will **s**,
Josh 24:15 we will **s** the LORD."
Josh 24:21 but we will **s** the LORD!"
Ps 2:11 **S** the LORD with fear, And
Ps 72:11 All nations shall **s** Him.
Ps 100: 2 **S** the LORD with gladness
Jer 27: 7 So all nations shall **s** him
Dan 1: 5 of that time they might **s**
Dan 3:17 our God whom we **s** is able to
Dan 3:18 that we do not **s** your gods,
Dan 6:16 whom you **s** continually, He
Matt 4:10 Him only you shall **s**.
Matt 6:24 No one can **s** two masters;
Matt 6:24 You cannot **s** God and mammon.
Matt 20:28 come to be served, but to **s**,
Mark 10:45 come to be served, but to **s**,
Luke 1:74 Might **s** Him without fear,
Acts 6: 2 leave the word of God and **s**
Rom 1: 9 whom I **s** with my spirit in
Rom 7:25 with the mind I myself **s** the
Rom 9:12 The older shall **s** the
Rom 16:18 those who are such do not **s**
1Co 9:13 and those who **s** at the altar
Gal 3:19 then does the law **s**?
Gal 5:13 but through love **s** one
Col 3:24 for you **s** the Lord Christ.
1Th 1: 9 to God from idols to **s** the
1Ti 3:10 then let them **s** as deacons,
2Ti 1: 3 whom I **s** with a pure
Heb 9:14 from dead works to **s** the
Heb 13:10 from which those who **s** the
Rev 7:15 and **s** Him day and night in
Rev 22: 3 and His servants shall **s**

SERVED (*see* SERVE)
Matt 8:15 And she arose and **s** them.
Matt 20:28 of Man did not come to be **s**,
Mark 10:45 of Man did not come to be **s**,
John 12: 2 Him a supper; and Martha **s**,
Rom 1:25 and worshiped and **s** the
Gal 4: 8 you **s** those which by nature
Phil 2:22 a son with his father he **s**

SERVICE (*see* SERVE)
Ex 1:14 and in all manner of **s** in
Ex 27:19 the tabernacle for all its **s**,
John 16: 2 think that he offers God **s**.
Rom 12: 1 which is your reasonable **s**.
Heb 9: 1 had ordinances of divine **s**

SERVING (*see* SERVE)
Luke 10:40 was distracted with much **s**,
Rom 12:11 in spirit, **s** the Lord;
Jude 12 **s** only themselves. They

SETH
Gen 4:25 bore a son and named him **S**,
1Ch 1: 1 Adam, **S**, Enosh,
Luke 3:38 son of Enos, the son of **S**,

SETTLE (*see* SETTLED)
1Pe 5:10 strengthen, and **s** you.

SETTLED (*see* SETTLE)
Ps 119:89 Your word is **s** in heaven.

SEVEN (*see* SEVENTH)
Gen 7: 2 You shall take with you **s**
Gen 8:10 And he waited yet another **s**
Gen 29:20 So Jacob served **s** years for
Gen 33: 3 himself to the ground **s**
Gen 41: 2 came up out of the river **s**
Gen 41: 5 and suddenly **s** heads of
Gen 41:53 Then the **s** years of plenty
Gen 41:54 and the **s** years of famine
Ex 12:19 For **s** days no leaven shall be
Ex 23:15 eat unleavened bread **s** days,

Ex 25:37 You shall make **s** lamps for
Lev 4:17 the blood and sprinkle it **s**
Lev 23:15 **s** Sabbaths shall be
Lev 23:42 shall dwell in booths for **s**
Num 12:14 be shut out of the camp **s**
Deut 15: 1 At the end of every **s** years
Deut 16:13 the Feast of Tabernacles **s**
Josh 6: 4 march around the city **s**
1Sa 16:10 Thus Jesse made **s** of his sons
2Ki 5:14 So he went down and dipped **s**
Prov 9: 1 She has hewn out her **s**
Dan 4:16 And let **s** times pass over
Dan 9:25 There shall be **s** weeks
Matt 12:45 he goes and takes with him **s**
Matt 15:36 And He took the **s** loaves and
Matt 15:37 and they took up **s** large
Matt 18:21 Up to **s** times?"
Matt 18:22 but up to seventy times **s**.
Matt 22:28 whose wife of the **s** will she
Luke 2:36 had lived with a husband **s**
Luke 8: 2 out of whom had come **s**
Luke 11:26 goes and takes with him **s**
Luke 24:13 which was **s** miles from
Acts 6: 3 seek out from among you **s**
Rom 11: 4 reserved for Myself **s**
Heb 11:30 they were encircled for **s**
Rev 1: 4 to the **s** churches which are
Rev 1: 4 and from the **s** Spirits who
Rev 1:12 And having turned I saw **s**
Rev 1:16 He had in His right hand **s**
Rev 5: 1 sealed with **s** seals.
Rev 8: 2 and to them were given **s**
Rev 10: 3 **s** thunders uttered their
Rev 12: 3 fiery red dragon having **s**
Rev 15: 7 gave to the seven angels **s**
Rev 15: 8 the seven plagues of the **s**
Rev 17:10 There are also **s** kings. Five
Rev 17:11 the eighth, and is of the **s**,
Rev 21: 9 bowls filled with the **s**

SEVENFOLD

Gen 4:24 If Cain shall be avenged **s**,

SEVENTEEN

Gen 37: 2 being **s** years old, was

SEVENTH (*see* SEVEN)

Gen 2: 2 and He rested on the **s** day
Gen 2: 3 Then God blessed the **s** day
Ex 12:15 the first day until the **s**
Ex 20:10 but the **s** day is the Sabbath
Ex 20:11 and rested the **s** day.
Ex 23:11 but the **s** year you shall let
Heb 4: 4 God rested on the **s**
Jude 14 the **s** from Adam, prophesied

SEVENTY

Ex 1: 5 descendants of Jacob were **s**
Ex 24: 1 and **s** of the elders of
Ps 90:10 days of our lives are **s**
Jer 25:11 serve the king of Babylon **s**
Dan 9: 2 that He would accomplish **s**
Dan 9:24 **S** weeks are determined For
Zech 1:12 which You were angry these **s**
Matt 18:22 but up to **s** times seven.
Luke 10: 1 things the Lord appointed **s**

SEVENTY-SEVENFOLD†

Gen 4:24 sevenfold, Then Lamech **s**.

SEVERITY

Rom 11:22 consider the goodness and **s**

SEXUAL

Matt 5:32 wife for any reason except **s**
Matt 19: 9 except for **s** immorality, and
Acts 15:29 and from **s** immorality. If
Acts 21:25 and from **s** immorality."
Rom 1:29 **s** immorality, wickedness,
1Co 5: 1 reported that there is **s**
1Co 6:13 Now the body is not for **s**
1Co 6:18 Flee **s** immorality. Every sin
1Co 7: 2 because of **s** immorality, let
1Th 4: 3 you should abstain from **s**
Jude 7 given themselves over to **s**
Rev 2:14 and to commit **s** immorality.
Rev 9:21 their sorceries or their **s**

SHACKLES

Mark 5: 4 had often been bound with **s**
Luke 8:29 bound with chains and **s**;

SHADE

Ps 121: 5 The LORD is your **s** at
Dan 4:12 beasts of the field found **s**
Jon 4: 5 and sat under it in the **s**,
Mark 4:32 the air may nest under its **s**.

SHADOW

Gen 19: 8 they have come under the **s**
2Ki 20: 9 shall the **s** go forward ten
Job 8: 9 our days on earth are a **s**.
Ps 17: 8 Hide me under the **s** of Your
Ps 23: 4 through the valley of the **s**
Ps 91: 1 Shall abide under the **s** of
Is 9: 2 dwelt in the land of the **s**
Is 32: 2 As the **s** of a great rock in
Is 49: 2 In the **s** of His hand He has
Matt 4:16 in the region and **s**
Luke 1:79 sit in darkness and the **s**
Col 2:17 which are a **s** of things to
Heb 8: 5 who serve the copy and **s** of
Jas 1:17 there is no variation or **s**

SHADRACH (*see* HANANIAH)

Dan 3:28 "Blessed be the God of **S**,

SHAKE (*see* SHAKEN)

Job 4:14 Which made all my bones **s**.
Ps 46: 3 Though the mountains **s**
Ps 109:25 they **s** their heads.
Is 2:19 When He arises to **s** the
Hag 2: 6 is a little while) I will **s**
Hag 2:21 I will **s** heaven and earth.
Matt 10:14 **s** off the dust from your
Heb 12:26 Yet once more I **s** not

S

SHAKEN (*see* SHAKE)
Ps 112: 6 Surely he will never be **s**;
Matt 11: 7 A reed s by the wind?
Matt 24:29 of the heavens will be **s**.
Luke 6:38 **s** together, and running over
Acts 4:31 assembled together was **s**;
Acts 16:26 of the prison were **s**;
2Th 2: 2 not to be soon s in mind or
Heb 12:27 things that are being **s**,
Heb 12:28 a kingdom which cannot be **s**,

SHAME (*see* SHAMEFUL)
2Sa 13:13 I, where could I take my **s**?
Ps 4: 2 you turn my glory to **s**?
Ps 35: 4 Let those be put to **s** and
Ps 69: 7 **S** has covered my face.
Ps 69:19 You know my reproach, my **s**,
Ps 71: 1 Let me never be put to **s**.
Ps 71:24 For they are brought to **s**
Ps 119:31 do not put me to **s**!
Ps 129: 5 who hate Zion Be put to **s**
Prov 10: 5 is a son who causes **s**.
Prov 19:26 Is a son who causes **s** and
Is 20: 4 to the **s** of Egypt.
Jer 17:18 do not let me be put to **s**;
Dan 9: 8 to us belongs **s** of face, to
Dan 12: 2 Some to **s** and everlasting
Joel 2:26 shall never be put to **s**.
Nah 3: 5 And the kingdoms your **s**.
Acts 5:41 counted worthy to suffer **s**
Rom 9:33 will not be put to **s**.
Rom 10:11 will not be put to **s**.
1Co 1:27 of the world to put to **s**
1Co 6: 5 I say this to your **s**.
Heb 6: 6 and put Him to an open **s**.
Heb 12: 2 the cross, despising the **s**,
1Pe 2: 6 no means be put to **s**.

SHAMEFUL (*see* SHAME)
Jer 11:13 set up altars to that **s**
Rom 1:27 men committing what is **s**,
1Co 11: 6 But if it is **s** for a woman
1Co 14:35 for it is **s** for women to
Eph 5:12 For it is **s** even to speak of

SHARE (*see* PART, PORTION)
2Sa 20: 1 We have no **s** in David, Nor
1Ki 12:16 What **s** have we in David? We
Gal 6: 6 who is taught the word **s** in
Eph 4:16 which every part does its **s**,
1Ti 6:18 ready to give, willing to **s**,
2Ti 1: 8 but **s** with me in the
Heb 13:16 forget to do good and to **s**,

SHARON
1Ch 27:29 over the herds that fed in **S**,
Song 2: 1 I am the rose of **S**,

SHARP (*see* SHARPER)
Prov 5: 4 **S** as a two-edged sword.

SHARPENS
Prov 27:17 As iron s iron, So a man

SHARPER (*see* SHARP)
Heb 4:12 and s than any two-edged

SHATTERED
Eccl 12: 6 Or the pitcher **s** at the

SHAVE (*see* SHAVED)
Lev 21: 5 nor shall they **s** the edges
Num 6:18 Then the Nazirite shall **s** his
Judg 16:19 for a man and had him **s** off

SHAVED (*see* SHAVE)
Num 6:19 the Nazirite after he has **s**
1Co 11: 6 for a woman to be shorn or **s**,

SHEAF (*see* SHEAVES)
Gen 37: 7 and bowed down to my **s**.

SHEAR-JASHUB†
Is 7: 3 you and **S** your son, at the

SHEARER† (*see* SHEARERS, SHORN)
Acts 8:32 as a lamb before its **s**

SHEARERS (*see* SHEARER)
Is 53: 7 as a sheep before its **s** is

SHEATH
John 18:11 "Put your sword into the **s**.

SHEAVES (*see* SHEAF)
Gen 37: 7 and indeed your **s** stood all
Ps 126: 6 Bringing his **s** with him.

SHEBA
1Ki 10: 4 And when the queen of **S** had

SHECHEM (*see* SYCHAR)
Gen 33:18 came safely to the city of **S**,
Gen 37:12 their father's flock in **S**.
Judg 9:23 Abimelech and the men of **S**;
1Ki 12: 1 And Rehoboam went to **S**,

SHED (*see* SHEDDING, SHEDS)
Gen 9: 6 By man his blood shall be **s**;
Prov 6:17 Hands that **s** innocent
Matt 23:35 all the righteous blood **s**
Matt 26:28 which is **s** for many for the
Luke 11:50 all the prophets which was **s**
Luke 22:20 which is **s** for you.
Acts 22:20 of Your martyr Stephen was **s**,
Rom 3:15 feet are swift to **s**

SHEDDING (*see* SHED)
Heb 9:22 and without **s** of blood there

SHEDS (*see* SHED)
Gen 9: 6 Whoever **s** man's blood, By

SHEEP (*see* SHEEPFOLD, SHEEPSKINS)
Gen 4: 2 Now Abel was a keeper of **s**,
Gen 29: 6 Rachel is coming with the **s**.
Gen 30:32 the speckled and spotted **s**,

Ps 95: 7 And the s of His hand.
Ps 100: 3 are His people and the s
Ps 119:176 gone astray like a lost s;
Is 53: 6 All we like s have gone
Is 53: 7 And as a s before its
Ezek 34:11 Myself will search for My s
Zech 13: 7 And the s will be
Matt 9:36 like s having no shepherd.
Matt 10: 6 go rather to the lost s
Matt 10:16 I send you out as s in the
Matt 12:11 among you who has one s,
Matt 18:12 If a man has a hundred s,
Mark 14:27 And the s will be
Luke 15: 6 for I have found my s which
John 10: 2 is the shepherd of the s.
John 10: 3 and the s hear his voice;
John 10: 7 you, I am the door of the s.
John 10:11 gives His life for the s.
John 10:16 And other s I have which are
John 21:16 He said to him, "Tend My s.
John 21:17 said to him, "Feed My s.
Acts 8:32 He was led as a s to
Rom 8:36 We are accounted as s
Heb 13:20 that great Shepherd of the s,
1Pe 2:25 For you were like s going

SHEEPFOLD (*see* SHEEP)
2Sa 7: 8 "I took you from the s,
John 10: 1 he who does not enter the s

SHEEPSKINS† (*see* SHEEP)
Heb 11:37 They wandered about in s and

SHEET
Acts 10:11 and an object like a great s

SHEKEL (*see* SHEKELS)
Amos 8: 5 the ephah small and the s

SHEKELS (*see* SHEKEL)
Gen 23:15 is worth four hundred s
Ex 21:32 to their master thirty s of
Lev 27: 4 valuation shall be thirty s;

SHELTER
Ps 61: 4 I will trust in the s of
Is 4: 6 and for a s from storm and
Jon 4: 5 There he made himself a s

SHEM
Gen 6:10 And Noah begot three sons: S,

SHEOL
2Sa 22: 6 The sorrows of S surrounded
Job 11: 8 can you do? Deeper than S—
Job 17:16 go down to the gates of S?
Ps 16:10 will not leave my soul in S,
Ps 116: 3 And the pangs of S laid
Is 14:15 shall be brought down to S,
Jon 2: 2 Out of the belly of S I

SHEPHERD (*see* SHEPHERDS)
Gen 49:24 Jacob (From there is the S,
Num 27:17 like sheep which have no s.
2Sa 7: 7 whom I commanded to s My
Ps 23: 1 The LORD is my s;
Ps 80: 1 O S of Israel, You who lead
Eccl 12:11 nails, given by one S.
Is 40:11 will feed His flock like a s;
Is 44:28 says of Cyrus, 'He is My s,
Ezek 34:12 As a s seeks out his flock on
Ezek 37:24 they shall all have one s;
Zech 13: 7 of hosts. "Strike the S,
Matt 2: 6 a Ruler Who will s
Matt 9:36 like sheep having no s.
Matt 26:31 'I will strike the S,
John 10: 2 enters by the door is the s
John 10:11 "I am the good s.
John 10:16 will be one flock and one s.
Acts 20:28 to s the church of God which
Heb 13:20 that great S of the sheep,
1Pe 2:25 have now returned to the S
1Pe 5: 2 S the flock of God which is
1Pe 5: 4 and when the Chief S appears,

SHEPHERDS (*see* SHEPHERD)
Ex 2:17 Then the s came and drove
Jer 23: 1 Woe to the s who destroy and
Ezek 34: 2 Woe to the s of Israel who
Ezek 34:10 I am against the s,
Amos 1: 2 The pastures of the s
Luke 2: 8 were in the same country s

SHIBBOLETH†
Judg 12: 6 S'!" And he would say,

SHIELD
Gen 15: 1 afraid, Abram. I am your s,
Ps 18: 2 My s and the horn of my
Ps 18:30 He is a s to all who trust
Ps 28: 7 is my strength and my s;
Ps 33:20 He is our help and our s.
Ps 84:11 LORD God is a sun and s;
Eph 6:16 taking the s of faith with

SHILOAH† (*see* SILOAM)
Is 8: 6 refused The waters of S

SHILOH
Gen 49:10 Until S comes; And to Him
Josh 18: 9 to Joshua at the camp in S.
Judg 18:31 the house of God was in S.
Jer 26: 6 will make this house like S,

SHINAR
Gen 11: 2 a plain in the land of S,
Gen 14: 1 days of Amraphel king of S,

SHINE (*see* SHINED, SHINES, SHINING, SHONE)
Num 6:25 The LORD make His face s
Ps 31:16 Make Your face s upon Your
Ps 80: 3 O God; Cause Your face to s,
Ps 104:15 Oil to make his face s,
Is 60: 1 Arise, s; For your light
Dan 12: 3 Those who are wise shall s
Matt 5:16 Let your light so s before
2Co 4: 6 God who commanded light to s
Phil 2:15 among whom you s as lights

S

Rev 21:23 the sun or of the moon to **s**

SHINED† (*see* SHINE)
Is 9: 2 Upon them a light has **s**.

SHINES (*see* SHINE)
Prov 4:18 That **s** ever brighter unto
John 1: 5 And the light **s** in the
2Pe 1:19 to heed as a light that **s**

SHINING (*see* SHINE)
Mark 9: 3 His clothes became **s**,
Luke 24: 4 two men stood by them in **s**
John 5:35 He was the burning and **s**
1Jn 2: 8 the true light is already **s**.
Rev 1:16 was like the sun **s** in its

SHIP (*see* SHIPS, SHIPWRECK)
Jon 1: 3 and found a **s** going to

SHIPS (*see* SHIP)
Ps 107:23 who go down to the sea in **s**
Is 23: 1 you **s** of Tarshish! For it
Ezek 27: 9 All the **s** of the sea And

SHIPWRECK† (*see* SHIP, SHIPWRECKED)
1Ti 1:19 the faith have suffered **s**,

SHIPWRECKED† (*see* SHIPWRECK)
2Co 11:25 stoned; three times I was **s**;

SHOD†
Eph 6:15 and having **s** your feet with

SHONE (*see* SHINE)
Ex 34:35 the skin of Moses' face **s**,
Matt 17: 2 His face **s** like the sun, and
Luke 2: 9 and the glory of the Lord **s**
Acts 9: 3 and suddenly a light **s**
2Co 4: 6 who has **s** in our hearts to

SHORN (*see* SHEARER)
1Co 11: 6 for a woman to be **s** or

SHORT (*see* SHORTENED)
Job 20: 5 of the wicked is **s**,
Rom 3:23 all have sinned and fall **s**
1Co 7:29 brethren, the time is **s**,
Heb 12:15 lest anyone fall **s** of the

SHORTENED (*see* SHORT)
Matt 24:22 unless those days were **s**,

SHOULDER (*see* SHOULDERS)
Gen 24:15 with her pitcher on her **s**.
Is 9: 6 will be upon His **s**.

SHOULDERS (*see* SHOULDER)
Gen 9:23 laid it on both their **s**,
1Sa 9: 2 From his **s** upward he was
Is 49:22 shall be carried on their **s**;
Matt 23: 4 and lay them on men's **s**;
Luke 15: 5 it, he lays it on his **s**,

SHOUT (*see* SHOUTED)
Ps 32:11 And **s** for joy, all you
Ps 35:27 Let them **s** for joy and be
Ps 47: 1 all you peoples! **S** to God
Ps 47: 5 God has gone up with a **s**,
Ps 66: 1 Make a joyful **s** to God, all
Ps 98: 4 **S** joyfully to the LORD, all
Ps 100: 1 Make a joyful **s** to the
Zech 9: 9 O daughter of Zion! **S**,
Gal 4:27 Break forth and **s**,
1Th 4:16 descend from heaven with a **s**,

SHOUTED (*see* SHOUT)
Job 38: 7 And all the sons of God **s**

SHOW (*see* SHOWED, SHOWING, SHOWN, SHOWS)
Gen 12: 1 To a land that I will **s**
Ex 33:18 **s** me Your glory."
Ps 16:11 You will **s** me the path of
Ps 18:25 the merciful You will **s**
Ps 25: 4 **S** me Your ways, O LORD
Ps 51:15 And my mouth shall **s** forth
Matt 8: 4 **s** yourself to the priest,
John 14: 9 **S** us the Father'?
Acts 7: 3 a land that I will **s**
1Co 12:31 And yet I **s** you a more
Eph 2: 7 the ages to come He might **s**
Jas 2:18 **S** me your faith without
Rev 4: 1 and I will **s** you things

SHOWBREAD
Num 4: 7 On the table of **s** they shall
1Ch 9:32 in charge of preparing the **s**
Matt 12: 4 house of God and ate the **s**
Heb 9: 2 the table, and the **s**,

SHOWED (*see* SHOW)
Matt 4: 8 and **s** Him all the kingdoms
Luke 10:37 He who **s** mercy on him." Then
Luke 24:40 He **s** them His hands and His

SHOWERS
Ps 72: 6 Like **s** that water the
Ezek 34:26 there shall be **s** of
Zech 10: 1 He will give them **s** of

SHOWING (*see* SHOW)
Ex 20: 6 but **s** mercy to thousands, to
Acts 18:28 **s** from the Scriptures that
Tit 3: 2 **s** all humility to all men.

SHOWN (*see* SHOW)
Ex 25:40 to the pattern which was **s**
Ps 78:11 His wonders that He had **s**
Mic 6: 8 He has **s** you, O man, what
John 10:32 Many good works I have **s** you
Acts 10:28 But God has **s** me that I
Rom 1:19 for God has **s** it to them.
Heb 8: 5 to the pattern **s** you
Jas 2: 4 have you not **s** partiality

SHOWS (*see* SHOW)
Deut 10:17 who s no partiality nor
2Sa 22:51 And s mercy to His
Ps 19: 1 And the firmament s His
Ps 37:21 But the righteous s mercy
Mark 14:70 and your speech s it."
Acts 10:34 truth I perceive that God s
Rom 9:16 but of God who s mercy.
Rom 12: 8 he who s mercy, with

SHULAMITE
Song 6:13 Return, return, O S;

SHUN† (*see* SHUNNED)
2Ti 2:16 But s profane and idle

SHUNNED
Job 1: 1 and one who feared God and s

SHUT (*see* SHUTS)
Gen 7:16 and the LORD s him in.
Gen 19: 6 s the door behind him,
Num 12:15 So Miriam was s out of the
Josh 6: 1 Now Jericho was securely s up
1Ki 8:35 When the heavens are s up
Neh 13:19 commanded the gates to be s,
Ps 69:15 And let not the pit s its
Ps 88: 8 I am s up, and I cannot
Eccl 12: 4 When the doors are s in the
Is 6:10 And s their eyes; Lest
Is 22:22 open, and no one shall s;
Is 44:18 For He has s their eyes, so
Is 52:15 Kings shall s their mouths
Jer 20: 9 like a burning fire S up
Jer 32: 2 Jeremiah the prophet was s
Ezek 44: 2 me, "This gate shall be s;
Dan 6:22 God sent His angel and s
Dan 12: 4 s up the words, and seal the
Matt 6: 6 and when you have s your
Matt 25:10 wedding; and the door was s.
Luke 3:20 that he s John up in prison.
Luke 4:25 when the heaven was s up
John 20:26 came, the doors being s,
Acts 26:10 and many of the saints I s
Rev 3: 8 and no one can s it; for you
Rev 21:25 Its gates shall not be s at

SHUTS (*see* SHUT)
Rev 3: 7 who opens and no one s,

SICK (*see* SICKNESS)
2Ki 20: 1 In those days Hezekiah was s
Neh 2: 2 sad, since you are not s?
Prov 13:12 deferred makes the heart s,
Is 1: 5 more. The whole head is s,
Dan 8:27 fainted and was s for days;
Mal 1: 8 you offer the lame and s,
Matt 4:24 they brought to Him all s
Matt 8:14 his wife's mother lying s
Matt 8:16 and healed all who were s,
Matt 9:12 but those who are s.
Matt 10: 8 "Heal the s, cleanse
Matt 25:36 I was s and you visited Me;
Mark 6:13 with oil many who were s,
Mark 16:18 they will lay hands on the s,
John 11: 2 whose brother Lazarus was s.
1Co 11:30 reason many are weak and s
Phil 2:27 For indeed he was s almost
Jas 5:14 Is anyone among you s?
Jas 5:15 of faith will save the s,

SICKLE
Deut 16: 9 you begin to put the s to
Joel 3:13 Put in the s, for the harvest
Mark 4:29 immediately he puts in the s,
Rev 14:14 and in His hand a sharp s.

SICKNESS (*see* SICK, SICKNESSES)
Deut 28:61 Also every s and every
Is 38: 9 and had recovered from his s:
Matt 4:23 and healing all kinds of s
John 11: 4 This s is not unto death, but

SICKNESSES (*see* SICKNESS)
Matt 8:17 And bore our s.

SIDE (*see* SIDES)
Ex 32:26 is on the LORD's s—
Ps 91: 7 thousand may fall at your s,
Ps 118: 6 The LORD is on my s;
Ps 124: 1 the LORD who was on our s,
Mark 16: 5 robe sitting on the right s;
Luke 1:11 standing on the right s of
Luke 10:31 he passed by on the other s.
John 19:18 with Him, one on either s,
John 19:34 the soldiers pierced His s
John 20:20 them His hands and His s.
John 20:25 and put my hand into His s,
2Co 4: 8 are hard pressed on every s,
2Co 7: 5 we were troubled on every s.

SIDES (*see* SIDE)
Ps 48: 2 Is Mount Zion on the s of

SIDON
Josh 11: 8 and chased them to Greater S,
Judg 10: 6 gods of Syria, the gods of S,
Matt 15:21 to the region of Tyre and S.

SIFT
Luke 22:31 that he may s you as wheat.

SIGH (*see* SIGHING)
Ps 90: 9 finish our years like a s.

SIGHING (*see* SIGH)
Is 35:10 And sorrow and s shall flee

SIGHT
Gen 2: 9 that is pleasant to the s
Ex 3: 3 aside and see this great s,
Num 13:33 grasshoppers in our own s,
Judg 2:11 of Israel did evil in the s
Ruth 2:13 me find favor in your s,
1Sa 1:18 find favor in your s.
2Sa 7:19 was a small thing in Your s,
2Sa 12:11 with your wives in the s of

S

2Sa 16:22 concubines in the s of all
1Ki 11: 6 Solomon did evil in the s of
1Ki 14:22 Now Judah did evil in the s
1Ki 15:26 And he did evil in the s of
2Ki 1:13 yours be precious in your s.
2Ki 14: 3 what was right in the s
2Ki 17:18 and removed them from His s;
Neh 1:11 grant him mercy in the s of
Esth 5: 2 she found favor in his s,
Job 15:15 are not pure in His s,
Job 25: 5 stars are not pure in His s,
Ps 18:24 of my hands in His s.
Ps 19:14 Be acceptable in Your s,
Ps 51: 4 done this evil in Your s—
Ps 90: 4 a thousand years in Your s
Ps 116:15 Precious in the s of the
Prov 4: 3 and the only one in the s
Eccl 6: 9 Better is the s of the eyes
Is 43: 4 you were precious in My s,
Hos 6: 2 That we may live in His s.
Luke 4:18 And recovery of s to
Luke 15:21 against heaven and in your s,
Luke 24:31 and He vanished from their s.
John 9:11 and washed, and I received s.
Acts 1: 9 received Him out of their s.
Acts 9: 9 he was three days without s,
Acts 22:13 Saul, receive your s.
2Co 5: 7 we walk by faith, not by s.
Heb 13:21 is well pleasing in His s,
Jas 4:10 Humble yourselves in the s of
1Pe 3: 4 is very precious in the s
1Jn 3:22 that are pleasing in His s.

SIGN (*see* SIGNED, SIGNS)
Gen 9:12 This is the s of the
Gen 17:11 and it shall be a s of the
Ex 3:12 And this shall be a s to
Ex 12:13 Now the blood shall be a s
Ex 31:17 It is a s between Me and the
Deut 6: 8 You shall bind them as a s on
Is 7:11 Ask a s for yourself from the
Is 7:14 Himself will give you a s:
Is 20: 3 three years for a s and a
Matt 12:39 generation seeks after a s,
Matt 12:39 be given to it except the s
Luke 2:12 And this will be the s to
John 4:54 This again is the second s
1Co 1:22 For Jews request a s,
1Co 14:22 tongues are for a s,

SIGNED (*see* SIGN)
Dan 6:10 knew that the writing was s,

SIGNIFYING
John 12:33 s by what death He would

SIGNS (*see* MIRACLES, SIGN)
Gen 1:14 and let them be for s and
Ex 4: 9 not believe even these two s,
Ex 7: 3 and multiply My s and My
Deut 34:11 in all the s and wonders
Is 8:18 given me! We are for s
Dan 6:27 And He works s and wonders
Matt 16: 3 you cannot discern the s
Mark 16:20 through the accompanying s.
Luke 21:25 And there will be s in the
John 2:11 This beginning of s Jesus did
John 3: 2 for no one can do these s
John 4:48 Unless you people see s and
John 6:26 not because you saw the s,
John 7:31 will He do more s than these
John 9:16 who is a sinner do such s?
Acts 2:22 and s which God did through
Acts 5:12 of the apostles many s and
Acts 6: 8 did great wonders and s
Acts 8:13 seeing the miracles and s
Rom 15:19 in mighty s and wonders, by
2Co 12:12 Truly the s of an apostle
2Th 2: 9 of Satan, with all power, s,
Heb 2: 4 bearing witness both with s
Rev 13:13 He performs great s,

SILAS (*see* SILVANUS)
Acts 15:40 but Paul chose S and

SILENCE (*see* SILENT)
Ps 8: 2 That You may s the enemy
Ps 115:17 Nor any who go down into s.
Eccl 3: 7 to sew; A time to keep s,
Is 41: 1 Keep s before Me, O
Hab 2:20 Let all the earth keep s
1Ti 2:11 Let a woman learn in s with
Rev 8: 1 there was s in heaven for

SILENT (*see* SILENCE)
2Ki 2: 3 "Yes I know; keep s!"
Esth 4:14 if you remain completely s
Job 13: 5 Oh, that you would be s,
Ps 22: 2 night season, and am not s.
Ps 32: 3 When I kept s,
Ps 83: 1 Do not keep s,
Is 53: 7 before its shearers is s,
Matt 26:63 But Jesus kept s.
Mark 3: 4 to kill?" But they kept s.
Acts 8:32 before its shearer is s,
1Co 14:28 let him keep s in church,
1Co 14:34 Let your women keep s in the

SILOAM (*see* SHILOAH)
Luke 13: 4 on whom the tower in S fell
John 9: 7 wash in the pool of S"

SILVANUS (*see* SILAS)
1Th 1: 1 Paul, S, and Timothy,

SILVER (*see* SILVERSMITH)
Gen 23:15 four hundred shekels of s.
Gen 37:28 for twenty shekels of s.
Gen 44: 2 the s cup, in the mouth of
Ex 20:23 gods of s or gods of gold you
Ex 21:32 master thirty shekels of s,
Num 10: 2 Make two s trumpets for
Deut 17:17 shall he greatly multiply s
Ps 66:10 You have refined us as s is
Ps 115: 4 Their idols are s and gold,
Prov 2: 4 If you seek her as s,
Prov 25:11 of gold In settings of s.
Dan 2:32 its chest and arms of s,

Dan 5: 4 the gods of gold and **s**,
Amos 2: 6 sell the righteous for **s**,
Amos 8: 6 we may buy the poor for **s**,
Hag 2: 8 The **s** is Mine, and the gold
Zech 11:12 my wages thirty pieces of **s**.
Mal 3: 3 refiner and a purifier of **s**;
Matt 26:15 to him thirty pieces of **s**.
Luke 15: 8 having ten **s** coins, if she
Acts 3: 6 **S** and gold I do not have, but
Acts 17:29 Nature is like gold or **s** or
1Co 3:12 foundation with gold, **s**,
1Pe 1:18 like **s** or gold, from your

SILVERSMITH (*see* SILVER)
Acts 19:24 man named Demetrius, a **s**,

SIMEON
Gen 34:25 **S** and Levi, Dinah's
Num 2:12 shall be the tribe of **S**,
Acts 13: 1 **S** who was called Niger,

SIMON (*see* BAR-JONAH, CEPHAS, PETER)
Matt 4:18 **S** called Peter, and Andrew
Matt 10: 4 **S** the Canaanite, and Judas
Matt 13:55 His brothers James, Joses, **S**,
Matt 16:17 **S** Bar-Jonah, for flesh and
Mark 15:21 **S** a Cyrenian, the father of
Luke 6:15 and **S** called the Zealot;
John 6:71 Iscariot, the son of **S**,
John 18:10 Then **S** Peter, having a sword,

SIMPLE
Ps 19: 7 is sure, making wise the **s**;
Ps 116: 6 The LORD preserves the **s**;
Ps 119:130 gives understanding to the **s**.
Prov 1: 4 To give prudence to the **s**,
Prov 9: 4 "Whoever is **s**, let him turn
Rom 16:18 deceive the hearts of the **s**.
Rom 16:19 and **s** concerning evil.

SIN (*see* SINFUL, SINNED, SINNER, SINNING, SINS)
Gen 4: 7 **s** lies at the door. And its
Gen 18:20 and because their **s** is very
Gen 39: 9 and **s** against God?"
Ex 10:17 please forgive my **s** only
Ex 20:20 you, so that you may not **s**.
Ex 29:36 a bull every day as a **s**
Ex 32:30 have committed a great **s**.
Ex 32:30 make atonement for your **s**.
Ex 34: 7 and transgression and **s**,
Ex 34: 9 our iniquity and our **s**,
Lev 4: 3 bull without blemish as a **s**
Lev 4:29 hand on the head of the **s**
Lev 5: 9 some of the blood of the **s**
Lev 5:10 on his behalf for his **s**
Lev 6:25 This is the law of the **s**
Lev 12: 6 or a turtledove as a **s**
Lev 16: 5 two kids of the goats as a **s**
Lev 19:22 And the **s** which he has
Lev 20:20 They shall bear their **s**;
Num 9:13 that man shall bear his **s**.
Num 12:11 Please do not lay this **s**
Num 15:22 If you **s** unintentionally,
Num 19:17 for purification from **s**,
Num 27: 3 but he died in his own **s**;
Num 32:23 and be sure your **s** will find
Num 33:11 in the Wilderness of **S**.
Deut 15: 9 and it become **s** among you.
Deut 21:22 a man has committed a **s**
Deut 23:21 and it would be **s** to you.
Deut 24:16 put to death for his own **s**.
1Sa 15:23 rebellion is as the **s** of
1Sa 15:25 please pardon my **s**,
1Ki 8:46 is no one who does not **s**),
1Ki 14:16 sinned and who made Israel **s**.
1Ki 22:52 Nebat, who had made Israel **s**;
Job 1:22 In all this Job did not **s**
Ps 32: 1 Whose **s** is covered.
Ps 32: 5 I acknowledged my **s** to You,
Ps 32: 5 forgave the iniquity of my **s**.
Ps 40: 6 Burnt offering and **s**
Ps 51: 2 And cleanse me from my **s**.
Ps 51: 3 And my **s** is always before
Ps 51: 5 And in **s** my mother
Ps 119:11 That I might not **s** against
Prov 14:34 But **s** is a reproach to
Prov 20: 9 I am pure from my **s**"?
Eccl 7:20 does good And does not **s**.
Is 6: 7 And your **s** purged."
Is 30: 1 That they may add **s** to sin;
Is 53:10 His soul an offering for **s**,
Is 53:12 And He bore the **s** of many,
Jer 31:34 and their **s** I will remember
Ezek 3:20 he shall die in his **s**,
Mic 6: 7 fruit of my body for the **s**
Matt 5:29 right eye causes you to **s**,
Matt 18:21 how often shall my brother **s**
John 1:29 of God who takes away the **s**
John 5:14 **S** no more, lest a worse
John 8: 7 He who is without **s** among
John 8:11 go and **s** no more."
John 8:34 whoever commits **s** is a slave
John 8:46 of you convicts Me of **s**?
John 9:41 blind, you would have no **s**;
John 9:41 Therefore your **s** remains.
John 16: 8 will convict the world of **s**,
John 19:11 Me to you has the greater **s**.
Rom 3: 9 that they are all under **s**.
Rom 4: 8 shall not impute **s**.
Rom 5:12 just as through one man **s**
Rom 5:12 world, and death through **s**,
Rom 5:20 But where **s** abounded, grace
Rom 5:21 so that as **s** reigned in
Rom 6: 1 Shall we continue in **s** that
Rom 6: 6 no longer be slaves of **s**.
Rom 6: 7 died has been freed from **s**.
Rom 6:10 He died to **s** once for all;
Rom 6:14 For **s** shall not have dominion
Rom 6:17 though you were slaves of **s**,
Rom 6:23 For the wages of **s** is death,
Rom 7: 7 I would not have known **s**
Rom 7: 9 **s** revived and I died.
Rom 7:14 I am carnal, sold under **s**.
Rom 7:17 but **s** that dwells in me.
Rom 8: 2 me free from the law of **s**
Rom 8: 3 He condemned **s** in the flesh,
Rom 14:23 is not from faith is **s**.

S

1Co 15:56 The sting of death is **s**,
1Co 15:56 and the strength of **s** is
2Co 5:21 He made Him who knew no **s**
2Th 2: 3 and the man of **s** is
Heb 4:15 as we are, yet without **s**.
Heb 9:26 has appeared to put away **s**
Heb 10: 8 and offerings for **s** You
Heb 10:26 For if we **s** willfully after
Heb 11:25 the passing pleasures of **s**,
Heb 12: 1 and the **s** which so easily
Jas 1:15 it gives birth to **s**;
Jas 4:17 not do it, to him it is **s**.
1Pe 2:22 "Who committed no **s**,
1Jn 1: 7 Son cleanses us from all **s**.
1Jn 1: 8 If we say that we have no **s**,
1Jn 3: 4 and **s** is lawlessness.
1Jn 3: 6 abides in Him does not **s**.
1Jn 3: 9 been born of God does not **s**,
1Jn 3: 9 in him; and he cannot **s**,
1Jn 5:16 There is **s** leading to
1Jn 5:17 All unrighteousness is **s**,

SINAI (*see* HOREB)
Ex 19: 1 came to the Wilderness of **S**.
Ex 19:20 LORD came down upon Mount **S**,
Gal 4:25 for this Hagar is Mount **S** in

SINCERE (*see* SINCERITY)
1Ti 1: 5 and from **s** faith,

SINCERITY (*see* SINCERE)
Josh 24:14 serve Him in **s** and in truth,
1Co 5: 8 the unleavened bread of **s**
Eph 6: 5 in **s** of heart, as to Christ;
Col 3:22 but in **s** of heart, fearing

SINFUL (*see* SIN)
Luke 5: 8 for I am a **s** man, O Lord!"
Luke 24: 7 into the hands of **s** men,
Rom 8: 3 own Son in the likeness of **s**

SING (*see* SANG, SINGING, SONG, SUNG)
Ex 15: 1 I will **s** to the LORD, For
Ps 33: 3 **S** to Him a new song
Ps 47: 6 **S** praises to God, sing
Ps 89: 1 I will **s** of the mercies of
Ps 95: 1 let us **s** to the LORD! Let
Ps 96: 1 **s** to the LORD a new song!
Ps 137: 4 How shall we **s** the LORD's
Is 5: 1 Now let me **s** to my
Is 12: 5 **S** to the LORD, For He has
Is 42:10 **S** to the LORD a new song,
1Co 14:15 I will **s** with the spirit,

SINGED†
Dan 3:27 of their head was not **s** nor

SINGING (*see* SING)
Ps 100: 2 before His presence with **s**.
Song 2:12 The time of **s** has come,
Is 14: 7 They break forth into **s**.
Acts 16:25 and Silas were praying and **s**
Eph 5:19 **s** and making melody in your
Col 3:16 **s** with grace in your hearts

SINK (*see* SANK)
Matt 14:30 and beginning to **s** he cried

SINNED (*see* SIN)
1Sa 15:24 said to Samuel, "I have **s**,
2Sa 12:13 I have **s** against the LORD."
2Sa 24:10 I have **s** greatly in what I
Ps 51: 4 You, You only, have I **s**,
Is 43:27 Your first father **s**,
Hos 4: 7 The more they **s** against Me;
Luke 15:18 I have **s** against heaven and
John 9: 2 Him, saying, "Rabbi, who **s**,
John 9: 3 this man nor his parents **s**,
Rom 3:23 for all have **s** and fall short
Rom 5:12 to all men, because all **s**—
2Pe 2: 4 not spare the angels who **s**,
1Jn 1:10 If we say that we have not **s**,
1Jn 3: 8 for the devil has **s** from the

SINNER (*see* SIN, SINNERS)
Prov 11:31 more the ungodly and the **s**.
Luke 15: 7 joy in heaven over one **s**
Luke 18:13 be merciful to me a **s**!'
John 9:24 We know that this Man is a **s**.
1Pe 4:18 the ungodly and the **s**

SINNERS (*see* SINNER)
Ps 1: 1 Nor stands in the path of **s**,
Ps 1: 5 Nor **s** in the congregation
Ps 51:13 And **s** shall be converted to
Matt 9:10 many tax collectors and **s**
Matt 9:13 to call the righteous, but **s**,
Matt 26:45 betrayed into the hands of **s**.
John 9:31 that God does not hear **s**;
Rom 5: 8 that while we were still **s**,
1Ti 1:15 into the world to save **s**,

SINNING (*see* SIN)
Gen 20: 6 I also withheld you from **s**
1Jn 5:16 anyone sees his brother **s** a

SINS (*see* SIN)
Ps 19:13 also from presumptuous **s**;
Ps 25:18 pain, And forgive all my **s**.
Ps 51: 9 Hide Your face from my **s**,
Ps 90: 8 Our secret **s** in the light
Ps 103:10 with us according to our **s**,
Prov 10:12 But love covers all **s**.
Is 1:18 Though your **s** are like
Is 38:17 For You have cast all my **s**
Is 40: 2 hand Double for all her **s**.
Is 43:25 I will not remember your **s**.
Ezek 18: 4 The soul who **s** shall die.
Dan 9:24 To make an end of **s**,
Mic 7:19 You will cast all our **s**
Matt 1:21 save His people from their **s**.
Matt 9: 2 your **s** are forgiven you."
Matt 9: 6 power on earth to forgive **s**'
Matt 18:15 if your brother **s**
Matt 26:28 many for the remission of **s**.
Luke 11: 4 And forgive us our **s**,
John 8:24 that you will die in your **s**;
John 20:23 If you forgive the **s** of any,

Acts 2:38 for the remission of s;
Acts 3:19 that your s may be blotted
1Co 15: 3 that Christ died for our s
1Co 15:17 you are still in your s!
Gal 1: 4 who gave Himself for our s,
Eph 1: 7 blood, the forgiveness of s,
Eph 2: 1 dead in trespasses and s,
Heb 1: 3 had by Himself purged our s,
Heb 2:17 make propitiation for the s
Heb 5: 3 to offer sacrifices for s.
Heb 7:27 first for His own s and then
Heb 9:28 offered once to bear the s
Heb 10: 4 and goats could take away s.
Heb 10:12 offered one sacrifice for s
Jas 5:20 and cover a multitude of s.
1Pe 2:24 who Himself bore our s in His
1Pe 2:24 that we, having died to s,
1Pe 3:18 also suffered once for s,
1Pe 4: 8 cover a multitude of s.
1Jn 1: 9 If we confess our s,
1Jn 2: 1 may not sin. And if anyone s,
1Jn 2: 2 the propitiation for our s,
1Jn 3: 8 He who s is of the devil, for
Rev 1: 5 us and washed us from our s

SIR

John 4:15 The woman said to Him, "S,
John 20:15 gardener, said to Him, "S,

SISTER (*see* SISTERS)

Gen 12:13 "Please say you are my s,
Gen 20:12 indeed she is truly my s.
Gen 26: 7 She is my s"; for he was
Gen 34:13 he had defiled Dinah their s.
Ex 2: 7 Then his s said to Pharaoh's
Ex 15:20 the s of Aaron, took the
Song 4: 9 ravished my heart, My s,
Matt 12:50 heaven is My brother and s
Jas 2:15 If a brother or s is naked

SISTERS (*see* SISTER)

Matt 19:29 houses or brothers or s or

SIT (*see* SAT, SITS, SITTING)

Deut 6: 7 talk of them when you s in
Ps 110: 1 S at My right hand, Till I
Mic 4: 4 But everyone shall s under
Matt 8:11 and s down with Abraham,
Matt 22:44 S at My right hand,
Acts 2:34 S at My right hand,
Eph 2: 6 and made us s together in
Heb 1:13 S at My right hand,

SITS (*see* SIT)

Ps 1: 1 Nor s in the seat of the
Ps 2: 4 He who s in the heavens

SITTING (*see* SIT)

Ps 139: 2 You know my s down and my
Is 6: 1 I saw the Lord s on a
Matt 21: 5 and s on a donkey, A
Col 3: 1 s at the right hand of God.

SIX (*see* SIXTH)

Ex 20: 9 S days you shall labor and do
Ex 20:11 For in s days the LORD made
Ex 21: 2 he shall serve s years; and
Is 6: 2 each one had s wings: with
Rev 4: 8 each having s wings, were

SIXTH (*see* SIX)

Gen 1:31 and the morning were the s
Matt 27:45 Now from the s hour until

SKILL (*see* SKILLED, SKILLFUL)

Ex 35:35 He has filled them with s to
1Ki 5: 6 is none among us who has s
Ps 137: 5 right hand forget its s!
Dan 1:17 gave them knowledge and s
Dan 9:22 come forth to give you s to

SKILLED (*see* SKILL)

2Ch 2:14 s to work in gold and
Ezra 7: 6 and he was a s scribe in

SKILLFUL (*see* SKILL, SKILLFULLY)

Gen 25:27 And Esau was a s hunter, a
1Sa 16:16 seek out a man who is a s

SKILLFULLY (*see* SKILLFUL)

Ps 139:15 And s wrought in the

SKIN

Gen 3:21 LORD God made tunics of s,
Ex 34:35 that the s of Moses' face
Job 2: 4 Skin for s! Yes, all that a
Job 7: 5 My s is cracked and breaks
Job 19:20 My bone clings to my s and
Job 19:20 I have escaped by the s of
Job 19:26 And after my s is destroyed,
Job 30:30 My s grows black and falls
Ps 102: 5 My bones cling to my s.
Jer 13:23 the Ethiopian change his s

SKIPPED

Ps 114: 4 The mountains s like rams,

SKULL

Judg 9:53 head and crushed his s.
Matt 27:33 that is to say, Place of a S,

SKY

Ps 89:37 faithful witness in the s.
Matt 16: 2 for the s is red';
Matt 16: 3 to discern the face of the s,
Heb 11:12 many as the stars of the s

SLACK (*see* SLACKNESS)

2Pe 3: 9 The Lord is not s concerning

SLACKNESS† (*see* SLACK)

2Pe 3: 9 promise, as some count s,

SLAIN (*see* SLAY)

1Sa 18: 7 Saul has s his thousands,
Hos 6: 5 I have s them by the words

S

Rev 5: 6 Lamb as though it had been s,
Rev 5: 9 its seals; For You were s,
Rev 6: 9 of those who had been s for
Rev 13: 8 Book of Life of the Lamb s

SLAUGHTER
Ps 44:22 accounted as sheep for the s.
Prov 24:11 those stumbling to the s.
Is 53: 7 was led as a lamb to the s,
Jer 7:32 Hinnom, but the Valley of S;
Acts 8:32 as a sheep to the s;
Rom 8:36 as sheep for the s.
Jas 5: 5 your hearts as in a day of s.

SLAVE (*see* SLAVES)
Deut 5:15 remember that you were a s
Ps 105:17 was sold as a s.
Jer 2:14 Is he a homeborn s?
Jer 34: 9 free his male and female s—
Matt 20:27 among you, let him be your s—
Mark 10:44 to be first shall be s of
John 8:34 whoever commits sin is a s
Acts 16:16 that a certain s girl
1Co 7:22 in the Lord while a s is
1Co 7:22 while free is Christ's s.
Gal 3:28 there is neither s nor free,
Gal 4: 7 you are no longer a s but a
Eph 6: 8 whether he is a s or free.
Col 3:11 s nor free, but Christ is
Phm 1:16 no longer as a s but more

SLAVES (*see* SLAVE)
Lev 25:42 they shall not be sold as s.
Lev 25:44 may buy male and female s.
Lev 25:46 shall be your permanent s.
Deut 6:21 We were s of Pharaoh in
Esth 7: 4 sold as male and female s,
Jer 34:10 free his male and female s,
Rom 6: 6 we should no longer be s of
Rom 6:16 you present yourselves s to
Rom 6:17 that though you were s of
Rom 6:18 you became s of
Rom 6:19 your members as s of
Rom 6:22 and having become s of God,
1Co 7:23 do not become s of men.
1Co 12:13 whether s or free—and have

SLAY (*see* SLAIN)
Gen 18:25 to s the righteous with the
Gen 22:10 and took the knife to s his
Job 13:15 Though He s me, yet will I
Ps 37:14 To s those who are of
Ps 94: 6 They s the widow and the
Ps 139:19 that You would s the wicked,

SLEEP (*see* SLEEPING, SLEPT)
Gen 2:21 LORD God caused a deep s
Gen 15:12 a deep s fell upon Abram;
Job 4:13 When deep s falls on men,
Ps 13: 3 Lest I s the sleep of
Ps 44:23 Awake! Why do You s,
Ps 121: 4 Shall neither slumber nor s.
Ps 127: 2 so He gives His beloved s.
Prov 6:10 A little s, a little
Prov 6:10 folding of the hands to s—
Dan 12: 2 And many of those who s in
Luke 22:46 said to them, "Why do you s?
Rom 13:11 high time to awake out of s;
1Co 11:30 sick among you, and many s.
1Co 15:51 mystery: We shall not all s,
Eph 5:14 says: "Awake, you who s,
1Th 4:14 bring with Him those who s
1Th 5: 6 Therefore let us not s,
1Th 5:10 that whether we wake or s,

SLEEPING (*see* SLEEP)
1Ki 18:27 or perhaps he is s and must
Matt 9:24 the girl is not dead, but s.

SLEPT (*see* SLEEP)
Gen 2:21 to fall on Adam, and he s;
2Sa 11: 9 But Uriah s at the door of
Matt 25: 5 they all slumbered and s.
Matt 28:13 stole Him away while we s.

SLING
Judg 20:16 every one could s a stone at
1Sa 17:40 and his s was in his hand.

SLIP (*see* SLIPS)
Ps 17: 5 my footsteps may not s.
Ps 18:36 me, So my feet did not s.

SLIPS (*see* SLIP)
Ps 38:16 me, Lest, when my foot s,

SLOW
Ex 4:10 but I am s of speech and
Neh 9:17 S to anger, Abundant in
Ps 103: 8 S to anger, and abounding
Ps 145: 8 S to anger and great in
Joel 2:13 S to anger, and of great
Jon 4: 2 s to anger and abundant in
Nah 1: 3 The LORD is s to anger and
Luke 24:25 and s of heart to believe in
Jas 1:19 s to speak, slow to wrath;

SLUGGARD (*see* LAZY)
Prov 6: 6 you s! Consider her ways

SLUMBER
Ps 121: 3 He who keeps you will not s.
Ps 121: 4 Israel Shall neither s nor
Ps 132: 4 sleep to my eyes Or s to
Prov 6:10 A little sleep, a little s,

SMALL (*see* SMALLER)
1Ki 18:44 as s as a man's hand, rising
1Ki 19:12 and after the fire a still s
Ps 104:25 Living things both s and
Zech 4:10 has despised the day of s
Rev 20:12 s and great, standing before

SMALLER (*see* SMALL)
Mark 4:31 is s than all the seeds on

SMELL
Gen 27:27 the s of my son Is like

Dan 3:27 and the s of fire was not on

SMITTEN†
Is 53: 4 S by God, and afflicted.

SMOKE (*see* SMOKING)
Gen 19:28 the s of the land which went
Ex 19:18 Sinai was completely in s,
Is 6: 4 the house was filled with s.
Joel 2:30 and fire and pillars of s.
Acts 2:19 fire and vapor of s.

SMOKING† (*see* SMOKE)
Gen 15:17 there appeared a s oven and
Ex 20:18 trumpet, and the mountain s;
Is 7: 4 for these two stubs of s
Is 42: 3 And s flax He will not
Matt 12:20 And s flax He will

SMOOTH
Gen 27:16 on his hands and on the s
1Sa 17:40 he chose for himself five s
Is 40: 4 And the rough places s;
Luke 3: 5 And the rough ways s;
Rom 16:18 and by s words and

SNARE (*see* SNARES)
Ps 91: 3 deliver you from the s of
Ps 119:110 The wicked have laid a s for
Eccl 9:12 Like birds caught in a s,
Is 24:17 Fear and the pit and the s
Jer 48:43 Fear and the pit and the s

SNARES (*see* SNARE)
Ps 18: 5 The s of death confronted

SNATCH
John 10:28 neither shall anyone s them

SNEEZED†
2Ki 4:35 then the child s seven

SNOUT†
Prov 11:22 ring of gold in a swine's s,

SNOW
Ex 4: 6 hand was leprous, like s.
Num 12:10 leprous, as white as s.
Ps 51: 7 and I shall be whiter than s.
Prov 31:21 She is not afraid of s for
Is 1:18 They shall be as white as s;
Is 55:10 and the s from heaven, And
Dan 7: 9 His garment was white as s,
Matt 28: 3 his clothing as white as s.
Rev 1:14 like wool, as white as s,

SOBER (*see* SOBERLY)
1Th 5: 6 but let us watch and be s.
1Th 5: 8 us who are of the day be s,
Tit 2: 2 that the older men be s,
1Pe 1:13 the loins of your mind, be s,
1Pe 5: 8 Be s, be vigilant;

SOBERLY (*see* SOBER)
Rom 12: 3 to think, but to think s,

SOCKET
Gen 32:25 He touched the s of his hip;

SODOM
Gen 13:10 the LORD destroyed S and
Gen 18:26 If I find in S fifty
Gen 19:24 brimstone and fire on S and
Deut 29:23 like the overthrow of S and
Is 1: 9 We would have become like S,
Is 1:10 the LORD, You rulers of S;
Lam 4: 6 punishment of the sin of S,
Ezek 16:48 neither your sister S nor her
Matt 10:15 tolerable for the land of S
Matt 11:23 in you had been done in S,
Rom 9:29 have become like S,
Jude 7 as S and Gomorrah, and the
Rev 11: 8 spiritually is called S and

SOFT
Prov 15: 1 A s answer turns away wrath,

SOLD (*see* SELL)
Gen 25:33 and s his birthright to
Gen 37:28 and s him to the Ishmaelites
Matt 13:46 went and s all that he had
Matt 21:12 all those who bought and s
Matt 26: 9 oil might have been s for
Luke 17:28 drank, they bought, they s,
John 2:14 in the temple those who s
Acts 2:45 and s their possessions and
Acts 4:34 of lands or houses s them,
Acts 5: 4 your own? And after it was s,
Acts 7: 9 s Joseph into Egypt. But God
Rom 7:14 I am carnal, s under sin.
1Co 10:25 Eat whatever is s in the meat
Heb 12:16 who for one morsel of food s

SOLDIER (*see* SOLDIERS)
Acts 10: 7 servants and a devout s
Phil 2:25 fellow worker, and fellow s,
2Ti 2: 3 endure hardship as a good s

SOLDIERS (*see* SOLDIER)
Matt 8: 9 having s under me. And I say
Matt 28:12 large sum of money to the s,
Mark 15:16 Then the s led Him away into
John 19:34 But one of the s pierced His
Acts 12: 6 two chains between two s;

SOLE
Gen 8: 9 no resting place for the s
Deut 28:35 and from the s of your foot
Job 2: 7 painful boils from the s of
Is 1: 6 From the s of the foot even

SOLID
1Co 3: 2 you with milk and not with s
Heb 5:12 come to need milk and not s

SOLOMON (*see* SOLOMON'S)
1Ki 1:11 to Bathsheba the mother of S,

S

1Ki 3: 5 the LORD appeared to **S** in
1Ki 4:29 And God gave **S** wisdom and
1Ki 6:14 So **S** built the temple and
1Ki 11: 1 But King **S** loved many foreign
2Ch 9: 1 Sheba heard of the fame of **S**,
2Ch 9: 1 came to Jerusalem to test **S**
Prov 1: 1 The proverbs of **S** the son of
Prov 10: 1 The Proverbs of **S**:
Prov 25: 1 also are proverbs of **S**
Song 3:11 And see King **S** with the
Matt 1: 6 David the king begot **S** by
Matt 6:29 I say to you that even **S** in
Matt 12:42 to hear the wisdom of **S**;
Matt 12:42 and indeed a greater than **S**
Acts 7:47 But **S** built Him a house.

SOLOMON'S (*see* SOLOMON)

1Ki 4:30 Thus **S** wisdom excelled the
Song 1: 1 song of songs, which is **S**.
Song 3: 7 it is **S** couch, With sixty
John 10:23 in the temple, in **S** porch.

SON (*see* GRANDSON, MAN, SON'S, SONS)

Gen 22: 2 He said, "Take now your **s**,
Gen 22:16 and have not withheld your **s**,
Gen 22:16 your son, your only **s**—
Ex 4:22 the LORD: "Israel is My **s**,
Ex 4:23 let My **s** go that he may
Ex 13:14 when your **s** asks you in time
Ex 33:11 his servant Joshua the **s** of
Num 1:20 of Reuben, Israel's oldest **s**,
Num 4:28 authority of Ithamar the **s**
Num 13:16 Moses called Hoshea the **s**
Num 14: 6 But Joshua the **s** of Nun and
Num 20:25 Aaron and Eleazar his **s**,
Num 23:19 Nor a **s** of man, that He
Num 27: 1 families of Manasseh the **s**
Num 27: 8 'If a man dies and has no **s**,
Deut 7: 3 your daughter to their **s**,
Deut 18:10 you anyone who makes his **s**
Deut 21:16 firstborn status on the **s**
Deut 21:16 wife in preference to the **s**
Deut 21:20 This **s** of ours is stubborn
Josh 18:16 before the Valley of the **S**
Josh 22:32 And Phinehas the **s** of
Judg 1:13 And Othniel the **s** of Kenaz,
Judg 3:15 Ehud the **s** of Gera, the
Judg 3:31 him was Shamgar the **s** of
Judg 5: 1 Deborah and Barak the **s** of
Judg 6:29 Gideon the **s** of Joash has
Judg 8:23 nor shall my **s** rule over
Judg 8:29 Then Jerubbaal the **s** of
Judg 9: 1 Then Abimelech the **s** of
Judg 13: 3 shall conceive and bear a **s**.
Ruth 4:13 conception, and she bore a **s**.
Ruth 4:17 There is a **s** born to Naomi."
1Sa 1:20 conceived and bore a **s**,
1Sa 9: 2 had a choice and handsome **s**
1Sa 10:21 And Saul the **s** of Kish was
1Sa 13:16 Saul, Jonathan his **s**,
1Sa 14: 3 the **s** of Eli, the LORD'S
1Sa 17:17 Then Jesse said to his **s**
1Sa 17:58 Whose **s** are you, young
1Sa 20:30 You **s** of a perverse,
1Sa 26: 5 and Abner the **s** of Ner, the
2Sa 1: 5 Saul and Jonathan his **s** are
2Sa 2: 8 took Ishbosheth the **s** of
2Sa 2:13 And Joab the **s** of Zeruiah,
2Sa 13: 1 After this Absalom the **s** of
2Sa 18:33 "O my son Absalom—my **s**,
1Ch 17:13 Father, and he shall be My **s**;
Ps 2: 7 said to Me, "You are My **S**,
Ps 2:12 Kiss the **S**, lest He be
Ps 8: 4 And the **s** of man that You
Ps 72: 1 to the king's **S**.
Ps 72:20 The prayers of David the **s**
Ps 116:16 the **s** of Your maidservant;
Ps 144: 3 Or the **s** of man, that You
Prov 1: 1 proverbs of Solomon the **s**
Prov 1: 8 My **s**, hear the instruction
Prov 10: 1 A wise **s** makes a glad
Prov 10: 1 But a foolish **s** is the
Prov 13:24 spares his rod hates his **s**,
Prov 19:18 Chasten your **s** while there
Eccl 1: 1 the **s** of David, king in
Is 1: 1 The vision of Isaiah the **s**
Is 7:14 shall conceive and bear a **S**,
Is 9: 6 Unto us a **S** is given; And
Is 14:12 **s** of the morning! How you
Ezek 2: 1 **S** of man, stand on your feet,
Ezek 21: 3 **S** of man, I am sending you to
Ezek 18:20 bear the guilt of the **s**.
Ezek 37: 3 **S** of man, can these bones
Dan 3:25 of the fourth is like the **S**
Dan 7:13 One like the **S** of Man,
Dan 8:17 **s** of man, that the vision
Hos 11: 1 out of Egypt I called My **s**.
Amos 7:14 Nor was I a **s** of a
Matt 1: 1 the **S** of David, the Son of
Matt 1:20 **s** of David, do not be afraid
Matt 1:21 she will bring forth a **S**,
Matt 2:15 of Egypt I called My **S**.
Matt 3:17 "This is My beloved **S**,
Matt 4: 3 If You are the **S** of God,
Matt 4:21 James the **s** of Zebedee,
Matt 7: 9 if his **s** asks for bread,
Matt 8:20 but the **S** of Man has nowhere
Matt 9: 6 you may know that the **S** of
Matt 9:27 **S** of David, have mercy on
Matt 11:19 The **S** of Man came eating and
Matt 11:27 and no one knows the **S**
Matt 12: 8 For the **S** of Man is Lord even
Matt 12:32 speaks a word against the **S**
Matt 13:37 sows the good seed is the **S**
Matt 13:55 this not the carpenter's **s**?
Matt 16:13 the **S** of Man, am?"
Matt 16:16 the **S** of the living God."
Matt 20:18 and the **S** of Man will be
Matt 20:30 O Lord, **S** of David!"
Matt 21: 9 Hosanna to the **S** of David!
Matt 22:42 Whose **S** is He?" They said
Matt 24:27 will the coming of the **S** of
Matt 24:30 Then the sign of the **S** of Man
Matt 26:63 the **S** of God!"
Matt 27:54 Truly this was the **S** of
Matt 28:19 of the Father and of the **S**
Mark 1: 1 Jesus Christ, the **S** of God.
Mark 2: 5 said to the paralytic, "**S**,

Mark 3:11 You are the S of God."
Mark 5: 7 S of the Most High God? I
Mark 6: 3 the S of Mary, and brother
Mark 14:61 the S of the Blessed?"
Mark 15:39 Truly this Man was the S of
Luke 1:13 Elizabeth will bear you a s,
Luke 1:31 womb and bring forth a S,
Luke 1:32 and will be called the S of
Luke 1:35 be born will be called the S
Luke 2: 7 forth her firstborn S,
Luke 2:48 His mother said to Him, "S,
Luke 3:23 (as was supposed) the s of
Luke 3:38 son of Adam, the s of God.
Luke 6:16 Judas the s of James, and
Luke 10: 6 And if a s of peace is there,
Luke 12:53 will be divided against s
Luke 12:53 be divided against son and s
Luke 15:13 the younger s gathered all
Luke 15:19 worthy to be called your s.
Luke 15:25 Now his older s was in the
Luke 17:30 it be in the day when the S
Luke 18: 8 when the S of Man comes,
Luke 18:38 S of David, have mercy on
Luke 20:44 how is He then his S?
Luke 22:48 are you betraying the S of
John 1:18 time. The only begotten S,
John 1:42 You are Simon the s of Jonah.
John 1:49 You are the S of God! You
John 1:51 and descending upon the S
John 3:14 even so must the S of Man be
John 3:16 He gave His only begotten S,
John 3:17 For God did not send His S
John 3:35 "The Father loves the S,
John 3:36 He who believes in the S has
John 3:36 who does not believe the S
John 6:53 you eat the flesh of the S
John 8:36 Therefore if the S makes you
John 10:36 I am the S of God'?
John 12:23 hour has come that the S of
John 12:34 The S of Man must be lifted
John 19:26 behold your s!"
John 21:15 s of Jonah, do you love Me
Acts 8:37 that Jesus Christ is the S
Acts 13:33 Psalm: "You are My S,
Rom 1: 4 and declared to be the S
Rom 1: 9 in the gospel of His S,
Rom 5:10 through the death of His S,
Rom 8: 3 did by sending His own S
Rom 8:29 to the image of His S,
Rom 8:32 who did not spare His own S,
Gal 1:16 to reveal His S in me, that I
Gal 2:20 I live by faith in the S of
Gal 4: 4 come, God sent forth His S,
Gal 4: 6 forth the Spirit of His S
Gal 4: 7 no longer a slave but a s,
Col 1:13 into the kingdom of the S
1Th 1:10 and to wait for His S from
2Th 2: 3 the s of perdition,
1Ti 1: 2 a true s in the faith:
2Ti 1: 2 To Timothy, a beloved s:
Heb 1: 2 days spoken to us by His S,
Heb 1: 5 say: "You are My S,
Heb 1: 5 shall be to Me a S"?
Heb 1: 8 But to the S He says:
Heb 2: 6 Or the s of man that
Heb 5: 5 to Him: "You are My S,
Heb 5: 8 though He was a S,
Heb 7: 3 but made like the S of God,
Heb 10:29 who has trampled the S of
Heb 11:17 up his only begotten s,
Heb 11:24 refused to be called the s
Heb 12: 6 And scourges every s
2Pe 1:17 "This is My beloved S,
1Jn 1: 3 the Father and with His S
1Jn 1: 7 blood of Jesus Christ His S
1Jn 4: 9 has sent His only begotten S
1Jn 4:14 the Father has sent the S
1Jn 4:15 that Jesus is the S of God,
1Jn 5:10 He who believes in the S of
1Jn 5:11 and this life is in His S.
1Jn 5:12 He who has the S has life; he
Rev 1:13 lampstands One like the S
Rev 21: 7 his God and he shall be My s.

SON'S (*see* SON)
Prov 30: 4 and what is His S name, If

SONG (*see* SING, SONGS)
Ex 15: 1 of Israel sang this s to
Ex 15: 2 LORD is my strength and s,
Judg 5:12 sing a s! Arise, Barak, and
Ps 33: 3 Sing to Him a new s;
Ps 40: 3 He has put a new s in my
Ps 96: 1 sing to the LORD a new s!
Ps 118:14 LORD is my strength and s,
Ps 137: 3 away captive asked of us a s,
Ps 137: 4 shall we sing the LORD's s
Song 1: 1 The s of songs, which is
Is 5: 1 to my Well-beloved A s of
Is 12: 2 LORD, is my strength and s;
Is 42:10 Sing to the LORD a new s,
Rev 5: 9 And they sang a new s,
Rev 15: 3 They sing the s of Moses, the
Rev 15: 3 and the s of the Lamb,

SONGS (*see* SONG)
Job 35:10 Who gives s in the night,
Ps 137: 3 Sing us one of the s of
Song 1: 1 The song of s,
Eph 5:19 and hymns and spiritual s,
Col 3:16 and hymns and spiritual s,

SONS (*see* SON)
Gen 6: 2 that the s of God saw the
Ruth 4:15 better to you than seven s,
1Sa 1: 8 not better to you than ten s?
Job 1: 6 there was a day when the s
Job 38: 7 And all the s of God
Jer 19: 5 to burn their s with fire
Jer 19: 9 to eat the flesh of their s
Hos 1:10 You are s of the living
Joel 2:28 Your s and your daughters
Matt 5: 9 For they shall be called s
Matt 5:45 that you may be s of your
Matt 8:12 But the s of the kingdom will
Matt 13:38 but the tares are the s of
Matt 20:21 Grant that these two s of
Matt 26:37 Him Peter and the two s of

S

Mark 3:17 S of Thunder";
Mark 3:28 sins will be forgiven the s
Luke 6:35 and you will be s of the
Luke 11:19 by whom do your s cast them
Luke 16: 8 For the s of this world are
Luke 16: 8 their generation than the s
Luke 20:34 The s of this age marry and
Luke 20:36 being s of the resurrection.
John 12:36 that you may become s of
Rom 8:14 these are s of God.
Rom 9:26 they shall be called s
Gal 3: 7 who are of faith are s of
Gal 3:26 For you are all s of God
Gal 4: 5 receive the adoption as s.
Gal 4:22 that Abraham had two s:
Eph 1: 5 us to adoption as s by
Eph 2: 2 who now works in the s of
Eph 5: 6 of God comes upon the s of
Col 3: 6 of God is coming upon the s
1Th 5: 5 You are all s of light and
Heb 2:10 in bringing many s to glory,
Heb 12: 8 are illegitimate and not s.

SORCERER (*see* SORCERERS, SORCERY)
Deut 18:10 who interprets omens, or a s,
Acts 13: 8 But Elymas the s (for so his

SORCERERS (*see* SORCERER)
Ex 7:11 the wise men and the s;
Dan 2: 2 the astrologers, the s,

SORCERY (*see* SORCERER)
Acts 8: 9 who previously practiced s
Gal 5:20 idolatry, s, hatred,

SORES
Ex 9: 9 boils that break out in s
Is 1: 6 and bruises and putrefying s;
Luke 16:20 named Lazarus, full of s,

SORROW (*see* SORROWFUL, SORROWS)
Gen 3:16 greatly multiply your s and
Gen 42:38 down my gray hair with s to
Ps 13: 2 Having s in my heart
Ps 35:12 To the s of my soul.
Ps 90:10 boast is only labor and s;
Ps 116: 3 me; I found trouble and s.
Prov 10:22 And He adds no s with it.
Prov 22: 8 sows iniquity will reap s,
Prov 23:29 Who has woe? Who has s?
Eccl 1:18 knowledge increases s.
Is 35:10 And s and sighing shall
Is 51:11 S and sighing shall flee
Jer 30:15 Your s is incurable.
Luke 22:45 found them sleeping from s.
John 16: 6 s has filled your heart.
Rom 9: 2 that I have great s and
2Co 7:10 For godly s produces
1Th 4:13 lest you s as others who
Rev 21: 4 be no more death, nor s,

SORROWFUL (*see* SORROW)
Matt 19:22 that saying, he went away s,
Matt 26:38 "My soul is exceedingly s,

SORROWS (*see* SORROW)
Ex 3: 7 for I know their s.
Ps 127: 2 late, To eat the bread of s;
Is 53: 3 A Man of s and acquainted
Is 53: 4 griefs And carried our s;
Matt 24: 8 are the beginning of s.
1Ti 6:10 through with many s.

SORRY
Gen 6: 6 And the LORD was s that He
Mark 6:26 the king was exceedingly s;

SOUGHT (*see* SEEK)
2Ch 14: 7 because we have s the LORD
Ps 34: 4 I s the LORD, and He heard
Ps 119:10 my whole heart I have s You;
Ps 119:94 For I have s Your precepts.
Song 3: 1 I s him, but I did not find
Luke 2:48 Your father and I have s You

SOUL (*see* SOULS)
Lev 17:11 makes atonement for the s.
Deut 4:29 heart and with all your s.
Deut 6: 5 your heart, with all your s,
1Sa 1:26 O my lord! As your s lives,
1Sa 18: 1 loved him as his own s.
Ps 16:10 You will not leave my s in
Ps 19: 7 perfect, converting the s;
Ps 23: 3 He restores my s;
Ps 24: 4 has not lifted up his s to
Ps 25: 1 You, O LORD, I lift up my s.
Ps 30: 3 You brought my s up from the
Ps 33:19 To deliver their s from
Ps 33:20 Our s waits for the LORD;
Ps 34: 2 My s shall make its boast in
Ps 34:22 The LORD redeems the s of
Ps 42: 1 So pants my s for You, O
Ps 42: 2 My s thirsts for God, for
Ps 42: 4 I pour out my s within me.
Ps 42: 5 are you cast down, O my s?
Ps 49:15 But God will redeem my s
Ps 56:13 For You have delivered my s
Ps 63: 1 My s thirsts for You; My
Ps 84: 2 My s longs, yes, even faints
Ps 86: 4 You, O Lord, I lift up my s.
Ps 103: 1 Bless the LORD, O my s;
Ps 106:15 sent leanness into their s.
Ps 107: 9 He satisfies the longing s,
Ps 107: 9 And fills the hungry s with
Ps 116: 7 Return to your rest, O my s,
Ps 116: 8 For You have delivered my s
Ps 121: 7 He shall preserve your s.
Ps 123: 4 Our s is exceedingly filled
Ps 130: 6 My s waits for the Lord
Ps 139:14 And that my s knows very
Ps 141: 8 Do not leave my s
Ps 142: 4 me; No one cares for my s.
Prov 3:22 they will be life to your s
Prov 16:24 Sweetness to the s and
Prov 25:25 As cold water to a weary s,
Eccl 6: 3 but his s is not satisfied
Is 38:15 In the bitterness of my s.
Is 42: 1 My Elect One in whom My s

Is 53:10 When You make His s an
Is 53:11 shall see the labor of His s,
Is 53:12 He poured out His s unto
Is 55: 2 And let your s delight
Is 55: 3 and your s shall live; And
Jer 32:41 My heart and with all My s.
Ezek 18: 4 The s of the father As
Ezek 18: 4 The s who sins shall die.
Ezek 24:21 eyes, the delight of your s;
Mic 6: 7 my body for the sin of my s?
Matt 10:28 body but cannot kill the s.
Matt 10:28 is able to destroy both s
Matt 12:18 Beloved in whom My s
Matt 16:26 world, and loses his own s?
Matt 16:26 give in exchange for his s?
Matt 22:37 heart, with all your s,
Matt 26:38 My s is exceedingly
Luke 1:46 My s magnifies the Lord,
Luke 2:35 pierce through your own s
Luke 12:19 I will say to my soul, "S,
Luke 12:20 Fool! This night your s will
John 12:27 Now My s is troubled, and
Acts 2:43 Then fear came upon every s,
Acts 4:32 were of one heart and one s;
Rom 13: 1 Let every s be subject to the
2Co 1:23 God as witness against my s,
1Th 5:23 and may your whole spirit, s,
Heb 4:12 even to the division of s
Heb 6:19 have as an anchor of the s,
Heb 10:38 My s has no pleasure
Heb 10:39 to the saving of the s.
Jas 5:20 of his way will save a s
1Pe 2:11 which war against the s,

SOULS (*see* SOUL)
Lev 17:11 to make atonement for your s;
Num 16:38 sinned against their own s,
Ps 72:13 And will save the s of the
Ps 97:10 evil! He preserves the s
Prov 11:30 And he who wins s is wise.
Prov 14:25 A true witness delivers s,
Jer 6:16 will find rest for your s.
Ezek 18: 4 all s are Mine; The soul of
Matt 11:29 will find rest for your s.
Luke 21:19 your patience possess your s.
Acts 2:41 day about three thousand s
Jas 1:21 which is able to save your s.
1Pe 1: 9 salvation of your s.
1Pe 2:25 and Overseer of your s.
1Pe 3:20 a few, that is, eight s,
2Pe 2:14 sin, enticing unstable s.
Rev 6: 9 I saw under the altar the s

SOUND (*see* SOUNDED, SOUNDING, VOICE)
Gen 3: 8 And they heard the s of the
Ps 89:15 who know the joyful s!
Ps 150: 3 Praise Him with the s of the
Eccl 12: 4 When one rises up at the s
Acts 2: 2 And suddenly there came a s
1Co 14: 8 trumpet makes an uncertain s,
1Co 15:52 For the trumpet will s,
2Co 5:13 or if we are of s mind, it
2Ti 1: 7 and of love and of a s mind.
2Ti 1:13 Hold fast the pattern of s
2Ti 4: 3 when they will not endure s
Rev 19: 6 as the s of many waters and

SOUNDED (*see* SOUND)
1Th 1: 8 the word of the Lord has s

SOUNDING (*see* SOUND)
1Co 13: 1 I have become s brass or a

SOUR
Jer 31:29 The fathers have eaten s
Ezek 18: 2 The fathers have eaten s
Matt 27:34 they gave Him s wine mingled

SOUTH
Matt 12:42 The queen of the S will rise

SOW (*see* SOWED, SOWER, SOWN, SOWS)
Ex 23:10 Six years you shall s your
Ps 126: 5 Those who s in tears Shall
Hos 8: 7 They s the wind, And reap
Matt 6:26 for they neither s nor reap
Matt 13: 3 a sower went out to s.
Luke 19:21 and reap what you did not s.

SOWED (*see* SOW)
Matt 13: 4 "And as he s, some seed fell

SOWER (*see* SOW)
Is 55:10 it may give seed to the s
Matt 13: 3 a s went out to sow.
Matt 13:18 hear the parable of the s:
2Co 9:10 who supplies seed to the s,

SOWN (*see* SOW)
Is 40:24 Scarcely shall they be s,
Jer 2: 2 wilderness, In a land not s.
Matt 25:24 reaping where you have not s,
Mark 4:15 wayside where the word is s.
1Co 9:11 If we have s spiritual things
1Co 15:42 The body is s in

SOWS (*see* SOW)
Prov 22: 8 He who s iniquity will reap
Matt 13:37 He who s the good seed is the
Mark 4:14 The sower s the word.
John 4:37 One s and another reaps.'
2Co 9: 6 He who s sparingly will also
Gal 6: 7 mocked; for whatever a man s,

SPAIN
Rom 15:24 whenever I journey to S,

SPARE (*see* SPARES, SPARINGLY)
Gen 18:24 destroy the place and not s
Job 2: 6 but s his life."
Ezek 5:11 you; My eye will not s,
Luke 15:17 have bread enough and to s,
Rom 8:32 He who did not s His own Son,
Rom 11:21 For if God did not s the
2Pe 2: 4 For if God did not s the

SPARES (*see* SPARE)
Prov 13:24 He who s his rod hates his

S

SPARINGLY† (*see* SPARE)
2Co 9: 6 He who sows s will also reap

SPARKS
Job 5: 7 As the s fly upward.

SPARROWS
Matt 10:29 Are not two s sold for a
Matt 10:31 of more value than many s.

SPAT (*see* SPIT)
Matt 26:67 Then they s in His face and
John 9: 6 He s on the ground and made

SPEAK (*see* SPEAKING, SPEAKS, SPEECH, SPOKE, SPOKEN)
Ex 4:14 I know that he can s well.
Num 12: 6 I s to him in a dream.
Num 12: 8 I s with him face to face,
Deut 18:18 and He shall s to them all
Deut 18:20 prophet who presumes to s a
Deut 18:20 have not commanded him to s,
1Sa 3:10 And Samuel answered, "S,
Job 11: 5 But oh, that God would s,
Ps 17:10 With their mouths they s
Ps 51: 4 may be found just when You s,
Ps 85: 8 For He will s peace To His
Ps 115: 5 mouths, but they do not s;
Ps 119:172 My tongue shall s of Your
Eccl 3: 7 silence, And a time to s;
Is 8:10 S the word, but it will not
Is 19:18 in the land of Egypt will s
Is 30:10 S to us smooth things,
Is 40: 2 S comfort to Jerusalem, and
Is 41: 1 come near, then let them s;
Is 45:19 s righteousness, I declare
Is 50: 4 I should know how to s A
Jer 1: 6 GOD! Behold, I cannot s,
Jer 1: 7 I command you, you shall s.
Jer 1:17 And s to them all that I
Jer 8: 6 But they do not s aright.
Jer 9: 5 taught their tongue to s
Jer 12: 6 Even though they s smooth
Jer 18: 7 The instant I s concerning a
Jer 20: 9 Nor s anymore in His
Jer 23:16 They s a vision of their
Jer 34: 2 Go and s to Zedekiah king of
Jer 43: 2 You s falsely! The LORD our
Ezek 2: 7 You shall s My words to them,
Ezek 3:18 nor s to warn the wicked
Ezek 17: 2 and s a parable to the house
Ezek 20: 3 s to the elders of Israel,
Ezek 24:27 you shall s and no longer be
Dan 7:25 He shall s pompous words
Dan 11:36 shall s blasphemies against
Hos 1: 2 When the LORD began to s
Zech 9:10 He shall s peace to the
Matt 8: 8 But only s a word, and my
Matt 10:19 how or what you should s.
Matt 10:20 "for it is not you who s,
Matt 12:36 every idle word men may s,
Matt 13:34 a parable He did not s to
Mark 7:37 to hear and the mute to s.
Mark 9:39 My name can soon afterward s
Mark 16:17 they will s with new
Luke 1:20 be mute and not able to s
Luke 6:26 Woe to you when all men s
Luke 7:15 dead sat up and began to s.
John 3:11 We s what We know and
John 4:26 I who s to you am He."
John 6:63 The words that I s to you
John 7:17 is from God or whether I s
John 9:21 He will s for himself."
Acts 2: 4 Holy Spirit and began to s
Acts 2: 6 everyone heard them s in
Acts 4:20 For we cannot but s the
Acts 5:40 that they should not s in
Acts 10:46 For they heard them s with
Acts 21:37 Can you s Greek?
Acts 26: 1 You are permitted to s for
Rom 3: 5 (I s as a man.)
Rom 6:19 I s in human terms because
1Co 1:10 that you all s the same
1Co 2: 6 we s wisdom among those who
1Co 12:30 Do all s with tongues? Do
1Co 13: 1 Though I s with the tongues
1Co 14:19 the church I would rather s
1Co 14:35 is shameful for women to s
Eph 6:20 boldly, as I ought to s.
Tit 3: 2 to s evil of no one, to be
Heb 9: 5 things we cannot now s in
Jas 1:19 be swift to hear, slow to s,
Jas 4:11 Do not s evil of one
1Pe 4:11 let him s as the oracles
2Jn 12 I hope to come to you and s

SPEAKING (*see* SPEAK)
Acts 2:11 we hear them s in our own
Acts 26:14 I heard a voice s to me and
1Co 14: 6 if I come to you s with
1Co 14: 9 For you will be s into the
Eph 4:15 s the truth in love, may
Eph 5:19 s to one another in psalms
1Ti 2: 7 I am s the truth in Christ
1Pe 3:10 And his lips from s

SPEAKS (*see* SPEAK)
Ex 33:11 as a man s to his friend.
Deut 18:20 or who s in the name of
Deut 18:22 when a prophet s in the name
Ps 15: 2 And s the truth in his
Matt 12:34 of the heart the mouth s.
1Co 14: 2 For he who s in a tongue does
1Co 14:27 If anyone s in a tongue, let
Heb 11: 4 it he being dead still s.
Heb 12:24 blood of sprinkling that s
Heb 12:25 you do not refuse Him who s.
Jas 4:11 He who s evil of a brother
1Pe 4:11 If anyone s, let him speak

SPEAR (*see* SPEARS)
1Sa 19:10 and he drove the s into the
John 19:34 pierced His side with a s,

SPEARS (*see* SPEAR)
1Sa 13:19 the Hebrews make swords or s.
Is 2: 4 And their s into pruning

Joel 3:10 your pruning hooks into **s**;
Mic 4: 3 And their **s** into pruning

SPECIAL

Ex 19: 5 then you shall be a **s**
Deut 7: 6 a **s** treasure above all the
Deut 26:18 proclaimed you to be His **s**
Tit 2:14 for Himself His own **s**
1Pe 2: 9 His own **s** people, that you

SPECK

Matt 7: 3 why do you look at the **s** in

SPECKLED

Gen 30:32 and the spotted and **s** among

SPECTACLE

1Co 4: 9 for we have been made a **s** to
Col 2:15 He made a public **s** of them,

SPEECH (*see* SPEAK)

Gen 11: 1 had one language and one **s**
Gen 11: 7 understand one another's **s**.
Ex 4:10 but I am slow of **s** and slow
1Sa 16:18 a man of war, prudent in **s**,
Ps 19: 2 Day unto day utters **s**,
Ps 19: 3 There is no **s** nor language
Matt 26:73 for your **s** betrays you."
Mark 7:32 had an impediment in his **s**,
Col 4: 6 Let your **s** always be with

SPEND (*see* SPENT)

Gen 19: 2 your servant's house and **s**
Judg 19: 9 please **s** the night. See, the
Is 55: 2 Why do you **s** money for what
1Co 16: 6 or even **s** the winter with

SPENT (*see* SPEND)

Rom 13:12 The night is far **s**,
2Co 12:15 very gladly spend and be **s**

SPICES

Gen 37:25 with their camels, bearing **s**,
Mark 16: 1 James, and Salome bought **s**,

SPIED (*see* SPY)

Num 13:21 So they went up and **s** out
Josh 7: 2 So the men went up and **s**

SPIES (*see* SPY)

Gen 42:31 honest men; we are not **s**.

SPIN

Matt 6:28 they neither toil nor **s**;

SPIRIT (*see* HOLY, SPIRITS)

Gen 1: 2 And the **S** of God was
Gen 6: 3 My **S** shall not strive with
Gen 41:38 a man in whom is the **S** of
Ex 28: 3 I have filled with the **s** of
Ex 31: 3 I have filled him with the **S**
Num 11:29 the LORD would put His **S**
Num 27:18 you, a man in whom is the **S**,
Judg 3:10 The **S** of the LORD came upon
1Sa 10:10 then the **S** of God came upon
1Sa 16:14 and a distressing **s** from the
1Sa 28:13 I saw a **s** ascending out of
2Sa 23: 2 The **S** of the LORD spoke by
2Ki 2: 9 a double portion of your **s**
2Ki 2:15 The **s** of Elijah rests on
Job 33: 4 The **S** of God has made me,
Ps 31: 5 Your hand I commit my **s**;
Ps 32: 2 And in whose **s** there is
Ps 34:18 such as have a contrite **s**.
Ps 51:10 And renew a steadfast **s**
Ps 51:11 And do not take Your Holy **S**
Ps 51:12 me by Your generous **S**.
Ps 51:17 of God are a broken **s**,
Ps 106:33 they rebelled against His **S**,
Ps 139: 7 Where can I go from Your **S**?
Ps 146: 4 His **s** departs, he returns to
Prov 16:18 And a haughty **s** before a
Prov 16:32 And he who rules his **s** than
Prov 18:14 But who can bear a broken **s**?
Eccl 12: 7 And the **s** will return to
Is 4: 4 by the **s** of judgment and by
Is 11: 2 The **S** of the LORD shall
Is 11: 2 The **S** of wisdom and
Is 30: 1 plans, but not of My **S**,
Is 31: 3 horses are flesh, and not **s**.
Is 32:15 Until the **S** is poured upon
Is 40:13 Who has directed the **S** of
Is 42: 1 delights! I have put My **S**
Is 44: 3 I will pour My **S** on your
Is 57:15 has a contrite and humble **s**,
Is 57:15 To revive the **s** of the
Is 61: 1 The **S** of the Lord GOD is
Is 63:10 and grieved His Holy **S**;
Is 63:11 is He who put His Holy **S**
Ezek 2: 2 Then the **S** entered me when He
Ezek 11:19 and I will put a new **s**
Ezek 18:31 a new heart and a new **s**.
Ezek 36:27 I will put My **S** within you
Ezek 37: 1 and brought me out in the **S**
Ezek 37:14 I will put My **S** in you, and
Dan 4: 8 in him is the **S** of the Holy
Dan 4:18 for the **S** of the Holy God
Joel 2:28 That I will pour out My **S**
Joel 2:29 I will pour out My **S** in
Zech 4: 6 nor by power, but by My **S**,
Zech 6: 8 have given rest to My **S** in
Matt 1:18 with child of the Holy **S**.
Matt 3:11 baptize you with the Holy **S**
Matt 3:16 and He saw the **S** of God
Matt 4: 1 Jesus was led up by the **S**
Matt 5: 3 are the poor in **s**,
Matt 12:28 I cast out demons by the **S**
Matt 12:31 the blasphemy against the **S**
Matt 12:32 speaks against the Holy **S**,
Matt 26:41 The **s** indeed is willing,
Matt 27:50 voice, and yielded up His **s**.
Matt 28:19 of the Son and of the Holy **S**,
Mark 1:10 heavens parting and the **S**
Luke 1:15 be filled with the Holy **S**,
Luke 1:35 The Holy **S** will come upon
Luke 1:41 was filled with the Holy **S**.
Luke 2:26 to him by the Holy **S** that
Luke 11:13 Father give the Holy **S** to

S

Luke 12:10 against the Holy **S**,
Luke 23:46 hands I commit My **s**.
Luke 24:39 for a **s** does not have flesh
John 1:32 I saw the **S** descending from
John 3: 5 is born of water and the **S**,
John 4:23 worship the Father in **s** and
John 4:24 "God is **S**, and those who
John 6:63 It is the **S** who gives life;
John 6:63 that I speak to you are **s**,
John 7:39 for the Holy **S** was not yet
John 14:17 the **S** of truth, whom the
John 14:26 "But the Helper, the Holy **S**,
John 19:30 His head, He gave up His **s**.
John 20:22 them, "Receive the Holy **S**.
Acts 1: 5 be baptized with the Holy **S**
Acts 1: 8 power when the Holy **S** has
Acts 1:16 which the Holy **S** spoke
Acts 2: 4 all filled with the Holy **S**
Acts 2:17 will pour out of My **S**
Acts 2:33 the promise of the Holy **S**,
Acts 2:38 the gift of the Holy **S**.
Acts 5: 3 heart to lie to the Holy **S**
Acts 7:51 You always resist the Holy **S**;
Acts 7:59 "Lord Jesus, receive my **s**.
Acts 15:28 it seemed good to the Holy **S**,
Acts 19: 2 Did you receive the Holy **S**
Acts 19: 2 whether there is a Holy **S**.
Rom 7: 6 in the newness of the **S** and
Rom 8: 2 For the law of the **S** of life
Rom 8: 9 anyone does not have the **S**
Rom 8:10 but the **S** is life because
Rom 8:11 But if the **S** of Him who
Rom 8:16 The **S** Himself bears witness
Rom 8:23 the firstfruits of the **S**,
Rom 8:27 what the mind of the **S** is,
Rom 12:11 in diligence, fervent in **s**,
Rom 14:17 peace and joy in the Holy **S**.
1Co 2: 4 in demonstration of the **S**
1Co 2:10 For the **S** searches all
1Co 5: 3 in body but present in **s**,
1Co 5: 5 that his **s** may be saved in
1Co 6:19 is the temple of the Holy **S**
1Co 6:20 in your body and in your **s**,
1Co 7:40 I think I also have the **S**
1Co 12: 3 no one speaking by the **S** of
1Co 12: 4 of gifts, but the same **S**.
1Co 12: 7 the manifestation of the **S**
1Co 12: 8 word of wisdom through the **S**,
2Co 3: 3 not with ink but by the **S**
2Co 3: 6 of the letter but of the **S**;
2Co 3: 6 but the **S** gives life.
2Co 3:17 and where the **S** of the Lord
2Co 11: 4 you receive a different **s**
2Co 13:14 the communion of the Holy **S**
Gal 3: 2 Did you receive the **S** by the
Gal 3: 3 Having begun in the **S**,
Gal 4:29 born according to the **S**,
Gal 5:16 I say then: Walk in the **S**,
Gal 5:17 flesh lusts against the **S**,
Gal 5:18 But if you are led by the **S**,
Gal 5:22 But the fruit of the **S** is
Gal 6: 8 but he who sows to the **S**
Eph 1:13 were sealed with the Holy **S**
Eph 2:18 we both have access by one **S**
Eph 4: 3 to keep the unity of the **S**
Eph 4: 4 is one body and one **S**,
Eph 4:30 do not grieve the Holy **S** of
Eph 5:18 but be filled with the **S**,
Eph 6:17 and the sword of the **S**,
Phil 2: 1 if any fellowship of the **S**,
1Th 1: 6 with joy of the Holy **S**,
1Th 5:19 Do not quench the **S**.
1Ti 3:16 flesh, Justified in the **S**,
1Ti 4: 1 Now the **S** expressly says that
Tit 3: 5 and renewing of the Holy **S**,
Heb 2: 4 and gifts of the Holy **S**,
Heb 3: 7 as the Holy **S** says:
Heb 4:12 the division of soul and **s**,
Heb 6: 4 partakers of the Holy **S**,
Heb 10:29 and insulted the **S** of grace?
Jas 2:26 as the body without the **s**
Jas 4: 5 The **S** who dwells in us yearns
1Pe 1: 2 in sanctification of the **S**,
1Pe 3:18 but made alive by the **S**,
2Pe 1:21 were moved by the Holy **S**.
1Jn 5: 6 And it is the **S** who bears
1Jn 5: 7 the Word, and the Holy **S**;
Rev 1:10 I was in the **S** on the Lord's
Rev 2: 7 let him hear what the **S** says
Rev 22:17 And the **S** and the bride say,

SPIRITISTS

1Sa 28: 3 put the mediums and the **s**

SPIRITS (*see* SPIRIT)

Lev 19:31 to mediums and familiar **s**;
Num 16:22 the God of the **s** of all
Ps 104: 4 Who makes His angels **s**,
Zech 6: 5 These are four **s** of heaven,
Matt 8:16 And He cast out the **s** with a
Luke 8: 2 had been healed of evil **s**
1Co 12:10 to another discerning of **s**,
1Co 14:32 And the **s** of the prophets are
Heb 1: 7 Who makes His angels **s**
Heb 1:14 they not all ministering **s**
Heb 12:23 to the **s** of just men made
1Pe 3:19 went and preached to the **s**
Rev 1: 4 and from the seven **S** who are

SPIRITUAL (*see* SPIRITUALLY)

Rom 7:14 we know that the law is **s**,
1Co 2:13 comparing **s** things with
1Co 3: 1 not speak to you as to **s**
1Co 10: 3 all ate the same **s** food,
1Co 12: 1 Now concerning **s** gifts,
1Co 14: 1 and desire **s** gifts, but
1Co 15:44 it is raised a **s** body. There
Gal 6: 1 you who are **s** restore such
Eph 1: 3 has blessed us with every **s**
Eph 5:19 in psalms and hymns and **s**
Eph 6:12 against **s** hosts of
1Pe 2: 5 are being built up a **s**

SPIRITUALLY (*see* SPIRITUAL)

Rom 8: 6 but to be **s** minded is life
1Co 2:14 because they are **s**

SPIT (*see* SPAT)
Mark 8:23 And when He had s on his

SPITEFULLY
Matt 5:44 and pray for those who s use

SPOIL
Song 2:15 The little foxes that s the
Is 53:12 And He shall divide the s

SPOKE (*see* SPEAK, SPOKEN)
Ps 33: 9 For He s, and it was done;
John 7:46 No man ever s like this
Acts 1:16 which the Holy Spirit s
Acts 19: 6 and they s with tongues and
1Co 13:11 I s as a child, I understood
Heb 1: 1 times and in various ways s
2Pe 1:21 but holy men of God s as

SPOKEN (*see* SPEAK, SPOKE)
Ex 19: 8 All that the LORD has s we
Ps 87: 3 Glorious things are s of
Prov 15:23 And a word s in due
Prov 25:11 A word fitly s is like
Matt 1:22 be fulfilled which was s by
Matt 24:15 s of by Daniel the prophet,
Mark 12:32 You have s the truth, for
Luke 2:34 for a sign which will be s
Luke 12: 3 whatever you have s in the
Luke 20:39 You have s well."
Luke 24:25 that the prophets have s!
John 12:29 An angel has s to Him."
John 12:49 For I have not s on My own
John 14:25 These things I have s to you
Acts 1: 9 Now when He had s these
Acts 2:16 But this is what was s by the
Acts 16: 2 He was well s of by the
Rom 1: 8 that your faith is s of
Heb 1: 2 has in these last days s to
Heb 2: 2 For if the word s through
Heb 3: 5 things which would be s
Heb 4: 4 For He has s in a certain
Heb 13: 7 who have s the word of God

SPOKESMAN
Ex 4:16 So he shall be your s to the

SPONGE
Mark 15:36 someone ran and filled a s

SPOT (*see* UNSPOTTED)
Lev 13: 2 a scab, or a bright s,
Song 4: 7 And there is no s in you.
Eph 5:27 not having s or wrinkle or
Heb 9:14 offered Himself without s
1Pe 1:19 blemish and without s.
2Pe 3:14 without s and blameless·

SPREAD
Ex 40:19 And he s out the tent over
Lev 13: 5 and the sore has not s on
Ps 140: 5 They have s a net by the
Prov 7:16 I have s my bed with
Is 1:15 When you s out your hands,
Is 37:14 and s it before the LORD.
Is 42: 5 Who s forth the earth and
Matt 9:31 they s the news about Him in
Matt 21: 8 from the trees and s them
Mark 11: 8 And many s their clothes on
Acts 6: 7 Then the word of God s,
Acts 13:49 word of the Lord was being s
Rom 5:12 and thus death s to all men,
2Co 4:15 having s through the many,
2Ti 2:17 And their message will s like

SPRING (*see* SPRINGING, WELLSPRING)
2Sa 11: 1 It happened in the s of the
Ps 84: 6 of Baca, They make it a s;
Ps 92: 7 When the wicked s up like
Prov 4:23 For out of it s the issues
Prov 25:26 wicked Is like a murky s
Song 4:12 A s shut up, A fountain
Is 42: 9 Before they s forth I tell
Is 58: 8 Your healing shall s forth
Jas 3:11 Does a s send forth fresh

SPRINGING (*see* SPRING)
John 4:14 in him a fountain of water s
Heb 12:15 any root of bitterness s up

SPRINKLE (*see* SPRINKLED, SPRINKLING)
Ex 29:16 shall take its blood and s
Ex 29:21 and s it on Aaron and on
Lev 1: 5 shall bring the blood and s
Lev 14:16 and shall s some of the oil
Lev 16:14 the blood of the bull and s
Lev 16:14 the mercy seat he shall s
Num 8: 7 S water of purification on
Is 52:15 So shall He s many nations.
Ezek 36:25 Then I will s clean water on

SPRINKLED (*see* SPRINKLE)
Ex 24: 6 and half the blood he s on
Ex 24: 8 s it on the people, and
2Ki 16:13 his drink offering and s
Job 2:12 each one tore his robe and s
Heb 9:19 and s both the book itself
Heb 10:22 having our hearts s from an

SPRINKLING (*see* SPRINKLE)
Heb 12:24 and to the blood of s that
1Pe 1: 2 for obedience and s of the

SPY (*see* SPIED, SPIES)
Josh 6:25 whom Joshua sent to s out
Judg 18: 2 to s out the land and search
Gal 2: 4 came in by stealth to s out

SQUARE
Gen 19: 2 the night in the open s.
Ex 27: 1 wide—the altar shall be s—
Judg 19:15 he sat down in the open s of
Job 29: 7 I took my seat in the open s,
Rev 21:16 The city is laid out as a s;

STAFF (*see* STAFFS)
Gen 38:25 signet and cord, and s.

S

Ex 12:11 and your s in your hand. So
Ps 23: 4 me; Your rod and Your s,
Is 9: 4 of his burden And the s of
Mark 6: 8 for the journey except a s—
Heb 11:21 leaning on the top of his s.

STAFFS† (*see* STAFF)
Zech 11: 7 I took for myself two s:
Matt 10:10 tunics, nor sandals, nor s;
Luke 9: 3 neither s nor bag nor bread

STAKES
Is 54: 2 And strengthen your s.

STALL†
Amos 6: 4 from the midst of the s;
Luke 13:15 his ox or donkey from the s,

STAND (*see* STANDS, STOOD)
Ex 3: 5 for the place where you s
Ex 9:11 the magicians could not s
Ex 14:13 S still, and see the
Josh 10:12 s still over Gibeon; And
Job 19:25 And He shall s at last on
Ps 1: 5 the ungodly shall not s in
Ps 24: 3 Or who may s in His holy
Ps 76: 7 And who may s in Your
Ps 130: 3 O Lord, who could s?
Is 7: 7 GOD: "It shall not s,
Is 14:24 purposed, so it shall s:
Is 46:10 Saying, 'My counsel shall s,
Jer 15:19 You shall s before Me; If
Ezek 2: 1 s on your feet, and I will
Ezek 22:30 and s in the gap before Me
Dan 2:44 and it shall s forever.
Dan 7: 4 the earth and made to s on
Dan 12: 1 that time Michael shall s
Amos 7: 2 pray! Oh, that Jacob may s,
Zech 4: 2 and on the s seven lamps
Zech 14: 4 in that day His feet will s
Mal 3: 2 And who can s when He
Matt 12:25 against itself will not s.
Matt 12:26 How then will his kingdom s?
Mark 11:25 And whenever you s praying,
John 8:44 and does not s in the
Acts 1:11 why do you s gazing up into
Acts 4:26 the earth took their s,
Acts 25:10 I s at Caesar's judgment
Rom 5: 2 this grace in which we s,
Rom 9:11 to election might s,
Rom 11:20 and you s by faith. Do not
Rom 14:10 For we shall all s before
1Co 15: 1 received and in which you s,
1Co 15:30 And why do we s in jeopardy
1Co 16:13 s fast in the faith, be
Gal 5: 1 S fast therefore in the
Eph 6:11 that you may be able to s
Eph 6:13 and having done all, to s.
Eph 6:14 S therefore, having girded
Phil 4: 1 so s fast in the Lord,
Col 4:12 that you may s perfect and
1Th 3: 8 if you s fast in the Lord.
Jas 2: 3 You s there," or, "Sit here
1Pe 5:12 grace of God in which you s.
Rev 3:20 I s at the door and knock.

STANDS (*see* STAND)
Ps 1: 1 Nor s in the path of
Is 40: 8 But the word of our God s
1Co 10:12 let him who thinks he s

STAR (*see* STARS)
Matt 2: 2 For we have seen His s in
1Co 15:41 for one s differs from
2Pe 1:19 day dawns and the morning s
Rev 2:28 will give him the morning s.
Rev 22:16 the Bright and Morning S.

STARS (*see* STAR)
Gen 1:16 He made the s also.
Gen 15: 5 and count the s if you are
Gen 22:17 your descendants as the s
Gen 37: 9 and the eleven s bowed down
Judg 5:20 The s from their courses
Job 38: 7 When the morning s sang
Ps 8: 3 fingers, The moon and the s,
Ps 136: 9 The moon and s to rule by
Ps 148: 3 all you s of light!
Is 14:13 exalt my throne above the s
Dan 12: 3 to righteousness Like the s
Matt 24:29 the s will fall from heaven,
Rev 1:16 in His right hand seven s,
Rev 6:13 And the s of heaven fell to

STATE
Ps 136:23 remembered us in our lowly s,
Matt 12:45 and the last s of that man
Luke 1:48 He has regarded the lowly s
Phil 4:11 I have learned in whatever s

STATURE
Num 13:32 in it are men of great s.
1Sa 2:26 the child Samuel grew in s,
Matt 6:27 can add one cubit to his s?
Luke 2:52 increased in wisdom and s,
Eph 4:13 to the measure of the s of

STATUTE (*see* STATUTES)
Dan 6:15 that no decree or s which

STATUTES (*see* STATUTE)
Lev 26: 3 If you walk in My s and keep
Deut 11:32 to observe all the s and
Deut 30:10 His commandments and His s
1Ki 11:11 kept My covenant and My s,
2Ch 33: 8 to the whole law and the s
Ezra 7:10 and to teach s and
Neh 9:13 Good s and commandments.
Ps 18:22 I did not put away His s
Ps 19: 8 The s of the LORD are
Ps 119:12 O LORD! Teach me Your s!
Ps 119:71 That I may learn Your s.
Ps 119:118 those who stray from Your s,
Ezek 5: 6 they have not walked in My s.
Mic 6:16 For the s of Omri are kept;

STEADFAST (*see* STEADFASTLY)
Ps 51:10 And renew a s spirit within
Ps 57: 7 My heart is s,
Ps 78:37 For their heart was not s
1Co 15:58 my beloved brethren, be s,
Col 1:23 in the faith, grounded and s,
Heb 3:14 of our confidence s to the
Heb 6:19 of the soul, both sure and s,
1Pe 5: 9 s in the faith, knowing that

STEADFASTLY (*see* STEADFAST)
Luke 9:51 that He s set His face to go
Acts 1:10 And while they looked s
Acts 2:42 And they continued s in the
Rom 12:12 continuing s in prayer;

STEAL (*see* STOLE)
Gen 31:30 but why did you s my
Ex 20:15 "You shall not s.
Deut 5:19 'You shall not s.
Matt 6:19 where thieves break in and s;
Matt 19:18 'You shall not s,
John 10:10 does not come except to s,
Eph 4:28 Let him who stole s no

STEPHEN
Acts 6: 5 multitude. And they chose S,
Acts 7:59 And they stoned S as he was

STEPS
Ps 37:23 The s of a good man are
Prov 16: 9 But the LORD directs his s.
Prov 20:24 A man's s are of the LORD;
1Pe 2:21 that you should follow His s:

STEW
Gen 25:34 Jacob gave Esau bread and s

STEWARD (*see* STEWARDS, STEWARDSHIP)
Gen 44: 4 off, Joseph said to his s,
Matt 20: 8 the vineyard said to his s,
Luke 12:42 is that faithful and wise s,
Luke 16: 8 commended the unjust s
Tit 1: 7 as a s of God, not

STEWARDS (*see* STEWARD)
1Co 4: 2 it is required in s that
1Pe 4:10 as good s of the manifold

STEWARDSHIP (*see* STEWARD)
Luke 16: 2 Give an account of your s,
1Co 9:17 have been entrusted with a s.

STICK (*see* STICKS)
Job 33:21 And his bones s out which
Ezek 37:19 Judah, and make them one s,

STICKS (*see* STICK)
Num 15:32 found a man gathering s on
Prov 18:24 there is a friend who s

STIFF-NECKED
Ex 32: 9 and indeed it is a s
Deut 10:16 and be s no longer.

STILL
Josh 10:12 stand s over Gibeon; And
1Ki 19:12 and after the fire a s small
Job 1:16 While he was s speaking,
Ps 23: 2 He leads me beside the s
Ps 46:10 Be s, and know that I am
Is 5:25 His hand is stretched out s.
Jer 47: 6 Rest and be s!
Hab 3:11 The sun and moon stood s in
Mark 4:39 be s!" And the wind ceased
Rom 5: 6 For when we were s without
Rom 5: 8 in that while we were s
1Co 15:17 you are s in your sins!
Heb 11: 4 through it he being dead s

STILLBORN
Job 3:16 was I not hidden like a s

STING
1Co 15:55 Death, where is your s?

STIR (*see* STIRRED, STIRS)
Song 2: 7 Do not s up nor awaken love
Is 13:17 I will s up the Medes

STIRRED (*see* STIR)
Ex 35:21 came whose heart was s,
John 5: 4 time into the pool and s up

STIRS (*see* STIR)
Prov 10:12 Hatred s up strife, But
Prov 15: 1 But a harsh word s up
Prov 15:18 A wrathful man s up strife,
Luke 23: 5 He s up the people, teaching

STOLE (*see* STEAL, STOLEN)
Matt 28:13 came at night and s Him
Eph 4:28 Let him who s steal no

STOLEN (*see* STOLE)
Gen 31:19 and Rachel had s the
Prov 9:17 S water is sweet, And bread

STOMACH (*see* STOMACH'S)
Num 5:22 the curse go into your s,
Matt 15:17 the mouth goes into the s
Mark 7:19 enter his heart but his s,
1Co 6:13 Foods for the s and the

STOMACH'S† (*see* STOMACH)
1Ti 5:23 use a little wine for your s

STONE (*see* STONED, STONES, STONY)
Gen 49:24 the S of Israel),
Ex 34: 1 Cut two tablets of s like the
Num 14:10 the congregation said to s
Deut 17: 5 and shall s to death that
Deut 28:36 serve other gods—wood and s.
Josh 24:27 this s shall be a witness to

S

Judg 20:16 every one could sling a s at
1Sa 17:50 with a sling and a s,
1Sa 25:37 him, and he became like a s.
Job 38:30 The waters harden like s,
Job 41:24 His heart is as hard as s,
Ps 91:12 dash your foot against a s.
Ps 118:22 The s which the builders
Prov 27: 3 A s is heavy and sand is
Is 8:14 But a s of stumbling and a
Is 28:16 I lay in Zion a s for a
Jer 2:27 are my father,' And to a s,
Ezek 1:26 appearance like a sapphire s;
Ezek 36:26 I will take the heart of s
Dan 2:34 You watched while a s was cut
Dan 2:35 And the s that struck the
Dan 6:17 Then a s was brought and laid
Amos 5:11 have built houses of hewn s,
Zech 3: 9 Upon the s are seven eyes.
Matt 4: 6 your foot against a s.
Matt 7: 9 for bread, will give him a s?
Matt 21:42 The s which the builders
Matt 21:44 whoever falls on this s
Matt 24: 2 not one s shall be left
Matt 27:60 and he rolled a large s
John 2: 6 set there six waterpots of s,
John 8: 7 let him throw a s at her
John 10:31 took up stones again to s
John 11:39 said, "Take away the s.
Acts 4:11 s which was rejected by
Acts 17:29 is like gold or silver or s,
Rom 9:33 in Zion a stumbling s
2Co 3: 3 not on tablets of s but on
1Pe 2: 4 to Him as to a living s,
1Pe 2: 7 The s which the builders
1Pe 2: 8 A s of stumbling And a
Rev 2:17 I will give him a white s,
Rev 2:17 and on the s a new name

STONED (*see* STONE)
Ex 19:13 but he shall surely be s or
Josh 7:25 So all Israel s him with
1Ki 21:14 Naboth has been s and is
Matt 21:35 killed one, and s another.
John 8: 5 us that such should be s.
Acts 7:59 And they s Stephen as he was
Acts 14:19 they s Paul and dragged
2Co 11:25 with rods; once I was s;
Heb 11:37 They were s, they were sawn

STONES (*see* STONE)
Josh 4: 3 for yourselves twelve s
Josh 4: 6 What do these s mean to
1Sa 17:40 for himself five smooth s
Eccl 3: 5 And a time to gather s;
Is 5: 2 it up and cleared out its s,
Matt 3: 9 to Abraham from these s.
Matt 4: 3 command that these s become
Luke 13:34 who kills the prophets and s
Luke 19:40 the s would immediately cry
John 8:59 Then they took up s to throw
John 10:31 Then the Jews took up s
1Co 3:12 gold, silver, precious s,
1Pe 2: 5 you also, as living s,

STONY (*see* STONE)
Ezek 11:19 and take the s heart out of
Matt 13: 5 Some fell on s places, where

STOOD (*see* STAND)
Ps 33: 9 commanded, and it s fast.
Hab 3:11 The sun and moon s still in
Matt 2: 9 till it came and s over
Luke 4:16 and s up to read.
Luke 17:12 who s afar off.
Luke 24: 4 two men s by them in shining
Luke 24:36 Jesus Himself s in the midst
John 20:19 Jesus came and s in the
Acts 1:10 two men s by them in white
Acts 3: 8 s and walked and entered the
Acts 16: 9 A man of Macedonia s and
Acts 21:40 Paul s on the stairs and
2Ti 4:16 At my first defense no one s
2Ti 4:17 But the Lord s with me and

STOOP (*see* STOOPED)
Mark 1: 7 strap I am not worthy to s

STOOPED (*see* STOOP)
John 8: 6 But Jesus s down and wrote

STOPPED
Rom 3:19 that every mouth may be s,
Heb 11:33 s the mouths of lions,

STORE (*see* STOREHOUSE)
Gen 41:35 and s up grain under the
Prov 10:14 Wise people s up knowledge,
Luke 12:17 since I have no room to s my

STOREHOUSE (*see* STORE)
Mal 3:10 all the tithes into the s,

STORM
Nah 1: 3 the whirlwind and in the s,

STRAIGHT
Ps 5: 8 Make Your way s before my
Prov 9:15 Who go s on their way:
Eccl 1:15 is crooked cannot be made s,
Is 40: 3 Make s in the desert A
Is 40: 4 places shall be made s And
Is 45: 2 make the crooked places s;
Matt 3: 3 Make His paths s.
John 1:23 Make s the way of the
Acts 9:11 go to the street called S,
Heb 12:13 and make s paths for your

STRAIN†
Matt 23:24 who s out a gnat and swallow

STRANGE (*see* STRANGER)
Prov 23:33 Your eyes will see s things,
Heb 13: 9 about with various and s
Jude 7 immorality and gone after s

STRANGER (*see* FOREIGNER, STRANGE, STRANGERS)
Gen 17: 8 land in which you are a s,
Ex 12:48 And when a s dwells with you
Ex 22:21 shall neither mistreat a s
Ps 119:19 I am a s in the earth; Do
Matt 25:35 I was a s and you took Me

STRANGERS (*see* STRANGER)
Gen 15:13 your descendants will be s
Ps 105:12 very few, and s in it.
Eph 2:12 of Israel and s from the
Heb 13: 2 Do not forget to entertain s,

STRANGLED
Acts 15:20 immorality, from things s,
Acts 15:29 from blood, from things s,

STRAP
Gen 14:23 from a thread to a sandal s,
Mark 1: 7 whose sandal s I am not

STRAW
Ex 5: 7 no longer give the people s
Ex 5:12 gather stubble instead of s.
Is 11: 7 And the lion shall eat s
1Co 3:12 stones, wood, hay, s,

STREAM (*see* STREAMS)
Jer 15:18 to me like an unreliable s,
Amos 5:24 like a mighty s.

STREAMS (*see* STREAM)
Ps 46: 4 There is a river whose s
Is 35: 6 And s in the desert.

STREET (*see* STREETS)
Is 42: 2 voice to be heard in the s.
Acts 9:11 Arise and go to the s called
Rev 21:21 And the s of the city was

STREETS (*see* STREET)
Eccl 12: 4 the doors are shut in the s,
Eccl 12: 5 the mourners go about the s.
Matt 12:19 His voice in the s.

STRENGTH (*see* MIGHT, STRENGTHEN)
Gen 4:12 shall no longer yield its s
Ex 15: 2 The LORD is my s and song,
Deut 6: 5 soul, and with all your s.
Deut 33:25 so shall your s be.
Judg 8:21 as a man is, so is his s.
Judg 16: 9 So the secret of his s was
Judg 16:19 and his s left him.
1Sa 2: 9 For by s no man shall
1Sa 2:10 He will give s to His king,
1Sa 15:29 And also the S of Israel will
1Ki 19: 8 and he went in the s of that
1Ch 16:11 Seek the LORD and His s;
2Ch 6:41 You and the ark of Your s.
Neh 8:10 joy of the LORD is your s.
Job 9:19 If it is a matter of s,
Job 12:13 Him are wisdom and s,
Ps 8: 2 infants You have ordained s,
Ps 18: 1 will love You, O LORD, my s.
Ps 18: 2 my deliverer; My God, my s,
Ps 18:32 is God who arms me with s,
Ps 18:39 You have armed me with s
Ps 19:14 my s and my Redeemer.
Ps 20: 6 heaven With the saving s
Ps 21: 1 shall have joy in Your s,
Ps 22:15 My s is dried up like a
Ps 22:19 not be far from Me; O My S,
Ps 27: 1 The LORD is the s of my
Ps 28: 7 The LORD is my s and my
Ps 29: 1 unto the LORD glory and s.
Ps 29:11 The LORD will give s to His
Ps 31:10 My s fails because of my
Ps 33:16 is not delivered by great s.
Ps 38:10 my s fails me; As for the
Ps 43: 2 You are the God of my s;
Ps 46: 1 God is our refuge and s,
Ps 68:34 Ascribe s to God; His
Ps 71:16 I will go in the s of the
Ps 81: 1 Sing aloud to God our s;
Ps 84: 7 They go from s to strength;
Ps 86:16 mercy on me! Give Your s
Ps 90:10 And if by reason of s they
Ps 93: 1 has girded Himself with s.
Ps 96: 6 S and beauty are in His
Ps 96: 7 to the LORD glory and s.
Ps 110: 2 send the rod of Your s out
Ps 118:14 The LORD is my s and song,
Ps 132: 8 You and the ark of Your s.
Prov 20:29 of young men is their s,
Prov 31: 3 Do not give your s to women,
Prov 31:17 She girds herself with s,
Prov 31:25 S and honor are her
Is 12: 2 is my s and song; He also
Is 26: 4 the LORD, is everlasting s.
Is 40:31 LORD Shall renew their s;
Jer 17: 5 man And makes flesh his s,
Dan 2:37 you a kingdom, power, s,
Dan 2:41 yet the s of the iron shall
Dan 10: 8 and no s remained in me; for
Hos 7: 9 Aliens have devoured his s,
Hos 12: 3 And in his s he struggled
Mark 12:30 and with all your s.
Rom 5: 6 when we were still without s,
1Co 15:56 and the s of sin is the
2Co 12: 9 for My s is made perfect in
Rev 3: 8 it; for you have a little s,

STRENGTHEN (*see* STRENGTH, STRENGTHENED, STRENGTHENS)
Is 35: 3 S the weak hands, And make
Is 54: 2 And s your stakes.
Luke 22:32 s your brethren."
Heb 12:12 Therefore s the hands which
1Pe 5:10 while, perfect, establish, s,

STRENGTHENED (*see* STRENGTHEN)
Eph 3:16 to be s with might through
Col 1:11 s with all might, according

STRENGTHENS (*see* STRENGTHEN)
Phil 4:13 things through Christ who s

S

STRETCH (*see* STRETCHED, STRETCHES)
Ex 7: 5 when I s out My hand on
Ex 7:19 Take your rod and s out your
Ps 68:31 Ethiopia will quickly s out
Ps 104: 2 Who s out the heavens like
Matt 12:13 S out your hand." And he
John 21:18 you will s out your hands,

STRETCHED (*see* STRETCH)
Ex 9:15 Now if I had s out My hand
Ex 9:23 And Moses s out his rod
Is 5:25 But His hand is s out

STRETCHES (*see* STRETCH)
Job 26: 7 He s out the north over
Is 40:22 Who s out the heavens like

STRICKEN
Is 53: 4 Yet we esteemed Him s,
Is 53: 8 of My people He was s.

STRIFE
Gen 13: 7 And there was s between the
Prov 10:12 Hatred stirs up s,
Jer 15:10 A man of s and a man of
Rom 13:13 not in s and envy.

STRIKE (*see* STRIKES, STRUCK)
Ex 3:20 stretch out My hand and s
Ex 7:17 I will s the waters which
Ex 17: 6 and you shall s the rock,
Ps 121: 6 The sun shall not s you by
Zech 13: 7 S the Shepherd, And the
Matt 26:31 I will s the Shepherd,
Acts 23: 3 God will s you, you

STRIKES (*see* STRIKE)
Ex 21:15 And he who s his father or

STRINGED
2Sa 6: 5 on s instruments, on
Ps 150: 4 Praise Him with s

STRIPE† (*see* STRIPES)
Ex 21:25 for wound, s for stripe.

STRIPES (*see* STRIPE)
Is 53: 5 And by His s we are healed.
Luke 12:47 shall be beaten with many s.
2Co 11:24 times I received forty s
1Pe 2:24 by whose s you were healed.

STRIPPED (*see* STRIPS)
Gen 37:23 that they s Joseph of his
Matt 27:28 And they s Him and put a

STRIPS (*see* STRIPPED)
Gen 30:37 peeled white s in them, and
John 19:40 and bound it in s of linen

STRIVE (*see* STRIVING)
Gen 6: 3 My Spirit shall not s with
Ps 103: 9 He will not always s with

STRIVING (*see* STRIVE)
Heb 12: 4 s against sin.

STRONG (*see* STRONGER)
Ex 6: 1 and with a s hand he will
Deut 31: 7 Be s and of good courage, for
Josh 1: 6 Be s and of good courage, for
Ps 19: 5 And rejoices like a s man
Ps 22:12 S bulls of Bashan have
Ps 24: 8 The LORD s and mighty,
Ps 136:12 With a s hand, and with an
Eccl 9:11 Nor the battle to the s,
Eccl 12: 3 And the s men bow down;
Song 8: 6 For love is as s as
Ezek 34:16 destroy the fat and the s,
Matt 12:29 unless he first binds the s
Rom 15: 1 We then who are s ought to
1Co 4:10 but you are s! You are
2Co 12:10 when I am weak, then I am s.
Eph 6:10 be s in the Lord and in the
2Ti 2: 1 be s in the grace that is in
Heb 11:34 out of weakness were made s,

STRONGER (*see* STRONG)
1Co 1:25 and the weakness of God is s

STRONGHOLD (*see* STRONGHOLDS)
2Sa 5: 7 David took the s of Zion
Ps 18: 2 horn of my salvation, my s.

STRONGHOLDS (*see* STRONGHOLD)
2Co 10: 4 in God for pulling down s,

STRUCK (*see* STRIKE)
Ex 7:20 he lifted up the rod and s
Ex 8:17 his hand with his rod and s
Ex 12:29 at midnight that the LORD s
Ps 78:20 He s the rock, So that the
Dan 2:35 And the stone that s the
Matt 26:51 s the servant of the high
Matt 26:67 and others s Him with the

STRUGGLED
Gen 32:28 for you have s with God and
Hos 12: 3 And in his strength he s
Hos 12: 4 he s with the Angel and

STUBBLE
Ex 5:12 land of Egypt to gather s

STUDY†
Eccl 12:12 and much s is wearisome to

STUMBLE (*see* STUMBLED, STUMBLES, STUMBLING)
Prov 3:23 And your foot will not s.
Is 28: 7 they s in judgment.
1Co 8:13 if food makes my brother s,
Jas 2:10 and yet s in one point, he

STUMBLED (*see* STUMBLE)
2Sa 6: 6 hold of it, for the oxen s.
Ps 73: 2 for me, my feet had almost s;

STUMBLES (*see* STUMBLE)
Rom 14:21 by which your brother s or

STUMBLING (*see* STUMBLE)
Prov 24:11 And hold back those s to
Is 8:14 But a stone of s and a rock
Is 57:14 Take the s block out of the
Rom 9:33 I lay in Zion a s
Rom 14:13 not to put a s block or a
1Co 1:23 to the Jews a s block and to
1Co 8: 9 liberty of yours become a s
1Pe 2: 8 A stone of s And a
1Jn 2:10 and there is no cause for s
Jude 24 is able to keep you from s,

STUMP
Job 14: 8 And its s may die in the
Is 6:13 holy seed shall be its s.

SUBDUE (*see* SUBDUED)
Gen 1:28 fill the earth and s it;

SUBDUED (*see* SUBDUE)
Heb 11:33 who through faith s kingdoms,

SUBJECT (*see* SUBJECTED, SUBJECTION)
Luke 2:51 and was s to them, but His
Luke 10:20 that the spirits are s to
1Co 14:32 of the prophets are s to
1Co 15:28 when all things are made s
Eph 5:24 just as the church is s to

SUBJECTED (*see* SUBJECT)
Rom 8:20 For the creation was s to

SUBJECTION (*see* SUBJECT)
1Co 9:27 my body and bring it into s,
Heb 2: 8 put all things in s

SUBMISSION (*see* SUBMIT)
1Ti 2:11 learn in silence with all s.

SUBMIT (*see* SUBMISSION)
Eph 5:22 s to your own husbands, as
Jas 4: 7 Therefore s to God. Resist

SUBSIDED
Gen 8: 1 the earth, and the waters s.

SUBSTANCE
Ps 139:16 Your eyes saw my s,
Heb 11: 1 Now faith is the s of things

SUCCESS
Gen 24:12 please give me s this day,
Josh 1: 8 then you will have good s.

SUDDENLY
Prov 29: 1 Will s be destroyed, and
Luke 2:13 And s there was with the

SUFFER (*see* SUFFERED, SUFFERING, SUFFERS)
Luke 24:46 for the Christ to s and to
Acts 17: 3 that the Christ had to s
Rom 8:17 if indeed we s with Him,
1Co 3:15 he will s loss; but he
Phil 1:29 but also to s for His sake,
Phil 4:12 both to abound and to s
Heb 11:25 choosing rather to s
1Pe 4:15 But let none of you s as a

SUFFERED (*see* SUFFER)
Luke 24:26 not the Christ to have s
Phil 3: 8 for whom I have s the loss
Heb 2:18 For in that He Himself has s,
Heb 13:12 s outside the gate.
1Pe 2:21 because Christ also s for
1Pe 5:10 after you have s a while,

SUFFERING (*see* SUFFER, SUFFERINGS)
Heb 2: 9 for the s of death crowned
Jas 5:13 Is anyone among you s?
1Pe 2:19 grief, s wrongfully.

SUFFERINGS (*see* SUFFERING)
Rom 8:18 For I consider that the s of
2Co 1: 5 For as the s of Christ abound
2Co 1: 7 you are partakers of the s,
Phil 3:10 and the fellowship of His s,
Col 1:24 I now rejoice in my s for
2Ti 1: 8 but share with me in the s
Heb 2:10 salvation perfect through s.
1Pe 1:11 testified beforehand the s
1Pe 4:13 you partake of Christ's s,
1Pe 5: 9 knowing that the same s are

SUFFERS (*see* SUFFER)
1Co 12:26 And if one member s,
1Co 13: 4 Love s long and is kind;
1Pe 4:16 Yet if anyone s as a

SUFFICIENCY (*see* SUFFICIENT)
2Co 3: 5 but our s is from God,

SUFFICIENT (*see* SUFFICIENCY)
Matt 6:34 S for the day is its own
John 14: 8 and it is s for us."
2Co 2:16 And who is s for these
2Co 12: 9 My grace is s for you, for My

SUMMER
Gen 8:22 and heat, Winter and s,
Jer 8:20 The s is ended, And we are
Amos 8: 1 a basket of s fruit.
Matt 24:32 you know that s is near

SUMPTUOUSLY†
Luke 16:19 and fine linen and fared s

SUN (*see* SUNDIAL)
Josh 10:12 the sight of Israel: "S,
Ps 19: 4 set a tabernacle for the s,
Ps 84:11 For the LORD God is a s

S

Ps 121: 6 The s shall not strike you
Eccl 1: 3 which he toils under the s?
Eccl 1: 5 The s also rises, and the
Eccl 1: 9 is nothing new under the s.
Joel 3:15 The s and moon will grow
Mal 4: 2 you who fear My name The S
Matt 5:45 for He makes His s rise on
Matt 17: 2 His face shone like the s,
Acts 2:20 The s shall be turned
Eph 4:26 do not let the s go down on
Rev 21:23 city had no need of the s
Rev 22: 5 no lamp nor light of the s,

SUNDIAL (*see* SUN)
2Ki 20:11 it had gone down on the s

SUNG (*see* SING)
Matt 26:30 And when they had s a hymn,

SUPPER
Luke 22:20 also took the cup after s,
1Co 11:20 is not to eat the Lord's S.
1Co 11:25 also took the cup after s,
Rev 19: 9 called to the marriage s of

SUPPLICATION (*see* SUPPLICATIONS)
Ps 6: 9 The LORD has heard my s;
Ps 55: 1 not hide Yourself from my s.
Zech 12:10 the Spirit of grace and s;
Acts 1:14 one accord in prayer and s,
Eph 6:18 with all prayer and s in
Eph 6:18 with all perseverance and s
Phil 4: 6 everything by prayer and s,

SUPPLICATIONS (*see* SUPPLICATION)
Ps 28: 6 has heard the voice of my s!
Ps 86: 6 attend to the voice of my s.
Dan 9: 3 make request by prayer and s,
1Ti 2: 1 I exhort first of all that s,
Heb 5: 7 had offered up prayers and s,

SUPPLIES (*see* SUPPLY)
Eph 4:16 by what every joint s,
1Pe 4:11 with the ability which God s,

SUPPLY (*see* SUPPLIES)
Ex 1:11 And they built for Pharaoh s
Phil 2:30 to s what was lacking in
Phil 4:19 And my God shall s all your

SUPPRESS†
Rom 1:18 who s the truth in

SUPREME†
1Pe 2:13 whether to the king as s,

SURE (*see* SURETY)
Num 32:23 and be s your sin will find
Ps 19: 7 testimony of the LORD is s,
Is 55: 3 The s mercies of David.
Acts 13:34 I will give you the s
2Pe 1:10 your call and election s,

SURETY (*see* SURE)
Heb 7:22 more Jesus has become a s

SURPASSES† (*see* SURPASSING)
Phil 4: 7 which s all understanding,

SURPASSING† (*see* SURPASSES)
2Sa 1:26 S the love of women.

SURROUNDED
Judg 19:22 s the house and beat on the
Ps 18: 4 The pangs of death s me,
Ps 22:12 Many bulls have s Me;
Jon 2: 3 And the floods s me; All
Luke 21:20 when you see Jerusalem s by
Heb 12: 1 since we are s by so great a

SWADDLING
Ezek 16: 4 with salt nor wrapped in s
Luke 2: 7 and wrapped Him in s cloths,

SWALLOW (*see* SWALLOWED)
Num 16:34 Lest the earth s us up
Is 25: 8 He will s up death forever,
Jon 1:17 prepared a great fish to s
Matt 23:24 who strain out a gnat and s

SWALLOWED (*see* SWALLOW)
Ex 7:12 But Aaron's rod s up their
Ex 15:12 The earth s them.
1Co 15:54 Death is s up in

SWEAR (*see* SWEARS, SWORE, SWORN)
Matt 5:34 do not s at all: neither by
Heb 6:13 because He could s by no one
Heb 6:16 For men indeed s by the

SWEARS (*see* SWEAR)
Num 30: 2 or s an oath to bind himself
Ps 15: 4 He who s to his own hurt
Prov 29:24 He s to tell the truth, but
Matt 23:16 Whoever s by the temple, it

SWEAT
Gen 3:19 In the s of your face you
Luke 22:44 Then His s became like great

SWEET (*see* SWEETSMELLING, SWEETER, SWEETNESS)
Ex 15:25 the waters were made s.
Lev 1: 9 a s aroma to the LORD.
Judg 14:14 the strong came something s.
2Sa 23: 1 And the s psalmist of
Neh 8:10 eat the fat, drink the s,
Ps 119:103 How s are Your words to my
Prov 3:24 and your sleep will be s.
Prov 9:17 "Stolen water is s,
Song 5:16 His mouth is most s,
Is 5:20 Who put bitter for s,
Jer 31:26 and my sleep was s to me.

SWEET-SMELLING (*see* SWEET)
Eph 5: 2 a sacrifice to God for a **s**
Phil 4:18 **a s** aroma, an acceptable

SWEETER (*see* SWEET)
Judg 14:18 What is **s** than honey? And
Ps 19:10 **S** also than honey and the

SWEETNESS (*see* SWEET)
Judg 9:11 Should I cease my **s** and my
Prov 16:24 **S** to the soul and health to
Ezek 3: 3 in my mouth like honey in **s**.

SWIFT
Prov 6:18 Feet that are **s** in running
Eccl 9:11 race is not to the **s**,
Rom 3:15 Their feet are **s** to shed

SWINE (*see* SWINE'S)
Deut 14: 8 Also the **s** is unclean for
Matt 7: 6 cast your pearls before **s**,
Matt 8:32 the whole herd of **s** ran

SWINE'S (*see* SWINE)
Prov 11:22 As a ring of gold in a **s**
Is 65: 4 Who eat **s** flesh, And the

SWORD (*see* SWORDS)
Gen 3:24 and a flaming **s** which turned
Gen 34:26 son with the edge of the **s**,
Judg 7:18 The **s** of the LORD and of
2Sa 2:26 Shall the **s** devour forever?
Ps 22:20 Deliver Me from the **s**,
Ps 57: 4 And their tongue a sharp **s**.
Prov 5: 4 Sharp as a two-edged **s**.
Is 2: 4 Nation shall not lift up **s**
Jer 47: 6 O you **s** of the LORD, How
Amos 7:11 shall die by the **s**,
Mic 4: 3 Nation shall not lift up **s**
Matt 10:34 come to bring peace but a **s**.
Matt 26:51 out his hand and drew his **s**,
Matt 26:52 Put your **s** in its place, for
Matt 26:52 sword will perish by the **s**.
Luke 2:35 a **s** will pierce through your
Rom 8:35 or nakedness, or peril, or **s**?
Rom 13: 4 for he does not bear the **s**
Eph 6:17 and the **s** of the Spirit,
Heb 4:12 sharper than any two-edged **s**,
Rev 1:16 went a sharp two-edged **s**,
Rev 19:15 of His mouth goes a sharp **s**,

SWORDS (*see* SWORD)
Is 2: 4 They shall beat their **s**
Joel 3:10 your plowshares into **s** And
Mic 4: 3 They shall beat their **s**
Luke 22:38 look, here are two **s**.

SWORE (*see* SWEAR)
1Ki 1:17 you **s** by the LORD your God
Ps 95:11 So I **s** in My wrath, 'They
Dan 12: 7 and **s** by Him who lives
Heb 3:11 So I **s** in My wrath,
Heb 6:13 He **s** by Himself,
Rev 10: 6 and **s** by Him who lives

SWORN (*see* SWEAR)
Gen 22:16 said: "By Myself I have **s**,
Ps 24: 4 Nor **s** deceitfully.
Ps 110: 4 The LORD has **s** And will
Is 62: 8 The LORD has **s** by His right
Heb 7:21 The LORD has **s** And

SYCAMORE
Amos 7:14 And a tender of **s** fruit.
Luke 19: 4 and climbed up into a **s**

SYCHAR† (*see* SHECHEM)
John 4: 5 of Samaria which is called **S**,

SYMPATHIZE†
Heb 4:15 a High Priest who cannot **s**

SYNAGOGUE (*see* SYNAGOGUES)
Matt 13:54 He taught them in their **s**,
Mark 1:21 the Sabbath He entered the **s**
Rev 2: 9 but are a **s** of Satan.

SYNAGOGUES (*see* SYNAGOGUE)
Matt 23: 6 the best seats in the **s**,
Mark 1:39 He was preaching in their **s**
John 16: 2 will put you out of the **s**;

SYRIA (*see* ARAM, SYRIAN)
1Ki 19:15 Hazael as king over **S**.
1Ki 20:20 and Ben-Hadad the king of **S**
Luke 2: 2 Quirinius was governing **S**.

SYRIAN (*see* SYRIA, SYRIANS, SYRO-PHOENICIAN)
2Ki 5:20 has spared Naaman this **S**,
Luke 4:27 cleansed except Naaman the **S**.

SYRIANS (*see* SYRIAN)
2Sa 8: 5 When the **S** of Damascus came

SYRO-PHOENICIAN† (*see* SYRIAN)
Mark 7:26 a **S** by birth, and she kept

T

TABERNACLE (*see* TABERNACLES)
Ex 25: 9 the pattern of the **t** and the
Ex 26: 7 to be a tent over the **t**.
Ex 27:21 In the **t** of meeting, outside
Ex 38:21 the **t** of the Testimony,
Ps 15: 1 who may abide in Your **t**?
Ps 19: 4 In them He has set a **t** for
Ps 27: 5 the secret place of His **t**
Ps 43: 3 holy hill And to Your **t**.
Ps 46: 4 The holy place of the **t** of
Ps 76: 2 In Salem also is His **t**,
Ps 78:60 So that He forsook the **t** of
Ps 84: 1 How lovely is Your **t**,
Amos 9:11 day I will raise up The **t**

Acts 15:16 will rebuild the t of
Heb 8: 2 sanctuary and of the true t
Heb 9: 8 manifest while the first t
Heb 9:11 greater and more perfect t
Rev 21: 3 the t of God is with men,

TABERNACLES (*see* TABERNACLE)
Deut 16:13 shall observe the Feast of T
John 7: 2 Now the Jews' Feast of T was

TABITHA (*see* DORCAS)
Acts 9:40 to the body he said, "T,

TABLE (*see* TABLES)
Num 4: 7 On the t of showbread they
2Sa 9: 7 you shall eat bread at my t
Ps 23: 5 You prepare a t before me in
Ps 78:19 Can God prepare a t in the
Matt 15:27 fall from their masters' t.
Matt 26: 7 head as He sat at the t.
Luke 16:21 fell from the rich man's t.
Luke 22:30 may eat and drink at My t
1Co 10:21 partake of the Lord's t and

TABLES (*see* TABLE)
Matt 21:12 and overturned the t of the
John 2:15 money and overturned the t.
Acts 6: 2 the word of God and serve t.

TABLET (*see* TABLETS)
Prov 3: 3 Write them on the t of your
Ezek 4: 1 take a clay t and lay it
Luke 1:63 And he asked for a writing t,

TABLETS (*see* TABLET)
Ex 31:18 He gave Moses two t of the
Ex 34: 1 Cut two t of stone like the
Deut 9: 9 the t of the covenant which
Deut 10: 5 and put the t in the ark
Hab 2: 2 And make it plain on t,
2Co 3: 3 on tablets of stone but on t
Heb 9: 4 and the t of the covenant;

TAIL
Ex 4: 4 hand and take it by the t'
Deut 28:13 you the head and not the t;
Judg 15: 4 turned the foxes t to

TAKE (*see* REMOVE, TAKEN, TAKES, TAKING, TOOK)
Gen 22: 2 T now your son, your only
Gen 24: 4 and t a wife for my son
Ex 19:12 T heed to yourselves that
Ex 20: 7 You shall not t the name of
Job 23:10 He knows the way that I t;
Ps 51:11 And do not t Your Holy
Matt 2:13 t the young Child and His
Matt 9: 6 t up your bed, and go to
Matt 10:38 And he who does not t his
Matt 11:12 and the violent t it by
Matt 11:29 T My yoke upon you and learn
Matt 16:24 and t up his cross, and
Matt 24:34 away till all these things t
Matt 25:38 we see You a stranger and t
Matt 26:26 the disciples and said, "T,
Matt 26:52 for all who t the sword will
Mark 14: 1 sought how they might t Him
Mark 14:36 T this cup away from Me;
Mark 16:18 they will t up serpents; and
Luke 9: 3 T nothing for the journey,
Luke 9:23 and t up his cross daily,
Luke 12:19 t your ease; eat, drink,
Luke 21:32 pass away till all things t
Luke 22:42 t this cup away from Me;
John 6:15 were about to come and t
John 10:17 down My life that I may t
John 16:14 for He will t of what is
Acts 1:20 Let another t his
Rom 11:27 When I t away their
1Co 10:12 him who thinks he stands t
1Co 11:24 He broke it and said, "T,
Eph 6:13 Therefore t up the whole
Eph 6:17 And t the helmet of
Heb 2: 6 son of man that You t
Heb 10: 4 of bulls and goats could t
1Pe 2:20 if you t it patiently, this
Rev 1: 1 which must shortly t
Rev 22:17 let him t the water of life
Rev 22:19 God shall t away his part

TAKEN (*see* TAKE, TRANSLATED)
Gen 2:23 Because she was t out of
Gen 3:23 ground from which he was t.
2Ki 2: 9 before I am t away from
Job 1:21 and the LORD has t away;
Is 6: 6 a live coal which he had t
Is 6: 7 Your iniquity is t away,
Is 53: 8 He was t from prison and
Matt 24:40 one will be t and the other
Matt 25:29 even what he has will be t
John 20:13 Because they have t away my
Acts 1: 2 the day in which He was t
Acts 1:11 who was t up from you into
2Co 3:14 because the veil is t away
Heb 11: 5 By faith Enoch was t away so

TAKES (*see* TAKE)
Ex 20: 7 hold him guiltless who t
John 1:29 The Lamb of God who t away
John 10:18 No one t it from Me, but I

TAKING (*see* TAKE)
Ps 119: 9 By t heed according to Your
Phil 2: 7 t the form of a bondservant,

TALENTS
Matt 18:24 who owed him ten thousand t.
Matt 25:15 "And to one he gave five t,

TAMAR
Gen 38:11 Then Judah said to T his
Ruth 4:12 whom T bore to Judah,
2Sa 13:10 Then Amnon said to T,
Matt 1: 3 begot Perez and Zerah by T,

TAME
Jas 3: 8 But no man can t the tongue.

TANNER
Acts 9:43 in Joppa with Simon, a t.

TARES
Matt 13:25 his enemy came and sowed t

TARSHISH
Ps 48: 7 You break the ships of T
Jon 1: 3 But Jonah arose to flee to T

TARSUS
Acts 9:11 for one called Saul of T,

TASKMASTERS (*see* MASTERS)
Ex 1:11 Therefore they set t over

TASTE (*see* TASTED)
Ps 34: 8 t and see that the LORD is
Ps 119:103 sweet are Your words to my t,
Matt 16:28 here who shall not t death
Col 2:21 "Do not touch, do not t,
Heb 2: 9 might t death for everyone.

TASTED (*see* TASTE)
Heb 6: 4 and have t the heavenly

TAUGHT (*see* TEACH)
Matt 7:29 for He t them as one having
Mark 9:31 For He t His disciples and
John 8:28 but as My Father t Me, I
Gal 1:12 nor was I t it, but it

TAX (*see* TAXES)
Matt 5:46 Do not even the t collectors
Matt 10: 3 Thomas and Matthew the t
Matt 17:24 who received the temple t

TAXES (*see* TAX)
Matt 22:17 Is it lawful to pay t to
Rom 13: 7 taxes to whom t are due,

TEACH (*see* TAUGHT, TEACHER, TEACHES TEACHING)
Ex 4:12 be with your mouth and t
Ex 18:20 And you shall t them the
Deut 6: 7 You shall t them diligently
Deut 11:19 You shall t them to your
Job 21:22 Can anyone t God knowledge,
Job 32: 7 multitude of years should t
Ps 25: 4 O LORD; T me Your paths.
Ps 27:11 T me Your way, O LORD, And
Ps 51:13 Then I will t transgressors
Ps 90:12 So t us to number our days,
Is 2: 3 He will t us His ways, And
Jer 31:34 No more shall every man t his
Dan 1: 4 and whom they might t the
Matt 22:16 and t the way of God in
Luke 11: 1 t us to pray, as John also
John 14:26 He will t you all things,
Acts 1: 1 Jesus began both to do and t,
1Co 4:17 as I t everywhere in every
1Co 14:19 that I may t others also,
1Ti 1: 3 may charge some that they t
1Ti 2:12 I do not permit a woman to t
1Ti 3: 2 hospitable, able to t;
2Ti 2: 2 men who will be able to t
2Ti 2:24 be gentle to all, able to t,

TEACHER (*see* TEACH, TEACHERS)
Matt 8:19 came and said to Him, "T,
Matt 9:11 Why does your T eat with tax
Matt 10:24 disciple is not above his t,
Matt 23: 8 'Rabbi'; for One is your T,
Mark 10:17 Him, and asked Him, "Good T,
John 3: 2 we know that You are a t
John 3:10 Are you the t of Israel, and

TEACHERS (*see* TEACHER)
Ps 119:99 understanding than all my t,
Luke 2:46 in the midst of the t,
1Co 12:28 second prophets, third t,
Eph 4:11 and some pastors and t,
2Ti 4: 3 heap up for themselves t;
Jas 3: 1 let not many of you become t,
2Pe 2: 1 as there will be false t

TEACHES (*see* TEACH)
Ps 25: 8 Therefore He t sinners in
Ps 94:10 He who t man knowledge?
Rom 12: 7 our ministering; he who t,

TEACHING (*see* TEACH)
Matt 7:28 were astonished at His t,
Matt 28:20 t them to observe all things
Rom 12: 7 he who teaches, in t;
Col 3:16 t and admonishing one

TEAR (*see* TEARS, TORE, TORN)
Eccl 3: 7 A time to t, and a time
Matt 9:16 and the t is made worse.
Rev 21: 4 God will wipe away every t

TEARS (*see* TEAR)
Ps 56: 8 Put my t into Your bottle;
Ps 126: 5 Those who sow in t Shall
Is 25: 8 Lord GOD will wipe away t
Jer 9: 1 And my eyes a fountain of t,
Luke 7:38 to wash His feet with her t,

TEETH (*see* TOOTH)
Num 11:33 was still between their t,
Job 19:20 escaped by the skin of my t.
Jer 31:29 And the children's t are
Ezek 18: 2 And the children's t are
Dan 7: 7 strong. It had huge iron t;
Amos 4: 6 I gave you cleanness of t
Matt 8:12 be weeping and gnashing of t.
Matt 13:42 be wailing and gnashing of t.

TEKEL
Dan 5:25 was written: MENE, MENE, T,

TEKOA
Amos 1: 1 among the sheepbreeders of T,

T

TEMPEST
Jon 1: 4 and there was a mighty t on
Matt 8:24 And suddenly a great t arose

TEMPLE (*see* TEMPLES, THRESHOLD)
Judg 4:21 and drove the peg into his t,
Judg 16:26 pillars which support the t,
Judg 16:30 and the t fell on the lords
2Ki 10:21 So they came into the t of
Ezra 3:12 men who had seen the first t,
Ezra 5:11 and we are rebuilding the t
Ps 11: 4 The LORD is in His holy t,
Ps 18: 6 heard my voice from His t,
Ps 27: 4 And to inquire in His t.
Is 6: 1 of His robe filled the t.
Jer 7: 4 the t of the LORD are
Dan 5: 3 had been taken from the t
Mic 3:12 And the mountain of the t
Hab 2:20 the LORD is in His holy t.
Hag 2: 3 among you who saw this t in
Mal 3: 1 Will suddenly come to His t,
Matt 4: 5 Him on the pinnacle of the t,
Matt 27:51 the veil of the t was torn
Luke 11:51 between the altar and the t.
John 2:15 drove them all out of the t,
John 2:19 to them, "Destroy this t,
Acts 3: 1 went up together to the t
1Co 3:16 not know that you are the t
1Co 6:19 that your body is the t of
Eph 2:21 grows into a holy t in the
Rev 15: 8 The t was filled with smoke
Rev 21:22 and the Lamb are its t.

TEMPLES (*see* TEMPLE)
Acts 17:24 does not dwell in t made

TEMPT (*see* TEMPTATION, TEMPTED, TEMPTER)
Deut 6:16 You shall not t the LORD
Matt 4: 7 You shall not t the
1Co 7: 5 so that Satan does not t
Jas 1:13 nor does He Himself t

TEMPTATION (*see* TEMPT)
Matt 6:13 And do not lead us into t,
1Co 10:13 No t has overtaken you except

TEMPTED (*see* TEMPT)
Matt 4: 1 into the wilderness to be t
Gal 6: 1 yourself lest you also be t.
Heb 2:18 has suffered, being t,
Jas 1:13 I am t by God"; for God

TEMPTER (*see* TEMPT)
Matt 4: 3 Now when the t came to Him,

TEN (*see* TENTH)
Gen 18:32 Suppose t should be found
Gen 31: 7 me and changed my wages t
Ex 34:28 the T Commandments.
Ps 91: 7 And t thousand at your
Mic 6: 7 T thousand rivers of oil?

TEND (*see* TENDER)
Gen 2:15 in the garden of Eden to t
John 21:16 to him, "T My sheep."

TENDER (*see* TEND, TENDERHEARTED)
Ps 51: 1 to the multitude of Your t
Is 53: 2 grow up before Him as a t

TENDERHEARTED (*see* TENDER)
Eph 4:32 be kind to one another, t,

TENT (*see* TENTMAKERS, TENTS)
Gen 9:21 became uncovered in his t.
Num 9:15 the t of the Testimony; from
Josh 7:22 it was, hidden in his t,
Judg 4:21 took a t peg and took a
2Co 5: 1 our earthly house, this t,
2Pe 1:14 shortly I must put off my t,

TENTH (*see* TEN)
Gen 28:22 me I will surely give a t
Num 18:26 the LORD, a t of the tithe.
Deut 23: 2 even to the t generation
Is 6:13 But yet a t will be in it,
Heb 7: 2 whom also Abraham gave a t

TENTMAKERS† (*see* TENT)
Acts 18: 3 by occupation they were t.

TENTS (*see* TENT)
Ps 84:10 my God Than dwell in the t
Heb 11: 9 dwelling in t with Isaac and

TERAH
Gen 11:32 and T died in Haran.
Luke 3:34 of Abraham, the son of T,

TERAPHIM†
Hos 3: 4 pillar, without ephod or t.

TERRESTRIAL
1Co 15:40 also celestial bodies and t

TERRIBLE (*see* TERROR)
Deut 1:19 through all that great and t
Dan 7: 7 fourth beast, dreadful and t,

TERROR (*see* TERRIBLE, TERRORS)
Ps 91: 5 not be afraid of the t by
Prov 3:25 not be afraid of sudden t,
Is 2:10 From the t of the LORD
Rom 13: 3 For rulers are not a t to

TERRORS (*see* TERROR)
Job 18:14 him before the king of t.
Eccl 12: 5 And of t in the way; When

TEST (*see* PROVE, TESTED, TESTING, TESTS)
Ex 20:20 for God has come to t you,
Num 14:22 and have put Me to the t now
Deut 8: 2 to humble you and t you, to
Deut 8:16 you and that He might t you,
Judg 2:22 that through them I may t

Judg 6:39 just once more: Let me t,
1Ki 10: 1 she came to t him with hard
1Ch 29:17 that You t the heart and
Ps 11: 4 His eyelids t the sons of
Is 7:12 nor will I t the LORD!"
Dan 1:12 Please t your servants for
Matt 22:18 Why do you t Me, you
John 6: 6 But this He said to t him,
Acts 5: 9 have agreed together to t
Acts 15:10 why do you t God by putting
1Co 3:13 and the fire will t each
2Co 2: 9 I might put you to the t,
2Co 13: 5 T yourselves. Do you not
1Th 5:21 T all things; hold fast what
1Jn 4: 1 but t the spirits, whether
Rev 3:10 to t those who dwell on the

TESTAMENT (*see* COVENANT, TESTATOR)
2Co 3:14 in the reading of the Old T,

TESTATOR (*see* TESTAMENT)
Heb 9:16 be the death of the t.

TESTED (*see* TEST)
Gen 22: 1 these things that God t
Ps 17: 3 You have t my heart; You
Ps 66:10 have t us; You have refined
Heb 11:17 faith Abraham, when he was t,
1Pe 1: 7 though it is t by fire, may

TESTIFIED (*see* TESTIFY)
John 1:34 And I have seen and t that
John 5:37 has t of Me. You have
John 19:35 And he who has seen has t,
Heb 2: 6 But one t in a certain place,
1Pe 1:11 was indicating when He t

TESTIFIES (*see* TESTIFY)
John 3:32 seen and heard, that He t;
John 21:24 This is the disciple who t of
Acts 20:23 that the Holy Spirit t in
Rev 22:20 He who t to these things

TESTIFY (*see* TESTIFIED, TESTIFIES)
John 5:39 and these are they which t
John 15:26 the Father, He will t of Me.

TESTIMONIES (*see* TESTIMONY)
Deut 4:45 These are the t, the statutes,
Mark 14:56 but their t did not agree.

TESTIMONY (*see* TESTIMONIES)
Ex 16:34 laid it up before the T,
Ex 25:22 are on the ark of the T,
Ex 31:18 Moses two tablets of the T,
Num 1:50 over the tabernacle of the T,
Num 35:30 be put to death on the t of
Ps 19: 7 The t of the LORD is
Is 8:16 Bind up the t, Seal the
Is 8:20 To the law and to the t! If
Matt 8: 4 commanded, as a t to them."
Luke 22:71 What further t do we need?
John 1:19 Now this is the t of John,
John 3:33 He who has received His t has
John 21:24 and we know that his t is
1Ti 3: 7 he must have a good t among
Heb 11: 2 elders obtained a good t.
1Jn 5:10 he has not believed the t
Rev 1: 9 word of God and for the t

TESTING (*see* TEST)
Matt 19: 3 t Him, and saying to Him,
Jas 1: 3 knowing that the t of your

TESTS (*see* TEST)
Prov 17: 3 But the LORD t the hearts.
1Th 2: 4 but God who t our hearts.

TETRARCH
Luke 3: 1 Herod being t of Galilee,

THADDAEUS (*see* JUDAS)
Mark 3:18 the son of Alphaeus, T,

THANK (*see* PRAISE, THANKFUL, THANKS)
Dan 2:23 I t You and praise You, O
Matt 11:25 I t You, Father, Lord of
Luke 18:11 I t You that I am not like
Rom 1: 8 I t my God through Jesus
1Co 1:14 I t God that I baptized none
Phil 1: 3 I t my God upon every
Phm 1: 4 I t my God, making mention

THANKFUL† (*see* THANK, UNTHANKFUL)
Ps 100: 4 Be t to Him, and bless His
Rom 1:21 Him as God, nor were t,
Col 3:15 called in one body; and be t.

THANKS (*see* THANK, THANKSGIVING)
Ps 18:49 Therefore I will give t to
Ps 92: 1 It is good to give t to
Ps 105: 1 give t to the LORD! Call
Ps 107: 1 give t to the LORD, for He
Ps 107: 8 that men would give t to
Ps 136: 2 give t to the God of gods!
Matt 26:27 He took the cup, and gave t,
Rom 14: 6 not eat, and gives God t.
1Co 11:24 and when He had given t,
1Co 15:57 But t be to God, who gives
2Co 9:15 T be to God for His
Eph 1:16 do not cease to give t for
Eph 5:20 giving t always for all
1Th 3: 9 For what t can we render to
1Th 5:18 in everything give t;

THANKSGIVING (*see* THANKS)
Lev 7:12 with the sacrifice of t,
Ps 95: 2 before His presence with t;
Ps 100: 4 Enter into His gates with t,
Phil 4: 6 and supplication, with t,
1Ti 4: 4 if it is received with t;
Rev 7:12 T and honor and power and

THE-LORD-IS-MY-BANNER† (*see* LORD)
Ex 17:15 altar and called its name, T;

THE-LORD-WILL-PROVIDE† (*see* LORD)
Gen 22:14 the name of the place, T;

T

THEOPHILUS†
Luke 1: 3 account, most excellent T,
Acts 1: 1 former account I made, O T,

THESSALONICA
Acts 17: 1 Apollonia, they came to T,

THICK
Ex 8:24 T swarms of flies came
Ex 10:22 and there was t darkness in
Ex 19: 9 I come to you in the t
Zeph 1:15 A day of clouds and t

THICKET
Gen 22:13 was a ram caught in a t by

THIEF (*see* THIEVES)
Ex 22: 2 If the t is found breaking
Matt 24:43 had known what hour the t
John 10: 1 the same is a t and a
1Th 5: 2 of the Lord so comes as a t
2Pe 3:10 of the Lord will come as a t
Rev 3: 3 I will come upon you as a t,

THIEVES (*see* THIEF)
Jer 7:11 become a den of t in your
Matt 6:19 and rust destroy and where t
Matt 21:13 have made it a 'den of t.
Luke 10:30 to Jericho, and fell among t,
John 10: 8 ever came before Me are t

THIGH (*see* THIGHS)
Gen 24: 2 put your hand under my t,

THIGHS (*see* THIGH)
Dan 2:32 its belly and t of bronze,

THINK (*see* THINKS, THOUGHT)
John 5:39 for in them you t you have
Rom 12: 3 not to t of himself more
Eph 3:20 above all that we ask or t,

THINKS (*see* THINK)
Prov 23: 7 For as he t in his heart, so
1Co 10:12 Therefore let him who t he
1Co 13: 5 not provoked, t no evil;

THIRD (*see* THREE)
Ex 20: 5 on the children to the t
Hos 6: 2 On the t day He will raise
Matt 16:21 and be raised the t day.
Luke 24:46 to rise from the dead the t
1Co 15: 4 and that He rose again the t
2Co 12: 2 a one was caught up to the t

THIRST (*see* THIRSTS, THIRSTY)
Ps 69:21 And for my t they gave me
Matt 5: 6 are those who hunger and t
John 4:13 drinks of this water will t
John 6:35 believes in Me shall never t.
John 19:28 fulfilled, said, I t!"

THIRSTS (*see* THIRST, THIRSTY)
Ps 42: 2 My soul t for God, for the
Is 55: 1 "Ho! Everyone who t,
John 7:37 out, saying, "If anyone t,
Rev 21: 6 of life freely to him who t.
Rev 22:17 Come!" And let him who t

THIRSTY (*see* THIRST)
Ps 63: 1 for You In a dry and t
Matt 25:35 I was t and you gave Me
Rom 12:20 feed him; If he is t,

THIRTY
2Sa 23:24 of Joab was one of the t;
Zech 11:12 weighed out for my wages t
Matt 26:15 they counted out to him t
Luke 3:23 His ministry at about t

THISTLES
Gen 3:18 Both thorns and t it shall
Matt 7:16 thornbushes or figs from t?

THOMAS
Mark 3:18 Bartholomew, Matthew, T,
John 20:27 Then He said to T,

THORN (*see* THORNS)
2Co 12: 7 a t in the flesh was given

THORNS (*see* THORN)
Gen 3:18 Both t and thistles it shall
Hos 2: 6 hedge up your way with t,
Matt 13: 7 "And some fell among t,
Matt 27:29 had twisted a crown of t,
Luke 6:44 do not gather figs from t,
John 19: 5 wearing the crown of t and

THOUGHT (*see* THINK, THOUGHTS)
1Co 13:11 I t as a child; but when I
2Co 10: 5 bringing every t into

THOUGHTS (*see* THOUGHT)
Gen 6: 5 that every intent of the t
Job 4:13 In disquieting t from the
Job 20: 2 Therefore my anxious t make
Ps 92: 5 are Your works! Your t are
Ps 94:11 The LORD knows the t of
Ps 139:17 precious also are Your t to
Prov 12: 5 The t of the righteous are
Prov 15:26 The t of the wicked are an
Is 55: 7 the unrighteous man his t;
Is 55: 8 For My t are not your
Dan 4:19 and his t troubled him. So
Matt 9: 4 But Jesus, knowing their t,
Matt 15:19 of the heart proceed evil t,
Rom 1:21 but became futile in their t,
Heb 4:12 and is a discerner of the t

THOUSAND (*see* THOUSANDS)
Ps 84:10 courts is better than a t.
Ps 90: 4 For a t years in Your sight
Ps 91: 7 A t may fall at your side,
Is 30:17 One t shall flee at the

Mic 6: 7 Ten t rivers of oil? Shall
Matt 14:21 had eaten were about five t
Matt 15:38 those who ate were four t
Acts 2:41 and that day about three t
Acts 4: 4 men came to be about five t.
1Co 14:19 than ten t words in a
2Pe 3: 8 the Lord one day is as a t
Rev 20: 2 and bound him for a t years;
Rev 20: 6 and shall reign with Him a t

THOUSANDS (*see* THOUSAND)
Ex 20: 6 but showing mercy to t,
Ex 34: 7 "keeping mercy for t,
1Sa 18: 7 "Saul has slain his t,
Mic 5: 2 you are little among the t
Mic 6: 7 the LORD be pleased with t

THREATENING (*see* THREATS)
Matt 16: 3 for the sky is red and t.

THREATS (*see* THREATENING)
Acts 9: 1 still breathing t and murder

THREE (*see* THIRD)
Gen 18: 2 t men were standing by him;
Ex 23:17 T times in the year all your
Deut 17: 6 on the testimony of two or t
Deut 19:15 by the mouth of two or t
Job 2:11 Now when Job's t friends
Amos 1: 3 For t transgressions of
Jon 1:17 of the fish three days and t
Matt 12:40 For as Jonah was t days and
Matt 18:16 the mouth of two or t
Matt 18:20 For where two or t are
Matt 26:34 you will deny Me t times."
Matt 27:63 After t days I will rise.'
John 2:19 and in t days I will raise
1Co 13:13 faith, hope, love, these t;
1Jn 5: 7 For there are t that bear
1Jn 5: 7 and these t are one.

THRESHED (*see* THRESHING)
Judg 6:11 while his son Gideon t wheat
Amos 1: 3 Because they have t Gilead

THRESHING (*see* THRESHED)
Ruth 3: 6 So she went down to the t
2Sa 24:24 So David bought the t
1Ch 21:18 altar to the LORD on the t
Matt 3:12 thoroughly clean out His t

THRESHOLD (*see* TEMPLE)
1Sa 5: 4 were broken off on the t;
1Sa 5: 5 house tread on the t of
Zeph 1: 9 those who leap over the t,

THROAT
Ps 5: 9 Their t is an open tomb;
Matt 18:28 him and took him by the t,
Rom 3:13 Their t is an open tomb;

THRONE (*see* THRONES)
Gen 41:40 only in regard to the t will
Ex 11: 5 of Pharaoh who sits on his t,
Deut 17:18 when he sits on the t of his
2Sa 3:10 and set up the t of David
2Sa 7:16 Your t shall be established
1Ki 2: 4 not lack a man on the t of
1Ki 22:19 the LORD sitting on His t,
Ps 11: 4 The LORD's t is in
Ps 45: 6 Your t, O God, is
Ps 89:14 the foundation of Your t;
Ps 103:19 LORD has established His t
Is 6: 1 saw the Lord sitting on a t,
Is 9: 7 Upon the t of David and
Is 14:13 I will exalt my t above the
Is 66: 1 LORD: "Heaven is My t,
Zech 6:13 shall be a priest on His t,
Matt 5:34 by heaven, for it is God's t;
Matt 19:28 Son of Man sits on the t of
Luke 1:32 God will give Him the t of
Acts 2:30 the Christ to sit on his t,
Acts 7:49 'Heaven is My t, And earth
Heb 1: 8 Son He says: "Your t,
Heb 4:16 come boldly to the t of
Heb 8: 1 at the right hand of the t
Rev 1: 4 Spirits who are before His t,
Rev 2:13 where Satan's t is. And you
Rev 3:21 down with My Father on His t.
Rev 4: 3 was a rainbow around the t,
Rev 4: 9 to Him who sits on the t,
Rev 20:11 Then I saw a great white t
Rev 22: 1 proceeding from the t of God

THRONES (*see* THRONE)
Matt 19:28 Me will also sit on twelve t,
Col 1:16 whether t or dominions or
Rev 4: 4 throne were twenty-four t,

THROW (*see* THROWN)
Eccl 3: 6 And a time to t away;
Jer 1:10 To destroy and to t down,
Matt 4: 6 t Yourself down. For it is
Luke 22:41 from them about a stone's t,
John 8:59 they took up stones to t at

THROWN (*see* THROW)
Ex 15: 1 and its rider He has t
Matt 3:10 good fruit is cut down and t
Matt 5:13 for nothing but to be t out
Matt 5:25 and you be t into prison.
Matt 6:30 and tomorrow is t into the
John 3:24 For John had not yet been t

THUMMIM (*see* URIM)
Ezra 2:63 consult with the Urim and T.

THUNDER
Mark 3:17 that is, "Sons of T";

THYATIRA
Acts 16:14 of purple from the city of T,
Rev 2:18 the angel of the church in T

TIBERIAS
John 6: 1 which is the Sea of T.

T

TIBERIUS† (*see* CAESAR)
Luke 3: 1 year of the reign of **T**

TIDINGS (*see* NEWS)
Ps 112: 7 will not be afraid of evil **t**;
Is 40: 9 Zion, You who bring good **t**,
Is 52: 7 Who brings glad **t** of good
Is 61: 1 Me To preach good **t** to the
Nah 1:15 of him who brings good **t**,
Luke 2:10 I bring you good **t** of great
Rom 10:15 Who bring glad **t** of

TIGLATH-PILESER
2Ki 15:29 **T** king of Assyria came and

TIMBREL (*see* TIMBRELS)
Ps 150: 4 Praise Him with the **t** and

TIMBRELS (*see* TIMBREL)
Ex 15:20 went out after her with **t**
Judg 11:34 out to meet him with **t** and

TIME (*see* TIMES)
Gen 24:11 the **t** when women go out to
2Sa 11: 1 at the **t** when kings go out
Esth 4:14 to the kingdom for such a **t**
Ps 27: 5 For in the **t** of trouble He
Ps 37:19 not be ashamed in the evil **t**,
Ps 69:13 LORD, in the acceptable **t**;
Ps 113: 2 of the LORD From this **t**
Eccl 3: 1 A **t** for every purpose under
Eccl 3: 2 A **t** to be born, And a time
Eccl 3:11 everything beautiful in its **t**.
Eccl 9:11 But **t** and chance happen to
Song 2:12 The **t** of singing has come,
Is 49: 8 In an acceptable **t** I have
Jer 46:21 The **t** of their punishment.
Dan 7:25 time and times and half a **t**.
Dan 8:19 happen in the latter **t** of
Dan 11:35 until the **t** of the end;
Dan 12: 9 up and sealed till the **t** of
Amos 5:13 time, For it is an evil **t**.
Matt 8:29 to torment us before the **t**?
Matt 26:18 My **t** is at hand; I will keep
Mark 1:15 The **t** is fulfilled, and the
Luke 1:57 Now Elizabeth's full **t** came
Luke 12:56 you do not discern this **t**?
John 1:18 No one has seen God at any **t**.
John 3: 4 Can he enter a second **t** into
John 7: 6 My **t** has not yet come, but
John 21:17 He said to him the third **t**,
Acts 1: 6 will You at this **t** restore
Acts 17:21 were there spent their **t** in
Rom 5: 6 in due **t** Christ died for the
Rom 13:11 that now it is high **t** to
1Co 4: 5 judge nothing before the **t**,
1Co 7:29 the **t** is short, so that
1Co 15: 8 as by one born out of due **t**.
2Co 6: 2 In an acceptable **t** I
2Co 6: 2 now is the accepted **t**;
Gal 4: 4 when the fullness of the **t**
Eph 2:12 that at that **t** you were
Eph 5:16 redeeming the **t**, because
1Ti 2: 6 to be testified in due **t**,
2Ti 1: 9 us in Christ Jesus before **t**
2Ti 4: 6 and the **t** of my departure is
Heb 1: 1 in various ways spoke in **t**
Heb 4:16 and find grace to help in **t**
Heb 9:10 imposed until the **t** of
Heb 9:28 He will appear a second **t**,
Heb 11:32 For the **t** would fail me to
Jas 4:14 that appears for a little **t**
1Pe 1: 5 to be revealed in the last **t**.
1Pe 1:11 what, or what manner of **t**,
1Pe 5: 6 He may exalt you in due **t**,
1Jn 4:12 one has seen God at any **t**.
Rev 1: 3 in it; for the **t** is near.
Rev 12:14 time and times and half a **t**,
Rev 22:10 for the **t** is at hand.

TIMES (*see* TIME)
Gen 31: 7 and changed my wages ten **t**,
Gen 33: 3 to the ground seven **t**,
Ex 23:17 Three **t** in the year all your
Josh 6: 4 around the city seven **t**,
Ps 9: 9 A refuge in **t** of trouble.
Ps 31:15 My **t** are in Your hand;
Ps 34: 1 bless the LORD at all **t**;
Ps 77: 5 old, The years of ancient **t**.
Ps 119:164 Seven **t** a day I praise You,
Prov 17:17 A friend loves at all **t**,
Is 41:26 we may know? And former **t**,
Is 46:10 And from ancient **t** things
Dan 4:16 And let seven **t** pass over
Dan 7:25 his hand For a time and **t**
Matt 16: 3 discern the signs of the **t**.
Matt 26:34 you will deny Me three **t**.
Acts 1: 7 is not for you to know **t**
Acts 3:19 so that **t** of refreshing may
Acts 17:30 these **t** of ignorance God
Eph 1:10 of the fullness of the **t** He
1Ti 4: 1 says that in latter **t** some
2Ti 3: 1 in the last days perilous **t**
Heb 1: 1 who at various **t** and in
1Pe 1:20 was manifest in these last **t**

TIMOTHY
Acts 16: 1 disciple was there, named **T**,
Acts 17:14 but both Silas and **T**
2Co 1:19 by us—by me, Silvanus, and **T**—
Phil 1: 1 Paul and **T**, bondservants
Heb 13:23 Know that our brother **T** has

TINGLE†
1Sa 3:11 everyone who hears it will **t**.
2Ki 21:12 of it, both his ears will **t**.
Jer 19: 3 hears of it, his ears will **t**.

TITHE (*see* TITHES)
Gen 14:20 And he gave him a **t** of all.
Num 18:26 the LORD, a tenth of the **t**.
Matt 23:23 hypocrites! For you pay **t** of

TITHES (*see* TITHE)
Mal 3: 8 In **t** and offerings.
Mal 3:10 Bring all the **t** into the
Luke 18:12 I give **t** of all that I

Heb 7: 6 from them received t from
Heb 7: 9 paid t through Abraham, so

TITTLE
Matt 5:18 one jot or one t will by no

TITUS
2Co 2:13 because I did not find T my
Gal 2: 1 and also took T with me.

TODAY
Deut 30:15 I have set before you t life
Ps 2: 7 T I have begotten You.
Ps 95: 7 the sheep of His hand. T,
Matt 6:30 which t is, and tomorrow is
Acts 13:33 T I have begotten
Heb 1: 5 T I have begotten
Heb 3: 7 the Holy Spirit says: "T,
Heb 3:13 while it is called "T,
Heb 5: 5 T I have begotten
Heb 13: 8 is the same yesterday, t,

TOES
Judg 1: 6 cut off his thumbs and big t.
Dan 2:41 you saw the feet and t,

TOIL
Gen 3:17 In t you shall eat of it
Matt 6:28 they neither t nor spin;

TOMB (*see* TOMBS)
Ps 5: 9 Their throat is an open t;
Matt 27:60 and laid it in his new t
Luke 24: 2 stone rolled away from the t.
John 12:17 called Lazarus out of his t
Acts 2:29 and his t is with us to this
Rom 3:13 throat is an open t;

TOMBS (*see* TOMB)
Matt 8:28 men, coming out of the t,
Matt 23:27 you are like whitewashed t

TOMORROW
Prov 27: 1 Do not boast about t,
Is 22:13 and drink, for t we die!"
Matt 6:34 do not worry about t,
1Co 15:32 and drink, for t we die!"

TONGS
Is 6: 6 he had taken with the t

TONGUE (*see* TONGUES)
Ex 4:10 slow of speech and slow of t.
Ps 22:15 And My t clings to My jaws·
Ps 34:13 Keep your t from evil, And
Ps 39: 1 ways, Lest I sin with my t;
Ps 57: 4 And their t a sharp sword.
Ps 137: 6 Let my t cling to the roof
Prov 6:17 A proud look, A lying t,
Prov 25:15 And a gentle t breaks a
Luke 16:24 in water and cool my t;
Rom 14:11 And every t shall
1Co 14: 4 He who speaks in a t edifies
1Co 14:19 ten thousand words in a t.
Phil 2:11 and that every t should
Jas 1:26 and does not bridle his t
Jas 3: 6 And the t is a fire, a world
Jas 3: 8 But no man can tame the t.
Rev 5: 9 Out of every tribe and t

TONGUES (*see* TONGUE)
Ps 140: 3 They sharpen their t like a
Mark 16:17 they will speak with new t;
Acts 2: 3 appeared to them divided t,
Acts 2: 4 began to speak with other t,
Acts 2:11 them speaking in our own t
1Co 12:10 the interpretation of t.
1Co 13: 1 Though I speak with the t of
1Co 13: 8 fail; whether there are t,
1Co 14: 5 I wish you all spoke with t,
1Co 14:39 not forbid to speak with t.
Rev 7: 9 tribes, peoples, and t,

TOOK (*see* CAUGHT, MADE, TAKE)
Gen 5:24 he was not, for God t him.
Matt 8:17 He Himself t our
Matt 25:35 I was a stranger and you t

TOOTH (*see* TEETH)
Ex 21:24 "eye for eye, tooth for t,
Matt 5:38 for an eye and a t

TOP
Gen 11: 4 and a tower whose t is in
Gen 28:12 and its t reached to heaven;
Ex 25:21 put the mercy seat on t of
Matt 27:51 was torn in two from t to

TORCH (*see* TORCHES)
Gen 15:17 oven and a burning t that
Judg 15: 4 and put a t between each

TORCHES (*see* TORCH)
Judg 7:16 and t inside the pitchers.

TORE (*see* TEAR)
Gen 37:34 Then Jacob t his clothes, put
1Ki 11:30 and t it into twelve
1Ki 14: 8 and t the kingdom away from
Amos 1:11 His anger t perpetually,
Matt 26:65 Then the high priest t his

TORMENT (*see* TORMENTED)
Judg 16:19 Then she began to t him, and
Matt 8:29 Have You come here to t us
Luke 16:28 also come to this place of t.

TORMENTED (*see* TORMENT)
Heb 11:37 destitute, afflicted, t—
2Pe 2: 8 t his righteous soul from

TORN (*see* TEAR)
Gen 37:33 Without doubt Joseph is t to
1Sa 15:28 The LORD has t the kingdom
1Ki 19:10 t down Your altars, and
Matt 27:51 veil of the temple was t in

T

TOSSED
Matt 14:24 t by the waves, for the wind
Eph 4:14 t to and fro and carried
Jas 1: 6 of the sea driven and t by

TOUCH (*see* TOUCHED, TOUCHES, TOUCHING)
Gen 3: 3 nor shall you t it, lest you
Ruth 2: 9 the young men not to t you?
Job 1:11 stretch out Your hand and t
Job 2: 5 and t his bone and his
Ps 105:15 Do not t My anointed ones,
Ps 144: 5 T the mountains, and they
Is 52:11 T no unclean thing; Go
Matt 14:36 Him that they might only t
Mark 3:10 pressed about Him to t Him.
1Co 7: 1 is good for a man not to t
Col 2:21 "Do not t, do not taste,

TOUCHED (*see* TOUCH)
Gen 32:25 He t the socket of his hip;
1Sa 10:26 him, whose hearts God had t.
2Ki 13:21 the man was let down and t
Is 6: 7 And he t my mouth with it,
Is 6: 7 this has t your lips; Your
Jer 1: 9 put forth His hand and t my
Matt 8:15 So He t her hand, and the
Matt 20:34 Jesus had compassion and t
Mark 5:30 Who t My clothes?"
Luke 22:51 And He t his ear and
Heb 12:18 the mountain that may be t

TOUCHES (*see* TOUCH)
Zech 2: 8 for he who touches you t the

TOUCHING (*see* TOUCH)
Luke 7:39 of woman this is who is t

TOWEL
John 13: 4 took a t and girded Himself.

TOWER
Gen 11: 4 and a t whose top is in the
Ps 144: 2 My high t and my deliverer,
Prov 18:10 of the LORD is a strong t;
Song 4: 4 Your neck is like the t of
Mic 4: 8 O t of the flock, The

TRADITION (*see* TRADITIONS)
Matt 15: 6 God of no effect by your t.
Mark 7: 8 you hold the t of men—the
1Pe 1:18 conduct received by t from

TRADITIONS (*see* TRADITION)
1Co 11: 2 in all things and keep the t
2Th 2:15 stand fast and hold the t

TRAIN† (*see* TRAINED)
Prov 22: 6 T up a child in the way he
Is 6: 1 and the t of His robe

TRAINED (*see* TRAIN)
Heb 12:11 to those who have been t by
2Pe 2:14 They have a heart t in

TRAITOR†
Luke 6:16 Iscariot who also became a t.

TRAMPLE (*see* TRAMPLED)
Is 1:12 your hand, To t My courts?

TRAMPLED (*see* TRAMPLE)
Matt 5:13 but to be thrown out and t
Heb 10:29 be thought worthy who has t

TRANCE
Acts 10:10 made ready, he fell into a t

TRANSFIGURED
Matt 17: 2 and He was t before them. His

TRANSFORM (*see* TRANSFORMED, TRANSFORMS)
Phil 3:21 who will t our lowly body

TRANSFORMED† (*see* TRANSFORM)
Rom 12: 2 but be t by the renewing of
2Co 3:18 are being t into the same

TRANSFORMS† (*see* TRANSFORM)
2Co 11:14 wonder! For Satan himself t

TRANSGRESS (*see* TRANSGRESSION, TRANSGRESSOR)
Matt 15: 2 Why do Your disciples t the

TRANSGRESSION (*see* TRANSGRESS, TRANSGRESSIONS)
Ex 34: 7 forgiving iniquity and t and
Ps 19:13 shall be innocent of great t.
Ps 32: 1 Blessed is he whose t is
Prov 17: 9 He who covers a t seeks
Dan 9:24 holy city, To finish the t,
Mic 3: 8 To declare to Jacob his t
Mic 6: 7 give my firstborn for my t,
Rom 4:15 is no law there is no t.
Rom 5:14 to the likeness of the t of

TRANSGRESSIONS (*see* TRANSGRESSION)
Ps 32: 5 I will confess my t to the
Ps 51: 1 mercies, Blot out my t.
Ps 51: 3 For I acknowledge my t,
Ps 103:12 far has He removed our t
Is 44:22 like a thick cloud, your t,
Is 53: 5 He was wounded for our t,
Is 53: 8 For the t of My people He
Amos 1: 3 For three t of Damascus, and

TRANSGRESSOR (*see* TRANSGRESS, TRANSGRESSORS)
Rom 2:27 are a t of the law?
Jas 2:11 you have become a t of the

TRANSGRESSORS (*see* TRANSGRESSOR)
Ps 51:13 Then I will teach t Your
Is 53:12 He was numbered with the t,
Is 53:12 made intercession for the t.

Hos 14: 9 But t stumble in them.
Mark 15:28 was numbered with the t.

TRANSLATED (*see* TAKEN)
Ezra 4: 7 and t into the Aramaic
Matt 1:23 Immanuel," which is t,

TREAD (*see* TREADS)
Ps 91:13 You shall t upon the lion
Amos 5:11 because you t down the poor

TREADS (*see* TREAD)
Deut 11:24 the sole of your foot t
Deut 25: 4 not muzzle an ox while it t
1Co 9: 9 an ox while it t out
1Ti 5:18 an ox while it t out
Rev 19:15 He Himself t the winepress

TREASON
2Ki 11:14 T! Treason!"

TREASURE (*see* TREASURES)
Ex 19: 5 you shall be a special t to
Ps 119:162 As one who finds great t.
Matt 6:21 For where your t is, there
Matt 12:35 good man out of the good t
Matt 13:44 kingdom of heaven is like t
Matt 13:52 who brings out of his t
Matt 19:21 and you will have t in
Luke 6:45 evil man out of the evil t
Luke 12:21 So is he who lays up t for
2Co 4: 7 But we have this t in
Jas 5: 3 You have heaped up t in the

TREASURES (*see* TREASURE)
Job 3:21 for it more than hidden t;
Prov 2: 4 for her as for hidden t;
Matt 6:19 not lay up for yourselves t
Col 2: 3 in whom are hidden all the t
Heb 11:26 greater riches than the t

TREATED
Gen 12:16 He t Abram well for her sake.
1Th 2: 2 and were spitefully t at

TREE (*see* TREES)
Gen 1:11 and the fruit t that
Gen 2: 9 The t of life was also in
Gen 2: 9 and the t of the knowledge
Gen 40:19 from you and hang you on a t;
Deut 12: 2 and under every green t.
Job 14: 7 "For there is hope for a t,
Ps 1: 3 He shall be like a t
Prov 3:18 She is a t of life to those
Prov 11:30 of the righteous is a t
Song 8: 5 you under the apple t.
Jer 17: 8 For he shall be like a t
Mic 4: 4 his vine and under his fig t,
Matt 7:17 every good t bears good
Matt 12:33 for a t is known by its
Matt 21:19 Immediately the fig t
Matt 24:32 this parable from the fig t:
Acts 10:39 killed by hanging on a t.
Rom 11:17 you, being a wild olive t,
Gal 3:13 who hangs on a t"),
1Pe 2:24 in His own body on the t,
Rev 2: 7 will give to eat from the t
Rev 22: 2 The leaves of the t were
Rev 22:14 may have the right to the t

TREES (*see* TREE)
Deut 34: 3 Jericho, the city of palm t,
Ps 104:16 The t of the LORD are full
Zech 1:11 who stood among the myrtle t,
Matt 3:10 is laid to the root of the t.
Matt 21: 8 cut down branches from the t
Mark 8:24 and said, "I see men like t,
John 12:13 took branches of palm t and
Rev 11: 4 These are the two olive t and

TREMBLE (*see* TREMBLED, TREMBLING)
Ps 60: 2 You have made the earth t;
Ps 96: 9 the beauty of holiness! T
Ps 99: 1 Let the peoples t! He
Eccl 12: 3 the keepers of the house t,
Dan 6:26 of my kingdom men must t
Jas 2:19 demons believe—and t!

TREMBLED (*see* TREMBLE)
Gen 27:33 Then Isaac t exceedingly, and
Ex 19:16 who were in the camp t.
Ex 20:18 they t and stood afar off.
Ps 18: 7 Then the earth shook and t;
Mark 16: 8 for they t and were amazed.

TREMBLING (*see* TREMBLE)
Is 51:22 of your hand The cup of t,
1Co 2: 3 in fear, and in much t.
Phil 2:12 salvation with fear and t;

TRESPASS (*see* TRESPASSES)
Gen 50:17 forgive the t of the
Lev 14:14 some of the blood of the t
Gal 6: 1 a man is overtaken in any t,

TRESPASSES (*see* TRESPASS)
Matt 6:14 if you forgive men their t,
2Co 5:19 not imputing their t to
Eph 2: 1 who were dead in t and sins,
Col 2:13 being dead in your t and the

TRIAL (*see* TRIALS)
1Pe 4:12 concerning the fiery t
Rev 3:10 keep you from the hour of t

TRIALS (*see* TRIAL)
Jas 1: 2 when you fall into various t,
1Pe 1: 6 been grieved by various t,

TRIBE (*see* TRIBES)
Ex 31: 2 of Hur, of the t of Judah.
Rev 5: 5 the Lion of the t of Judah,
Rev 14: 6 the earth—to every nation, t,

TRIBES (*see* TRIBE)
Gen 49:28 these are the twelve t of
1Ki 11:35 and give it to you—ten t.
Is 49: 6 Servant To raise up the t

Matt 19:28 judging the twelve t of
Matt 24:30 and then all the t of the
Jas 1: 1 To the twelve t which are
Rev 7: 9 number, of all nations, t,

TRIBULATION (*see* TRIBULATIONS)
Matt 13:21 For when t or persecution
Matt 24: 9 will deliver you up to t
Matt 24:21 then there will be great t,
Matt 24:29 Immediately after the t of
John 16:33 In the world you will have t;
Rom 5: 3 knowing that t produces
Rom 8:35 the love of Christ? Shall t,
Rom 12:12 in hope, patient in t,
2Co 1: 4 who comforts us in all our t,
Rev 2:22 with her into great t,
Rev 7:14 who come out of the great t,

TRIBULATIONS (*see* TRIBULATION)
Acts 14:22 We must through many t enter
Acts 20:23 saying that chains and t
Rom 5: 3 but we also glory in t,

TRIUMPH
Ps 25: 2 Let not my enemies t over
Ps 47: 1 to God with the voice of t!
Ps 94: 3 How long will the wicked t?
2Co 2:14 who always leads us in t in

TRODDEN
Is 63: 3 I have t the winepress

TROUBLE (*see* TROUBLED, TROUBLER, TROUBLES)
Josh 7:25 The LORD will t you this
2Ki 19: 3 'This day is a day of t,
Neh 9:27 And in the time of their t,
Job 4: 8 who plow iniquity And sow t
Job 5: 7 Yet man is born to t,
Job 14: 1 of few days and full of t.
Ps 9: 9 A refuge in times of t.
Ps 20: 1 answer you in the day of t;
Ps 27: 5 For in the time of t He
Ps 46: 1 A very present help in t.
Ps 50:15 upon Me in the day of t;
Ps 54: 7 delivered me out of all t;
Ps 116: 3 I found t and sorrow.
Jer 30: 7 it is the time of Jacob's t,
Dan 12: 1 there shall be a time of t,
2Ti 2: 9 for which I suffer t as an

TROUBLED (*see* TROUBLE)
Ps 6: 3 My soul also is greatly t;
Is 57:20 the wicked are like the t
Matt 2: 3 king heard this, he was t,
Luke 1:29 she was t at his saying, and
Luke 24:38 to them, "Why are you t?
John 12:27 "Now My soul is t,
John 14: 1 "Let not your heart be ;
2Co 7: 5 but we were t on every side.

TROUBLER (*see* TROUBLE)
1Ki 18:17 that you, O t of Israel?"

TROUBLES (*see* TROUBLE)
Ps 34: 6 saved him out of all his t.
Mark 13: 8 there will be famines and t.
Acts 7:10 him out of all his t,

TRUE (*see* TRUTH)
Ps 19: 9 of the LORD are t and
Jer 10:10 But the LORD is the t God;
John 1: 9 That was the t Light which
John 4:23 when the t worshipers will
John 8:17 testimony of two men is t.
John 15: 1 I am the t vine, and My
John 17: 3 the only t God, and Jesus
John 21:24 know that his testimony is t.
Rom 3: 4 let God be t but every man a
2Co 6: 8 as deceivers, and yet t;
Eph 4:24 in t righteousness and
Phil 4: 8 whatever things are t,
1Th 1: 9 to serve the living and t
1Ti 1: 2 a t son in the faith:
Heb 10:22 let us draw near with a t
1Jn 2: 8 and the t light is already
1Jn 5:20 This is the t God and
Rev 3:14 the Faithful and T Witness,
Rev 6:10 long, O Lord, holy and t,
Rev 19:11 was called Faithful and T,
Rev 22: 6 words are faithful and t.

TRUMPET (*see* TRUMPETS)
Judg 7:16 and he put a t into every
Ps 150: 3 Him with the sound of the t;
1Co 14: 8 For if the t makes an
1Co 15:52 of an eye, at the last t.
1Co 15:52 For the t will sound, and
1Th 4:16 and with the t of God. And

TRUMPETS (*see* TRUMPET)
Num 10: 2 Make two silver t for

TRUST (*see* TRUSTED, TRUSTS)
Job 13:15 yet will I t Him. Even so,
Ps 2:12 all those who put their t
Ps 7: 1 my God, in You I put my t;
Ps 18: 2 strength, in whom I will t;
Ps 31: 1 In You, O LORD, I put my t;
Ps 37: 3 T in the LORD, and do good
Ps 37: 5 T also in Him, And He
Ps 91: 2 My God, in Him I will t.
Ps 118: 8 It is better to t in the
Prov 3: 5 T in the LORD with all your
Matt 12:21 name Gentiles will t.
John 5:45 you—Moses, in whom you t.
1Ti 1:11 which was committed to my t.
1Ti 6:17 nor to t in uncertain riches
1Ti 6:20 what was committed to your t,

TRUSTED (*see* TRUST)
Ps 13: 5 But I have t in Your mercy;
Ps 22: 4 Our fathers t in You; They
Ps 22: 8 He t in the LORD, let Him
Matt 27:43 He t in God; let Him deliver
Eph 1:12 that we who first t in Christ

TRUSTS (*see* TRUST)

Ps 57: 1 to me! For my soul t in
Prov 31:11 of her husband safely t her;
Is 26: 3 Because he t in You.

TRUTH (*see* TRUE)

Ex 34: 6 abounding in goodness and t,
Deut 32: 4 A God of t and without
Ps 15: 2 And speaks the t in his
Ps 25: 5 Lead me in Your t and teach
Ps 43: 3 out Your light and Your t!
Ps 51: 6 You desire t in the inward
Ps 85:10 Mercy and t have met
Ps 96:13 And the peoples with His t.
Ps 100: 5 And His t endures to all
Ps 145:18 all who call upon Him in t.
Prov 29:24 He swears to tell the t,
Dan 10:21 noted in the Scripture of T.
Matt 22:16 teach the way of God in t;
John 1:14 Father, full of grace and t.
John 1:17 but grace and t came
John 3:21 But he who does the t comes
John 4:23 the Father in spirit and t;
John 4:24 must worship in spirit and t.
John 8:32 "And you shall know the t,
John 8:32 and the t shall make you
John 8:44 does not stand in the t,
John 14: 6 him, "I am the way, the t,
John 16:13 when He, the Spirit of t,
John 16:13 He will guide you into all t;
John 17:17 "Sanctify them by Your t.
John 17:17 Your truth. Your word is t.
John 18:37 Everyone who is of the t
John 18:38 said to Him, "What is t?
Rom 1:18 who suppress the t in
Rom 1:25 who exchanged the t of God
Rom 9: 1 I tell the t in Christ, I am
1Co 5: 8 bread of sincerity and t.
1Co 13: 6 but rejoices in the t;
Gal 2: 5 that the t of the gospel
Eph 1:13 you heard the word of t,
Eph 4:15 speaking the t in love, may
Eph 4:21 as the t is in Jesus:
Eph 5: 9 righteousness, and t),
Eph 6:14 girded your waist with t,
Phil 1:18 whether in pretense or in t,
1Th 2:13 of men, but as it is in t,
1Ti 2: 4 to the knowledge of the t.
1Ti 2: 7 I am speaking the t in Christ
1Ti 3:15 pillar and ground of the t.
2Ti 2:15 dividing the word of t.
2Ti 2:18 strayed concerning the t,
Heb 10:26 the knowledge of the t,
Jas 5:19 among you wanders from the t,
2Pe 2: 2 of whom the way of t will
1Jn 1: 6 and do not practice the t.
1Jn 1: 8 and the t is not in us.
1Jn 2: 4 and the t is not in him.
1Jn 3:18 tongue, but in deed and in t.
1Jn 5: 6 because the Spirit is t.
2Jn 1 children, whom I love in t,
2Jn 4 your children walking in t,

TRY (*see* PROVE)

Ps 26: 2 T my mind and my heart.
Ps 139:23 T me, and know my
Mal 3:10 And t Me now in this,"
1Pe 4:12 fiery trial which is to t

TUBAL

Ezek 38: 2 of Rosh, Meshech, and T,

TURN (*see* TURNED, TURNING, TURNS)

Ex 3: 3 I will now t aside and see
2Ch 7:14 and t from their wicked
Ps 40: 4 nor such as t aside to lies.
Prov 4:27 Do not t to the right or the
Prov 29: 8 But wise men t away wrath.
Ezek 33: 9 if you warn the wicked to t
Dan 12: 3 And those who t many to
Mal 4: 6 And he will t The hearts of
Acts 13:46 we t to the Gentiles.
Phil 1:19 I know that this will t out
Jude 4 who t the grace of our God

TURNED (*see* TURN)

Gen 3:24 and a flaming sword which t
1Ki 2:15 the kingdom has been t over,
Ps 14: 3 They have all t aside, They
Is 5:25 all this His anger is not t
Is 53: 6 have gone astray; We have t,
Joel 2:31 The sun shall be t into
Jon 3:10 that they t from their evil
Mal 2: 6 And t many away from
Matt 16:23 But He t and said to Peter,
John 16:20 but your sorrow will be t
John 20:14 she t around and saw Jesus
Acts 2:20 The sun shall be t
Acts 7:42 Then God t and gave them up
Acts 11:21 great number believed and t
Acts 17: 6 These who have t the world
1Th 1: 9 and how you t to God from
1Ti 5:15 For some have already t aside
Jas 4: 9 Let your laughter be t to

TURNING (*see* TURN)

John 21:20 t around, saw the disciple
Acts 3:26 in t away every one of you
Acts 15:19 the Gentiles who are t to
Jas 1:17 no variation or shadow of t.

TURNS (*see* TURN)

Deut 29:18 whose heart t away today
Prov 15: 1 A soft answer t away wrath,
Prov 26:14 As a door t on its hinges,
Ezek 3:20 when a righteous man t from
Ezek 18:21 But if a wicked man t from
2Co 3:16 Nevertheless when one t to

TURTLEDOVE (*see* TURTLEDOVES)

Gen 15: 9 a three-year-old ram, a t,
Lev 12: 6 and a young pigeon or a t as
Song 2:12 And the voice of the t Is

TURTLEDOVES (*see* TURTLEDOVE)

Lev 5: 7 two t or two young pigeons:

Lev 12: 8 then she may bring two **t** or
Luke 2:24 A pair of **t** or two

TUTOR
Gal 3:24 Therefore the law was our **t**

TWELVE
Gen 35:22 the sons of Jacob were **t**:
Gen 49:28 All these are the **t** tribes
Ex 24: 4 and **t** pillars according to
Ex 39:14 There were **t** stones
Josh 4: 9 Then Joshua set up **t** stones
Judg 19:29 and divided her into **t**
1Ki 7:44 and **t** oxen under the Sea;
1Ki 10:20 **T** lions stood there, one on
1Ki 11:30 and tore it into **t** pieces.
1Ki 18:31 And Elijah took **t** stones,
Matt 10: 1 And when He had called His **t**
Matt 10: 2 Now the names of the **t**
Matt 19:28 Me will also sit on **t**
Matt 19:28 judging the **t** tribes of
Matt 26:53 provide Me with more than **t**
Luke 2:42 And when He was **t** years old,
Acts 7: 8 and Jacob begot the **t**
1Co 15: 5 by Cephas, then by the **t**.
Jas 1: 1 To the **t** tribes which are
Rev 7: 5 of the tribe of Reuben **t**
Rev 21:12 a great and high wall with **t**
Rev 22: 2 which bore **t** fruits, each

TWENTY
Lev 27: 3 is of a male from **t** years

TWENTY-FOUR
1Ch 27: 1 each division having **t**
Rev 4:10 the **t** elders fall down before

TWICE
Ex 16:22 that they gathered **t** as
Num 20:11 hand and struck the rock **t**
Job 42:10 Indeed the LORD gave Job **t**
Mark 14:30 before the rooster crows **t**,

TWILIGHT
Ex 12: 6 of Israel shall kill it at **t**.
Ex 29:39 lamb you shall offer at **t**.
Deut 16: 6 sacrifice the Passover at **t**,
Job 24:15 adulterer waits for the **t**,

TWINKLING†
1Co 15:52 in the **t** of an eye, at the

TWIN (*see* TWINS)
John 11:16 Thomas, who is called the **t**

TWINS (*see* TWIN)
Gen 25:24 indeed there were **t** in her
Gen 38:27 **t** were in her womb.

TWIST (*see* TWISTED)
2Pe 3:16 and unstable people **t** to

TWISTED (*see* TWIST)
Is 27: 1 Leviathan that **t** serpent;
Mark 15:17 and they **t** a crown of

TWO (*see* TWO-EDGED)
Gen 7:15 the ark to Noah, two by **t**,
Ex 31:18 He gave Moses **t** tablets of
Deut 21:15 If a man has **t** wives, one
1Ki 3:25 the living child in **t**,
Amos 3: 3 Can **t** walk together, unless
Matt 18:20 For where **t** or three are
Mark 6: 7 to send them out two by **t**,
2Co 13: 1 By the mouth of **t** or

TWO-EDGED (*see* TWO)
Prov 5: 4 Sharp as a **t** sword.
Heb 4:12 and sharper than any **t**
Rev 1:16 of His mouth went a sharp **t**

TYPE† (*see* ANTITYPE)
Rom 5:14 who is a **t** of Him who was to

TYRE
Josh 19:29 to the fortified city of **T**;
2Sa 5:11 Then Hiram king of **T** sent
Matt 11:22 be more tolerable for **T** and
Mark 3: 8 and those from **T** and Sidon,

U

UNAPPROACHABLE†
1Ti 6:16 dwelling in **u** light, whom no

UNAWARE
Rom 1:13 I do not want you to be **u**,
1Co 10: 1 I do not want you to be **u**

UNBELIEF (*see* BELIEF, UNBELIEVING)
Matt 13:58 there because of their **u**.
Mark 9:24 I believe; help my **u**!"
Rom 4:20 the promise of God through **u**,
Rom 11:23 if they do not continue in **u**,
1Ti 1:13 I did it ignorantly in **u**.
Heb 3:12 of you an evil heart of **u**
Heb 3:19 not enter in because of **u**.

UNBELIEVER (*see* BELIEVER, UNBELIEVERS)
1Co 7:15 But if the **u** departs, let him
2Co 6:15 has a believer with an **u**?
1Ti 5: 8 faith and is worse than an **u**.

UNBELIEVERS (*see* UNBELIEVER)
2Co 6:14 yoked together with **u**.

UNBELIEVING (*see* UNBELIEF)
John 20:27 into My side. Do not be **u**,
1Co 7:14 For the **u** husband is
Rev 21: 8 "But the cowardly, **u**,

UNCERTAIN (*see* CERTAIN)
1Co 14: 8 if the trumpet makes an **u**

1Ti 6:17 nor to trust in **u** riches but

UNCHANGEABLE† (*see* CHANGE)
Heb 7:24 has an **u** priesthood.

UNCIRCUMCISED (*see* CIRCUMCISE, UNCIRCUMCISION)
Ex 6:12 for I am of **u** lips?"
Lev 26:41 if their **u** hearts are
Jer 6:10 Indeed their ear is **u**,
Ezek 44: 7 **u** in heart and uncircumcised
Rom 2:27 will not the physically **u**,
Rom 4:12 Abraham had while still **u**.
Col 3:11 nor Jew, circumcised nor **u**,

UNCIRCUMCISION (*see* UNCIRCUMCISED)
1Co 7:19 is nothing and **u** is nothing,
Eph 2:11 who are called **U** by what is

UNCLEAN (*see* CLEAN, UNCLEANNESS)
Gen 7: 2 each of animals that are **u**,
Lev 5: 2 if a person touches any **u**
Lev 10:10 and between **u** and clean,
Lev 12: 2 then she shall be **u** seven
Lev 13:45 and cry, 'U! Unclean!'
Is 6: 5 Because I am a man of **u**
Is 52:11 Touch no **u** thing; Go out
Is 64: 6 But we are all like an **u**
Luke 4:33 man who had a spirit of an **u**
Acts 10:14 eaten anything common or **u**.
Acts 10:28 not call any man common or **u**.
1Co 7:14 your children would be **u**,
Heb 9:13 a heifer, sprinkling the **u**,
Rev 16:13 And I saw three **u** spirits

UNCLEANNESS (*see* UNCLEAN)
Deut 24: 1 because he has found some **u**
Matt 23:27 dead men's bones and all **u**.
Rom 1:24 God also gave them up to **u**,
Rom 6:19 your members as slaves of **u**,
1Th 4: 7 For God did not call us to **u**,

UNCOVERED
Gen 9:21 and became **u** in his tent.
1Co 11: 5 prophesies with her head **u**
1Co 11:13 pray to God with her head **u**?

UNDEFILED (*see* DEFILE)
Heb 7:26 who is holy, harmless, **u**,
Heb 13: 4 among all, and the bed **u**;
Jas 1:27 Pure and **u** religion before
1Pe 1: 4 incorruptible and **u** and

UNDERFOOT
Heb 10:29 trampled the Son of God **u**,

UNDERSTAND (*see* UNDERSTANDING, UNDERSTANDS, UNDERSTOOD)
Neh 8: 7 helped the people to **u** the
Job 42: 3 uttered what I did not **u**,
Ps 14: 2 see if there are any who **u**,
Ps 19:12 Who can **u** his errors?
Ps 82: 5 do not know, nor do they **u**;
Ps 139: 2 You **u** my thought afar off.
Prov 2: 5 Then you will **u** the fear of
Is 6: 9 on hearing, but do not **u**;
Is 6:10 And **u** with their heart,
Is 43:10 And **u** that I am He.
Dan 12: 8 I heard, I did not **u**.
Dan 12:10 but the wise shall **u**.
Matt 13:15 Lest they should **u**
Matt 24:15 (whoever reads, let him **u**),
John 6:60 saying; who can **u** it?"
John 13: 7 I am doing you do not **u** now,
Acts 8:30 Do you **u** what you are
1Co 13: 2 and **u** all mysteries and all
Eph 5:17 but **u** what the will of the
Heb 11: 3 By faith we **u** that the worlds
2Pe 3:16 are some things hard to **u**,

UNDERSTANDING (*see* UNDERSTAND)
1Ki 3: 9 give to Your servant an **u**
Job 28:28 to depart from evil is **u**.
Ps 111:10 A good **u** have all those who
Ps 119:99 I have more **u** than all my
Ps 119:130 It gives **u** to the simple.
Ps 147: 5 in power; His **u** is infinite.
Prov 2: 2 And apply your heart to **u**;
Prov 3: 5 And lean not on your own **u**;
Prov 3:19 By **u** He established the
Prov 9:10 of the Holy One is **u**.
Prov 16:22 **U** is a wellspring of life
Is 11: 2 The Spirit of wisdom and **u**,
Is 40:28 His **u** is unsearchable.
Luke 2:47 Him were astonished at His **u**
1Co 14:15 I will also pray with the **u**.
1Co 14:19 speak five words with my **u**,
1Co 14:20 but in **u** be mature.
Eph 1:18 the eyes of your **u** being
Eph 4:18 having their **u** darkened,
Phil 4: 7 God, which surpasses all **u**,
Col 1: 9 all wisdom and spiritual **u**;

UNDERSTANDS (*see* UNDERSTAND)
Jer 9:24 That he **u** and knows Me,
Rom 3:11 There is none who **u**;
1Co 14: 2 for no one **u** him; however,

UNDERSTOOD (*see* UNDERSTAND)
Neh 8:12 because they **u** the words
Is 40:21 Have you not **u** from the
Dan 9: 2 **u** by the books the number of
Rom 1:20 being **u** by the things that
1Co 13:11 I **u** as a child, I thought as

UNDIGNIFIED†
2Sa 6:22 And I will be even more **u**

UNDONE
Is 6: 5 for I am **u**! Because I am a
Matt 23:23 without leaving the others **u**.

UNEQUALLY† (*see* EQUAL)
2Co 6:14 Do not be **u** yoked together

UNEXPECTEDLY (*see* EXPECT)
Ps 35: 8 destruction come upon him **u**,
Luke 21:34 and that Day come on you **u**.

UNFORGIVING† (*see* FORGIVE)
Rom 1:31 untrustworthy, unloving, **u**,
2Ti 3: 3 unloving, **u**, slanderers,

UNFORMED† (*see* FORM)
Ps 139:16 my substance, being yet **u**.

UNFRUITFUL (*see* FRUITFUL)
Matt 13:22 the word, and he becomes **u**.
Eph 5:11 no fellowship with the **u**
2Pe 1: 8 be neither barren nor **u** in

UNGODLINESS (*see* UNGODLY)
Is 32: 6 iniquity: To practice **u**,
Rom 1:18 from heaven against all **u**
Tit 2:12 denying **u** and worldly lusts,

UNGODLY (*see* GODLY, UNGODLINESS)
Ps 1: 1 not in the counsel of the **u**,
Ps 1: 6 But the way of the **u** shall
Rom 4: 5 on Him who justifies the **u**,
Rom 5: 6 time Christ died for the **u**.
1Pe 4:18 Where will the **u** and
2Pe 3: 7 judgment and perdition of **u**
Jude 4 **u** men, who turn the grace of

UNHOLY (*see* HOLY)
Lev 10:10 between holy and **u**,
1Ti 1: 9 for the **u** and profane, for
2Ti 3: 2 to parents, unthankful, **u**,

UNITED (*see* UNITY)
Rom 6: 5 For if we have been **u**

UNITY (*see* UNITED)
Ps 133: 1 to dwell together in **u**!
Eph 4: 3 endeavoring to keep the **u** of
Eph 4:13 till we all come to the **u** of

UNJUST (*see* JUST)
Matt 5:45 on the just and on the **u**.
Luke 16: 8 the master commended the **u**
Luke 18: 6 Hear what the **u** judge said.
1Pe 3:18 for sins, the just for the **u**,
2Pe 2: 9 and to reserve the **u** under
Rev 22:11 "He who is **u**, let him be

UNKNOWN (*see* KNOW)
Acts 17:23 TO THE U GOD. Therefore, the

UNLEAVENED (*see* LEAVEN)
Ex 12: 8 with **u** bread and with
Ex 12:17 observe the Feast of U
Matt 26:17 day of the Feast of the U
Acts 12: 3 it was during the Days of U
1Co 5: 7 lump, since you truly are **u**.

UNLOVED (*see* LOVE, UNLOVING)
Gen 29:31 LORD saw that Leah was **u**,
Deut 21:15 one loved and the other **u**,

UNLOVING (*see* UNLOVED)
Rom 1:31 untrustworthy, **u**,

UNMARRIED (*see* MARRY)
1Co 7: 8 But I say to the **u** and to the
1Co 7:32 He who is **u** cares for the

UNMERCIFUL† (*see* MERCIFUL)
Rom 1:31 unloving, unforgiving, **u**;

UNPROFITABLE (*see* PROFITABLE)
Matt 25:30 And cast the **u** servant into
Luke 17:10 We are **u** servants. We have
Rom 3:12 have together become **u**;
Phm 1:11 who once was **u** to you, but

UNQUENCHABLE (*see* QUENCH)
Matt 3:12 burn up the chaff with **u**

UNRIGHTEOUS (*see* RIGHTEOUS, UNRIGHTEOUSNESS)
Is 55: 7 And the **u** man his thoughts;
Luke 16: 9 friends for yourselves by **u**
1Co 6: 9 Do you not know that the **u**

UNRIGHTEOUSNESS (*see* UNRIGHTEOUS)
Ps 92:15 and there is no **u** in Him.
John 7:18 and no **u** is in Him.
Rom 1:18 who suppress the truth in **u**,
Rom 6:13 as instruments of **u** to sin,
Rom 9:14 Is there **u** with God?
2Th 2:12 truth but had pleasure in **u**.
2Pe 2:13 will receive the wages of **u**,
1Jn 1: 9 and to cleanse us from all **u**.

UNSEARCHABLE
Ps 145: 3 And His greatness is **u**.
Rom 11:33 and knowledge of God! How **u**
Eph 3: 8 among the Gentiles the **u**

UNSPOTTED† (*see* SPOT)
Jas 1:27 and to keep oneself **u** from

UNSTABLE
Jas 1: 8 man, **u** in all his ways.
2Pe 2:14 enticing **u** souls. They

UNTHANKFUL (*see* THANKFUL)
2Ti 3: 2 disobedient to parents, **u**,

UNVEILED† (*see* VEIL)
2Co 3:18 with **u** face, beholding as in

UNWASHED (*see* WASH)
Matt 15:20 but to eat with **u** hands does

UNWISE (*see* WISE)
Rom 1:14 both to wise and to **u**.
Eph 5:17 Therefore do not be **u**,

UNWORTHY (*see* WORTHY)
1Co 11:27 cup of the Lord in an **u**

UPHARSIN† (*see* PERES)
Dan 5:25 MENE, MENE, TEKEL, U.

UPHOLD (*see* UPHOLDING)
Ps 51:12 And **u** me by Your generous
Ps 119:116 U me according to Your word,
Is 42: 1 My Servant whom I **u**,

UPHOLDING† (*see* UPHOLD)
Heb 1: 3 and **u** all things by the word

UPPER
2Ki 4:10 let us make a small **u** room
Dan 6:10 And in his **u** room, with his
Mark 14:15 he will show you a large **u**
Acts 1:13 they went up into the **u** room

UPRIGHT (*see* UPRIGHTLY)
Gen 37: 7 sheaf arose and also stood **u**;
Job 1: 1 that man was blameless and **u**,
Ps 25: 8 Good and **u** is the LORD;
Ps 111: 1 In the assembly of the **u**
Prov 2: 7 up sound wisdom for the **u**;
Prov 15:19 But the way of the **u** is a
Eccl 7:29 found: That God made man **u**,
Hab 2: 4 His soul is not **u** in him;

UPRIGHTLY (*see* UPRIGHT)
Ps 84:11 From those who walk **u**.
Prov 2: 7 a shield to those who walk **u**;

UPSIDE
Acts 17: 6 who have turned the world **u**

UPWARD
Job 5: 7 As the sparks fly **u**.
Phil 3:14 goal for the prize of the **u**

UR
Gen 11:28 in U of the Chaldeans.
Neh 9: 7 And brought him out of U of

URIAH
2Sa 11: 3 the wife of U the Hittite?"
2Sa 11:17 and U the Hittite died also.
Matt 1: 6 had been the wife of U.

URIM (*see* THUMMIM)
Ex 28:30 of judgment the U and the
1Sa 28: 6 either by dreams or by U or

USURY
Lev 25:36 Take no **u** or interest from
Neh 5: 7 Each of you is exacting **u**

UTTER (*see* UTTERANCE, UTTERED, UTTERS)
Ps 119:171 My lips shall **u** praise, For

UTTERANCE (*see* UTTER)
Acts 2: 4 as the Spirit gave them **u**.
Eph 6:19 that **u** may be given to me,

UTTERED (*see* UTTER)
Rom 8:26 groanings which cannot be **u**.

UTTERMOST
Ps 139: 9 And dwell in the **u** parts
Heb 7:25 also able to save to the **u**

UTTERS (*see* UTTER)
Ps 19: 2 Day unto day **u** speech, And

UZ
Job 1: 1 was a man in the land of U,

UZZAH
2Sa 6: 6 U put out his hand to the

UZZIAH (*see* AZARIAH)
2Ch 26:21 King U was a leper until the
Is 6: 1 In the year that King U died,
Hos 1: 1 of Beeri, in the days of U,
Amos 1: 1 Israel in the days of U
Zech 14: 5 In the days of U king of
Matt 1: 8 Joram, and Joram begot U.

V

VAGABOND
Gen 4:12 A fugitive and a **v** you shall

VAIN (*see* EMPTY)
Ex 20: 7 who takes His name in **v**.
Ps 2: 1 And the people plot a **v**
Ps 127: 1 They labor in **v** who build
Ps 139:20 take Your name in **v**.
Eccl 6:12 all the days of his **v** life
Is 45:18 Who did not create it in **v**,
Matt 6: 7 do not use **v** repetitions as
Acts 4:25 And the people plot **v**
Rom 13: 4 does not bear the sword in **v**;
1Co 15: 2 you—unless you believed in **v**.
1Co 15:58 that your labor is not in **v**
Gal 2:21 law, then Christ died in **v**.
Gal 3: 4 vain—if indeed it was in **v**?
Phil 2:16 run in vain or labored in **v**.

VALLEY (*see* VALLEYS)
Josh 10:12 in the V of Aijalon."
Ps 23: 4 though I walk through the **v**
Is 40: 4 Every **v** shall be exalted
Joel 3:14 the LORD is near in the **v**
Luke 3: 5 Every **v** shall be filled

VALLEYS (*see* VALLEY)
Deut 11:11 is a land of hills and **v**,
Song 2: 1 And the lily of the **v**.

VALUE (*see* FULL)
Matt 6:26 Are you not of more **v** than
Matt 27: 9 the **v** of Him who was

VANISH (*see* VANISHED)
Is 51: 6 For the heavens will **v** away
1Co 13: 8 knowledge, it will **v** away.
Heb 8:13 growing old is ready to **v**

VANISHED (*see* VANISH)
Luke 24:31 and He **v** from their sight.

VANITIES† (*see* VANITY)
Eccl 1: 2 "Vanity of **v**," says the
Eccl 12: 8 "Vanity of **v**," says the

VANITY (*see* VANITIES)
Eccl 2: 1 but surely, this also was **v**.
Hos 12:11 idols—Surely they are **v**—

VAPOR
Ps 39:11 Surely every man is **v**.
Acts 2:19 Blood and fire and **v**
Jas 4:14 It is even a **v** that appears

VARIATION† (*see* VARIETIES)
Jas 1:17 with whom there is no **v** or

VARIETIES† (*see* VARIATION, VARIOUS)
1Co 12:28 **v** of tongues.

VARIOUS (*see* DIFFERENT, VARIETIES)
Heb 1: 1 who at **v** times and in

VASHTI
Esth 1:12 But Queen **V** refused to come

VEHEMENT
Song 8: 6 of fire, A most **v** flame.
Heb 5: 7 with **v** cries and tears to

VEIL (*see* UNVEILED)
Ex 26:33 The **v** shall be a divider for
Ex 34:33 he put a **v** on his face.
Lev 16:15 bring its blood inside the **v**,
Matt 27:51 the **v** of the temple was torn
2Co 3:13 who put a **v** over his face
2Co 3:15 a **v** lies on their heart.
Heb 6:19 the Presence behind the **v**,
Heb 10:20 for us, through the **v**,

VENGEANCE
Gen 4:15 **v** shall be taken on him
Deut 32:35 **V** is Mine, and recompense
Ps 94: 1 to whom **v** belongs—O God, to
Is 61: 2 And the day of **v** of our
Jer 46:10 GOD of hosts, A day of **v**,
Mic 5:15 And I will execute **v** in
Nah 1: 2 The LORD will take **v** on
Luke 21:22 these are the days of **v**,
Rom 12:19 **V** is Mine, I will repay,"
2Th 1: 8 in flaming fire taking **v** on
Heb 10:30 **V** is Mine, I will repay,"
Jude 7 suffering the **v** of eternal

VESSEL (*see* VESSELS)
Ps 2: 9 to pieces like a potter's **v**.
Jer 18: 4 made it again into another **v**,
Jer 19:11 as one breaks a potter's **v**,
Acts 9:15 for he is a chosen **v** of Mine
Rom 9:21 the same lump to make one **v**
1Th 4: 4 how to possess his own **v** in
2Ti 2:21 he will be a **v** for honor,
1Pe 3: 7 the wife, as to the weaker **v**,

VESSELS (*see* PITCHERS, VESSEL)
Dan 5: 2 bring the gold and silver **v**
Rom 9:23 of His glory on the **v** of
2Co 4: 7 this treasure in earthen **v**,

VICTORY
Ps 98: 1 arm have gained Him the **v**.
Matt 12:20 sends forth justice to **v**;
1Co 15:54 is swallowed up in **v**.
1Co 15:57 who gives us the **v** through
1Jn 5: 4 And this is the **v** that has

VIGILANT
1Pe 5: 8 Be sober, be **v**; because your

VIGOR
Deut 34: 7 not dim nor his natural **v**

VILE
Judg 19:24 this man do not do such a **v**
Rom 1:26 reason God gave them up to **v**

VINE (*see* GRAPEVINE, VINEDRESSER, VINES, VINEYARD)
Judg 9:12 the trees said to the **v**,
1Ki 4:25 each man under his **v** and his
Ps 128: 3 be like a fruitful **v** In
Is 5: 2 it with the choicest **v**.
Mic 4: 4 shall sit under his **v** and
Mark 14:25 drink of the fruit of the **v**
John 15: 1 "I am the true **v**,

VINEDRESSER† (*see* VINE)
John 15: 1 vine, and My Father is the **v**.

VINEGAR
Num 6: 3 he shall drink neither **v**
Ps 69:21 my thirst they gave me **v** to

VINES (*see* VINE)
Song 2:15 foxes that spoil the **v**,

VINEYARD (*see* VINE)
Gen 9:20 a farmer, and he planted a **v**.
1Ki 21:16 to take possession of the **v**
Is 5: 1 my Beloved regarding His **v**:
Is 5: 7 For the **v** of the LORD of
Matt 20: 1 to hire laborers for his **v**.
Matt 21:28 'Son, go, work today in my **v**.

VIOLENCE (*see* VIOLENT)
Gen 6:11 the earth was filled with **v**.
Job 16:17 Although no **v** is in my
Ps 27:12 And such as breathe out **v**.
Is 53: 9 Because He had done no **v**,
Hab 1: 2 V!" And You will not save.
Matt 11:12 kingdom of heaven suffers **v**,

VIOLENT (*see* VIOLENCE)
Matt 11:12 and the **v** take it by force.

1Ti 3: 3 not given to wine, not **v**,
Tit 1: 7 not given to wine, not **v**,

VIPERS
Matt 12:34 Brood of **v**! How can you,

VIRGIN (*see* VIRGINS)
Gen 24:16 beautiful to behold, a **v**;
Is 7:14 the **v** shall conceive and
Is 47: 1 O **v** daughter of Babylon;
Jer 31: 4 O **v** of Israel! You shall
Matt 1:23 the **v** shall be with
Luke 1:27 to a **v** betrothed to a man

VIRGINS (*see* VIRGIN)
Matt 25: 1 shall be likened to ten **v**
1Co 7:25 Now concerning **v**:

VIRTUE (*see* VIRTUOUS)
Phil 4: 8 if there is any **v** and if
2Pe 1: 5 add to your faith **v**,

VIRTUOUS† (*see* VIRTUE)
Ruth 3:11 town know that you are a **v**
Prov 31:10 Who can find a **v** wife? For

VISAGE† (*see* VISION)
Is 52:14 So His **v** was marred more

VISIBLE (*see* VISION)
Heb 11: 3 made of things which are **v**.

VISION (*see* VISAGE, VISIBLE, VISIONS)
Gen 15: 1 LORD came to Abram in a **v**,
Num 12: 6 Myself known to him in a **v**;
Is 1: 1 The **v** of Isaiah the son of
Dan 2:19 to Daniel in a night **v**.
Dan 8: 1 reign of King Belshazzar a **v**
Dan 8:26 Therefore seal up the **v**,
Dan 10:14 for the **v** refers to many
Hab 2: 2 Write the **v** And make it
Acts 9:10 to him the Lord said in a **v**,
Acts 11: 5 and in a trance I saw a **v**,
Acts 26:19 to the heavenly **v**,

VISIONS (*see* VISION)
Ezek 1: 1 were opened and I saw **v** of
Dan 7: 7 this I saw in the night **v**,
Joel 2:28 Your young men shall see **v**.
Acts 2:17 young men shall see **v**,

VISIT (*see* VISITATION, VISITED, VISITING)
Ps 8: 4 the son of man that You **v**
Matt 25:43 in prison and you did not **v**
Jas 1:27 to **v** orphans and widows in

VISITATION† (*see* VISIT)
Luke 19:44 not know the time of your **v**.
1Pe 2:12 glorify God in the day of **v**.

VISITED (*see* VISIT)
Gen 21: 1 And the LORD **v** Sarah as He
Matt 25:36 I was sick and you **v** Me; I
Luke 1:78 from on high has **v** us;

VISITING† (*see* VISIT)
Ex 20: 5 **v** the iniquity of the
Ex 34: 7 **v** the iniquity of the
Num 14:18 **v** the iniquity of the
Deut 5: 9 **v** the iniquity of the

VOICE (*see* SOUND)
Gen 3:10 I heard Your **v** in the garden,
Gen 4:10 The **v** of your brother's
Gen 22:18 because you have obeyed My **v**.
Gen 27:22 The **v** is Jacob's voice, but
Ex 19: 5 if you will indeed obey My **v**
Deut 4:12 form; you only heard a **v**.
1Sa 15:22 As in obeying the **v** of the
1Ki 19:12 the fire a still small **v**.
Ps 19: 3 language Where their **v** is
Ps 29: 4 The **v** of the LORD is
Ps 86: 6 And attend to the **v** of my
Ps 95: 7 if you will hear His **v**:
Song 2:12 And the **v** of the turtledove
Is 6: 4 door were shaken by the **v**
Is 6: 8 Also I heard the **v** of the
Is 40: 3 The **v** of one crying in the
Is 42: 2 Nor cause His **v** to be heard
Is 65:19 The **v** of weeping shall no
Jer 7:34 streets of Jerusalem the **v**
Jer 31:15 A **v** was heard in Ramah,
Matt 2:18 A **v** was heard in Ramah,
Matt 3: 3 The **v** of one crying in
John 10: 4 him, for they know his **v**.
John 10:27 "My sheep hear My **v**,
John 18:37 is of the truth hears My **v**.
Acts 9: 7 hearing a **v** but seeing no
Acts 22: 7 to the ground and heard a **v**
1Th 4:16 with the **v** of an archangel,
Heb 3: 7 if you will hear His **v**,
Rev 1:15 and His **v** as the sound of
Rev 3:20 If anyone hears My **v** and
Rev 14: 2 like the **v** of many waters,
Rev 18:23 and the **v** of bridegroom and

VOID
Gen 1: 2 was without form, and **v**;
Is 55:11 It shall not return to Me **v**,
Jer 4:23 it was without form, and **v**;

VOLUME
Heb 10: 7 In the **v** of the book

VOMIT (*see* VOMITED)
Lev 18:28 lest the land **v** you out also
Prov 26:11 a dog returns to his own **v**,
2Pe 2:22 returns to his own **v**,
Rev 3:16 I will **v** you out of My

VOMITED (*see* VOMIT)
Jon 2:10 and it **v** Jonah onto dry

VOW (*see* VOWED, VOWS)
Gen 28:20 Then Jacob made a **v**,
Num 6: 2 an offering to take the **v**
Judg 11:30 And Jephthah made a **v** to the

V

Judg 11:39 and he carried out his **v**
Eccl 5: 4 When you make a **v** to God,

VOWED (*see* VOW)
Eccl 5: 4 fools. Pay what you have **v**—
Jon 2: 9 I will pay what I have **v**.

VOWS (*see* MAKES, VOW)
Prov 31: 2 womb? And what, son of my **v**?

W

WAGES
Gen 31: 7 me and changed my **w** ten
Is 55: 2 And your **w** for what does
Hag 1: 6 Earns **w** to put into a bag
Luke 10: 7 laborer is worthy of his **w**.
Rom 6:23 For the **w** of sin is death,
1Ti 5:18 laborer is worthy of his **w**.

WAILING
Matt 13:42 There will be **w** and gnashing

WAIT (*see* WAITED, WAITING, WAITS)
Ps 25: 5 On You I **w** all the day.
Ps 27:14 **W** on the LORD; Be of
Ps 37: 7 and **w** patiently for Him; Do
Ps 37: 9 But those who **w** on the
Ps 62: 5 **w** silently for God alone,
Prov 1:11 Let us lie in **w** to shed
Is 40:31 But those who **w** on the LORD
Is 42: 4 And the coastlands shall **w**
Hab 2: 3 **w** for it; Because it will
Acts 1: 4 but to **w** for the Promise of
Phil 3:20 which we also eagerly **w** for
1Th 1:10 and to **w** for His Son from

WAITED (*see* WAIT)
Ps 40: 1 I **w** patiently for the LORD;

WAITING (*see* WAIT)
Luke 2:25 **w** for the Consolation of
John 5: 3 **w** for the moving of the
Rom 8:23 eagerly **w** for the adoption,
1Co 1: 7 eagerly **w** for the revelation
Jas 5: 7 **w** patiently for it until it

WAITS (*see* WAIT)
Ps 33:20 Our soul **w** for the LORD;
Ps 130: 5 for the LORD, my soul **w**,
Dan 12:12 "Blessed is he who **w**,
Rom 8:19 of the creation eagerly **w**

WAKE
1Th 5:10 that whether we **w** or sleep,

WALK (*see* WALKED, WALKING, WALKS)
Gen 17: 1 **w** before Me and be
Deut 6: 7 when you **w** by the way, when
Ps 23: 4 though I **w** through the
Ps 84:11 withhold From those who **w**
Is 30:21 **w** in it," Whenever you
Is 40:31 They shall **w** and not faint.
Amos 3: 3 Can two **w** together, unless
Mic 6: 8 And to **w** humbly with your
Matt 9: 5 or to say, 'Arise and **w**'?
Matt 11: 5 blind see and the lame **w**;
John 8:12 who follows Me shall not **w**
Rom 6: 4 even so we also should **w** in
Rom 8: 1 who do not **w** according to
2Co 5: 7 For we **w** by faith, not by
Eph 2:10 beforehand that we should **w**
Eph 5: 2 And **w** in love, as Christ also
Eph 5: 8 **W** as children of light
Col 1:10 that you may **w** worthy of the
Col 2: 6 the Lord, so **w** in Him,
Col 4: 5 **W** in wisdom toward those who
1Th 4: 1 from us how you ought to **w**
1Jn 1: 7 But if we **w** in the light as
Rev 3: 4 and they shall **w** with Me in

WALKED (*see* FOLLOWED, WALK)
Gen 5:24 And Enoch **w** with God; and he
Gen 6: 9 Noah **w** with God.
Is 9: 2 The people who **w** in darkness
Matt 14:29 he **w** on the water to go to
John 5: 9 well, took up his bed, and **w**.
Eph 2: 2 in which you once **w** according
Col 3: 7 which you yourselves once **w**
1Jn 2: 6 also to walk just as He **w**.

WALKING (*see* WALK)
Gen 3: 8 sound of the LORD God **w** in
Matt 14:25 to them, **w** on the sea.
Mark 8:24 "I see men like trees, **w**.

WALKS (*see* WALK)
Ps 1: 1 Blessed is the man Who **w**
Ps 91: 6 of the pestilence that **w**
Ps 104: 3 Who **w** on the wings of the
1Pe 5: 8 your adversary the devil **w**
1Jn 2:11 is in darkness and **w** in

WALL (*see* WALLS)
Ex 14:22 and the waters were a **w** to
Josh 2:15 her house was on the city **w**;
Josh 6:20 that the **w** fell down flat.
Neh 2:17 Come and let us build the **w**
Dan 5: 5 on the plaster of the **w** of
Acts 23: 3 you whitewashed **w**! For you
Eph 2:14 broken down the middle **w** of

WALLOWING†
2Pe 2:22 to her **w** in the mire."

WALLS (*see* WALL)
Ps 51:18 Build the **w** of Jerusalem.
Ps 122: 7 Peace be within your **w**,
Jer 1:18 And bronze **w** against the
Heb 11:30 By faith the **w** of Jericho

WANDERED
Heb 11:37 They **w** about in sheepskins

WANT (*see* NEED, WANTING)
Ps 23: 1 my shepherd; I shall not **w**.

WANTING (*see* WANT)
Dan 5:27 in the balances, and found **w**;

WAR (*see* WARFARE, WARRING, WARS)
Ex 15: 3 The LORD is a man of **w**;
Ex 32:17 There is a noise of **w** in
Num 31:21 priest said to the men of **w**
Josh 11:23 Then the land rested from **w**.
Ps 27: 3 Though **w** should rise
Ps 120: 7 I speak, they are for **w**.
Eccl 3: 8 a time to hate; A time of **w**,
Is 2: 4 Neither shall they learn **w**
Mic 4: 3 Neither shall they learn **w**

WARFARE† (*see* WAR)
Is 40: 2 That her **w** is ended, That
2Co 10: 4 For the weapons of our **w** are
1Ti 1:18 them you may wage the good **w**,
2Ti 2: 4 No one engaged in **w** entangles

WARMED
John 18:25 Now Simon Peter stood and **w**
Jas 2:16 be **w** and filled," but you

WARN (*see* WARNED, WARNING)
Ezek 3:19 if you **w** the wicked, and he
Ezek 33: 9 Nevertheless if you **w** the
Acts 20:31 years I did not cease to **w**

WARNED (*see* WARN)
Gen 43: 3 The man solemnly **w** us,
Ps 19:11 by them Your servant is **w**,
Matt 2:12 being divinely **w** in a dream
Matt 2:22 And being **w** by God in a
Matt 3: 7 Brood of vipers! Who **w** you to
Heb 11: 7 being divinely **w** of things

WARNING (*see* WARN)
Ezek 3:18 die,' and you give him no **w**,
Col 1:28 **w** every man and teaching

WARRING (*see* WAR)
Rom 7:23 **w** against the law of my

WARS (*see* WAR)
Num 21:14 is said in the Book of the **W**
Ps 46: 9 He makes **w** cease to the end
Matt 24: 6 hear of wars and rumors of **w**.
Jas 4: 1 Where do **w** and fights come

WASH (*see* UNWASHED, WASHED, WASHING)
Gen 18: 4 and **w** your feet, and rest
Gen 19: 2 and **w** your feet; then you
Ex 29:17 **w** its entrails and its legs,
Lev 16:26 as the scapegoat shall **w**
Ruth 3: 3 Therefore **w** yourself and
1Sa 25:41 a servant to **w** the feet of
2Ki 5:10 Go and **w** in the Jordan seven
Ps 51: 2 **W** me thoroughly from my
Ps 51: 7 **W** me, and I shall be whiter
Is 1:16 **W** yourselves, make yourselves
Matt 15: 2 For they do not **w** their
Luke 7:38 and she began to **w** His feet
John 9: 7 **w** in the pool of Siloam"
John 13: 5 into a basin and began to **w**
John 13: 8 You shall never **w** my feet!"
John 13:14 you also ought to **w** one
Acts 22:16 and **w** away your sins,

WASHED (*see* WASH)
Gen 43:24 and they **w** their feet; and
Gen 43:31 Then he **w** his face and came
Ex 19:14 and they **w** their clothes.
Ps 73:13 And **w** my hands in
Song 5:12 **W** with milk, And fitly
Is 4: 4 When the Lord has **w** away the
Matt 27:24 he took water and **w** his
Luke 7:44 but she has **w** My feet with
Luke 11:38 that He had not first **w**
John 9: 7 Sent). So he went and **w**,
John 9:15 put clay on my eyes, and I **w**,
John 13:12 So when He had **w** their feet,
1Co 6:11 some of you. But you were **w**,
Heb 10:22 conscience and our bodies **w**
Rev 1: 5 To Him who loved us and **w** us
Rev 7:14 and **w** their robes and made

WASHING (*see* WASH)
Mark 7: 4 like the **w** of cups, pitchers
Luke 5: 2 gone from them and were **w**
John 13: 6 are You **w** my feet?"
Eph 5:26 and cleanse her with the **w**
Tit 3: 5 **w** of regeneration

WASTE (*see* WASTED)
Ps 31:10 And my bones **w** away.
Ps 91: 6 destruction that lays **w** at
Matt 26: 8 saying, "Why this **w**?

WASTED (*see* WASTE)
Mark 14: 4 was this fragrant oil **w**?
Luke 15:13 and there **w** his possessions

WATCH (*see* WATCHER, WATCHES, WATCHING, WATCHMAN)
Gen 31:49 May the LORD **w** between you
Ps 90: 4 And like a **w** in the night.
Ps 130: 6 Lord More than those who **w**
Hab 2: 1 I will stand my **w** And set
Matt 24:42 **W** therefore, for you do not
Matt 26:40 Could you not **w** with Me one
Matt 26:41 **W** and pray, lest you enter
Luke 2: 8 keeping **w** over their flock

WATCHER (*see* WATCH, WATCHERS)
Job 7:20 O **w** of men? Why have You

WATCHERS (*see* WATCHER)
Dan 4:17 is by the decree of the **w**,

WATCHES (*see* WATCH)
Ps 63: 6 on You in the night **w**.
Rev 16:15 thief. Blessed is he who **w**,

WATCHING (*see* WATCH)
Luke 12:37 when he comes, will find **w**.

WATCHMAN (*see* WATCH, WATCHMEN)
Ps 127: 1 The **w** stays awake in vain.
Ezek 3:17 I have made you a **w** for the
Ezek 33: 7 I have made you a **w** for the

WATCHMEN (*see* WATCHMAN)
Song 3: 3 The **w** who go about the city

WATER (*see* WATERED, WATERFALLS, WATERS)
Gen 24:11 when women go out to draw **w**.
Ex 2:10 I drew him out of the **w**.
Ex 20: 4 or that is in the **w** under
Num 5:17 priest shall take holy **w** in
Num 5:18 in his hand the bitter **w**
Job 15:16 Who drinks iniquity like **w**!
Ps 1: 3 Planted by the rivers of **w**,
Ps 22:14 I am poured out like **w**,
Ps 42: 1 As the deer pants for the **w**
Ps 63: 1 land Where there is no **w**.
Ps 72: 6 Like showers that **w** the
Ps 105:41 and **w** gushed out; It ran in
Ps 107:35 a wilderness into pools of **w**,
Prov 5:15 Drink **w** from your own
Prov 5:15 And running **w** from your own
Prov 9:17 Stolen **w** is sweet, And bread
Prov 20: 5 of man is like deep **w**,
Prov 25:21 give him **w** to drink;
Prov 25:25 As cold **w** to a weary soul,
Is 55:10 But **w** the earth, And make
Jer 2:13 cisterns that can hold no **w**.
Jer 9:18 And our eyelids gush with **w**.
Jer 13: 1 but do not put it in **w**.
Lam 1:16 eye, my eye overflows with **w**;
Lam 5: 4 We pay for the **w** we drink,
Ezek 47: 1 the **w** was flowing from under
Ezek 47: 4 the **w** came up to my
Ezek 47: 5 **w** in which one must swim, a
Dan 1:12 us vegetables to eat and **w**
Amos 5:24 let justice run down like **w**,
Amos 8:11 bread, Nor a thirst for **w**,
Matt 3:11 indeed baptize you with **w**
Matt 10:42 ones only a cup of cold **w**
Matt 14:28 me to come to You on the **w**.
Matt 17:15 fire and often into the **w**.
Mark 1: 8 indeed baptized you with **w**,
Mark 9:22 the fire and into the **w** to
Mark 14:13 you carrying a pitcher of **w**;
Luke 8:25 even the winds and **w**,
Luke 16:24 the tip of his finger in **w**
John 1:26 saying, "I baptize with **w**,
John 2: 7 "Fill the waterpots with **w**.
John 2: 9 the feast had tasted the **w**
John 3: 5 unless one is born of **w** and
John 4: 7 of Samaria came to draw **w**.
John 4:10 have given you living **w**.
John 5: 3 for the moving of the **w**.
John 7:38 will flow rivers of living **w**.
John 13: 5 He poured **w** into a basin and
John 19:34 and immediately blood and **w**
Acts 1: 5 John truly baptized with **w**,
Acts 8:38 eunuch went down into the **w**,
Acts 10:47 "Can anyone forbid **w**,
Acts 11:16 John indeed baptized with **w**,
Eph 5:26 her with the washing of **w**
1Ti 5:23 No longer drink only **w**,
Heb 10:22 bodies washed with pure **w**.
Jas 3:11 a spring send forth fresh **w**
1Pe 3:20 souls, were saved through **w**.
2Pe 3: 5 the earth standing out of **w**
1Jn 5: 6 This is He who came by **w** and
1Jn 5: 8 on earth: the Spirit, the **w**,
Rev 22: 1 showed me a pure river of **w**
Rev 22:17 let him take the **w** of life

WATERED (*see* WATER)
Gen 2: 6 up from the earth and **w** the
1Co 3: 6 I planted, Apollos **w**,

WATERFALLS† (*see* WATER)
Ps 42: 7 deep at the noise of Your **w**;

WATERS (*see* FLOODWATERS, WATER)
Gen 1: 2 over the face of the **w**.
Gen 1: 6 divide the waters from the **w**.
Ex 14:21 and the **w** were divided.
Ex 15:25 the **w** were made sweet. There
Ps 23: 2 leads me beside the still **w**.
Ps 24: 2 established it upon the **w**.
Ps 29: 3 of the LORD is over the **w**;
Ps 69: 1 O God! For the **w** have come
Ps 69: 2 I have come into deep **w**,
Ps 77:19 Your path in the great **w**,
Ps 107:23 Who do business on great **w**,
Eccl 11: 1 Cast your bread upon the **w**,
Song 8: 7 Many **w** cannot quench love,
Is 40:12 Who has measured the **w** in
Is 43: 2 When you pass through the **w**,
Is 43:16 a path through the mighty **w**,
Is 55: 1 who thirsts, Come to the **w**;
Is 57:20 Whose **w** cast up mire and
Jer 2:13 Me, the fountain of living **w**,
Jer 9: 1 Oh, that my head were **w**,
Jer 15:18 stream, As **w** that fail?
Jer 17:13 The fountain of living **w**.
Hab 2:14 As the **w** cover the sea.
Rev 1:15 voice as the sound of many **w**;
Rev 7:17 to living fountains of **w**.

WAVE (*see* WAVED, WAVES)
Jas 1: 6 he who doubts is like a **w**

WAVED (*see* WAVE)
Ex 29:27 the wave offering which is **w**,

WAVER†
Rom 4:20 He did not **w** at the promise

WAVES (*see* WAVE)
Ps 42: 7 All Your **w** and billows have
Jon 2: 3 All Your billows and Your **w**

WAX
Ps 22:14 joint; My heart is like **w**;
Ps 97: 5 The mountains melt like **w** at

WAY (*see* WAYS, WAYSIDE)
Gen 3:24 sword which turned every **w**,

Ex 2:12 looked this way and that w,
Deut 1:33 to show you the w you should
Deut 6: 7 when you walk by the w,
Deut 11:28 but turn aside from the w
Josh 1: 8 then you will make your w
Neh 8:10 he said to them, "Go your w,
Ps 1: 6 For the LORD knows the w of
Ps 1: 6 But the w of the ungodly
Ps 2:12 And you perish in the w,
Ps 18:30 His w is perfect; The word
Ps 25: 9 the humble He teaches His w.
Ps 27:11 Teach me Your w, O LORD,
Ps 37: 5 Commit your w to the LORD,
Ps 37: 7 of him who prospers in his w,
Ps 119: 9 a young man cleanse his w?
Ps 119:104 I hate every false w.
Ps 139:24 if there is any wicked w
Ps 139:24 And lead me in the w
Prov 2:12 To deliver you from the w of
Prov 2:20 So you may walk in the w of
Prov 7:27 Her house is the w to hell,
Prov 8:22 me at the beginning of His w,
Prov 14:12 There is a w that seems
Prov 14:12 But its end is the w of
Prov 22: 6 Train up a child in the w he
Prov 30:19 And the w of a man with a
Is 9: 1 By the w of the sea,
Is 30:21 saying, "This is the w,
Is 40: 3 Prepare the w of the LORD;
Is 40:27 My w is hidden from the
Is 53: 6 every one, to his own w;
Is 55: 7 the wicked forsake his w,
Jer 10:23 I know the w of man is not
Jer 21: 8 the way of life and the w
Ezek 3:18 the wicked from his wicked w,
Ezek 18:25 is it not My w which is
Ezek 33: 8 warn the wicked from his w,
Hos 2: 6 I will hedge up your w with
Jon 3:10 turned from their evil w;
Matt 2:12 their own country another w.
Matt 3: 3 Prepare the w of the
Matt 4:15 By the w of the sea,
Matt 7:13 the gate and broad is the w
Luke 20:21 but teach the w of God in
John 14: 6 said to him, "I am the w,
Acts 9: 2 found any who were of the W,
Acts 16:17 who proclaim to us the w of
Acts 18:26 and explained to him the w
Acts 19:23 great commotion about the W.
Acts 24:22 accurate knowledge of the W,
1Co 12:31 show you a more excellent w.
Heb 9: 8 that the w into the Holiest
Heb 10:20 by a new and living w which
Jude 11 For they have gone in the w

WAYS (*see* WAY)

Deut 10:12 to walk in all His w and to
2Ch 7:14 and turn from their wicked w,
Job 40:19 He is the first of the w of
Ps 25: 4 Show me Your w, O LORD;
Ps 51:13 teach transgressors Your w,
Ps 91:11 To keep you in all your w.
Ps 145:17 is righteous in all His w,
Prov 3: 6 In all your w acknowledge
Prov 16: 7 When a man's w please the
Is 2: 3 He will teach us His w,
Is 55: 8 Nor are your w My ways,"
Is 55: 9 My ways higher than your w,
Jer 7: 3 Amend your w and your doings,
Ezek 33:11 turn from your evil w! For
Mic 4: 2 He will teach us His w,
Hag 1: 5 of hosts: "Consider your w!
Zech 1: 4 Turn now from your evil w and
Luke 3: 5 And the rough w smooth;
Acts 2:28 known to me the w of
Rom 11:33 are His judgments and His w
Heb 1: 1 times and in various w
Jas 1: 8 man, unstable in all his w.
Rev 15: 3 Just and true are Your w,

WAYSIDE (*see* WAY)

Matt 13: 4 some seed fell by the w;

WEAK (*see* WEAKER, WEAKNESS)

Is 35: 3 Strengthen the w hands,
Is 40:29 He gives power to the w,
Matt 26:41 willing, but the flesh is w.
Rom 4:19 And not being w in faith, he
Rom 8: 3 not do in that it was w
1Co 1:27 and God has chosen the w
1Co 8: 7 their conscience, being w,
1Co 9:22 to the weak I became as w,
1Co 11:30 For this reason many are w

WEAKER (*see* WEAK)

1Pe 3: 7 as to the w vessel, and as

WEAKNESS (*see* WEAK, WEAKNESSES)

1Co 1:25 and the w of God is stronger
1Co 15:43 in glory. It is sown in w,
2Co 12: 9 is made perfect in w.
Heb 11:34 out of w were made strong,

WEAKNESSES† (*see* WEAKNESS)

Rom 8:26 Spirit also helps in our w.
Heb 4:15 cannot sympathize with our w,

WEALTH

Ps 112: 3 W and riches will be in
Prov 19: 4 W makes many friends, But
Eccl 5:19 God has given riches and w,

WEAPONS

2Sa 1:27 And the w of war perished!"
2Co 10: 4 For the w of our warfare are

WEAR (*see* WORN)

Matt 6:31 drink?' or 'What shall we w?
Matt 11: 8 those who w soft clothing

WEARIED (*see* WEARY)

Jer 12: 5 and they have w you, Then
John 4: 6 being w from His journey,

WEARISOME (*see* WEARY)

Eccl 12:12 and much study is w to the

W

WEARY (*see* WEARIED, WEARISOME)
Gen 19:11 so that they became **w**
Job 3:17 And there the **w** are at
Ps 6: 6 I am **w** with my groaning;
Ps 69: 3 I am **w** with my crying; My
Is 7:13 a small thing for you to **w**
Is 32: 2 of a great rock in a **w** land.
Is 40:30 youths shall faint and be **w**,
Is 40:31 They shall run and not be **w**
Jer 6:11 I am **w** of holding it in.
Gal 6: 9 And let us not grow **w** while
2Th 3:13 do not grow **w** in doing

WEATHER
Matt 16: 2 say, 'It will be fair **w**,

WEAVE
Judg 16:13 If you **w** the seven locks of

WEDDING
Matt 22: 3 who were invited to the **w**;
John 2: 1 the third day there was a **w**

WEEK (*see* WEEKS)
Gen 29:27 "Fulfill her **w**, and we will
Dan 9:27 covenant with many for one **w**;
Mark 16: 2 on the first day of the **w**,
Acts 20: 7 on the first day of the **w**,
1Co 16: 2 On the first day of the **w**

WEEKS (*see* WEEK)
Ex 34:22 shall observe the Feast of **W**
Dan 9:24 Seventy **w** are determined

WEEP (*see* WEEPING, WEPT)
Eccl 3: 4 A time to **w**, And a time
Jer 9: 1 That I might **w** day and
Jer 13:17 My eyes will **w** bitterly
Luke 6:21 Blessed are you who **w**
Luke 23:28 do not **w** for Me, but weep
John 11:31 is going to the tomb to **w**
Rom 12:15 and **w** with those who weep.
1Co 7:30 those who **w** as though they
1Co 7:30 as though they did not **w**,
Jas 5: 1 **w** and howl for your miseries

WEEPING (*see* WEEP)
Esth 4: 3 the Jews, with fasting, **w**,
Ps 6: 8 has heard the voice of my **w**.
Ps 30: 5 **W** may endure for a night,
Ps 126: 6 who continually goes forth **w**,
Jer 31:15 Rachel **w** for her children,
Ezek 8:14 women were sitting there **w**
Matt 2:18 Rachel **w** for her children,
Matt 8:12 There will be **w** and gnashing
John 11:33 when Jesus saw her **w**,
John 20:11 stood outside by the tomb **w**,
John 20:13 her, "Woman, why are you **w**?

WEIGHED (*see* WEIGHS)
1Sa 2: 3 And by Him actions are **w**.
Is 40:12 **W** the mountains in scales
Dan 5:27 You have been **w** in the
Zech 11:12 So they **w** out for my wages

WEIGHS (*see* WEIGHED, WEIGHT)
Prov 21: 2 But the LORD **w** the hearts.

WEIGHT (*see* WEIGHS, WEIGHTIER, WEIGHTS)
2Co 4:17 exceeding and eternal **w** of
Heb 12: 1 let us lay aside every **w**,

WEIGHTIER† (*see* WEIGHT)
Matt 23:23 and have neglected the **w**

WEIGHTS (*see* WEIGHT)
Lev 19:36 have honest scales, honest **w**,
Mic 6:11 with the bag of deceitful **w**?

WELL (*see* WELLSPRING)
Gen 21:19 and she saw a **w** of water.
Ex 2:15 and he sat down by a **w**.
Prov 5:15 water from your own **w**.
John 4: 6 Now Jacob's **w** was there.

WELLSPRING (*see* SPRING, WELL)
Prov 16:22 Understanding is a **w** of

WEPT (*see* WEEP)
Gen 37:35 Thus his father **w** for him.
Gen 45:14 Benjamin's neck and **w**,
2Sa 12:22 was alive, I fasted and **w**;
2Ki 20: 3 And Hezekiah **w** bitterly.
Neh 1: 4 words, that I sat down and **w**,
Neh 8: 9 weep." For all the people **w**,
Job 2:12 lifted their voices and **w**;
Ps 137: 1 we **w** When we remembered
Hos 12: 4 Angel and prevailed; He **w**,
Luke 19:41 He saw the city and **w** over
Luke 22:62 So Peter went out and **w**
John 11:35 Jesus **w**.

WEST
Ps 103:12 as the east is from the **w**,
Matt 8:11 will come from east and **w**,

WHEAT
Ps 81:16 also with the finest of **w**;
Jer 23:28 What is the chaff to the **w**?
Amos 8: 5 That we may trade **w**?
Matt 3:12 and gather His **w** into the
Matt 13:25 and sowed tares among the **w**
Luke 22:31 that he may sift you as **w**.
John 12:24 unless a grain of **w** falls

WHEEL (*see* WHEELS)
Eccl 12: 6 Or the **w** broken at the
Ezek 1:16 a wheel in the middle of a **w**.

WHEELS (*see* WHEEL)
Ezek 1:19 the **w** were lifted up.

WHIP (*see* WHIPS)
Prov 26: 3 A **w** for the horse, A bridle
John 2:15 When He had made a **w** of

WHIPS (*see* WHIP)
1Ki 12:11 father chastised you with **w**,

WHIRLWIND
2Ki 2: 1 up Elijah into heaven by a **w**,
Job 38: 1 answered Job out of the **w**,
Prov 1:27 destruction comes like a **w**,
Hos 8: 7 the wind, And reap the **w**.

WHISPER
Job 4:12 And my ear received a **w** of
Job 26:14 And how small a **w** we hear
Is 8:19 who **w** and mutter," should

WHITE (*see* WHITER, WHITEWASHED)
Num 12:10 as **w** as snow. Then Aaron
Eccl 9: 8 your garments always be **w**,
Is 1:18 They shall be as **w** as snow;
Dan 7: 9 His garment was **w** as snow
Matt 28: 3 and his clothing as **w** as
Luke 9:29 and His robe became **w** and
John 4:35 for they are already **w** for
Rev 1:14 His head and hair were **w**
Rev 2:17 And I will give him a **w**
Rev 3: 4 they shall walk with Me in **w**,
Rev 19:11 a **w** horse. And He who sat on
Rev 20:11 Then I saw a great **w** throne

WHITER (*see* WHITE)
Ps 51: 7 and I shall be **w** than snow

WHITEWASHED† (*see* WHITE)
Matt 23:27 For you are like **w** tombs
Acts 23: 3 you **w** wall! For you sit to

WHOLE (*see* WHOLLY)
Gen 11: 1 Now the **w** earth had one
Gen 13: 9 Is not the **w** land before
Ps 9: 1 with my **w** heart; I will
Ps 48: 2 The joy of the **w** earth,
Ps 51:19 With burnt offering and **w**
Eccl 12:13 hear the conclusion of the **w**
Is 6: 3 The **w** earth is full of His
Matt 12:13 and it was restored as **w** as
Matt 16:26 to a man if he gains the **w**
Acts 2: 2 and it filled the **w** house
Acts 4:10 man stands here before you **w**.
Acts 20:27 to declare to you the **w**
1Co 5: 6 little leaven leavens the **w**
Eph 6:11 Put on the **w** armor of God,
Jas 2:10 For whoever shall keep the **w**

WHOLLY (*see* WHOLE)
Josh 14: 8 but I **w** followed the LORD

WICKED (*see* EVIL, WICKEDLY, WICKEDNESS)
Gen 13:13 of Sodom were exceedingly **w**
Gen 18:25 the righteous with the **w**,
2Ch 7:14 and turn from their **w** ways,
Job 3:17 There the **w** cease from
Ps 10:15 Break the arm of the **w** and
Ps 22:16 The congregation of the **w**
Ps 36: 1 the transgression of the **w**:
Ps 37:17 For the arms of the **w** shall
Ps 37:20 But the **w** shall perish; And
Ps 91: 8 And see the reward of the **w**.
Ps 92: 7 When the **w** spring up like
Ps 92:11 hear my desire on the **w**
Ps 112:10 The **w** will see it and be
Ps 139:19 that You would slay the **w**,
Ps 139:24 see if there is any **w**
Prov 4:14 not enter the path of the **w**,
Prov 6:18 A heart that devises **w**
Prov 11: 7 When a **w** man dies, his
Prov 13: 9 But the lamp of the **w** will
Prov 15:26 The thoughts of the **w** are
Prov 16: 4 even the **w** for the day of
Prov 18: 5 to show partiality to the **w**,
Prov 24:20 The lamp of the **w** will be
Prov 26:23 Fervent lips with a **w** heart
Prov 28: 1 The **w** flee when no one
Eccl 7:17 Do not be overly **w**,
Is 5:23 Who justify the **w** for a
Is 11: 4 His lips He shall slay the **w**.
Is 48:22 says the LORD, "for the **w**.
Is 53: 9 made His grave with the **w**—
Is 55: 7 Let the **w** forsake his way,
Is 57:20 But the **w** are like the
Is 57:21 Says my God, "for the **w**.
Jer 17: 9 things, And desperately **w**;
Ezek 3:18 nor speak to warn the **w** from
Ezek 3:18 warn the wicked from his **w**
Ezek 3:18 that same **w** man shall die
Ezek 3:19 "Yet, if you warn the **w**,
Ezek 33: 8 do not speak to warn the **w**
Ezek 33: 8 that **w** man shall die in his
Ezek 33:11 in the death of the **w**,
Matt 12:45 seven other spirits more **w**
Matt 12:45 shall it also be with this **w**
Matt 13:38 tares are the sons of the **w**
Matt 16: 4 A **w** and adulterous generation
Matt 18:32 You **w** servant! I forgave you
Eph 6:16 all the fiery darts of the **w**
2Pe 2: 7 the filthy conduct of the **w**
1Jn 2:13 you have overcome the **w** one

WICKEDLY (*see* WICKED)
Gen 19: 7 brethren, do not do so **w**!
Judg 19:23 do not act so **w**! Seeing
Dan 9:15 sinned, we have done **w**!

WICKEDNESS (*see* WICKED)
Gen 6: 5 the LORD saw that the **w** of
Ps 45: 7 righteousness and hate **w**;
Ps 84:10 dwell in the tents of **w**.
Is 58: 6 To loose the bonds of **w**,
Ezek 3:19 he does not turn from his **w**,
Ezek 18:27 man turns away from the **w**
Ezek 33:19 the wicked turns from his **w**
Eph 6:12 spiritual hosts of **w** in

WIDE (*see* BROAD)
Matt 7:13 for **w** is the gate and broad

WIDOW (*see* WIDOWS)
Lev 21:14 A **w** or a divorced woman or a
Deut 10:18 for the fatherless and the **w**,

Deut 25: 5 the **w** of the dead man shall
Is 1:17 fatherless, Plead for the **w**.
Luke 2:37 and this woman was a **w** of
1Ti 5: 4 But if any **w** has children or

WIDOWS (*see* WIDOW)
Ps 68: 5 fatherless, a defender of **w**,
1Ti 5: 3 Honor **w** who are really
Jas 1:27 to visit orphans and **w** in

WIFE (*see* WIFE'S, WIVES)
Gen 2:24 and be joined to his **w**,
Gen 4: 1 Now Adam knew Eve his **w**,
Ex 20:17 not covet your neighbor's **w**,
Deut 21:17 the son of the unloved **w**
Prov 18:22 He who finds a **w** finds a
Prov 31:10 Who can find a virtuous **w**?
Eccl 9: 9 Live joyfully with the **w**
Jer 16: 2 "You shall not take a **w**,
Ezek 24:18 and at evening my **w** died;
Hos 1: 2 take yourself a **w** of
Hos 2: 2 For she is not My **w**,
Matt 5:31 'Whoever divorces his **w**,
Matt 19:29 or father or mother or **w** or
Matt 22:24 brother shall marry his **w**
Matt 22:28 whose **w** of the seven will
Luke 17:32 "Remember Lot's **w**.
1Co 5: 1 a man has his father's **w**!
1Co 7: 2 let each man have his own **w**,
1Co 7: 4 The **w** does not have authority
1Co 7:11 is not to divorce his **w**.
1Co 7:14 and the unbelieving **w** is
1Co 7:27 Are you bound to a **w**?
1Co 7:33 he may please his **w**.
Eph 5:23 the husband is head of the **w**,
Eph 5:31 and be joined to his **w**,
1Ti 3: 2 the husband of one **w**,
Tit 1: 6 the husband of one **w**,
1Pe 3: 7 giving honor to the **w**,
Rev 21: 9 you the bride, the Lamb's **w**.

WIFE'S (*see* WIFE)
Mark 1:30 But Simon's **w** mother lay sick

WILD
Gen 37:20 Some **w** beast has devoured
Is 5: 2 But it brought forth **w**
Matt 3: 4 his food was locusts and **w**
Acts 10:12 **w** beasts, creeping things,
Rom 11:17 being a **w** olive tree, were

WILDERNESS (*see* DESERT)
Ex 5: 1 hold a feast to Me in the **w**.
Ex 19: 2 had come to the **W** of Sinai,
Lev 16:10 as the scapegoat into the **w**.
Num 14: 2 only we had died in this **w**!
Deut 1:19 that great and terrible **w**
Deut 8: 2 these forty years in the **w**,
Is 40: 3 voice of one crying in the **w**:
Matt 3: 1 came preaching in the **w** of
Matt 3: 3 of one crying in the **w**:
Matt 4: 1 up by the Spirit into the **w**
John 3:14 up the serpent in the **w**,
John 6:49 ate the manna in the **w**,
2Co 11:26 city, in perils in the **w**,

WILES†
Eph 6:11 able to stand against the **w**

WILL (*see* COUNSEL, WILLFULLY, WILLING)
Lev 19: 5 offer it of your own free **w**.
Ps 40: 8 I delight to do Your **w**,
Ps 143:10 Teach me to do Your **w**,
Matt 6:10 Your **w** be done On earth as
Matt 7:21 but he who does the **w** of My
Matt 26:42 drink it, Your **w** be done."
Luke 22:42 "Father, if it is Your **w**,
John 1:13 nor of the **w** of the flesh,
John 4:34 My food is to do the **w** of Him
John 5:30 I do not seek My own **w** but
John 7:17 anyone wants to do His **w**,
Rom 9:19 For who has resisted His **w**?
Rom 12: 2 acceptable and perfect **w** of
1Co 1: 1 Jesus Christ through the **w**
Eph 1: 5 the good pleasure of His **w**,
Eph 1: 9 to us the mystery of His **w**,
Eph 1:11 to the counsel of His **w**,
Eph 5:17 but understand what the **w** of
1Th 4: 3 For this is the **w** of God,
Heb 10: 7 of Me—To do Your **w**,
Heb 13:21 every good work to do His **w**,
1Pe 2:15 For this is the **w** of God,
2Pe 1:21 never came by the **w** of man,
1Jn 2:17 but he who does the **w** of God
1Jn 5:14 anything according to His **w**,

WILLFULLY (*see* WILL)
Heb 10:26 For if we sin **w** after we

WILLING (*see* WILL, WILLINGLY)
Ex 35:21 everyone whose spirit was **w**,
Matt 8: 2 saying, "Lord, if You are **w**,
Matt 11:14 And if you are **w** to receive
Matt 26:41 The spirit indeed is **w**,
Acts 18:21 return again to you, God **w**.
1Co 7:12 and she is **w** to live with
2Co 8:12 For if there is first a **w**
2Pe 3: 9 not **w** that any should perish

WILLINGLY (*see* WILLING)
1Co 9:17 For if I do this **w**, I have
1Pe 5: 2 not by compulsion but **w**,

WILLOWS
Ps 137: 2 hung our harps Upon the **w**

WIN (*see* WINS)
Matt 23:15 you travel land and sea to **w**
1Co 9:19 that I might **w** the more;
1Co 9:20 that I might **w** Jews; to

WIND (*see* WINDS)
1Ki 19:11 the LORD was not in the **w**;
Ps 1: 4 like the chaff which the **w**
Ps 18:10 flew upon the wings of the **w**.
Prov 11:29 own house will inherit the **w**,
Hos 8: 7 "They sow the **w**, And reap
Matt 11: 7 see? A reed shaken by the **w**?

Matt 14:32 the boat, the **w** ceased.
Mark 4:39 He arose and rebuked the **w**,
Mark 4:41 that even the **w** and the sea
John 3: 8 The **w** blows where it wishes,
Acts 2: 2 as of a rushing mighty **w**,
Eph 4:14 carried about with every **w**
Jas 1: 6 driven and tossed by the **w**.

WINDOW (*see* WINDOWS)
Gen 8: 6 that Noah opened the **w** of
Josh 2:21 the scarlet cord in the **w**.
1Sa 19:12 let David down through a **w**.
Acts 20: 9 And in a **w** sat a certain
2Co 11:33 in a basket through a **w** in

WINDOWS (*see* WINDOW)
Gen 7:11 and the **w** of heaven were
Dan 6:10 with his **w** open toward
Mal 3:10 will not open for you the **w**

WINDS (*see* WIND)
Matt 7:25 and the **w** blew and beat on
Matt 8:27 that even the **w** and the sea
Matt 24:31 His elect from the four **w**,

WINE (*see* WINEBIBBER, WINEPRESS, WINESKINS)
Gen 9:24 So Noah awoke from his **w**,
Gen 14:18 brought out bread and **w**;
Gen 19:32 us make our father drink **w**,
Num 6: 3 separate himself from **w** and
Num 6:20 the Nazirite may drink **w**.
Deut 28:51 leave you grain or new **w** or
Judg 13: 7 Now drink no **w** or similar
Neh 2: 1 that I took the **w** and gave
Prov 20: 1 **W** is a mocker, Strong
Prov 23:30 who linger long at the **w**,
Prov 23:31 Do not look on the **w** when it
Prov 31: 4 is not for kings to drink **w**,
Song 1: 2 your love is better than **w**.
Is 55: 1 buy **w** and milk Without
Jer 35: 6 said, "We will drink no **w**,
Hos 2: 8 I gave her grain, new **w**,
Amos 2:12 you gave the Nazirites **w** to
Amos 4: 1 to your husbands, "Bring **w**,
Amos 6: 6 Who drink **w** from bowls, And
Matt 9:17 Nor do they put new **w** into
Matt 27:34 they gave Him sour **w** mingled
Luke 1:15 and shall drink neither **w**
Luke 10:34 wounds, pouring on oil and **w**;
John 2: 9 the water that was made **w**,
John 2:10 You have kept the good **w**
Acts 2:13 "They are full of new **w**.
Eph 5:18 And do not be drunk with **w**,
1Ti 3: 3 not given to **w**, not violent,
1Ti 5:23 but use a little **w** for your
Rev 14:10 shall also drink of the **w**

WINEBIBBER (*see* WINE)
Matt 11:19 'Look, a glutton and a **w**,

WINEPRESS (*see* WINE)
Is 63: 3 I have trodden the **w** alone,

WINESKINS (*see* WINE)
Josh 9: 4 old **w** torn and mended,
Matt 9:17 they put new wine into old **w**,

WING (*see* WINGED, WINGS)
Ruth 3: 9 maidservant under your **w**,
Dan 9:27 And on the **w** of abominations

WINGED (*see* WING)
Gen 1:21 and every **w** bird according

WINGS (*see* WING)
Ex 19: 4 I bore you on eagles' **w** and
Ruth 2:12 under whose **w** you have come
Ps 17: 8 under the shadow of Your **w**,
Ps 18:10 He flew upon the **w** of the
Ps 55: 6 that I had **w** like a dove!
Ps 57: 1 in the shadow of Your **w** I
Ps 61: 4 in the shelter of Your **w**.
Ps 91: 4 And under His **w** you shall
Ps 104: 3 Who walks on the **w** of the
Ps 139: 9 If I take the **w** of the
Is 6: 2 seraphim; each one had six **w**:
Is 40:31 They shall mount up with **w**
Mal 4: 2 arise With healing in His **w**;
Matt 23:37 her chicks under her **w**,
Rev 4: 8 creatures, each having six **w**,

WINNOWING†
Ruth 3: 2 he is **w** barley tonight at
Matt 3:12 His **w** fan is in His hand,

WINS† (*see* WIN)
Prov 11:30 And he who **w** souls is

WINTER
Gen 8:22 **W** and summer, And day and
Song 2:11 the **w** is past, The rain is
Jer 36:22 king was sitting in the **w**
Matt 24:20 your flight may not be in **w**
John 10:22 in Jerusalem, and it was **w**.
2Ti 4:21 your utmost to come before **w**.

WIPE (*see* WIPED)
Is 25: 8 And the Lord GOD will **w**
John 13: 5 and to **w** them with the
Rev 21: 4 And God will **w** away every

WIPED (*see* WIPE)
John 11: 2 with fragrant oil and **w** His
Col 2:14 having **w** out the handwriting

WISDOM (*see* WISE)
Ex 28: 3 filled with the spirit of **w**,
Ex 31: 3 with the Spirit of God, in **w**,
1Ki 4:29 And God gave Solomon **w** and
Job 12: 2 And **w** will die with you!
Job 28:18 For the price of **w** is
Job 28:28 fear of the Lord, that is **w**,
Ps 51: 6 You will make me to know **w**.
Ps 90:12 we may gain a heart of **w**.
Ps 111:10 LORD is the beginning of **w**;
Ps 136: 5 To Him who by **w** made the

Prov 1: 2 To know **w** and instruction,
Prov 1: 7 But fools despise **w** and
Prov 1:20 **W** calls aloud outside; She
Prov 3:19 The LORD by **w** founded the
Prov 4: 5 Get **w**! Get understanding!
Prov 4: 7 **W** is the principal thing
Prov 9: 1 **W** has built her house, She
Prov 9:10 LORD is the beginning of **w**,
Eccl 1:16 and have gained more **w** than
Eccl 1:17 And I set my heart to know **w**
Eccl 9:10 or device or knowledge or **w**
Is 11: 2 The Spirit of **w** and
Jer 9:23 the wise man glory in his **w**,
Dan 1: 4 gifted in all **w**, possessing
Luke 2:40 in spirit, filled with **w**;
Luke 2:52 And Jesus increased in **w** and
Luke 11:49 Therefore the **w** of God also
Acts 6: 3 of the Holy Spirit and **w**,
Rom 11:33 of the riches both of the **w**
1Co 1:17 not with **w** of words, lest
1Co 1:19 I will destroy the **w** of
1Co 1:20 not God made foolish the **w**
1Co 1:22 and Greeks seek after **w**;
1Co 1:24 the power of God and the **w**
1Co 2: 4 persuasive words of human **w**,
1Co 2: 6 yet not the **w** of this age,
1Co 2: 7 the hidden **w** which God
1Co 3:19 For the **w** of this world is
2Co 1:12 not with fleshly **w** but by
Eph 1:17 give to you the spirit of **w**
Col 2: 3 all the treasures of **w** and
Col 3:16 dwell in you richly in all **w**,
Col 4: 5 Walk in **w** toward those who
Jas 1: 5 If any of you lacks **w**,
Jas 3:17 But the **w** that is from above
Rev 5:12 power and riches and **w**,
Rev 13:18 Here is **w**. Let him who

WISE (*see* UNWISE, WISDOM, WISER)
Gen 3: 6 desirable to make one **w**,
1Ki 3:12 I have given you a **w** and
Ps 19: 7 making **w** the simple;
Prov 3: 7 Do not be **w** in your own
Prov 6: 6 Consider her ways and be **w**,
Prov 9: 8 Rebuke a **w** man, and he
Prov 10: 1 A **w** son makes a glad
Prov 11:30 And he who wins souls is **w**.
Prov 14: 1 The **w** woman builds her
Prov 26: 5 Lest he be **w** in his own
Prov 30:24 But they are exceedingly **w**:
Eccl 7:16 righteous, Nor be overly **w**:
Jer 9:23 Let not the **w** man glory in
Jer 18:18 nor counsel from the **w**,
Dan 12: 3 Those who are **w** shall shine
Matt 2: 1 **w** men from the East came to
Matt 10:16 Therefore be **w** as serpents
Matt 25: 2 "Now five of them were **w**,
Rom 1:14 both to **w** and to unwise.
Rom 1:22 Professing to be **w**,
Rom 11:25 lest you should be **w** in your
1Co 1:19 the wisdom of the **w**,
1Co 1:26 that not many **w** according to
Eph 5:15 not as fools but as **w**,
1Ti 1:17 to God who alone is **w**,
2Ti 3:15 are able to make you **w** for
Jude 25 our Savior, Who alone is **w**,

WISER (*see* WISE)
1Ki 4:31 For he was **w** than all
1Co 1:25 the foolishness of God is **w**

WISH
John 12:21 we **w** to see Jesus."

WITHER (*see* WITHERED, WITHERS)
Ps 1: 3 Whose leaf also shall not **w**;
Ps 37: 2 And **w** as the green herb.
Is 40:24 on them, And they will **w**,
Matt 21:20 How did the fig tree **w** away

WITHERED (*see* WITHER)
Matt 12:10 there was a man who had a **w**
Matt 21:19 Immediately the fig tree **w**
John 15: 6 out as a branch and is **w**;

WITHERS (*see* WITHER)
Ps 90: 6 evening it is cut down and **w**.
Is 40: 7 The grass **w**, the flower
1Pe 1:24 the grass. The grass **w**,

WITHHELD (*see* WITHHOLD)
Gen 22:12 since you have not **w** your

WITHHOLD (*see* WITHHELD)
Ps 84:11 No good thing will He **w**

WITHSTOOD
Gal 2:11 I **w** him to his face, because

WITNESS (*see* EYEWITNESSES, WITNESSES)
Gen 31:50 God is **w** between you and
Ex 20:16 shall not bear false **w**
Num 17: 7 LORD in the tabernacle of **w**.
Deut 4:26 call heaven and earth to **w**
Job 16:19 Surely even now my **w** is in
Is 55: 4 I have given him as a **w** to
Matt 19:18 shall not bear false **w**,
Matt 24:14 in all the world as a **w** to
John 1: 7 This man came for a **w**,
John 1:15 John bore **w** of Him and cried
Acts 14:17 not leave Himself without **w**,
Rom 1: 9 For God is my **w**, whom
Rom 2:15 conscience also bearing **w**,
Rom 8:16 The Spirit Himself bears **w**
Rom 10: 2 For I bear them **w** that they
Phil 1: 8 For God is my **w**, how greatly
1Jn 1: 2 and we have seen, and bear **w**,
1Jn 5: 6 it is the Spirit who bears **w**,
1Jn 5: 7 there are three that bear **w**
Rev 1: 5 Jesus Christ, the faithful **w**,
Rev 3:14 the Faithful and True **W**,
Rev 20: 4 been beheaded for their **w**

WITNESSES (*see* WITNESS)
Deut 17: 6 testimony of two or three **w**;
Matt 18:16 of two or three **w**
Matt 26:60 Even though many false **w**
Acts 1: 8 and you shall be **w** to Me in

Acts 7:58 And the **w** laid down their
2Co 13: 1 of two or three **w**
2Ti 2: 2 heard from me among many **w**,
Heb 10:15 But the Holy Spirit also **w** to
Heb 10:28 testimony of two or three **w**.
Heb 12: 1 by so great a cloud of **w**,
Rev 11: 3 will give power to my two **w**,

WITS'†
Ps 107:27 And are at their **w** end.

WIVES (*see* WIFE, WIVES')
Gen 4:19 took for himself two **w**:
Deut 17:17 shall he multiply **w**
Deut 21:15 "If a man has two **w**,
1Ki 11: 3 And he had seven hundred **w**,
Ezra 10:17 men who had taken pagan **w**.
Matt 9: 8 you to divorce your **w**,
Eph 5:22 **W**, submit to your own
Eph 5:25 Husbands, love your **w**,
Col 3:18 **W**, submit to your own
1Pe 3: 1 **W**, likewise, be submissive

WIVES'† (*see* WIVES)
1Ti 4: 7 profane and old **w** fables,

WOE
Prov 23:29 Who has **w**? Who has sorrow?
Is 5: 8 **W** to those who join house
Is 6: 5 **W** is me, for I am undone!
Amos 5:18 **W** to you who desire the day
Amos 6: 1 **W** to you who are at ease
Matt 11:21 **W** to you, Chorazin! Woe to
Matt 23:14 **W** to you, scribes and
Matt 23:16 **W** to you, blind guides, who
1Co 9:16 **w** is me if I do not preach
Rev 8:13 with a loud voice, "Woe, **w**,

WOLF (*see* WOLVES)
Is 11: 6 The **w** also shall dwell with
Is 65:25 The **w** and the lamb shall
John 10:12 sees the **w** coming and leaves

WOLVES (*see* WOLF)
Matt 10:16 as sheep in the midst of **w**.

WOMAN (*see* WOMEN)
Gen 2:23 She shall be called **W**,
Gen 3:15 Between you and the **w**,
2Sa 14: 2 brought from there a wise **w**,
2Sa 20:16 Then a wise **w** cried out from
Job 14: 1 Man who is born of **w** Is of
Prov 2:16 you from the immoral **w**,
Prov 6:24 To keep you from the evil **w**,
Prov 14: 1 The wise **w** builds her house,
Prov 21: 9 shared with a contentious **w**.
Prov 31:30 But a **w** who fears the
Matt 5:28 that whoever looks at a **w**
John 2: 4 Jesus said to her, "**W**,
John 4:21 Jesus said to her, "**W**,
John 19:26 He said to His mother, "**W**,
John 20:15 Jesus said to her, "**W**,
1Co 7: 1 for a man not to touch a **w**.
1Co 7:34 The unmarried **w** cares about
1Co 11: 3 the head of **w** is man, and
1Co 11: 7 but **w** is the glory of man.
1Co 11: 8 For man is not from **w**,
1Co 11:15 But if a **w** has long hair, it
Gal 4: 4 forth His Son, born of a **w**,
1Ti 2:11 Let a **w** learn in silence with
1Ti 2:12 And I do not permit a **w** to
1Ti 2:14 but the **w** being deceived,

WOMB
Gen 38:27 behold, twins were in her **w**.
Deut 7:13 bless the fruit of your **w**
Judg 13: 5 a Nazirite to God from the **w**;
1Sa 1: 5 the LORD had closed her **w**.
Job 1:21 I came from my mother's **w**,
Ps 22: 9 He who took Me out of the **w**;
Ps 110: 3 from the **w** of the morning,
Ps 127: 3 The fruit of the **w** is a
Prov 31: 2 son? And what, son of my **w**?
Is 44: 2 And formed you from the **w**,
Jer 1: 5 I formed you in the **w** I
Jer 20:17 did not kill me from the **w**,
Hos 12: 3 brother by the heel in the **w**,
Luke 1:41 the babe leaped in her **w**;
Luke 11:27 Blessed is the **w** that bore
John 3: 4 time into his mother's **w**
Rom 4:19 the deadness of Sarah's **w**.
Gal 1:15 me from my mother's **w** and

WOMEN (*see* WOMAN)
Gen 24:11 the time when **w** go out to
Gen 31:35 for the manner of **w** is with
2Sa 1:26 Surpassing the love of **w**.
1Ki 11: 1 Solomon loved many foreign **w**,
Job 2:10 as one of the foolish **w**
Amos 1:13 they ripped open the **w** with
Matt 11:11 among those born of **w** there
Luke 1:28 blessed are you among **w**!"
Luke 1:42 "Blessed are you among **w**,
Rom 1:26 For even their **w** exchanged
1Co 14:34 Let your **w** keep silent in the
2Ti 3: 6 make captives of gullible **w**
Heb 11:35 **W** received their dead raised

WONDER (*see* WONDERFUL, WONDERS, WONDROUS)
Deut 13: 1 he gives you a sign or a **w**,
Acts 3:10 and they were filled with **w**
2Co 11:14 And no **w**! For Satan himself

WONDERFUL (*see* WONDER, WONDERFULLY)
Judg 13:18 ask My name, seeing it is **w**?
2Sa 1:26 me; Your love to me was **w**,
Job 42: 3 Things too **w** for me, which
Ps 107: 8 And for His **w** works to the
Ps 139: 6 Such knowledge is too **w**
Prov 30:18 things which are too **w**
Is 9: 6 His name will be called **W**,
Is 28:29 Who is **w** in counsel and
Acts 2:11 in our own tongues the **w**

WONDERFULLY† (*see* WONDERFUL)
Ps 139:14 for I am fearfully and **w**

WONDERS (*see* WONDER)

Ex 3:20 strike Egypt with all My **w**
Deut 4:34 by trials, by signs, by **w**,
Ps 77:14 You are the God who does **w**;
Ps 105:27 And **w** in the land of Ham.
Ps 136: 4 Him who alone does great **w**,
Dan 4: 3 And how mighty His **w**! His
Dan 6:27 And He works signs and **w**
Matt 7:22 and done many **w** in Your
Mark 13:22 rise and show signs and **w**
John 4:48 you people see signs and **w**,
Rom 15:19 in mighty signs and **w**,
2Th 2: 9 power, signs, and lying **w**,
Heb 2: 4 both with signs and **w**,

WONDROUS (*see* WONDER)

1Ch 16: 9 Talk of all His **w** works!
Ps 26: 7 And tell of all Your **w**
Ps 72:18 Who only does **w** things!
Ps 119:18 that I may see **W** things

WOOD (*see* WOODEN)

Gen 22: 6 So Abraham took the **w** of the
Ex 25:10 make an ark of acacia **w**;
Lev 14: 4 and clean birds, cedar **w**,
Is 44:19 down before a block of **w**?
Dan 5: 4 and iron, **w** and stone.
Hab 2:19 Woe to him who says to **w**,
Luke 23:31 these things in the green **w**,
1Co 3:12 silver, precious stones, **w**,

WOODEN (*see* WOOD)

Ex 34:13 and cut down their **w** images

WOOL

Prov 31:13 She seeks **w** and flax, And
Is 1:18 crimson, They shall be as **w**.
Dan 7: 9 of His head was like pure **w**.
Hos 2: 5 My **w** and my linen, My oil
Rev 1:14 and hair were white like **w**,

WORD (*see* WORDS)

Gen 15: 4 the **w** of the LORD came to
Ex 8:10 it be according to your **w**,
Deut 8: 3 but man lives by every **w**
Deut 30:14 But the **w** is very near you,
1Ki 6:12 then I will perform My **w**
1Ki 8:56 There has not failed one **w**
2Ki 18:36 and answered him not a **w**;
Job 2:13 and no one spoke a **w** to him,
Ps 33: 4 For the **w** of the LORD is
Ps 33: 6 By the **w** of the LORD the
Ps 68:11 The Lord gave the **w**;
Ps 119: 9 heed according to Your **w**.
Ps 119:11 Your **w** I have hidden in my
Ps 119:16 I will not forget Your **w**.
Ps 119:89 Your **w** is settled in
Ps 119:105 Your **w** is a lamp to my
Ps 119:114 my shield; I hope in Your **w**.
Ps 119:162 I rejoice at Your **w** As one
Ps 138: 2 You have magnified Your **w**
Ps 139: 4 For there is not a **w** on my
Prov 15: 1 But a harsh **w** stirs up
Prov 25:11 A **w** fitly spoken is like
Prov 30: 5 Every **w** of God is pure;
Is 40: 8 But the **w** of our God stands
Is 45:23 The **w** has gone out of My
Is 55:11 So shall My **w** be that goes
Jer 23:29 Is not My **w** like a fire?"
Zech 9: 1 The burden of the **w** of the
Zech 12: 1 The burden of the **w** of the
Mal 1: 1 The burden of the **w** of the
Matt 4: 4 but by every **w** that
Matt 8: 8 my roof. But only speak a **w**,
Matt 13:22 of riches choke the **w**,
Luke 1: 2 and ministers of the **w**
Luke 7: 7 come to You. But say the **w**,
Luke 8:11 The seed is the **w** of God.
Luke 24:19 mighty in deed and **w** before
John 1: 1 In the beginning was the **W**,
John 1: 1 and the **W** was with God, and
John 1: 1 and the **W** was God.
John 1:14 And the **W** became flesh and
John 8:31 Him, "If you abide in My **w**,
John 17:17 Your **w** is truth.
Acts 6: 4 and to the ministry of the **w**.
Acts 6: 7 Then the **w** of God spread, and
Rom 10: 8 The **w** is near you, in
Rom 10:17 and hearing by the **w** of God.
1Co 4:20 kingdom of God is not in **w**
2Co 2:17 peddling the **w** of God; but
Phil 2:16 holding fast the **w** of life,
Col 3:16 Let the **w** of Christ dwell in
Col 3:17 And whatever you do in **w** or
1Th 1: 5 did not come to you in **w**
1Th 2:13 welcomed it not as the **w**
2Th 2: 2 either by spirit or by **w** or
2Th 2:15 whether by **w** or our epistle.
1Ti 4: 5 it is sanctified by the **w**
1Ti 4:12 to the believers in **w**,
1Ti 5:17 those who labor in the **w**
2Ti 2: 9 but the **w** of God is not
2Ti 2:15 rightly dividing the **w** of
2Ti 4: 2 Preach the **w**! Be ready in
Heb 1: 3 all things by the **w** of His
Heb 2: 2 For if the **w** spoken through
Heb 4:12 For the **w** of God is living
Heb 5:13 milk is unskilled in the **w**
Heb 6: 5 and have tasted the good **w** of
Heb 11: 3 worlds were framed by the **w**
Jas 1:21 meekness the implanted **w**,
Jas 1:22 But be doers of the **w**,
Jas 3: 2 anyone does not stumble in **w**,
1Pe 1:25 But the **w** of the LORD
1Pe 2: 2 the pure milk of the **w**,
2Pe 1:19 so we have the prophetic **w**
2Pe 3: 5 that by the **w** of God the
2Pe 3: 7 now preserved by the same **w**,
1Jn 1: 1 concerning the **W** of life—
1Jn 1:10 and His **w** is not in us.
1Jn 2: 5 But whoever keeps His **w**,
1Jn 2:14 and the **w** of God abides in
1Jn 3:18 let us not love in **w** or in
1Jn 5: 7 in heaven: the Father, the **W**,
Rev 1: 2 who bore witness to the **w** of

Rev 1: 9 is called Patmos for the **w**
Rev 12:11 of the Lamb and by the **w** of
Rev 19:13 His name is called The **W** of
Rev 20: 4 to Jesus and for the **w** of

WORDS (*see* WORD)

Ex 20: 1 And God spoke all these **w**,
Ex 34: 1 on these tablets the **w**
Deut 18:18 and will put My **w** in His
Deut 18:19 whoever will not hear My **w**,
Josh 24:26 Then Joshua wrote these **w** in
Job 38: 2 who darkens counsel By **w**
Ps 12: 6 The **w** of the LORD are pure
Ps 19: 4 And their **w** to the end of
Ps 19:14 Let the **w** of my mouth and
Ps 22: 1 And from the **w** of My
Ps 119:103 How sweet are Your **w** to my
Ps 119:130 The entrance of Your **w** gives
Prov 1: 6 The **w** of the wise and their
Prov 2: 1 My son, if you receive my **w**,
Eccl 1: 1 The **w** of the Preacher, the
Eccl 9:17 **W** of the wise, spoken
Eccl 12:11 The **w** of the wise are like
Is 59: 4 They trust in empty **w** and
Jer 1: 9 I have put My **w** in your
Jer 7: 4 not trust in these lying **w**,
Jer 11: 2 Hear the **w** of this covenant,
Jer 15:16 Your **w** were found, and I ate
Jer 36:32 added to them many similar **w**.
Amos 7:10 not able to bear all his **w**.
Mal 2:17 the LORD with your **w**;
Matt 6: 7 be heard for their many **w**.
Mark 10:24 were astonished at His **w**.
Mark 12:13 to catch Him in His **w**.
Luke 1:20 you did not believe my **w**
John 3:34 God has sent speaks the **w**
John 5:47 how will you believe My **w**?
John 6:68 You have the **w** of eternal
John 12:47 And if anyone hears My **w** and
John 14:10 The **w** that I speak to you I
John 14:24 love Me does not keep My **w**;
John 15: 7 and My **w** abide in you, you
Acts 2:22 of Israel, hear these **w**:
Acts 6:11 him speak blasphemous **w**
Acts 7:22 and was mighty in **w** and
Rom 10:18 And their **w** to the
Rom 16:18 and by smooth **w** and
1Co 1:17 gospel, not with wisdom of **w**,
1Co 14: 9 you utter by the tongue **w**
1Co 14:19 I would rather speak five **w**
1Co 14:19 than ten thousand **w** in a
1Ti 6: 4 and arguments over **w**,
Heb 13:22 have written to you in few **w**.
Rev 1: 3 and those who hear the **w** of
Rev 22: 6 These **w** are faithful and
Rev 22: 9 and of those who keep the **w**
Rev 22:18 to everyone who hears the **w**
Rev 22:19 takes away from the **w** of

WORK (*see* WORKER, WORKING, WORKMANSHIP, WORKS)

Gen 2: 2 seventh day God ended His **w**
Ex 14:31 Thus Israel saw the great **w**
Ex 20: 9 labor and do all your **w**,
Ex 20:10 In it you shall do no **w**:
Ex 23:12 days you shall do your **w**,
Ex 31:15 **W** shall be done for six days,
Ex 34:21 "Six days you shall **w**,
Neh 4: 6 the people had a mind to **w**.
Neh 6: 3 "I am doing a great **w**,
Job 1:10 You have blessed the **w** of
Job 10: 3 You should despise the **w** of
Job 24: 5 They go out to their **w**,
Job 34:11 man according to his **w**,
Ps 8: 3 the **w** of Your fingers, The
Ps 62:12 each one according to his **w**.
Ps 74: 6 they break down its carved **w**,
Ps 77:12 also meditate on all Your **w**,
Ps 90:17 And establish the **w** of our
Ps 104:23 Man goes out to his **w** And
Ps 115: 4 The **w** of men's hands.
Prov 24:29 the man according to his **w**.
Eccl 9:10 for there is no **w** or
Eccl 12:14 For God will bring every **w**
Is 2: 8 They worship the **w** of their
Is 28:21 do His work, His awesome **w**,
Is 64: 8 And all we are the **w** of
Hab 1: 5 For I will work a **w** in
Hab 3: 2 revive Your **w** in the midst
Mark 6: 5 Now He could do no mighty **w**
John 4:34 sent Me, and to finish His **w**.
John 6:28 that we may **w** the works of
John 6:29 This is the **w** of God, that
John 9: 4 I must **w** the works of Him who
John 9: 4 is coming when no one can **w**.
John 17: 4 I have finished the **w** which
Rom 4: 5 But to him who does not **w**
Rom 7: 5 by the law were at **w** in our
Rom 8:28 we know that all things **w**
1Co 3:13 fire will test each one's **w**,
1Co 9: 1 Are you not my **w** in the
1Co 15:58 always abounding in the **w** of
2Co 9: 8 abundance for every good **w**.
Gal 6: 4 each one examine his own **w**,
Eph 4:12 of the saints for the **w** of
Phil 1: 6 He who has begun a good **w**
Phil 2:12 **w** out your own salvation
Col 1:10 fruitful in every good **w**
1Th 4:11 and to **w** with your own
2Th 2:17 you in every good word and **w**.
2Th 3:10 this: If anyone will not **w**,
1Ti 3: 1 bishop, he desires a good **w**.
2Ti 3:17 equipped for every good **w**.
2Ti 4: 5 do the **w** of an evangelist,
Tit 3: 1 to be ready for every good **w**,
Heb 1:10 the heavens are the **w**
Heb 13:21 complete in every good **w** to
Jas 1: 4 patience have its perfect **w**,
1Pe 1:17 according to each one's **w**,
Rev 22:12 every one according to his **w**.

WORKER (*see* WORK, WORKERS)

Eccl 3: 9 What profit has the **w** from

W

Matt 10:10 for a **w** is worthy of his
Rom 16: 9 our fellow **w** in Christ, and
Rom 16:21 Timothy, my fellow **w**,
2Ti 2:15 a **w** who does not need to be

WORKERS (*see* WORKER)
1Co 3: 9 For we are God's fellow **w**;
1Co 12:29 Are all **w** of miracles?
2Co 6: 1 as **w** together with Him
Phil 4: 3 and the rest of my fellow **w**,
Col 4:11 are my only fellow **w** for

WORKING (*see* WORK)
John 5:17 My Father has been **w** until
1Co 4:12 **w** with our own hands. Being
1Co 12:10 to another the **w** of miracles,
Gal 5: 6 but faith **w** through love.
Eph 1:19 according to the **w** of His
Eph 4:16 to the effective **w** by which
Eph 4:28 **w** with his hands what is
Heb 13:21 **w** in you what is well
Jas 2:22 Do you see that faith was **w**

WORKMANSHIP (*see* WORK)
Eph 2:10 For we are His **w**,

WORKS (*see* WORK)
Ps 8: 6 to have dominion over the **w**
Ps 66: 3 How awesome are Your **w**!
Ps 66: 5 Come and see the **w** of God;
Ps 103:22 Bless the LORD, all His **w**,
Ps 104:24 how manifold are Your **w**! In
Ps 105: 2 Talk of all His wondrous **w**!
Ps 139:14 made; Marvelous are Your **w**,
Ps 145:10 All Your **w** shall praise You,
Prov 8:22 Before His **w** of old.
Prov 31:31 And let her own **w** praise
Matt 5:16 they may see your good **w**
Matt 11:21 For if the mighty **w** which
John 5:20 He will show Him greater **w**
John 6:28 that we may work the **w** of
John 9: 3 but that the **w** of God should
John 9: 4 I must work the **w** of Him who
John 14:12 and greater **w** than these he
Acts 26:20 to God, and do **w** befitting
Rom 4: 2 Abraham was justified by **w**,
Rom 4: 4 Now to him who **w**,
Rom 4: 6 righteousness apart from **w**:
Rom 9:11 not of **w** but of Him who
Rom 11: 6 then it is no longer of **w**;
Rom 13:12 let us cast off the **w** of
1Co 12: 6 but it is the same God who **w**
1Co 12:11 one and the same Spirit **w**
Gal 2:16 in Christ and not by the **w**
Gal 5:19 Now the **w** of the flesh are
Eph 2: 2 the spirit who now **w** in the
Eph 2: 9 not of **w**, lest anyone
Eph 2:10 in Christ Jesus for good **w**,
Eph 3:20 to the power that **w** in us,
Phil 2:13 for it is God who **w** in you
2Ti 4:14 repay him according to his **w**.
Tit 2:14 people, zealous for good **w**.
Tit 3: 5 not by **w** of righteousness
Tit 3: 8 careful to maintain good **w**.
Heb 2: 7 set him over the **w** of
Heb 6: 1 of repentance from dead **w**
Heb 10:24 to stir up love and good **w**,
Jas 2:14 faith but does not have **w**?
Jas 2:18 me your faith without your **w**
Jas 2:20 that faith without **w** is
1Jn 3: 8 that He might destroy the **w**
Rev 2: 2 "I know your **w**, your labor,
Rev 20:13 each one according to his **w**.

WORLD (*see* FOREVER, WORLDS)
Ps 19: 4 words to the end of the **w**.
Ps 22:27 All the ends of the **w** Shall
Ps 24: 1 The **w** and those who dwell
Ps 90: 2 formed the earth and the **w**,
Ps 96:13 He shall judge the **w** with
Ps 98: 7 The **w** and those who dwell
Is 23:17 all the kingdoms of the **w**
Matt 4: 8 all the kingdoms of the **w**
Matt 5:14 "You are the light of the **w**.
Matt 13:22 and the cares of this **w** and
Matt 13:35 the foundation of the **w**.
Matt 13:38 "The field is the **w**,
Matt 16:26 man if he gains the whole **w**,
Mark 16:15 Go into all the **w** and preach
John 1: 9 every man coming into the **w**.
John 1:10 and the **w** was made through
John 1:29 takes away the sin of the **w**!
John 3:16 For God so loved the **w** that
John 3:17 the world to condemn the **w**,
John 3:19 light has come into the **w**,
John 8:12 "I am the light of the **w**.
John 9: 5 "As long as I am in the **w**,
John 13: 1 His own who were in the **w**,
John 14:17 whom the **w** cannot receive,
John 14:27 not as the **w** gives do I give
John 14:30 for the ruler of this **w** is
John 15:19 therefore the **w** hates you.
John 16: 8 He will convict the **w** of
John 16:28 I leave the **w** and go to the
John 16:33 cheer, I have overcome the **w**.
John 17: 5 I had with You before the **w**
John 17:21 that the **w** may believe that
John 18:36 kingdom is not of this **w**.
John 21:25 I suppose that even the **w**
Acts 17: 6 who have turned the **w**
Acts 17:31 on which He will judge the **w**
Rom 1:20 since the creation of the **w**
Rom 5:12 one man sin entered the **w**,
Rom 10:18 to the ends of the **w**.
Rom 12: 2 not be conformed to this **w**,
1Co 1:20 foolish the wisdom of this **w**?
1Co 1:27 the weak things of the **w** to
1Co 6: 2 the saints will judge the **w**?
1Co 7:31 For the form of this **w** is
1Co 7:33 about the things of the **w**—
2Co 5:19 in Christ reconciling the **w**
Gal 6:14 to me, and I to the **w**.
Eph 2:12 and without God in the **w**.
Phil 2:15 you shine as lights in the **w**,
Col 2: 8 basic principles of the **w**,

1Ti 1:15 Jesus came into the **w** to
1Ti 3:16 Believed on in the **w**,
1Ti 6: 7 brought nothing into this **w**,
2Ti 4:10 having loved this present **w**,
Heb 1: 6 the firstborn into the **w**,
Heb 11: 7 by which he condemned the **w**
Heb 11:38 of whom the **w** was not worthy.
Jas 2: 5 chosen the poor of this **w**
Jas 4: 4 to be a friend of the **w**
2Pe 2: 5 did not spare the ancient **w**,
1Jn 2: 2 but also for the whole **w**.
1Jn 2:15 Do not love the **w** or the
1Jn 2:17 And the **w** is passing away,
1Jn 4: 9 only begotten Son into the **w**,
1Jn 4:14 the Son as Savior of the **w**.
1Jn 5: 4 born of God overcomes the **w**.
Rev 11:15 The kingdoms of this **w** have

WORLDS† (*see* WORLD)
Heb 1: 2 whom also He made the **w**;
Heb 11: 3 we understand that the **w**

WORM
Ps 22: 6 But I am a **w**, and no
Is 41:14 you **w** Jacob, You men of
Is 66:24 For their **w** does not die,
Jon 4: 7 next day God prepared a **w**,
Mark 9:44 Their **w** does not die,

WORMWOOD
Prov 5: 4 the end she is bitter as **w**,
Amos 5: 7 You who turn justice to **w**,
Rev 8:11 The name of the star is **W**.

WORN (*see* WEAR)
Deut 29: 5 Your clothes have not **w** out

WORRY
Matt 6:25 do not **w** about your life,
Matt 6:34 for tomorrow will **w** about

WORSHIP (*see* WORSHIPED)
Gen 22: 5 and I will go yonder and **w**,
Ex 34:14 (for you shall **w** no other
Ps 29: 2 **W** the LORD in the beauty
Ps 95: 6 let us **w** and bow down; Let
Ps 96: 9 **w** the LORD in the beauty of
Ps 97: 7 **W** Him, all you gods.
Matt 4: 9 if You will fall down and **w**
Matt 4:10 You shall **w** the LORD
John 4:20 place where one ought to **w**.
John 4:24 who worship Him must **w** in
Heb 1: 6 the angels of God **w**
Rev 14:11 who **w** the beast and his
Rev 22: 9 of this book. **W** God."

WORSHIPED (*see* WORSHIP)
Matt 8: 2 a leper came and **w** Him,
Matt 9:18 a ruler came and **w** Him,
John 4:20 Our fathers **w** on this
Acts 17:25 Nor is He **w** with men's hands,
Rev 13: 4 and they **w** the beast,

WORTHY (*see* UNWORTHY)
Ps 18: 3 who is **w** to be praised;
Matt 3:11 whose sandals I am not **w** to
Luke 10: 7 for the laborer is **w** of his
Luke 15:19 and I am no longer **w** to be
Eph 4: 1 beseech you to walk **w** of the
Col 1:10 that you may walk **w** of the
1Ti 1:15 is a faithful saying and **w**
1Ti 5:18 The laborer is **w** of his
Heb 11:38 of whom the world was not **w**.
Rev 3: 4 Me in white, for they are **w**.
Rev 4:11 "You are **w**, O Lord, To
Rev 5:12 **W** is the Lamb who was slain

WOUNDED
Is 53: 5 But He was **w** for our

WRAPPED
Matt 27:59 he **w** it in a clean linen
Luke 2: 7 and **w** Him in swaddling

WRATH
Deut 9: 8 you provoked the LORD to **w**,
Ps 2: 5 shall speak to them in His **w**,
Ps 2:12 When His **w** is kindled but a
Ps 38: 1 do not rebuke me in Your **w**,
Ps 95:11 So I swore in My **w**,
Prov 14:29 He who is slow to **w** has
Prov 15: 1 A soft answer turns away **w**,
Hab 3: 2 In **w** remember mercy.
Zeph 1:15 That day is a day of **w**,
John 3:36 but the **w** of God abides on
Rom 1:18 For the **w** of God is revealed
Rom 2: 5 wrath in the day of **w** and
Rom 9:22 the vessels of **w** prepared
Rom 12:19 but rather give place to **w**;
Eph 2: 3 were by nature children of **w**,
Eph 4:26 the sun go down on your **w**,
Eph 6: 4 provoke your children to **w**,
1Th 1:10 who delivers us from the **w**
1Th 5: 9 God did not appoint us to **w**,
Heb 3:11 So I swore in My **w**,
Rev 6:17 For the great day of His **w**

WRESTLE† (*see* WRESTLED)
Eph 6:12 For we do not **w** against flesh

WRESTLED (*see* WRESTLE)
Gen 32:25 hip was out of joint as He **w**

WRETCHED†
Rom 7:24 O **w** man that I am! Who will
Rev 3:17 do not know that you are **w**,

WRINKLE
Eph 5:27 not having spot or **w** or any

WRITE (*see* WRITING, WRITTEN, WROTE)
Ex 17:14 **W** this for a memorial in the
Deut 6: 9 You shall **w** them on the

Deut 17:18 that he shall **w** for himself
Prov 3: 3 **W** them on the tablet of
Jer 31:33 and **w** it on their hearts;
Hab 2: 2 **W** the vision And make it
1Jn 1: 4 And these things we **w** to you
2Jn 12 Having many things to **w** to
3Jn 13 but I do not wish to **w** to
Rev 1:11 **w** in a book and send it to

WRITING (*see* WRITE)

2Ch 36:22 and also put it in **w**,
Ezra 1: 1 and also put it in **w**,
Dan 5: 8 they could not read the **w**,
Dan 6:10 when Daniel knew that the **w**
Phm 1:19 am **w** with my own hand. I

WRITTEN (*see* WRITE)

Ex 31:18 **w** with the finger of God.
Ex 32:15 The tablets were **w** on both
Job 19:23 that my words were **w**! Oh,
Ps 40: 7 of the book it is **w** of me.
Dan 12: 1 Every one who is found **w** in
Matt 4: 4 answered and said, "It is **w**,
Luke 10:20 because your names are **w** in
John 19:22 answered, "What I have **w**,
John 20:31 but these are **w** that you may
John 21:25 the books that would be **w**.
Rom 1:17 faith to faith; as it is **w**,
Rom 2:27 even with your **w** code and
Rom 4:23 Now it was not **w** for his sake
Rom 15: 4 For whatever things were **w**
Rom 15:15 I have **w** more boldly to you
1Co 10:11 and they were **w** for our
2Co 3: 2 You are our epistle **w** in our
2Co 3: 3 **w** not with ink but by the
Gal 6:11 what large letters I have **w**
Heb 10: 7 of the book it is **w**
Heb 13:22 for I have **w** to you in few
1Jn 2:14 I have **w** to you, fathers,
1Jn 2:14 I have **w** to you, young men,
1Jn 2:26 These things I have **w** to you
Rev 1: 3 those things which are **w** in
Rev 2:17 on the stone a new name **w**
Rev 5: 1 sat on the throne a scroll **w**
Rev 14: 1 having His Father's name **w**
Rev 20:12 by the things which were **w**
Rev 20:15 And anyone not found **w** in the
Rev 22:18 him the plagues that are **w**

WRONG

Job 1:22 sin nor charge God with **w**.
Dan 6:22 I have done no **w** before
Luke 23:41 this Man has done nothing **w**.
1Co 6: 7 do you not rather accept **w**?

WROTE (*see* WRITE)

Ex 24: 4 And Moses **w** all the words of
Deut 4:13 and He **w** them on two tablets
Deut 31: 9 So Moses **w** this law and
Deut 31:22 Therefore Moses **w** this song
Jer 36: 4 and Baruch **w** on a scroll of
Dan 5: 5 the part of the hand that **w**.
John 5:46 for he **w** about Me.
John 8: 6 Jesus stooped down and **w** on

Y

YAH (*see* LORD)

Ps 68: 4 the clouds, By His name **Y**,
Is 12: 2 and not be afraid; 'For **Y**,

YEAR (*see* YEARS)

Ex 12: 2 the first month of the **y** to
Ex 12: 5 a male of the first **y**.
Ex 23:17 Three times in the **y** all your
Lev 25: 5 for it is a **y** of rest for
Lev 25:10 consecrate the fiftieth **y**,
Lev 25:13 In this **Y** of Jubilee, each
Deut 15: 9 the **y** of release, is at
Ps 65:11 You crown the **y** with Your
Is 61: 2 proclaim the acceptable **y**
Mic 6: 6 With calves a **y** old?
Luke 4:19 the acceptable **y** of
Heb 9: 7 priest went alone once a **y**,

YEARNS

Job 19:27 How my heart **y** within me!

YEARS (*see* YEAR)

Gen 1:14 seasons, and for days and **y**;
Gen 29:20 So Jacob served seven **y** for
Gen 37: 2 being seventeen **y** old, was
Gen 41:26 seven good cows are seven **y**,
Ex 30:14 from twenty **y** old and above,
Lev 25: 8 seven times seven **y**;
Lev 25: 8 of the seven sabbaths of **y**
Num 14:33 in the wilderness forty **y**,
Ps 90: 4 For a thousand **y** in Your
Ps 90: 9 We finish our **y** like a
Ps 90:10 of our lives are seventy **y**;
Ps 90:10 strength they are eighty **y**,
Eccl 12: 1 And the **y** draw near when
Jer 25:11 king of Babylon seventy **y**.
Luke 2:42 And when He was twelve **y** old,
Luke 3:23 at about thirty **y** of age,
John 8:57 You are not yet fifty **y** old,
Rev 20: 6 reign with Him a thousand **y**.

YESTERDAY

Ps 90: 4 in Your sight Are like **y**
Heb 13: 8 Jesus Christ is the same **y**,

YIELDED

Matt 27:50 and **y** up His spirit.

YOKE (*see* YOKED)

1Ki 12: 4 Your father made our **y** heavy;
1Ki 12:11 on you, I will add to your **y**;
Jer 28:14 I have put a **y** of iron on the
Matt 11:29 Take My **y** upon you and learn
Matt 11:30 For My **y** is easy and My
Gal 5: 1 be entangled again with a **y**

YOKED† (*see* YOKE)
1Sa 6: 7 cows which have never been **y**,
2Co 6:14 Do not be unequally **y**

YOU-ARE-THE-GOD-WHO-SEES† (*see* GOD)
Gen 16:13 LORD who spoke to her, Y;

YOUNG (*see* YOUNGER, YOUTH)
Gen 4:23 Even a **y** man for hurting
Ps 37:25 I have been **y**, and now am
Ps 119: 9 How can a **y** man cleanse his
Ps 148:12 Both **y** men and maidens; Old
Is 11: 6 shall lie down with the **y**
Is 40:11 lead those who are with **y**.
Is 40:30 And the **y** men shall utterly
Dan 1: 4 **y** men in whom there was no
Joel 2:28 Your **y** men shall see
Acts 2:17 Your **y** men shall see
Acts 20: 9 in a window sat a certain **y**

YOUNGER (*see* YOUNG)
Gen 9:24 and knew what his **y** son had
Gen 25:23 the older shall serve the **y**.
Gen 29:26 to give the **y** before the
Rom 9:12 older shall serve the **y**.

YOUTH (*see* YOUNG, YOUTHFUL, YOUTHS)
Gen 8:21 heart is evil from his **y**;
Ps 103: 5 So that your **y** is renewed
Ps 110: 3 You have the dew of Your **y**.
Prov 2:17 the companion of her **y**,
Prov 5:18 with the wife of your **y**.
Eccl 12: 1 in the days of your **y**,
Jer 1: 6 cannot speak, for I am a **y**.
Jer 1: 7 "Do not say, 'I am a **y**,
Matt 19:20 things I have kept from my **y**.
1Ti 4:12 Let no one despise your **y**,

YOUTHFUL (*see* YOUTH)
2Ti 2:22 Flee also **y** lusts; but pursue

YOUTHS (*see* YOUTH)
2Ki 2:24 mauled forty-two of the **y**.
Is 40:30 Even the **y** shall faint and

Z

ZACCHAEUS
Luke 19: 5 him, and said to him, "**Z**,

ZACHARIAS (*see* ZECHARIAH)
Luke 1: 5 a certain priest named **Z**,
Luke 3: 2 came to John the son of **Z**

ZAREPHATH
1Ki 17: 9 "Arise, go to **Z**, which
Luke 4:26 was Elijah sent except to **Z**, which

ZEAL (*see* ZEALOT, ZEALOUS)
Ps 69: 9 Because **z** for Your house has
John 2:17 **Z** for Your house has
Rom 10: 2 witness that they have a **z**
Phil 3: 6 concerning **z**, persecuting
Col 4:13 that he has a great **z** for

ZEALOT (*see* ZEAL)
Acts 1:13 of Alphaeus and Simon the **Z**;

ZEALOUS (*see* ZEAL)
1Ki 19:10 I have been very **z** for the
Tit 2:14 people, **z** for good works.

ZEBEDEE
Matt 4:21 James the son of **Z**,
Mark 10:35 and John, the sons of **Z**,

ZEBULUN
Gen 35:23 Levi, Judah, Issachar, and **Z**;
Is 9: 1 esteemed The land of **Z** and
Matt 4:15 The land of **Z** and the

ZECHARIAH (*see* ZACHARIAS)
Ezra 5: 1 the prophet Haggai and **Z**
Luke 11:51 of Abel to the blood of **Z**

ZEDEKIAH
2Ki 25: 7 eyes, put out the eyes of **Z**,
Jer 37:18 Jeremiah said to King **Z**,

ZERAH
1Ch 2: 4 bore him Perez and **Z**.
Matt 1: 3 Judah begot Perez and **Z** by

ZERUBBABEL
Ezra 3: 2 and **Z** the son of Shealtiel
Hag 2: 4 'Yet now be strong, **Z**,
Hag 2:23 **Z** My servant, the son of
Zech 4:10 plumb line in the hand of **Z**.
Matt 1:12 and Shealtiel begot **Z**.

ZEUS
Acts 14:12 And Barnabas they called **Z**,

ZION
1Ki 8: 1 City of David, which is **Z**.
2Ki 19:21 virgin, the daughter of **Z**,
Ps 2: 6 King On My holy hill of **Z**.
Ps 48: 2 Is Mount **Z** on the sides
Ps 50: 2 Out of **Z**, the perfection
Ps 76: 2 And His dwelling place in **Z**.
Ps 97: 8 **Z** hears and is glad, And
Ps 99: 2 The LORD is great in **Z**,
Ps 125: 1 the LORD Are like Mount **Z**,
Song 3:11 Go forth, O daughters of **Z**,
Is 1: 8 So the daughter of **Z** is left
Is 2: 3 For out of **Z** shall go
Is 28:16 I lay in **Z** a stone for a
Is 37:22 virgin, the daughter of **Z**,
Is 51: 3 the LORD will comfort **Z**,
Is 51:11 And come to **Z** with singing,
Is 59:20 Redeemer will come to **Z**,
Is 61: 3 console those who mourn in **Z**,
Jer 26:18 **Z** shall be plowed like a
Jer 51:10 and let us declare in **Z** the

Joel 2: 1 Blow the trumpet in **Z**,
Joel 3:16 LORD also will roar from **Z**,
Amos 1: 2 "The LORD roars from **Z**,
Amos 6: 1 you who are at ease in **Z**,
Mic 3:12 because of you **Z** shall be
Mic 4: 2 For out of **Z** the law
Zech 1:17 LORD will again comfort **Z**,
Zech 9: 9 O daughter of **Z**! Shout, O
Matt 21: 5 the daughter of **Z**,
Rom 9:33 I lay in **Z** a stumbling
Rom 11:26 will come out of **Z**,
Heb 12:22 But you have come to Mount **Z**
1Pe 2: 6 I lay in **Z** A chief

ZIPPORAH

Ex 4:25 Then **Z** took a sharp stone and
Ex 18: 2 Moses' father-in-law, took **Z**,

ZOPHAR

Job 2:11 and **Z** the Naamathite. For

Nelson's Quick-Reference™ Series

Nelson's Quick-Reference™ Bible Dictionary
More like a "mini-encyclopedia" than a standard dictionary, this compact reference offers an A-Z way to discover fascinating details about the Bible—its characters, history, setting, and doctrines.
784 pages / 0-8407-6906-7 / available now

Nelson's Quick-Reference™ Bible Handbook
Helps you read each of the Bible's 66 books, plus those of the Apocrypha. Offers book introductions, brief summaries, historical and faith-and-life highlights, at-a-glance charts, and detailed teaching outlines. Suggests individual reading plans and schedules for group study.
416 pages / 0-8407-6904-0 / available now

Nelson's Quick-Reference™ Bible Questions and Answers
Learning is fun, lively, and exciting with the over 6,000 questions and answers covering the whole Bible. Variety keeps interest high—short answer, true/false, multiple choice, fill in the blank, and sentence completion.
384 pages / 0-8407-6905-9 / available now

Nelson's Quick-Reference™ Introduction to the Bible
Introduces the Bible as a whole and describes all its parts from an historical and evangelical theological perspective. Explore the fascinating variety in Scripture—story and song, poetry and prophecy, and more. Discover its divinely revealed answers to the most important questions of life.
approx 400 pages / 0-8407-3206-6 / August, 1993

Nelson's Quick-Reference™ Bible People and Places
From Aaron to Zurishaddain, and from Dan to Beersheba, quickly identify each person and place in the Bible—and many key events. One list, arranged from A to Z, gives brief descriptions and Scripture references, and tells what the names mean,

how to say them, and which refer to the same person or place. Variant spellings make this guide useful with any translation.
approx 400 pages / 0-8407-6912-1 / August, 1993

Nelson's Quick-Reference™ Bible Maps and Charts
Make any Bible a study Bible with this unique collection of maps, book charts, and other visuals that present clear information about Bible people, events, and teachings in ways that heighten your interest, retention, and understanding in Bible study. Seeing it helps you believe it!
approx 300 pages / 0-8407-6908-3 / April, 1994